P9-CDN-800

TITI LIVI

AB URBE CONDITA

LIBRI.

ERKLÆRT

VON

W. WEISSENBORN.

DRITTER BAND:

BUCH VI—X.

DRITTE, VERBESSERTE AUFLAGE.

BERLIN,

WEIDMANNSCHE BUCHHANDLUNG.

1869.

TITI LIVI

AB URBE CONDITA

LIBER VI.

13.12.75

Quae ab condita urbe Roma ad captam urbem eandem Ro- **1**
mani sub regibus primum, consulibus deinde ac dictatoribus
decemvirisque ac tribunis consularibus gessere, foris bella, domi
seditiones, quinque libris exposui, res cum vetustate nimia ob- **2**
scuras, velut quae magno ex intervallo loci vix cernuntur, tum
quod parvae et rarae per eadem tempora litterae fuere, una custodia fidelis memoriae rerum gestarum, et quod, etiam si quae

1. Ungewissheit der ältesten Geschichte Roms; innere Verhältnisse.

1. *ab condita — eandem*, An-
fangs- und Endpunkt der Epoche
wird durch die Wiederholung des
Hauptwortes nachdrücklicher bezeichnet, s. 10, 34, 2: *ab hora
quarta usque ad octavam fere horam*; 1, 19, 1. Ueber *idem* 2, 12,
2; 45, 9, 2: *hic finis belli – idemque
finis regni*. — *sub* ist ungeachtet
der Trennung durch *primum* u.
deinde nicht wiederholt, weil es L.
weniger auf die verschiedenen Re-
gierungsformen, s. Tac. Ann. 1, 1,
als auf die Zusammenfassung in den
durch *quae – eandem* bezeichneten
Zeitraum ankam.

2. *cernuntur*, deutlich wahrgenommen werden können. *tum
quod* etc., der zweite Grund der
Dunkelheit wird nach zwei Seiten
ausgeführt, in Bezug auf die Be-

schaffenheit und den Untergang der
schriftlichen Denkmäler. — *parvae*,
im Gegensatze zu der späteren Aus-
führlichkeit der Annalen; *rarae* im
Gegensatze zu praef. 2, s. 7, 3, 6.
Die Andeutung der Kürze war nicht
unwichtig, da auch nur wenige aber
ausführliche Schriften die älteste
Geschichte hätten aufhellen können. — *litterae*, es wurde selten und
nur wenig geschrieben; zunächst
ist an geschichtliche Aufzeichnun-
gen, s. im Folg.: *commentarii pontificum*, zu denken. — *fidelis*, zuver-
lässig, wird besser mit *custodia* als
mit *memoriae* verbunden. — *et
quod* etc. vervollständigt den vorhergehenden Gedanken, da bei der
Erhaltung der immerhin wenigen
und kurzen Nachrichten die Dunkelheit nicht hätte eintreten können.
— *si quae (litterae) in — erant*, die
verschiedenen Arten von Schriften,

1*

in commentariis pontificum aliisque publicis privatisque erant
3 monumentis, incensa urbe pleraeque interiere. clariora deinceps
certioraque ab secunda origine velut ab stirpibus laetius feracius-
4 que renatae urbis gesta domi militiaeque exponentur. ceterum
primo quo adminiculo erecta erat, eodem innixa M. Furio principe stetit, neque eum abdicare se dictatura nisi anno circumacto
5 passi sunt. comitia in insequentem annum tribunos habere,
quorum in magistratu capta urbs esset, non placuit: res ad in-
6 terregnum rediit. cum civitas in opere ac labore adsiduo refi-
ciendae urbis teneretur, interim Q. Fabio, simul primum magi-

in denen sich die Nachrichten fanden. — *comment.*, dem Namen nach
die 4, 3, 9 erwähnten Schriften,
welche auch einzelne historische
Angaben enthalten mochten; allein
nach dem Zusammenhange liegt es
näher an die annales pontificum, die
mit dem Verzeichnisse der Magistrate verbundene Stadtchronik.
zu denken, s. Mommsen Röm. Chron.
209; Schwegler 1, 34; 3, 270. —
publicis, Gesetze, Senatsbeschlüsse,
Bündnisse, die tabulae censoriae u. a.
— *privatis*, Familienschriften, lau-
dationes, Inschriften auf den imagines. — *pleraeque*, also einige hatten
sich erhalten, § 10.

3—4. *clariora* steht mit Nachdruck vor dem zu dem Prädicat gehörenden *deinceps*: was ich nun erzählen werde, wird - sein. — *certiora*,
doch gilt dieses weniger von der
Geschichte der nächsten Zeit, über
deren Unsicherheit L. mehrfach
klagt, s. c. 12, 3; 7, 42, 7; 8, 40 3.
— *secunda or.*, in anderem Sinne
heisst es praef. 4: *primae origines*.
— *velut ab—innixa*, über das Fest-
halten des Bildes praef. 9; *ab stirp.*,
s. 24, 45, 3. — *ceterum* geht nach
der Unterbrechung auf die Geschichte zurück. — *primo quo*, die
erste, an der sie sich aufgerichtet hatte, war es auch, auf die sie
sich u. s. w., vgl. 27, 12, 17: *prima
quae fugit;* Tac. H. 5, 3 *primo quo
duce*, oder *primo* ist: anfangs und
auf *stetit* zu beziehen, aber nachdrücklich vorangestellt: ehe der

Staat aufblühen konnte, stützte er
sich u. s. w. — *M. Furio* nachträgliche, aber durch die Stellung ge-
hobene Erklärung des bildlichen
adminiculo. — *innixa*, 9, 16, 19.—
principe, 5, 30 4. — *circumacto
an.*, d. h. des Magistratsjahres,
welches damals mit dem 1. Juli anfieng, s. 5, 32. Da L. erzählt hat,
dass Camillus erst gegen das Ende
der Belagerung, die nach der Mitte
des Juli begonnen und 7 Monate gedauert hat, zum Dictator gewählt
worden ist, so kann er nicht geglaubt
haben, dass derselbe ein ganzes Jahr
Dictator gewesen sei, sondern will
nur sagen, dass er das Amt auch
nach seinem Triumphe, s. 5, 49, 9,
auf Bitten des Senates bis zum letzten Juni, an dem auch die Consulartribunen abtraten, behalten habe, s.
Becker 2, 2, 164; Mommsen Chronol. 99.

5—7. *inseq. ann.* das Jahr 365,
nach L. jedoch, s. 5, 54, 5, 366. —
non pl. etc., der Grund des Vorhergehenden, denn man fürchtete, dass
die Tribunen den Göttern nicht ge-
nehm seien und die Auspicien nicht
übertragen könnten, 5, 17, 3. Auch
der Dictator scheint die Comitien
nicht gehalten zu haben, weil er von
jenen ernannt war. — *cum - interim*
wie 10, 18, 1: *cum - in Etruria interim.* — *Q. Fabio*, er wird allein
angeklagt, weil er am offenstten das
Völkerrecht verletzt hat, Diod. 14,
113. — *simul pr.*, 35, 44, 5. Suet.
Caes. 30: *simulac primum*, s. 4, 18,

stratu abiit, ab Cn. Marcio tribuno plebis dicta dies est, quod [legatus] in Gallos, ad quos missus erat orator, contra ius gentium pugnasset. cui iudicio eum mors adeo opportuna, ut voluntariam magna pars crederet, subtraxit. interregnum initum: P. Cornelius Scipio interrex et post eum M. Furius Camillus. [iterum] is tribunos militum consulari potestate creat L. Valerium Publicolam iterum L. Verginium P. Cornelium A. Manlium L. Aemilium L. Postumium. 7 8

Hi ex interregno cum extemplo magistratum inissent, nulla de re prius quam de religionibus senatum consuluere. in primis foedera ac leges — erant autem eae duodecim tabulae et quaedam regiae leges — conquiri, quae conparerent, iusserunt. alia ex eis edita etiam in volgus; quae autem ad sacra pertinebant, a pontificibus maxime, ut religione obstrictos haberent multitudi- 9 10

---

7. — *legatus* ist, da das ungesetzliche Verfahren durch *in Gallos* — *pugna* schon hinreichend bezeichnet wird und bei *legatus* nicht *in Gallos*, sondern *ad G.* zu erwarten wäre, wol ein Glossem, obgleich L. sonst *orator* u. *legatus* verbindet, s. 1, 38, 3: *legati oratoresque*, vgl. 1, 15, 5 u. a. Schon 5, 36 war auf ein Volksgericht über die Auslieferung der Fabier angetragen, aber dieses nicht zu Stande gekommen.

8. *Scipio*, 5, 31; 24, vgl. ib. 19. — *iterum* ist wahrscheinlich aus der folgenden Zeile hierher gekommen; denn gewöhnlich wird nicht angegeben, zum wie vielten Male Jemand interrex ist; Camillus aber war es zum dritten Male, s. 5, 17 u. 31. Die Verbindung mit dem Folg.: obgleich sich die Consulartribunen so schlecht bewährt hatten, wählte er doch wieder u. s. w. ist, da andere Personen gewählt werden, gezwungen, und sprachlich kaum zu rechtfertigen. *Valerium*, ist wol der 5, 26; 6, 5; 21; 27 Genannte. — *Manlium*, Bruder des Marcus, 5, 47. — *Aemilium*, nach L. ein anderer als der 5, 32 erwähnte, s. c. 5; zum Theil andere Namen hat Diod. 15, 22. 9—10. *extemplo*. also wenigstens an den Iden des Juli — *de re pr.*,

s. zu 22, 9, 7; 9, 8, 1: *sollemnibus senatus consultis perfectis*; 3, 39, 2; — *foedera*, auch diese werden zu den religiösen Gegenständen gerechnet, 1, 25; dass mehrere sich erhalten hatten s. 2, 33; 4, 7; Cic. Balb. 23, 53; Horat. Ep. 2, 1, 25; Polyb. 3, 22; Dionys. 4, 26; 58; Macrob. 1, 13, 21. — *duodecim tabul.*, die Originaltafeln aus Erz, s. 3, 57, waren wol eine Beute der Gallier geworden; aber Abschriften hatten sich erhalten, welche jetzt gesammelt werden sollen. — *regiae leg.*, wahrscheinlich nicht gar lange nach den zwölf Tafeln aufgezeichnete Bestimmungen des Gewohnheitsbesonders des Sacralrechtes, die jedoch auf die einzelnen Könige zuückgeführt wurden, s. 1, 8; 19; 26; 34; Tac. An. 3, 26; Mommsen 1, 473; Lange 1, 237. — *quae a.* bestimmter als ein zweites *alia.* — *ex eis ed.*, da die Veröffentlichung bei den zwölf Tafeln und Bündnissen sich von selbst verstand, so ist wol an Bestimmungen über den Cultus, s. 1, 20, zu denken, vgl. Cic. de rep. 2, 14, 26: *Numa animos propositis legibus his, quas in monumentis habemus, mitigavit;* weniger wahrscheinlich ist es, dass der mit den zwölf Tafeln

✗ doch in Gallos legatus pugnasset

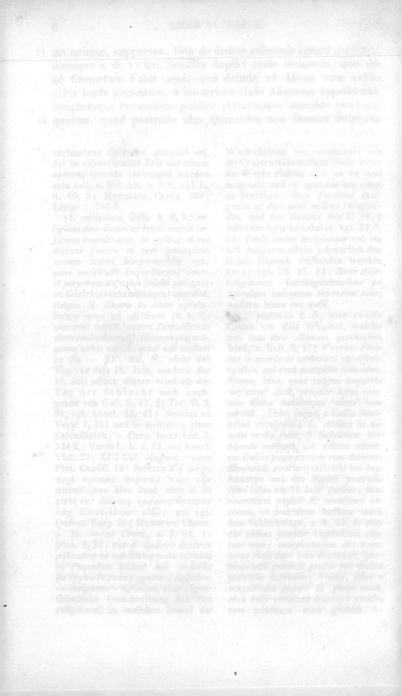

tribunus militum, neque inventa pace deum post diem tertium obiectus hosti exercitus Romanus esset, etiam postridie idus rebus divinis supersederi iussum; inde, ut postridie calendas quoque ac nonas eadem religio esset, traditum putant.

Nec diu licuit quietis consilia erigendae ex tam gravi casu **2** rei publicae secum agitare. hinc Volsci, veteres hostes, ad ex- 2 tinguendum nomen Romanum arma ceperant; hinc Etruriae principum ex omnibus populis coniurationem de bello ad fanum Voltumnae factam mercatores adferebant; novus quoque terror **3** accesserat defectione Latinorum Hernicorumque, qui post pugnam ad lacum Regillum factam per annos prope centum num-

---

pontifices decreverunt, nullum his diebus sacrificium recte futurum," daher in den Fasti Praenest.: *dies* (der 2. Jan.) *religiosus est, ut sunt dies postridie omnis Calendas, quod iis sacrificium non fit;* vgl. Fest. 278 *dies religiosi*; Macrob. 1, 16, 21: *dies autem postriduanos ad omnia maiores nostri cavendos putarunt, quos etiam atros velut infausta appellatione damnarunt* etc., ib. 15, 22; Varro L. L. 6, 29. — *non lit.*, bedeutet nach dem gewöhnlichen Sprachgebrauche, s. 8, 9, 1; 27, 16, 15; ib. 23, 4 u. a.: dass das Opfer, vgl. 5, 38, 1, kein günstiges gewesen sei, die *exta* Unglück angedeutet haben, Marq. 4, 362; indess war nach der Stelle aus Gellius wol gemeint, dass das Opfer, als an einem Unglückstage angestellt, trügerisch gewesen sei, der Erfolg dem scheinbar glücklichen Opfer nicht entsprochen habe; denn sonst wird das Opfer fortgesetzt bis glückliche Zeichen erfolgen. — *neque = et non*, s. 7, 9, 1; und ohne — erlangt zu haben, Umschreibung von *non litare*. — *pace*, freundliche Gesinnung, Gnade, die sich durch die *exta* kund giebt, s. c. 12, 7; 42, 2, 3 u. a. — *obiectus* statt des bestimmteren *caesus esset*. — *supersederi*, sich fern halten. Wenn keine *res divinae* vorgenommen werden durften, so musste auch Alles unterbleiben, wozu diese erforderlich waren, Comitien,

Schlachten u. s. w., s. § 11 u. Macrob. 1, 16, 25: *ut hi dies neque proeliares neque puri neque comitiales essent*, vgl. auch L. 9, 38, 15 f. — *iussum*, nach einem Beschluss der pontifices, s. Gell. 5, 17. — *inde*, anfangs nur der Tag nach den Idus, dann, weiterhin, bei steigender Aengstlichkeit, auch u. s. w. — *traditum*, 2, 1, 11.

2—4. 2. Krieg mit den Volskern und Etruskern, Diod. 14, 117; Plut. Cam. 33.

1—2. *quietis* n. *eis*, s. 3, 50, 6 u. o. — *erigendae - casu*, Andeutung der grossen Schwäche Roms, s. zu 5, 55, 1, die L. nicht in ihrem ganzen Umfange übersehen zu haben scheint, Nieb. 1, 387 f. — *Volsci*, die westlichen Volsker, s. c. 8: *Antiatem*, c. 9, 1, welche seit 459 a. Chr., s. 3, 23, 7; ib. 24, 10 Friede gehalten haben, benutzen, wahrscheinlich in Verbindung mit den östlichen, ebenso wie die Latiner und Etrusker, die Noth der Römer, um sich von der Abhängigkeit von denselben zu befreien. — *princip.* — *Voltum.*, 5, 17; 10, 16. — *mercat.*, 4, 24, 1.

3. *Latin. Hern.*, die alten Verträge 2, 33; 41 waren wahrscheinlich, als Rom immer mehr erstarkte, nicht mehr gehalten, die Latiner und Herniker aus gleichberechtigten Bundesgenossen abhängige geworden, s. zu 3, 4, 11. — *prope cent.*, würde nur von den Hernikern genau

4 quam ambigua fide in amicitia populi Romani fuerant. itaque,
cum tanti undique terrores circumstarent, appareretque omnibus
non odio solum apud hostis sed contemptu etiam inter socios
5 nomen Romanum laborare, placuit eiusdem auspiciis defendi
rem publicam, cuius recuperata esset, dictatoremque dici M.
6 Furium Camillum. is dictator C. Servilium Ahalam magistrum
equitum dixit, iustitioque indicto dilectum iuniorum habuit, ita
ut seniores quoque, quibus aliquid roboris superesset, in verba
7 sua iuratos centuriaret. exercitum conscriptum armatumque trifariam divisit. partem unam in agro Veiente Etruriae opposuit,
8 alteram ante urbem castra locare iussit; tribuni militum his A.
Manlius, illis, qui adversus Etruscos mittebantur, L. Aemilius
praepositus; tertiam partem ipse ad Volscos duxit, nec procul
a Lanuvio — ad Mecium is locus dicitur — castra oppugnare
9 est adortus. quibus ab contemptu, quod prope omnem deletam
a Gallis Romanam iuventutem crederent, ad bellum profectis
tantum Camillus auditus imperator terroris intulerat, ut vallo se
ipsi, vallum congestis arboribus saepirent, ne qua intrare ad mu-
10 nimenta hostis posset. quod ubi animadvertit Camillus, ignem
in obiectam saepem coici iussit; et forte erat vis magna venti
11 versa in hostem: itaque non aperuit solum incendio viam, sed

sein, die 268 a. u. das Bündniss
schlossen, nicht von den Latinern,
die schon 261 Bundesgenossen geworden waren, vgl. 23, 42, 3. —
amicit., die freundliche Gesinnung,
wie sie unter verbündeten Völkern
stattfindet: Freundschaftsbündniss,
dessen Bedingungen die Latiner treu
gehalten haben; vgl. 10, 45, 6: *qui
permultos annos in amicitia fuerant.*
    5—6. *placuit* n. *senatui.* — *eius-
dem auspic.* — *cuius*, indem sie eben
demselben übertragen werden, wie
ductu auspicioque Scipionis 28, 38, 1
u. a. — *seniores*, diese sonst nur
zum Schutze der Stadt bestimmt,
vgl. 5, 10; 1, 43, 1, werden jetzt
wegen der geringen Zahl der Bürger,
vgl. § 9, auch zum Dienste ausser
der Stadt aufgeboten, s. c. 6, 14. —
iuratos, das sacramentum, 3, 20;
Marquardt 3, 2, 288; 292. — *centuriaret*, er ordnete sie in besondere,
von den *iuniores* getrennte Centurien; 22, 38, 3; 10, 21, 4. — *arma-*

tum, viell. eine Andeutung, dass
auch Aermere Waffen erhielten, s.
3, 15, 8; 10, 21, 4; Lange 1, 400,
anders c. 24, 2.
    8. *ad Volsc*, wie vorher *adversus*,
1, 5, 7. — *ad Mecium* wahrscheinlich *collem*, der Ort selbst in der
Nähe von Lanuvium ist nicht näher
bekannt, die *tribus Maecia* 8, 17 ist
wol nach ihm genannt. Nach Diod.
waren die Römer ἐν τῷ καλουμένῳ
Μαρκίῳ, gelagert, nach Plut. περὶ
τὸ Μάρκιον ὄρος eingeschlossen,
als ihnen Camillus Hülfe bringt; L.
folgt einer anderen Darstellung, hat
aber die von Plut. u. A. berichtete
mit den *Populifugia*, d. 5. Jul., in
Verbindung gesetzte Sage übergangen; Peter 1, 219.
    9—11. *quod — crederent*, weil,
wie sie glaubten, n. s. w., s. 21, 1,
3; vgl. 6, 6, 5: *quod — dicerent* u.
a. — *prope om.*, s. 5, 39, 4. — *Camillus aud. imp.*, s. 2, 18, 9; zur
Construct. 3, 50, 3. — *vallum* —

justitium Alegat vacation

in. largit̄ōē *by* no. meam liberal

ucitās oppidanorum = pava oppidani

flammis in castra tendentibus vapore etiam ac fumo crepituque
viridis materiae flagrantis ita consternavit hostes, ut minor moles
superantibus vallum in castra Volscorum Romanis fuerit, quam
transcendentibus saepem incendio absumptam fuerat. fusis ho- 12
stibus caesisque cum castra impetu cepisset dictator, praedam
militi dedit, quo minus speratam minime largitore duce, eo militi
gratiorem. persecutus deinde fugientes cum omnem Volscum 13
agrum depopulatus esset, ad deditionem Volscos septuagesimo
demum anno subegit. victor ex Volscis in Aequos transiit, et 14
ipsos bellum molientes; exercitum eorum ad Bolas oppressit,
nec castra modo sed urbem etiam adgressus impetu primo cepit.

　　Cum in ea parte, in qua caput rei Romanae Camillus erat, **3**
ea fortuna esset, aliam in partem terror ingens ingruerat. Etru- **2**
ria prope omnis armata Sutrium, socios populi Romani, obsidebat; quorum legati opem rebus adfectis orantes cum senatum
adissent, decretum tulere, ut dictator primo quoque tempore
auxilium Sutrinis ferret. cuius spei moram cum pati fortuna **3**
obsessorum non potuisset, confectaque paucitas oppidanorum

vallo, s. 22, 60, 23. — *superantib.*
— *in castra*, praegnant: überstie-
gen und — einbrachen, vgl. 23, 17,
9: *avertere* — *retro*, weniger un-
wahrscheinlich Diod. l. l.: *κατακα-*
βόντες ἅμ' ἡμέρᾳ τοὺς Οὐολούσκους
τῇ παρεμβολῇ (der eingeschlosse-
nen Römer) *προσμαχομένους, ἐπι-*
φανέντες κατὰ νώτου ῥᾳδίως ἐτρέ-
ψαντο, Nieb. R. G. 2, 653. — *largi-*
tore, 1, 7, 5.

13—14. *septuagesimo*, obgleich
Eutrop. 2, 1 und Oros. 3, 3 dieselbe
Zahl angeben, so passt sie doch
weder auf den Anfang der Kriege
unter Tarquinius 1, 52, noch auf
die seit der Gründung der Republik
geführten. Daher glaubt Nieb. R.
G. 2, 290, es sei der 295 d. St. geschlossene Friede gemeint gewesen,
s. 2, 39, 9; 3, 24, 11, der nur
vorübergehend gebrochen gewesen,
wäre, 4, 56, 7, Schwegler 2, 727. —
sed urb. etc. Nach 4, 49—51 ist
Bolae von den Römern bereits erobert und schon beantragt eine Colonie dahin zu schicken. Nach der
der Darstellung, welcher L. a. u. St.
folgt, müsste die Stadt, wie 4, 49,

7, wieder in die Gewalt der Aequer
gekommen sein, anders erzählt Diod.
l. l.

3. 2. *Sutrium*, Sutri, an der Süd-
seite des saltus Ciminius, war nach
Diod. 14, 117 schon vor dem Einfall
der Gallier, nach Vell. 1, 14, 2 sie-
ben Jahre nach demselben (später
wenigstens, s. 27, 9, latinische) Colonie. L. hält die Sutriner für Bundesgenossen, da er *socii* wenigstens
nur selten und, mit Ausnahme der
coloniae Latinae, nicht deutlich von
Colonisten braucht, vgl. 9, 20, 10;
4, 32, 12; 6, 21, 2; wahrscheinlich
hatten sie sich in den Kämpfen nach
dem Sturze Vejis 5, 26—33 an Rom
angeschlossen, was L. ebenso wenig
als die Gründung der Colonie daselbst berichtet hat. — *socios*, über
die freie Apposit. s. 1, 20, 3. —
adfectis, 5, 18, 4. — *tulere*, 1, 50,
9. Das im Folg. Erzählte ist den
Vorgängen 5, 45—48 sehr ähnlich.

3. *moram*, die Verzögerung dessen, was man in Folge des Verspre-
chens hoffte. — *potuiss.*, s. 5, 42, 7.
— *confecta*, s. c. 4, 10; 5, 48, 7,
que fügt die genauere Erklärung an.

opere vigiliis vulneribus, quae semper eosdem urgebant, per
pactionem urbe hostibus tradita inermis cum singulis emissa
4 vestimentis miserabili agmine penates relinqueret, eo forte tempore Camillus cum exercitu Romano intervenit. cui cum se
maesta turba ad pedes provolvisset, principumque orationem
necessitate ultima expressam fletus mulierum ac puerorum, qui
exilii comites trahebantur, excepisset, parcere lamentis Sutrinos
5 iussit: Etruscis se luctum lacrimasque ferre. sarcinas inde de-
poni Sutrinosque ibi considere modico praesidio relicto, arma
secum militem ferre iubet. ita expedito exercitu profectus ad
Sutrium, id quod rebatur, soluta omnia rebus, ut fit, secundis
invenit, nullam stationem ante moenia, patentes portas, victorem
6 vagum praedam ex hostium tectis egerentem. iterum igitur eodem die Suturium capitur; victores Etrusci passim trucidantur
ab novo hoste, neque se conglobandi coeundique in unum aut
7 arma capiundi datur spatium. cum pro se quisque tenderent ad
portas, si qua forte se in agros eicere possent, clausas — id
8 enim primum dictator imperaverat — portas inveniunt. inde alii
arma capere, alii, quos forte armatos tumultus occupaverat, con-
vocare suos, ut proelium inirent. quod accensum ab despera-
tione hostium fuisset, ni praecones per urbem dimissi poni arma
et parci inermi iussissent nec praeter armatos quemquam vio-
9 lari. tum etiam quibus animi in spe ultima obstinati ad decertandum fuerant, postquam data spes vitae est, iactare passim
arma, inermesque, quod tutius fortuna fecerat, se hosti offerre.
10 magna multitudo in costodias divisa; oppidum ante noctem redditum Sutrinis inviolatum integrumque ab omni clade belli, quia

---

— *paucitas*, vgl. 2, 25, 4: *pavor*. —
paction. == *per condiciones* § 10;
wenn die Besiegten vor der Einnahme ihrer Stadt durch Sturm sich
ergeben, können sie sich Manches
ausbedingen, wie hier Leben, Freiheit, Kleidung, s. 2, 17, 6; 9, 42, 7;
vgl. 4, 34, 3. Die Einwohner werden entfernt, um den wichtigen
Punkt, s. c. 9, 4, mit treuen Leuten
zu besetzen. — *cum. s v.*, 4, 10, 4.

4—10. *eo f. t.*, wie sonst *tum* im
Nachsatze, s. 1, 54, 3. — *traheb.*, s.
9, 17, 16. — *ferre* == *adferre*, 23,
9, 5. — *expedito* ist im Vorherg. erklärt. — *soluta* etc., alle Mannszucht
und militärische Ordnung war auf-

gelöst. — *ut fit* tritt gewöhnlich
zwischen zwei zusammen gehörende
Begriffe, c. 21, 7; 1, 7, 7; 22, 57, 4
u. a., vgl. 9, 22, 7. — *portas — portas*, vgl. 6, 33, 9; 23, 24, 10: *pontem — ponte.* — *pro — tend.*, vgl. 4,
31, 2; 21, 33, 5. — *quos f.*, == *quos
casu*, nicht wie § 7: *si qua forte*, wie
qui forte nicht leicht gebraucht
wird. — *in spe ult.*, als (obgleich)
kaum noch etwas, Rettung, zu hoffen
war, vorher *desperatio.* — *obstinati
ad* wie 5, 41, 1. — *decertandum*,
von dem Streite nicht ablassen, ihn
zu Ende führen. — *in custodias*,
wahrscheinlich denkt L. an die Ge-
fängnisse der Stadt, vgl. 10, 2, 12.

non vi captum sed traditum per condiciones fuerat. Camillus **4**
in urbem triumphans rediit, trium simul bellorum victor. longe **2**
plurimos captivos ex Etruscis ante currum duxit, quibus sub
hasta venundatis tantum aeris redactum est, ut pretio pro auro
matronis persoluto ex eo, quod supererat, tres paterae aureae
factae sint, quas cum titulo nominis Camilli ante Capitolium **3**
incensum in Iovis cella constat ante pedes Iunonis positas fuisse.

Eo anno in civitatem accepti qui Veientium Capenatiumque **4**
ac Faliscorum per ea bella transfugerant ad Romanos, agerque
his novis civibus adsignatus. revocati quoque in urbem senatus **5**
consulto Veis, qui aedificandi Romae pigritia, occupatis ibi vacuis tectis, Veios se contulerant. et primo fremitus fuit asper-
nantium imperium; dies deinde praestituta capitalisque poena,

---

4. 1—3. *triumph.*, vgl. CIL. p.
286: *Etruscis ad Sutrium devictis,
Aequis et Volscis subactis tertium
triumphavit.* — *trium* — *vict.*, s. 45,
36, 7: *Paulum tanti belli victorem,*
über *simul,* c. 35, 6: *omnium simul
rerum,* s. 1, 39, 3, vgl. 2, 31, 7. —
sub hasta, Bezeichnung des öffentlichen Verkaufs von Gütern, die dem
Staate zugefallen waren, vgl. 5, 16,
7. — *pro auro,* das Gold war also
wol mit dem übrigen, s. 5, 50, 6,
geweiht, oder nicht wieder gewonnen, s. c. 15, 12. — *ante Cap.
inc.,* 83 v. Ch. — *in Iov. c.,* die Celle
des Jup. war von der der Juno links,
und der der Minerva rechts durch
Wände geschieden, so dass es, wenn
nicht mit *cella Iovis* der ganze Cel-
lenraum bezeichnet werden soll,
nicht klar ist, wie die Schalen in
der Celle des Juppiter und doch zu
Füssen der Juno haben stehen können, s. Becker I, 399.

4—12. Erweiterung des Staates;
Herstellung der Stadt; Krieg gegen
Tarquinii; Plut. Cam. 33. Diod.
15, 22 f.

4. *in civit.,* es ist das volle Bürgerrecht, c. 5. — *qui* — *transfugerant;* da dieselben den Kern von 4
neuen Tribus bilden, so können es
nicht Ueberläufer gewesen sein, sondern ganze Orte, die zu Rom über-

traten, wahrscheinlich von den Etruskern unterdrückte, den Latinern näher stehende Umbrer, die ursprünglich das Land bewohnten, s. Mommsen 1, 115. Diese werden Bürger,
weil in Rom die Zahl derselben gesunken, s. c. 2, 9, die Treue der
Bundesgenossen auf dem linken Tiberufer wankend ist, vgl. Vell. Pat.
1, 14: *per idem tempus civitatem
propagatam auctumque Romanum
nomen communione iuris.* — *agerque* etc., weil damals jeder röm.
Bürger Grundeigenthum haben musste, s. 2, 16, 5; 1, 43, 1; wahrscheinlich wurde ihnen deshalb ihr Land,
s. c. 5, 8, zurückgegeben und auf ihre
Namen in die Censuslisten eingetragen.

5—6. *revocati* — *Veis*; die Voranstellung dieses Factum vor die früher erfolgten hat die dreifache Bezeichnung des localen Verhältnisses
(a Veis — *ibi* — *Veios)* nöthig gemacht. — *occupatis* ist entweder wie
4, 10, 5 zu nehmen, oder die Occupation, s. 2, 41, 2, der Uebersiedlung
(*se contulerant*) wirklich vorhergegangen. — *vacuis,* 5, 55, 4. — *fremit. f. asp.,* s. 5, 21, 11. — *deinde*
gehört zu *fecit* = *effecit ut essent;*
durch *universis singulos,* wie oft
entgegengesetzte Begriffe nebeneinander treten, ist zugleich Grund u.

qui non remigrasset Romam, ex ferocibus universis singulos,
6 metu suo quemque, oboedientes fecit. et Roma cum frequentia
crescere, tum tota simul exsurgere aedificiis et re publica in-
pensas adiuvante, et aedilibus velut publicum exigentibus
opus, et ipsis privatis — admonebat enim desiderium usus —
festinantibus ad effectum operis; intraque annum nova urbs
stetit.

7   Exitu anni comitia tribunorum militum consulari potestate
habita. creati T. Quinctius Cincinnatus Q. Servilius Fidenas
quintum L. Iulius Iulus L. Aquilius Corvus L. Lucretius Trici-
8 pitinus Ser. Sulpicius Rufus. exercitum alterum in Aequos non
ad bellum — victos namque se fatebantur — sed ab odio ad
pervastandos fines, ne quid ad nova consilia relinquerent virium,
9 duxere, alterum in agrum Tarquiniensem. ibi oppida Etruscorum Cortuosa et Contenebra vi capta. ad Cortuosam nihil certaminis fuit: inproviso adorti primo clamore atque impetu cepere.
10 direptum oppidum atque incensum est. Contenebra paucos dies
oppugnationem sustinuit, laborque continuus, non die, non nocte
remissus, subegit eos. cum in sex partes divisus exercitus Romanus senis horis in orbem succederet proelio, oppidanos eosdem integro semper certamini paucitas fessos obiceret, cessere
11 tandem, locusque invadendi urbem Romanis datus est. publicari
praedam tribunis placebat; sed imperium quam consilium segnius
fuit: dum cunctantur, iam militum praeda erat, nec nisi per invi-

Folge angedeutet. — *qui* sc. *iis, qui,*
s. 1, 1, 3; 10, 36, 7; 23, 15, 4 u. a.
— Zu *capitis poena*, hier nur: schwe-
re Strafe, ist aus *praestituta*, s. 3,
22, 4, ein entsprechender Begriff zu
nehmen. — *et* knüpft locker die Folge der beiden Massregeln an. — *cum
— crescere*, s. 3, 65, 10. — *exigentibus*, die Aedilen, welchen die *cura
urbis* oblag, beaufsichtigten und be-
trieben jetzt den Bau von Privat-
häusern, s. 5, 55, 3, wie den von
öffentlichen Gebäuden. Sonst wird
exigere mehr von den Censoren gebraucht, Becker 2, 2, 236. — *ad eff.*,
s. 21, 7, 6. — *annum*, dem ersten
nach der Zerstörung.

7—8. *Servilius*, 5, 36. *Lucretius*,
wahrscheinlich der Sohn des 5, 32
genannten, *Aquilius*, die Aquilier
sind in dieser Zeit Patricier, s. 2,
40, 14, später Plebejer. — *victos*,
die Aequer sind so geschwächt, dass
sie ihre früheren Besitzungen nicht
behaupten können, und erst 9, 45
wieder im Kampfe mit Rom erscheinen. — *Tarquin.*, 5, 16, also jenseits
des Ciminischen Waldgebirges, vgl.
9, 36, 1.

9 — 11. *Cortuosa Cont.*, wahrscheinlich von Tarquinii abhängige,
sonst nicht erwähnte Orte. — *paucos — laborq.*, nur wenige — die un-
unterbrochene Anstrengung nämlich, s. c. 3, 3: *confectoque*, oder:
zwar einige — aber die, s. c. 16,
5; 23, 7, 11 u. a. — *cum* etc. er-
klärendes Asyndeton. — *in orb.*, s.
5, 19, 11. — *dum — erat* 21, 7, 1.
— *sed imp.* etc., vgl. 5, 20, 4; L.
selbst hat mehrmals berichtet, dass
die Soldaten gegen ihren Willen die

diam adimi poterat. — Eodem anno, ne privatis tantum operibus 12
cresceret urbs, Capitolium quoque saxo quadrato substructum
est, opus vel in hac magnificentia urbis conspiciendum.

   Iam et tribuni plebis civitate aedificando occupata contiones 5
suas frequentare legibus agrariis conabantur. ostentabatur in 2
spem Pomptinus ager, tum primum post accisas a Camillo Volscorum res possessionis haud ambiguae. criminabantur multo 3
eum infestiorem agrum ab nobilitate esse, quam a Volscis fuerit:
ab illis enim tantum, quoad vires et arma habuerunt, incursiones
eo factas; nobiles homines in possessionem agri publici grassari, 4
nec, nisi, antequam omnia praecipiant, divisus sit, locum ibi plebi
fore. haud magno opere plebem moverunt, et infrequentem in 5
foro propter aedificandi curam et eodem exhaustam inpensis,
eoque agri inmemorem, ad quem instruendum vires non essent.

Beute unberührt lassen.

   12. *saxo q.*, 1, 26, 14, ungeachtet
der Noth wird eine Mauer, die noch
in später Zeit, s. Plin. 36, 15, 104,
bewundert wurde, errichtet, theils
um die überhängenden Felsen des
Capitolium zu stützen, theils um
das Ersteigen zu verhindern, 5, 47;
38, 28; also nach der Tiber hin.
Dass hierzu eine ausserordentliche
Steuer ausgeschrieben wurde, ist
nach c. 32, 1 wahrscheinlich. — *hac*,
1, 55, 9. — *conspic.:* sehenswürdig.

   5. Innere Verhältnisse. Diod. 15.
24.

   1—2. *frequentare*, viele Menschen herbeiziehen, wie oft *celebrare*,
§ 5.— *legibus*, der Plural steigernd.
— *in spem*, als das, was sie zu erhalten hoffen dürften, s. c. 11, 5,
vgl. 3, 1, 2; 1, 17, 9; gewöhnlicher
ist: *ostendere spem alicuius rei.* —
Pomptin., das sehr fruchtbare Gebiet war schon früher zum Theil im
Besitze der Römer gewesen, s. 2,
25; 34; dann wahrscheinlich wieder
von den Volskern besetzt worden,
s. 4, 25, 4, obgleich *tum prim.* etc.
einen längeren Besitz voraussetzt.
Die Römer scheinen jetzt allein
das Land einzunehmen, vielleicht in
Folge des Sieges c. 2, 12, während
früher auch die Latiner, wie die

Theilnahme der Pometiner an
dem latinischen Heiligthum in dem
Haine von Aricia, s. Priscian 4, 4,
21 zeigt, einen Theil besessen hatten; wahrscheinlich ein Grund der
Erbitterung der Latiner gegen Rom,
Mommsen 1, 348. — *accisae*, 3, 10,
8; 8, 11, 12 u. a.

   3—5. *criminab.* geht auf das Subject des ersten Satzes zurück. —
habuerunt, 10, 26, 11; 2, 15, 3. —
nobiles, s. 4, 48, 2; die Plebs ist also
von der Occupation ausgeschlossen,
s. c. 21, 4. — *in possess.* — *grassari*, sich gewaltsam, gierig in den
Besitz setzen wollen; vgl. 2, 12, 15.
— *praecipiant*, durch Occupation.—
divisus etc., 4, 48, 3. — *haud m.*,
aber nicht gar sehr, nicht sonderlich, 3, 26, 3, vgl. 1, 17, 1. - *eodem*,
da eine Beziehung auf das Vorhergeh. sehr passend ist, und L. 2, 47,
12: *eius — reconciliandi* sagt, so ist
eodem als Abl. = *eadem re* wol auf
aedificandi zu beziehen; als Causal-
partikel, wie das folg. *eo* oft gebraucht wird, findet es sich sonst
nicht; *eo tempore* statt *eodem* würde,
da die Sache soeben, s. c. 4, 6, erwähnt ist, etwas nicht Nothwendi-
ges hinzufügen; zur Sache s. c. 11,
9. — *instruendum*, um das zur An-
siedlung Nothwendige, Haus-Acker-

6   In civitate plena religionum, tunc etiam ab recenti clade superstitiosis principibus, ut renovarentur auspicia, res ad inter- regnum rediit. interreges deinceps M. Manlius Capitolinus, Ser.
7 Sulpicius Camerinus, L. Valerius Potitus. hic demum tribunorum militum consulari potestate comitia habuit; L. Papirium C. *Cor- nelium C.* Sergium L. Aemilium iterum L. Menenium L. Valerium Publicolam tertium creat. ii ex interregno magistratum occepere.
8 — Eo anno aedis Martis Gallico bello vota dedicata est a T. Quinctio duumviro sacris faciendis. — Tribus quattuor ex novis civibus additae: Stellatina Tromentina Sabatina Arniensis; eae-
6 que viginti quinque tribuum numerum explevere. — De agro Pomptino ab L. Sicinio tribuno plebis actum ad frequentiorem iam populum mobilioremque ad cupiditatem agri, quam fuerat.
2 et de Latino Hernicoque bello mentio facta in senatu maioris belli cura, quod Etruria in armis erat, dilata est.

geräth, Vieh u. s. w. (*instrumentum* Cic. Verr. 3, 23, 57) anzuschaffen, fehlte es ihnen an Geld, Betriebsca- pital; *viribus* = *copiis*, 23, 41, 6.

6—8. *ab rec. cl.*, die Niederlage an der Alia, vgl. 5, 38, 1; ib. 36, 6. Einen speciellen Grund für die *re- novatio auspiciorum*, s. 5, 17, 3, giebt L. nicht an; die Nachricht ist wie das Folg. § 8 ohne Verbindung angereiht. — *interr. deinc.* hier ohne *fuere.* — *Manlius*, 5, 47; *Sulpicius*, 5, 32; *Valerius*, 5, 48. — *Papirium*, 5, 31, 6; 6, 11. — *C. Cornelium* nach Diod.; *Serg.* c. 27; *Aemil.* u. *Vale- rium* c. 1. — *aedis — vota*, ist vor- her nicht erwähnt. — *Martis*, s. Preller Mythol. 312; 308, vgl. 22, 10, 9. Der Tempel lag vor der porta Capena, vgl. 7, 23, 3; 10, 47, 4. — *duum. s. f.* er ist als *duumvir aedi dedicandae* gewählt, s. 23, 30, 13; 2, 42, 5 vgl. mit 9, 46, 5. — *tribus*, dass Censoren dieselben eingerich- tet haben, wird hier eben so wenig erwähnt als 7, 15, 12; 9, 20, 5, s. Lange 1, 489; 2, 51, und ist in dem vorliegenden Falle zweifelhaft, s. die Stelle aus Festus zu c. 14, 12. — *novis civ.*, c. 4. Die Namen sind nicht, wie die der älteren Tribus,

nach Gentilnamen gebildet, sondern local: *Stellatina* von dem *campus Stellatinus* bei Capena; *Sabatina* von dem *lacus Sabatinus*, j. Lago di Bracciano nordwestlich von Veii; *Tromentina* nach dem *campus Tro- mentinus*, wahrscheinlich auch in Etrurien. Ob die *Arniensis*, 29, 37, nach dem Arno benannt sei, ist zwei- felhaft, da die Römer erst später bis an diesen vorgedrungen sind; Momm- sen, 1, 338. — *eaeque* etc. weist auf 2, 21 zurück, und *explere*, s. 1, 43, 12; 23, 5, 5, deutet zugleich an, dass jetzt durch die bestimmte Zahl der Tribus ein gewisser Abschluss der Verfassung erlangt sei. Später wer- den immer nur je 2 Tribus auf ein- mal gebildet.

6—10. Krieg mit den Volskern und Etruskern.

1—2. *ab L. Sic.*, er stellt einen neuen Antrag, da der frühere nicht durchgegangen ist. — *frequent i.*, s. 21, 37, 6; ib. 60, 4. — *mobil. ad.*, leichter zu bewegen zu dem Verlan- gen = dass es begehrte. — *de Lat. Hern.*, c. 2, 3. — *mentio f.*, 4, 8, 4. — *cura*, der Grund, erläutert durch *quod* etc. — *dilata* n. die Verhand- lung darüber.

Res ad Camillum tribunum militum consulari potestate re- 3
diit; collegae additi quinque: Ser. Cornelius Maluginensis Q.
Servilius Fidenas sextum L. Quinctius Cincinnatus L. Horatius
Pulvillus P. Valerius. principio anni aversae curae hominum 4
sunt a bello Etrusco, quod fugientium ex agro Pomptino agmen
repente inlatum in urbem attulit Antiates in armis esse, Latino-
rumque populos iuventutem suam misisse ad id bellum, eo ab- 5
nuentes publicum fuisse consilium, quod non prohibitos tantummodo voluntarios dicerent militare, ubi vellent. desierant
iam ulla contemni bella. itaque senatus diis agere gratias, quod 6
Camillus in magistratu esset: dictatorem quippe dicendum eum
fuisse, si privatus esset; et collegae fateri regimen omnium re-
rum, ubi quid bellici terroris ingruat, in viro uno esse, sibique 7
destinatum in animo esse Camillo summittere imperium, nec
quicquam de maiestate sua detractum credere, quod maiestati
eius viri concessissent. conlaudatis ab senatu tribunis et ipse

3—4. *res — rediit,* sonst von dem
interregnum gebraucht, bezeichnet
hier die Leitung der Staatsangele-
genheiten überhaupt, vgl. 4, 43, 7.
Cornelius, 5, 36, 11. *Servilius,* c. 4.
— *additi,* Camillus wird auch so als
die Hauptperson bezeichnet, s. 4,
13, 6. — *fugient.,* viell. Clienten,
denen die Patricier Theile des occu-
pirten Landes gegeben hatten. —
Antiates, dieselben Feinde wie c. 2,
8; 9, 1 u. a. — *suam misisse,* nach
der Aussage der Fliehenden haben
die Latiner auf öffentliche Autorität
ihre junge Mannschaft an dem Kriege
Theil nehmen lassen, während die
latin. Staaten behaupten, dass sie
selbst unbetheiligt seien, nur Freiwillige als Privatpersonen den Feldzug mitgemacht hätten, c. 10, 7. —
eo, obgleich vor *abnuentes* gestellt,
weist auf den folg. Grund: *quod* etc.
hin: sie behaupteten, stützten die
Behauptung, dass nicht — gewesen
(nicht für — zu halten) sei, darauf
u. s. w., vgl. c. 10, 7; 9, 2, 4; 34,
31, 8. — *dicerent,* c. 2, 9. — *milit.*
ubi v. ist verschieden von *voluntarii,*
da diese für ein bestimmtes Heer,
für einen bestimmten Zweck sich

stellen; sie hätten, ebenso wie
bei den Antiaten, bei den Römern
dienen können; übrigens meidet L.
auch pleonastische Ausdrücke nicht,
s. 39, 56, 6: *insulam, quae non ante*
fuerat, novam., 25, 3, 10 u. v. a. Die
voluntarii werden jetzt oft erwähnt,
vgl. c. 10, 7; 12, 6; 13, 7; 17, 7.
An diesen Stellen wird die von L.
2, 22, 1 wol zu früh angenommene
Verbindung der Latiner und Herniker mit den Volskern erwähnt, welche jetzt gemeinschaftlich sich aus
der Abhängigkeit von Rom befreien
oder verhindern wollen, dass es
wieder so mächtig werde wie vor
dem Einfall der Gallier; doch treten die Latiner u. Herniker anfangs
noch nicht offen auf.

5—7. *desierant — bella,* anders
und richtiger urtheilt L. 7, 25, 7 f.;
zur Construction s. 4, 35, 9. — *age-*
re gr., s. 7, 36, 7. — *summittere,*
wiewol ihm gleich gestellt, wollen
sie sein imperium als ein höheres,
wie das des Dictators, anerkennen,
sich ihm unterordnen; 3, 70, 1. —
detract. hat hier *de,* gewöhnlich den
Dativ oder *ex,* selten *a,* s. 37, 45,
18. — *quod,* wenn dieses. — *eius*

8 Camillus, confusus animo, gratias egit. ingens inde ait onus a
populo Romano sibi, qui se dictatorem iam quartum creasset,
magnum a senatu talibus de se iudiciis eius ordinis, maxumum
9 tam honoratorum collegarum obsequio iniungi. itaque, si quid
laboris vigiliarumque adici possit, certantem secum ipsum adni-
surum, ut tanto de se consensu civitatis opinionem, quae maxima
10 sit, etiam constantem efficiat. quod ad bellum atque Antiates
attineat, plus ibi minarum quam periculi esse; se tamen, ut nihil
11 timendi, sic nihil contemnendi auctorem esse. circumsederi urbem Romanam ab invidia et odio finitimorum : itaque et ducibus
12 pluribus et exercitibus administrandam rem publicam esse. „te“
inquit, „P. Valeri, socium imperii consiliique legiones mecum ad-
13 versus Antiatem hostem ducere placet; te, Q. Servili, altero exercitu instructo paratoque in urbe castra habere, intentum, sive
Etruria se interim, ut nuper, sive nova haec cura, Latini atque
Hernici moverint; pro certo habeo ita rem gesturum, ut patre
14 avo teque ipso ac sex tribunatibus dignum est. tertius exercitus
ex causariis senioribusque a. L. Quinctio scribatur, qui urbi moenibusque praesidio sit. L. Horatius arma tela frumentum quae-
15 que belli alia tempora poscent provideat. te, Servi Corneli, praesidem huius publici consilii, custodem religionum comitiorum

v., nachdrückliche Hinweisung auf
die erwähnte Person. — confusus,
Ausdruck der Bescheidenheit; anders c. 34, 8; 1, 7, 6.

8. qui se dict. etc., die Worte
sind in mehrfacher Beziehung dunkel, weil nicht das Volk den Dictator wählt, s. 5, 46, 10 ; 22, 8, 6, u.
nicht die Rede davon gewesen ist,
dass es ihn habe wählen wollen,
sondern nur im Senate die Ansicht
geherrscht hat, dass er unter anderen Verhältnissen habe gewählt werden müssen. Es wird deshalb vermuthet, dass imperatorem zu lesen
oder dictatorem als Glossem zu tilgen sei. — quartum, das war Cam.
als tribun. mil., s. c. 18, 1; als Dictator ist er es erst c. 38, 3. — tanto
d. s. cons., da — sei, sich zeige.

10—13. bellum a. Ant., s. 3, 3,
3; vgl. 23, 25, 4. — ab invid., s. 3,
15, 7. — administr. v. p., s. 2, 64,
5; 30, 41, 9. — exercitu, ein zweites aus iuniores bestehendes. — in

urbe, wo er also wenigstens über
die Soldaten das volle imperium,
auch das imper. militare hat; s. 3,
15, 8; ib. 17, 7; 20, 3 u. a. — nova
h. c., dieser neue Gegenstand der
Sorge, mit Nachdruck vorangestellt,
c. 1, 4 ; 9, 1; 3, 5, 9 u. a., und um
an Latini a. H. das Prädicat anzu-
fügen. Uebrigens wird der Krieg
schon c. 2, 3 gefürchtet. — gesturum, weil te eben vorhergegangen
ist, vgl. 23, 34, 4; 9, 1, 11. — patre
etc. 4, 21; 46; avo, 3, 6.

14—15. ex caus., Ulpian 2, 2 : est
honesta (missio), quae emeritis stipendiis vel ante ab imperatore in-
dulgetur, et causaria, quae propter
valetudinem laboribus militiae
solvit. — senior., hier Reserve, anders c. 2, 6. — frument., 5, 7, 13.
— quaeque b. a., freiere Stellung
statt quaeque alia belli, praef. 5. —
praesidem h. etc., der praefectus
urbis, wie 4, 45, 7; ib. 59, 1 u. a.,
dessen Befugnisse jedoch aus u. St,

legum rerum omnium urbanarum collegae facimus." cunctis in 16
partes muneris sui benigne pollicentibus operam Valerius, socius
imperii lectus, adiecit, M. Furium sibi pro dictatore seque ei pro
magistro equitum futurum : proinde, quam opinionem de unico 17
imperatore, eam spem de bello haberent. se vero bene sperare
patres et de bello et de pace universaque re publica erecti gaudio
fremunt; nec dictatore umquam opus fore rei publicae, si tales 18
viros in magistratu habeat, tam concordibus iunctos animis, pa-
rere atque imperare iuxta paratos laudemque conferentes potius
in medium quam ex communi ad se trahentes.

Iustitio indicto dilectuque habito Furius ac Valerius ad Sa- 7
tricum profecti, quo non Volscorum modo iuventutem Antiates
ex nova subole lectam sed ingentem Latinorum Hernicorumque
conciverant ex integerrimis diutina pace populis. itaque novus
hostis veteri adiunctus commovit animos militis Romani. quod 2
ubi aciem iam instruenti Camillo centuriones renuntiaverunt,
turbatas militum mentes esse, segniter arma capta, cunctabun-
dosque et resistentes egressos castris esse, quin voces quoque

---

nicht mit Sicherheit zu entnehmen
sind, da die tribuni militares vermöge ihres imperium Manches thun
konnten, wozu der von den Consuln
eingesetzte praef. urb. nicht berechtigt war. Zwar hat dieser auch ein
imperium, s. Tac. An. 6, 11, und
versammelt den Senat (*publici cons.*,
Staatsrath), s. 3, 9, 6; ib. 29, 4 u. a.,
hat den Vortrag über religiöse An-
gelegenheiten (*custodem relig.*); allein es ist zweifelhaft, ob er auch
die Comitien (*comitiorum*) berufen
und wie viell. in der Königszeit, s.
Mommsen 1, 65, Gericht (*legum*) gehalten, s. 1, 59, 1; 3, 24, 2; oder dem
a. u. St. erwähnten dieses als tribun.
milit. zugestanden habe, s. Becker
2, 2, 146; Lange 1, 273 f. Uebrigens
findet hier wie 3, 3, 6 ein iustitium
statt, s. c. 7, 1.

17—18. *vero* tritt bisweilen zu
dem Personalpron. um die Geneigt-
heit etwas anzunehmen zu bezeichnen, Nägelsbach § 197, 2. — *bene
sper.*, wir: Gutes hoffen, wie *bene
sentire*, *Latine scire* u. ä. — *de pace*
dient nur zur Erweiterung, da es

sich allein um den Krieg handelt. —
in med., 2, 57, 3. — *tam conc.* ist
wol in Beziehung auf die Bürgerkriege so hervorgehoben.

7. 1. *Satricum*, s. c. 16, 6, nach
2, 39 von den Volskern erobert, nach
Diod. 14, 102 vor dem Gallischen
Kriege von den Römern abgefallen,
ist noch im Besitze der Volsker, s.
c. 8, 9; also: nach S. zu. — *nova
s.*, wol in Bezug auf c. 2, 13. — *sed*,
s. 1, 10, 1. — *ingentem*, auch dazu
gehört *iuventutem*, vgl. 5, 23, 7; 45,
23, 15. — *ex integerr.*, L. denkt
diese Völker, wie später, den Römern unterworfen und nicht berechtigt, Krieg zu führen, 2, 53; 3, 6,
während sie nicht allein in Verbindung mit Rom, sondern wol auch oft
allein mit den Volskern u. Aequern
gekämpft haben, s. c. 10, 8; 8, 2, 13.

2—3. *quod*, durch den acc. c. inf.
erklärt, s. 24, 15, 5; ib. 37, 5; 28,
3, 8 u. a.; dagegen ist c. 8, 2 *quod*
nur anknüpfend wie in *quod si* u. a.
— *resistentes*, ungern, widerstre-
bend, wie die Verbindung mit *cunc-
tabundos* zeigt, Gron. verm. *resti-*

auditas, cum centenis hostibus singulos pugnaturos, et aegre
inermem tantam multitudinem, nedum armatam sustineri posse,
3 in equum insilit et ante signa obversus in aciem, ordines intere-
quitans: ,,quae tristitia, milites, haec, quae insolita cunctatio est?
hostem, an me, an vos ignoratis? hostis est quid aliud quam
4 perpetua materia virtutis gloriaeque vestrae? vos contra me duce,
ut Falerios Veiosque captos et in capta patria Gallorum legiones
caesas taceam, modo trigeminae victoriae triplicem triumphum ex
5 his ipsis Volscis et Aequis et ex Etruria egistis. an me, quod
non dictator vobis sed tribunus signum dedi, non agnoscitis ducem? neque ego maxima imperia in vos desidero, et vos in me
nihil praeter me ipsum intueri decet: neque enim dictatura mihi
6 umquam animos fecit, ut ne exilium quidem ademit. iidem igitur
omnes sumus, et cum eadem omnia in hoc bellum adferamus,
quae in priora attulimus, eundem eventum belli expectemus.
simul concurreritis, quod quisque didicit ac consuevit, faciet:
vos vincetis, illi fugient.‘‘
8   Dato deinde signo ex equo desilit et proximum signiferum
manu arreptum secum in hostem rapit ,,infer, miles,‘‘ clamitans
2 ,,signum.‘‘ quod ubi videre ipsum Camillum, iam ad munera corporis senecta invalidum, vadentem in hostes, procurrunt pariter
omnes clamore sublato ,,sequere imperatorem‘‘ pro se quisque

---

tantes, was in dieser Bedeutung gewöhnlicher ist. — *esse — esse,* 3,
5, 14. — *ante signa* etc , die, wahrscheinlich von Camillus eingeführte,
Manipularstellung wird hier vorausgesetzt; er spricht zuerst zu den
antesignani, vor denen, ehe die
Schlacht begann, ihre Fahnen standen, dann zu den folgenden Gliedern (*ordines intereq.*), s. 8, 8. Von
dem Asyndeton, *obversus — inter-
equitans,* finden sich zwar einige
Beispiele, 2, 46, 4; 8, 39, 2; 4, 41,
4; 29, 7, 6, doch ist vielleicht a.
u. St. *ordines inde intereq.* zu lesen.
— *quae tr. m. haec,* gewöhnlich steht
in solchen Fragen der Verwunderung über etwas Unerwartetes das
Substant. nach den beiden Pronomen
(*qui hic, iste, ille*), s. c. 40, 18; 7,
34, 13; 40, 8, 1. Eben so ist die
Wortstellung in *hostis est quid al.*

ungewöhnlich. — *hostem, an* etc.,
vgl. 21, 10, 6. — *materia,* Cic. Mil.
13, 35: *Clodium, — segetem ac materiam suae gloriae;* Tac. H. 4, 76:
*Gallos quid aliud, quam praedam vic-
toribus.*

4 — 6. *Falerios,* 5, 27. *Veios,* 5,
21. — *capta,* 5, 49. — *trigeminae,*
s. 1, 26, 1: *trigemina spolia.* — *et
Aeq.* ohne Praeposit., weil sie, obgleich c. 2, 14 von den Volskern
getrennt, doch wie es sonst gewöhnlich der Fall war, verbunden gedacht werden. — *sign. dedi,* das c.
12, 7 bezeichnete; c. 8, 1 das durch
die tuba (classicum) zum Angriff. —
iidem, 40, 27, 15: *eosdem, qui antea
fuerint,—esse.* — *quisque,* 4, 43, 11.

8. 2 — 6. *clamore subl.* ist das
gewöhnliche Kriegsgeschrei, *clamantes* der eben erwähnte Zuruf. —
senecta, 2, 40, 6. — *pariter,* gleich-

clamantes. emissum etiam signum Camilli iussu in hostium aciem 3
ferunt, idque ut repeteretur concitatos antesignanos; ibi primum 4
pulsum Antiatem, terroremque non in primam tantum aciem
sed etiam ad subsidiarios perlatum. nec vis tantum militum mo- 5
vebat, excitata praesentia ducis, sed quod Volscorum animis nihil
terribilius erat quam ipsius Camilli forte oblata species: ita, quo- 6
cumque se intulisset, victoriam secum haud dubiam trahebat.
maxime id evidens fuit, cum in laevum cornu prope iam pulsum
arrepto repente equo cum scuto pedestri advectus conspectu
suo proelium restituit, ostentans vincentem ceteram aciem. iam 7
inclinata res erat, sed turba hostium et fugam inpediebat, et longa
caede conficienda multitudo tanta fesso militi erat, cum repente
ingentibus procellis fusus imber certam magis victoriam quam
proelium diremit. signo deinde receptui dato nox insecuta quie- 8
tis Romanis perfecit bellum. Latini namque et Hernici relictis
Volscis domos profecti sunt, malis consiliis pares adepti eventus; Volsci ubi se desertos ab eis videre, quorum fiducia rebella- 9
verant, relictis castris moenibus Satrici se includunt. quos primo
Camillus vallo circumdare et aggere atque operibus oppugnare
est adortus. quae postquam nulla eruptione impediri videt, mi- 10
nus esse animi ratus in hoste, quam ut in eo tam lentae spei
victoriam expectaret, cohortatus milites, ne tamquam Veios op-
pugnantes in opere longinquo sese tererent, victoriam in mani-

---

zeitig, 3, 22, 6 u. a. — *emissum,*
wie 3, 70, 10. — *antesignanos* und
nachher: *prima acies* die hastati u.
principes, wie § 4: *subsidiarii,* die
Triarier, s. 8, 8; 4, 28, 2. — *moveb.*
= *terrebat,* s. c. 7, 1; 22, 61, 13:
nec tamen eae clades moverunt. —
vis — *sed quod,* vgl. 9, 6, 4: *incerti*
— *et quod;* 26, 46, 1: *altitudine* —
et quod; 1, 15, 1: *consanguinitate*
— *et quod* u. s. w. — *ita,* wie *adeo*
praef. 11. — *quocumq. s. int.,* s. 3,
11, 2; 21, 35, 2 u. a., anders 8, 9,
12 u. s. w. — *cornu,* der Römer. —
cum sc. ped., im Eifer hat er nicht
einmal den beim Reiten unbequemen
Schild der Fussgänger mit der *par-*
ma vertauscht, umgekehrt kämpft
2, 46, 5 Fabius mit der parma zu
Fusse, vgl. 4, 38, 3. — *conspectu,*
passiv = § 5: *oblata species:* Cic.
Fin. 5, 18, 48.

7 — 10. *sed turba* etc., der Sieg
war schon entschieden, aber die ver-
worrene Masse der Feinde, s. 9,
23, 16: *semet ipsam turba impe-*
diens, hinderte ihn sogleich zu verfolgen, da sie nicht nur die Flucht
der Feinde erschwerte, sondern
auch die Römer nöthigte die grosse
Menge niederzuhauen, was lange
Zeit erfordert hätte. — *ingentib.*
pr., unter heftigem Sturme, vgl.
c. 32, 6; 8, 6, 3; 2, 62, 1. — *dire-*
mit etc., s. 7, 33, 15; der Sturm
trennte die Parteien, als sie bereits
nicht mehr kämpften, sondern die
eine schon siegte. — *deinde,* in
Folge davon. — *quietis,* ohne dass
sie etwas zu thun hatten. — *lentae*
sp. v., ein Sieg, der erst nach lan-
gem Verzug gehofft werden konnte;
ein freier Gebrauch des genit. qualitatis.

bus esse, ingenti militum alacritate moenia undique adgressus
scalis oppidum cepit. Volsci abiectis armis sese dediderunt.

9   Ceterum animus ducis rei maiori, Antio, inminebat: id ca-
2 put Volscorum, eam fuisse originem proximi belli. sed quia nisi
magno apparatu, tormentis machinisque, tam valida urbs capi
non poterat, relicto ad exercitum collega Romam est profectus,
3 ut senatum ad excidendum Antium hortaretur. inter sermonem
eius — credo rem Antiatem diuturniorem manere diis cordi
fuisse — legati ab Nepete ac Sutrio auxilium adversus Etruscos
petentes veniunt, brevem occasionem esse ferendi auxilii memo-
4 rantes. eo vim Camilli ab Antio fortuna avertit. namque cum
ea loca opposita Etruriae et velut claustra inde portaeque essent,
et illis occupandi ea, cum quid novi molirentur, et Romanis re-
5 cuperandi tuendique cura erat. igitur senatui cum Camillo agi
placuit, ut omisso Antio bellum Etruscum susciperet. legiones
6 urbanae, quibus Quinctius praefuerat, ei decernuntur. quamquam
expertum exercitum adsuetumque imperio, qui in Volscis erat,

9. 1—3. *caput*, 3, 10, 8. Antium
und Ecetrae, s. 3, 4, 2, erscheinen
noch immer als die wichtigsten
Punkte der Volsker. — *fuisse*, daraus ist *esse* zu *caput* zu denken. —
nisi magno etc., die Stadt lag auf
einem weit in das Meer ragenden
Felsen, 2, 63; 65. — *tormentis*, die
in späterer Zeit gebrauchten Ballisten, Catapulten; *machinis* umfasst
das übrige Belagerungsgeschütz. —
ad exerc., 3, 18, 5. — *ad* — *hortar.*
wie 24, 1, 5; 28, 19, 10; 38, 12, 7
u. a., vgl. Cic. Or. part. 27, 97. —
rem Ant., 2, 9, 5. — *diis cordi*, was
nachher *fortuna* genannt wird, s.
Einl. S. 19. — *Nepete* j. Nepi; L.
braucht die Form *Nepete* als Nominat. 27, 9, 7; Accus. 6, 21; 29, 15;
Abl. 10, 14, wie *Caere* 1, 2, 3. —
Sutrio, c. 3.

4. *opposita Etr.*, sie lagen Etrurien entgegen, vor demselben, 5, 34,
6; dieses wird so bereits durch das
Ciminische Waldgebirge begrenzt,
c. 4, 8, von dem südlich Nepete im
Osten die Strasse nach Falerii;
Sutrium westlich die nach Tarquinii beherrscht. — *claustra*, der Ort,
der den Schlüssel zu einer Gegend

bildet, so dass wer denselben be-
sitzt, den Zugang verschliessen und
öffnen, sie als Thor benutzen kann;
die letzte Seite ist noch besonders
durch *portae* bezeichnet, dieses mehr
in Bezug auf die Etrusker, welche
Einfälle machen, *cum quid* etc., jenes in Bezug auf die Römer, welche
dieselben abwehren wollen; *inde*,
von da, von der Seite n. Etruriens,
fast = *eius*, vgl. 31, 48, 7; 9, 32,
1; 37, 15, 1; 45, 11, 4: *adparebat
claustra Aegypti* (Pelusium) *teneri,
ut, cum vellet, exercitum induceret.*
Curt. 4, 33, 4.

5—6. *legiones urb.*, so werden
später oft die beiden Legionen genannt, die als Reserve ihr Lager bei
der Stadt haben. Man sollte erwarten, dass das gegen Etrurien aufgestellte Heer, s. c. 6, 13, jetzt Camillus übergeben werde, nicht das
aus causarii und seniores bestehende
unter Quinctius, besonders da die
seniores nur bei dringender Gefahr
in das Feld rücken, s. c. 2, 6. Sigo-
nius liest daher *Q. Servilius* statt
Quinctius; doch kann auch L. die
Namen verwechselt haben, wie 27,
7, 11 u. a. Uebrigens konnte das

mallet, nihil recusavit, Valerium tantummodo imperi socium de-
poposcit. Quinctius Horatiusque successores Valerio in Volscis
missi. profecti ab urbe Sutrium Furius et Valerius partem op- 7
pidi iam captam ab Etruscis invenere, ex parte altera intersaeptis itineribus aegre oppidanos vim hostium ab se arcentes. cum 8
Romani auxilii adventus tum Camilli nomen celeberrimum apud
hostes sociosque et in praesentia rem inclinatam sustinuit, et
spatium ad opem ferendam dedit. itaque diviso exercitu Camil- 9
lus collegam in eam partem circumductis copiis, quam hostes
tenebant, moenia adgredi iubet, non tam a spe scalis capi urbem
posse, quam ut aversis eo hostibus et oppidanis iam pugnando
fessis laxaretur labor, et ipse spatium intrandi sine certamine
moenia haberet. quod cum simul utrimque factum esset, anceps- 10
que terror Etruscos circumstaret, et moenia summa vi oppugnari et intra moenia esse hostem viderent, porta se, quae una
forte non obsidebatur, trepidi uno agmine eiecere. magna cae- 11
des fugientium et in urbe et per agros est facta. plures a Furianis intra moenia caesi; Valeriani expeditiores ad persequendos
fuere nec ante noctem, quae conspectum ademit, finem caedendi
fecere. Sutrio recepto restitutoque sociis Nepete exercitus du- 12
ctus, quod per deditionem acceptum iam totum Etrusci habebant.
Videbatur plus in ea urbe recipienda laboris fore, non [in] eo 10
solum, quod tota hostium erat, sed etiam quod parte Nepesino-

Heer bei Rom schneller nach Sutrium gelangen als das von Antium.
— *mallet*, er würde (wenn man es
ihm freigestellt hätte) vorgezogen
haben, s. 38, 49, 13; 45, 23, 7; wegen dieses hypothetischen Verhältnisses steht ohne Rücksicht auf
quamquam der Conjunct., doch s.
36, 34, 6. — *in Volscis = qui Valerio in Volscis successores essent;*
es wird *in Volscos* verm.

7—11. *intersaept. it.*, durch Barrikaden; Naegelsb. § 35, 1, a. — *ce-
leberr.*, 4, 54, 8. — *non tam a s.*, s.
27, 17, 5: *cum a spe*; 26, 1, 3: *non
ab ira tantum = quam*, vgl. 7, 15,
10. Ueber den acc. c. inf. c. 13, 7;
vgl. 40, 31, 6; 34, 24, 7. — *aversis
eo*, s. c. 23, 8; 1, 6, 1: *avocare*; 1,
57, 8: *avolant.*— *ancepsq.*, auch Camillus griff, nachdem er in die Stadt
gerückt war, die Feinde an. — *in-*

per, der Wechsel der Praeposs. ist
bei L. nicht selten, s. c. 34, 5; 5, 8,
9; 4, 56, 4 u. a. — *Furianis*, die
Leute des Furius, 2, 18, 4. — *perseq. n. eos*, s. 26, 25, 7; 38, 29, 3.
— *restitutoque*, der Erfolg ist wie
c. 3; obgleich an der Grenze sich
solche Kämpfe wiederholen, s. § 4,
so ist es doch wahrscheinlich, dass
hier die Wiederholung von den Annalisten herrühre, da weder das Elogium des Cam. CIL. p. 285, noch Diod.
sie haben; Plutarch setzt das Ereigniss später an, s. Camill. c. 37, vgl.
Nieb. R. G. 2, 654; 3, 320.

10. 1—5. *parte Nep.*, nach § 5
die Angesehenen, welche auf der
Seite der alten Herrn standen, wie
die unterdrückte Bevölkerung, s. c.
4, 4, zu den Römern hielt. Das
folg. *tamen* bezieht sich nur auf den
letzten Satz: *sed etiam quod* etc. —

2 rum prodente civitatem facta erat deditio. mitti tamen ad principes eorum placuit, ut secernerent se ab Etruscis fidemque,
3 quam inplorassent ab Romanis, ipsi praestarent. unde cum
responsum allatum esset nihil suae potestatis esse, Etruscos
moenia custodiasque portarum tenere, primo populationibus agri
4 terror est oppidanis admotus; deinde, postquam deditionis quam
societatis fides sanctior erat, fascibus sarmentorum ex agro conlatis ductus ad moenia exercitus, conpletisque fossis scalae ad-
5 motae; et clamore primo impetuque oppidum capitur. Nepesinis
inde edictum, ut arma ponant, parcique iussum inermi; Etrusci
pariter armati atque inermes caesi. Nepesinorum quoque auctores deditionis securi percussi; innoxiae multitudini redditae res,
6 oppidumque cum praesidio relictum. ita duabus sociis urbibus
ex hoste receptis victorem exercitum tribuni cum magna gloria
Romam reduxerunt. — Eodem anno ab Latinis Hernicisque res
repetitae, quaesitumque, cur per eos annos militem ex instituto
7 non dedissent. responsum frequenti utriusque gentis concilio
est nec culpam in eo plublicam nec consilium fuisse, quod suae
8 iuventutis aliqui apud Volscos militaverint; eos tamen ipsos

---

fidem, das treue Halten an dem Bündnisse, nach welchem sie Hülfe begehrt hatten, vgl. 8, 1, 10. — *unde*
= *a quibus. deditionis q. s.,* in der
Form wie c. 4, 11: *imperium quam
consilium* u. a. — *sanctior,* s. 8, 25,
12. — *fascibus s.,* 22, 16, 7: *faces
— ex agris collectae fascesque vir-
garum atque aridi sarmenti;* Faschi-
nen. — *Nepesinor.,* freier Gebrauch
des genit. part., vgl. 32, 29, 7, statt:
*Nepesinorum quoque ii, qui auctores
fuerant.* Die Anstifter des Abfalles
(*auctores*) werden gewöhnlich als
Verräther bestraft, 6, 21, 7; 9, 16,
10 u. a., vgl. 1, 28, 9; 2, 4, 7. —
redditae res, die eigentlich den Siegern gehörten. — *cum praes.* = *ita
ut praesidium haberet,* wie im
Griech. ἔχων. Die Stadt wird wol
nur vorläufig militärisch besetzt, um
neuen Abfall zu verhüten, s. 5, 8, 2;
3, 30, 2.

    6—7. *res rep.,* sie werden bereits
als bundesbrüchig betrachtet, s. c.
2, 3; 7, 1, bei der *rerum repetitio*
aber besonders ein Punkt hervorge-

hoben. — *ex instit.,* nach dem Bunde,
nach welchem die Römer wie die
Latiner gegenseitig von einander
Hülfe fordern konnten. L. denkt
wahrscheinlich an die Verpflichtung
der socii der Römer in späterer Zeit
ex foedere oder *formula* Truppen
zu stellen, wie 3, 4, 11: *iussi milites
dare,* 7, 25, 5; 8, 4, 7, nicht an gleiche Verbindlichkeit der Römer den
Bundesgenossen zu helfen. — *concilio,* auf einem besonderen Landtage,
natürlich mit Ausschluss der Römer,
vgl. 1, 52; 8, 3, 10. — *nec culp.,*
die Verletzung des röm. Gebietes
und der Krieg überhaupt. Die Staaten sind nur für das verantwortlich,
was *publico consilio* geschieht; wenn
Einzelne fehlen, so kann deren Auslieferung gefordert werden, s. c. 6,
5; 1, 24, 8.

    8—9. *tamen—ipsos,* diese, ob-
gleich schuldig, wären jedoch schon
durch sich selbst bestraft, könnten
nicht ausgeliefert oder von den Staaten bestraft werden. *poenam hab.*
hier anders als 29, 18, 15. — *his,*

pravi consilii poenam habere, nec quemquam ex his reducem
esse; militis autem non dati causam terrorem adsiduum a Volscis
fuisse; quam pestem adhaerentem lateri suo tot super alia aliis
bellis exhauriri nequisse. quae relata patribus magis tempus 9
quam causam non visa belli habere.

    Insequenti anno, A. Manlio P. Cornelio T. et L. Quinctiis 11
Capitolinis L. Papirio Cursore iterum *C. Sergio iterum* tribunis
consulari potestate, grave bellum foris, gravior domi seditio exorta: bellum ab Volscis adiuncta Latinorum atque Hernicorum 2
defectione, seditio, unde minime timeri potuit, a patriciae gentis
viro et inclitae famae, M. Manlio Capitolino. qui nimius animi 3
cum alios principes sperneret, uni invideret, eximio simul honoribus atque virtutibus, M. Furio, aegre ferebat solum eum in
magistratibus, solum apud exercitus esse; tantum iam eminere, 4

so steht *hic* bisweilen in orat. obl.,
s. c. 28, 6; 3, 24, 5; 5, 2, 8; ib. 11,
11 u. a. — *terrorem — a Vols.*, die
Entschuldigung musste nach L's
Darstellung sehr wenig angemessen
erscheinen, da nach dieser die Römer gerade auch gegen die Volsker
Krieg führen, die Latiner aber diese
unterstützen; auch hätten die Römer, was viell. nach dem Einfall
der Gallier nicht geleistet war, den
Latinern in gleicher Weise Hülfe
bringen müssen, wie sie es von ihnen
verlangen. — *adhaer. lat.*, an ihrer
Seite liege, 34, 41, 4: *lateri adhae-
rens tyrannus.* — *super al. al.*: Kriege über Kriege; sonst lässt L. *super
alios* (*alia*) gewöhnlich nachfolgen,
wenn die Wiederholung bezeichnet
werden soll: *alii super alios*, s. 1,
50, 6; 3, 56, 4, ib. 68, 4; seltener
steht es voran, wie a. u. St., 10, 5,
4; 25, 22, 1; 39, 49, 7. — *exhauriri*,
die Volsker hätten nicht erschöpft,
ihre Kraft nicht aufgezehrt werden
können. — *tempus* sowol als *causam*
hängen von *habere* ab: *visa sunt magis tempus non habere quam causam
non habere*, ein milderer Ausdruck
für *causam quidem belli habere visa
sunt, sed non tempus belli esse*; gewöhnlich steht in diesem Falle *potius*, nicht *magis*. Rom scheint sich

noch nicht stark genug zum Kriege
zu fühlen, s. c. 6, 2; der Senat sich
deshalb mit der Erklärung zu begnügen.

    11—20. M. Manlius Capitolinus;
Krieg mit den Volskern, Diod. 15,
28; 35; Gell. 17, 21, 24; 17, 2, 14;
Val. Max. 6, 3, 1; Aur. Vict. 24;
Plut. Cam. 36; Dio Cass. frg. 26;
App. Ital. 9; Zon. 7, 27.

    1—3. *Manlio — Cornelio*, c. 1,
beide *iterum*. *L.Quinctius*,c.6 ; 32;*T.
Quinctius* scheint L. für den c. 4 genannten zu halten, da die Quinctii
nicht allein *Capitolini* heissen, sondern auch *Cincinnati. Papirio*, c. 6.
C. Sergio iterum fehlt in den Hdss.,
aber c. 27 wird sein drittes Tribunat erwähnt. — *gravior*, s. 5, 12, 7,
wird durch *unde* etc. wie *grave* durch
adiuncta etc. erklärt. — *ab Volsc.*
u. *ortum*, s. 10, 3, 2; 21, 11, 2; 22,
42, 7 u. a. — *unde*, vgl. 5, 7, 1. —
patric. gent. 3, 33, 10. — *nimius
an.*, stolz, anmassend, s. § 6, c. 36,
8, Tac. H. 4, 23: *praeferoces et rebus secundis nimii.* — *uni inv.*, als
seinem persönlichen und politischen
Gegner. — *apud exerc.* hebt die
Seite der Magistratur hervor, von
welcher Camillus besonders glänzte.
— *esse* ist entweder als absichtliche
Uebertreibung zu nehmen oder mit

ut isdem auspiciis creatos non pro collegis sed pro ministris
habeat, cum interim, si quis vere aestimare velit, a M. Furio recu-
perari patria ex obsidione hostium non potuerit, nisi a se prius
5 Capitolium atque arx servata esset; et ille inter aurum accipiendum et in spem pacis solutis animis Gallos adgressus sit, ipse
armatos capientesque arcem depulerit; illius gloriae pars virilis
apud omnes milites sit, qui simul vicerint, suae victoriae nemi-
6 nem omnium mortalium socium esse. his opinionibus inflato
animo, ad hoc vitio quoque ingenii vehemens et inpotens, postquam inter patres non, quantum aecum censebat, excellere suas
7 opes animadvertit, primum omnium ex patribus popularis factus
cum plebeis magistratibus consilia communicare; criminando
patres, adliciendo ad se plebem, iam aura, non consilio ferri, fa-
8 maeque magnae malle quam bonae esse. et non contentus agrariis legibus, quae materia semper tribunis plebi seditionum fuisset,
fidem moliri coepit: acriores quippe aeris alieni stimulos esse,
qui non egestatem modo atque ignominiam minentur, sed nervo

Madvig zu tilgen.
4—5. *isdem ausp.*, c. 6; 7; 16, vgl.
7, 1, 6. — *cum interim*, da indessen,
da doch, bezeichnet mehr die Gegenüberstellung als die Zeit, s. 5, 37, 4.
— *si velit*, näml. : werde er finden;
im Folg. musste der Conditionalis
eintreten; auch *potuerit*, in orat.
recta *potuit*, ist so zu nehmen, anders das folg. *adgressus sit* u. s. w.,
s. c. 40, 17. — *inter a. ac.*, als sie
schon in Empfang nahmen; s, c. 39,
10; 9, 11, 6; 7, 40, 5; 2, 20, 9; 34,
25, 6. — *in spem*, auf die Hoffnung
hin, in der H., s. zu 21, 43, 7; 27,
27, 3; 44, 25, 10: *malebat in spem
Romanae pacis non recusare in-
pensam:* 32, 16, 15: *dum in spem
pacis intenti segnius munia belli
obeunt;* vgl. c. 5, 2. Da in den meisten Hdss. *in* fehlt, so vermuthet
Dobree: *spe p. solutis:* sorglos, nicht
an den Kampf denkend, s. 28, 34, 9.
neminem etc. geht von der begonne-
nen Construct. ab, s. zu 5, 25, 6,
was nach *cum interim*, s. c. 27, 6;
4, 51, 4, geschehen konnte; der Gegensatz erscheint so selbständiger,
schärfer. Ueber den Gedanken Cic.
Marc. 2.

6—7. *ad hoc*, s. c. 20, 8. — *inter
patr.*, im Senate; auch ist er, worauf
§ 3 *solum* hindeutet, seit der Rettung
des Capitols zu keinem Staatsamte
gewählt worden. — *primum*, wie
hier die Hss. haben, findet sich auch
sonst, wo man *primus* erwartet, s.
c. 20, 3; vgl. 2, 5, 9; ib. 18, 4; 8,
15, 9; ib. 26, 7; ebenso *solum* neben
solus. Uebrigens hat L. selbst schon
Valerius 2, 8 und *Cassius* 2, 41 als
populares, s. 3, 39, 9, dargestellt.
— *cons. commun.*, 1, 54, 1. — *aura*
n. *popularis*, was hier fehlen konnte.
8. *non cont. ag. leg.*, nicht dass
er Ackergesetze veranlasst hätte, s.
jedoch c. 16, 7, sondern sie genügen
ihm nicht, er unternimmt etwas Ge-
fährlicheres, nämlich den Credit zu
erschüttern, *fidem moliri*, c. 41, 11;
2, 30, 1; vergl. Cic. Off. 2, 24, 84.
— *moliri*, wankend machen; indem
er das Volk gegen die hohen Zinsfuss aufregt. Nach Appian hat er
auf Schuldentilgung angetragen, s.
auch c. 14, 11. — *acriores*, selbst
als nach grösserem Besitz, s. c. 5, 5.
ignominiam, c. 34, 2. *nervo*, c. 27, 8;
Fest. p. 165: *nervum appellamus fer-
reum* (es bestand auch wol aus Höl-

ac vinculis corpus liberum territent. et erat aeris alieni magna 9
vis re damnosissima etiam divitibus, aedificando, contracta. bellum itaque Volscum, grave per se, oneratum Latinorum atque
Hernicorum defectione, in speciem causae iactatum, ut maior
potestas quaereretur; sed nova consilia Manlii magis conpulere 10
senatum ad dictatorem creandum. creatus A. Cornelius Cossus
magistrum equitum dixit T. Quinctium Capitolinum.

Dictator etsi maiorem dimicationem propositam domi quam 12
foris cernebat, tamen, seu quia celeritate ad bellum opus erat,
seu victoria triumphoque dictaturae ipsi vires se additurum ratus,
dilectu habito in agrum Pomptinum, quo a Volscis exercitum inductum audierat, pergit. — Non dubito, praeter satietatem tot 2
iam libris adsidua bella cum Volscis gesta legentibus illud quoque succursurum, quod mihi percensenti propiores temporibus
harum rerum auctores miraculo fuit, unde totiens victis Volscis

---

zern oder Stricken) *vinculum, quo
pedes impediuntur,* daher auch von
dem Zusammenhalten der Füsse *com-
pedes* genannt, vgl. c. 36, 12: *nervum
ac supplicia.* Das Gesetz der zwölf
Tafeln, welches diese harte Behandlung der Schuldner erlaubte, heisst
bei Gell. 20, 1, 45: *aeris confessi
rebusque iure iudicatis triginta dies
iusti sunto. post deinde manus iniec-
tio esto, in ius ducito. ni iudicatum
facit aut quis endo (in) eom iure
vindicit, secum ducito, vincito aut
nervo aut compedibus. quindecim
pondo ne minore aut si volet maiore
vincito.*
   9—10. *et* „und in der That"; s.
1, 1, 3, wahrscheinlich war in der
Geldnoth nach der Zerstörung der
Stadt das den Wucher beschränkende Gesetz der zwölf Tafeln: *ne quis
unciario fenore amplius exerceret,*
Tac. Ann. 6, 16 aufgehoben, oder
wurde umgangen, s. 7, 16, 1. — *re d.,*
das hds. *res damn.* enthielt einen
Gedanken, der an sich überflüssig,
und in Bezug auf die Reichen, die
aus den Schulden der Armen Vortheil zogen, unrichtig wäre. — *ae-
dific.,* Apposition wie c. 20, 8; 2,
47, 12; 21, 4, 3; 22, 8, 5; 30, 12,

20; 42, 63, 2. vgl. Suet. Nero 31:
*non in alia re damnosior quam in
aedificando.* — *sed nova* etc., Gegensatz zu *in speciem:* aber in der
That. — *creandum. creatus* bezeichnet den Uebergang von dem Wollen,
dem Beschluss, zur That. — *Cornelius,* wahrscheinlich der 4, 51 erwähnte, *Quinctium,* § 1; nach Zonar.
war Camillus Dictator, s. Schwegler
3, 298.
   1. *propositam,* in Aussicht gestellt. — *inductum,* die Hdss. haben
induci indictum: indess eignete sich
das streitige Pomptinische Gebiet
nicht zum Sammelplatze des Heeres
(*indictum*); s. c. 22, 8; 10, 38, 4.
   2—5. *non dub.* etc., eine Anmer-
kung wie 4, 20. — *satietatem* etc.,
s. c. 10, 8; 21, 2. An sich waren die
Kriege sehr wichtig, da die Ueber-
windung der Aequer und Volsker
Roms Macht begründete, allein sie
waren in den Annalen ohne Zusammenhang und ohne Unterschei-
dung des Wichtigen und Unbedeu-
tenden erzählt, da selbst die ältesten
(*propiores,* vergl. 25, 11, 20; 29, 14,
9) über 200 Jahre von diesen Be-
gebenheiten entfernt sind. — *quoque* in Rücksicht auf *praeter sat.* —

3 et Aequis suffecerint milites. quod cum ab antiquis tacitum prae-
termissum sit, cuius tandem ego rei praeter opinionem, quae
4 sua cuique coniectanti esse potest, auctor sim? simile veri est
aut intervallis bellorum, sicut nunc in dilectibus fit Romanis, alia
atque alia subole iuniorum ad bella instauranda totiens usos esse,
aut non ex isdem semper populis exercitus scriptos, quamquam
5 eadem semper gens bellum intulerit, aut innumerabilem multitudinem liberorum capitum in eis fuisse locis, quae nunc vix seminario exiguo militum relicto servitia Romana ab solitudine
6 vindicant. — ingens certe, quod inter omnes auctores conveniat,
quamquam nuper Camilli ductu atque auspicio accisae res erant,
Volscorum exercitus fuit. ad hoc Latini Hernicique accesserant
et Cerceiensium quidam et coloni etiam a Velitris Romani.
7 dictator castris eo die positis, postero cum auspicato prodisset
hostiaque caesa pacem deum adorasset, laetus ad milites iam

suff., s. 21,8,4.—*tacitum praetermis-*
sum, vgl. 1, 50, 9 : *tulisse tacitum.* —
coniectanti, wenn er u. s. w., s. 10,
30, 4, zum Gedanken 4, 20, 11. —
auctor s., welche Ansicht könnte ich
aussprechen ausser einer Meinung,
wie sie u. s. w.—*alia a. a.,* immer andere, die in der Zwischenzeit der
Kriege herangewachsen waren. —
instauranda, 24, 42, 6; *gens nata*
instaurandis — bellis. — *populis —*
gentis, 4, 49, 3 : *suae gentis populo;*
ib. 56, 5 : *utriusque gentis populos;*
7, 26, 15; 45, 22, 8 : *reguli princi-*
pesque gentium aut populorum u. a.
Zur Sache s. 3, 10, 8. — *seminario,*
eine Pflanzschule für Krieger, wie
42, 61, 5 die Ritter ein *seminarium*
senatus heissen. Zu L's Zeit war
das Land theils durch die Bürgerkriege entvölkert, theils waren
grosse Strecken *(latifundia perdi-*
dere Italiam, Plin. 18, 6, 35 ; Appian
B. C. 1, 7 ; 11.) im Besitze der Optimaten, welche sie durch Sclaven
bebauen liessen, oder an die Veteranen in Militärcolonien vertheilt,
nachdem der kräftige Bauernstand
unterdrückt oder vernichtet war.
   6. *certe* geht auf § 1 zurück: was
auch die Ursache sein mag, so viel

steht fest. — *conveniat,* 5, 34, 6; s.
zu 2, 27, 6; 35, 49, 13, Tac. H. 3,
75: *quod inter omnes constiterit.* —
nuper, c. 2 u. 7 f. — *et* gehört zum
Satze, *etiam* zu *coloni,* s. 1, 16, 5 ;
30, 3, 2; 10, 38, 2 u. s. w. — *Cer-*
cei., s. 1, 56; 2, 39, nach Diod. 14,
102 ist 393 a. Ch. eine Colonie dahin geführt. — *a Velitr.,* 1, 50, 3;
über den Wechsel der Construction
s. c. 13, 8; 26, 39, 5; 42, 56, 6; zur
Sache 2, 31; 34; nach Diod. 14, 34
ist 404 a. Chr. die Colonie verstärkt
worden. Beide Orte werden an u.
St. u. c. 13, 8 nicht gleich gestellt,
aber c. 17, 7 Colonieen, die Bewohner (c. 21, 3 wie an u. St. nur die
Veliterner) *cives* genannt, s. 8, 14,
5, und von den Latinern, vgl. 7, 15,
11, mit denen sie sich erst 8, 3 verbinden, geschieden; ihr Verhältniss
zu Rom jedoch nicht klar bezeichnet, da man nicht sieht, warum sie,
wenn sie, wie L. annimmt, *coloniae*
civium waren, ungeachtet ihrer häu-
figen Empörungen nicht bestraft werden, vgl. c. 17, 7; Dion. 7, 13, Mommsen 1, 350; Gesch. d. röm. Münzw.
312.
   7—8. *auspicato pr.,* wie 5, 21, 1:
egressus. — *pacem,* c. 1, 12. — *ado-*

arma ad propositum pugnae signum, sicut edictum erat, luce
prima capientes processit: „nostra victoria est, milites," inquit, 8
„si quid di vatesve eorum in futurum vident. itaque, ut decet
certae spei plenos et cum inparibus manus conserturos, pilis
ante pedes positis gladiis tantum dextras armemus. ne procurri
quidem ab acie velim, sed obnixos vos stabili gradu impetum
hostium excipere. ubi illi vana iniecerint missilia, et effusi stan- 9
tibus vobis se intulerint, tum micent gladii, et veniat in mentem
unicuique deos esse, qui Romanum adiuvent, deos, qui secundis
avibus in proelium miserint. tu, T. Quincti, equitem intentus ad 10
primum initium moti certaminis teneas; ubi haerere iam aciem
conlato pede videris, tum terrorem equestrem occupatis alio pavore infer, invectusque ordines pugnantium dissipa." sic eques, 11
sic pedes, ut praeceperat, pugnant; nec dux legiones nec fortuna
fefellit ducem.

Multitudo hostium, nulli rei praeterquam numero freta et **13**
oculis utramque metiens aciem, temere proelium iniit, temere
omisit; clamore tantum missilibusque telis et primo pugnae im- 2
petu ferox gladios et conlatum pedem et vultum hostis ardore
animi micantem ferre non potuit. inpulsa frons prima et trepi- 3
datio subsidiis inlata; et suum terrorem intulit eques; rupti inde
multis locis ordines, motaque omnia et fluctuanti similis acies

---

rasset, verstärktes *orasset.* — *si-*
*gnum,*eine rotheFahne,aufdem Feld-
herrnzelte aufgesteckt, war das Zeichen zum Ausrücken in die Schlacht.
— *si quid* etc. konnte Quinctius, ungeachtet seiner vollen subjectiven
Ueberzeugung dass es so sei, sagen,
s. 4, 19, 3: *si modo;* Hom. II. 12,217
u. a.— *vatesve, ve,* wegen des, wenn
auch nur scheinbaren, Zweifels, vgl.
c. 14, 10; 7, 19, 5; 28, 10, 5.; auch
das uns näher liegende *que,* s. 10,
9, 4, findet sich in guten Hdss. und
wird von Anderen vorgezogen. —
in fut. vid., in — hineinsehen, eine
seltene *in coelum conspicere* Plaut.
Cist. 2, 3, 78 u. ä. nachgebildete Verbindung, vgl. 10, 39, 15.— *pilis* etc.,
vgl. 2, 65, 3; Marq. 3, 2, 270. —
obnixos, 8, 38, 11: *in suo quisquis*
gradu obnixi. — *vana,* aus weiter
Ferne.

9—10. *vobis,* daraus ist zu *iniece-*
rint der entsprechende Casus zu neh-

men. — *effusi,* sie halten bei dem
heftigen Angriffe nicht Reih u. Glied.
— *deos esse,* 3, 56, 7.—*primum in.,*
3, 54, 9. — *teneas,* hier befehlend,
s. 22, 30, 5; 26, 50, 7; Cic. Fam.
10, 16, 2; Att. 8, 6, 2 u. a., häufiger
wird die zweite Person des Conj.
v. allgemeinen Subjecten gebraucht.
— *terror eq.* die Reiterei, die sonst
wol den Kampf beginnt, soll bei dem
ersten Angriffe auf der Stelle bleiben. — *pavore* durch die unerwartete und ungewöhnliche Kampfart.

13. 1—3. *nulli rei,* 4, 37, 6. —
praeterquam, 4, 17, 6.—*oculis* etc.,
nur mit u. s. w , vgl. 30, 32, 5. —
conlat. ped., wie c. 12, 10; 10, 29, 6
u. a., Verg.Aen. 10, 361: *haeret pe-*
de pes densusque viro vir. — *ardore*
a. m., 7, 33, 17: feuriger Muth. —
frons prima, die erste Schlachtlinie,
die antesignani, s. 8, 8, 6. — *subsi-*
diis, c. 8, 4.—*fluctuanti,* wie c. 24,
10; 8, 39, 4; 9, 35, 6, im Gegen-

erat. dein, postquam cadentibus primis iam ad se quisque per-
4 venturam caedem cernebat, terga vertunt. instare Romanus; et
donec armati confertique abibant, peditum labor in persequendo
fuit; postquam iactari arma passim fugaque per agros spargi
aciem hostium animadversum est, tum equitum turmae emissae
dato signo, ne in singulorum morando caede spatium ad evaden-
5 dum interim multitudini darent: satis esse missilibus ac terrore
inpediri cursum obequitandoque agmen teneri, dum adsequi pe-
6 des et iusta caede conficere hostem posset. fugae sequendique
non ante noctem finis fuit. capta quoque ac direpta eodem die
castra Volscorum, praedaque omnis praeter libera corpora militi
7 concessa est. pars maxima captivorum ex Latinis atque Hernicis fuit, nec hominum de plebe, ut credi posset mercede militasse,
sed principes quidam iuventutis inventi, manifesta fides publica
8 ope Volscos hostes adiutos. Cerceiensium quoque quidam cogniti et coloni a Velitris; Romamque omnes missi percunctantibus primoribus patrum eadem, quae dictatori, defectionem sui
quisque populi, haud perplexe indicavere.

14   Dictator exercitum in stativis tenebat minime dubius bellum
cum iis populis patres iussuros, cum maior domi exorta moles

satze zu dem Kampfe in geschlossenen Gliedern; vgl. 4, 37, 11. — *cernebat*, vgl. 28, 15, 9.

4—5. *et* hier wie sonst *et* — *quidem*, s. 27, 34, 2. — *per agr.* gehört
zu *fuga*. — *equitum t. e.*, da schon
§ 3 ein Angriff derselben erwähnt
ist, so wird wohl vorausgesetzt, dass
sie sich wieder gesammelt haben.
— *dato si.*, 5, 36, 7. — *iusta c.*, nie-
dermachen, wie es in einem ordentlichen Treffen im Nahekampfe geschieht, vollständig, nicht blos Einzelne abschneiden oder verwunden,
vgl. 24, 14, 4.

7—8. *nec* — *sed* nicht (nur) —
sondern vielmehr, vgl. zu 21,41,16;
38, 22, 9; 10, 6, 4. — *de plebe*, 2,
36, 1. — *principes iuv.*, 2, 20, 11.
— *manifesta f.*, ein offenbarer Beweis, der zu der Ueberzeugung führte, gehört als Apposit. zu dem ganzen
Satze, und steht dessen Construct.
folgend im Nominativ, 4, 17, 4; zu
fides s. 21, 13, 3. — *percunct.*, vgl.
8, 21, 2; 30, 22, 5: *cum more tra-*

*dito a patribus potestatem interro-
gandi, si quis quid vellet, praetor fecisset.* — *perplexe*, 30, 42, 7: *Macedones cum perplexe responderent.*
Eine Strafe der Abgefallenen, die
nach L. Römer waren, ist nicht erwähnt; dagegen in dem Elog. des
Cam. heist es: *quartum* (*tribun.*)
severe in Veliternos animadvertit,
vgl. c. 17, 7. — *cogniti*, als das,
was sie waren, s. c. 25, 1; 1, 6, 1.
— *quisque*, Apposition zu *omnes*,
21, 45, 9. — *populi*, auch Bürgercolonieen konnten so genannt werden, s. zu 8, 37, 9; Servius: (*colonia*)
*est pars civium aut sociorum missa,
ubi rem publicam habeant.* Der
Abfall selbst erfolgt erst später, c.
21, 2.

14. 1—2. *patres ius.*, genauer
c. 21, 3, vgl. 42, 33, 4; über den
Ausdruck *senatus iubet* 36, 39, 9;
8, 37, 1 u. a. — *coorta*, schon c. 11,
10 ist gesagt, dass die Absichten
des Manlius der Grund der Wahl
eines Dictators gewesen seien. —

coegit acciri Romam eum gliscente in dies seditione, quam solito
magis metuendam auctor faciebat. non enim iam orationes mo- 2
do M. Manli sed facta popularia in speciem, tumultuosa eadem,
qua mente fierent, intuenti erant. centurionem, nobilem milita- 3
ribus factis, iudicatum pecuniae cum duci vidisset, medio foro
cum caterva sua accurrit et manum iniecit; vociferatusque de
superbia patrum ac crudelitate feneratorum et miseriis plebis,
virtutibus eius viri fortunaque: „tum vero ego" inquit „nequi- 4
quam hac dextra Capitolium arcemque servaverim, si civem com-
militonemque meum, tamquam Gallis victoribus captum in servitutem ac vincula duci videam." inde rem creditori palam po- 5
pulo solvit, libraque et aere liberatum emittit, deos atque homines

moles, s. 1, 9, 5. — solito, wenn Tribunen Aufstände erregten. — me-
tuend., 21, 41, 4. — enim, erläuternd,
dass gerade ein Mann wie M. solche
Dinge that; der Gedanke geht von
dem auctor auf das über, was derselbe thut. — non iam, bereits nicht
mehr, 30, 7, 8; 3, 66, 2; 7, 18, 9;
— orat. modo wie c. 10; jetzt sind
die Reden § 11 ff. mit Thaten § 3–10
verbunden. — in speciem, 3, 40, 7,
steht der wirklichen Absicht: qua
mente f. entgegen. — eadem (aber,
dabei) zugleich, s. 24, 22, 5 u. a.—
intuenti er., wenn man sie betrach-
tete, s. zu 9, 17, 4, waren, erschienen sie als, vgl. Seneca de Ira 3,
12, 2: ille intuendus est, voluerit
an inciderit; die hds. Lesart intuenda erant könnte nur durch eine Attraction, s. Cic. de imp. Pomp. 12,
34 u. a., und die Annahme erklärt
werden, dass aus intuenda zu qua
mente f. noch intuenti zu ergänzen
sei; da dieses kaum zulässig ist, hat
Gron. intuenti verm.
    3. centurion., vgl. 2, 23. — cater-
va, s. 4, 13, 3. — iudicatum, er
wurde nicht unmittelbar, in Folge
eines nexum abgeführt, 2, 23, 1,
sondern war durch einen richterlichen Spruch verurtheilt eine Geld-
summe zu bezahlen, und da er dieses
in der gesetzlichen Frist nicht bewirkt hat, und von dem Magistrate
in Folge des c. 11, 8 erwähnten Ge-

setzes dem Gläubiger zugesprochen
war, jetzt von diesem in Gewahrsam
gebracht, § 4: in servitutem duci.
— pecuniae, 23, 14, 3: quique iudicati pecuniae in vinculis essent, 26,
3, 8. — manum ini., um ihn zu vin-
diciren, s. c. 15, 9; 3, 44, 5; denn
der iudicatus war in das dominium
des Gläubigers gekommen und konnte
nur durch einen Bürger, der als vindex für ihn auftrat und zahlte, aus
der Haft befreit werden. — fenerat.,
hier von den patres geschieden, vgl.
c. 36, 12.
    4–5. tum vero, mit Nachdruck
vorangestellt, was sonst bei dem si
correspondirenden tum nicht so oft
geschieht, s. 7, 34, 14; 8, 30, 11. —
servaverim, meine Rettung würde
vergeblich gewesen sein; der künf-
tige Erfolg, s. c. 15, 13; 9, 11, 4;
27, 27, 12. — rem die Schuld. —
Gallis v., conditional: wie wenn
wären. — palam vertritt die Stelle
einer Präposition, wie bei Dichtern
bisweilen. Der Gedanke ist hinzugefügt, um auf die Absichten des
Manlius hinzuweisen, da solche Geschäfte immer sonst öffentlich verhandelt wurden. — in servit., 2, 23,
6. — libraque — emittit, dadurch,
dass Manlius für den centurio zahlt,
hat er ein gleiches Recht auf ihn
erworben wie der erste Gläubiger,
er konnte ihn servi loco wegführen;
statt dessen giebt er ihn schenkungs-

obtestantem, ut M. Manlio, liberatori suo, parenti plebis Romanae,
6 gratiam referant. acceptus extemplo in tumultuosam turbam et
ipse tumultum augebat, cicatrices acceptas Veienti, Gallico aliisque
7 deinceps bellis ostentans: se militantem, se restituentem eversos
penates, multiplici iam sorte exsoluta mergentibus semper sortem
8 usuris, obrutum fenore esse; videre lucem forum civium ora M.
Manli opera; omnia parentium beneficia ab illo se habere; illi devovere corporis vitaeque ac̄ sanguinis quod supersit; quodcumque
sibi cum patria, penatibus publicis ac privatis, iuris fuerit, id cum
9 uno homine esse. his vocibus instincta plebes cum iam unius
hominis esset, addita alia commotioris ad omnia turbanda con-

weise *per aes et libram* frei, da die
Auflösung des Schuldverhältnisses
in derselben Form erfolgte wie die
Schliessung desselben, s. 2, 23, 1;
Gaius III, 174: *adhibentur autem
non minus quam quinque testes et
libripens; deinde is qui liberatur ita
oportet loquatur: quod ego tibi tot
milibus eo nomine — debeo, solvo li-
beroque hoc aere aeneaque libra.*
Nach Anderen ist *libraque–liber.* die
Befreiung aus der Hand des Gläubigers, *emittit* die durch Manlius. —
parenti, der natürliche Vater,
drückt ein innigeres Verhältniss
aus als *pater* z. B. in *pater patriae*,
s. *parens legionum* Tac. Ann. 3, 13,
vgl. ib. 1, 14. — *deinceps*, 5, 37, 6.

7. *se–se* durch Stellung u. Anapher
gehoben. — *eversos* p., seine wol im
Gallischen Kriege zerstörte Woh-
nung. — *multiplic.* etc., er habe das
Capital *(sorte)* schon oft in den Zinsen zurückgezahlt; es werden sehr
hohe Zinsen vorausgesetzt, die in
wenigen Jahren (denn das Capital
scheint auf mehr als ein Jahr aus-
geliehen zu sein) die Höhe des Capitals erreichten, s. Rein das Privatrecht der Römer S. 631; sonst werden die Zinsen zu dem Capitale geschlagen, Schwegler 2, 214, was
hier, da die Zinsen bezahlt sind,
nicht stattgefunden haben kann. —
mergent. — *usur.*, Steigerung des
Vorhergeh., Erklärung von *obrutum*
etc.: die Zinsen seien wie Wogen

so über das Capital angeschwollen,
dass er dasselbe aus den Augen verloren habe, ungeachtet der mehr-
maligen Rückzahlung an die Abtra-
gung desselben nicht habe denken
können. — *fenore* etc., so sei er
durch die Schuldenlast, c. 15, 5; 17,
2, zu Grunde gegangen. — *obrutum*,
überschüttet, versenkt, wie ein
Schiff, c. 17, 2; das Bild in *mergentibus* ist festgehalten, s. c. 1, 2; 2,
29, 8, vgl. 3, 16, 4.

8—9. *lucem* im Gegensatze zu *ergastulum*, s. 2, 23, 6; vgl. 7, 4, 4.
— *vitaeque ac*, s. c. 1, 1; 5, 51, 8;
27, 45, 7. — *quodcumque* etc., s. 5,
42, 2: jede rechtliche Verbindung,
jede Verpflichtung, die Pietät, die
ihn an das Vaterland, an die Schutzgötter des Staates und seines Hauses, 3, 17, 11; 5, 52, 3, geknüpft
habe, verbinde ihn jetzt mit Manlius.
— *cum*, 9, 1, 8. — *penatib.*, s. 3, 17,
3. — *unius h. e.*, 3, 36, 7; 35, 31,
4. — *commotioris* etc., *commotus*
ist der, welcher in den Zustand der
Aufregung, Unruhe versetzt ist und
darin verharrt, so dass es sich wie
consideratus, copulatus u. a. der activen Bedeutung nähert; also ein
Unternehmen, das aus einer aufge-
regteren Stimmung hervorging, noch
stürmischer, und somit geeigneter
war Alles aufzuregen, als das § 5
Erzählte. — *ad omnia turb.* kann
nach der Wortstellung nur zu *commotioris* gehören. — *res* ist Um-

silii res. fundum in Veienti, caput patrimonii, subiecit praeconi: 10
„ne quem vestrum" inquit, „Quirites, donec quidquam in re mea
supererit, iudicatum addictumve duci patiar." id vero ita accendit animos, ut per omne fas ac nefas secuturi vindicem libertatis
viderentur. ad hoc domi contionantis in modum sermones pleni 11
criminum in patres; inter quos, cum omisso discrimine, vera an
vana iaceret, thensauros Gallici auri occultari a patribus iecit,
nec iam possidendis publicis agris contentos esse, nisi pecuniam
quoque publicam avertant; ea res si palam fiat, exsolvi plebem
aere alieno posse. quae ubi obiecta spes est, enimvero indignum 12
facinus videri, cum conferendum ad redimendam civitatem a

schreibung.

10. *in Vei.*, den er also erst seit
kurzem haben konnte. — *praeconi,*
er liess es öffentlich zum Verkaufe
ausbieten und verkaufen, wie § 5
palam. — *ne quem*, von einem aus
dem Zusammenhange sich ergeben-
den Begriffe: ich thue es, oder: ich
will verhüten, abhängig, vgl. 3, 53,
4. — *quidquam*, auch nur das Geringste, s. 3, 55, 8; 9, 18, 13 u. a.
addictumve, da der *iudicatus* erst
30 Tage nach dem gefällten Richter-
spruch, s. c. 11, 8, vor den Magistrat
geführt und von diesem (wenigstens
nach dem späteren, in dem Zwölf-
tafelgesetze eigentlich nicht vorge-
schriebenen Verfahren) dem Gläubiger zugesprochen wird (*addicitur*),
das *duci* also erst nach der *addictio*
erfolgen kann, so ist *ve* hier verbes-
sernd oder des negativen Gedankens
wegen, c. 12, 8, gebraucht, wesshalb
es von demselben Verhältnisse, da
das Zweite das Erste ergänzt, c. 15,
9: *iudicatos addictosque*, c. 34, 2:
iudicati atque ad. heisst, weil beides verbunden sein muss: der iudicatus, welcher addicirt ist. L. spricht
in der ganzen Verhandlung nur von
iudicatis und *addictis*, nicht von *ne-*
xis wie 2, 23 ff., obgleich wol viele
Schuldner auch jetzt das nexum eingegangen sein werden, s. d. Periocha;
8, 28.

11. *inter q.*, zu diesen gehörte als
etwas Gleichartiges, unter andern,

s. 7, 25, 10; 22, 57, 6. — *vera an*
v. hängt von dem in *omisso disc.* liegenden Begriffe der Unentschieden-
heit: ohne einen Unterschied zu
machen, ob, s. 2, 54, 7; ib. 40, 13,
iaceret von *cum* ab; doch wird *cum*
viell. mit Recht von Drakenborch
entfernt. Ueber die Wiederholung
iaceret — iecit s. c. 4. 5; 1, 53, 4.
— *thens.*, 29, 8, 9. — *possidendis*
— *contentos* weicht von dem gewöhnlichen Gebrauche des abl. gerund.
ab, vgl. 23, 28, 11; zur Sache 4, 53,
6; ib. 51, 5. — *publicis* ist hinzugefügt, um den Gegensatz in der chi-
astischen Stellung andeuten zu können, s. c. 35, 4. — *exsolvi* etc., er
weist also darauf hin, dass das Geld
vertheilt oder unmittelbar zur Schuldentilgung verwendet werden soll,
c. 11, 8; 15, 5.

12—13. *obiecta*, vorgehalten, s.
34, 29, 8. — *enimvero*, das sei natürlich, wahrhaftig etwas Unwürdi-
ges, 5, 25, 6; 24, 31, 1; 27, 30, 14
u. a. — *conferend.*, absolut: Geld-
beiträge geben, so gleich *conlationem*,
vielleicht war bestimmt, dass Jeder
so viel er konnte, beisteuerte, wie
sonst bei religiösen Dingen, s. 5, 25,
5: *de conlatione stipis verius* etc.;
Fest. p. 364: *dicitur etiam quoddam*
temerarium (tributum), ut post ur-
bem a Gallis captam conlatum est,
quia proximis XV annis census ac-
tus non erat, vgl. 26, 35; auch Plin.
erwähnt die Auflage: 33, 1, 14: *duo*

Gallis aurum fuerit, tributo conlationem factam, idem aurum ex
13 hostibus captum in paucorum praedam cessisse. itaque exseque-
bantur quaerendo, ubi tantae rei furtum occultaretur; differenti-
que et tempore suo se indicaturum dicenti ceteris omissis eo
versae erant omnium curae, apparebatque nec veri indicii gratiam
mediam nec falsi offensionem fore.

15   Ita suspensis rebus dictator accitus ab exercitu in urbem
venit. postero die senatu habito cum satis periclitatus voluntates
hominum discedere senatum ab se vetuisset, stipatus ea multitu-
2 dine, sella in comitio posita viatorem ad M. Manlium misit; qui
dictatoris iussu vocatus, cum signum suis dedisset adesse certa-
3 men, agmine ingenti ad tribunal venit. hinc senatus, hinc plebs,
4 suum quisque intuentes ducem, velut in acie constiterant. tum
dictator silentio facto: „utinam" inquit „mihi patribusque Romanis
ita de ceteris rebus cum plebe conveniat, quem ad modum quod
ad te attinet eamque rem, quam de te sum quaesiturus, conven-
5 turum satis confido. spem factam a te civitati video fide incolumi ex thensauris Gallicis, quos primores patrum occultent, creditum solvi posse. cui ego rei tantum abest ut inpedimento sim,

milia pondo *conlata*; diese hätte
aber erst nach der Rückkehr des
Volkes angeordnet werden können,
nicht, wie L. a. u. St. andeutet, vor
der Entfernung der Gallier; während
er 5, 50, 7, vgl. 34, 5, 9, berichtet,
dass die Frauen das Gold für die
Loskaufung zusammengebracht haben. Die, welche erzählten, dass den
Galliern das Gold wieder abgenom-
men worden sei, konnten die Auflage erfolgen lassen, um das aus den
Tempeln gerettete und nicht wieder
dahin zurückgegebene Gold, s. 5, 50,
6, zu ersetzen, vgl. Nieb. R. G. 2,
679; Schwegler 3, 287. — *tributo –
factam* ist dem folg. Satze: *idem* etc.
coordinirt, aber logisch demselben
untergeordnet: während nämlich,
als das Geld habe geschafft werden
müssen, eine Steuer ausgeschrieben
worden sei, sei dieses Geld u. s. w.,
s. c. 38, 13. — *in praed. c.*, als Beute
anheim gefallen, 36, 17, 13: *ea in
praemium cessura*, vgl. 43, 19, 12. —
exsequeb., 3, 20, 2. — *differenti*, 1,

54, 6; ib. 48, 6: *flectenti; differre*
ist absolut gebraucht, wie 24, 39, 3;
45, 36, 2. — *mediam*, 5, 37, 3, gehört zu *gratia* und *offensio.*

15. 1–3. *periclit.* soll die Vor-
sicht, nicht die Furcht des Dictators
bezeichnen. — *hominum*, der Senatoren, s. 22, 61, 1; 30, 17, 1, von
denen nachher auch *multitudo* gebraucht ist. — *vetuisset*, vgl. 5, 50,
8. — *sella* n. *curuli*, der Dictator
hält auch hier ohne die gewöhnlichen
Formen Gericht, s. 4, 14, 3; Cic. p.
Lig. — *viatorem*, einen Gerichts-
boten um vorzuladen oder zu ver-
haften, s. 2, 56, 13. — *agmine*,
Freunde und Anhänger, die ihm vor
Gericht beistehen wollen, vgl. 3, 44;
5, 30, 4. — *quisque*, wie c. 7, 6, die
Einzelnen auf beiden Seiten.

4–6. *patrib. Rom.*, 1, 18, 5. —
quaesiturus als Richter. — *fide inc.*,
so dass der Credit nicht leidet, die
Gläubiger nichts verlieren; was eigentlich Zweck war, ist als Umstand
bezeichnet. — *creditum*, c. 14, 11.

ut contra te, M. Manli, adhorter, liberes fenore plebem Romanam et istos incubantes publicis thensauris ex praeda clandestina
evolvas. quod nisi facis, sive ut et ipse in parte praedae sis, sive 6
quia vanum indicium est, in vincla te duci iubebo, nec diutius
patiar a te multitudinem fallaci spe concitari." ad ea Manlius 7
nec se fefellisse ait, non adversus Volscos, totiens hostis, quotiens
patribus expediat, nec adversus Latinos Hernicosque, quos falsis
criminibus in arma agant, sed adversus se ac plebem Romanam
dictatorem creatum esse; iam omisso bello, quod simulatum sit, 8
in se impetum fieri, iam dictatorem profiteri patrocinium feneratorum adversus plebem, iam sibi ex favore multitudinis crimen
et perniciem quaeri. „offendit" inquit „te, A. Corneli, vosque, 9
patres conscripti, circumfusa turba lateri meo: quin eam didu-
citis a me singuli vestris beneficiis, intercedendo, eximendo de
nervo cives vestros, prohibendo iudicatos addictosque duci, ex
eo, quod affluit opibus vestris, sustinendo necessitates aliorum?
sed quid ego vos, de vestro inpendatis, hortor? sortem aliquam 10
ferte; de capite deducite quod usuris pernumeratum est: iam ni-

---

— *ut contra*, c. 31, 4. — *fenore*, c.
14, 7. — *incubantes*, s. Quint. 10,
1, 2 : *velut clausis thensauris incubabit.*
— *evolvas*, mit Gewalt wegdrängst.
— *nisi facis*, 2, 45, 13. — *sive ut*
etc., um, wenn es zur Theilung unter die primores kommt, denn jetzt
ist die gesammte Summe noch vereinigt *(publicis thensauris)*, seinen
Antheil zu erhalten. *in parte*, s. 31,
1, 1 ; 44, 41, 1. — *in vincla*, s. 3,
56, 4 ; — *facis—inbebo*, s. c. 38, 7 ;
23, 13, 5 ; 36, 28, 6.

7—9. *nec se* etc., auch ihm sei nicht
entgangen, was die Senatoren und
der Dictator wüssten; 21, 23, 6. —
totiens h., 1, 39, 3, zur Sache 3, 10,
8. — *falsis crim.*, da sie nicht *publico consilio* abgefallen waren. Indess ist den Latinern der Krieg
noch nicht angekündigt. — *iam*, so
ist es gekommen, dass bereits, §10:
sogleich, bestimmt. — *fenerat.*, s.
§ 5 ; c. 14, 3 ; weil der Dictator das
von Manl. vorgeschlagene Mittel der
Schuldentilgung zurückweist.—*perniciem*, Verurtheilung und Hinrichtung als Hochverräther (*crimen*).

Tit. Liv. III. 3. Aufl.

— *offendit* etc. statt eines bedingten
Satzes, 8, 13, 15. — *lateri*, c. 10, 8.
— *intercedendo*, durch Bürgschaft
leisten; *eximendo*, durch Zahlung
der Schulden für bereits Verhaftete ;
prohibendo etc., indem sie, ehe dieselben in Schuldhaft abgeführt werden, für sie die Schulden zahlen ; sowol das *eximere* als *prohibere* konnten sie bewirken, wenn sie als *vindices* auftraten, c. 14, 3. — *eo quod a.*,
was euerem Reichthum (als Ueber-
mass) zuströmt, „von euerem Ueber-
flusse".

10. *sortem al. f.*, der Sinn der
Stelle ist aus dem Zusammenhange
klar: „seid mit einem mässigen Ka-
pitale zufrieden," aber die Bedeutung der einzelnen Worte ist unsicher. — *aliquam*, mit irgend einem,
d. h. das nicht in das Unendliche
durch die hinzugeschlagenen Zinsen,
s. c. 14, 7, gesteigert wird. Huschke
vermuthet *at aequam*, vgl. Sall. I.
79, 8 : *condicionem tantummodo aequam* ; Madvig *reliquam*. — *ferte*,
nehmt an, seid zufrieden mit u. s. w.
— *de capite ded.* etc., ziehet von dem

11 hilo mea turba quam ullius conspectior erit. at enim quid ita
solus ego civium curam ago? nihilo magis, quod respondeam,
habeo, quam si quaeras, quid ita solus Capitolium arcemque
servaverim. et tum universis quam potui opem tuli, et nunc
12 singulis feram. nam quod ad thesauros Gallicos attinet, rem suapte natura facilem difficilem interrogatio facit. cur enim quae-
ritis, quod scitis? cur, quod in sinu vestro est, excuti iubetis po-
13 tius quam ponatis, nisi aliqua fraus subest? quo magis argui
praestigias iubetis vestras, eo plus vereor, ne abstuleritis obser-
vantibus etiam oculos. itaque non ego vobis, ut indicem praedas
16 vestras, sed vos id cogendi estis, ut in medium proferatis." Cum
mittere ambages dictator iuberet et aut peragere verum indicium
cogeret aut fateri facinus insimulati falso crimine senatus obla-
taeque vani furti invidiae, negantem arbitrio inimicorum se locu-
2 turum in vincla duci iussit. arreptus a viatore „Iuppiter" inquit

Stammkapitale ab u. s. w. Dem Vorschlage, welcher später ausgeführt
wird, s. c. 35, liegt die Ansicht zu
Grunde, dass in den Zinsen ein Theil
des Kapitals zurückgezahlt werde,
und es wird durch denselben das unbestimmte*aliquam* näher bezeichnet.
— *ullius*, 3, 64, 5. — *quid ita*, ist
hier mit *solus* zu verbinden, zwar
auch demonstrativ n. *ita ut ego facio*
und missbilligend, nach der Ansicht
der Gegner, aber doch etwas verschieden von dem blossen *quid ita*,
s. 3, 40, 10.
12—13. *nam* etc., so wenig ich die
vorhergeh. Frage: *quid ita* etc. beantworten kann, eben so wenig die
nach dem Gallischen Golde, denn u.
s. w. Durch eine geschickte Wendung sucht er sich dem Vorwurfe,
dass er eine falsche Anzeige gemacht
habe und der Nothwendigkeit den
Beweis zu führen zu entziehen. *in
sinu*, man trug das Geld in einer
Bausche (*sinus*), welche die Toga,
in der späteren Zeit wenigstens bildete, Marquardt Röm. Privatalter-
thümer 2, 165; wurde der Zipfel,
durch den dieselbe entstand, weggezogen, so musste das Geld heraus-
fallen. — *ponatis*, freiwillig, nachher: *in medium proferatis*. Ueber

quam pon. s. 2, 15, 2. — *praestig.*,
sowol hierbei als bei *ne abstuler. ob.*
etc. ist an Gaukler und Taschenspie-
ler zu denken, welche die Zuschauer
ungeachtet aller Aufmerksamkeit
täuschen; das Perfect. wie 22, 14,
10; 44, 22, 4, vgl. c. 14, 4. — *praedas v.*, die Weihung des Goldes, 5,
50, 6, war nur nach einem Senatsbeschlusse durch die Priester vollzogen; die Heimlichkeit und der
Umstand, dass die von der Staatsreligion damals noch ausgeschlosse-
nen Plebejer den Grund der Zurück-
legung nicht anerkannten, konnte
die Sache verdächtig machen. *praedas*, s. 9, 36, 12. — *id cog.*, 4, 26, 3.

16. 1. *peragere v. i.*, in der gesetzlichen Form die Anzeige erheben
und beweisen, 1, 24, 9; ib. 32, 7; 3,
47, 4. — *cogeret*, conatus. — *insimulati f. c.*, also calumnia, 3, 24, 3,
s. zu 33, 47, 5. — *crimen* = crimi-
natio. — *oblataeq.*, 1, 51, 2. — *arbitrio*, er erkennt das ausserordentliche Gericht des Dictators nicht an,
s. 4, 14. Sowol aus diesem Grunde,
als wegen der calumnia wird die c.
15, 6 anders motivirte Drohung ausgeführt.

2—4. *Iuno reg.*, die auf dem Capitole verehrte, 3, 17; es sind die

„optime maxime Iunoque regina ac Minerva ceterique dii deae-
que, qui Capitolium arcemque incolitis, sicine vestrum militem
ac praesidem sinitis vexari ab inimicis? haec dextra, qua Gallos
fudi a delubris vestris, iam in vinclis et catenis erit?" Nullius 3
nec oculi nec aures indignitatem ferebant; sed invicta sibi quaedam patientissima iusti imperii civitas fecerat, nec adversus di-
ctatoriam vim aut tribuni plebis aut ipsa plebs attollere oculos
aut hiscere audebant. coniecto in carcerem Manlio satis constat 4
magnam partem plebis vestem mutasse, multos mortales capillum ac barbam promisisse, obversatamque vestibulo carceris
maestam turbam.

   Dictator de Volscis triumphavit, invidiaeque magis triumphus 5
quam gloriae fuit: quippe domi non militiae partum eum, actum-
que de cive, non de hoste fremebant; unum defuisse tantum su-
perbiae, quod non M. Manlius ante currum sit ductus. iamque 6
haud procul seditione res erat. cuius leniendae causa postulante
nullo largitor voluntarius repente senatus factus Satricum colo-

Schutzgötter des Staates. — *ceteri*,
vgl. Serv. zu Verg. G. 1, 21: „*per*
pontifices in omnibus sacris post spe-
ciales deos, quos ad ipsum sacrum,
quod fiebat, necesse erat invocari,
generaliter omnia numina invoca-
bantur;" vgl. 7, 26, 4. — *sicine*, 7,
15, 2. — *praesidem*, 3, 7, 1: *dii prae-*
sides ac fortuna urbis tutata est. — *in*
caten., 3, 58, 2. — *invicta*, wie 2, 1,
4: *inviolata*, vgl. 8, 34, 2: *dictatoris*
edictum pro numine semper observa-
tum. — *patientissima i. i.*, enthält
sowol L's Urtheil über das Verfahren des Dictators, als den Grund,
warum das Volk ungeachtet seiner
Uebermacht die gesetzlichen Schranken nicht überschreitet. — *aut trib.*,
die ihr *auxilium* gegen den Dictator
nicht geltend machen können, vgl.
jedoch c. 38, 9; *aut i. plebs* etc., weil
nach L's Ansicht auch jetzt noch
von dem Dictator nicht provocirt
werden kann, s. 6, 28, 4; 8, 33, 8.
— *hiscere*, s. 45, 26, 7. — *attollere*,
vgl. Curtius, 6, 36, 32: *Philotas —*
non attollere oculos non hiscere au-
debat. Ueber die Sache s. Becker
2, 2, 171. — *vest. mut.*, die weisse

(pura) Toga ablegte, wie bei einem
grossen Unglück des Staates, Cic.
Sest. 11 f. — *capillum* etc., s. 5, 41,
9; obgleich Bart und Haar nicht wie
später abrasirt wurde, konnte man
sie doch schon damals bei gewissen
Veranlassungen länger als gewöhnlich wachsen lassen.

   5—6. *triumphav.*, also nachdem er
bereits in der Stadt gewesen ist, s.
3, 10, 3; 7, 24, 10. — *invidiaeq.*,
que knüpft das Unerwartete an; wir
würden: aber sagen, vgl. c. 21, 9; 4,
10; 2, 39, 10. — *unum — tantum*,
s. 3, 56, 4; 21, 50, 5. — *procul sed.*,
7, 39, 12. — *largitor*, c. 2, 12. —
voluntar., ohne von den Tribunen
dazu gedrängt zu sein. — *iussit*, der
Volksbeschluss ist wol nur übergangen, s. 3, 1, 6. — *Satricum*, welches
ein Jahr vorher erobert, s. c. 8, für
die Deckung des Pomptinischen Gebietes, s. 2, 34, 6, wichtig, aber deshalb auch den Angriffen der Volsker
ausgesetzt war. Nach dem Folg. *ci-*
vium Rom., c. 22, 4, wäre Satr. Bürgercolonie geworden, doch ist dann
die grosse Anzahl der Colonisten
auffallend und Dion. 5, 61 führt die

niam duo milia civium Romanorum deduci iussit. bina iugera
7 et semisses agri adsignati. quod cum et parvum et paucis datum
et mercedem esse prodendi M. Manli interpretarentur, remedio
8 inritatur seditio. et iam magis insignis sordibus et facie reorum
turba Manliana erat, amotusque post triumphum abdicatione di-
17 ctaturae terror et linguam et animos liberaverat hominum. Audiebantur itaque propalam voces exprobrantium multitudini, quod
defensores suos semper in praecipitem locum favore tollat, deinde
2 in ipso discrimine periculi destituat: sic Sp. Cassium in agros
plebem vocantem, sic Sp. Maelium ab ore civium famem suis inpensis propulsantem oppressos, sic M. Manlium mersam et obru-
tam fenore partem civitatis in libertatem ac lucem extrahentem
3 proditum inimicis. saginare plebem populares suos, ut iugulen-
tur. hocine patiendum fuisse, si ad nutum dictatoris non re-
sponderit vir consularis? fingerent mentitum ante, atque ideo
non habuisse, quod tum responderet: cui servo unquam mendacii
4 poenam vincula fuisse? non obversatam esse memoriam noctis
illius, quae paene ultima atque aeterna nomini Romano fuerit?
non speciem agminis Gallorum per Tarpeiam rupem scandentis?
non ipsius M. Manli, qualem eum armatum, plenum sudoris ac
sanguinis, ipso paene Iove erepto ex hostium manibus vidissent?

Stadt unter der latinischen an, vgl.
Mommsen Gesch. d. röm. Münzw.
313; ClL. I. 89. — *bina*, 5, 24, 4;
Lange 2, 59.

7—8. *parvum*, vgl. 5, 24, 5. Man
hatte eine umfassendere Vertheilung
erwartet; nach Appian. Ital. 9 hatte
Man. selbst darauf angetragen,
Staatsland zu verkaufen, um die
Schulden zu tilgen. — *interpret.*, die
Deutung gab, s. 3, 20, 5. — *sord. et
fac.*, wie § 4 *vestem — capillum.* —
reorum wie der *reus* selbst, 3, 58,
1. — *ling. et anim.*, s. 39, 40, 10;
2, 56, 8; Cic. p. dom. § 135: *linguam—mentem.*

17. 1–4. *exprobrant.*, s. c. 4,
5. — *discrim. pericul.*, 3, 18, 3, c.
16, 2 : *vinclis et catenis.* — *Cassium*,
2, 41. — *vocantem*, conatus. — *Maelium*, 4, 13. — *partem*, 2, 24, 4. —
mersam c. o., c. 14, 7, es ist immer
die Plebs, welche als verschuldet
erscheint. — *libertat.*, im Gegensatze
zu der Schuldknechtschaft, c. 14, 4,

vgl. c. 34, 2. — *sagin.*, von Thieren
und Gladiatoren entlehnt, s. Cic.
Sest. 36, 78. Aristoph. Eq. 1132:
χλέπτοντά τε βούλομαι τρέφειν,
ἕνα προστάτην τοῦτον δ᾽ ὅταν ᾗ
πλέως ἄρας ἐπάταξα. — *popul.*,
hier Freunde und Führer der Plebs.
— *suos* müsste hier bedeuten: ihre
theueren, lieben Freunde und Führer, vgl. 27, 22, 7: *suae*; da jedoch
popul. sui gewöhnlich heisst: ihre
Landsleute, so tilgt Duker *suos*, Madvig *populares*, viell. hatte L. wie c.
18, 11 *patronos* geschrieben, wie
§ 1: *defensores*, u. *populares* ist dazu Glossem. — *hocine* etc., ob man
sich die Gefangennehmung eines so
angesehenen Mannes und richterliches Urtheil gefallen lassen dürfe;
si ist wie nach *miror, gaudeo* gebraucht, nur als angenommener Fall
von *quod* verschieden. — *paene ult.*,
vgl. Curt. 10, 28, 2: *noctis, quam
paene supremam habuimus.* — *per
Tarp.*, 5, 47.

selibrisne farris gratiam servatori patriae relatam? et quem prope 5
caelestem, cognomine certe Capitolino Iovi parem fecerint, eum
pati vinctum in carcere, in tenebris obnoxiam carnificis arbitrio
ducere animam? adeo in uno omnibus satis auxilii fuisse, nullam
opem in tam multis uni esse? Iam ne nocte quidem turba ex eo 6
loco dilabebatur, refracturosque carcerem minabantur, cum remisso, id quod erepturi erant, ex senatus consulto Manlius vinclis liberatur. quo facto non seditio finita sed dux seditioni datus est.

Per eosdem dies Latinis et Hernicis simul colonis Circeien- 7
sibus et a Velitris, purgantibus se Volsci crimine belli captivosque repetentibus, ut suis legibus in eos animadverterent, tristia
responsa reddita, tristiora colonis, quod cives Romani patriae
oppugnandae nefanda consilia inissent. non negatum itaque 8

5—6. *selibrisne*, 5, 47, 8. — *cogno-mine*, in Uebereinstimmung mit 5, 31. — *Capitolino*, absichtlich vor-angestellt, s. 1, 12, 6. — *pati* n. *eos* oder *plebem* hat sich an die übrigen Infinitive angeschlossen, während man nach *fingerent* § 3 auch hier eine Anrede und *paterentur* erwar-ten könnte, vgl. c. 39, 10. — *adeo*, in solchem Grade (also), praef. 1. 11. — *uno omnibus* — *multis uni*, durch den Chiasmus werden beide Begriffe gehoben. — *refracturos*, s. 1, 37, 6; 27, 28, 14. — *id* sollte genau ge-nommen *eo* heissen, ist aber von *quod*, mit dem verbunden es eine er-läuternde Parenthese bildet, ange-zogen, vgl. 21, 10, 9: *et, id de quo ambigebatur*, — *dedit*, vgl. Reisig Vorles. S. 356. — *ex sen.*, der Se-nat tritt in ungewöhnlicher Weise als richterliche Behörde ein, und hebt die Anordnung des Dictators auf, vgl. 8, 18, 7; 34, 44, 8.

7—8. *simul*, „zugleich mit", nä-hert sich dem Gebrauche als Präpo-sit., wie es bei Dichtern und Taci-tus sich findet; vgl. c. 14, 5: *palam*; 24, 19, 6: *iuxta*. — *crimine*, c. 13, 7. — *repetentibus* etc., wenn Privat-leute sich gegen einen verbündeten Staat vergangen hatten, so konnte

der, welchem sie angehörten, die Auslieferung derselben fordern, um sie nach seinen Gesetzen zu bestra-fen. Indem der Senat die Ausliefe-rung verweigert, um selbst zu stra-fen, s. c. 10, 8; 1, 14, 1; ib. 30; vgl. 5, 36, scheint er von der Ansicht auszugehen, dass die Staaten selbst den Bund verletzt haben, c. 10, 7. Nicht klar ist es jedoch, wie die Colonieen, welche L., wie aus: *quod cives Romani* und *externo, non civi* hervorgeht, als Bürgercolonien, s. c. 12, 6, betrachtet, diese Forderung haben stellen können, da sie als röm. Bürger in Rom und nach röm. Gesetzen hätten gerichtet werden müssen. Leichter würde sich das Verhältniss hier und c. 21, 7 u. 8 erklären, wenn die Colonieen nicht Bürgercolonieen, sondern latinische Staaten, unter denen Dion. 5, 61 beide Städte anführt, gewesen wä-ren, s. zu c. 12, 6, so dass *suis le-gibus* von ihnen ebenso wie von den übrigen Latinern und den Hernikern hätte gesagt werden können. Als Latinische Colonie, in denen L. auch sonst römische Bürger annimmt, s. 27, 9, 10; 4, 11, 7, erscheint Circei 8, 3, 9; 27, 9, 7; über Velitrae s. 8, 14, 5; ib. 3, 9. — *itaque*, 8, 13,

tantum de captivis, sed, in quo ab sociis tamen temperaverant,
denuntiatum senatus verbis, facesserent propere ex urbe ab ore
atque oculis populi Romani, ne nihil eos legationis ius, externo,
non civi conparatum, tegeret.

18   Recrudescente Manliana seditione sub exitu anni comitia
habita, creatique tribuni militum consulari potestate Servius Cornelius Maluginensis iterum P. Valerius Potitus iterum M. Furius
Camillus quintum Servius Sulpicius Rufus iterum C. Papirius
2 Crassus T. Quinctius Cincinnatus iterum. cuius principio anni
et patribus et plebi peropportune externa pax data: plebi, quod
non avocata dilectu spem cepit, dum tam potentem haberet ducem, fenoris expugnandi, patribus, ne quo externo terrore avo-
3 carentur animi ab sanandis domesticis malis. igitur cum pars
utraque acrior aliquanto coorta esset, iam in propinquum certamen aderat et Manlius. advocata domum plebe cum principibus
novandarum rerum interdiu noctuque consilia agitat, plenior ali-
4 quanto animorum irarumque, quam antea fuerat. iram accenderat
ignominia recens in animo ad contumeliam inexperto; spiritus

---

17. — *in quo,* 2, 52, 4. — *ab soc.
temp.,* so, wenn das geschonte Object genannt ist, s. 24, 31, 11 u. a.,
ebenso steht *a* bei dem, was unterlassen wird, s. 7, 20, 9; obgleich in
diesem Falle auch der blosse Abl.,
in jenem der Dativ sich findet. Madvig verm. *a quo in soc.* — *facess.* etc.
s. 1, 47, 5. — *ab ore a. o.,* 7, 26, 5
u. a. — *ne nihil,* es sei zu fürchten,
dass nicht, oder: sie möchten sich
hüten, die Erfahrung zu machen,
dass nicht. Warum die strafbaren
Bürger nicht zurückbehalten werden, geht aus der Darstellung nicht
hervor, s. 3, 4, 4 f.

18—20. Anklage und Verurtheilung des M. Manlius.

1—3, *Recrudescente* etc. geht auf
c. 17, 6 zurück, und wird § 2 weiter ausgeführt. Das Wort wird von
wieder aufbrechenden Wunden gebraucht. — *Servius — Camillus,*
c. 6, 3. *Sulpicius; Quinctius,* c. 4.
— *fenoris expugn.,* die Schuldenlast, s. c. 14, 7; 15, 5 u. a., bezwin-
gen; Schuldenerlass erzwingen, vgl.

8, 28, 8: *victum*; 9, 26, 15: *expugnare quaestiones.* — *acrior,* 4,
9, 8. — *iam — Manlius,* erklärt
wie M. *dux seditionis* c. 17, 6 wird,
vgl. Tac. H. 1, 22: *nec deerat Ptole-
maeus, iam et sceleris instinctor.*
Andere ziehen *et Manlius* zum folg.
Satze, und lesen vorher *iam propinquum,* so dass die Situation wäre
wie 2, 55, 8; ib. 29, 1; doch würde
man so statt des bei *adesse* unge-
wöhnlichen und sich von selbst ver-
stehenden *propinquum* ein stärkeres
Attribut wie 3, 10, 7; 2, 29, 1; ib.
28, 9 u. a. erwarten, besonders da
auch sonst gewöhnlich nur *adest
certamen* gesagt wird. — *iam,* s. c.
32, 8. — *advoc. pl.,* um sie durch
Contionen aufzuregen, s. § 5; c. 14,
11; dann beginnen § 16 die geheimen Berathungen mit den *principes,*
den an der Spitze der Bewegung
stehenden Plebejern, s. 4, 48, 8. —
irarum, vgl. 1, 9, 15; 2, 61, 3: ib.
45, 2; in *iram* folgt die abstracte
Bezeichnung, s. 22, 5, 8: *animi —
animus.* Die Anordnung ist chiastisch: auch § 5 schliesst sich *infla-*

dabat, quod nec ausus esset idem in se dictator, quod in Spurio
Maelio Cincinnatus Quinctius fecisset, et vinculorum suorum invidiam non dictator modo abdicando dictaturam fugisset, sed ne
senatus quidem sustinere potuisset. his simul inflatus exacerba- 5
tusque iam per se accensos incitabat plebis animos: ,,quo usque
tandem ignorabitis vires vestras, quas natura ne beluas quidem
ignorare voluit? numerate saltem, quot ipsi sitis, quot adversarios habeatis. si singuli singulos adgressuri essetis, tamen acrius 6
crederem vos pro libertate quam illos pro dominatione certatu-
ros. quot enim clientes circa singulos fuistis patronos, tot nunc
adversus unum hostem eritis. ostendite modo bellum: pacem 7
habebitis. videant vos paratos ad vim: ius ipsi remittent. au-
dendum est aliquid universis, aut omnia singulis patienda. quo
usque me circumspectabitis? ego quidem nulli vestrum deero: 8
ne fortuna mea desit, videte. ipse vindex vester, ubi visum inimicis est, nullus repente fui; et vidistis in vincula duci universi
eum, qui a singulis vobis vincula depuleram. quid sperem, si 9
plus in me audeant inimici? an exitum Cassi Maeliique expectem?

---

tus wieder an *spiritus, exacerbatus
an ira* an.

5—6. *quo usque* etc., schon ihre
grosse Zahl muss ihnen den Sieg
verschaffen. — *numerate*, s. Tac.
Agr. 15: *quantulum enim militum
transisse, si sese Britanni numerent.*,
Verg. 12, 233: *vix hostem, alterni si
congrediamur, habemus*; Hom. Il.
2, 123 ff. — *si sing.* leitet eine Gradation ein: auch wenn euere Zahl
nicht grösser wäre, würdet ihr wegen der Gerechtigkeit euerer Sache
siegen, 3, 39, 7. Der Gedanke ist,
wie die conditionale Form zeigt, negativ, und aus demselben das Gegentheil zu nehmen: aber das ist nicht
nöthig, euere Zahl ist weit grösser,
und dieses wird durch *quot enim*,
wofür Madvig *quoteni* verm., be-
gründet, vgl. d. Stelle aus Tac. Agr.,
Caes. B. G. 5, 7, 8 u. a. — *acrius*
etc., Tac. Germ. 37: *regno Arsacis
acrior est Germanorum libertas.*
— *clientes*, als ob sie bei der Be-
grüssung und Begleitung ihrer Patrone gesehen hätten, wie gering die
Anzahl der Patricier sei. Nur hier

lässt L. die Behauptung aussprechen,
dass alle Plebejer Clienten gewesen
seien, an anderen Stellen, s. 2, 35,
4; ib. 56, 3; 3, 14 u. a., hat er richtiger die Clienten der alten Zeit von
den Plebejern geschieden, s. Becker
2, 1, 162; Lange, 1, 183. — *tot*, aber
als Feinde, s. 45, 20, 9.

7—9. Nur durch eigene Thätigkeit können sie sich von der Herrschaft der Patricier befreien. — *habebitis*, 5, 51, 5. — *ius*, was sie als
Recht in Anspruch nehmen, denn
ein wirkliches Recht der Patricier
erkennt Manl. nicht an. — *aut*,
,,oder auch", fast = sonst, stellt
das Zweite dem Ersteren als etwas
Unangenehmes, nur durch dieses zu
Vermeidendes entgegen. — *desit*
ohne Object, so dass sowol *mihi* als
vobis gedacht werden kann. — *nullus*
in Bezug auf *nulli*: ich war nicht
mehr da, es war aus mit mir, 3, 68,
11; 32, 35, 2. — *videte*, man sollte
vos videte erwarten. — *vidistis*, ihr
habt unthätig zugesehen, wie u. s.
w., s. c. 16, 3. Durch Anapher und
Chiasmus sind die Gegensätze ge-

bene facitis, quod abominamini: dii prohibebunt haec; sed numquam propter me de caelo descendent; vobis dent mentem oportet, ut prohibeatis, sicut mihi dederunt armato togatoque, ut vos
10 a barbaris hostibus, a superbis defenderem civibus. tam parvus
animus tanti populi est, ut semper vobis auxilium adversus inimicos satis sit, nec ullum, nisi quatenus imperari vobis sinatis,
certamen adversus patres noritis? nec hoc natura insitum vobis
11 est, sed usu possidemini. cur enim adversus externos tantum
animorum geritis, ut imperare illis aequum censeatis? quia con-
suestis cum eis pro imperio certare, adversus hos temptare ma-
12 gis quam tueri libertatem. tamen, qualescumque duces habuistis,
qualescumque ipsi fuistis, omnia adhuc, quantacumque petistis,
obstinuistis seu vi seu fortuna vestra. tempus est [et] iam maiora
13 conari. experimini modo et vestram felicitatem et me, ut spero,
feliciter expertum: minore negotio, qui imperet patribus, inpone-
14 tis, quam, qui resisterent imperantibus, inposuistis. solo aequandae

---

hoben. — *dii pr. h.* scheint zur Er-
widerung des Man. zu gehören und
den Inhalt der *abominatio* auszusprechen, nicht Aeusserung der Plebs
zu sein, sonst würde es *ista*, nicht
haec heissen: die Götter werden dieses allerdings verhüten, aber ihr
müsst gleichfalls thätig sein, die
dargebotene Gelegenheit benutzen,
die blosse abominatio ist ohne Erfolg, vgl. 28, 41, 13; 9, 9, 6: *di
meliora inquis: atqui non indignitas
vinculum levat*; zum Gedanken s.
5, 11, 16, Einleit. S. 19. — *dent m.*,
c. 20, 9; 3, 17, 6. Der Nachdruck
liegt auf *prohibeatis*, und *sed — de-
scendet* ist nur Vorbereitung. — *armato* auf dem Capitol, 5, 47; *togato*
auf dem Forum c. 14.

10—13. *tanti* etc.; das Volk soll
sich nicht mehr mit dem *auxilium
tribunicium* begnügen, sondern nach
dem *imperium* streben, zu dem es
durch seine Macht *(tanti)*, seinen
Charakter (*nec natura* etc.), seine
Erfolge im Kampfe mit äusseren
Feinden, § 11, und den Patriciern,
§ 12, endlich durch das Glück, § 13,
berufen ist. — *satis sit*, nicht mehr
begehrt wird, genügt, Prädicat zu

auxilium n. *tribunicium*, 1, 16, 8. —
inimicos, sie heissen § 6: *hostes.* —
nisi quatenus etc., nur über das
Mass der Gewalt, welche die Tribunen in Schranken zu halten bestimmt
waren, 2, 33, 1. Die Kämpfe um
das Consulat, 4, 1 ff. u. a., sind hierbei nicht beachtet. — *usu poss.*, in
Folge von Verjährung (Gewohnheit)
lasst ihr euch besitzen, beherrschen,
1, 46, 1; 22, 44, 6. — *temptare*, sie
machen nur schwache Versuche, s. 4,
5, 4, sich ihrer Herrschaft zu entziehen und die Freiheit sicher zu
stellen (*tueri*). — *qualescumque*, un-
tergeordnete, nur Plebejer ohne
Macht und Einfluss, vgl. § 2: *tam
potentem.* — *omnia*, mit Ausnahme
des Consulates. — *tempus est* etc.,
21, 43, 9. — *experimini—expertum*,
5, 54, 6. — *inponetis*, der Gegenstand, über den Jemand gesetzt wird,
findet sich nicht immer hinzugefügt,
s. 42, 41, 14 u. a, ist aber an a. St.
leicht aus *patribus* zu nehmen. —
qui imper., die höchste Machtvoll-
kommenheit soll von dem Senate
und den Patriciern auf die Plebs
übergehen, und diese sie ihrem Führer § 15 übertragen. — *qui resist.*,
die Tribunen.

sunt dictaturae consulatusque, ut caput attollere Romana plebes
possit. proinde adeste; prohibete ius de peçuniis dici; ego me
pratronum profiteor plebis, quod mihi cura mea et fides nomen
induit: vos si quo insigni magis imperii honorisve nomine ve- 15
strum appellabitis ducem, eo utemini potentiore ad obtinenda
ea, quae vultis." inde de regno agendi ortum initium dicitur; sed 16
nec cum quibus nec quem ad finem consilia pervenerint, satis
planum traditur.

At in parte altera senatus de secessione in domum priva- 19
tam plebis, forte etiam in arce positam, et inminenti mole libertati agitat. magna pars vociferantur Servilio Ahala opus esse, 2
qui non in vincla duci iubendo inritet publicum hostem, sed unius
iactura civis finiat intestinum bellum. decurritur ad leniorem 3
verbis sententiam, vim tamen eandem habentem, ut videant magistratus, ne quid ex perniciosis consiliis M. Manli res publica
detrimenti capiat. tum tribuni consulari potestate tribunique 4
plebi — nam et quia eundem et suae potestatis, quem libertatis

14—15. *dictaturae c.*, als Eigenthum der Patricier und das Mittel
derselben die Plebs niederzuhalten.
Die spätere Theilnahme der Plebs
an diesen Aemtern ist nicht beachtet, weil zu L's Zeit durch die Nobilität die Plebs, an welche er
denkt, aus denselben verdrängt war.
— *adeste*, an den Gerichtstagen auf
dem Comitium; vgl. 2, 56, 9. — *prohibete*, die Empörung soll mit dem
beginnen, was für die Plebs am
drückendsten war. — *patronum* ist
durch *cura u. fides* erklärt, Becker 2,
1, 128. — *induit*, s. Lactant. 2, 16, 3;
Cic. Fin. 2, 22, 73; L. 9, 18, 1. — *si
quo*, es soll der Plebs überlassen bleiben, ob sie einen andern und welchen
Amtsnamen sie ihm geben will, sonst
wäre *si* nicht nöthig. Das dabei an
das *regnum* gedacht ist, zeigt das
Folgende.

16. *ort. initium*, praef. 12. —
pervenerint kann nur zu *quem ad
fin.* gehören; zu *cum quibus* ist
actum sit oder *consilia habita sint*
zu denken. — *satis p. t.*, s. c. 20, 4.
Nach Cassius Dio frag. 26, 2 hat
Manlius das Capitolium besetzt,

worauf viell. § 3 und c. 19, 1 hindeutet, vgl. Schwegler 3, 298.

19. 1—3. *secessione*, wie sonst
auf den heil. Berg, so jetzt in ein
Privathaus, das sich L. sehr umfang-
reich denkt, 5, 32, 8. — *forte* etc.,
ein Zusatz L's. Wie gefährlich die
Besetzung des Capitols war, zeigt 3,
15 ff., vgl. 2, 7. — *mole — libertati*
ist, da soeben von dem *regnum* die
Rede war, und der Senat dieses
fürchtet, § 3, wol der Lesart der
besseren Hdss. *mole. — libertatis*: die
Wucht, drohende Macht des Fr., wie
moles belli, invidiae u. a., vorzuziehen, vgl. 2, 7: *non obstabunt P. Valerii aedes libertati.* — *vociferantur*
u. § 7: *viderint* wegen der Collectiva,
s. 2, 14, 8. — *Servil.*, 4, 13. — *vim*,
vgl. 3, 40, 7. — *ut videant*, s. 3, 4,
9; Lange 1, 528.

4—7. *tribuniq. pl.*, die vornehmen
Plebejer stehen auf der Seite der
Patricier, s. 4, 7, 7; ib. 48, 2. —
nam et braucht L. bisweilen, wo
ein zweiter Grund nicht angegeben
ist, s. 31, 40, 5; 33, 5, 7; 28, 7, 2,
vgl. 29, 23, 4; doch könnte an a. u. St.
et aus dem Folg. hierher genommen

omnium, finem cernebant, patrum auctoritati se dediderant — hi
5 tum omnes, quid opus facto sit, consultant. cum praeter vim et
caedem nihil cuiquam occurreret, eam autem ingentis dimicationis fore appareret, tum M. Menenius et Q. Publilius tribuni ple-
6 bis: „quid patrum et plebis certamen facimus, quod civitatis esse
adversus unum pestiferum civem debet? quid cum plebe adgredimur eum, quem per ipsam plebem tutius adgredi est, ut suis
7 ipse oneratus viribus ruat? diem dicere ei nobis in animo est.
nihil minus populare quam regnum est. simul multitudo illa non
secum certari viderint, et ex advocatis iudices facti erunt, et ac-
cusatores de plebe, patricium reum intuebuntur et regni crimen
in medio, nulli magis quam libertati favebunt suae.“
20   Adprobantibus cunctis diem Manlio dicunt. quod ubi est
2 factum, primo commota plebs est, utique postquam sordidatum
reum viderunt nec cum eo non modo patrum quemquam sed

sein; Andere lesen *nam et hi* (*ei*)
oder setzen aus dem Folg. *hi tum
omnes* nach *et*: *nam et hi tum omnes*. — *et* ist nach *eundem*, vgl. 10,
23, 9, hinzugefügt, um das Zusam-
menfallen beider Dinge noch bestimmter zu bezeichnen. — *suae* etc.,
wenn nach dem Plane des Manlius
das *regnum* einträte. — *auctoritati*,
3, 21, 1. — *ingentis* etc., der offene
Widerstand werde zu den heftigsten
Kämpfen führen, s. 3, 40, 4; 4, 13,
4. — *Menenius*, 4, 53. — *quod —
debet*, in einem *iudicium plublicum*
trat das ganze Volk dem Angeklagten als einem Feinde, *perduellis*,
entgegen. — *cum pl.*, wir in Verbindung mit der Plebs. — *simul
mult.*, 3, 19, 7. — *advocatis*, c. 15,
1. — *accusat.* ist, da *facti er.* dazu
nicht Prädicat sein kann, Object zu
intuebuntur, und *et accus. - medio*
fügt zu *viderint, facti er.* den dritten
Punkt, der aus zwei Gliedern besteht, indem die sich gegenüberste-
henden *accus. - reum* als ein Ganzes: als streitende Parteien, betrachtet werden, *et regni* das zweite
Glied an; der Nachsatz beginnt mit
nulli. Ueber den Wechsel des futur. u. fut. exact. s. zu 6, 41, 8. —

in medio zwischen den Parteien und
Richtern in der Mitte als Gegenstand
des Streites oder der Entscheidung.
— *nulli*, keinem Menschen mehr;
selbst dem gefeiertsten Manne werden sie die Freiheit vorziehen. Der
substantivische Gebrauch des Dativs
von *nullus* ist bei L. und Cäsar gewöhnlich; Cicero hat fast immer *ne-
mini*, vgl. 4, 11, 4.
     20. 1—3. *Adprobantibus c.*, unter
Zustimmung des Senates klagen sie
Manlius vor den Centuriatcomitien,
§ 10, an, deren Berufung jedoch sie
nicht selbst anordnen, sondern nur
von den Consulartribunen verlangen
konnten, s. 26, 3, 9; 43, 16, 11, von
denen einer, nach Plut. c. 36 Camillus, den Vorsitz in den Comitien
hatte. — *diem dic.*, s. 2, 35, 2; der
Process ist nur summarisch erzählt,
da ohne genauere Angabe der drei
Anklagetage, s. 2, 61, 7, sogleich das
Volksgericht § 10 erwähnt wird,
vgl. 26, 3, 5 u. a. — *utique — nec*,
beide Sätze enthalten zusammen genommen den Grund des Unwillens:
zumal als sie sahen, dass den M.,
obgleich er selbst in Trauerkleidern
war, doch Niemand begleitete. —
nec — non m. — *quemquam*, 4, 21, 6.

ne cognatos quidem aut adfines, postremo ne fratres quidem
Aulum et Titum Manlios, quod ad eum diem numquam usu venisset, ut in tanto discrimine non et proximi vestem mutarent:
Ap. Claudio in vincula ducto C. Claudium inimicum Claudiamque 3
omnem gentem sordidatam fuisse; consensu opprimi popularem
virum, quod primus a patribus ad plebem defecisset. cum dies 4
venit, quae praeter coetus multitudinis seditiosasque voces et
largitionem et fallax indicium pertinentia proprie ad regni crimen ab accusatoribus obiecta sint reo, apud neminem auctorem invenio; nec dubito haud parva fuisse, cum damnandi 5
mora plebi non in causa, sed in loco fuerit. illud notandum
videtur, ut sciant homines, quae et quanta decora foeda cupiditas
regni non ingrata solum sed invisa etiam reddiderit: homines 6
prope quadringentos produxisse dicitur, quibus sine fenore expensas pecunias tulisset, quorum bona venire, quos duci addictos prohibuisset; ad haec decora quoque belli non comme- 7
morasse tantum sed protulisse etiam conspicienda, spolia hostium
caesorum ad triginta, dona imperatorum ad quadraginta, in qui-

---

— *postremo*, das Aeusserste, sogar
nicht. — *quod* etc., der Grund ist
Gedanke der Plebs, aber ohne Verbum angeführt. — *non et*, nicht auch,
wie der Angeklagte selbst. — *Claudio*, 3, 58, 1. — *consensu*, nach Verabredung der Patricier unter sich u.
mit den Volkstribunen, durch ein
Complott, vgl. 3, 36, 6; ib. 35, 7;
38, 7 u. a.

4—5. *pertinentia*, ganz eigentlich
dazu gehörend, dasselbe beweisend,
c. 18, 16. — *nemin. aut.*, vgl. 3, 47,
5. — *nec*, aber nicht. Das Folg. ist
nur als Ansicht des Erzählenden zu
betrachten, der keine genaue Darstellung der Verhandlung kennt, und
sich die Lossprechung und spätere
Verurtheilung nicht anders erklären
kann. — *damn. m. plebi*, da es § 10:
centuriatim heisst, so kann an Tributcom. nicht gedacht werden, sondern nur der Sinn sein, dass die Plebs
gezögert habe das Verdammungsur-
theil auszusprechen, s. § 11; 7, 5,
7. — *illud not.*, praef. 9, vgl. 3, 26,
7. — *ingrata*, passiv: wofür kein

Dank gezollt wird.

6. *expensas t.*, Ascon. ad Verr.
2, 1, 39, 102: *expensum ferre est
scribere te pecuniam dedisse*, eine
Summe als an oder für Jemand ausgezahlt in das Hausbuch eintragen
= baar auszahlen, also: denen er
ohne Zinsen Geld ausgezahlt, vor-
geschossen habe. — *bona venire*,
L. setzt also voraus, dass die Güter
der Schuldner haben verkauft werden können, um die Schuld zu tilgen,
s. c. 27, 8; 34, 2, wie es allerdings
später geschah; und dann erst (wol
wenn diese die Schuld nicht deckten)
der Schuldner addicirt worden sei,
vgl. 2, 23, 6; Rein Röm. Privatrecht 937.

7. *decora*, 3, 12, 2; etwas anders
Plin. 7, 28, 103: *(Manlius) ante
XVII annos bina ceperat spolia.
primus omnium eques coronam
muralem acceperat, VI civicas,
XXXVII dona, XXIII cicatrices
adverso pectore exceperat, P. Servilium magistrum equitum servave-
rat, ipse volneratus umerum, femur.*

8 bus insignes duas murales coronas, civicas octo; ad hoc servatos
ex hostibus cives [produxit], inter quos C. Servilium, magistrum
equitum absentem nominatim; et cum ea quoque, quae bello
gesta essent, pro fastigio rerum oratione etiam magnifica, facta
dictis aequando, memorasset, nudasse pectus insigne cicatricibus
9 bello acceptis, et identidem Capitolium spectans Iovem deosque
alios devocasse ad auxilium fortunarum suarum, precatusque
esse, ut, quam mentem sibi Capitolinam arcem protegenti ad salutem populi Romani dedissent, eam populo Romano in suo discrimine darent, et orasse singulos universosque, ut Capitolium
atque arcem intuentes, ut ad deos inmortales versi de se iudi-
10 carent, in campo Martio cum centuriatim populus citaretur, et

— *murales*, Gell. 5, 6: *muralis est
corona, qua donatur ab imperatore,
qui primus murum subüt inque oppidum hostium per vim ascendit,
idcirco quasi muri pinnis decorata
est.* ib. *civica corona appellatur,
quam civis civi, a quo in proelio
servatus est, testem vitae salutisque
perceptae dat. ea fit e fronde quernea.*
— *quoque* gehört zu dem Gesammt-
begriffe *decora b.*, sonst würde man
belli quoque dec. erwarten, s. 22,
14, 15: *aures quoque militum*; 4,
56, 13.

8. *ad hoc* fasst die einzelnen verschiedenen Momente zusammen, um
etwas Neues anzuknüpfen, s. c. 11,
6; 42, 1, 11 u. a.; § 7: *ad haec* lässt
an das Einzelne denken. — *produxit* ist wahrscheinlich ein Glossem; es müsste sonst ein auffallender
Wechsel des Modus angenommen
werden. — *inter quos*, das Nomen
nach *inter quos* (*e quibus, in quibus*)
kann sich entweder an die Construction des Beziehungswortes des Relat.
im Hauptsatze anschliessen, s. 23,
33, 1; Periocha 77; 80; 29, 25, 6 u.
a., oder ein eigenes Prädicat haben,
s. 36, 26, 2; 42, 57, 9 u. a. — *nominatim*, nach Madvig; wegen *absentem* ist nur *commemorasse* zu
denken; die hds. Lesart *nominatum*
würde, durch *esse* ergänzt, eine
harte Ellipse, *dicunt*, voraussetzen,

oder *qui nominatus erat* einen nicht
passenden Zusatz enthalten. — Die
Art, wie Servilius als mag. equitum
erwähnt wird, setzt voraus, dass
nach der Quelle, der L. hier folgt
(in der Erzählung ist es übergangen),
wie Zonaras (nach Cassius Dio) berichtet, Servilius jetzt dieses Amt
bekleidet habe, also auch ein Dictator gewählt gewesen sei, s. Nieb.
2, 684; Zumpt, das Criminalr. 1, 2,
469. — *ea qurque*, wie das Vorhergeh., so auch seine Thaten, im Gallischen Kriege und als Consul, 5, 31;
etiam bezieht sich nur auf *oratione
magn.*, welches zugleich andeutet,
dass er sich selbst vertheidigt habe.
— *facta d. aequando*, Apposition zu
orat. magn., vgl. üb. d. Gerund., c.
11, 9; zum Gedanken Plin. Ep. 8, 4:
*una, sed maxima difficultas, quod
haec aequare dicendo arduum, im-
mensum etiam tuo ingenio est*, Sall.
C. 3, 2. *dictis* ist Abl.: indem er
durch glänzende Darstellung die
Thaten erreichte. — *auxil. fort.*,
zur H. in seiner Lage, seinem Unglück, c. 33, 4.

10. *in c. Martio* ist erwähnt und
vorangestellt, weil dadurch das Folg.
bedingt ist, s. § 5. — *centur. p. cit.*,
das Vorhergeh. ist in einer contio
verhandelt worden, jetzt soll zur
Abstimmung geschritten werden: als
das Volk zur Abstimmung berufen

reus ad Capitolium manus tendens ab hominibus ad deos preces
avertisset, apparuit tribunis, nisi oculos quoque hominum libe-
rassent tanti memoria decoris, numquam fore in praeoccupatis
beneficio animis vero crimini locum. ita prodicta die in Peteli- 11
num lucum extra portam Flumentanam, unde conspectus in Capitolium non esset, concilium populi indictum est. ibi crimen
valuit, et obstinatis animis triste iudicium invisumque etiam iu-
dicibus factum. sunt, qui per duumviros, qui de perduellione 12

wurde, ehe diese noch erfolgte; dass
nur dieses der Sinn sein könne, nicht:
als das Volk eingeladen wurde, sich
später nach Centurien zu versam-
meln, würde, wenn es nicht aus dem
Verfahren in anderen Fällen, s.
25, 3, 16, deutlich wäre, theils aus
den Worten selbst theils aus dem
Zusammenhange hervorgehen, da
während der Aufforderung (*cum citaretur*) die Tribunen zu der Ueberzeugung gelangen (*apparuit*), dass
sie jetzt die Anklage nicht durchsetzen werden, nicht, dass dieses in
einer späteren Versammlung nicht
möglich sein werde. — *ocul. q.*, weil
der Gedanke zu Grunde liegt, der
Geist würde die Vorurtheile nicht
aufgeben, wenn nicht auch den Augen der Gegenstand, welcher die
Erinnerung hervorrief, entzogen
würde, vgl. Tac. Agr. 30: *oculos
quoque a contactu dominationis inviolatos habemus. — vero crim.*
wie § 5: *non in causa*, da L. wegen
der Verurtheilung nicht daran zweifelt, dass M. schuldig gewesen sei.

11. *prodicta die*, wird sonst von
der Fristerstreckung von einem Anklagetage zum anderen gebraucht,
s. 3, 57, 6; an u. St. soll es eingetreten sein, als bereits alle Frister-
streckungen erschöpft sind, das Volk
zur Abstimmung bereit ist; doch
braucht L. auch sonst das Wort weniger genau, s. 2, 61, 7; 38, 51, 5.
Nach seiner Darstellung erfolgt die
diei prodictio nur um die Abstimmung an einem anderen Orte vornehmen zu lassen, nicht um den Process von neuem zu beginnen, s. § 5.

—*Poetelin.*, nur noch 7, 41 erwähnt,
vgl. 5, 52, 16; Becker 1, 536; —
Die *porta Flumentana* war bei der
porta Carmentalis am Fusse des Capitols; der genannte Hain müsste
also auf oder nahe an dem Marsfelde,
und der Anblick des Capitols nur
durch Bäume verhindert gewesen
sein. Doch bleibt es dann auffallend,
dass derselbe dem Orte, von dem die
Gedanken abgezogen werden sollen,
so nahe gelegen haben müsste, s.
Becker 1, 155 f. — *concilium pop.*,
da L. keine Andeutung giebt, dass
eine andere Versammlung als die
nach Centurien berufen worden sei,
und diese Gleichheit sowol aus *prodicta d.* hervorgeht, indem nicht andere Kläger und Richter den Process fortsetzen konnten, als aus *obstinatis animis,* welche dieselbe Stimmung wie § 10 voraussetzt, und aus
§ 5: *damnandi—fuerit*, so kann er
nur an comitia centuriata gedacht
haben, welche auch allein über die
perduellio zu entscheiden hatten.
Allein dann ist die Volksversammlung durch das theils allgemeine, s.
zu 3, 71, 3; 5, 43, 8, theils von den
Versammlungen der Plebs (*concilia
plebis*) besonders gebrauchte *concilium* nicht genau bezeichnet, s. Bek-
ker 2, 1, 359; Lange 2, 392; Andere nehmen deshalb an, die Verurtheilung sei in Curiatcomitien; s.
Schwegler 1, 620; 3, 294; 2, 104,
Andere sie sei in Tributcomitien erfolgt, s. § 5. — *crimen val.*, die Anklage gieng durch.

12. *per duumv.*, vielleicht waren
dieses die anklagenden Tribunen

anquirerent, creatos auctores sint damnatum. tribuni de saxo
Tarpeio deiecerunt; locusque idem in uno homine ex eximiae
13 gloriae monumentum et poenae ultimae fuit. adiectae mortuo
notae sunt: publica una, quod, cum domus eius fuisset, ubi nunc
aedes atque officina Monetae est, latum ad populum est, ne quis
14 patricius in arce aut Capitolio habitaret, gentilicia altera, quod
gentis Manliae decreto cautum est, ne quis deinde M. Manlius
vocaretur. hunc exitum habuit vir, nisi in libera civitate natus
15 esset, memorabilis. populum brevi, postquam periculum ab eo
nullum erat, per se ipsas recordantem virtutes desiderium eius
tenuit. pestilentia etiam brevi consecuta nullis occurrentibus
tantae cladis causis ex Manliano supplicio magnae parti videri
16 orta: violatum Capitolium esse sanguine servatoris, nec dis cordi
fuisse poenam eius oblatam prope oculis suis, a quo sua templa
erepta e manibus hostium essent.

selbst, s. Lange 1, 278; 490; doch
werden sie jetzt erwählt (*creatos*),
nicht, wie früher vom König od. von
höheren Magistraten ernannt, s. 1,
26; Cic. Rosc. perd. 4, 14. — *per-*
duellione ist nicht wesentlich von
dem *regni crimen* § 4; *cupiditas*
regni § 5, dem Streben nach Allein-
herrschaft, welches auch Cic. Rep.
2, 27; pro dom. 38; Fest. p. 125;
151; Dion. 14, 6 u. A. angeben, verschieden, sondern dieses nur specielle Bezeichnung des unter die Ca-
tegorie der *perduellio* gehörenden
Verbrechens. — *anquir.*, die Untersuchung in den Anklageterminen zu
leiten, den Strafantrag zu stellen
und zu rechtfertigen, s. 8, 33, 17;
2, 52, 5; 26, 3, 6; Lange 2, 470. —
damn., die Wortstellung ist frei, s.
praef. 5 ; 24, 8, 3 u. a., dadurch aber
damnatum dem folg. Satze, zu dem
es gehört, näher gebracht. — *tribun.*
etc., dem Magistrate, welcher die
Verurtheilung beantragt hat, liegt
es ob, für die Vollziehung der Strafe
zu sorgen, s. 1, 26; 2, 5 u. a.,
Periocha 59: *deici iussit.* — *saxo*
Tarp., ebenso erzählte Varro bei
Gell. 17,21,24: *e saxo Tarpeio prae-*
ceps datus, aber Cornel. Nepos ib.:

verberando necatus est, vgl. 1, 26;
Diodor 15, 35: κρατηθεὶς ἀνῃρέθη.
Manlius wäre so einer der wenigen
Bürger, die das Volk selbst zum
Tode verurtheilt hätte, vgl. 2, 41;
8, 33, 17., vgl. Nieb. R. G. 2, 685 f.;
Schwegler 3, 296.
13—16. *notae*, 2, 41, 10 f.; 4, 16,
1. — *publica u.*, durch einen Volksbeschluss. — *offic. Monetae*, die
Münzstätte, 7, 28. Anders Cic. p.
dom. 38, 101: *ergo eius (Manlii)*
domum eversam duobus lucis con-
vestitam videtis, vgl. Ov. Fast. 6,
184 ff. — *ne quis* etc., wahrscheinlich auch wegen der Besetzung der
Burg, s. zu c. 19, 1, welche die Patricier selbst in Zukunft verhüten
wollten; ob Plebejer auf dem Capitol. haben wohnen dürfen oder gewohnt haben, geht aus den Worten
nicht hervor. — *arce a. C.*, 1, 33, 2;
Val. Max. 1, 1. — *gentilic.*, so wie die
einzelnen gentes ihre besonderen
Opfer u. s. w. haben, können sie
auch die Mitglieder der gens betreffende Beschlüsse fassen. Ueber
die ludi Capitolini s. 5, 50, 4. — *per*
se ip., s. 2, 42, 1. — *nullis* etc., vgl.
5, 13, 5. — *Capit.*, an demselben war
das saxum Tarpeium.

Pestilentiam inopia frugum et volgatam utriusque mali fa- **21**
mam anno insequente multiplex bellum excepit, L. Valerio quartum Aulo Manlio tertium Servio Sulpicio tertium Lucio Lucretio
L. Aemilio tertium M. Trebonio tribunis militum consulari potestate. hostes novi praeter Volscos, velut sorte quadam prope **2**
in aeternum exercendo Romano militi datos, Cerceiosque et Velitras colonias iam diu molientes defectionem, et suspectum Latium, Lanuvini etiam, quae fidelissima urbs fuerat, subito exorti.
id patres rati contemptu accidere, quod Veliternis civibus suis **3**
tam diu inpunita defectio esset, decreverunt, ut primo quoque
tempore ad populum ferretur de bello eis indicendo. ad quam **4**
militiam quo paratior plebes esset, quinqueviros Pomptino agro
dividendo et triumviros Nepete coloniae deducendae creaverunt.

21—29. Kriege gegen die Volsker und Latiner. Plut. Cam. 37.

1. *Pestilentia* etc., 4, 52. — *excepit*, hier: nach (in Folge davon)
trat ein, vgl. 2, 61, 1. — *Valerio*, c.
5; *Manlio*, c. 11; *Sulpicio*, c. 18; *Lucretio*, s. 5, 32; 6, 4; *Aemilio*, 6, 1;
5; *Trebonio*, von Diod., der 15, 38
Aemilius und *Trebonius* nicht nennt,
wird 15, 51 ein *P. Trebonius* als Con-
sulartribun für d. J. d. St. 375 erwähnt, welchen L., der sonst nur
Plebejer dieses Namens kennt, s. 3,
65; 5, 11, übergangen hat, s. c. 30.

2—3. *velut sorte* etc., wie c. 12, 4,
vgl. 30, 30, 3: *laetor te mihi sorte
— datum;* 36, 35, 4. — *Cerceios*,
die ganze Colonie fällt jetzt ab,
während vorher nur Einzelne die
Feinde unterstützt haben, s. c. 12,
6; 17, 7. — *suspect.*, der Zustand
der Spannung scheint mehrere Jahre
gedauert zu haben, da die Latiner
anfangs nicht offen gegen Rom auftraten, s. c. 2; 3; 7; 10; 12; 13;
17; und obgleich c. 10, 7; 33, 6 das
concilium Latinorum erwähnt wird,
zu einer gemeinschaftlichen Erhebung sich nicht einigen können,
mehrere Staaten vielmehr Rom treu
bleiben, § 9, dann vereinzelt, s. c.
22; 25; 29ff.; 7, 11, den Krieg gegen dasselbe beginnen. — *Lanu-*

vium, vielleicht war der Staat durch
die Bezitznahme des *ager Pomptinus* und die Colonie in Satricum c.
16 beeinträchtigt, und schliesst sich
nun erst den Feinden Roms an, s. c.
5, 2. — *fideliss.*, wie c. 2, 3, in Bezug auf das Bündniss des Cassius.
L. stellt das Verhältniss so dar, als
ob, wie es später der Fall war, s. 8,
11; 14, die einzelnen Staaten mit
Rom Bündnisse gehabt hätten. —
— *civibus*, c. 12, 6. — *impunita*, vgl.
zu c. 13, 8.

4—5. *ad quam*, bei der steigenden
Gefahr, da der Krieg mit Latium
immer gewisser wird, s. § 2, und
die Etrusker drohen, s. c. 22, 1,
wird, um das über die Hinrichtung
des Manlius erbitterte Volk zu be-
schwichtigen, seiner Noth abzuhel-
fen, und es dadurch für die neuen
Unternehmungen zu gewinnen, § 5:
tum ut etc., vgl. 1, 46, 1, nicht allein das früher, c. 5, versagte pomptinische Gebiet, sondern noch mehr
gewährt, vgl. Nieb. R. G. 2, 657;
689. — *quinqueviros*, vgl. Nieb.
3, 106. — *triumviros*, 3, 1. — *Nepete*, c. 9, Vell. 1, 14; um die Nord-
gränze, s. c. 9, 4, zu sichern; L.
denkt eine colonia civium, wie auch
in der Umgegend Bürger wohnen,
s. c. 5, 8; später, s. 29, 15, ist Ne-

5 tum, ut bellum iuberent, latum ad populum est, et nequiquam dis-
6 suadentibus tribunis plebis omnes tribus bellum iusserunt. apparatum eo anno bellum est, exercitus propter pestilentiam non
eductus; eaque cunctatio colonis spatium dederat deprecandi
senatum; et magna hominum pars eo, ut legatio supplex Romam
7 mitteretur, inclinabat, nisi privato, ut fit, periculo publicum inplicitum esset, auctoresque defectionis ab Romanis metu, ne soli
crimini subiecti piacula irae Romanorum dederentur, avertissent
8 colonias a consiliis pacis. neque in senatu solum per eos legatio
inpedita est, sed magna pars plebis incitata, ut praedatum in a-
grum Romanum exirent. haec nova iniuria exturbavit omnem
9 spem pacis. de Praenestinorum quoque defectione eo anno primum fama exorta; arguentibusque eos Tusculanis et Gabinis et
Labicanis, quorum in fines incursatum erat, ita placide ab senatu
responsum est, ut minus credi de criminibus, quia nollent ea
vera esse, appareret.

22   Insequenti anno Sp. et L. Papirii novi tribuni militum con-

pete latinische Colonie, s. c. 19, 4; 9,
24, 15.— *iuberent* auf das erst folgende Collectivum bezogen, eine seltene
Constructio ad sensum, s. Ov. Fast.
2, 505: *placent pia turba Quirinum.*
— *omnes tr.*, sonst sind es die Centurien, welchen der betreffende Senatsbeschluss über die Kriegserklärung, s. 4, 30, vorgelegt wird, während L. hier offenbar an Tributcomitien denkt; vielleicht durch ein
Versehen, s. 5, 18, 2, da es unwahr-
scheinlich ist, dass man der Be-
schleunigung wegen von der Regel
abgegangen sei, s. Marquardt 2, 3,
33; 147.
6—9. *colonis* zu Velitrae und Cir-
ceii. — *dederat* in Bezug auf *inclinabat*, kann wie dieses, da die Gelegenheit nicht benutzt wurde, obgleich sie wirklich gegeben war, auf
nisi etc. bezogen werden. — *et* und
in der That. — *inclinabat*, die Neigung trat ein, war wirklich da, aber
der durch *nisi — avertissent* bezeichnete Umstand hinderte die Ausführung, vgl. 2, 30, 2. — *metu ne*, s.
3, 35, 2; ib. 5, 5, vgl. 6, 9, 9. —
piacula, 21, 10, 12: *dedendum ad*

piaculum rupti foederis. — *in senatu*, die römischen Colonieen hatten,
wie Rom selbst, einen Gemeinderath,
Senat, s. 8, 14, 5; 9, 16, 5, der aber
schwerlich über solche Dinge zu beschliessen hatte; es ist daher wol
an den Senat zu denken, wie ihn die
latinischen Bundesstaaten, denen
auch hier die beiden Colonieen gleichgestellt werden, s. c. 12, 6; 17, 7,
hatten. — *exturbavit*, starker Ausdruck für die Vernichtung jeder
Hoffnung. — *Praenestin.*, s. 3, 8; die
Stadt hat jetzt, nach dem Zurück-
treten der Aequer, eine freie Stellung und eine bedeutende Macht, c.
29. — *primum*, nicht in Bezug auf
das frühere Bündniss, sondern auf
die späteren Verhältnisse. — *arguentibusque*, aber als (obgleich) —
doch, s. c. 16, 5. — *Tusculanis*, die
Stadt ist auch sonst mit Rom befreundet, s. 3, 7; 18 f.; 4, 27; 45 ff.; 5,
28; *Gabii* dagegen nicht. — *Labican.*,
4, 47, 6. — *ita* beschränkend: zwar
— aber doch so u. s. w.; zur Sache
s. c. 6, 2.
22. 1. *Papirii*, die Hdss. haben
Papirius, gegen die Gewohnheit L's

tulari potestate Velitras legiones duxere, quattuor collegis, Ser.
Cornelio Maluginensi tertium Q. Servilio C. Sulpicio L. Aemilio
quartum [tribunis], ad praesidium urbis et si qui ex Etruria novi
motus nuntiarentur — omnia enim inde suspecta erant — relictis. ad Velitras adversus maiora paene auxilia Praenestinorum   2
quam ipsam colonorum multitudinem secundo proelio pugnatum
est ita, ut propinquitas urbis hosti et causa maturioris fugae et
unum ex fuga receptaculum esset. oppidi oppugnatione tribuni   3
abstinuere, quia et anceps erat, nec in perniciem coloniae pugnandum censebant. litterae Romam ad senatum cum victoriae
nuntiis acriores in Praenestinum quam in Veliternum hostem
missae. itaque ex senatus consulto populique iussu bellum Prae-   4
nestinis indictum; qui coniuncti Volscis anno insequente Satricum,
coloniam populi Romani pertinaciter a colonis defensam, vi ex-
pugnarunt foedeque in captis exercuere victoriam. eam rem   5
aegre passi Romani M. Furium Camillum sextum tribunum militum creavere. additi collegae A. et L. Postumii Regillenses ac
L. Furius cum L. Lucretio et M. Fabio Ambusto.

    Volscum bellum M. Furio extra ordinem decretum; adiutor   6
ex tribunis sorte L. Furius datur, non tam e re publica, quam ut
collegae materia ad omnem laudem esset, et publice, quod rem

---

den zu mehreren Vornamen gehörenden gemeinschaftlichen Gentilnamen
im Plural zu setzen, vgl. Sall. I. 42,
1. — *Cornelio*, c. 18. — *Maluginensi*, sonst braucht auch L. in solchen
Eigennamen, die ursprünglich Ad-
jectiva waren, die Endung *e*, 4, 21,
1; 6, 27, 2 u. a. — *Servilio*, Diod.
15, 41; *Sulpicio*, s. c. 27; *Aemilio*,
c. 21. — *ad praesid.*, einen als praefectus urbis, die übrigen an der
Spitze der Reserve, c. 2, 7; 6, 13 ff.
— *omnia susp.*, wahrscheinlich bedrohen sie die neue Colonie.

    2—3. *maiora*, vgl. c. 7, 1. —
Praenestin. etc., für diese war Velitrae wichtig, weil es, wie Satricum § 4, die Vereinigung mit den
Volskern in Antium, mit denen sich
die Praenestiner jetzt verbunden
haben, möglich machte. — *in perniciem* etc., was man nach dem früher
Erzählten, s. c. 17; 21 nicht erwarten sollte, s. 8, 14, 5; wahrschein-

lich war, wie auch der Verlust von
Satricum zeigt, der Sieg nicht bedeutend gewesen, Velitrae nicht so
leicht zu nehmen, s. c. 38, 1; zum
Gedanken vgl. 34, 49, 1 f. — *in captis* etc., s. c. 18, 4; 3, 17, 8 u. a.

    5. *Camillum*, c. 18. — *additi*, s.
c. 6, 3. — *L. Postumius*, c. 1; *A.
Postumius*, ein anderer als 5, 16;
Lucretio, c. 21, vgl. Diod. 15, 48.
— *extra ord.*, 3, 2, 2.

    6—7. *adiutor*, um die untergeord-
nete Stellung zu bezeichnen, c. 25,
5; 26, 19, 10, die er dadurch erhielt,
dass ihn das Loos mit Camillus verband. — *non tam* etc., dieses Verhältniss hatte den Erfolg, dass es
nicht sowol zum Nutzen des Staates
ausschlug, als u. s. w., s. c. 23. —
tam, weil *e rep.* einen Adjectivbe-
griff vertritt, s. 25, 31, 15: *tam in
tempore*; 44, 3, 8. — *materia*, c. 7,
3. — *omnem*, jeder Art, durch *publ.*

temeritate eius prolapsam restituit, et privatim, quod ex errore
7 gratiam potius eius sibi quam suam gloriam petiit. exactae iam
aetatis Camillus erat, comitiisque iurare parato in verba excusan-
dae valetudini solita consensus populi restiterat; sed vegetum
ingenium in vivido pectore vigebat, virebatque integris sensibus,
et civilis iam res haud magnopere obeuntem bella excitabant.
8 quattuor legionibus quaternum milium scriptis, exercitu indicto
ad portam Esquilinam in posteram diem, ad Satricum profectus.
ibi eum expugnatores coloniae haudquaquam perculsi, fidentes
militum numero, quo aliquantum praestabant, opperiebantur.
9 postquam adpropinquare Romanos senserunt, extemplo in aciem
procedunt, nihil dilaturi, quin periculum summae rerum facerent:
ita paucitati hostium nihil artes imperatoris unici, quibus solis
confiderent, profuturas esse.

23   Idem ardor et in Romano exercitu erat et in altero duce,
nec praesentis dimicationis fortunam ulla res praeterquam unius
viri consilium atque imperium morabatur, qui occasionem iu-

priv. erklärt. — *restituit,* der Wechsel der Subjecte ist zu beachten. —
comitiis, in denen er gewählt war,
s. c. 37, 7; 8, 13, 10. — *in verb ,*
nach der vorgesprochenen Formel,
s. 28, 29, 12. — *excus. valet.,* er
wollte seine Schwächlichkeit als
Grund anführen, weshalb er kein
Commando übernehmen könne. Dass
eine solche Angabe eidlich habe be-
kräftigt werden müssen ist sonst
nicht bemerkt, scheint aber Regel
gewesen zu sein, s. 9, 46, 2 ; 22, 40,
6: *Atilium aetatem excusantem Romam miserunt*; 24, 22, 5: *oculorum
valetudinem excusavit*; 38, 52, 3.
Ueber *que* an *comitiis* s. c. 21, 9:
und so hatte er · schwören wollen,
aber das Volk es nicht zugelassen.
Der ganze Satz: *comitiis — restiterat* ist nur eine Erweiterung von
exactae — aetatis, worauf *sed vegetum* zurückgeht. Die Alliteration
in *vegetum — vivido vigebat — vi-
rebat* deutet auf die Aehnlichkeit
der Begriffe: Beweglichkeit des
Geistes; thatkräftiger Wille; volle
Kraft und Energie; Frische der
Sinne; s. 2, 48, 3, vgl. Cic. Tusc. 3,
31, 75: *ut vigeat et habeat quandam*

viriditatem, ebenso ist *deflorescere*
c. 23, 4 von dem Leben der Pflanze
auf das organische übergetragen. —
civiles steht wie *exactae* nachdrücklich vor *iam.* — *bella,* n ur Kriege.

8—9. *quaternum,* sonst 4200; 7,
25, 8; Marquardt 3, 2, 248. Die
Genauigkeit in den Angaben hier
wie überhaupt in der Geschichte des
Camillus setzt eine auf das Specielle
sich erstreckende von Sagen nicht
freie Quelle voraus, s. c. 2, 8; 5,
21, 8. — *exercitu indicto,* nachdem
die Aushebung vollendet ist, wird
ein Termin bestimmt, an dem sich
die Ausgehobenen an einem bezeichneten Orte bewaffnet einzufinden
haben, *diem ad conveniendum edicere,* s. 22, 11, 3. Das Asyndeton
deutet an, dass der eine ablat. abs.
dem anderen untergeordnet ist. —
posteram d., 2, 49, 2. — *Esquilinam,*
das Heer müsste also anfangs auf
der via Praenestina marschiert sein,
dann erst sich nach Süden auf die
via Appia gewendet haben. — *dilaturi q.,* s. 36, 10, 7; 40, 27, 1. —
summae r., 10, 14, 9; 29, 4, 3.

23. 1. *praes. dim. f.,* nur Cam.
verhinderte es, dass man sich

vandarum ratione virium trahendo bello quaerebat. eo magis 2
hostis instare, nec iam pro castris tantum suis explicare aciem,
sed procedere in medium campi et vallo prope hostium signa
inferendo superbam fiduciam virium ostentare. id aegre patieba- 3
tur Romanus miles, multo aegrius alter ex tribunis militum, L.
Furius, ferox cum aetate et ingenio tum multitudinis ex incertis-
simo sumentis animos spe inflatus. hic per se iam milites inci- 4
tatos insuper instigabat elevando, qua una poterat, aetate aucto-
ritatem collegae, iuvenibus bella data dictitans, et cum corporibus vigere et deflorescere animos; cunctatorem ex acerrimo bel- 5
latore factum, et, qui adveniens castra urbesque primo impetu
rapere sit solitus, eum residem intra vallum tempus terere, quid
accessurum suis decessurumve hostium viribus sperantem? quam 6
occasionem, quod tempus, quem insidiis instruendis locum? frigere ac torpere senis consilia. sed Camillo cum vitae satis tum 7
gloriae esse; quid attinere cum mortali corpore uno civitatis,
quam inmortalem esse deceat, pati consenescere vires? His ser- 8
monibus tota in se averterat castra, et cum omnibus locis posce-
retur pugna, ,,sustinere" inquit, ,,M. Furi, non possumus impetum militum, et hostis, cuius animos cunctando auximus, iam
minime toleranda superbia insultat; cede unus omnibus et patere te vinci consilio, ut maturius bello vincas." ad ea Camillus, 9
quae bella suo unius auspicio gesta ad eam diem essent, negare

---

sogleich in einen Kampf einliess,
dessen Ausgang nur vom Zufall ab-
gehangen haben würde, s. 22, 27, 8.
— *ratione*, Berechnung, Strategem;
wie 21, 1, 2 *artes belli* den *vires*, der
materiellen Macht, gegenübersteht.

3—5. *multitudinis*, wie sonst *vulgus*, die gemeinen Soldaten. - *ex in-
certiss.*, 1, 40, 2; 22, 3, 14. — *insuper*,
4, 58, 11. — *per se iam*, obgleich zu
dem Particip. gehörig, ist durch das
dazwischen gestellte Substant. von
demselben getrennt u. dadurch hervorgehoben, vgl. 9, 45, 11; 10, 21,
9; 1, 4, 4; ib. 15, 7; 4, 30, 8: *siti
pecorum morientium* u. a. — *aetate*,
von Seiten des Alters, seiner Jugend
und des Greisenalters des Camillus.
Ueber *elevando* 3, 21, 4. — *rapere*
= *raptim agere*, *capere*, 30, 14, 2;
Tac. H. 4, 33: *rapiunt in transitu
hiberna*. — *sit solit.*, bis jetzt immer;

man könnte *fuerit solit.* erwarten.
— *quid sper.*, s. 21, 30, 6: *quid cre-
dentes*, ähnlich der Verbindung *quid
ut*, 4, 49, 15. Von *sperantem* hängt
auch *tempus – locum* ab. — *access.
- decess.*, 27, 13, 6.

6—8. *frigere e. t.*, Gegensatz zu
c. 22, 7: *vegetum* etc.: hätten alles
Feuer und Leben verloren. — *consilia*, häufige Vertauschung des Sub-
jectes: *senem in consiliis capiendis*.
— *sed Cam.* etc., ein untergeordne-
ter Gedanke ist um ihn zu heben in
einem Hauptsatze ausgedrückt: bei
Cam. sei das natürlich, aber, wenn
auch er —, so dürfe doch nicht u. s.
w. — *quid att.*, welchen Zweck habe
es, warum solle, s. 2, 41, 6; 37, 15,
2 u. a. — *inmort.*, 28, 28, 11; Einl.
S. 15. — *avert.*, s. c. 9, 9.

9—11. *negare neq.*—*neq.*, 1, 36,
3; über *aut*—*aut* 22, 2, 6 u. a. —

in eis neque se neque populum Romanum aut consilii sui aut
fortunae paenituisse; nunc scire se collegam habere iure impe-
10 rioque parem, vigore aetatis praestantem: itaque se quod ad
exercitum attineat regere consuesse, non regi, collegae imperium
se non posse inpedire. diis bene iuvantibus ageret, quod e re
11 publica duceret; aetati suae se veniam etiam petere, ne in prima
acie esset; quae senis munia in bello sint, iis se non defuturum.
id a diis inmortalibus precari, ne qui casus suum consilium lau-
12 dabile efficiat. nec ab hominibus salutaris sententia nec a diis
tam piae preces auditae sunt. primam aciem auctor pugnae instruit, subsidia Camillus firmat, validamque stationem pro castris
opponit; ipse edito loco spectator intentus in eventu alieni consilii constitit.

24   Simul primo concursu concrepuere arma, hostis dolo, non
2 metu pedem rettulit. lenis ab tergo clivus erat inter aciem et
castra; et, quod multitudo suppeditabat, aliquot validas cohortes
in castris armatas instructasque reliquerant, quae inter commissum iam certamen, ubi vallo adpropinquasset hostis, erumperent.
3 Romanus cedentem hostem effuse sequendo in locum iniquum
pertractus opportunus huic eruptioni fuit. versus itaque in victorem terror et novo hoste et supina valle Romanam inclinavit

paenituisse, habe keine Ursache gehabt unzufrieden zu sein besonders
in Bezug auf *fortunae,* in Bezug auf
se — sui consilii: zu bereuen. —
nunc, s. 3, 40, 10. — *parem,* vgl.
Lange 1, 481. — *itaque se* etc., dieselbe Form wie § 7: er wolle daher,
weil er nicht gewohnt sei. — *inped.,*
s. dagegen 3, 70, 1. — *aetati,* für
sich als Greis, s. 3, 12, 8. — *etiam,*
wofür *eam,* s. praef. 7, verm. wird,
ist zu *veniam* zu nehmen; *ne* etc.
Object zu *veniam petere,* s. 8, 9, 7:
veniam peto ... ut prosperetis: er
wolle nicht nur nicht hindern, sondern bitte, seinem Collegen die
ganze Leitung der Schlacht über-
lassend, sogar um die Erlaubniss
u. s. w., vgl. 1, 28, 2: *novitate
etiam;* 3, 7, 4: *pudore etiam* u. a.
Die älteren Soldaten (*aetati* im Gegensatze zu *iuvenibus*), die *triarii,*
bilden das letzte Treffen, *subsidia,*
§ 12, vgl. 8, 8, 11.

12. *firmat,* er stellt eine starke
Nachhut auf, 2, 31, 2. — *in eventu,*
Camillus war nur gespannter Beob-
achter bei der Entscheidung, da es
sich um einen Plan handelte, den er
nicht gebilligt hatte, aber entschlossen sogleich einzuschreiten, wenn
es nöthig sein würde; *intentus* ist
absolut gebraucht. *in eventum* würde nur heissen: gespannt auf den
Erfolg.
    24. 1—3. *concrep.,* vgl. 1, 25,
4: *increpuere.* — *lenis* 2, 50, 10: *in
editum leniter clivum.* — *ab tergo*
n. *hostium.* — *reliquer.* bei *hostis,* s.
2, 14, 8. — *cohortes,* 3, 69, 8. —
armat. instr., unter den Waffen aufgestellt. — *iniquum,* den § 2 bezeichneten Hügel. — *opport.,* gab
dazu eine Blösse, passende Gelegenheit, s. 4, 13, 6. — *novo h.,* bei dem
neuen Feinde, als er erschien, ist
statt als Subject als Umstand bezeichnet: *novus hostis terrorem in-*

aciem. instant Volsci recentes, qui e castris impetum fecerant; 4
integrant et illi pugnam, qui simulata cesserant fuga. iam non
recipiebat se Romanus miles, sed inmemor recentis ferociae veterisque decoris terga passim dabat atque effuso cursu castra re-
petebat, cum Camillus subiectus ab circumstantibus in equum 5
et raptim subsidiis oppositis: ,,haec est'' inquit, ,,milites, pugna
quam poposcistis? quis homo, quis deus est, quem accusare
possitis? vestra illa temeritas, vestra ignavia haec est. secuti 6
alium ducem sequimini•nunc Camillum et, quod ductu meo so-
letis, vincite. quid vallum et castra spectatis? neminem vestrum
illa nisi victorem receptura sunt.'' pudor primo tenuit effusos; 7
inde, ut circumagi signa obvertique aciem viderunt in hostem,
et dux, praeterquam [quod] tot insignis triumphis, etiam aetate
venerabilis, inter prima signa, ubi plurimus labor periculumque
erat, se offerebat, increpare singuli se quisque et alios, et adhortatio in vicem totam alacri clamore pervasit aciem. neque alter 8
tribunus rei defuit, sed missus a collega restituente peditum aciem
ad equites, non castigando, ad quam rem leviorem auctorem eum
culpae societas fecerat, sed ab imperio totus ad preces versus
orare singulos universosque, ut se reum fortunae eius diei crimine
eximerent: ,,abnuente ac prohibente collega temeritati me omnium 9

tulit; in gleicher Form konnte *supina* v., 7, 24, 5, sich anschliessen:
et cum esset etc.
  4—5. *qui simulata* etc., 1, 14, 9.
— *non recip.*, der geordnete Rückzug, welcher durch *inclinavit aciem*
angedeutet ist, im Gegensatze zu
der vollen Flucht: *effuso — repete-
bat.* — *veterisque*, die Siege in den
früheren Kriegen mit den Volskern.
— *subiectus*, von unten aufwärts,
hinaufgehoben, wie in *surgere, sur-
sum = subversum*; 31, 37, 10:
*eques — pavidum regem in equum
subiecit.* — *subsid.*, wie c. 23, 11 f.
— *oppositis*, den fliehenden Römern,
§ 6: *neminem — receptura sunt*; vgl.
10, 36, 6. — *temeritas* n. *erat*, wegen *illa*, vgl. 24, 4, 2.
  7. *circumagi s.*, die Fahnen und
die unter denselben stehenden Truppen umwenden, 10, 36, 9, vgl. 22,
29 f.; Curt. 4, 50, 32: *in frontem
circumagi.* — *obverti*, s. c. 7, 3 u. a.,
vor L. in Prosa wenig gebraucht.—

quod, ist wahrscheinlich mit Duker
zu entfernen, da *erat* nicht wohl ergänzt werden kann, *praeterquam
quod* aber sonst nicht wie das einfache *praeterquam*, s. 4, 17, 6; ib.
48, 3; 22, 53, 5; 30, 6, 4 u. a. ohne
Verbum gebraucht wird; *insignis*
sowol als *venerabilis* würden dann
Attribute von *dux* sein, durch welche *offerebat* erst bedeutend wird.
— *in vicem*, attributiv; 3, 71, 2; 41,
3, 3: *caede invicem militum nauta-
rumque*; vgl. 7, 8, 3: *inter se.*
  8—9. *castigando* lässt ein anderes Prädicat als *orare* erwarten,
welches (etwa *incitare, impellere*)
entweder zu ergänzen, oder ein
Anacoluth anzunehmen ist, vgl. 3,
12, 8; 8, 11, 6; 40, 54, 8. — *totus*
v., 25, 16, 19. — *leviorem*, 5, 15, 12.
— *fortunae e. d.*, der unglückliche
Ausgang des Schlachttages, gehört
sowol zu *reum*, der dafür verantwortlich sei, als zu *crimine.* — *temeritati*, s. 3, 50, 3 u. a., doch haben

potius socium quam unius prudentiae dedi. Camillus in utraque
vestra fortuna suam gloriam videt; ego, ni restituitur pugna,
quod miserrimum est, fortunam cum omnibus, infamiam solus
10 sentiam." optimum visum est in fluctuantem aciem, tradi equos
et pedestri pugna invadere hostem. eunt insignes armis animisque, qua premi parte maxime peditum copias vident. nihil neque
apud duces neque apud milites remittitur a summo certamine
11 animi. sensit ergo eventus virtutis enixae opem, et Volsci, qua
modo simulato metu cesserant, ea in veram fugam effusi magna
pars et in ipso certamine et post in fuga caesi, ceteri in castris,
quae capta eodem impetu sunt; plures tamen capti quam occisi.

25   Ubi in recensendis captivis cum Tusculani aliquot noscita-
rentur, secreti ab aliis ad tribunos adducuntur, percontantibusque
2 fassi publico consilio se militasse. cuius tam vicini belli metu
Camillus motus extemplo se Romam captivos ducturum ait, ne
patres ignari sint Tusculanos ab societate descisse: castris exer-
3 cituique interim, si videatur, praesit collega. documento unus
dies fuerat, ne sua consilia melioribus praeferret. nec tamen aut
ipsi aut in exercitu cuiquam satis placato animo Camillus laturus
culpam eius videbatur, qua data in tam praecipitem casum res
4 publica esset; et cum in exercitu tum Romae constans omnium
fama erat, cum varia fortuna in Volscis gesta res esset, adversae

---

die besseren Hss. *temeritatis*, vgl.
Cic. Lael. 11, 37: *nec se comitem
illius furoris sed ducem praebuit*,
temeritas und *prudentia* stehen nachdrücklicher für die Personen. —
sentiam, muss ich tragen, s. 9, 11,
3; 3, 21, 4 u. a.

     10—11. *optim.* — *in fluct. aciem*
scheint, wenn kein Fehler in den
Worten liegt (*non tradi?*) zu bedeuten: am vortheilhaftesten für die
ins Schwanken gerathene Schlachtreihe, s. c. 13, 3; 37, 15, 7: *in duas
res id usui fore*; 34, 6, 6: *alia in se-
cundam alia in adversam tempesta-
tem usui sunt*, und *tradi*, n. *calonibus* mit dem Folg. eng zu verbinden:
nach Abgabe der Pferde zu Fusse
u. s. w. Ueber den Wechsel *tradi—
invadere* s. 5, 43, 5. — *qua*, 8, 36,
9. — *certam. animi*: Wetteifer,
animi collectiv oder abstract, s. 37,
10, 2; 3, 7, 2; dagegen *certamen*

animorum 2, 59, 1; 40, 17, 3 u. a.
— *sensit*, vgl. 9, 37, 1: *ora senserat*:
ib. 41, 8 u. a. — *eventus*, personifi-
cirt, wie 3, 68, 7: *bellum scandet*;
8, 3, 7: *fortuna* u. a. — *tamen* soll
ceteri (*v. caesi*) beschränken. Da
Camillus nicht triumphirt, so hält
Nieb. R. G. 2, 658 den ganzen Sieg
für erdichtet.

     25 — 26. Zug gegen Tusculum.
Dion. 14, 9; 11; Dio Cass. frg. 28;
Plut. 38; Val. Max. 7, Ext. 3, 9.

     1—5. *Ubi* = *in quibus*. — *se-
creti*, 4, 27, 8. — *percont.*, n. *iis*, s.
23, 10, 9; zur Sache c. 13, 8. —
publico c., Tusculum bricht das
Bündniss mit Rom, 2, 33, und schliesst
sich den Feinden desselben an, vgl.
c. 21. 2. — *si videatur*, Höflichkeits-
form gegen den gleichgestellten Collegen, vgl. 34, 46, 5; 26, 16, 4. —
in praec. c., s. 27, 27, 11. — *docum.*,
zum warnenden Beispiel, s. praef.

pugnae fugaeque in L. Furio culpam, secundae decus omne pe-
nes M. Furium esse. introductis in senatum captivis cum bello 5
persequendos Tusculanos patres censuissent Camilloque id bellum mandassent, adiutorem sibi ad eam rem unum petit, per-
missoque, ut ex collegis optaret, quem vellet, contra spem omnium
L. Furium optavit. qua moderatione animi cum collegae levavit 6
infamiam, tum sibi gloriam ingentem peperit. nec fuit cum Tusculanis bellum: pace constanti vim Romanam arcuerunt, quam
armis non poterant. intrantibus fines Romanis non demigratum 7
ex propinquis itineri locis, non cultus agrorum intermissus,
patentibus portis urbis togati obviam frequentes imperatoribus
processere, commeatus exercitui comiter in castra ex urbe et ex
agris devehitur. Camillus castris ante portas positis, eademne 8
forma pacis, quae in agris ostentaretur, etiam intra moenia esset,
scire cupiens, ingressus urbem ubi patentes ianuas et tabernis 9
apertis proposita omnia in medio vidit, intentosque opifices suo
quemque operi, et ludos litterarum strepere discentium vocibus,
ac repletas semitas inter vulgus aliud puerorum et mulierum huc
atque illuc euntium, qua quemque suorum usuum causae ferrent,

10. — *perseq.*, Val. Max. l. l.: *ut
urbem eorum funditus Romani ever-
tere vellent.* — *patres cens.*, der Senat beschliesst allein den Krieg,
weil hier ein Bundesbruch vorlag,
oder der Volksbeschluss ist uner-
wähnt gelassen, s. c. 14, 1. — *adiutorem*, c. 22, 6. — *optaret*, wählte,
42, 32, 1: *optaturum*; 26, 29, 8:
optio. — *permisso*, 1, 53, 1; 10, 36,
6: *edicto*; 9, 16, 5: *impetrato*; 23,
14, 2: *lato* u. a. — *moderat.*, 4, 41,
7. — *poterant*, das Urtheil des L.,
dass sie damals oder überhaupt es
nicht vermocht hätten.

7 — 9. *intrantibus*, s. 1, 23, 10;
ib. 8, 5. — *itineri*, die Hdss. haben
itineris, vgl. 4, 55, 5; 3, 38, 9. —
togati, wie in Rom. — *Camillus*, alle
Erscheinungen des Friedens sind in
verschiedenen Formen, Particip, Infinitiv, Adjectiv, in anaphorischer:
patentes — intentos — repletos, und
chiastischer Ordnung: *cupiens, ingressus; strepere, simile* in der Periode zusammengefasst. — *scire*, 2,
11, 6. — *propos. o. in med.*, s. c. 19,

7, hier: vor Aller Augen (zum Ver-
kauf) ausgestellt. Es werden Locale
vorausgesetzt, in die von der Strasse
aus hineingesehen werden kann; dass
dieses auch von den Schulen gelte,
wird durch *strepere* unwahrschein-
lich, s. Marq. 5, 95. — *ludos litt.*,
wo sich die Kinder im Lesen übten,
3, 44. — *discentium*, praef. 4. Zu
strepere ist das passende Prädicat
aus *vidit* zu entnehmen, vgl. 10, 34,
6; 21, 22, 8; 44, 34, 10: *strepere
moverique omnia – cerneret.* — *inter
vulgus al.*, mitten unter den Leuten,
die sich sonst auf der Strasse herum-
trieben, 4, 41, 8. — *puerorum et m.*,
mit *repletus* verbunden, welches, wie
die übrigen Wörter der Fülle, hier
den Genitiv, sonst bei L. wie bei
Anderen den Ablat. hat. Das offene
Herumgehen der Kinder und Frauen,
die am ersten der Misshandlung ausgesetzt waren, musste als das
sicherste Zeichen des Friedens gelten. — *quemque* hat sich hier an *qua*
angeschlossen und ist so vor *suorum*
getreten, vgl. vorher *suo quemque*,

10 nihil usquam non pavidis modo sed ne mirantibus quidem simile,
circumspiciebat omnia, inquirens oculis, ubinam bellum fuisset:
11 adeo nec amotae rei usquam nec oblatae ad tempus vestigium
ullum erat, sed ita omnia constanti tranquilla pace, ut eo vix fama
26 belli perlata videri posset. Victus igitur patientia hostium senatum
eorum vocari iussit. „soli adhuc" inquit, „Tusculani, vera arma ve-
rasque vires, quibus ab ira Romanorum vestra tutaremini, inveni-
2 stis. ite Romam ad senatum; aestimabunt patres, utrum plus ante
poenae an nunc veniae meriti sitis; non praecipiam gratiam publici
beneficii; deprecandi potestatem a me habueritis; precibus eventum
3 vestris senatus, quem videbitur, dabit." postquam Romam Tusculani venerunt, senatusque paulo ante fidelium sociorum maestus in
vestibulo curiae est conspectus, moti extemplo patres vocari eos
4 iam tum hospitaliter magis quam hostiliter iussere. dictator Tusculanus ita verba fecit: „quibus bellum indixistis intulistisque,
patres conscripti, sicut nunc videtis nos stantes in vestibulo curiae vestrae, ita armati paratique obviam imperatoribus legioni-
5 busque vestris processimus. hic noster, hic plebis nostrae habitus fuit eritque semper, nisi si quando a vobis proque vobis arma

5, 20, 8.

10—11. *pavidis — simile*, s. 8,
18, 11. Ueber das Neutrum 4, 51, 6.
— *adeo* etc. geht darauf, dass Cam.
sich umsonst nach Zeichen des
Krieges umgesehen habe, was durch:
ubinam — fuisset angedeutet ist. —
ad tempus, wie es die Verhältnisse
zu fordern schienen, um die Römer
zu täuschen, 3, 64, 4; 28, 42, 5. —
constanti tr. pa. = *omnia tranquilla
const. p.* n. *erant*, s. praef. 5; auch
sonst vermeidet L. nicht immer
Zweideutigkeit, 2, 4, 2: *quorum vetustate memoria*; 6, 38, 5 *quanto* u.
a. — Wie alle hier geschilderten
Verhältnisse haben eintreten können,
wenn nach dem Fetialrechte, 1, 32,
verfahren, und der Krieg förmlich
angesagt gewesen wäre, s. c. 26, 4;
7: *bellum indixistis*, ist nicht abzusehen; auch diese Scenen sind durch
die Sage ausgeschmückt.

26. 1—2. *patientia*, Unterwürfigkeit. — *tutaremini* hat sich an
Tusculani angeschlossen, obgleich
soli ein allgemeines Prädicat: *qui-

bus resisti posset* erwarten liess. —
non praecip., 22, 38, 11: *se — ea
ante tempus — praecepturum.* Obgleich die Feldherrn die Vollmacht
haben vorläufige Anordnungen zu
treffen, so überlässt doch Cam. die
ganze Angelegenheit dem Senate,
damit dessen Milde erkannt werden
könne. — *quem vid.* ist aus *dabit*
zu ergänzen, 23, 34, 14.

3—7. *senatus*, der ganze Senat,
nicht wie sonst einzelne Abgeordnete. — *hospitaliter — hostil.*, 1, 58,
8. — *dictator*, 3, 18, 2, Mommsen
1, 345. — *sicut — stantes*, ebenso
friedlich, in eben dem Aufzuge; der
Nachdruck liegt auf *sicut.* — *in
vestib.*, 2, 48, 10; 5, 41, 8; nur der
Dictator ist in der Curie, s. 7, 31,
5. — *noster — plebis*, zwei Stände
wie zu Rom werden auch sonst in
den lat. Städten erwähnt, 4, 9 f.; 1,
28, 7. — *nisi si*, vollständig: *nisi
quando arma capienda sunt, si a
vobis.* — *a vobis*, wie später die
socii, Unterthanen, s. c. 10, 6; 3, 4,
11. — *ubi* = *apud quos*, vor *ne* ist

acceperimus. gratias agimus et ducibus vestris et exercitibus,
quod oculis magis quam auribus crediderunt et, ubi nihil hostile
erat, ne ipsi quidem fecerunt. pacem, quam nos praestitimus, 6
eam a vobis petimus; bellum eo, sicubi est, avertatis precamur;
in nos quid arma polleant vestra, si patiendo experiundum est,
inermes experiemur. haec mens nostra est, dii inmortales faciant, tam felix, quam pia. quod ad crimina attinet, quibus moti 7
bellum indixistis, etsi revicta rebus verbis confutare nihil attinet, tamen, etiam si vera sint, vel fateri nobis ea, cum tam evi-
denter paenituerit, tutum censemus. peccetur in vos, dum digni
sitis, quibus ita satisfiat." tantum fere verborum ab Tusculanis 8
actum. pacem in praesentia nec ita multo post civitatem etiam
mpetraverunt. ab Tusculo legiones reductae.

Camillus, consilio et virtute in Volsco bello, felicitate in Tu- 27
sculana expeditione, utrubique singulari adversus collegam patientia et moderatione insignis, magistratu abiit creatis tribunis 2
militaribus in insequentem annum L. et P. Valeriis, Lucio quintum, Publio tertium, et Gaio Sergio tertium Lucio Menenio iterum Publio Papirio Servio Cornelio Maluginense. censoribus 3

---

in gleichem Sinne *ibi* zu denken. —
auribus, den Aussagen der Gefangenen, c. 25, 1. — *eo, sic. est*, ver-
kürzt statt *eo, ubi est, sicubi est.* —
felix (*sit*) *quam pia* (*est*). — *attinet*
— *attinet*, in verschiedener Bedeutung. — *etsi – etiam si*, obgleich es
unnütz ist durch Worte zu widerlegen, was durch Thatsachen zurückgewiesen ist, wir also eine Schuld
nicht mehr einzugestehen haben, so
halten wir es doch sogar für unge-
fährlich das Geständniss abzulegen,
wenn die Anschuldigungen gegründet sein sollten. Der Gedanke ist
dadurch verdunkelt, dass *tamen* sich
nicht sowol auf den mit *etsi* eingeleiteten Satz bezieht, als auf eine
Folgerung aus demselben, vgl. c. 18,
5. — *dum*, wenn nur, nur dass.

8. *pacem*, durch den Senat; die
civitas, c. 33, durch das Volk, noch
vor 378 a. u. — *civitat*, wahrscheinlich hat L., wie Dion. c. 9: πολιτεί-
αν ἔγνωσαν τοῖς κρατηθεῖσι χαρί-
σασθαι, πάντων μεταδόντες,
ὧν τοῖς Ῥωμαίοις μετῆν, vgl. c.

10; Dio Cass. l. l., an das volle
Bürgerrecht gedacht, und dieses für
eine grosse Wohlthat angesehen,
vgl. c. 36, 2; 8, 14, 3, obgleich dasselbe damals, besonders nach dem
Einfall der Gallier, noch nicht die
Bedeutung wie in späterer Zeit haben konnte, sondern, da es die neuen
Bürger nöthigte ihre frühere Verbindung mit ihren latinischen Stam-
mesgenossen, zum grossen Theile
ihre communale Selbständigkeit, ihr
Recht aufzugeben, und dafür römisches anzunehmen, sehr drückend
sein musste, so dass es nicht auffallen kann, wenn die Tusculaner
später, 8, 7, 2, sich aus diesem Verhältniss zu befreien, die Latiner die
Stadt wieder zu gewinnen suchen,
s. c. 33; 36; vgl. 3, 29, 6; 9, 43,
23; Marq. 3, 1, 9.

27 — 29. Unruhen wegen der
Schuldverhältnisse; Krieg mit Präneste; Diod. 15, 50.

1 — 3. *in Volsc. b.*, c. 24, 7. —
Lucio, c. 21; *Publio*, c. 18; *Sergio*,
c. 11; *Menenio*, c. 5; *P. Papir.* bei

quoque eguit annus, maxime propter incertam famam aeris alieni,
adgravantibus summam etiam invidiae eius tribunis plebis, cum
ab iis elevaretur, quibus fide magis quam fortuna debentium la-
4 borare creditum videri expediebat.   creati censores C. Sulpicius
Camerinus Sp. Postumius Regillensis, coeptaque iam res morte
Postumi, quia collegam suffici censori religio erat, interpellata
5 est. igitur cum Sulpicius abdicasset se magistratu, censores alii
vitio creati non gesserunt magistratum; tertios creari velut diis
6 non accipientibus in eum annum censuram religiosum fuit. eam
vero ludificationem plebis tribuni ferendam negabant: fugere senatum testes tabulas publicas census cuiusque, quia nolint con-

Diod.: *T. Papir.*; *Cornelio,* c. 22. —
censorib., während Diodor 15, 50 u.
51 für dieses und das folgende Jahr
8 Consulartribunen erwähnt, wie L.
5, 1, giebt dieser hier und c. 31 Censoren neben den Consulartribunen
an; und dass er a. u. St. wirkliche
Censoren meine, zeigt das § 5 Erwähnte, was wol bei Consulartribunen, die den Census gehalten hätten, nicht eingetreten wäre, s. Lange
1, 485. Diese Censoren sind wahrscheinlich, s. zu c. 5, 8, vgl. die
Stelle des Festus zu c. 14, 12, die
ersten nach dem Einfall der Gallier.
Sie sollen die Schuldverhältnisse un-
tersuchen und neue Censuslisten ent-
werfen, da bis dahin, obgleich der
Besitzstand sich bedeutend geändert
haben musste, das tributum wahrscheinlich noch nach der vor dem
Gallischen Kriege abgehaltenen
Schatzung eingefordert wurde, s.
Nieb. R. G. 2, 441. — *aeris al.,* die
Masse der Schulden, die sich durch
den Verlust im Kriege, durch den
Aufbau der Stadt, die Befestigung
des Capitols, c. 4, die Steuern in
Folge der beständigen Kriege ange-
häuft hatte, ist c. 11; 14 angedeutet
worden. — *adgravant. sum. i. e.*
würde, wenn die Stelle richtig ist,
(statt *inv. eius* wird *inv. causa* oder
invidiose, invidiosius verm.) bedeuten: indem sie die Masse des gehässigen Gegenstandes (*invidia = res*

invidiosa), der Schulden, die an sich
schon gross genug war, (durch ihre
Reden) noch drückender machten,
steigerten, vgl. 26, 12, 10: *summa
curae omnis;* 3, 61, 12; 42, 58, 7;
über *invidia* s. 2, 23, 2. — *ab iis* etc.,
die Geldverleiher, *feneratores.* —
fide — creditum, das ausgeliehene
Capital habe zu kämpfen, leide mehr
durch die Art wie die Schuldner ihre
Verbindlichkeiten erfüllten, s. c. 34,
2, als durch die Vermögensverhält-
nisse derselben; wir fassen *fide* und
fortuna negativ: das Capital und die
Zinsen ständen schlecht mehr wegen
Mangel an gutem Willen zu zahlen
als u. s. w., vgl. zu 2, 19, 6.
    4—6. *Sulpicius,* c. 22. — *Postu-
mius,* 5, 28. — *res,* der Census und
die Ordnung der Vermögensverhält-
nisse. — *religio,* 5, 31. — *alii,* da
der Census nur begonnen (*coepta
res*) ist, so werden um denselben
vollständig zu halten sogleich neue
Censoren gewählt. — *vitio cr.,* Bek-
ker 2, 2, 193. — *vero,* das sei wahrhaftig. — *fugere,* s. 8, 33, 8: *fugienti senatus indicium,* scheuen, zu
entgehen suchen. — *testes,* das Object ist aus *census cuiusq.,* obgleich
dieses zunächst zu der Apposition
tabul. publ. gehört, leicht zu entnehmen, vgl. 2, 23, 4: *testes — pu-
gnarum cicatrices;* Cic. Verr. 5, 5,
10: *testes publicae tabulae.* — *tabul.*
— *cui.,* die unter öffentlicher Auto-

spici summam aeris alieni, quae indicatura sit demersam partem
a parte civitatis, cum interim obaeratam plebem obiectari aliis
atque aliis hostibus. passim iam sine ullo discrimine bella 7
quaeri: ab Antio Satricum, ab Satrico Velitras, inde Tusculum
legiones ductas, Latinis Hernicis Praenestinis iam intentari arma
civium magis quam hostium odio, ut in armis terant plebem
nec respirare in urbe aut per otium libertatis meminisse sinant
aut consistere in contione, ubi aliquando audiant vocem tribuniciam de levando fenore et fine aliarum iniuriarum agentem. quod 8
si sit animus plebi memor patrum libertatis, se nec addici quemquam civem Romanum ob creditam pecuniam passuros neque
dilectum haberi, donec inspecto aere alieno initaque ratione mi-
nuendi eius sciat unus quisque, quid sui, quid alieni sit, supersit sibi liberum corpus, an id quoque nervo debeatur. merces 9
seditionis proposita confestim seditionem excitavit. nam et ad-
dicebantur multi, et ad Praenestini famam belli novas legiones
scribendas patres censuerant; quae utraque simul auxilio tribu-
nicio et consensu plebis inpediri coepta: nam neque duci addi- 10
ctos tribuni sinebant, neque iuniores nomina dabant. cum patribus minor *in* praesens cura creditae pecuniae iuris exsequendi

rität angelegten Schätzungslisten,
welche, da das Vermögen jedes Einzelnen (*cuiusque* s. 4, 58, 13; 45, 38,
12) eingetragen wurde, Zeugen desselben, hier der Verschuldung der
Plebs, waren, s. Becker 2, 2, 206.
Die Stelle und § 8 zeigen, dass bei
der Abschätzung dem Censor eine
Berechnung des Activ- und Passiv-
bestandes vorgelegt wurde, wodurch
jedoch, da der geringe Besitz der
grossen Mehrzahl der Plebejer in
Grundeigenthum bestand, und dieses, wenn auch verschuldet, im Census angegeben werden musste, wenig geholfen werden konnte. Man
scheint daher eine Massregel wie sie
6, 35, 4 vorgeschlagen oder wie die,
welche 7, 21 ausgeführt wird, schon
jetzt gefordert zu haben. — *mersam*,
c. 17, 2. — *cum int.*, c. 11, 4.

7—8. *passim*, überall, wo es dem
Senate beliebe. Die Zustimmung
des Volkes ist übergangen. — *ab
Antio* etc., ohne genaue Beachtung
der Zeitfolge, s. c. 2; 7; 9; 21; 22.—

Praenest., wie c. 21, 2; vgl. c. 32, 4.
— *libertatis* etc., 4, 58, 12. — *consistere*, weil man in den Contionen
stand. — *memor*, 22, 25, 10. —
addici etc., sie wollen gegen das
Gericht selbst oder gegen gericht-
liche Schuldexecutionen Einspruch
thun, 3, 59, 2. — *initaque r. m.*, die
c. 35, 4 vorgeschlagene Massregel
wird angedeutet. — *quid sui*, was
sein wirkliches Eigenthum sei, was
er an die Gläubiger abtreten müsse,
s. c. 20, 6. — *liberum c.*, ob sein
Vermögen zur Deckung der Schulden ausreiche, oder er in Schuldknechtschaft sich begeben müsse. —
nervo, s. c. 11, 8.

9—11. *nam*, das, was als Erklärung hinzugefügt werden soll, ist
in den Relativsatz, der durch *namque* etc. weiter ausgeführt wird, aufgenommen; logisch sind *et addic.* —
et — censuer. Nebensätze: *nam,
cum — censuissent, utraque* etc. —
addicebant., c. 14, 10; es geschah
ohne Erfolg. — *minor in praes.*, die

quam dilectus esset — quippe iam a Praeneste profectos hostes
11 in agro Gabino consedisse nuntiabatur —, interim tribunos plebis fama ea ipsa inritaverat magis ad susceptum certamen quam
deterruerat; neque aliud ad seditionem extinguendam in urbe
quam prope inlatum moenibus ipsis bellum valuit.

28   Nam cum esset Praenestinis nuntiatum nullum exercitum
conscriptum Romae, nullum ducem certum esse, patres ac ple-
2 bem in semet ipsos versos, occasionem rati duces eorum raptim
agmine acto pervastatis protinus agris ad portam Collinam signa
3 intulere. ingens in urbe trepidatio fuit. conclamatum „ad arma"
concursumque in muros atque portas est, tandemque ab seditione ad bellum versi dictatorem T. Quinctium Cincinnatum
4 creavere. is magistrum equitum A. Sempronium Atratinum
dixit. quod ubi auditum est — tantus eius magistratus terror
erat — simul hostes a moenibus recessere, et iuniores Romani
5 ad edictum sine retractatione convenere. dum conscribitur Romae exercitus, castra interim hostium haud procul Alia flumine
posita; inde agrum late populantes fatalem se urbi Romanae lo-
6 cum cepisse inter se iactabant, similem pavorem inde ac fugam
fore ac bello Gallico fuerit: etenim si diem contactum religione
insignemque nomine eius loci timeant Romani, quanto magis
Aliensi die Aliam ipsam, monumentum tantae cladis, reformida-

---

Hdss. haben die harte Verbindung:
minor praesens, mit der nur etwa
verglichen werden könnte Terent.
Heaut. 2, 3, 113: *quasi istic mea res
minor agatur, quam tua.* — *cred.* —
exseq , über die gehäuften Genitivi
s. praef. 3. — *profect.* — *nuntiab.*,
s. 4, 53, 3. — *inter.* — *deterr.*, s.
3, 17, 12; der Gedanke hat sich statt
auf *cum* etc. zurückzugehen, an
quippe — *nuntiab.* angeschlossen,
daher nicht, wie man erwartet: *tribuni summa vi dilectum inpediebant,
nam ea ipsa fama — inritaverat.*
28. 1—3. *certum,* bei der grossen
Zahl der Militärtribunen; bereitet
auf die Wahl des Dictators vor. —
occasion., absolut: der günstige Moment, s. 4, 31, 2. — *agmine acto,*
marschiren, das Heer in Bewegung
setzen; häufiger mit *raptim*, *cursu*
u. ä. verbunden, anders *agmine facto,*
5, 30, 4. — *protinus,* beim Vorrük-

ken, unterwegs, vgl. 26, 51, 9; 32,
13, 4. — *ad portam C.*, sie rückten
auf dasselbe zu, kamen also nicht
auf der via Praenestina, sondern
der Nomentana. — *atque p.*, obgleich
zu *portas* mehr *ad* passen würde,
kann doch auch *in* darauf bezogen
werden.

4—6. *Quinctium*, c. 18. — *iunior.
R.* wie *plebs Romana*; *patres Romani.* — *sine retract.*, vgl. c, 16, 3.
— *procul Al.*, sie werden auf der
via Salaria zurückgegangen gedacht,
Nieb. R. G. 2, 660. — *contact. rel.*
= *religiosum, atrum,* *c.* 1, 11, auf
dem ein Fluch ruht. — *Aliensie die*
ist nach *diem c. r.* wiederholt, um
den Gegensatz zu *Aliam* zu heben.
Die Verbindung von *magis* mit dem
Abl. statt *quam* ist ausser bei Ad-
jectiven wie *solito* u. ä. nicht häufig;
s. 29, 15, 11: *alii aliis magis recusare*; C. Fin. 3, 3, 11: *alia magis*

turos? species profecto his ibi truces Gallorum sonumque vocis
in oculis atque auribus fore. has inanium rerum inanes ipsas 7
volventes cogitationes fortunae loci delegaverant spes suas. Romani contra, ubicumque esset Latinus hostis, satis scire eum
esse, quem ad Regillum lacum devictum centum annorum pace
obnoxia tenuerint; locum insignem memoria cladis inritaturum 8
se potius ad delendam memoriam dedecoris, quam ut timorem
faciat, ne qua terra sit nefasta victoriae suae; quin ipsi sibi Galli 9
si offerantur illo loco, se ita pugnaturos, ut Romae pugnaverint
in repetenda patria, ut postero die ad Gabios, tunc cum effece-
rint, ne quis hostis, qui moenia Romana intrasset, nuntium secundae adversaeque fortunae domum perferret.

His utrimque animis ad Aliam ventum est. dictator Roma- **29**
nus, postquam in conspectu hostes erant instructi intentique,
„videsne tu‟ inquit, „A. Semproni, loci fortuna illos fretos ad
Aliam constitisse? nec illis di inmortales certioris quidquam
fiduciae maiorisve quod sit auxilii dederint. at tu, fretus armis 2
animisque, concitatis equis invade mediam aciem; ego cum legionibus in turbatos trepidantesque inferam signa. adeste, dii
testes foederis, et expetite poenas debitas simul vobis violatis no-
bisque per vestrum numen deceptis.‟ non equitem, non peditem 3
sustinuere Praenestini. primo impetu ac clamore dissipati ordines sunt; dein, postquam nullo loco constabat acies, terga vertunt, consternatique et praeter castra etiam sua pavore praelati
non prius se ab effuso cursu sistunt, quam in conspectu Praeneste fuit. ibi ex fuga dissipati locum, quem tumultuario opere 4

alia; ib. 4, 16, 43; 3, 22, 76: *quid
philosophia magis colendum. — his*,
c. 10, 8. — *auribus*, auch hierzu ist
in zu nehmen, obgleich sonst *in
auribus* nicht so gebräuchlich ist,
wie *in ore, in oculis*, vgl. 9, 12, 1.

7—9. *satis scire*, vgl. 1, 9, 4.—*centum a.*, c. 2, 3. — *obnoxia p.*, von
den Menschen auf die Sache übertragen: ein Friede, durch den sie
von den Römern abhängig wurden.
Ueber die Sache s. c. 2; 21. — *quam
ut*, 2, 15, 2. — *nefasta* von *dies ne-
fastus* entlehnt: es gebe kein Un-
glücksland, wo nach dem Willen
der Götter die Römer nicht siegen
könnten, wie es Unglückstage gäbe.
Der Gedanke bezieht sich auf § 6:
quanto magis etc. — *tunc cum* fügt

zu *postero die* noch eine genauere
Bestimmung, wie *is qui* zu einem
vorhergeh. Begriff; Cic. Tusc. 4, 1,
2; Lael. 14, 49 u. a.
    29. 1—3. *loci*, nur im Vertrau-
en auf u. s. w. — *nec — dederint*,
ist hier wol eine das Vorhergeh.
(*loci*) erklärende Voraussetzung des
Dictators: der Erfolg wird zeigen,
dass, s. c. 14, 4; 22, 14, 10; 25, 38,
17; anders 28, 28, 11, vgl. 5, 53, 3.
— *maior. q. s. aux.*, etwas was —
bestehe aus, was — gewähre. —
equis inv., c. 32, 8. — *inferam s.*,
nur: angreifen, daher *cum legionibus*. — *expetite*, 1, 23, 4. — *per v.
numen* n. *iuramento facto*, s. 1, 9,
13. — *praeter — praelati*, 5, 26, 7.
    4—6. *ex fuga d.*, die (während

communirent, capiunt, ne, si intra moenia se recepissent, extemplo ureretur ager, depopulatisque omnibus obsidio urbi in-
5 ferretur. sed postquam direptis ad Aliam castris victor Romanus aderat, id quoque munimentum relictum, et vix moenia tuta
6 rati oppido se Praeneste includunt. octo praeterea oppida erant
sub dicione Praenestinorum. ad ea circumlatum bellum, dein-
cepsque haud magno certamine captis Velitras exercitus ductus.
7 eae quoque expugnatae. tum ad caput belli Praeneste ventum.
8 id non vi, sed per deditionem receptum est. T. Quinctius semel
acie victor, binis castris hostium, novem oppidis vi captis, Praeneste in deditionem accepto Romam revertit, triumphansque signum Praeneste devectum Iovis Imperatoris in Capitolium tulit.
9 dedicatum est inter cellam Iovis ac Minervae, tabulaque sub eo
fixa, monumentum rerum gestarum, his ferme incisa litteris fuit:
„Iuppiter atque divi omnes hoc dederunt, ut T. Quinctius dicta-
10 tor oppida novem caperet." die vicensimo quam creatus erat
dictatura se abdicavit.

---

sie) sich auf der Flucht zerstreut
hatten u. s. w., 8, 24, 10: *contra-
hens suos ex fuga palatos*; Caes.
B. G. 6, 35: *multos ex fuga disper-
sos excipiunt*; sonst sagt L. gewöhnlich *dissipata* od. *dispersa fuga*, s.
2, 59, 9; 31, 42, 9, vgl. zu 28, 20, 8,
wie auch an u. St. verm. wird. —
si — recep„ quod futurum esset, si
etc. — *obsid. inf*, nach der Analogie von *bellum, arma inferre*. —
vix rati, während (obgleich) sie u. s.
w. — *Praeneste*, 1, 2, 3; anders § 8.
— *octo — opp.*, Unterthanenstädte,
wie bei Tibur 8, 8, 17 f., wol zwischen dem Aequer- u. Albanergebir-
ge. — *Velitras* hat sich an Pr. angeschlossen, ohne von ihm abhängig
zu sein, s. c. 22. Es ist eben so auffallend, dass die treulose Stadt so
leicht eingenommen, s. c. 36 ; 42, u.
nicht bestraft wird, als dass das
feste Präneste sich ohne Widerstand ergiebt, da es c. 30, 8 den
Krieg fortsetzt, s. Nieb. R. G. 2,
661 f.

    8—10. *Praeneste* ohne *a* s. 2, 33,
6 ; 24, 12, 3. — *Iovis Imp.,* wenn nach
Cic. Verr. 4, 58, 129 eine Statue des

Jup. Imp. durch T. Quinctius Flamininus nach Rom gebracht wird, so
bezieht sich dieses entweder auf ein
anderes Bild, oder es ist *T. Quinctius
Flamininus* und *Cincinnatus* verwechselt. Dass L. oder sein Gewährsmann geirrt habe, ist kaum
glaublich, da sogleich die Votivtafel
erwähnt wird. — *Imperator*, s.
Preller Myth. 183. — *inter cell.*,
in den die Cellen scheidenden Wän-
den scheinen Nischen (*aediculae*)
gewesen zu sein, in deren einer,
rechts von der Celle des Jupiter, vgl.
c. 4, 3; 7, 3, 5, das Bild seinen Platz
erhielt, s. Becker I, 399. — *incisa
— fuit*, sie hat die Inschrift gehabt,
s. 3, 26, 10; 23, 19, 18: *titulus fuit
subiectus*; zur Sache Becker 1, 25;
Preller S. 207; *dedicatum est* giebt
nur das Factum an. Schon zu Cicero's Zeit, s. d. a. St., existirte das
von ihm erwähnte Bild nicht mehr,
was auch L. durch *incisa fuit* andeutet. Wahrscheinlich hat dieser
die Notiz aus einer Schrift des jüngeren Cincius, s. 7, 3; Mommsen
Chron. 317, entlehnt. Ein anderer
Theil der von L., welcher, wie *ferme*

Comitia inde habita tribunorum militum consulari potestate, **30**
quibus aequatus patriciorum plebeiorumque numerus. ex patri- 2
bus creati P. et C. Manlii cum L. Iulio; plebes C. Sextilium M.
Albinium L. Antistium dedit. Manliis, quod genere plebeios, gra- 3
tia Iulium anteibant, Volsci provincia sine sorte, sine conpara-
tione, extra ordinem data; cuius et ipsos postmodo et patres,
qui dederant, paenituit. inexplorato pabulatum cohortes mi- 4
sere; quibus velut circumventis, cum id falso nuntiatum esset,
dum, praesidio ut essent, citati feruntur, ne auctore quidem ad-
servato, qui eos hostis Latinus pro milite Romano frustratus
erat, ipsi in insidias praecipitavere. ibi dum iniquo loco sola 5
virtute militum restantes caedunt caedunturque, castra interim
Romana, iacentia in campo, ab altera parte hostes invasere. ab 6
ducibus utrubique proditae temeritate atque inscitia res; quidquid superfuit fortunae populi Romani, id militum etiam sine
rectore stabilis virtus tutata est. quae ubi Romam sunt relata, 7

---

zeigt, nicht das Ganze anführen
wollte, erwähnten Inschrift wird von
Festus p. 363 mitgetheilt: *trientem
tertium* (2½ Pf.) *pondo coronam auream dedisse se Iovi donum scripsit
T. Quinctius dictator, quom per novem dies totidem urbes et decimam
Praeneste cepisset.* Die Inschrift
war im saturnischen Versmasse ab-
gefasst, nach Ritschl der Anfang
folgender:

　*Diovispiter átque divi — ómnes
　　　　hóc dedérunt,
　Utí Titu' Quinctiús dic - tátor
　　　　[in duéllo].*

— *die vic.* q., 3, 8, 2; Becker 2, 2,
164; Ihne Röm. Gesch. 1, 243.
30. Krieg mit den Volskern.
Diod. 15, 51.

1—4. *plebeiorum*, diese gelangen
seit 358, s. 5, 18 (mit Ausnahme
vielleicht von Trebonius c. 21), zum
erstenmale wieder zum Militärtri-
bunate. — *P. Manlius* c. 42; 38; *C.
Manl.* (*Capitolinus*); *Iulio*, c. 4; *Albinium*viell. war der 5, 40 erwähnte,
obgleich dieser *Lucius* genannt wird,
gemeint, vgl. Nieb. R. G. 2, 606;
CIL. p. 285. Diodor l. l. erwähnt 8
Consulartribunen, wahrscheinlich

mit Einschluss der von L. erst im
folg. Jahre c. 31 angeführten Censoren, s. c. 27, 3, obgleich die Namen
verschieden sind. — *dedit*, 7, 1, 1.
— *sine s.* — *ordin.*, alle drei Arten
der Bestimmung der Provinzen,Loos,
freie Uebereinkunft, specielle Anordnung des Senates, sind hier zusammen genannt, s. c. 22, 6; 8, 20,
3; Becker 2, 2, 116. — *cuius*, 2.
47, 12.

4—6. *velut circ.*, wie sie mein-
ten; als wären sie. — *feruntur*, 25,
15, 15: *Romanos fusos ad urbem
ferri viderunt.* — *qui* — *pro* = *cum
esset* — *tamquam esset.* — *praeci-
pitare* neutral, vgl. 4, 12, 11; 2, 51,
5 u. a. — *restantes*, Stand halten
vermittelst der Tapferkeit, auf dieselbe gestützt, 4, 58, 4. — *caedunt*
etc., Verg. 10, 756: *caedebant pariter pariterque ruebant.* — *utrubique*, in der Schlacht und dem Lager, das sie wol ohne Bedeckung
gelassen hatten. — *fortunae* wird
am einfachsten als Genitiv genommen: das Wenige von dem Glücke,
was die Unbesonnenheit und Unge-
schicklichkeit der Tribunen übrig
gelassen hatte, s. 1, 34, 11: *et ipse*

primum dictatorem dici placebat; deinde, postquam quietae res
ex Volscis adferebantur, et apparuit nescire eos victoria et tempore uti, revocati etiam inde exercitus ac duces, otiumque inde,
8 quantum a Volscis, fuit; id modo extremo anno tumultuatum,
quod Praenestini concitatis Latinorum populis rebellarunt. —
9 Eodem anno Setiam ipsis querentibus penuriam hominum novi
coloni adscripti. rebusque haud prosperis bello domestica quies,
quam tribunorum militum ex plebe gratia maiestasque inter suos
obtinuit, solacium fuit.

31　　　Insequentis anni principia statim seditione ingenti arsere
tribunis militum consulari potestate Sp. Furio Q. Servilio iterum Lucio Menenio tertium P. Cloelio M. Horatio L. Geganio.
2 erat autem et materia et causa seditionis aes alienum. cuius noscendi gratia Sp. Servilius Priscus Q. Cloelius Siculus censores
3 facti, ne rem agerent, bello impediti sunt: namque trepidi nuntii
primo, fuga deinde ex agris legiones Volscorum ingressas fines
4 popularique passim Romanum agrum attulere. in qua trepidatione tantum afuit, ut civilia certamina terror externus cohiberet,
ut contra eo violentior potestas tribunicia inpediendo dilectu esset, donec condiciones inpositae patribus, ne quis, quoad debellatum

---

fortunam — adiuvabat; 5, 40, 1:
*commendantes virtuti eorum urbis
— quaecumque reliqua esset fortuna*, Andere nehmen es als Dativ.

7—9. *postq. — ferebantur et apparuit*, vgl. zu 2, 7, 3 u. 23, 18, 7.
— *exercitus*, wahrscheinlich ist je
eine Legion unter einem der Manlier
zu denken, vgl. 30, 41, 1; 39, 1, 3.
— *otiumque* etc., vgl. 22, 21, 1. —
tumult., 24, 21, 2; 36, 44, 4. — *concitati*s, s. c. 21. — *Setia*, j. Sezza,
an der Westseite des Volskischen
Gebirges, über den pomptinischen
Sümpfen. Die Gründung der Colonie,
welche Vell. 1, 14 in das 8. Jahr
nach dem Einfall der Gallier setzt,
hat L. übergangen. Setia erscheint
hier, 7, 42; 8, 1 als Bürgercolonie,
allein 8, 3 steht sie auf der Seite
der Latiner. Die Verstärkung derselben musste zum Schutze des
neuen Besitzes im Lande der Volsker um so nothwendiger erscheinen,
da Satricum verloren war. — *novi c.
a.*, 4, 11, 7; 34, 42, 6. — *ipsis*, im

Gegensatz zur Stadt, 24, 35, 1: *He-
lorum — dedentibus ipsis recipit*;
31, 46, 13; zugleich findet eine
constr. ad synesin statt. — *rebus —
solac.*, s. 3, 38, 3; 22, 22, 7: *emo-
lumentum*, vgl. 10, 37, 7.

31. Innere Unruhen; Verwüstung
des Volskischen Gebietes.

1—2. *principia*, die ersten Tage,
sind statt *sedilio* Subj., um die Zeit
zu heben: ,,gleich in den ersten
Tagen brach die Flamme einer heftigen Empörung aus". — *Servilio*, c.
22; *Menenio*, c. 27; *C. Licinius*
(*Stolo*); Diod. 15, 57 nennt nur vier
Consulartrib. — *noscendi* etc., vgl.
c. 27. — *bello*, weil die abwesenden
Bürger ihr Vermögen nicht angeben
können.

4—5. *inpediendo dil.* ist Abl., 3,
17, 2: sie traten noch anmassender
mit ihrer Einsprache auf, anders 2,
59, 2. — *quis* bezeichnet zu *daret*
andere Personen als zu *diceret*, da
dieses nicht ohne Härte ist, so verm.
Madvig *imperaret* statt *daret*. — *de-*

esset, tributum daret, aut ius de pecunia credita diceret. eo laxa- 5
mento plebi sumpto mora dilectui non est facta. legionibus novis scriptis placuit duos exercitus in agrum Volscum legionibus
divisis duci: Sp. Furius M. Horatius dextrorsus maritimam oram
atque Antium, Q. Servilius et L. Geganius laeva ad montes Ece-
tram pergunt. neutra parte hostis obvius fuit: populatio itaque 6
non illi vagae similis, quam Volscus latrocinii more, discordiae
hostium fretus et virtutem metuens, per trepidationem raptim
fecerat, sed ab iusto exercitu iusta ira facta, spatio quoque temporis gravior. quippe a Volscis timentibus, ne interim exercitus 7
ab Roma exiret, incursiones in extrema finium factae erant; Romano contra etiam in hostico morandi causa erat, ut hostem ad
certamen eliceret. itaque omnibus passim tectis agrorum vicis- 8
que etiam quibusdam exustis, non arbore frugifera, non satis in
spem frugum relictis, omni, quae extra moenia fuit, hominum pecudumque praeda abacta, Romam utrimque exercitus reducti.

Parvo intervallo ad respirandum debitoribus dato postquam 32
quietae res ab hostibus erant, celebrari de integro iuris dictio, et
tantum abesse spes veteris levandi fenoris, ut tributo novum fe-

---

bellat., s. 2, 26, 6; 3, 70, 11 u. o.,
ist wol statt des hds. *bellatum* zu
lesen, doch vgl. Tac. H. 2, 40, L. 29,
14, 1. — *tributum d.*, das tributum
erscheint neben dem Wucher als die
wichtigste Ursache der Verschuldung
der Plebs. — *ius dic.*, 2, 24, 6; 6,
27, 10. — *laxamento*, c. 32, 1: *intervallo ad respirandum*. — *novis*,
dieses geschah damals für jeden
Feldzug; warum es gerade hier erwähnt wird, ist nicht klar. — *legio-
nib. script.* — *legion. divisis* wird
durch die verschiedene Beziehung
der Ablative entschuldigt; zwei
Heere, die nach Theilung der (vier?)
Legionen gebildet wären, s. c. 30, 7.
— *dextrors.* — *laeva*, gegen die
westlichen und östlichen Volsker.—
marit. oram hängt, wie es scheint,
von dem in *dextrorsus* liegenden
Begriff der Richtung ab, vgl. 8, 15,
8: *dextra*; zur Sache 2, 34, 3; Madvig verm. *in mar. or.* — *Antium*, c.
9. — *Ecetr.*, 2, 25, 6.

6—8. *discordiae*, 4, 37, 6. — *et*
und doch zugleich, fast: aber, s. 28,

26, 11; 35, 10, 5. — *iusto exerc.* ein
vollständiges Heer, 10, 25, 16, im
Gegensatze zu *latrocinium*, s. 8, 34,
10; 2, 48, 5; anders *iusta ira* in Bezug auf § 3. — *extr. fin.*, 9, 31, 1.
— *hostico* braucht L. häufiger substantivisch als mit *agro*, 44, 13, 1;
8, 34, 9; ib. 38, 2 u. a. Der ganze
Begriff *in host. mor.* wird durch
etiam gesteigert im Gegensatze zu
vagae. — *tectis*, einzeln stehende
Häuser auf dem Lande. — *satis =
segetibus*, sonst mehr dichterisch,
vgl. 8, 29, 11; 31, 30, 3. — *in sp.
fr.*, so dass man hätte hoffen können; 5, 24, 2.

32—33. Die Noth der Plebs;
Krieg mit den Volskern und Latinern. Diod. 15, 61.

1. *Parvo*, ungeachtet des c. 31,
6 Gesagten war der Feldzug doch
nur kurz gewesen. — *celebrari*, es
wurden viele Schuldner den Gläubigern zugesprochen; nur darauf
bezieht sich das allgemeine *iuris
dictio*, vgl. c. 31, 4; 2, 27, 1: *ius de
creditis pecuniis dicere.* — *spes*, das

nus contraheretur in murum a censoribus locatum saxo quadrato
2 faciundum. cui succumbere oneri coacta plebes, quia quem di-
3 lectum inpedirent non habebant tribuni plebis. tribunos etiam
militares patricios omnes coacta principum opibus fecit, L. Aemilium P. Valerium quartum C. Veturium Ser. Sulpicium L. et C.
4 Quinctios Cincinnatos. isdem opibus obtinuere, ut adversus Latinos Volscosque, qui coniunctis legionibus ad Satricum castra
habebant, nullo inpediente omnibus iunioribus sacramento adactis
5 tres exercitus scriberent, unum ad praesidium urbis, alterum qui,
si qui alibi motus extitisset, et subita belli mitti posset; tertium
longe validissimum P. Valerius ad L. Aemilius ad Satricum duxere.
6 ubi cum aciem instructam hostium loco aequo invenissent, extemplo pugnatum; et ut nondum satis claram victoriam, sic pro-
sperae spei pugnam imber ingentibus procellis fusus diremit.
7 postero die iterata pugna; et aliquamdiu aequa virtute fortunaque Latinae maxime legiones, longa societate militiam Romanam
8 edoctae, restabant. eques inmissus ordines turbavit, turbatis signa peditum inlata, quantumque Romana se invexit acies, tantum

Subject von *abest* wird gewöhnlicher,
wie c. 31, 4, durch einen Satz mit
ut umschrieben. — *tributo*, in Folge
des trib., das vom Senate ausgeschrieben, nur die Plebs drückte, s.
4, 60, 4, da die Tribunen nicht wie
4, 60, 5 u. 5, 12, 7 einschreiten. —
murum, vgl. c. 4, 12, hier ist die
Ausbesserung der alten, im Gallischen Kriege zum Theil zerstörten
Stadtmauer gemeint, s. 7, 20. 9;
noch jetzt sind die Spuren der Re-
stauration an einem erhaltenen
Theile der Mauer am südlichen Abhange des Aventinus zu erkennen,
s. Philol. 25, 644; Schwegler 3, 304.
— *a censoribus loc.*, s. 4, 22, 7. —
saxo, 1, 26, 14.

3. *patric. om.*, man könnte nach
den Worten erwarten, dass oft Plebejer erwählt worden seien; aber
es ist nur einmal in dieser Zeit, c.
30, geschehen. Die durch *coacta* —
fecit bezeichnete Abhängigkeit der
Plebs von den Patriciern in Privatverhältnissen, wird von diesen schon
lange für ihre Zwecke in politischer

Rücksicht ausgebeutet worden sein,
vgl. c. 34. Nach Diod. haben die
Patricier sogar Consuln wählen wollen, und erst nach einem Aufstande
erfolgt die Wahl von Consulartribunen. — *Aemilium*, nach L. *quintum*, s. c. 22. *Valerium*, c. 27. *Sulpicium*, c. 34; *L. Quinct.*, c. 11.

4—5. *Latinos V.*, die Verbindung
war jetzt öffentlich, s. c. 7; 30; unter den Latinern sind hier auch die
c. 27, 7; 30, 8 besonders genannten
Pränestiner begriffen. — *nullo inped.*, die Tribunen benutzen die Gelegenheit nicht der Plebs zu helfen,
s. § 2: *quia* etc. — *tres* etc. wie c.
2, 7; 6, 12 ff. — *ad Satr.*, vgl. c. 22;
die Entfernung ist § 9 angegeben.
— *ad praes. urb.*, c. 2; 6, 14. — *si
qui*, s. c. 6, 13. — *subita b.*, 9, 43, 5.

6—11. *claram*, nicht mehr zu bezweifeln; da diese Bedeutung sich
sonst nicht leicht findet, verm. Madvig *certam*. — *ingent. pr.*, c. 8, 7. —
edoctae, 8, 8. — *restabant*, c. 30, 5.
— *eques* etc., s. c. 29, 2; 7, 33, 7.
— *quantum — tant.*, wie weit u. s.

hostes gradu demoti; et ut semel inclinavit pugna iam intolera-
bilis Romana vis erat. fusi hostes cum Satricum, quod duo mi- 9
lia inde aberat, non castra peterent, ab equite maxime caesi; castra capta direptaque. ab Satrico nocte, quae proelio proxima 10
fuit, fugae simili agmine petunt Antium; et cum Romanus exercitus prope vestigiis sequeretur, plus tamen timor quam ira ce-
leritatis habuit. prius itaque moenia intravere hostes, quam Ro- 11
manus extrema agminis carpere aut morari posset. inde aliquot
dies vastando agro absumpti, nec Romanis satis instructis apparatu bellico ad moenia adgredienda nec illis ad subeundum pugnae casum.

　　Seditio tum inter Antiates Latinosque coorta, cum Antiates 33
victi malis subactique bello, in quo et nati erant et consenuerant,
deditionem spectarent, Latinos ex diutina pace nova defectio re- 2
centibus adhuc animis ferociores ad perseverandum in bello faceret. finis certaminis fuit, postquam utrisque apparuit nihil per
alteros stare, quo minus incepta persequerentur. Latini profecti 3
a societate pacis, ut rebantur, inhonestae sese vindicaverunt, Antiates incommodis arbitris salutarium consiliorum remotis urbem
agrosque Romanis dedunt. ira et rabies Latinorum, quia nec 4
Romanos bello laedere nec Volscos in armis retinere potuerant,

w., s. 21, 31, 2, vgl. 3, 15, 2. —
gradu, 9, 29, 10: *demovendis statu
suo,* ohne das sonst gewöhnliche *de*
oder *a*; zu *gradu* s. 7, 8, 3: (*equites*) *gradu moverant hostem, deinde
pepulerunt*; Nep. 2, 51: *gradu de-
pulsus.* — *iam* im Nachsatze zur
Angabe der Zeitfolge findet sich nicht
oft, s. c. 18, 3; 31, 1, 5. — *incl.
pugna* wie 1, 27, 11: *fuga inclinavit,* gewöhnlich *inclinat acies,* 7, 33,
7; 2, 20, 11, vgl. c. 24, 3. — *duo
m. n. passuum,* wie oft. — *non castra* etc., wie c. 8, 9. — *proxima,*
anders als c. 9, 1. — *carpere,* s. 3,
5, 1. — *appar. bell.,* wie c. 9, 2.
　33. 1—3. *seditio,* Uneinigkeit,
Trennung. — *Antiates,* wieder an
der Spitze der Volsker. — *nati er.*
etc., in Bezug auf die Antiaten übertreibend, da der Krieg erst 13 Jahre,
s. c. 2, dauert; L. hat an die Volsker überhaupt gedacht. — *dedit.,* 7,

31, 4. — *diutina,* vgl. zu c. 7, 1;
durch *ex* — *defectio* wird *recent.
viribus* erklärt: da ihre Kräfte — waren, weil der Abfall erst neulich und
zwar nach — erfolgt war; über *nova* — *recent.* s. 35, 10, 7. — *adhuc*
hat L. bisweilen von der Vergangenheit bei dem imperf. und einem
dasselbe vertretenden Particip oder
Adjectiv, s. 9, 6, 12; 10, 31, 1; 23,
33, 3; 24, 22, 8; 27, 13, 7 u a. —
stare, q. m., die Einen könnten die
Anderen nicht hindern ihre Pläne
zu verfolgen, 2, 31, 11; 9, 14, 1:
*per utros stetisset, quo minus armis
discederetur.* — *alteros,* 1, 13, 3.
— *inhonestae,* da er zur Abhängigkeit von Rom führen würde, s. c.
28, 7. — *urbem ag. dedunt,* wenn
diese Dedition wirklich erfolgt ist,
hat sich Antium später wieder befreit, s. 7, 27, 2; 6; ib. 19, 6; Nieb.
R. G. 2, 663.

5*

eo erupit, ut Satricum urbem, quae receptaculum primum eis
adversae pugnae fuerat, igni concremarent; nec aliud tectum eius
superfuit urbis, cum faces pariter sacris profanisque inicerent,
5 quam matris Matutae templum; inde eos nec sua religio nec verecundia deum arcuisse dicitur, sed vox horrenda edita templo
cum tristibus minis, ni nefandos ignes procul delubris amovis-
6 sent. incensos ea rabie impetus Tusculum tulit ob iram, quod
deserto communi concilio Latinorum non in societatem modo
7 Romanam sed etiam in civitatem se dedissent. patentibus portis
cum inproviso incidissent, primo clamore oppidum praeter arcem captum est. in arcem oppidani refugere cum coniugibus ac
liberis, nuntiosque Romam, qui certiorem de suo casu senatum
8 facerent, misere. haud segnius, quam fide populi Romani dignum
fuit, exercitus Tusculum ductus; L. Quinctius et Servius Sulpi-
9 cius tribuni militum duxere. clausas portas Tusculi Latinosque
simul obsidentium atque obsessorum animo hinc moenia Tusculi
10 tueri vident, illinc arcem oppugnare, terrere una ac pavere. adventus Romanorum mutaverat utriusque partis animos: Tusculanos ex ingenti metu in summam alacritatem, Latinos ex prope
certa fiducia mox capiendae arcis, quoniam oppido potirentur, in
11 exiguam de se ipsis spem verterat. tollitur ex arce clamor ab

4—6. *Satric.* etc., sie können jetzt,
nachdem die Volsker sich von ihnen
getrennt haben, die Stadt nicht mehr
behaupten. — *receptac. a. f.*, c. 20,
9; 22, 32, 6: *subsidium fortunae.*
— *Matutae*, s. 5, 19; Preller Myth.
285. — *sua rel.*, die ihnen inwoh-
nende Religiösität und Scheu vor
den Göttern, im Gegensatze zu der
äusseren Veranlassung. — *vox h.e.*,
vgl. 2, 7, 2; Preller a. a. O. S. 55.
— *ni* für den Fall, dass nicht, wie
si, s. 5, 5, 5 u. a. — *concilio*,
die Versammlung der Abgeordneten
der latin. Bundesstaaten, Bundesversammlung, Bundesstaat, s. c. 21.
— *civitatem*, c. 26. Es muss diese
also zwischen 374 und 378 erhalten,
und dadurch die Verbindung mit
Latium ganz aufgegeben haben,
Lange 2, 54. — *dedissent* ist wol
nicht ohne Absicht gebraucht, vgl.
8, 24, 8; 23, 15, 9: *in ius dicionemque dare*, oft *in fidem*, *potesta-*

tem se dedere, vgl. c. 26, 8. — *exerc. T. duct.* wie 3, 23, 2. — *Tusculi — Tusculi*, zwar kann das eine
durch Abschreiber entstanden sein;
doch ist dieses, da sich bei L. 50
viele auffallende Wiederholungen
finden, unsicher, s. zu c. 3, 7; 38, 4;
3, 55, 14: *plebis plebem — plebes* u.
a. — *simul atq.* u. *una ac* sind hier
nicht wesentlich verschieden, beide
von der Gleichzeitigkeit gebraucht,
s. 4, 40, 3; Cic. Lael. 19, 67.
10—12. *mutav.*, 5, 19, 3; dieses,
wie *verterat*, in Bezug auf *fundit.*
— *prope c. f.*, vgl. 2, 46, 1: *prope
certa spes.* — *potirentur*, 25, 11, 17:
*mare nostrum erit, quo nunc hostes
potiuntur.* — *mox*, in der Kürze,
nächstens, 2, 48, 6; 33, 46, 4. —
*verterat = effecerat, ut se verteret
ex — in* etc. — *excipit*, s. c. 21, 1;
Caes. B. G., 7, 88: *excipit rursus ex
vallo—clamor.* — *nec — nec* corre-
spondirend, aber asyndetisch, s. 21,

Tusculanis; excipit aliquanto maior ab exercitu Romano. utrimque urgentur Latini; nec impetus Tusculanorum decurrentium
ex superiore loco sustinent, nec Romanos subeuntes moenia
molientesque obices portarum arcere possunt. scalis prius moe-   12
nia capta; inde effracta claustra portarum. et cum anceps hostis
et a fronte et a tergo urgeret, nec ad pugnam ulla vis nec ad fugam loci quicquam superesset, in medio caesi ad unum omnes.
recuperato ab hostibus Tusculo exercitus Romam est reductus.

Quanto magis prosperis eo anno bellis tranquilla omnia fo-   **34**
ris erant, tanto in urbe vis patrum in dies miseriaeque plebis
crescebant, cum eo ipso, quod necesse erat solvi, facultas sol-
vendi inpediretur. itaque cum iam ex re nihil dari posset, fama   2
et corpore, iudicati atque addicti, creditoribus satisfaciebant, poenaque in vicem fidei cesserat. adeo ergo obnoxios summiserant   3
animos non infimi solum sed principes etiam plebis, ut non modo

1, 2; ib. 4, 4, vgl. 10, 34, 6. — *mo-*
lient., s. 23, 18, 2; 24, 46, 5. — *ab*
hostib., vgl. 15, 1: *ab exercitu*; 3,
13, 10: *a patre.*

34—42. Die Licinischen Gesetze, vgl. Varro R. R. 1, 2, 9; Gell.
20, 1, 23; Diod. 15, 61; 75; Dio
Cass. frg. 29, 1ff.; Zon. 7, 24; Plut.
Cam. 39 u. a.

1. *Quanto* etc., die hier erwähnten Ereignisse fallen schon in das
nächste Jahr 378 a. u., dessen Consulartribunen, nach Diodor 15, 71
L. Menenius, L. Papirius, Ser. Cor-
nelius, Ser. Sulpicius, L. selbst oder
die Abschreiber übergangen haben,
s. c. 39, 3. — *quanto m.* gehört zu
tranquilla, c. 25, 11; *tanto,* ohne
magis, weil schon in *crescebant*
eine Steigerung liegt, Madvig hält
tantum für nothwendig wie 5, 10, 5,
vgl. zu c. 38, 6. — *quod* ist Conjunction; der Nachdruck liegt auf
necesse erat., gerade weil man durch
den Druck (*vis* ist aus *miseriae* zu
erklären, vgl. c. 32, 3: *opes*), den
die Patricier als harte Gläubiger
übten, gezwungen wurde zu zahlen,
sobald der Zahlungstermin erschien,
keine Frist erhielt, so dass man
sich hätte erholen oder Credit finden (borgen) können, wurde man

zahlungsunfähig, musste dem Gläubiger (eine Massregel wie 7, 21 war
nicht getroffen) das Vermögen abtreten und sich in Schuldgefangen-
schaft begeben; s. c. 27, 9; 14, 7.

2. *ex re,* weil schon das ganze
Vermögen verpfändet oder verkauft
war. — *fama* etc., mit Verlust des
guten Rufes, c. 11, 8: *ignominia,*
und der Freiheit. Beides litt der
addictus (wenn auch nicht der ne-
xus, an dessen Dienste, s. 2, 23, jedoch L. bei *corpore* zu denken scheint)
nach dem zu c. 11, 8 angeführten
Gesetze, da er als Sclave, verkauft
oder getödtet werden konnte , s.
Gell. 20, 1, 47. Die nach demselben
in Folge der Execution eintretenden
Körperqualen konnten als Strafe
(*poena,* c. 36, 12: *supplicia,* 38, 59,
9) des Schuldners für den an dem
Gläubiger durch Nichtbezahlung be-
gangenen Treubruch betrachtet werden. Ueber *iudicati a. ad.* c. 14, 10.
— *fidei,* die Erfüllung der eingegangenen Verbindlichkeit durch
Zahlung des Kapitals und der Zinsen war nicht mehr möglich.

3—4. *obnoxios,* das c. 32, 3: *co-*
acta principum opibus bezeichnete
Verhältniss, proleptisch zu *summit-*
tere, vgl. 23, 25, 3. —*principes,* die

ad tribunatum militum inter patricios petendum, quod tanta vi
4 ut liceret tetenderant, sed ne ad plebeios quidem magistratus capessendos petendosque ulli viro acri experientique animus esset,
possessionemque honoris usurpati modo a plebe per paucos an-
5 nos recuperasse in perpetuum patres viderentur. ne id nimis
laetum parti alteri esset, parva, ut plerumque solet, rem ingentem
moliundi causa intervenit.

    M. Fabi Ambusti, potentis viri cum inter sui corporis ho-
mines tum etiam ad plebem, quod haudquaquam inter id genus
contemptor eius habebatur, filiae duae nuptae Ser. Sulpicio maior, minor C. Licinio Stoloni erat, inlustri quidem viro, tamen
plebeio; eaque ipsa adfinitas haud spreta gratiam Fabio ad vul-
6 gum quaesierat. forte ita incidit, ut in Servi Sulpici tribuni militum domo sorores Fabiae cum inter se, ut fit, sermonibus tempus tererent, lictor Sulpici, cum is de foro se domum reciperet,
forem, ut mos est, virga percuteret. cum ad id, moris eius insueta, expavisset minor Fabia, risui sorori fuit, miranti ignorare
7 id sororem. ceterum is risus stimulos parvis mobili rebus animo
muliebri subdidit. frequentia quoque prosequentium rogantium-

jetzt, ungeachtet ihrer Verbindung
mit den Patriciern, s. c. 19, 4, von
diesen verachtet, von den gemeinen
Plebejern nicht unterstützt werden.
— *tanta vi*, 4, 4; 16. — *petend.* ist
Steigerung von *capessendos*, da es
die Bewerbung, nicht bloss die Uebernahme bezeichnet, kein hyste-
ron-proteron. — *acri*, ein thatkräftiger, muthiger Mann, wie *fortis*,
promptus mehrfach verbunden mit
experiens: unternehmend, s. Cic.
Verr. 4, 17, 37; ib. 3, 11, 28 u. a.
— *usurpati*, 5, 2, 12, vgl. 8, 4, 10.
    5. *Fabi*, c. 22. — *corporis*, die
Gesammtheit der Patricier, 4, 9, 4;
26, 48, 6. — *ad pl.*, s. 1, 26, 5; 24,
32, 2; 29, 11, 4. — *genus*, bei den
Plebejern; *genus* wie 1, 5, 2, vgl.
3, 19, 9; auf die Patricier können
die Worte nicht bezogen werden,
da *quod — habebatur* angeben soll,
wie er bei der Plebs Einfluss gehabt
habe. Hierzu tritt asyndetisch: *filiae duae* etc., ein specieller Grund.
— *Ser. Sulpicio*, § 1. — *maior.* —
minor ohne *natu*, s. 1, 53, 5.

— *Stoloni*, den Grund des Zunamens
s. Varro de re rust. 1, 2, 9: *quod
nullus in eius fundo reperiri poterat
stolo, quod effodiebat circum arbores
e radicibus quae nascerentur e solo,
quos stolones appellabant.* — *illustri*,
wie vorher *principes*; 4, 60: *primores*. Ein Verwandter von ihm war
kurz vorher, Diod. 15, 57, früher
zwei andere Consulartribunen gewesen, 5, 12; 18. — *quaes.*, 7, 1,
1; 36, 40, 8.
    6—7. *forte* etc. L. hat die an
sich nicht glaubliche Erzählung
schon in dieser Form vorgefunden;
Nieb. 1, 399. — *forem*, s. 39, 12,
2; 23, 15, 15; Plin. 7, 30, 112: *Cn.
Pompeius — intraturus Posidonii
— domum fores percuti de more
a lictore vetuit*; Becker 2, 2, 378;
5, 1, 240. — *cum—cum*, 1, 5, 3. —
ad id, bei dieser Veranlassung (in
Folge), 1, 7, 7; anders 28, 15, 3; 37,
27, 5. — *moris—ins.*, 21, 35, 3; dagegen 31, 35, 6: *insuetus ad.* — *minor*, 1, 46, 9. — *frequentia* etc., der
Grund des Neides, der sich nach L's

que, num quid vellet, credo fortunatum matrimonium ei sororis
visum, suique ipsam malo arbitrio, quo a proximis quisque minime anteiri vult, paenituisse. confusam eam ex recenti morsu 8
animi cum pater forte vidisset, percontatus „satin salve"? avertentem causam doloris, quippe nec satis piam adversus sororem
nec admodum in virum honorificam, elicuit comiter sciscitando,
ut fateretur eam esse causam doloris, quod iuncta inpari esset, 9
nupta in domo, quam nec honos nec gratia intrare posset. con- 10
solans inde filiam Ambustus bonum animum habere iussit: eosdem prope diem domi visuram honores, quos apud sororem videat. inde consilia inire cum genero coepit adhibito L. Sextio, 11
strenuo adulescente et cuius spei nihil praeter genus patricium
deesset.

Occasio videbatur rerum novandarum propter ingentem vim **35**
aeris alieni, cuius levamen mali plebis nisi suis in summo imperio locatis nullum speraret: accingendum ad eam cogitationem 2
esse; conando agendoque iam eo gradum fecisse plebeios, unde,
si porro adnitantur, pervenire ad summa et patribus aequari tam
honore quam virtute possent. in praesentia tribunos plebis fieri 3
placuit, quo in magistratu sibimet ipsi viam ad ceteros honores
aperirent. creatique tribuni C. Licinius et L. Sextius promulga- 4

Ansicht (*credo*) mit der Erbitterung
über den Spott im Gemüthe der Fabia verbindet. — *num quid* etc.,
nach Donat.: *num quid vis disceden-
tis vocabulum est,* hier: ob er etwas
zu befehlen habe. — *arbitrio,* will-
kürliche, unbegründete Ansicht. —
quo, vgl. 2, 13, 2.

8—10. *confusam,* verstimmt,
ausser Fassung, s. c. 6, 7. — *satin
s.,* 3, 26, 9. — *avertentem,* als sie
die Ursache unterschlagen, verheim-
lichen wollte, ist mit *elicuit* verbunden, statt: *ex ea cum — averteret
confessionem elicuit,* vgl. 38, 43, 7:
*haec querentes criminose — consul
ad plura velut sua sponte dicenda
eliciebat;* 32, 20, 7. — *nec admod.,*
nicht sonderlich, litotes. — *advers.*
— *in,* um abzuwechseln. — *inpari,*
1, 46, 7: nicht ebenbürtig. — *et —
deesset,* s. c. 35, 5, zu 10, 23, 9. —
genus, s. c. 11, 2 ; 2, 46, 4.

35. 1—2. *plebis,* s. 2, 24, 2 ; 6,
37, 2. — *nisi — locatis,* hier, wie

meist, in negativem Satze, s. c. 37,
4; 8, 12, 10; 26, 21, 4 u. a., vgl. zu
1, 51, 7. — *suis,* Männer aus ihrem
Stande; doch ist dieses mehr die
Ansicht der Gesetzgeber und der
vornehmen Plebejer, s. c. 37, 2 ; 39,
11, da die übrige Plebs nur Erleichterung ihrer Noth sucht, s. 4, 7, 8;
jene zunächst Ehrenstellen und
Gleichstellung mit den Patriciern
zu gewinnen hoffen, s. c. 39, 1; 10;
c. 40, 10; 4, 60. — *accing.,* 4, 2, 7:
*ad consulatum vulgi turbatores ac-
cingi.* — *ad eam cog.,* das Consulat
zu erlangen, welches L. als das eigentliche Ziel der Gesetzgeber erscheinen lässt. — *conando ag.,* durch
muthiges Handeln. — *gradum fec.,*
durch die Erlangung des Consular-
tribunates, c. 42, 2. — *tam h. q.
virt.,* sie ständen den Patriciern an
Tüchtigkeit gleich und müssten suchen auch gleicher Ehre theilhaftig
zu werden, 4, 35, 9; 6, 26, 6: *tam
felix quam pia.*

vere leges omnes adversus opes patriciorum et pro commodis
plebis: unam de aere alieno, ut deducto eo de capite, quod usuris pernumeratum esset, id, quod superesset, triennio aequis
5 portionibus persolveretur; alteram de modo agrorum, ne quis
plus quingenta iugera agri possideret; tertiam, ne tribunorum
militum comitia fierent, consulumque utique alter ex plebe crearetur: cuncta ingentia et quae sine certamine maximo obtineri
6 non possent. omnium igitur simul rerum, quarum inmodica
cupido inter mortales est, agri pecuniae honorum discrimine proposito conterriti patres cum trepidassent, publicis privatisque
consiliis nullo remedio alio praeter expertam multis iam ante
certaminibus intercessionem invento collegas adversus tribuni-

4—5. *leges,* so können auch Rogationen genannt werden, die durch
die Genehmigung des Volkes erst
Plebiscite werden sollen. — *pro-
mulgav.,* ohne Senatsbeschluss, s.
zu 4, 48, 15. — *deducto* etc., s. c.
15, 10; dass nur die über den gesetzlichen Zinsfuss genommenen
Zinsen abgezogen werden sollen,
liegt wenigstens nicht in den Worten. — *portionibus,* sonst braucht
L. in solchen Verhältnissen *pensionibus*, *portio* dagegen nur in *pro
portione.* — *de m. agr., ne,* s. 2, 33,
2. Da es § 4: *adversus opes pat.,*
dann *possideret* heisst; c. 39, 9: *liberos agros ab iniustis possessoribus*; ib. 10: *in agrum iniuria possessum a potentibus inducatur*(*plebs*);
c. 36, 11: *cum bina iugera plebi dividerentur*; c. 37, 2: *nec agros occupandi modum,* so ist es sehr wahrscheinlich, dass dieser Artikel der
lex das Mass des *ager publicus,*
welches der Einzelne besitzen dürfe,
bestimmt habe. Wenn weder L., s.
c. 36, 11; 37, 1; 40, 11; 41, 10; 7,
16, 9; 10, 13, 14; 34, 4, 9 noch andere Historiker das Gesetz *lex agra-
ria* nennen, und bei der Angabe des
Inhaltes der technische Ausdruck
ager publicus nicht gebraucht wird,
so kann der Grund sein, dass es nur
ein Theil einer mehrere Punkte umfassenden Rogation war, vgl. c. 39,

2; 11; Lange 1, 493. Doch nehmen
Andere an, der Gesetzgeber habe
sowol das Mass des Grundbesitzes
(*possessio agrio publici*) als des
Grundeigēnthumes festsetzen, und
den Aermeren Gelegenheit geben
wollen sich wieder Grundstücke, s.
c. 34, 2, zu erwerben. Uebrigens
hat L. mehrere Bestimmungen des
Gesetzes nicht angegeben, s. App.
B. C. 1, 8; L. 7, 16; 10, 23, 13;
Mommsen I, 298 ff. — *consulumque*
etc., dass, anders als es in Bezug
auf die Consulartrib. und Quästoren
festgesetzt war, 4, 6; 43, jedes
Falls einer der beiden Consuln aus
der Plebs gewählt werden müsse;
dass Consuln nun immer gewählt
werden sollen: *sed consulum,* geht
aus dem Zusammenhange hervor,
dass sie beide aus der Plebs gewählt
werden dürfen, ist, da es *alter* nicht
alteruter heisst, nicht untersagt, s.
c. 37, 7; 40, 16. Aus *ne* ist *ut* zu cre-
arentur zu entnehmen. — *cuncta,* 4,
13, 4; ib. 17, 4.

6—7. *discrimine.* 3, 35, 3. —*trepidassent,* vgl. 3, 49, 6. — *publicis,*
im Senate, *privatis* wie 4, 48, 4. —
nullo remed., s. 3, 55, 3; *patres* etc.,
vgl. 4, 48, 1 u. a. — *alio praeter,*
vgl. 38, 21, 5; häufiger ohne *alius,*
28, 13, 9; 29, 28, 5 u. a. — *intercess.,* da der zweite Artikel auch den
reichen Plebejern Verluste drohte,

cias rogationes conparaverunt. qui ubi tribus ad suffragium in- 7
eundum citari a Licinio Sextioque viderunt, stipati patrum praesidiis nec recitari rogationes nec sollemne quidquam aliud ad
sciscendum plebi fieri passi sunt. iamque frustra saepe conci- 8
lio advocato cum pro antiquatis rogationes essent: „bene habet"
inquit Sextius; „quando quidem tantum intercessionem pollere
placet, isto ipso telo tutabimur plebem. agite dum, comitia indi- 9
cite, patres, tribunis militum creandis ; faxo ne iuvet vox ista
„veto", qua nunc concinentes collegas nostros tam laeti auditis."
Haud inritae cecidere minae; comitia praeter aedilium tribuno- 10
rumque plebi nulla sunt habita. Licinius Sextiusque tribuni plebis refecti nullos curules magistratus creari passi sunt; eaque
solitudo magistratuum et plebe reficiente duos tribunos et iis
comitia tribunorum militum tollentibus per quinquennium urbem tenuit.

　　Alia bella opportune quievere; Veliterni coloni gestientes **36**

s. 4, 48, 2, so lässt sich die Einsprache wol erklären, wie 4, 48, 15
u. a. — *citari*, c. 38 : 3, 71, 3 : *cum tri-*
bus vocari et populum inire suffra-
gium oporteret. — *recitari,* die Rogation wurde von einem Schreiber
vorgelesen, wobei die Intercession
eingelegt werden konnte. — *sollem-*
ne, vgl. 39, 15, 1 : *sollemne carmen*
precationis, quod praefari, prius
quam populum adloquantur, magi-
stratus solent; Plin. Paneg. 63, 3;
Marq. 2, 3, 93; 129. — *plebi* gehört
zu *sciscend.*: zu der von der Plebs
vorzunehmenden Beschlussfassung,
wenn ein Plebiscit gefasst werden
soll, vgl. c. 37, 11.

　　8—10. *concilio,* c. 20, 11. — *pro*
ant., 4, 58, 14. — *bene h.,* „gut",
8, 6, 4; ib. 9, 1; 35, 3 u. a. — *faxo,*
s. 1, 24, 8, findet sich sonst bei Dichtern um wie a. u. St. eine Drohung
auszudrücken. — *veto,* der Ausdruck
kommt hier zuerst vor, und könnte
leicht ein Glossem sein. — *qua —*
concin., nur ähnlich Cic. N. D. 1, 7,
16 : *re concinere,* einige Hdss. haben *quam—conc.*— *solitudo—tenuit,*
sie beherrschte ; sonst wird bei *te-*
nere die Zeitdauer, nicht das nächste
Object, im Accus. angegeben ; zur

Sache s. Fast. cons. a. 379 : *per an-*
nos quinque nullus curulis magistra-
tus factus est. — Da der Staat 5
Jahre ohne Magistrate nicht hätte
bestehen können, so ist anzunehmen,
dass man bei der Anordnung der
röm. Chronologie, um die Zahl der
Beamtenjahre, welche der der Calen-
derjahre nicht entsprach, mit dieser
auszugleichen, und für ein saeculum
100 Beamtenjahre zu gewinnen, 5
Jahre, welche fehlten, als beamten-
lose in den Fasten nur berechnete,
welche nachher als wirkliche Jahre
ohne Magistrate von den Annalisten
dargestellt wurden, s. Mommsen
Chronol. 204 ff. Andere nehmen 4
solcher Jahre an, oder 3 oder eins,
Plin. 16, 44, 235, vgl. Diod. 15, 75;
Becker 2, 2, 9. — Die Verhandlung
über die Gesetze scheint L. in seinen Quellen nur unvollständig dargestellt gefunden, oder selbst ver-
kürzt zu haben.

　　36. 1—2. *quievere* etc. soll zugleich die Erklärung enthalten, warum 5 Jahre die Magistrate haben
entbehrt werden können, was jedoch
nur für die äusseren, nicht für die
inneren Verhältnisse gelten würde,
s. Nieb. R. G. 3, 28. — *Velit.,* nur

otio, quod nullus exercitus Romanus esset, et agrum Romanum
2 aliquotiens incursavere et Tusculum oppugnare adorti sunt; eaque res Tusculanis, veteribus sociis, novis civibus, opem oranti-
bus verecundia maxime non patres modo sed etiam plebem mo-
3 vit. remittentibus tribunis plebis comitia per interregem sunt
habita, creatique tribuni militum L. Furius A. Manlius Ser. Sulpicius Ser. Cornelius P. et C. Valerii haudquaquam tam oboedien-
4 tem in dilectu quam in comitiis plebem habuere; ingentique contentione exercitu scripto profecti non ab Tusculo modo summo-
5 vere hostem, sed intra suamet ipsum moenia conpulere; obsi-
debanturque haud paulo vi maiore Velitrae quam Tusculum obsessum fuerat. nec tamen ab eis, a quibus obsideri coeptae erant,
6 expugnari potuere: ante novi creati sunt tribuni militum, Q. Servilius Gaius Veturius A. et M. Cornelii Q. Quinctius M. Fabius.
nihil ne ab iis quidem tribunis ad Velitras memorabile factum.

7   In maiore discrimine domi res vertebantur. nam praeter
Sextium Liciniumque latores legum, iam octavum tribunos plebis
refectos, Fabius quoque tribunus militum, Stolonis socer, quarum
legum auctor fuerat, earum suasorem se haud dubium ferebat;
8 et cum octo ex collegio tribunorum plebi primo intercessores
legum fuissent, quinque soli erant, et, ut ferme solent, qui a suis
desciscunt, capti et stupentes animi vocibus alienis id modo,

die V., — *verecundia m.*, s. 4, 6, 3:
indignatione. — *novis civib.*, s. c. 33,
8. — *movit*, vgl. c. 33, 10: *verterat*;
3, 47, 6: *admiratione.*

3. *remittentibus*, 35, 45, 4; Cic.
Verr. 5, 9, 22: *omnia tibi ista con-
cedam et remittam*, also fast=*per-
mittentibus.* — *per inter.*, vgl. 4, 43,
7; Mommsen Chron. 99. — *Furius*,
c. 22; *Manlius*, c. 21; *Sulpicius*, c.
34, 1; *Cornelius*, s. 5, 36, 12; *P.
Valerius*, c. 27; die beiden Valerier
fehlen bei Diodor 15, 76; in den
Fasten sind hier und im Folg. je 3
Namen ausgefallen. — *oboedientem*,
die Tribunen müssten also Einzelne
in Schutz genommen haben.

6—7. *Srvilieus*, c. 31. *Veturius*,
c. 32. *A. Cornelius (Cossus).* M.
Cornelius. wahrscheinlich der Censor, 5, 31. *Quinctus (Cincinnatus).*
Fabius, c. 22, ist bei Diod. 15, 77
ausgefallen. — *in discr.* n. für die

patres, deren Ansicht hier ausgesprochen wird. — *octavum*, ausser
den fünf Jahren der Anarchie ist
das erste und das § 3 bezeichnete
berechnet, in dem § 6 angegebenen
sind sie zum achtenmale gewählt.
— *auctor* verschieden von *latoribus*,
vgl. 2, 56, 6: *inventor* — *auctor.* —
ferebat, erklärte, zeigte sich öffentlich als, vgl. 45, 44, 19: *libertum se
populi R. ferre*; 7, 1, 10; 8, 7,
13; 35, 47, 5.

8—10. *quinque s.*, wenn in 7 Jahren nur 3 abtrünnig geworden sind,
so konnte die Gefahr nicht so gross
sein, wol aber, wenn es in 3 Jahren
geschehen war, s. c. 35, 10. — *capti* etc., befangen in geistiger Er-
starrung, das folg. *animi* konnte zunächst durch *capti* veranlasst werden, vgl. 1, 7, 6: *incertus animi*;
8, 13, 17: *suspensos animi*, vgl. 7,
30, 22. — *vocib. alien.*, selbst un-

quod domi praeceptum erat, intercessioni suae praetendebant:
Velitris in exércitu plebis magnam partem abesse; in adventum 9
militum comitia differri debere, ut universa plebes de suis commodis suffragium ferret. Sextius Liciniusque cum parte colle-   10
garum et uno ex tribunis militum Fabio, artifices iam tot annorum usu tractandi animos plebis, primores patrum productos in-
terrogando de singulis, quae ferebantur ad populum, fatigabant:
auderentne postulare, ut, cum bina iugera agri plebi dividerentur, 11
ipsis plus quingenta iugera habere liceret, ut singuli prope tre-
centorum civium possiderent agros, plebeio homini vix ad tectum necessarium aut locum sepulturae suus pateret ager? an 12
placeret fenore circumventam plebem, [ni] potius quam sorte
creditum solvat, corpus in nervum ac supplicia dare, et gregatim cotidie de foro addictos duci, et repleri vinctis nobiles domus,

fähig zu denken, folglich auch zu
sprechen, bringen sie nur von Anderen gehörte, eingelernte Worte
vor, oder: ihre Zunge spricht, was
ihr Geist nicht denkt, vgl. Tac. H.
3, 73: *velut captus animi non lingua
— competere*; Madvig verm. *c. et
stupentes, animis a voce alienis*; doch
würde dann *capti*, vgl. 39, 13, 12,
ganz unbestimmt sein, und der Sinn
der gewöhnlichen Lesart scheint
dem Zusammenhange angemessen.
— *domi*, von den Patriciern, nicht
Bezug nehmend auf das von den Gegnern Gesagte. — *Velitris*, vor Vel.
— *productos*, 3, 64, 7.

11. *bina*, 4, 47, 7. — *agri* ist hier
ager publicus, der durch das nur von
diesem gebrauchte *dividere*, s. 3,1,18,
(*dividerentur*, gewöhnlich zugetheilt
würden) Privateigenthum wird; im
Folg. ist der Besitz von occupirtem
Staatslande gemeint. Wenn hier
habere gesagt wird, so geschieht es
zunächst um abzuwechseln, aber
auch wol, weil der lange, unvordenk-
liche Besitz von Staatsland fast als
Eigenthum betrachtet wurde, s. 3,
1, 3; Fest. p. 241: *possessiones sunt
agri late patentes publici privatique,*
die Staats- und zugleich Privatgut
sind, während der *ager divisus* nur
das Letztere ist. — *plus quingenta,*

in Bezug auf das vorgeschlagene Gesetz; die Einzelnen, die es haben,
sind durch *ipsis* bezeichnet, sonst
würde *quingena* gebraucht sein.
Zur Sache s. c. 12, 5. — *locum se-
pult.*, dieses war also bei den Reichen gewöhnlich, s. Marq. 5, 1, 363,
vgl. Plutarch Tib. Gracch. 9.

12. *an placeret* etc. ist nicht eine
auderentne entsprechende, nicht eine
Disjunctiv- sondern eine rhetorische
Frage, nicht im Infinit. wie gewöhnlich, sondern im Conjunct., weil die
Aufforderung darin liegt, dass die
Gegner selbst nachdenken, entscheiden sollen, ob das billig sei, nicht
eine blosse Behauptung ausgesprochen wird, vgl. 10, 13, 10. Ueber
die folg. Praesentia s. c. 37, 5; 5,
15, 11; ib. 17, 7 ff. u. a. — *plebem
— solvat*, wenn das in jüngeren
Hdss. fehlende *ni* entfernt wird,
so ist der Sinn, dass die Plebs lieber (eher), als sie das Darlehn
(*creditum*) allein durch das Kapital,
ohne Zinsen (*sorte*), s. c. 35, 4, ab-
trage u. s. w., obgleich man dann
sorte sola creditum erwarten könnte.
Andere vermuthen *ni plus quam sortem*, Heerwagen: *plebem perimi potius, quam sorte creditum solvat.* —
nerv, s. c. 11, 8. — *supplicia*, c. 34,
2. — *gregatim*, 2, 23. — *nobiles* —

37 et, ubicumque patricius habitet, ibi carcerem privatum esse? Haec
indigna miserandaque auditu cum apud timentes sibimet ipsos
2 maiore audientium indignatione quam sua increpuissent, atqui
nec agros occupandi modum nec fenore trucidandi plebem alium
patribus umquam fore adfirmabant, nisi alterum ex plebe con-
3 sulem, custodem suae libertatis, plebis fecisset. contemni iam
tribunos plebis, quippe quae potestas iam suam ipsa vim frangat
4 intercedendo. non posse aequo iure agi, ubi imperium penes
illos, penes se auxilium tantum sit. nisi imperio communicato
numquam plebem in parte pari rei publicae fore; nec esse quod
quisquam satis putet, si plebeiorum ratio comitiis consularibus
habeatur; nisi alterum consulem utique ex plebe fieri necesse sit,
5 neminem fore. an iam memoria exisse, cum tribunos militum
idcirco potius quam consules creari placuisset, ut et plebeis pateret summus honos, quattuor et quadraginta annis neminem ex
6 plebe tribunum militum creatum esse? quid crederent? duobus-
ne in locis sua voluntate inpertituros plebi honorem, qui
octona loca tribunis militum creandis occupare soliti sint, et ad
consulatum viam fieri passuros, qui tribunatum saeptum tam diu
7 habuerint? lege obtinendum esse, quod comitiis per gratiam nequeat, et seponendum extra certamen alterum consulatum, ad

patricius, die Patricier also sind die
Wucherer, vgl. c. 14, 3. Unter den
vinctis können die *addicti,* aber auch
die *nexi* verstanden sein. Die Schilderung giebt ein lebendiges Bild von
der Lage der Plebs.

37. 1—2. *timentes,* die meisten
der Zuhörer haben, tief verschuldet,
dieses Schicksal zu fürchten, nur
die vornehmen Plebejer nicht (*quam
sua*), deren Streben daher mehr auf
die Erlangung des Consulates gerichtet ist, wie das Folg. zeigt. —
atqui etc. ist nicht Nachsatz zu *cum,*
sondern der Untersatz zu dem c. 36,
11: *auderentne* etc. liegenden, in *nec
— fore* wiederholtem Vordersatze,
der durch *atqui* versichert wird: der
Noth der Plebs muss abgeholfen
werden; nun aber kann dieses nur
durch das Consulat eines Plebejers
geschehen, also muss dieser Artikel
des Gesetzes mit den beiden übrigen

angenommen werden. Der Schlusssatz folgt nach der Beweisführung
für *nisi — fecisset* § 10 ff., vgl. 3,
52, 8. — *plebis,* s. c. 35, 1.

4—8. *aequo iure* anders als 3,
34, 3 und aus *parte pari rei p.*, gleicher Antheil an der Staatsverwaltung, zu erklären. — *imperium —
auxil.* wie c. 18, 10; der Gegensatz
zeigt deutlich, dass die Tribunen
kein imperium haben, s. 2, 56; Lange 1, 593. — *nec esse q.,* c. 39, 11;
30, 44, 7. — *an iam* etc., rhetorischer Ausdruck des Grundes: denn
es sei ohne Erfolg gewesen.— *quattuor et q.,* in der Zeit vom J. 310
bis 354, wo der erste Plebejer Con-
sulartribun wurde, 5, 12, vgl. jedoch
c. 21, 1; 4, 7, 1. — *quid cred.,* sie
würden doch nicht, sollten nicht u. s.
w., 3, 72, 4. — *octona,* c. 27, 2; 31,
1; 5, 1, 2; ib. 2, 10. — *lege — gratiam* (der grössere Einfluss der Pa-

quem plebi sit aditus, quoniam in certamine relictus praemium
semper potentioris futurus sit. nec iam posse dici, id quod an-   8
tea iactare soliti sint, non esse in plebeis idoneos viros ad curulis magistratus: numquid enim socordius aut segnius rem publicam administrari post Publi Licini Calvi tribunatum, qui primus
ex plebe creatus sit, quam per eos annos gesta sit, quibus praeter
patricios nemo tribunus militum fuerit? quin contra patricios
aliquot damnatos post tribunatum, neminem plebeium. quae-   9
stores quoque, sicut tribunos militum, paucis ante annis ex plebe
coeptos creari, nec ullius eorum populum Romanum paenituisse.
consulatum superesse plebeis; eam esse arcem libertatis, id colu-   10
men. si eo perventum sit, tum populum Romanum vere exactos
ex urbe reges et stabilem libertatem suam existimaturum: quippe   11
ex illa die in plebem ventura omnia, quibus patricii excellant, imperium atque honorem, gloriam belli, genus, nobilitatem, magna
ipsis fruenda, maiora liberis relinquenda. huius generis orationes   12
ubi accipi videre, novam rogationem promulgant, ut pro duum-

tricier) einander entgegengestellt,
wie 2, 1, 1. — *plebi*, n u r der Plebs.
— *praem.*, 42, 37, 9. — *potentior.*,
3, 11, 2; vgl. Marq. 2, 3, 35. — *Licini*, 5, 12. — *damnatos*, 5, 11 ff.

9—11. *quaestores*, 4, 54. — *paucis*, uach L. 41 Jahre, vgl. c. 40, 17:
modo. Ueber die Stellung von *ante*
s. 41, 11, 1: *paucis ante annis*; 40,
4, 2: *multis ante annis*. — *si—tum*,
erst wann, dann, 4, 56, 12. — *imperium*, das, welches sie als Consulartribunen bisweilen gehabt haben,
wird nicht beachtet; *honorem* als
Folge des *imperium*. — *genus*, da
der, welcher zuerst aus einer nicht
patricischen Familie eine curulische
Würde bekleidete als *auctor generis* betrachtet wurde, insofern er
dadurch das ius imaginum und mit
diesem die Nobilität erlangte, das
Recht auf die Auspicien, s. 4, 6, 2,
erhielt und in diesen, wenn auch
nicht in allen übrigen Verhältnissen,
s. 4, 1, 2; ib. 2, 5, den patricischen
gentes gleich gestellt wurde, während sonst die plebejischen gentes
von allen diesen Rechten ausgeschlossen waren, s. 4, 4, 4; 10, 8,
9; vgl. Cic. Verr. 5, 70, 180: *qui*

(*Cato*) *cum se virtute non genere populo R. commendari putaret, cum
ipse sui g e n e r i s initium ac nominis ab se gigni ac propagari vellet*,
Becker 2, 1, 225f., Lange 1, 168; 2,
4. —*ipsis fruenda=ut ipsi eis frue-
rentur*, vgl. 22, 59, 2: *non alii —
minus neglegendi vobis — venerunt*,
34, 34, 7; im Folg. ist das Gerundiv.
um den Gegensatz kurz u. scharf auszudrücken freier gebraucht, *liberis*
nicht der zu demselb. gehörende Dativ, der vielmehr aus *ipsis* zu ergänzen ist, sondern durch die Bedeutung
von *relinquere* bedingt: bedeutender
noch für das Ueberlassen an u. s. w.,
wenn es auf die R. vererbt würde,
vgl. 4, 41, 3.

12. *accipi*, „Eingang fanden". —
novam r., wahrscheinlich war die
Rogation mit den übrigen verbunden, aber in den Annalen besonders
erwähnt, weil sie früher durchgieng.
Die sibyllinischen Bücher und der
Apollocultus standen mit der patricischen Religion und den Auspicien
nicht in Verbindung, so dass dieses
Priesterthum den Plebejern leichter
übertragen werden konnte, s. 10, 8,

viris sacris faciundis decemviri creentur ita, ut pars ex plebe,
pars ex patribus fiat; omniumque earum rogationum comitia in
adventum eius exercitus differunt, qui Velitras obsidebat.

38   Prius circuinactus est annus, quam a Velitris reducerentur
legiones. ita suspensa de legibus res ad novos tribunos militum
dilata: nam plebis tribunos eosdem, duos utique, quia legum la-
2 tores erant, plebes reficiebat. tribuni militum creati T. Quinctius
Ser. Cornelius Ser. Sulpicius Sp. Servilius L. Papirius L. Veturius.
3 principio statim anni ad ultimam dimicationem de legibus ventum;
et cum tribus vocarentur, nec intercessio collegarum latoribus
obstaret, trepidi patres ad duo ultima auxilia, summum imperium
4 summumque ad civem, decurrunt. dictatorem dici placet. dicitur M. Furius Camillus, qui magistrum equitum L. Aemilium cooptat. legum quoque latores adversus tantum apparatum adver-

---

2. — *duumviris*, 3, 10, 7. — *pars*,
die Hälfte, c. 42, 2; Mommsen Forsch.
I, 82.

38. 1—2. *a Velitr.*, die Belagerung dauert schon das dritte Jahr.
— *de leg. res*, 28, 35, 1. — *ad nov.
tr. mil.*, die Wahl beider Magistrate
ist näher zusammengerückt, als sie
wirklich war, denn die Volkstrib.
sind die am 10. December 385 d. St.,
die Consulartrib. die am 1. Quintil.
386 ihr Amt antretenden. — *plebis
trib.*, wegen des Gegensatzes, vgl.
1, 12, 6; 4, 5, 6 .— *Quinctius (Cincinnatus Capitolinus* in d. Fasten).
Cornelius, Sulpicius, c. 36. *Servilius
(Structus)*. *Papirius (Crassus)*. *Veturius (Crassus Cicurinus)*.

3. *cum tribus — obstaret* würde
am einfachsten so aufgefasst: als
die Tribus zum Abstimmen berufen
wurden, c. 35, 7; 10, 9, 1 u. a.,
und die Intercession nicht mehr im
Wege stand; da aber dann kein
Grund vorläge, warum die Rogationen nicht angenommen werden, s.
§ 4, und L. sich selbst widersprechen würde, s. § 5 *intercedentiumque*, so scheint er nur haben sagen
wollen: als die bereits angesagten
Tributcomitien berufen werden sollen, und vorauszusehen war, dass

die Intercession nicht beachtet werden würde, s. § 5; oder er hat zum
Schlusse des langen Kampfes eilend
angeben wollen, dass wirklich die
Comitien gehalten werden sollten
und die Tribunen einig waren, wie
schon c. 36, 8 angedeutet wird, und
c. 39, 7; 8 keine Rede von der Einsprache ist, aber nicht hinzugefügt,
dass etwa durch die Vermittelung
bedeutender Männer, s. 45, 36, vgl.
5, 18, oder aus anderen Gründen
die Abstimmung vertagt, nun erst
ein Dictator gewählt und wieder
mehrere Tribunen von den Patriciern gewonnen worden seien; oder
die Ereignisse haben einen anderen
Gang genommen, als sich aus den
fragmentarischen Nachrichten L's
ersehen lässt, s. § 10; Nieb. R. G.
3, 31. — *ad civ.*, 3, 31, 3.

4. *placet* n. im Senate; die Ernennung selbst konnte erst in der Nacht
erfolgen. — *Cam.*, s. Fasti cons.:
M. Furius — Camillus IIII dict.,
Plut. c. 39. — *cooptat*, ein seltener
Ausdruck statt des gewöhnlichen
dicere, sibi legere, nominare, der
aber gewählt werden konnte, weil
beide ein Collegium bilden, einer
ohne den anderen nicht sein kann,
s. 23, 23, 2. — *quoque — et ipsi*, 3,

sariorum et ipsi causam plebis ingentibus animis armant, con-
cilioque plebis indicto tribus ad suffragium vocant. cum dictator, 5
stipatus agmine patriciorum, plenus irae minarumque consedisset,
atque ageretur res solito primum certamine inter se tribunorum
plebi ferentium legem intercedentiumque, et, quanto iure potentior intercessio erat, tantum vinceretur favore legum ipsarum
latorumque, et „uti rogas" primae tribus dicerent, tum Camillus 6
„quando quidem" inquit, „Quirites, iam vos tribunicia libido,
non potestas regit, et intercessionem, secessione quondam plebis
partam, vobis eadem vi facitis inritam, qua peperistis, non rei
publicae magis universae quam vestra causa dictator intercessioni
adero eversumque vestrum auxilium imperio tutabor. itaque, 7
si C. Licinius et L. Sextius intercessioni conlegarum cedunt,
nihil patricium magistratum inseram concilio plebis; si adversus
intercessionem tamquam captae civitati leges inponere tendent,
vim tribuniciam a se ipsa dissolvi non patiar." Adversus ea cum 8
contemptim tribuni plebis rem nihilo segnius peragerent, tum

21, 3. — *causam — armant* statt
se oder *plebem ad causam tuendam.*
— *concilio*, § 7, eine neue Versammlung, § 3. — *ad suffrag.*, aus der
contio, s. 31, 8, 1.

5. *legem*, der Singular bezeichnet die drei Gesetze als ein Ganzes,
s. c. 37, 2; 39, 2; 11; Cic. Legg.
2, 10. 23 ff. — *ferent. et interced.*,
die Antragsteller wollen die Intercession ihrer Gegner (der Minorität)
nicht gelten lassen, obgleich diese
zu derselben, da es sich um einen
positiven Antrag handelt, das *veto*
nicht gegen eine Intercession eingelegt wird, berechtigt waren, s. 2,
43, 4; 4, 53, 7, während die Nicht-
beachtung des *veto* (*vinceretur fa-*
vore) ungesetzlich war, und nur selten sonst, s. 10, 37; 25, 2, wie zur
Zeit der Gracchen, s. Plut. Tib.
Gracch. 10 ff., App. B. C. 1, 12, nicht
ohne grosse Stürme versucht worden ist. — *quanto*, s. c. 25, 11, —
tantum, s. 5, 10, 5; in *vinceretur*
liegt ein Comparativbegriff, s. c. 34,
1; dagegen Cic. Deiot. 4, 12: *tanto*
— *vicerat*, *quanto* — *praestitisti*;
Ov. Metam. 13, 367: *quanto* — *tan-*
to supero; ib. 1, 46, 4. — *uti rogas*,

es wurde damals noch mündlich abgestimmt; die welche den Antrag
annehmen wollten (*iubebant*) ant-
worteten auf die Aufforderung des
Magistrates: *velitis iubeatis* (*rogo*),
s. 1, 46, 1, mit *uti rogas*, die welche
denselben ablehnten wahrscheinlich
mit *antiquo*, Marquardt 2, 3, 98.

6—7. *intercess.*, das Interces-
sionsrecht der Tribunen überhaupt,
das sie also auch während der Dictatur gegen ihre Collegen üben, wird
bezeichnet, obgleich zunächst das
der Minorität der Tribunen gegen
die Majorität, an dem für ihre
Zwecke den Patriciern am meisten
liegen musste, geschützt werden
soll. — *vobis*, zu euerem eigenen
Schaden. — *patric. mag.* statt *me*
um den Gegensatz zu *concilio plebis*,
§ 4, zu bezeichnen, welches hier eine
Versammlung der Plebs allein, s. 2,
56, 15, (nicht aller Bürger in den
Tribus, *comitia tributa*), mit welchen
nur plebejische Magistrate verhandeln können; vgl. 3, 55, 3; ib. 71.
— *tendent* nach *cedunt*, s. 15, 6.

8. *contemptim*, „*cum contemptu*
Camilli." Drak., s. 2, 56, 12. —

percitus ira Camillus lictores, qui de medio plebem emoverent,
misit et addidit minas, si pergerent, sacramento omnes iuniores
9 adacturum exercitumque extemplo ex urbe educturum. terrorem
ingentem incusserat plebi; ducibus plebis accendit magis certamine
animos quam minuit. sed re neutro inclinata magistratu se abdicavit, seu quia vitio creatus erat, ut scripsere quidam, seu quia
tribuni plebis tulerunt ad plebem, idque plebs scivit, ut, si M.
Furius pro dictatore quid egisset, quingentum milium ei multa
10 esset. sed auspiciis magis quam novi exempli rogatione deterri-
tum ut potius credam, cum ipsius viri facit ingenium, tum quod
11 ei suffectus est extemplo P. Manlius dictator — quem quid creari attinebat ad id certamen, quo M. Furius victus esset? — et
quod eundem M. Furium dictatorem insequens annus habuit,
haud sine pudore certe fractum priore anno in se imperium re-
12 petiturum; simul quod eo tempore, quo promulgatum de multa
eius traditur, aut et huic rogationi, qua se in ordinem cogi vide-
bat, obsistere potuit, aut ne illas quidem, propter quas et haec
13 lata erat, inpedire; et quod usque ad memoriam nostram tribu-

---

de med. emover., von dem Forum
weg, sonst *summovere*, 3, 45, 5.
Nach Plutarch. 39 hat Cam. was er
hier nur droht ausgeführt, und das
Volk zur Aushebung auf das Marsfeld beschieden; das letzte Mittel
gegen den Widerstand, das aber bei
der Einigkeit der Plebs wirkungs-
los blieb, vgl. c. 16, 3. — *omnes
iun.*, ein Theil derselben stand noch
vor Velitrae. — *sacram. adact.*, 4,
5, 2.

9. *neutro*, 1, 25, 4. — *vitio cr.*,
8, 23, 15. — *tulerunt* etc., die Tribunen können eine Mult nur beantragen oder nach einem Volksbeschluss auferlegen, s. zu 2, 52, 5;
42, 9, 4 u.a. Das folg.*idque scivit* etc.
lässt nicht zweifeln, dass die, welche
dieses berichteten, die Abhaltung
der Comitien und die Annahme des
Antrages, durch welchen die Unver-
antwortlichkeit des Dictators aufgehoben worden wäre, noch während der Dictatur des Camillus, vgl.
§ 5, annahmen. Dass dieses aber
schon jetzt geschehen sei, wird mit
Recht von L. aus den im Folg. in

verschiedenen Formen ausgesprochenen Gründen bezweifelt; s.
Nieb. 3, 30 f. — *pro dictat.*, in seiner Eigenschaft als D., nach der ihm
als solchem zustehenden Gewalt,
wie *pro magistratu, pro imperio*, s.
1, 51, 2; 9, 26, 15.

10—13. *auspiciis*, wegen der (un-
günstigen oder unregelmässigen)
Auspic., vorher *vitio creatus*. —
magis — potius, praef. 13. — *novi
ex.*, vgl. 5, 29, 7. Eine andere Nachricht in den Capit. Fasten, dass Cam.
rei gerendae causa zum Dictator
gewählt, *ex senatus consulto* sein
Amt niedergelegt habe, die auf einen anderen Hergang schliessen
lässt, scheint L. nicht gekannt zu
haben, s. Becker 2, 2, 172 f. — *quem
quid*, vgl. 40, 13, 4: *ut quibus* etc.
— *Fur.*, ein F. — *haud sine* braucht
L. auch 5, 22, 1; 22, 44, 2; 23, 6,
8; Cicero nur *non sine*. — *repeti-
turum* vertritt die Stelle eines part.
des condicionalis der Vergangenheit:
qui repetiturus fuerit. — *simul quod*,
der vierte Grund. — *in ordinem c.*,
3, 51, 13. — *et quod* etc. die beiden

niciis consularibusque certatum viribus est, dictaturae semper
altius fastigium fuit.

Inter priorem dictaturam abdicatam novamque a Manlio ini- **39**
tam ab tribunis velut per interregnum concilio plebis habito apparuit, quae ex promulgatis plebi, quae latoribus gratiora essent.
nam de fenore atque agro rogationes iubebant, de plebeio consule 2
antiquabant; et perfecta utraque res esset, ni tribuni se in omnia
simul consulere plebem dixissent. P. Manlius deinde dictator 3
rem in causam plebis inclinavit C. Licinio, qui tribunus militum
fuerat, magistro equitum de plebe dicto. id aegre patres passos 4
accipio; dictatorem propinqua cognatione Licini se apud patres
excusare solitum, simul negantem magistri equitum maius quam
tribuni consularis imperium esse.

Licinius Sextiusque, cum tribunorum plebi creandorum in- 5

Sätze sind gleich gestellt, obgleich
der erste logisch untergeordnet ist,
und eine Einräumung enthält: dass,
während Tribunen und Consuln bis
auf die neueste Zeit häufig mit einander gestritten haben, die Dictatur,
als unverantwortlich, über solche
Kämpfe erhaben gewesen ist, s. c.
14, 12; 23, 7; 2, 12, 2; 3, 19, 9;
35, 15, 5; 33, 11, 6 u. a. Das 7, 3,
9 erwähnte Beispiel ist L. nicht
gegenwärtig gewesen, vgl. 8, 34, 6.
39. 1. *velut p. int.*, als ob keine
höheren Magistrate vorhanden wären, da die Consulartribunen keinen
Einfluss haben, vgl. c. 38, 9. — *concilio*, da es nicht in einer *contio*, sondern in den Comitien selbst erst klar
wird, scheint L. geglaubt zu haben,
dass die Abstimmung wirklich begonnen habe. — *promulg.*, Neutrum:
von dem Beantragten. — *de fenore
et ag.*, diese allein begehrte die
grosse Menge der Plebs, s. c. 37, 2.
— *iubeb.* — *antiquab.*, viell. ist an
die zuerst zum Stimmen Gelangenden
zu denken, c. 38, 5, oder die Imper-
fecta als *conatus* zu fassen. — *in
omnia*, auf — hin, dass es angenommen werden soll, wie *in spem* 44,
25, 10; *in mercedem* 21, 43, 7 u. a.;
consulere = rogare, vgl. 31, 7, 2;

Cic. Mil. 7, 16; zur Sache Dio Cass.
frg. 29, 5: ὁ Στόλων — εἰπών, ὡς
οὐκ ἂν πίοιεν, εἰ μὴ φάγοιεν, ἀν-
έπεισεν αὐτοὺς μηδενὸς ἀφέσθαι
ἀλλ᾽ ὡς καὶ ἀναγκαῖα πάντα ὅσα
ἐνεχειρίσαντο κατεργάσασθαι. L.
scheint anzunehmen, dass Anfangs
die drei Rogationen einzeln zur Abstimmung gebracht seien, dann aber,
als das Volk das dritte verwerfen
will, die Tribunen alle drei für ein
Ganzes, *lex satura*, Fest. p. 314, erklären, s. c. 38, 5, und die Versammlung auflösen, vgl. Lange 1, 492.

3—4. *Manlius*, c. 42; nach den
Fast. Cap. ist er *dictator seditionis
sedandae et rei gerendae causae*. —
Licinius, nicht der Volkstribun, wie
der Zusatz: *qui trib. militum fuerat*
zeigt. Das Tribunat ist c. 31, 1
oder 34, 1 übergangen. Er heisst
Calvus, und war, wie es scheint,
Bruder des 5, 18 genannten, Vaters-
bruder des Volkstribuns, dagegen
Dio. Cass. l. I. Λικίνιον Στόλωνα
ἵππαρχον προςείλετο, ὄντα δήμαρ-
χον, Lange 1, 558. — *prop. cognatione*, wir: mit der nahen V., Ablat.
des Grundes, der nicht oft in dieser
Weise mit *excusare* verbunden zu
werden scheint. — *maius q.*, s. zu 5
2, 9; 8, 31, 1; Becker 2, 2, 177.

dicta comitia essent, ita se gerere, ut negando iam sibi velle continuari honorem acerrime accenderent ad id, quod dissimulando
6 petebant, plebem: nonum se annum iam velut in acie adversus
optumates maximo privatim periculo, nullo publice emolumento
stare. consenuisse iam secum et rogationes promulgatas et vim
7 omnem tribuniciae potestatis. primo intercessione collegarum
in leges suas pugnatum esse, deinde ablegatione iuventutis ad
Veliternum bellum, postremo dictatorium fulmen in se intenta-
8 tum. iam nec collegas nec bellum nec dictatorem obstare, quippe
qui etiam omen plebeio consuli magistro equitum ex plebe di-
9 cendo dederit; se ipsam plebem et commoda morari sua; liberam urbem ac forum a creditoribus, liberos agros ab iniustis
10 possessoribus extemplo, si velit, habere posse. quae munera
quando tandem satis grato animo aestimaturos, si inter accipien-
das de suis commodis rogationes spem honoris latoribus earum
incidant? non esse modestiae populi Romani id postulare, ut
ipse fenore levetur et in agrum iniuria possessum a potentibus
inducatur, per quos ea consecutus sit, senes tribunicios non sine
11 honore tantum sed etiam sine spe honoris relinquat. proinde
ipsi primum statuerent apud animos, quid vellent, deinde comitiis
tribuniciis declararent voluntatem. si coniuncte ferri ab se pro-

---

5—9. *negando* etc., sie machen
die Annahme der drei Gesetze zur
Bedingung für die Wiederannahme
des Tribunates. — *nonum*, c. 36, 7.
maximo — emol., 3, 72, 2. — *privatim — publice* attributiv, 1, 39,
3; Caes. B. G. 5, 3, 5. — *consenuisse*,
3, 31, 7. — *intercess.*, c. 38, 3. — *ad
Velit.*, s. c. 42, 4. — *fulmen*, die
Alles zerschmetternde Macht, vgl.
45, 41, 1: *duo fulmina—perculerint.*
— *intentatum*, wie c. 27, 7: *arma*;
3, 47, 7: *manus*. — *omen pl. c.*, s.
5, 18, 3. — *urbem*, in Bezug auf die
Schuldthürme, c. 36, 12; überhaupt
ist wol an die Häuser der Reichen
zu denken, in denen *nexi* u. *adiudi-
cati* gefesselt sind; *forum*. weil auf
dem Comitium das Tribunal war,
wo die Schuldner den Gläubigern
zugesprochen wurden. — *iniustis*,
c. 35, 5.

10. *quando—aestim.* enthält nicht

eine Aufforderung, welche erst § 11
beginnt, und wie hier den Conjunctiv erfordern würde, sondern einen
Vorwurf, den Ge d a n k e n: sie würden nie richtig abschätzen, vgl. c.
17, 4; 4, 43, 10; schon § 9 ist von
der Plebs in der 3. Person gesprochen. — *si — incid.*, s. 3, 58, 6. —
inter acc., während sie, c. 11, 5, in
demselben Momente, zugleich mit
der Annahme u. s. w. — *latoribus*,
s. 4, 35, 6; 6, 35, 1. — *modestiae*,
3, 65, 7. — *populi Rom.*, die Plebs.
— *relinquat* hat sich an die vorhergehenden Nebensätze angeschlossen,
obgleich es nicht von *postulare* ab-
hängen kann, und *relinquere* genauer wäre.

11—12. *apud an.*, wie 34, 2, 4,
vgl. 30, 28, 1. — *comitiis tr.*, 4, 54,
2. — *coniuncte*, eine seltene, aber
nicht zu verwerfende Form statt des
gewöhnlichen *coniunctim*, c. 40, 9.

mulgatas rogationes vellent, esse, quod eosdem reficerent tribunos
plebis: perlaturos enim, quae promulgaverint; sin, quod cuique   12
privatim opus sit, id modo accipi velint, opus esse nihil invidiosa
continuatione honoris; nec se tribunatum nec illos ea quae pro-
mulgata sint habituros.

    Adversus tam obstinatam orationem tribunorum cum prae **40**
indignitate rerum stupor silentiumque inde ceteros patrum de-
fixisset, Ap. Claudius Crassus, nepos decemviri, dicitur odio ma-   2
gis iraque quam spe ad dissuadendum processisse et locutus in
hanc fere sententiam esse: „Neque novum neque inopinatum   3
mihi sit, Quirites, si, quod unum familiae nostrae semper obie-
ctum est ab seditiosis tribunis, id nunc ego quoque audiam,
Claudiae genti iam inde ab initio nihil antiquius in re publica
patrum maiestate fuisse, semper plebis commodis adversatos
esse. quorum alterum neque nego neque infitias eo, nos, ex quo   4
adsciti sumus simul in civitatem et patres, enixe operam dedisse,
ut per nos aucta potius quam inminuta maiestas earum gentium,
inter quas nos esse voluistis, dici vere posset; illud alterum pro   5

— *velint* nach *vellent*, s. 2, 39, 11 ;
Sall. I. 33; Caes. B. G. 1, 34, 2:
*si quid opus esset — si quid ille se
velit* u. a. soll an u. St. wol andeuten,
dass dieses die Ansicht der Plebs
sein dürfte, vgl. zu 1, 51, 6 ; 2, 10,
4 u. a., s. c. 40, 17. Statt *accipi* könnte
man eher *accipere*, die der Thätigkeit des Magistrates, dem *ferri a se*,
entsprechende des Volkes, erwarten ;
indess soll angedeutet werden, die
grosse Masse wünsche überhaupt
nur die Annahme der ihr genehmen
Rogationen. — *nihil* gehört zu *opus
est*, ist aber auffallend nachgestellt,
s. 2, 43, 8: *aliud nihil.* — *invid.
cont.*, 3, 21, 4.

40. 1—4. *inde*, 3, 47, 6 : *stupor
omnes — defixit; silentium inde
aliquamdiu tenuit*, n. das aus dem
stupor hervorgehende, 8, 7, 21. —
cet. patr., 42, 15, 10.—*Claudius*, 4, 48.
—*familiae*, alle bis jetzt erwähnten
Claudier gehören der Familie des
Claudius Sabinus Regillensis, 2, 16,
an ; aber da eine *gens* Claudia ein-
gewandert ist, so müssen schon An-

fangs mehrere Familien in derselben
gewesen sein. — *patrum maiest.*,
s. 2, 61, 4; ib. 27, 11 : *maiestas patrum*; 10, 37, 8 u. a. — *nego neq.
infitias eo*, ich läugne es nicht, weil
es wahr ist, und erkenne es an, weil
mich besondere Gründe und Verhältnisse bestimmen; Cic. Part. or.
29, 102: *ipsam negationem infitia-
tionemque*; ähnliche Zusammenstellung von Synonymen findet sich
mehrfach bei L., s. 3, 68, 4; ib. 69,
2 u. a. *infitias ire* haben Cornel
Epam. 10, 4 und L. nach den Komikern zuerst gebraucht, s. 9, 9, 4 ;
10, 10, 8. — *adsciti* etc., s. 2, 16, 4;
4, 4, 7. — *operam ded.*, s. 38, 26, 1 ;
42, 31, 7. — *earum gent.*, die Aufnahme unter die Patricier, Suet.
Tib. 1 : *gens Claudia — inter pa-
tricias cooptata*, vgl. zu 4, 4, 7 ; deshalb ist auch bei *in patres* und *patrum maiest.* § 3 an die Patricier zu
denken, oder die *patres* (die patricischen Senatoren) werden als Vertreter der *gentes* betrachtet, s. 1,
8, 7.

me maioribusque meis contendere ausim, Quirites, nisi, quae pro
universa re publica fiant, ea plebi tamquam aliam incolenti urbem
adversa quis putet, nihil nos neque privatos neque in magistratibus, quod incommodum plebi esset, scientes fecisse, nec ullum
factum dictumve nostrum contra utilitatem vestram, etsi quaedam
6 contra voluntatem fuerint, vere referri posse. an hoc, si Claudiae
familiae non sim nec ex patricio sanguine ortus, sed unus Quiritium quilibet, qui modo me duobus ingenuis ortum et vivere
7 in libera civitate sciam, reticere possim, L. illum Sextium et C.
Licinium, perpetuos, si diis placet, tribunos, tantum licentiae
novem annis, quibus regnant, sumpsisse, ut vobis negent potestatem liberam suffragii non in comitiis, non in legibus iubendis
8 se permissuros esse? „sub condicione" inquit „nos reficietis
decimum tribunos." quid est aliud dicere: quod petunt alii, nos
9 adeo fastidimus, ut sine mercede magna non accipiamus. sed
quae tandem ista merces est, qua vos semper tribunos plebis
habeamus? „ut rogationes" inquit „nostras, seu placent seu dis-
plicent, seu utiles seu inutiles sunt, omnes coniunctim accipiatis."
10 obsecro vos, Tarquinii tribuni plebis, putate me ex media con-

---

5—6. *pro un. re p.*, indem er das
Interesse der Patricier als das des
ganzen Staates betrachtet. — *tamquam al.* etc., wie es allerdings lange Zeit gewesen war, c. 34, 5; 2,
44, 8. — *an* etc., die oben ausgesprochene allgemeine Behauptung
soll durch ein Beispiel bewiesen
werden; der Redner wählt dazu den
vorliegenden Fall, und gewinnt so
den Uebergang zu demselben in rhetorischer Form. — *unus Q. q.*, vgl.
3, 56, 13; 45, 39, 2; 24, 28, 1. —
modo, nichts weiter. — *duobus ingenuis*, kein *libertinus*, erst die En-
kel gewesener Sclaven galten als
ingenui, obgleich die *libertinorum
filii* immer noch hinter den übrigen
ingenui zurückstanden, s. zu 9, 46,
10; 10, 8, 10; Plin. 33, 2, 32.

7. *perpetuos*, s. 3, 19, 4. — *ut
vobis — esse* ist der Hauptgedanke
der Rede; *negare — non — non*
nachdrücklicher als *neq.* — *nec —
nec.* — *comitiis*, von den *leges*, den

vorgeschlagenen Gesetzen, s. § 9,
unterschieden, bezeichnet die Wahlcomitien, wie sie nach der Rogation
sich gestalten werden, s. § 16. —
sub condicione. wie 21, 12, 4: *sub
condicionibus*, giebt bestimmter die
Unterwerfung unter die Bedingung
an, als der blosse Abl., den L. sonst
braucht. — *inquit* dient überhaupt
die Entgegnung anzuführen, auch
wenn sie von mehreren ausgeht, s.
34, 3, 9.

8—10. *quid est a. d.* n. *si id non
est, quod isti dicunt*; also: = *id est
dicere*, mit dem Ausdrucke des Unwillens, s. 4, 2, 13; ib. 4, 6; Cic.
Off. 3, 13, 55: *quid est enim aliud
erranti viam non monstrare,* — *si
hoc non est* etc. — *qua*, der Abl. wie
bei *pacisci* u. a. — *Tarq. trib. pl.*,
Tarquinier unter dem Namen von
Volkstr., ihr Despotentribunen, eine,
besonders in der Anrede, kühne Zusammenstellung. — *unum*, ein gewöhnlicher, gemeiner, § 6; 22, 9,

tione unum civem succlamare: „bona venia vestra liceat ex his
rogationibus legere, quas salubres nobis censemus esse, antiquare
alias." „non" inquit „licebit. tu de fenore atque agris, quod ad   11
vos omnes pertinet, iubeas, et — hoc portenti non fiat in urbe
Romana, uti L. Sextium illum atque hunc Gaium Licinium consules, quod indignaris, quod abominaris, videas? aut omnia accipe,
aut nihil fero." ut si quis ei, quem urgeat fames, venenum ponat   12
cum cibo et aut abstinere eo, quod vitale sit, iubeat, aut morti-
ferum vitali admisceat. ergo si esset libera haec civitas, non tibi
frequentes succlamassent: „abi hinc cum tribunatibus ac rogationibus tuis!" quid? si tu non tuleris, quod commodum est populo accipere, nemo erit qui ferat? illud si quis patricius, si quis,   13
quod illi volunt invidiosius esse, Claudius diceret: „aut omnia accipite, aut nihil fero", quis vestrum, Quirites, ferret?
numquamne vos res potius quam auctores spectabitis, sed omnia   14
semper, quae magistratus ille dicet, secundis auribus, quae ab
nostrum quo dicentur, adversis accipietis? at hercule sermo est   15
minime civilis; quid? rogatio qualis est, quam a vobis antiquatam

---

2, der leicht zum Schweigen gebracht werden kann. — *succlamare,*
§ 12; 3, 50, 10. — Im Folg. wird
der Beweis in der Form der Altercatio geführt, s. 4, 6, 1. — *bona
ven.,* 7, 41, 3.

11—12. *tu de fen.*—*videas,* Frage des Unwillens, 2, 7, 9, du woll-
test — es sollte nicht u. s. w., gehört noch zu der Antwort der Tribunen, in welcher aber Appius seine
Ansicht und sein Gefühl den Tribunen in der Aufregung unterschiebt:
in den Worten *quod — pertinct,* die
Meinung, dass an dem dritten Gesetze nur wenigen Plebejern etwas
liege, in *hoc — videas* seinen Ab-
scheu bei dem blossen Gedanken,
dass ein Plebejer Consul werden
könnte. Hätte Appius die Antwort
der Tribunen einfach, ohne Erbitterung angeführt, so würde es heissen:
*non licet de fenore atq. agris iubere,
de altero consule e plebe creando non
iubere (antiquare).* Da diese Form,
welche Madvig durch die Veränderung: *licebit, ut* de etc. herstellen
will, zu dem Appius beigelegten Zorn

und Uebermuth weniger passen würde, hat wol L. die der Frage gewählt; c. 41, 3. — *hoc port.,* s. 4,
2, 8. — *abomin.,* c. 18, 9; 30, 25,
12. — *videas,* 3, 30, 6. — *vitale,* Le-
benskraft habend. — *libera,* von
der Herrschaft der Tribunen. —
cum, 5, 27, 5.

12—15. *quid?* etc., ein neuer
Grund gegen das Verfahren der Tribunen, dass es unter anderen Verhältnissen entschieden gemissbilligt
werden würde. — *illud* wird mit
Madvig besser zum Folg. als zu *ferat* gezogen. — *secundis* etc., s. 33,
46, 6; 42, 28, 2; 41, 10, 6. — *at
— civilis,* s. 5, 3, 9; 45, 32, 5 : *nulli
civilis animus, neque legum neque
libertatis aeque patiens.* Durch *at*
wird das Folg. als Einwurf eines
Plebejers eingeführt: aber wenn
auch — so ist doch der Antrag selbst
u. s. w., in den aber Appius durch
hercule und *quid?* etc. seine Ansicht
gelegt hat, wie § 11. Es wird so
der Uebergang zum zweiten Theile
der Rede gebildet: dass die Forderung *alter utique consulum ex plebe*

indignantur? sermoni, Quirites, simillima. ,,consules" inquit,
16 ,,rogo, ne vobis, quos velitis, facere liceat." an aliter rogat, qui
utique alterum ex plebe fieri consulem iubet nec duos patricios
17 creandi potestatem vobis permittit? si hodie bella sint, quale
Etruscum fuit, cum Porsina Ianiculum insedit, quale Gallicum
modo, cum praeter Capitolium atque arcem omnia haec hostium
erant, et consulatum cum hoc M. Furio et quolibet alio ex patribus L. ille Sextius peteret, possetisne ferre Sextium haud pro
18 dubio consulem esse, Camillum de repulsa dimicare? hocine est
in commune honores vocare, ut duos plebeios fieri consules liceat,
duos patricios non liceat? et alterum ex plebe creari necesse sit,
utrumque ex patribus praeterire liceat? quaenam ista societas,
quaenam consortio est? parum est, si, cuius pars tua nulla adhuc fuit, in partem eius venis, nisi partem petendo totum tra-
19 xeris? ,,timeo" inquit ,,ne, si duos licebit creari patricios, neminem creetis plebeium." quid est dicere aliud: ,,quia indignos vestra voluntate creaturi non estis, necessitatem vobis creandi,
20 quos non vultis, inponam"? quid sequitur, nisi ut ne beneficium

---

crearetur eben so anmassend als
staatsgefährlich sei. — *sermoni*, sie
ist auch *minime civilis.* — *consules
rogo, ne* etc. stellt in gehässiger
Weise, wie § 11, den Antrag so dar,
als ob durch denselben die Wahlfreiheit beschränkt werden solle;
consules ist mit Nachdruck vorangestellt: (sogar) die Cons. sollt ihr
nicht frei wählen dürfen.

17. *si — sint — peteret*, wenn
Kriege eintreten sollten, was ja wol
geschehen kann, und ein Sextius
sich bewerben wollte, was der Redner als kaum möglich oder zulässig
erscheinen lassen will. Beide Sätze
sind durch *et* logisch gleich gestellt,
obgleich der erste nur die Verhältnisse angeben soll, daher *sint*, unter
welchen das im zweiten Bezeichnete
eintreten würde, weshalb sich an
diesen, als die eigentliche Bedingung, *peteret*, der bedingte: *possetisne* etc. angeschlossen hat, vgl. Cic.
Att. 11, 13, 3; S. Rosc. 32, 91.
— *modo* von einem Zeitraum von
mehr als 20 Jahren; s. c. 37, 9; 22,
14, 13; 1, 48, 7: *prope diem.* — *haud*

p. d., adverbial: unzweifelhaft, Sall.
I, 22, 4: *non recte neque pro bono*,
vgl. L. 1, 40, 2; 4, 7, 3: *pro confir-
mato.* — *de rep. dim.*, seiner Wahl
nicht sicher sein.

18—20. *in com.—voc.*, vgl. 4, 35,
6. — *aut duos* etc., ein neuer Grund
gegen die Rogation, der aus dem
alter utique c. 35, 5 entlehnt ist, da
wenigstens dem Wortlaute des Gesetzes nach beide Consulstellen den
Plebejern zugänglich wurden, vgl.
zu 23, 31, 13. — *quaen. ista*, s. c. 7,
3. — *societas — cons.*, s. 8, 4, 3; 4,
5, 5: *si in consortio, si in societate
rei publicae esse — licet.* — *parum
nisi*, Uebergang zu etwas Masslosem,
s. 27, 10, 5. — *quid est* etc., s. § 8,
doch ist die Stellung von *aliud* ungewöhnlich, s. c. 39, 12; 7, 3. —
indignos, s. c. 37, 8. — *necessitatem*
etc. bezeichnet die Beschränkung
der Wahlfreiheit nach einer anderen
Seite als § 16. — *ne benef.* etc., die
Ehrenstellen, als durch den freien
Willen des Volkes übertragen und
deshalb zu Dank verpflichtend. —

quidem debeat populo, si cum duobus patriciis unus petierit plebeius, et lege se, non suffragio creatum dicat? quo modo extor- **41**
queant, non quo modo petant honores quaerunt; et ita maxima
sunt adepturi, ut nihil ne pro minimis quidem debeant; et occa-
sionibus potius quam virtute petere honores malunt. est aliquis, **2**
qui se inspici, aestimari fastidiat, qui certos sibi uni honores inter
dimicantes competitores aequum censeat esse, qui se arbitrio
vestro eximat, qui vestra necessaria suffragia pro voluntariis et
serva pro liberis faciat — omitto Licinium Sextiumque, quorum **3**
annos in perpetua potestate tamquam regum in Capitolio numeratis —; quis est hodie in civitate tam humilis, cui non via ad
consulatum facilior per istius legis occasionem quam nobis ac
liberis nostris fiat? si quidem nos ne cum volueritis quidem creare interdum poteritis, istos etiam si nolueritis necesse sit."

   „De indignitate satis dictum est. at enim dignitas ad homines **4**
pertinet: quid de religionibus atque auspiciis, quae propria deorum
immortalium contemptio atque iniuria est, loquar? auspiciis hanc

---

debeat; Sall. I. 85, 37: *nobilitas —
omnis honores non ex merito sed
quasi debitos a vobis repetit.*

41. 1. *ne pro min. q.*, nicht einmal in dem Verhältniss, dem Masse,
in dem man sich für das Geringste
verpflichtet fühlt, geschweige denn,
dass sie die höchsten Ehren als etwas betrachten, wofür sie verhält-
nissmässig (im höchsten Grade)
dankbar sein sollten, vgl. Sall. a.
ang. O.: *quasi debitos.* Der Gedanke
war mit *ut nihil debeant* abgeschlos-
sen, wird aber durch *ne p. m. q.* gesteigert. — *et — malunt* ist Erklärung des Vorhergehenden. — *occa-
sionibus,* wenn sich niemand weiter
bewirbt.

2—3. *est aliq.*: da ist einer u. s. w.,
soll zugleich bezeichnen, dass es nur
wenige der Art gebe, und vertritt
einen Bedingungssatz; durch den
Ausfall auf die Tribunen: *omitto —
numeratis* ist die Rede unterbrochen
und statt: *tamen consul creari poterit* folgt nachdrücklicher *quis est*
etc. — *aestimari,* seine Tüchtigkeit
zum Amte prüfen, abschätzen lassen; das Asyndeton s. 43, 1, 11. —

fastid., 2, 41, 4. *omitto* etc., obgleich
beide nach der Ansicht des Redners
passende Beispiele wären, will er
sie doch nicht anführen, weil sie
gerade der Prüfung sich entziehen,
und wegen ihrer langen Amtsdauer
nicht so wol frei gewählten Magistraten als Königen gleichen, s.
c. 40, 7: *regnant.* — *numeratis,* an
den Basen der auf dem Capitole, aber
wol erst später als L. annimmt, aufgestellten Königsstatuen, s. Plin.
33, 1, 9; 34, 6, 22 f., waren die Jahre
ihrer Regierung angegeben, vergl.
CIL. I, p. 283.

4—5. *satis,* von c. 40, 6 bis hierher. Der Redner wendet sich nun
zu dem zweiten Haupttheile der
Rede, in dem ein ähnlicher Ideen-
gang wie 4, 2; 5, 52 verfolgt wird.
— *at enim,* ein Einwurf wie c. 40,
15: aber, wenn dieses auch richtig
ist, so ist es doch ohne Bedeutung,
denn u. s. w., mit *quid* etc. wird der
wichtigere Grund eingeführt. — *religion.* wird § 9 weiter entwickelt,
vorher die *auspicia,* eine Anordnung,
die sich oft bei L. findet. — *quae —
contemptio* st. *quorum contemptio*

urbem conditam esse, auspiciis bello ac pace, domi militiaeque
5 omnia geri, quis est qui ignoret? penes quos igitur sunt auspicia
more maiorum? nempe penes patres. nam plebeius quidem ma-
6 gistratus nullus auspicato creatur: nobis adeo propria sunt auspicia, ut non solum quos populus creat patricios magistratus
non aliter quam auspicato creet, sed nos quoque ipsi sine suffragio populi auspicato interregem prodamus, et privatim auspicia
7 habeamus, quae isti ne in magistratibus quidem habent. quid
igitur aliud quam tollit ex civitate auspicia, qui plebeios consules
creando a patribus, qui soli ea habere possunt, aufert? eludant

deorum contemptio est, s. 1, 30, 4.
— *bello — militiae* bezeichnet chiastisch dasselbe Verhältniss nach
verschiedenen Seiten, s. 1, 36, 6.
— *penes patr.*, der Gegensatz *plebeius mag.* zeigt, dass die Patricier
gemeint sind, und diesen das Recht
die Staatsauspicien zu halten zugesprochen wird, s. 4, 6, 1; 10, 8, 9.
— *plebeius m.*, s. 3, 59, 4. *nullus
ausp. c.*, es finden bei der Wahl gar
keine Auspicien statt, die welche
dieselbe leiten, haben keine Auspicien, s. 4, 6, 2; 7, 6, 11, vgl. 10, 47,
1; Mommsen Forsch. 1, 196.

6—7. *patric. mag.*, s. c. 38, 7;
das Volk nämlich kann keinen Magistrat, auf dem die Auspicien ruhen,
wählen, wenn nicht vorher, natürlich von Patriciern, Auspicien gehalten worden sind. — *ipsi,* die Auspicien ruhen auf unserer Person, weiter ausgeführt in *privatim* etc.; *sine
suffragio,* sie sind bei der Wahl so
sehr die Hauptsache, dass sie in einem Falle allein ausreichen, und es
der Abstimmung des Volkes gar
nicht bedarf, s. Rubino 1, 93. — *et
privatim* etc., da an der ganzen
Stelle von den Staatsauspicien die
Rede ist, die Erwähnung der *privata,* s. 4, 2, 5, den Zusammenhang
stören würde, so ist wol der Sinn:
wir, die Patricier, haben nicht nur,
wenn wir Aemter bekleiden, auf
denen die Auspicien ruhen, sondern
auch dann die Auspicien, wenn wir

ohne Magistrate zu sein (*privatim*)
einen interrex bestellen, so dass *et*
eine nähere Erklärung einführt, s.
5, 31; Lange 1, 223; nicht: wir haben sie für Privatverhältnisse, sondern: obgleich wir nur Private sind.
Sobald nämlich kein Magistrat in
dem Staate war, welcher Träger der
Auspicien hätte sein können, giengen
diese seit dem ersten interregnum
auf die Patricier über, welche sie
dem interrex übertrugen und so die
Continuität der für den Staat noth-
wendigen Institution erhielten, s.
Rubino 1, 86 f.; Becker 2, 1, 305 ff.
— *in magistratibus,* es sind pleb-
jische gemeint. Wie es sich bei
den Plebejern, welche Consulartribunen waren, und, wenn auch nur
als Träger der p a t r i c i s c h e n Auspicien, dieselben gehabt haben müssen, verhalten habe, ist nicht berührt,
s. Becker 2, 2, 143; Lange 1, 504 f.
— *quid igitur* etc., der hebt die Auspicien selbst auf, welcher Plebejern
als Ungeweihten das Consulat, auf
dem dieselben ruhen, übertragen u.
sie so den allein Berechtigten ent-
reissen will, s. 4, 2, 5.

8. *eludant nunc* etc., vgl. 26, 22,
14; Curtius 5, 31, 10: mehr in Bezug auf L's Zeit; eben so werden im
Folg. die erst später aus dem Kriege auch auf das Staatsleben übertragenen Auspicien *ex tripudiis* erwähnt, s. 8, 30, 2; Lange 1, 258;

nunc licet religiones: quid enim est, si pulli non pascentur, si ex   8
cavea tardius exierint, si occecinerit avis? parva sunt haec: sed
parva ista non contemnendo maiores vestri maximam hanc rem
fecerunt; nunc nos, tamquam iam nihil pace deorum opus sit, 9
omnes caerimonias polluimus. vulgo ergo pontifices augures
sacrificuli reges creentur, cuilibet apicem dialem, dummodo homo
sit, inponamus, tradamus ancilia penetralia deos deorumque curam quibus nefas est; non leges auspicato ferantur, non magi-   10
stratus creentur, nec centuriatis nec curiatis comitiis patres auctores fiant; Sextius et Licinius tamquam Romulus ac Tatius in
urbe Romana regnent, quia pecunias alienas, quia agros dono

---

412. — *quid e. e.*, spottende Frage,
in der Form, als ob die eigenen
Worte der Tribunen angeführt würden. — *pascent.* — *excer.* — *occec.*,
bisher hat man diese Dinge als wichtig betrachtet, künftig wird es nicht
so sein; über den Wechsel fut. u.
fut. exact. s. 6, 19, 7; 7, 40, 10;
35, 35, 17; 39, 15, 4 u. a.; über *est*
— *pascent.* c. 38, 7; Madvig verm.
quid e. esse, si — pascantur. — *oc-*
cecinerit, eine sonst nicht gebräuch-
liche, hier von den besten Hdss. ge-
botene Form; s. 10, 40, 14: *corvus*
voce clara occinuit; das Wort *occi-*
nere ist das technische von diesem
Augurium. — *parva* etc., Cic. S.
Rosc. 18, 50.

9. *caerimonias*, was § 4 *religio-*
nes war. — *vulgo*, ohne Unterschied
der Ungeweihten *quibus nefas est*
und der dazu Befähigten, s. 4, 1, 3.
— *sacrificuli r.*, der immer Patricier
war, 2, 2, 1. — *ancilia — penetralia*
(das Heiligthum der Vesta), 5, 52,
7. Der Gedanke ist: wie zu den
höchsten Staatsämtern so sind auch
zu den priesterlichen, die damals
noch eng mit jenen verbunden waren, nur die Patricier vermöge ihrer
Weihe befähigt. — *polluimus*, 4, 1,
2. — *dummodo h. s.*, nicht der ge-
weihten Kaste angehört, vgl. 4, 3, 7.

10. *non leges ferant.*, s. 2, 12,
11: die Uebertragung des Consulates an Unberechtigte wird zur Fol-

ge haben, dass kein Beschluss des
Volkes und keine Wahl Gültigkeit
hat, da diese allein auf den recht-
mässigen Auspicien beruhet; und
das Alles nur damit ein Sextius u.
s. w., Becker 2, 1, 319. — *auspica-*
to gehört auch zu *creentur*. — *pa-*
tres auctor., 1, 17, 9. Da Claudius
in dem ganzen Abschnitte nur von
den Vorrechten der Patricier, nicht
des Senates gesprochen hat, so kann
auch hier *patres* nur von diesen, nicht
von dem Senate als solchem verstanden werden, und da L. oder sein
Gewährsmann, wie an der ganz
ähnlichen Stelle Cic. p. dom. 14: *ita*
p. R. neque regem sacrorum neque
flaminem nec salios habebit — *ne-*
que auctores centuriatorum et curia-
torum comitiorum, die *comitia cu-*
riata ausdrücklich den *comitia cen-*
turiata als Volksversammlungen an
die Seite stellt, deren Beschlüsse
erst durch die *patres* bestätigt werden müssen, vgl. 1, 17, 9; ib. 19, 1,
so kann *patres* nicht die *comit. cu-*
riata, sondern nur entweder in en-
gerem Sinne: die Patricier im Senate, s. 2, 1, 10; 10, 24, 2; Mommsen
Forsch. 1, 224, oder die Gesammtheit der Patricier, s. c. 42, 10, bedeuten, für die es aber in der
Verfassung an einem bestimmten
Organe fehlte, da sie schwerlich in
den *comitia curiata* allein stimmten,
s. Mommsen a. a. O. 145; 167; Bek-

11 dant: tanta dulcedo est ex alienis fortunis praedandi, nec in
mentem venit altera lege solitudines vastas in agris fieri pellendo
finibus dominos, altera fidem abrogari, cum qua omnis humana
12 societas tollitur. omnium rerum causa vobis antiquandas censeo
istas rogationes. quod faxitis, deos velim fortunare."

42   Oratio Appi ad id modo valuit, ut tempus rogationum iu-
2 bendarum proferretur. refecti decumum idem tribuni, Sextius
et Licinius, de decemviris sacrorum ex parte de plebe creandis
legem pertulere. creati quinque patrum, quinque plebis; gradu-
3 que eo iam via facta ad consulatum videbatur. hac victoria contenta plebes cessit patribus, ut in praesentia consulum mentione
omissa tribuni militum crearentur. creati A. et M. Cornelii iterum M. Geganius P. Manlius L. Veturius P. Valerius sextum.
4 cum praeter Velitrarum obsidionem, tardi magis rem exitus quam

ker 2, 1, 318 ff., Lange 1, 295. —
tanta, praef. 11: *adeo.* — *alien. fortun.*, s. c. 35, 4; sowol dieses Gesetz als das über die Ackervertei-
lung, welche für die Masse der Plebejer gerade die wichtigsten waren,
s. c. 40, 10, werden nur mit wenigen Worten als unstatthaft zurückgewiesen. — *solitud.*, die Patricier liessen das von ihnen occu-
pirte Staatsland wol meist durch
ihre Clienten bebauen, durch deren
Vertreibung überall Verödung eintreten werde; indess findet L. selbst
c. 12, 5 den Grund der Verödung
in den Latifundien der Reichen.
Wahrscheinlich war in dem Gesetze,
obgleich dieses der Redner leugnet,
bestimmt, wie das frei gewordene
Land verwendet, dass es an die Plebs
vertheilt werden solle, s. c. 36, 11.
— *abrogari*, s. Paul. Diac. p. 12:
abrogare infirmare. — *human. soc.*,
5, 27, 6.

   12. *omnium rer.*, 36, 42, 4: *ma-
turandum ratus omnium rerum
causa.* — *faxit.* = *feceritis*, ist vielleicht einer Formel entlehnt; in solchen findet sich auch sonst bisweilen *faxitis* als perf. conj. zur Bezeichnung des Wunsches, 22, 10,
4; 29, 27, 3, vgl. c. 35, 9: *faxo*; 1,

24, 8. — Eine Antwort auf die
theils schwachen theils nur scheinbaren Gründe des Appius lässt L.
nicht, wie sonst in minder wichtigen Dingen, folgen, da die bedeutendsten Gründe schon c. 37; 39; 4,
3 — 5 ausgeführt sind, und die religiösen Verhältnisse 10, 7 noch besonders besprochen werden, vgl.
Nieb. R. G. 3, 9 ff.

   42. 1 — 3. *proferretur*, 4, 58, 14;
wie dieses durch die blosse Rede
habe bewirkt werden können, ist
nicht abzusehen. — *decemviris*, c.
37, 12; die erste Anerkennung der
Plebs auf dem religiösen Gebiete;
da ihr bis jetzt nur Privatverehrung
der röm. Götter zugestanden hat, s.
10, 7, 5; Lange 1, 302. — *gradu*,
s. c. 35, 2. — *mentione f.*, man
drang nicht auf die (also doch versuchte) Durchführung des Gesetzes
über die Consuln; nicht: man bestand nicht auf der Wahl von Consuln statt der Militärtribunen, wie
es oft von dem Senate geschehen
ist. — *Cornelii*, c. 36; *Geganius
(Macerinus)*; *Manlius (Capitolinus)*; *Veturius*, c. 38; *Valerius*,
c. 36.

   4 — 8. *quam dubii*, dass die Eroberung wirklich erfolgt sei, ist

dubii, quietae externae res Romanis essent, fama repens belli
Gallici allata perpulit civitatem, ut M. Furius dictator quintum
diceretur. is T. Quinctium Pennum magistrum equitum dixit.
bellatum cum Gallis eo anno circa Anienem flumen auctor est 5
Claudius, inclitamque in ponte pugnam, qua T. Manlius Gallum,
cum quo provocatus manus conseruit, in conspectu duorum
exercituum caesum torque spoliavit, tum pugnatam. pluribus 6
auctoribus magis adducor ut credam decem haud minus post
annos ea acta, hoc autem anno in Albano agro cum Gallis dictatore M. Furio signa conlata. nec dubia nec difficilis Romanis, 7
quamquam ingentem Galli terrorem memoria pristinae cladis attulerant, victoria fuit. multa milia barbarorum in acie, multa
captis castris caesa; palati alii Apuliam maxime petentes cum 8
fuga longinqua, tum quod passim eos simul pavor terrorque dis-
tulerant, ab hoste sese tutati sunt. dictatori consensu patrum
plebisque triumphus decretus.

Vixdum perfunctum eum bello atrocior domi seditio excepit; 9
et per ingentia certamina dictator senatusque victus, ut rogationes tribuniciae acciperentur; et comitia consulum adversa nobilitate habita, quibus L. Sextius de plebe primus consul factus.

zweifelhaft, s. 7, 15. — *Quinctium
P.*, s. c. 38; vgl. 4, 26, 2. — *eo anno*,
so auch Dion. 14, 12 f. Plut. Cam.
41, vgl Zonar. 7, 24. — *Claudius*
ist *Q. Claudius Quadrigarius* ein
Zeitgenosse des Valerius Antias, 3,
5, der bis in die Zeit Sullas lebte.
Sein Geschichtswerk begann, wie
es scheint, erst mit der Zeit nach
dem Einfall der Gallier. Anders erzählt Polyb., s. zu 7, 11, 3, und Appian. Celt. 1, vgl. Nieb. R. G. 2,
657. — *pugnam — pug.*, 1, 41, 3.
— *decem h. m.*, 28, 1, 5; schwerlich
ist *aut minus*, s. 8, 10, 12, zu lesen,
weil L. schon 6 Jahre später die
Sache erzählt, s. 7, 10. Die Veränderung der Waffen, welche nach
Plut. I. l. u. Dion. damals Camillus
angeordnet hat, s. 8, 8, 3, ist von L.
übergangen. — *in acie*, 5, 41, 4. —
memoria, vermittelst der Erinnerung, die angeregt wurde, vgl.
21, 53, 2; 33, 45, 8. — *consensu
pl.*, vgl. 4, 20, 1; 7, 17, 9.

9. *excepit*, c. 21, 1. — *per ing.
cert.*, unter u. s. w., bis dahin haben
die Patricier durch gesetzliche Mittel die Abstimmung gehindert, s. c.
38, 3, jetzt scheinen sie dieses auf
andere Weise, die L. der Entscheidung zueilend, nicht näher bezeichnet, versucht zu haben. — *acciper.
n.* in dem *concilium plebis*; da in
diesem ein blos für die Plebs gültiges Plebiscit, welches für die Patricier keine Geltung hatte, gegeben werden konnte, so hätte auch
nach der Annahme der Rogationen
der Streit fortdauern können; aber
der Senat scheint, nach L's Ansicht,
s. Mommsen Forsch. 212 fgg., zuletzt
erklärt zu haben, dass nach dem Plebiscite verfahren werden solle, s.
zu 3, 9, 13; ib. 55, 3; 4, 6, 8. — *nobilit.*, die Patricier protestiren gegen
die Wahl, s. 3, 55, 15; *adversa* wie
1, 46, 2: *adversa patrum voluntate*;
39, 41, 4 u. a.; *nobilit.*, hier die
Patricier, s. 2, 56, 10; Lange 2, 3;

10 et ne is quidem finis certaminum fuit. quia patricii se auctores
futuros negabant, prope secessionem plebis res terribilesque alias
11 minas civilium certaminum venit, cum tandem per dictatorem
condicionibus sedatae discordiae sunt, concessumque ab nobilitate
plebi de consule plebeio, a plebe nobilitati de praetore uno, qui
12 ius in urbe diceret, ex patribus creando. ita ab diutina ira tandem
in concordiam redactis ordinibus cum dignam eam rem senatus

anders c. 37, 11.

10. *et* etc. Erklärung von *adversa
nob. — patric. se a.*, sie verweigern,
obgleich der Senat (*senatus victus*)
die drei Gesetze zugelassen hat, die
Bestätigung des dritten, nicht so,
dass sie das Plebiscit selbst verwerfen, sondern indem sie den Gewählten nach dem c. 41, 5 aufgestellten
Grundsatze nicht als rechtmässig
gewählt anerkennen wollen. L.
sagt hier *patricii auctores*, wie 27,
8, 1, während er sonst immer, wie
§ 14; c. 41, 10; 7, 16, 7; 8, 12,
15 u. a. *patres auctores* braucht;
dass der Senat in seiner Gesammtheit nicht mit jenen Worten bezeichnet werden kann, geht aus *senatus
victus* hervor, wahrscheinlich sind
nur die patricischen Mitglieder desselben gemeint, s. Huschke Serv.
Tull. 404; Mommsen Forsch. 235ff.;
158; doch müsste man dann annehmen, dass diese in dem Gesammt-
senate nicht in der Majorität gewesen seien, oder in der Sonderver-
sammlung eine andere Ansicht vertreten hätten; Andere verstehen daher unter *patricii* die Gesammtheit
der Patricier, doch wäre dann wenigstens nicht an die *lex curiata* zu
denken, s. c. 41, 10, Mommsen a.
a. O. 247, vgl. Becker 2, 1, 300;
318; Schwegler 2, 163; Lange 2,
47; Zeitschr. f. Gymnasialwes. 16,
469. — *prope sec.*, s. 26, 48, 8: *ea
contentio cum prope seditionem veniret*; 2, 48, 5. — *terrib.* etc., vgl.
Plut. c. 42; Ov. Fast. 1, 643; Am-
pel. 25.

11. *cum tand.*, das hds. *cum ta-*

men ist eine seltene, s. Cic. Fam.,
1, 9, 10; Phil. 2, 18, 45, und hier nicht
ganz passende Verbindung. — *condicion.*, s. c. 40, 8; 23, 7, 1, wird
erläutert durch *concessumque*, ein
zweites Zugeständniss folgt § 12.
Wie die Uebereinkunft zu Stande
gekommen sei, hat L. eben so wenig
berichtet, als dass in Folge der Bei-
legung des Streites Camillus den
Tempel der Concordia gelobt habe.
— *de praetore u.*, die Patricier nehmen die Kunde des Rechtes noch
immer für sich allein in Anspruch,
s. 3, 31, 8, und setzen es durch, dass
die Jurisdiction einem besonderen
patricischen Magistrate übertragen
wird, Mommsen 1, 292; 300; Lange
1, 558. — *uno*, wol im Gegensatze
zu den beiden Consuln, nicht der
späteren grösseren Zahl der Prätoren. — *in urbe*, um ihn als städtischen Magistrat zu bezeichnen, s.
zu 22, 57, 8; die Consuln haben
zwar auch noch der Theorie nach
das Recht Gericht zu halten, da dieses mit dem *imperium consulare*
verliehen wird; aber sie üben es
regelmässig nur ausserhalb der
Stadt, und die Trennung des richterlichen und militärischen imperium ist der Sache nach durch die
Wahl des Prätors vollzogen. — *patribus*, den Patriciern.

12. *dignam — ut* ist zu verbinden, 24, 16, 19: *digna res visa, ut
simulacrum pingi iuberet*; 23, 42,
13; 22, 59, 17. Der in der Mitte
stehende Satz: *meritoque — fore*
ist eine vorausgenommene Erklärung, die sich an *ludi max. fier.* an-

censeret esse, meritoque id, si quando umquam alias, deum inmortalium [causa libenter facturos] fore, ut ludi maximi fierent et dies
unus ad triduum adiceretur, recusantibus id munus aedilibus   13
plebis, conclamatum a patriciis est iuvenibus se id honoris deum
inmortalium causa libenter facturos, ut aediles fierent. quibus   14
cum ab universis gratiae actae essent, factum senatus consultum,
ut duoviros aediles ex patribus dictator populum rogaret, patres
auctores omnibus eius anni comitiis fierent.

schliessen sollte. Doch ist mit Rost
u. Madvig zu bezweifeln, ob L. so
geschrieben habe, da das zu *facturos* zu denkende Subject nicht bezeichnet, *libenter* an dieser Stelle
unpassend ist, und beinahe dieselben
Worte sogleich in angemessenem
Zusammenhange folgen. Die Verbindung von *forem* mit dem part.
fut. act. wird zwar von L. oft gebraucht, s. 9, 16, 7 : *egressurus foret*; 22, 57, 5 : *futura foret*; 25, 24,
8 u. a.; aber der nur hier und Cic.
Att. 5, 21, 4 sich findende Infinitiv
ist zweifelhaft, s. Reisig Vorlesun-
gen S. 483. Der Gedanke ferner
wird, wenn man : *causa — facturos*
als aus § 13 hierher versetzt betrachtet, einfacher, da *ut* sich so
auch an *fore* anschliessen, *merito*
mit *deum*, s. 28, 9, 8, verbunden
werden kann: die Götter hätten es
verdient, dass u. s. w. — *umq. alias*, 1, 28, 4; 31, 7, 3. — *ludi m.*
sind, wie 1, 35, die *ludi Romani*, s.
24, 43, 7; Cic. rep. 2, 20, 36; Verr.
5, 14, 36: *mihi ludos antiquissimos,
qui primi Romani appellati sunt —
faciundos* etc., und da diese jährlich gefeiert werden, ist die Anordnung der viertägigen Feier nicht
für jenes Jahr allein, sondern für
immer geltend. — *triduum*, seit
wann dieses besteht, lässt sich bei
den verschiedenen Berichten, s.
Dion. 7, 71; 5, 57; 6, 10; 17; Macrob. Sat. 1, 11, 5, Rhein. Mus. 14,
83, nicht mit Sicherheit bestimmen.
In Folge eines Missverständnisses
nimmt Plutarch, c. 42, an, dass ein

Tag zu den latinischen Ferien zugesetzt sei; Becker 2, 2, 299; Mommsen 1, 461.

13—14. *aedil. pl.*, diese haben also bis dahin, wol im Auftrag der
Consuln, die Besorgung der Spiele
gehabt. Ihre Weigerung war, da der
Staat das Geld zu den Spielen gab,
schwerlich der Grund des neuen
Amtes, sondern dieses gehörte zu
den § 11 erwähnten Zugeständnis-
sen, s. Nieb. 1, 406. — *ut aed. fier.*
scheint zu bedeuten: gesetzt, unter
der Bedingung dass, obgleich dieses
mehr concessiv gebraucht, oder *ita*
zugesetzt wird, nicht die Absicht,
wie 1, 18, 9 ; 2, 12, 15; 3, 15, 8. —
senatus cs., wahrscheinlich war zu
der Einführung der neuen Magistratur auch ein Volksbeschluss nöthig,
s. Lange 1, 496 f. — *omn. e. a. com.*,
nach c. 42, 10 ist zunächst an die
Wahlen zu denken, zu deren Bestätigung die *patres* durch den Senatsbeschluss aufgefordert werden, worauf auch der Ausdruck *comitiis* im
Gegensatz zu *concilium plebis*, c. 38,
7, hinweist; durch die Bestätigung
der Wahlen wurden die Gesetze
selbst bestätigt; doch ist der Ausdruck so allgemein, dass er auch
auf die übrigen Beschlüsse, c. 42,
2; 9 bezogen werden könnte; über
patres s. § 10. — *aedil. ex pat.*, die
aediles curules, s. 7, 1, 6; Lange 1,
617 f. — *dictat.*, sie wurden dann
unter dem Vorsitz eines der Consuln, aber in Tributcomitien gewählt,
s. 9, 46, 2; Becker 2, 2, 305.

TITI LIVI

AB URBE CONDITA

LIBER VII.

----

1   Annus hic erit insignis novi hominis consulatu, insignis novis duobus magistratibus, praetura et curuli aedilitate. hos sibi
patricii quaesivere honores pro concesso plebi altero consulatu.
2 plebes consulatum L. Sextio, cuius lege partus erat, dedit; patres
praeturam Sp. Furio Marci filio Camillo, aedilitatem Gneo Quinctio Capitolino et P. Cornelio Scipioni, suarum gentium viris,
gratia campestri ceperunt. L. Sextio collega ex patribus datus
3 L. Aemilius Mamercus. principio anni et de Gallis, quos primo
palatos per Apuliam congregari iam fama erat, et de Hernicorum

------

1. Die neuen curulischen Aemter; die Pest in Rom. Plut. Cam. 43;
Zon. 7, 24; Oros. 3, 4.

1. *Annus* etc., da der Anfang des
Buches etwas abgerissen ist, das
vorhergeh. mit *eius anni comitiis*
schliesst, und weil Livius bei bedeutenden Verfassungsveränderun-
gen mehrmals die Jahre der Stadt
angiebt, s. 3, 35; 4, 7; 7, 18, so
vermuthet Nieb. R. G. 2, 207, es sei
*trecentesimus octogesimus nonus ab
urbe condita* ausgefallen, *hic* aber
später hinzugefügt. — *erit*, indem
sich der Erzähler in den Anfang des
Jahres versetzt: es wird als ausge-
zeichnet erscheinen, 21, 46, 8: Lucan. 1, 31: *nec tantis cladibus auctor
Poenus erit*; Flor. 2, 6, 11. — *novi
hom.* ist hier (anders als 4, 54, 6)
mit besonderem Nachdruck gebraucht, da erst jetzt, nachdem das
Consulat für die Plebs erlangt und
der Zugang zur Nobilität eröffnet
war, s. c. 37, 11, es *novi homines*
geben konnte, Sextius aber der erste
war. — *patricii*, § 2: *patres* ; § 4:
nobilitas. — *quaesivere*, sie verschafften sie sich, vgl. 6, 34, 5.

2—3. *plebes — dedit*, nicht als ob
sie allein das Consulat übertragen
hätte, sondern durch ihren über-
wiegenden Einfluss; viele Patricier
werden für einen plebejischen Consul gar nicht gestimmt haben. —
Sextio, nach den Fasten: *L. Sextius
Sex. f. N. n. Sextin. Lateran.
primus e plebe.* — *patres — ceper.*,
soll wol nur die Errungenschaft der
Patricier der der Plebs entgegenstellen; vergl. Nieb. 3, 38fg. Die
Wahlen scheinen die 6, 42, 14 angeordneten zu sein; nur ob die 6,
42, 9 bereits erfolgte Wahl der Consuln als ungültig durch eine neue
ersetzt wird, ist nicht deutlich. —
Scipioni, Sohn des 5, 24; 31 genannten. — *gentium*, 3, 27, 1. — *viris*
— *ceper.*, vgl. 31, 41, 8: *tumulum
suis — cepit*, sonst hat *magistratum
capere* eine andere Bedeutung, s. 2,
33, 1; 5, 13, 2. — *datus* anders als
2, 43, 11; der Plebejer ist als der
für dieses Jahr bedeutendere zuerst
genannt. — *Mamerc.*, s. zu 5, 1, 2;
auch Cassiodor in dem Chronicon
nennt ihn so, nicht *Mamercinus.* —
Apul. 6, 42. — *Hernicorum*, sie

defectione agitata mentio. cum de industria omnia, ne quid per 4
plebeium consulem ageretur, proferrentur, silentium omnium rerum ac iustitio simile otium fuit, nisi quod non patientibus taci- 5
tum tribunis, quod pro consule uno plebeio tres patricios magistratus curulibus sellis praetextatos tamquam consules sedentes nobilitas sibi sumpsisset, praetorem quidem etiam iura red- 6
dentem et collegam consulibus atque isdem auspiciis creatum,
verecundia inde inposita est senatui ex patribus iubendi aediles
curules creari. primo ut alternis annis ex plebe fierent convenerat; postea promiscum fuit.

　　　Inde L. Genucio et Q. Servilio consulibus et ab seditione et 7

haben an den Kriegen der Latiner
mit Rom keinen Theil genommen, 6,
30 ff.; der Grund ihrer jetzigen Trennung von Rom ist nicht zu erkennen. — *iustit.*, 26, 26, 9.

　5—6. *tacitum*, 1, 50, 9. — *patricios*, hier solche, die nur von Patriciern bekleidet werden dürfen,
vgl. 4, 43, 10. — *curul. s. praet.*,
die *sella curulis* u. *toga praetexta*
haben auch die *aediles curules*, nicht
die *aediles plebis*. — *quidem* zu *praetorem, etiam* zum Folg. gehörig,
vgl. Cic. Off. 3, 18, 74: *mihi quidem
etiam verae hereditates non honestae
videntur*; L. 22, 36, 8; *quidem et* 33,
32, 1 u. a. — *iura redd.*, 6, 42, 11,
soll die Bedeutung des Amtes zeigen, da die Jurisdiction bis dahin
immer nur von den höchsten Magistrate geübt worden ist. — *consulibus* scheint nur von *collega* abhängig, welches schon die Bestimmung für einen enthält, wie *legatus,
tribunus militum*, Cic. Somn. Scip.
1; L. 39, 14, 10; zu 10, 41, 5. Der
praetor urbanus war der nächste
nach den Consuln und vertrat ihre
Stelle, wenn sie abwesend waren.
Eine Erklärung und nähere Bestimmung des Ausdrucks liegt in *isdem
ausp. cr.*, vgl. 3, 55, 11; 8, 32, 3;
Gell. 13, 15, 6: *collegam esse praetorem consuli docet* (Messalla), *quod
eodem auspicio creantur. maiora
autem dicuntur auspicia habere, quia*

*eorum auspicia magis rata sunt
quam aliorum.* Doch hatten die Consuln eine *maior potestas* und waren
collegae maiores des Praetor, Lange
1, 559; Becker 2, 2, 182 f. — *verecundia* etc., sie schämten sich, 24,
42, 9; *inposita*, um das Unfreiwillige
zu bezeichnen. — *inde* nach dem abl.
abs., wie *tum*, s. 3, 19, 1; *inde* nach
einem partic. praet., 2, 54, 7. —
iubendi, s. 6, 14, 1; es hätte also,
wie in Rücksicht auf die Consulartribunen, 4, 6, 8, in der Macht des
Senates gestanden zu bestimmen,
dass patricische Aedilen gewählt
würden, ein Recht, welches er, wenn
er es wirklich gehabt hätte, wol
nicht so leicht würde aufgegeben
haben, vgl. 6, 42, 14. — *convenerat*
setzt ein Uebereinkommen voraus,
das vielleicht schon im Jahr vorher
getroffen war, s. Becker 2, 2, 299.
— *postea*, wann dieses geschehen
sei, lässt sich nicht genau bestimmen; doch wurden noch zur Zeit
des älteren Scipio Africanus abwechselnd zwei Patricier und zwei
Plebejer gewählt, s. Mommsen Forschungen 1, 97. — *promiscum* n.
aediles fieri; es war erlaubt ohne
Unterschied Patricier und Plebejer
zu wählen, s. 4, 6, 8; ib. 43, 12;
Tac. H. 1, 84: *ista inanima inter-
cidere et reparari promiscua sunt.*

　7—9. *Genucio* (*Aventinense*) En-
kel des Volkstribuns 2, 54. — *Ser-*

a bello quietis rebus, ne quando a metu ac periculis vacarent,
8 pestilentia ingens orta. censorem, aedilem curulem, tres tribunos
plebis mortuos ferunt, pro portione et ex multitudine alia multa
funera fuisse; maxumeque eam pestilentiam insignem mors quam-
9 vis matura, tamen acerba M. Furi fecit. fuit enim vere vir unicus
in omni fortuna, princeps pace belloque priusquam exulatum iret;
clarior in exilio vel desiderio civitatis, quae capta absentis inplo-
ravit opem, vel felicitate, qua restitutus in patriam secum patriam
10 ipsam restituit; par deinde per quinque et viginti annos — tot
enim postea vixit — titulo tantae gloriae fuit, dignusque habitus, quem secundum a Romulo conditorem urbis Romanae
ferrent.

2   Et hoc et insequenti anno C. Sulpicio Petico C. Licinio
2 Stolone consulibus pestilentia fuit. eo nihil dignum memoria
actum, nisi quod pacis deum exposcendae causa tertio tum post
3 conditam urbem lectisternium fuit. et cum vis morbi nec humanis consiliis nec ope divina levaretur, victis superstitione animis
ludi quoque scenici, nova res bellicoso populo — nam circi modo
spectaculum fuerat —, inter alia caelestis irae placamina insti-
4 tuti dicuntur. ceterum parva quoque, ut ferme principia omnia,

---

vilio (*Ahala*). — *ab sedit.*, von Seiten, in Bezug auf, 28, 19, 1. — *ac
peric.*, 3, 42, 2. — *alia*, 4, 41, 8. —
clarior, steigerndes Asyndeton zu
princeps, vgl. 1, 7, 8: *venerabilior.*
— *in exilio* bildet nur den Gegensatz zu *priusquam — iret*, und kann
sich genau genommen nur auf *vel—
opem*, auf *vel—restituit*, was in die
Zeit nach dem Exil fällt, nur in sofern beziehen, als bei seiner Zurück-
berufung in das Vaterland dieses in
der That nicht existirte, er also ungeachtet der restitutio thatsächlich
noch im Exil war, und erst das Vaterland herstellen, sich und dem
Volke wiedergewinnen musste, vgl.
5, 46, 1. Es ist ein Spiel mit der
doppelten Bedeutung von *restituere*,
vgl. 27, 34, 14: *M. Furium — revocatum de exilio patriam pulsam
sede sua restituisse.*

10. *quinque e. v.*, L. selbst hat
nur 24 Jahre; aber es wird das 6,

34 übergangene mitgerechnet. —
secund. a R., vgl. 1, 17, 10. — *ferrent*, „dass man erklärte, anerkann-
te," s. praef. 7: *Martem — ferat*,
vgl. 6, 36, 7.

2—3. Mittel gegen die Pest;
Einführung der scenischen Spiele;
Einschlagen des Nagels. Val. Max.
2, 4, 4; Plut. Quaest. R. 107.

2—3. *tertio*, man sollte *tertium*
erwarten, s. jedoch 8, 25, 1; 42,22,
7; zur Sache s. 5, 13; das zweite
hat L. nicht erwähnt. — *circi* (*maximi*), 1, 35; 56. — *modo fuer.*, als
öffentliche, einen Theil des Cultus
bildende § 5, wie es von jetzt an
auch die scenischen (daher *novares*)
wurden, deren Einführung viell. mit
der Verlängeruug der *ludi Romani*,
s. 6, 42, 13, zusammenhängt. — *pla-
cam.*, c. 3, 2, sonst selten.

4. *quoque* scheint proleptisch gebraucht, als ob folgen sollte: *non*

et ea ipsa peregrina res fuit. sine carmine ullo, sine imitando-
rum carminum actu ludiones, ex Etruria acciti, ad tibicinis modos saltantes, haud indecoros motus more Tusco dabant. imi- 5
tari deinde eos iuventus simul inconditis inter se iocularia fun-
dentes versibus coepere; nec absoni a voce motus erant. accepta 6

solum peregrina. — et ea i., und
noch dazu, selbst dieser geringe Anfang stammte aus der Fremde. Im
Folg. giebt L., wol der Darstellung
eines Gelehrten, viell. des Gramma-
tikers Cincius, s. c. 3, 4, folgend,
eine Uebersicht der Entstehung und
Entwickelung des Schauspiels in
Rom, in welche er künstlich zeit-
lichen und causalen Zusammenhang
gebracht hat. — *sine carmin.* etc.,
gehört zu *dabant*: ohne einen Text
in gebundener, feierlicher Sprache.
— *imit. c. a.*, ohne Gesticulation,
wie sie zur Veranschaulichung des
Inhaltes eines Textes nöthig ist, dazu gehört. Der Gegensatz ist § 5:
nec absoni; § 9: *canticum eg.* etc.
— *ludiones*, vgl. § 6: *ludius*, Dion.
Hal. 2, 71: καί εἰσιν οὗτοι τῆς πομ-
πῆς ἡγεμόνες καλούμενοὶ πρὸς
αὐτῶν ἐπὶ τῆς παιδιᾶς τῆς ὑπὸ Λυ-
δῶν ἐξευρῆσθαι δοκούσης Λυδί-
ωνες lässt nicht zweifeln, dass die
Form ludio gebräuchlich gewesen
sei, die sich auf Apul. Flor. 4, 17: *histrio gesticulatur ceterique omnes
ludiones* in den Glossarien findet,
wie *lanio* neben *lanius*, *pusio* neben *pusus* und wie L. 41, 21, 7:
*cadavera intacta a volturibus,
nec — volturium usquam visum*
nebeneinander braucht. Obgleich
daher Val. Max. l. l. in der Bemerkung, die er in der Form, in welcher er sie giebt: *eaque res ludium
ex Etruria arcessendi causam dedit.
cuius decora pernicitas vetusto ex
more Curetum Lydorumque, a quibus Tusci originem traxerunt —
Romanorum oculos permulsit* nicht
aus L., sondern aus einer Quelle
wie Dionys. hat, *ludius* sagt, so ist

doch kein Grund *ludio* mit Madvig
für nicht lateinisch zu erklären, u.
a. u. St. unpassend *ludii homines*
zu schreiben. *ludio* ist der Tänzer,
daher *saltantes*, dann der Schauspieler. *saltantes* etc., in Etrurien war
also bereits aus Tanz und Flötenspiel ein Gewerbe geworden; Tänzer und Spielleute dieser Art werden jetzt um Lohn nach Rom gezogen, vgl. 9, 30. — *haud ind.*, takt-
kunstmässige. — *more Tusco*, wol
nur im Gegensatz zu der Nachah-
mung der Römer. — *dabant*, vgl.
44, 9, 6: *cum alios decursu edidis-
sent motus*, 4, 28, 1.

   5. *imitari* etc., die zweite Stufe
der Entwickelung; L. scheint zu
glauben, dass die im Folg. geschilderten Darstellungen erst damals
entstanden seien, während nach
Verg. Georg. 2, 385; Horat. Epist.
2, 1, 139 ff. u. a. solche Scherze,
Tänze und heitere Spiele schon in
der ältesten Zeit, mit dem Cultus
der ländlichen Gottheiten verbunden, am Erntefest u. a. stattfanden.
— *simul*, weil die Tusker nur Tänze aufgeführt hatten. — *inconditis
inter se* etc., improvisirte Wechsel-
reden, Schwänke u. s w. in rohen
(saturnischen) Versen mit dramati-
scher Darstellung (wie sie schon
lange geübt waren) wurden mit den
kunstreicheren etruscischen Tänzen
in Verbindung gebracht. — *nec ab-
son.*, also dem Inhalt der Spässe entsprechend, burlesk, wie auch wol
die der Etrusker sein mochten.
Uebrigens fehlte nach L. den Darstellungen künstlicher Gesang, welcher in der dritten Entwickelungs-
epoche § 6—7 hinzutrat.

itaque res saepiusque usurpando excitata. vernaculis artificibus,
quia ister Tusco verbo ludius vocabatur, nomen histrionibus in-
7 ditum; qui non, sicut ante, Fescennino versu similem inconpo-
situm temere ac rudem alternis iaciebant, sed inpletas modis
saturas descripto iam ad tibicinem cantu motuque congruenti

6—7. *excitata*, belebt, in Schwung
gebracht. — *artificibus* n. *scenicis*:
es bildete sich ein besonderes Gewerbe der Schauspieler, welche,
nach dem fremden Worte, *ister*, *histriones* genannt, unter Flötenspiel
und Gesang mit entsprechender Gesticulation mannigfache Schwänke,
saturas, aufführten, vgl. Tac. 14,
21; Mommsen 1, 224; 235. — *sicut
ante* n. *fieri solebat*, oder *iacieban-
tur*; es sind die *iocularia* etc., wie
sie vorher die Jugend aufführte. —
Fescennino versu (= *versui*, s. 9,
5, 6) *sim*. Es geht aus den Worten
nicht klar hervor, ob L. diesen *versus Fescenn*. mit den *iocularia* gleichstellt, oder angeben will, dass derselbe, schon vorher gebräuchlich,
in den Spielen nur angewendet worden sei; vgl. Horat. l. l.: *agricolae
prisci — condita post frumenta le-
vantes tempore festo corpus et ipsum animum — Silvanum lacte pia-
bant. — Fescennina per hunc inventa licentia morem versibus alternis opprobria rustica fudit*, also
Neck- und Spottverse in Zwiege-
sprächen, beissender Wortwechsel.
Der Name *Fescenninus* ist daher
schwerlich aus einer etruscischen
Stadt Fescennia im Faliskergebiete
abzuleiten, sondern hängt mit *fari*
(*fasi*) zusammen, worauf auch Paul.
Diac. p. 85 hindeutet: *sive ideo dicti*
(*versus Fescennini*) *quia fascinum*
(Zauber) *putabantur arcere*, also
Zaubersprüche, dann Spott-Neck-
verse, wie der Name zeigt, in Latium entstanden und gebräuchlich,
s. Preller Mythol. S. 442; 195. —
temere, wie sie der Augenblick ein-
gab, ohne vorher überlegten Plan,
ist wie *alternis* mit *iaciebant* zu

verbinden, s. 1, 10, 5: *apte*. Von
diesen rohen Versuchen waren die
von L. geschilderten *saturae* durch
ihren Inhalt und die Verbindung
mit Gesang verschieden, ferner weil
sie von Histrionen, nicht von wirklichen Personen aufgeführt wurden,
und wol, wie die Tänze der Etrusker,
einen Theil der auf öffentliche Autorität angeordneten Festfeier bildeten. — *saturas*, wahrscheinlich
gehört *satura* und *satur* zu dem
Worstamme *sero*, *satum*, wie *Saturnus* (*Saiturnus*), *Saturnalia* und
war ursprünglich die Bezeichnung
der Lieder, welche am Erntefeste,
den Saturnalien, gesungen wurden,
und dem Zwecke des Festes entsprechend heiter und scherzhaft, mit Gesang und Flötenspiel verbunden waren. Diese einfachen seit alter Zeit
gebräuchlichen Gesänge und Scherze meint L. nicht, sondern der Nachdruck liegt auf *impletas modis*, wo-
mit bezeichnet werden soll, dass die
Gesänge vollständig nach Melodie
und Tempo componirt gewesen seien.
Denn nur wenn Beides für den tibicen, welcher ursprünglich wol die
einfache, dünne, mit 4 Löchern versehene latinische Flöte, später eine
Doppelflöte blies, bestimmt war,
konnte nach dem Vortrag desselben der Gesang angeordnet werden
(*desc. ad tibicinem cantu*), und die
Gesticulation damit harmoniren. L.
giebt hier die drei wesentlichen Bestandtheile des dem römischen Theater eigenthümlichen *canticum* an,
welches nicht mehr extemporirt
werden konnte, und, wie schon die
Aufführung durch Schauspieler be-
weist, grössere Kunst und Uebung
als die früheren Versuche forderte.

peragebant. Livius post aliquot annis, qui ab saturis ausus est 8
primus argumento fabulam serere, idem scilicet, id quod omnes
tum erant, suorum carminum actor, dicitur, cum saepius revo- 9
catus vocem obtudisset, venia petita puerum ad canendum ante
tibicinem cum statuisset, canticum egisse aliquanto magis vigente

Dass neben den künstlicheren Ge-
sängen auch noch (improvisirte, wenigstens ohne festen Text ausge-
führte) Scherze und Possen gespielt
wurden, zeigt das folg. *ab risu iocoque*
§ 11. — *modis*, vgl. Val. Max. l. l.:
*paulatim deinde ludicra ars ad sa-
turarum modos perrepsit*; Cic. Legg.
2, 15, 39: *illa, quae solebant quondam compleri — Livianis —
modis.*

8—10. Die vierte Stufe. *Livius
Andronicus*), Cic. Brut. 18: *Livius,
qui primus fabulam C. Claudio
Caeci filio et M. Tuditano consulibus docuit anno — post Romam
conditam quarto decimo et quingen-
tesimo.* Er war griechischer Abkunft und 482 d. St. bei der Einnahme von Tarent gefangen, dann
von M. Livius Salinator frei gelassen worden, s. Mommsen 1, 896. —
post a. annis, 32, 5, 10: *post paucis
diebus*; 40, 47, 4; ib. 57, 2: *post
paulo, aliquanto.* Die Worte geben
an, dass die durch *venia — egisse*
etc., wozu sie gehören, bezeichnete
Neuerung geraume Zeit später erfolgt sei; L. hat sie nur auf *egisse* etc.
bezogen, weil er vorher von dem *canticum* gesprochen hat, und so die
zweite wichtigere Veränderung in
einem Relativsatz vorausgeschickt:
qui — serere, nicht, wie man erwartet, gleichfalls mit *post a. annis*
verbunden. — *ab saturis*, seit der
Zeit, wo die Sat. aufkamen, nach
den S. zuerst; dass dieselben jetzt
ganz aufgegeben seien, liegt nicht
in den Worten. — *argumento f. s.*,
vermittelst eines zusammenhängenden Stoffes, durch eine nach ihren
Theilen zusammenhängende Handlung das Schauspiel zu einem gegle-

derten, einheitlichen Ganzen ver-
knüpfen, so dass nicht mehr wie in
der satura ein geordneter Gang der
Handlung fehlt: planmässige, in
ihren Theilen zusammenhängende
Dramen, wie die griechischen, welche Livius nach Rom verpflanzte, s.
Quintil. 5, 10, 9: *fabulae ad actum
scenarum compositae argumenta dicuntur.* — *serere* = *componere*, 38,
56, 8: *alia tota serenda fabula est*,
vgl. 40, 12, 7; Cic. Cael. 27, 64:
*tota fabella — quam est sine argu-
mento.* In diesen W. ist angedeutet,
wie Livius das römische Schauspiel
innerlich, im Folg. § 9 f., wie er es
äusserlich umgestaltete. — *idem*
etc., Dichter und Schauspieler war
wie bei den Fescenninen und der
satura eine Person. Ebenso waren
im griechischen Drama nach dem
Sinken und Eingehen des Chores die
Gesänge (Arien) mit Gesticulation
von einem Schauspieler vorgetragen
worden, was in Rom wegen der
Grösse der Theater, der Unruhe in
denselben u. s. w. nicht möglich war.
L. giebt im Folg. nur einen hier-
durch veranlassten Grund der Neuerung an.

9—10. Die Trennung des *canticum* von den *diverbia*. — *revocatus*,
Val. Max. l. l., wenn ein Schauspieler in der Darstellung einer Passage
besonders gefallen hatte, wurde er
aufgefordert, dieselbe noch einmal
vorzutragen, vgl. Cic. p. Arch. 8,
18. — *puerum*, einen untergeordneten Schauspieler. — *ante tibic.*,
der also mehr im Hintergrunde der
Scene zu denken ist. — *venia—statuisset*, das etwas harte Asyndeton
findet sich zuweilen, wenn von zwei
Sätzen mit *cum* der eine mit dem

7 *

10 motu, quia nihil vocis usus inpediebat. inde ad manum cantari
   histrionibus coeptum, diverbiaque tantum ipsorum voci relicta.
11 postquam lege hac fabularum ab risu ac soluto ioco res avocabatur et ludus in artem paulatim verterat, iuventus histrionibus
   fabellarum actu relicto ipsa inter se more antiquo ridicula intexta
   versibus iactitare coepit; quae exodia postea appellata conserta-
12 que fabellis potissimum Atellanis sunt. quod genus ludorum ab

Nachsatze in engerer Beziehung
steht, s. 1, 5, 3; 6, 34, 6; 8, 11, 4.
— *canticum*, ein Gesang oder ge-
sangartiger Monolog, der unter Flö-
tenbegleitung und lebhafter Gesticulation vorgetragen wird. Der Gesang wird also jetzt dem *cantor*
überlassen, die Gesticulation, welche, um die verschiedenartigen im
Texte und der Musik angedeuteten
Gefühle auszudrücken, in pantomi-
mischen Tanz überging, verblieb
dem histrio, und wurde im engeren
Sinne *actio*, daher *canticum agere,
saltare*, genannt, vgl. Val. Max.:
*adhibito pueri et tibicinis concentu
gesticulationem tacitus peregit*;
Friedländer bei Marq. 4, 540.— *ad
manum c. c.*, nach der Gesticulation,
welche bei dem römischen Schauspieler das Wichtigste war, an diese
sich anschliessend. — *histrionibus*,
um sie zu unterstützen.

11—12. Fünfte Stufe. *lege h. f.*,
dass planmässige Dramen in der bezeichneten Weise kunstgemäss dargestellt wurden. Da hierzu grössere
Uebung erfordert wurde, und das
ältere nationale Drama verdrängt
zu werden schien (*a risu—avocabatur*), so machen junge Römer, wie
gegen das etruskische Spiel § 5, auch
jetzt gegen das Fremde Opposition,
und erhalten neben der kunstreichen
die ursprüngliche Form des Drama.—
fabellarum actu, die gesammte Darstellung der eigentlichen Theater-
stücke, Comödien wie Tragödien. —
postquam — avocabatur — verterat,
s. 24, 36, 8. — *inter se* wie § 5 u.
7: *alternis*. — *ridicula*, wie § 5 *io-*

cularia, § 7 *Fescennino versu.— exodia*, Nachspiele, die sich, wie das
Satyrdrama, an andere Dramen, n.
die nach griechischer Art verfassten,
anschlossen. — Dass die letzteren
vorausgegangen sein mussten, wird
theils durch *actu relicto* angedeutet,
theils liegt es in dem Worte *exodia*
selbst, da dieser Name der *ridicula*
(auf diese bezieht sich *quae*), die
schon so lange bestanden hatten,
erst durch die neue Bestimmung
derselben veranlasst wurde. — *postea*, nach Einführung des griechischen Drama, wahrscheinlich schon
zu Lebzeiten des Livius Andronicus.
— *versibus*, der Atellanen. — *con-
sertaque*, die lustigen Schwänke
wurden zusammengefügt, zusam-
mengehalten durch die Atellanen
und dieses war der Grund, dass
junge Römer, nicht Histrionen, diese
aufführten. Da L. diesen Grund gerade hervorheben will, scheint eine
andere Lesart *conservataque* weniger richtig. — *potissimum*, praef. 7,
gerade, mit Ausschluss anderer
Spiele. — *fabellis — Atellanis*, Dio-
med. p. 487: *tertia species est fabularum latinarum, quae a civitate
Atella* (in Campanien), *in qua primum coeptae, Atellanae dictae sunt,
argumentis dictisque iocularibus similes Satyricis fabulis Graecis*,
Friedländer Darstellungen aus der
Sittengesch. Roms 2, 262; also eine
burleske Volkscomödie, wie sie sich
wol in dem reichen und üppigen Capua bilden konnte. Von den früheren römischen waren die so bezeichneten Spiele dadurch verschieden,

Oscis acceptum tenuit iuventus, nec ab histrionibus pollui passa
est: eo institutum manet, ut actores Atellanarum nec tribu mo-
veantur et stipendia, tamquam expertes artis ludicrae, faciant.
inter aliarum parva principia rerum ludorum quoque prima 13
origo ponenda visa est, ut appareret, quam ab sano initio res in
hanc vix opulentis regnis tolerabilem insaniam venerit.

dass sie Handlungen, wenn auch in
lockerem Zusammenhange darstell-
ten, daher *fabellae,* und stehende
Charaktermasken (Maccus, Pappus,
Bucco, Dossenus) hatten. So erhielten die locker an einander gereihten
Scherze durch die Handlung Zusammenhang und eigneten sich mehr
zum Anschluss an die kunstreicheren Dramen; in denselben traten die
Römer, während sie ihre Spiele in
eigener Person aufgeführt hatten, in
Masken auf. Zuerst wol die einge-
webten, nicht zur Handlung selbst
gehörenden Scherze, dann auch die
Stücke selbst, in die dieselben aufgenommen waren, wenn auch nicht
alle, wurden nun *exodia,* daher Suet.
Tib, 45: *in Atellanico exodio;* Iuven.
Sat. 6, 71, genannt, und die letzteren
konnten auch selbstständig aufgeführt werden. Uebrigens ist es
kaum glaublich, dass die Römer erst
nach Livius Andronicus das campanische Spiel kennen gelernt und
aufgenommen haben, da der bald
nachher ausbrechende Hannibalische
Krieg und der Abfall Capuas dieses
eher hätte verhindern müssen; wahrscheinlicher ist, dass, wenn nicht
die sogenannten Atellanae latinischen Ursprungs sind, die enge Verbindung der Campaner mit Rom, s.
c. 30; 8, 14, die Verwandtschaft der
Sprache und Völker die Aufnahme
derselben schon früher vermittelt
hatte. — *Oscis,* so nennt L. die campanischen Samniter, welche wie die
übrigen samnitischen Stämme, Frentaner, Lucaner, Bruttier die osci-
sche Sprache redeten, s. Mommsen
die unterital. Dial. S. 109; Huschke

die oscischen Sprachdenkmäler S.
281; doch wurde zu Rom in dem
ludicrum Oscum nicht die oskische
Sprache, sondern nur die äussere
Form der Spiele beibehalten. — *ab
histrionibus,*die wegen ihrer schlechten Sitten verachtet, und, wenn sie
etwa römische Bürger waren, in die
niedrigste Classe, die der Aerarier
versetzt wurden (*tribu mov.*), s. 4,
24, 7; Mommsen 1, 463; Friedländer bei Marq. 4, 535. — *eo* etc., die
Atellanen galten als nationales
Lustspiel, durch dessen Aufführung
die Ehre des Bürgers nicht verletzt
wurde. — *actores,* hier im Gegensatz zu den eigentlichen Schauspielern, den *histriones.* — *et stipendia*
etc. Val. Max.: *quod genus* (*actores Atellanarum*) — *vacuum nota
est,* — *neque a militaribus stipendiis
repellitur.* Dagegen von den hand-
werksmässigen Schauspielern Au-
gustin de civ. dei II, 13 aus Cicero:
*cum artem ludicram scenamque to-
tam probro ducerent, genus id hominum non modo honore civium reli-
quorum carere, sed etiam tribu moveri notatione censoria voluerunt;*
Corn. Nep. praef. 5 u. a.

13. *ponere,* 23, 6, 8: *ponere pro
certo.* — *quam ab,* s. c. 37, 8. —
hanc, praef. 4. — *vix opul. r. t.* etc.,
schon gegen das Ende der Republik
wurden die scenischen Spiele mit
aller ersinnlichen Pracht und kost-
spieligen Vorrichtungen für den Ge-
nuss und die Bequemlichkeit der Zuschauer aufgeführt, so dass selbst
reiche Staaten, wie Rom, kaum den
Aufwand zu tragen vermochten,
Friedländer S. 545.

3   Nec tamen ludorum primum initium procurandis religioni-
2 bus datum aut religione animos aut corpora morbis levavit; quin
etiam, cum medios forte ludos circus Tiberi superfuso inrigatus
inpedisset, id vero, velut aversis iam diis aspernantibusque pla-
3 camina irae, terrorem ingentem fecit. itaque C. Genucio L. Aemilio Mamerco iterum consulibus, cum piaculorum magis con-
quisitio animos quam corpora morbi adficerent, repetitum ex seniorum memoria dicitur, pestilentiam quondam clavo ab dictatore
4 fixo sedatam. ea religione adductus senatus dictatorem clavi
figendi causa dici iussit. dictus L. Manlius Imperiosus L. Pina-
5 rium magistrum equitum dixit. lex vetusta est, priscis litteris
verbisque scripta, ut, qui praetor maximus sit, idibus Septembri-
bus clavum pangat; fixa fuit dextro lateri aedis Iovis optimi ma-

---

3. 1—3. *primum in.*, praef. 12.
— *datum*, 3, 46, 3, statt auf *ludi*
auf *initium* bezogen. — *ludos* ist
auf die Spiele in ihrer Gesammtheit,
also auf den wichtigsten Bestand-
theil derselben, die circensischen,
nicht allein auf die damals untergeordneten scenischen zu beziehen;
über *medios* s. 9, 12, 2. *Genucio*, nach
den Fasten und Diod. 16, 2: *Cn. Genucius*. — *magis*, über die Stellung
s. c. 2, 7: *temere.* — *repet. ex senior. mem.*, wieder hervorgeholt aus
der Erinnerung, weil sich die — er-
innerten, wieder hergestellt, s. Cic.
Iuv. 1, 1: *res — remotas ex literarum
monumentis repetere*; vgl. L. 8, 18,
12; die ursprüngliche Bedeutung der
Ceremonie § 6 müsste also schon
lange in Vergessenheit gekommen
sein, da man sich an dieselbe nur in
so fern erinnerte, als sie wegen eines andern als des ursprünglichen
Zweckes angewendet worden war.

5. *lex* ist hier die „schriftlich
abgefasste Tempelordnung, Stif-
tungsurkunde", *lex dedicationis*,
vgl. Fest. p. 189: *huius aedis lex
nulla extat*; Corp. I. L. n. 603;
Marq. 4, 225; Mommsen Chronol.
S. 176. Der Zusatz: *prisc!s — scripta*
deutet an, dass L. das Gesetz als
noch existirend bezeichnen, nicht
bloss sagen will, die Bestimmung

sei einmal getroffen worden; *fixa
fuit*, dass die Tafel sich nicht mehr
an jenem Orte fand, s. 6, 29, 9; 3,
26, 10. — *praetor max.* kann nur
bedeuten: der höchste Magistrat im
Staate (nicht: der erste unter den
Prätoren), s. 25, 12, 10; Fest. p. 161:
praetor max., und der Sinn der
Worte in Bezug auf § 8: *a consulibus* etc. scheint zu sein: anfangs
hätten die Consuln die Ceremonie
vollzogen, dann, als Dictatoren gewählt worden wären, sei sie diesen
(wenn nämlich einer gerade an den
Iden des September im Amte war) als
den höheren Magistraten übertragen
worden; noch später, als die Ceremonie bereits unterlassen gewesen
wäre, habe man, um sie zu einem
anderen, als dem ursprünglichen
Zweck zu vollziehen, selbst Dictatoren ernannt, Huschke Ser. Tull.
516; Schwegler 2, 93. Durch die
Ceremonie wurde also der Anfang
der Jahresberechnung der Römer an
die Einweihung des capit. Tempels
geknüpft, s. Mommsen Chron. 199.
— *idib. Sept.*, nach § 7: *notam num.
ann.*: j e d e s m a l an den I. des September, vgl. zu 1, 19, 5: *decem.* —
fixa, der gewöhnliche Ausdruck von
dem Anschlagen der Gesetze, Marq.
2, 3, 112; Lange 2, 556; sonst könnte
man *ad fixa — lateri* vermuthen. —

ximi, ex qua parte Minervae templum est. eum clavum, quia 6
rarae per ea tempora litterae erant, notam numeri annorum fuisse
ferunt, eoque Minervae templo dicatam legem, quia numerus
Minervae inventum sit. Volsiniis quoque clavos indices numeri 7
annorum fixos in templo Nortiae, Etruscae deae, conparere dili-
gens talium monumentorum auctor Cincius adfirmat. Horatius 8
consul ea lege templum Iovis optimi maximi dedicavit anno post
reges exactos; a consulibus postea ad dictatores, quia maius imperium erat, sollemne clavi figendi translatum est. intermisso

---

lateri ist viell. als Locativform wie
1, 26, 6 *arbori* zu nehmen, vgl. 5,
51, 9, oder in *latere* zu verwandeln.
— *templum* hier und § 7: die Zelle
der Minerva, vgl. 6, 29, 9; Preller
Myth. 259.

6—7. *rarae*, s. 6, 1, 2. — *notam
numeri a.*, vgl. Paul. Diac. p. 56:
*clavus annalis appellabatur, qui fi-
gebatur in aedibus sacrarum aedium
per annos singulos, ut per eos numerus colligeretur annorum*, wahrscheinlich sollte durch das jährliche
Einschlagen des Nagels bei dem
wechselnden Anfange der Magistratsjahre ein sicherer Anhalte-
punkt für die Zahl der Calender-
jahre gewonnen werden, s. Nieb. R.
G. I, 295; 311; Mommsen Chronol.
176 dagegen vermuthet, man habe
bei der a. u. St. erwähnten Pest gelobt in jedem hundertsten Jahre
einen Nagel einzuschlagen, und zwar
am 13. September, dem Tage der
Dedication des capitolin. Tempels.
— *dicatam*, ihr, als der Erfinderin
der Zahl, der Schützerin von Gesetz und Ordnung (*numerus* hängt
mit νόμος zusammen, s. 1, 18, 1)
geweiht, unter ihren Schutz gestellt.
— *Nortiae*, bei den Etruskern die
Göttin des Glücks, s. Dennis die
Städte Etruriens übers. v. Meissner,
S. 342 f. — *Cincius*, wahrscheinlich der jüngere, ein Grammatiker
und Antiquar, der gegen das Ende
der Republik und wol noch unter
Augustus lebte, s. zu 6, 29, 9; 8, 8,
3; 10, 8, 10 u. a., vgl. 21, 38, 3.

8. *Horatius*, s. 2, 8. — *ea lege—
dedic.*, nach der § 5 genannten Ordnung, von welcher daselbst ein einzelner Artikel angeführt ist. Viell.
ist *ex ea lege* zu lesen, nach Anderen *et legem et*, doch dürfte sich *dedicare legem*, was mit *dicare legem*
§ 7 nicht gleich wäre, sonst nicht
leicht finden; und auch dann wäre
der Ausdruck noch dunkel, weil
man erwartet, dass nicht allein erwähnt sei, Horatius habe den Tempel geweiht, sondern auch, er habe
den ersten Nagel eingeschlagen, da
dieses, nicht jenes bei dem folg. *a
consulibus — translatum est* zu denken ist. Stroth vermuthet daher:
*ex lege primum fixit clavum, is qui
— dedicavit.* Jedes Falls hat L. od.
sein Gewährsmann sagen wollen,
dass die Sitte des Nageleinschlagens
an den Tag der Weihe des capitol.
Tempels, die Iden des September,
von dem man auch die Jahre der
Republik gezählt zu haben scheint,
s. Mommsen S. 199, geknüpft worden sei, wenn auch in den Worten
nicht bestimmt ausgesprochen ist,
dass Horat. den ersten Nagel eingeschlagen habe, vgl. Broecker Untersuchungen 135. — *ad dictatores*, bis
jetzt hat L. nirgends erwähnt, dass
ein Dictator einen Nagel eingeschlagen habe oder zu diesem Zwecke
gewählt worden sei, s. zu § 5: *praetor max.* — *intermisso*, nach § 3
schon vor längerer Zeit; eine andere Bedeutung aber konnte dem
Gebrauche um so leichter unterge-

deinde more digna etiam per se visa res, propter quam dictator
9 crearetur. qua de causa creatus L. Manlius, perinde ac rei gerendae ac non solvendae religionis gratia creatus esset, bellum
Hernicum adfectans dilectu acerbo iuventutem agitavit; tandemque omnibus in eum tribunis plebis coortis, seu vi seu verecundia victus, dictatura abiit.

4   Neque eo minus principio insequentis anni Q. Servilio
Ahala L. Genucio consulibus dies Manlio dicitur a. M. Pomponio
2 tribuno plebis. acerbitas in dilectu non damno modo civium sed
etiam laceratione corporum lata, partim virgis caesis, qui ad nomina non respondissent, partim in vincula ductis, invisa erat;
3 et ante omnia invisum ipsum ingenium atrox cognomenque Imperiosi, grave liberae civitati, ab ostentatione saevitiae adscitum,
quam non magis in alienis quam in proximis ac sanguine ipse
4 suo exerceret. criminique ei tribunus inter cetera dabat, quod
filium iuvenem, nullius probri conpertum, extorrem urbe domo
penatibus, foro luce congressu aequalium prohibitum, in opus
5 servile, prope in carcerem atque in ergastulum dederit, ubi summo
loco natus dictatorius iuvenis cotidiana miseria disceret vere im-

legt werden, als dem Nageleinschla-
gen auch sonst magische Kraft beigelegt, und der Nagel als Zauber-
mittel gebraucht wurde, vgl. 8, 18;
9, 34, 12; Plin. 28, 6, 63; 10, 54,
152: *remedium contra tonitrus clavus ferreus sub stramine ovorum
positus*, vgl. Preller Mythol. 231.

9. *perinde ac* ohne *si*, s. 2, 58,
1; 32, 21, 3, vgl. *tamquam* 10, 34,
5. — *religion.* bezeichnet wie 6,28,
6; 10, 40, 11, den auf dem Staate
lastenden Fluch. — *adfectans*, er
suchte eifrig ohne Grund oder Berechtigung die Führung des Krieges. — *seu vi*, es bleibt also ungewiss, ob die Intercession gegen die
Ueberschreitung der dem Dictator
gegebenen Vollmacht als eine ge-
setzmässige angesehen wurde, oder
der Dictator, um das Gehässige zu
meiden, sich derselben von freien
Stücken fügte, s. 6, 38, 13; Becker
2, 2, 171; Lange 1, 548. Ueber die
Anklage c. 4, s. 5, 32, 8.

4—5. Anklage des L. Manlius,

Cic. Off. 3, 31; Val. Max. 5, 4, 3.

1—4. *Servil. Genuc.* c. 1. — *acerbitas* etc., einen anderen Grund giebt
Cicero an. — *damno—lacerat.*, freier Gebrauch des Abl.: unter, s. 2,
13, 2; zur Sache 4, 53, 7. — *lata
= perlata, tolerata*, vgl. 9, 43, 9;
22, 54, 11: *minore animo latae (clades) sunt*; 2, 52, 5; Madvig verm.
laeta.— virg. caes., Marq. 3, 2, 288.—
ad nom., wenn sie aufgerufen wurden,
beim Hören ihrer Namen, 3, 57, 9;
28, 29, 12. — *Imperiosi* — *adsc.*, s.
4, 29. — *dabat* — *dederit*, s. zu 10,
6, 11. — *conpert.*, 22, 57, 2; Tac.
Ann. 1, 3: *flagitii conpertum*; die
Anklage ist natürlich nicht auf diesen Punkt gerichtet, da der Vater
durch die *patria potestas* zu einem
solchen Verfahren berechtigt war,
sondern derselbe soll nur die Roh-
heit des Manlius characterisiren.
— *luce* das öffentliche Leben in der
Stadt, im Gegensatze zu *latebrae*,
zur Sache vgl. Cic. S. Rosc. 15; 17.
— *opus serv.*, rhetorische Bezeich-

perioso patre se natum esse. at quam ob noxam? quia infa-
cundior sit et lingua inpromptus. quod naturae damnum utrum 6
nutriendum patri, si quidquam in eo humani esset, an castigan-
dum ac vexatione insigne faciendum fuisse? ne mutas quidem
bestias minus alere ac fovere, si quid ex progenie sua parum
prosperum sit; at hercule L. Manlium malum malo augere filii 7
et tarditatem ingenii insuper premere et, si quid in eo exiguum
naturalis vigoris sit, id extinguere vita agresti et rustico cultu inter pecudes habendo. Omnium potius his criminationibus quam 5
ipsius iuvenis inritatus est animus: quin contra, se quoque parenti causam invidiae atque criminum esse, aegre passus, ut 2
omnes dii hominesque scirent se parenti opem latam quam inimicis eius malle, capit consilium rudis quidem atque agrestis
animi et, quamquam non civilis exempli, tamen pietate laudabile.
inscientibus cunctis cultro succinctus mane in urbem atque a 3
porta domum confestim ad M. Pomponium tribunum pergit; ia-
nitori opus esse sibi domino eius convento extemplo ait: nun-
tiaret Titum Manlium L. filium esse. mox introductus — etenim 4
percitum ira in patrem spes erat aut criminis aliquid novi aut
consilii ad rem agendam deferre — salute accepta redditaque, esse
ait, quae cum eo agere arbitris remotis velit. procul inde omni- 5
bus abire iussis cultrum stringit, et super lectum stans ferro in-
tento, nisi in quae ipse concepisset verba iuraret, se patris eius
accusandi causa concilium plebis numquam habiturum, se eum
extemplo transfixurum minatur. pavidus tribunus, quippe qui 6

nung von *vita agrestis*, § 7; c. 5, 9.
— *ergastul.*, 2, 23. — *noxam*, 3,
42, 2, vgl. 9, 8, 4. — *infacund.*, vgl.
36, 17, 3: *inexsuperabilior*, 33, 23,
8 u. a.
   6—7. *nutriendum*, der Vater
hätte sorgsame Pflege anwenden
müssen, um den Fehler zu beseitigen, nicht aber u. s. w. vgl. 4, 52,
3; Celsus 5, 26: *nutrire — ulcus*;
6, 6, 16: *nutrire — morbos*, vgl. L.
36, 35, 4. — *agresti*, bäuerisch, c.
5, 2: *agrestis animi*, dagegen *rustico*,
ländlich. — *habendo*, 1, 56, 2; 6,
20, 8.
   5. 1—7. *quin contra*, 6, 37, 8;
31, 31, 9 u. a. — *dii hom.*, 2, 5, 7.
— *civilis*, 6, 40, 15. — *pietate*, 29,

29, 9: *invidia. — domum — ad M.
Pomp.*; Cicero: *Pomponii domum*,
s. 5, 47, 7. — *crimin.*, eine neue
Anschuldigung, die der Ankläger,
wenn die Sache vor dem Volke verhandelt wurde, anführen konnte um
dasselbe zur Bestätigung seines
Strafantrages zu bestimmen, 2, 61,
7. — *spes er. — deferre*, s. 33, 5,
1; 44, 7, 10. — *in quae = in (ea)
verba, quae*, wie § 6: *adiurat in (ea,
in) quae adactus est* (iurare); der
welcher den Eid abnahm, sagte die
Eidesformel vor (*praeire verba*). —
se — eius, beide Pronomina auf andere Personen bezogen, als im Folg.
se eum; *sui* würde undeutlich
sein. — *conc. pl.*, 6, 20, 11. —

ferrum ante oculos micare, se solum inermem, illum praevalidum
iuvenem et, quod haud minus timendum erat, stolide ferocem
viribus suis cerneret, adiurat in quae adactus est verba, et prae

7 se deinde tulit ea vi subactum se incepto destitisse. nec perinde
ut maluisset plebes sibi suffragii ferendi de tam crudeli et su-
perbo reo potestatem fieri, ita aegre habuit filium id pro parente
ausum; eoque id laudabilius erat, quod animum eius tanta acer-

8 bitas patria nihil a pietate avertisset. itaque non patri modo remissa causae dictio est, sed ipsi etiam adulescenti ea res honori

9 fuit, et cum eo anno primum placuisset tribunos militum ad legiones suffragio fieri — nam et antea, sicut nunc, quos Rufulos
vocant, imperatores ipsi faciebant — ¦secundum in sex locis tenuit, nullis domi militiaeque ad conciliandam gratiam meritis, ut
qui rure et procul coetu hominum iuventam egisset.

6   Eodem anno, seu motu terrae seu qua vi alia, forum medium
ferme specu vasto conlapsum in inmensam altitudinem dicitur;

2 neque eam voraginem coniectu terrae, cum pro se quisque ge-

stolide fer., s. c. 10, 5; 3, 29, 3;
Tac. Ann. 1, 3: *stolide ferocem.* —
prae se tul., er erklärte öffentlich.
— *destitisse*, s. § 8.

7—8. *nec perinde ut*, nicht in gleicher Weise wie, d. h. obgleich unter
anderen Verhältnissen, wenn der
Zwischenfall nicht eingetreten wäre,
das Volk ihn lieber hätte verurtheilen als freigeben wollen. — *aegre
h.*, Sall. C. 51, 11: *multi eas gravius
aequo habuere*; Tac. Ann. 4, 21:
quae — civiliter habuit. — *plebes—
habuit*, der Process war ein Ca-
pitalprocess, und hätte in Centuriatcomitien entschieden werden müssen, nicht in Tributcom., aber nur
die Plebs hatte ein Interesse daran
Manlius zu verurtheilen, vgl. 6, 20,
5. — *remissa*, der Ankläger giebt
den Process auf, vgl. 4, 42, 8: *nihil
moror.* — *causae d.*, auch von dem
Angeklagten wird *causam dicit* gesagt; vgl. Ihne 1, 300.

9. *ad legiones* von *fieri* abhängig,
34, 6, 13: *servos ad remum — da-
bamus*; 22, 19, 4. Zur Sache vgl.
Ascon. zu Cic. Verr. I, § 30: *tribunorum militarium duo genera: pri-

mum eorum, qui Rufuli* (nach *Rutilius Rufus*, der ein Gesetz zu
ihren Gunsten in Vorschlag gebracht hatte) *dicuntur: hi in exercitu creari solent; alii sunt comi-
tiati, qui Romae comitiis designan-
tur*, s. zu 9, 30, 3. Ihre Anstellung
war von den Königen auf die Consuln übergegangen, jetzt zieht das
Volk die Wahl eines Theiles derselben an sich. Dass sie in Tributcomitien gewählt wurden, geht a. u.
St. aus dem Zusammenhange hervor,
vgl. Sall. I. 63; Marquardt 2, 3,
165; 3, 2, 276 f. — *et antea* wie 37,
56, 7: *Argis et illos, sicut sese, ori-
undos*; vgl. 10, 23, 9; 6, 19, 4:
eund. et; Duker entfernt *et.* — *in
sex locis*, später wenigstens hatte
jede Legion 6 Tribunen, welche dieselbe abwechselnd commandirten.
Von den 24 Tribunen für die 4 gewöhnlich ausgehobenen Legionen
wählt jetzt das Volk nur sechs. —
procul c., s. c. 37, 6.

6. 1—7. M. Curtius; Varro L.
L. 5, 148 ff.; Dion. 14, 20; Dio Cass.
frg. 30, 1; Val. Max. 5, 6, 2 u. A.

1 — 2. *seu — alia*, nur Vermu-

reret, expleri potuisse, priusquam deum monitu quaeri coeptum,
quo plurimum populus Romanus posset: id enim illi loco dican- 3
dum vates canebant, si rem publicam Romanam perpetuam esse
vellent. tum M. Curtium, iuvenem bello egregium, castigasse ferunt dubitantes, an ullum magis Romanum bonum quam arma
virtusque esset? silentio facto templa deorum inmortalium, quae 4
foro inminent, Capitoliumque intuentem et manus nunc in caelum, nunc in patentes terrae hiatus ad deos manes porrigentem
se devovisse; equoque deinde quam poterat maxime exornato in- 5
sidentem armatum se in specum inmisisse; donaque ac fruges
super eum a multitudine virorum ac mulierum congestas, lacum-
que Curtium non ab antiquo illo Titi Tati milite Curtio Mettio
sed ab hoc appellatum. cura non deesset, si qua ad verum via 6
inquirentem ferret; nunc fama rerum standum est, ubi certam
derogat vetustas fidem; et lacus nomen ab hac recentiore insigni-
tius fabula est.

    Post tanti prodigii procurationem eodem anno de Hernicis 7

---

thungen L's, s. Zonar. 7, 25: δια-
στῆναι τὸ πεδίον λέγεται τὸ με-
ταξὺ τοῦ Παλατίου καὶ τοῦ Κα-
πιτωλίου ἐξάπινα, μήτε σεισμοῦ
προηγησαμένου μήτ᾽ ἄλλου τινός,
οἷα συμβαίνειν εἴωθε φυσικῶς ἐπὶ
τοιούτοις παθήμασι; s. Klausen
Aeneas 738 ff., Marq. 4, 313. —
specu v., durch eine, in sich eine
— bildete, vgl. 35, 9, 3: *collapsa
quaedam ruinis sunt*; 6, 8, 7: *im-
bribus. gereret* n. terram. — *deum
monitu*; Dion.: οἱ ἐπὶ τῶν Σιβυλ-
λείων χρησμῶν ἐπισκεψάμενοι
τὰ βιβλία εἶπον, ὅτι τὰ πλείστου
ἄξια τῷ Ῥωμαίων δήμῳ λαβοῦσα
ἡ γῆ συνελεύσεται.
    3. *vates*, Varro l. l.: *relatum in eo
loco dehisse terram, et id ex S. Con.
ad aruspices relatum esse: responsum deum Manium postiliorem postulare id, civem fortissimum eo
demitti.* L. hat aus den verschiedenen Erzählungen die mehr dichte-
rische gewählt. — *dubitantes*, nicht
als ob sie Zweifel ausgesprochen
hätten, sondern Curtius schloss dieses aus der Ungewissheit (*quaeri
coeptum*) über das *quo plurimum*

p. R. *posset.* — *an ullum* ist nicht
das Object von *dubitantes*, sondern
enthält das, was Curtius den Römern
tadelnd vorwirft (*increpasse = cas-
tigantem dixisse, rogasse*), indem er
fragt, ob wol u. s. w.; *dubitantes*
steht absolut. — *arma v.*, so hat
wahrscheinlich schon Val. Max. gelesen, s. l. l.: *interpretatus urbem
nostram virtute armisque praecipue
excellere.*
    4—6. *silent.*, vielleicht ist davor
et ausgefallen. — *templa* etc., s. 2,
49, 7; Tac. H. 1, 40. — *ad deos
man.*, denen sich zu weihen er im
Begriffe ist, s. d. Stelle zu § 3; 8, 9,
6; Preller Myth. S. 466. — *non ab
a.* etc., s. 1, 12; eine natürliche Erklärung, s. Varro l. l. *eum locum esse
fulguritum et ex SC. saeptum esse,
id quod factum esset a Curtio consule, quoi M. Genucius fuit collega*,
s. 4, 1, hat L. übergangen, vgl.
Broecker S. 243. — *cura* n. *inqui-
rendi.* — *fama st. e.*, man muss sich
an die Sage halten, bei derselben
stehen bleiben, 4, 23, 3; Einleitung
S. 28.
    6, 7—9, 1. Krieg mit den Her-

consultus senatus cum fetiales ad res repetendas nequiquam misisset, primo quoque die ferendum ad populum de bello indicendo
8 Hernicis censuit, populusque id bellum frequens iussit. L. Genucio consuli ea provincia sorte evenit. in expectatione civitas
erat, quod primus ille de plebe consul bellum suis auspiciis ge-
sturus esset, perinde ut evenisset res, ita communicatos honores
9 pro bene aut secus consulto habitura. forte ita tulit casus, ut
Genucius ad hostes magno conatu profectus in insidias praecipitaret, *et* legionibus necopinato pavore fusis consul circumven-
10 tus ab insciis, quem intercepissent, occideretur. quod ubi est Romam nuntiatum, nequaquam tantum publica calamitate maesti
patres, quantum feroces infelici consulis plebei ductu, fremunt
omnibus locis: irent, crearent consules ex plebe, transferrent au-
11 spicia quo nefas esset. potuisse patres plebi scito pelli honoribus suis; num etiam in deos inmortales inauspicatam legem va-
luisse? vindicasse ipsos suum numen, sua auspicia, quae ut primum contacta sint ab eo, a quo nec ius nec fas fuerit, deletum
cum duce exercitum documento fuisse, ne deinde turbato gen-
12 tium iure comitia haberentur. his vocibus curia et forum per-
sonat. Ap. Claudium, quia dissuaserat legem, maiore nunc au-

nikern.

7—9. *primo q. t.*, 4, 58, 8. —
Hernicis, die, nachdem einzelne latinische Staaten überwunden sind,
s. 6, 26; 29; den Krieg fast allein
führen, c. 9, 1; Mommsen 1, 349. —
suis, wie sie ein Plebejer halten
kann, nicht den patricischen, s. § 10.
— *perinde ut*, c. 5, 7. — *pro —
consulto,* für etwas u. s. w., vgl. 9,
11, 4: *omnia pro infecto sint*; 1, 40,
2; 6, 40, 17. — *forte — casus,* tau-
tologisch, s. 1, 4, 4. — *magno c.,*
wie 5, 18, 7: *Titinius Genucius-
que — dum bellum maiore animo
gerunt quam consilio praecipitavere
se in insidias. Genucius morte
honesta — inter primores cecidit. —
praecipitaret,* s. 5, 18, 7, vgl. zu 25,
16, 15; 38, 2, 14. — *consul* ist, wenn
die Lesart richtig ist, zugesetzt, um
einen Gegensatz zu *legionibus* zu
gewinnen. — *intercep.* nach Madvig;
die hds. Lesart *interfecissent* liesse
sich nur künstlich erklären: *ab
hostibus occideretur, qui interfecto*

*consule nesciebant, quem interfecis-
sent,* leichter wäre *interficerent* zu
deuten.

10—12. *tantum — quant.*, 6, 32,
8; 28, 2, 13. — *patres,* die strengen
Aristokraten. — *irent, cr.*, 10, 4,
10: *ite, dicite* u. a. *plebi scito,* 6, 42,
9. — *num etiam* stellt nachdrücklich
das Nichtstattfinden des Zweiten
dem eingeräumten Stattfinden des
Ersten entgegen; umgekehrt 4, 3,
9. — *inauspicat.*, ohne Auspicien, die
somit den Tribunen abgesprochen
werden, gegeben, 6, 41, 5, vgl. 10,
47, 1. — *numen,* ihren Willen, den
sie in den Augurien ihren Vertrauten
offenbaren, 1, 55, 3. — *nec — fas,*
vgl. 4, 3, 8: *quin etiam, si diis placet, nefas aiunt esse consulem plebeium fieri*; 6, 41, 4 ff.; 4, 6, 2. —
gentium i., 4, 1, 2. — *forum,* Aeusserungen vor dem Volke. — *Claud.*
6, 40; L. scheint ihn für den 4, 48,
5 ff. erwähnten zu halten, s. Becker
2, 2, 155. — *nunc* n. *quam ante*, vgl.

ctoritate eventum reprehensi ab se consilii incusantem, dictatorem consensu patriciorum Servilius consul dicit, dilectusque et
iustitium indictum.

    Priusquam dictator legionesque novae in Hernicos venirent,   7
ductu C. Sulpici legati res per occasionem gesta egregie est. in 2
Hernicos, morte consulis contemptim ad castra Romana cum haud
dubia expugnandi spe succedentes, hortante legato et plenis irae
atque indignitatis militum animis eruptio est facta. multum ab
spe adeundi valli res Hernicis afuit: adeo turbatis inde ordinibus
abscessere. dictoris deinde adventu novus veteri exercitus 3
iungitur et copiae duplicantur; et pro contione dictator laudibus
legati militumque, quorum virtute castra defensa erant, simul
audientibus laudes meritas tollit animos, simul ceteros ad aemu-
landas virtutes acuit. neque segnius ad hostes bellum appara- 4
tur, qui et parti ante decoris memores neque ignari auctarum
virium hostis suas quoque vires augent. omne Hernicum nomen,
omnis militaris aetas excitur; quadringenariae octo cohortes, lecta robora virorum, scribuntur. hunc eximium florem iuventutis 5
eo etiam, quod, ut duplex acciperent stipendium, decreverant, spei
animorumque inplevere; inmunes quoque operum militarium
erant, ut in unum pugnae laborem reservati plus sibi quam pro
virili parte adnitendum scirent; extra ordinem etiam in acie lo- 6
cati, quo conspectior virtus esset.

zu 3, 40, 10. — *dictatorem*, die Ernennung des mag. equitum ist übergangen, s. fasti cons. a. 392. — *consensu p.*, es ist nicht die Genehmigung durch die Patricier, die *patrum
auctoritas*, gemeint, sondern dass
die Patricier mit der Wahl des
strengen Aristokraten zufrieden waren, s. 3, 26, 6; 4, 51, 3.

   7. 1—3. *per occas.*, vgl. 5, 26,
9. — *contemptim*, 6, 38, 8. — *in-
dignit.*, 1, 59, 11; 8, 28, 6. — *res
H. a.*, 2, 49, 9; 9, 9, 13. Die Struc-
tur ist ungewöhnlich, statt *tantum
afuit ut — ut*, vgl. 6, 32, 1. — *duplicantur*, so dass es vier Legionen
werden; dem plebejischen Consul
war also ein zu schwaches Heer gegeben worden. — *pro cont.*, vor der
Fronte, s. c. 10, 14; 21, 11, 4, vgl.
26, 27, 6. — *audientib.* ist wegen
meritas und des Gegensatzes von

ceteros auf das frühere Heer zu beziehen, auf das jedoch schon *legati
militumque* hinweist.

   4—8. *ad*, auf Seiten, wie häufiger
apud, ist bei L. nicht selten; 10, 35,
4 u. a. — *omne H. n.*, alle Staaten,
populi, die den Bundesstaat der Herniker bilden, vgl. 3, 2, 2; 9, 42, 11;
Schwegler 2, 330. — *quadringen.
coh.*, wie bei den Samniten, 10, 40,
6, und wie später die Bundesgenos-
sencontingente der Römer bezeichnet werden; Marquardt 3, 2, 303.
— *robora vir.* 24, 46, 2. — *inmunes*
etc. von Lager- und Schanzarbeiten,
wie später die Veteranen, s. Tac.
Ann. 1, 36: *retineri sub vexillo ceterorum immunes, nisi propulsandi
hostis.* — *quoque — etiam* nachdem
schon *eo etiam* vorbergegangen ist,
reihen nur locker die Bevorzugungen
aneinander. — *conspect.*, s. 2, 55, 3.

Duum milium planities castra Romana ab Hernicis dirime-
bat: ibi pari ferme utrimque spatio in medio pugnatum est.
7 primo stetit ambigua spe pugna nequiquam saepe conatis equi-
8 tibus Romanis impetu turbare hostium aciem. postquam equestris pugna effectu quam conatibus vanior erat, consulto prius
dictatore equites, permissu deinde eius relictis equis, clamore in-
9 genti provolant ante signa et novam integrant pugnam. neque
sustineri poterant, ni extraordinariae cohortes pari corporum
8 animorumque robore se obiecissent. Tunc inter primores duorum populorum res geritur; quidquid hinc aut illinc communis
Mars belli aufert, multiplex quam pro numero damnum est. vulgus aliud armatorum, velut delegata primoribus pugna, eventum
suum in virtute aliena ponit. multi utrimque cadunt, plures vul-
2 nera accipiunt; tandem equites alius alium increpantes, quid
deinde restaret, quaerendo, si neque ex equis pepulissent hostem
neque pedites quicquam momenti facerent? quam tertiam ex-
pectarent pugnam? quid ante signa feroces prosiluissent et
3 alieno pugnarent loco? — his inter se vocibus concitati clamore
renovato inferunt pedem, et primum gradu moverunt hostem,
4 deinde pepulerunt, postremo iam haud dubie avertunt; neque,
tam vires pares quae superaverit res, facile dictu est, nisi quod
perpetua fortuna utriusque populi et extollere animos et minuere
potuit. usque ad castra fugientes Hernicos Romanus sequitur;
castrorum oppugnatione, quia serum erat diei, abstinuere. diu

— *duum*, 3, 25, 4. — *relictis* etc.,
6, 24; 4, 38 u. a. — *novam integr.*,
pleonastisch, wenn nicht bezeichnet
werden soll, dass der frische Kampf
eine neue Kampfart für den Reiter
war, s. 4, 33, 7; 22, 5, 7. Auch *per-*
missu d.e ist nur breite Darstellung.
— *sustineri p. n.*, 3, 5, 8.

    8. 1—3. *primores*, auch die Her-
niker sind *lecta corpora virorum.*
— *multiplex*, 2, 64, 4; zur Sache
21, 59, 9: *maior Romanis quam*
pro numero iactura fuit, quia eque-
stris ordinis aliquot — sunt inter-
fecti, 9, 38, 8, wo *equites equo pu-*
blico gemeint sind, vgl. 22, 14, 15;
Lange 2, 21. — *alius al.*, 4, 22, 5; 5,
47, 3. — *quid deinde*, vgl. 4, 49, 15;
incipite — deinde. — *restaret*, jedesmal der Einzelne, welcher ange-

redet wird. — *ex eq.* n. *pugnantes.*
— *quam tert.*, vgl. 21, 53, 3. —
his, 1, 35, 6. — *inter se* attributiv
zu *vocibus*, s. 8, 24, 7. — *pepulerunt*,
1200 röm. Ritter schlagen also 3200
Herniker zurück.

    4—6. *tam vir. par.*, s. Cic. Attic.
3, 10, 2: *tam ex amplo statu*; Verr.
5, 48, 127: *tam in paucis* u. a., wo
jedoch immer eine Präpos. vor dem
Adjectiv steht. Die Einrichtungen
der Herniker mussten den röm. entsprechen. — *nisi quod*, 4, 12, 9. —
perpetua, bis jetzt sind jedoch beide
Völker meist verbunden gewesen.
— *diu non p.*, s. über diesen L. eigenthümlichen Gebrauch 1, 53, 1:
der Umstand, dass erst mehrere
Opferthiere geschlachtet werden
mussten, ehe günstige Zeichen er-

non perlitatum tenuerat dictatorem, ne ante meridiem signum dare posset: eo in noctem tractum erat certamen. postero die 6 deserta fuga castra Hernicorum, et saucii relicti quidam inventi, agmenque fugientium ab Signinis, cum praeter moenia eorum infrequentia conspecta signa essent, fusum ac per agros trepida fuga palatum est. nec Romanis incruenta victoria fuit: quarta 7 pars militum amissa, et, ubi haud minus iacturae fuit, aliquot equites Romani cecidere.

Insequenti anno cum C. Sulpicius et C. Licinius Calvus con- 9 sules in Hernicos exercitum duxissent, neque inventis in agro hostibus Ferentinum urbem eorum vi cepissent, revertentibus inde eis Tiburtes portas clausere. ea ultima fuit causa, cum mul- 2 tae ante querimoniae ultro citroque iactatae essent, cur per fetiales rebus repetitis bellum Tiburti populo indiceretur. — Di- 3 ctatorem T. Quinctium Pennum eo anno fuisse satis constat et magistrum equitum Ser. Cornelium Maluginensem. Macer Lici- 4 nius comitiorum habendorum causa et ab Licinio consule dictum scribit, quia collega comitia bello praeferre festinante, ut continuaret consulatum, obviam eundum pravae cupiditati fuerit. quae- 5 sita ea propriae familiae laus leviorem auctorem Licinium facit. cum mentionem eius rei in vetustioribus annalibus nullam inveniam, magis ut belli Gallici causa dictatorem creatum arbitrer inclinat animus. eo certe anno Galli ad tertium lapidem Salaria 6 via trans pontem Anienis castra habuere.

schienen, s. 6, 1, 12. — *tenuerat*, 3, 29, 6. — *Signin.*, 2, 21, 7.

9—16, 2. Kriege gegen die Herniker, Tiburtiner, Gallier und Falisker. Manlius Torquatus. Bund mit Latium, innere Verhältnisse. Gell. 9, 13, 4 fgg.; Polyb. 2, 18; Dio Cass. Frg., 31 : Oros. 3, 6.

1. *Sulpic., Licin.*, c. 2. — *neque* = *et* — *non*, die Negation gehört bisweilen zu dem untergeordneten Satze oder Satztheile, *et* knüpft den folg. Hauptsatz an, wie 6, 1, 12 ; 2, 30, 12 ; 4, 27, 9 u. a., vgl. 3, 48, 1: *nego.* — *Ferentin.*, 4, 51. — *Tiburtes*, die Bewohner von Tibur, auf einer Felsenhöhe am Anio, j. Tivoli, trennen sich von Rom und dem übrigen Latium, vgl. 3, 58, 10, wie Präneste, 6, 29 vgl. 7, 12; 17, und haben sich viell. wie dieses an die

Herniker angeschlossen.

3—5. *Quinct.*, 6, 42. — *Macer*, 4, 7, 12. — *bello praef.*, vor seinem Abgange zum Kriege die Wahlcomitien halten, s. 39, 5, 12 : *praetulit triumphi diem.* — *continuaret*, 3, 21, 2. — *cupiditati*, c. 25, 2; 3, 64, 11. — *propr.*, als Licinier. *vetustiorib. an.*, 4, 7, 10; Bröcker 78; 115. — *belli Gall.*, L. weiss von dem Gallischen Kriege nichts als den Zweikampf, den Andere in andere Jahre setzten, 6, 42: Polyb. l. 1, zu berichten; die Triumphalfast. dagegen: *T. Quinctius — dict. a.* cccxcii *de Galleis Quirinalibus.* Auch ein Triumph des Consuls C. Sulpicius üb. d. Herniker wird erwähnt.

6. *Galli*, wahrscheinlich neue Einwanderer, von ihren Volksgenossen in Oberitalien nach Süden, nicht ge-

Dictator cum tumultus Gallici causa iustitium edixisset,
omnes iuniores sacramento adegit, ingentique exercitu ab urbe
7 profectus in citeriore ripa Anienis castra posuit. pons in medio
erat neutris eum rumpentibus, ne timoris indicium esset. proelia
de occupando ponte crebra erant, nec, qui poterentur, incertis
8 viribus satis discerni poterat. tum eximia corporis magnitudine
in vacuum pontem Gallus processit et, quantum maxima voce
potuit „quem nunc" inquit „Roma virum fortissimum habet,
procedat agedum ad pugnam, ut noster duorum eventus ostendat,
10 utra gens bello sit melior." Diu inter primores iuvenum Romanorum silentium fuit, cum et abnuere certamen vererentur et
2 praecipuam sortem periculi petere nollent; tum T. Manlius L.
filius, qui patrem a vexatione tribunicia vindicaverat, ex statione
ad dictatorem pergit: „iniussu tuo" inquit, „imperator, extra
ordinem numquam pugnaverim, non si certam victoriam videam;
3 si tu permittis, volo ego illi beluae ostendere, quando adeo ferox
praesultat hostium signis, me ex ea familia ortum, quae Gallorum
4 agmen ex rupe Tarpeia deiecit." tum dictator „macte virtute"
inquit „ac pietate in patrem patriamque, T. Manli, esto. perge
5 et nomen Romanum invictum iuvantibus diis praesta." armant
inde iuvenem aequales: pedestre scutum capit, Hispano cingitur

---

rade nach Rom gewiesen. — *Salaria*,
5, 37, 7. — *tumultus G.*, ein plötzlicher, gefahrvoller Krieg, bei dem
ohne die gewönlichen Formalitäten
wer irgend tauglich war, auch vom
Kriegsdienste Befreite, Sechzigjäh-
rige u. s. w., ausgehoben und ver-
eidigt wurden, s. 32, 26, 11; Cic.
Phil, 8, 1: *quid est aliud tumultus
nisi perturbatio tanta, ut maior timor oriatur?* — *Itaque maiores nostri tumultum Italicum, quod erat
domesticus, tumultum Gallicum, quod
erat Italiae finitimus, praeterea nullum nominabant. gravius autem
tumultum esse quam bellum hinc in-
telligi potest, quod bello vacationes
valent, tumultu non valent*; Marquardt 3, 2, 293, — *omnes iun.*, 5,
37, 2, s. Ihne 1, 249.

7—8. *eum*, 1, 28, 10; die folg.
Schilderung findet sich ähnlich bei
Claudius Quadrigarius, s. Gell. l. l.
— *qui* statt *uter*, s. 1, 6, 4; 10, 12,

5; 9, 45, 8; 21, 39, 6; Caes. B. G.
5, 44, 2; Tac. Ann. 1, 47. — *poterentur*, besitzen, behaupten würde,
6, 33, 10; 25, 11, 17. — Ueber das
Tempus 2, 55, 9. — *incertis*, 4, 6,
2. — *magnit.*, Gell.: *qui viribus et
magnitudine — antistabat. — discerni*, unterscheiden, beurtheilen.
— *Gallus*, nach Dio, Florus, Eutrop.
der König der G. — *quantum* mit
potuit zu verbinden, s. Cic. Att. 15,
26, 3: *ut, quantum homo possit, quam
cautissime navigem*; gewöhnlich
sagt L. *quantus* od. *quam maximus.*
— *noster duor.*, c. 40, 9; 8, 7, 7; 1,
28, 4; 28, 19, 10.

10. 1—5. *praecip.*, vgl. 3, 14, 4.
— *non si = ne tum quidem, si*, vgl.
5, 51, 1; 3, 45, 8. — *extra ord.*, 8,
6, 16; ib. 7, 7; 23, 46, 14 u. a. —
praesult., προομαχίζεται, mit dem
Nebenbegriff der Verachtung, 2, 36,
2; nur hier gebraucht. — *pedestre*,
6, 8, 6; 8, 8, 3. — *Hispano*, ein kur-

gladio ad propiorem habili pugnam; armatum adornatumque adversus Gallum stolide laetum et — quoniam id quoque memoria
dignum antiquis visum est — linguam etiam ab inrisu exserentem
producunt. recipiunt inde se ad stationem, et duo in medio ar-　6
mati spectaculi magis more quam lege belli destituuntur, nequaquam visu ac specie aestimantibus pares. corpus alteri magni-　7
tudine eximium, versicolori veste pictisque et auro caelatis reful-
gens armis; media in altero militaris statura modicaque in armis
habilibus magis quam decoris species. non cantus, non exultatio　8
armorumque agitatio vana; sed pectus animorum iraeque tacitae
plenum omnem ferociam in discrimen ipsum certaminis distulerat. ubi constitere inter duas acies tot circa mortalium animis　9
spe metuque pendentibus, Gallus velut moles superne inminens
proiecto laeva scuto in advenientis arma hostis vanum caesim
cum ingenti sonitu ensem deiecit; Romanus mucrone subrecto,　10
cum scuto scutum imum perculisset, totoque corpore interior

---

zes zweischneidiges Schwert, s.
22, 46, 5 : *Gallis Hispanisque — dis-*
pares ac dissimiles gladii; Gallis
praelongi sine mucronibus, Hispano
punctim magis quam caesim adsueto
petere hostem, brevitate habiles et
cum mucronibus; welches jedoch
erst im 2. Punischen Kriege in Gebrauch kam, vgl. 31, 34, 4. Der
Anachronismus fand sich schon bei
Quadrigarius Gell. l. l. : *scuto pede-*
stri et gladio Hispanico cinctus.
— *armatum*, vgl. 1, 25, 1. — *ad-*
ornatum, mit allem Nöthigen ausgerüstet. — *quoniam*, da einmal,
die Bemerkung entschuldigend. —
stolide laetum, c. 5, 6. — *linguam*
exs., Gell. : *linguam exertare*, vgl.
Cic. Or. 2, 66 : *demonstravi digito*
pictum Gallum in Mariano scuto
Cimbrico (Marius hatte es aus der
Cimbrischen Beute am Forum auf-
hängen lassen) — *distortum*, *eie-*
cta lingua, Grimm Gesch. d. deutsch.
Spr. 635. — *ab inr.*, 6, 6, 10.

6—9. *duo* 1, 13, 8. — *spectaculi*
1, 25, 2. — *destituuntur*, allein gelassen, sich überlassen, vgl. 3, 38,
4 u. a. — *aestimantibus*: wenn man
u. s. w. 1, 8, 5 ; 3, 19, 6. — *auro c.*

etc., Plin. 33, 1, 15 : *Gallos cum*
auro pugnare solitos Torquatus in-
dicio est. — *decoris* = *decoratis*,
anders praef. 6. — *agitatio*, vgl. 1,
25, 5 : *agitatio anceps telorum ar-*
morumque. — *sed*, ebenso folgt *et*
1, 54, 10 ; 5, 26, 9 auf den nominat.
absol., zu dem Madvig auch *sed —*
plenum zieht, und zu *distulerat* als
Subj. *Torquatus* annimmt. — *pe-*
ctus, 1, 59, 8; Gell. : *animo magis*
quam arte confisus. — *animis —*
pend., c. 30, 22. — *velut mol.*, der
Gallier wird als ein Riese geschildert, Gell. : *propter magnitudinem*
atque immanitatem facies. so dass
Manlius unter seinen Schild kommen kann, und ihm nur bis an den
Leib reicht, § 10. — *scuto*, 10, 29,
6, Gell. nur : *scuto scutum percussit.*
— *vanum*, der Hieb auf den über
den Kopf gehaltenen Schild des
Manlius geht nicht durch. — *cae-*
sim, s. § 5. — *ense* bei den Galliern
sehr lang § 5, aber nur von dünnem
Eisen. — *deiecit*, 1, 40, 7.

10. *subrecto*, wegen der Grösse
des Galliers nicht gerade aus, sondern in die Höhe gerichtet, s. 8, 8,
10. — *interior p.*, weiter in dem

periculo vulneris factus insinuasset se inter corpus armaque, uno
alteroque subinde ictu ventrem atque inguina hausit et in spatium
11 ingens ruentem porrexit hostem. iacentis inde corpus ab omni
alia vexatione intactum uno torque spoliavit, quem respersum
12 cruore collo circumdedit suo. defixerat pavor cum admiratione
Gallos; Romani alacres ab statione obviam militi suo progressi,
13 gratulantes laudantesque ad dictatorem perducunt. inter carminum prope modum incondita quaedam militariter ioculantes Torquati cognomen auditum; celebratum deinde posteris etiam fa-
14 miliaeque honori fuit. dictator coronam auream addidit donum,
mirisque pro contione eam pugnam laudibus tulit.

11   Et hercule tanti ea ad universi belli eventum momenti dimicatio fuit, ut Gallorum exercitus proxima nocte relictis trepide
castris in Tiburtem agrum, atque inde societate belli facta com-
meatuque benigne ab Tiburtibus adiutus mox in Campaniam
2 transierit. ea fuit causa, cur proximo anno C. Poetelius Balbus
consul, cum collegae eius M. Fabio Ambusto Hernici provincia

Bereich der Waffen, näher, als die
Gefahr reichte, als dass er getroffen
werden konnte; 24, 34, 10: *propius
quaedam subibant naves, quo interio-
res ictibus tormentorum essent.* —
factus, dieses war er schon als er
sich noch unter dem Schilde befand,
ein neues Moment enthält *insinuasset.* — *ventrem a. ing.*, anders
Claudius l. 1.: *Maulius iterum scuto
scutum percutit, atque de loco hominem iterum deiecit; eo pacto ei
sub Gallicum gladium successit —
atque Hispanico pectus hausit, deinde continuo humerum — incidit.* — *hausit:* durchbohrte, wie bei
Claudius, s. 9, 1, 9; Curt. 7, 8, 27;
Tac. H. 1, 41, hei Dichtern, s. Haupt
Ov. Met. 5, 126; schon Hom. Il. 13,
507: διὰ δ' ἕντερα χαλκὸς ἤρυσ'
— *spatium ing.*, Il. 16, 776: κεῖτο
μέγας μεγαλωστί.

11—13. *vexatione*, ohne zu ver-
letzen, αἰκίζεσθαι. — *torque*, ein
gegliederter Halsring, wie sie die
Gallier trugen, 24, 42, 8. — *defixerat etc.*, 3, 47, 6. — *inter carm.* etc.
= *cognomen Torquati auditum inter ioculantes militariter incondita*

quaedam *prope carminum modum*
Gronov.; *carm. prope m.*, s. 30, 10,
12; *proxime speciem — navium,*
Madvig verm. *prope in modum*, vgl.
2, 48, 5; die verwickelte Wortstellung, s. praef. 5, ist vielleicht dadurch entstanden, dass L. eine Wendung wie 5, 49, 7: *inter iocos militares, quos inconditos iaciunt — appellatur* im Sinne hatte, sie aber
wegen der näheren Bestimmungen
prope und *militariter ioc.* aufgab. —
familiaeque, nähere Bestimmung zu
posteris, er wurde Beiname dieser
Familie der Manlier. Gell. l. l.: *quo
ex facto ipse posterique eius Torquati sunt cognominati.* — *pro cont.*,
c. 7, 3.

    11. 1—4. *societate* etc., aus
der Verbindung der Tiburtiner mit
den Galliern lässt sich die Erbitterung derselben gegen die Römer
erkennen, s. 8, 14, 9. — *facta —
adiutus*, s. 5, 18, 5. — *Balbus*, statt
dieses sonst nicht erwähnten Zunamens der Pötelier haben die Fasten *Libo*. — *Hernici*, der Geschäftskreis der Magistrate, 3, 2, 3, wird
oft mit dem Namen des Volkes be-

evenisset, adversus Tiburtes iussu populi exercitum duceret. ad 3
quorum auxilium cum Galli ex Campania redissent, foedae popu-
lationes in Labicano Tusculanoque et Albano agro haud dubie
Tiburtibus ducibus sunt factae; et cum adversus Tiburtem ho- 4
stem duce consule contenta res publica esset, Gallicus tumultus
dictatorem creari coegit. - creatus Q. Servilius Ahala T. Quinctium
magistrum equitum dixit, et ex auctoritate patrum, si prospere
id bellum evenisset, ludos magnos vovit. dictator, ad continen- 5
dos proprio bello Tiburtis consulari exercitu iusso manere, omnes
iuniores nullo detractante militiam sacramento adegit. pugnatum 6
haud procul porta Collina est totius viribus urbis in conspectu
parentum coniugumque ac liberorum, quae magna etiam absentibus hortamenta animi tum subiecta oculis simul verecundia
misericordiaque militem accendebant. magna utrimque edita 7
caede avertitur tandem acies Gallorum. fuga Tibur sicut arcem
belli Gallici petunt; palati a consule Poetelio haud procul Tibure
excepti, egressis ad opem ferendam Tiburtibus simul cum iis
intra portas conpelluntur. egregie cum ab dictatore tum ab con- 8
sule res gesta est. et consul alter Fabius proeliis primum parvis, postremo una insigni pugna, cum hostes totis adorti copiis
essent, Hernicos devincit. dictator consulibus in senatu et apud 9
populum magnifice conlaudatis et suarum quoque rerum illis remisso honore dictatura se abdicavit. Poetelius de Gallis Tibur-

---

zeichnet, gegen welches Krieg zu
führen sie beauftragt sind, s. c. 19,
8; 6, 30, 3; 30, 1, 3 u. a. — *iussu*
p., ist wol die c. 9, 2 erwähnte
Kriegserklärung, da sonst der Senat, nicht das Volk, die Provinzen
bestimmt, s. 10, 24, 18, zu 28, 40,
3. — *ad q. aux.* gehört. zu *redissent*,
4, 29, 8. — *Labicana* etc., s. 3, 25,
6. — *Albano*, von Alba Longa, vgl.
Polyb. 2, 18: παραγενομένων δὲ
πάλιν τῶν Κελτῶν εἰς Ἄλβαν
στρατεύματι μεγάλῳ μετὰ τὴν τῆς
πόλεως κατάληψιν ἔτει τριακο-
στῷ τότε μὲν οὐκ ἐτόλμησαν ἀν-
τεξαγαγεῖν Ῥωμαῖοι τὰ στρατό-
πεδα, s. 6, 42, 5. — *ducibus*, auf
ihren Antrieb und unter ihrer Leitung verwüsten sie das fruchtbare
Rom angehörende Land. — *tumult.*,
c. 9, 6. — *creari*, der acc. c. inf. bei

cogere findet sich bisweilen bei L.,
s. 21, 8, 12; ib. 31, 8; 23, 35, 8 u.
a., selten bei Cicero. — *magnos*, 4,
27; 5, 31, vgl. 8, 40, 2.
   6—10. *porta Coll.*, s. praef. 1. —
hortamenta, Tac. Germ. 7: *et in*
proximo pignora, unde feminarum
ululatus audiri, unde vagitus in-
fantium; hi cuique sanctissimi te-
stes, hi maximi laudatores. — *vere-*
cund. etc., 6, 36, 2. — *Gallici*, um
das Unwürdige zu bezeichnen: eine
latinische Stadt ist der Stützpunkt
für den Krieg, — *cum iis*, s. c. 9,
1: *eis*; ib. 7: *eum*, vgl. 32, 38, 7;
38, 54, 1 u. o. — *remisso*, aufgegeben u. den Consuln überlassen, ihnen
zum Opfer gebracht, 9, 38, 12, vgl.
23, 24, 3. — *de Gall. Tib.*, ebenso
die fasti triumph., die, wie L., einen
Triumph des Dictators nicht kennen.

tibusque geminum triumphum egit; Fabio satis visum, ut ovans
urbem iniret.

10   Inridere Poeteli triumphum Tiburtes: ubi enim eum secum
acie conflixisse? spectatores paucos fugae trepidationisque Gallorum extra portas egressos, postquam in se quoque fieri impetum viderint et sine discrimine obvios caedi, recepisse se intra
11 urbem: eam rem triumpho dignam visam Romanis. ne nimis
mirum magnumque censerent tumultum exciere in hostium portis, maiorem ipsos trepidationem ante moenia sua visuros.
12 Itaque insequenti anno M. Popilio Laenate Cn. Manlio consulibus primo silentio noctis ab Tibure agmine infesto profecti
2 ad urbem Romam venerunt. terrorem repente ex somno excita-
tis subita res et nocturnus pavor praebuit, ad hoc multorum in-
3 scitia, qui aut unde hostes advenissent; conclamatum tamen celeriter ad arma est, et portae stationibus muruque praesidiis fir-
mati; et ubi prima lux mediocrem multitudinem ante moenia
neque alium quam Tiburtem hostem ostendit, duabus portis
egressi consules utrimque aciem subeuntium iam muros adgre-
4 diuntur; apparuitque occasione magis quam virtute fretos venisse:
adeo vix primum impetum Romanorum sustinuere. quin etiam
bono fuisse Romanis adventum eorum constabat, orientemque
iam seditionem inter patres et plebem metu tam propinqui belli
conpressam.

5   Alius adventus hostium fuit proximo anno agris terribilior

— *Fabio* von *satis* (*esse*) abhängig:
für F.; *visum* n. *senatui*. — *inrid.*
soll c. 12 vorbereiten.
    12. 1—4. *Manlius* (*Capitolinus
Imperiosus*). — *inscitia,* hier nur
Unkenntniss, vgl. c. 34, 13. — *multorum,* der Zusatz ist in Bezug auf
§ 3 nicht klar, da, wenn auch nur
Wenige es gewusst hätten, die Ungewissheit leicht hätte gehoben werden können. — *qui—adv.,* s. 28, 19,
5. — *aut,* 1, 1, 7. — *ostendit,* 9, 35,
2 ; 22, 6, 9; vgl. 3, 15, 8: *aperuil.*
— *duabus,* wol die Esquilina und
Praenestina oder Collina. — *occas.,*
4, 32, 10. — *seditionem,* vielleicht
der Schulden wegen. Wahrscheinlich bezieht sich auf dieses Ereigniss
Cic. Brut. 14, 56: *licet aliquid etiam
de M. Popillii ingenio suspicari, qui*

*cum consul esset eodemque tempore
sacrificium publicum cum laena faceret, quod erat flamen Carmentalis,
plebei contra patres concitatione et
seditione nuntiata, ut erat laena
amictus, ita venit in contionem se-
ditionemque cum auctoritate tum
oratione sedavit.*
    5—6. *alius,* weil nur der Einfall
mit dem eben erwähnten verglichen
wird, nicht die Feinde. — *fuit* ist
wol nur die copula, nicht: fand statt,
21, 8, 1 u. a., dann aber die Wortstellung auffallend, und viell. wie
im Folg. in den Hss. gestört. — *anno,*
es ist das § 6: *novi consules* bezeichnete Jahr, vgl. 6, 34, 1, das hds.
bello scheint wegen *tam propinqui
belli* § 4 nicht passend. — *agris,* im
Gegensatz zu § 1 fg., deshalb ist

quam urbi: populabundi Tarquinienses fines Romanos, maxime 6
qua ex parte Etruriam adiacent, peragravere; rebusque nequiquam
repetitis novi consules iis C. Fabius et C. Plautius iussu populi
bellum indixere; Fabioque ea provincia, Plautio Hernici evenere.
Gallici quoque belli fama increbrescebat. sed inter multos 7
errores solacio fuit pax Latinis petentibus data, et magna vis
militum ab iis ex foedere vetusto, quod multis intermiserant annis, accepta. quo praesidio cum fulta res Romana esset, levius 8
fuit, quod Gallos mox Praeneste venisse atque inde circa Pedum
consedisse auditum est. dictatorem dici C. Sulpicium placuit. 9
consul ad id accitus C. Plautius dixit; magister equitum dictatori additus M. Valerius. hi robora militum ex duobus consularibus exercitibus electa adversus Gallos duxerunt.

Lentius id aliquanto bellum, quam parti utrique placebat, fuit. 10
cum primo Galli tantum avidi certaminis fuissent, deinde Romanus miles ruendo in arma ac dimicationem aliquantum Gallicam
ferociam vinceret, dictatori neutiquam placebat, quando nulla co- 11
geret res, fortunae se committere adversus hostem, quem tempus
deteriorem in dies et locis alienis faceret sine praeparato com-

hwerlich *proximis bello agris* zu
sen. Die Etrusker haben seit d. J.
59, s. 6, 9 ff., nichts gegen Rom un-
rnommen. — *qua ex p.*, s. 6, 9, 4.
- *Etruriam*, seltene Construction
att *Etruriae*, 2, 49, 9, oder *ad*
ruriam, vgl. Nepos 13, 2: *gentes*
ae mare illud adiacent. — *Fabius*
mbustus). *Plautius* (*Proculus*).
indixere, durch Fetialen.
7—9. *pax — data*, wahrschein-
h wurde das Bündniss des Casus, 2, 33, (*foedere vetusto*) erneu-
t, s. c. 42, 8, aber Rom nahm dem
gelösten Bunde gegenüber, s. 6,
8; 8, 3 ff., grössere Rechte in
spruch. Die Herniker und einige
. Städte wie Pedum, Praeneste,
od. 16, 45, Tibur, scheinen sich
iter dem Frieden angeschlossen
haben. Der Grund der Erneue-
ig des Bundes ist durch *Gallic.*
increbrescebat, vgl. 24, 11, 7, andeutet; zur Sache s. Polyb. 2, 18:
ῷ καιρῷ (nach dem zweiten Ein-
der Gallier) Ῥωμαῖοι τήν τε
ετέραν δύναμιν ἀνέλαβον καὶ τὰ

κατὰ τοὺς Λατίνους αὖϑις πράγ-
ματα συνεστήσαντο, vgl. Schwegler 2, 338 ff. — *quod* n. *foedus*, welches sie eine Zeit lang, seit 368, s.
6, 10, 6, unterbrochen, nicht gehalten hatten; *intermiss.*, s.c. 3, 8, zu 5,
37, 3. — *fulta*, s. 3, 60, 9: das röm.
Heer wurde dadurch nach 8, 8, 14
verdoppelt. — *Gallos*, die wie im
vorhergeh. Jahre, c. 11, 1, andere
Gegenden durchzogen hatten. —
Praeneste ist wie Tibur frei, 6, 29,
und mit den Gall. verbündet. — *circa*,
in der Gegend von P., 2, 39. — *pla-*
cuit, der zu ernennende Dictator
wird vom Senate bezeichnet, dasselbe geschieht diesesmal, wie *ad-*
ditus zeigt, in Rücksicht auf den
mag. equitum, der meist von dem
Dictator frei gewählt wird, vgl. jedoch c. 21, 9; 28, 8; 9, 7, 13; Bek-
ker 2, 2, 158; 176.
11. *in dies* ist nähere Bestimmung
zu *tempus.* — *et* vor *locis*, welches
auch fehlen könnte, und von Madvig
getilgt wird, scheint hinzugefügt,
um den zweiten, in der Oertlichkeit

meatu, sine firmo munimento morantem, ad hoc iis corporibus
animisque, quorum omnis in impetu vis esset, parva eadem lan-
12 guesceret mora. his consiliis dictator bellum trahebat, gravem-
que edixerat poenam, si quis iniussu in hostem pugnasset. milites aegre id patientes primo in stationibus vigiliisque inter se
dictatorem sermonibus carpere, interdum patres communiter in-
13 crepare, quod non iussissent per consules geri bellum: electum
esse eximium imperatorem, unicum ducem, qui nihil agenti sibi
de caelo devolaturam in sinum victoriam censeat. eadem deinde
haec interdiu propalam ac ferociora his iactare: se iniussu im-
14 peratoris aut dimicaturos aut agmine Romam ituros; inmisce-
rique militibus centuriones, nec in circulis modo fremere, se
iam in principiis ac praetorio in unum sermones confundi, atque
in contionis magnitudinem crescere turba et vociferare ex omnibus locis, ut extemplo ad dictatorem iretur; verba pro exercitu
13 faceret Sex. Tullius, ut virtute eius dignum esset. Septimum primum pilum iam Tullius ducebat, neque erat in exercitu, qui qui-
2 dem pedestria stipendia fecisset, vir factis nobilior. is praece-

---

liegenden Grund neben dem ersten
bestimmter zu bezeichnen; über ähnlichen Wechsel des Ausdrucks bei
der Angabe von Gründen s. 6, 38,
10; 1, 4, 2 ; ib. 25, 1; 3, 8, 7; 9, 6,
4 u. a. Die gewöhnliche Lesart ist
locus alienus, wie sonst oft *tempus*
und *locus* verbunden werden, was
aber hier weniger passend ist, da
der Nachdruck auf *alienis* liegt, s.
5, 48, 2. — *faceret* ist freier an die
beiden wichtigeren Begriffe *tempus*
— *locis alienis* herangezogen, vgl.
zu c. 10, 13; 31, 14, 9; 21, 32, 6.
— *praeparato* ist Adjectiv, s. 44,
26, 9: *quantam — praeparatam —
copiam inventuri forent*, vgl. 23,
43, 7, daher *sine*, vgl. zu 3, 52, 2.
— *eadem*, die jedoch durch u.
s. w.

12—14. *edixerat*, 8, 6, 16. — *in
stat.*, wenn sie in grösserer Zahl
auf Posten standen oder Wache hielten. — *patres*, § 9. — *imper.*, in so
fern er als Magistrat das *imperium*
und das Obercommando hat; *ducem*,
in so fern er factisch Heerführer

ist, s. 4, 20, 6, hier nur rhetorisc
wie c. 13, 6, nebeneinander gestell
vgl. 22, 14, 9. — *devolatur.*, 6, 1
9. — *centuriones*, die sonst die Sold
ten von solchen Excessen abhalten.
circulis, wo Einzelne zusamm
standen. — *principiis*, hier war d
via principalis, an welcher das t
bunal c. 13, 2 lag. Dort versa
melten sich die Soldaten (daher au
forum genannt), brachten ihre R
gen vor die Tribunen, wurde v
diesen Recht gesprochen u. s. w.,
28, 25, 5; ib. 24, 10. — *praeto.*,
hier der freie Platz vor dem Fel
herrnzelte, s. 21, 53, 6; Marq. 3,
319; 313. — *vociferare*, s. 24,
2; *vociferatum*, vgl. 10, 28, 12 ; z
Sache Lange 2, 32.

13. 1—2. *septim. pr. p. d.*,
war zum siebentenmale Centurio
ersten Centurie der Triarier; v
dem centurio wird *ordines*, *pil*
ducere gebraucht, s. c. 41, 4; 2,
4; Marq. 3, 2, 282; dass bei *se*
mum an eine Wiederholung zu d
ken, nicht der 7. Manipel der Tr

dens militum agmen ad tribunal pergit, mirantique Sulpicio non
turbam magis quam turbae principem Tullium, imperiis oboe-
dientissimum militem: „scilicet, dictator,“ inquit „condemnatum 3
se universus exercitus a te ignaviae ratus et prope ignominiae
causa destitutum sine armis oravit me, ut suam causam apud te
agerem. equidem, sicubi loco cessum, si terga data hosti, si signa 4
foede amissa obici nobis possent, tamen hoc a te impetrari aequum censerem, ut nos virtute culpam nostram corrigere et abo-
lere flagitii memoriam nova gloria patereris. etiam ad Aliam 5
fusae legiones eandem, quam per pavorem amiserant, patriam
profectae postea a Veis virtute recuperavere. nobis deum benignitate, felicitate tua populique Romani et res et gloria est integra:
quamquam de gloria vix dicere ausim, si nos et hostes haud se- 6
cus quam feminas abditos intra vallum omnibus contumeliis eludunt, et tu imperator noster, quod aegrius patimur, exercitum
tuum sine animis, sine armis, sine manibus iudicas esse, et
priusquam expertus nos esses, de nobis ita desperasti, ut te mancorum ac debilium ducem iudicares esse. quid enim aliud esse 7
causae credamus, cur veteranus dux, fortissimus bello, conpressis, quod aiunt, manibus sedeas? utcumque enim se habet res,
te de nostra virtute dubitasse videri quam nos de tua verius est.
sin autem non tuum istuc, sed publicum est consilium, et con- 8
sensus aliqui patrum, non Gallicum bellum nos ab urbe, a penatibus nostris ablegatos tenet, quaeso, ut ea, quae dicam, non a
militibus imperatori dicta censeas, sed a plebe patribus, — quae
si, sicut vos vestra habeatis consilia, sic se sua habituram dicat,

---

rier gemeint ist, zeigt *iam*. — *tri-*
bunal, c. 12, 14; 8, 32, 2.

3—7. *scilicet*, es versteht sich,
dass ich nicht aus eigenem Antriebe
so auftrete, das Heer u. s. w., mit
Rücksicht c. 14, 2: *ne se* etc.; Andere lesen *si licet* wie 3, 71, 3, wo
aber ein von *licet* abhängiger Infinitiv folgt; die gewöhnliche Höflich-
keitsformel war *licetne* oder *licet*
als Frage. — *destitut.*, 10, 4, 4. —
sicubi etc., Gradation, s. 2, 59, 9.
— *loco cess.*, in der Schlacht den
angewiesenen Posten verlassen, 25,
6, 11 ff. — *ausim*, s. praef. 1. —
eludunt, verhöhnen dürfen, 1, 48, 2.
— *mancorum* = *sine manibus; de-*
bilium, Invaliden, unbrauchbar. —

compressis etc., die Hände in den
Schooss legend.

8—11. *sin* weil auch im Vorhergeh. eine Annahme angedeutet ist.
— *public. cons.*, dasselbe wie *con-*
sensus patrum, welche die Plebs aus
der Stadt entfernen wollen, s. 3, 10,
9; viell. in Bezug auf c. 12, 4. —
aliqui, s. 4, 35, 9: *aliqui plebeius*;
3, 17, 7. — *si, sicut*, in den Hss. fehlt
si, s. 22, 60, 11; Madvig hat *si, ut*
vorgeschlagen, weil ohne *si* die Accus. c. inf. *milites nos esse* etc. gegen den gewöhnlichen Gebrauch,
den jedoch L. bisweilen verlässt, s.
43, 22, 2 *expecto*, von *succenseat* ab-
hängen und bei *nos esse* die Andeutung des Wollens fehlen würde;

9 quis tandem suscenseat? — milites nos esse, non servos vestros,
ad bellum, non in exilium missos? si quis det signum, in aciem
educat, ut viris ac Romanis dignum sit, pugnaturos; si nihil armis opus sit, otium Romae potius quam in castris acturos? haec
10 dicta sint patribus; te, imperator, milites tui oramus, ut nobis
pugnandi copiam facias. cum vincere cupimus tum te duce vincere, tibi lauream insignem deferre, tecum triumphantes urbem
inire, tuum sequentes currum Iovis optimi maximi templum gra-
11 tantes ovantesque adire." orationem Tullii exceperunt preces
multitudinis, et undique, ut signum daret, ut capere arma iuberet,
clamabant.

14   Dictator quamquam rem bonam exemplo haud probabili
actam censebat, tamen facturum, quod milites vellent, se recepit,
Tulliumque secreto, quaenam haec res sit aut quo acta more,
2 percontatur. Tullius magno opere a dictatore petere, ne se oblitum disciplinae militaris, ne sui neve imperatoriae maiestatis
crederet; multitudini concitatae, quae ferme auctoribus similis
esset, non subtraxisse se ducem, ne quis alius, quales mota cre-
3 are multitudo soleret, existeret: nam se quidem nihil non arbitrio imperatoris acturum; illi quoque tamen videndum magno
opere esse, ut exercitum in potestate haberet; differri non posse

doch bleibt auch so die Einführung
der Parenthese durch das Relativ
auffallend und die Wiederaufnahme
des vorhergeh. Gedankens durch
haec dicta sint erklärt sich leichter
bei der gewöhnlichen Lesart: *quae,
sicut vos — dicat. quis tandem succenseat, milites — missos?* bei welcher: *milites—missos* als einen Ne-
bensatz: *cum m. simus — missi, si
quis* etc. vertretender Hauptsatz zu
betrachten wäre. — *det. sign.–educ.*
allgemein, daher ohne Objecte. —
ac Rom., c. 35, 8; 1, 28, 9; Einleit.
15. — *haec d. s.*, 42, 34, 13. — *milites* Apposit. zu dem Subj. in *oramus*, ohne *nos*, weil kein Gegensatz
zu einem anderen Subjecte statt findet, s. c. 30, 6; 6, 6, 15: *facimus*,
ib. 26, 1, s. zu 45, 22, 2. — *insignem* bezieht sich eigentlich auf den
Sieg und Triumph. — *templum*, 10,
7, 10.—*gratant.*, s. 9, 43, 17, sonst
mehr dichterisch. — *exceper.*, bei

sächlichen Objecten, s. 6, 33, 11; 5,
42, 6; vgl. 1, 53, 4. — *signum*, 6,
12, 7; vgl. auch praef. 1.

   14. 1—3. *exemplo h. p.*, s. 10,
15, 11. — *recepit*, 40, 35, 11: *si neque de fide barbarorum quidquam
recipere aut adfirmare nobis potes*;
Cic. Fam. 13, 72. Doch ist die weite
Entfernung des Pron. *se* von *facturum* auffallend, und vielleicht *in se
recepit* zu lesen. Dagegen ist § 5:
recipiente — re: zulassen. — *aut q.*,
1, 1, 7. — *quae — esset*, vgl. 3, 71,
5. — *nam* etc., der Grund von *ne
— crederet*: im Folg. bezieht sich
quoque auf das Verfahren des Tullus: wie er Alles gethan habe, um
die Soldaten im Gehorsam zu erhalten, so müsse auch in gleicher
Weise u. s. w.; durch *tamen* wird
der Satz jedoch zugleich *se quidem*
etc. entgegengestellt. — *in potest.
h.*, in Gehorsam, vgl. 8, 15, 8; 3,
21, 3.

adeo concitatos animos; ipsos sibi locum ac tempus pugnandi
sumpturos, si ab imperatore non detur. dum haec loquuntur, 4
iumenta forte pascentia extra vallum Gallo abigenti duo milites
Romani ademerunt. in eos saxa coniecta a Gallis, deinde ab
Romana statione clamor ortus, ac procursum utrimque est. iam- 5
que haud procul iusto proelio res erant, ni celeriter diremptum
certamen per centuriones esset. adfirmata certe eo casu Tullii
apud dictatorem fides est, nec recipiente iam dilationem re in
posterum diem edicitur acie pugnaturos. dictator tamen, ut qui 6
magis animis quam viribus fretus ad certamen descenderet, omnia
circumspicere atque agitare coepit, ut arte aliqua terrorem hostibus incuteret. sollerti animo rem novam excogitat, qua deinde
multi nostri atque externi imperatores, nostra quoque quidam
aetate, usi sunt. mulis strata detrahi iubet, binisque tantum cen- 7
tunculis relictis agasones partim captivis partim aegrorum armis
ornatos inponit. his fere mille effectis centum admiscet equites, 8
et nocte super castra in montes evadere ac silvis se occultare
iubet neque inde ante moveri, quam ab se acceperint signum.
ipse, ubi inluxit, in radicibus montium extendere aciem coepit 9
sedulo, ut adversus montes consisteret hostis. instructo vani 10
terroris apparatu, qui quidem terror plus paene veris viribus
profuit, primo credere duces Gallorum non descensuros in aequum Romanos; deinde, ubi degressos repente viderunt, et ipsi
avidi certaminis in proelium ruunt, priusque pugna coepit quam
signum ab ducibus daretur. Acrius invasere Galli dextrum cornu; 15
neque sustineri potuissent, ni forte eo loco dictator fuisset, Sex.

4—10. *extra v.*, das Vieh befand
sich sonst innerhalb des Walles
zwischen den Zelten und dem Graben, zur Sache vgl. 44, 40, 7. —
statione, der Posten vor dem Lager.
— *erant, ni,* s. 2, 50, 10. — *multi
nostri,* z. B. Marius, Front. Strat.
2, 4, 6; die *centunculi* sind bunte
Decken, wie sie die Reiter hatten;
die *strata* dagegen hohe Pack =
Saumsättel, *clitellae,* an welchen sie
wären erkannt worden. Ein ganz
anderes Strategem giebt Appian.
Celt. 1. an. — *agasones,* s. 6, 24,
10; Lange 1, 395. — *his—eff.,* vgl.
zu 43, 10, 4: *mille ferme—relictis.*
— *adversus,* zugekehrt, gegenüber,
c. 15, 5. — *instructo* etc. ohne Be-

ziehung auf das Subject des Hauptsatzes, s. 8, 20, 7; 39, 54, 13; 5,
25, 7: *adhibito,* giebt nur die Zeit
an, nach welcher das *credere — non
descensuros* etc. stattfand; das Folg.
deinde etc. bezieht sich auf § 9. —
qui quid.: der jedoch; Gegensatz zu
vanus, da der *apparatus* an sich zwar
Blendwerk, aber in seinen Folgen
von Bedeutung war.

15. 1. *dextrum,* da die Gallier
den rechten Flügel der Römer, also
mit ihrem linken, angreifen, der
Dictator aber § 4 gegen das *laevum
cornu* der Feinde sich wendet, und
§ 6 von dem *dextrum c.* die Rede
ist, als ob dieses das § 1 genannte
wäre, so ist wol anzunehmen, dass

2 Tullium nomine increpans rogitansque, sicine pugnaturos milites
  spopondisset? ubi illi clamores sint arma poscentium, ubi minae
  iniussu imperatoris proelium inituros? en ipsum imperatorem
  clara voce vocare ad proelium et ire armatum ante prima signa!
  ecquis sequeretur eorum, qui modo ducturi fuerint, in castris
3 feroces, in acie pavidi? vera audiebant: itaque tantos pudor stimulos admovit, ut ruerent in hostium tela alienatis a memoria
  periculi animis. hic primo impetus prope vecors turbavit hostes,
4 eques deinde emissus turbatos avertit. ipse dictator postquam
  labantem una parte vidit aciem, signa in laevum cornu confert,
  quo turbam hostium congregari cernebat, et iis, qui in monte
5 erant, signum, quod convenerat, dedit. ubi inde quoque novus
  clamor ortus, et tendere obliquo monte ad castra Gallorum visi
  sunt, tum metu, ne excluderentur, omissa pugna est, cursuque
6 effuso ad castra ferebantur. ubi cum occurrisset eis M. Valerius
  magister equitum, qui profligato dextro cornu obequitabat ho-
7 stium munimentis, ad montes silvasque vertunt fugam, plurimi-
  que ibi a fallaci equitum specie agasonibusque excepti sunt. et
  eorum, quos pavor perculerat in silvas, atrox caedes post seda-
8 tum proelium fuit. nec alius post M. Furium quam C. Sulpicius
  iustiorem de Gallis egit triumphum. auri quoque ex Gallicis spoliis satis magnum pondus saxo quadrato saeptum in Capitolio

L. die beiden letzten Bezeichnungen
von dem Standpunkte der Römer,
welche den links stehenden Flügel
der Gallier von sich aus rechts und
den rechten links erblickten, gewählt habe, oder dass § 6: *signa
conferre* nicht, wie sonst gewöhnlich: angreifen, sondern: die Truppen vereinigen, auf — concentriren bedeute. Uebrigens enthalten
wie oft die beiden *cornua* die ganze
Schlachtreihe, eine *media acies* ist
nicht vorhanden.

2—5. *sicine*, 6, 16, 2. — *en*, um
den Tadel zu schärfen, s. 28, 27, 8:
in castris en meis etc. — *prima
signa*, der *hastati*, s. 8, 8, 5. — *sequeretur*, 5, 2, 9; der Conj. wol noch
in Bezug auf *rogitans*. — *in castris*
etc , während sie nur — wären. —
vera, s. 2, 59, 9. — *labantem* etc.
schliesst sich an *turbavit* an. — *una
p.*, 4, 28, 2. — *signa* (n. *peditum*) —

confert, lässt sie sich gegen — concentriren, vgl. c. 34, 13. — *obliquo
m.*, der Berg, welchen die Gallier
sich gegenüber sehen, erstreckt sich
an der einen Seite nach dem Lager
zu, so dass die agasones schräg an
demselben (*obliquo*) hinreitend den
Feinden in den Rücken kommen
konnten, vgl. 38, 20, 8. — *metu*, s.
3, 35, 2. — *excluder*. aus *ad castra*
zu vervollständigen, zu *omissa* ist
leicht zu ergänzen *ab hostibus* wie
hostes zu *ferebantur*, s. 9, 13, 2; 6,
30, 4: sie eilten.

7—10. *agasonibusq.*, Erklärung
von *fallaci eq. specie*, 3, 1, 3.
— *percul.*, prägnant wie 2, 37, 9: so
erschüttert hatte, dass sie geflohen
waren; Andere lesen *pertulerat*. —
Furium, 5, 49. — *ex G. spol.*, attributiv. — *saxo q.*, s. 6, 4, 12; es
sind Gewölbe unter dem Cap. Tempel, s. Nonius p. 112: *favissas eas*

sacravit. — Eodem anno et a consulibus vario eventu bellatum:
nam Hernici a. C. Plautio devicti subactique sunt, Fabius collega   9
eius incaute atque inconsulte adversus Tarquinienses pugnavit.
nec in acie tantum ibi cladis acceptum, quam quod trecentos sep-   10
tem milites Romanos captos Tarquinienses immolarunt, qua
foeditate supplicii aliquanto ignominia populi Romani insignitior
fuit. accessit ad eam cladem et vastatio Romani agri, quam Pri-   11
vernates, Veliterni deinde, incursione repentina fecerunt. — Eodem anno duae tribus, Pomptina et Publilia, additae; ludi votivi,   12
quos M. Furius dictator voverat, facti; et de ambitu ab C. Poetelio tribuno plebis auctoribus patribus tum primum ad populum
latum est; eaque rogatione novorum maxime hominum ambitio-   13

---

*dici Varro existimat, quos Graeci
thesauros vocant, — quod in eos non
rude aes argentumque, sed flata si-
gnataque pecunia conderetur*, s. Bek-
ker 1, 396, vgl. 5, 50, 6. — *subacti*,
die Herniker treten im Ganzen wieder in das frühere Verhältniss als
Bundesgenossen, wie die Latiner,
c. 12, 7, Schwegler 2, 339. — *tantum — quam*, 26, 1, 3: *non ab ira
tantum — quam* etc.; 37, 51, 9: *non
tantum gaudium — attulerunt (literae) quam averterant famam*; Tac.
Dial. 6, vgl. L. 9, 38, 4. — *quod=
eo quod*. — *immolar.*, die Sitte der
Etrusker die Gefangenen zu opfern
erwähnt schont Herodot, 1, 167;
auch auf etruskischen Bildwerken
finden sich Menschenopfer dargestellt, vgl. Dennis die Städte Etrur.
S. 487; Mommsen 1, 183, vgl. L.
22, 57, 6; Ihne 1, 247.

11—13. Es folgen einzelne Notizen, wie sie sich in den Annalen
gefunden haben mögen. *Privernates,*
die Bewohner von Privernum, einer
östlich von den pontinischen Sümpfen am Amasenus gelegenen Stadt,
j. Piperno, welche, von den Römern
bedroht, allein oder mit den übrigen
Volskern den Krieg fortführt, s. c.
42, 8; 8, 19 ff. — *Velitern.*, sie erscheinen jetzt selbständig, und nachdem die übrigen Latiner bereits
Friede geschlossen haben, c. 12,

noch im Kriege mit Rom; der Ausgang der Belagerung 6, 42 ist nicht
berichtet. — *Pomptina*, s. 6, 6, 4.
Es werden so 27 Tribus; Censoren
sind auch hier nicht erwähnt, vgl.
6, 5, 8; das römische Gebiet erweitert sich so, ohne dass die Latiner
berücksichtigt werden, s. c. 12. —
lud. v., können nicht die 5, 19 gelobten sein, da diese bereits gehalten sind, s. 5, 31; auch nicht die 6,
42 erwähnten, die wol schon nicht
mehr *votivi* waren. Wahrscheinlich
sind die c. 11 gelobten gemeint, und
von L. irrthümlich oder nach anderen Annalen dem Camillus zugeschrieben. — *de ambitu*, vgl. 4, 25.
Das Gesetz ist nicht, wie spätere, gegen Bestechung gerichtet, aber doch
gegen die im Folg. bezeichnete unwürdige Art der Bewerbung, welche
einzureissen anfieng. *auctor. patr.*,
nachdem es der Senat veranlasst oder
vorher gebilligt hatte; es ist wohl
nicht der erste Fall, dass ein Volkstribun in dieser Weise verfährt, s.
4, 496; Lange 1, 471; Schwegler
2, 560, sondern *de ambitu* ist mit
Nachdruck vorangestellt und darauf bezieht sich *tum primum*, nicht
auf *auctor. patribus*, s. Mommsen
Forsch. 214. — *novorum h.*, Pleba-
jer s. c. 1. — *ambitionem*, überhaupt Bewerbung: *ambitio nihil
est aliud quam intempestiva capta-*

nem, qui nundinas et conciliabula obire soliti erant, conpressam
16 credebant. Haud aeque laeta patribus insequenti anno C. Marcio
Cn. Manlio consulibus de unciario fenore a M. Duilio L. Menenio
tribunis plebis rogatio est perlata; et plebs aliquanto eam cupidius
scivit [accepit].

2   Ad bella nova priore anno destinata Falisci quoque hostes
exorti duplici crimine, quod et cum Tarquiniensibus inventus eorum
militaverat, et eos, qui Falerios perfugerant, cum male pugnatum
est, repetentibus fetialibus Romanis non reddiderant. ea provincia
3 Cn. Manlio obvenit. Marcius exercitum in agrum Privernatem,
integrum pace longinqua, induxit, militemque praeda inplevit.
ad copiam rerum addidit munificentiam, quod nihil in publicum
4 secernendo augenti rem privatam militi favit. Privernates cum

tio gratiae ac favoris, plerumque
tam efficax, ut eius ergo ius et of-
ficium migremus, Gronov. — nundinas, Märkte, wie sie alle 9 Tage
nicht allein in Rom, s. 3, 35, 1, sondern auch in anderen Orten gehalten werden; da jedoch L. sonst immer fora et conciliabula verbindet,
s. 25, 5, 6; 29, 37, 3; 39, 14, 7;
40, 19, 3; ib. 37, 3, so ist wol hier
nundinae statt fora nicht von den
Märkten sondern den Marktflecken
gebraucht. — conciliab., kleinere
Orte, ohne gesonderte Gemeinde-
wesen, von röm. Bürgern bewohnt.
Der Sinn des Gesetzes ist, dass die
Candidaten nur in Rom auf dem Forum oder camp. Martius, nicht bei
fern von der Stadt wohnenden mit
den Personen und Verhältnissen
weniger bekannten Bürgern um
Stimmen sich bewerben sollen.

16. 1.haud aeq. etc.,inBezug auf c.
15,13,da die Patricier Wucher trieben. Das Gesetz scheint ohne weitere Zustimmung des Senates Geltung zu erhalten, s. 3, 55, 3. —
Marcio (Rutilo); Manlio, c. 12. —
unciario f., die Einheit, von welcher die uncia = ¹⁄₁₂ jährlich als
Zins gezahlt werden soll, war das
Capital, welches als Ganzes durch
as bezeichnet wurde, die uncia n.
sortis war also 8⅓ Procent; wahr-

scheinlich vom zehnmonatlichen Jahre, vom zwölfmonatlichen also 10
Procent, vgl. Rein Privatrecht S.
630 ff.; vielleicht wurde auf die
Uebertretung des Gesetzes jetzt eine
Mult gesetzt, während die Zwölf-
Tafeln, s. 6, 11, 9, nur eine Privat-
strafe angeordnet hatten. — cupidius, als das gegen den ambitus, bei
dem die ärmere Plebs wenig inter-
essirt war. — accepit ist wol Glossem des eigentlichen Ausdrucks
scivit.

16, 2—18. Kriege mit den Fa-
liskern, Tarquiniensern, Privurna-
ten; innere Verhältnisse. Diod. 16,
31; 36.

2—3. ad = praeter. — nova c. 15,
11; der Beschluss über dieselben
ist dort übergangen. — Falisci, s.
zu 5, 27, 15; in der Nähe der Falisker wohnten jetzt röm. Bürger,
s. 6, 4, 4. — crimine, hier: Verbrechen, Schuld. — cum—est, 6,
20, 4; 4, 60, 8; 23, 49, 5 u. a. —
integra p. t., wie 6, 7, 1, weil die
Stadt an den Kriegen mit Rom sich
früher nicht betheiligt hat. — nihil etc., sonst wird wenigstens der
Erlös aus den verkauften Gefangenen in die Staatscasse geliefert. —
augenti, conatus.

4—5. praedae, zum Beutemachen,
22, 9, 5. — signum etc., das Asyn-

ante moenia sua castris permunitis consedissent, vocatis ad contionem militibus: „castra nunc" inquit „vobis hostium urbemque
praedae do, si mihi pollicemini vos fortiter in acie operam nava-
turos, nec praedae magis quam pugnae paratos esse." signum 5
poscunt ingenti clamore, celsique et spe haud dubia feroces in
proelium vadunt. ibi ante signa Sex. Tullius, de quo ante dictum
est, exclamat „aspice, imperator," inquit, „quem ad modum exercitus tuus tibi promissa praestet", piloque posito stricto gladio in
hostem impetum facit. secuntur Tullium antesignani omnes pri- 6
moque impetu avertere hostem; fusum inde ad oppidum persecuti,
cum iam scalas moenibus admoverent, in deditionem urbem acceperunt. triumphus de Privernatibus actus. — Ab altero consule 7
nihil memorabile gestum, nisi quod legem novo exemplo ad Sutrium in castris tributim de vicesima eorum, qui manu mitterentur, tulit. patres, quia ea lege haud parvum vectigal inopi aerario
additum esset, auctores fuerunt; ceterum tribuni plebis non tam 8
lege quam exemplo moti, ne quis postea populum sevocaret,

deton soll den Eifer veranschau-
lichen, s. 22, 3, 13. — *celsi*, 30, 32,
11. — *inquit* nach *exclamavit* pleonastisch, vgl. 1, 45, 6; 8, 9, 4. —
piloq. etc., ohne das pilum gegen den
Feind erst abzuwerfen, s. 6, 12, 8;
9, 13, 2: *pila velut dato ad id signo
abiciunt*, vgl. 2, 30, 12. — *antesignani*, die erste acies, die hastati,
s. 9, 32, 8; ib. 39, 7; 4, 37 u. a.,
auf welche schon die pila s. 8, 8,
hinweisen. Tullius ist zwar centurio der Triarier, aber er steht hier
nicht an der Spitze derselben, sondern ist vor die Fronte (*ante signa*,
26, 5, 15) getreten um durch sein
Beispiel die übrigen anzufeuern;
und dient hier wol mehr zur Veranschaulichung. — *dedition.*, s. c.
27, 9, vgl. 6, 3, 3. Was aus Veliträ
geworden sei, wird nicht berichtet.
— *triumphus* etc. Nach den Triumphalfasten *a. CCCXCVI. K. Iun.*

7. *tributim*, da nach Tribus aus-
gehoben wurde, s. 4, 46, und die
Tribus ziemlich gleichmässig im
Heere vertreten waren, so konnten
auch ausser der Stadt im Lager
Tributcomitien gehalten werden,

doch ist es, wenn auch sonst bisweilen Tribusversammlungen ausserhalb, aber wenigstens in der
Nähe der Stadt gehalten worden
sind, s. 3, 54, 11; 27, 21, 1; Momm–
sen Forschung. 1, 190, nicht gewöhnlich, *novo exemplo*; über die
Berufung derselben durch den Consul s. 3, 71, 3. — *de vices.*, 5 Procent von dem Werthe der Sclaven,
die freigelassen wurden, deren Zahl
schon damals nicht gering sein
mochte, Lange 1, 140 f. — *vectigal*,
Einnahme aus indirecter Abgabe.
— *inopi ae.* deutet an, dass es jetzt
für Staatszwecke verwendet wurde,
später hat es eine andere Bestimmung, s. 27, 10, 11; Marq. 3, 2, 16;
124; Mommsen Gesch. d. röm.
Münzw. 401. — *auct. fuer.*, s. 6,
40, 10; der Beschluss erhält so volle
Gültigkeit; anders ist das Verfahren c. 15, 12.

8. *sevocaret*, wer ausserhalb der
Stadt und der Nähe derselben, und
somit ausser dem Bereich, wo das
imperium beschränkt ist, eine Volksversammlung beriefe, vgl. 3, 20;
Cic. Mur. 7, 15: *facis, ut rursus*

capite sanxerunt: nihil enim non per milites iuratos in consulis
verba quamvis perniciosum populo, si id liceret, ferri posse. —

9 Eodem anno C. Licinius Stolo a M. Popilio Laenate sua lege decem
milibus aeris est damnatus, quod mille iugerum agri cum filio possideret, emancupandoque filium fraudem legi fecisset.

17   Novi consules inde, M. Fabius Ambustus iterum et M. Po-
2 pilius Laenas iterum, duo bella habuere, facile alterum cum Tiburtibus, quod Laenas gessit, qui hoste in urbem conpulso agros
vastavit; Falisci Tarquiniensesque alterum consulem prima pugna
3 fuderunt. inde terror maximus fuit, quod sacerdotes eorum facibus
ardentibus anguibusque praelatis incessu furiali militem Romanum
insueta turbaverunt specie. et tum quidem velut lymphati et at-
4 toniti munimentis suis trepido agmine inciderunt; deinde, ubi
consul legatique ac tribuni puerorum ritu vana miracula paventes
inridebant increpabantque, vertit animos repente pudor, et in ea
5 ipsa, quae fugerant, velut caeci ruebant. discusso itaque vano
apparatu hostium cum in ipsos armatos se intulissent, averterunt
totam aciem; castrisque etiam eo die potiti praeda ingenti parta
victores reverterunt, militaribus iocis cum apparatum hostium
6 tum suum increpantes pavorem. concitatur deinde omne nomen

plebs *in Aventinum sevocanda esse*
videatur, von einer Secession der
Plebs. — *capite s.,* sie setzen eine
Capitalstrafe darauf. — *iuratos,* sie
waren dem Consul durch den Eid
zu Gehorsam verpflichtet, und hät-
len gezwungen werden können, alle
Anträge desselben anzunehmen, s.
3, 20, 6 f. — *ferri,* 3, 17, 9.

9. *Popilio,* s. c. 12, 1. — *dam-*
natus, die Verurtheilung in Tributcomitien, Dion. 14, 22: ὑπὸ τοῦ δή-
μου καταψηφισθείς, wurde durch
Popilius bewirkt, der (vielleicht als
Aedil, s. 10, 13, 14) hier als Ankläger auftritt, und die im Gesetze, s.
6, 35, 5, bestimmte Mult beantragt.
— *mille iug.,* s. 5, 26, 5; der Vorfall zeigt, wie die reichen Plebejer
mit den Patriciern in dieser Beziehung gleiches Interesse haben, und
das Gesetz die Plebs in ihren An-
sprüchen wenig sichert, vgl. 4, 48,
2. — *emancup.*—*fr. legi f.,* vermittelst der Emancipation, vgl. Val.
Max. 8, 6, 3: *dissimulandi criminis*

gratia dimidiam partem filio eman-
cipavit, er hatte die Emancipation
nur um das Gesetz zu umgehen (*in*
fraudem legis) vorgenommen, Plin.
18, 2, 17: *substituta filii persona.*

17. 1—6. *Fabius,* c. 11. *Popi-*
lius, c. 12. — *alterum — alterum*
sind auf verschiedene Begriffe bezogen, um *Falisci* etc. zu heben. —
prima: im Anfange. — *inde — quod*
= *ex ea causa*—*quod,* wie bei Späteren *inde est, quod.* — *fuit,* trat
ein, s. c. 12, 5; zu 32, 30, 8. — *an-*
guibus, aus § 4: *vana miracula* und
§ 5: *vano apparatu* scheint zu folgen, dass L. nicht an wirkliche
Schlangen (s. Corn. Hann. 10) gedacht habe, wie es auch Flor. 1, 6,
7: *Fidenae — armatae discoloribus*
serpentium in modum vittis gefasst
hat, vgl. 4, 33, 2. — *furiali,* den
Furien ähnlich. — *lymphati,* 10,
28, 10. — *victores* etc, das Folg.
lässt eher eine Niederlage erwarten.
— *omne n. Etr.,* also auch die nördlichen Staaten, welche jetzt Rom

Etruscum, et Tarquiniensibus Faliscisque ducibus ad salinas perveniunt. adversus eum terrorem dictator C. Marcius Rutilus primus de plebe dictus magistrum equitum item de plebe C. Plautium dixit. id vero patribus indignum videri, etiam dictaturam
iam in promisco esse; omnique ope inpediebant, ne quid dictatori ad id bellum decerneretur parareturve. eo promptius cuncta
ferente dictatore populus iussit. profectus ab urbe utraque parte 8
Tiberis ratibus exercitu, quocumque fama hostium ducebat, tra-
iecto multos populatores agrorum vagos palantes oppressit; castra quoque necopinato adgressus cepit, et octo milibus hostium
captis, ceteris aut caesis aut ex agro Romano fugatis sine auctoritate patrum populi iussu triumphavit. — Quia nec per dicta- 10
torem plebeium nec per consulem comitia consularia haberi volebant, et alter consul Fabius bello retinebatur, res ad interregnum redit. interreges deinceps Q. Servilius Ahala, M. Fabius, 11
Cn. Manlius, C. Fabius, C. Sulpicius, L. Aemilius, Q. Servilius,
M. Fabius Ambustus. in secundo interregno orta contentio est, 12
quod duo patricii consules creabantur, intercedentibusque tribu-

---

mehr als die Gallier zu fürchten
scheinen, Mommsen 1, 338. — *ducibus*, c. 11, 3. — *ad salinas*, auf
dem rechten Tiberufer; s. 5, 45, 8.
— *Marcius*, c. 16.

7—9. *patrib.*, der Consul ist bei
der Ernennung des Dictators nicht
an die Wünsche des Senats gebunden, s. c. 12, 9; der plebejische Consul konnte daher auch gegen den
Willen desselben einen plebejischen
Dictator ernennen. — *patribus* ist
wol von den patricischen Senatoren,
s. 6, 42, 10, die auch §7 u.10 im Senate
stärker vertreten sind, oder den Patriciern überhaupt zu verstehen, da
die plebejischen Senatoren schwerlich über die Wahl unwillig waren.
— *in promisco*, Gemeingut. — *inpediebant*, suchten zu verhindern, 2,
43, 6. — *decerneretur*, der Senat
hat das Recht den dilectus und die
Geldmittel zur Kriegführung zu ver-
willigen. Beides sucht die dem Dictator feindliche Partei zu hintertrei-
ben, indem sie hindert, dass die nöthigen Senatsbeschlüsse gefasst werden; vgl. 28, 45, 13.— *ferente dict.*,

der Dictator scheint ohne Senats
beschluss seine Anträge an das Volk
(die Centurien?) gestellt zu haben,
Lange 2, 536. — *utraque*, die Feinde
sind auf das linke Tiberufer gegangen. — *ratib. exer.*, das Heer ist
also nicht so gross zu denken. —
vag. pal., 2, 50, 6. — *pop. iussu*,
vgl. 3, 63, 8; 10, 37, 12.

10—11. *consul.* n. *plebeium*, c.
21, 9; 22, 10. — *interreg.*, es wird
mehrfach bemerkt, dass die Interregen im Interesse der Patricier, denen sie angehören, grösseren Einfluss auf die Wahl geübt haben, s.
c. 22, 2; 28, 10; 22, 34, 9 u. a. Die
lange Reihe derselben setzt heftigen
Widerspruch der Tribunen voraus.

12—13. *in sec. int.*, also unter
Fabius, wahrscheinlich dem 6, 22;
34; 36 genannten, dessen Partei-
sellung von L. nicht genau angegeben ist, oder sich geändert hat.
Der zweite *M. Fabius*, der um diese
Zeit lebte, s. § 1, steht anfangs, s.
§ 10, noch im Felde und ist erst der
letzte der Interregen. — *creabantur*,
die Wahl fand statt, konnte aber

nis interrex Fabius aiebat in duodecim tabulis legem esse, ut
quodcumque postremum populus iussisset, id ius ratumque
13 esset; iussum populi et suffragia esse. cum intercedendo tribuni
nihil aliud, quam ut differrent comitia, valuissent, duo patricii consules creati sunt, C. Sulpicius Peticus tertium M. Valerius Publicola, eodemque die magistratum inierunt.

18   Quadringentesimo anno quam urbs Romana condita erat,
quinto tricesimo quam a Gallis reciperata, ablato post undecimum annum a plebe consulatu patricii consules ambo ex interregno magistratum iniere, C. Sulpicius Peticus tertium M. Vale-
2 rius Publicola. Empulum eo anno ex Tiburtibus haud memorando certamine captum, sive duorum consulum auspicio bellum
ibi gestum est, ut scripsere quidam, seu per idem tempus Tarquiniensium quoque sunt vastati agri ab Sulpicio consule, quo
3 Valerius adversus Tiburtes legiones duxit. Domi maius certamen
consulibus cum plebe ac tribunis erat. fidei iam suae non solum
virtutis ducebant esse, ut accepissent duo patricii consulatum, ita

nicht vollständig durchgesetzt werden. Der Interrex scheint für Plebejer keine Stimmen angenommen,
die Tribunen dagegen vor der Re-
nuntiation Einsprache gethan zu
haben. Nur daraus, dass die Stimmen wirklich abgegeben sind, erklärt sich das Folg.: *quodcumque
— suffragia esse*: auch (*et*) der
durch das Volk vollzogene Wahl-
act (von zwei Patriciern) sei, da
jede Wahl ebenso wie die Abstimmung über Gesetze nach einer rogatio erfolgte, ein *iussus populi*,
vgl. 9, 33, 9, und hebe die Bestimmung des Licinischen Gesetzes, dass
ein Plebejer zu wählen sei, auf,
Lange 1, 459; 463. — *differrent*,
die Comitien wurden vertagt, vgl.
6, 42, 1; 3, 20, 6; aber dann immer
dasselbe Verfahren beobachtet, so
dass die Tribunen zuletzt von der
Intercession abstanden, s. Becker
2, 2, 103. — *valuissent* n. *efficere*.
— *Sulpicius*, c. 12.

18—20. Streit um das Consulat;
Krieg gegen Tibur und Etrurien.
Diod. 16, 40.

1—2. *Quadringent.*, das Jahr ist

nach denselben Quellen, wie 5, 54,
6 die Einnahme der Stadt auf 365
a. u., angesetzt, nach der Varroni-
schen Aera und nach den capit. Fasten ist es 399. Das 6, 34 übergangene Jahr ist mitgerechnet. — *quam*,
6, 29, 10. — *a Gall. rec.*, nur hier
folgt L. dieser bisweilen vorkommenden Aera, vgl. c. 1, 10; Eutrop.
2, 1; Polyb. 2, 18. — *a Gallis*, 3,
13, 10. — *post undec.* etc., aus *ablato a plebe* ist zu denken: seit es
die Plebs erlangt hatte; das 11. Jahr
ist bereits abgelaufen, mit den genannten Consuln hat das 12. begonnen. — *Empulum*, wahrscheinlich
das j. Ampiglione an der Strasse
nach Subiaco, eine von Tibur abhängige Stadt, wie c. 19 *Sassula*,
vgl. 6, 29, 6. — *haud* findet sich
seltener bei affirmativen Begriffen,
s. c. 16, 1; 3, 11, 4; 8, 40, 3 u. a.

3—7. *fidei i. s.*, mit Nachdruck
vorangestellt: sie hielten es für ihre
Pflicht, da ihre Standesgenossen so
grosses Vertrauen in sie gesetzt
hatten, nicht bloss für eine Aufgabe
ihrer Tüchtigkeit und Energie. —
duc. esse, 34, 2, 3. — *duo — ambo-*

ambobus patriciis mandare: quin aut toto cedendum esse, si ple- 4
beius iam magistratus consulatus fiat, aut totum possidendum,
quam possessionem integram a patribus accepissent. plebes 5
contra fremit: quid se vivere, quid in parte civium censeri, si,
quod duorum hominum virtute, L. Sexti ac C. Licini, partum
sit, id obtinere universi non possint? vel reges vel decemviros 6
vel si quod tristius sit imperii nomen patiendum esse potius,
quam ambos patricios consules videant, nec in vicem pareatur
atque imperetur, sed pars altera in aeterno imperio locata plebem 7
nusquam alio natam quam ed serviendum putet. non desunt 8
tribuni auctores turbarum, sed inter concitatos per se omnes
vix duces eminent. aliquotiens frustra in campum descensum 9
cum esset, multique per seditiones acti comitiales dies, postremo
victae perseverantia consulum plebis eo dolor erupit, ut tribunos,
actum esse de libertate vociferantes relinquendumque non campum iam solum sed etiam urbem, captam atque oppressam regno patriciorum, maesta plebs sequeretur. consules relicti a parte 10
populi per infrequentiam comitia nihilo segnius perficiunt. creati

---

bus, hier wie § 2 u. 1; c. 19, 5 wenig verschieden: die zwei — alle
beide. — *si* — *fiat,* wenn jetzt, nach
dem Erfolge im vorhergeh. Jahre
und der Geltendmachung des Grund-
satzes c. 17, 12 das Consulat werden sollte, s. c 21, 1; Madvig verm.
esse, ut plebeïus etc. — *quam poss.,*
wie sie, s. 4, 2, 4. — *quid*—*vivere,*
Frage des Unwillens: sie wollten
lieber gar nicht u. s. w. — *censeri,*
weil von dem Census das Bürgerrecht abhieng. — *tristius,* finster,
streng, der Plebs feindlich, s. 2,
30, 5; 25, 6, 2. — *quam* ohne *ut,*
vgl . 2 15, 2, s. 4, 2, 10; in orat.
rect. s. c. 30, 17; 40, 14 u. a. —
videant, 3, 30, 6. — *in vicem* etc.,
3, 39, 8. — *nusq. alio = ad nullam
aliam rem,* s. 4, 54, 7.

8—9. *auctores,* die gewöhnlichen
Anstifter von Unruhen, s. 4, 2, 4;
2, 23, 8; 24, 25, 9, lassen es an
sich nicht fehlen. — *frustra* etc.,
wie c. 17, 13: *differrent.*—*perseverantia,* s. 33, 22, 10, indem der Vorsitzende der Comitien auf der Wahl
der vorgeschlagenen Consuln be-

steht. *maesta* wiederholt des Nachdrucks wegen den schon in *dolor*
liegenden Begriff, eben so konnte
wegen der Entfernung von *plebis*
und um einen Gegensatz zu *tribunos* zu bilden, *plebs* wiederholt werden, c. 6, 9; doch haben gute Hdss.
victa — *plebis,* s. 2, 24, 2. — *non
camp. iam,* s. 6, 14, 2. — *relicti a.
p. p.,* L. nimmt an, dass die ganze
Plebs das Marsfeld verlassen habe,
indem er die Stimmung, welche unter den Vornehmeren herrschen
mochte, auch auf die Aermeren überträgt, während die letzteren, tief
verschuldet, s. c. 19, 5; 21, 3, und
in dieser Hinsicht von den plebejischen Consuln nicht unterstützt, den
Patriciern verpflichtet und von diesen beherrscht, vgl. 6, 32, 3, wol
an der Wahl Theil nahmen und den
Vornehmen aus ihrem Stande in
ihren Bemühungen das Consulat zu
behaupten, nicht beistanden, vgl. 4,
7, 8. Dagegen werden die Patricier
nicht wie früher von ihren Clienten
unterstützt, s. 3, 14, 4; Becker 2,
1, 160. — *per infreq.,* während —

consules ambo patricii, M. Fabius Ambustus tertium T. Quinctius. in quibusdam annalibus pro T. Quinctio M. Popilium consulem invenio.

19 Duo bella eo anno prospere gesta. cum Tiburtibus usque ad
deditionem pugnatum. Sassula ex his urbs capta; ceteraque oppida eandem fortunam habuissent, ni universa gens positis ar-
2 mis in fidem consulis venisset. triumphatum de Tiburtibus: alioquin mitis victoria fuit. in Tarquinienses acerbe saevitum: multis
mortalibus in acie caesis ex ingenti captivorum numero trecenti
quinquaginta octo delecti, nobilissimus quisque, qui Romam mit-
3 terentur; volgus aliud trucidatum. nec populus in eos, qui missi
Romam erant, mitior fuit: medio in foro omnes virgis caesi ac
securi percussi. id pro immolatis in foro Tarquiniensium Ro-
4 manis poenae hostibus redditum. Res bello bene gestae, ut Samnites quoque amicitiam peterent, effecerunt. legatis eorum comiter ab senatu responsum, foedere in societatem accepti. —
5 Non eadem domi quae militiae fortuna erat plebi Romanae. nam
etsi unciario fenore facto levata usura erat, sorte ipsa obrueban-

stattfand, s. § 9 ; 5, 2, 5. In den Centuriatcomitien war es nicht nothwendig, dass alle Centurien vertreten
waren, wenn nur die Majorität erreicht wurde, s. Marq. 2, 3, 133. —
Fabius, c. 11; *Quinctius*, c. 9; eben
so Diod. l. l. u. A., vgl. Broecker
S. 231.

19. 1—2. *ad dedit.*, nach der Unterwerfung müsste Tibur unter günstigen Bedingungen wieder frei gegeben sein, s. 5, 27, 15; vielleicht
wurde, worauf auch *alioquin* § 2
hinweist, nur der Friede hergestellt,
da Tibur bald darauf ebenso selbständig erscheint als früher. Nach
Diod. 16, 45 wird der Friede mit
Praeneste geschlossen, welches also
auch den Krieg fortgeführt hat, s.
c. 12, 8. — *Sassula*, etwas weiter
östlich als Empulum, c. 18. — *ceteraque*, sie sind nicht bekannt. —
consulis, nach den Fasten triumphirt
Fabius. — *gens*, c. 9: *populus*. —
alioquin, übrigens, ungeachtet der
deditio und des Triumphes. Der
Satz bildet zugleich den Uebergang
zum Folg.: *saevitum*. — *aliud*: die

übrigen, welche — waren, 4, 41, 8;
2, 17, 6.

3—4. *medio in f.*, gewöhnlich *in
med. f.*, vgl. 44, 44, 4. — *Samnites*,
s. 4, 44, 12; ib. 52, 6, während die
Römer nach Süden, s. c. 28, vor-
dringen, sind die Samniten nördlich
und westlich bis an den Liris gelangt und Nachbarn der Römer geworden. Beide Völker schliessen
jetzt ein *aequum foedus*, s. 9, 4, 4;
34, 57, 9, in dem gegenseitige freund-
schaftliche (6, 2, 3: *amicitia*) und
gesetzliche Verhältnisse für die Bürger beider Staaten festgesetzt, aber
auch die Grenzen für Kriegführung,
Eroberung u. a. bestimmt wurden,
8, 1, 8. Ihne 1, 244.

5. *unciario* etc., s. c. 16, 1: obgleich durch die Herabsetzung des
Zinsfusses die Zahlung der Interessen erleichtert war, so war doch
das Capital so gross, dass die
Schuldner es nicht in der ausbedun-
genen Frist zurückzahlen konnten,
und sich so wegen Insolvenz in
Schuldknechtschaft (*nexum* von
nexus, der Act des *Nectirens*) ab-

tur inopes nexumque inibant: eo nec patricios ambo consules
neque comitiorum curam publicave studia prae privatis incommodis plebs ad animum admittebat. consulatus uterque apud pa- 6
tricios manet:/ consules creati C. Sulpicius Peticus quartum M.
Valerius Publicola iterum.

In bellum Etruscum intentam civitatem, quia Caeritem populum misericordia consanguinitatis Tarquiniensibus adiunctum
fama ferebat, legati Latini ad Volscos convertere, nuntiantes exercitum conscriptum armatumque iam suis finibus inminere; inde
populabundos in agrum Romanum venturos esse. censuit igitur 7
senatus neutram neglegendam rem esse, utroque legiones scribi
consulesque sortiri provincias iussit. inclinavit deinde pars ma- 8
ior curae in Etruscum bellum, postquam litteris Sulpicii consulis,
cui Tarquinii provincia evenerat, cognitum est depopulatum
agrum circa Romanas salinas praedaeque partem in Caeritum
fines avectam, et haud dubie iuventutem eius populi inter praedatores fuisse. itaque Valerium consulem, Volscis oppositum 9
castraque ad finem Tusculanum habentem, revocatum inde senatus dictatorem dicere iussit. T. Manlium L. filium dixit. is cum 10
sibi magistrum equitum A. Cornelium Cossum dixisset, consulari
exercitu contentus ex auctoritate patrum ac populi iussu Caeri-
itbus bellum indixit. Tum primum Caerites, tamquam in verbis 20
hostium vis maior ad bellum significandum quam in suis factis, qui

führen lassen, s. 8, 28, 1: *necti de-*
sierunt; 2, 27, 1; zur Sache 6, 34,
2. — *ambo cons.*, der Umstand, dass
alle beide u. s. w. Dagegen sogleich
uterque jedes für sich, einzeln genommen. — *publicave*, und (oder)
überhaupt, s. 6, 12, 8; zur Sache
6, 32, 3.

6. *consules*, dieselben wie c. 18.
— *Caeritem*, bis jetzt scheint Caere
mit dem so nahen Rom in fried-
lichem Verhältnisse gestanden und
erst bei den glücklichen Unternehmungen der übrigen Etrusker an
diese sich angeschlossen zu haben,
s. 1, 60, 2; Mommsen 1, 125. Dass
sie durch das hospitium publicum,
5, 50, nicht römische Bürger gewesen sind, geht daraus hervor, dass
sie als selbständiges Volk auftreten,
s. § 10; c. 20, 2; 8; Becker 2, 1,

95. — *Volscos,* die seit 6, 33 sich
ruhig verhalten haben, s. c. 27. —
inde pop. etc., wahrscheinlich forderten sie nur die nach dem Bunde
ihnen zu leistende Hülfe, s. c. 12,
7; 3, 4, 11.

8—10. *postquam* etc., erklärend
deinde nachgestellt. — *Rom. sal.*,
wie c. 17, 6. Die eben erzählte Niederlage war vergrössert. — *finem*,
s. 4, 58, 1. — *Tusc.*, um Latium zu
schützen. — *T. Manlium*, L. hält
ihn für den c. 5; 10 erwähnten, obgleich dieser noch nicht Consul gewesen ist, s. 8, 12, 2; Becker 2, 2,
155. — *sibi,* s. 4, 21, 10. — *ex*
auct. p., nach dem Beschlusse des
Senates stellt der Dict. den Antrag,
s. 1, 32. — *indixit*, c. 12, 6.

20. 1—3. *verbis,* der Kriegserklärung. — *qui,* auf das bei *suis*

per populationem Romanos lacessierant, esset, verus belli
terror invasit, et, quam non suarum virium ea dimicatio esset,
2 cernebant; paenitebatque populationis, et Tarquinienses execra-
bantur defectionis auctores; nec arma aut bellum quisquam ap-
parare, sed pro se quisque legatos mitti iubebat ad petendam
3 erroris veniam. legati senatum cum adissent, ab senatu reiecti
ad populum deos rogaverunt, quorum sacra bello Gallico accepta
rite pocurassent, ut Romanos florentes ea sui misericordia caperet, quae se rebus adfectis quondam populi Romani cepisset;
4 conversique ad delubra Vestae hospitium flaminum Vestaliumque
5 ab se caste ac religiose cultum invocabant: eane meritos crederet quisquam hostes repente sine causa factos? aut, si quid hostiliter fecissent, consilio id magis quam furore lapsos fecisse,
ut sua vetera beneficia, locata praesertim apud tam gratos, novis
conrumperent maleficiis, florentemque populum Romanum ac
felicissimum bello sibi desumerent hostem, cuius adflicti amicitiam petissent? ne appellarent consilium, quae vis ac necessitas
6 appellanda esset. transeuntis agmine infesto per agrum suum
Tarquinienses, cum praeter viam nihil petissent, traxisse quosdam agrestium populationis eius, quae sibi crimini detur, comites.
7 eos seu dedi placeat, dedere se paratos esse, seu supplicio adfici,
daturos poenas. Caere, sacrarium populi Romani, deversorium
sacerdotum ac receptaculum Romanorum sacrorum, intactum
inviolatumque crimine belli hospitio Vestalium cultisque diis da-
8 rent. movit populum non tam causa praesens quam vetus meri-

wieder zu denkende *Caerites* bezogen: sie, die. — *quam non,* 5, 9, 5.
— *legatos,* c. 19, 6. — *erroris,* vgl.
3, 12, 8; 6, 23, 11. — *reiecti,* s. 5.
36, 10, weil sonst in dieser Zeit der
Senat allein über Frieden u. Bündnisse entscheidet. Hier handelte es
sich jedoch darum einen Beschluss
des Volkes aufzuheben, was von dem
Senat nicht einseitig geschehen
konnte, s. 4, 7, 5; Marq. 2, 3, 172.
— *rite proc.,* durch ihre Aufnahme
den regelmässigen Cultus möglich
gemacht hätten wie § 4. — *caperet,*
als Object der Bitte wird bisweilen
nur eine Handlung selbst statt der
Zulassung derselben genannt, s.
Caes. B. G. 7, 8, 4; Tac. Ann. 2, 58:
sie möchten geben, dass.

4—7. *delubra,* der Tempel der
Vesta, das atrium regium u. a. —
hospit., 5, 40, 10. — *flam.,* nach 5,
52, 13 könnte es der flamen Martialis und Quirinalis gewesen sein, s.
jedoch 5, 40. — *crederet,* weil eine
Aufforderung zu Grunde liegt; es
möge keiner u. s. w., wie sie im
Folg. durch *ne* etc. in anderer Form
ausgesprochen ist, s. 3, 72, 4. —
consilio magis q., ohne die Frage:
non consilio mag. q. — *seu—seu,*
jedes mit einem besonderen Nachsatze, wenn die Entscheidung über
zwei Fälle mit ihren Folgen
schwankt, findet sich bisweilen, s.
27, 14, 1; 30, 40, 7. — *dedere,* s.
6, 17, 7. — *datur.,* die Schuldigen.
— *darent,* s. 3, 46, 3.

tum, ut maleficii quam beneficii potius inmemores essent. itaque pax populo Caeriti data, indutiasque in centum annos factas
in senatus consultum referri placuit. in Faliscos eodem noxios 9
crimine vis belli conversa est, sed hostes nusquam inventi. cum
populatione peragrati fines essent, ab oppugnatione urbium temperatum; legionibusque Romam reductis relicum anni muris tur-
ribusque reficiendis consumptum, et aedis Apollinis dedicata est.

  Extremo anno comitia consularia certamen patrum ac ple- 21
bis diremit, tribunis negantibus passuros comitia haberi, ni secundum Liciniam legem haberentur, dictatore obstinato tollere
potius totum e re publica consulatum quam promiscum patribus
ac plebi facere. prolatandis igitur comitiis cum dictator magi- 2

---

8. *quam v. m.*, s. die folg. Stelle
aus Strabo. — *movit p.*, das Volk
giebt den Bitten Gehör und ermäch-
tigt den Senat zum Abschluss des
Friedens, daher *in senatus consultum*, s. § 3, welches dann als Grund-
lage des Friedens betrachtet wird.
— *indutiaeq.*, erklärt und beschränkt
pax, s. 1, 15, 5. Die Bedingungen
hat L. übergangen, s. Dio Cass. frg.
33: Ἀγύλλαιοι (die Caeriten) εἰρήνης ἐπὶ τῷ ἡμίσει τῆς χώρας ἔτυχον;
vgl. Strabo 5, 2, 3 p. 220: οἱ μὲν
οὖν Ῥωμαῖοι — οὐχ ἱκανῶς ἀπο-
μνημονεῦσαι τὴν χάριν (die von
den Caeriten im Gallischen Kriege
erwiesene) αὐτοῖς δοκοῦσι. πολι-
τείαν γὰρ δόντες οὐκ ἀνέγραψαν
εἰς τοὺς πολίτας, ἀλλὰ καὶ τοὺς
ἄλλους τοὺς μὴ μετέχοντας τῆς
ἰσονομίας εἰς τὰς δέλτους ἐξώριζον
τὰς Καιρετανῶν (die tabulae Caeritum, in welche auch die Namen
des *aerarii*, s. 4, 24, 7, eingetragen
wurden). Sie behielten ihr geson-
dertes Gemeinwesen, s. 28, 45, 15,
verloren aber ihre politische Selbständigkeit und mussten als röm.
Bürger die Lasten wie die übrigen
Römer tragen, waren aber von den
Tribus, dem Stimm- und Wahlrechte
(*cives sine suffragio*) und somit von
allem Einfluss auf die Staatsange-
legenheiten ausgeschlossen; Caere
ist der erste Staat, der in dieses

Verhältniss zu Rom treten muss;
vgl. zu 8, 14, 10: *civitas s. s. data*
u. Gell. 16, 13, 7: *primos municipes sine suffragii iure Caerites
esse factos accepimus*, Mommsen 1,
338; 426; Lange 2, 56; Becker 2,
3, 41.

  9. *eodem n. cr.*, c. 16, 2; 4, 15
1; ib. 44, 11. — *populatione*, unter
u. s. w., wie im Folg. *seditionibus*;
30, 17, 4: *victoria peragrata Numi-
dia*; 35, 12, 11; *bello* 38, 17, 3;
agmine 1, 6. 2. — *ab oppugn.*, 25,
25, 9; 30, 20, 1, vgl. 6, 17, 8. —
muris turr., vielleicht wegen der
Einfälle der Etrusker, s. c. 17; 19,
und Tiburtiner, c. 12, bis in die
Nähe der Stadt, vgl. 6, 32, 1. —
aedis Ap. ded., s. 4, 29, 7; wahrscheinlich war der Tempel im Gallischen Kriege zerstört worden, s.
Becker 1, 605; Preller 269.

  21—22. Streitigkeiten um das
Consulat und die Censur. Schuldentilgung.

  1—2. *diremit*, s. 1, 36, 6, die
Tribunen intercediren wie c. 17,
12, vgl. 18, 3; 19, 6; 6, 35, 9; 9,
42, 3; Marq. 2, 3, 109 ff. — *ni*, 1,
22, 6. — *dictatore* etc., die Tribunen widersetzen sich ihm wie c. 3,
9, vgl. 8, 35, 1. — *obstin.*, 10, 11,
12. — *prolatand.*, wie sonst *proferre, differre comitia*, s. c. 17, 13:
während die Comitien, weil sie nicht

stratu abisset, res ad interregnum rediit. infestam inde patribus
plebem interreges cum accepissent, ad undecimum interregem
3 seditionibus certatum est. legis Liciniae patrocinium tribuni iactabant; propior dolor plebi fenoris ingravescentis erat, curaeque
4 privatae in certaminibus publicis erumpebant. quorum taedio
patres L. Cornelium Scipionem interregem concordiae causa observare legem Liciniam comitiis consularibus iussere. P. Valerio
5 Publicolae datus e plebe collega C. Marcius Rutilus. inclinatis
semel in concordiam animis novi consules fenebrem quoque rem,
quae distinere una animos videbatur, levare adgressi solutionem
alieni aeris in publicam curam verterunt quinqueviris creatis,
6 quos mensarios ab dispensatione pecuniae appellarunt. meriti
aequitate curaque sunt, ut per omnium annalium monumenta
celebres nominibus essent; fuere autem C. Duellius P. Decius

beendigt werden konnten, immer
von neuem aufgeschoben wurden, s.
4, 29, 3; 8, 36, 7. — *undecimum*,
c. 17, 11; Mommsen Forsch. 220.
seditionibus, die Aufregung u. Spal-
tung in Folge der Intercession.

3—4. *legis* etc., concessiv. —
propior etc.: berührte die Plebs
mehr, lag ihr näher. — *fenoris ingr.*, nicht Wucher, sondern wie c.
19, 5: *sorte ipsa*: die immer mehr
drückende S c h u l d e n l a s t, da das
Capital bei den hohen Zinsen nicht
abgetragen werden konnte. Wahrscheinlich war zur Herstellung der
Mauern auch ein tributum gefordert
worden. — *in — erumpebant*, sie
brachen während des Streites um
die politischen Rechte hervor; anders ist der Erfolg c. 18, 10; 6, 32,
3. — *concordiae c.*, man wollte es
nicht zum Aeussersten kommen lassen, wie 2, 30 f. — *observare*, es
hängt also von dem vorsitzenden
Magistrate ab, wen er zur Wahl
zulassen will, doch schreitet an u.
St. der Senat ein, dem der interrex
sich fügt. — *iussere*, vgl. 6, 14, 1;
4, 6, 8; 6, 42, 10. — *datus*, c. 1,
2. — *Marcius*, c. 16, 17.

5. *novi cons.*, beide Consuln sind
volksfreundlich, Lange 2, 535. —
una an., s. 2, 48, 1. — *alieni aer.*,

Sall. C. 14, 2, sonst ist die Wortstellung ungewöhnlich; indess findet sich Aehnliches bei L., s. 27, 6,
16; 17, vgl. 35, 7, 5 u. 3. — *in publ.
c.*, vgl. 2, 49, 1: *Veiens bellum in
privatam curam — versum.* — *quinque cr.*, liessen sie nach einem Senatsbeschlusse durch das Volk wählen, Lange 1, 658; zur Construction
21, 1, 5: *stipendio — inposito.* —
mensarios, eine Commission von
5 Männern, welchen Fonds aus der
Staatscasse überwiesen werden, um
eine Staatscreditbank zu eröffnen.
Nicht zu verwechseln sind diese
quinqueviri mensarii, vgl. 23, 21,
6; 24, 18, 12; 26, 36, 11, ausserordentliche Magistrate zur Ordnung
des Schuldenwesens, gewöhnlich
angesehene Männer, mit den Ban-
quiers und Geldwechslern der späteren Zeit, *mensarii, argentarii*, s.
9, 40, 16, welche Privatleute sind.
— *dispens. pec.*, Besorgung, Ordnung der Geldangelegenheit.

6—7. *omnium an.*, der ihm bekannten, s. Einl. S. 25. — *celebres*
wird von L., mit Ausnahme von 26,
27, 16, wie von früheren Schriftstellern, nicht von Personen gebraucht; an u. St. scheint das Attribut von *nomina*, s. 6, 9, 8, auf
die Personen übertragen zu sein;

Mus M. Papirius Q. Publilius et T. Aemilius. qui rem difficilli- 7
mam tractatu et plerumque parti utrique, semper certe alteri
gravem cum alia moderatione tum inpendio magis publico quam
iactura sustinuerunt. tarda enim nomina et inpeditiora inertia 8
debitorum quam facultatibus aut aerarium mensis cum aere in
foro positis dissolvit, ut populo prius caveretur, aut aestimatio
aequis rerum pretiis liberavit, ut non modo sine iniuria sed etiam
sine querimoniis partis utriusque exhausta vis ingens aeris
alieni sit.

　　Terror inde vanus belli Etrusci, cum coniurasse duodecim 9
populos fama esset, dictatorem dici coegit: dictus in castris —
eo enim ad consules missum senatus consultum est — C. Iulius,
cui magister equitum adiectus L. Aemilius. ceterum foris tranquilla omnia fuere. Temptatum domi per dictatorem, ut ambo **22**
patricii consules crearentur, rem ad interregnum perduxit. duo 2

Duell. 2, 58, 2. — *et T. Aem.*, s.
34, 54, 3; 44, 43, 6, vgl. 3, 1, 5.
Es sind 2 Patricier, 3 Plebejer. —
alteri, 1, 13, 3. — *tum inpendio*, sie
verwalteten die Sache so, dass der
Staat wol einen Aufwand zu machen,
aber keinen Verlust hatte.

　8. *tarda n.*, Schuldposten, die nicht
rechtzeitig zurückgezahlt werden,
und Schwierigkeiten machen mehr
wegen der Nachlässigkeit der Schuldner als der Ueberschuldung. — *fa-
cult.* wie 6, 27, 3: *fide* etc. — *aerarium*, dieses zahlt, nachdem auf dem
Forum Tische mit Geld aufgestellt
sind, eine Bank eröffnet ist, die
Schuldposten baar aus (*dissolvit*);
übernimmt die Schulden. — *ut p.* =
ita tamen ut, so dass dem Staate
für das ohne Zinsen vorgeschossene
Geld Sicherheit geleistet wurde
durch Bürgen (*praedes*) und Grundstücke, s. 22, 60, 4. — *aestimatio*,
der Schuldner musste, wenn er nicht
der Strenge des Schuldrechtes verfallen, addicirt oder nectirt werden
wollte, dem Gläubiger Werthgegen-
stände abtreten nach einer von der
Commission festgesetzten billigen
Taxe, dieser sie an Zahlungsstatt
annehmen. Wie vorher *aerarium*

statt *mensarii ex aerario* steht, so
hier *aestimatio* st. *aequis pretiis ae-
stimatione a mensariis constitutis.*
— *liberavit*, auch hierzu ist Object
nomina, durch die aestimatio werden die Schuldposten losgelöst, ab-
gewickelt, wie *expedire*, obgleich
L. wol mehr an die Schuldner denkt,
die von ihrer Last oder Fessel befreit werden, s. Cic. Rep. 2, 34:
nexa liberata, vgl. L. 21, 33, 10:
itinera liberata.

　9. *duodecim*, 5, 33, 9; die Zahl
ist nach dem Untergange Vejis
viell. durch Aufnahme einer anderen Stadt unter die 12 ergänzt worden. — *dictator.*, das Folgende zeigt,
dass er ernannt wird um die Wahl eines plebejischen Consuls zu hindern,
wie c. 22, 10, vgl. c. 21, 4. — *eo
enim*, das erste Beispiel, dass ein
Senatsbeschluss über die Wahl des
Dictators an die Consuln in das Lager geschickt wird, während die
Ernennung sonst in Rom erfolgt. —
adiectus, s. c. 12, 9; 22, 11: *additus*, vgl. c. 19, 10.

　22. 1—3. *Temptatum*, s. c. 8,
5. — *ad interr.*, nach dem Abgange
des Dictators und der Consuln; die
Tribunen haben wol wie c. 21, 1

interreges C. Sulpicius et M. Fabius interpositi obtinuere, quod
dictator frustra tetenderat, mitiore iam plebe ob recens meritum
3 levati aeris alieni, ut ambo patricii consules crearentur. creati
ipse C. Sulpicius Peticus, qui prior interregno abiit, et T. Quinctius Pennus; quidam Caesonem alii Gaium nomen Quinctio
4 adiciunt. ad bellum ambo profecti, Faliscum Quinctius, Sulpicius
Tarquiniense, nusquam acie congresso hoste cum agris magis
quam cum hominibus urendo populandoque gesserunt bella;
5 cuius lentae velut tabis senio victa utriusque pertinacia populi
est, ut primum a consulibus, dein permissu eorum ab senatu
6 indutias peterent. in quadraginta annos impetraverunt. ita posita duorum bellorum, quae inminebant, cura, dum aliqua ab armis quies esset, quia solutio aeris alieni multarum rerum muta-
7 verat dominos, censum agi placuit. ceterum cum censoribus
creandis indicta comitia essent, professus censuram se petere
C. Marcius Rutilus, qui primus dictator de plebe fuerat, concor-
8 diam ordinum turbavit. quod videbatur quidem tempore alieno
fecisse, quia ambo tum forte patricii consules erant, qui rationem
9 eius se habituros negabant; sed et ipse constantia inceptum obtinuit, et tribuni omni vi, reciperaturi ius consularibus comitiis
amissum, adiuverunt, et cum ipsius viri maiestas nullius honoris
fastigium non aequabat, tum per eundem, qui ad dictaturam ape-
ruisset viam, censuram quoque in partem vocari plebes volebat.

Einsprache gethan. — *interpos.*,
zwischen den ordentlichen Magistrate. — *obtin.*, s. c. 17, 10. —
mitiore, in Bezug auf den Dictator
oder die 11 Interregen c. 21, 2.
Der Grund selbst hätte, wenn er
richtig wäre, schon bei dem Versuche des Dictators eintreten können. — *ut* — *crearentur* ist eine
unbeabsichtigte Wiederholung von
§ 1, oder einem Irrthum der Abschreiber zuzuschreiben. — *Sulpicius*, c. 19, 6. *Quinctius*, c. 18; 9.
Gaium nomen, s. 1, 1, 11. Auch
Diod. 16, 53 nennt ihn *Gaius*, vgl.
L. 8, 18, 2. — *populandoque, populari* wird oft von L. absolut gebraucht.

    5—7. *tabis senio*, über die dop-
pelte Metapher s. Naegelsbach Stil.
§ 131, 1; vgl. 5, 43, 7. — *ab sena-*

tu, s. c. 20, 3. Der Krieg hat 8
Jahre gedauert, s. c. 12. — *mullar.
rer.* in Folge der Abtretung des
Vermögens c. 21, 8; nicht dass die
Schulden beim Census vom Vermögen wären abgezogen worden, s.
Lange 1, 361. — *censum agi*, seit
6, 31 zum erstenmale wieder erwähnt, s. 7, 15, 12. — *professus*,
in der Zeit zwischen der Ankündigung der Wahl und dieser selbst
konnten die Candidaten sich dem
Volke vorstellen und ihre Absicht
sich zu bewerben (*profiteri* n. *se petere*), s. 26, 18, 7, kund geben. —
dictator, c. 17.

    8—11. *rationem* etc., s. 3, 64,
5; 10, 15, 11. — *adiuverunt*, wahrscheinlich indem sie mit Einsprache
drohen, wenn für Marcius keine
Stimmen angenommen werden. —

nec variatum comitiis est, quin cum Manlio Gnaeo censor Mar- 10
cius crearetur.

Dictatorem quoque hic annus habuit M. Fabium nullo terrore belli, sed ne Licinia lex comitiis consularibus observaretur.
magister equitum dictatori additus Q. Servilius. nec tamen di- 11
ctatura potentiorem eum consensum patrum consularibus comitiis fecit quam censoriis fuerat. M. Popilius Laenas a plebe 23
consul, a patribus L. Cornelius Scipio datus. fortuna quoque
inlustriorem plebeium consulem fecit: nam cum ingentum Gallo- 2
rum exercitum in agro Latino castra posuisse nuntiatum esset,
Scipione gravi morbo inplicito Gallicum bellum Popilio extra ordinem datum. is inpigre exercitu scripto, cum omnis extra por- 3
tam Capenam ad Martis aedem convenire armatos iuniores iussisset, signaque eodem quaestores ex aerario deferre, quattuor ex-
pletis legionibus quod superfuit militum P. Valerio Publicolae
praetori tradidit, auctor patribus scribendi alterius exercitus, 4
quod ad incertos belli eventus subsidium rei publicae esset. ipse 5
iam satis omnibus instructis conparatisque ad hostem pergit.
cuius ut prius nosceret vires quam periculo ultimo temptaret, in
tumulo, quem proximum castris Gallorum capere potuit, vallum

---

in p. v., von dem, was einem Anderen gehört hat, einen Theil an sich
ziehen; theilen mit einem, vgl. 6,
40, 18; 4, 35, 6. — *nec var.*, die
Stimmen zersplitterten sich nicht,
s. 1, 43, 11: er wurde einstimmig
gewählt, und der vorsitzende Magistrat wagte nicht sein Recht die
Stimmen für ihn zurückzuweisen
geltend zu machen, Lange 1, 511;
498. — *quin*, 1, 42, 2. — *Manlio
Gnaeo*, s. 1, 56, 11, ist hier unsicher, aber *de plebe* statt *Gnaeo* wäre
nach § 7 überflüssig und läge der
hds. Lesart *neuio* zu fern; über
Manlius s. c. 16. — *Marcius*, c. 17.
— *eum consens.*, die Uebereinstimmung in diesem Punkte, in dem Plan
das Licinische Gesetz nicht zu be-
obachten, s. c. 22, 8.

23—26. Lriege gegen die Gallier und Griechen; Latium abtrünnig. Polyb. 2, 18; Dionys. 15, 1 ff.;
Appian Celt. 10; Dio Cass. frg. 34;
Zon. 7, 25; Gell. 9, 11; Eutrop. 2,

3; Oros. 3, 6.
  1—4. *Popilius*, c. 16; 17. — *a
pl. datus*, wie c. 1, 2: *plebs dedit*,
oder: von Seiten der Plebs, vgl. c.
21, 5. — *quoque*, wie die Wahl
selbst. — *Gall.*, c. 12, vgl. Polyb.
l. l.: αὖϑις δ᾽ἐξ ἐπιβολῆς ἑτέρας
ἔτει δωδεκάτῳ μετὰ μεγάλης
στρατιᾶς ἐπιπορευομένων etc.,
auch wird nach ihm der Krieg bald
beendigt. — *Gall. bell.*, die Römer
sind den Latinern zu Hülfe verpflichtet. — *extra ord.*, 8, 16, 5. —
omnis, c. 11, 5. — *signaq.*, 4, 22,
1. — *ad Mart. a.*, 6, 5, 8. — *praetori*, s. c. 25, 12. — *auct. pat.*, er
trug im Senate darauf an, vgl. 45,
26, 5: *genti auctores desciscendi*;
23, 42, 2: *auctor rebellionis Sardis.*
— *scribendi*, anzuordnen dass —
werde. — *alterius*, welches aus-
nahmsweise von dem Prätor hätte
ausgehoben werden müssen, s. 33,
43, 7.

  5—7. *quem prox.*, s. 4, 20, 8. —

6 ducere coepit. gens ferox et ingenii avidi ad pugnam cum·procul
   visis Romanorum signis, ut extemplo proelium initura, explicu-
   isset aciem, postquam neque in aequum demitti agmen vidit, et
   cum loci altitudine tum vallo etiam integi Romanos, perculsos
   pavore rata simul opportuniores, quod intenti tum maxime operi
7 essent, truci clamore adgreditur. ab Romanis nec opus inter-
   missum — triarii erant, qui muniebant —, et ab hastatis princi-
   pibusque, qui pro munitoribus intenti armatique steterant, proe-
8 lium initum. praeter virtutem locus quoque superior adiuvit, ut
   pila omnia hastaeque non tamquam ex aequo missa vana, quod
   plerumque fit, caderent, sed omnia librata ponderibus figerentur;
9 oneratique telis Galli, quibus aut corpora transfixa aut praegra-
   vata inhaerentibus gerebant scuta, cum cursu paene in adversum
10 subissent, primo incerti restitere; dein, cum ipsa cunctatio et his
   animos minuisset et auxisset hosti, inpulsi retro ruere alii super
   alios, stragemque inter se caede ipsa foediorem dare: adeo praeci-
24 piti turba obtriti plures quam ferro necati. Necdum certa Romanis
2 victoria erat; alia in campum degressis supererat moles: namque
   multitudo Gallorum sensum omnem talis damni exsuperans ve-

avidi ad, s. 4, 54, 4; 22, 21, 2: *avi-
da in novas res.* Ueber die Verbindung *cum—postquam* s. 8, 27, 2;
38, 22, 1; 22, 14, 1; *ut—postquam*;
25, 15, 15: *cum—ubi.* — *integi*,
verstärktes *tegi*; gewöhnlich bedeutet jedoch *integere* bedecken, s. 26,
17, 12; 27, 3, 3, weshalb Andere die
Lesart späterer codd.: *tegi* vorziehen. — *triarii*, die das Hintertreffen
bilden und das Lager decken, s. 2,
47, 5. — *steterant*, die bis dahin unter den Waffen gestanden hatten, s.
8, 32, 12.

8—10. *pila h.*, vgl. 9, 19, 7: *pilum haud paulo quam hasta vehe-
mentius ictu missuque telum*, 8, 8,
6; zu 2, 30, 12. — *hastaeq.*, diese
führen um diese Zeit die *triarii*, 8,
8, 10, viell. hat sie L., durch den
Namen verleitet, den *hastati* beigelegt; auch wurden dieselben zum
Stoss, s. 1, 43, 2, nicht zum Wurf
gebraucht, wenn dieser nicht durch
das Terrain veranlasst war. — *librata p.*, durch das Gewicht erhielt
das nach unten geworfene Geschoss

grösseren Schwung, der Wurf grössere Sicherheit; Tac. H. 2, 22; L.
30, 10, 13: *gravior ac pondere ipso
libratior superne ictus erat.* — *gerebant*, obgleich zunächst mit *scuta*
verbunden, kann sich auch auf *corpora* beziehen, oder hierzu ist *habebant* aus jenem zu nehmen, vgl.
10, 29, 6: *quibus (pilis) plerisque in
scuta rarisque in corpora ipsa fixis
sternitur cuneus.* — *alii s. a.*, s. 6,
10, 8, hat hier locale Bedeutung,
bei der *super* mit seinem Casus gewöhnlicher voransteht, wie a. u. St.
24, 39, 5; 30, 8, 9. — *inter se* könnte zu *stragem* genommen werden,
s. c. 8, 3, steht aber wol mit *dare*
in Beziehung, s. 8, 30, 6: *per viros
— stragem dederunt*: sie richteten
unter einander eine grössere Niederlage an, als das Morden von Seiten der Feinde: *caede*, im Folg.
quam ferro. — *adeo* etc. giebt nur
eine nähere Schilderung des Vor-
ganges.

24. 2—3. *mullit.—ciebat*, obgleich *mullit.* nur das Mittel oder

lut nova rursus exoriente acie integrum militem adversus victorem hostem ciebat; stetitque suppresso impetu Romanus, et 3
quia iterum fessis subeunda dimicatio erat, et quod consul, dum
inter primores incautus agitat, laevo umero matari prope tra-
iecto cesserat parumper ex acie. iamque omissa cunctando vi- 4
ctoria erat, cum consul vulnere alligato revectus ad prima signa
„quid stas, miles?" inquit; „non cum Latino Sabinoque hoste
res est, quem victum armis socium ex hoste facias: in beluas
strinximus ferrum; hauriendus aut dandus est sanguis. propu- 5
listis a castris, supina valle praecipites egistis, stratis corporibus
hostium superstatis; conplete eadem strage campos, qua montis
replestis. nolite expectare, dum stantes vos fugiant; inferenda 6
sunt signa et vadendum in hostem." his adhortationibus iterum 7
coorti pellunt loco primos manipulos Gallorum; cuneis deinde in
medium agmen perrumpunt. inde barbari dissipati, quibus nec 8
certa imperia nec duces essent, vertunt impetum in suos; fusi-
que per campos et praeter castra etiam sua fuga praelati, quod
editissimum inter aequales tumulos occurrebat oculis, arcem Al-

---

der Grund war. — *nov. rurs.*, 10,
29, 1. — *exor. acie*, 8, 8, 13, ist
wesentlich dasselbe Subj. wie *mul-*
tit., s. 1, 28, 10; *integrum mil.* hinzugefügt, um einen Gegensatz zu
victor. h. zu gewinnen. — *matari*,
Non. Marc. p. 556: *materae tela*
gravia bellica, Sisenna Hist. lib. III:
Galli materibus, Hispani lanceis con-
figunt. Auch Strabo 4, 4, 3, 196
braucht μάδαρις; Auct. ad. Her. 4,
32: *materis.* — *alligato*, Cic. Tusc.
2, 17, 39: *abducet Patricoles—ut*
vulnus obliget, dann: *quiesce igitur*
et vulnus alliga, dieses ist das weniger gewöhnliche. — *socium* ist
von den Sabinern, 1, 13 ausgenom-
men, nicht erwähnt. — *hauriendus*,
wir müssen—vergiessen oder das
unsrige daran geben, vergiessen
lassen, s. 9, 1, 9; 26, 13, 13; Cic. Sest.
24, 54. — *supina v.*, das rückwärts
liegende, rücklings das Thal hinab,
4, 46, 5: *per supinam vallem*; 6,
24, 3.

7. *manipulos*, auf die Gallier übergetragen, wie *legiones*, 2, 26, 3. —

cuneis, vgl. 8, 10, 6: in enggeschlossenen Gliedern stehende Mannschaf-
ten, hier Manipel; im Gegensatze zu
dem weiteren Raume, den im statarischen Kampfe die Einzelnen einnehmen, vgl. 32, 17, 11: *cohortes*
cuneum Macedonum — phalangem
ipsi vocant — perrumperent; s. die
Stelle zu c. 23, 9; 2, 50, 9; anders
40, 40, 2: *Celtiberi, ubi ordinata*
acie — se non esse pares legionibus
senserunt, cuneo inpressionem fece-
runt; wo die keilförmige Schlacht-
stellung gemeint scheint, s. Marquardt 3, 2, 333. — *perrumpunt*,
sie dringen (durch die vorderen Reihen) bis in das Centrum der Gallier
ein, hinter dem jedoch die Reserve,
die dritte Schlachtreihe, steht (*ver-*
tunt—in suos).

8—10. *nec certa imp.* etc., nach
der Art der Barbaren, Tac. Germ.
30. — *praelati*, 6, 29, 3. — *aequa-*
les tum., die Hügel des Albanerge-
birges. — *quod edit. inter aeq. tum.*,
der eigenthümliche Ausdruck soll
andeuten, dass die Hügel im Gan-

9 banam petunt. consul non ultra castra insecutus, quia et vulnus
degravabat et subicere exercitum tumulis ab hoste occupatis no-
lebat, praeda omni castrorum militi data victorem exercitum opu-
10 lentumque Gallicis spoliis Romam reduxit. moram triumpho
vulnus consulis attulit, eademque causa dictatoris desiderium se-
11 natui fecit, ut esset, qui aegris consulibus comitia haberet. dictator L. Furius Camillus dictus, addito magistro equitum P. Cornelio Scipione, reddidit patribus possessionem pristinam consulatus. ipse ob id meritum ingenti patrum studio creatus consul
collegam Ap. Claudium Crassum dixit.

25   Priusquam inirent novi consules magistratum, triumphus
a Popilio de Gallis actus magno favore plebis, mussantesque in-
2 ter se rogitabant, num quem plebei consulis paeniteret; simul

zen gleich hoch, nur einer etwas
höher war, die *arx Albana*, vgl. 33,
7, 9: *tumulum maxime editum inter alios*. Da L. kaum den bedeutend hohen mons Albanus (Monte
Cavo), 26, 9, 9, unmittelbar östlich
von der Höhe von Alba longa, oder
den nördlichen Vorsprung desselben, Rocca die Papa, *tumulus* nennen konnte, so ist wol anzunehmen,
dass ein Theil, wahrscheinlich der
südliche, des Bergrückens gemeint
ist, auf dem Alba longa gelegen
hatte, s. Schwegler 1, 341. Nach
dem Folg. *tumulis* u. c. 25, 3 haben
sie auch nahe Höhen besetzt. Aus
der Richtung der Flucht lässt sich
abnehmen, dass die Schlacht, nach
c. 23, 2 *in agro Latino*, nicht weit
von dem Albanerberge geliefert wurde, wie eine frühere; vgl. 6, 42, 6;
7, 11, 3; Polyb. 2, 18. — *subicere*,
er trug Bedenken unter die Höhen
zu rücken, und sich einem Angriffe
von da auszusetzen, wie die Gallier,
c. 23, 10. — *moram* etc., nach dem
Vorhergeh. *Romam red.* ist er zu
Rom gewesen, s. 6, 16, 5. — *qui —
comitia* etc., da Popilius noch vor
dem Beginne des neuen Consular-
jahres triumphirt, s. c. 25, 1, so
hätte er auch wol die Comitien halten können, wenn man ihm nicht den
Vorsitz bei der Wahl hätte entziehen wollen, s. c. 21, 9.

11. *addito*, s. c. 14, 10: *instructo*;
zur Sache c. 21, 9. — *ipse cr.*, was
so sehr von Quinctius 3, 21, und an
Appius getadelt wird, s. 3, 35, 8,
finden die Patricier an Cam. lobens-
werth, vgl. c. 25, 2. — *collegam —
dixit*, s. 22, 35, 2; 37, 47, 7: *Fulvius consul unus creatur, cum ceteri
centurias non explessent; isque postero die — collegam dixit*, nämlich
comitiis collegae rogando habitis,
wahrscheinlich hatten auch a. u. St.
die übrigen Candidaten nicht die
nöthige Stimmenzahl, und Claudius wird in einer zweiten Wahl-
versammlung, in der für Plebejer
keine Stimmen angenommen werden, s. c. 25, 2, gewählt, s. Becker
2, 2, 59. Dass eine Cooptation statt
gehabt habe, wie Manche annehmen,
ist nicht glaublich. Uebrigens nennt
Diod. 16, 59 als Consuln M. Aemilius und T. Quinctius, vgl. Cic. l. l.;
CIL. p. 286.

25. 1—2. *triumphus* etc., nach
den Triumphalfasten wird derselbe
an. CDIII Quirinalibus gehalten, und
da L. den Amtsantritt bald nach dem
Triumphe erfolgt denkt, die Quiri-
nalien aber wol die am 17. Februar
gehaltenen sind, nicht der Dedica-
tionstag des templum Quirini am
29. Jun., so müssten die Consuln
etwa im Anfange des März ihr Amt

dictatorem increpabant, qui legis Liciniae spretae mercedem [con-
sulatum], privata cupiditate quam publica iniuria foediorem, cepisset, ut se ipse consulem dictator crearet.   annus multis variisque 3
motibus fuit insignis.   Galli ex Albanis montibus, quia hiemis
vim pati nequiverant, per campos maritumaque loca vagi popu-
labantur; mare infestum classibus Graecorum erat oraque litoris 4
Antiatis Laurensque tractus et Tiberis ostia, ut praedones mari-
rimi cum terrestribus congressi ancipiti semel proelio decerta-
sint, dubiique discesserint in castra Galli, Graeci retro ad naves,
victos se an victores putarent.   inter hos longe maximus extitit 5
terror, concilia populorum Latinorum ad lucum Ferentinae habita responsumque haud ambiguum imperantibus milites Romanis datum, absisterent imperare iis, quorum auxilio egerent: La- 6
tinos pro sua libertate potius quam pro alieno imperio laturos
arma.   inter duo simul bella externa defectione etiam sociorum 7
senatus anxius cum cerneret metu tenendos, quos fides non tenuisset, extendere omnes imperii vires consules dilectu habendo
iussit: civili quippe standum exercitu esse, quando socialis coetus

angetreten haben, obgleich über den
Anfangstermin des Amtsjahres in
dieser Zeit nichts berichtet ist, s.
8, 20, 3; Becker 2, 2, 99; Mommsen
Chron. S. 100. ¡Der c. 26 geschilderte
Kampf mit dem Gallier hat nach
Gell. 9, 11: *annis quadringentis
quinque post Romam conditam* statt
gehabt; nach L. wäre es 406. — *consulat.* scheint ein Glossem zu *mercedem* zu sein. — *priv. cupid.*, die Begierde nach dem Amte, die nicht in
seiner Stellung als Dictator sondern
in ihm als Menschen ihren Grund
habe, 28, 29, 1: *privata pietas.* In
Bezug auf *privata* ist *ut — cepisset*
erklärend hinzugefügt, da die Verletzung des Licin. Gesetzes auch erfolgen konnte, ohne dass er sich
selbst wählen liess; darin, dass er
sich über die Sitte, s. c. 24, 11, hin-
wegsetzte, lag ein Zeichen seiner
supiditas, vgl. c. 9, 4; 24, 9, 10: *su-
cpectum cupiditatis imperii.* — *ce-
piss.*, c. 1, 2.

   3—7. *per camp.* etc., die pomptinische Ebene. — *infest.* passiv,
gewöhnlich tritt *a* zu dem Ablat., s.

6, 5, 3; 10, 46, 9. — *Graecorum,*
s. c. 26, 15. — *oraq. lit.*, der Küsten-
strich am Ufer, die Küste da wo sie
in der Nähe von Antium vom Meere
bespült wird, vgl. 38, 18, 12: *alterius orae litora;* Tac. Ann. 2, 78:
vitare litorum oram. — *Laur. tract.*,
wahrscheinlich dasselbe wie 1, 1, 4:
ager Laurens, s. 8, 13, 5: *Astura.*
— Die Flotte der Römer war damals
unbedeutend; s. c. 26, 13; zu 9, 30,
4. — *inter hos* u. *terrores.* — *concil.*,
wahrscheinlich sind die regelmässigen Landtage der Latiner gemeint, s.
6, 10, 7; 8, 14, 10; zu 1, 50, 1; das
durch den Frieden c. 12 hergestellte
Verhältniss scheint ihnen drückend
gewesen zu sein. — *imperantib.*, s.
3, 4, 11; 7, 12, 7, vgl. 8, 2, 13. —
simul, 6, 4, 1. — *etiam* überdiess
noch, vgl. 22, 53, 6. — *extendere—
vires,* nur ähnlich ist 34, 4, 15: *supra
vires se extendant,* sonst wird *extendere* nicht leicht so gebraucht,
und deshalb *intendere* verm. — *coetus* scheint die Gesammtheit, Masse
der Bundesgenossen zu bezeichnen,
s. Tac. Ann. 11, 23: *coetus alienige-*

8 desereret. undique, non urbana tantum sed etiam agresti iuventute,
   decem legiones scriptae dicuntur quaternum milium et ducenorum
9 peditum équitumque trecenorum, quem nunc novum exercitum,
   si qua externa vis ingruat, hae vires populi Romani, quas vix
   terrarum capit orbis, contractae in unum haud facile efficiant:
   adeo in quae laboramus sola crevimus, divitias luxuriamque.
10   Inter cetera tristia eius anni consul alter Ap. Claudius in ipso
11 belli apparatu moritur, redierantque res ad Camillum, cui unico
   consuli vel ob aliam dignationem haud subiciendam dictaturae

narum, Andere tilgen das Wort, obgleich man nicht sieht, wie dasselbe
habe zugesetzt werden können.

8. *undique—iuventute—legiones
scriptae* ist eigenthümlich zusammen
gestellt, da man *undique, ex—iuventute—scriptae,* s. 42, 27, 3: *socios
navales—ex civibus Romanis—scribere iussus,* oder *undique, ex urbe*
etc. erwartet, und Liv. scheint bei
urbana—iuventute mehr *conscripta*
gedacht zu haben. — *sed et. agresti*
ist wol, wenn auch in der Zeit, von
der die Rede ist, schon Proletarier,
s. 8, 20, 4, in dem Heere dienten, s.
Lange 2, 22, mehr nach den späteren
Verhältnissen gesagt, als, seit Marius, die capite censi ausgehoben
wurden, die meisten in der Stadt
wohnten, während früher das Land
die meisten Soldaten lieferte. —
quatern. m. e. duc., s. 6, 22, 8; 28,
28, 3, u. a., vgl. 8, 8, 14; Marq. 3,
2, 248, dagegen Eutrop. l. l. *ex
Romanis tirones lecti sunt, factaeque
legiones decem, qui modus sexaginta,
vel amplius, armatorum millia effi-
ciebat,* ebenso Oros. Dass Rom eine
so grosse Zahl Truppen allein gestellt habe, ist jetzt weniger unwahr-
scheinlich als 2, 30, 7, denn bei
Hieron. Chron. u. d. J. 416 heisst es:
*inventa sunt civium centum sexagin-
ta millia;* s. c. 22, 7; 9, 19, 3; 10,
47, 2; Mommsen 1, 427; doch vgl.
9, 3, 10; ib. 4, 11. — *equit. trec.,*
also 4000, die Zahl ist durch die
privato equo dienenden, s. 5, 7, 5,
vermehrt, Lange 2, 16.

9—10. *quem n. n. e.,* der Nachdruck liegt, wie *qua* etc. zeigt, auf
novum, bei Eutrop. l.1 *tirones,* wenn
bei einer plötzlichen Gefahr ein
neues Heer von 10 Legionen auf einmal gestellt werden sollte, vgl. 6,
12, 5. Bekannt ist die Bestürzung
des Augustus über den Verlust der
3 Legionen des Varus, obgleich er
25 Leg. unter den Waffen hatte. —
in quae = in ea, in quae, s. Quint.
8, 2, 18: *in hoc malum — laboratur;*
Senec. de ira 3, 41: *nihil in famam
laboremus,* vgl. L. 21, 43, 7; Stat.
Theb. 5, 200: *vigilant in scelus.* —
inter cet. tr. s. 4, 10, 4; *cetera* vertritt das Substantivum. — *moritur,*
s. CIL. p. 444 ad ann. 405.

11. *redierant,* das Plusqprf. in
Bezug auf die im Folg. dargestell-
ten Ereignisse, die dem Erzählenden als vergangene vorliegen und in
dem vollendeten *redire* ihren Grund
haben, s. 1, 7, 1. Der Ausdruck *res
red.* ist von dem interregnum, s. 1,
22, auf den Consul übergetragen,
vgl. 6, 6, 3, obgleich dieser schon
im Amte ist. Das Folg. zeigt, dass
es Regel war nach dem Tode des
einen Consuls einen anderen zu wählen, s. 2, 7, 6; Becker 2, 2, 88; Camillus scheint sich über diese ebenso wie über die c. 24, 11 erwähnte
hinweggesetzt zu haben. — *vel —
vel,* sei es — sei es, anders als *aut
— aut* bei Negationen, s. 22, 2, 6.
— *aliam,* in anderen Beziehungen,
scheint auf das Folg. *omen* etc. hinzuweisen. — *dignatio,* 10, 7, 12; 2,

vel ob omen faustum ad Gallicum tumultum cognominis dictatorem adrogari haud satis decorum visum est patribus. consul 12
duabus legionibus urbi praepositis, octo cum L. Pinario praetore
divisis, memor paternae virtutis Gallicum sibi bellum extra sortem sumit, praetorem maritimam oram tutari Graecosque arcere
litoribus iussit. et cum in agrum Pomptinum descendisset, quia 13
neque in campis congredi nulla cogente re volebat, et prohibendo
populationibus, quos rapto vivere necessitas cogeret, satis domari
credebat hostem, locum idoneum stativis delegit.

Ubi cum stationibus quieti tempus tererent, Gallus proces- 26
sit magnitudine atque armis insignis; quatiensque scutum hasta
cum silentium fecisset, provocat per interpretem unum ex Romanis, qui secum ferro decernat. M. erat Valerius tribunus mi- 2
litum adulescens, qui haud indigniorem eo decore se quam T.
Manlium ratus, prius sciscitatus consulis voluntatem in medium
armatus processit. minus insigne certamen humanum numine 3

16, 5. *cognominis* zu *omen faustum*
gehörig, bezieht sich auf seinen Zunamen *Camillus*, wie L. den Vater
des Consuls gewöhnlich nennt, und
dessen Siege über die Gallier, 5, 49.
— *adrogari* hat sonst andere Bedeutung und scheint hier wie *subrogare*,
was von dem Dictator nicht gebraucht werden konnte, gesagt zu
sein: durch eine Rogation ihm an
die Seite gesetzt werden; obgleich
die Ernennung des Dictators nicht
in Folge einer Rogation eintrat, und
der Consul ihm untergeordnet war.
Wäre Camillus nicht der alleinige
Consul gewesen, so hätte er von seinem Collegen zum Dictator ernannt
werden können. — *haud s. d.*, c.
18, 2.

12. *sumit*, also ohne den Senat zu
befragen, s. 3, 2, 2. Eben so betrachtet er, wie *iussit* andeutet, den
Prätor als sich untergeordnet. s. c. 1.
— *praetore*, da dieser das volle imperium hat, s. 6, 42, 11, so kann er
auch ein militärisches Commando
übernehmen, s. c. 23, 3, obgleich
dieses selten geschieht, s. 10, 31, 3;
22, 57, 8, und das *imperium militare*
bei ihm gewöhnlich ruht, Lange 1,

565f. — *Pomptin.*, s. §3. — *domari*
statt *domari posse*.

26. 1—3. *stationib.*, mit Posten-
Wachestehen, 1, 57, 5: auf Posten;
das Heer war nicht weiter beschäftigt, sondern nur mit u. s. w. —
hastam, sonst haben die Gallier das
gaesum oder die mataris, s. c. 24, 3.
— *per int.*, genauer als c. 9, 8. —
M. erat. Val., eine Form, mit welcher gewöhnlich die Erzählung beginnt, wenn eine noch nicht genannte
Person eingeführt wird, 25, 3, 9: es
war da M. Val. —, und dieser u. s. w.;
wenn dieselbe schon irgend wie bezeichnet ist, s. 8, 25, 10; 24, 37, 3,
tritt häufiger *is* hinzu, s. 5, 34, 2;
24, 34, 2 u. a. — *scisc.*, c. 10, 2.
consulis, Gell. l. l., der die Darstellung des Claud. Quadrigarius aufbe-
wahrt hat, welcher im Uebrigen
auch L. folgt, sagt unrichtig *consulibus.* — *minus ins.*, der an sich nicht
unbedeutende Kampf der Menschen
wurde durch das Eintreten der göttlichen Machtäusserung weniger bedeutend, als er ohne dieses gewesen
sein würde. Daher hebt auch L.,
sich an die Sage haltend, nur diese
Seite hervor, und geht kurz mit

interposito deorum factum : namque conserenti iam manum Ro-
4 mano corvus repente in galea consedit, in hostem versus. quod
primo ut augurium caelo missum laetus accepit tribunus, precatus deinde: si divus, si diva esset qui sibi praepetem misisset,
5 volens propitius adesset. dictu mirabile! tenuit non solum ales
captam semel sedem, sed quotienscumque certamen initum est,
levans se alis os oculosque hostis rostro et unguibus adpetit, donec territum prodigii talis visu oculisque simul ac mente turbatum Valerius obtruncat. corvus ex conspectu elatus orientem
6 petit. hactenus quietae utrimque stationes fuere; postquam spo-
liare corpus caesi hostis tribunus coepit, nec Galli se statione
tenuerunt, et Romanorum cursus ad victorem etiam ocior fuit.
ibi circa iacentis Galli corpus contracto certamine pugna atrox
7 concitatur. iam non manipulis proximarum stationum sed legionibus utrimque effusis res geritur. Camillus laetum militem victoria tribuni, laetum tam praesentibus ac secundis diis ire in
proelium iubet; ostentansque insignem spoliis tribunum „hunc
imitare, miles" aiebat, „et circa iacentem ducem sterne Gallo-
8 rum catervas." dii hominesque illi adfuere pugnae, depugnatum-
que haudquaquam certamine ambiguo cum Gallis est: adeo duorum militum eventum, inter quos pugnatum erat, utraque acies
9 animis praeceperat. inter primos, quorum concursus alios exci-
verat, atrox proelium fuit; alia multitudo, priusquam ad conie-
ctum teli veniret, terga vertit. primo per Volscos Falernumque

conserenti iam manum u. *obtruncat*
über den menschlichen Kampf weg,
Gell. l. l.: *et congrediuntur et consistunt et conserebantur iam manus.*
Ueber die Wortstellung *insigne —
factum* s. 28, 25, 11; 30, 26, 5; 42,
6, 2 u. a. — *numine*, Gell.: *atque
ibi vis quaedam divina fuit.*

4—6. *quod*, diese Erscheinung
überhaupt, besonders in Bezug auf
die letzten Worte: *in host. versus.*
— *si divus* etc., aus Furcht nicht
die rechte Gottheit anzurufen, wird
der Ausdruck unbestimmt gehalten,
s. 6, 16, 2; 29, 27, 1; Nieb. R. G.
3, 92; Marq. 4, 36. — *praepetem*,
Gell. 7, 6, 3: *praepetes aves ab auguribus appellantur, quae aut opportune praevolant, aut idoneas sedes capiunt.* — *dictu m.*, 9, 41, 18.
adpetit, Quint. 2, 4, 18: *os oculos-

que — everberaret, vgl. L. 6, 17,
8. — *orientem*, 1, 18, 7. — *hactenus* ist nicht einfach der Zeitmo-
ment, bis zu dem etwas dauert, sondern zugleich die Andeutung einer
neuen Reihe von Erscheinungen. —
man. p. st., s. 3, 5, 4, vgl. c. 24, 7.
— *praesentib.*, die Gegenwart der
Götter und damit zugleich ihre
Theilnahme und Wirksamkeit; 10,
40, 14; 29, 18, 7.— *aiebat*, 1, 24, 4.

8—9. *adeo*, gleichsam ein Ausruf, der die Schilderung unterbricht,
da *inter primos* etc. eine weitere zu
§ 7 nicht ganz passende, Entwickelung von *haudquaquam* etc. ist. —
praecep., kurz statt: *praeceperat
eum pugnae universae eventum, qui
duorum militum fuerat*, vgl. 4, 27,
5; 5, 27, 10: *exitum.* — *alia*, 1, 7,
3, anders *alios.* — *teli*, wie oft, col-

agrum dissipati sunt; inde Apuliam ac mare inferum petierunt.
consul contione advocata laudatum tribunum decem bubus au- 10
reaque corona donat; ipse iussus ab senatu bellum maritimum
curare cum praetore iunxit castra. ibi quia res trahi segnitia 11
Graecorum non committentium se in aciem videbantur, dictatorem comitiorum causa T. Manlium Torquatum ex auctoritate senatus dixit. dictator magistro equitum A. Cornelio Cosso dicto 12
comitia consularia habuit, aemulumque decoris sui absentem M.
Valerium Corvum — id enim illi deinde cognominis fuit — summo
favore populi, tres et viginti natum annos, consulem renuntiavit.
collega Corvo de plebe M. Popilius Laenas, quartum consul futu- 13
rus, datus est. — Cum Graecis a Camillo nulla memorabilis gesta res: nec illi terra nec Romanus mari bellator erat. postremo 14
cum litoribus arcerentur, aqua etiam praeter cetera necessaria
usui deficiente Italiam reliquere. cuius populi ea cuiusque gentis 15
classis fuerit, nihil certi est. maxime Siciliae fuisse tyrannos cre-
diderim: nam ulterior Graecia ea tempestate intestino fessa bello
iam Macedonum opes horrebat.

    Exercitibus dimissis cum et foris pax et domi concordia or- **27**

lectiv; *coniectus teli*, vgl. 26, 40,
10, abstract: auf Schussweite, ohne
Rücksicht auf das Eintreten des Ab-
werfens und den Erfolg, der durch
telorum bezeichnet würde. — *Falernumq.*, s. 8, 11, 13. — *inferum*,
da dieses an der Westseite Italiens
ist, so muss man entweder annehmen, dass ein Theil sich nach dieser
gezogen habe, wie vorher *dissipati*,
oder dass *inferum* verschrieben
sei st. *supernum*. Nach Niebuhr war
es dieser Sieg, von dem Aristoteles
hörte; Plut. Cam. 22, 4. Ein Triumph
des Camillus wird weder von Liv.
noch in den Fasti triumph. erwähnt,
s. CIL. p. 286., vgl. Ihne 1, 349.
   10—13. *decem bub.*, s. c. 37, 3;
26, 48, 14. — *curare*, vgl. 4, 12, 8:
curatio. — *comit. c.*, nur zu diesem
Zwecke, s. c. 3, 9. — *Manl.* c. 19.
— *ex auct. s.*, s. c. 12, 9. — *id —
cognominis*, die Art Beinamen =
einen solchen, den B., s. 4, 7, 10.
— *tres et v. a. n.*, erst später wurde durch die *leges annales* ein höheres Alter festgesetzt, Becker 2,

2, 18. — *renuntiavit*, 3, 21, 6. —
Popil. c. 23.
   13—15. *bellator*, 1, 28, 1; zur
Sache c. 25. — *erat* gehört dem
Sinne nach auch zu *illi.* — *cuius gentis*, da sie schon als Griechen bezeichnet sind, so können nur die
verschiedenen Stämme im eigentlichen Griechenland (nachher *ulterior Graecia*), Asien, Unteritalien
und Sicilien gemeint sein: welchem
griechischen Staate, ja selbst welchem Stamme sie angehörte, s. 6,
12, 4. — *nihil c. e.*, es giebt nichts
Gewisses darüber. — *Sicil. tyr.*,
kurz st.: *classem a tyranno aliquo
Siciliae missam. tyrannos*, Dionys.
II, Hiketas u. a.; Nieb. R. G. 3, 99
zweifelt, dass aus Sicilien eine solche Unternehmung gemacht worden
sei. — *intest.*, der erste heilige Krieg,
s. Brandstäter, Gesch. d. aetol. Landes S. 168.

27—28. Innere Verhältnisse;
Krieg mit den Volskern und Aurunkern.

dinum otium esset, ne nimis laetae res essent, petsilentia civitatem adorta coegit senatum imperare decemviris, ut libros Sibyl-
2 linos inspicerent; eorumque monitu lectisternium fuit. eodem
anno Satricum ab Antiatibus colonia deducta restitutaque urbs,
quam Latini diruerant; et cum Carthaginiensibus legatis Romae foedus ictum, cum amicitiam ac societatem petentes ve-
3 nissent. — Idem otium domi forisque mansit T. Manlio Torquato C. Plautio consulibus. semunciarium tantum ex unciario
fenus factum, et in pensiones aequas triennii, ita ut quarta
4 praesens esset, solutio aeris alieni dispensata est; et sic quoque parte plebis adfecta fides tamen publica privatis difficulta-

---

1. *decem viris*, 6, 42, 2. — *lec-*
tisternium, s. c. 2, 2. Nach anderen Nachrichten, s. Censorin. de die
nat. c. 17, sollen in diesem Jahre
die Saecularspiele gefeiert worden
sein, vgl. Festus p. 329: *ludi secu-*
lares; Mommsen. Chron. S. 182 f.

2. *Satricum — urbs*, Antium
scheint sich, wol in Folge der c. 25,
4 ff; 19, 6 erwähnten Ereignisse
wieder unabhängig gemacht, s. 6,
33, 3, und mit den übrigen Volskern
verbunden, c. 19, 6, dann das nahe
Satricum, welches, wenn die Römer
wieder eine Colonie dahin abführ-
ten, gefährlich werden konnte, hergestellt zu haben, 6, 33, 4, vgl. 4,
49, 7. — *cum Carthag.*, L. erwähnt
hier zuerst ein Bündniss mit Carthago, aber er bemerkt nicht, dass
es das erste gewesen (Orosius 3,
7 hat schwerlich bei L. gelesen: *pri-*
mum illud ictum cum Carthag. foe-
dus, sondern diese Bemerkung selbst
gemacht, oder aus einer anderen
Quelle entlehnt), es bleibt also nach
ihm die Möglichkeit das Polyb. 3,
22 erwähnte Bündniss aus d. Jahr
245 d. St. als das erste zu betrachten. Das von L. a. u. St. erwähnte
Bündniss würde dann das zweite
der von Polyb. c. 24 angegebenen
sein, und die in demselben voraus-
gesetzten Verhältnisse, besonders
die Roms zu den Latinern, würden
ganz zu der Lage, in der sich Rom

in jener Zeit befand, stimmen. Da
jedoch Diod. 16, 19 das Bündniss
von 406 das erste nennt, so hat
Mommsen Chron. 321 dieses für dasselbe erklärt, welches Polyb. als
das erste bezeichnet und bezweifelt,
dass es von Polyb. mit Recht in das
Jahr 245 gesetzt werde, s. zu c. 38,
2; 9, 43, 26; Mommsen R. G. 1,
417; Rhein. Jahrbb. 15, 396; 488;
16, 288; Jahrbb. f. Philol. 95, 321 ff.

3—4. *Manlio*, s. c. 26. — *semun-*
ciarium, es wird auf 5 Procent (4⅙
auf das zehnmonatliche Jahr) herab-
gesetzt, s. c. 16, 1. — *factum*, wol
durch ein Plebiscit, s. Tac. Ann. 6,
16; Lange 2, 33. — *in pensiones*
etc., die Schulden sollen in 4 gleichen Raten, die erste (*quarta*, weil
triennii vorausgegangen ist) sogleich, die 3 übrigen je nach Jah-
resfrist abgetragen werden; vgl. 30,
37, 5: *pensionibus aequis in annos*
L; 42, 5, 9; Rein Privatrecht S.
627. Der Grund der Massregel ist
nicht Insolvenz, sondern die Absicht das Eintreten des strengen
Executionsverfahrens, s. c. 19, 5;
21, 8, wenn nicht an dem bestimmten Termine das Capital zurückgezahlt wird, abzuwenden. — *sic quoq.*,
auch so, nach diesen Zugeständ-
nissen. — *adfecta*, wahrscheinlich
mussten viele ihre Güter abtreten,
oder konnten das Geld nicht herbei-
schaffen. — *fides p.*, um den öffent-

tibus potior ad curam senatui fuit. levatae maxime res, quia
tributo ac dilectu supersessum.

Tertio anno post Satricum restitutum a Volscis M. Valerius 5
Corvus iterum consul cum C. Poetelio factus, cum ex Latio nuntiatum esset legatos ab Antio circumire populos Latinorum ad
concitandum bellum, priusquam plus hostium fieret, Volscis arma 6
inferre iussus ad Satricum exercitu infesto pergit. quo cum Antiates aliique Volsci praeparatis iam ante, si quid ab Roma moveretur, copiis occurrissent, nulla mora inter infensos diutino odio
dimicandi facta est. Volsci, ferocior ad rebellandum quam ad 7
bellandum gens, certamine victi fuga effusa Satrici moenia petunt. et ne in muris quidem satis firma spe cum corona militum cincta iam scalis caperetur urbs, ad quattuor milia militum
praeter multitudinem inbellem sese dedidere. oppidum dirutum 8
atque incensum; ab aede tantum matris Matutae abstinuere ignem.
praeda omnis militi data. extra praedam quattuor milia dedito-
rum habita; eos vinctos consul ante currum triumphans egit;
venditis deinde magnam pecuniam in aerarium redegit. sunt qui 9
hanc multitudinem captivam servorum fuisse scribant, idque magis veri simile est quam deditos venisse.

Hos consules secuti sunt M. Fabius Dorsuo Ser. Sulpicius 28
Camerinus. Auruncum inde bellum ab repentina populatione
coeptum; metuque ne id factum populi unius, consilium omnis 2

lichen Credit überhaupt (nicht den
des Staates) aufrecht zu erhalten
wurde die für viele drückende Massregel angeordnet. — *potior ad,* Cic.
Fin. 1, 4, 11: *nulla ad legendum po-
tiora.* — *tributo a. d.,* die beiden
Dinge, welche die Noth der Plebs
verursachen.

5—9. *Poetel.,* c. 11. — *ab Ant.,*
es ist also wieder dasselbe Verhältniss wie 6, 6. — *Latinor.,* vgl.
c. 25, 6; 8, 4, 2. — *diutino,* obgleich
schon c. 19, 9, ein Krieg mit den
Volskern erwähnt ist, so hat L.
doch wol mehr an die Kriege vor
377 a. u. gedacht. — *praeter,* abgesehen von. — *dirutum* wie 6, 33.
— *extra pr.* etc., die übrigen schei-
zen als Theil der Beute betrachtet
nu werden, vgl. 4, 34, 4. — *servorum,* was Prädicatsnomen sein soll-

te: *servos fuisse hanc multitudinem,*
hat sich an das logische Subject als
Bestimmung angeschlossen: aus —
bestanden habe, vgl. 23, 35, 6. —
idque — deditos, L. ist geneigt, dieses zu glauben, weil sonst der
Grundsatz galt *captas non deditas
diripi urbes,* 37, 32, 12; es wäre
nach seiner Ansicht wenigstens die
persönliche Freiheit der Bürger ge-
sichert gewesen, vgl. 30, 7, 2; 42,
8, 5; Val. Max. 6, 5, 1. Allein da
sie sich erst bei dem Sturm ergaben,
also wol ohne Bedingung, vgl. 2, 17,
6; 8, 13, 12; 9, 42, 7; 6, 3, 10, so
konnte strenger gegen sie verfahren werden.

28. 1—2. *Dorsuo,* 5, 46. L. hat
nicht bemerkt, dass beide Consuln
Patricier sind. — *Auruncum,* s. 2,

nominis Latini esset, dictator velut adversus armatum iam Latium L. Furius creatus, magistrum equitum Cn. Manlium Capito-
3 linum dixit; et cum, quod per magnos tumultus fieri solitum
erat, iustitio indicto dilectus sine vacationibus habitus esset, legiones, quantum maturari potuit, in Auruncos ductae. ibi praedonum magis quam hostium animi inventi; prima itaque acie
4 debellatum est. dictator tamen, quia et ultro bellum intulerant
et sine detractatione se certamini offerebant, deorum quoque
opes adhibendas ratus inter ipsam dimicationem aedem Iunoni
Monetae vovit; cuius damnatus voti cum victor Romam rever-
5 tisset, dictatura se abdicavit. senatus duumviros ad eam aedem
pro amplitudine populi Romani faciendam creari iussit; locus in
arce destinatus, quae area aedium M. Manli Capitolini fuerat.
6 consules dictatoris exercitu ad bellum Volscum usi Soram ex hostibus, incautos adorti, ceperunt.

   Anno post quam vota erat aedes Monetae dedicatur C. Mar-
7 cio Rutilo tertium T. Manlio Torquato iterum consulibus. prodi-

16, 8; sie sind seit 2, 26 nicht erwähnt, und erheben sich jetzt wol,
weil die Römer ihren Grenzen näher rücken, s. Nieb. R. G. 3, 101.
Eine Verbindung derselben mit den
Latinern, zu denen sie L. hier rechnet, ist sonst nicht bekannt; er
scheint den Namen Latium nicht in
der damaligen, sondern in seiner
späteren Ausdehnung gebraucht zu
haben, vgl. Strabo 5, 3 p. 231: τυνὶ
μὲν οὖν ἡ παραλία μέχρι πόλεως
Σινοέσσης ἀπὸ τῶν Ὀστίων Λατί-
νη καλεῖται, πρότερον δὲ μέχρι τοῦ
Κιρκαίου μόνον ἐσχήκει τὴν ἐπί-
δοσιν, s. Mommsen 1, 34. — con-
sil., s. 21, 34, 4. — Furius c. 25.

3—5. iustitio, s. 3, 3, 6. — vacationibus, c. 9, 6; 3, 69, 6. — praedonum, 2, 48, 5. — offerebant n. als der
Dictator ihnen die Schlacht anbot,
holt wie auch vovit nach, was vor
prima — debellatum est geschehen
ist. — opes hier: die (mächtige)
Hülfe, 10, 38, 2. — Moneta, von
monere, Göttin der Erinnerung, ein
Beiname der Juno, der nach Suidas
s. v. Μονῆτα erst im Kriege mit

Pyrrhus entstanden sein soll, vgl.
Cic. Div. 1, 45; 2, 32. An u. St. haben die Hss. Monitae, sonst Moneta,
s. 4, 7; 20; 33, 26; 42, 7. — damn.
voti, Cic. Legg. 2, 16, 41: voti sponsio, qua obligamur deo; daher nach
Servius: cum vota suscipimus, rei
voti dicimur, donec consequamur
beneficium, et donec condamne-
mur i. e. promissa solvamus, s. 5,
25, 4; 8, 9, 8. — duumviros etc.,
als ausserordentliche Magistrate
nach einem Senatsbeschlusse vom
Volke gewählt, s. zu 23, 30, 13.

   6. Soram, eine Stadt der Aurunker (oder Volsker) im oberen Liris-
thale, in dem sich die Römer bereits
festsetzen; doch ist nicht sicher, ob
schon jetzt, s. 9, 23; 10, 1, eine Colonie dahin geführt wird. — aedes
M. d., Ov. Fast. 6, 183: Arce quoque in summa Iunoni templa Monetae ex voto memorant facta, Ca-
mille, tuo; Becker 1, 409. Später
war nach 6, 20 die Münzstätte mit
dem Tempel verbunden, und die libri lintei wurden in demselben auf-
bewahrt, s. 4, 7. — Marcio, c. 21.
Manlio, c. 27.

gium extemplo dedicationem secutum, simile vetusto montis Al-
bani prodigio: namque et lapidibus pluit et nox interdiu visa intendi; librisque inspectis cum plena religione civitas esset, senatui placuit dictatorem feriarum constituendarum causa dici. di- 8
ctus P. Valerius Publicola; magister equitum ei Q. Fabius Ambustus datus est. non tribus tantum supplicatum ire placuit sed
finitimos etiam populus, ordoque iis, quo quisque die supplica-
rent, statutus. — Iudicia eo anno populi tristia in feneratores 9
facta, quibus ab aedilibus dicta dies esset, traduntur. et res haud
ulla insigni ad memoriam causa ad interregnum redit; ex inter- 10
regno, ut id actum videri posset, ambo patricii consules creati
sunt, M. Valerius Corvus tertium A. Cornelius Cossus.

Maiora iam hinc bella et viribus hostium et longinquitate vel **29**
regionum vel temporum [spatio], quibus bellatum est, dicentur.
namque eo anno adversus Samnites, gentem opibus armisque validam, mota arma; Samnitium bellum ancipiti Marte gestum Pyr- 2
rhus hostis, Pyrrhum Poeni secuti. quanta rerum moles! quo-

7—8. *intendi,* 1, 57, 8. — *plena*
etc., vgl. 6, 5, 6. — *feriarum,* s. 3,
5, 14; Macrob. 1, 16, 6, das *novem-*
diale sacrum, 1, 31, 4. An den Ferien scheint die von den *decemviri*
sacr. fac. anzuordnende *supplicatio*
statt gehabt zu haben. — *Valerius,*
c. 23. — *datus,* c. 21, 9. — *tribus*
ist, wie der Gegensatz zeigt, das
ganze römische Volk, 21, 62, 9:
universo populo, nicht wie 22, 10
die *urbana multitudo* im Gegensatze zu den *agrestes;* an anderen
Stellen, s. 3, 7, 7; 27, 51; 34, 55
u. a., findet sich diese Anordnung
nicht, es liegt zugleich darin, dass
die *supplicatio* nach Tribus gehalten
wurde, s. App. Lib. 135: ϑυσίαι τε
καὶ πομπαὶ τοῖς ϑεοῖς ἐγίγνοντο
κατὰ φυλήν. — *finit. p.,* Rom verbündete oder befreundete Staaten;
über die Theilnahme derselben an
Spielen s. 4, 35, 4. — *ordoque* etc.,
eine ähnliche Bestimmung 34, 55,
s. Marq. 4, 41; 56; der Gegensatz
ist *vaga,* 3, 63, 5.

9—10. *feneratores,* der erste
Fall dass der Wucher bestraft wird,
dieser scheint durch die neueren

Gesetze, s. c. 16; 27, mit einer
Mult bedroht gewesen zu sein, auf
welche die Aedilen, vermöge ihres
polizeilichen Aufsichtsrechtes, vor
einem Volksgerichte (*dies dicta*) Anträge stellen und die Verurtheilung
bewirken, s. Becker 2, 2, 320; Rein
Privatrecht S. 634. — *et* knüpft
locker etwas ganz Verschiedenes
an. — *ut id a.,* s. c. 17, 10; 22, 10.
— *Valerius* c. 27; *Cornel.* c. 26.

29—VIII, 1. Der erste samniti-
sche Krieg. Appian. Samnit. 1; Frontin de aquae duct. 5.

1—3. *iam hinc,* s. 2, 1, 1; es
wird dadurch eine neue Epoche angedeutet, s. 6, 1, 1. — *longinq.* gehört zu den beiden Genitiven und
wird von L. auch von der Zeit gebraucht, s. 5, 11, 5 u. a., *spatio* ist
dazu wol ein Glossem. — *validam,*
sie besassen den grösseren Theil
Mittelitaliens von dem oberen Meer
bis zur Grenze Campaniens und an
den Liris, stammverwandt waren
ihnen die nördlich und südlich wohnenden sabellischen Völker, 8, 1;
29, und die Eroberer Capuas. —

tiens in extrema periculorum ventum, ut in hanc magnitudinem,
3 quae vix sustinetur, erigi imperium posset! Belli autem causa
cum Samnitibus Romanis, cum societate amicitiaque iuncti es-
4 sent, extrinsecus venit, non orta inter ipsos est. Samnites Sidicinis iniusta arma, quia viribus plus poterant, cum intulissent,
coacti inopes ad opulentiorum auxilium confugere Campanis sese
5 coniungunt. Campani magis nomen ad praesidium sociorum
quam vires cum attulissent, fluentes luxu ab duratis usu armorum
in Sidicino pulsi agro, in se deinde molem omnem belli verterunt.
6 namque Samnites omissis Sidicinis ipsam arcem finitimorum
Campanos adorti, unde aeque facilis victoria, praedae atque gloriae plus esset, Tifata, inminentis Capuae colles, cum praesidio
firmo occupassent, descendunt inde quadrato agmine in plani-
7 tiem, quae Capuam Tifataque interiacet. ibi rursus acie dimicatum; adversoque proelio Campani intra moenia conpulsi, cum
robore iuventutis suae acciso nulla propinqua spes esset, coacti
sunt ab Romanis petere auxilium.

extrema per., der Genitiv bei einem Neutr. plur. eines Adjectivs
ist bei L. häufig, s. 6, 32, 5; 8, 26,
3 u. s. w., vgl. 1, 57, 9. — *in hanc*
etc., vgl. praef. 10. — *societate*, c.
19, 4.

4. *Sidicinis*, eine ausonische, den
Aurunkern benachbarte Völkerschaft, gleichen Stammes mit denselben; ihre Hauptstadt Teanum lag
nordöstlich am mons Massicus, s.
22, 57; 8, 15 f. Mit diesen stiessen
die Samniter, als sie am Liris vor-
drangen, zusammen. — *iniusta*, worin die Verletzung des Völkerrech-
tes, s. 9, 1, 10, bestanden habe, ist
nicht angedeutet, denn *quia — poterant* giebt den Grund zu dem ganzen Satze an: weil sie die Macht
hatten, setzten sie sich über das
Recht hinweg. — *Campanis*, nicht
allein die Bewohner Capuas (obgleich
an diese zunächst im Folg. bei *Campani* etc. zu denken ist), sondern
auch des ager Campanus und der
benachbarten Städte, s. c. 30, 6;
38, 10; 23, 17, 10; 4, 44, 12. Die
Samniter, welche sich des Landes
bemächtigt hatten, 4, 37, sind in

Schwelgerei versunken und dadurch
ihren Stammgenossen entfremdet,
s. 9, 13, 7.

5. *nomen*, 3, 65, 10. — *fluentes*,
ein oft gebrauchter Tropus für Ver-
weichlichung und Genusssucht =
effeminati, molles, vgl. Cic. Tusc.
2, 22, 52; Offic. 1, 30, 106; anders
c. 33, 14; zur Sache s. Mommsen 1,
356 f. — *deinde*, s. 27, 42, 13; 29,
2, 18.

6—7. *Tifata*, ein östlich von
Capua an der Grenze von Samnium
von Süden nach Norden zu laufen-
der gegen den Vulturnus sich ab-
dachender Hügelzug. — *praesidio*,
ein bleibender Posten wie 2, 49,
von dem aus Plünderungszüge unternommen werden können, s. c. 30,
15. — *quad. agmin.*, gewöhnlich
ein in der Form eines Rechteckes
marschirendes Heer, welches sogleich die Schlachtordnung bilden
kann; an u. St. wol: das Heer in
Schlachtordnung, s. 21, 5, 16. —
Capuam Tif., vgl. 27, 41, 4; 21, 30,
11: *campum interiacentem Tiberi
ac moenibus Romanis.* — *acciso*, 3,
10, 8. — *spes*, s. 21, 11, 12.

Legati introducti in senatum maxime in hanc sententiam lo- **30**
cuti sunt: „populus nos Campanus legatos ad vos, patres conscripti, misit amicitiam in perpetuum, auxilium praesens a vobis
petitum. quam si secundis rebus nostris petissemus, sicut coepta **2**
celerius ita infirmiore vinculo contracta esset: tunc enim, ut qui
ex aequo nos venisse in amicitiam meminissemus, amici forsitan
pariter ac nunc, subiecti atque obnoxii vobis minus essemus;
nunc, misericordia vestra conciliati auxilioque in dubiis rebus **3**
defensi, beneficium quoque acceptum colamus oportet, ne ingrati
atque omni ope divina humanaque indigni videamur. neque her- **4**
cule, quod Samnites priores amici sociique vobis facti sunt, ad
id valere arbitror, ne nos in amicitiam accipiamur, sed ut vetustate et gradu honoris nos praestent: neque enim foedere Samnitium, ne qua nova iungeretis foedera, cautum est. fuit qui- **5**
dem apud vos semper satis iusta causa amicitiae, velle eum vobis
amicum esse, qui vos appeteret: Campani, etsi fortuna praesens **6**
magnifice loqui prohibet, non urbis amplitudine, non agri uber-
tate ulli populo praeterquam vobis cedentes, haud parva, ut arbitror, accessio bonis rebus vestris in amicitiam venimus vestram.

30—31. Die Campaner unterwerfen sich den Römern.

1—2. *introducti,* von den Consuln. — *maxime,* im Wesentlichen,
die Rede sei in Rücksicht auf Inhalt
und Form nur der Hauptsache nach
wiedergegeben. — *infirmiore,* vgl.
5, 27, 13. — *ex aequo,* aus dem Zustande der Gleichheit heraus, also
in gleicher Selbständigkeit; 37, 36
5: *quae disceptatio ex aequo — relicta est?* 35, 16, 6; 2, 37, 8; es ist
ein aequum foedus gemeint, bei *subiecti a. o.* das Verhältniss der dediticii: es wäre nur eine politische
Verbindung, ohne moralische Motive, welche § 3 angiebt, vgl. Thucyd. 1, 32, 2. Auch im Folg. an
mehreren Punkten scheint L. die
Rede der Kerkyräer berücksichtigt
zu haben.

4—6. Die Römer thun nichts Un-
rechtes, wenn sie Capua unterstüz-

zen, s. Thucyd. l. l. 34. — *arbitror,*
der princeps legationis, s. § 23:
horreo; c. 31, 3. — *neque en.* etc.,
der Redner fasst nur in das Auge,
dass die Römer mit Capua, welches
selbständig sei und in dem Bündniss
der Samniten nicht berührt werde,
s. 21, 18, 8, einen Bund schliessen
dürfen, ohne zu bedenken, dass dieselben dadurch sogleich mit ihren
Verbündeten in Krieg gerathen
müssen, s. c. 31, 2. — *appeter.*, sich
an euch anschliessen wollte. — *Campani,* s. c. 13, 10 : *milites,* durch das
Asyndeton *quidem* gegenüber gehoben: ihr handelt nicht nur gerecht,
sondern habt von dieser Verbindung
auch grossen Nutzen. — *urbis ampl.,*
Flor. 1, 11, 6 : *ipsa caput urbium
Capua, quondam inter tres ma-
ximas numerata;* vgl. 23, 10, 2.
— *agri,* das Gebiet der Stadt Capua, und Campanien überhaupt,
s. c. 31, 1. — *accessio,* s. 30,
40, 3.

7 Aequis Volscisque, aeternis hostibus huius urbis, quandocumque
se moverint, ab tergo erimus, et quod vos pro salute nostra priores feceritis, ·id nos pro imperio vestro et gloria semper facie-
8 mus. subactis his gentibus, quae inter nos vosque sunt, quod
prope diem futurum spondet et virtus et fortuna vestra, conti-
9 nens imperium usque ad nos habebitis. acerbum ac miserum
est, quod fateri nos fortuna nostra cogit: eo ventum est, patres
10 conscripti, ut aut amicorum aut inimicorum Campani simus. si
defenditis, vestri, si deseritis, Samnitium erimus; Capuam ergo
et Campaniam omnem vestris an Samnitium viribus accedere ma-
11 litis, deliberate. omnibus quidem, Romani, vestram misericordiam vestrumque auxilium aequum est patere, iis tamen maxime,
qui fidem inplorantibus aliis auxilium dum supra vires suas prae-
12 stant, *ante* omnes ipsi in hanc necessitatem venerunt. quamquam
pugnavimus verbo pro Sidicinis, re pro nobis, cum videremus
finitimum populum nefario latrocinio Samnitium peti, et, ubi
conflagrassent Sidicini, ad nos traiecturum illud incendium esse.
13 nec enim nunc, quia dolent iniuriam acceptam Samnites, sed
quia gaudent oblatam sibi esse causam, oppugnatum nos veniunt.
14 an, si ultio irae haec et non occasio cupiditatis explendae esset,

7. *Aequis*, in Bezug auf die früheren Kriege, 6, 4, 8; dass auch latinische Städte dazwischen lagen
ist von L. übergangen, weil er sie
für Rom unterworfen hält; die Aurunker und Sidiciner, s. c. 32, 9,
sind nicht besonders erwähnt, s. c.
28, 1.

9—10. Um die angegebenen Vortheile zu erlangen, müsst ihr sogleich
Capua schützen, da es sonst den
Samnitern anheim fällt. Die folg.
Ausführung deutet wie § 2 *obnoxii*
schon auf die deditio c. 31 hin. —
defenditis — erimus, vgl. 6, 41, 8;
an u. St. scheint das Praesens mit
Nachdruck gebraucht: wenn ihr jetzt
nicht u. s. w., s. § 21.

11—12. Die Lage der Campaner
macht sie der Unterstützung würdig. — *fidem — ante omnes* sind unsicher, die Hdss. haben unpassend
eam und nur *omnes*; Madvig verm.
ea und tilgt *auxilium* und *omnes*.
— *quamquam* etc. Beschränkung

von *inplorantibus—praestant*: nicht
allein um Anderen zu helfen, sondern um sich selbst zu schützen haben sie Krieg geführt; da die Samniten nur die Unterwerfung Capuas
beabsichtigen. — *latrocinio*, c. 28,
3; dadurch dass das logische Subject in das Genitivverhältniss tritt,
wird *latrocinio* gehoben, wie oft bei
L. — *causam* nur einen Vorwand.

14—16. *an si* etc., rhetorische
Begründung: *nam non parum fuit
=satis esse potuit, oportuit* (daher
fuit), vgl. 6, 40, 18; 27, 10, 5; 4,
2, 7, auf welche § 16, nachdem der
Gedanke *si ultio irae esset* etc. in
quae est — expleri potuit weiter
ausgeführt ist, *sed cupiditas* etc. =
*expleri autem non potuit, quod non
ira sed cupiditas est*, zurückgeht.
Uebrigens liegt eine sehr naive Auf-
fassung der Verhältnisse zu Grunde,
wenn nicht angedeutet werden soll,
dass die Samniten die bloss bedingte Unterwerfung Capuas zurückge-

parum fuit, quod semel in Sidicino agro, iterum in Campania
ipsa legiones nostras cecidere? quae est ista tam infesta ira, quam   15
per duas acies fusus sanguis explere non potuerit? adde huc populationem agrorum, praedas hominum atque pecudum actas,
incendia villarum ac ruinas, omnia ferro ignique vastata: his-   16
cine ira expleri non potuit? sed cupiditas explenda est. ea ad
oppugnandam Capuam rapit: aut delere urbem pulcherrimam aut
ipsi possidere volunt. sed vos potius, Romani, beneficio vestro   17
occupate eam, quam illos habere per maleficium sinatis. non
loquor apud recusantem iusta bella populum; sed tamen, si ostenderitis auxilia vestra, ne bello quidem arbitror vobis opus fore.
usque ad nos contemptus Samnitium pervenit, supra non ascen-   18
dit: itaque umbra vestri auxilii, Romani, tegi possumus, quidquid
[id] deinde habuerimus, quidquid fuerimus, vestrum id omne
existimaturi. vobis arabitur ager Campanus, vobis Capua urbs   19
frequentabitur; conditorum, parentium, deorum inmortalium numero nobis eritis; nulla colonia vestra erit, quae nos obsequio
erga vos fideque superet. adnuite, patres conscripti, nutum nu-   20
menque vestrum invictum Campanis et iubete sperare incolumem Capuam futuram. qua frequentia omnium generum multi-   21
tudinis prosequente creditis nos illinc profectos? quam omnia votorum lacrimarumque plena reliquisse? in qua nunc expectatione

---

wiesen haben. — *semel — iterum*,
in Aufzählungen giebt mehr die
Zahl als die Aufeinanderfolge an,
1, 19, 3. — *villarum*, mit denen die
L's Zeit die Gegend übersät war.

17—18. *sed* etc., um die Samniten von Capua abzuhalten ist nicht
einmal ein Kampf nöthig, ein blosses
Machtgebot reicht schon hin: aber
(nein) die Begierde u. s. w. — *tamen*, in Bezug auf die Einräumung
in dem vorhergehenden Satze, vgl.
§ 5. — *ostenderitis* und *umbra*,
durch die Stellung gehoben: ihr
dürft nur — durch den blossen
Schatten. — *supra* : darüber hinaus
bis zu euch, die ihr höher steht,
mächtiger seid, Sall. I. 24, 5: *intel-
lego illum supra quam ego sum petere.* — *umbra*, vgl. 32, 21, 31: *sub
umbra auxilii vestri latere volunt*, wo
aber wirkliche Hülfe gemeint ist; 38,

51, 4. — *quidquid* etc., Folgen des
geleisteten Beistandes.

19—20. *arabitur*, c. 31, 1. —
deorum etc., Zeichen der tiefsten
Unterwürfigkeit, wie § 20, vgl. c.
31, 5. — *numero*, 4, 4, 12. — *adnuite nutum* wie *facere facinus* u.
a.; Virg. 12, 187: *sin nostrum ad-
nuerit nobis Victoria Martem. nutum* Gebot; *numen* wirksame Macht;
der hyperbolische Ausdruck ist durch
et iubete etc. erklärt, vgl. Varro L.
L. 7, 85: *numen dicunt esse imperium, dictum ab nutu*, s. L. 8, 34,
2: *dictatoris edictum pro numine
semper observatum*; 38, 51, 4; Preller Mythol. S. 52. Ueber die Zusammenstellung gleichlautender, sy-
nonymer Ausdrücke s. 1, 16, 3; 6,
22, 7. Der Darstellung scheint Il.
1, 528 zu Grunde zu liegen. — *iubete sp.*. 2, 12, 14. — *omnium. gen.*

senatum populumque Campanum, coniuges liberosque nostros

22 esse? stare omnem multitudinem ad portas viam hinc ferentem
prospectantes certum habeo. quid illis nos, patres conscripti,

23 sollicitis ac pendentibus animi renuntiare iubetis? alterum responsum salutem victoriam, lucem ac libertatem, alterum — omi-
nari horreo, quae ferat. proinde ut aut de vestris futuris sociis
atque amicis aut nusquam ullis futuris nobis consulite."

31   Summotis deinde legatis cum consultus senatus esset, etsi
magnae parti urbs maxima opulentissimaque Italiae, uberrimus
ager marique propinquus ad varietates annonae horreum populi
Romani fore videbatur, tamen tanta utilitate fides antiquior fuit,

2 responditque ita ex auctoritate senatus consul: ,,auxilio vos, Campani, dignos censet senatus; sed ita vobiscum amicitiam institui
par est, ne qua vetustior amicitia ac societas violetur. Samnites

---

zu *multitudinis* gehörend: die besteht aus, vgl. 21, 12, 8.

22—23. *prospectantes*, 5, 48, 6;
der Plural in Bezug auf die in *multitudo* zu denkenden Personen: *coniuges liberosque*. — *habeo. quid*,
diese Interpunction hat schon Peri-
onius; doch ist dann mit Madvig
iubetis zu lesen, da wegen der folgenden Alternative der Ausdruck
des Unwillens oder der Verwunderung nicht in der Frage liegen kann,
s. 6, 40, 11; 22, 60, 18 u. a. ; gewöhnlich wird *habeo, quid — iubeatis* gelesen, dann müsste *illis* des Gegensatzes wegen wie sonst *is*, s. 31,
34, 1; 34, 62, 13 u. a. für das re-
flexivum und *prospectantes* praeg-
nant=mit Aengstlichkeit den Weg
entlang blickend, gebraucht sein, s.
Doederlein Syn. 3, 55; Naegelsbach
§ 102; allein so würde in *prospect.*
gelegt, was sogleich bestimmter
durch *sollic. ac pendent. animi* ausgedrückt wird, und diese Worte
selbst deuten an, dass von den *prospectantes* in der dritten Person gesprochen, nicht ein Gedanke von
ihnen (*sibi — sollicitis*) angegeben
ist. — *animi* wird in diesem Falle
gewöhnlich gebraucht, s. 6, 36, 8,
nur selten *animis* wie die Hdss. ha-

ben, s. c. 10, 9, vgl. Cic. Tusc. 1,
40, 96, was an u. St. wol auch der
Zweideutigkeit wegen gemieden ist.
— *ferat*, daraus ist zu dem vorhergeh. Satze *feret* zu nehmen. — *ut*
n. ut consulitur de hominibus, qui
aut etc.; *ut* ist vorangestellt, weil
es zu beiden Sätzen mit *aut* gehört,
so konnte die Präposition im zweiten Gliede leichter fehlen, s. 29,
31, 1; 45, 19, 5. — *n. ullis*, s. 6,
18, 8.

31. 1. *uberrimus ag.*, Flor. 1,
11, 3: *omnium non modo Italiae
sed toto orbe pulcherrima Campaniae plaga est, nihil mollius caelo
— nihil uberius solo*, vgl. Plin. 3,
5, 60; 18, 11, 109.— *ad variet.*, für
die Schwankungen der Getreide-
preise: wenn Theuerung eintreten
sollte; wie Campanien schon vorher
die Kornkammer Roms war, 4, 25,
und es bis zur Eroberung Siciliens
blieb.— *fides*, die Bundestreue wäre
nur dadurch verletzt worden, dass
die Samniten von Rom sogleich
angegriffen werden mussten, nicht
durch den Abschluss eines Bündnisses mit Capua an sich, s. c.
30, 4. — *ex auct.*, gemäss dem Beschlusse. — *ita—ne*, 22, 61, 5.

nobiscum foedere iuncti sunt: itaque arma, deos prius quam homines violatura, adversus Samnites vobis negamus; legatos, sicut 3
fas iusque est, ad socios atque amicos precatum mittemus, ne
qua vobis vis fiat." ad ea princeps legationis — sic enim domo
mandatum attulerant — ,,quando quidem" inquit ,,nostra tueri
adversus vim atque iniuriam iusta vi non vultis, vestra certe de-
fendetis: itaque populum Campanum urbemque Capuam, agros, 4
delubra deum, divina humanaque omnia in vestram, patres conscripti, populique Romani dicionem dedimus, quidquid deinde
patiemur, dediticii vestri passuri." sub haec dicta omnes, manus 5
ad consules tendentes, pleni lacrimarum in vestibulo curiae pro-
cubuerunt. commoti patres vice fortunarum humanarum, si ille 6
praepotens opibus populus, luxuria superbiaque clarus, a quo
paulo ante auxilium finitimi petissent, adeo infractos gereret animos, ut se ipse suaque omnia potestatis alienae faceret. tum iam 7
fides agi visa deditos non prodi; nec facturum aequa Samnitium
populum censebant, si agrum urbemque per deditionem factam
populi Romani oppugnarent. legatos itaque extemplo mitti ad 8
Samnites placuit. data mandata, ut preces Campanorum, respon-

---

3. *legatos—mittemus* enthält die
Andeutung der Bitte, daher *ne*; der
Erfolg war leicht vorauszusehen,
s. c. 30, 4. — *fas iusq.*, gewöhnlich
sagt L. *ius fasque*, s. 33, 33, 7. —
iniuriam—vi, Chiasmus und Oxymoron, s. 1, 49, 3; Cic. Sest. 42,
92: *inter hanc vitam perpolitam hu-
manitate et illam immanem nihil
tam interest quam ius et vis.* —
vestra certe etc. Durch die Dedition
wurde Capua u. s. w. Eigenthum
der Römer, durch dessen Verletzung
nun die Samniten das Bündniss gebrochen hätten, s. c. 32, 1. — *in
dicion.*, s. 5, 27, 13, ist Folge der
deditio und wird § 6 *se—alienae faceret* erklärt, da durch die deditio
das Volk, welches dieselbe eingieng,
das Recht verlor über irgend etwas,
mochte es das ius sacrum oder publicum oder privatum betreffen, zu
bestimmen, also seine Souveraini-
tät und Selbständigkeit in jeder Beziehung verlor. Capua wird noch
8, 2, 13 als in solchen Verhältnissen zu Rom stehend erwähnt, vgl.

jedoch c. 38, 4.

5—6. *in vestibulo*, hier stehen,
wie 6, 26, 3, die übrigen Mitglieder der Gesandtschaft und können
von da aus, s. 2, 48, 10; 3, 41, 4,
während der princeps legationis in
der Curie ist, sehen und hören, was
in derselben verhandelt wird, daher
manus—tendentes. — *commoti*, vgl.
6, 26, 3; da mit *tum iam* ein neuer
Satz beginnt, ist *sunt* zu denken.
— *vice*, durch den Wechsel; anders
1, 25, 6.— *si*, s. 21, 11, 2. — *prae-
pot. op. pop.*, Alliteration. — *luxuria s. c.*, durch beide Fehler waren
die Campaner im Alterthume be-
rüchtigt (*clarus* vgl. 8, 27, 6); 23,
5; Cic. leg. ag. 1, 7; 2, 35. — *infractos*, ganz gebrochen, 2, 59, 4.
— *potestat. al. f.*, 1, 25, 13; ib. 38,
2, vgl. 44, 31, 13.

7—10. *tum*, als die Dedition erfolgt und von den Römern angenommen war. — *fides*, sie hielten sich
für verpflichtet, s. § 1. — *data*

sum senatus amicitiae Samnitium memor, deditionem postremo
9 factam Samnitibus exponerent; peterent pro societate amicitiaque, ut dediticiis suis parcerent, neque in eum agrum, qui populi
10 Romani factus esset, hostilia arma inferrent; si leniter agendo
parum proficerent, denuntiarent Samnitibus populi Romani senatusque verbis, ut Capua urbe Campanoque agro abstinerent.
11 haec legatis agentibus in concilio Samnitium adeo est ferociter
responsum, ut non solum gesturos se esse dicerent id bellum,
sed magistratus eorum e curia egressi stantibus legatis praefe-
12 ctos cohortium vocarent iisque clara voce imperarent, ut praedatum in agrum Campanum extemplo proficiscerentur.

32   Hac legatione Romam relata positis omnium aliarum rerum
curis patres fetialibus ad res repetendas missis belloque, quia
non redderentur, sollemni more indicto decreverunt, ut primo

---

mand., 3, 19, 7: *hos hostis.* — *me-*
mor., die zeigte, dass der Senat ein-
gedenk gewesen war, 1, 28, 11, vgl.
9, 29, 11. — *neque*, 2, 32, 10. — *le-*
nit. ag., 3, 50, 12. — *populi Rom.*
sen., die Stellung der Worte ist ungewöhnlich, s. 24, 37, 7; Sall. I. 41,
2. Der Senat hat die ganze Verhandlung geleitet und ertheilt jetzt
den Auftrag, indem er die Interessen
der Gesammtheit vertritt; *populus*
Rom. ist also, wie 1, 24, 5, in ide-
eller Bedeutung als Staat zu nehmen, s. Hermes 3, 262. — *verbis*, 3,
50, 15. — *Camp. agro*, c. 30, 6.
    11. *concilio*, die samnitischen
Völker, die *Hirpini*, *Caudini*, *Pentri*,
Caraceni, Ptol. 3, 1, 67 (oder *Ca-*
recini, s. 9, 31, 2; Zon. 8, 7), *Fren-*
tani bildeten einen wahrscheinlich
nur locker zusammenhängenden
Bundesstaat, vgl. 8, 23, 8, und hatten wie die Latiner, Aequer u. a.
Landtage, *concilia*, vgl. 9, 10, 8:
coetum Samnitium, auf welche die
einzelnen Staaten Abgeordnete
schickten, s. 8, 39, 10; 12; Nieb. 1,
421 ff.; Mommsen 1, 118. — *magi-*
stratus, die Vorsteher der Bundesversammlung, s. 10, 13, 3 u. 8, 39,
12, wo sie *praetores* genannt werden; obgleich verschieden von dem

imperator, s. 8, 39, 9, haben sie
doch nach u. St. u. 10, 13 die Macht
den Heeren ihre Bestimmung anzu-
weisen. Das Heer der Samniten
wäre nach dem Folg. nicht mehr in
Campanien sondern in der Nähe des
Versammlungsortes. — *praef. coh*,
die spätere römische Bezeichnung
der Anführer der Bundestruppen im
römisch. Heere; vgl. 3, 69, 8. —
stantibus, als sie noch da standen,
ehe sie weggezogen waren.
    32—34. Kriegserklärung an die
Samniten; Schlacht am Gaurus.
    1. *legatione rel.*, auch das, was
die Gesandten gethan und erfahren
haben, wird *legatio* genannt, daher
legationem referre, *renuntiare.* —
positis = *depositis*, s. 1, 19, 4; 8, 4,
3. — *patres*, diese treffen auch sonst
alle Vorbereitungen zum Krieg; aber
ungewöhnlich, vielleicht nur ungenau ausgedrückt ist, dass das Volk
erst befragt wird, nachdem der Krieg
bereits angekündigt (*bello indicto*)
ist, da dieses nur *iussu populi* erfolgen konnte, s. 4, 30, 15. — *fetiali-*
bus etc., sie fordern Wiedererstat-
tung des den Campanern zugefügten
Schadens, den die Römer jetzt als
den ihrigen betrachten, s. c. 6, 7;
16, 2; 8, 22, 8 u. a.

quoque tempore de ea re ad populum ferretur. iussuque populi 2
consules ambo cum duobus exercitibus ab urbe profecti, Valerius
in Campaniam, Cornelius in Samnium, ille ad montem Gaurum,
hic ad Saticulam castra ponunt. priori Valerio Samnitium legio- 3
nes — eo namque omnem belli molem inclinaturam censebant
— occurrunt; simul in Campanos stimulabat ira, tam promptos
nunc ad ferenda nunc ad accersenda adversus se auxilia. ut vero 4
castra Romana viderunt, ferociter pro se quisque signum duces
poscere; adfirmare eadem fortuna Romanum Campano laturum
opem, qua Campanus Sidicino tulerit. Valerius levibus certami- 5
nibus temptandi hostis causa haud ita multos moratus dies signum pugnae proposuit, paucis suos adhortatus, ne novum bel- 6
lum eos novusque hostis terreret: quidquid ab urbe longius pro-
ferrent arma, magis magisque in inbelles gentes eos prodire. ne 7
Sidicinorum Campanorumque cladibus Samnitium aestimarent
virtutem: qualescumque inter se certaverint, necesse fuisse alteram partem vinci. Campanos quidem haud dubie magis nimio
luxu fluentibus rebus mollitiaque sua quam vi hostium victos
esse. quid autem esse duo prospera in tot saeculis bella Samni- 8
tium adversus tot decora populi Romani, qui triumphos paene
plures quam annos ab urbe condita numeret, qui omnia circa 9

2—3. *Gaurum* in einem Winkel
zwischen Cumae und Neapolis, s. c.
33, 18. Ob Valerius absichtlich oder
vom Feinde gedrängt sich dahin gezogen habe, wird nicht klar. — *Sa-*
ticulam an der Grenze von Campanien und Samnium, s. 23, 14, 13. —
eo, s. c. 31, 12. — *namq.*, 4, 9, 2;
sie glauben, die Römer würden nicht
in Samnium einrücken (s. jedoch c.
34, 1), sondern nur Campanien
schützen; ein neuer Grund wird in
simul etc. angegeben. — *accers.*;
diese Form findet sich bisweilen bei
L., s. 8, 20, 7; 9, 9, 12; mehrfach
in der 4. Decade. — *se* auf das bei
ira stim. zu denkende Object zu beziehen. — *signum d. p.*, s. 35,
33, 9.

6—8. Die Beschaffenheit der
Feinde; § 8 die früheren Erfolge
der Römer, § 11 die Kriegserfahrung
des Anführers lassen den Sieg hoffen. — *quidquid* etc.: so sage ich,

s. 1, 28, 5. über *quidquid* s. 8,
39, 5; 21, 54, 8; praef. 7. — *magis*
mag., das allmähliche Wachsen soll
bezeichnet werden, nicht ein Grad-
verhältniss, *eo magis*, vgl. 2, 45, 9;
26, 20, 5; vgl. 8, 39, 5. — *inbelles*
passt mehr auf die Griechen in Unteritalien, auf die Apuler, Sallentiner u. a. als auf die Samniten. —
cladib., der Massstab der Schätzung
steht bei früheren Schriftstellern
mit *ex, ab, secundum*, bei späteren
zuweilen im blossen Abl., 34, 49, 7;
22, 8, 4: *non rerum magnitudine*
— *aestimandum*; 7, 10, 6; Tacit.
Hist. 4, 73: *bona ac mala non sua*
natura — aestimantur. — *alteram,*
c. 21, 7 *alteri.* — *fluentibus*, c. 29,
5. — *quidem*, was — anlange, so
sei gewiss. — *duo prosp.*, L. kennt
nur wenige Momente aus der Geschichte der Samniten, s. c. 29; 4,
37; 44. — *in tot. s.*, im Verlaufe,
vgl. 2, 33, 10; 9, 18, 10. — *adver-*

se, Sabinos Etruriam Latinos Hernicos Aequos Volscos Auruncos,
domita armis habeat, qui Gallos tot proeliis caesos postremo in
10 mare ac naves fuga conpulerit? cum gloria belli ac virtute sua
quemque fretos ire in aciem debere, tum etiam intueri, cuius ductu
11 auspicioque ineunda pugna sit, utrum, qui audiendus dumtaxat
magnificus adhortator sit, verbis tantum ferox, operum militarium expers, an qui et ipse tela tractare, procedere ante signa,
12 versari media in mole pugnae sciat. ,,facta mea, non dicta vos,
milites,'' inquit ,,sequi volo, nec disciplinam modo sed exemplum
etiam a me petere. non factionibus [modo] nec per coitiones
usitatas nobilibus, sed hac dextra mihi tres consulatus summam-
13 que laudem peperi. fuit, cum hoc dici poterat ,,,,patricius enim
eras et a liberatoribus patriae ortus et eodem anno familia ista
14 consulatum, quo urbs haec consulem habuit:'''' nunc iam nobis

sus, im Vergleiche mit.

9—11. *domita a. h.*, als unter-
worfene, in dem nach der Unterwerfung eingetretenen u. dauernden
Zustande haben, s. c. 39, 1; 38, 28,
10 u. o.; dass jedoch die Völker
nicht unterworfen waren, ist in
Rücksicht auf einige von L. selbst
c. 30, 7 angedeutet, von anderen
zeigt es die Geschichte der folgenden Zeit. — *Gallos*, Uebertreibung
des c. 26, 9 Erzählten. — *in mare
a. n.*, 22, 19, 7. — *cum gloria*:
schon in Rücksicht auf die eben erwähnten Siege — noch mehr aber.
— *audiend.* mit Nachdruck vorangestellt; der nur verdiene gehört
zu werden, wenn er glänzende Reden halte, vgl. 6, 37, 11. Zur Sache
vgl. 45, 39, 16; Sall. I. 85, 10 ff.;
Tac. H. 4, 76: *verba et contiones
quam ferrum et arma meditantis.* —
magnificus, s. c. 30, 6; 9, 41, 9. —
adhort. 9, 13, 2. *et ipse*, wie er von
Anderen fordert.

12. *inquit*, 3, 19, 12. — *disciplinam*, in Bezug auf *audiendus*, Un-
terweisung, Theorie, Reden über
die Kriegführung, Sall. I. 85, 12 f.
— *exemplum*, Curt. 4, 55, 26: *nec
recuso, quominus imitemini me sive
fortidudinis exemplum sive ignaviae
fuero.* — *faction. modo* etc., modo

ist wahrscheinlich aus der vorhergehenden Zeile wiederholt. Die *factiones* (ἑταιρίαι), s. 1, 17, 1; 2, 27,
3, sowol als die *coitiones*, s. 3, 35,
9, sind zwar in späterer Zeit gewöhnliche Verbindungen der Candidaten um Andere nicht zu einem
Amte kommen zu lassen, aber sie
werden schon bei dem c. 15, 12 erwähnten Gesetze vorausgesetzt und
9, 26 bereits gerichtlich verfolgt, s.
Lange 2, 32; 66. Ueber den Wechsel *faction.* — *per coit.* s. 2, 24, 5:
per metum — *voluntate*; 39, 8, 8
u. a.

13—14. Aufforderung zur Tapferkeit, die zu den höchsten Ehrenstellen führen kann. — *fuit*, die Zeit ist
vorüber. — *poterat*, s. ad Herenn.
4, 26, 36, gewöhnlicher ist nach *fuit*
(est) *cum* der Conjunctiv; aber *poterat* kann bedeuten: es hätte —
können. — *patric. enim*, du konntest
das leicht erreichen, denn; ja du
warst auch u. s. w. — *a liberat.* etc.,
steigernd; über *a* s. 3, 61, 2. — *et
— habuit*, dadurch wurde die Erlangung des Consulates noch mehr
erleichtert, s. Sall. I. 63, 6: *consulatum nobilitas inter se per manus
tradebat.* — *nunc iam* im Gegensatz
zu *fuit*: der Grund gilt nicht mehr,
denn jetzt ist es bereits dahin ge-

patribus vobisque plebei promiscuus consulatus patet, nec generis, ut ante, sed virtutis est praemium. proinde summum quodque spectate, milites, decus. non, si mihi novum hoc Corvini co- 15
gnomen diis auctoribus homines dedistis, Publicolarum vetustum
familiae nostrae cognomen memoria excessit; semper ego ple- 16
bem Romanam militiae domique, privatus in magistratibus parvis magnisque, aeque tribunus ac consul, eodem tenore per omnes
deinceps consulatus colo atque colui. nunc, quod instat, diis 17
bene iuvantibus novum atque integrum de Samnitibus triumphum
mecum petite." Non alias militi familiarior dux fuit omnia inter **33**
infimos militum haud gravate munia obeundo. in ludo praeterea 2
militari, cum velocitatis viriumque inter se aequales certamina
ineunt, comiter facilis; vincere ac vinci vultu eodem, nec quemquam aspernari parem, qui se offerret; factis benignus pro re, 3
dictis haud minus libertatis alienae quam suae dignitatis memor,
et, quo nihil popularius est, quibus artibus petierat magistratus,
isdem gerebat. itaque universus exercitus incredibili alacritate 4
adhortationem prosecutus ducis castris egreditur.

---

kommen, dass, 5, 17, 7. — *plebei*,
Dativ, 22, 25, 10, vgl. 4, 1, 1. —
summum q., das Consulat.

15—17. *non*, s. 5, 51, 1. — *Corvini*, obgleich der Zuname *Corvus*
war, findet sich doch auch diese ab-
geleitete Form nicht selten, s. Dion.
15, 2; Gell. 9, 11; Val. Max. 3, 2,
6 u. a., vgl. 5, 1, 2 *Mamercus.* —
militiae ist viell. vorangestellt, weil
Soldaten angeredet werden; Terent.
Ad. 3, 4, 49: *una semper militiae
et domi fuimus*, gewöhnlich *domi
militiaeque.* — *magist. parv.*, es
konnte nur das Militärtribunat gemeint sein, s. c. 5, 9: *aeque tribunus*;
c. 40, 9, vgl. zu 9, 30, 3., da die
später so genannten *magistratus minores* damals noch nicht bestanden.
— *deinceps*, attributiv. — *colo a. c.*,
das Präsens bezeichnet das *colere*
als bleibenden, charakteristischen
Zug, das Perfect giebt dazu eine Bestätigung aus der Vergangenheit,
es ist also kein hysteron proteron;
zur Sache vgl. c. 40, 8—10. — *novum*, weil er über einen neuen Feind,
integrum, wie er noch von Niemand

erlangt ist.

33. 1—4. *non alias*, fast gleich
numquam, s. 45, 7, 2: *non alias —
tantâ multitudo occurrit*, s. 3, 69, 1.
— *munia*, Lager- und Wachdienste
u. s. w. — *ludo*, zum Vergnügen an-
gestellte Uebungen und Wettkämpfe,
verschieden von den eigentlichen
Exercierübungen, *decursio, ambula-
tio*, vgl. was Plin. Paneg. 13.
über Traian sagt. — *aequales*, 21,
4, 8. — *comiter* herablassend, freundlich; *facilis*, so dass er nichts vor
Anderen voraus haben wollte, ent-
gegenkommend; vgl. c. 10, 5:
stolide laetum. — *parem*, einen Gegner. — *factis b. p. re*, in seinem
Thun gütig, mittheilend nach Mass-
gabe der Umstände oder Mittel,
Caes. 5, 8; Sall. I. 50, 2. — *digni-
tat. m.*, Tac. H. 5, 1: *comitate et
adloquiis officia provocans, ac plerumque in — agmine gregario milite mixtus, incorrupto ducis honore.*
— *isdem art.*, in demselben Geiste,
Sall. C. 2, 4; I. 85, 1. — *prosecut.*
schliesst sich an c. 32, 17 an.

5   Proelium, ut quod maxime umquam, pari spe utrimque, aequis viribus, cum fiducia sui sine contemptu hostium commis-
6 sum est. Samnitibus ferociam augebant novae res gestae et paucos ante dies geminata victoria, Romanis contra quadringentorum
annorum decora et conditae urbi aequalis victoria; utrisque ta-
7 men novus hostis curam addebat. pugna indicio fuit, quos ges-
serint animos: namque ita conflixerunt, ut aliquamdiu in neu-
8 tram partem inclinarent acies. tum consul trepidationem iniacien-
dam ratus, quando vi pelli non poterant, equitibus inmissis tur-
9 bare prima signa hostium conatur. quos ubi nequiquam tumul-
tuantes in spatio exiguo volvere turmas vidit nec posse aperire
in hostes viam, revectus ad antesignanos legionum cum desiluis-
10 set ex equo, „nostrum“ inquit „peditum illud, milites, est opus:
agitedum, ut me videritis, quacumque incessero in aciem hostium, ferro viam facientem, sic pro se quisque obvios sternite;
illa omnia, qua nunc erectae micant hastae, patefacta strage vasta
11 cernetis.“ haec dicta dederat, cum equites consulis iussu discurrunt in cornua legionibusque in mediam aciem aperiunt viam.
primus omnium consul invadit hostem et, cum quo forte contu-
12 lit gradum, obtruncat. hoc spectaculo accensi dextra laevaque
ante se quisque memorandum proelium ciet: stant obnixi Sam-
13 nites, quamquam plura accipiunt quam inferunt vulnera. ali-

---

5—8. *ut quod m. u.*, 5, 25, 9; 23,
49, 12; Cic. Phil. 9, extr. — *aequis*,
von gleichartiger Beschaffenheit;
pari gleich gross, stark. — *ferociam*
etc. es entsprechen sich je zwei
Glieder. — *aequal. victor.*, eine dem
Alter der Stadt gleiche Siegeslauf-
bahn; *victor.* nachdrücklich wiederholt. — *paucos a. d.*, s. 3, 13, 1, ist
nicht zu urgiren, da die Verhandlungen mit Capua, die Gesandtschaft
c. 31, 8, die rerum repetitio c. 32,
1, auf welche die Kriegserklärung
erst in 33 Tagen erfolgte, der
Marsch nach Capua längere Zeit in
Anspruch nahm, vgl. c. 31, 12. —
gesser., statt *gessissent*, hat L. auf
seine Zeit bezogen, indem er bei
ind. fuit denkt *et indicat*, Cic. Fam.
14, 7, 1; Or. 41, 141; Tac. H. 3, 84,
vgl. zu 34, 6, 10. — *aliquamdiu* etc.,
wahrscheinlich denkt L. wie 6, 32,
8 einen Angriff der Legionen selbst

(nicht wie 30, 34, 14 der Leichtbewaffneten); dann der Reiterei durch
die intervalla der Manipel; s. 10, 5,
6. — *antesign.*, die hastati und principes, s. 8, 8; 4, 37, 11.
    9—10. *spatio ex.*, zwischen bei-
den Heeren. — *tumult.* — *volvere*,
mit leerem Getümmel sich herum-
treiben. — *revectus*, er hat selbst
den Reiterangriff geleitet. — *nostr.*
— *ped.*, c. 40, 9. — *omnia*, wegen
illa local zu nehmen: der ganze Raum
wo, s. 27, 39, 7; 10, 5, 6: *intervalla
— qua*, 21, 47, 5: *vada, qua.* —
erectae m. h. sollte man nicht erwarten, da sie noch mit den Reitern
im Kampfe sind.
    11—14. *dicta d.*, 3, 61, 4. Verg.
Aen. 2, 790: *haec ubi dicta dedit.* —
consulis nachdrücklich statt *eius.* —
cornua, der Römer. — *cum quo*, s.
1, 1, 3: *Troia.* — *cont. grad.*, wie
pedem conferre, s. 6, 12, 10 u. a. —

quamdiu iam pugnatum erat, atrox caedes circa signa Samnitium,
fuga ab nulladum parte erat: adeo morte sola vinci destinaverant
animis. itaque Romani, cum et fluere iam lassitudine vires sen- 14
tirent et diei haud multum superesse, accensi ira concitant se in
hostem. tum primum referri pedem atque inclinari rem in fu- 15
gam apparuit; tum capi, occidi Samnis; nec superfuissent multi,
ni nox victoriam magis quam proelium diremisset. et Romani 16
fatebantur numquam cum pertinaciore hoste conflictum, et Samnites, cum quaereretur, quaenam prima causa tam obstinatos
movisset in fugam, oculos sibi Romanorum ardere visos aiebant 17
vesanosque vultus et furentia ora; inde plus quam ex alia ulla re
terroris ortum. quem terrorem non pugnae solum eventu sed
nocturna profectione confessi sunt. postero die vacuis hostium 18
castris Romanus potitur, quo se omnis Campanorum multitudo
gratulabunda effudit.

Ceterum hoc gaudium magna prope clade in Samnio foeda- 34
tum est. nam ab Saticula profectus Cornelius consul exercitum
incaute in saltum cava valle pervium circaque insessum ab hoste induxit, nec prius, quam recipi tuto signa non poterant, inmi- 2
nentem capiti hostem vidit. dum id morae Samnitibus est, quoad 3
totum in vallem infimam demitteret agmen, P. Decius tribunus

---

circa s., wie 8, 11, 7: *et ante signa*
et post signa. — *nulladum*, 3, 50,
16. — *destinav. an.*, sie hatten aus
eigenem Antriebe den festen Ent-
schluss gefasst, s. 23, 29, 7; über
den acc. c. inf. s. 24, 2, 1. — *fluere*,
c. 29, 5; 10, 28, 4. — *accensi ira*
über den langen Widerstand, und
weil sie den Kampf vor Anbruch der
Nacht vollenden wollen, vgl. 24,
16 ,1
    16—18. *ardere*, s. 6, 13, 2. —
vultus—ora n. *esse*, 21, 4, 2; Doederlein Syn. 5, 87. — *movisset in f.*,
s. 8, 2, 6; das einfache *movere* wäre
nur: zum Weichen bringen. — *quo*,
und in dieses u. s. w. L. setzt, wie
effudit zeigt, voraus, dass die
Schlacht in der Nähe von Capua
geliefert worden sei, obgleich dieses von dem Gaurus gegen 3 deut-
sche Meilen entfernt ist, doch vgl.
c. 29, 4; Nieb. 1, 429.
    34—38. 5. Decius Mus, die

Schlacht bei Suessula und deren
Folgen. Appian Samn. 1; Front.
Strat. 1, 5, 14; 4, 5, 9; Aur. Vict.
26.
    1. *foed. est*, 2, 10, 2. — *ab Sa-*
tic., s. c. 32, 2, das Heer scheint nach
Beneventum zu in Samnium eingerückt und in der Nähe der Caudinischen Pässe eingeschlossen worden
zu sein. Die Oertlichkeit und Stellung der Heere ist nicht ganz klar,
da es L. nur darauf ankommt die
Grossthat des Decius, welche der des
Kriegstribuns Q. Caedicius, die Cato
nach Gell. 3, 7 aus der Zeit des ersten punischen Kriegs erzählt, sehr
ähnlich ist, zu schildern. — *saltum*,
wahrscheinlich am mons Taburnus.
— *ab hoste*, die Samniten scheinen
dieses zweite Heer zum Schutze der
Grenze gegen Latium aufgestellt zu
haben.
    3—5. *demitteret*, der Consul, der
über eine Höhe in das Thal (*infima*

militum conspicit unum editum in saltu collem, inminentem hostium castris, aditu arduum inpedito agmini, expeditis haud dif-
4 ficilem. itaque consuli territo animi „videsne tu“ inquit, „A. Corneli, cacumen illud supra hostem? arx illa est spei salutisque
nostrae, si eam, quoniam caeci reliquere Samnites, inpigre capi-
5 mus. ne tu mihi plus quam unius legionis principes hastatosque
dederis; cum quibus ubi evasero in summum, perge hinc omni
liber metu, teque et exercitum serva: neque enim moveri hostis,
6 subiectus nobis ad omnes ictus, sine sua pernicie poterit. nos
deinde aut fortuna populi Romani aut nostra virtus expediet.“
7 conlaudatus ab consule accepto praesidio vadit occultus per saltum; nec prius ab hoste est visus quam loco, quem petebat, ad-
8 propinquavit. inde admiratione paventibus cunctis cum omnium
in se vertisset oculos, et spatium consuli dedit ad subducendum
agmen in aequiorem locum et ipse in summo constitit vertice.
9 Samnites, dum huc illuc signa vertunt, utriusque rei amissa occasione neque insequi consulem nisi per eandem vallem, in qua
paulo ante subiectum eum telis suis habuerant, possunt nec eri-
10 gere agmen in captum super se ab Decio tumulum. sed cum ira
in hos magis, qui fortunam gerendae rei eripuerant, tum pro-
11 pinquitas loci atque ipsa paucitas incitat; et nunc circumdare un-

---

vallis) einrückt. — *unum*, vorangestellt, hebt den Begriff: den einen
hervorragenden. — *in saltu*, die
Höhe ist also in dem Passe selbst
zu denken, so dass die Feinde, wenn
sie von den Bergwänden, die sie besetzt hatten, in das Thal zogen, den
Angriffen der diese Höhe Beherr-
schenden ebenso ausgesetzt waren
wie jetzt der Consul den ihrigen,
um so mehr, als der Punkt über das
Lager der Feinde hervorragt, § 4:
supra hostem; inminentem; vgl. c.
36, 13. — *animi*, s. c. 30, 22; Sall.
Hist. IV, 46 (49): *exterritos animi*.
— *cacum.*, Gell. l. l. *verrucam*. —
arx, 6, 37, 10. — *capimus*, 2, 45,
13. — *ne — dederis* vgl. 9, 9, 9. —
unius etc., in der späteren Legion
etwa 2400 Mann, s. 8, 8; bei Gell.
quadringenti. — *subiectus a. i.*,
vgl. 5, 54, 4: *expositum*, und c.
24, 9.

7—9. occultus p. s., wie dieses
habe geschehen können, da die
Feinde die Höhen besetzt haben,
ist nicht deutlich; anders bei Gellius. — *admiratione pav.*, vor Staunen bebend hatten sie alle Beson-
nenheit verloren, Ov. Fast. 3, 362:
*sollicitae mentes speque metuque
pavent.* — *cunctis*, alle zusammen,
nicht Einzelne hier und da; *omnium*, alle, keinen ausgeschlossen.
— *cum — oculos* muss schon vor
dem *pavere* eingetreten sein, und
giebt nur genauer an, wie das Folgende habe geschehen können. —
aequiorem, aus der *cava vallis* zurück, s. § 9: *per eandem* etc. —
in summo etc., erreichte wirklich
u. s. w. — *amissa*, sie können sie
nicht benutzen, da sie dieselbe aus
den Händen gelassen haben; anders *omissa*.

10—13. sed cum etc., vgl. 1, 40,

dique collem armatis volunt, ut a consule Decium intercludant,
nunc viam patefacere, ut degressos in vallem adoriantur. incertos, quid agerent, nox oppressit. Decium primum spes tenuit cum
subeuntibus in adversum collem ex superiore loco se pugnatu-   12
rum; deinde admiratio incessit, quod nec pugnam inirent, nec, si
ab eo consilio iniquitate loci deterrerentur, opere se valloque cir-
cumdarent. tum centurionibus ad se vocatis: ,,quaenam illa in-   13
scitia belli ac pigritia est, aut quonam modo isti ex Sidicinis
Campanisque victoriam pepererunt? huc atque illuc signa moveri
ac modo in unum conferri, modo diduci videtis: opus quidem incipit nemo, cum iam circumdati vallo potuerimus esse. tum vero   14
nos similes istorum simus, si diutius hic moremur quam commodum sit. agitedum, ite mecum, ut, dum lucis aliquid superest,
quibus locis praesidia ponant, qua pateat hinc exitus, explore-
mus.‘‘   haec omnia sagulo gregali amictus centurionibus item   15
manipularium militum habitu ductis, ne ducem circumire hostes
notarent, perlustravit. Vigiliis deinde dispositis ceteris omnibus   35
tesseram dari iubet, ubi secundae vigiliae bucina datum signum
esset, armati cum silentio ad se convenirent. quo ubi, sicut edi-   2

4: *sed et* etc. — *viam pat.*, indem
sie sich zurückziehen um ihn her-
abzulocken. — *advers. coll.*, gegen
die Hügel an. — *valloque* als genauere Bestimmung zu *opere* gehörend,
wie § 13 *ac pigritia*, s. 3, 42, 2; dagegen *aut quonam*, s. 1, 1, 7. — *quaenam ista*, s. 6, 40, 18; ib. 7, 3. —
inscitia, s. c. 12, 2, eigentlich Un-
geschicklichkeit, deshalb in Prosa
gewöhnlich mit einem Gerundium,
selten mit dem genitiv. obiectivus
eines Nomen verbunden, s. Cic. Offic. 1, 40, 144: *inscitia temporis*;
Cornel. Epam. 7, 4: *inscitia belli*;
Tac. H. 1, 1. — *in unum conf.*, zum
Angriff concentriren, vgl. c. 15, 4;
33, 19, 7: *in unum conferre vires*;
Caes. B. G. 2, 25: *signis in unum
locum collatis*; der Gegensatz dazu
erfordert im Folg. *diduci* statt des
hds. *educi*, welches sonst von den
Truppen selbst und zwar von dem
Ausrücken aus dem Lager gebraucht
wird. — *quidem* adversativ. — *nemo* mit Nachdruck am Schlusse, s.
Cic. Off. 1, 35, 129 u. a. — *potueri-*

mus, ohne *cum* hiesse es *potuimus*.
14—15. *tum vero — si*, s. 6, 14,
4. — *gregali*, wie ihn die Soldaten
im Heere tragen im Gegensatze zu
den Officieren in demselben, deren
Kriegsmäntel also verschieden waren; *manipularium*, der gemeinen
Soldaten im Gegensatze zu den Centurionen u. Tribunen der Legion, s.
Nipperdey Tac. Ann. 1, 21. Statt
haec vermuthet Dobree *hinc=dein-
de.* — *ductis*, vgl. 21, 1, 4: *duceretur*.

35. 1—2. *tesseram*, die Holztä-
felchen, auf denen die Parole stand,
dienten zugleich um Befehle (daher
convenirent) und Anzeigen an die
einzelnen Abtheilungen gelangen zu
lassen, s. c. 36, 7; 9, 32, 4. — *secundae vig.*, 2, 64, 9; Veget. 3, 8:
*a tubicine omnes vigiliae commit-
tuntur et finitis horis a cornicine
revocantur*: gewöhnlich wurde jedoch das Zeichen zur Ablösung der
Wachen mit der *bucina*, einem horu-
artig gekrümmten Blasinstrumente
von Erz gegeben. — *cum sil.*, 3,

11*

ctum erat, taciti convenerunt: „hoc silentium, milites,“ inquit
„omisso militari adsensu in me audiendo servandum est. ubi
sententiam meam vobis peregero, tum quibus eadem placebunt in
dextram partem taciti transibitis; quae pars maior erit, eo stabi-
3 tur consilio. nunc, quae mente agitem, audite. non fuga delatos
nec inertia relictos hic vos circumvenit hostis: virtute cepistis
4 locum, virtute hinc oportet evadatis. veniendo huc exercitum
egregium populo Romano servastis; erumpendo hinc vosmet
ipsos servate: digni estis, qui pauci pluribus opem tuleritis, ipsi
5 nullius auxilio egueritis. cum eo hoste res est, qui hesterno die
delendi omnis exercitus fortuna per socordiam usus non sit, hunc
tam opportunum collem inminentem capiti suo non ante viderit
6 quam captum a nobis; nos tam paucos tot ipse milibus hominum
nec ascensu arcuerit, nec tenentes locum, cum diei tantum superesset, vallo circumdederit. quem videntem ac vigilantem sic
7 eluseritis, sopitum oportet fallatis, immo necesse est. in eo enim
loco res sunt nostrae, ut vobis ego magis necessitatis vestrae in-
8 dex quam consilii auctor sim. neque enim, maneatis an abeatis
hinc, deliberari potest, cum praeter arma et animos armorum
memores nihil vobis fortuna reliqui fecerit, fameque et siti mo-
riendum sit, si plus, quam viros ac Romanos decet, ferrum timea-
9 mus. ergo una est salus erumpere hinc atque abire. id aut interdiu aut nocte faciamus oportet. ecce autem aliud minus du-

72, 1, nämlich beim Kommen; das
Blasen mit der bucina konnte den
Feinden, die als bekannt mit dem
römischen Kriegswesen gedacht
werden, s. 27, 47, 5, nicht auffallen. — *militari ads.*, durch Geschrei, s. c. 33, 4; 37, 3 u. a. —
quibus n. *vestrum*, s. 4, 4, 7. —
pars m., 9, 64, 7. — *eo* Attraction
st. *eius.*

4—6. *veniendo* etc., in der nur
zum Schmucke eingefügten Rede
herrscht die Anapher vor. — *ipsos*,
im Gegensatze zu *excercitum*, s. 2,
9, 5; 33, 17, 10: *armis magis muros
quam se ipsos moenibus tutari.* —
digni estis n. *qui vos servetis*, dazu
giebt *qui* — *egueritis* den Grund an,
nicht, wie gewöhnlich, s. c. 36, 6,
das, dessen sie würdig sind, vgl.
Curt. 3, 32, 24: *mereris, ut* —, *et,*

*ut video, dignus es, qui tantum re-
gem* — *superaveris*; über den abso-
luten Gebrauch von *dignus* s. 3, 35,
2; 21, 48, 6 u. a. — *cum eo* etc., ihr
könnt euch retten. — *non anteq.*, s.
23, 30, 4. — *tot* — *milib.*, er selbst
mit so vielen, da so viele sind, od.:
durch so v., vgl. 8, 2, 5; 10, 5, 4:
Etrusci — *omnibus copiis aderant*, 5,
53, 6. — *oportet* — *necesse est*, 22,
60, 26.

8—12. *reliqui*, obgleich objective
Bestimmung von *fecerit* ist von *nihil* angezogen in attributive Verbindung mit diesem getreten, als ob es
nicht zum verb. finit. gehörte, vgl.
22, 40, 8; 26, 35, 5. — *viros a. R.*,
c. 13, 9. — *una e. s.*, Gell. l. l.: *alia
nisi haec salutis via nulla est*: es
giebt nur eine Rettung, nämlich;
vgl. 21, 19, 9. — *ecce* führt den

bium: quippe si lux expectetur, quae spes est non vallo perpetuo
fossaque nos saepturum hostem, qui nunc corporibus suis sub-
iectis undique cinxerit, ut videtis, collem? atqui si nox opportuna est eruptioni, sicut est, haec profecto noctis aptissima hora
est. signo secundae vigiliae convenistis, quod tempus mortales **11**
somno altissimo premit; per corpora sopita vadetis vel silentio
incautos fallentes vel sentientibus clamore subito pavorem inie-
cturi. me modo sequimini, quem secuti estis; ego eandem, quae **12**
duxit huc, sequar fortunam. quibus haec salutaria videntur, agitedum in dextram partem pedibus transite." Omnes transierunt, **36**
vadentemque per intermissa custodiis loca Decium secuti sunt.
iam evaserant media castra, cum superscandens vigilum strata **2**
somno corpora miles offenso scuto praebuit sonitum; quo excitatus vigil cum proximum movisset, erectique alios concitarent,
ignari, cives an hostes essent, praesidium erumperet an consul
castra cepisset, Decius, quoniam non fallerent, clamorem tollere **3**
iussis militibus torpidos somno insuper pavore exanimat, quo
praepediti nec arma inpigre capere nec obsistere nec insequi poterant. inter trepidationem tumultumque Samnitium praesidium **4**
Romanum obviis custodibus caesis ad castra consulis pervadit.

---

neuen Punct als etwas Ueberraschen-
des, der Aufmerksamkeit Würdiges
ein, Cic. Fin. 1, 18, 61 u. a.; *autem*
wie sonst *iam vero*, im Folg. *atqui*,
s. 6, 37, 2, dient zur Weiterführung
der Schlussfolgerung. — *aliud*, etwas Anderes, ein Zweites, s. 1, 21,
6. — *subiect.*, am Fusse des Hügels,
c. 34, 3: *vallem.* — *undique*, c. 36, 1.
— *signo s. v.*, nach Mitternacht,
vgl. Sil. Ital. 7, 154: *mediam somni
cum bucina noctem divideret; iamque excubias sortitus iniquas Tertius abrupta vigil iret ad arma
quiete.* — *somno*, vgl. c. 30, 12. — *sequar f.*, s. 22, 27, 4. — *in — transite*,
ähnlich wie im Senate, s. Becker 2,
2, 439.

36. 1—4. *intermissa c. l.*, vgl.
5, 46, 9; bei L. mehrfach, s. 24, 35,
8; 23, 17, 5; 34, 37, 8, sonst selten,
statt *locis ubi — intermissae c. erant*;
die Wachen bilden nicht eine vollständige Kette um den Hügel, sondern die Feinde lagern in einzelnen,

nach § 10 *castellatim* vertheilten,
Truppen; zwischen diesen sind
nicht überall Wachposten aufgestellt (*custodiae*), welche L. von den
regelmässigen Nachtwachen § 2 *vigilum* zu unterscheiden scheint;
wenn er nicht die letzteren an anderen Stellen (*media castra*) aufgestellt denkt. — *evaserant* etc., bis
in die Mitte des Lagers nach dem
Freien zu. Unter *castra* ist nicht
das c. 34, 3 erwähnte zu verstehen,
sondern die am Fusse des Hügels
lagernden Truppen. — *offenso sc.*,
dadurch dass er mit seinem Schilde
(an den daliegenden Wächter) an-
stiess, Sall. I. 94, 1: *scuta—offensa
quo levius streperent.* — *praebuit*,
erregte 25, 26, 5 u. a. — *excitatus*,
vom Aufwecken aus dem Schlafe; 5,
47, 4: *excitus.* — *cives a. h.* entgegengestellt wie 21, 12, 1 u. a. — *exanimat*, vgl. 21, 39, 5: *iunxisset.* —
ad castra, § 7, das nicht weit von
dem Engpasse zu denken ist.

5　　Aliquantum supererat noctis iamque in tuto videbantur esse,
cum Decius „macte virtute“ inquit, „milites Romani, este : ve-
6 strum iter ac reditum omnia saecula laudibus ferent; sed ad con-
spiciendam tantam virtutem luce ac die opus est, nec vos digni
estis, quos cum tanta gloria in castra reduces silentium ac nox
7 tegat. hic lucem quieti opperiemur.“ dictis obtemperatum. atque ubi primum inluxit, praemisso nuntio ad consulem in castra
ingenti gaudio concitantur, et tessera data incolumes reverti, qui
sua corpora pro salute omnium haud dubio periculo obiecissent,
pro se quisque obviam effusi laudant, gratulantur, singulos universosque servatores suos vocant, diis laudes gratesque agunt,
8 Decium in caelum ferunt. hic Decii castrensis triumphus fuit in-
cedentis per media castra cum armato praesidio coniectis in eum
omnium oculis et omni honore tribunum consuli aequantibus.
9 ubi ad praetorium ventum est, consul classico ad contionem
convocat, orsusque meritas Decii laudes interfante ipso Decio
10 distulit contionem, qui auctor omnia posthabendi, dum occasio
in manibus esset, perpulit consulem, ut hostes et nocturno pavore attonitos et circa collem castellatim dissipatos adgrederetur :
credere etiam aliquos ad se sequendum emissos per saltum va-
11 gari. iussae legiones arma capere, egressaeque castris, cum per
exploratores notior iam saltus esset, via patentiore ad hostem
12 ducuntur; quem incautum inproviso adortae, cum palati passim
Samnitium milites plerique inermes nec coire in unum nec arma

---

5—8. *macte*, 2, 12, 14. — *luce
ac d.*, hendiadyoin, wie im Folg. *silentium ac nox.* — *ad conspic.* =
ut conspiciatur. — *ad cons. i. e.*, s.
45, 6, 12: *in castra ad consulem
misit*, vgl. 5, 47, 7. — *concitantur*,
die Soldaten im Lager. Gron. tilgt
in vor *castra*, s. 1, 60, 2.— *tessera
d.*, c. 35, 1. — *laudes gr.*, wird von
L. oft mit *agere* verbunden, wenn
der Dank gegen die Götter bezeichnet werden soll, s. 5, 23, 3; 26, 48,
3 u. a., selten braucht er in diesem
Falle *gratias agere*, s. 45, 2, 6, vgl. 6,
6, 6. — *castrensis tr.*, er zog gleichsam triumphirend im Lager ein, in
Bezug auf c. 38, 3. — *coniectis* etc.
21, 1, 5. — *aequant.*, 10, 30, 9.
　　9—10. *classico* etc. Veget. 2, 22:

*classicum appellatur, quod bucina-
tores per cornu dicunt*, s. Lange 1,
414. — *ad cont. v.*, ohne Object.,
s. 26, 48, 13; 8, 32, 1 : *classico ad
contionem advocavit*; 4, 1, 6; 9, 2,
15. — *interfante*, 1, 28, 10. — *qui*
ist auf das grammatisch unterge-
ordnete aber die Hauptperson be-
zeichnende *Decio* bezogen, 4, 58, 4.
— *castellatim* kann, weil eigentliche
Kastelle, s. 5, 5, 5, nicht vorhanden
waren, vgl. c. 34, 13, nur v. einzelnen
zerstreuten Haufen, Posten verstanden werden. Da jedoch das Wort
in ähnlicher Bedeutung nur noch
Plin. N. H. 19, 6, 112 : *alium — castellatim grumulis imponi* etc. vorkommt, so wird *catervatim*, s. 44,
41, 8, vermuthet.

capere nec recipere intra vallum se possent, paventem primum
in castra conpellunt, deinde castra ipsa turbatis stationibus capiunt. perfertur circa collem clamor fugatque ex suis quemque   13
praesidiis, ita magna pars absenti hosti cessit; quos intra vallum
egerat pavor — fuere autem ad triginta milia — omnes caesi,
castra direpta. Ita rebus gestis consul advocata contione P. Decii   37
non coeptas solum ante sed cumulatas nova virtute laudes pera-
git, et praeter militaria alia dona aurea corona eum et centum
bubus eximioque uno albo opimo auratis cornibus donat. mili-   2
tes, qui in praesidio simul fuerant, duplici frumento in perpetuum,
in praesentia [singulis] bubus privis binisque tunicis donati. secundum consulis donationem legiones gramineam cororam obsi-
dialem, clamore donum adprobantes, Decio inponunt. altera corona, eiusdem honoris index, a praesidio suo inposita est. his   3
decoratus insignibus bovem eximium Marti immolavit, centum
boves militibus dono dedit, qui secum in expeditione fuerant. isdem militibus legiones libras farris et sextarios vini contulerunt;

12—13. *vallum* dann *castra* ist
das Lager auf den Bergen, c. 34, 1.
— *circa c.*, nach den Bergen auf beiden Seiten des Hügels, c. 34, 3. —
absenti, sie glaubten das Geschrei
von der Seite zu vernehmen, wo sie
standen, und dass daher der Feind
komme.

37. 1. *aurea c.*, 3, 29, 3; 7, 10,
14 u. a. — *centum*, vgl. 26, 48, 14;
28, 38, 8; Plin. 22, 5, 9: *bovem album — et centum fulvos*. — *eximio*,
s. 1, 7, 12. — *albo*, der Stier war
zum Opfer für die oberen Götter bestimmt. — *opimo* tritt als besonderes Merkmal noch zu dem zusam-
mengesetzten Begriffe *eximio —
albo*, ebenso in anderer Form
auratis corn., vgl. 25, 12, 13; 4,
16, 2.

2—3. *duplici* etc., 2, 59, 11; aus
diesen Worten und § 3, vgl. 8, 2, 4;
9, 41, 5 u. a., lässt sich schliessen,
dass schon damals die Lebensmittel
den Soldaten vom Staate geliefert
wurden, Caes. B. C. 3, 53, 6. —
privis, Paul. Diac. p. 226: *privos —*

antiqui dicebant pro singulis. — hinc
et privilegium et privatus. L. braucht
das mehr bei älteren Schriftstellern
gewöhnliche Wort nur noch in einem Senatsconsulte nach älteren
Quellen, 30, 43, 9. Wahrscheinlich
ist *singulis* Glossem desselben; andere halten *privis* oder *binisque* für
unächt, vgl. 9, 41, 7. — *gramineam*,
s. Preller Mythol. S. 309 f. — *obsi-
dialem*, diese Form haben die Hdss.
statt der gewöhnlichen *obsidionalem*,
sie ist von *obsidium* gebildet. Ueber die Sache s. Festus p. 190: *ob-
sidionalis corona est, quae datur imperatori ei, qui obsidione liberavit
ab hostibus obsessos; ea fit ex gra-
mine viridi fere ex eo loco decerpto,
in quo erant inclusi*. — *Quae corona magnae auctoritatis fuit; nam
P. Decio datae duae sunt: una ab
exercitu universo, altera ab his qui
fuerunt in praesidio obsessi*; Marq.
3, 2, 442. — *clamore*, c. 35, 2. —
secum — fuerunt, s. zu 2, 55, 6; 8,
35, 1; 24, 33, 6; vorher ist *suo* auf
den wieder zu denkenden Dativ bezogen. — *don. ded.*, vgl. Plin. l. l.
— *libras f.*, 4, 15, 6; *sextar. v.*, 5,

omniaque ea ingenti alacritate per clamorem militarem, indicem
omnium adsensus, gerebantur.

4   Tertia pugna ad Suessulam commissa est, qua fugatus a M.
Valerio Samnitium exercitus omni robore iuventutis domo accito
5 certamine ultimo fortunam experiri statuit. ab Suessula nuntii
trepidi Capuam, inde equites citati ad Valerium consulem opem
6 oratum veniunt. confestim signa mota, relictisque inpedimentis
et castrorum valido praesidio raptim agitur agmen; nec procul ab
hoste locum perexiguum, ut quibus praeter equos ceterorum iu-
7 mentorum calonumque turba abesset, castris cepit. Samnitium
exercitus, velut haud ulla mora pugnae futura esset, aciem instruit; deinde, postquam nemo obvius ibat, infestis signis ad ca-
8 stra hostium succedit. ibi ut militem in vallo vidit, missique ab
omni parte exploratum, quam in exiguum orbem contracta ca-
9 stra essent, paucitatem inde hostium colligentes, rettulerunt, fremere omnis acies conplendas esse fossas scindendumque vallum
et in castra inrumpendum; transactumque ea temeritate bellum
10 foret, ni duces continuissent impetum militum. ceterum, quia
multitudo sua commeatibus gravis, et prius sedendo ad Suessulam et tum certaminis mora, haud procul ab rerum omnium inopia
esset, placuit, dum inclusus paveret hostis, frumentatum per agros
11 militem duci: interim et Romano, qui expeditus quantum ume-

---

47, 8. — *indicem*, § 2; 9, 23, 14.

4—6. *Suessul.* zwischen Nola u.
Capua am Eingang in die Caudinischen Pässe. — *qua* — *certam. ult.*,
vgl. 34, 17, 3: *proelium nullius ferme certaminis fuit*; 21, 60, 7 u. a.; 31,
43, 2: *aequa pugna iusto proelio*; die
Häufung der Ablative wie c. 7, 8; 32,
1; 37, 19, 7 u. a. — *Valerium*, L.
scheint ihn noch in seiner Stellung
am Gaurus zu denken. — *inpedimentis* etc., da die Abziehenden ein
Lager aufschlagen, also das dazu
nöthige Gepäck mit sich nehmen,
und überhaupt nicht deutlich ist,
was die *inpedimenta castrorum* sei-
en, so ist wol *et* oder *ac*, nach Madvig *cum* ausgefallen. — *raptim ag.*,
6, 28, 2. — *procul ab*, L. braucht
procul sowol in räumlichen, s. 27,
1, 3, als in anderen Verhältnissen
bald mit bald ohne *ab*, vgl. § 10; c.
5, 9; 14, 5; 39, 12 u. a. — *cetero-*

rum, wenn L. die Pferde nicht zu
den *iumenta* rechnet, s. Caes. B. C.
3, 49, muss *ceteror.* wie 10, 8, 4 genommen werden.

8—10. *ab o. parte* gehört zu *rettulerunt*, zu *missi* kann daraus genommen werden: *in omnes partes.*
— *quam in*, c. 2, 13: *quam ab*; Cic.
Fin. 5, 9, 26: *quam in optimo—statu*, c. 8, 4. — *colligentes*, indem sie
daraus schlossen, und diese ihre Ansicht zugleich mittheilten. — *scin-
dend. vall.*, 4, 29, 3; Caes. B. G. 3,
5, vgl. Tac. Ann. 1, 50. — *commeat.
grav.*, lästig für den Unterhalt, den
herbeizuschaffen schwer war, da
man bereits Alles aufgezehrt hatte.
— *sedendo*, 2, 12, 1.

11—13. *umeris* etc., Marius machte die Einrichtung, dass die Soldaten das Gepäck an einer Stange auf
der Schulter trugen; zur Sache vgl.

ris inter arma geri posset frumenti secum attulisset, defutura
omnia. consul palatos per agros cum vidisset hostes, stationes 12
infrequentes relictas, paucis milites adhortatus ad castra oppugnanda ducit. quae cum primo clamore atque impetu cepisset 13
pluribus hostium in tentoriis suis quam in portis valloque caesis,
signa captiva in unum locum conferri iussit, relictisque duabus
legionibus custodiae et praesidii causa gravi edicto monitis, ut,
donec ipse revertisset, praeda abstinerent, profectus agmine in- 14
structo, cum praemissus eques velut indagine dissipatos Samnites ageret, caedem ingentem fecit. nam neque, quo signo coirent 15
inter se, neque, utrum castra peterent an longiorem intenderent
fugam, territis constare poterat; tantumque fugae ac formidinis 16
fuit, ut ad quadraginta milia scutorum, nequaquam tot caesis, et
signa militaria cum iis, quae in castris capta erant, ad centum
septuaginta ad consulem deferrentur. tum in castris hostium re- 17
ditum, ibique omnis praeda militi data.

Huius certaminis fortuna et Faliscos, cum in indutiis essent, **38**
foedus petere ab senatu coegit et Latinos iam exercitibus conparatis ab Romano in Paelignum vertit bellum. neque ita rei 2

9, 13, 9. — *in un. l. conf.*, hier ohne Rücksicht auf den Angriff, vgl. zu c. 34, 13. — *duabus leg.* gehört, wenn es richtig ist (es wird *ex duab.* od. *duab. cohortibus* od. *duobus milibus* vermuthet) vielleicht wie § 11 zu den Uebertreibungen, die L. selbst oft tadelt, s. 3, 5, 12; 26, 49, 3; 30, 19, 11 u. a. Denn ein Grund, eine so starke Besatzung des kleinen Lagers zurückzulassen, lag nicht vor; ferner müsste Valerius, da schon in dem früheren Lager eine starke Besatzung geblieben ist, wenn jetzt noch zwei Legionen zurückgelassen werden, ein Heer von 5—6 Legionen gehabt haben, was kaum glaublich ist, s. Nieb. 1, 432. — *edicto* s. 5, 20, 10.

14—16. *velut. ind.* gehört zu *ageret*, welches auch sonst von Feinden gebraucht wird, die wie Thiere getrieben werden, s. 1, 12, 8; 2, 47, 2 u. a. An. u. St. bezeichnet *indago* nicht die zur Umzingelung Aufgestellten, und an ihrer Stelle Bleibenden, sondern die Reiter jagen wie die Treiber bei einem Treibjagen die Feinde, sie umzingelnd, dem agmen instructum entgegen, vgl. Caes. B. G. 8, 18; Tac. Agr. 37. — *quo signo*, c. 34, 13; 24, 8. — *quadrag. m.* gehört wahrscheinlich derselben Quelle an, wie § 13: *duab. leg.* u. c. 36, 13: *triginta m.* — *tot n. hostibus.*

38. 1—3. *in indutiis*, c. 22, 5. — *foedus*, vgl. 5, 27, 15. — *ab Roman.* etc., nach c. 25, 5; 28, 2; 42, 8 muss es auffallen, dass die Latiner nicht Rom angreifen und sich nicht mit den Feinden desselben verbinden, vgl. 8, 2, 8. — *Paelign.*, ein sabellischer Volksstamm östlich vom Aequergebiete, am Majellagebirge. Der Zug der Latiner gegen denselben, vgl. 8, 4, 8, ib. 2, 6; Nieb. 3, 145, ist schwer zu erklären; auch ist nicht klar, ob die Päligner schon jetzt, wie nach L's Darstellung 8, 6, 8, Freunde der Römer sind. — *ita*, durch die Trennung von *gestae*

gestae fama Italiae se finibus tenuit, sed Carthaginienses quoque
legatos gratulatum Romam misere cum coronae aureae dono,
quae in Capitolio in Iovis cella poneretur. fuit pondo viginti quin-
3 que. consules ambo de Samnitibus triumpharunt sequente Decio insigni cum laude donisque, cum incondito militari ioco haud
minus tribuni celebre nomen quam consulum esset.

4   Campanorum deinde Suessanorumque auditae legationes;
precantibusque datum, ut praesidium eo in hiberna mitteretur,
5 quo Samnitium excursiones arcerentur. iam tum minime salu-
bris militari disciplinae Capua instrumento omnium voluptatium
delenitos militum animos avertit a memoria patriae, inibantur-
que consilia in hibernis eodem scelere adimendae Campanis Ca-
6 puae, per quod illi eam antiquis cultoribus ademissent: neque
inmerito suum ipsorum exemplum in eos versurum. cur autem
potius Campani agrum Italiae uberrimum, dignam agro urbem,
qui nec se nec sua tutari possent, quam victor exercitus haberet,
7 qui suo sudore ac sanguine inde Samnites depulisset? an aequum

gehoben, s. 10, 31, 1. — *Carthag.*
— *poner.*, wie es auch sonst oft von
Bundesgenossen geschehen ist, s. 2,
22; 3, 57 u. a. Ob jetzt wieder ein
Bündniss zwischen Rom und Carthago geschlossen worden ist, wie
man angenommen hat, lässt sich, da
L. nur das Weihgeschenk erwähnt
und eine andere Andeutung eines
Vertrags sich nicht findet, nicht mit
Sicherheit bestimmen, s. c. 27, 2;
9, 43, 26. — *vig. q.*, s. 4, 20; 3, 57.
— *triumph.*, nach den Triumphalfasten *M. Valerius* — *an. CDX de
Samnitibus X. K. Oct.*, *A. Cornelius
an. CDX de Samnitibus VIIII K.*
Oct., was einen anderen Anfang des
Magistratsjahres als 8, 20, 3 voraussetzt, s. 7, 25, 1. — *insigni c. l.
d.*, s. 3, 12, 1; 7, 36, 6 u. a.

38, 4—**42.** Empörung des Heeres in Campanien. Gesetze in Folge
derselben, s. Appian Samn. 1; Zon.
7, 25; Aurel. Vict. c. 29.

4. *Campanor.*—*leg.*, nach der deditio c. 31, 4 sollte man diese nicht
erwarten. — *Suessanor.*, wenn es
richtig ist (Andere lesen *Suessula-*

norum), die Bewohner von Suessa
Aurunca, s. 8, 15, so dass die Aurunker die Hülfe der Römer in Anspruch genommen hätten, obgleich
vor Kurzem noch Feinde derselben,
s. c. 28, 1. Sie hatten wol ebenso
die Einfälle der Samniten zu fürchten, wie die Campaner; nur diese
unmittelbar aus der Nähe, jene
durch das Liristhal. — *in hib.*, das
erste Beispiel, dass das Heer in
Städte während des Winters vertheilt wird, s. 4, 58, hier jedoch um
dieselben zu schützen.

5—7. *iam tum*, in Bezug auf 23,
18. — *Campanis*, die Bewohner von
Capua, genau genommen nur ein
Theil derselben, die samnitischen
Eroberer, s. 4, 37; 28, 28, 6: *Campani Capuam Tuscis veteribus cultoribus ademptam* etc. Vorher § 4
sind die Bewohner Campaniens gemeint, s. § 10; c. 39, 4. — *cur a.*
— *haber.*, schon in orat. recta würde der Conjunct. stehen: *cur — habeat*, als Frage des Unwillens: ob
es andererseits einen Grund gebe,
warum sie—sollten; dagegen ist *an
aeq. esse* rhetorischer Ausdruck für

esse, dediticios suos illa fertilitate atque amoenitate perfrui, se
militando fessos in pestilenti atque arido circa urbem solo luctari
aut in urbe insidentem tabem crescentis in dies fenoris pati ?
haec agitata occultis coniurationibus necdum vulgata in omnes　8
consilia invenit novus consul C. Marcius Rutilus, cui Campania
sorte provincia evenerat, Q. Servilio collega ad urbem relicto.
itaque cum omnia ea sicut gesta erant per tribunos conperta ha-　9
beret, et aetate et usu doctus, quippe qui iam quartum consul
esset dictatorque et censor fuisset, optimum ratus differendo spem,
quandocumque vellent, consilii exsequendi militarem impetum
frustrari, rumorem dissipat in isdem oppidis et anno post praesidia hibernatura : divisa enim erant per Campaniae urbes, ma-　10
naverantque a Capua consilia in exercitum omnem. eo laxamento
cogitationibus dato quievit in praesentia seditio.

Consul educto in aestiva milite, dum quietos Samnites ha-　**39**
bebat, exercitum purgare missionibus turbulentorum hominum
instituit, aliis emerita dicendo stipendia esse, alios graves iam aetate aut viribus parum validos ; quidam in commeatus mitteban-　2
tur, singuli primo, deinde et cohortes quaedam, quia procul ab
domo ac rebus suis hibernassent ; per speciem etiam militarium
usuum, cum alii alio mitterentur, magna pars ablegati. quam　3
multitudinem consul alter Romae praetorque alias ex aliis fin-

---

non aequum est. — tabem, s. c. 22,
5 ; 2, 23, 6. Weit stärker wird dieser Punkt von Appian hervorgehoben, vgl. c. 39, 8 ; 42, 1. Viele hatten wol in Rom Schuldknechtschaft
zu erwarten, da der Krieg ausser
den persönlichen Diensten auch Steuern nöthig machte, s. c. 42, 3 ff.

8—10. *invenit* etc., er müsste
also erst nach dem Beginne des
Winters zu dem Heere gekommen
sein, vgl. § 3, c. 25, 1. — *Marcius,*
c. 28. — *Servil.,* c. 22. — *hab. et
aetate,* die Hss. haben die ungewöhnliche Wortstellung *et aet. haber.,*
s. c. 10, 13 ; praef. 10. — *differ.
sp.,* bewirkte, dass sie die Hoffnuug
ihren Plan auszuführen, für jetzt
aufgaben. — *per C. urb.,* wie Cumae
4, 44 ; Atella, Acerrae, 8, 14 ; 17 u.
a., s. c. 39, 4, es ist also ganz Campanien militärisch besetzt, und das

Heer oder ein grosser Theil desselben ungeachtet der Triumphe dort
zurückgelassen.

39. 1—2. *aestiva,* s. c. 38, 4. —
quietos—hab. stellt die Ruhe als eine
dauernde, von dem Consul erhaltene
und benutzte dar, vgl. 9, 20, 2 ; ib.
21, 4, s. zu c. 32, 9. Warum die
Samniten die Empörung des röm.
Heeres nicht benutzen geht aus L's
Darstellung nicht hervor, vgl. c. 42,
3 ; Nieb. R. G. 3, 73 ff. — *missionib.*
umfasst alle im Folg. aufgezählten
Arten, zuerst in *aliis — esse* die *honesta,* in *alios—validos* die *causaria
missio,* dann die Absendung für bestimmte Zwecke, 33, 29, 2. *emerita stipend.,* c. 38, 7 : *fessos,* 3, 57, 9. *graves
ae.,* vgl. Horat. Sat. 1, 1, 4 : *gravis
annis miles.* — *cohortes,* diese gab
es damals im späteren Sinne nicht,
3, 69, 8. — *ablegati,* 2, 14, 8.

4 gendo moras retinebat. et primo quidem ignari ludificationis
  minime inviti domos revisebant; postquam neque reverti ad
  signa primos, nec ferme alium quam qui in Campania hibernassent, praecipueque ex his seditionis auctores mitti viderunt, primum admiratio, deinde haud dubius timor incessit animos con-
5 silia sua emanasse: iam quaestiones, iam indicia, iam occulta
  singulorum supplicia inpotensque et crudele consulum ac patrum
6 in se regnum passuros. haec qui in castris erant occultis sermonibus serunt, nervos coniurationis exsectos arte consulis cer-
7 nentes. cohors una cum haud procul Anxure esset, ad Lautulas
  saltu angusto inter mare ac montis consedit ad excipiendos, quos
8 consul aliis atque aliis, ut ante dictum est, causis mittebat. iam
  valida admodum numero manus erat, nec quicquam ad iusti exercitus formam praeter ducem deerat. inconpositi itaque prae-
  dantes in agrum Albanum perveniunt, et sub iugo Albae longae
9 castra vallo cingunt. perfecto inde opere reliquum diei de imperatore sumendo sententiis decertant, nulli ex praesentibus satis
10 fidentes: quem autem ab Roma posse exciri? quem patrum aut
  plebis esse, qui aut se tanto periculo sciens offerat, aut cui ex

---

4—5. *revisebant* hat ein anderes
Subject als *viderunt.* — *in Camp.*,
nicht in Suessa und anderen aurun-
kischen Städten. — *h. d. timor* etc.,
Besorgniss deren Object nicht zu bezweifeln ist.—*eman.*, s.8,3,3.— *sua*
auf die bei *animos* zu denkenden
Personen zu beziehen. — *quaestiones*, ausserordentliche Gerichte, 4,
50, 7. *indicia*, von denen, die nur
von der Sache gehört hatten, oder
von Mischuldigen, wenn ihnen Straflosigkeit zugesichert wurde, Sall.
Cat. 47. — *occulta*, wie 4, 51, 3. —
inpotens, 3, 36, 2. — *patrum*, vgl.
c. 40, 7: *crudele senatus consultum*;
sie fürchten die ganze Sache werde
dem Volke entzogen, nur von den
Senate und den Consuln entschieden
werden.

6—7. *exsectos* scheint *arte* und
cernentes mehr zu entsprechen als
das hds. *eiectos*, s. Cic. Sest. 65,
135: *ii medentur rei publicae, qui
exsecant pestem*; Cluent. 66, 187;
Andere vermuthen *electos* = ausge-
rupft, vgl. Cic. leg. agr. 2, 33, 91;

Tusc. 3, 34; 83; Div. 2, 72, 149. —
Anxure, 4, 59. — *Lautul.*, s. 9, 23,
4, ein Volskischer Flecken zwischen
Terracina und Fundi. — *saltu ang.*,
es ist die Verbindungsstrasse zwischen Latium und Campanien, s. 22,
15, 11; Nieb. 1, 433. — *cohors—
consedit*, diese müsste zuerst wegge-
schickt sein, und der Consul nichts
von der Anhäufung der Empörer in
seiner Nähe gehört haben.

8—10. *valid. adm.*, vgl. App.l. l.
καὶ τοὺς ἐπὶ τῶν ἔργων ἐν τοῖς ἀ-
γροῖς δεδεμένους (Schuldgefangene
welche das Land ihrer Gläubiger
bebauen) ἐκλύσαντες, καὶ ὁπλίσαν-
τες — ἤλαυνον ἐς Ῥώμην ὁμοῦ δισ-
μύριοι γεγονότες. — *incomp. i. pr.*
= *dum praedantur incompositi,
perveniunt*, 3, 26, 9. — *ex praes.*
s. 9, 36, 2; Tac. H. 2, 65; vgl. 24,
23, 5. — *quem aut.*, davor ist zu
denken: es müsse also ein anderer
gesucht werden: wer aber nun u. s.
w., s. c. 38, 6. — *plebis*, angesehene
Plebejer. — *qui aut—aut cui*, 2, 27
2. — *ex iniur.*, in Folge u. s. w.,

iniuria insanientis exercitus causa recte committatur? postero 11
die cum eadem deliberatio teneret, ex praedatoribus vagis quidam
conpertum attulerunt T. Quinctium in Tusculano agrum colere,
urbis honorumque inmemorem. patriciae hic vir gentis erat, cui 12
cum militiae magna cum gloria actae finem pes alter ex vulnere
claudus fecisset, ruri agere vitam procul ambitione ac foro con-
stituit. nomine audito extemplo agnovere virum et, quod bene 13
verteret, acciri iusserunt. sed parum spei erat voluntate quicquam facturum; vim adhiberi ac metum placuit. itaque silentio 14
noctis cum tectum villae qui ad id missi erant intrassent, somno
gravem Quinctium oppressum, nihil medium, aut imperium atque honorem, aut ubi restitaret, mortem, ni sequeretur, denuntiantes, in castra pertraxerunt. imperator extemplo adveniens 15
appellatus, insigniaque honoris exterrito subitae rei miraculo de-
ferunt, et ad urbem ducere iubent. suo magis inde impetu quam 16
consilio ducis convulsis signis infesto agmine ad lapidem octavum viae, quae nunc Appia est, perveniunt; issentque confestim 17
ad urbem, ni venire contra exercitum dictatoremque adversus se
M. Valerium Corvum dictum audissent et magistrum equitum L.
Aemilium Mamercum.

Ubi primum in conspectum ventum est, *et* arma signaque **40**
agnovere, extemplo omnibus memoria patriae iras permulsit.

vgl. 45, 44, 11, ist, da nach der Darstellung L's das Heer ein Unrecht
nicht erlitten hat, viell. auf die drük-
kende Schuldenlast zu beziehen,
welche c. 38 als die Ursache der
Empörung bezeichnet wird, vgl. c.
41, 1: *miserorum*, Appian: δάκρυα
τῶν φυλάκων ἦν — τὴν αἰτίαν ἐς
τὰ χρέα φερόντων τὰ ἐν Ῥώμῃ. —
insanientis, zur Empörung getrieben, c. 42, 3. — *eadem = de eadem
re.* — *teneret*, 2, 3, 5. — *Quinctium*,
welcher oder ob einer der sonst erwähnten Quinctii, s. 6, 42; 7, 9; 18;
22, gemeint sei, lässt sich nicht bestimmen. — *patric. g.*, 6, 11, 2 —
Tusculano, das Gebiet wird, wie es
scheint, als römisches betrachtet, s.
6, 26.

13—17. *agnovere*, vgl. 6, 7, 5. —
gravem s. bezieht sich nur auf *oppressum*: nachdem sie ihn im Schlafe
überfallen haben, ziehen sie ihn fort,

vgl. 9, 37, 9; 25, 24, 2. — *nihil med.*,
2, 49, 5. — *ubi restit.*, so oft er sich
zu widersetzen versuchte, s. 35, 28,
2, drohten sie ihm, wenn er nicht
— mit dem Tode, nach Madvig;
Grnov. verm. um Gleichheit der
Glieder zu gewinnen: *honorem si
sequeretur, aut u. r. mortem denuntiantes.* — *imperator*, sie begrüssen
ihn sogleich als *imperator*, während
sonst die Soldaten einem schon von
dem Volke mit dem *imperium* be-
kleideten Feldherrn erst nach einem
Siege den Ehrentitel *imperator* beile-
gen. — *extemplo* scheint der Stellung
nach zu *adveniens* zu gehören, s. zu
1, 26, 3; 35, 35, 7, obgleich es auch zu
appellatus genommen werden könnte.
— *insign.*, 28, 24, 14. — *mirac.*, 1,
59, 2. — *lap. oetav.*, 2, 11, 7.
contra, Adverb., Cic. Verr. 2, 43,
107: *contra venit.* — *exerc.*, ein
neues, in Rom ausgehobenes.

2 nondum erant tam fortes ad sanguinem civilem, nec praeter externa noverant bella, ultimaque rabies secessio ab suis habebatur:
itaque iam duces, iam milites utrimque congressus quaerere ad
3 conloquia, Quinctius, quem armorum etiam pro patria satietas
teneret, nedum adversus patriam, Corvinus, omnes caritate cives,
praecipue milites et ante alios suum exercitum conplexus. *is* ad
4 conloquium processit. cognito ei extemplo haud minore ab adversariis verecundia quam ab suis silentium datum. ,,deos'' inquit
,,inmortales, milites, vestros publicos meosque ab urbe profici-
scens ita adoravi veniamque supplex poposci, ut mihi de vobis
5 concordiae partae gloriam, non victoriam darent. satis fuit eritque, unde belli decus pariatur: hinc pax petenda est. quod deos
inmortales inter nuncupanda vota expoposci, eius me conpotem
6 voti vos facere potestis, si meminisse vultis, non vos in Samnio,
nec in Volscis, sed in Romano solo castra habere, si illos colles,
quos cernitis, patriae vestrae esse, si hunc exercitum civium ve-
strorum, si me consulem vestrum, cuius ductu auspicioque priore
7 anno bis legiones Samnitium fudistis, bis castra vi cepistis. ego
sum M. Valerius Corvus, milites, cuius vos nobilitatem beneficiis erga
vos non iniuriis sensistis, nullius superbae in vos legis, nullius
crudelis senatus consulti auctor, in omnibus meis imperiis in me
8 severior quam in vos. ac si cui genus, si cui sua virtus, si cui
etiam maiestas, si cui honores subdere spiritus potuerunt, is
eram natus, id specimen mei dederam, ea aetate consulatum ad-

---

40. 1—3. *nond. t.*, n. als jetzt.
— *fortes ad*, vgl. 9, 16, 14; 6, 18,
4: *inexpertes ad*; 21, 25, 6: *rudis
ad*; 27, 11, 5; 31, 45, 1 u. o.; zu *fortes* s. Hor. Carm. 1, 37, 26. — *nec*,
n. *bella*. — *etiam—nedum* schon—
geschweige denn, d. h. noch vielmehr, 24, 40, 13; Tac. Dial. 25, 3:
*etiam iisdem saeculis, nedum diver-
sis.* — *Quinct.* etc., obgleich im Vorhergeh. auch *milites* erwähnt sind,
so werden doch zunächst die Motive
der Anführer angegeben, und das
Folg. *is ad* etc. an den zuletzt erwähnten, Valerius, angeknüpft, um
diesen als den eigentlichen Frie-
densstifter zu bezeichnen, der sogleich das ausführt, wozu er sich
angetrieben fühlt, während Quinctius erst c. 41, 1 in die Mitte tritt,
bis dahin unter den Seinen gestan-

den hat, s. § 15. — *Corv.*, c. 32, 15.
— *is* ist wahrscheinlich ausgefallen.
  4—6. *vestros p. m.*, die Staats-
götter, die euch und mir gemeinschaftlich sind, weniger passend: zu
eueren Göttern, denen des Staates
und den meinigen, vgl. 21, 63, 9:
profectus in Capitolium etc.; 22, 1,
6. — *veniam*, s. 1, 31, 7; der doppelte Accus. bei *exposco* findet sich
sonst nicht leicht, vgl. 2, 35, 5; 7,
32, 4. — *gloriam*, — *victoriam*, vgl.
9, 2, 15; 2, 29, 9. — *hinc*. n. *e civibus.* — *inter*, 6, 11, 5. — *in Volscis*
etc. 9, 38, 7.— *colles*, 2, 40, 7. — *consulem* durch *priore anno* bestimmt,
eben darnach ist auch § 16: *consul*,
§ 17: *suis militibus* zu verstehen.
  8. *si cui g.*, c. 32, 13, den 3 Gliedern mit *si* entsprechen der Reihe
nach die folgenden *is—eram.* — *is*

eptus eram, ut potuerim tris et viginti annos natus consul patribus quoque ferox esse non solum plebi. quod meum factum di- 9
ctumve consulis gravius quam tribuni audistis? eodem tenore
duo insequentes consulatus gessi, eodem haec imperiosa dictatura geretur; [ut] neque in hos meos et patriae meae milites mitior quam in vos — horreo dicere — hostis ero, vos prius in 10
me strinxeritis ferrum quam in vos ego; istinc signa canent,
istinc clamor prius incipiet atque impetus, si dimicandum est.
inducite in animum, quod non induxerunt patres avique vestri, 11
non illi, qui in Sacrum montem secesserunt, non hi, qui postea
Aventinum insederunt. expectate, dum vobis singulis, ut olim 12
Coriolano, matres coniugesque crinibus passis obviae ab urbe
veniant! tum Volscorum legiones, quia Romanum habebant ducem, quieverunt: vos, Romanus exercitus, ne destiteritis inpio
bello! T. Quincti, quocumque istic loco seu volens seu invitus 13
constitisti, si dimicandum erit, tum tu in novissimos te recipito;
fugeris etiam honestius tergumque civi dederis quam pugnaveris
contra patriam: nunc ad pacificandum bene atque honeste inter 14

er., so darf ich sagen, dass u. s. w.,
s. c. 32, 16. — *is* = *iis*, Aeltern,
Vorfahren, in Bezug auf *genus.* —
id spec., c. 26.— *tris et v.* etc. wiederholt bestimmter den in *ea aetate*
angedeuteten Begriff. — *potuerim,*
ohne *ut* hiesse es *potui*, vgl. 3, 29,
3. — *ferox* etc., im jugendlichen
Uebermuthe entgegentreten.

9—12. *meum*—*consulis*, wenn
ein Genitiv als Apposition zu einem
Possessivpron. tritt, ist es gewöhnlich wieder ein Pronomen oder Zahl-
wort, selten ein Substantiv, vgl. c.
9, 8; c. 33, 10: *nostrum peditum*;
10, 16, 4; 8, 7, 7; Cic. Planc. 10,
26; Phil. 2, 43, 111: *tuum hominis
simplicis.* — *quam trib.* — *tenore*,
c. 32, 16; 22, 15, 1. — *imperiosa*,
3, 26, 12. — *ut*, wenn dieses richtig
wäre, müsste *sit* (eine Hds. hat *mitior sim*) folgen; dagegen wird ein
gessi oder *geretur* entsprechendes
Verbum vermisst, da die Hdss. *hostis ergo* haben, so kann *ergo* verdorben, oder *erit*, wie es vorher *geretur* heisst, ausgefallen sein und
ergo an den in *neque* etc. liegenden

Gedanken, ich bin mild, freundlich
gesinnt, nicht zum Kampf geneigt,
sich anschliessen: also müsst ihr,
wenn gekämpft werden soll (*si di-
micandam est*), den Anfang machen.
— *strinxeritis*: ihr müsst erst gezogen haben, bevor u. s. w., vgl.
§ 14: *fueris*, du wirst erlangen, dass
du erscheinst, 8, 33, 8: *videro*; 28,
44, 18: *vicero*; im Folg. das einfache
Futurum, s. 6, 41, 8. Die Worte
sind kunstreich geordnet, *prius* chiastisch im dritten Gliede wiederholt, aber auch im zweiten zu denken, vgl. 4, 2, 1: *magis*, in der
Mitte: *istinc*—*istinc* anaphorisch.—
Avent., 3, 50 f. — *expectate, dum*,
3, 11, 13. — *ne destit.* entspricht
den Imperativen *inducite, expectate*,
vgl. c. 34, 5, und ist eine ironische
Aufforderung nicht abzulassen:
steht ja nicht ab, ohne Ironie: *vobis
igitur magis etiam magis absisten-
dum est.*

13—14. *si*—*tum* = selbst wenn
— doch. — *fugeris*—*dederis*, weil
erst der vollendeten Handlung, vgl.
6, 14, 4, das Prädicat *honestius* d. h.

primos stabis, et conloquii huius salutaris interpres fueris. postulate aequa et ferte, quamquam vel iniquis standum est potius
15 quam inpias inter nos conseramus manus."   T. Quinctius plenus lacrimarum ad suos versus ,,me quoque" inquit, ,,milites, si
quis usus mei est, meliorem pacis quam belli habetis ducem.
16 non enim illa modo Volscus aut Samnis, sed Romanus verba
fecit, vester consul, vester imperator, milites, cuius auspicia pro
17 vobis experti nolite adversus vos velle experiri. qui pugnarent
vobiscum infestius, et alios duces senatus habuit; qui maxime
vobis, suis militibus, parceret, cui plurimum vos, imperatori vestro,
18 crederetis, eum elegit. pacem etiam qui vincere possunt volunt :
quid nos velle oportet? quin omissis ira et spe, fallacibus auctoribus, nos ipsos nostraque omnia cognitae permittimus fidei?"

41   Adprobantibus clamore cunctis T. Quinctius ante signa progressus in potestate dictatoris milites fore dixit; oravit, ut causam miserorum civium susciperet, susceptamque eadem fide, qua
2 rem publicam administrare solitus esset, tueretur. sibi se privatim nihil cavere; nolle alibi quam in innocentia spem habere; militibus cavendum, quod apud patres semel plebi, iterum legioni-
3 bus cautum sit, ne fraudi secessio esset.   Quinctio conlaudato
ceteris bonum animum habere iussis dictator equo citato ad urbem revectus auctoribus patribus tulit ad populum in luco Petelino, ne cui militum fraudi secessio esset; oravit etiam bona venia

tibi erit honestius, s. 1, 13, 3: melius, beigelegt werden kann. — interpres, 2, 33, 11. — et ferte, und
ihr sollt es erhalten, wie sonst das
Futurum, 6, 18, 13; vgl. 34, 2, 13:
date frenos—et sperate; Hor. Ep. 1,
18, 107 : sit mihi quod nunc est —
et mihi vivam. Andere erklären:
und bietet an, s. 2, 13, 2. — standum e., dabei stehen bleiben, sich
begnügen, vgl. 3, 36, 8.

    15—18. usus m. e., 1, 56, 3. —
modo, so eben, vgl. 22, 30, 3; ib.
29, 11 u. a. — experti—experiri,
5, 54, 6. — nolite—velle, Cic. Phil.
7, 8, 25: nolite igitur id velle, quod
fieri non potest; Mur. 25, 50 u. a.
— plurimum, adverbial, wie 33, 9,
3 u. a. — quin, 1, 45, 6. — fallacibus a., s. Sall. I. 64, 5 : cupidine atque ira, pessumis consultoribus;
auctor ist als gen. commune zu neh-

men.

    41. 1—3. ante steht nicht oft
bei Verben der Bewegung, s. 8, 10,
2; 26, 48, 10. — progressus, c. 40,
3. — miseror. civ., Andeutung der
Schuldenlast, c. 39, 8—10; Sall. C.
33, 5: consulatis miseris civibus, ib.
35, 3: — sibi—cavere—cavend.: er
bedinge für sich keine Sicherstel-
lung, Straflosigkeit; den Soldaten
müsse verbürgt werden. — inno-
cent., s. 2, 3, 4. — plebi, 2, 33, 3
ist dieses nicht erwähnt; 3, 54, 14
wird es durch ein Plebiscit festgesetzt, daher ist apud patres zu nehmen : zur Zeit der Vorfahren, s. 4,
4, 3. — ad pop., es sind wol die
Centurien, nicht nach Nieb. 1, 437,
Schwegler 3, 294 die Curien zu verstehen. — luco Pet., 6, 20, 11. —
oravit bona v., sie möchten ihm die
Bitte gestatten, s. 6, 40, 10; 29, 17,

Quirites, ne quis eam rem ioco seriove cuiquam exprobraret.
lex quoque sacrata militaris lata est, ne cuius militis scripti no- 4
men nisi ipso volente deleretur; additumque legi, ne quis, ubi
tribunus militum fuisset, postea ordinum ductor esset. id pro- 5
pter P. Salonium postulatum est ab coniuratis, qui alternis prope
annis et tribunus militum et primus centurio erat, quem nunc
primi pili appellant. huic infensi milites erant, quod semper ad- 6
versatus novis consiliis fuisset, et, ne particeps eorum esset, [qui]
ab Lautulis fugisset. itaque cum hoc unum propter Salonium 7
ab senatu non impetraretur, tum Salonius obtestatus patres conscriptos, ne suum honorem pluris quam concordiam civitatis
aestimarent, perpulit, ut id quoque ferretur. aeque inpotens po- 8

6: *cum bona venia, quaeso, audiatis*;
also kein Beschluss des Volkes. —
ioco, adverbial.

4. *lex sacr.*, ein Plebiscit, dessen
Uebertretung wahrscheinlich mit
der sacratio capitis bedroht wird;
das letzte der leges sacratae, s. 2,
8, 2; ib. 33; 3, 55; 10, 38. — *ne
cuius* etc., es soll der Name keines
Soldaten, der einmal in die Muster-
rolle eingeschrieben ist, ausser
wenn er selbst es wünscht, aus derselben gestrichen werden, wie es
wahrscheinlich bis jetzt die Feldherrn, deren *imperium* im Kriege
unbeschränkt war, willkürlich gethan hatten. Die Forderung, dass
in dieser Beziehung die Macht der
Consuln beschränkt werden solle,
hieng viell. damit zusammen, dass
schon Proletarier in den Heeren
dienten, s. c. 25, 8, die so ihren Er-
werb, den Sold, gegen Willkür sicher stellen wollen; den Schutz gegen dieselbe suchte man in der An-
drohung der *sacratio capitis*. — *ad-
dit.*, es war ein Zusatzartikel zu
dem Gesetze. — *ubi*, viell. ist mit
Madvig *qui* zu lesen. — *ordin. duct.*,
Centurio; s. 2, 55, 4; 42, 33, 3;
nach dem Folg. ist besonders an den
primipilus zu denken; Lange 2,
36 f.

5. *id propter* etc., der Grund und
das ganze Verhältniss ist nicht klar,

denn der Sinn der vorhergeh. Worte
kann nur sein, dass der, welcher einmal den höheren Rang des trib. militum erlangt habe, nicht wieder den
niederen des centurio einnehmen
solle, dann aber sieht man nicht,
wie sich die Soldaten dadurch an
Salonius haben rächen können; dass
L. meine, der gewesene Kriegstri-
bun solle, wenn er diese Würde
nicht wieder erlange, selbst als Gemeiner dienen, nicht als Centurio
diese hart behandeln, ist sehr un-
wahrscheinlich: deshalb vermuthet
Nieb. R. G. 3, 74f., dass in Rücksicht auf Salonius ein Missverständ-
niss obwalte, und dieser in seiner
Würde als Tribun habe geschützt
werden sollen. — *ab coni.*, es sind
die Fordernden, c. 18, 1. — *nunc*,
L. selbst hat die Bezeichnung schon
2, 27; s. 8, 8, 7; 42, 32, 7; 44, 33, 7.

6—8. *fugisset* statt des hds. *fugissent* nach Gron., der auch *qui* für
unächt hält. Vielleicht ist ein Satz
ausgefallen, etwa *eorum esset, princeps eorum fuisset, qui—fugissent.*
Nach Appian verlassen die Soldaten
den Tribun. — *obtestatus pat. c. etc.*,
als ob er in dem Senate gewesen
wäre; vgl. 5, 12, 11; Mommsen 1,
443. — *suum hon.*, er findet also in
der Anordnung eine Schmach für
sich. — *ferretur*, dass der Senat
den Antrag gestattete. — *inpotens*,

stulatum fuit, ut de stipendio equitum — merebant autem triplex
ea tempestate — aera demerentur, quod adversati coniurationi
fuissent.

42 Praeter haec invenio apud quosdam L. Genucium tribunum
2 plebis tulisse ad plebem, ne fenerare liceret; item aliis plebi scitis cautum, ne quis eundem magistratum intra decem annos caperet, neu duos magistratus uno anno gereret, utique liceret consules ambos plebeios creari. quae si omnia concessa sunt plebi,
3 apparet haud parvas vires defectionem habuisse. aliis annalibus
proditum est neque dictatorem Valerium dictum, sed per consules omnem rem actam, neque antequam Romam veniretur, sed
Romae eam multitudinem coniuratorum ad arma consternatam

anmassend, unverschämt. — *triplex*,
s. 5, 12, 12. Ob sich die Forderung
nur auf die *suis equis* dienenden Ritter bezog, und ob dieselbe durchgegangen sei, geht aus den Worten
nicht hervor; aber später haben die
Ritter noch den dreifachen Sold.

42. 1. *Ne—liceret*, die Gesetzgebung geht in gleichem Verhältnisse weiter: nachdem 10, dann 5
Procent bestimmt waren, c. 16; 27,
wird jetzt das Ausleihen von Geld
auf Zinsen ganz verboten; Tacit.
Ann. 6, 16: *postremo vetita versura*;
Appian B. C. 1, 54: νόμου τινὸς πα-
λαιοῦ διαγορεύοντος μὴ δανείζειν
ἐπὶ τόκοις, ἢ ζημίαν τὸν οὕτω δα-
νείσαντα προσοφλεῖν. Dass überhaupt an Zinsen, nicht an Wucher
zu denken sei, würde auch eine lex
Marcia adversus feneratores: *ut si
usuras exegissent, de his reddendis
per manus iniectionem cum iis ageretur*, welche Gaius 4, 23 erwähnt,
beweisen, wenn sie in dieses Jahr
gehörte, s. Huschke das Nexum S.
121; 141; Lange 2, 33; 37. Später
findet das Ausleihen auf Zinsen wieder statt, und das Nexum ist durch
das erwähnte Gesetz nicht aufgehoben. Einen anderen Erfolg des Auf-
standes hat L. übergangen; s. Aurel. Vict. 29: *hic* (Valerius) *cum ingens multitudo aere alieno oppressa
Capuam occupare temptasset — sub-*

*lato aere alieno seditionem oppres-
sit*; Appian l. l.: ἡ βουλή—τὰς τῶν
χρεῶν ἀποκοπὰς ἐψηφίσατο πᾶ-
σι Ῥωμαίοις; Ihne 1, 291.

2. *ne quis* etc., s. 10, 13; Becker
2, 2, 29. — *neu duos*, es sind magistratus ordinarii gemeint; extra-
ordinarii können mit ordinariis zugleich bekleidet werden, s. 8, 12,
2; 13; 23, 21, 6; ib. 24, 3; Cic.
Legg. 3, 3, 8. — *utique* (*et ut*) etc.,
vgl. zu 6, 35, 5: *consulumque*. Das
Gesetz ist noch lange nachher nicht
in Anwendung gekommen, s. 23, 31;
Becker 2, 2, 104; doch hat die Drohung bewirkt, dass das Licinische
Gesetz seit dieser Zeit nicht wieder
verletzt worden ist. Die drei Gesetze scheinen im Interesse der plebejischen Nobilität gegeben zu sein.
— *quae si* etc., allerdings scheint
die Bewegung weit bedeutender als
sie L. darstellt, aber schon in den
älteren Annalen so verschieden erzählt gewesen zu sein, s. § 7, dass
sich der wahre Hergang nicht mehr
erkennen lässt.

3—7. *sed Rom.*, eine secessio
wegen der Schulden wie die erste,
2, 32, vgl. § 1. — *consternat.*, in
heftiger Aufregung und Geistesver-
wirrung, wie sie sich auch bei Empörung und Aufruhr zeigt, c. 39, 10:
insanientis; 8, 27, 9; vgl. 2, 40, 5:
amens consternatus; 34, 3, 6. —

esse, nec in T. Quincti villam, sed in aedis C. Manli nocte impe- 4
tum factum, eumque a coniuratis conprehensum, ut dux fieret;
inde ad quartum lapidem profectos loco munito consedisse, nec 5
ab ducibus mentionem concordiae ortam, sed repente, cum in
aciem armati exercitus processissent, salutationem factam, et per- 6
mixtos dextras iungere ac conplecti inter se lacrimantes milites
coepisse, coactosque consules, cum viderent aversos a dimicatione militum animos, rettulisse ad patres de concordia reconci-
lianda. adeo nihil praeterquam seditionem fuisse eamque con- 7
positam inter antiquos rerum auctores constat. — Et huius fama 8
seditionis et susceptum cum Samnitibus grave bellum aliquot populos ab Romana societate avertit, et praeter Latinorum infidum
iam diu foedus Privernates etiam Norbam atque Setiam, finitimas
colonias Romanas, incursione subita depopulati sunt.

TITI LIVI
AB URBE CONDITA
LIBER VIII.

Iam consules erant C. Plautius iterum L. Aemilius Mamer- 1
cus, cum Setini Norbanique Romam nuntii defectionis Privernatium cum querimoniis acceptae cladis venerunt. Volscorum item 2

---

ad arma, 21, 24, 2; 10, 43, 13: *in
fugam consternantur.* — *aedis* in
der Stadt. — *C. Manli,* ob er der
6, 30 genannte war, lässt sich eben
so wenig entscheiden, als warum
man gerade einen Patricier zum Anführer begehrt. — *salutat.,* als Waf-
fenbrüder, s. 1, 1, 9.— *inter se,* 24,
16, 10: *complexi inter se.* — *adeo,*
also, deutet zugleich den hohen Grad
der Verwirrung und Ungewissheit
an, die also auch jetzt noch, s. 6, 1,
dauert. —*nihil praet.,* s. 4, 4, 12. —
antiquos, s. 4, 7, 10.

8. *et pr.* erklärend; *praeter* wie

c. 37, 6 =*praeterquam quod* — *erat,*
zur Sache s. c. 38, 1. — *in fid.,* s. 5,
4, 13; 9, 45, 5. — *Privernates,* c.
16. — *Norbam,* 2, 34. — *Setiam,*
6, 30. — *Romanas,* vgl. 8, 3, 9.

1—2, 5. Krieg mit den Privernaten und Volskern; Friede mit den
Samniten.

1—3. *Plautius,* 7, 27. *Mamercus,*
7, 1, 2. — *defectionis,* weil sie L.
seit 7, 16 unterworfen glaubt. —
Volscor. etc., nach dem misslunge-
nen, 7, 27, ein neuer Versuch derselben sich von Rom zu befreien.
Antium steht wie früher, s. 2, 33, an

exercitum duce Antiati populo consedisse ad Satricum adlatum
est. utrumque bellum Plautio sorte venit. prius ad Privernum

3 profectus extemplo acie conflixit. haud magno certamine devicti
hostes; oppidum captum redditumque Privernatibus praesidio

4 valido inposito; agri partes duae ademptae. inde victor exercitus
Satricum contra Antiatis ductus. ibi magna utrimque caede atrox
proelium fuit; et cum tempestas eos neutro inclinata spe dimicantes diremisset, Romani, nihil eo certamine tam ambiguo fessi,

5 in posterum diem proelium parant. Volscis recensentibus, quos
viros in acie amisissent, haudquaquam idem animus ad iterandum periculum fuit: nocte pro victis Antium agmine trepido

6 sauciis ac parte inpedimentorum relicta abierunt. armorum magna vis cum inter caesa hostium corpora tum in castris inventa
est. ea Luae matri dare se consul dixit, finesque hostium usque
ad oram maritumam est depopulatus.

7   ·   Alteri consuli Aemilio ingresso Sabellum agrum non castra
Samnitium, non legiones usquam oppositae. ferro ignique va-

8 stantem agros legati Samnitium pacem orantes adeunt; a quo reiecti ad senatum potestate facta dicendi positis ferocibus animis
pacem sibi ab Romanis bellique ius adversus Sidicinos petierunt,

9 quae se eo iustius petere, quod et in amicitiam populi Romani
secundis suis rebus, non adversis, ut Campani, venissent, et ad-

---

der Spitze. — *Satricum,* die Stadt
ist also wieder in der Gewalt der
Volsker, vgl. 7, 27, 7. — *venit* findet sich bisweilen statt des gewöhnlichen *evenit,* s. zu 29, 20, 4; 10, 11,
1; auch die Wiener Hds. hat 44, 17,
7: *venit,* vgl. 26, 40, 6; Sall. I. 4,
4; 103, 2; Tac. Ann. 12, 32; jüngere Hss. haben *evenit.* — *devicti* —
capt., ein Triumph des Siegers wird
auch in den fasti triumph. nicht erwähnt, s. c. 20, 7. — *redditumq.,*
zum Besitz, während die Römer nach
Kriegsrecht, s. 7, 27, 8; 4, 34, 4,
wie mit Veji hätten verfahren können; über *que* s. 6, 4, 10. — *partes
d.,* zwei Drittheile; gewöhnlich nur
ein Drittheil, s. 1, 11, 4; 10, 1, 3;
Marquardt 3, 1, 14. Die Stadt wird
nicht Colonie, sondern erhält nur
eine Besatzung, s. 3, 30, 2.

     5—6. *animus ad,* vgl. 29, 17, 11.
— *Luae,* vgl. 45, 33, 2, wol die

Sühnegöttin, Gemahlin des Saturnus,
vgl. Varro L. L. 8, 36: *ut quom dico
Saturni Lua, Luam, et ab luo, luam,*
häufiger wird die Waffenbeute dem
Vulcanus, s. c. 10; 30, 6, 9, bisweilen dem Juppiter geweiht, s. 10, 29,
18; Marq. 4, 23; Preller Myth.
418 f.

     7—10. *Sabellum,* der allgemeine
Name für die von den Sabinern aus-
gegangenen Völker, die Marser, Vestiner, Marruciner, Päligner ist an
n. St. ungewöhnlich von den Samniten gebraucht, s. 10, 19, 20. —
non castra etc., die Ursachen der
Unthätigkeit der Samniten in diesem
und dem vorhergeh. Jahre gehen
aus der Darstellung L's nicht hervor, s. c. 3, 6; 7, 38, 1; ib. 39, 1.
— *bellique i.,* s. 7, 30, 4, Krieg gegen die Sidiciner zu führen soll den
Samniten in dem zu schliessenden
Bunde nicht untersagt, nicht als Ver-

versus Sidicinos sumerent arma suos semper hostes, populi Romani numquam amicos, qui nec, ut Samnites, in pace amicitiam, 10
nec, ut Campani, auxilium in bello petissent, nec in fide populi
Romani nec in dicione essent. Cum de postulatis Samnitium T. 2
Aemilius praetor senatum consuluisset, reddendumque iis foedus
patres censuissent, praetor Samnitibus respondit, nec, quo mi- 2
nus perpetua cum eis amicitia esset, per populum Romanum
stetisse, nec contradici, quin, quoniam ipsos belli culpa sua con-
tracti taedium ceperit, amicitia de integro reconcilietur; quod 3
ad Sidicinos attineat, nihil intercedi, quo minus Samniti populo
pacis bellique liberum arbitrium sit. foedere icto cum domum 4
revertissent, extemplo inde exercitus Romanus deductus annuo
stipendio et trium mensum frumento accepto, quod pepigerat
consul, ut tempus indutiis daret, quoad legati redissent.

letzung desselben bezeichnet, also
das frühere Verhältniss vollständig
wieder hergestellt werden. — semper h., 1, 39, 3. — numquam am.,
die Römer seien durch kein Bündniss mit den Sidicinern verhindert
diese Forderung zu erfüllen, s. 7,
30, 4. — nec in f. etc., die beiden
Sätze sind nicht eine Fortsetzung
der zwei vorhergehenden mit nec,
sondern bilden ein selbständiges
Glied neben jenem, vgl. 21, 1, 2;
durch das erste nec — nec werden
specielle, durch das zweite nec —
nec allgemeine Verhältnisse neben
einander gestellt. — fide wird hier
bestimmt von dicione, 5, 27, 14; 7,
31, 6 geschieden, vgl. 42, 8, 5; 39,
54, 7: dedisse se prius in fidem quam
in potestatem populi Romani; 32,
2, 5; 37, 45, 3, und bezeichnet ein
Schutzverhältniss, in welches fremde Völker gewöhnlich durch ein
Bündniss mit dem röm. Staate treten, nach dem sie zwar dessen Oberhoheit anerkennen und abhängige
Bundesgenossen werden, aber doch
sonst ihre Selbständigkeit (liberi, in
potestate sua sunt, suis legibus utun-
tur) behalten, vgl. c. 19, 1; 25, 3;
27, 2; 4, 30, 1. Dagegen ist: omnia
fidei populi R. permittere 36, 28,

1 ff.; Polyb. 36, 2: αὐτοὺς εἰς τὴν
Ῥωμαίων ἐπιτροπὴν διδόναι, nicht
verschieden von in dicionem venire,
wie c. 2, 13 per deditionem in fidem
venire; umgekehrt wird weniger
genau bisweilen in dicione für in
fide esse gesagt, s. 9, 20, 8; 41, 6,
12, vgl. 34, 35, 10: in fidem ac dicionem p. R. se tradere u. a.

2. 1—4. praetor, der in der Abwesenheit der Consuln deren Stelle
vertritt. — reddendum, das aequum
foedus, wie es vor dem Kriege gewesen war, c. 1, 8; 7, 19, 4. — contradici, erst von L. als ein Wort
gebraucht, früher wurden beide getrennt. — quin der Widerspruch
sei nicht der Art, dass nicht doch
u. s. w., ist objectiv, vgl. 2, 31, 11;
8, 40, 1; 23, 6, 2 u. a.; quo minus,
subjectiv; der Grund des Hindernis
liege nicht in ihnen, s. 6, 33, 2. —
Sidicin., die Römer nehmen sich
ihrer nicht an um freie Hand gegen
Latium zu haben. — annuo, 5, 27,
15. — frumento, zur Vertheilung
an das Heer, vgl. c. 36, 11; 7, 37,
2; 9, 43, 6; Marq. 3, 2, 75; 155;
früher ist es nicht gefordert worden, s. 5, 27; 32. — mensum, 9,
43, 6.

5   Samnites copiis isdem, quibus usi adversus Romanum bellum fuerant, contra Sidicinos profecti haud in dubia spe erant
6 mature urbis hostium potiundae. tum ab Sidicinis deditio prius
ad Romanos coepta fieri est; dein, postquam patres ut seram eam
ultimaque tandem necessitate expressam aspernabantur, ad Lati-
7 nos iam sua sponte in arma motos facta est. ne Campani quidem — adeo iniuriae Samnitium quam beneficii Romanorum me-
8 moria praesentior erat — his se armis abstinuere. ex his tot populis unus ingens exercitus duce Latino fines Samnitium ingressus
plus populationibus quam proeliis cladium fecit; et quamquam superiores certaminibus Latini erant, haud inviti, ne sae-
9 pius dimicandum foret, agro hostium excessere. id spatium Samnitibus datum est Romam legatos mittendi; qui cum adissent
senatum, conquesti eadem se foederatos pati, quae hostes essent
10 passi, precibus infimis petiere, ut satis ducerent Romani victoriam suam Samnitibus ex Campano Sidicinoque hoste eripuisse,
11 ne vinci etiam se ab ignavissimis populis sinerent; Latinos Cam-
 * panosque, si sub dicione populi Romani essent, pro imperio ar-

---

5. *copiis isd.*, vgl. 7, 35, 6. — *usi*,
in Bezug auf c. 1, 7; Madvig verm.
usuri. — *advers. Rom. bellum*, diesem entgegen, um ihn abzuwehren;
doch liegt eine Vertauschung der
Person und Sache zu Grunde, s. c.
17, 7; 26, 25, 10: *adversus quod
(bellum) — se inparem cernens;* Duker will *bellum* tilgen. — *haud in
d.*, 21, 49, 11: *haud cum inparatis*,
s. 8, 13, 4; 7, 8, 4.
    6—7. *coepta f. e.*, eine bei L.
häufige Wortstellung, s. 7, 7, 1; 10,
30, 1; 3, 10, 5 u. a. — *seram*, die
Campaner in gleicher Lage aufzu-
nehmen hat man kein Bedenken getragen, s. 7, 31. — *ad Lat.*, s. zn
§ 12. — *in arma*, s. 7, 38, 1; zum
Ausdruck 7, 33, 16: *in fugam movere.* — *ne Camp. q.*, nach dem Verlaufe der Ereignisse haben die Samniten Campanien aufgegeben und
den Römern überlassen; da diese,
wie es scheint, die deditio in einem
anderen Sinne nahmen als die Campaner, vgl. 36, 28, 4, und wirkliche
Unterwerfung forderten, so suchen
die Campaner, mit Ausschluss der

Aristocratie, s. c. 11, 15, jetzt die
Hülfe der Latiner. — *his arm.*, wie
oft: Krieg. Es wird vorausgesetzt,
dass das röm. Heer nicht mehr in
Campanien steht, s. 7, 38, 4.
    8—11. *ingens*—(*tamen*) *plus.* —
duce Latino, entweder collectiv, vgl.
7, 11, 3 oder unter Anführung eines
Lat., vgl. c. 11, 6. — *ne saep.*, der
Sinn scheint zu sein: die Samniten
liessen es nicht zu einem entschei-
denden Treffen kommen, sondern
suchten die Feinde durch viele Gefechte zu ermüden, denen diese aus-
wichen; indess wird auch so der
Rückzug der Latiner nicht genug
motivirt. — *prec. inf.*, vgl. 9, 20,
2. — *suam* auf den Dativ *Samnitib.*
bezogen: den ihnen gehörigen, da
sie denselben als sicher erwartet
hatten, s. 7, 37, 2; 6, 20, 16; 21,
43, 17; ib. 50, 4 u. a., die hds. Lesart: *quam eripuissent*, für die Duker nur *eripuisse* verm., scheint nicht
richtig, da *satis ducere* sonst mit
dem acc. c. inf., *si* od. *quod* verbunden wird. — *ne* etc., und so verhü-
teten, dass u. s. w. — *pro imperio*,

cerent Samniti agro, sin imperium abnuerent, armis coercerent.
adversus haec responsum anceps datum, quia fateri pigebat in 12
potestate sua Latinos iam non esse, timebantque, ne arguendo
abalienarent. Campanorum aliam condicionem esse, qui non foe- 13
dere sed per deditionem in fidem venissent; itaque Campanos,
seu velint seu nolint, quieturos. in foedere Latino nihil esse, quo
bellare, cum quibus ipsi velint, prohibeantur. Quod responsum **3**
sicut dubios Samnites, quidnam facturum Romanum censerent,
dimisit, ita Campanos metu abalienavit, Latinos, velut nihil iam
non concedentibus Romanis, ferociores fecit. itaque per speciem 2
adversus Samnites belli parandi crebra concilia indicentes omnibus consultationibus inter se principes occulte Romanum coque-

s. 1, 51, 2, weil ein Staat *in dicione*,
ohne politische Selbständigkeit, dem
Machtgebote des herrschenden unterworfen ist.

12—13. *in pot. s. e.* hat hier nicht
die staatsrechtliche Bedeutung wie
7, 31, 6=*in dicione*, s. c. 1, 10, sondern soll nur andeuten, dass die Latiner sich nicht mehr den Wünschen
oder Forderungen der Römer wie
bisher fügen, ihren Anordnungen
sich nicht mehr unterwerfen, s. 3,
4, 11. — *iam non*, s. 6, 14, 2, zu 30,
7, 8. — *arguendo* etc., vgl. 3, 16,
3: wenn sie dieselben überführen,
nachweisen wollten, dass sie das
nicht thun dürften. — *per dedit.*, s.
c. 1, 10; 23, 5, 9; der Unterschied
des *foedus* und der *deditio* tritt hier
deutlich hervor. Marq. 3, 1, 250. —
in foed.—*prohib.*, hier sowol als c.
4, 2 erscheint das Verhältniss der
Latiner zu Rom als durch ein *foedus aequum* geordnet, wie Fest. p.
241: *praetor ad portam*, vgl. 2, 33,
nach welchem die Latiner Rom
gleichgestellt, selbständig, das Recht
über Krieg und Frieden haben und
nur verpflichtet sind in gemeinschaftlichen Kriegen ein gleiches
Contingent wie die Römer zu stellen; daher halten sie abgesondert
ihre Versammlungen, s. c. 3, 10;
14, 9; 7, 25, 5; ib. 28, 2; führen
mit den Paelignern Krieg 7, 38, 2;

nehmen die Sidiciner in ihren Schutz
§ 6, verbinden sich mit den Campanern. Allein dazu stimmt nicht
das c. 3, 8 Berichtete; die Latiner
fühlen sich durch das Verhältniss
gedrückt, s. 7, 15, 6; 18 f; 25; 28,
und suchen sich aus demselben zu
befreien. Entweder war daher das
Bündniss 7, 12 wirklich ein *aequum*,
aber die Römer haben ihre Uebermacht benutzt um die Latiuer aus
ihrer Stellung als gleichberechtigte
Bundesgenossen in die von Unterthanen zu drängen, s. c. 4, 2; 5, 3,
vgl. 7, 25, 5; oder das Bündniss
war den Latinern weniger günstig,
und sie benutzen die Verwickelung
der Römer in den Krieg mit den
Samniten um sich aus dieser Lage
zu befreien. Aus der Darstellung
L's lässt sich ein sicheres Urtheil
nicht gewinnen. — *non foedere* etc.,
c. 1, 10; das 23, 5, 9; 31, 31 erwähnte Bündniss haben also bis jetzt
die Campaner noch nicht.

3—6, 8. Der Abfall der Latiner
und Campaner. Dio Cass. frg. 35;
Zonar. 7, 26.

1—3. *respons.—dimisit*, s. 2, 4,
3. — *metu abal.*, sie fürchten die
Folgen der deditio, c. 2, 7. — *concilia*, 7, 25, 5. — *principes*, 1, 50 f.,
da nur die *principes* Pläne fassen,
so erklärt sich, dass die Römer
durch die treu gebliebenen Lauren-

bant bellum. huic quoque adversus servatores suos bello Cam-
3 panus aderat. sed quamquam omnia de industria celabantur —
priusquam moverentur Romani, tolli ab tergo Samnitem hostem
volebant —, tamen per quosdam privatis hospitiis necessitudini-
busque coniunctos indicia coniurationis eius Romam emana-
4 runt; iussisque ante tempus consulibus abdicare se magistratu,
quo maturius novi consules adversus tantam molem belli crearentur, religio incessit ab eis, quorum inminutum imperium es-
5 set, comitia haberi. itaque interregnum initum. duo interreges
fuere, M. Valerius ac M. Fabius; *is* creavit consules T. Manlium Tor-
6 quatum tertium P. Decium Murem. — Eo anno Alexandrum Epiri
regem in Italiam classem appulisse constat; quod bellum, si
prima satis prospera fuissent, haud dubie ad Romanos perve-
7 nisset. eadem aetas rerum magni Alexandri est, quem sorore
huius ortum in alio tractu orbis, invictum bellis, iuvenem fortuna
morbo extinxit.
8   Ceterum Romani, etsi defectio sociorum nominisque Latini
haud dubia erat, tamen, tamquam de Samnitibus non de se cu-

ter, s. c. 11, 15, nichts von denselben erfuhren. — *coquebant*, 3, 36,
2. — *priusquam* etc., der Grund des
celari; das *tolli* etc. scheint nach L.
den Latinern sehr leicht, vgl. c. 2,
10. — *hospit. nec.*, Gastrecht und
Verwandtschaftsverhältnisse, diese
in Folge des *conubium*, s. 1, 49, 8;
4, 3, 4; vgl. 42, 38, 8. — *coniurat.*,
das Complott verbündeter Völker,
s. § 8.
    4—5. *ante t.*, s. 7, 25, 1. — *ab-
dicare*, 2, 2, 10, nicht wegen ihrer
Untüchtigkeit, sondern damit die
neuen Consuln zeitig alle Vorbereitungen treffen können, Becker 2, 2,
55; 100. — *inminut.*, weil sie vor
dem gesetzlichen Termine abtreten;
in einem ähnlichen Falle 5, 9, 8 finden solche Bedenken nicht statt,
vgl. c. 17, 4; 5, 17, 3 u. a. — *ac*,
und dann. — *creavit*, wird besonders
von dem interrex, der die Wahl leitet, gebraucht, s. 7, 17, 12; 3, 8, 2,
Lange 1, 221. — *Manlium*, 7, 28;
Decium, 7, 34.
    6—7. *eo anno*, diese synchronisti-
sche Bemerkung ist nicht genau;

Alex., der Sohn des Molosserfürsten
Neoptolemus ist wahrscheinlich einige Jahre später nach Italien gekommen, c. 17, 9; 24; Nieb. R. G.
2, 637; 3, 187. — *prima*, Tac. H.
3, 46: *prima rerum — speculaban-
tur*; dass Alex. im Anfange glücklich gewesen sei, berichtet L. selbst
c. 24. — *aetas* zu *eadem* und zu *rerum* gehörig giebt nur die Zeit im
Allgemeinen an, nicht dass Alex. in
diesem Jahre gestorben sei, s. 9, 16.
— *magni*, 1, 46, 5.
    8. *ceterum* nimmt wie *sed* die un-
terbrochene Erzählung wieder auf,
s. 23, 2, 6. — *socior. nom. Lat.*, eine
Formel, s. 22, 50, 6, die wahrscheinlich aus späterer Zeit in diese übergetragen ist (damals hätten nur uneigentlich die Campaner socii genannt werden können), aber deutlich
zeigt, dass L. den Abfall des ganzen
Latium annehme, s. c. 14; 6, 21,
nicht blos der nachher genannten
Colonieen, und die Staaten, die früher vereinzelt aufgetreten waren,
s. 6, 27 — 29; 7, 9; 11; 18, jetzt
vereinigt denke. — *tamquam* sie

ram agerent, decem principes Latinorum Romam evocaverunt,
quibus imperarent, quae vellent. praetores tum duos Latium ha- 9
bebat, L. Annium Setinum et L. Numisium Cerceiensem, ambo
ex coloniis Romanis, per quos praeter Signiam Velitrasque, et
ipsas colonias Romanas, Volsci etiam exciti ad arma erant; eos
nominatim evocari placuit. haud cuiquam dubium erat, super 10
qua re accirentur: itaque concilio prius habito praetores, quam
Romam proficiscerentur, evocatos se ab senatu docent Romano,
et quae actum iri secum credant, quidnam ad ea responderi pla-

gaben sich den Schein, als ob sie
nur die Verhältnisse zu den Samniten ordnen wollten, an der Treue
der Latiner nicht zweifelten. — *decem princ.* sind wol nur die 10 an-
gesehensten Männer des Bundes,
nicht ein Ausschuss des Senates wie
die *decem primi* in den Municipien
und Colonieen. Uebrigens ist es
nicht klar, wie nach dem c. 2 über
das Verhältniss der Latiner Gesagten jetzt von diesen gefordert werden kann, was sonst nur abhängigen
Staaten angesonnen wird, s. 3, 4, 5;
29, 15, 5, vgl. 1, 51, 7, wo Tarquinius selbst in dem concilium der
Lat. erscheint, und wie die Latiner,
im Begriff mit Rom zu brechen, sich
der Forderung fügen können. Auch
ut imperar. q. vell. stimmt nicht zu
c. 2, 12, da es die Herrschaft Roms
voraussetzt, c. 5.

9—10. *praetores,* diese leiten nach
§ 10 die Bundesversammlung und
sind Anführer im Kriege, s. c. 11,
6; zwei Vorsteher in Krieg u. Frieden erwähnt auch Dion. 3, 34; vgl.
ib. 5, 61; 6, 4. L. scheint durch *tum*
anzudeuten, dass die Einrichtung
nicht immer bestanden habe; doch
ist es ungewiss, ob die Anführer des
Bundes früher Dictatoren hiessen,
s. 1, 23, 4; ib. 27, 1; 2, 19, 10; od.
ob die Latiner, wie die Römer, von
der Königsherrschaft sogleich zur
Regierung durch zwei Prätoren, neben denen Dictatoren für religiöse
und andere Zwecke von dem Bunde,
s. Priscian. 4 § 21: *lucum Dianium*

— *dedicavit dictator Latinus,* wie
in einzelnen Staaten, s. 3, 18; 6, 26,
gewählt werden konnten, übergegangen sei, s. Mommsen 1, 345 ff.;
Schwegler 2, 291 ff. — *Setinum,* von
Setia, das bis jetzt Rom treu gewesen ist, s. c. 1, 1. — *Cerceiens.,* vgl.
6, 21, 2. — *Signiam,* s. 7, 8; *Velitr.,* 6, 12, 6. L. scheint durch *colonias Rom.* und *ex colon. Rom.,* s.
c. 5, 3, anzudeuten, dass er sie für
römische Bürgercolonieen halte; allein dieses Zeugniss wird unsicher
dadurch, dass er 27, 9, 7 f.; 29, 15,
5 auch in offenbar lat. Colonieen römische Bürger wohnen lässt, a. den
ang. St. Cercei und Setia; 27, 10
Signia (über Velitrae s. 8, 14, 5)
latinische Colonieen nennt, Cercei
von Polyb. 3, 22, die übrigen mit
Ausnahme von Signia von Dionys.
5, 61 als latinische Städte angeführt werden, s. 6, 17, 7, Mommsen,
Gesch. d. röm. Münzw. 312 fg. Alle
lagen im Gebiete der Volsker, die
im letzten Kriege unter Privernum
verloren, s. c. 1 vgl. c. 19, u. wahrscheinlich sogleich Anfangs an dem
Aufstande Theil genommen haben,
c. 5, 3. Die Aurunker, s. zu c. 12, 1
vgl. c. 14, 10, sind entweder von
L. übergangen oder haben sich später angeschlossen. — *super q. r.,* 2,
4, 4. — *concil.,* wie in Rom der Senat von den Consuln, von den Prätoren berufen und geleitet; daher
referunt (nach c. 4, 1 ist es nur von
Annius zu verstehen, der zugleich
die Ansicht seines Collegen vertritt,
vgl. 3, 39, 2) und *censerent.*

4 ceat, referunt. Cum aliud alii censerent, tum Annius: „quamquam ipse ego rettuli, quid responderi placeret, tamen magis ad
summam rerum nostrarum pertinere arbitror, quid agendum nobis, quam quid loquendum sit. facile erit explicatis consiliis ac-
2 commodare rebus verba. nam si etiam nunc sub umbra foederis
aequi servitutem pati possumus, quid abest, quin proditis Sidicinis non Romanorum solum sed Samnitium quoque dicto parea-
mus, respondeamusque Romanis nos, ubi innuerint, posituros
3 arma? sin autem tandem libertatis desiderium remordet animos,
si foedus est, si societas, *si* aequatio iuris est, si consanguineos nos
Romanorum esse, quod olim pudebat, nunc gloriari licet, si socialis illis exercitus is est, quo adiuncto duplicent vires suas,
quem secernere ab se consules bellis propriis ponendis sumen-

---

4. 1. *tamen* etc., ehe noch über
den Vortrag durchgestimmt ist,
spricht er seine Ansicht aus, vgl. zu
c. 20, 12. — *summam r. p.*, das
Wohl und Interesse des Staates. —
sub umb., unter dem Schattenbilde,
anders 7, 30, 18, vgl. c. 2, 12. —
proditis, wenn ihnen wegen des Bundes der Römer mit den Samniten
der versprochene Schutz nicht gewährt wird, c. 2.

3—4. *libertatis*, politische Selbständigkeit, Souveränität durch Befreiung von der drückenden Hegemonie Roms. — *des. remord.*, „die
Sehnsucht am Herzen nagt", sonst
mehr dichterisch. — *si foedus* etc.,
Zerlegung des Begriffs *aequum foedus*, vgl. 39, 37, 10: *si foedus ratum
est, si societas et amicitia ex aequo
observatur* etc., vgl. 4, 5, 5: *si in
consortio, si in societate rei publ., si*
etc.; 6, 40, 18; 34, 57, 9. Dieses
wird als feststehend betrachtet, und
dann die Verwunderung (*cur non*)
ausgesprochen, dass nicht auch eine
nothwendige Folge bereits eingetreten sei. — *aequatio iur.*, die
Gleichstellung beider Staaten als
Glieder eines Bundesstaates, und
die darauf beruhende Rechtsgleich-
heit in vielen Beziehungen des Pri-
vatlebens, s. c. 6, 15, ist, da *est* in
beiden Sätzen bedeutet: besteht, und

die *socii* auch ein *non aequum foedus* haben können, nicht Prädicat
von *societas*, und deshalb zu bezweifeln, dass *si foedus, si societas aeq.
iur. est* zu lesen sei, wenigstens wäre eine Andeutung zu erwarten, dass
von dem Bündnisse der Latiner mit
Rom gesprochen werde; *si* ist wahrscheinlich ausgefallen. *est — est*, 7,
40, 10; *prius.* — *consang.*, s. c. 5, 4;
8, 2; 1, 6, 3. *pudeb.*, als Rom noch
unbedeutend war, 1, 45, 3. — *duplicent*, c. 8, 14. — *quem — cons.* —*propriis* etc., da die Consuln keine eigenen Kriege führen, so konnte L.
wol voraussetzen, dass seine Leser
propriis nicht auf *consules* sondern
auf *quem* beziehen würden, *et consules eum propriis bellis — secernere*
(viell. *secedere*) *nolunt*; die Beziehung von *propriis* auf den Accus. s.
7, 11, 5; 3, 70, 4, vgl. 4, 8, 4; 27,
38, 7 u. a., die Consuln werden als
die regelmässigen Heerführer genannt. Madvig verm. *consilia* statt
consules. Zum Gedanken vgl. 2, 53,
5: *mos non placebat sine Romano
duce — socios propriis viribus consi-
liisque bella gerere. Bellis ponend.
sum.* kann Ablativ: indem, während sie u. s. w., vgl. c. 36, 7; 7,
21, 2; 4, 29, 3; 23, 17, 10 u. a.,
viell. auch Dativ sein. — *ponend.*=
deponendis, 7, 32, 1; 1, 53, 7; *su-*

disque nolint, cur non omnia aequantur? cur non alter ab La- 4
tinis consul datur, ubi pars virium, ibi et imperii pars est? est 5
quidem nobis hoc per se haud nimis amplum, quippe concedentibus Romam caput Latio esse; sed ut amplum videri posset,
diuturna patientia fecimus. atqui si quando umquam consociandi 6
imperii, usurpandae libertatis tempus optastis, en hoc tempus
adest et virtute vestra et deum benignitate vobis datum. temptas- 7
stis patientiam negando militem. quis dubitat exarsisse eos, cum
plus ducentorum annorum morem solveremus? pertulerunt ta- 8
men hunc dolorem. bellum nostro nomine cum Paelignis gessi-
mus: qui ne nostrorum quidem finium nobis per nos tuendorum
ius antea dabant, nihil intercesserunt. Sidicinos in fidem rece- 9
ptos, Campanos ab se ad nos descisse, exercitus nos parare adversus Samnites, foederatos suos, audierunt, nec moverunt se ab
urbe. unde haec illis tanta modestia nisi a conscientia virium et 10
nostrarum et suarum? idoneos auctores habeo querentibus de
nobis Samnitibus ita responsum ab senatu Romano esse, ut facile appareret, ne ipsos quidem iam postulare, ut Latium sub

---

mend. = *suscipiendis*, 1, 42, 2; 38,
19, 3; der Ausdruck war früher
mehr poetisch; das hysteron proteron soll wol bedeuten: Kriege durch
die Entwickelung der Macht beile-
gen, den Feind zwingen Frieden zu
schliessen oder zu halten; selbst
Kriege anfangen. — *cur non* gehört
auch zu *ubi*. — *ab Lat.*, wie c. 5,
5: *ex Latio—pars* die Hälfte, § 11;
c. 5, 5.

5—6. *est quidem*, Beschränkung
des Vorhergeh.: freilich ist, schon
das ist u. s. w. — *caput L.*, 23, 10,
2, vgl. 1, 52, 4. — *atqui* etc. leitet
den Untersatz zu dem vorher aus-
geführten Gedanken: wir müssen
gleichgestellt werden, ein : nun aber;
der Schlusssatz folgt § 10: *usurpate*
etc. — *quando umquam*: jemals einmal, s. c. 6, 14; 6, 42, 12; 10, 14,
11; 32, 5, 8, vgl. 1, 28, 4; bei anderen Schriftstellern findet sich die
Zusammenstellung der beiden Worte weniger. — *en* wie § 11, eine
seltene, nachdrückliche Form des
Nachsatzes, vgl. 7, 35, 10: *ecce*.

7—10. *temptastis*, 1, 32, 4. —

negando, 7, 25, 5. — *plus ducent.*,
von welchem Zeitpunkte an, ob von
Tullus Hostilius 1, 24, od. Tarquinius 1, 52, s. c. 5, 9, L. oder sein
Gewährsmann (Cincius?) gerechnet
habe, lässt sich nicht entscheiden,
s. Schwegler 1, 731; dass die Latiner mehrmals ihr Contingent zu stellen verweigert haben, wird nicht
beachtet; zur Sache s. 6, 10, 6;
7, 12, 7; ib. 25, 5 u. a. — *nostro
nom.* etc., s. 7, 38, 1, was allerdings
nicht gestattet war nach Dion. 8, 15:
ἐν γὰρ ταῖς συνθήκαις, αἷς ἐποιή-
σαντο πρὸς αὐτοὺς (die Latiner)
περὶ φιλίας, ἀπόρρητον (den Latinern) ἦν τούτων ἑκάτερον nämlich
ein Heer einseitig zu rüsten und
einen Feldherrn zu bestellen; allein das Bündniss des Cassius
scheint keine dieser Beschränkun-
gen enthalten zu haben, s. Dion. 6,
95, vgl. jedoch L. 7, 12, 7. — *ne
nostr. q.* etc., s. 2, 30, 8; ib. 53, 5;
3, 19, 8. — *mover.*, um uns zu strafen. — *modest.*, da sie nichts mehr
gegen das Bündniss fordern. — *ne
i. q.*, vgl. c. 2, 12: *iam non* etc.

Romano imperio sit. usurpate modo postulando eo, quod illi
11 vobis taciti concedunt. si quem hoc metus dicere prohibet, en
ego ipse audiente non populo Romano modo senatuque sed Iove
ipso, qui Capitolium incolit, profiteor me dicturum, ut, si nos in
foedere ac societate esse velint, consulem alterum ab nobis sena-
12 tusque partem accipiant." haec ferociter non suadenti solum sed
pollicenti clamore et adsensu omnes permiserunt, ut ageret dice-
retque, quae e re publica nominis Latini fideque sua viderentur.

5   Ubi est Romam ventum, in Capitolio eis senatus datus est.
ibi cum T. Manlius consul egisset cum eis ex auctoritate patrum,
2 ne Samnitibus foederatis bellum inferrent, Annius, tanquam victor armis Capitolium cepisset, non legatus iure gentium tutus
3 loqueretur: „tempus erat" inquit, „Tite Manli vosque patres conscripti, tandem iam vos nobiscum nihil pro imperio agere, cum
florentissimum deum benignitate nunc Latium armis virisque
Samnitibus bello victis, Sidicinis Campanisque sociis nunc etiam
Volscis adiunctis videretis, colonias quoque vestras Latinum Ro-
4 mano praetulisse imperium. sed quoniam vos regno inpotenti
finem ut inponatis non inducitis in animum, nos, quamquam armis possumus adserere Latium in libertatem, consanguinitati ta-

10—12. *usurp.*, s. 5, 2, 12; hier absolut gebraucht, wie 7, 2, 6. — *modo*
nur immer hin, ohne weiteres: macht
nur euer Recht geltend, indem ihr
den Besitz der Römer unterbrecht,
ihre Herrschaft nicht bleibend werden lasst. — *postul. eo*, das sonst
seltene Neutrum fällt hier wegen
quod nicht auf; 29, 2, 1: *primo ne-
gligendo*. — *Iove i.*, wenn in dessen
Tempel Senat gehalten wird, c. 5,
1, soll das Folg. vorbereiten. — *clamore et a.*, Beifallsgeschrei.

5. 1—4. *Romam* etc., wie 1, 50 f.,
sollte man eher röm. Gesandte in
dem concilium der Latiner erwarten. — *senatus d.*, es wurde eine
Senatssitzung veranstaltet um ihnen
die Forderungen mitzutheilen. —
egisset, milderer Ausdruck statt
imperasset, c. 3, 8. — *ne Samn.*, sie
sollen das von den Römern geschlossene Bündniss anerkennen; das Verbot wäre, wenn hier Vertreter des
ganzen latin. Bundes gemeint sind,

geradezu gegen c. 2, 13. — *tempus
er.*, die Zeit war da, aber ihr achtet
nicht darauf, es wäre Zeit, dass ihr
endlich, s. Hor. Carm. 1, 37, 2: *nunc
—tempus erat*; dass von der Gegenwart die Rede ist zeigt *nunc* (Madvig hält dasselbe für unächt) u. *nunc
etiam*; *videretis* hat sich wie sonst
in Bedingungssätzen an die F o r m
des Hauptsatzes angeschlossen, praef.
13. — *pro imp.*, s. § 1; c. 2, 11,
nicht als herrschender, sondern als
gleichgestellter Staat. — *virisq.* 5,
37, 5. — *sociis—adiunctis*, s. 4, 46
11; 29, 9, 8. — *Latin. Rom.* eine
häufige Zusammenstellung zweier
Attribute, wenn bei dem einen, entweder dem letzten wie a. u. St., vgl
9, 17, 9; zu 28, 33, 11, oder dem
ersten, s. 7, 5, 9: *secundum*; 1, 28
7; 2, 50, 8 u. a., das Substantiv in
einem anderen Casus als dem, worin
es steht, zu denken ist. — *colonia*
etc., c. 3, 9; zur Construct. 1, 7, 6
— *adserere in l.*, 3, 44, 5, von den

men hoc dabimus, ut condiciones pacis feramus aequas utrisque,
quoniam vires quoque aequari diis inmortalibus placuit. consu- 5
lem alterum Roma, alterum ex Latio creari oportet; senatus partem aequam ex utraque gente esse; unum populum, unam rem
publicam fieri; et ut imperii eadem sedes sit, idemque omnibus 6
nomen, quoniam ab altera utra parte concedi necesse est, quod
utrisque bene vertat, sit haec sane patria potior, et Romani omnes
vocemur." forte ita accidit, ut parem ferociae huius et Romani 7
consulem T. Manlium haberent, qui adeo non tenuit iram, ut, si
tanta dementia patres conscriptos cepisset, ut ab Setino homine
leges acciperent, gladio cinctum in senatum venturum se esse palam diceret et, quemcumque in curia Latinum vidisset, sua manu
interempturum. et conversus ad simulacrum Iovis: „audi, Iup- 8
piter, haec scelera" inquit; „audite, Ius Fasque. peregrinos consules et peregrinum senatum in tuo, Iuppiter, augurato templo
captus ipse atque oppressus visurus es! haecine foedera Tul- 9
lus, Romanus rex, cum Albanis, patribus vestris, Latini, haec
L. Tarquinius vobiscum postea fecit? non venit in mentem 10
pugna apud Regillum lacum? adeo et cladium veterum ve-
strarum et beneficiorum nostrorum erga vos obliti estis?" Cum 6
consulis vocem subsecuta patrum indignatio esset, proditur memoriae adversus crebram inplorationem deum, quos testes foederum saepius invocabant consules, vocem Anni spernentis numina Iovis Romani auditam. certe, cum commotus ira se a ve- 2

Privatrechte auf das öffentliche übergetragen. — *dabimus* 5, 17, 9. —
aequas, nach denen beide gleiche
Rechte haben sollen.

5—6. *consul. alt.*, wie jezt aus
den Patriciern und Plebejern. —
Roma, s. Cic. leg. agr. 2, 35, 95:
*arrogantia, qua a maioribus nostris
alterum Capua consulem postulavit*;
Val. Max. 6, 4, 1; da die beste Hds.
Romam hat, ist viell. *Romanum*
verdorben. — *unum p.*, eine Nation,
ein Gemeinwesen mit gleichen Gesetzen, Bürgerrecht u. s. w., vgl. 5,
24, 8. — *altera u.*, 28, 41, 10. —
sit—vocemur, chiastisch, die schon
im Conjunctiv liegende Einräumung
wird durch *sane* noch bestimmter
bezeichnet. — *patria*, nicht der Geburt, sondern der Nationalität, Cic.
Legg. 2, 2, 5. — *Romani*, wie 1, 13,

5: *Quirites*, vgl. Nieb. 3, 149.

7—8. *ferociae*, 2, 13, 8; diese
reisst den Consul fort, sonst würden
die Gesandten vor der Berathung
entfernt worden sein, vgl. c. 2, 1.
— *huius*, s. 4, 46, 5: *cuius*. — *scelera*, diese Ruchlosigkeit. — *ius f.*,
1, 32, 6.— *augurato*, alterthümlich
statt *inaugurato*, s. Cic. Vatin. 10,
24; Phil. 13, 5, 12, vgl. 1, 36, 3; 4.
— *captus* etc. 3, 17, 3. — *Tullus*
etc., s. c. 4, 7. — *patribus*, weil die
latin. Staaten als Colonieen von Alba galten, s. 1, 52, 2. — *pugna ad
R.*, 2, 19; die Constr. wie 5, 54, 3.
— *beneficiorum*, dass sie, obgleich
oft besiegt, so mild behandelt worden sind.

6. 1—3. *numina*, der Plural steigernd: die mächtige Gottheit, 7, 30,
20. — *Romani*, gegenüber dem *Iup-*

stibulo templi citato gradu proriperet, lapsus per gradus capite
3 graviter offenso inpactus imo ita est saxo, ut sopiretur. exani-
matum auctores quoniam non omnes sunt, mihi quoque in incerto relictum sit, sicut inter foederum ruptorum testationem ingenti fragore caeli procellam effusam: nam et vera esse et apte
4 ad repraesentandam iram deum ficta possunt. Torquatus missus ab senatu ad dimittendos legatos cum iacentem Annium vidisset, exclamat, ita ut populo patribusque audita vox pariter sit:
5 „bene habet; dii pium movere bellum. est caeleste numen; es,
magne Iuppiter; haud frustra te patrem deum hominumque hac
6 sede sacravimus. quid cessatis, Quirites vosque patres conscripti, arma capere deis ducibus? sic stratas legiones Latinorum
7 dabo, quem ad modum legatum iacentem videtis." adsensu populi excepta vox consulis tantum ardoris animis fecit, ut legatos
proficiscentes cura magistratuum magis, qui iussu consulis pro-
sequebantur, quam ius gentium ab ira impetuque hominum tegeret.
8   Consensit et senatus bellum; consulesque duobus scriptis

piter Latiaris, 1, 31, 3. — certe etc.
im Gegensatze zu proditur etc., welches die mythische, durch das unmittelbare Eingreifen der Götter
(ira § 3), vgl. 6, 18, 9, herbeigeführte
Ursache des Falles enthält. — ab
vest., als er aus dem Senate sich entfernt hat, 3, 18, 8. — gradu—gradus ist wol unabsichtlich zusammengestellt. Die gradus sind die, welche von dem Tempel auf die area
Capitolina, vgl. Gell. 2, 10, 2, nicht
die, welche den Hügel herabführten.
— per, 1, 48, 3. — capite grav. o.,
schon bei dem Fall auf der Treppe
verletzte er den Kopf und schlug
dann u. s. w. — exanimat. etc., obgleich die meisten Annalisten so erzählten, hält es doch L. für sagen-
hafte Ausschmückung wie das Folgende, s. 5, 22. — ingenti fr., 6, 8,
7. — repraesent., um zu veranschau-
lichen, vgl. 2, 36, 6.

4—7. populo, s. § 3; c. 16, 3; 20,
2; 24, 14; 9, 36, 1: nulli; das Volk
ist auf der area Capit. versammelt zu
denken. bene h., 6, 35, 8. — pium

etc., die Situation ist wie im ersten
Latinerkriege, 1, 22, 4; ib. 23, 4.
— est, 3, 56, 7. — sacravimus: dich
geweiht, statt deinen Tempel, oder
deine Verehrung in dem Tempel angeordnet, 5, 52, 10: Iuno—dedicata
est; 22, 37, 12: in ea arce—sacra-
tam (Victoriam). — stratas dabo,
4, 19, 3. — adsensu: beifällig, 1, 6,
2. — ardoris, 1, 53, 9.—magistrat.,
wol die Aedilen. — ius gent., c. 5,
2; 6, 17, 8.

6, 8 — 13, 10. Krieg mit den
Latinern und ihren Verbündeten.
Diod. 16, 90; Flor. 1, 14; Dio Cass.
Frg. 35; Zon. 7, 26.

8. consensit, 1, 32, 12; Cic. Fin.
2, 35, 117: idne consensisse — gentes arbitramur. — et sen., sonst beschliesst zuerst der Senat den Krieg,
dann das Volk, s. 7, 32, 1; so wenig
§ 7 ein eigentlicher Volksbeschluss
bezeichnet ist, ist wol hier der Senatsbeschluss gemeint, sondern nur,
dass im Senate die gleiche Stimmung
wie beim Volke geherrscht habe. —

exercitibus per Marsos Paelignosque profecti adiuncto Samnitium
exercitu ad Capuam, quo iam Latini sociique convenerant, castra
locant. ibi in quiete utrique consuli eadem dicitur visa species 9
viri maioris quam pro humano habitu augustiorisque, dicentis ex
una acie imperatorem, ex altera exercitum deis Manibus matri- 10
que Terrae deberi. utrius exercitus imperator legiones hostium superque eas se devovisset, eius populi partisque victoriam fore.
hos ubi nocturnos visus inter se consules contulerunt, placuit 11
averruncandae deum irae victimas caedi, simul ut, si extis eadem,
quae somnio visa fuerant, portenderentur, alteruter consulum
fata impleret. ubi responsa haruspicum insidenti iam animo ta- 12
citae religioni congruerunt, tum adhibitis legatis tribunisque et
imperiis deum propalam expositis, ne mors voluntaria consulis
exercitum in acie terreret, conparant inter se, ut ab utra parte 13
cedere Romanus exercitus coepisset, inde se consul devoveret
pro populo Romano Quiritibusque. agitatum etiam in consilio 14
est, ut, si quando umquam severo ullum imperio bellum admini-
stratum esset, tunc uti disciplina militaris ad priscos redigeretur

---

Marsos, östlich von den Hernikern
um den Fucinersee, s. 4, 57, 7. —
Paelignos, 7, 38. Wenn auch, wie
es scheint, die Herniker zu Rom gehalten haben, so bleibt doch dieser
Zug räthselhaft, da die Römer so
durch das aufständische Latium, wenigstens den östlichen Theil desselben, gezogen wären; ihr Land, ebenso die Latiner das ihrige *quo iam
— convenerant*, aufgegeben hätten,
die ersteren um an einem grossen
Umwege nach Campanien zu gelangen, wo die Latiner an der Süd-
nicht etwa an der Nordgrenze, s. c.
8, 19, stehen, vgl. Niebuhr 1, 440;
Mommsen 1, 358 ff. Das Dunkel wird
schwerlich durch die Annahme auf-
gehellt, dass nicht der latin. Bund,
sondern nur die c. 3, 9 erwähnten
Colonieen, im ersten Jahre den Krieg
geführt haben: wenigstens denkt L.
so wie die übrigen Historiker, vgl.
c. 3; 8; 12, 1, an einen Krieg mit
Latium selbst.

9—11. *augustioris*, 1, 7, 9. —
dicent.= qui diceret. — deis M., c.
4, 6. — *Terrae*, c. 9, 8; 10, 28, 13:

Telluri als unterirdische, chthoni-
sche Gottheit, vgl. Virg. 6, 139;
Marq. 4, 23. — *utrius*, wie § 13 *ab
utra*, relativ. — *super*, ausser diesen sich selbst, c. 10, 11. — *partisque*, genauere Bestimmung, vgl. 29,
27, 2. — *averruncandae*, Paul. Diac.
373: *verruncent, vertant*. Pacuvius;
— *averruncassent id est avertissent*.
Ueber die Constr. 9, 45, 18. — *somnio*, Val. Max. 1, 7, 3: *exta somnio congruerunt*, vgl. 2, 36, 4. —
fata impl., 1, 7, 11.

12—16. *haruspic.*, es wird vorausgesetzt, dass mehrere die Feldherrn in den Krieg begleiten, s. c.
9, 1; 25, 16, 3; 27, 16, 15, während
sie nach Rom selbst erst aus Etrurien geholt werden, s. 27, 37, 6. —
propalam etc., nach dem Beschlusse
des Kriegsrathes. — *conparant*, wie
über die Provinzen u. s. w. — *inde*
entsprechend: *ab utra p.*, wir: wo.
— *Quirit.*, 5, 41, 3; Becker 2, 1, 23.
— *agitatum*, ein anderer Beschluss
des Kriegsrathes. — *si q. u.*, c. 4,
6. — *ut=uti*, 2, 27, 2. — *ad prisc.
red. m.*, dass dieselbe gesunken ge-

15 mores. curam acuebat, quod adversus Latinos bellandum erat,
lingua moribus armorum genere institutis ante omnia militaribus
congruentes: milites militibus, centurionibus centuriones, tribuni
tribunis conpares collegaeque isdem praesidiis, saepe isdem ma-
16 nipulis permixti fuerant. per haec ne quo errore milites caperentur, edicunt consules, ne quis extra ordinem in hostem pugnaret.

7   Forte inter ceteros turmarum praefectos, qui exploratum in omnes partes dimissi erant, T. Manlius consulis filius
super castra hostium cum suis turmalibus evasit, ita ut vix teli
2 iactu ab statione proxima abesset. ibi Tusculani erant equites;
praeerat Geminus Maecius, vir cum genere inter suos tum factis
3 clarus. is ubi Romanos equites insignemque inter eos praece-
dentem consulis filium — nam omnes inter se, utique inlustres
4 viri, noti erant — cognovit: „unane" ait „turma, Romani, cum
Latinis sociisque bellum gesturi estis? quid interea consules,
5 quid duo exercitus consulares agent?" „aderunt in tempore"
Manlius inquit, et cum illis aderit Iuppiter ipse, foederum a vo-
6 bis violatorum testis, qui plus potest polletque. si ad Regillum
lacum ad satietatem vestram pugnavimus, hic quoque efficiemus
profecto, ne nimis acies vobis et conlata signa nobiscum cordi

wesen sei, ist nicht unmöglich, s. 7,
38 f.; doch war schon grosse Genauigkeit und Strenge nöthig um Irrthum
und Verrath zu vermeiden. — *lingua*
etc., eine für die Kenntniss der Verhältnisse der beiden Bundesstaaten
wichtige Stelle, c. 4, 3. — *arm. gen.*,
c. 8, 14 ff. — *institutis*, schon die
Gleichheit der Kriegsorganisation
machte die vieler anderen Verhältnisse nöthig. — *conlegae q.*, s. 7, 1,
6, erklärend zugesetzt. — *isdem
praes.*, Posten, Besatzungen; *manipul.* sonst im Dienste. Das Letzte
manipul. permixti geht mehr auf *milites*; die Ordnung ist chiastisch; die
1, 52, 6 erwähnte Einrichtung wird
also hier wenigstens nicht als stehende vorausgesetzt, vgl. c. 8, 15;
2, 64, 10; 3, 18, 7. Der ganze Satz:
milites milit. etc. ist asyndetisch
erklärend, und als Nominativ, *quod*
etc. entsprechend, zu fassen. — *edicunt* etc., s. 7, 12, 12 u. a.

7. 1—4. *turmar. praef.*, sonst
sind dieses die Anführer der Turmen,
welche von einzelnen Staaten der
socii als Contingent für das röm. Heer
gestellt werden, s. Polyb. 6, 21: αἱ
δὲ πόλεις (die Bundesgenossen) ποιη-
σάμεναι τὴν ἐκλογὴν — ἐκπέμπου-
σιν, ἄρχοντα συστήσασαι καὶ μι-
σθοδότην, vgl. zu 8, 11, 4; 10, 29, 9;
44, 40, 5: *duae turmae Samnitium
equitum, quibus praeerat M. Sergius*;
sie sind nicht mit den *praefecti socium*, s. c. 36, 6, zu verwechseln.
—*Tuscul.*, auch diese, obgleich röm.
Bürger, haben sich empört, s. c. 14,
4. — *praeer.*, als praefectus. — *illustres*, L. scheint an die *equites
illustres* seiner Zeit zu denken, s.
zu 7, 8, 1. — *cognov.*, s. 1, 6, 1 =
agnovit, 7, 39, 13. — *ait*, 1, 24, 4.

5—9. *Manlius inq.*, sonst setzt L.
den Namen des Redenden nach *inquit*,
vgl. jedoch Cic. Or. 1, 33, 149; 2,
8, 31 u. a. — *ad sat.*, 24, 38, 9. —

sint.‟ ad ea Geminus paulum ab suis equo provectus: „visne 7
igitur, dum dies ista venit, qua magno conatu exercitus moveatis,
interea tu ipse congredi mecum, ut nostro duorum iam hinc
eventu cernatur, quantum eques Latinus Romano praestet?‟ mo- 8
vet ferocem animum iuvenis seu ira seu detractandi certaminis
pudor seu inexsuperabilis vis fati. oblitus itaque imperii patrii
consulumque edicti praeceps ad id certamen agitur, quo vinceret
an vinceretur, haud multum interesset. equitibus ceteris velut ad 9
spectaculum summotis spatio quod vacui interiacebat campi adversos concitant equos; et cum infestis cuspidibus concurrissent,
Manlii cuspis super galeam hostis, Maecii trans cervicem equi
elapsa est. circumactis deinde equis cum prior ad iterandum 10
ictum Manlius consurrexisset, spiculum inter aures equi fixit. ad
cuius vulneris sensum cum equus prioribus pedibus erectis magna vi caput quateret, excussit equitem, quem cuspidi parmaque 11
innixum attollentem se ab gravi casu Manlius ab iugulo, ita ut
per costas ferrum emineret, terrae adfixit; spoliisque lectis ad 12
suos revectus cum ovante gaudio turma in castra atque inde ad
praetorium ad patrem tendit, ignarus facti futurique, laus an poena
merita esset. „ut me omnes‟ inquit, „pater, tuo sanguine ortum 13
vere ferrent, provocatus equestria haec spolia capta ex hoste
caeso porto.‟ quod ubi audivit consul, extemplo filium aversa- 14
tus contionem classico advocari iussit. quae ubi frequens con- 15

---

cordi, angenehm, etwasErfreuliches,
26, 50, 4; 30, 17, 12 u. a., gewöhnlicher wird es von den Göttern gebraucht, 6, 9, 3 u. a. — *qua* etc.,
ironisch. — *nostro d.,* 7, 40, 9. —
iam h., von jetzt an nun, jetzt sogleich, vgl. 40, 35, 14; anders 7,
29, 1. — *inexsuper.*, 37, 53, 11;
Ovid. Met. 15, 807: *insuperabilis* u.
a., s. Einleit. S. 18. — *patrii,* schon
dem hätte der Sohn folgen müssen,
aber der Vater hatte den Befehl
auch als Consul erlassen, § 15. —
vinceret, weil der Kampf überhaupt
verpönt war. — *ad spect.,* 21, 42, 1.
— *vacui campi* ist in den Relativsatz gezogen, wie sonst die Apposition, 2, 20, 5 u. a., und als partiti-
ver Genitiv von *quod* abhängig gemacht, s. 24, 32, 7; 1, 12, 1. — *cu-*
spidibus, lange, oben und unten mit

eiserner Spitze versehene Lanzen,
4, 38, 4; § 10 *spiculum. — elapsa,*
vgl. 3, 37, 2.

10—12. *excussit*; Tac. Ann. 1, 65:
excussis rectoribus, sonst *deici* oder
effundi. — circumact., s. 10, 11, 1.
parma, 4, 39, 1. — *attollentem,* conatus, 4, 19, 5; 10, 19, 1; Verg.
Aen. 4, 690. — *atque inde*, und so
fort. — *ad—ad,* vgl. 7, 36, 7; 5, 47, 7.
— *facti,* er wusste nicht was er gethan hatte, (hieltfälschlich seineThat
für löblich, § 13: *ut me omnes* etc.)
und was daraus folgen, wie sie aufgenommen werden würde: was freilich nach c. 6, 16 nicht zweifelhaft
sein konnte, vgl. Cic. or. 2, 26, 113:
quid fiat, factum futurumve sit; ib.
24, 104 u. a.

13—18. *merita,* s. 26, 33, 2. —
ferrent, 6, 36, 7. — *classico,* 7, 36,

venit: „quandoque" inquit „tu, T. Manli, neque imperium consulare neque maiestatem patriam veritus adversus edictum nostrum
16 extra ordinem in hostem pugnasti, et quantum in te fuit disciplinam militarem, qua stetit ad hanc diem Romana res, solvisti,
meque in eam necessitatem adduxisti, ut aut rei publicae mihi
17 aut mei meorumque obliviscendum sit, nos potius nostro delicto
plectemur, quam res publica tanto suo damno nostra peccata
luat. triste exemplum, sed in posterum salubre iuventuti erimus.
18 me quidem cum ingenita caritas liberum tum specimen istud
19 virtutis deceptum vana imagine decoris in te movet: sed cum aut
morte tua sancienda sint consulum imperia, aut inpunitate in perpetuum abroganda, ne te quidem, si quid in te nostri sanguinis
est, recusare censeam, quin disciplinam militarem culpa tua pro-
20 lapsam poena restituas. i, lictor, deliga ad palum." exanimati
omnes tam atroci imperio, nec aliter quam in se quisque destri-
ctam cernentes securem, metu magis quam modestia quievere.
21 itaque velut emerso ab admiratione animo, cum silentio defixi
stetissent, repente, postquam cervice caesa fusus est cruor, tam
libero conquestu coortae voces sunt, ut neque lamentis neque
22 execrationibus parceretur, spoliisque contectum iuvenis corpus,
quantum militaribus studiis funus ullum concelebrari potest, stru-

---

9. — *quandoque* alterthümlich, ein
verstärktes *quando*: da du einmal,
wie *ubique* u. a., s. 9, 10, 9; Cic.
Verr. 3, 80, 187; in anderem Sinne
gebraucht 1, 31, 4. — *maiestatem p.*,
4, 45, 8. — *mei m.*, 24, 8, 11. —
tanto s. d., Auflösung der Kriegs-
zucht.— *triste* etc. 24, 8, 20.— *deceptum* könnte nur so auf *specimen*
bezogen werden, dass es der That
statt der Person beigelegt wäre: der
Beweis, den du gabst, weil du dich
täuschen liessest durch u. s. w., der
hervorgegangen ist aus einem fal-
schen Begriff von Ehre, vgl. Ov.
Pont. 4, 8, 15: *coeperat — deceptae
ignoscere culpae*; Stat. Silv. 2, 1, 97:
*post cineres deceptaque funera ma-
tris*; ähnliche, wenn auch weniger
harte Uebertragungen s. 1, 60, 1;
27, 28, 13; 10, 1, 5; 22, 17, 2.—
in te scheint zu *movet* zu gehören.
Madvig nimmt *te* als Abl. u. bezieht
in te nur auf *specimen — decoris*.
19—20. *sancienda*, 24, 37, 9. *ne

te q., du nicht einmal, denn von mir
versteht es sich von selbst; auch ist
diese Ansicht schon § 17 angedeutet.
i lict. 1, 26. 11. — *palum*, 2, 5, 6.
— *destrict.* sonst von dem Schwerte:
entblösst, gezückt. — *securem*, 9,
16, 17; 3, 36, 4; *securim* 1, 40, 7
u. a. — *itaque* giebt die Folge von
magis metu etc. an: weil in höherem Grade die Furcht Ursache der
Ruhe gewesen war, brachen sie, als
wenn — in Geschrei aus; hätten sie
aus Achtung vor dem Gebot u. sitt-
lichem Gefühle Ruhe gehalten, so
wäre dieses nicht geschehen, sie
wären auch ferner ruhig geblieben.
In *velut emerso — animo* ist die Hauptsache vorangestellt, u. in *repente —
tam* der Gedanke fortgesetzt, nachdem *cum defixi st.* den vor *emerso*
bereits eingetretenen Zustand kurz
wiederholt, s. 7, 34, 8: *cum*; 3, 5,
8; *postq.* — *cruor* die unmittelbare
Veranlassung des Erwachens aus
dem Staunen angegeben hat. — *fu-

cto extra vallum rogo cremaretur, Manlianaque imperia non in
praesentia modo horrenda, sed exempli etiam tristis in posterum essent. Fecit tamen atrocitas poenae oboedientiorem duci 8
militem, et praeterquam quod custodiae vigiliaeque et ordo stationum intentioris ubique curae erant, in ultimo etiam certamine,
cum descensum in aciem est, ea severitas profuit. fuit autem ci- 2
vili maxime bello pugna similis: adeo nihil apud Latinos disso-
num ab Romana re praeter animos erat.

    Clipeis antea Romani usi sunt; dein, postquam stipendiarii 3
facti sunt, scuta pro clipeis fecere; et quod antea phalanges similes Macedonicis, hoc postea manipulatim structa acies coepit

nus, 3, 43, 7. *Manliana*, 4, 29, 6;
Gell. 1, 13, 7. — *in praesentia* findet sich nicht selten auch von der
Vergangenheit gebraucht, wenn dieselbe als damals gegenwärtig der
Zukunft entgegengestellt wird, s. c.
33, 15; 7, 37, 2; 2, 44, 2 u. a.
    8. 1—2. *custodiae*, Wachen bei
einzelnen Gegenständen, Posten, hier
im Gegensatze zu *vigiliae* besonders
Tagwachen, *excubiae*. — *ordo stat.*,
der regelmässige Dienst der Posten
vor dem Lager, 3, 5, 4. — *intent. c.*,
ein Gegenstand grösserer Sorgfalt,
30, 28, 9. *civili b.* = *pugnae, qualis in civili b. esse solet*, 1, 23, 1.— *Romana re*, die röm. Einrichtung; seit
1, 52 hat L. nicht daran erinnert.
    8. 3—19. Die Manipularstellung,
s. Polyb. 6, 19; Varro L. L. 5, 88 f.
    3. *clipeis* ist nicht genau, da nach
1, 43, 2 nur die erste Classe clipei
hatte; wäre aber bei *antea* an die
Zeit vor Servius, bei *stipendiarii f.*
an die Einführung des Soldes durch
die einzelnen Tribus, nicht an die
Zahlung *de publico*, 4, 59, 11, gedacht, so wären, da schon Servius das
Tributum einführte, die *scuta* schon
in der Servianischen Legion allgemein gewesen. Dass auch in Uebrigen Veränderungen in den Waffen
vorgenommen sind, geht aus dem
Folgend. hervor. — *postquam st. f.
s.*, nach Einführung des Soldes; *stipendiarii*, Soldempfangende Tac.
Ann. 4, 73; sonst Tributpflichtige,

s. 4, 49 f. — *scuta*, s. 1, 43, 4, nach
den Alten y. den Samniten entlehnt,
s. Sall. C. 51, 38.— *fecere*, sie liessen sie sich machen, verschafften sie
sich.— *quod—hoc*, verallgemeinernd
st. *quae acies — haec*, vgl. 2, 38, 5;
30, 30, 12; *quod n. fuit.* — *antea*,
vor der Einführung der Manipularstellung, die wahrscheinlich Camillus in den Kämpfen gegen die Gallier zuerst anwendete um den heftigen Ansturm derselben zu brechen
und sie dann mit neuen Truppen anzugreifen, s. § 4, zu 6, 42, 6; vgl.
Nieb. R. G. 1, 531; 3, 112. — *phalanges*, die einzelnen Abtheilungen
der Maced. Phalanx, vgl. zu 44, 41,
1; zu Curtius 5, 7, 3 f. — *Mace-
donic.*, s. 9, 19, 8; diese lernten die
Römer erst im Kriege mit Pyrrhus
kennen; die römische Phalanx war
wahrscheinlich die altdorische; daher *similes*, s. Lange 1, 391; Mommsen, 1, 95; 442 f. — *hoc* etc., diese
Masse bildete später eine nach Manipeln aufgestellte Schlachtreihe, die
Phalangen wurden in Manipeln aufgelöst.
    4. *postremo* ist schwerlich auf
die Zeit zu beziehen, so dass es *antea — postea* entspräche, weil es
sonst *primum—postea* heissen würde, und § 5 — 7 die *manipulatim*,
nicht eine nach *ordines* geordnete
Schlachtlinie geschildert wird; sondern local: der letzte Theil der acies
war in *ordines* aufgestellt, so dass

4 esse: postremo in plures ordines instruebantur. [ordo sexage-
  nos milites, duos centuriones, vexillarium unum habebat.] prima
5 acies hastati erant, manipuli quindecim, distantes inter se modi-

dadurch *hoc—esse* beschränkt wird.
Deutlicher würde die Stelle sein,
wenn *postrema — instruebatur* oder
postremi — instruebantur gelesen
würde, s. § 8. — *ordines* wird neben seiner allgemeinen Bedeutung:
Abtheilung, Colonne, c. 9, 2, auch
für Manipel, § 9 u. 12, und Centurie
gebraucht, kann aber hier weder in
dieser noch in jener Bedeutung genommen werden, weil sonst *ordines*
und *manipulatim* sich nicht unterschiede, oder im anderen Falle erwartet werden müsste, dass L. im
Folg. eine Stellung nach Centurien, nicht, wie es geschieht, nach
Manipeln schildern werde, und
überhaupt eine Centurienaufstellung
nicht besonders erwähnt, sondern
der manipulus, wenn auch in zwei
Flügel (*centuriae*) getheilt, als ein
Ganzes betrachtet wird. Noch weniger kann *ordines* auf die 3 Abtheilungen der hastati etc. gehen,
welche *acies* heissen; sondern es
muss, wie § 7, von den Theilen der
dritten acies verstanden werden. Die
Schlachtordnung nämlich, welche
geschildert wird, sollte die Vortheile
der Manipular- und phalangitischen
Stellung verbinden, die beiden ersten acies waren manipulatim geordnet, die dritte dagegen rückte
noch als Phalanx, § 12: *compressis
ordinibus* etc., gegen den Feind, der
durch den statarischen Kampf mit
den Manipeln bereits ermüdet war.
Für die Abtheilungen der letzten
acies, welche von denen der beiden
ersten geschieden waren, wurde der
Ausdruck *ordo*, vielleicht der älteste
für die kleinste Abtheilung der Legion, beibehalten, obgleich er auch
für die Manipel gebraucht wurde. —
ordo — habebat, da bis jetzt die
Schlachtordnung nur im Allgemeinen dargestellt, u. bei *plures ordines*

an die § 7 genannten *ordines* zu denken ist, so wäre es sehr hart, wenn
in dem erklärenden Zusatze *ordo*
eine andere Bedeutung haben sollte,
als das zu erklärende *ordines*, um
so mehr als in dem Folg. nicht von
ordines sondern von Manipeln die
Rede ist, und *prima acies — maxime
armis* sich an *hoc postea — coepit esse*
wie § 7 an *postremo — instruebantur*
anschliesst. Die Worte sind daher
als ein den Zusammenhang und das
Verständniss störender, schwerlich
von L. selbst, der diese Geschichte
der Legion, die sich an 1, 43; ib. 52,
6 anreiht, auch wol die antiquari-
schen Bemerkungen c. 9; 10, 11, wie
7, 3, 7, wahrscheinlich dem jüngeren Cincius entlehnt hat, herrühren-
der Zusatz zu betrachten, in welchem
duo cent. vexillarium un. nicht einmal richtig ist, da die Centurie nicht
zwei Centurionen und keine Fahne
hat, s. Varro L. L. 5, 87: *manipulos
exercitus minimas manus, quae
unum secuntur signum, centuria, qui sub uno centurione sunt*,
Polyb. 6, 24; auch wäre *binos* statt
duos zu erwarten.

5. *hastati*, nach Polyb. l. l. haben
die *hastati* nicht *hastae* sondern *pila*,
s. 9, 19, 7, wahrscheinlich aber fand
dieses, wie der Umstand, dass die
leves eine *hasta* haben, schliessen
lässt, schon in der von L. geschilderten Schlachtordnung statt, vgl.
7, 23, 8; Plut. Cam. 40; der Name
hastati wurde aus der früheren Zeit
auch später beibehalten, s. d. St. aus
Varro zu § 6; Lange 1, 391. — *manipuli*, der eigentliche Name für die
Abtheilungen der hastati und principes. — *quindecim*, diese Zahl der
Manipel wird noch nicht erwähnt,
nach Polyb. 6, 24, 3 ff. hat jede der
3 acies nur 10 Manipel. — *distantes
— spat.*, zwischen den einzelnen

cum spatium; manipulus levis vicenos milites, aliam turbam scutatorum habebat; leves autem, qui hastam tantum gaesaque gererent, vocabantur. haec prima frons in acie florem iuvenum pu- 6
bescentium ad militiam habebat. robustior inde aetas totidem
manipulorum, quibus principibus est nomen, hos sequebantur,
scutati omnes, insignibus maxime armis. hoc triginta manipu- 7
lorum agmen antepilanos appellabant, quia sub signis iam ali

Manipeln waren Zwischenräume,
hinter denen jedesmal ein manipulus
der principes stand. — *lev. vic.*, aus
dem Gegensatze *scutatorum* folgt,
dass sie keine Schilde gehabt, also
der 4. Classe 1, 43, 6 angehört, und
wol die letzten Glieder der Colonne
gebildet haben. Sonst lässt sich über
den Grund und Zweck der Anordnung nichts bestimmen. Eben so
wenig ist klar, wie gross die Zahl
der *scutati* gewesen sei. Nach Polyb. 6, 21 hatte ein Manipel 120 M.,
aber auch wenn diese Zahl bei L.
angenommen würde, bleibt ungewiss, ob die *leves* (bei Polyb. 6, 24
werden die Leichtbewaffneten
gleichmässig unter die 3 acies vertheilt) besonders zu zählen sind oder
nicht. — *hastam*, 1, 43, 2, doch
viell. nicht so schwer als die § 10
erwähnten. — *gaesa*, sind an die
Stelle des *verrutum*, 1, 43, 6 getreten, vgl. 9, 36, 6.

6. *frons pr.*, s. 6, 13, 3; 10, 14,
17; 27, 14, 5; *frons* braucht L. auch
sonst nur vom Kriegswesen, doch
ist es a. u. St. unsicher, da die Hss.
foris haben. — *flos iuv.*, 37, 12, 7:
quod floris, quod roboris fuerat; der
Bericht setzt voraus, dass nicht mehr
allein die Servianische Verfassung,
nach der die Vermögensclasse die
Stellung in der Legion bedingte,
sondern auch, wie es nach Polyb. 6,
21 zur Zeit des zweiten punischen
Krieges geschah, das Alter bei der
Aufnahme in die drei acies berücksichtigt wurde, s. Lange 1, 349;
395; 2, 23. Wahrscheinlich gehörten die hastati der dritten, die prin-

cipes und triarii der ersten u. zweiten Classe an, s. Huschke die Verf.
des Serv. Tullius, S. 466 ff., 483. —
pubesc. a. m., heranreiften zum
Dienste, da sie ihre ersten Feldzüge
in der Legion machten. — *principib.*,
der Name deutet an, dass sie, wie
im Staate so in der Phalanx einmal
die erste Stelle einnahmen, vgl. Varro l. l. *hastati dicti, qui primi hastis
pugnabant, pilani qui pilis, principes, qui a principio gladiis; ea post
commutata re militari minus illu-
stria sunt. pilani triarii quoque dicti* etc. — *est*, obgleich die Einrichtung der Legion zu L's Zeit eine andere war, hatte man doch die früheren Namen beibehalten. — *scutati
om.* ist in Bezug auf die *leves* § 3
hinzugefügt. — *insignibus m. a.*,
wahrscheinlich hatten sie neben dem
pilum bessere Schwerter, s. d. St.
aus Varro Marquardt 3, 2, 269.

7. *antepilani*; die Triarier, obgleich sie jetzt, s. § 10; c. 10, 5, u.
später, Pol. 6, 23 extr., die hasta
führen, vgl. 28, 45, 10, müssen einmal das *pilum* gehabt haben, s. Varro l. l., viell. das schwerere, s. Pol.
l. l. Caes. 5, 40; Tac. H. 4, 23, zur
Vertheidigung des Lagers, s. 2, 47,
5; daher heissen die vor ihnen stehenden *antepilani*. — *quia* bezieht
sich nicht auf den Namen *antepilani*,
der erst in *earum* etc. erklärt wird,
sondern auf die Sache, weil die *antepilani* die ersten acies, die *sub
signis* stehenden die letzte bilden.
— *sub signis*, die triarii haben, so
lange sie in der bezeichneten Stellung bleiben, die Fahnen vor der

quindecim ordines locabantur, ex quibus ordo unus quisque tres
partes habebat; earum primam quamque [primum] pilum voca-
8 bant; tribus ex vexillis constabat, [vexillum] centum octoginta
sex homines erant; primum vexillum triarios ducebat, veteranum militem spectatae virtutis, secundum rorarios, minus roboris aetate factisque, tertium accensos, minimae fiduciae manum:

Front, die hastati und principes,
wenn sie im Gefechte stehn, s. 30,
33, 1; Marq. 266 ff., hinter derselben, weshalb sie auch *antesignani*
heissen, 7, 16, 6. *alii* soll nicht die *ordines* den Manipeln gleichstellen, sondern es ist: 15 andere Abtheilungen,
die aber ordines waren, nicht Manipel, s. 4, 41, 8, von denen sie, aus
verschiedenen Truppentheilen zu-
sammengesetzt, sich unterschieden.
— *earum — vocabant*, in den Hdss.
steht *earum unam quamque primum
pilum v.*, allein es kann nicht bewiesen werden, dass alle Manipel der
Triarier *primi pili*, oder dass auch
die vexilla der rorarii und accensi
pili geheissen haben; *pilum* aber deutet auf *antepilani* zurück und enthält
dessen Erklärung.

8. *tribus—erant*, das Subject ist
ordo, nicht *pilus*; *vexillum* aber kann
nicht richtig sein, da sonst eine viel
zu hohe Zahl angegeben würde; es
ist entweder zu entfernen oder mit
Huschke *vexilla tria* zu lesen. Andere halten den ganzen Zusatz für
unächt; doch würde dann das folg.
primum vexill. unklar sein, da vorher von *ordines* und *pili*, nicht von
vexilla die Rede war. Weniger schroff
wäre der Uebergang, wenn mit Th.
Mommsen auch *earum — vocabant*
für ein Glossem zu halten wäre,
doch scheinen diese Worte nicht
wol fehlen zu können, da sie die Erklärung von *antepilani* enthalten.
Nach der Entfernung von *vexillum*
bleibt es unbestimmt, ob die *vexilla*
eine bestimmte und gleich grosse
Zahl von Soldaten gehabt haben, s.
1, 43, 6 f., Lange 1, 348, oder schon
damals der Triarier immer nur 600

gewesen sind, wie Polyb. 6, 21 berichtet; so dass die Zahl der Leichtbewaffneten grösser gewesen wäre,
vgl. zu c. 10, 2. — *cent. oct.*, es
werden, wie es scheint, 180 Gemei-
ne und 6 Officiere, und da auch die
rorarii und accensi besondere *vexilla* bildeten, auch für diese besondere, wol je 2, Führer gerechnet;
was immerhin der Fall sein konnte,
wenn auch später die Veliten keine
eigenen Anführer haben, s. Polyb.
6, 24, vgl. jedoch ib. 15, 9, 9. Die ve-
xillarii sind wol nicht besonders berechnet, da sie, wenn vexilla da waren, nicht fehlen konnten. — *primum vex.*, ist hier = *pars ordinis*
§ 7 unter einem *vexillum*; dieses
ist ein Stück Tuch, welches an einer
Querstange befestigt ist, während
die *signa* bestimmte *insignia* (Wolf,
Minotaurus u. s. w.) haben; doch
wird *vexillum* als das Allgemeinere
auch für *signum* gebraucht, vgl. § 7
sub signis mit § 10 *sub vexillis*; § 15
vexilla. — *veteranum mil.*, dass die
Triarier schon mehr Feldzüge gemacht haben als die übrigen wird
oft erwähnt, vgl. jedoch § 6; Lange
1, 392. — *rorarios*, Non. Marc. p.
552: *rorarii appellabantur milites,
qui antequam congressae essent acies, primo non multis iaculis inibant
proelium*, sie entsprechen der 5. Classe wie sie Dion. 4, 17 beschreibt, s.
1, 43, 7. — *minus rob* , hier als Apposit. gebraucht, vgl. 10, 24, 6. —
accensi scheint hier anders als 1,
43, 7 genommen zu sein, s. Lange 1,
349; 393 f., und nicht Ersatzmann-
schaft zu bezeichnen, sondern, wie
das folg. *minimae—manum* und die
c. 10, 2 erwähnte, wenn auch unge-

eo et in postremam aciem reiciebantur. ubi his ordinibus exer- 9
citus instructus esset, hastati omnium primi pugnam inibant. si
hastati profligare hostem non possent, pede presso eos retro cedentes in intervalla ordinum principes recipiebant. tum principum pugna erat; hastati sequebantur. triarii sub vexillis consi- 10
debant sinistro crure porrecto, scuta innixa umeris, hastas subrecta cuspide in terra fixas, haud secus quam vallo saepta in-
horreret acies, tenentes. si apud principes quoque haud satis 11
prospere esset pugnatum, a prima acie ad triarios sensim referebantur. inde rem ad triarios redisse, cum laboratur, proverbio
increbuit. triarii consurgentes, ubi in intervalla ordinum suorum 12
principes et hastatos recepissent, extemplo conpressis ordinibus
velut claudebant vias, unoque continenti agmine iam nulla spe 13
post relicta in hostem incidebant: id erat formidolosissimum hosti, cum velut victos insecuti novam repente aciem exsurgentem,

wöhnliche Verwendung andeutet,
werden die accensi als eine besondere Abtheilung der Legion betrachtet, vgl. Paul. Diac. p. 14: *adscrip-
ticii — hos et accensos dicebant, —
nonnulli ferentarios, quod fundis
lapidibusque proeliaturi ea modo
ferrent, quae in hostes iacerent*;
beide Classen werden auch zusammengestellt von Plautus bei Varro
L. L. 7, 58: *ubi rorarii estis? en
sunt; ubi sunt accensi? ecce.*

9—10. *his ordinib.*, in diesen Abtheilungen. — *instructus esset* und
si possent, wiederholte mögliche
Fälle, s. 1, 32, 13. — *hastati*, also
nicht, wie man erwarten sollte, die
rorarii, c. 9, 14. — *pede presso*, ge-
hemmten, langsamen Schrittes; § 11:
sensim, 28, 14, 14. — *sequebantur*,
sie bildeten das Hintertreffen derselben, indem sie ihnen nachrückten;
erst später, § 12, ziehen sie sich
hinter die Triarier. — *consid.*, Plaut.
bei .Varro L. L. 5, 89: *subsidite
quasi solent triarii.* — *subrecta*, 7,
10, 10; vgl. Hom. Il. 3, 135: *ἀσπί-
σι κεκλιμένοι παρὰ δ᾽ ἔγχεα μακρὰ
πέπηγεν.* — *vallo* hier von *vallus*:
wie mit Pallisaden.

11—13. *referebantur*, ungewöhn-

lich in medialem Sinne; sonst: *pedem referre.* — *conpressis ord.*, im
Gegensatze zu den *laxatis ordinibus*
der hastati und principes, wo jeder
Einzelne einen weiteren Spielraum
hat, bilden die Triarier eine Phalanx
in enggeschlossenen Gliedern, daher
continenti agmine, s. 10, 35, 17; 1,
29, 4 u. a., im Gegensatze zu § 5:
distantes. Ihnen folgten, wie es
scheint, unmittelbar die rorarii und
accensi, nachdem sie den Kampf eröffnet oder die erste acies unterstützt
hatten, s. c. 9, um d. Phalanx Nachdruck
zu geben, vielleicht auch um Wurf-
spiesse und Steine auf den Feind zu
schleudern, s. Dion. 5, 67: *τὴν ἐσχά-
την ἀπελάμβανον ἐν τοῖς πολέμοις
χώραν οἱ τὸ ἐλάχιστον ἔχοντες τοῦ
βίου τίμημα, καὶ ὅτι προσθήκης μοῖ-
ραν ἐπεῖχον οὗτοι τοῖς ἐν φάλαγγι
τεταγμένοις, καταπλήξεως ἕνεκα
τῶν πολεμίων συνόντες, οἷα δὴ μη-
δὲν φέροντες ὅπλον, ὅτι μὴ σφεν-
δόνας.* — *post* Adverb., s. 10, 41,
6; 22, 5, 8: *ante aut post pugnam.*
— *velut cl.*, scheint, da wirklich die
Wege geschlossen werden, bildlich
gesagt: sie verschlossen gleichsam
jeden Ausweg, jedes Mittel des Rück-
zugs, der Rettung, vgl. 5, 13, 12.—
incidebant, im Sturmschritte. —

14 auctam numero, cernebant. scribebantur autem quattuor fere legiones quinis milibus peditum, equitibus in singulas legiones
   trecenis. alterum tantum ex Latino dilectu adiciebatur, qui ea
   tempestate hostes erant Romanis, eodemque ordine instruxerant
15 aciem; nec vexilla cum vexillis tantum, universi hastati cum hastatis, principes cum principibus, sed centurio quoque cum centurione, si ordines turbati non essent, concurrendum sibi esse
16 sciebat. duo primi pili ex utraque acie inter triarios erant, Romanus corpore haudquaquam satis validus, ceterum strenuus vir
17 peritusque militiae, Latinus viribus ingens bellatorque primus,
18 notissimi inter se, quia pares semper ordines duxerant. Romano
   haud satis fidenti viribus iam Romae permissum erat ab consulibus, ut subcenturionem sibi, quem vellet, legeret, qui tutaretur
   eum ab uno destinato hoste. isque iuvenis in acie oblatus ex
   centurione Latino victoriam tulit.

auctam, s. § 8.

14. *quinis m.*, Polyb. 6, 20 giebt
4200 als die regelmässige Zahl,
s. § 5;7, 25, 8; 5000 als Ausnahme
an, s. zu 22, 36, 3. Wie die 5000
M. unter die einzelnen Truppengat-
tungen vertheilt waren, lässt sich
nicht genau erkennen. Wären die
Worte §4 ächt, so hätten die hastati
und principes je 1800 M., wären die
§ 8: *tribus* etc. richtig, nur je 1200
M. etwa betragen, s. Marq. 3, 2, 274.
— *trecenis*, doch werden auch 200
erwähnt, s. 22, 36, 3; Lange 1, 389.
— *alterum tant.*, 1, 36, 7; wenn die
röm. Legion 5000 M. hatte, was
durch den abl. qualitatis *quinis milibus* bezeichnet wird, so müssen
auch die latinischen Truppen in 4
besondere Legionen vertheilt, nicht
nach 1, 52, 6; 3, 22, 5 mit den röm.
Truppen vermischt gewesen sein.

15—18. *vexilla* steht wol hier
für *manipuli* und *ordines*. — *sciebat*
kann sich nur auf *centurio* beziehen, zu den übrigen Subjecten gehört nur *concurrendum erat.* — *turbati n. e.* soll wol bedeuten, wenn
die Manipel in derselben Ordnung
wie früher in das Gefecht kämen,
wo jedoch vorausgesetzt wird, dass
im ganzen Heere dieselben Centu-

rionen für dieselben Stellen wieder
gewählt seien, vgl. 7, 41, 5. — *duo
pr. p.*, da es in der Legion nur einen
primipilus geben konnte (daher im
Folgenden *pares ordines*: sie hatten
immer gleiche Stellen in den verschiedenen Legionen), so müssen
sich die einzelnen Manipel und Legionen nach der Auflösung gegenüber gestanden haben, nicht, wie
man nach 1, 52, 6 erwarten könnte,
die Halbmanipel, Centurien, wenn
man nicht annehmen will, dass auch
der zweite centurio des zur Hälfte
aus Latinern bestehenden ersten
Manipels der Triarier primipilus
genannt worden sei. Uebrigens
müsste vorausgesetzt werden, dass
die vier Legionen je eine bestimmte
Stelle in der Schlachtlinie gehabt
und nicht leicht aufgegeben haben.
— *virib.*, Körperkraft. — *subcent.*
auch *optio* genannt, commandirte
unter dem centurio und konnte an
dessen Stelle treten. — *eum* neben
sibi, der Deutlichkeit wegen, vgl.
7, 5, 5.

8, 19—14. Unterwerfung La-
tiums; Devotion des Decius. Cass.
Dio frg. 35, 5—7; Zon. 7, 26; Oros.
3, 9; die Stellen zu § 19.

Pugnatum est haud procul radicibus Vesuvii montis, qua via 19
ad Veserim ferebat. Romani consules, priusquam educerent in 9
aciem, immolaverunt. Decio caput iocineris a familiari parte caesum haruspex dicitur ostendisse: alioqui acceptam dis hostiam
esse; Manlium egregie litasse. ,,atqui bene habet" inquit Decius,
,,si ab collega litatum est." instructis, sicut ante dictum est, or- 2
dinibus processere in aciem. Manlius dextro, Decius laevo cornu
praeerat. primo utrimque aequis viribus, eodem ardore animorum 3
gerebatur res; deinde ab laevo cornu hastati Romani, non ferentes
inpressionem Latinorum, se ad principes recepere. in hac trepi- 4
datione Decius consul M. Valerium magna voce inclamat: ,,deo-
rum" inquit ,,ope, Valeri, opus est: agedum, pontifex publicus
populi Romani, praei verba, quibus me pro legionibus devoveam."

19. *Vesuvii*, ebenso Val. Max. 1,
7, 3; dass L. an den bekannten Berg
bei Neapel denke, lässt sich nicht
läugnen; aber wegen der c. 6, 8 erwähnten Schwierigkeiten und der
Flucht durch ganz Campanien nach
Menturnae, c. 10, 8, und Vescia, c.
11, 5, wird vermuthet, es sei ursprünglich ein vulcanischer Berg
des *saltus Vescinus*, 10, 21, etwa
der Monte di Santa Croce an der
Grenze des Sidiciner- und Campa-
nerlandes gemeint gewesen. — *Veserim*, nach Aurel. Vict. 26, 4 ein
Fluss, während *via qua* eine Stadt
erwarten lässt; auch nach 10, 28,
15; Cic. Off. 3, 31; Val. Max. 6, 4,
1, wo die Schlacht einfach *ad (apud)
Veserim* genannt wird, lässt sich
nicht darüber entscheiden.

9. 1. *educerent*, absolut, 7, 13, 9;
1, 23, 6 u. a., wie *ducere*. — *caput
ioc.*, Herz, Lunge, Leber, namentlich die letzte war Gegenstand der
Opferschau und *caput* eine Protu-
beration an dem rechten Lappen
derselben, vgl. Marq. 4, 366 f. —
iocineris neben *iecoris*, 41, 14, 7;
ib. 15, 3; 30, 2, 13. — *familiari p.*,
Cic. Div. 2, 12, 28: *quae pars inimici, quae pars familiaris esset*, —
caesum, mit einem Einschnitte; Cic.
Div. 1, 39, 85: *cur pulmo incisus
etiam in bonis extis dirimat tempus
et proferat diem*; ib. 2, 13, 32: *ca-

put iecoris ex omni parte diligentis-
sime considerant, si vero id non est
inventum, nihil putant accidere potuisse tristius.* — *ostendisse*, Decius
ist bei dem Opfer anwesend, wie 25,
16 Gracchus; zum Folg. ist daraus
dixisse zu nehmen; vgl. Dio Cass.
l. l. 6: τοῦ μάντεως εἰπόντος Ῥω-
μαίους νικᾶν εἰ ὁ ἕτερος τῶν ὑπά-
των χθονίοις ἑαυτὸν ἐπιδοίη δαί-
μοσιν etc. — *egregie*, giebt genauer
an, was schon in *litasse* liegt, 6, 1,
12. — *atqui* enthält die Beziehung
auf das Vorhergeh.: nun gut, —
wenn; die Sache steht gut, — wenn,
vgl. 6, 37, 2; 9, 9, 6.

2—4. *ordinibus*, c. 8, 9. — *cornu*, nicht Flügel am Centrum, welches nicht da ist, sondern der eine
Theil der Schlachtreihe. — *inclam.*
vgl. 1, 25, 9; über *inquit* s. 7, 16,
5. — *ope*, 10, 38, 2: *deorum opes.*
— *pont. publ.*, der Nominat. wie 1,
24, 7; aber an u. St. nicht Apposition; *populi R.*, des röm. Staates,
das Volk als solches hat die religiösen Ceremonien nicht zu besorgen, 1, 20. Ob sich aus der Bemerkung schliessen lasse, dass immer
ein Abgeordneter des Priestercolle-
giums bei dem Heere gewesen sei,
um die Gebräuche bei Gelübden,
Testamenten, Devotionen zu besorgen, ist nicht sicher. — *praei*, zuerst
bei L. mit einem Accusat., 9, 46, 6;

5 pontifex eum togam praetextam sumere iussit et velato capite,
manu subter togam ad mentum exserta super telum subiectum
6 pedibus stantem sic dicere: „Iane, Iuppiter, Mars pater, Quirine,
Bellona, Lares, divi Novensiles, di Indigetes, divi, quorum est
7 potestas nostrorum hostiumque, diique Manes, vos precor, ve-
neror, veniam peto feroque, uti populo Romano Quiritium vim
victoriamque prosperetis, hostesque populi Romani Quiritium
8 terrore, formidine morteque adficiatis. sicut verbis nuncupavi,
ita pro re publica *populi Romani* Quiritium, exercitu legionibus
auxiliis populi Romani Quiritium legiones auxiliaque hostium
9 mecum deis Manibus Tellurique devoveo." haec ita precatus lictores ire ad T. Manlium iubet matureque collegae se devotum
pro exercitu nuntiare. ipse incinctus cinctu Gabino, armatus in

10, 28, 14, vgl. 4, 21, 5; ib. 27, 1,
zur Sache 2, 8, 7.

5—7. *velato,* 1, 36, 5. — *Iane,*
als die Eröffnung, der Anfang aller
Dinge wurde zuerst *Ianus* angerufen. — *Iuppiter* etc., die drei Götter,
welche flamines haben, s. 1, 20, 2.
— *Mars p.,* 1, 4, 2; die Kriegsgöt-
tin ist Bellona, s. 10, 19, 17. — *Qui-
rin.,* s. Preller Myth. S. 327. — *Lares* entweder überhaupt die guten
Erdgeister oder die lares praestites,
die Beschützer der Stadt. — *divi No-
vens.,* viell. folgt L. in Rücksicht auf
die Bedeutung dieser Götter, die bei
den Alten schon zweifelhaft war,
der Ansicht des Cincius bei Arnob.
3, 38: *solere Romanos religiones urbium superatarum partim — publice
consecrare; ac ne aliquis deorum
multitudine aut ignorantia praeteri-
retur, brevitatis et compendii causa
uno pariter nomine cunctos Novensiles invocari,* also fremde, aufge-
nommene Götter, CIL. n. 178: *div.
nove sede;* im Gegensatz zu den *Indigetes,* s. 1, 2, 6; Marq. 4, 39;
Preller 81; 89; Huschke Osk. Sprach-
denkm. 255. — *divi,* überhaupt alle,
s. 7, 26, 4. — *nostrorum,* alterthümlich statt *nostrum,* s. Gell. 20, 6;
zu Plaut. Mostell. 1, 3, 270; schwerlich ist dabei besonders an die *In-
diget.,* bei *hostium* an die *Novensil.*

zu denken. — *manes,* s. c. 6, 10; 7,
6, 4; 3, 19, 1.

8. *nuncupavi,* c. 11, 1, feierliche
und bestimmte mit der Ceremonie
verbundene Worte und Formeln
aussprechen, in denen bezeichnet
wird, was man von den Göttern bit-
tet und ihnen dafür verspricht, wie
bei Sponsionen, s. 7, 28, 4.; 1, 10, 7. —
feroque, viell. wie 7, 40, 14: *postulate
et ferte,* empfange, um die Ueberzeugung, dass er erhört werde, anzudeuten; es wird dafür *quaesoque*
od. *oroque* verm., in einer ähnlichen
Formel bei Macrob. 3, 9 findet es
sich nicht. — *re publ.,* darnach ist
wahrscheinlich nach Gron. *p. r.* ausgefallen. — *auxiliis* ist wahrscheinlich erst in späterer Zeit, in welcher das Heer aus *legiones* u. *socii*
(nachher *auxilia*) bestand, in die
Formel gekommen, vgl. 29, 27, 2;
Marquardt 3, 2, 347; 297, jetzt
könnten nur etwa die Samniten dar-
unter gedacht werden. — *Telluri,*
c. 6, 10.

9—10. *ita n. ut dictum est.* —
incinctus, 5, 46, 2. — *insilivit,* diese
nach Servius Verg. G. 2, 384 bei
älteren Schriftstellern sich findende
Form hat L. wol wie *nostrorum* aus
seiner Quelle beibehalten, wie sie
auch von Späteren gebraucht wird.

equum insilivit, ac se in medios hostes inmisit. conspectus ab 10
utraque acie aliquanto augustior humano *habitu* visus, sicut caelo
missus piaculum omnis deorum irae, qui pestem ab suis aversam
in hostes ferret: ita omnis terror pavorque cum illo latus signa 11
primo Latinorum turbavit, deinde in totam penitus aciem pervasit. evidentissimum id fuit, quod quacumque equo invectus est, 12
ibi haud secus quam pestifero sidere icti pavebant; ubi vero cor-
ruit obrutus telis, inde iam haud dubie consternatae cohortes Latinorum fugam ac vastitatem late fecerunt. simul et Romani 13
exsolutis religione animis, velut tum primum signo dato coorti
pugnam integram ediderunt: nam et rorarii procurrebant inter 14

— *conspectus—acie* kann nicht wol
von dem Folg., da dieses die Wirkung des *conspect.* etc. darstellt,
getrennt werden. — *visus* n. *est*,
was aber hier nicht ohne Härte fehlt,
und viell. ausgefallen ist, vgl. 5, 23,
5, doch s. 29, 32, 8; 10, 17, 9. Die
Lesart *humano visu* ist schwerlich
richtig, da *visus* nicht leicht in der
Bedeutung *species*, *habitus*, *forma*,
die sich an ähnlichen Stellen finden,
s. 6, 8, 5; 8, 6, 9; 10, 28, 15 u. a.,
gebraucht wird; auch *humano visus*
wäre ungewöhnlich statt *homine visus* gesagt; wahrscheinlich ist daher das zu *humano* gehörende Substantiv ausgefallen. — *missus* und
qui sind auf die Person bezogen, um
diese hervorzuheben, vgl. 22, 29, 3,
s. § 11. — *piaculum*, durch *pestem*
etc. erklärt: Sühnungsmittel des
Zorns der Götter, der Feldherr weiht
sich als stellvertretendes Opfer, um
den göttlichen Zorn, der sich bei
dem Opfer und in den Traumgesich-
ten kundgegeben hatte, auf sich zu
laden und zu sühnen, und mit sich
das feindliche Heer, Preller S. 466.
　11. *terror p.* etc., der Devotionsformel wurde wol ursprünglich magische Kraft zugeschrieben, s. § 10;
12; 13; 10, 28, 13; sonst müsste
man annehmen, dass die Feinde um
die Devotion gewusst hätten, anders
Cic. de n. deor. 3, 6, 15, vgl. Dio
Cass. l. l. 7. — *signa* etc., er brachte
die Fahnen in Verwirrung, die hier

nach späterer Weise in den ersten
Reihen gedacht werden, s. Marq. 3,
2, 265 f., was nicht ohne Verwirrung
der unter denselben fechtenden hastati geschehen konnte; deutlicher
wäre *prima signa=antesignani*, wie
sonst oft, 9, 32, 8; vgl. c. 11, 7 u.
a.; *tota* wäre dann: die ganze übrige
acies, s. c. 33, 6: *universa*, die *principes* und *triarii*; doch ist wol *prima*
wegen *primo* nicht zugesetzt.
　12—13. *id* fasst das Vorhergeh.
zusammen, *quod* gibt den Grund an
= *eo, quod,* bezieht sich nicht auf
id. — *quac.* vgl. 6, 8, 6; 38, 7, 3.
— *ubi—inde* scheinen, wie *quacumque—ibi* local zu nehmen: wo —
von da, wie von einem Unglücks-
platze, s. 6, 28, 6; die entgegengesetzte Wirkung bei den Römern
konnte zeitlich, *tum primum,* an
den Moment des Todes geknüpft
werden; die Einwirkung bei beiden
wie § 11. — *cohortes,* ein Ausdruck
aus späterer Zeit, s. c. 8, 4; 6, 24, 2
u. a. — *fugam—fecer.,* verstärktes
fugerunt, anders 1, 56, 4. — *vastit.*
— *fec.,* sie bewirkten durch die
Flucht Oede; die Darstellung ist
übertreibend, da die Schlacht ihren
Gang fortgeht. — *religione,* Angst
vor dem Zorn der Götter, welchen
der Consul auf sich genommen hatte,
§ 10.
　14. *nam et* etc., Erklärung von
integram, als ob erst jetzt die
Schlacht anfienge, s. 22, 47, 10. —

antepilanos, addiderantque vires hastatis ac principibus, et triarii genu dextro innixi nutum consulis ad consurgendum expecta-
10 bant. Procedente deinde certamine cum aliis partibus multitudo
superaret Latinorum, Manlius consul audito eventu collegae cum,
ut ius fasque erat, lacrumis non minus quam laudibus debitis
2 prosecutus tam memorabilem mortem esset, paulisper addubita-
vit, an consurgendi iam triariis tempus esset; deinde melius ratus integros eos ad ultimum discrimen servari, accensos ab no-
vissima acie ante signa procedere iubet. qui ubi subiere, extem-
3 plo Latini, tamquam idem adversarii fecissent, triarios suos excitaverunt; qui aliquamdiu pugna atroci cum et semet ipsi fatigassent et hastas aut praefregissent aut hebetassent, pellerent vi
tamen hostem, debellatum iam rati perventumque ad extremam
4 aciem, tum consul triariis: ,,consurgite nunc" inquit ,,integri adversus fessos, memores patriae parentumque et coniugum ac liberorum, memores consulis pro vestra victoria morte occuban-
5 tis." ubi triarii consurrexerunt, integri, refulgentibus armis,
nova ex inproviso exorta acies, receptis in intervalla ordinum
6 antepilanis, clamore sublato principia Latinorum perturbant, ha-

---

procurrebant, um die Feinde in der
c. 8, 13 bezeichneten Weise anzugreifen, rücken sie aus ihrer Stellung
hinter den Triariern vor. — *inter
antep.* scheint zu bedeuten, dass sie
nur zwischen die manipuli in die intervalla treten, s. 4, 18, 3: *procedunt inter bina castra*; 5, 27, 2, zur
Sache 30, 33, 3. — *addider.*, rasch
eingetretene oder in der Vergangenheit dauernde Folge, s. 24, 32, 9;
27, 51, 4. — *hastatis ac princ.*, erst
jene, dann diese, c. 3, 5; wahrscheinlich zogen sie sich dann wieder hinter die Triarier zurück.

10. 1—2. *aliis p.*, im Gegensatz
zu c. 9, 12, und dieses beschränkend; es scheint besonders der rechte Flügel der Römer gemeint. — *ad-
dubitavit an*, wie *dubito an*: er war
ungewiss, ob nicht, vgl. 2, 4, 7. —
accensos, diese Verwendung der accensi ist, wie das Verfahren der Latiner zeigt, ungewöhnlich, aber von
den Consuln wegen der Grösse der
Gefahr vorbereitet. Da die Feinde

die Täuschung nicht merken, müssen die accensi in gleicher Zahl und
Rüstung wie die Triarier gedacht
werden, namentlich nach § 3 mit
Schilden und Lanzen bewaffnet. —
ante s. pr., 7, 41, 1; es sind nach c.
8, 7 die der Triarier; zugleich müssen sie, wie diese, nach § 5 die hastati und principes durch ihre Reihen sich zurückziehen lassen.

3—6. *excitaverunt = surgere
iusserunt.* — *fatig.*, vgl. 30, 35, 8.
— *pellerent*, über das Asyndeton s.
9, 34, 6; 22, 39, 3; 40, 9, 7; über
die Nachstellung von *tamen* 9, 16,
6; 23, 44, 6: ungeachtet ihrer Erschöpfung und der schlechten Waffen, doch durch den Andrang, Druck;
Madvig verm. *pellerentque tandem.*
— *occuban.*, der todt da liegt, sonst
dichterisch. Die Triarier übrigens
sind die des ganzen Heeres, nicht
allein die des linken Flügels. — *receptis* etc., c. 8, 9. — *principia*, die
vorderste Schlachtreihe, jetzt die
Triarier der Latiner, vgl. 2, 65, 2.

stisque ora fodientes primo robore virorum caeso per alios manipulos velut inermes prope intacti evasere, tantaque caede per-
rupere cuneos, ut vix quartam partem relinquerent hostium.
Samnites quoque sub radicibus montis procul instructi praebuere 7
terrorem Latinis. ceterum inter omnes cives sociosque praecipua laus eius belli penes consules fuit, quorum alter omnis minas
periculaque ab deis superis inferisque in se unum vertit, alter ea 8
virtute eoque consilio in proelio fuit, ut facile convenerit inter
Romanos Latinosque, qui eius pugnae memoriam posteris tradiderunt, utrius partis T. Manlius dux fuisset, eius futuram haud
dubie fuisse victoriam. Latini ex fuga se Menturnas contulerunt. 9
castra secundum proelium capta, multique mortales ibi vivi oppressi, maxime Campani. Decii corpus ne eo die inveniretur, nox 10
quaerentes oppressit; postero die inventum inter maximam hostium stragem coopertum telis; funusque ei par morti celebrante
collega factum est. — Illud adiciendum videtur, licere consuli 11
dictatorique et praetori, cum legiones hostium devoveat, non utique se, sed quem velit ex legione Romana scripta civem devovere. si is homo, qui devotus est, moritur, probe factum videri; 12
ni moritur, tum signum septem pedes altum aut maius in terram
defodi, et piaculum hostiam caedi; ubi illud signum defossum

— *hastis,* c. 8, 10. — *fodientes,*
sonst mehr von dem Kampfe mit dem
Schwerte, s. Tac. Ann. 2, 21; Agr.
36. — *robore* etc., die Triarier. —
alios, die übrigen, die accensi, rorarii, auch die hastati und principes,
die sich hinter den Triariern aufgestellt haben. — *cuneos,* 7, 24, 7.

7—10. *rub rad.* etc., wahrscheinlich hatten sie die Römer nicht begleitet, s. c. 6, 8; 11, 2, um unthätig dem Kampfe zuzusehen. — *socios,* c. 9, 8. — *belli,* des Kampfes.
— *minas p.,* hendiadyoin. — *ab deis,*
die von den Göttern gedrohten, c. 6,
10; 9, 1. — *Latinosq.,* es gab also
lat. Historiker; dass sie aber gleichzeitig gewesen oder von L., der sie
nur hier, viell. aus Cincius, erwähnt,
benutzt seien, ist sehr zu bezweifeln. — *ex fuga,* 6, 29, 4; 22, 55,
4. — *Menturn.,* eine aurunkische
Stadt am Ausflusse des Liris; s. 10,
21, 8; sie wären also über 10 Mei-

len geflohen, s. c. 8, 19. — *oppressit,* vgl. 7, 39, 14: die Nacht über-
raschte die, welche suchten, u. hinderte so, dass der Leichnam gefunden wurde, s. 22, 7, 5.

11—14. *illud* s. c. 8, 4 a. E. —
non utiq.: nicht gerade; Decius That
erscheint dadurch um so edelmüthi-
ger. — *scripta,* förmlich ausgehoben, im Gegensatz zu den voluntarii oder dem latrocinium, s. 2, 48,
5; also ein durch das sacramentum
Verpflichteter und zum Kriege Berechtigter, s. Cic. Offic. 1, 11. —
devotus est — moritur etc., ohne
Rücksicht auf den acc. c. inf., vgl.
22, 10, 2 ff. — *ni,* § 13; 1, 22, 6. —
signum etc., es ist wol ein symbo-
lisches Menschenopfer gemeint statt
des Devovirten, c. 9, 10; 22, 57, 6.
—*piacul.host.,* als Sühnopfer u. s. w.;
doch haben die Hss. *hostia,* s. §
13. — *caedi* wie *defodi* hängen von

13 erit, eo magistratum Romanum escendere fas non esse. sin au-
    tem sese devovere volet, sicuti Decius devovit, ni moritur, neque
    suum neque publicum divinum pure faciet, qui sese devoverit;
    Vulcano arma sive cui alii divo vovere volet, sive hostia sive quo
14 alio volet, ius est. telo, super quod stans consul precatus est,
    hostem potiri fas non est; si potiatur, Marti suovetaurilibus pia-
11 culum fieri. Haec, etsi omnis divini humanique moris memoria
    abolevit nova peregrinaque omnia priscis ac patriis praeferendo,
    haud ab re duxi verbis quoque ipsis, ut tradita nuncupataque sunt,
2   referre. Romanis post proelium demum factum Samnites venisse
    subsidio, expectato eventu pugnae, apud quosdam auctores inve-
3   nio. Latinis quoque ab Lanuvio auxilium, dum deliberando te-
4   runt tempus, victis demum ferri coeptum, et, cum iam portis
    prima signa et pars agminis esset egressa, nuntio adlato de clade
    Latinorum cum conversis signis retro in urbem rediretur, prae-

videri = *censeri* ab, s, 2, 5, 1. — *de-*
vovit, dazu ist aus dem Vorhergeh.
se leicht zu denken. — *divinum,*
substantivisch: Opfer, vgl. 2, 1, 3;
23, 19, 14. — *pure fac.,* er wird es
entweihen, weil er selbst den unterirdischen Göttern und dem Zorn aller verfallen (*sacer*), c. 9, 10, und
als *exsecratus* von allen Opfern ausgeschlossen ist. — *qui s. devov.*
scheint mit derselben Genauigkeit,
die sonst in solchen Formeln sich
findet, hinzugesetzt, vgl. 1, 32; 22,
10. — *Vulcano* etc. fügt eine Ausnahme zu dem Vorhergeh.: nur dem
Vulcan u. s. w., das *arma vovere,* an
sich schon ein *divinum,* kann von
einem Opfer begleitet sein. — *sive
host.* — *volet* scheint zu bedeuten:
unter, mit einem Opfer, wie ähnliche
Ablative, s. zu c. 6, 7; 1, 16, 6; 2,
13, 2, das Opfer ist mit der Weihe
ebenso verbunden wie § 12 *piaculum.* Madvig stellt die Worte nach
faciet und zieht *qui se devov.* zu *Vulcano* etc.; doch scheint so mit *qui*
ein neues, noch nicht erwähntes
Subject eingeführt zu werden. —
suovet., die auch sonst gerade dem
Mars dargebracht werden, s. 1, 44,
2. — *fieri* n. *fas est.*

11. 1. *omnis,* s. Einleit. 16. —

moris, 5, 6, 17. — *memoria ab.,* 3,
55, 6; 9, 36, 1. — *nova per.* etc.,
gerade unter Augustus und schon
früher finden viele fremde Culte in
Rom Eingang, s. Preller S. 710 ff.;
Marq. 4, 82. — *praeferendo*: indem
man vorzieht, durch Bevorzugung,
ohne Beziehung auf ein bestimmtes
Subject, vgl. 23, 37, 4: *ubi promo-
vendo adiunctam muro viderunt tur-
rem,* ib. 15, 3; 4, 29, 3; 9, 5, 11
u. a.

2—4. *quosdam,* die meisten erzählten wie c. 10, 7; oder dass sie
mitgefochten hätten. — *Lanuvio* ist
wol hier statt des hds. *Lavinio* zu
lesen, da dieses zum Gebiete der
Laurenter gehört, die nach § 15
treu geblieben waren, während Lanuvium unter den rebellirenden, c.
13, und den bestraften Städten, c.
14, genannt wird, unter den abtrün-
nigen aber, wenn nicht hier, nicht
erwähnt wäre. Ueber die frühere
Treue der Stadt s. 6, 21. — *terunt,*
synesis, 2, 14, 8. — *et* knüpft locker
die folg. Anecdote an, s. 7, 28, 9. —
cum — *cum,* das zweite dem ersten
untergeordnet, s. c. 18, 9; 7, 2, 9;
1, 5, 3 u. a. — *retro*—*red.,* 24, 20,
3. — *praetor,* der höchste Magistrat
in Lanuvium, der zugleich an der

torem eorum nomine Milionium dixisse ferunt, pro paulula via
magnam mercedem esse Romanis solvendam.

Qui Latinorum pugnae superfuerant multis itineribus dissi- 5
pati cum se in unum conglobassent, Vescia urbs eis receptaculum
fuit. ibi in conciliis Numisius imperator eorum adfirmando com- 6
munem vere Martem belli utramque aciem pari caede prostra-
visse, victoriaeque nomen tantum penes Romanos esse, ceteram
pro victis fortunam et illos gerere; funesta duo consulum prae- 7
toria, alterum paricidio filii, alterum consulis devoti caede; trucidatum exercitum omnem, caesos hastatos principesque, stragem
et ante signa et post signa factam, triarios postremo rem restituisse; Latinorum etsi pariter accisae copiae sint, tamen supple- 8
mento vel Latium propius esse vel Volscos quam Romam: —
itaque, si videatur eis, se, ex Latinis et ex Volscis populis iuven- 9
tute propere excita, rediturum infesto exercitu Capuam esse, Ro-
manosque nihil tum minus quam proelium expectantes necopinato adventu perculsurum. fallacibus litteris circa Latium nomen- 10
que Volscum missis, quia, qui non interfuerant pugnae, ad credendum temere faciliores erant, tumultuarius undique exercitus
raptim conscriptus convenit. huic agmini Torquatus consul ad 11

Spitze des Contingentes steht, das
dem Bundesheere zugeführt werden
soll, s. c. 7, 1; 23,19, 17 ; 9,16, 17.
Ob er einen Collegen hatte, wie zwei
praetores an der Spitze des Bundes
stehen, c. 3, 9, lässt sich nicht erkennen, vgl. 6, 26, 4.
    5—6. *qui Lat.*, 4, 33, 11. — *pu-
gnae sup.*, s. 5, 40, 3; 9, 38, 3. —
dissipati, 6, 29, 3. — *Vescia*, eine
Stadt am nordwestlichen Abhange
des mons Massicus, vgl. 10, 20; 21;
31; oben c. 10, 9 haben sie sich
nach Menturnae geflüchtet. — *conciliis*, c. 3, 10,Versammlungen der Bun-
deshäupter, die über die Fortsez-
zung des Krieges berathen, nicht
Kriegsrath, daher § 9: *si videatur
iis*. Numisius heisst *imperator*, s. c.
2, 7 : *duce*, weil er jetzt an der
Spitze des Heeres steht; der andere
Prätor, Annius, ist wol nicht erwähnt, weil er für todt galt, s. c. 6,
3. — *vere*, in der That, nicht, wie
man gewöhnlich so sage. — *ceter.*,
im Uebrigen, vgl. 3, 19, 9. — *pro*

victis, wie es bei den Besiegten der
Fall ist, s. 2, 7, 3. — *gerere*, 3, 62,
3; 7, 31, 6.
    7—11. *duo*, 7, 18, 3. — *praetoria*,
s. 22, 42, 2, c. 7, 12. — *parricid.
fil.*, 3, 50, 5. — *ante s.*, die hastati,
c. 9, 11; 10, 2; *post signa*, die principes, oder überhaupt alle, die hinter der ersten Schlachtlinie stehen,
c. 9, 11: *tota acies*, 9, 32, 8; Marquardt 3, 2, 265 f.; vgl. 5, 35, 4:
eis Padum etc. — *propius*, weil die
Römer in Campanien stehen.— *quam
Rom.* n.*Romanis.* — *itaque* etc. giebt
das zu *adfirmando* gehörende Haupt-
verbum wegen der Zwischensätze in
anderer Form, vgl. 2, 12, 3; 6, 24,
8: *castigando*; aus dem Folg. geht
hervor, dass seine Ansicht gebilligt
worden sei, und er seinen Plan ausgeführt habe, so dass man nicht sieht,
was vor *adfirmando* ausgefallen sei,
wenn hier eine Lücke angenommen
wird. — *circa L.*, 1, 9, 2. — *nomen
V.*, 3, 8, 10. — *tumultuarius*, s. 5,
37, 7, hier durch *raptim consc* er-

Trifanum — inter Sinuessam Meuturnasque is locus est — occurrit. priusquam castris locus caperetur, sarcinis utrimque in
12 acervum coniectis pugnatum debellatumque est: adeo enim accisae res sunt, ut consuli victorem exercitum ad depopulandos
agros eorum ducenti dederent se omnes Latini, deditionemque
eam Campani sequerentur.

13   Latium Capuaque agro multati. Latinus ager, Privernati addito agro, et Falernus, qui populi Campani fuerat, usque ad Vul-
14 turnum flumen plebi Romanae dividitur. bina in Latino iugera,
ita ut dodrantem ex Privernati conplerent, data, terna in Falerno
15 quadrantibus etiam pro longinquitate adiectis. extra poenam fuere
Latinorum Laurentes Campanorumque equites, quia non desci-

klärt: der Landsturm. — *Trifan.*,
wol eine Gegend, wie c. 30, 4, nicht
eine Stadt, im Gebiete der Aurunker,
die nicht weiter genannt wird, dagegen Diod., der die Schlacht am
Vesuv nicht kennt, 16, 90: Ῥωμαῖοι
δὲ πρὸς Λατίνους καὶ Καμπανοὺς
παραταξάμενοι περὶ πόλιν Σούεσ-
σαν ἐνίκησαν. — *dederent*, dass nicht
alle sich ergeben haben zeigt die
Fortdauer des Krieges in den beiden
folg. Jahren. — *Campaniq.*, dass
diese an der zweiten Schlacht Theil
genommen haben ist nicht angedeutet.

13. *multati* wie 10, 1, 3 u. a. —
Latin. ag., wo dieser, und ob er in
einer Gegend oder zerstreut gelegen
habe, das Gemeindeland des Bundes
oder einzelner Städte gewesen sei,
ist nicht klar, Schwegler 2, 312. —
Privernati, wahrscheinlich ist das
c. 1, 3 erwähnte Land gemeint. —
Falernus hier in weiterem Sinne der
nördlich vom Vulturnus liegende
Theil Campaniens, der sich von diesem Flusse bis an den mons Massicus und die Berge von Torre di
Francolise, und von dem m. Calli-
cula bis an das Meer erstreckte, den
campus Stellatis, ager Sinuessanus,
Statanus, Faustinus, Caedicius und
Falernus im engeren Sinne umfasste, vgl. 22, 13, 9. — *plebi* n.
viritim, vgl. zu 4, 48, 5, 30, 8; es
wird so die Errichtung von 2 Tri-

bus, s. c. 17, vorbereitet.

14. *bina*, s. 6, 36, 11; 4, 47, 7;
Mommsen 1, 188. — *dodrantem*,
¾ Juchart erhielt jeder Einzelne
von der Privern. Lande, so dass
man (die Vertheilenden) das Mass
des anzuweisenden Landes durch
diese Ergänzung voll machte, vgl.
3, 4, 11: *explendum.* Wie so getrennt
liegende Länder bewirthschaftet
werden konnten, ist nicht deutlich;
jedenfalls war dies erschwert, und
der Besitz unsicherer; wahrscheinlich wurde auch weder der ager Latinus noch der ager Falernus, s. zu 22,
15, 2, ganz assignirt, daher die Klagen c. 12, 12; aus demselben Grunde lässt sich aus dem Verhältniss
des assignirten ager Latinus zu dem
Privernas 3 : 8 die Grösse des abge-
tretenen Landes nicht bestimmen.
— *quadrantibus*, zu den 2¾ Juchart
wurde ¼ der weiteren Entfernung
wegen zugelegt, so dass die Einzelnen hier 3 Juchart erhielten. Nach
L. ist die Assignation noch während
des Krieges, vor der Rückkehr des
Consuls, durch den Senat erfolgt.

15. *Laurentes*, die Bewohner des
ager, s. 1, 1, 4; 7, oder *tractus*, 7,
25, 4, *Laurens*, vgl. 37, 3, 4, zu
dem auch Lavinium gehört, während
die Bewohner von Laurentum *Lau-
rentini* heissen. — *Campan. eq.*, die
Aristokratie in Capua, wahrscheinlich die Nachkommen der samniti-

verant. cum Laurentibus renovari foedus iussum, renovaturque
ex eo quotannis post diem decimum Latinarum. equitibus Cam- 16
panis civitas Romana data, monumentoque ut esset, aeneam tabulam in aede Castoris Romae fixerunt. vectigal quoque eis Campanus populus iussus pendere in singulos quotannis — fuere autem mille et sexcenti — denarios nummos quadringenos quin-
quagenos. Ita bello gesto praemiis poenaque pro cuiusque me- 12
rito persolutis T. Manlius Romam rediit. cui venienti seniores
tantum obviam exisse constat, iuventutem et tunc et omni vita
deinde aversatam eum execratamque. — Antiates in agrum Ostien- 2

schen Eroberer, vgl. 7, 29, 4; Nieb.
R. G. 3, 125. — *renovari foed. i.*,
aus dieser Bemerkung lässt sich
schliessen, dass das von den Latinern
gebrochene Bündniss nicht mit dem
ganzen Bunde von neuem auf andere
Bedingungen eingegangen worden
ist; nur mit den Laurentern, vgl. 4,
7, 4, also auch mit Lavinium, den
principia des röm. Staates und dem
Sitze der Penaten desselben, s. 1, 1,
11, wird ein früheres Bündniss erneut, und dadurch der laurentische
Staat, wenigstens dem Namen nach,
als ein selbständiger und gleich-
berechtigter anerkannt. Welches
Bündniss, ob das 7, 12 berührte oder
das Cassische 2, 33, oder das dem
Romulus beigelegte 1, 14, erneut
worden sei, lässt sich nicht entscheiden, s. Schwegler 1, 523; Lange 1,
67. — *renovaturq.*, also noch zu L's
Zeit, und wie aus Inschriften hervorgeht, noch unter Kaiser Claudius, da aber nach Anordnung der
Sibyllinischen Bücher, s. Preller
537; 685; 189. — *post d. d.*, jedes
mal 10 Tage nach den lat. Fer., also
nicht an einem bestimmten Tage.
　16. *equitib.*, den Rittern dagegen;
das Asyndeton kann bei der Verschiedenheit der Gegenstände nicht
stören. — *civitas*, da nach c. 14, 10
alle Campaner die *civitas sine suffragio* erhalten, so hat der Urheber
der Nachricht an a. St., wenn anders
dieselbe mit c. 14 in Beziehung steht,
einen Vorzug der Ritter, die volle

civitas, bezeichnen wollen, von der
sich aber sonst keine Andeutung
findet, ausser viell. 23, 5, 9, vgl. 26,
33; 34; zu c. 14, 10. — *in aede
Cast.*, der Dioscuren, der Beschützer
der röm. Ritter, s. Preller 660, denen dadurch die campanischen an
die Seite gestellt werden. — *vectigal*, eine jährliche Rente; ähnlich
dem aes equestre und hordearium
der röm. Ritter. — *Camp. pop.*, die
übrigen Campaner, wie der röm.
Plebs oft *populus* heisst. Die Aristokratie wird so an Rom geknüpft,
ihr Interesse von dem der übrigen
Bürger in Capua getrennt, vgl. 23,
4, 2. — *denarios* (der Denar. etwa
7 Sgr.) ist wahrscheinlich späterer,
erklärender Zusatz zu *nummos*, da
früher der nummus quadrigatus in
Capua dem denarius in Rom nicht
gleich stand, Mommsen das röm.
Münzw. S. 316; 307; Gesch. d. Mzw.
344. Ob die Samniten einen Vortheil
durch den Krieg erlangt haben, wird
nicht berichtet, s. Nieb. R. G. 3, 160.
　12. 1—3. *rediit*, nach den Fasten triumphirt er: *cons. III a.
CDXIII. de Latineis Campaneis Si-
dicineis Aurunceis XV Kal. Iun.*,
vgl. Diod. 16, 90. Die Volsker sind
wol unter den Latinern begriffen,
s. c. 3, 9; 7, 27, 2; die Aurunker
hat L. c. 14, 10; 15, 2 berührt, die
Sidiciner übergangen. — *obv. exisse*,
vgl. 5, 23, 4; 22, 61, 4. — *Antiates*,
diese sind zwar c. 5, 3; 3, 9 nicht
besonders erwähnt, aber nach den

sem Ardeatem Solonium incursiones fecerunt. Manlius consul,
quia ipse per valetudinem id bellum exequi nequierat, dictatorem
L. Papirium Crassum, qui tum forte erat praetor, dixit; ab eo
3 magister equitum L. Papirius Cursor dictus. nihil memorabile
adversus Antiates ab dictatore gestum est, cum aliquot menses
stativa in agro Antiati habuisset.
4   Anno insigni victoria de tot ac tam potentibus populis, ad
hoc consulum alterius nobili morte, alterius sicut truci ita claro
ad memoriam imperio, successere consules T. Aemilius Mamer-
5 cinus Q. Publilius Philo, neque in similem materiam rerum, et
ipsi aut suarum rerum aut partium in re publica magis quam
patriae memores. Latinos ob iram agri amissi rebellantes in cam-
6 pis Fenectanis fuderunt castrisque exuerunt. ibi Publilio, cuius
ductu auspicioque res gestae erant, in deditionem accipiente Latinos populos, quorum ibi iuventus caesa erat, Aemilius ad Pedum
7 exercitum duxit. Pedanos tuebatur Tiburs Praenestinus Veliter-
8 nusque populus; venerant et ab Lanuvio Antioque auxilia. ubi
cum proeliis quidem superior Romanus esset, ad urbem ipsam
Pedum castraque sociorum populorum, quae urbi adiuncta erant,
9 integer labor restaret, bello infecto repente omisso consul, quia
collegae decretum triumphum audivit, ipse quoque triumphi ante
10 victoriam flagitator Romam rediit. qua cupiditate offensis patri-

Vorgängen 7, 27; 8, 1 den übrigen
Volskern nicht untreu geworden;
sie geben ihre Sache noch nicht verloren; an sie schliessen sich mehrere lat. Staaten an. — *Ardeat.*,
Ardea ist also den Römern noch treu.
— *Solonium*, von der laurentischen
Küste erstreckte sich derselbe südlich von der via Ostiensis landein-
wärts. — *Papirius*, er ist noch nicht
Consul gewesen, doch ist dieses weniger auffallend, da er Praetor ist.
Durch die Uebernahme der Dictatur,
als einer ausserordentlichen Magistratur, wird das Gesetz 7, 42, 2
nicht verletzt, ebenso § 13. — *stativa*, er führt den Krieg nur defensiv; die Römer waren wol auch geschwächt.

4—9. *anno ins.*, 4, 11, 2. — *T.
Aem.*, wahrscheinlich der c. 2; 7,
21 erwähnte, vgl. 3, 1; Diod. 16, 91

nennt ihn *Tiberius.* — *sucess.*—*in*,
s. 37, 14, 1; 31, 36, 5. — *aut* etc.,
mehr in ihrem oder dem Interesse
der politischen Partei, der sie angehörten; beide sind nach § 14 Gegner
der strengen Aristokraten. — *camp.
Fenect.*, vgl. 2, 64, 3 *campi Crustu-
mini;* Cic. Or. 3, 42, 167: *campi
magni*, wahrscheinlich nach einem
unbekannten Orte genannt, wie *campus Statellatis* 22, 13, 6. — *Pedum*,
7, 12. — *Tiburs*, 9, 30, 7: *Tiburtini.* Tibur und Praeneste, die beiden
mächtigsten Städte in Latium, werden hier erst besonders erwähnt,
weil sie, wie früher, s. 6, 22; 27 f.;
7, 11 f., auch nach der Unterwerfung der übrigen ihre Selbständigkeit zu behaupten suchen. — *infecto*—*omisso*, 1, 14, 7; 3, 33, 10. —
flagitator, s. 1, 56, 8: *liberator*; nur
auf diesen Begriff bezieht sich *quoque.*

bus negantibusque nisi Pedo capto aut dedito triumphum, hinc
alienatus ab senatu Aemilius seditiosis tribunatibus similem deinde
consulatum gessit. nam neque, quoad fuit consul, criminari apud 11
populum patres destitit collega haudquaquam adversante, quia et
ipse de plebe erat, — materiam autem praebebat criminibus ager 12
in Latino Falernoque agro maligne plebei divisus — et postquam
senatus, finire imperium consulibus cupiens, dictatorem adversus
rebellantes Latinos dici iussit, Aemilius, cuius tum fasces erant, 13
collegam dictatorem dixit; ab eo magister equitum Iunius Brutus
dictus. dictatura popularis et orationibus in patres criminosis 14
fuit, et quod tres leges secundissimas plebei, adversas nobilitati
tulit: unam, ut plebi scita omnes Quirites tenerent, alteram, ut 15
legum, quae comitiis centuriatis ferrentur, ante initum suffragium

10—13. *nisi P. c.*, 6, 35, 1. —
hinc findet sich selten im Nachsatze,
gewöhnlich *inde*, s. c. 9, 12. — *sedit. tr.*, wie der 3, 1, 3, genannte
Aemilius. — *populum*, die Plebs;
mehr in Bezug auf diese der Plebs
freundliche Gesinnung des patricischen Consuls, als weil Publilius
von Geburt Plebejer war, folgt *et
ipse*, s. 1, 30, 6. — *maligne*, man
hatte weit mehr für die Occupation
der Reichen zurückbehalten, s. c.
11, 14. — *et* geht auf *neque* zurück.
— *finire*, wol nicht beendigen, vgl.
c. 3, 4, sondern beschränken, vgl.
9, 34, 9; 34, 6, 10, indem sie dann
dem Dictator untergeordnet wurden,
2, 18, 6. — *Aemilius* konnte hier,
da *consulib.* vorhergeht, nicht fehlen. — *fasces* etc., in der Stadt hatten die Consuln nach Monaten abwechselnd die Amtsführung und die
fasces, s. 2, 1, 8; Becker 2, 2, 112.
Nach u. St. wird es als ein Vor-
recht des die fasces gerade haben-
den Consuls durgestellt, dass er den
Dictator zu ernennen habe, doch
wird es 4, 26, 11 durch das Loos,
4, 21, 10 durch Uebereinkunft unter
den Consuln bestimmt. — *collegam*,
s. § 2; die Stelle zeigt deutlich,
dass der Consul bei der Ernennung
des Dictators nicht an die Wünsche

des Senates gebunden war, s. Bek-
ker 2, 2, 156 ff. Sonst ist die Dictatur für den Senat ein Mittel, die
Consuln fügsam oder unschädlich zu
machen, vgl. c. 15, 5; 30, 24, 3 u.
a. — *Iunius*, der Vorname *Decimus*
fehlt.

14—15. *oration.* — *et quod*, vgl.
ob—quod c. 14, 9; über den Wechsel
der Form 1, 4, 1. — *dictatura—tulit*,
2, 4, 3; *tulit*, entweder wie 3, 17,
9, oder: brachte, s. 1, 46, 3. — *se-
cundiss.* 2, 38, 1; 5, 49, 4. — *plebi
sc.* etc., dem Wortlaute nach wenig
verschieden von 3, 55, 3, entweder
eine blosse Wiederholung des dort
erwähnten Gesetzes: dass Plebiscite
für das Volk gültig sein sollen, oder
L. hat die genaueren Bestimmungen,
die dasselbe jetzt erhielt, übergangen, s. Momms. 1, 310; Lange 2,
42 ff.; Marq. 2, 2, 161. — *ante init.*
suffr. etc., s. 1, 17, 9; alle in Centuriatcomitien angenommenen Gesetze hatten bis jetzt von den *patres*
bestätigt werden müssen, von jetzt
an müssen diese ihre Zustimmung
vorher erklären d. h. dem Wesen
nach auf ihr Bestätigungsrecht für
Gesetze verzichten, s. Becker 2, 1,
323 ff.; 329; 2, 3, 115; 160; 180;
Mommsen Forschungen 1, 241. —

14*

16 patres auctores fierent, tertiam, ut alter utique ex plebe, cum eo
    ventum sit, ut utrumque plebeium fieri liceret, censor crearetur.
17 plus eo anno domi acceptum cladis ab consulibus ac dictatore,
    quam ex victoria eorum bellicisque rebus foris auctum imperium
    patres credebant.

13   Anno insequenti, L. Furio Camillo C. Maenio consulibus,
    quo insignitius omissa res Aemilio, superioris anni consuli, expro-
    braretur, Pedum armis virisque et omni vi expugnandum ac de-
    lendum senatus fremit; coactique novi consules omnibus eam
 2 rem praeverti proficiscuntur. iam Latio is status erat rerum, ut
    neque bellum neque pacem pati possent: ad bellum opes deerant;
 3 pacem ob agri adempti dolorem aspernabantur. mediis consiliis
    standum videbatur, ut oppidis se tenerent, ne lacessitus Romanus
    causam belli haberet, et, si cuius oppidi obsidio nuntiata esset,
 4 undique ex omnibus populis auxilium obsessis ferretur. neque
    tamen nisi admodum a paucis populis Pedani adiuti sunt. Ti-
    burtes Praenestinique, quorum ager propior erat, Pedum perve-
 5 nere; Aricinos Lanuvinosque et Veliternos Antiatibus Volscis se
    coniungentes ad Asturae flumen Maenius inproviso adortus fu-

patres wie 6, 41, 10; ib. 42, 10. —
cum eo—liceret ein, wie 10, 6, 6 in
das Gesetz aufgenommenes Motiv, das
aber hier unklar ist, da noch nicht
zwei plebejische Censoren gewählt
worden sind, nur aus der Wahl des
Marcius 7, 22 geschlossen werden
konnte, dass dieses möglich sei. Andere lesen deshalb *ut.u.plebeium consulem*, s. Becker 2, 2, 191; Madvig
tilgt *ventum sit*. — *utique* wie 6,
35, 5. — *plus — credeb.*, der Demo-
kratie ist nach der Ansicht der strengen Aristokraten, deren Meinung L.
ausspricht, zu viel eingeräumt, sonst
werden die Gesetze des Publilius
gelobt, s. Sall. Fragm. lib. III or. c.
Licin. § 15; Cic. Planc. 3, 8. — *ab
cons*, durch die Consuln, s. 7, 41, 5.
13. 1—3. *coactique*, vom Senate,
2, 63, 3. — *omnibus*, 1, 53, 1. —
praeverti, hier Deponens: vorher,
erst eine Sache vornehmen, betreiben, s. 2, 24, 5. — *Latio* wäre als
Dativ ungewöhnlich, s. 9, 41, 8:
Etruscis; den Abl. ohne *in* braucht

L. bisweilen, s. 9, 46, 9: 1, 34, 8;
29, 2, 2; 27, 37, 6; doch ist a. u.
St. wol *in* ausgefallen oder *Latinis*
zu lesen. — *ob agri* etc., wahrscheinlich war die Furcht vor dem Verluste der politischen Selbständigkeit
noch grösser. — *mediis*, 3, 13, 6.
— *belli*, keine Veranlassung hätten,
den Krieg fortzuführen; für den
Fall aber, dass dieses doch geschähe,
und die Städte angegriffen würden
u. s. w.
    4—5. *admodum a*, 6, 34, 8: *ad-
modum in virum honorificam*; vgl.
c. 2, 5; 36, 30, 5, — *Tiburtes* etc.,
wie im Jahre vorher, c. 12, 7. —
Aricinos, sie sind vorher nicht genannt, aber wol schon am Kriege
betheiligt gewesen. Sie und die Lanuviner handeln gemeinschaftlich
mit den ihnen benachbarten Volskern, vielleicht um die Macht der
Römer zu theilen. Die Aurunker u.
Campaner verhalten sich ruhig. —
Asturae, s. 24, 12, 4: *lacus Aver-
ni*; 41, 1, 2; 43, 4, 6 u. a. Der Na-

dit. Camillus ad Pedum cum Tiburtibus, maxime valido exercitu, 6
maiore mole, quamquam aeque prospero eventu, pugnat. tumul- 7
tum maxime repentina inter proelium eruptio oppidanorum fecit, in quos parte exercitus conversa Camillus non conpulit solum eos intra moenia, sed eodem etiam die, cum ipsos auxiliaque
eorum perculisset, oppidum scalis cepit. placuit inde iam maiore 8
conatu animoque ab unius expugnatione urbis ad perdomandum
Latium victorem circumducere exercitum. nec quievere ante
quam expugnando aut in deditionem accipiendo singulas urbes
Latium omne subegere. praesidiis inde dispositis per recepta 9
oppida Romam ad destinatum omnium consensu triumphum de-
cessere. additus triumpho honos, ut statuae equestres eis —
rara illa aetate res — in foro ponerentur.

　　Priusquam comitiis in insequentem annum consules roga- 10
rent, Camillus de Latinis populis ad senatum rettulit, atque ita
disseruit: „patres conscripti, quod bello armisque in Latio agen- 11
dum fuit, id iam deum benignitate ac virtute militum ad finem
venit. caesi ad Pedum Asturamque sunt exercitus hostium; op- 12

me ist wahrscheinlich phönicischen
Ursprungs, an der Mündung des Flus-
ses eine phön. Colonie gewesen, vgl.
Fest. p. 317: *Stura flumen in agro
Laurenti* (südlich von Antium) *quod
quidam Asturam vocant*; die Schlacht
wäre demnach näher bei Rom geliefert worden als die früheren.

　6—9. *maxime v. ex.* ist wol Apposit., s. 6, 38, 3, nicht abl. abs. =
cum — esset. Da die Tiburter so allein genannt wurden, ziehen Andere
maxime zu *cum Tiburt.* An diese
Worte hat sich als Folge sogleich
maiore mole, und der unerwartete
Erfolg mit *quamquam,* welches hier
wie das *quamquam* correctiv. gebraucht ist, angeschlossen, statt:
*quamquam maiore mole, tamen ae-
que* etc., wol auch um so stufen-
weise in *maxime — maiore — aeque*
herabzusteigen; doch steht *maiore*
u. *aeque* auch zu *improv. adort. fug.*
in Beziehung. Ueber *mole* s. 6, 2,
11; 5, 8, 7 u. a.; über den Abl. bei
quamquam 4, 53, 1. — *ab un. expugn. urb.* enthält den Grund zu
maiore c. an., s. 5, 28, 7; 4, 32, 10;

c. 16, 6, steht aber wol auch mit *ad
— circumduc.* in Beziehung. — *circumduc. exer.,* accus. u n d infin. —
in dedit. acc. wie c. 11, 12. — *Latium omne,* 7, 28, 2. — *per* durch
— hin. — *consensu,* s. 4, 51, 1. —
triumpho, nach den fast. triumph.:
*L. Furius — anno CDXV de Peda-
neis et Tiburtibus IIII K. Oct.; C.
Maenius — anno CDXV de Antiatibus Lavinieis* (dieses wol verschrieben statt *Lanuvineis,* da die Bewohner von Lavinium *Laviniates* oder
Lavinienses heissen) *Veliterneis
prid. Kal. Oct.,* vgl. 7, 25, 1. — *statuae,* 4, 17; 9, 43, 22; Becker 1,
323; vgl. Plin. 34, 5, 20: *antiquior
columnarum* (*celebratio*), *sicuti C.
Maenio, qui devicerat priscos Latinos, quibus ex foedere tertias praedae populus R. praestabat,* es wird
also diesen Consuln grösseres Ver-
dienst beigelegt als Manlius, was
mit L's Darstellung nicht übereinstimmt.

　10—16. *rogarent,* s. 3, 64, 10;
7, 17, 12. — *patres c.,* über die

pida Latina omnia et Antium ex Volscis aut vi capta aut recepta
13 in deditionem praesidiis tenentur vestris. reliqua consultatio est,
quoniam rebellando saepius nos sollicitant, quonam modo per-
14 petua pace quietos obtineamus. di inmortales ita vos potentes
huius consilii fecerunt, ut, sit Latium deinde, an non sit, in vestra manu posuerint: itaque pacem vobis, quod ad Latinos attinet, parare in perpetuum vel saeviendo vel ignoscendo potestis.
15 vultis crudeliter consulere in deditos victosque; licet delere omne
Latium, vastas inde solitudines facere, unde sociali egregio exer-
16 citu per multa bella magnaque saepe usi estis: vultis exemplo
maiorum augere rem Romanam victos in civitatem accipiendo;
materia crescendi per summam gloriam suppeditat. certe id fir-
17 missimum longe imperium est, quo oboedientes gaudent. sed
maturato opus est, quidquid statuere placet: tot populos inter
spem metumque suspensos animi habetis, et vestram itaque de
eis curam quam primum absolvi, et illorum animos, dum expectatione stupent, seu poena seu beneficio praeoccupari oportet.
18 nostrum fuit efficere, ut omnium rerum vobis ad consulendum
potestas esset, vestrum est decernere, quod optimum vobis reique
14 publicae sit." Principes senatus relationem consulis de summa

Wortstellung s. 1, 28, 4. — *Antium*,
also die wichtigste Stadt; die Eroberung ist nicht besonders erwähnt.
— *rec. in dedit.*, gewöhnlicher ist
in ded. accipere, doch findet sich
21, 61, 7: *in ius dicionemque receptis*; Caes. B. G. 3, 21, 3. — *quoniam*, wie es bereits geschehen, und
für die Zukunft zu erwarten war,
daher nicht *ne.* — *ita*, in solcher
Ausdehnung, dass es ganz in euerer
Hand liegt. — *potentes*, s. 22, 42,
12 u. a. — *sit*, künftig sein soll, vgl.
c. 34, 5: *esset.* — *vultis = si vultis*,
s. 9, 11, 8; 6, 15, 9; 22, 54, 11, vgl.
10, 17, 5. — *deditos victosq.*, die beiden § 8 und 12 bezeichneten Classen, Städte, die sich vor oder nach
dem Siege (der Erstürmung) ergeben haben, über *que* s. 3, 55, 13;
10, 9, 4. — *inde = ex iis locis.* —
sociali, s. 7, 25, 7. — *saepe* nach
multi 2, 35, 8. — *vultis = sin vultis.*
— *exemplo mai.*, 1, 33, 1. — *crescendi*, dazu dass der Staat mächtiger wird, durch neue Bürger. —

suppeditat, intransitiv. — *longe*,
wird selten so nachgestellt, 3, 27,
1. Zur Sache vgl. c. 21, 4.

17—18. *tot* wie *adeo*, praef. 11:
denn es sind so viele Völker u. s.
w., dass ihr um Ruhe zu haben ihre
Verhältnisse sobald als möglich
ordnen müsst. — *susp. animi*, 6,
36, 8. — *itaque* an der dritten Stelle
findet sich seltener, vgl. 4, 54, 6;
6, 17, 8 u. a. — *nostrum* etc., Camillus hat in seinem und seines Collegen Namen referirt, und den Gegenstand der Berathung im Allgemeinen (*summa rerum*) bezeichnet:
*quid de deditis et vi captis fieri pla-
ceret*, darüber abzustimmen kam
ihm als Magistrat nicht zu, s. c. 20,
12, vgl. c. 4, 1. — *ad consult.*, um
darüber Rath zu pflegen, Becker 2,
2, 423. — *decernere*, nach der ganzen Darstellung entscheidet allein
der Senat, doch sind wol die Volks-
beschlüsse über die civitas mehre-
rer Staaten nur nicht erwähnt, s. c.
17, 12; 21, 10. — *sit*, nach euerer

rerum laudare, sed, cum aliorum causa alia esset, ita expediri
posse consilium dicere, ut pro merito cuiusque statueretur, si
de singulis nominatim referrent populis. relatum igitur de sin- 2
gulis decretumque. Lanuvinis civitas data sacraque sua reddita
cum eo, ut aedes lucusque Sospitae Iunonis communis Lanuvinis

Ansicht; Lange 2, 544; Ihne 1, 308.

14. 1—2. *ita—ut* stehen mit einander in Beziehung, doch scheint *ita*
auch auf *si* hinzuweisen. — *civit. data*, aus dem Gegensatze: *sine suffragio*, der Gegenüberstellung der aut
andere Weise bestraften Latiner §
10, dem Umstande, dass bald darauf,
s. c. 17, 11, zwei neue Tribus eingerichtet werden, deren einer, der
Maecia, die Lanuviner wahrscheinlich angehörten, ist abzunehmen,
dass es die *civitas cum suffragio*
gewesen sei, das volle Bürgerrecht,
so dass die nationale und politische,
zum Theil auch die communale
Selbständigkeit der Staaten vernichtet, die Bürger genöthigt werden, das römische Recht anzunehmen und vor dem römischen Prätor
Recht zu suchen, s. 6, 26, 8. Wenn
L. auch sonst bisweilen sich nicht
deutlich und bestimmt in Rücksicht
auf die *civitas* ausdrückt, s. 10,
1, 2 u. a., so ist doch kaum anzunehmen, dass er a. u. St. durch *civitas* dasselbe habe bezeichnen wollen, wie § 10 durch *civitas sine
suffragio*. Nach Paul Diac. p. 127:
*municipium id genus hominum dici-
tur, qui, cum Romam venissent, neque cives Rom. essent, participes
tamen fuerunt omnium rerum ad
munus fungendum una cum Romanis civibus praeterquam de suffragio ferendo aut magistratu capiendo, sicut fuerunt Fundani, For-
miani, Cumani, Acerrani, Lanuvini,
Tusculani, qui post aliquot annos
cives Romani effecti sunt* könnte es
scheinen, dass die Lanuviner damals
noch nicht Vollbürger geworden
seien; allein in dem Municipalverban-
de, den hier Paulus bezeichnet, hat-

ten dieselben schon durch das Cassische Bündniss gestanden, das neue
Verhältniss, in das sie eintreten, ist
durch *post aliquot annos* etc. angedeutet. Auch Cassius Dio fr. 35, 10
bezeugt, dass damals die Latiner das
volle Bürgerrecht erhalten haben:
ἀνθυπαγόμενοι τοὺς Λατίνους εἰς
εὔνοιαν οἱ Ῥωμαῖοι τὴν πολι-
τείαν αὐτοῖς ἔδωκαν, ὥστε καὶ
τῶν ὁμοίων σφίσι μεταλαμ-
βάνειν. — *sacra reddita*, bei der
deditio, c. 13, 8, sind auch die *sacra*
den Siegern übergeben worden, s.
7, 31, 4, und werden jetzt den Lanuvi-
nern zurückgegeben (*reddita* im Gegensatze zu *data*, durch welches ein
neues Verhältniss angedeutet wird),
s. Fest. p. 157: *municipalia sacra
vocantur, quae ab initio habuerunt
ante civitatem Rom. acceptam, quae
observare eos voluerunt pontifices
et eodem more facere, quo adsues-
sent antiquitus*; Marq. 4, 40. Die
Lanuviner behalten also ihren besonderen Cultus, nur zu dem der
Iuno Sospita, die bei ihnen vorzüglich verehrt wurde, Preller Myth.
246, müssen sie auch die Römer zulassen. Diese Iuno wird somit eine
Gottheit des ganzen Staates, die
röm. pontifices haben die Oberauf-
sicht über den Cultus, sühnen die von
der Göttin ausgehenden prodigia u. s.
w., s. 21, 62 u. a. — *cum eo, ut*, § 8;
4, 56, 1, vgl. 30, 10, 20. — *Lanuv.
munic.*, da durch die Aufnahme in
den röm. Staat die civitas Lanuvina
aufgehört hat, so giebt es keine *cives
Lanuvini* mehr, weil der römische
Bürger nicht in zwei Staaten das
Bürgerrecht haben kann, sondern
nur Bewohner der Stadt Lanuv., die
ihre politischen Rechte und Pflich-

3 municipibus cum populo Romano esset. Aricini Nomentanique et
4 Pedani eodem iure, quo Lanuvini, in civitatem accepti. Tusculanis servata civitas, quam habebant, crimenque rebellionis a pu-
5 blica fraude in paucos auctores versum. in Veliternos, veteres
cives Romanos, quod totiens rebellassent, graviter saevitum : et
muri deiecti, et senatus inde abductus iussique trans Tibe-
6 rim habitare, ut eius, qui cis Tiberim deprehensus esset, usque
ad mille passuum clarigatio esset, nec prius quam aere persoluto
7 is, qui cepisset, extra vincula captum haberet. in agrum senato-
rum coloni missi, quibus adscriptis speciem antiquae frequentiae

ten in Rom ausüben, *municipes.*

3—4. *Aricini*, s. 1 , 50 , 3; vgl.
Paul l. l.: *alio modo (municipium
dicitur) cum id genus hominum de-
finitur, quorum civitas universa in
civitatem Romanam venit , ut Aricini, Caerites, Anagnini.* Wenn hier
Aricia mit zwei Städten zusammengestellt wird, welche das volle Bürgerrecht nicht haben, s. 7, 20, 8 ; 9,
43, 24, so soll nur gezeigt werden,
dass auch bei verschiedenem röm.
Bürgerrechte die Auflösung der
Staaten erfolgen kann. Dass der
aricinische Staat jetzt aufgelöst
und dessen Bürger Vollbürger in
Rom wurden, geht aus *eodem iure*
hervor, eben so die von *Nomen-
tum*, s. 4, 32; und *Pedum*, 7, 12. —
servata civ., sie haben schon das
volle Bürgerrecht, nach 6, 26; 33 ;
36, was auch Cicero meint, wenn er
p. Planc. 8, 19 Tusculum das *municipium antiquissimum* nennt, vgl.
auch c. 37, 12. Doch ist es auffallend, dass Tusculum nicht in eine der
neuen Tribus, sondern in die Papiria eintritt, was wahrscheinlich erst
später geschehen ist, vgl. Val. Max.
9, 10, 1, dessen Zeugniss jedoch, da
er sich selbst widerspricht, s. 7, 3,
Ext. 9, nichts entscheiden kann. —
habebant, sie haben sie also durch
den Krieg nicht verloren.— *a publ.
fr.*, s. 21, 10, 6; 6, 6, 5, ist nicht
zu urgiren, als habe in Tuscul. noch
eine selbständige res publica bestanden, so wenig als es § 8; c. 37,

9 aus p o p u l u s folgt, s. 27, 38, 4.
Die rebellio fällt hier mit perduellio
zusammen.

5—7. *veteres c. R.*, s. 6, 12, 6 ;
ib. 17, 7. — *senatus*, 6, 21, 7. —
iussique, que correspondirt nicht *et
—et. — trans Tib.*, sie werden in-
ternirt, s. c. 20, 9; 26, 34, 8; Bek-
ker 2, 2, 455, eine Art Exil unter
einer dem latinischen Wesen fremden Bevölkerung; als *perduelles* hätten sie können hingerichtet werden.
— *nec* = *et ne*, s. 2, 32, 10. — *eius*
n. *senatoris* wie vorher *iussi* n. *se-
natores.* — *u. ad mille p.* könnte
bedeuten, dass die Internirten zwar
das diesseitige Ufer betreten, aber
sich nicht über 1000 Schritt von
demselben entfernen dürften. Früher wurde *u. a. m. pondo* gelesen;
was nicht richtig sein kann, da das
Erz nicht wie das Silber nach Pfun-
den*(pondo)*gerechnet wird, s. Mommsen Gesch. d. röm. Münzw. 207; es
wird *mille assum* verm., vgl. Varro
l. l. 9, 83. — *clarigatio* ist sonst
das ganze Verfahren bei der Forderung von Ersatz und Genugthuung
(*rerum repetitio*), Lange 2, 246;
hier bedeutet *clarig. ess.*, ohne Beziehung auf das Fetialrecht, es solle
die Festnehmung des Uebertreters
des Gebotes stattfinden dürfen und
erlaubt sein ihn in Fesseln zu halten, bis er sich loskaufe. — *coloni*,
das Land wird ihnen zum Bebauen
übergeben; ohne Senat und als offene Stadt (*muri deiecti*) konnte Veli-

Velitrae receperunt. et Antium nova colonia missa cum eo, ut 8
Antiatibus permitteretur, si et ipsi adscribi coloni vellent; naves
inde longae abactae, interdictumque mari Antiati populo est, et civitas data. Tiburtes Praenestinique agro multati, neque ob recens 9
tantum rebellionis commune cum aliis Latinis crimen, sed quod
taedio imperii Romani cum Gallis, gente efferata, arma quondam
consociassent. ceteris Latinis populis conubia commerciaque et 10

trae nicht wol Colonie sein, und
wird auch nicht mehr als solche erwähnt, s. 27, 9; 10; obgleich das
folgende *et Antium*, wenn dieses
nicht ungenauer Ausdruck ist, zeigt,
dass L. eine Colonie gedacht habe; wahrscheinlich wurde Velitrae
eine civitas foederata mit einem
iniquum foedus, s. Mommsen Gesch.
d. röm. Münzw. 313.

8. *colonia* n. civium, vgl. 27, 38,
4, eine col. maritima; der die alten
Bewohner einen Theil ihres Grundbesitzes abtreten mussten. — *ad-
scrib.*, 3,1,7; diese erhielten so das
röm. Bürgerrecht, s. 34, 42, 5. —
interdict. mari, da mit den Worten
ein Zusatz zu *naves longae ab.* angefügt wird, so ist wol nicht allein
das Halten von Kriegsschiffen, sondern der Seeverkehr überhaupt untersagt, vgl. Mommsen 1, 419. —
Ant. populo, könnte allein von den
nicht in die Colonie aufgenommenen
Antiaten gesagt sein, ist aber wol
auch auf die Colonisten, wie 27, 38,
4 die Bewohner der coloniae maritimae *populi* genannt werden, also
auf die Bewohner Antiums überhaupt
zu beziehen. — *civit. data*, da keine
Beschränkung hinzugefügt ist, so
müssten auch die nicht in die Colonie Eingetretenen das Bürgerrecht
erhalten haben. *civitas* ist das volle
Bürgerrecht, so dass die wichtige
Stadt, welche die Latiner von der
See trennte, alle Selbstständigkeit
verlor und in jeder Beziehung den
Anordnungen der römischen Behör-
den unterworfen wurde; vgl. 9,

20, 10.

9. *Tiburt. Pr.*, beide bleiben, dem
Namen nach selbständige, Bundesstaaten, gehören zu den socii Latini
nominis, stellen nach ihrem foedus
ihre Contingente, s. 23, 17, 8 f.; beide
haben mit Rom das Asylrecht, s. 43,
2, 10; 29, 21, 1; Polyb. 6, 14, 8. —
neque, und zwar nicht. — *imp. R.*,
s. c. 2, 12; vgl. 7, 11, 1. — *ceteris*
denen, die die röm. civitas nicht erhalten haben, auch Tibur u. Praeneste scheinen nicht dazu gerechnet
zu werden. — *conub. com. inter se*,
den Bürgern der einzelnen Staaten,
populi, wird sowol das Recht genommen mit Bürgern oder Bürgerin-
nen anderer Staaten eine rechtmässige Ehe einzugehen, als auch das
Käufe von Grundstücken u. beweg-
licher Habe, überhaupt Rechtsgeschäfte abzuschliessen; mit röm.
Bürgern werden sie als socii Beides
behalten haben, wie sie es vorher
gehabt hatten, vgl. 9, 43, 24; ib.
45, 18. Die einzelnen Staaten werden so immer mehr von einander
getrennt; dasselbe wird bezweckt
durch die Aufhebung der *concilia*,
der politischen Bundesversammlun-
gen, s. c. 3, 10 (die religiösen an
den latin. Ferien, der einzige Rest
des früheren Bundes, bleiben bestehen), also die Vernichtung des Bundesstaates. Vielleicht wurden mit
den einzelnen Staaten besondere
Bündnisse geschlossen, wenigstens
heissen seit dieser Zeit die Rom un-
terworfenen Latiner, zu denen auch
die coloniae latinae gehören, *socii
Latini nominis*.

concilia inter se ademerunt. Campanis equitum honoris causa,
quia cum Latinis rebellare noluissent, Fundanisque et Formianis,
quod per fines eorum tuta pacataque semper fuisset via, civitas
11 sine suffragio data. Cumanos Suessulanosque eiusdem iuris
12 condicionisque, cuius Capuam, esse placuit. naves Antiatium partim in navalia Romae subductae partim incensae, rostrisque

10. *Campanis*, nach dem Folg.
die Bewohner von Capua. — *honor.*
c.,39,22,2; *quia—noluiss.* giebt wol
den Grund an, warum die Ritter so
geehrt werden, s. c. 11, 16. Da alle
Campaner den Rittern zu Ehren die
civitas sine suffragio erhalten, so
scheinen diese höher gestellt, bei
ihnen das volle Bürgerrecht vorausgesetzt zu werden, s. c. 11, 16. Ueber den Abfall u. die Strafe Capuas
s. c. 2, 7; 3, 1; 11, 13; ihre Theilnahme am Kriege ist nicht erwähnt,
vgl. jedoch zu c. 12, 1. — *Form.*
Fund., aurunkische Städte am sinus
Caietanus. — *semper*, wahrscheinlich auch in dem Samniterkriege; in
dem latinischen wären nach L. c. 10,
9; 11, 11; vgl. c. 6,8, die Römer nur
zweimal durch diese Gegend gezogen. — *civitas s. s. d.*, s. 7, 20, 8;
38, 36, 7; Censor. frg. 14: *cives Ro-*
mani tunc facti sunt Campani; L.
sieht in der *civitas* eine Belohnung,
während sie nur scheinbar eine
Auszeichnung, dem Wesen nach
sehr drückend war, vgl. 9, 43, 24.
Denn da die Bürger dieser Staaten
dem Namen nach Römer wurden, s.
c. 17, 12, wie Polyb. 1, 6, 8, die
Campaner nennt, so konnte man
später darin Bevorzugung erblicken;
aber als röm. Bürger ohne Stimmrecht waren sie von dem Wahlrechte
und den Ehrenstellen ausgeschlossen, hatten jedoch alle Lasten wie
die Vollbürger zu tragen, namentlich Kriegsdienste zu leisten, in
welchem sie als Römer in Legionen
geordnet waren, s. 23, 31, 10: *mu-*
nicipes; Fest. p. 142: *municeps*:
Cumanos—quia aeque cives Romani

erant et in legione merebant, s. zu
c. 19, 4, verloren das Recht über
Krieg, Frieden, Bündnisse u. s. w.
zu beschliessen, also die Souveränität, und waren in Rücksicht auf
die Rechtspflege der Aufsicht der
Römer unterworfen; behielten jedoch
ihre Gemeindeverfassung und ihre
Magistrate, s. 9, 20; 26; Mommsen
1, 426; 430. Dass alle Campaner
diese Civität erhielten zeigt 26, 33,
9; ib. 34, 6; demungeachtet heissen
sie wegen ihrer Stellung zu Rom
auch *socii*, s. 9, 6, 4: 23, 5, 1; u. a.
bei Dionys. 15, 4: φίλοι; 15, 9:
οἷς ἡμεῖς ἰσοπολιτείας μετεδώ-
καμεν; aber auch ὑπήκοοι ib. 15,
4; 12; s. bei Liv. 23, 4, 6: *impe-*
rium Romanum. Vielleicht sind
jetzt die gegenseitigen Verhältnisse durch ein foedus geordnet worden, s. 7, 31, 3; 23, 5,
9; ib. 8, 10; 31, 31, 11, wie
mit Lavinium, s. c. 11, 15. L.
hat dieses ebenso wenig berührt, als die Ertheilung des conubium.

11. *Cuman.*, Cumae, bisher Capua unterworfen, s. 4, 44, wird
ihm jetzt gleich gestellt, wahrscheinlich in gleicher Weise
Suessula, 7, 37, vgl. 23, 35; 36.

12. *cuius*, 29, 31, 3. — *naves*
Ant., nach Flor. 1, 11 sechs, vielleicht waren nur so viele in die
Mauer der Rednerbühne, s. c. 35,
8, eingefügt. — *navalia*, 3, 26,
sie dienten zur Aufnahme der
Reserveschiffe, der eigentliche Hafen war Ostia, 1, 33; 27, 38. —

earum suggestum in foro extructum adornari placuit, Rostraque
id templum appellatum.

C. Sulpicio longo P. Aelio Paeto consulibus, cum omnia 15
non opes magis Romanae quam beneficiis parta gratia bona pace
obtineret, inter Sidicinos Auruncosque bellum ortum. Aurunci 2
a T. Manlio consule in deditionem accepti nihil deinde moverant:
eo petendi auxilii ab Romanis causa iustior fuit. sed priusquam 3
consules ab urbe — iusserat enim senatus defendi Auruncos —
exercitum educerent, fama adfertur Auruncos metu oppidum 4
deseruisse profugosque cum coniugibus ac liberis Suessam com-
munisse, quae nunc Aurunca appellata, moenia antiqua eorum
urbemque ab Sidicinis deletam. ob ea infensus consulibus sena- 5
tus, quorum cunctatione proditi socii essent, dictatorem dici iussit. dictus C. Claudius Inregillensis magistrum equitum C. Claudium Hortatorem dixit. religio inde iniecta de dictatore, et cum 6
augures vitio creatum videri dixissent, dictator magisterque equitum se magistratu abdicarunt.

Eo anno Minucia Vestalis suspecta primo propter mundio- 7
rem iusto cultum, insimulata deinde apud pontifices ab indice

in foro, im weiteren Sinne, s. 1, 35,
9, da die *rostra* auf der Grenze des
Forum u. Comitium standen. — *ex-
truct.*, L. scheint anzunehmen, dass
die Bühne erst jetzt errichtet sei.
— *templ. ap.* 2, 56, 10; 3, 17, 1;
Cic. Vat. 10, 24: *cum Vettium —
in rostris, in illo augurato templo
ac loco, collocaris.*

15—17. Unternehmungen der
Römer an der Grenze von Samnium,
Diod. 17, 17; 40; Vell. 1, 14.

1—3. *beneficiis*, die milde Behandlung der Besiegten, da die Römer sie hätten vernichten können,
s. c. 13, 15. — *Sidicinos*, s. zu c.
12, 1; 7, 29. — *Auruncos*, 7, 28, 1.
— *in dedit. acc.*, s. zu c. 12, 1; 3,
9, L. selbst hat weder ihre Theilnahme an dem Kriege, noch ihre
Unterwerfung berichtet. — *nihil
mov.*, sie hatten an der Empörung
der Latiner keinen Antheil genommen. — *iusserat*, c. 13, 1.

4—6. *oppidum*, wahrscheinlich
ist *Aurunca* gemeint; Paul. Diac.
p. 18: *dicta est Ausonia ab eodem*

*duce (Ausone), a quo conditam
fuisse Auruncam urbem etiam ferunt.* Es ist nur an die Bewohner
dieser Stadt zu denken, nicht an
das ganze Volk, welches wol in
mehreren Städten wohnte. — *Suessam*, am nördlichen Abhange des
M. Massicus. — *quae—appellata*, s.
c. 19, 4; 10,30,4.— *Aurunca*, zum
Unterschiede von Suessa Pometia,
1, 41. — *cunctatione*, vgl. 4, 58, 4.
— *socii*, Rom scheint mit den Aurunkern nach ihrer Unterwerfung
ein Bündniss geschlossen zu haben,
wie 11, 15. — *Inregillensis*, diesen Beinamen, den hier die besten
Hdss. bieten, hat Ap. Claudius in den
fasti Capit. als Dictator, s. 7, 6, 12,
u. als Consul 7, 24, 11; auf denselben deuten auch 2, 16, 4 die Hss.
hin, vgl. CIL. p. 444 not. — *augur.*,
vgl. c. 23, 14. — *videri*, 1, 23, 7.

7—8. *mundior.*, 4, 44, 11; Preller 541. — *insimul.* nach dem Folg.
des *incestus.* — *pontific.*, diese sind
hier Richter, sie verurtheilen, wie
sonst nur das Volk u. im Kriege die
Feldherrn zum Tode, und es findet

8 servo, cum decreto eorum iussa esset sacris abstinere familiam-
que in potestate habere, facto iudicio viva sub terram ad portam
Collinam dextra viam stratam defossa Scelerato campo; credo ab
9 incesto id ei loco nomen factum. — Eodem anno Q. Publilius
Philo praetor primum de plebe adversante Sulpicio consule, qui
negabat rationem eius se habiturum, est factus senatu, cum in
summis imperiis id non obtinuisset, minus in praetura tendente.

16   Insequens annus, L. Papirio Crasso Caesone Duillio consu-
2 libus, Ausonum magis novo quam magno bello fuit insignis. ea
gens Cales urbem incolebat; Sidicinis finitimis arma coniunxe-
rat, unoque proelio haud sane memorabili duorum populorum
exercitus fusus propinquitate urbium et ad fugam pronior et in
3 fuga ipsa tutior fuit. nec tamen omissa eius belli cura patribus,
quia totiens iam Sidicini aut ipsi moverant bellum aut moventi-

von ihnen, wie von den letzteren
keine Provocation statt, s. 4, 44;
22, 57, 3. — *famil.*, sie solle ihre
Sclaven nicht freilassen, damit das
Zeugniss derselben, durch die Fol-
ter erpresst, von dem Ankläger bei
dem Prozesse benutzt werden könne,
s. Cic. Mil. 22, 50. — *facto iud.*,
durch das Priestercollegium, welches an die Formen des Anklage-
processes nicht gebunden ist, auf
die blosse Anzeige hin. — *ad port.
C.*, nach Dion. 2, 67: Plut. Num. 10
noch innerhalb der Stadt. — *dextra
v. str.*, *dextra* wird wie *supra*, *infra*,
bisweilen mit dem Accus. verbunden,
Gell. 16, 5, 3: *dextra sinistraque
ianuam tectaque sunt*; Vitruv. de
archit. 1, 6, 10: *dextra ac sinistra
aquilonem*; 10, 2(4), 7 *dextra ac sin.
tympanum*; ib. 6 (11) 3; 16 (15), 3,
vgl. 6, 31, 5: *dextrorsus*, Fest. p.
206: *petra*. — *defossa*, vgl. Plin.
Ep. 4, 11, 9: *quin etiam cum in illud
subterraneum demitteretur.* — *ab
incesto*, ungewöhnliche Form statt
incestu. — *Scel. campo*, der blosse
Abl., wie 4, 3, 2; 8, 22, 5 u. o, vgl.
c. 13, 2. — *id* etc., wahrscheinlich
nicht richtige Etymologie, da es auch
einen *vicus sceleratus*, 1, 48 u. eine
porta scelerata, Becker 1, 381, gab;
L. scheint anzunehmen, dass dieses

der erste Fall der Art gewesen sei,
anders Dionys. 8, 89.
    9. *Publil.*, c. 12, 14. — *primum*,
s. 6, 11, 7. — *rationem h.* etc., der
Consul giebt wie 7, 22, 10 dem Volke,
so hier dem Wunsche des Senates
nach, obgleich er auf seinem Rechte
hätte bestehen können, s. Vell. Pat.
2, 92. Die Bestätigung der Wahl
durch die *patres*, s. 6, 42, ist übergangen, wenn nicht die lex Maenia,
s. 1, 17, damals schon gegeben war.
— *minus in pr.* ist nur das Urtheil
L's, da allerdings die Prätur für die
Patricier sehr wichtig war, s. 7, 1,
3, und ihr Verlust eines der bedeutendsten Vorrechte derselben er-
schütterte. — *id* aus dem Zusammenhange zu erklären. — *tendente*,
23, 14, 8; 4, 35, 8 u. a.
    16. 1—5. *Ausonum*, wesentlich
gleich mit *Aurunci*, s. 2, 16, 8;
9, 25, 1. Der Volksstamm erscheint
in mehrere Gaue gespalten, von denen sich einer an die Römer, c. 15,
der andere an die gleichfalls auso-
nischen Sidiciner angeschlossen hat,
dieser in en g e r em Sinne *Ausones*,
jener *Aurunci* genannt: Nieb. 1,
45. — *Cales*, j. Calvi; sonst zu
Campanien gerechnet. — *patrib.*, c.
6, 4. — *totiens iam* zu verbinden;
die Behauptung übertreibend. —

bus auxilium tulerant aut causa armorum fuerant. itaque omni 4
ope adnisi sunt, ut maximum ea tempestate imperatorem M. Valerium Corvum consulem quartum facerent; collega additus Corvo 5
M. Atilius Regulus; et ne forte casu erraretur, petitum ab consulibus, ut extra sortem Corvi ea provincia esset. exercitu victore 6
a superioribus consulibus accepto, ad Cales, unde bellum ortum
erat, profectus, cum hostes ab superioris etiam certaminis memoria pavidos clamore atque impetu primo fudisset, moenia ipsa
oppugnare est adgressus. et militum quidem is erat ardor, ut 7
iam inde cum scalis succedere ad muros vellent evasurosque
contenderent; Corvus, quia id arduum factu erat, labore militum 8
potius quam periculo peragere inceptum voluit. itaque aggerem
et vineas egit turresque muro admovit, quarum usum forte oblata
opportunitas praevertit. namque M. Fabius, captivus Romanus, 9
cum per neglegentiam custodum festo die vinculis ruptis per
murum inter opera Romanorum, religata ad pinnam muri reste
suspensus, manibus se demisisset, perpulit imperatorem, ut vino 10
epulisque sopitos hostes adgrederetur. nec maiore certamine
capti cum urbe Ausones sunt, quam acie fusi erant. praeda capta
ingens est, praesidioque imposito Calibus reductae Romam legiones. consul ex senatus consulto triumphavit, et, ne Atilius expers 11
gloriae esset, iussi ambo consules adversus Sidicinos ducere exercitum. dictatorem ante ex senatus consulto comitiorum habendorum causa dixerunt L. Aemilium Mamercinum; is magistrum equi- 12
tum Q. Publilium Philonem dixit. dictatore comitia habente consules

---

. *aut ipsi,* c. 15, 1. — *aut mov.,* c. 2,
6. — *aut causa,* 7, 29. — *itaque* etc.,
es ist kaum zu glauben, dass der
unbedeutende Krieg die Ursache der
Anstrengung gewesen sei. Eben so
ist es dunkel, warum in dieser Zeit
so viele Dictaturen stattfinden. —
Corvum, er ist erst 411 a. u. Consul
gewesen, s. 7, 28, 10, wird also gegen das Gesetz 7, 42, 2 gewählt. —
casu, wenn es dem Loose überlassen
würde, bei welchem gleiche Befähigung und Berechtigung vorausgesetzt wird, vgl. 27, 11, 11; Lange
1, 530. — *extra s.,* s. 6, 30, 3. —
petitum ab c., s. c. 20, 3; 37, 1, 5;
Becker 2, 2, 118.

6—8. *ab superioris,* s. c. 13, 8;

3, 15, 7. — *iam inde* sofort, unmittelbar nach dem eben Geschehenen,
s. 9, 29, 8; vgl. c. 7, 7. — *et—quidem,* wie 2, 2, 9. — *contender.,* der
Ansicht des Feldherrn entgegen. —
aggerem, 5, 7, 2; *vineas,* 2, 27, 1;
turres, 5, 5, 6. — *praevertit,* trat
eher ein als c. 13, 1. — *per mur.,*
über—hin, 27, 32, 5. — *inter,* s. c.
9, 14, zu *demisisset* zu nehmen, dessen vielfache Nebenbestimmungen
zu beachten sind.

11—14. *triumph.,* nach den Fasten *a. CDXIIX de Caleneis idibus
Mart.* — *Sidicinos,* sie setzen allein
den Krieg fort, der von den Römern
ohne Energie geführt wird. —
Aemil., c. 12. — *iussi,* s. c. 15, 3,

13 creati sunt T. Veturius Sp. Postumius. etsi belli pars cum Sidicinis restabat, tamen, ut beneficio praevenirent desiderium plebis,
14 de colonia deducenda Cales rettulerunt; factoque senatus consulto, ut duo milia quingenti homines eo scriberentur, triumviros coloniae deducendae agroque dividundo creaverunt Caesonem
Duillium T. Quinctum M. Fabium.

17   Novi deinde consules a veteribus exercitu accepto ingressi
hostium fines populando usque ad moenia atque urbem perve-
2 nerunt. ibi quia ingenti exercitu conparato Sidicini et ipsi pro
extrema spe dimicaturi enixe videbantur, et Samnium fama erat
3 conciri ad bellum, dictator ab consulibus ex auctoritate senatus
4 dictus P. Cornelius Rufinus, magister equitum M. Antonius. religio deinde incessit vitio eos creatos, magistratuque se abdicaverunt; et quia pestilentia insecuta est, velut omnibus eo vitio con-
5 tactis auspiciis, res ad interregnum rediit. ab interregno inito
per quintum demum interregem, M. Valerium Corvum, creati consules A. Cornelius iterum et Cn. Domitius.

vgl. c. 13, 1: *coacti.* — *etsi* etc. n.
die Consuln, s. 10, 1, 9. — *praeve-*
nirent, vgl. 6, 16, 6; 5, 24, 4; allein
die jetzt an einem festen und günstigen Punkte angelegte Colonie war
dazu bestimmt, die Strasse nach
Campanien und das Falernergebiet,
c. 11, zu decken. Es war die erste
latin. Colonie nach Auflösung des
Bundes, in die sich jedoch auch Römer, wenn sie das röm. Bürgerrecht
aufgaben, konnten aufnehmen lassen; Marquardt 3, 1, 34 f; Lange 2,
59. — *senatus c.,* der Volksbeschluss
ist durch *triumvir.* etc. angedeutet.
— *duo m.,* in diese neuen latin. Colonien werden ihrer 27, 9, 11 angegebenen Bestimmung gemäss immer
viele Colonisten geführt. — *Duill.*
§ 1. — *Fab.,* 7, 17, 11, vgl. Vell.
Pat. l. l.: *Sp. Postumio Veturio Cal-*
vino consulibus Campanis data est
civitas—et eodem anno Cales dedu-
cta colonia.
    17. 1—3. *Novi,* es sind die c. 16,
12 genannten. — *exercitu* wie § 8;
c. 16, 6, dasselbe Heer bleibt also
zwei Jahre im Felde. — *populando,*
s. 2, 32, 4. — *moen. a. urbem,* das
feste *Teanum Sidicinum.* — *ingenti*

ist nicht zu urgiren, da das Volk
selbst nicht so gross war, und schon
mehrere Niederlagen erlitten hatte.
— *et ipsi* in Bezug auf das folg. *et*
S.: auch selbst — und dazu, vgl. 1,
30, 6. — *Samnium,* es musste den
Samniten bedenklich erscheinen,
dass die Römer an ihrer Grenze sich
immer mehr ausbreiteten und be-
festigten. — *ab cons.,* von einem
derselben, c. 12, 13.
    4 — 5. *mag. eq.,* er scheint wie
der Dictator von dem Senate bezeichnet oder gewünscht worden
zu sein, s. 7, 12, 9. *eo vit.,* das bei
der Ernennung des Dictator began-
gene. — *ausp. contact.,* vgl. 6, 5,
6; 5, 31, 7; ib. 52, 9; 9, 7, 14;
Becker 2, 1, 308. Auch der Praetor
muss also abtreten. — *creati,* vor
den sogleich genannten Consuln
wird in den Fasten, um die Magistratsjahre mit den natürlichen auszugleichen und ein volles Jahrhun-
dert zu gewinnen, ein Jahr eingeschoben, welches keine Consuln
sondern Dictatoren gehabt habe,
vgl. 6, 35, 10; Nieb. R. G. 2, 626,
Mommsen Chron. 115 f. Die Jahre
bei L., welche seit 5, 54, 5 ein Jahr

Tranquillis rebus fama Gallici belli pro tumultu valuit, ut 6
dictatorem dici placeret. dictus M. Papirius Crassus et magister
equitum P. Valerius Publicola. a quibus cum dilectus intentius 7
quam adversus finitima bella haberetur, exploratores missi attulerunt quieta omnia apud Gallos esse. Samnium quoque iam 8
alterum annum turbari novis consiliis suspectum erat: eo ex
agro Sidicino exercitus Romanus non deductus. ceterum Sam- 9
nites bellum Alexandri Epirensis in Lucanos traxit, qui duo populi adversus regem escensionem a Paesto facientem signis conlatis pugnaverunt. eo certamine superior Alexander, incertum 10
qua fide culturus, si perinde cetera processissent, pacem cum
Romanis fecit.— Eodem anno census actus, novique cives censi. 11
tribus propter eos additae Maecia et Scaptia; censores addide-

voraus waren, stimmen daher einige
Zeit mit denen der Fasten überein,
da die Dictatorenjahre bei ihm nicht
gezählt werden, s. c. 37, 1; 9, 41,
1; 10, 5, 14; ib. 31, 10. — *Cornelius* 7, 32. *Domitius* (*Calvinus*).

6—8. *fama*, nach Polyb. 2, 18
haben die Römer um diese Zeit ein
Bündniss mit den Galliern geschlossen.— *pro tum.*, schon das Gerücht
von dem Kriege galt für einen tumultus, s. 7, 9, 6, und es wurden
nicht allein die vacationes aufgehoben, c. 20, 3, sondern auch ein
Dictator u. s. w. — *advers.*, c. 2, 5.
— *alter.*, das zweite hat eben begonnen. — *novis=rerum novarum.*
— *ex ag. Sid.*, es ist § 2 nicht angegeben, was gegen die Sidiciner
geschehen sei; nach u. St. sind sie
besiegt, aber die Truppen an der
Grenze v. Samnium zurückgelassen.

9—10. *Alexand.*, s, c. 3, 6; 24,
5.— *Epirens.*, nur hier sich findende Form, sonst heisst es *Epirotes*
oder *Epiroticus*, zur Sache s. Mommsen 1, 362 f. Seine Unternehmungen
haben wol auch früher die Samniten
gehindert den Krieg gegen Rom und
Latium fortzuführen. — *a Paesto*:
von P. her, er landete an der Seite
von Pästum, und drang von daher
weiter vor, s. 31, 21, 11: *a cornibus*; 38, 32, 2: *a mari*, vgl. 44, 9,

2. — *qua f. c.* ist aus dem Folg.
pacem fec. zu vervollständigen, vgl.
c. 24, 4; 9, 43, 23. — *culturus* ist
als Attribut zu *Alex.*, s. 3, 60, 8;
5, 36, 1 u. a. zu nehmen, *incertum
qua*, wie *mirum quantum, nescio an*
u. a. bisweilen, als adverbielle Bestimmung, s. Curtius 6, 26, 18: *Philotas incertum quam ob causam sub-
stiterat*; ib. 5, 15, 19: *incertum an
satis fidens.* — *pacem* kann, weil
ein Krieg nicht vorausgegangen, nur
das durch ein Bündniss herbeigeführte friedliche Verhältniss bezeichnen, s. 7, 12, 7; 9, 5, 2: *pax
Caudina*; 6, 28, 7: *pax obnoxia.*
Dass Alexander in ein solches Verhältniss mit Rom getreten sei, deutet L., obgleich weder dieses, noch
die Erwähnung der glücklichen Erfolge des Königs zu c. 3, 6 stimmt,
durch *culturus* und noch mehr durch
fide an, und wird durch Iustin 12,
2, 12: *tum et cum Metapontinis et
— Romanis foedus et amicitiam
fecit*, vgl. Nieb. R. G. 3, 191, bezeugt.

11. *noviciv.*, die welche das volle
Bürgerrecht erhalten haben, c. 14,
2 ff. — *Maecia*, 6, 2, 8. — *Scaptia*,
nach einem frühzeitig untergegan-
genen Orte *Scaptia*, wahrscheinlich
in der Nähe von Pedum, genannt,
vgl. 3, 71, 3. Es wurden so 29 Tribus.— *censores*, ebenso 10, 9 extr.,

12 runt Q. Publilius Philo Sp. Postumius. Romani facti Acerrani
   lege ab L. Papirio praetore lata, qua civitas sine suffragio data.
   haec eo anno domi militiaeque gesta.

18   Foedus insequens annus seu intemperie caeli seu humana
 2 fraude fuit, M. Claudio Marcello T. Valerio consulibus. Flaccum
   Potitumque varie in annalibus cognomen consulis invenio; ceterum in eo parvi refert quid veri sit; illud pervelim — nec omnes
   auctores sunt — proditum falso esse, venenis absumptos, quo-
 3 rum mors infamem annum pestilentia fecerit: sicut proditur tamen res, ne cui auctorum fidem abrogaverim, exponenda est.
 4 cum primores civitatis similibus morbis eodemque ferme omnes
   eventu morerentur, ancilla quaedam ad Q. Fabium Maximum
   aedilem curulem indicaturam se causam publicae pestis professa
   est, si ab eo fides sibi data esset haud futurum noxiae indicium.
 5 Fabius confestim rem ad consules, consules ad senatum referunt,
 6 consensuque ordinis fides indici data. tum patefactum muliebri

---

ob nach einem Volksbeschlusse oder
von den Censoren in eigener Macht-
vollkommenheit, s. Cic. Legg. 3, 3,
7; ib. 4, 11, ist nicht klar, vgl. 6,
5, 8; Lange 1, 372.

12. *Romani f.*, die Staaten, welche die civitas sine suffragio erhielten, galten ungeachtet ihrer theil-
weisen Selbständigkeit, s. c. 14, 10;
27, 9, 10, anderen Staaten gegenüber als Römer, s. c. 21, 9: *dignos
esse, qui Romani fiant*. Die Bewohner von Acerrae, einer Stadt in
Campanien, werden den c. 14, 10
genannten campan. Staaten gleichgestellt. — *lege*, der Senatsbeschluss
ist wol nur übergangen, s. c. 14, 1:
decretumque. — *praetore*, der hier
in Tributcomitien den Vorsitz führt,
vgl. 3, 71, 3: *concilio populi*; Lange
2, 544. — *qua civ. s. s.* die Erklärung und Beschränkung von *Romani*, vgl. Paul. Diac. p. 127: *municipium*, Marq. 3, 1, 9; 22.

18. Giftmischerei der römischen
Matronen. Val. Max. 2, 5, 3; Oros.
3, 10.

1—4. *caeli*, Luft, 22, 2, 11: *pa-
lustri caelo*. — *veri*, 7, 35, 8; 24, 6,
5. — *illud*, praef. 9. — *nec omn.*,

vgl. 7, 22, 3; 4, 21, 10 u. a.: und
ich darf es wol, da nicht alle es erzählen, 4, 29, 6. — *quorum — fec.*,
während in der That. — *ne — abro-
gav.*, um nicht den Schein zu haben,
als habe ich — wollen. — *fidem*,
Glaubwürdigkeit; L. selbst hält also die an sich wenig wahrscheinli-
liche Nachricht für nicht genug beglaubigt; nach § 12 im Vergleich
mit 7, 3, 7 scheint er dieselbe ebenfalls bei Cincius gefunden zu haben
und mit *ne cui* etc. wie an anderen
Stellen selbst der Plural von einem
Gewährsmann gebraucht ist, s. 37,
34, 5; 39, 50, 10; 45, 3, 3, nur diesen zu meinen. — *Maximum* ist anticipirt, 9, 46, 15. — *aedilem*, nicht
die Giftmischerei an sich wird ihm
gemeldet, sondern die Ursache der
vermeintlichen Pest; die Untersuchung selbst gehört nicht zu dem
Amte der Aedilen, vgl. 4, 30, 11;
39, 14, 9. Diese wird auf Befehl des
Senates, von den Consuln, wie *secuti* zeigt, in einer quaestio extra-
ordinaria, vgl. 4, 50 f., 39, 14, 6
geführt, nicht vor den Comitien durch
einen öffentlichen Ankläger, sondern
nach inquisitorischem Verfahren;

fraude civitatem premi, matronasque ea venena coquere, et, si
sequi extemplo velint, manifesto deprehendi posse. secuti indi- 7
cem et coquentis quasdam medicamenta et recondita alia inve-
nerunt. quibus in forum delatis et ad viginti matronis, apud quas 8
deprehensa erant, per viatorem accitis, duae ex eis, Cornelia ac
Sergia, patriciae utraque gentis, cum ea medicamenta salubria
esse contenderent, ab confutante indice bibere iussae, ut se fal-
sum commentam arguerent, spatio ad conloquendum sumpto 9
cum summoto populo in conspectu omnium rem ad ceteras ret-
tulissent, haud abnuentibus et illis bibere, epoto medicamento
suamet ipsae fraude omnes interierunt, conprehensae extemplo 10
earum comites magnum numerum matronarum indicaverunt; ex
quibus ad centum septuaginta damnatae. neque de veneficiis 11
ante eam diem Romae quaesitum est. prodigii ea res loco habita,
captisque magis mentibus quam consceleratis similis visa: ita- 12
que memoria ex annalibus repetita in secessionibus quondam
plebis clavum ab dictatore fixum alienatasque discordia mentes
hominum eo piaculo conpotes sui fecisse, dictatorem clavi figendi

dasselbe geschieht bei einer ähnlichen Gelegenheit, 40, 37, wo auch
die Sache wie § 11 für ein *prodigi-
um* erklärt wird. — *fides* etc., die
mit Genehmigung des Senates ertheilte Zusicherung der Straflosigkeit. — *noxiae*, wie 7, 41, 3 *fraudi*;
vgl. 2, 54, 10.

6—10. *ea ven.*, die das in *m. fraude pr.* Angedeutete bewirkten. —
ad vig. m.=*matronis ad viginti acc.*
— *Cornelia — Sergia*, beide Geschlechter spielen in der Catilinari-
schen Verschwörung die Hauptrolle.
— *deprehensa* n. *medicamenta*;
Marq. 5, 1, 67. — *per viat.*, durch
den Vorladungen und Verhaftungen
besorgenden Amtsboten des Magistrates, der die Untersuchung führt.
— *ex eis*, 7, 24, 2. — *damnatae*,
wahrscheinlich nach einem Gesetze
in den Zwölf Tafeln, welches bei
diesem Falle zum ersten Male zur
Anwendung kam: *neque—quaesitum
est*; dass jetzt eine *lex de veneficio*
gegeben sei, wie es in der Periocha
heisst, ist nicht richtig.

11—13. *neque* =*et — quidem —
non*, vgl. § 2; 7, 9, 1. — *captisque*

etc. st. *rei, qualis captarum mentium*
etc. *esse solet*, s. 6, 25, 10: *nihil —
pavidis—simile*; 2, 13, 8; 10, 11,
5; 27, 25, 1: *plerisque aequantibus
eos Campanorum noxae*; Cic. Pis.
26: *splendorem tuum — cuiquam es
infimo antelaturus?* u. a. — *prodig.*,
10, 47, 6; *mentibus* ist wegen der
Verbindung mit *consceleratis* für den
Dat. zu halten; s. § 12: *alienatas
mentes*; 39, 13, 12: *velut mente capta*; gewöhnlicher ist *mente captus*.
— *annal.*, es waren wol die annales
oder die commentarii pontificum gemeint, s. 6, 1, 2; 4, 3, 9; dagegen
7, 3, 3: *ex seniorum memoria repetitum.*— *a dictat.*, L. hat es weder
2, 32, noch 3, 50 ff., 7, 42 erwähnt,
an u. St. ist wol zunächst an M. Valerius zu denken, s. zu 2, 32, 8. —
alienatasq. vgl. 10, 29, 2; 24, 26,
12 u. a., wenn *que* richtig, und nicht
zu entfernen oder nicht ein zweites
Particip ausgefallen ist, so fährt L.
so fort, als ob *dictatorem* vorhergin-
ge, od. *eo piaculo* nicht in dem Satze
folgte, s. 6, 11, 5. — *piaculo*, s. c.
9, 10. — *conpot.* 4, 40, 3. — *clav.
fig.*, vgl. Mommsen Chron. 176.

15

13 causa creari placuit. creatus Cn. Quinctilius magistrum equitum
L. Valerium dixit, qui fixo clavo magistratu se abdicaverunt.

19   Creati consules L. Papirius Crassus iterum L. Plautius Venox. cuius principio anni legati ex Volscis Fabraterni et Lucani
2 Romam venerunt, orantes, ut in fidem reciperentur: si a Samnitium armis defensi essent, se sub imperio populi Romani fideli-
3 ter atque oboedienter futuros. missi tum ab senatu legati, de-
nuntiatumque Samnitibus, ut eorum populorum finibus vim abstinerent; valuitque ea legatio, non tam quia pacem volebant
4 Samnites, quam quia nondum parati erant ad bellum. — Eodem
anno Privernas bellum initum, cuius socii Fundani, dux etiam
fuit Fundanus Vitruvius Vaccus, vir non domi solum sed etiam
Romae clarus. aedes fuere in Palatio eius, quae Vacci prata di-
5 ruto aedificio publicatoque solo appellata. adversus hunc vastan-
tem effuse Setinum Norbanumque et Coranum agrum L. Papirius
6 profectus haud procul castris eius consedit. Vitruvio nec, ut vallo
se teneret adversus validiorem hostem, sana constare mens, nec, ut

---

19—21. Empörung der Privernaten und Fundaner, Dion 14, 23;
Dio Cass. frg. 35, 11; Val. Max. 6,
2, 1.

1—3. *Papirius*, c. 16. — *Fabrat.*,
Fabrateria, j. Falvaterra, bei dem
Zusammenflusse des Trerus und Liris. — *Lucani*, nicht das Volk in
Unteritalien, wie aus c. 17, 9 u. 25,
3 hervorgeht, sondern die Bewohner
einer sonst unbekannten volskischen
Stadt Luca. — *Samnitium*, diese
dringen am Liris weiter vor, s. c.
23, 6, um die nach Samnium führen-
de Strasse zu decken und die Verbindung der Römer mit Campanien
zu bedrohen. — *sub imp.*, sie verlangen die Aufnahme in ein Schutz-
bündniss und versprechen die Oberhoheit der Römer anzuerkennen.
Im Folgenden ist die Aufnahme
selbst übergangen, und deren Folge
berichtet. Die ganze Verhandlung
wird nur vom Senate geführt.
— *futuros*, sie würden sich verhalten, leben, daher die Adverbia, s.
23, 44, 1. — *ut eor.* etc., vgl. 7, 31, 9.
— *vim abst.*, 3, 11, 5. — *non* —
quia val., vgl. 10, 41, 12. — *non-*

dum, c. 17, 9.

4. *Privernas*, der Staat müsste
sich nach der Eroberung und Besetzung, c. 1, 3; 11, 13, während
des Latinerkrieges ruhig verhalten
haben. — *cuius s.* = *quorum in eo
bello socii.* — *Fundani*, s. c. 14, 10,
beide Städte waren, da sie die Strasse
nach Campanien beherrschten, für
Rom sehr wichtig, s. Nieb. R. G. 3,
200. — *aed. in P.*, es wird vorausgesetzt, dass die cives sine suffragio das commercium mit Rom haben,
und dasselbe (wie das connubium; s.
23, 2, 6; ib. 4, 7) ohne daselbst zu
wohnen (wenigstens scheint Vitruvius Fundaner geblieben zu sein),
ausüben dürfen, vgl. die Stelle aus
Paul. c. 14, 1. — *Vacci pr.*, Becker
1, 422. Der ganze Satz ist Erklärung von *Romae clarus.*

5—11. *Setinum* etc., s. c. 3; 2, 16;
34. — *sana c. m.*, vgl. Ov. Met.
8, 35: *vix sanae virgo* — *compos
mentis erat*; gewöhnlich heisst es
nur *sana mens est* oder *mens, animus
constat*, s. 44, 20, 7. Im Folg. entspricht diesen Worten *sine consilio*,
wie *sine audacia* dem *animus sub-*

longius a castris dimicaret, animus subpetere: vix tota extra por- 7
tam castrorum explicata acie, fugam magis retro quam proelium
aut hostem spectante milite sine consilio, sine audacia depugnat.
ut et levi momento nec ambigue est victus, ita brevitate ipsa loci 8
facilique receptu in tam propinqua castra haud aegre militem a
multa caede est tutatus; nec fere quisquam in ipso certamine, 9
pauci in turba fugae extremae cum in castra ruerent caesi; pri-
misque tenebris Privernum inde petitum agmine trepido, ut muris potius quam vallo sese tutarentur. a Priverno Plautius alter
consul pervastatis passim agris praedaque abacta in agrum Fundanum exercitum inducit. ingredienti fines senatus Fundanorum 10
occurrit; negant se pro Vitruvio sectamque eius secutis precatum venisse, sed pro Fundano populo, quem extra culpam
belli esse ipsum Vitrubium iudicasse, cum receptaculum fugae
Privernum habuerit, non patriam Fundos. Priverni igitur hostes 11
populi Romani quaerendos persequendosque esse, qui simul a
Fundanis ac Romanis utriusque patriae inmemores defecerint;
Fundanis pacem esse et animos Romanos et gratam memoriam
acceptae civitatis. orare se consulem, ut bellum ab innoxio po- 12
pulo abstineat: agros urbem corpora ipsorum coniugumque ac
liberorum suorum in potestate populi Romani esse futuraque.
conlaudatis Fundanis consul litterisque Romam missis, in officio 13
Fundanos esse, ad Privernum flexit iter. prius animadversum
in eos, qui capita coniurationis fuerant, a consule scribit Claudius; ad trecentos quinquaginta ex coniuratis vinctos Romam 14

---

petere. — vix tota, s. 3, 60, 9. —
retro, attributiv. — et und nec, ita
und ut correspondiren. — fugae
extr., der zuletzt Fliehenden, vgl.
23, 25, 7; 28, 25, 3; 3, 19, 5 u. a.
— Plautius, seine Ankunft ist nicht
besonders erwähnt. — senat., Gemeinderath; populo, c. 37, 9; 14, 4:
publica. — sectam, s. 29, 27, 2. —
iudicasse, wie man aus dem sehen
könne, was er gethan habe. — Fundos scheint absichtlich hinzugefügt,
da sogleich folgt utriusque patriae,
da sie Fundaner und Römer (daher
animos Romanos) seien, s. c. 17, 12;
5, 6. — gratam mem., doch waren
nach § 13 f. der Abfall und die Un-
zufriedenheit mit dem von L. c. 14,
10 als Belohnung bezeichneten Ver-

hältnisse nicht abzuläugnen.

12—14. agros etc. Umschreibung
der deditio, s. 7, 31, 4, welche vielleicht nach der § 14 erwähnten Zurückweisung, s. c. 2, 8, erfolgt ist;
wahrscheinlich erhielt Fundi, nachdem es bestraft war, § 13, die civitas sine suffragio und wurde unter
die Jurisdiction des Praetors in Rom
gestellt, s. Festus p. 233: quarum
(praefecturarum) duo — genera fuerunt, alterum — alterum, in quas
ibant, quos praetor urbanus quotannis in quaeque loca miserat legibus,
ut Fundos, Formias, Allifas, Privernum, Anagniam, Frusinonem
etc., s. zu c. 17, 12; Mommsen 1, 362.
— capita conc., 6, 10, 5. — Claudius, 6, 42, 5; L. scheint ihm auch hier

missos, eamque deditionem ab senatu non acceptam, quod egen-
tium atque humilium poena defungi velle Fundanum populum
20 censuerint. Privernum duobus consularibus exercitibus cum ob-
sideretur, alter consul comitiorum causa Romam revocatus. carceres eo anno in circo primum statuti.

2   Nondum perfunctos cura Privernatis belli tumultus Gallici
3 fama atrox invasit haud ferme umquam neglecta patribus. extemplo igitur consules novi L. Aemilius Mamercinus et C. Plautius eo ipso die, Kal. Quinctilibus, quo magistratum inierunt,
conparare inter se provincias iussi, et Mamercinus, cui Gallicum
bellum evenerat, scribere exercitum sine ulla vacationis venia;
4 quin opificum quoque vulgus et sellularii, minime militiae idoneum genus, exciti dicuntur, Veiosque ingens exercitus contra-
5 ctus, ut inde obviam Gallis iretur: longius discedi, ne alio itinere
hostis falleret ad urbem incedens, non placuit. paucos deinde
post dies satis explorata temporis eius quiete a Gallis Privernum
6 omnis conversa vis. duplex inde fama est: alii vi captam urbem
Vitruviumque vivum in potestatem venisse, alii, priusquam ul-

keinen Glauben zu schenken. — *eam
dedit.* = *eorum hominum deditionem.*
— *defungi*, 2, 35, 3, dass die Vornehmen nun ausgeliefert seien, s. c. 20,
9, geht nur aus dem Gegensatze hervor.
   20. 1. *revocatus,* c. 22, 2; 4, 1,
6: *vociferatus* u. a. — *carceres,* s.
Varro L. L. 5, 153: *carceres dicti,
quod coercentur equi* (Kampfwagen),
*ne inde exeant antequam magistra-
tus signum misit*; Becker 1, 665.
— *statuti,* aufgerichtet, wahrscheinlich für die Dauer, vgl. c. 40, 2; vorher war nur der Platz bestimmt, 1,
35, 8.
   2—3. *fama* wie c. 17, 6. — *Aemilius* c. 1. *Plautius,* auf einer Münze heisst er *Ypsaeus,* s. Mommsen
627. — *patrib.* c. 6, 4. — *Kal. Quint.,*
seit 5, 32, 1 wird zum erstenmale
bestimmt das Antrittsdatum angegeben, obgleich sich dieses in der
Zwischenzeit in Folge der früheren
Abdication 8, 3, 4, der zahlreichen
Interregna 7, 21, 2; 8, 17, 5; vgl.
6, 35, 9, mehrfach geändert haben mochte, s. Mommsen Chronol.

S. 100 f. — *comparare,* c. 16, 5; 6,
30, 3. — *Mamerc.* etc., dieser Befehl konnte erst nach der comparatio
gegeben werden. — *sine vac.,* s. 7,
9, 6; Cic. Phil. 5, 12, 31: *tumultum
decerni — dilectum haberi sublatis
vacationibus,* vgl. 4, 26, 12; 8, 17, 6.
   4—5. *opific.* etc., Gewerbetrei-
bende, Handwerker, im Gegensatze
zu den Ackerbauern, die als Grundbesitzer allein wie zur Aufnahme
in die Classen, so ursprünglich zum
Kriegsdienste berechtigt waren,
vgl. 7, 25, 8; ib. 41, 4; Lange 1,
343; 347. Nur wenn der Senat erklärt hat, dass tumultus sei, werden
auch Leute, die keinen Grundbesitz
haben, ausgehoben, s. 10, 21, 4;
Gell. 16, 10, 12: *proletariorum ordo
honestior — quam capite censorum
fuit, nam et asperis reipublicae temporibus — in militiam tumultuariam
legebantur, armaque is sumptu publico praebebantur* etc. — *Veios,* s.
5, 37. — *falleret,* 2, 19, 7. — *a Gallis*: von Seiten, ist zu *conversa* und
zu *quiete* zu denken, vgl. c. 13, 8.
   6—7. *duplex i. f.,* 1, 1, 6. — *pri-*

tima adhiberetur vis, ipsos se in dicionem consulis caduceum
praeferentes permisisse auctores sunt, Vitruviumque ab suis traditum. senatus de Vitruvio Privernatibusque consultus consulem 7
Plautium, dirutis Priverni muris praesidioque valido inposito,
ad triumphum accersit; Vitruvium in carcerem adservari iussit,
quoad consul redisset, tum verberatum necari. aedes eius, quae 8
essent in Palatio, diruendas, bona Semoni Sango censuerunt
consecranda; quodque aeris ex eis redactum est, ex eo aenei orbes
facti positi in sacello Sangus adversus aedem Quirini. de senatu 9
Privernate ita decretum, ut qui senator Priverni post defectionem
ab Romanis mansisset, trans Tiberim lege eadem, qua Veliterni,
habitaret. his ita decretis usque ad triumphum Plauti silentium 10
de Privernatibus fuit; post triumphum consul necato Vitruvio
sociisque eius noxae apud satiatos iam suppliciis nocentium tutam
mentionem de Privernatibus ratus: ,,quoniam auctores defectio- 11
nis" inquit ,,meritas poenas et ab diis inmortalibus et a vobis
habent, patres conscripti, quid placet de innoxia multitudine

---

usq., s. 6, 3, 3. — *ipsos*, im Gegensatze zu *vi captos*. — *caduceum*, 26,
17, 5. — *in dicion.* (nicht *in deditionem*, welches nicht mit einem Genitiv, hier *consulis*, verbunden wird,
s. 28, 22, 1) *permittere* findet sich
selten, gewöhnlicher ist *venire*, 10,
10, 5; 29, 38, 1: *concedere*, 30, 7,
2; *se tradere*, 37, 45, 3; *dare*, 23,
15, 9; *fieri*, 22, 20, 11, vgl. zu 26,
33, 12; 33, 17, 15; zur Sache vgl. c.
1, 10; über das vorhergeh. *in potestatem venire*, 7, 31, 4 ; 8, 25, 3 u. a. —
Plautium, ein Plautius soll schon
c. 1. Privernum erobert haben,
Mommsen Gesch. d. röm. Münzw.
628. — *dirutis—inpos.* ohne Beziehung auf das Subject gibt nur den
Zeitpunkt an, nach welchem der
Consul kommen soll, als ob es hiesse: *consul venire iussus est dirutis*
etc., s. 7, 14, 10, vgl. 21, 1, 5. —
in carcerem praegnant: *coici in carcerem ibique adservari*, 22, 25, 6 ;
34, 27, 7, er wird also nicht im Triumphe aufgeführt. — *tum verber.*,
der Senat richtet als oberste Behörde über die verbündeten Staaten,
nur die Vollziehung des Urtheils soll

erst erfolgen, wenn der Consul an-
gekommen ist, vgl. Zumpt Criminalr.
1, 2, 370.

    8—10. *Semo S.*, dem sabinischen
Dius Fidius, 1, 7, 3; sonst wird
anderen Göttern das Vermögen geweiht, s. 2, 41, 10 ; 3, 55; Marq. 4,
229. — *ex eis red.*, sie sind von dem
Quaestor verkauft worden ; s. 2, 41.
— *Sangus*, diese Form des Genitivs
findet sich auch 32, 1, 10; Fest. p.
241: *in aede Sancus*, Preller S. 634.
— *adversus=e regione* bezieht sich
auf das sacellum des Sancus, welches am westlichen, wie der Tempel
des Quirinus am östlichen Rande des
Quirinalis stand, Becker 1, 576 ;
Preller 327. — *de sen.*, wahrscheinlich sind die Senatoren ausgeliefert,
s. c. 19, 13. — *trans Tib.*, c. 14, 5.
— *sociis*, c. 19, 14.— *mentionem*, hier
die *relatio*, vgl. 4, 8, 4 ; die ausführliche Verhandlung über die Privernaten sticht bedeutend ab von der
grossen Kürze c. 14 über weit wichtigere Verhältnisse; Dion. 14, 23
setzt sie mehrere Jahre früher an;
s. Nieb. R. G. 3, 202.

    11—12. *quid placet fieri de* etc.

12 fieri? equidem, etsi meae partes exquirendae magis sententiae
quam dandae sunt, tamen, cum videam Privernates vicinos Samnitibus esse, unde nunc nobis incertissima pax est, quam mini-
21 mum irarum inter nos illosque relinqui velim." Cum ipsa per
sese res anceps esset, prout cuiusque ingenium erat atrocius mitiusve suadentibus, tum incertiora omnia unus ex Privernatibus
legatis fecit, magis condicionis, in qua natus esset, quam prae-
2 sentis necessitatis memor, qui interrogatus a quodam tristioris
sententiae auctore quam poenam meritos Privernates censeret,
„eam" inquit, „quam merentur, qui se libertate dignos censent."
3 cuius cum feroci responso infestiores factos videret consul eos,
qui ante Privernatium causam inpugnabant, ut ipse benigna inter-
4 rogatione mitius responsum eliceret: „quid, si poenam" inquit
„remittimus vobis, qualem nos pacem vobiscum habituros spere-
mus?" „si bonam dederitis" inquit, „et fidam et perpetuam; si
5 malam, haud diuturnam." tum vero minari, nec id ambigue,
Privernatem quidam, et illis vocibus ad rebellandum incitari pa-
6 catos populos; pars mitior senatus ad meliora responsa trahere
et dicere viri et liberi vocem auditam: an credi posse ullum populum aut hominem denique in ea condicione, cuius eum paeni-
7 teat, diutius, quam necesse sit, mansurum? ibi pacem esse fidam,
ubi voluntarii pacati sint, neque eo loco, ubi servitutem esse ve-
8 lint, fidem sperandam esse. in hanc sententiam maxime consul
ipse inclinavit animos identidem ad principes sententiarum con-

ist die gewöhnliche Formel, mit der
die einzelnen Senatoren aufgefordert
werden über den Gegenstand der
Berathung ihre Meinung abzugeben
(*sententiam dicere*), s. 9, 8, 2. — *exquirendae*, s. 3, 39, 2; ib. 41, 1. —
quam dandae, der Magistrat, der
den Senat hielt, und die übrigen,
welche das Recht haben, den Senat
zu berufen und Vortrag an denselben zu halten, stimmten nicht ab,
durften aber, was den übrigen Senatoren nicht gestattet war, das
Wort ergreifen, und so wenigstens berathend ihre Ansicht äus-
sern; Lange 2, 325.

   21. 1—5. *prout* etc., 39, 25, 2:
*pro ingenio quisque — acerbius leni-
usve agebat.* — *interrog.* 30, 22, 5;
6, 13, 8. — *condicionis*, § 6: *et liberi.* — *necessitatis*, da er nach c.

20, 6 dediticius war; daher ist auch
legatis nicht in strengem Sinne zu
nehmen. — *ante*, vor der Antwort
immer u. s. w., vgl, c. 30, 6; 23, 4,
6; 35, 42, 2; 27, 28, 17; doch könnte man *iam ante* erwarten. — *fidam*,
5, 4, 13. — *nec id.* s. c. 18, 11. —
pacatos, sie würden auch ein besse-
res Verhältniss fordern.

   6—10. *mitior* nach Duker wegen
§ 1 *mitiusve* statt des hds. *melior*.
— *responsa*, eine Hds. hat passend
responsum. — *liberi*, wie es sich
für einen solchen zieme. — *aut—
denique*, oder am Ende. überhaupt,
4, 56, 11. — *paeniteat*, unzufrieden
sei. — *ibi*, nachdrücklich: nur da. —
voluntarii, aus eigenem Antriebe,
gern. — *maxime* gehört zu *consul
—inclinavit.* — *ad princ.—uti* (nur)
nach den—hin, nach—zugewendet,

sulares, uti exaudiri posset a pluribus, dicendo eos demum, qui 9
nihil praeterquam de libertate cogitent, dignos esse, qui Romani
fiant. itaque et in senatu causam obtinuere, et ex auctoritate 10
patrum latum ad populum est, ut Privernatibus civitas daretur.
eodem anno Anxur trecenti in coloniam missi sunt; bina iugera 11
agri acceperunt.

Secutus est annus nulla re belli domive insignis, P. Plautio **22**
Proculo P. Cornelio Scapula consulibus, praeterquam quod Fregellas — Sidicinorum is ager, deinde Volscorum fuerat — colo- 2
nia deducta, et populo visceratio data a M. Flavio in funere matris. erant, qui per speciem honorandae parentis meritam mer- 3
cedem populo solutam interpretarentur, quod eum die dicta ab
aedilibus crimine stupratae matris familiae absolvisset. data vi- 4

jedoch so, dass u. s. w. — *principes
sent.*, die consularen wurden wenigstens nach der späteren Praxis zuerst gefragt, konnten Anträge stellen und waren dann *principes sententiarum*, Antragsteller, c. 14, 1;
26, 32, 1 , vgl. 3, 39 ff.; Becker 2,
2, 427; 432. — *dicendo*, ohne das
Wort zu nehmen, im Privatgespräch.
— *Romani*, c. 17, 12. — *civitas*, die
ganze Verhandlung, die Aeusserungen, § 2: *qui se libertate* etc.; § 4:
si bonam etc. u. s. w., und die c. 20,
12 angedeutete Absicht den wichtigen, der samnitischen Grenze benachbarten Ort eng an Rom zu fesseln lassen nur an volle Civität vgl.
c. 14, 2 denken, so wie auch schon
auf dem Privernat. Gebiete röm.
Bürger angesiedelt waren; s. c.
11, 14.

11. *Anxur*, s. 5, 16, wird wie
Antium eine colonia maritima, s.
27, 38; 36, 3, um den für die Ver-
bindung mit Campanien und die Be-
wachung des Meeres wichtigen
Punkt nicht einem selbständigen
Staate zu überlassen, sondern von
Rom aus zu beherrschen, c. 14, 8.

22—23. Fregellae wird Colonie; Krieg mit Palaepolis; Kriegserklärung an die Samniten. Dion.
15, 4; Val. Max. 8, 1, 7.

2. *Fregellas*, vgl. c. 23, 6, wie
Fabrateria, s. c. 19, 1, dem es be-
nachbart ist, ein wichtiger Punkt,
um den Uebergang der nach Samnium führenden Strasse (der nach-
maligen via Latina) über den Liris
zu beherrschen und so den Zugang
nach Samnium offen zu erhalten. Die
Colonie ist eine latinische. — *deducta*, s. c. 15, 4: *appellata.* — *visceratio*, eine Austheilung v. Fleisch
an das Volk bei Gelegenheit eines
Leichenbegängnisses, statt der Be-
wirthung desselben bei dem Leichen-
mahle.

3—5. *dicta die a. a.*, die Aedilen
hatten über die öffentliche Sittlichkeit zu wachen, und traten, wenn
diese verletzt wurde, als Ankläger
vor den Tributcomitien auf, Lange
1, 626. — *matris f.*, hier anständi-
ges Frauenzimmer, nicht Hausfrau,
sonst wäre es *adulterium* nicht
stuprum; vgl. 10, 31, 9. — *absolvisset*, Val. Max. 1. 1.: *Q. Flavius a
C. Valerio aedili apud populum reus
factus cum quattuordecim suffra-
giis damnatus esset, proclamavit se
innocentem perire* etc.; ob aus *perire*
folge, dass der Process ein Capital-
process gewesen sei, ist zweifelhaft,
Zumpt a. a: O. 339. Uebrigens fehlte
zur Verurtheilung nur eine Tribus,
c. 17, 11. — *interpret.*, s. 3, 36, 4. —

sceratio in praeteritam iudicii gratiam honoris etiam ei causa
fuit, tribunatuque plebei proximis comitiis absens petentibus
praefertur.

5   Palaepolis fuit haud procul inde, ubi nunc Neapolis sita est.
duabus urbibus populus idem habitabat. Cumis erant oriundi;
6 Cumani Chalcide Euboica originem trahunt. classe, qua advecti
ab domo fuerant, multum in ora maris eius, quod accolunt, potuere, primo in insulas Aenariam et Pithecusas egressi, deinde
7 in continentem ausi sedes transferre. haec civitas cum suis viribus tum Samnitium infidae adversus Romanos societati freta,
sive pestilentiae, quae Romanam urbem adorta nuntiabatur, fidens
multa hostilia adversus Romanos agrum Campanum Falernum-
8 que incolentes fecit. igitur L. Cornelio Lentulo Q. Publilio Phi-
lone iterum consulibus, fetialibus Palaepolim ad res repetendas
missis, cum relatum esset a Graecis, gente lingua magis strenua
quam factis, ferox responsum, ex auctoritate patrum populus
9 Palaepolitanis bellum fieri iussit. inter consules provinciis con-

in — grat., s. 28, 21, 4; *praeterit.*,
der sich auf etwas Vergangenes bezog, vgl. Cic. Sest. 4, 10, während
der *honos* erst Folge (künftig) war.
— *tribunatuq.*, bei dem Tribunate,
als es sich um das Tr. handelte, Abl.
des Umstandes. — *absens*, 4, 42, 1.
    5—6. *Palaepolis f.*, s. 7, 26, 2.
Das folg. Ereigniss, die Erklärung
von *belli* § 1, und die äussere Veranlassung des zweiten samnit. Krieges wird durch einige kurze unver-
bundene Sätze eingeleitet. Der
Grund der Unternehmung gegen
beide Städte lag wol darin, dass sie
nach c. 25, 12; 26, 6 früher mit den
Römern verbunden, jetzt in Gefahr
waren in die Gewalt der Samniten
zu kommen. Palaepolis war die ursprüngliche vor Gründung von Neapolis wol anders genannte Stadt,
am westlichen Abhange des Posi-
lippo, nicht fern von dem Eingange
in den Meerbusen; *Neapolis* etwas
weiter östlich an dem Flusse Sebe-
thus. — *ubi nunc* etc. ist nicht genau, da Neapolis auch in der a. u.
St. besprochenen Zeit schon bestand.
— *populus id.*, sie bildeten eine politische Gemeinde, s. c. 5, 5; 5, 24,

8. — *Cumis*, von Cumae aus in Folge eines Orakelspruches gegründet.
— *ab*, s. 21, 7, 2: *oriundi a Zacyn-
tho*; vgl. 1, 49, 9; 26, 19, 11. Ueber
Cumae 2, 14; 4, 44. — *Euboica*,
zum Unterschiede von Chalcis in
Epirus und Aetolien; nach Strab. V,
7, 246 ist es von Cumaeern gegründet, zu denen sich dann Chalciden-
ser gesellten. — *classe qua*, s. Vell.
Pat. 1, 4. — *Aenarium et P.*, s.
Pomp. Mel. 2, 7: *Pithecusa, Leuco-
thea, Aenaria, Prochyta* (von Anderen wird Pithecusa selbst Aenaria
genannt), an der Nordseite des Meer-
busens von Neapel; Ihne 1, 321 ff.

    7—10. *soc. fret.*, 4, 37, 6. — *Ro-
manos*, viell. weil das ganze Land
als römisch, s. c. 17, 12, betrachtet
wird, in dem sich auch Römer ange-
kauft haben, c. 19, 4; oder *Campan.*
wird durch *Falernum* beschränkt und
erklärt; Dion. c. 4: διότι τοὺς φί-
λους αὐτῶν Καμπανοὺς πολλὰ καὶ
μεγάλα ἔβλαπτον etc. In das Falernergebiet werden wol Einfälle
zur See gemacht, s. c. 26, 1. — *Publilio*, c. 12, 4. — *lingua* etc. vgl.
31, 44, 3. — *conparatis*, s. c. 20,

paratis bello Graeci persequendi Publilio evenerunt; Cornelius
altero exercitu Samnitibus, si qua se moverent, oppositus. fama 10
autem erat defectioni Campanorum inminentes admoturos castra.
ibi optumum visum Cornelio stativa habere.

Ab utroque consule exiguam spem pacis cum Samnitibus **23**
esse certior fit senatus: Publilius duo milia Nolanorum militum
et quattuor Samnitium magis Nolanis cogentibus quam voluntate
Graecorum recepta Palaepoli miserat ✶ Romae conpertum dilectum **2**
indictum a magistratibus universumque Samnium erectum ac
vicinos populos, Privernatem Fundanumque et Formianum, haud
ambigue sollicitari. ob haec cum legatos mitti placuisset prius **3**
ad Samnites, quam bellum fieret, responsum redditur ab Samnitibus ferox. ultro incusabant iniurias Romanorum; neque eo **4**
neglegentius ea, quae ipsis obicerentur, purgabant: haud ullo **5**
publico consilio auxiliove iuvari Graecos; nec Fundanum For-
mianumve a se sollicitatos: quippe minime paenitere se virium
suarum, si bellum placeat. ceterum non posse dissimulare aegre **6**
pati civitatem Samnitium, quod Fregellas ex Volscis captas diru-

---

3. — *defectioni*, wie nach dem ersten
Samnitenkriege, aus denselben
Gründen wie die Fundaner c. 19,
11. — *inminent.*, 3, 51, 9. — *ibi*,
wie es scheint in Campanien, oder
überhaupt da, wo man den Einfall
der Samn. fürchtete, s. c. 23, 13.

23. 1—3. *Samnit.* etc., L. hat
nicht erwähnt, dass ausser den Samniten, s. Nieb. R. G. 3, 136, u. No-
lanern auch die Tarentiner die Pa-
laepolitaner zum Kampfe veranlasst
und ihnen Hülfe zugesagt hatten, s.
c. 25, 8; 27, 2. — *Palaepoli*, wie
tecto 26, 25, 12, *moenibus recipere*
u. ä. — *miserat*, da *mittere*, gewöhnlich mit Angabe des Ziels, den Begriff des Sagens, Wollens einschliessen kann, s. 6, 10, 2; 24, 19, 3 u.a.
— *Romae* c., da der Abgang beider
Consuln § 13; c. 22, 10 angedeutet
und dann gesagt ist, dass von beiden
den Consuln Nachrichten eingelau-
fen seien, so sind wol hier die Worte, welche die Meldung des Cornelius enthielten, ausgefallen, eben so
fehlen § 10 einige Worte, wahrscheinlich war das Ende eines Blat-
tes in einem älteren Codex beschä-

digt. — *magistrat.*, die Häupter des
Bundes, vgl. c. 39, 12; 7, 31, 11, da
universum Samnium § 6 folgt. —
Privernat. an der Strasse nach Samnium, *Fundi* u. *Formiae* an der nach
Capua. Wahrscheinlich sind die c.
19 f. erwähnten Verhältnisse gemeint; die Samniten suchen die Römer an der gänzlichen Unterwerfung
Campaniens zu hindern. — *ultro*,
10, 19, 1.

4—7. *purgab.*, 24, 47, 6. — *publico*, s. 6, 6, 5; die Samniten in Palaepolis waren also Söldner, und als
solche dienten die Samniten oft.
Nach Dion. besteht seit alter Zeit
Freundschaft zwischen den Samniten und Palaepolis. — *civitatem*, der
ganze Bundesstaat, s. 7 31, 11;
ib. 29, 1. — *Fregellas*, wahrscheinlich war durch das Bündniss c. 2, 4
wie den Römern Campanien und Ausonien, so den Samnitern das Gebiet
am oberen Laufe des Liris überlassen, welches sie aber durch harte
Behandlung, s. c. 19, 1, von sich ab-
wendig gemacht haben. Der Name
der Stadt war viell. früher ein anderer, vgl. 10, 21, 8, oder das Folg.

tasque ab se restituerit Romanus populus, coloniamque in Samnitium agro inposuerint, quam coloni eorum Fregellas appellent:
7 eam se contumeliam iniuriamque, ni sibi ab iis, qui fecerint de-
8 matur, ipsos omni vi depulsuros esse. cum Romanus legatus ad
disceptandum eos ad communes socios atque amicos vocaret,
„quid perplexe agimus?“ inquit. „nostra certamina, Romani,
non verba legatorum nec hominum quisquam disceptator, sed
campus Campanus, in quo concurrendum est, et arma et com-
9 munis Mars belli decernet. proinde inter Capuam Suessulamque
castra castris conferamus, et Samnis Romanusne imperio Italiam
10 regant decernamus.“ legati Romanorum cum se non quo hostis
vocasset, sed quo imperatores sui duxissent, ituros esse respondissent * . iam Publilius inter Palaepolim Neapolimque loco opportune capto diremerat hostibus societatem auxilii mutui, qua,
11 ut quisque locus premeretur, inter se usi fuerant. itaque cum
et comitiorum dies instaret, et Publilium inminentem hostium
muris avocari ab spe capiendae in dies urbis haud e re publica
12 esset, actum cum tribunis est, ad populum ferrent, ut, cum
Q. Publilius Philo consulatu abisset, pro consule rem gereret,

quam etc. bedeutet: und sie sogar
Freg. nannten; doch ist der Ausdruck nicht klar, da an beiden Stellen derselbe Name steht. — *Rom.
pop.*, eine ungewöhnliche, hier durch
den Gegensatz veranlasste Wortstellung. — *in agro imp.*, s. zu 24,
37, 8; 36, 12, 11; über den Plural
2, 14, 7.

8—9. *disceptand*, als Schiedsrichter, vgl. 5, 4, 2; 3, 71, 1; 32,
10, 5. — *ad comm. s*, bei, vor denselben, wie *ad populum accusare,
damnare* u. ä., s. 28, 18, 2. — *inquit*, der Magistrat, der die Verhandlung leitet, s. 7, 31, 12. — *inter Cap.
S.*, wie in dem ersten Kriege, vgl.
42, 47, 5. — *imperio* etc., dass der
Zweck des Krieges sei, zu entscheiden ob das latinische oder die sabellischen Völker in Italien herrschen sollten, konnten sich jetzt die
Samniten nicht mehr verhehlen, vgl.
30, 32, 2.

10. *iam Publ.*, der Uebergang von
der Unterhandlung zu dem Folg.
wäre sehr hart; es ist deshalb wol
anzunehmen, dass einige Worte, wie

§ 1, ausgefallen sind, welche enthielten, dass die Verhandlung abge-
brochen worden sei, schwerlich auch
die Ankündigung des Krieges, welche c. 25, 2 berichtet wird, oder den
Anfang der Belagerung von Palaepolis, welche § 1 schon vorausgesetzt ist; daher wird durch *iam* ein
Fortschritt in den Operationen angedeutet, wie *usi fuerant* zeigt, dass
der Consul bis dahin vor der Stadt
gelagert gewesen ist. — *in dies*,
kurz statt: ihn von der Belagerung
abzurufen, da er von Stunde zu
Stunde die Stadt einzunehmen hoffte, s. 34, 11, 4: *dimicandum sit in
dies expectet*; doch dauert die Belagerung fast noch ein Jahr und die
Einnahme erfolgt durch Verrath,
der indess schon früher eingeleitet
zu sein scheint.

11—12. *actum c. tr.* etc., nach
einem Senatsbeschluss sollen sie die
Sache vor die Comitien bringen.
Nachher wird die Massregel oft vom
Senate allein ohne das Volk zu befragen getroffen; Lange 1, 538; 541;
2, 545. — *pro cons.*, Publilius ist

quoad debellatum cum Graecis esset. L. Cornelio, quia ne eum 13
quidem in Samnium iam ingressum revocari ab impetu belli
placebat, litterae missae, ut dictatorem comitiorum causa diceret. dixit M. Claudium Marcellum; ab eo magister equitum di- 14
ctus Sp. Postumius. nec tamen ab dictatore comitia sunt habita, quia, vitione creatus esset, in disquisitionem venit. consulti
augures vitiosum videri dictatorem pronuntiaverunt. eam rem 15
tribuni suspectam infamemque criminando fecerunt: nam neque
facile fuisse id vitium nosci, cum consul oriens de nocte silentio
diceret dictatorem; neque ab consule cuiquam publice privatimve
de ea re scriptum esse; nec quemquam mortalium extare, qui 16

der erste, dem das imperium verlängert, d. h. die auf dem imperium
ruhende höchste militärische und
richterliche Gewalt, auch nach Ablauf des Amtsjahres, aber nur für
den ihm angewiesenen Geschäftskreis (*provincia*) ausser Rom, nicht
für den ganzen Staat und in der
Stadt, wie sie die Magistrate haben,
übertragen wird, vgl. 3, 4, 10; Bek-
ker 2, 2, 31; 65; 2, 3, 168. — *quoad*
etc., also auf unbestimmte Zeit, vgl.
27, 7, 17; 30, 1, 10; 32, 28, 9; gewöhnlich auf ein Jahr.

13—14. *ne—quidem*, auch nicht.
— *in Samn.* etc., bis jetzt hat er
wol an der Grenze gestanden, s. c.
22, 10, auffallend ist, dass er jetzt
schon in Samnium einrückt, da erst
c. 25, 2 der Krieg erklärt wird. —
literae, mit dem Senatsbeschlusse,
dass er u. s. w., vgl. 7, 21. — *in
disq.*, s. 26, 31, 2: *non quid ego fe-
cerim in disquisitionem venit*; zur
Sache s. c. 15, 6; 17, 4; 6, 38, 9;
vgl. 23, 31, 13. — *augures*, diese
wurden sonst von den Magistraten
bei der Anstellung von Auspicien
zugezogen; aber sie folgten den
Feldherrn nicht in den Krieg, s. c.
30, 2; 6, 41, 8, und den Dictator er-
nennt der Consul ohne Zuziehung
derselben, überhaupt, wie es scheint,
ohne Zeugen, s. Becker 2, 2, 160;
3, 74 ff.

15—16. *oriens*, s. Vel. Long. de

Orthogr. p. 2234: *oriri apud antiquos surgere frequenter significa-
bat, ut apparet in eo, quod dicitur:
consul oriens magistrum populi dicat.* — *de nocte*, im Verlauf der
Nacht, vgl. 10, 40, 2: *tertia vigilia
noctis Papirius—silentio surgit.* —
silentio, Festus p. 348: *hoc est proprie silentium, omnis vitii in auspiciis vacuitas*, um jede Störung, welche das auspicium hätte unterbre-
chen und ungültig machen können,
und deshalb sorgfältig gemieden
wurde, fern zu halten, wählte man
zur Beobachtung die Stille der
Nacht. — *neque nosci* etc., es könne
nicht leicht bemerkt werden, und
zwar, da *ab consule* etc. folgt, zunächst vom Consul selbst, bei der
Anstellung des Auspicium; dann,
wenn dieser keine Mittheilung über
seine Beobachtung mache, auch von
keinem Anderen. — *nec quemq.* etc.
ist nicht als Folge von *neque ab consule* — *scriptum esse* angeknüpft,
sondern selbständig daneben gestellt, um den Gedanken auszu-
schliessen, dass ohne Mittheilung
durch den Consul Jemand, etwa als
Augen-oder Ohrenzeuge, etwas über
das Auspicium wissen könne; ebenso der dritte Satz: *neque augures*
etc., um das in *Romae sedentes potuisse* liegende Moment als Beweis
der Nichtigkeit ihrer Behauptung,
dass ein *vitium* vorliege, hervorzu-

se vidisse aut audisse quid dicat, quod auspicium dirimeret; neque augures divinare Romae sedentes potuisse, quid in castris
consuli vitii obvenisset. cui non apparere, quod plebeius dicta-
17 tor sit, id vitium auguribus visum? haec aliaque ab tribunis nequiquam iactata: tamen ad interregnum res rediit, dilatisque alia
atque alia de causa comitiis quartus decimus demum interrex L.
Aemilius consules creat C. Poetelium L. Papirium Mugilanum.
Cursorem in aliis annalibus invenio.

24   Eodem anno Alexandream in Aegypto proditum conditam,
Alexandrumque Epiri regem ab exule Lucano interfectum sortes
2 Dodonaei Iovis eventu adfirmasse. accito ab Tarentinis in Italiam data dictio erat, caveret Acherusiam aquam Pandosiamque
3 urbem; ibi fatis eius terminum dari. eoque ocius transmisit in

heben: Niemand behaupte etwas
über das Auspicium zu wissen, nur
die Augurn, die zu Rom gar nichts
davon hätten wissen können, gäben
vor, es sei ein *vitium* vorgefallen;
sonst wären die Augurn schon in
nec quemq. mortalem begriffen. —
dicat auf *extare*, dagegen *dirimeret*
auf *vidisse a. a.* bezogen. — *dirimer.*,
1, 36, 6. — *vitii obv.*, ein Fehler be-
gegnet sei, 4, 7, 3.

17. *tamen*: denn ihrer Anstrengungen ungeachtet kam es, wenn
auch kein anderer Dictator ernannt
wurde, doch u. s. w., vgl. zu 7, 17,
10; 42, 64, 4; Sall. I. 25, 11. —
ad int. r. r. die ungewöhnliche Stellung, s. 1, 22, 1, *st. res ad interr.
redit.* soll den Gegensatz zwischen
dem interregnum und der Dictatur
hervorheben. — *dilatis* etc. s. 7,
21. — Das interregnum hat also über
2 Monate gedauert, vgl. c. 17, 5;
20, 3, und setzt heftige Bewegungen
voraus, s. Nieb. R. G. 3, 175 ; 214.
— *Poetel.*, 7, 27; nach Cassiodor
tertium, das dritte Consulat ist bei
L. übergangen oder 7, 11 erwähnt.
— *Mugilan.*, L. nimmt 9, 7, 15 mit
Recht an, dass *Cursor* richtig sei,
da sonst eins der Consulate desselben fehlen würde, vgl. 9, 7; 15; 22; 28;
und später Fasten haben *Cursor*, s.

CIL. p. 287.

24. Untergang Alexanders von
Epirus. Strabo 6, 1, 5; ib. 3, 4; Iust.
12, 2; 23, 1; Gell. 17, 21, 33.

1. *Eod. anno*, es ist, wie c. 23,
17, s. Mommsen Chron. 84, und c.
25, 1, noch das Jahr 427 zu denken.
— *Alexandr.*, dieses wurde 422 od.
423 u. c., Olymp. 112, 2 od. 112, 1
gegründet; L. selbst oder sein Gewährsmann scheint in der Reduction
der Magistratsjahre auf Olympiaden
geirrt zu haben, vgl. c. 17, 9; Nieb.
R. G. 2, 637 ; 3, 187. In Rücksicht
auf Alexander von Epirus ist wol
mehr das Jahr seiner Ankunft, s. c.
3, falsch angesetzt, da er sonst 14
Jahre in Italien gewesen sein müsste. — *sortes*, 1, 56, 5.

2—3. *ab Tarent.*, um die Lucaner
und Messapier von sich abzuwehren,
Iustin. 12, 2; unrichtig Gell. l. l.:
bellum populo R. facturus, Oros. 3,
12. — *dictio*, Orakelspruch, χρη-
σμός. — *Acherus. aq.* kann sowol
der Fluss Acheron als die bei Elaia
in das Meer fliessende Ἀχερουσία
λίμνη sein, welche, weil der Acheron, der sich in dieselbe verlor, in
die Unterwelt versetzt wurde, im
Folgenden *stagna inferna* heisst,
Bursian Geogr. v. Griechenl. 1, 27.

Italiam, ut quam maxime procul abesset urbe Pandosia in Epiro
et Acheronte amni, quem ex Molosside fluentem in stagna inferna
accipit Thesprotius sinus. ceterum ut ferme fugiendo in media 4
fata ruitur, cum saepe Bruttias Lucanasque legiones fudisset,
Heracleam Tarentinorum coloniam, Potentiam ex Lucanis, Sipontumque *Apulorum et Consentiam* Bruttiorum ac Terinam,
alias inde Messapiorum ac Lucanorum cepisset urbes, et trecentas familias inlustres in Epirum, quas obsidum numero haberet, 5
misisset, haud procul Pandosia urbe, inminente Lucanis ac Bruttiis finibus, tris tumulos aliquantum inter se distantes insedit, ex
quibus incursiones in omnem partem agri hostilis faceret. et 6
ducentos ferme Lucanorum exules circa se pro fidis habebat, ut
pleraque eius generis ingenia sunt, cum fortuna mutabilem gerentes fidem. imbres continui campis omnibus inundatis cum 7

— *procul ab. u.*, s. 33, 15, 6. —
Moloss., der östliche und nördliche,
Thesprotia, der südliche Theil und
das Küstenland von Epirus. — *flu-
ent.* gehört sowol zu *ex Moloss.* als
zu *in stagna*; zur Sache s. Nieb. 1,
466.

4—5. *fugiendo* etc., vgl. c. 17,
10; 3, 71, 5; zum Gedanken 5, 37,
1. — *Brutt. Lucan.*, so lange er mit
Tarent verbunden war; die Eroberung Herakleas, einer Bundesstadt
von Tarent, kann erst erfolgt sein,
als er diesem feindlich gegenüber
stand. — *Potentiam* etc. Die Stelle
heisst in den Hdss.: *consentiam ex
lucanis sipontumque bruttiorum a-
crentinam*, doch fehlt *Consentiam*
in einer der älteren. Da *Consentia*
nicht den Lucanern, sondern den
Bruttiern angehört, s. 23, 30, und
Sipontum weder diesen noch jenen,
sondern den Apulern oder Dauniern,
so ist die Stelle für verdorben oder
lückenhaft zu halten; die Veränderungen und Ergänzungen im Texte
können daher nicht für sicher gelten. — *Consentia*, s. 25, 1. — *Mes-
sapior.*, der bei den Griechen ge-
bräuchliche Name der Calabrer und
Salentiner. — *Lucanis* c. 25. —
trecentas, aus den eroberten und
verbündeten Städten, die er an sich

fesseln und selbst in Italien ein
Reich gründen wollte. — *tris tum.*,
s. Strabo l. l.: προςηπάτησε (ausser
dem Orakelspruch) δὲ καὶ ἄλλο λό-
γιον „Πανδοσία τρικόλωνε, πολύν
ποτε λαὰν ὀλέσσεις“. Ueber die
Stadt kurz vorher: εἶτα Κωσεντία
μητρόπολις Βρεττίων μικρὸν δ'
ὑπὲρ ταύτης Πανδοσία φφούριον
ἐρυμνόν. — τριχόρυφον δ' ἐστὶ τὸ
φφούριον, καὶ παρφρεῖ ποταμὸς
Ἀχέρων, Liv. 29, 38, 1. Anders Plin.
N. H. 3, 15, 98: *Mardoniam Lucanorum urbem fuisse* (*auctor est*)
*Theopompus, in qua Alexander Epi-
rotes occubuerit.*—Die ganze Stelle
zeigt, dass Alexander bereits von
seinen Bundesgenossen verlassen
den Krieg vertheidigungsweise führt.
— *numero*, 7, 30, 19.

6—7. *et* knüpft locker das Folg.
an: und dabei, bei den Einfällen. —
exules, die grosse Zahl setzt innere
Zerwürfnisse in dem Staate voraus,
s. c. 27, 10. — *ut pleraq.*, die jedoch
wie u. s. w. — *eius gen.*, die Lucaner überhaupt (nicht die *exules*, 35,
42, 8), s. 25, 16, 20; 22, 22, 6:
qualia sunt barbarorum ingenia;
vgl. 9, 30, 8; über *genus* s. c. 29, 4;
1, 5, 2; ib. 18, 4; Tac. H. 1, 22. —
cum fort., 4, 48, 8. — *inundat.*, s.
24, 38, 5; 35, 21, 6; anders 22, 2, 2.

interclusissent trifariam exercitum a mutuo inter se auxilio, duo
praesidia, quae sine rege erant, inproviso hostium adventu op-
primuntur; deletisque eis ad ipsius obsidionem omnes conversi.
8 inde ab Lucanis exulibus ad suos nuntii missi sunt, pactoque
reditu promissum est regem aut vivum aut mortuum in potesta-
9 tem daturos. ceterum cum delectis ipse egregium facinus ausus
per medios erumpit hostes et ducem Lucanorum comminus
10 congressus obtruncat; contrahensque suos ex fuga palatos pervenit ad amnem, ruinis recentibus pontis, quem vis aquae abstu-
11 lerat, indicantem iter. quem cum incerto vado transiret agmen,
fessus metu ac labore miles increpans nomen abominandum
fluminis „iure Acheros vocaris" inquit. quod ubi ad aures accidit regis, adiecit extemplo animum fatis suis substititque du-
12 bius, an transiret. tum Sotimus, minister ex regiis pueris, quid
in tanto discrimine periculi cunctaretur interrogans, indicat Lu-
13 canos insidiis quaerere locum. quos ubi respexit rex procul
grege facto venientes, stringit gladium et per medium amnem
transmittit equum; iamque in vadum egressum eminus verruto
14 Lucanus exul transfigit. lapsum inde cum inhaerente telo corpus
exanime detulit amnis in hostium praesidia. ibi foeda laceratio
corporis facta. namque praeciso medio partem Consentiam mi-
15 sere, pars ipsis retenta ad ludibrium. quae cum iaculis saxisque
procul incesseretur, mulier una ultra humanarum irarum fidem
saevienti turbae inmixta, ut parumper sustinerent, precata, flens
ait virum sibi liberosque captos apud hostes esse; sperare cor-
16 pore regio utcumque mulcato se suos redempturam. is finis la-

---

— *mutuo* steigert *inter se*, vgl. c. 23,
10, zu 36, 39, 9; über *inter se aux.* 7,
8, 3; 21, 39, 9. — *omnes*, nach dem
folg. *suos* sind es die Lucaner.

9—12. *ducem*, vgl. 25, 16, 5;
Strabo 6, 1, 3 p. 254: οἱ δὲ Λευκα-
νοὶ — τὸν μὲν ἄλλον χρόνον ἐδη-
μοκρατοῦντο, ἐν δὲ τοῖς πολέμοις
ᾑρεῖτο βασιλεὺς ἀπὸ τῶν νεμομέ-
νων ἀρχάς. — *ex fuga p.*, 6, 29,
4. — *amnem ruinis* etc., der nur
noch durch Trümmer — anzeigte;
was von den *ruinae* zu sagen war
ist auf *amnis* übergetragen. Da der
Weg nicht verfolgt werden konnte,
was durch *ruinae* angedeutet ist, so
muss eine Furt gesucht werden. —
Acheros, eine sonst ungebräuchliche
Form: τὰ ἄχεα ῥέων; der kleine

Fluss, s. § 4, verbindet sich mit dem
Neaethus; nicht zu verwechseln ist
die *Acherusia palus* in Campanien.
— *dubius an*, ob es zu thun sei,
nicht wie *dubito an*, c. 35, 4. — *ex
reg. puer.*, s. 29, 32, 1; 9, 36, 2,
vgl. 45, 6, 7. — *discr. pr.*, 3, 18, 3.
— *Lucanos*, die Verbannten.

13—18. *procul*, nach dem Folg.
sollte man eher *haud procul* erwarten. — *foeda* etc., Folge seiner eigenen Grausamkeit. — *praeciso m.
n. corpore*: in der Mitte durch- abgeschnitten, s. 40, 6, 1: *caput mediae
canis praecisae*. — *ipsis*, c. 6, 4.
— *una* nur eine, eine einzige, oder:
eine gewöhnliche, 22, 9, 2. — *sibi*
dat. ethicus. — *utcumq.*, 44, 36, 3.

cerationi fuit, sepultumque Consentiae quod membrorum reliquum fuit cura mulieris unius, ossaque Metapontum ad hostes
remissa, inde Epirum devecta ad Cleopatram uxorem sororem- 17
que Olympiadem, quarum mater magni Alexandri altera, soror
altera fuit. haec de Alexandri Epirensis tristi eventu, quamquam 18
Romano bello fortuna eum abstinuit, tamen, quia in Italia bella
gessit, paucis dixisse satis sit.

    Eodem anno lectisternium Romae, quinto post conditam 25
urbem, isdem quibus ante placandis habitum est deis. novi 2
deinde consules iussu populi cum misissent, qui indicerent Samnitibus bellum, ipsi maiore conatu quam adversus Graecos
cuncta parabant; et alia nova nihil tum animo tale agitantibus
accesserunt auxilia: Lucani atque Apuli, quibus gentibus nihil ad 3
eam diem cum Romano populo fuerat, in fidem venerunt, arma
virosque ad bellum pollicentes. foedere ergo in amicitiam accepti.
eodem tempore etiam in Samnio res prospere gesta. tria oppida 4
in potestatem venerunt, Allifae Callifae Rufrium, aliusque ager
primo adventu consulum longe lateque est pervastatus. hoc 5
bello tam prospere commisso alteri quoque bello, quo Graeci
obsidebantur, iam finis aderat. nam praeterquam quod intersaep-

---

— *sepultum* verbrannt, vgl. Iust.
l. l.: *corpus eius Thurii publice redemptum sepulturae tradiderunt.* —
hostes viell. eine Besatzung Alexanders; oder ist *hospites* zu lesen?
— *Metapont.* 1, 18, 2. — *Epirum*,
s. 10, 37, 1.

25—26. Beginn des Kriegs mit
den Samniten; Bündniss mit den
Lucanern, Apulern und Neapolita-
nern. Dion. 15, 4.

1—2. *quinto*, 7, 2, 2; das vierte
ist nicht erwähnt. — *quibus*, 5, 13,
6. — *novi* — *cons.*, hier beginnt wol
das Jahr 428, vgl. c. 17, 1; 9, 22, 1.—
Graecos, die Palapaeolitaner. — *et
alia*, und dazu (in Bezug auf *ipsi m.
con.*), um etwas Neues anzuknüpfen,
5, 53, 3. — *nihil* — *tale*, 23, 9, 9:
ohne dass sie etwas der Art betrie-
ben, verhandelten. — *Lucani*, eine
sabellische Völkerschaft südlich von
Samnium, kurz vorher mit den Samniten gegen Alexander verbunden,
s. c. 17, 9, jetzt mit diesen und den

Tarentinern verfeindet und deshalb
zum Anschluss an Rom geneigt, vgl.
c. 27, 10. — *Apuli*, im östlichen
Theile der Halbinsel, meist Feinde
der Samniten, s. c. 37; Nieb. 1, 479.
— *nihil*, in keinem Verhältnisse —
gestanden hatten. — *arma*, überhaupt alles zum Kriege Nöthige. —
foed. in amic. a. s. 6, 2, 3; 8, 2, 2;
es ist wol ein *aequum foedus*, da
den Römern Alles daran liegen
musste im Rücken der Samniter
Bundesgenossen zu haben.

4—8. *in potest. ven.*, s. c. 20, 6,
bezeichnet den Uebergang aus dem
Verhältnisse, in welchem ein Staat
in sua potestate (selbstständig) ist,
in den, in welchem er *alienae potestatis* wird, s. 7, 31, 6. — *Allifae*
etc., die 3 Städte liegen im Vultur-
nusthale, *Allifae* (s. zu c. 19, 12) in
der Mitte, *Callifae* südöstlich, vielleicht das jetzige Calvisi, *Rufrium*
wol nordwestlich davon. — *commisso*, begonnen; s. 31, 28, 1; 10,
11, 2. — *intersaeptis*, c. 23, 10,

tis munimentis hostium pars parti abscisa erat, foediora ali-
6 quanto intra muros iis, quibus hostis territabat [patiebantur], et
velut capti a suismet ipsi praesidiis indigna iam *in* liberis quoque
ac coniugibus et quae captarum urbium extrema sunt patieban-
7 tur. itaque cum et a Tarento et a Samnitibus fama esset nova
auxilia ventura, Samnitium plus, quam vellent, intra moenia esse
8 rebantur, Tarentinorum iuventutem, Graeci Graecos, haud minus
per quos Samniti Nolanoque quam ut Romanis hostibus resisterent, expectabant; postremo levissimum malorum deditio ad
9 Romanos visa. Charilaus et Nymphius principes civitatis communicato inter se consilio partes ad rem agendam divisere, ut
alter ad imperatorem Romanorum transfugeret, alter subsisteret
10 ad praebendam opportunam consilio urbem. Charilaus fuit, qui
ad Publilium Philonem venit et, quod bonum faustum felix Palaepolitanis populoque Romano esset, tradere se ait moenia sta-
11 tuisse. eo facto utrum ab se prodita an servata patria videatur,
in fide Romana positum esse. sibi privatim nec pacisci quicquam
12 nec petere; publice petere quam pacisci magis, ut, si successisset
inceptis, cogitaret populus Romanus potius, cum quanto studio
periculoque reditum in amicitiam suam esset, quam qua stultitia
13 et temeritate de officio decessum. conlaudatus ab imperatore

vgl. 6, 9, 7; 31, 46, 9. — *suismet
ipsi*, vgl. 2, 12, 7. — *in lib.*—*patieb.*,
mussten dulden dass an — Misshandlungen geschähen, ähnlich dem Gebrauch von *in* c. 31, 7; 6, 22, 4, vgl.
26, 2, 14. — *quoque* in Beziehung
auf *ipsi*, sonst *corpora*, vgl. c. 19,
12; 21, 13, 8 u. a. *et quae*, und was
sonst noch, 2, 40, 8. — *captarum
urb.*, die höchsten Bedrängnisse einer eroberten Stadt, 3, 47, 2. —
patiebantur, ist wol nur durch ein
Versehen aus dem Folg. hinaufge-
nommen, s. 7, 22, 1—2. — *a Tarent.*, c. 23, 1. — *Samn. plus*, 4, 52,
7; Chiasmus wie §11 u. 12. — *haud
m. p. q.* = *haud min. ut per eos* —
quam ut etc. — *Graecos*, Tarent
war eine dorische Colonie; *Nola* oskisch, aber den Griechen befreundet. — *deditio*, hier nicht wie 7, 31
nach einem öffentlichen Beschluss,
sondern nach einer geheimen Verabredung, daher c. 26, 6: *proditio.*

9—13. principes, die Römer suchen in den feindlichen Staaten immer die Optimaten zu gewinnen. —
opportunam, 6, 24, 3. — *Charil. f.*,
c. 22, 5. — *in fide*, es komme auf
die Redlichkeit der Römer an, welche die durch Verrath, ohne Bedingung § 12, in ihre Gewalt gekom-
mene Stadt hart, vgl. 9, 16, 10, oder
mild behandeln konnten. — *sibi*, vgl.
7, 41, 2. — *publice*, von Staatswe-
gen, für den Staat. — *pacisci*, s. 6,
3, 3 u. a. — *magis* nach *quam* gestellt wie 6, 10, 4; 10, 23, 8; 26, 41,
8: *minus. magis—potius*, 5, 3, 9. —
success. i., so wird *succedit* oft von
L. unpersönlich gebraucht. — *reditum in am.*, es wird vorausgesetzt,
dass die Städte schon mit Rom befreundet oder verbündet gewesen
sind, vgl. c. 22, 5; 26, 7; dagegen
sagen die Samniten bei Dion. 15, 11:
φίλην ἡμῶν καὶ σύμμαχον οὖσαν
τὴν πόλιν ταύτην, οὐκ ἔναγχος

tria milia militum ad occupandam eam partem urbis, quam Samnites insidebant, accepit; praesidio ei L. Quinctius tribunus
militum praepositus. Eodem tempore et Nymphius praetorem **26**
Samnitium arte adgressus perpulerat, ut, quoniam omnis Romanus exercitus aut circa Palaepolim aut in Samnio esset, sineret
se classe circumvehi ad Romanum agrum, non oram modo maris sed ipsi urbi propinqua loca depopulaturum. sed ut falleret, 2
nocte proficiscendum esse extemploque naves deducendas. quod
quo maturius fieret, omnis iuventus Samnitium praeter necessarium urbis praesidium ad litus missa. ubi dum Nymphius in te- 3
nebris et multitudine semet ipsa inpediente, sedulo aliis alia imperia turbans, terit tempus, Charilaus ex conposito ab sociis in
urbem receptus, cum summa urbis Romano milite inplesset, tolli
clamorem iussit; ad quem Graeci signo accepto a principibus
quievere, Nolani per aversam partem urbis via Nolam ferente 4
effugiunt. Samnitibus exclusis ab urbe ut expeditior in praesentia fuga, ita foedior, postquam periculo evaserunt, visa, quippe 5
qui inermes nulla rerum suarum non relicta inter hostes, ludibrium non externis modo sed etiam popularibus, spoliati atque
egentes domos rediere. haud ignarus opinionis alterius, qua 6
haec proditio ab Samnitibus facta traditur, cum auctoribus hoc
dedi, quibus dignius credi est, tum foedus Neapolitanum — eo

ἀλλὰ δευτέρᾳ γενεᾷ πρότερον etc.
— *eam part. u.*, die Nolaner haben
einen anderen Theil der Stadt besetzt, s. c. 26, als die Samniten.
Dass diese einen Theil derselben
bewohnt haben, liegt nicht in den
Worten.

26. 1—5. *in Samnio*, s. c. 25, 4.
— *sineret se*, der Praetor, der Anführer des Corps der Samniten c. 23,
1, anders c. 39, 13, vgl. c. 11, 4;
dieser hat den Oberbefehl in der
Stadt. Dass auch die Samniten sich
an dem Zuge betheiligen sollen, geht
aus dem Folg. hervor. Solche Züge
waren schon mehrfach unternommen
worden, s. c. 22, 7, und mussten den
Römern die Verbindung mit Neapolis um so wünschenswerther machen.
— *ipsa*, vgl. c. 25, 6. — *turbans*
praegnant: dadurch dass er — gab
Verwirrung anstiftend, vgl. 7, 42,

3. — *sociis* n. *coniurationis*, die
übrigen principes, c. 25, 9, mit denen jedoch a. u. St. das Volk har-
monirt. — *summa u.*, 7, 29, 2. —
signo, 5, 36, 7. — *aversam*, nach
Osten. — *peric. evas.*, s. zu 21, 33,
5. — *inermes*, ihre Waffen waren wol
schon auf den Schiffen und das Thor
hinter ihnen geschlossen (*exclusis*).
quippe q. — *rediere*, 3, 6, 6.

6. *dignius cr.*, s. 4, 49, 11; 1,
14, 3: *minus aegre quam dignum
erat tulisse.* — *proditio*, c. 25, 8.
— *dedi*, s. c. 5, 4 u. a. — *foedus
Neap.*, der Umstand, dass ein Bund
mit Neap. geschlossen ist, weil dieses nicht geschehen wäre, wenn die
Samniten die Stadt den Römern über-
liefert, nicht die Neapol. sich selbst
an dieselben angeschlossen hätten.
Unerklärt aber lässt L., warum nicht
Palaepolis das Bündniss schloss;
wahrscheinlich wurde es als feind-

enim deinde summa rei Graecorum venit — similius vero facit
7 ipsos in amicitiam redisse. Publilio triumphus decretus, quod
satis credebatur obsidione domitos hostes in fidem venisse. duo
singularia haec ei viro primum contigere: prorogatio imperii, non
ante in ullo facta, et acto honore triumphus.

27   Aliud subinde bellum cum alterius orae Graecis exortum.
2 namque Tarentini cum rem Palaepolitanam vana spe auxilii aliquamdiu sustinuissent, postquam Romanos urbe potitos accepere,
velut destituti ac non qui ipsi destituissent, increpare Palaepoli-
tanos, ira atque invidia in Romanos furere, eo etiam, quod Lucanos et Apulos — nam utraque eo anno societas coepta est —
3 in fidem populi Romani venisse adlatum est: quippe propemo-
dum perventum ad se esse, iamque in eo rem fore, ut Romani
4 aut hostes aut domini habendi sint. discrimen profecto rerum
suarum in bello Samnitium eventuque eius verti: eam solam
gentem restare, nec eam ipsam satis validam, quando Lucanus
5 defecerit; quem revocari adhuc inpellique ad abolendam societatem Romanam posse, si qua ars serendis discordiis adhibeatur.

liche Stadt behandelt und zerstört
(denn es wird nur noch c. 27, 2 erwähnt und Publilius triumphirt *an.*
CDXXVIJ. de Samnitibus Palaepo-
litaneis K. Mai. nicht auch über Neapolis), oder, wie *summa rei* vermuthen lässt, Neapolis untergeordnet. Das Bündniss räumte Neapolis
bedeutende Vortheile ein, Momms.
das röm. Münzw. S. 244. — *eo* aus
Neapolit. zu erklären = *Neapolim.*
— *summa rei Gr.*, gewöhnlicher ist
summa res, oder *summa rerum*, s.
jedoch 10, 39, 5. Der Sinn scheint
zu sein: Neapolis wurde der Sitz,
das Haupt des Staates, das alte Verhältniss c. 22, 5 aufgehoben. — *re-*
disse, s. c. 25, 12.

7. *triumphus*, s. § 6. — *obsidione*,
wenn er auch die Stadt nicht wirklich erobert, sondern nur zur Uebergabe gezwungen habe. — *duo sing'.*
haec, diese beiden Auszeichnungen.
— *primum* — *prorogat. i.* ist kein
Widerspruch mit 3, 4, 10, vgl. c.
23, 12. *primum*, zum ersten Male,
c. 15, 9. — *acto h.*, bisher hatten
die Feldherrn gewöhnlich, s. jedoch

c. 13, 9, während ihrer Amtszeit
triumphirt, später geschah es, wie
jetzt von Publilius zuerst, gewöhnlich, nachdem sie das Amt niedergelegt hatten, s. Becker 2, 2, 82. Ob
ihm wie später das *imperium* in der
Stadt für den Tag des Triumphes
verliehen worden sei, wird nicht
bemerkt.

27. Abfall der Lucaner. Gell.
2, 19.

1—5. *subinde*, unmittelbar darauf. — *alter.*, der Ostküste. — *Ta-*
rent., sie bedurften nach Alexanders
Tode wieder den Schutz der Samniten gegen ihre nächsten Nachbarn.
die Lucaner und Messapier. — *cum*
—*postquam*, 7, 23, 6. — *vana spe*,
c. 25, 8. — *destituti*, 7, 10, 6.— *eo*
a., c. 25, 3. Da die beiden Völker
jetzt erst an Rom sich anschliessen, glaubt L., sie seien Feinde desselben gewesen, obgleich sie mehr
Tarent befehdet hatten. — *restare*,
als Gegner der Römer, wie nach der
Verbindung der Lucaner und Apuler
allerdings die Samniten allein standen, Mommsen 1, 368. — *serendis*

haec consilia cum apud cupidos rerum novandarum valuissent, 6
ex iuventute quidam Lucanorum pretio adsciti, clari magis inter
populares quam honesti, inter se mulcati ipsi virgis cum corpora
nuda intulissent in civium coetum, vociferati sunt se, quod castra 7
Romana ingredi ausi essent, a consulibus virgis caesos ac prope
securi percussos esse. deformis suapte natura res cum speciem 8
iniuriae magis quam doli prae se ferret, concitati homines cogunt
clamore suo magistratus senatum vocare, et alii circumstantes 9
concilium bellum in Romanos poscunt, alii ad concitandam in
arma multitudinem agrestium discurrunt, tumultuque etiam sanos
consternante animos decernitur, ut societas cum Samnitibus re-
novaretur; legatique ad eam rem mittuntur. repentina res quia 10
quam causam nullam tam ne fidem quidem habebat, coacti a Samnitibus et obsides dare et praesidia in loca munita accipere,
caeci fraude et ira nihil recusarunt. dilucere deinde brevi fraus 11
coepit, postquam criminum falsorum auctores Tarentum commi-
gravere; sed amissa omni de se potestate nihil ultra, quam ut
paeniteret frustra, restabat.

---

d., zum Anstiften u. s. w., vgl. 3,
17, 2.

  6—8. *cupidos r. n.*, die Verfassung Tarents war demokratisch, das
Volk neuerungssüchtig. — *clari*, diese skonnten sie auch durch schlechte,
ungesetzliche Mittel (*quam honesti*)
sein, s. 7, 31, 6; **Sall.** I. 8, 1; zur Sache
s. Dion. 7, 10. — *inter se* mit dem
partic. pass. aus *mulcant inter se*,
vollständig wäre *a se mulcati inter
se*, s. 5, 40, 8; 10, 15, 12; 33, 6, 4;
40, 51, 2, vgl. 7, 42, 6. — *castra*,
viell. das c. 25, 4 erwähnte Heer. —
magist. etc., s. 25, 16, 5; L. denkt
sich die Verhältnisse wie in Rom,
s. c. 28, 6; 2, 23, 11, obgleich die
Lucaner zerstreut in Städten u. auf
dem Lande wohnten, so dass eine
Versammlung von Abgeordneten
(*concilium* wie in Latium, Etrurien
u. a.) schwerlich so schnell sich ver-
sammeln konnte.

  9—11. *in arma*, ehe noch ein
Beschluss gefasst ist. — *sanos*, die
politisch Vernünftigen, Pflichtge-
treuen, an dem Bündniss Halten-
den, im Gegensatz zu *aegri*, 2, 3, 5,

und *insanire*, *furere* 4, 2, 1; 28,
24, 5 u. oft. — *tumultu—const.*, als
ob *decernunt* folgen sollte, vgl. c. 20,
7; zu *consternante* 7, 42, 3. — *le-
gatiq.* und so, in Folge davon. —
quam—tam, vgl. 21, 43, 11: *quam
magni nominis—tam difficilem*; 33,
17, 9, mit Verben verbunden, **Sall.**
I. 31, 16; Hist. frg. 1, 45 (41), 24.
— *coacti* etc., die Lucaner scheinen
in zwei Parteien gespalten zu sein,
vgl. c. 24, 6, von denen die eine,
die Volkspartei, zu den verwandten
Samniten, die andere zu Rom hält;
um diese unschädlich zu machen,
müssen Geisseln gestellt werden
u. s. w. — *diluc.—coep.*, Gell. l. l.:
*Claudius Quadrigarius in primo an-
nali: ea Lucani ubi resciverunt sibi
per fallacias verba data*, wahrscheinlich ist L. demselben auch weiter
gefolgt. — *omissa* etc., sie haben
sich, wie auch *obsides — accipere*
zeigt, den Samniten unterwerfen
müssen. Die Verbindung von *de*
und seinem Casus mit einem anderen Subst., ist bei L. nicht selten,
s. 10, 8, 1; 28, 35, 1; der Sinn ist,

28   Eo anno plebei Romanae velut aliud initium libertatis factum
est, quod necti desierunt; mutatum autem ius ob unius fenera-
2 toris simul libidinem simul crudelitatem insignem. L. Papirius
is fuit, cui cum se C. Publilius ob aes alienum paternum nexum
dedisset, quae aetas formaque misericordiam elicere poterat, ad
3 libidinem et contumeliam animum accenderunt. [ut]florem aetatis
eius fructum adventicium crediti ratus, primo perlicere adulescen-
tem sermone incesto est conatus; dein, postquam aspernabantur
flagitium aures, minis territare atque identidem admonere fortu-
4 nae; postremo, cum ingenuitatis magis quam praesentis condi-

sie seien nicht mehr *suae potestatis*,
s. c. 25, 4; 7, 31, 6; 23, 30, 9.

28. Aufhebung des Nexum.

1. *eo anno*, ob das Pötelische
Gesetz in diesem Jahre gegeben ist,
muss nach anderen Nachrichten
zweifelhaft erscheinen. Dion 16, 9,
Val. Max. 6, 1, 9 erwähnen es nach
dem Caudinischen Vertrage, s. § 2,
Varro L. L. 7, 105 unter der Dictatur des Poetelius, s. 9, 28. *plebi*,
für die Plebs in so fern sie immer
als verschuldet und so der Schuldknechtschaft unterworfen erscheint,
die Patricier die Gläubiger sind, s.
2, 23; 28; 29; 31; 6, 14ff.; 31; 34;
35; 37; 7, 16; 19, nicht als ob die
Schuldgesetze nur für sie, nicht auch
für die Patricier gegolten hätten,
was wenigstens seit den Zwölf Tafeln nicht mehr der Fall war, s. 3,
34, 3; Lange 1, 131; 154; 2, 60f.
— *al. initium lib.*, in Bezug auf 2,
1, 7; da von nun an die verschulde-
ten Plebejer nicht mehr wie Sclaven
in Ketten gehalten und gezüchtigt
werden durften, sondern als freie
Menschen behandelt wurden, s. 10, 9,
3. — *necti desier.*, Cic. Rep. 2,34: *ne-
ctier postea desitum*, die Plebejer als
Schuldner wurden von den Gläubigern nicht mehr in das Gefängniss
geführt und in Banden gehalten.
ius, wie es in den Zwölf Tafeln festgestellt war und schon vorher gegolten hatte, vgl. 3, 33, 5. — *feneratores*, ungeachtet des Gesetzes,

7, 42.

2. *Papirius — Publilius*, es sind
die Namen der Consuln im Jahre
nach dem Caudinischen Vertrage,
9, 7, 15. — *is*, s. 7, 26, 2. — *paternum*, das von seinem Vater auf
ihn übergegangen war; denn der
Sohn ist erst nach dem Tode des
Vaters, als dessen Erbe, in Schuldknechtschaft getreten, Dion. 1. l.
ὡς ἐν πολλῇ καταλειφϑεὶς πενίᾳ
u. s. w. — *nexum* ist proleptisch
gebrauchtes Particip, und bezeichnet den Zustand, in welchen der das
nexum Eingehende einzutreten sich
verpflichtet, der jedoch erst durch
das *dare* vollendet wird, Andere halten es für Supinum. — *quae aet.*,
statt: in einem Alter, welches u. s.
w., s. 24, 4, 2. — *poterat — accenderunt*, da sich bei zwei Subjecten
sowol der Singular als der Plural
findet, so konnte der Wechsel des
Numerus eintreten, und *accenderunt*
zugleich auf *cui* bezogen werden.—
ad, s. 6, 39, 5. — *libid.*, subjectiv;
contumel., objectiv, Verletzung der
Ehre des Anderen.

3—6. *florem*, 21, 3, 4, Marq. 5,
1, 79. — *fructum adv.*, ein zu dem
gesetzlich erlaubten hinzukommen-
der Gewinn, wie Cic. Inv. 2, 21: *pecunia adventicia* u. a. — *crediti*, 6,
36, 12. — *perlicere*, 3, 44, 4, das
Object ist in *incesto* angedeutet. —
ingenuitatis, die Freiheit selbst wird
durch die Schuldhaft nicht berührt;
über die *praesens condicio* s. 2, 23;

cionis memorem videret, nudari iubet verberaque adferri. quibus 5
laceratus iuvenis cum se in publicum proripuisset, libidinem crudelitatemque conquerens feneratoris, ingens vis hominum cum 6
aetatis miseratione atque indignitate iniuriae accensa, tum suae
condicionis liberumque suorum respectu, in forum atque inde
agmine facto ad curiam concurrit; et cum consules tumultu re- 7
pentino coacti senatum vocarent, introeuntibus in curiam patribus laceratum iuvenis tergum, procumbentes ad singulorum pedes, ostentabant. victum eo die ob inpotentem iniuriam unius 8
ingens vinculum fidei; iussique consules ferre ad populum, ne
quis, nisi qui noxam meruisset, donec poenam lueret, in conpe-
dibus aut in nervo teneretur; pecuniae creditae bona debitoris, 9
non corpus obnoxium esset. ita nexi soluti, cautumque in posterum, ne necterentur.

6, 14, 3, vgl. c. 21, 1. — *in publ.*, 2,
23, 3. — *respectu*, 2, 30, 2 u. a.; vor
L. nicht so gebraucht. — *suae c.
liber.*, weil sie gleichfalls Abführung
in die Schuldknechtschaft, s. 2, 24,
6, ihre Kinder gleiche Misshandlung
zu fürchten hatten, vgl. 3, 50, 7. —
forum—cos., 2, 23, 11.

7—8. *vocarent = convocarent*,
Cic. Phil. 5, 9, 23. — *unius*, was der
grossen Menge harter Gläubiger gegenüber nicht hatte erlangt werden
können, wird in Folge der Verletzung
der Sittlichkeit durch einen Einzelnen von der Plebs erreicht, wie 1,
58; 3, 48. — *vinculum*, die Privat-
verträge über zu leistende Knechtsdienste, wenn man nicht zu rechter
Zeit zahlte, und das dadurch bedingte
schnelle Executionsverfahren, s. 2,
23, 1, war ein Band, eine Stütze des
Credits gewesen, die wie ein Boll-
werk erstürmt, wie ein Feind überwunden (*victum*) und so abgeschafft
wird, s. c. 30, 11; 6, 18, 2. — *ostent-
tab.* nach *concurrit*, s. 34, 8, 1 u. a.
— *iussiq.*, ein Senatsconsult wird,
wenn auch nicht sogleich (*eo die*),
doch nach der gesetzlichen Berufung
des Volkes den Tribus oder den Centurien vorgelegt. — *ne quis — teneretur*, nur wirkliche Criminalverbre-
cher sollen künftig in Block, Hals-
und Fusseisen (*nervo* 6, 11, 8) ge-

halten werden, bis zur Vollziehung
der Strafe (*poenam lueret*), also nicht
mehr die *nexi*, da diese ein todes-
würdiges Verbrechen nicht begangen haben. L. hat wahrscheinlich an
die Aufhebung der Haft selbst, nicht
bloss der Fesseln gedacht, obgleich
dieses in den Worten des Gesetzes,
wie er sie anführt, nicht bestimmt
liegt. Durch die Allgemeinheit des
Verbotes musste auch die Lage der
iudicati, s. 6, 14, 3; ib. 11, 8, wesentlich erleichtert werden; doch
lässt sich nicht sicher entscheiden,
ob bloss L., der die *iudicati* von den
nexis nicht genau unterscheidet, s.
6, 14, 10, dieselben nicht erwähnt,
oder ob das Gesetz selbst nur die
Aufhebung der persönlichen Schuldknechtschaft in Folge des *nexum*,
von dem die Aufregung ausgegangen
war, nicht auch mildere Haft der *iudicati*, s. 23, 14, 3, verordnet hat,
vgl. Rein Privatrecht, S. 658.

9. *pecuniae — esset*, die zweite
Bestimmung des Gesetzes: für Dar-
lehnsschulden soll nur noch das
Vermögen, nicht mehr die Person
selbst haften; das Abführen in die
Schuldknechtschaft, s. 2, 23, 6; 6,
14, 10, soll abgeschafft sein. — *nexi
soluti*, Cic. l. l.: *cum sunt propter
unius libidinem omnia nexa liberata*;
auch an u. St. ist *soluti* Prädicat und

29   Eodem anno cum satis per se ipsum Samnitium bellum et
defectio repens Lucanorum auctoresque defectionis Tarentini
sollicitos haberent patres, accessit, ut et Vestinus populus Sam-
2 nitibus sese coniungeret. quae res sicut eo anno sermonibus
magis passim hominum iactata quam in publico ullo concilio est,
ita insequentis anni consulibus, L. Furio Camillo iterum Iunio
Bruto Scaevae, nulla prior potiorque visa est, de qua ad senatum
3 referrent. et quamquam *non* nova res erat, tamen tanta cura
patres incessit, ut pariter eam susceptam neglectamque timerent,
ne aut inpunitas eorum lascivia superbiaque aut bello poenae ex-
petitae metu propinquo atque ira concirent finitimos populos.
4 et erat genus omne abunde bello Samnitibus par, Marsi Paeli-

---

bedeutet wol, dass die *nexi* aus der
Schuldknechtschaft entlassen worden sind; anders 2, 23, 7: *nexi
vincti solutique.* L. stellt dieses und
das Folg., was wahrscheinlich auch
ein Theil des Gesetzes war, als
Folge desselben dar. Da das nexum
für unwirksam erklärt ist, werden
die *nexi* frei, das Gesetz erhält rück-
wirkende Kraft, welche nur durch
den Zusatz gemildert wird bei Varro
l. l.: *ut omnis, qui bonam copiam
iurarunt* (dass sie hinreichende Mittel haben den Gläubiger zu befrie-
digen), *ne essent nexi.* — *ne necterentur,* es wird verpönt den Schuld-
nern ferner das Versprechen abzunehmen, dass sie im Falle des Nicht-
zahlens Knechtsdienste thun wollen,
und dieselben ohne richterlichen
Spruch *per manus iniectionem* in
die Haft abzuführen, dann alle solche
Verträge für ungültig erklärt, s. 2,
23, 1; Varro: *liber qui suas operas
in servitutem — debebat — nexus vo-
catur.* — *hoc — sublatum ne fieret;*
freiwillig und ohne Haft dem Gläubiger zu dienen war wol nicht untersagt.

29. Krieg mit den Vestinern.

1—3. *auct.—Tarent.*; der Umstand dass—waren, denn ihre Verbindung mit den Samniten war zu
fürchten. — *Vestinus pop.*, ein sa-

bellisches Volk am Gran Sasso bis
zum adriatischen Meere wohnend.
Durch ihr Land führte eine Strasse
nach dem mit Rom verbundenen und
für dasselbe sehr wichtigen Apulien,
Nieb. 1, 480. — *publico u. c.*, im
Senate oder der Volksversammlung,
— *Furio*, c. 13, 1. — *Iunio*, c. 12,
13. — *non* scheint nöthig, da die
Sache nicht allein besprochen, sondern auch nach ihrer Wichtigkeit,
§ 3, bekannt war. — *susceptam*, s.
5, 36, 10: *acceptae*; eben so ist *inpunitas* und *poenae exp.* bedingungs-
weise zu nehmen: wenn sie unge-
straft blieben dafür, dass sie es ge-
wagt haben sich mit den Feinden
Roms zu verbinden, vgl. 6, 21, 3.
— *ne* etc. erklärend, wie 2, 36, 3.—
lascivia s. — *concirent*, bewirkten,
dass sie in Folge der Ungebunden-
heit — sich erhöben, vgl. 21, 39,
5; 7, 36, 3. — *metu pr. = metu
periculi propinqui.*

4—5. *et,* und in der That, erklärender Zusatz L's. — *genus*, s. c.
24, 6: der ganze Volksstamm; die
4 Völker, s. 7, 31, bildeten neben
den ihnen verwandten Samniten eine
besondere Eidgenossenschaft, obgleich sie jetzt nicht zusammen handeln, s. § 11, und waren wegen ihrer
Tapferkeit berühmt, vgl. Nieb. R.
G. 1, 112. — *Marsi Paeligni*, c. 6,

gnique et Marrucini; quos, si Vestinus attingeretur, omnes habendos hostes. vicit tamen pars, quae in praesentia videri po- 5
tuit maioris animi quam consilii; sed eventus docuit fortes fortunam iuvare. bellum ex auctoritate patrum populus adversus 6
Vestinos iussit. provincia ea Bruto, Samnium Camillo sorte evenit. exercitus utroque ducti, et cura tuendorum finium hostes 7
prohibiti coniungere arma. ceterum alterum consulem L. Furium, 8
cui maior moles rerum inposita erat, morbo gravi inplicitum
fortuna bello subtraxit; iussusque dictatorem dicere rei gerendae 9
causa longe clarissimum bello ea tempestate dixit, L. Papirium
Cursorem, a quo Q. Fabius Maximus Rullianus magister equitum
est dictus: par nobile rebus in eo magistratu gestis, discordia 10
tamen, qua prope ad ultimum dimicationis ventum est, nobilius.—
Ab altero consule in Vestinis multiplex bellum nec usquam vario 11
eventu gestum est. nam et pervastavit agros et populando atque
urendo tecta hostium sataque in aciem invitos extraxit, et ita 12
proelio uno accidit Vestinorum res, haudquaquam tamen incru-
ento milite suo, ut non in castra solum refugerent hostes, sed
iam ne vallo quidem ac fossis freti dilaberentur in oppida, situ
urbium moenibusque se defensuri. postremo oppida quoque vi 13
expugnare adortus primo Cutinam ingenti ardore militum aut
vulnerum ira, quod haud fere quisquam integer proelio excesse-
rat, scalis cepit, deinde Cingiliam. utriusque urbis praedam mi- 14
litibus, quod eos neque portae nec muri hostium arcuerant, con-
cessit.

8. — *Marrucini,* Abkömmlinge der
Marser, um den Berg Majella bis zum
Meere. — *attingeretur,* wenn man
angriffe. — *hostes,* was nach dem
Folg. nicht eintrifft. — *vicit,* wegen
der Wichtigkeit der Sache , § 1. —
fortes fortun., 34, 37, 4 u. a.

8—13. *inplicitum,* 3, 2, 1. —
Papirium, s. c. 23, 17. — *longe
clar.,* mehr in Bezug auf seine späteren Thaten, vgl. auch c. 16, 4. —
Maximus, c. 18, 4. — *Rullianus,*
auch *Rullus,* 30, 26, 8; 24,9,7, sein
Vater heisst jedoch *M. Fabius Ambustus,* s. 7, 11; 17; 18 fasti cons.
a. 394; fasti triumph. a. 400.— *nobile—nobilius,* schon berühmt — aber
noch berühmter, 1, 7, 8. — *consule,* er führt auch nach der Ernennung des Dictators den Krieg selbst-

ständig fort. — *sataq.,* 6, 31, 8. —
oppida—urbium, um abzuwechseln.
— *aut v. ira,* auch dazu ist *militum*
zu denken, s. c. 16,8; beide Momente
sind auseinander gehalten wie c. 38,
11, obgleich sie auch hätten verbunden (*ac*) oder das Eine aus dem Anderen abgeleitet werden können , *a
vuln. ira,* wie Madvig nach 24, 30,
1 ändert. — *Cingiliam* wird wie *Cu-
tina* nur hier erwähnt. Ueber die
Zeit des Krieges s. Nieb. R. G. 3,
221. — *praedam,* die Städte werden
nach Kriegsrecht behandelt.

30—40. Krieg in Samnium, Streit
des Dictators Papirius und des magister eq. Fabius: Dio Cass. frg. 36,
1 ff.; Zon. 7, 26; Val. Max. 2, 7, 8;
3, 2, 9; Frontin. Strat. 4, 1, 39;
Aur. Vict. 31.

30   In Samnium incertis itum auspiciis est; cuius rei vitium
non in belli eventum, quod prospere gestum est, sed in rabiem
2 atque iras imperatorum vertit. namque Papirius dictator a pul-
lario monitus cum ad auspicium repetendum Romam proficisce-
retur, magistro equitum denuntiavit, ut sese loco teneret, neu
3 absente se cum hoste manum consereret. Q. Fabius cum post
profectionem dictatoris per exploratores conperisset perinde
omnia soluta apud hostes esse, ac si nemo Romanus in Samnio
4 esset, seu ferox adulescens indignitate accensus, quod omnia in
dictatore viderentur reposita esse, seu occasione bene gerendae
rei inductus, exercitu instructo paratoque profectus ad Inbrinium
5 — ita vocant locum — acie cum Samnitibus conflixit. ea fortuna
pugnae fuit, ut nihil relictum sit, quo, si adfuisset dictator, res
melius geri potuerit: non dux militi, non miles duci defuit;
6 eques etiam auctore L. Cominio tribuno militum, qui aliquotiens
impetu capto perrumpere non poterat hostium agmen, detraxit

1—2. *incertis ausp.*, schon diese
also, nicht blos unglückliche Erfolge
im Kriege machen die Rückkehr nach
Rom nöthig. — *imperatorum*, obgleich dem magister eq. ein *imperium*,
wenn auch ein geringeres, als das
des Dictators ist, s. 6, 39, 4; 22, 12,
11 beigelegt wird, sowie er als Magistrat eine *potestas* hat, s. c. 33, 4,
so wird er doch uneigentlich *imperator* genannt, da er den Befehlen
des Dictators unterworfen ist, c.
32, 3, nur von ihm beauftragt ein
Commando hat, vgl. c. 31, 1. — *pul-
lario*, da die Augurn nicht mit in
das Feld ziehen, s. c. 23, 16, so
werden die heiligen Hühner (*pulli*)
mitgenommen, und der Wärter derselben, *pullarius*, s. 9, 14, 4; 10,
40, 4, vertritt die Stelle der Augurn,
s. 6, 41, 8; Lange 1, 257 f. Dieser
bemerkt jetzt aus dem Gebaren der
Hühner, dass die Auspicien nicht sicher sind. In diesem Falle musste
der Feldherr nach Rom zurückkeh-
ren und die Auspicien, die er vor
seinem Abzuge angestellt hatte, s.
21, 63, 9; 22, 1, 6, von neuem halten, *repetere auspicia*, CIL. p. 287:
auspicii repetendi causa, was von der

gänzlichen Erneuerung der Auspicien, *renovare auspicia* c. 17, 4; 5,
31, 7, wofür jedoch 5, 17, 3: *de integro repetere* gesagt wird, zu unterscheiden ist, Marq. 4, 350.
    4. *ferox ad.*, als heftiger Jüngling;
er ist übrigens schon 6 Jahre vorher
Aedil gewesen, c. 18. — *instructo
par.*, mit Allem versehen und kampf-
bereit, eine häufige Verbindung; der
Abl. steht wie 9, 13, 10; 2, 19, 3 u.
oft, wenn das Subst. im Abl. ein
Attribut hat, bei Kriegsoperationen
des Feldherrn ohne *cum.* — *Inbrinium*, eine Gegend (*locum*, c. 11, 11),
nicht eine Stadt, die nicht so nahe
bei Rom gewesen sein muss, da der
Dictator nach § 12 *maximis itineribus* dahin kommt, während sich aus
c. 33, 3; 4 über die Entfernung nichts
bestimmen lässt. Daher ist auch zu
bezweifeln, dass der Ort an der
Simbrivini colles im Aequerlande,
Tac. Ann. 11, 13; 14, 22, gelegen
habe, und *Imbrivium* zu schreiben
sei, s. Nieb. 1, 483.
    5—9. *ut nihil*, 3, 9, 6. — *trib. mil.*,
4, 19, 1. — *impetu c.*, 2, 65, 5. —
poterat, immer nicht konnte, s. c.
21, 3. — *detraxit fr.*, 4, 33, 7. —

frenos equis atque ita concitatos calcaribus permisit, ut sustinere
eos nulla vis posset; per arma, per viros late stragem dedere;
secutus pedes impetum equitum turbatis hostibus intulit signa. 7
viginti milia hostium caesa eo die traduntur. auctores habeo bis
cum hoste signa conlata dictatore absente, bis rem egregie gestam; apud antiquissimos scriptores una haec pugna invenitur;
in quibusdam annalibus tota res praetermissa est. magister equi- 8
tum, ut ex tanta caede, multis potitus spoliis congesta in ingentem acervum hostilia arma subdito igne concremavit, seu votum
id deorum cuipiam fuit, seu credere libet Fabio auctori eo factum, 9
ne suae gloriae fructum dictator caperet nomenque ibi scriberet
aut spolia in triumpho ferret. litterae quoque de re prospere 10
gesta ad senatum, non ad dictatorem missae argumentum fuere
minime cum eo communicantis laudes. ita certe dictator id factum accepit, ut laetis aliis victoria parta prae se ferret iram tri-
stitiamque. misso itaque repente senatu se ex curia proripuit, 11
tum vero non Samnitium magis legiones quam maiestatem di-
ctatoriam et disciplinam militarem a magistro equitum victam et
eversam dictitans, si illi inpune spretum imperium fuisset. itaque 12
plenus minarum iraeque profectus in castra cum maximis itine-

<table><tr><td>

traduntur,weil doch d.ganzeSchlacht
ungewiss ist. — *bis*, s. c. 33, 21. —
antiquissimos, nach § 9 Fabius Pic-
tor. — *ut ex t.*, wie es sich erwar-
ten liess. — *congesta* etc., 10, 29,
18: *spolia—coniecta in acervum*,
vgl. 45, 33, 2; 8, 1, 6. — *seu cred.
lib. F.*, eigentlich sollte der hiervon
abhängige Satz dem vorg. mit *seu*
entgegenstehen: *seu, si credere libet
Fabio*, oder *seu, id quod Fabius auc-
tor est, eo est factum.* — *Fabio*, 1,
44, 2; vielleicht war von Fabius
Pictor nach Familienschriften der
Fabier der Vorgang ausführlicher
erzählt. — *ibi scrib.* = *in iis inscri-
beret*, vgl. 22, 1, 11; Cornel. Paus.
1: *tripodem—epigrammate scripto*,
vgl. Liv. 2, 33, 9: *aenea columna
insculptum.* Der Name konnte dar-
auf geschrieben werden, wenn etwa
die Spolien öffentlich, in einemTem-
pel oder an anderen Gebäuden auf-
gehängt wurden, s. 23, 23, 6; 9,40;
22, 57, 10; doch ist dann die Nach-

</td><td>

stellung der Worte *ferret* störend.
weshalb Freinsheim ein Tropäum
versteht, vgl. 1, 10, 5; Tac. Ann.
2, 18; 15, 18; Suet. Caes. 11; Plin.
3, 20, 136; vgl. Preller Mythol. 208.
— *tristit.*, finstere Strenge.

10—13. *ad sen.*, was nur dem
commandirenden Feldherrn zukam,
während der Unterfeldherr nur an
denOberfeldherrn zu berichten hatte,
also eine zweifache Verletzung des
Dictators. — *cum eo*, c. 14, 2; über
das Partic. *communicantis*, s. 26,
27, 16.— *tum vero*: dann sei in der
That u. s. w., ist dem bedingenden
Satze: *si—fuisset* vorangestellt, wie
6, 14, 4. — *maiestat.*, 4, 14, 2;
Becker, 2, 2, 70. — *victam*, s.c. 28,
8. — *si—fuisset* statt eines fut.
exact. in orat. recta: *si inpune fu-
erit*, *eversa est*, s. 21, 43, 2: *si—
habueritis—vicimus.* — *illi* gehört
zu *inpune fuiss.* — *itaque* geht auf
§ 10: *iram* etc. zurück, anders *ita-*

</td></tr></table>

ribus isset, non tamen praevenire famam adventus sui potuit:
13 praecurrerant enim ab urbe, qui nuntiarent dictatorem avidum
poenae venire, alternis paene verbis T. Manlii factum laudantem.

31   Fabius contione extemplo advocata obtestatus milites est,
ut qua virtute rem publicam ab infestissimis hostibus defendis-
sent, eadem se, cuius ductu auspicioque vicissent, ab inpotenti
2 crudelitate dictatoris tutarentur: venire amentem invidia, iratum
virtuti alienae felicitatique; furere, quod se absente res publica
egregie gesta esset; malle, si mutare fortunam posset, apud Sam-
3 nites quam Romanos victoriam esse; imperium dictitare spretum, tamquam non eadem mente pugnari vetuerit, qua pugnatum
doleat; et tunc invidia inpedire virtutem alienam voluisse cupi-
dissimisque arma ablaturum fuisse militibus, ne se absente mo-
4 veri possent, et nunc id furere, id aegre pati, quod sine L. Papirio non inermes, non manci milites fuerint, quod se Q. Fabius
5 magistrum equitum duxerit ac non accensum dictatoris. quid
illum facturum fuisse, si, quod belli casus ferunt Marsque communis, adversa pugna evenisset, qui sibi devictis hostibus, re
publica bene gesta, ita ut non ab illo unico duce melius geri po-
6 tuerit, supplicium magistro equitum minetur! neque illum magistro equitum infestiorem quam tribunis militum, quam centurionibus, quam militibus esse. si posset, in omnes saeviturum fuisse;
7 quia id nequeat, in unum saevire; etiam invidiam tamquam
ignem summa petere; in caput consilii, in ducem incurrere;
si se simul cum gloria rei gestae extinxisset, tunc victorem velut
in capto exercitu dominantem, quidquid licuerit in magistro
8 equitum, in militibus ausurum. proinde adessent in sua causa
omnium libertati. si consensum exercitus eundem, qui in proe-

---

que § 11. — *isset*, vgl. 28, 46, 14.
— *alternis p.v.*, fast bei jedem zweiten Worte. — *Manlii*, c. 7.

31. 1—5. *ductu ausp.*, c. 33,
22; 21, 63, 9, kam nur dem Ober-
anführer zu; der *magister* eq. hat
wol auch Auspicien, aber diese sind
denen des Dictators untergeordnet,
vgl. c. 30, 1; Lange 1, 556. — *inpotenti*, 3, 36, 2. — *res p.*, 7, 3, 9.
— *quam Rom.*, 3, 19, 4. — *cupidis-
simis* u. *pugnandi*, was durch *arma*
angedeutet ist. — *id furere*, s. *id
indignari* 24, 8, 17; *conquesti clades* 29, 3, 1, vgl. 7, 32, 6; 6, 15,

13. — *manci*, 7, 13, 6. — *accensum*,
3, 33, 8. — *quid*—*fuisse*, es wäre
von ihm das Schlimmste, Ungeheu-
erliches zu erwarten gewesen. —
Mars com., 7, 8, 1.

6—8. *saevit. fuisse*, seine Grausamkeit, Blutgier würde sich auf
Alle erstreckt, er würde den Plan
gefasst haben alle zu vernichten. —
invidiam etc., 45, 35, 5: *intacta invidia media sunt, ad summa fere
tendit*. — *ignem* der Blitz. — *do-
min. in c. e.*, dagegen 3, 53, 7: *do-
minari in adversarios*. — *in mag.
eq.*, *in mil.*, s. c. 25, 6; 5, 3, 8. —

lio fuerit, in tuenda victoria videat, et salutem unius omnibus
curae esse, inclinaturum ad clementiorem sententiam animum.
postremo se vitam fortunasque suas illorum fidei virtutique per- 9
mittere. Clamore e tota contione ortus, uti bonum animum ha- **32**
beret: neminem illi vim adlaturum salvis legionibus Romanis.

Haud multo post dictator advenit, classicoque extemplo ad
contionem advocavit. tum silentio facto praeco Q. Fabium ma- 2
gistrum equitum citavit. qui simul ex inferiore loco ad tribunal
accessit, tum dictator: „quaero" inquit „de te, Q. Fabi, cum 3
summum imperium dictatoris sit, pareantque ei consules, regia
potestas, praetores, isdem auspiciis quibus consules creati, aequum
censeas necne magistrum equitum dicto audientem esse? item- 4
que illud interrogo, cum me incertis auspiciis profectum ab
domo scirem, utrum mihi turbatis religionibus res publica in
discrimen committenda fuerit, an auspicia repetenda, ne quid
dubiis dis agerem? simul illud, quae dictatori religio inpedimento 5
ad rem gerendam fuerit, num ea magister equitum solutus ac
liber potuerit esse? sed quid ego haec interrogo? cum, si ego tacitus abissem, tamen tibi ad voluntatis interpretationem meae
dirigenda tua sententia fuerit: quin tu respondes, vetuerimne 6
te quicquam rei me absente agere, vetuerimne signa cum hosti-

---

videat n. *dictator,* was auch bei *in-*
clinatur und § 2 bei *venire* zu denken ist.

32. 1—2. *classico advoc.,* 7, 36,
9. — *praeco,* der in Gerichtsver-
handlungen die Beklagten vorlud.
— *ad trib.,* 7, 12, 14, es ist links
vor dem praetorium, an den principia und ziemlich geräumig zu denken, da nach c. 33, 1 die Tribunen
auf demselben Platz haben, s. Tac.
An. 1, 39, vgl. L. 23, 23, 1; hier
stand die sella curulis des Feldherrn,
s. § 14.

3—8. *summum i. d. s.=dictato-*
ris imperium summum imperium
sit. — *pareant,* 2, 18, 6; vgl. Val.
Max. 2, 8, 2. — *regia pot.,* 2, 1, 7;
über die Apposition 1, 20, 3. — *iis-*
dem a., 7, 1, 6. Der mag. equit. steht
niedriger, s. 6, 39, 4. Die Stelle
zeigt deutlich, dass selbst die höchsten Magistrate dem imperium des
Dictators untergeordnet und seinen

Anordnungen und Befehlen Gehorsam schuldig waren, s. c. 35, 1. —
dicto aud., da *dictatoris* und *ei* vorausgegangen sind, war es nicht nöthig, *dictatori* zu wiederholen; ohne
dieses wird der Gedanke allgemein
u. nachdrücklicher. — Nachdem § 3
überhaupt die Pflicht des mag. eq.
dem Dictator zu gehorchen nachge-
wiesen ist, zeigt § 4—5, dass dieses
besonders bei religiösen Hindernis-
sen, § 5 *sed quid*—§ 8, dass es namentlich bei dem ausdrücklichen Befehle des Dictators geschehen müsse.
— *in discrim.,* 4, 27, 6. — *turbatis*
etc., c. 30, 1. — *religio,* religiöse
Bedenken und Hindernisse. — *inped.*
ad, 5, 25, 3. — *ad volunt. int.:* du
hättest daraus meinen Willen, dass
(in der Abwesenheit des Oberfeldherrn) nichts unternommen werden
solle, erkennen können und darnach
handeln sollen. — *quin t. d.:* nein,
antworte vielmehr, indem *quin* den

7 bus conferre? quo tu imperio meo spreto, incertis auspiciis,
turbatis religionibus adversus morem militarem disciplinamque
8 maiorum et numen deorum ausus es cum hoste confligere. ad
haec, quae interrogatus es, responde; at extra ea cave vocem
9 mittas. accede, lictor." adversus quae singula cum respondere
haud facile esset, et nunc quereretur eundem accusatorem capitis
sui ac iudicem esse, modo vitam sibi eripi citius quam gloriam
10 rerum gestarum posse vóciferaretur, purgaretque se in vicem
atque ultro accusaret, tunc Papirius redintegrata ira spoliari ma-
11 gistrum equitum ac virgas et secures expediri iussit. Fabius
fidem militum inplorans lacerantibus vestem lictoribus ad tria-
12 rios tumultum iam [in contionem] miscentes sese recepit. inde
clamor in totam contionem est perlatus. alibi preces, alibi minae
audiebantur: qui proximi forte tribunali steterant, quia subiecti
oculis imperatoris noscitari poterant, orabant, ut parceret ma-
13 gistro equitum, neu cum eo exercitum damnaret; extrema contio
et circa Fabium globus increpabant inclementem dictatorem, nec
procul seditione aberant. ne tribunal quidem satis quietum erat:
14 legati circumstantes sellam orabant, ut rem in posterum diem
15 differret, et irae suae spatium et consilio tempus daret: satis ca-
stigatam adulescentiam Fabii esse, satis deformatam victoriam;
ne ad extremum finem supplicii tenderet, neu unico iuveni, neu

Gegensatz zu dem Vorhergeh. und
eine Steigerung enthält, rhetorische
Form für das einfache: ich aber habe dir sogar ausdrücklich verboten.
— *quo tu=tamen tu eo.* — *milita-*
rem gehört auch zu *disciplinam.* —
numen, s. 7, 30, 20. — *accede,* 3,
41, 3.

9—11. *quereretur*, das Subject
ergiebt sich aus dem Zusammenhange. — *accus. cap.*, weil man sagt *ac-*
cusare capitis, nach der Analogie
von *reus capitis.* — *nunc*—*modo*,
sonst mehr dichterisch, s. Ov. Met.
13, 922 u. a. — *citius q.*, s. 35, 31,
16; Cic. Off. 1, 18, 59. — *in vicem*,
abwechseld. — *ultro*, darüber hin-
ausgehend trat er sogar als Ankläger auf, s. 10, 19, 1. — *spoliari* ist
wie im Folg. *lacerantibus* als conatus, zu nehmen, s. 2, 55, 5; 10, 9,
4. — *expediri*, aus den mit rothen
Bändern oder Riemen umwundenen

fasces.

11—13. *triarios*, die Soldaten
standen in der contio nach Manipeln
geordnet, die der Triarier wie in
der Schlacht zuletzt, vgl. 1, 28, 2;
Tac. Ann. 1, 34. — *in contionem* ist
wahrscheinlich aus der folg. Zeile
hierher genommen. — *miscentes*,
Lärm und dadurch Unordnung ver-
anlassen. — *steterant*, s. 7, 23, 7;
Verg. Aen. 3, 110, vgl. 1, 28, 2:
qui proximi constitere. — *extrema*
c., Tac. Ann. 1, 35: *extrema et con-*
globata inter se pars contionis. — *et*
circa etc., die Triarier, Erklärung
des Vorhergeh. — *increpabant,* 2,
14, 8.

14—18. *legati*, s. c. 33, 1. — *sel-*
lam, Suet. Galba 18: *neque milites*
allocuturo castrensem sellam de mo-
re positam pro tribunali (*observa-*
tum est). — *irae sp.*, 2, 56, 15. —
extrem. fin., Pleonasmus um den

patri eius, clarissimo viro, neu Fabiae genti eam iniungeret ignominiam. cum parum precibus, parum causa proficerent, intueri　16
saevientem contionem iubebant: ita inritatis militum animis
subdere ignem ac materiam seditioni non esse aetatis, non prudentiae eius. neminem id Q. Fabio poenam deprecanti suam　17
vitio versurum, sed dictatori, si occaecatus ira infestam multitudinem in se pravo certamine movisset. postremo, ne id se gra-　18
tiae dare Q. Fabii crederet, se ius iurandum dare paratos esse
non videri e re publica in Q. Fabium eo tempore animadverti.
His vocibus cum in se magis incitarent dictatorem quam magi-　**33**
stro equitum placarent, iussi de tribunali descendere legati; et　2
silentio nequiquam per praeconem temptato, cum prae strepitu ac tumultu nec ipsius dictatoris nec apparitorum eius
vox audiretur, nox velut in proelio certamini finem fecit.
magister equitum, iussus postero die adesse, cum omnes　3
adfirmarent infestius Papirium exarsurum, agitatum contentione
ipsa exacerbatumque, clam ex castris Romam profugit; et patre　4
auctore M. Fabio, qui ter iam consul dictatorque fuerat, vocato
extemplo senatu cum maxime conquereretur apud patres vim
atque iniuriam dictatoris, repente strepitus ante curiam lictorum
summoventium auditur, et ipse infensus aderat, postquam con-　5
perit profectum ex castris, cum expedito equitatu secutus. iterata
deinde contentio, et prendi Fabium Papirius iussit. ubi cum　6
deprecantibus primoribus patrum atque universo senatu perstaret　'
in incepto inmitis animus, tum pater M. Fabius: ,,quando quidem"　7
inquit ,,apud te nec auctoritas senatus nec aetas mea, cui orbi-

Begriff zu steigern: zum äussersten
Ziel in der Strafe, eine Strafe, über
die hinaus es keine giebt; zur Sache
s. 2, 59, 4. — *Fabiae*, vgl. 3, 58, 3.
— *causa*, durch die Sache und die
Darlegung der Gründe. — *eius*, 4,
16, 7. — *certam. mov.*, vgl. c. 29,
3: *lascivia* etc. — *gratiae d.*, 4,
11, 6.

33. 2—5. *silentio*, 43, 16, 8: *au-
dientiam facere praeconem iussit.*
— *adesse*, von dem Beklagten gebraucht. — *contentione*, durch die
leidenschaftliche Verhandlung, § 5;
Cic. Or. 1, 11, 47. — *ter iam c. d.*,
7, 22, 10; ib. 18, 10. — *vocato*, da der
magister eq., s. 23, 25, 2; Cic. Legg.

3, 4, 10, das Recht hat den Senat zu berufen, so hat L. wahrscheinlich nicht
sagen wollen, dass Fabius der Vater
durch den praefectus urbis die Berufung des Senates veranlasst habe, s.
Becker 2, 2, 402 ; um so mehr als der
Praetor in der Stadt war. — *cum
max.*, die beiden Perioden § 1—2
und 3—4 sind gleich geformt: *cum
—et cum. — lictorum sum.*, vgl. c.
18, 9. — *et ipse*, und sogleich, und
damit war er selbst da und liess u.
s. w., s. c. 38, 6 ; 36, 12, 5. — *prendi*,
als Schuldigen, s. 3, 56, 4.
  6—7. *ubi cum*, als er da, bei dieser Gelegenheit, gewöhnlicher ist
ibi cum; anders 3, 7, 5. — *universo
n. reliquo*, s. 4, 51, 3; 27, 49, 6. —

tatem paras, nec virtus nobilitasque magistri equitum a te ipso
nominati valet, nec preces, quae saepe hostem mitigavere, quae
deorum iras placant, tribunos plebis appello et provoco ad po-
8 pulum, eumque tibi, fugienti exercitus tui, fugienti senatus iudicium, iudicem fero, qui certe unus plus quam tua dictatura potest
polletque. videro, cessurusne provocationi sis, cui rex Romanus
9 Tullus Hostilius cessit." ex curia in contionem itur. quo cum
paucis dictator, cum omni agmine principum magister equitum
cum escendisset, deduci eum de rostris Papirius in partem infe-
10 riorem iussit. secutus pater: ,,bene agis" inquit, ,,cum eo nos

---

nominati, 6, 20, 8. — *tribunos pl.*
a., 3, 56, 5; vgl. ib. 41, 4; Zumpt
Criminalr. 1, 1, 434; 2, 441.—*provo-*
co, der Vater provocirt vermöge der
patria potestas für den Sohn; sonst
ist die Situation 1, 26 ein treues
Abbild der hier geschilderten; auch
darin, dass dort das einzige Beispiel
einer Provocation von Richtern,
die der König eingesetzt hat, dargestellt wird, hier das einzige, wo
von einem Dictator provocirt wird,
was nach Festus p.198: *optima lex*
gestattet gewesen sein soll. In unse-
rem Falle wird sie jedoch nur versucht, § 8 die Gestattung derselben
für abhängig von dem Dictator, wie
früher von dem König, s. 1, 26, 8,
und c. 34, 2; 6, die Anwendung für
beispiellos und unrechtmässig erklärt, s. 9, 26, 10; 4, 13, 11; 6, 16,
3, wenigstens Papirius erkennt das
Recht zur Provocation gegen die
Dictatur nicht an, sondern betrachtet sie als die Vernichtung derselben, c. 34, 5f., und würde, selbst
wenn sie gestattet war, da es sich
jetzt um ein Vergehen gegen das imperium militare, s. Cic. Legg. 3, 3,
6, handelt, schwerlich verpflichtet
gewesen sein sich derselben zu unterwerfen, vgl. Becker 2, 2, 168 f.;
Lange 1, 547 ff.; 2, 474 f.; 497.

8. *fugienti*, 6, 27, 6; 9, 1, 7. —
iudicium, iudicem, absichtlich zusammengestellt, obgleich *iudicem* das
Volksgericht, *iudicium* Urtheil, Ansicht bezeichnet. — *iudicem f.*, das

Volk soll, wie zwischen Privaten
der Schiedsrichter, s. 3, 24, 5, entscheiden, ob der Provocirende oder
der Magistrat, der die Strafe droht,
im Rechte sei, 3, 57, 5. — *unus*,
einzig und allein, als Quelle aller
Macht, § 17, deren Ausübung es nur
den Magistraten überträgt, 2, 7, 7.
— *tua dictat.*, gerade diese wurde
nicht von dem Volke oder im Auftrage desselben verliehen, s. 5, 46,
11, sondern in Folge eines Senats-
beschlusses; daher der Gegensatz,
c. 34, 2. — *potest p.*, 1, 24, 8. —
videro, der Erfolg wird sein, dass
ich sehe. — *rex Rom.*, der höher
stand als der Dictator, da diesem
die königliche Gewalt nur auf 6 Monate übertragen wird. — *Tullus*, 1,
26.— *cessurusne*, ob du deine Straf-
gewalt hemmen, gestatten wirst, dass
das Volk richte.

9. *in contionem it.*, in Folge der
Provocat., s. 2, 55, 7, geht man aus
der Curie auf das Comitium, wo das
Volk, an das dieselbe gerichtet war,
versammelt ist, und als contio betrachtet wird. In der contio konnte
jedoch nicht entschieden werden, da
hierzu Comitien hätten berufen werden müssen, s. 1, 26, 5, sondern es
soll sich nur zeigen, ob die Tribunen und das Volk geneigt sind sich
der Sache des Fabius anzunehmen,
1, 26, 8: *ita de provocatione certa-*
tum ad populum. — *quo* ist wie 2,
7, 7: *in contionem escendit* gesagt,
jedoch mit Rücksicht auf die so-

deduci iussisti, unde et privati vocem mittere possemus." ibi
primo non tam perpetuae orationes quam altercatio exaudiebant-
tur. vincit deinde strepitum vox et indignatio Fabi senis, incre- 11
pantis superbiam crudelitatemque Papiri: se quoque dictatorem 12
Romae fuisse, nec a se quemquam, ne plebis quidem hominem,
non centurionem, non militem violatum; Papirium tamquam ex 13
hostium ducibus, sic ex Romano imperatore victoriam et triumphum petere. quantum interesse inter moderationem antiquorum
et novam superbiam crudelitatemque! dictatorem Quinctium 14
Cincinnatum in L. Minucium consulem ex obsidione a se ereptum
non ultra saevisse, quam ut legatum eum ad exercitum pro consule relinqueret. M. Furium Camillum in L. Furio, qui contemp- 15
ta sua senectute et auctoritate foedissimo cum eventu pugnasset,
non solum in praesentia moderatum irae esse, ne quid de collega
secus populo aut senatui scriberet, sed, cum revertisset, potissi- 16
mum ex tribunis consularibus habuisse, quem, ex collegis optione
ab senatu data, socium sibi imperii deligeret. nam populi qui- 17
dem, penes quem potestas omnium rerum esset, ne iram quidem
umquam atrociorem fuisse in eos, qui temeritate atque inscitia

---

gleich erwähnten rostra. — *deduci
de r.*, als Magistrat hätte der mag.
eq. von den rostra sprechen dürfen, aber nicht dem Dictator gegenüber und als Beklagter, s. 38, 53, 1:
sub pedibus vestris stabit; Caes. B.
C. 3, 21, 3.

☙ 10—14. *bene ag.*, ironisch.— *cum*,
dadurch dass, Cic. Fin. 3, 2, 9; Mil.
36, 99 u. a., gewöhnlicher ist *quod*.
— *privati*, s. 45, 36, 1, sie dürfen
nur *de plano*, §9: *locum inferiorem*,
reden; sonst bloss dann, wenn ihnen
von dem Magistrate das Wort gegeben wird, s. 3, 71, 3; hier scheint
Fabius als Provocirender es selbst
zu nehmen; Becker 2, 2, 51; noch
schärfer wäre die Ironie, wenn *privati*, wie 26, 3, 8; 35, 41, 9; 43, 16,
5 = *rei* genommen werden könnte:
wo selbst Angeklagte. — *alterc.*, 4,
6, 1.— *vincit*, er schafft sich Gehör.
— *vox et in.*, Hendiadyoin. — *ne
pleb. q. hom.*, geschweige denn einen
Patricier, vgl. 7, 32, 16.— *non cent.*

non mil., steigernd, nur zu diesen
beiden folgt der Gegensatz in: *ex
Rom. imperat.* — *tamq.* — *sic*, 10,
8, 1; 5, 3, 6. — *ex—petere*, 28, 19,
11. — *imper.*, c. 30, 1. — *dictat.
Quinct.*, obgleich auch Dictator,
durch chiastische Stellung gehoben.
— *Minuc.*, 3, 29. — *pro cons.*, c.
23, 12. — *ultra quam* ist wie *contra,
supra quam* bei L. nicht selten, s.
21, 25, 1; 26, 30, 7.

15—17. *in Furio*, c. 31, 7. —
sua, auf das logische Subject bezogen, 9, 7, 6; 4, 33, 5. Ueber die
Sache 6, 25. — *in praes.*, c. 7, 22.
— *aut sen.*, oder vielmehr, da an
das Volk nicht berichtet wurde. —
potissimum, 1, 34, 6.— *ex coll.*, gehört zu *optione* u. soll hervorheben,
dass er jeden anderen hätte wählen
können, sonst würde man es nach
ex trib. nicht vermissen. — *nam—
quidem*, von dem Volke will ich
nicht reden, denn von diesem erst
versteht es sich von selbst, s. § 8,
vgl. 22, 61, 14f.— *inscitia*, 7, 34,

exercitus amisissent, quam ut pecunia eos multaret: capite an-
quisitum ob rem bello male gestam de imperatore nullo ad eam
18 diem esse. nunc ducibus populi Romani, quae ne victis quidem
bello fas fuerit, virgas et secures victoribus et iustissimos meritis
19 triumphos intentari. quid enim tandem passurum fuisse filium
suum, si exercitum amisisset, si fusus fugatus castris exutus
fuisset? quo ultra iram violentiamque eius excessuram fuisse,
20 quam ut verberaret necaretque? quam conveniens esse, propter
Q. Fabium civitatem in laetitia victoria, supplicationibus ac gra-
21 tulationibus esse, eum, propter quem deum delubra pateant, arae
sacrificiis fument, honore donis cumulentur, nudatum virgis la-
cerari in conspectu populi Romani, intuentem Capitolium atque
22 arcem deosque ab se duobus proeliis haud frustra advocatos? quo
id animo exercitum, qui eius ductu auspiciisque vicisset, laturum?
quem luctum in castris Romanis, quam laetitiam inter hostes
23 fore? haec simul iurgans, querens, deum hominumque fidem
obtestans et conplexus filium plurimis cum lacrumis agebat.

34   Stabat cum eo senatus maiestas favor populi tribunicium
2 auxilium memoria absentis exercitus; ex parte altera imperium
invictum populi Romani et disciplina rei militaris et dictatoris
edictum pro numine semper observatum et Manliana imperia et
3 posthabita filii caritas publicae utilitati jactabantur. hoc etiam L.

---

13. — *pecunia e. m.*, 2, 52; 54; 4,
44 u. a. — *cap. anq.*, 26, 3, 6, vgl.
6, 20, 12 ; Lange 2, 493.

18—23. *nunc*, s. 3, 19, 8. — *quae*
verallgemeinert. — *virgas*, c. 32, 11.
victis, n. *intentari — si victi essent.*
— *fas fuer.*, in orat. recta *fas fuit.*
— *excessur.*, deutet auf das Ueber-
schreiten des rechten Masses hin. —
quam ut nach *ultra* s. 31, 19, 1. —
quam esse, in or. recta: *quam — est* ;
der Satz ist dem folg. gleichgestellt
statt untergeordnet: dass, während
durch Q. Fabius u. s. w. — dieser
selbst, oder: dass zwar — er aber
u. s. w. — *laetit.* — *gratulat.*, zwei
Glieder, das eine asyndetisch, das
andere nicht, wie c. 34, 1 f. ; *victoria*
fügt zu *laetitia* den Grund, *ac gratul.*
bestimmt *supplicat.* genauer, da dieses auch bei traurigen Veranlassungen statt haben konnte, vgl. 10, 23,
1. Die ganze Gedankenreihe wie 1,

26. — *propt. quem = cuius causa,*
vorher = *cuius opera.* — *honore donis*, überhaupt: Ehrengaben, Alles
was auf und an den Altären zu Ehren der Götter geschieht, Gebete,
Libationen u. a., 23, 11, 3. — *nudatum*, 2, 5, 8. — *Capitol.* etc., 6, 20,
9. — *quo id a. e.* etc., 3 , 47, 7. —
simul—et gehören zusammen: unter
Schelten, Klagen u. s. w.

34. 1—3. *maiestas*, § 5 : *maiest.
imp. Rom.*, s. c. 30, 11. — *imperium inv. p. R.*, das römische Volk im
ideellen Sinne, s. 1, 24, 5, als Staat,
hat das imperium milit., und überträgt es durch die *lex curiata*, 5,
52, 16. Vermöge desselben wird
die *disciplina mil.*, um die es sich
besonders handelt, aufrecht erhalten.
— *pro numine*, für ein göttliches
Machtgebot 7, 30, 20, vgl. 6, 16, 3;
Becker 2, 2, 163. — *Manliana*, c. 7,
22. — *etiam* und *antea* in Bezug auf

Brutum, conditorem Romanae libertatis, antea in duobus liberis
fecisse; nunc patres comes et senes faciles de alieno, imperio
spreto, tamquam rei parvae, disciplinae militaris eversae iuventuti
gratiam facere. se tamen perstaturum in incepto nec ei, qui ad- 4
versus dictum suum turbatis religionibus ac dubiis auspiciis pugnasset, quicquam ex iusta poena remissurum. maiestas imperii 5
perpetuane esset, non esse in sua potestate; L. Papirium nihil 6
eius deminuturum; optare, ne potestas tribunicia, inviolata ipsa,
violet intercessione sua Romanum imperium, neu populus in se
potissimum dictatorem et ius dictaturae extinguat. quod si fe- 7
cisset, non L. Papirium, sed tribunos, sed pravum populi iudicium nequiquam posteros accusaturos, cum polluta semel militari disciplina non miles centurionis, non centurio tribuni, non

posthabita etc. — *de alieno* ist wahrscheinlich mit *faciles*, s. 2, 15, 2,
zu verbinden (die Beziehung auf
gratiam facere, 3, 56, 4 gestatten
die dazwischen stehenden Genitive
nicht): wenn es sich handelt um;
nachsichtig in Rücksicht auf frem-
des Eigenthum, vgl. Plin. Ep. 4, 13,
8: *de alieno negligentes, certe de
suo diligentes erant*; Sil. It. 1, 615:
exiguo faciles. Da *alieno* gewöhnlich substantivisch gebraucht wird,
s. 3, 1, 3: *largiendo de alieno*; 5, 5,
3, so ist *imperio spreto* wol davon
zu trennen: unter, mit Verachtung,
s. Tac. Ann. 3,70; Andere lesen *faciles, alieno i. spreto* etc. — *tamquam r. p.*, vorangestellte Apposition, 6, 11, 9.

4—6. *dictum* statt *edictum*, was
sonst gewöhnlicher ist, s. § 10; 2,
18, 8; 22, 25, 13; 45, 12, 12 u. a.
— *mai. imp*, der erste der § 2 genannten Punkte in Verbindung mit
dem dritten. — *perpetuane* von *non
esse in s. p.* abhängig, s. 29, 5, 4:
*quanto exercitu id geratur, in eorum
potestate esse*, s. c. 13, 14; 25, 11;
Sall. I. 14, 4; 31, 5. — *esset = futura esset* wie c. 35, 4; s. 42, 13,
5; 9, 2, 5; 2, 55, 9. — *nihil eius*,
nichts, was zu derselben gehöre, ihr
Wesen ausmache, vgl. 26, 12, 8; 2,
1, 7: *quod deminutum quicquam sit*

Tit. Liv. III. 3. Aufl.

ex regia potestate, Caes. B. G. 1, 53,
6; Cass. Dio l. l. τότε γὰρ τὸ σχῆμα
τῆς ἀρχῆς, ἧς περιεβέβλητο ὤκνει
καταλῦσαι. — *intercessione*, gegen
die Vollziehung der Strafe an dem
magister eq., s. c. 35, 1, zur Sache
vgl. 6, 38, 9; 7,3, 9. Das Folg. *neu
populus* bezieht sich auf die Provocation — *inviolata*, 2, 1, 4. — *in
se*. an ihm während seiner Amtsführung. — *dictatorem*, eine harte
Metapher, s. 5, 16, 9, die durch das
Folg.: *et ius dict.*, wo statt des persönlichen der sächliche Ausdruck
eintritt, erklärt wird, Duker verm.
dictatore ius etc. Die Stelle deutet
an, dass eine Intercession und Provocation gegen den Dictator noch
nie erhoben worden sei; der Dictator dem Willen der Tribunen und
des Volkes nachzugeben zwar bereit ist, dasselbe aber abmahnt, ein
neues Recht einzuführen, c. 33, 7.

7—9. *sed — sed*, um beides mehr
zu scheiden und zu heben, s. 24, 14,
8. — *disciplina*, der zweite § 2 berührte Gegenstand, da es sich darum handelt, ob das *imperium militare* und somit die *disciplina militaris* aufrecht erhalten werden soll,
Beides war gefährdet, wenn das
Volk den Ungehorsam des Fabius
durch Annahme der Provocation bil-
ligte. — *non miles* etc., vgl. 28, 24,

tribunus legati, non legatus consulis, non magister equitum di-
8 ctatoris pareat imperio, nemo hominum, nemo deorum verecun-
diam habeat, non edicta imperatorum, non auspicia observentur,
9 sine commeatu vagi milites in pacato, in hostico errent, inmemores sacramenti licentia sola se, ubi velint exauctorent, infre-
10 quentia deserantur signa, neque conveniatur ad edicium, nec
discernatur, interdiu nocte, aequo iniquo loco, *iussu* iniussu imperatoris pugnent, et non signa, non ordines servent, lattrocinii
11 modo caeca et fortuita pro sollemni et sacrata militia sit—: horum criminum vos reos in omnia saecula offerte, tribuni plebi,
vestra obnoxia capita pro licentia Q. Fabi obicite.

35   Stupentes tribunos et suam iam vicem magis anxios quam
eius, cui auxilium ab se petebatur, liberavit onere consensus populi Romani ad preces et obtestationem versus, ut sibi poenam
2 magistri equitum dictator remitteret. tribuni quoque inclinatam
rem in preces subsecuti orare dictatorem insistunt, ut veniam
errori humano, veniam adulescentiae Q. Fabii daret; satis eum
3 poenarum dedisse. iam ipse adulescens, iam pater M. Fabius

---

8 f; Tac. H. 1, 84: *ne miles centu-
rioni, ne centurio tribuno obsequatur*
etc. *legatus*, mit diesem wird der
magister eq. parallel gestellt, s. c.
31, 4. — *nemo h. n. d.*, derselbe Gegensatz findet statt in *edicta* etc. u.
auspicia; sacramenti und *licentia*;
latrocinii und *sacrata* etc.— *in host.*,
die Präposit. wird in solchen Ge-
gensätzen gewöhnlich wiederholt,
s. 2, 32, 7 u. a. — *hostico*, 6, 31, 7.
— *sola*, 2, 3, 4. — *exauctorent*, die
Verabschiedung, das Entlassen von
dem Fahneneide, erfolgte nur durch
einen Magistrat oder in dessen Auftrag, vgl. 25, 20, 4; 7, 39, 1. — *infrequentia s.*, s. 7, 8, 6, ist proleptisch
gesagt. Dieses sowol als das Folg.
ist Ausführung von *inmemores sacramenti*, s. 3, 20, 3.

10—11. *interdiu* etc., das Fehlen
der Fragwörter hebt die Gegensätze.
— *iussu iniussu*, substantivische Zu-
sammenstellungen dieser Art finden
sich selten. — *signa* die Fahnen der
Manipel, s. 4, 37, 11; *ordines* diese
selbst oder die Centurien, c. 8, 4.
— *latrocinii*, ohne gesetzliche An-

kündigung und Berechtigung der
Einzelnen, die erst durch das sacramentum, daher sogleich *sacrata militia*, die Pflicht und das Recht erlangen die Waffen gegen den Feind
des Staates zu führen, vgl. 3, 20, 3;
Marq. 3, 2, 293. Zur ganzen Ausführung ist zu vergleichen Cic. p.
Rabir. 1, 2 ff. — *plebi*, 2, 42, 6. —
obnoxia, als schuldbeladen, gehört
zum Prädicate *obicite*.

35. 1—3. *suam vic.*, 2, 31, 11,
wegen der schweren Verantwortung,
welche der Dictator ihnen auflud;
zugleich wol eine Andeutung, dass
auch die Tribunen an ihrer Berechtigung zur Einsprache zweifeln, daher § 5: *non iustum* etc., vgl. 6,
38, 9; 7, 3, 9; ib. 21, 1; Lange 1,
547. Eben zo zeigt *ad preces —
versus*, dass das Volk sich nicht für
berechtigt hält auf die Provocation
einzugehen. — *ab se pet.*, s. 7, 37,
3. — *consensus*, s. 4, 51, 3. — *sibi
—remitt.*, ihm zu Liebe erlasse; *sibi*, als ob *populus* vorausgienge. —
inclin.—rem. etc., als sie sahen, dass
das Volk nur bittweise verfuhr,

contentionis obliti procumbere ad genua et iram deprecari dictatoris. tum dictator silentio facto: „bene habet" inquit, „Quirites. 4
vicit disciplina militaris, vicit imperii maiestas, quae in discrimine fuerunt, an ulla post hanc diem essent. non noxae eximitur 5
Q. Fabius, qui contra edictum imperatoris pugnavit, sed noxae
damnatus donatur populo Romano, donatur tribuniciae potestati,
precarium, non iustum auxilium ferenti. vive, Quinte Fabi, feli- 6
cior hoc consensu civitatis ad tuendum te quam qua paulo ante
exsultabas victoria; vive, id facinus ausus, cuius tibi ne parens
quidem, si eodem loco fuisset, quo fuit L. Papirius, veniam dedisset. mecum, ut voles, reverteris in gratiam; populo Romano, 7
cui vitam debes, nihil maius praestiteris, quam si hic tibi dies
satis documenti dederit, ut bello ac pace pati legitima imperia
possis." cum se nihil morari magistrum equitum pronuntiasset, 8
degressum eum templo laetus senatus, laetior populus, circumfusi ac gratulantes hinc magistro equitum, hinc dictatori, prose-
cuti sunt, firmatumque imperium militare haud minus periculo 9
Q. Fabii quam supplicio miserabili adulescentis Manlii videbatur.
— Forte ita eo anno evenit, ut, quotienscumque dictator ab exer- 10

schlossen sie sich demselben an. —
content., c. 33, 3; vgl. Dio l. l.:
ἰδὼν δὲ ταῦϑ᾽ ὁ Παπίριος καὶ φο-
βηϑεὶς μὴ καὶ νεοχμώσωσί τι, τοῦ
τε πάνυ ἀρχικοῦ—ὑφῆκε etc.

4—6. bene h., 6, 35, 8. — quae
—fuerunt, die persönliche Construct.
ist durch die Personification vicit
discip.—maiest. vorbereitet. — an
enthält hier eine wirkliche Ungewissheit, s. c. 24, 11, daher ulla,
nicht nulla, was viell. Cicero würde
gebraucht haben, vgl. 36, 17, 11; 33,
8, 10; s. zu 31, 48, 6. — essent =
futura essent, s. c. 36, 5, hier schon
wegen post h. diem. — noxae, vgl.
7,4,5; er wird nicht freigesprochen
von dem Verbrechen, das er durch
seine Widersetzlichkeit gegen das
Recht der Dictatur und das imperium militare begangen hat, sondern,
obgleich für schuldig erklärt der
strafbaren Widersetzlichkeit, be-
gnadigt, vgl. Val. Max. 2, 7, 8: te-
status est (Papirius) se poenam illam non Fabio sed populo et tribu-

niciae concedere potestati. — pre-
cariam, § 1; 3, 47, 2. — ferenti,
von der Absicht, c. 32, 10. — eodem l., vgl. 37, 14, 5: si in eodem
loco esset. — Papirius st. ego.

7—9. reverteris, je nachdem du
willst kannst du dich mit mir ver-
söhnen, der Erfolg wird nicht fehlen. L. will die Grossmuth des Pap.
darstellen, obgleich c. 36, 1 damit
nicht übereinstimmt, weshalb Ga-
ratoni zu Cic. Phil. 2, 46 reverteris
in gratiam für ein Glossem erklärt.
— ut, weil document. dederit den
Begriff der Erinnerung enthält. —
morari, 4, 42, 8. — hinc—hinc, 1,
13, 2. — imperium mil., wird als
der wichtigste Gegenstand, um den
es sich gehandelt hat, nochmals hervorgehoben, s. § 7; Becker 2, 2,
285.

10—12. eo anno kann nur das
Amtsjahr der c. 29 genannten Consuln sein. — quotiescumque etc. bezieht sich auf die c. 30 und 33 erwähnte Abwesenheit des Dictators,

citu recessisset, hostes in Samnio moverentur. ceterum in oculis
exemplum erat Q. Fabius M. Valerio legato, qui castris praeerat,
ne quam vim hostium magis quam trucem dictatoris iram time-
11 ret. itaque frumentatores cum circumventi ex insidiis caesi loco
iniquo essent, creditum vulgo est subveniri eis ab legato potuisse,
12 ni tristia edicta exhorruisset. ea quoque ira alienavit a dictatore
militum animos, iam ante infensos, quod inplacabilis Q. Fabio
fuisset et, quod suis precibus negasset, eius populo Romano veniam dedisset.

36　　　Postquam dictator praeposito in urbe L. Papirio Crasso,
magistro equitum Q. Fabio vetito quicquam pro magistratu agere,
in castra rediit, neque civibus satis laetus adventus eius fuit nec
2 hostibus quicquam adtulit terroris. namque postero die, seu
ignari venisse dictatorem, seu adesset an abesset, parvi facientes,
3 instructa acie ad castra accesserunt. ceterum tantum momenti
in uno viro L. Papirio füit, ut, si ducis consilia favor subsecutus
militum foret, debellari eo die cum Samnitibus potuisse pro haud
4 dubio habitum sit: ita instruxit aciem, *ita* loco ac subsidiis, ita omni
arte bellica firmavit; cessatum a milite, ac de industria, ut obtre-
ctaretur laudibus ducis, inpedita victoria est. plures Samnitium
5 cecidere, plures Romani vulnerati sunt. sensit peritus dux, quae

und die letztere scheint längere Zeit
gedauert zu haben. — *mover.*, 10, 4,
8. — *exemplum er.—ne*, vgl. § 7;
7, 6, 11: *documento fuisse ne*; vgl.
24, 8, 20. — *Fabius*, nicht *Fabii*
wie 22, 44, 5; 28, 42, 1 u. a. — *ea*
=*eius cladis*, 1, 30, 4. — *populo R.*,
obgleich auch die Soldaten zu dem
Volke in concretem Sinne, der
Volksmenge, gehören, ist doch
schon § 1 u. 7 *pop. Rom.* gebraucht,
weil zunächst die Bürgerschaft, s.
§ 6: *consensu civitatis*, das Volk in
ideellem Sinne, den Staat vertritt,
s. c. 34, 2.

36—37. Sieg über die Samniten,
Gesetzantrag über die Tusculaner.
Val. Max. 9, 10, 1.

1. *praeposito i. u.*, er wird zum
Schutz der Stadt zurückgelassen,
vgl. Becker 2, 2, 55; 76. — *pro
mag.*, s. 6, 38, 9. Fabius behält also das Amt, darf aber die Functio-

nen desselben nicht ausüben. Der
Dictator untersagt dieses vermöge
seines höheren imperium den ihm
untergeordneten Magistraten; die
Abdication des mag. equitum hat er
eben so wenig angeordnet, s. c. 33,
14; 3, 29, 2; Lange 1, 506; 556, als
Papirius zum mag. eq. ernannt. —
civibus hier im Gegensatze zu *hostes*,
vgl. c. 35, 12.

3—6. *potuisse*, ohne Abhängigkeit *potuit.—ita*, praef. 11: *adeo.—
loco ac subs.*, da L. sonst nicht *in-
struere aciem subsidiis* sagt, sondern
firmare, s. 4, 37, 8; 9, 17, 15 u. a.,
so muss *subs.* zum Folg. genommen
werden, *loco* ist dann freier auf *firmavit* bezogen und von dem günstigen Terrain zu verstehen. Ob ohne
ita, welches Madvig zugesetzt hat,
loco ac subs. mit Nachdruck vor *ita
omni* stehen könne, ist zweifelhaft,
vgl. 40, 46, 9: *id ita ut—ut*; näher
liegt *ita loco ac subsidiis omni*

res victoriae obstaret: temperandum ingenium suum esse et se-
veritatem miscendam cómitate. itaque adhibitis legatis ipse cir- 6
cum saucios milites inserens in tentoria caput singulosque, ut
sese haberent, rogitans, curam eorum nominatim legatis tribunisque et praefectis demandabat. rem per se popularem ita dextere 7
egit, ut medendis corporibus animi multo prius militum imperatori reconciliarentur, nec quicquam ad salubritatem efficacius
fuerit, quam quod grato animo ea cura accepta est. refecto exer- 8
citu cum hoste congressus haud dubia spe sua militumque ita
fudit fugavitque Samnites, ut ille ultimus eis dies conferendi
signa cum dictatore fuerit. incessit deinde, qua duxit praedae 9
spes, victor exercitus perlustravitque hostium agros, nulla arma,
nullam vim nec apertam nec ex insidiis expertus. addebat ala- 10
critatem, quod dictator praedam omnem edixerat militibus; nec
ira magis publica quam privatum conpendium in hostem acuebat.
his cladibus subacti Samnites pacem a dictatore petiere; cum 11
quo pacti, ut singula vestimenta militibus et annuum stipendium darent, cum ire ad senatum iussi essent, secuturos se di- 12
ctatorem responderunt, unius eius fidei virtutique causam suam
commendantes. ita deductus ex Samnitibus exercitus. Dictator 37
triumphans urbem est ingressus; et, cum se dictatura abdicare

---

etc. — *temperand.* hängt auch von
sensit: er sah ein, er müsse u. s. w.
ab., vgl. 1, 18, 4: *temperatum ani-*
mum, dagegen *temperavit irae* 33,
20, 6; *linguae* 28, 44, 18; *imperiis*
3, 52, 9 u. a. — *circum,* bei herum.
— *inserens c. t.,* indem er die das
Zelt bildenden Felle (*vela*) bei Seite
schob, vgl. Tac. Ann. 1,71. — *prae-*
fectis, mit den zwei röm. Legionen
waren später regelmässig zwei *alae*
sociorum, 10, 40, 8, verbunden, und
wie an der Spitze der Legion 6 tribuni militum, so standen der ala
6 praefecti vor, die, von dem röm.
Feldherrn ernannt, in der Regel Römer waren, s. Marq. 3, 2, 302.

7. *medendis corp.,* der transitive
Gebrauch von *medeor* ist ganz ungewöhnlich, vgl. *utendus, fruendus;*
über den Abl. s. c. 4, 3; 10, 7, 1;
4,29, 3 u. a.: dadurch, dass (in Folge seiner Fürsorge) die Körper ge-
sund wurden, gewann er die Liebe

der Soldaten früher wieder, als es
ohne dieses geschehen sein würde;
wie seine Sorge für den Körper eine
Wirkung auf den Geist hatte, so die
dankbare Aufnahme desselben eine
wohlthätige Wirkung auf den Körper (*ad salub. eff.*), vgl. Polyb. 3,
60. — *reconciliar.* — *fuerit,* s.
zu 24, 16, 1.

9—11. *qua,* 1, 27, 6, hier wie 3,
51, 10: *media urbe pergunt, vado*
transire u. a. — *expert.,* s. 3, 3, 10.
— *edixerat*=*edicto concesserat,* 4,
49, 9. — *publica,* als Bürger eines
feindlichen Staates. — *annuum,* für
den ganzen Jahresfeldzug, c. 2, 4.

37. 1. *triumphans* nach der
Triumphalfasten *de Samnitibus a.*
CDXXIX.III.Non.Mart., in dasselbe
Jahr würde nach L. der Triumph
fallen; in den Consularfasten dagegen war hier wieder wie c. 17, 4
und aus demselben Grunde ein Jahr
mit Dictatoren eingeschoben, und in

vellet, iussu patrum, priusquam abdicaret, consules creavit C. Sul-
2 picium Longum iterum Q. Aemilium Cerretanum. Samnites infecta pace, quia de condicionibus agebatur, indutias annuas ab
urbe rettulerunt; nec earum ipsarum sancta fides fuit: adeo, postquam Papirium abisse magistratu nuntiatum est, arrecti ad bellandum animi sunt.

3   C. Sulpicio Q. Aemilio — Aulium quidam annales habent
— consulibus ad defectionem Samnitium Apulum novum bellum
accessit. utroque exercitus missi. Sulpicio Samnites, Apuli Ae-
4 milio sorte evenerunt. sunt, qui non ipsis Apulis bellum inlatum,
sed socios eius gentis populos ab Samnitium vi atque iniuriis
5 defensos scribant; ceterum fortuna Samnitium, vix a se ipsis eo
tempore propulsantium bellum, propius ut sit vero facit, non
Apulis ab Samnitibus arma inlata, sed cum utraque simul gente
6 bellum Romanis fuisse. nec tamen res ulla memorabilis acta:
ager Apulus Samniumque evastatum; hostes nec hic nec illic inventi. Romae nocturnus terror ita ex somno trepidam repente
civitatem excivit, ut Capitolium atque arx moeniaque et portae
7 plena armatorum fuerint; et cum concursatum clamatumque ad
arma omnibus locis esset, prima luce nec auctor nec causa terro-
8 ris conparuit. — Eodem anno de Tusculanis Flavia rogatione
populi fuit iudicium. M. Flavius tribunus plebis tulit ad populum,

dieses wol der Triumph des Papirius verlegt; die Fasten sind von jetzt
an ein Jahr vor L. voraus. — pri-
usq. abd., also wol bald nach dem
5. März, dem Tage des Triumphs,
was schwerlich zu c. 20, 3 stimmt;
zur Sache vgl. 5, 49, 9; 6, 1, 4. —
iussu, 7, 1, 6. — Sulpic., c. 15. —
agebat., man verhandelte darüber, konnte sich nicht einigen. Da
jedoch dieses nicht klar in dem
Worte liegt, so ist viell. ambigebatur oder negabatur, s. 10, 10, 8, zu
lesen. Ueber die Bedingungen s.
Nieb. 1, 487 — nec ear., Nieb. R.
G. 3, 226.

3—7. Aulium, so nennt ihn L.
selbst 9, 15. Dagegen ist es zweifelhaft, ob die Aemilier den Beinamen Cerretanus gehabt haben, und
Diod. 18, 26 nennt den Consul Aelius. — Apulum, s. c. 25. — socios
—pop., verbündete Staaten, die je-

doch nicht näher bezeichnet werden;
die Apuler selbst (gens) bildeten
viele kleine Staaten (populi), von
denen einige zu Rom, andere zu den
Samniten halten mochten, wie bei
den Lucanern c. 27; jene Völker
hätten die Samniten, ohne den Waffenstillstand zu brechen, schützen
können. — ager. Ap., viell. wurde
der Krieg gegen die Vestiner c. 29
später geführt als L. annimmt, und
das Heer zog von da nach Apulien.
— plena, vgl. 9, 38, 1. — ad arma,
7, 12, 3, Nieb. 3, 229 f.; Ihne 329.

8. populi, iudic. ist wol weniger
genau gesagt vgl. 4, 7, 5, da von
einem Volksgericht in Folge einer
Anklage nicht die Rede ist, sondern
§ 11: antiquarunt ein Gesetzvor-
schlag vorausgesetzt wird. Flavius
hat also, wie es scheint, obgleich
die zwölf Tafeln solche privilegia
verboten, eine nur die Tusculaner

ut in Tusculanos animadverteretur, quod eorum ope ac consilio
Veliterni Privernatesque populo Romano bellum fecissent. populus　9
Tusculanus cum coniugibus ac liberis Romam venit. ea multitudo veste mutata et specie reorum tribus circuit, genibus se
omnium advolvens. plus itaque misericordia ad poenae veniam　10
inpetrandam quam causa ad crimen purgandum valuit. tribus　11
omnes praeter Polliam antiquarunt legem. Polliae sententia fuit,
puberes verberatos necari, coniuges liberosque sub corona lege
belli venire; memoriamque eius irae Tusculanis in poenae tam　12
atrocis auctores mansisse ad patrum aetatem constat, nec quemquam ferme ex Pollia tribu candidatum Papiriam ferre solitum.

betreffende lex, deren Inhalt § 11
angegeben wird, beantragt. Wäre
diese angenommen worden, so hätte
sie die Wirkung, wie sonst eine
Verurtheilung in einem Volksgerichte, gehabt, so dass *L. iudicium
populi* sagen konnte. Dass die Tusculaner als Bürger betrachtet werden, zeigt der Antrag selbst, s. c.
14, 4; 26, 33, 10, sonst würde der
Senat gerichtet haben, s. Lange 2,
510; 543; dass sie sich empört haben, s. Nieb. 3, 230, berichtet auch
Plinius 7, 42, 136; *est et L. Fulvius
inter insignia (variantis fortuna)
exempla, Tusculanorum rebel-
lantium consul, eodemque honore
cum transisset* (wahrscheinlich früher als die übrigen Tusculaner), *ex-
ornatus confestim a populo Rom.*,
s. c. 38, 1; der Abfall der Veliterner und Privernaten ist ein neuer,
nicht der c. 14; 19 erwähnte. Die
Ertheilung des röm. Bürgerrechtes
mochte die Tusculaner so wenig als
früher, s. 6, 25; 8, 14, 4, wie auch
die Privernaten nicht von der Empörung abhalten. Diese selbst hat
L. übergangen, so dass die Rogation
nur durch die wenigen Worte *quod
—fecissent* motivirt erscheint.

9—11. *populus*, L. braucht das
Wort sehr frei, nicht allein von
ganz unabhängigen Staaten, und solchen, welche die civitas sine suffragio, sondern auch von solchen, welche das volle Bürgerrecht haben, s.

c. 14, 4; und Bürgercolonien, s. 27,
38, 4; 6, 13, 8, vgl. 36, 3, 5. — *cum
coni.*, vgl. 1, 9, 9: *Sabinorum omnis
multitudo cum liberis et coniugibus
venit*, 31, 14, 11; 44, 29, 6. — *ge-
nib.*, s. 28, 34, 4: *advolutus genibus.* — *tribus c.*, 3, 72, 2. Zur Sache vgl. 7, 20, 8; 45, 24, 11. — *causa*, c. 32, 16. — *antiquarunt*, 6, 38,
5. — *sententia f.*, sie stimmen für
den Antrag des Flavius, vgl. 10, 11,
4, sonst wird das Wort von den Senatoren gebraucht, s. 3, 17, 4. —
puberes etc., s. 21, 14, 3. — *verberat.*,
s. c. 33, 19; 10, 9, 4. — *necari* n. sollen, 2, 5, 1. — *lege belli*, wie Kriegs-
gefangene. Nach Plin. l. l. sind die
Tusculaner wirklich besiegt worden, s. zu c. 40, 1.

12. *ad patrum aet.*, vgl. 39, 42,
6; bis in die letzte Zeit der Republik. — *nec — ferme*, nicht leicht,
oder: gar nicht. — *Papiriam*, s. Val.
Max. 9, 10, 1: *Papiria tribus, in
qua plurimum postea Tusculani in
civitatem recepti* (s. c. 14, 4) *potuerunt, neminem umquam candidatum
Polliae tribus fecit magistratum.*
Wann die Tusculaner in die tribus
Papiria eingetreten sind lässt sich
nicht bestimmen, dass sie in derselben durch ihr Zusammenhalten,
s. Mommsen die Tribus S. 13, den
Ausschlag gaben, geht aus d. a. St.
hervor. — *ferre sol.*, er habe ihre
Stimmen nicht erhalten, wie *puncta
ferre* u. a.

38   Insequenti anno, Q. Fabio L. Fulvio consulibus, A. Cornelius Arvina dictator et M. Fabius Ambustus magister equitum
metu gravioris in Samnio belli — conducta enim pretio a finitimis iuventus dicebatur — intentiore dilectu habito egregium
2 exercitum adversus Samnites duxerunt. castra in hostico incu-
riose ita posita, tamquam procul abesset hostis, cum subito advenere Samnitium legiones tanta ferocia, ut vallum usque ad sta-
3 tionem Romanam inferrent. nox iam adpetebat; id prohibuit munimenta adoriri; nec dissimulabant orta luce postero die factu-
4 ros. dictator ubi propiorem spe dimicationem vidit, ne militum
virtuti damno locus esset, ignibus crebris relictis, qui conspectum
hostium frustrarentur, silentio legiones educit; nec tamen fallere
5 propter propinquitatem castrorum potuit. eques extemplo insecutus ita institit agmini, ut, donec lucesceret, proelio abstineret;
6 ne pedestres quidem copiae ante lucem castris egressae; eques
luce demum ausus incursare in hostem carpendo novissimos
premendoque iniquis ad transitum locis agmen detinuit. interim
pedes equitem adsecutus; et totis iam copiis Samnis urgebat.
7 tum dictator, postquam sine magno incommodo progredi non
poterat, eum ipsum, in quo constiterat, locum castris dimetari
iussit. id vero, circumfuso undique equitatu, ut vallum peteretur

---

38—40. Siege über die Samniten. Appian Samnit. 4; Dio Cass.
frg. 36, 8; Zon. 7, 26.

1—3. *Fabio*, der mag. eq. des
Papirius c. 30 ff.; der folg. *M. Fabius* ist wol der Bruder desselben,
der, wie der Vater, Ambustus heisst,
s. c. 29, 9. — *Fulvio* (*Curvo*), s. zu
c. 37, 8. — *conducta* etc., von den
sabellischen Völkern, vielleicht mit
Tarentinischem Gelde.— *castra* etc.,
durch die Bemerkung c. 40, 2 wird
die ganze Erzählung unsicher. —
posita—*cum* statt *posita sunt, cum*,
s. 25, 36, 8; 28, 23, 2; doch könnte
auch *erant* ergänzt werden, s. 6, 24,
5; 35, 10, 4. — *vallum*—*inf.*, mit
dem Wall vorrücken, wie sonst
contra castris conferre, daher § 4:
propter propinquitatem castrorum.
— *prohibuit* n. *hostes.*

5—6. *ita — ut* beschränkend. —
ne pedestr. quidem, man sollte eher
erwarten *pedestres copiae ne egres-*
sae quidem castris ante lucem, vgl.
c. 33, 17, indess scheint der beiden
Sätzen gemeinschaftliche Begriff
donec lucesceret und *ante lucem*, der
Zusammenhang der Gedanken aber
zu sein: so wie die Reiter nicht vor
Tagesanbruch angriffen, so auch das
Fussvolk nicht, welches da erst aus
dem Lager rückte. Die Einschie-
bung des Satzes *ne*—*egressae* hat
bewirkt, dass *donec*—*abstineret*
durch *luce demum ausus* dann wieder *ne pedestr. quidem* etc. in *interim*—*adsecutus* wiederholt und näher bestimmt, der Ausdruck (wie
überhaupt die Darstellung in der
Schlachtschilderung manches Besondere hat) etwas wortreich ist.
— *carpendo* 3, 5, 1.

7—10. *dimetari*, s. 44, 7, 2. — *di
vero*: das aber erst, in Beziehung auf
magno incommodo, erklärt durch
ut peteretur etc. Vielleicht ist *ibi
vero* zu lesen. — *vallum*, der ge-

opusque inciperet, fieri non poterat. itaque ubi neque eundi ne- 8
que manendi copiam esse videt, instruit aciem inpedimentis ex
agmine remotis. instruunt contra et hostes, et animis et viribus
pares. auxerat id maxime animos, quod ignari, loco iniquo, non 9
hosti cessum, velut fugientes ac territos terribiles ipsi secuti
fuerant. id aliquamdiu aequavit pugnam iam pridem desueto 10
Samnite clamorem Romani exercitus pati. et hercule illo die ab
hora diei tertia ad octavam ita anceps dicitur certamen stetisse,
ut neque clamor, ut primo semel concursu est sublatus, iteratus
sit, neque signa promota loco retrove recepta, neque recursum
ab ulla sit parte. in suo quisquis gradu obnixi, urgentes scutis, 11
sine respiratione ac respectu pugnabant; fremitus aequalis tenor-
que idem pugnae in defatigationem ultimam aut noctem spectabat. iam viris vires, iam ferro sua vis, iam consilia ducibus 12
deerant, cum subito Samnitium equites, cum turma una longius
provecta accepissent inpedimenta Romanorum procul ab armatis
sine praesidio, sine munimento stare, aviditate praedae impetum
faciunt. quod ubi dictatori trepidus nuntius adtulit: ,,sine modo'' 13
inquit, ,,sese praeda praepediant.'' alii deinde super alios diripi
passim ferrique fortunas militum vociferabantur. tum magistro 14
equitum accito: ,,vides tu'' inquit, ,,M. Fabi, ab hostium equite

---

wöhnliche Sprachgebrauch liesse
vallus erwarten, s. 3, 27, 3; vgl. 25,
36, 5. — *inciperet* = *inchoaretur*
n. die Schanzarbeit. — *inpedim.*,
auf dem Zuge waren dieselben nach
den einzelnen Truppentheilen vertheilt, s. Marq. 3, 2, 326; 331. —
quod ign. etc., sie waren muthiger,
weil sie nicht wussten, dass die Römer nur um sich von dem ungünsti-
gen Orte zu entfernen, nicht aus
Furcht zurückgewichen waren. —
iam prid., in den letzten 2 Jahren
war es nach L. nicht zu einer offenen Schlacht gekommen. — *et hercule* etc. ist weitere Ausführung von
§ 9 und von *aliquamdiu*, welches an
sich nicht auf eine so lange Dauer
des Kampfes schliessen lässt; vgl.
zur Schilderung 27, 2, 6 ff. — *signa*
etc., vgl. 4, 37, 11.

11. *suo quisquis*, sonst findet
sich mehr das Neutrum von *quisquis* in dieser Weise statt *quisque*

gebraucht, s. zu 3, 37, 7; 25, 29, 6,
seltener das Masc., s. Tabula Herac.
I, 13: *quod quemquem h. l. profiteri
oportebit*; Cic. Fam. 6, 1, 1: *quocumque in loco quisquis est*; Ciris
v. 88, weshalb a. u. St. gewöhnlich
quisque gelesen wird. — *obnixi* etc.,
6, 12, 8. — *respectu*, 32, 12, 8. —
— *tenorq.*, 7, 40, 9. — *in defatig.*
etc., der Kampf schien nur mit
gänzlicher Erschöpfung, oder, wenn
die Kraft bis dahin aushielt,
erst mit Einbruch der Nacht endi-
gen zu wollen. Ueber *spectare in* s.
1, 9, 6.

12—16. *viris vires* wie § 11: *respiratione respectu*; § 13: *praeda
praepediant*; § 14: *impediti impedi-
mentis*, Annomination, 6, 22, 7;
zugleich ist *vis* und *vires* absichtlich
zusammengestellt. — *longius prov.*,
sie umgieng die Reihen der Römer.
— *sine praes.*, auch die Triarier
müssten also bereits im Kampfe ge-

15 omissam pugnam? haerent inpediti inpedimentis nostris. ad-
gredere, quod inter praedandum omni multitudini evenit, dissipatos; raros equis insidentes, raros quibus ferrum in manu sit
invenies; equosque dum praeda onerant, caede inermes cruen-
16 tamque illis praedam redde. mihi legiones peditumque pugna
39 curae erunt; penes te equestre sit decus." Equitum acies, qualis quae esse instructissima potest, invecta in dissipatos inpedi-
2 tosque hostes caede omnia replet. inter sarcinas omissas repente,
obiacentes pedibus fugientium consternatorumque equorum, ne-
3 que pugnae neque fugae satis potentes caeduntur. tum deleto
prope equitatu hostium M. Fabius circumductis paulum alis ab
4 tergo pedestrem aciem adoritur. clamor inde novus accidens et
Samnitium terruit animos, et dictator, ubi respectantes hostium
antesignanos turbataque signa et fluctuantem aciem vidit, tum
appellare, tum adhortari milites, tribunos principesque ordinum
5 nominatim ad iterandam secum pugnam vocare. novato clamore
signa inferuntur, et quidquid progrediebantur, magis magisque
turbatos hostes cernebant. eques ipse iam primis erat in con-
6 spectu, et Cornelius respiciens ad manipulos militum, quod manu,
quod voce poterat, monstrabat vexilla se suorum parmasque cer-

wesen sein. — *haerent*, s. 10, 36,
13 u. a. — *quod inter* etc. n. dass
sie sich zerstreuen, 44, 6, 12. —
equosque knüpft an *aggredere* an,
Madvig verm. *se equosque*. — *mihi
leg.*, etc., der Dictator war in derselben Weise zunächst Anführer der
Fusstruppen, wie der mag. equit. der
Reiterei. — *redde* findet sich viell.
nur hier bei L. in dieser Weise gebraucht, s. 2, 60, 4.

39. 1—3. *acies*, selten von der
Reiterei gebraucht. Auch die Zu-
setzung von *quae* zu *qualis esse m.
p.* wäre ungewöhnlich, vgl. Cic. Sen.
12, 41: *voluptate, quanta percipi
posset maxima*, doch kann nach *qualis* viell. *est* od. *esse solet* ergänzt
werden, vgl. 3, 26, 5; 34, 32, 3. —
obiect. etc., über das harte Asyndeton s. 6, 7, 3. — *potentes = pugnandi — potestate adempta.* — *alis* wol
nach späterem Sprachgebrauche, als
die Reiterei aus fremden Truppen
bestand, und die Abtheilungen der-

selben überhaupt *alae* genannt wurden; so lange die Römer selbst einen Theil der Reiterei stellten, wurden die von den Bundesgenossen ge-
rüsteten Abtheilungen *alae* genannt,
s. 40, 40, 9: *et alarii equites, postquam Romanorum equitum — facinus videre*, Marq. 3, 2, 305; 348.
4—5. *novus*, s. c. 38, 10. — *re-
spectant.*, 4, 37, 10. — *antesignan.*,
zunächst der hastati, s. 4, 37, 11,
der Gegensatz c. 38, 10. — *flu-
ctuant.*, 6, 13, 3. — *tum — tum*,
die Anapher von *tum* im Nachsatze,
vgl. 4, 33, 3, sowie der inf. histor.
bei *tum*, s. 1, 54, 1; vgl. ib. 58, 3;
21, 54, 9, findet sich nicht so oft. —
princip. ord., es sind wol die ersten
Centurionen gemeint, vgl. 10, 35,
16; 7, 41, 4. — *novato* st. *renovato*,
26, 19, 2; anders 4, 33, 7. — *quidquid*, 7, 32, 6. Es sind die hinter
den hastati stehenden Linien.
6 — 10. *quod manu*, anders Tac.
Ann. 2, 17; Sall. I. 98, 1. — *monstrabat* bezieht sich in seiner eigent-

nere equitum. quod ubi auditum simul visumque est, adeo re- 7
pente laboris per diem paene totum tolerati vulnerumque obliti
sunt, ut haud secus, quam si tum integri e castris signum pugnae accepissent, concitaverint se in hostem. nec ultra Samnis 8
tolerare terrorem equitum peditumque vim potuit: partim in medio caesi, partim in fugam dissipati sunt. pedes restantes ac cir- 9
cumventos cecidit; ab equite fugientium strages est facta, inter
quos et ipse imperator cecidit.

Hoc demum proelium Samnitium res ita infregit, ut omni- 10
bus conciliis fremerent minime id quidem mirum esse, si inpio
bello et contra foedus suscepto, infestioribus merito deis quam
hominibus, nihil prospere agerent: expiandum id bellum magna
mercede luendumque esse; id referre tantum, utrum supplicia 11
noxio paucorum an omnium innoxio praebeant sanguine; aude-
bantque iam quidam nominare auctores armorum. unum maxime 12
nomen per consensum clamantium Brutuli Papi exaudiebatur;
vir nobilis potensque erat, haud dubie proximarum indutiarum
ruptor. de eo coacti referre praetores decretum fecerunt, ut 13

lichen Bedeutung nur auf *manu; ve-*
xilla etc. (s. 4,38,3) hängt von *voce*
monstrabat=*clamabat* ab. — *e ca-*
stris scheint mit *integri* in Verbindung zu stehen und dieses praegnant:
mit frischer Kraft aufbrechend zu
bedeuten, vgl. 1,21,3. — *ut—conci-*
taver., vgl. 24, 16, 1. — *imperator*
(oskisch *embratur*), wahrscheinlich
der an der Spitze des Bundesheeres
stehende Feldherr, s. 9, 1, 2; ib. 22,
6; ib. 44, 13; 10, 29, 16; 38, 12;
auch *dux* genannt 9, 22, 11; 10,19,
14; 20, 13; 21, 2, verschieden von
dem untergeordneten *praetor* 8, 26,
1. Ob er jährlich gewählt worden
sei, wie man aus 9, 1, 2 vermuthen
könnte, und ob zuweilen mehrere
waren, s. 10,38, 3; in welchem Verhältnisse derselbe zu den *praetores*
§ 13 stand, lässt sich nicht erkennen, s. 7, 31, 11; Nieb. R. G. 3,209.

10—12. *conciliis* wie 7, 31, 11
oder es sind Versammlungen in einzelnen Staaten gemeint. — *contra*
foedus, es ist das c. 2 geschlossene,
welches nach L's Ansicht, s. c. 23,

3 ff., die Samniten ebenso gebrochen
haben, s. § 13: *per fetiales* etc., 9,
1, 4 ff., wie den Waffenstillstand,
§ 12; c. 37, 2, daher *inpium*, s. 9,
1, 10. — *id ref.*, es handle sich nur
darum. — *supplicia* ist Sühnopfer,
Sühne für das gebrochene Bündniss;
der welcher das Bündniss gebrochen
hatte, wurde eigentlich als Sühnungsmittel, *piaculum*, ʿs. c. 9, 10,
den Göttern oder den Feinden über-
liefert, er war mit Allem was er be-
sass *sacer*, vgl. Isid. 5, 27. — *Bru-*
tulus (bei Zonaras 1. 1. ʿΡούτουλος)
ist nicht Vor- sondern Zuname;
Papius Gentilname, s. Mommsen
Unterit. Dial. S. 202. — *coacti*, wie
in Rom die Consuln durch die Aufforderung der Senatoren veranlasst
werden einen Gegenstand zur Berathung zu bringen, so die *praetores*,
welche hier die Bundesversammlung
leiten, s. 7, 31, 11. Uebrigens setzt
referre; decretum fec., s. 32, 22, 4,
u. §. 15: *placuit* eine berathende
Behörde wie in Latium c. 3, 10 voraus, nicht bloss eine Versammlung
der Anführer.

Brutulus Papius Romanis dederetur, et cum eo praeda omnis
Romana captivique ut Romam mitterentur, quaeque res per fetiales ex foedere repetitae essent, secundum ius fasque resti-
14 tuerentur. fetiales Romam, ut censuerunt, missi et corpus Brutuli exanime; ipse morte voluntaria ignominiae se ac supplicio
15 subtraxit. placuit cum corpore bona quoque eius dedi. nihil
tamen earum rerum praeter captivos ac si qua cognita ex praeda
sunt acceptum est; ceterarum rerum inrita fuit deditio. dictator
ex senatus consulto triumphavit.

16   Hoc bellum a consulibus bellatum quidam auctores sunt,
eosque de Samnitibus triumphasse; Fabium etiam in Apuliam
40 processisse atque inde magnas praedas egisse. nec discrepat,
2 quin dictator eo anno A. Cornelius fuerit: id ambigitur, belline
gerendi causa creatus sit, an ut esset, qui ludis Romanis, quia L.

13—15. *per fet.*, im Anfange des
Krieges c. 23. Das Institut der Fetialen fand sich bei mehreren italischen Völkern, Marq. 4, 381. —
ius fasq., nach dem Fetialrechte, s.
1, 32. — *bona,* c. 20, 8; 9, 1, 6. —
inrita f., war ohne Erfolg, wurde
nicht angenommen; die Samniten
sind bereit die c. 23 gestellten Forderungen zu erfüllen, die Römer
machen höhere, vgl. Dio. l. l. οὐ
μέντοι ἔτυχον τῆς εἰρήνης· ἄπι-
στοί τε γὰρ δόξαντες εἶναι, καὶ
πρὸς τὰς συμφορὰς ἐς παράκρου-
σιν τοῦ ἀεὶ κρατοῦντός σφων
σπένδεσθαι. — οἱ γὰρ Ῥωμαῖοι,
καίτοι τοὺς αἰχμαλώτους λαβόντες,
ἀκηρυκτὶ πολεμεῖν αὐτοῖς ἐψηφί-
σαντο. Die Forderung des Senats
hat L. übergangen, s. Appian. l. l.:
ἡ βουλὴ προσεδόκα κακοπαθοῦν-
τας ἐνδώσειν περὶ τῆς ἡγεμονίας,
sie sollten die Oberhoheit Roms
anerkennen, dann: οὐκ ἐκδωσόμε-
νοι δὴ τὰς πόλεις ἔφασαν ἥκειν,
ἀλλ' ἐς φιλίαν συνάξοντες, das frühere Bündniss.

40. 1. *a consul.*, so die Trium-
phalfasten: *L. Fulvius — cos. a.
CDXXXI de Samnitibus Quirinali-
bus*; und Aurel. Vict. 32, anders
Plin. an der c. 37, 8 angef. Stelle:
Fulvius — solus eodem anno, quo

*uerat hostis, Romae triumphavit ex
iis, quorum consul fuerat*, die Tusculaner, wenn auch der Name *consul* in Tusculum wol nicht gebräuchlich war. — *in Apul.* schliesst sich
an c. 37, 4, dasselbe berichtet Appian l. l., und in den Triumphalfasten
triumphirt Q. Fabius *an. CDXXXI.
de Samnitibus et Apuleis XII. K.
Mart.* L. hat über der Schilderung
der Schlacht c. 38 die genauere Angabe der Verhältnisse des Jahres
verabsäumt. — *discrepat*, 3, 31, 8.
— *quin*, wie nach *non ambigitur*, 2,
1, 3.

2—3. *id*, nur das. — *ludi Rom.*,
mit Ausnahme von 1, 35, 9, wo die
Einrichtung der Spiele gemeldet
wird, hat L. bis jetzt dieselben *ludi
magni*, die bei ihm immer votivi
sind, s. 7, 15, 12, genannt, s. 2, 36;
4, 27; 5, 19; ib. 31; 7, 11; nur 6.
42, 12 *ludi maximi*. Die a. u. St.
zuerst vorkommende und von jetzt
oft wiederholte Benennung *ludi Romani*, s. 10, 47; 25, 2, neben denen aber auch noch *ludi magni*,
als bei besonderen Gelegenheiten
gelobte, s. zu 22, 9, 9; 36, 2, 2
39, 22, 2 u. a, stattfinden, deutet
nach Th. Mommsen darauf hin, dass
damals bereits die ludi Romani
nicht mehr für die einzelnen Fälle

Plautius praetor gravi morbo forte inplicitus erat, signum mit- 3
tendis quadrigis daret, functusque eo haud sane memorandi imperii ministerio se dictatura abdicaret; nec facile est aut rem rei
aut auctorem auctori praeferre. vitiatam memoriam funebribus 4
laudibus reor falsisque imaginum titulis, dum familia ad se quaeque famam rerum gestarum honorumque fallenti mendacio trahunt. inde certe et singulorum gesta et publica monumenta 5
rerum confusa; nec quisquam aequalis temporibus illis scriptor
extat, quo satis certo auctore stetur.

---

gelobt, sondern jährlich als feriae
statae gefeiert wurden, worauf
viell. auch die Einrichtung bleibender carceres c. 20, 1 hinweist.
Die Spiele waren dem Juppiter geweiht, und wurden damals, da die
scenischen noch untergeordnet waren, s. 7, 3, 2, fast nur im circus
max. gehalten. Der dieselben lei-
tende Magistrat musste, da er in
der Tracht und auf dem Wagen der
Triumphatoren, s. 10, 7, 9, erschien,
das für den Triumph erforderliche
Imperium haben. Gewöhnlich war
es einer der Consuln, s. 45, 1, 6; in
deren Abwesenheit der Prätor, oder
es wurde ein Dictator ernannt, der
dann auch das Zeichen zur Abfahrt
der Wagen gab. — *haud*, s. 7, 18, 2.
— *minist.*, die Besorgung, Verwaltung, häufiger der Dienst, die Dienst-
leistung selbst, vgl. 3, 57, 10; 9,
34, 18; 26, 47, 2 u. a.; anders 4,
12, 8, vgl. ib. 8, 6; 11, 6. — *rem*
etc., weder in der Sache noch in
den Gewährsmännern liegt ein
Grund das Eine oder das Andere
vorzuziehen.

4—5 *f. laudibus*, die Leichen-
reden, s. Plin. 7, 43, 139: *supre-*
mae laudes, eigentlich das in der
laudatio, s. L. 2, 47, 11; 5, 50, 7,
ausgesprochene Lob, vgl. Cic. Brut.
16: *quamquam his laudationibus*
historia rerum nostrarum facta est
mendosior etc. — *falsisq. i. t.*, Un-
terschriften unter den Ahnenbildern,

s. zu 4, 16, 4; Plin. 35, 2, 8: *etiam*
mentiri imagines erat aliquis vir-
tutum amor, Marq. 5, 1, 247. —
fallenti, welche leicht irre führen
kann, ist adjectivisch gebraucht.
— *dum* giebt mehr den Grund als
die Zeit an, s. 9, 9, 11; praef. 2. —
familia—trahunt kann gesagt sein
wie 5, 37, 8: *gens—compleverunt*;
7, 17, 6: *nomen—perveniunt*; 5, 40,
4: *pars—persecutae sunt, iuventus*
21, 7, 7; 5. 2, 14. 8, so dass an die
Einzelnen in den Familien gedacht
wäre; doch findet sich dann nicht
leicht *quisque* oder in anderer Form,
s. 10, 14, 19: *pro se quisque miles*
— *fremunt*, zugesetzt, weshalb Andere die Lesart jüngerer Hdss.;
familiae—trahunt, s. 4, 40, 3, vorziehen. — *et publ. mon.* scheint zu
bedeuten, dass aus den Familien-
denkmälern die erdichteten Ehren
und Thaten auch in die öffentlichen,
die fasti triumphales, consulares u.
a., s. 6, 1, 2, gekommen und so die
Geschichte verfälscht worden sei,
s. Broecker 74. — *gesta*. s. 6, 1,
3: *gesta domi militiaque*, Corn. Ti-
moth. 4, 6; Hann. 13, 3, ist sonst
selten, und an. u. St. wol nur, weil
rerum gestarum eben vorhergegangen ist, gebraucht. — *quisq. script.*,
s. 9, 18, 13; 27, 50, 4; 45, 20, 3;
vgl. 3, 38, 2; ein Geschichtschrei-
ber der als Gewährsmann dienen
könnte. Die ältesten Annalisten
haben über 100 Jahre später ge-

TITI LIVI

AB URBE CONDITA

LIBER IX.

1   Sequitur hunc annum nobilis clade Romana Caudina pax
2 T. Veturio Calvino Sp. Postumio consulibus. Samnites eo anno
imperatorem C. Pontium Herenni filium habuerunt, patre longe
3 prudentissimo natum, primum ipsum bellatorem ducemque. is,
ubi legati, qui ad dedendas res missi erant, pace infecta redierunt: „ne nihil actum" inquit „hac legatione censeatis, expiatum
est, quidquid ex foedere rupto irarum in nos caelestium fuit.
4 satis scio, quibuscumque diis cordi fuit subigi nos ad necessitatem dedendi_res, quae ab nobis ex foedere repetitae fuerant, is
non fuisse cordi tam superbe ab Romanis foederis expiationem
5 spretam. quid enim ultra fieri ad placandos deos mitigandosque

---

schrieben und waren auf die bereits
verfälschten Annalen angewiesen.
Die Stelle, wie 7, 42, 7, mit 6, 1
nicht ganz übereinstimmend, ist für
die Beurtheilung der Geschichte der
früheren Zeit sehr bedeutend. Dass
L. nur die Annalisten, nicht die
alten Annalen selbst benutzt habe,
ist, wenn auch an sich wahrscheinlich, doch in derselben nicht bestimmt ausgesprochen. — *stetur*,
vgl. 34, 54, 8.

1—12,4. Die Einschliessung der
Römer in den caudinischen Pässen.
Dionys. 16, 3 f.; App. Samn. 4; Dio
Cass. fr. 36, 9 — 18; Zon. 7, 26;
Cic. Offic. 3, 30; Sen. 12; Val. Max.
7, 2 Ext. 17; 5, 1 Ext. 5; Gell. 17,
21, 36; Flor. 1, 11 (16), 9; Oros.
3, 15,

1—2. *nobilis*, berühmt, berüch-
tigt, 22, 50, 1. — *Rom. Caud.*,

chiastisch. — *pax*, insofern derselbe durch den Vortrag garantirt
war, s. 8, 17, 10. — *Veturio —
Postumio*, 8, 16. — *imperat.*, 8, 39,
9. — *Pontium*, s. 5, 46, 8, oskisch
῾Πομπιες᾽; *Herenni*, hier und 39, 13,
9 Vorname, vgl. 23, 43; Cicero nennt
auch den Vater *C. Pontius.*

3—5. *ne nihil* etc., c. 16, 16; 22,
18, 9, hängt von dem folg. Satze ab,
— *ex foedere*, 8, 39, 13; vgl. 1, 23.
7. — *satis sc.*, 1, 9, 4. — *quibus-
cumq.*, es sind die bei dem Abschluss
des Bündnisses als Zeugen, § 7:
arbitri, 3, 2, 4, angerufenen, welche
dem, der das Bündniss bricht, als
einem Meineidigen zürnen, und nur
gesühnt werden können, wenn
alles gegen den Bund Gethane
und Genommene wieder geordnet
und zurückgegeben ist; daher *foederis* (n. *violati*) *expiat.*; *placandos
deos*; § 6 *noxae*, vgl. **1**, 32, 10. —

homines potuit, quam quod nos fecimus? res hostium in praeda
captas, quae belli iure nostrae videbantur, remisimus; auctores 6
belli, quia vivos non potuimus, perfunctos iam fato dedidimus;
bona eorum, ne quid ex contagione noxae remaneret penes nos,
Romam portavimus. quid ultra tibi, Romane, quid foederi, quid 7
diis arbitris foederis debeo? quem tibi tuarum irarum, quem
meorum suppliciorum iudicem feram? neminem neque populum
neque privatum fugio. quod si nihil cum potentiore iuris hu- 8
mani relinquitur inopi, at ego ad deos vindices intolerandae su-
perbiae confugiam et precabor, ut iras suas vertant in eos, qui- 9
bus non suae redditae res, non alienae adcumulatae satis sint;
quorum saevitiam non mors noxiorum, non deditio exanimato-
rum corporum, non bona sequentia domini deditionem exsatient,
placari nequeant, nisi hauriendum sanguinem laniandaque viscera
nostra praebuerimus. iustum est bellum, Samnites, quibus ne- 10
cessarium, et pia arma, quibus nulla nisi in armis relinquitur
spes. proinde, cum rerum humanarum maximum momentum 11
sit, quam propitiis rem, quam adversis agant diis, pro certo ha-

---

res—iure, vgl. 5. 27, 6; 31, 30, 2:
esse quaedam belli iura, quae ut fa-
cere ita pati sit fas: — praedas ho-
minum pecorumque agi. — quid
ultra q. q., 28, 39, 2 u. a. — *in*
praed., unter, in der Eigenschaft
als, als Beute, Naegelsb. § 123, 4.

6—7. *auctores,* s. § 9, L. denkt
nur an Brutulus, Appian. I. I. νεκρὰ
σώματα ἀνδρῶν φέροντες ὡς αἰ-
τίους τοῦδε τοῦ πολέμου γεγονό-
τας. — *ex cont. n.,* 5, 6, 11; 4, 15,
8. — *arbitris,* welche nach ihrem
Ermessen zu bestimmen haben, ob
Alles zur Sühnung des Bundes-
bruches, s. § 4, Erforderliche gethan ist. — *irarum* etc., der entscheiden soll, ob dein Zorn gerecht,
meine Sühne (*supplic.*) genügend
sei. — *iudic. f..* 3, 24, 5, entspricht
arbitris, s. 32, 10, 5, mit Bezug auf
8, 23, §. — *fugio,* 8, 33, 8.

8—9. *cum pot.* 3, 37, 7; *cum*
weil der Gedanke zu Grunde liegt,
dass sie als Parteien, wie vor Ge-

richt streiten wollen, vgl. 6, 14, 8
41, 24, 10: *quod Epirotis — cum*
Macedonibus iuris est, vgl. 43, 2, 6.
— *at,* 3, 13, 3. *placari neq.,* aus
einem casus obl. des pronom. relat.,
selten aus dem Nominat, s. Cic.
Off. 2. 10, 37: *qui despiciunt, cum-*
que—ad se—convertit, kann der Nominat. od. Accusat. desselben ergänzt werden, so hier *qui* aus *quo-*
rum, s. Cic. Vat. 10, 24: *cuius in-*
clusione contentus non eras, inter-
ficere volueras; Tusc. 1, 30, 72. u.
a. — *hauriend.* 7, 24, 5.

10—11. *iustum est—pia,* eigentlich Kriege, die unternommen werden, nachdem Alles, was das mensch-
liche und das göttliche Recht, die
Religion, fordert, § 5, geschehen
ist, s. 1, 22, 4; 31, 14, 10; 35, 33,
3; a. u. St. ist die wirkliche in der
Nothwendigkeit liegende, nicht blos
formale Gerechtigkeit gemeint; dagegen 29, 31, 11: ein eigentlicher,
vollständiger Krieg, vgl. 42, 18, 1.
— *agant,* das Subject ist in *huma-*

bete priora bella adversus deos magis quam homines gessisse,
hoc, quod instat, ducibus ipsis diis gesturos.

2   Haec non laeta magis quam vera vaticinatus exercitu educto
2 circa Caudium castra quam potest occultissime locat; inde ad
Calatiam, ubi iam consules Romanos castraque esse audiebat,
" milites decem pastorum habitu mittit, pecoraque diversos, alium
3 alibi, haud procul Romanis pascere iubet praesidiis; ubi inciderint
in praedatores, ut idem omnibus sermo constet, legiones Samnitium in Apulia esse, Luceriam omnibus copiis circumsedere, nec
4 procul abesse, quin vi capiant. iam is [et] rumor ante de industria volgatus venerat ad Romanos, sed fidem auxere captivi, eo
5 maxime, quod sermo inter omnes congruebat. haud erat dubium,
quin Lucerinis opem Romanus ferret, bonis ac fidelibus sociis,
simul ne Apulia omnis ad praesentem terrorem deficeret. ea
6 modo, qua irent, consultatio fuit. duae ad Luceriam ferebant
viae, altera praeter oram superi maris, patens apertaque, sed
quanto tutior, tanto fere longior, altera per Furculas Caudinas

---

narum angedeutet, oder allgemein:
m a n , 2, 7, 1 : *adiciunt. — adversus,*
gegen die Götter gerichtet, s. 6, 35,
4. — *gessisse — gesturos* n. *vos*
od. *nos,* s. 32, 35, 3 ; 9, 10, 10; 6,
6, 13; 1, 37, 6.

2. 1—5. *circa Caud.,* in der Nähe von Caud., der Hauptstadt der
caudinischen Samniten nicht weit
von dem Passe, § 6, und dem jetzigen Arpaja. — *locat = collocat,* s. c.
13, 3 u. o. — *Calatia* liegt westlich
von Caudium, südlich vom Volturnus, j. Giacomo delle Galazze, nicht
zu verwechseln mit dem nördlich
von dem Flusse gelegenen *Caiatia,*
j. Cajazzo, 23, 14, 13. — *diversos,*
nach verschiedenen Richtungen, bestimmt durch *alium al.* — *ut constet,* dem Sinne nach von *iubet* abhängig, *legiones* etc. von *sermo const.*
— *constet,* absolut, wie in *ratio constat;* fest, gleich bleibe; Alle in
gleicher Weise sagten, § 4 : *congruebat. — Lucer.,* c. 26, 3. — *omnib.*
cop., als ob *Samnites* vorhergienge,
s. 7, 35, 6 ; 35, 3, 1 u. a. — *ferret,*
bringen würden, da der Besitz von
Apulien von dem dieser Stadt ab-

hieng, vgl. c. 26, 4. — *bonis ac fid.*
etc. L. scheint an 8, 25, 3 zu denken u.
anzunehmen, Luceria sei ungeachtet
des Abfalls der Apulier 8, 37, 3, obgleich sonst die Stadt auf der Seite
der Samniten steht, s. c. 12 f., treu
geblieben. Vielleicht war sie in
dem letzten Kriege, s. 8, 37, 9, von
den Römern eingenommen worden,
denn Fabius hat nach den Triumphalfasten auch über die Apuler triumphirt, s. 8, 40, 1. — *simul,* 7, 32,
3. — *praesent* , 29, 4, 2.

6—7 *ea,* s. 1, 30, 4. *praeter or.,*
der Weg durch das Gebiet der
Vestiner, s. 8, 29, und Frentaner,
s. c. 13, 6, die aber nach c. 16
erst überwunden werden. Diese
Strasse selbst konnte wol von Rom
aus, schwerlich aus Campanien eingeschlagen werden. — *altera,* über
Beneventum, mitten durch Samnium,
wo später die Strasse von Capua
nach Apulien führte, vgl. c. 13, 4;
7, 34, 1. — *fere,* gerade. — *Furc.*
Caud., wol nur als Engpass, nicht
nach der Gestalt der *furca,* Val. Max.
l. l., s. zu 2, 36, 1, so genannt ; *Caudinae* nach dem Volksstamm, oder

brevior; sed ita natus locus est: saltus duo alti angusti silvosique 7
sunt, montibus circa perpetuis inter se iuncti; iacet inter eos
satis patens clausus in medio campus herbidus aquosusque, per
quem medium iter est; sed antequam venias ad eum, intrandae 8
primae angustiae sunt, et aut eadem, qua te insinuaveris, retro
via repetenda, aut, si ire porro pergas, per alium saltum artio-
rem inpeditioremque evadendum. in eum campum via alia per 9
cavam rupem Romani demisso, agmine cum ad alias angustias
protinus pergerent, saeptas deiectu arborum saxorumque ingentium obiacentem molem invenere. cum fraus hostilis apparuis-
set, praesidium etiam in summo saltu conspicitur. citati inde 10
retro qua venerant, pergunt repetere viam; eam quoque clau-
sam sua obice armisque inveniunt. sistunt inde gradum sine
ullius imperio, stuporque omnium animos ac velut torpor qui-

der Stadt § 1. Durch die Lage der
Stadt ist die des Passes im Allgemeinen bezeichnet, doch ist es ungewiss, ob er zu suchen sei in dem
Thal des Iscleros zwischen Sta
Agata de' Goti und Mojano, oder in
dem Val di Gardano zwischen
Arpaja und Montesarchio, oder dem
Thale zwischen Arienzo u. Arpaja,
s. Mommsen, 1, 368; nach allen
dreien konnte das Heer von Calatia
aus ziehen um durch Samnium nach
Luceria zu kommen. — *sed ita* beschränkt zwar, dem vorhergehenden
sed entsprechend, *brevior*, bildet
uber zugleich den Uebergang zu
der folg. Schilderung. — *natus* von
Oertlichkeiten gebraucht, s. 22, 4,
2 u. a. — *angusti silv.*, nicht *alti*
coordinirt, gehören zu dem Ge-
sammtbegriffe *saltus alti*: welche
zugleich — sind, vgl. 7, 37, 1. —
circa, attributiv: die auf beiden
Seiten sind, 1, 17, 4. — *perpetuis*
etc., die Berge laufen auf beiden
Seiten von einem Passe zum anderen und verbinden beide. — *patens*, die Berge treten also zwischen
den beiden Pässen weiter auseinander. — *claus. in med.* enthält
eine genauere Bestimmung von
inter eos. Die zahlreichen attri-
butiven Bestimmungen sind vor und

hinter das Substant. vertheilt, anders 38, 40, 6. — *herbidus aq.*, „ein
feuchter Wiesengrund," vgl. 23, 19,
14; Verg. Aen. 11, 522.

8—11. *retro—repet.*, ein häufiger Pleonasmus. — *alium*, einen anderen Pass gegenüber *eadem.* Eben
so stehen sich im Folgend. *via alia —
ad alias ang.* entgegen: auf einem —
ein anderer, s. 1, 21, 6; im ersten
Gliede ist zugleich der Begriff *angustiae* umschrieben. — *demisso*,
s. 7, 34, 3. — *obicem*, wie § 10;
c. 3, 1, nicht Riegel, sondern wie
das entsprechende *deiectu arborum*
etc. zeigt, Barrikaden s. 6, 9, 7.
Der Wechsel des Ausdrucks in
saeptas deiectu und *obiacentem mol.*,
s. c. 27, 12, und der Chiasmus in
arborum s. ist zu beachten. — *protinus per.*, vorwärts gehen, wie vorher *porro pergere.* — *citati*, s. praef.
11. — *sua ob.*, für diesen bestimmt,
geeignet, vgl. c. 1, 9. L. denkt das
Thal ziemlich lang, da das ganze
Heer bis an das eine Ende zieht, und
ehe es zurückkommen kann, bereits
die Verschanzung des anderen ausgeführt ist, s. Nieb. I, 490. — *sistunt gr.*, machen Halt. — *ullius*,
Mascul., wie § 13; c. 34, 1: *ullo*; 4;
11, 4: *ulli*, s. 6, 37, 9 u. a., vgl. 2,

11 dam insolitus membra tenet, intuentesque alii alios, cum alterum
    quisque conpotem magis mentis ac consilii ducerent, diu inmo-
12 biles silent. deinde, ubi praetoria consulum erigi videre et expe-
    dire quosdam utilia operi, quamquam ludibrio fore munientes
13 perditis rebus ac spe omni adempta cernebant, tamen, ne culpam
    malis adderent, pro se quisque nec hortante ullo nec imperante
14 ad muniendum versi castra propter aquam vallo circumdant, sua
    ipsi opera laboremque inritum, praeterquam quod hostes superbe
15 increpabant, cum miserabili confessione eludentes. ad consules
    maestos, ne advocantes quidem in consilium, quando nec consi-
    lio nec auxilio locus esset, sua sponte legati ac tribuni conve-
    niunt, militesque ad praetorium versi opem, quam vix dii inmor-
3 tales ferre poterant, ab ducibus exposcunt. Querentes magis
    quam consultantes nox oppressit, cum pro ingenio quisque fre-
    merent, alius: ,,per obices viarum, [alius] per adversa montium,
2 per silvas, qua ferri arma poterunt, eamus; modo ad hostem
    pervenire liceat, quem per annos iam prope triginta vincimus;
    omnia aequa et plana erunt Romano in perfidum Samnitem pu-
3 gnanti;'' alius: ,,quo aut qua eamus? num montes moliri sede
    sua paramus? dum haec inminebunt iuga, qua tu ad hostem ve-
    nies? armati inermes, fortes ignavi, pariter omnes capti atque
    victi sumus; ne ferrum quidem ad bene moriendum oblaturus
4 est hostis; sedens bellum conficiet.'' his in vicem sermonibus
    qua cibi qua quietis inmemor nox traducta est.

59, 8, — *alii al.*, hier wol reciprok,
daher *alterum*, vgl. c. 5, 8.

   12—15. *praetoria* s. 8, 11, 7;
a. u. St. scheinen sie, da § 15 *praetorium* folgt, vereinigt gedacht zu
werden. s. Polyb. 6, 32, 8. — *operi*
aus *munientes* u. *muniendum* zu erklären. — *increp.*, 1, 26, 3. — *con-
fess.* in Bezug auf *inritum.* — *elud.*
2, 45, 6. — *advocant.*, 7, 36, 9. —
consilio—*auxilio*, c. 4, 14; 7, 40, 4.

   3. 1—4 *per ob.*, vor- oder rückwärts. — *adversa m.* hier = *adversos montes*, c. 35, 7; 1, 57, 9. —
— *qua* da — wo nur, § 3; 4. —
modo = *dummodo.* — *triginta*, s.
7, 33; vom J. 411 an. — *vincimus*
,,siegreich bekämpfen'', s Tac.Germ.
37: *tam diu Germania vincitur.* —
aequa c. p , Sall. I. 114: *alia omnia*

virtuti suae prona esse. — *perfidum*,
c. 1. — *pugnanti* = *si pugnare licebit*, s. 8, 29, 3. — *moliri*, mit Anstrengung entfernen, 6, 11, 8; wie
es die Giganten gethan. — *ne ferrum q.*, s. c. 4, 1. — *bene mor.*, s.
21, 42, 4: *bene morientium fortuna
laudatur.* — *venies*, s. Cic. Parad. 3,
26: *tu—te peccasse dices?* vgl. Or.
1, 22, 101. Seneca Ep. 15, 2, 41:
tibi eveniet, non deprehendes. —
par. omnes fasst das Getrennte
zusammen, Cic. Quint. fr. 3, 13, 10:
omnia, minima maxima. oblatur ,
entgegenhalten. — *in vicem*, 6, 24,
7. — *inmemor*, 7, 31, 8. L. scheint
nur eine Nacht bis zur Uebergabe
zu denken, allein das Folg. setzt
längere Zeit voraus, Appian 1. l.:
λιμῷ πιεζόμενοι, ebenso Dio u.
Zonar., vgl. c. 4, 1.

Ne Samnitibus quidem consilium in tam laetis suppetebat
rebus: itaque universi Herennium Pontium patrem imperatoris
per litteras consulendum censent. iam is gravis annis non mili- 5
taribus solum sed civilibus quoque abscesserat muneribus; in
corpore tamen adfecto vigebat vis animi consiliique. is ubi acce- 6
pit ad Furculas Caudinas inter duos saltus clausos esse exercitus
Romanos, consultus ab nuntio filii censuit omnes inde quam
primum inviolatos dimittendos. quae ubi spreta sententia est, 7
iterumque eodem remeante nuntio consulebatur, censuit ad unum
omnes interficiendos. quae ubi tam discordia inter se velut ex 8
ancipiti oraculo responsa data sunt, quamquam filius ipse in
primis iam animum quoque patris consenuisse in adfecto corpore
rebatur, tamen consensu omnium victus est, ut ipsum in consilium acciret. nec gravatus senex plaustro in castra dicitur adve- 9
ctus vocatusque in consilium ita ferme locutus esse, ut nihil
sententiae suae mutaret, causas tantum adiceret: priore se con- 10
silio, quod optimum duceret, cum potentissimo populo per ingens beneficium perpetuam firmare pacem amicitiamque; altero
consilio in multas aetates, quibus amissis duobus exercitibus
haud facile receptura vires Romana res *esset*, bellum differre;
tertium nullum consilium esse. cum filius aliique principes per- 11
cunctando exsequerentur, quid, si media via consilii caperetur,
ut et dimitterentur incolumes et leges iis iure belli victis inponerentur: „ista quidem sententia" inquit „ea est, quae neque ami- 12
cos parat nec inimicos tollit. servate modo quos ignominia in-

4—10. *Herennium, P.*, s. Cic. Sen.
12; Nieb. 1, 491. — *imperator,* 8,
39, 9; dass der Sohn dem Vater in
der Feldherrnstelle gefolgt sei, lässt
sich aus den Worten nicht schliessen. — *milit.* — *civil.*, es werden Einrichtungen wie in Rom gedacht. —
vigeb. vgl. 6, 22, 7. — *is ubi,* dann
quae ubi und nochmals *quae ubi* ist
L. wohl entgangen. — *accepit,* schon
vor Ankunft des Boten. — *ad F. C.*
in denselben, s. 1, 20, 5; 42, 67,
1; 36, 11, 3. — *ab nunt.*, nach § 5:
per literas zu erklären, wie auch
§ 7: *eodem rem. nuntio.* — *ancipiti* passt genauer zu *responsa*: ein
Orakel, das zweideutige Sprüche ertheilt. *data,* vgl. 8, 24, 2: *data
dictio,* dagegen *ferre* 3, 34, 1. — *con-*

silium, den Kriegsrath, 8, 39, 10,
verschieden von den *concilia.* — *nihil sentent.*, nichts von, an derselben.
— *beneficium*, vgl. Dio l. 1. § 11 u.
14. — *in mull.* etc., dass auch die
Bundesgenossen sich würden erhoben haben, ist nicht berührt. —
quib. amiss., c. 4, 11. — *differre,*
bewirke er (wolle er bewirken) den
Aufschub, da der Entscheidungskampf doch einmal geführt werden
muss, 8, 23, 8.

11—13. *exeq.*, s. 3, 20, 2. — *via
consilii* umschreibend = *medium consilium,* vgl. c. 12, 2; auch *caperetur*
passt mehr zu *consilium* als zu *via.*
— *iure b.* ist mehr zu *inponerentur*
zu ziehen, s. praef. 5. — *parat* ist
(unter mehreren) gerade diejenige,

ritaveritis: ea est Romana gens, quae victa quiescere nesciat.
13 vivet semper in pectoribus illorum quidquid istuc praesens necessitas inusserit, nec eos ante multiplices poenas expetitas a
vobis quiescere sinet.“

4   Neutra sententia accepta Herennius domum e castris est
avectus. et in castris Romanis cum frustra multi conatus ad
erumpendum capti essent, et iam omnium rerum inopia esset,
2 victi necessitate legatos mittunt, qui primum pacem aequam peterent; si pacem non inpetrarent, uti provocarent ad pugnam.
3 tum Pontius debellatum esse respondit, et, quoniam ne victi quidem ac capti fortunam fateri scirent, inermes cum singulis vestimentis sub iugum missurum; alias condiciones pacis aequas
4 victis ac victoribus fore: si agro Samnitium decederetur, coloniae
abducerentur, suis inde legibus Romanum ac Samnitem aequo
5 foedere victurum; his condicionibus paratum se esse foedus cum
consulibus ferire; si quid eorum displiceat, legatos redire ad se

---

nicht: eine solche, wie im Folg. *ea
— nesciat.* — *neque—nec* ohne sichtbaren Unterschied, s. c. 9, 14; 8,
29, 14; 2, 15, 5 u. a. — *ea est R. g.*
etc., davor ist etwa zu denken: so
werdet ihr es zu bereuen haben, s.
praef. 7; 7, 32, 6. — *quae victa* etc.,
vgl. 27, 14, 1. — *quidquid istuc,*
durch Zusammenziehen des relativen und demonstrativen Satzes entstanden: *vivet istuc* (=*istud*) *quidquid—inusserit,* vgl. Quint. 1, 3, 4:
*audacia provecti quidquid illud pos-
sunt statim ostendunt*; ib. 6 prooem.
3: *optimum fuit—quidquid hoc est
in me — literarum — flammis ini-
cere*; 12, 6, 2, vgl. die ähnliche
Construct. Cic. Rab. P. 4, 9: *aut
quem hunc morem—inducimus.* —
inusserit, 8, 32, 15.

4. 1. *Neutra,* s. Gell. 17, 2, 18:
*ex Q. Claudii primo annali — se,
inquit, ne id quoque, quod tum sua-
deret, facturum esse.* — *conat. ad
erump.,* sehr oft schliesst sich das
Gerundium oder Gerundivum mit *ad*
an ein Subst. mit *esse* u. a. an, besonders wenn so die Begriffe des Kön-
nens, Wollens, Sollens angedeutet
werden, an, s. 4, 47, 3; ib. 53, 9;

21, 25, 10 u. a., vgl. 32, 28, 4: *conatu gerendi belli.* — Erst hier deutet L. Kämpfe an, die aber nach § 2:
provocarent u. c. 5, 10, vgl. 25, 6.
10, nur Versuche gewesen sein
könnten, nach Cicero, Dio und Appian: ἡττήθησαν ὑπὸ Σαυνιτῶν,
haben die Römer eine Niederlage
erlitten, s. c. 9, 11: *victoriam*, Nieb.
1, 247.

3—6. *inermes,* s. 3, 29, 1. — *alias,*
sonst, im Uebrigen. — *aequas,* er
wolle seinen Sieg nicht geltend
machen, und einen nach dem Folg.
allerdings billigen Frieden schliessen. — *fore,* sollten sein. — *agro
dec.,* was die Römer an Land genommen hatten, sollen sie zurückgeben,
die Colonieen, wie Cales, Fregellae,
zurückziehen. — *suis leg.,* als sou-
veräne Staaten, deren charakteri-
stisches Merkmal der Besitz der le-
gislativen Gewalt, folglich eigenes
Recht und Gesetz ist, vgl. c. 43,
23; 23, 5, 9; 13; 27, 21, 8; 30, 32,
2 u. a. — *aequo f.,* 8, 2, 1. — *subito,*
ist ungewöhnlich so weit nachgestellt. — *foedus—ferire,* 1, 24; dieses wird hier nur so dargestellt, damit es im Folg. zurückgewiesen werden kann. — *eorum,* vgl. 1, 36, 6.

vetuit. haec cum legatio renuntiaretur, tantus gemitus omnium 6
subito exortus est, tantaque maestitia incessit, ut non gravius
accepturi viderentur, si nuntiaretur omnibus eo loco mortem
oppetendam esse. cum diu silentium fuisset, nec consules aut 7
pro foedere tam turpi aut contra foedus tam necessarium hiscere
possent, tum L. Lentulus, qui [tum] princeps legatorum virtute
atque honoribus erat: „patrem meum" inquit, „consules, saepe 8
audivi memorantem se in Capitolio unum non fuisse auctorem
senatui redimendae auro a Gallis civitatis, quando nec fossa valloque ab ignavissimo ad opera ac muniendum hoste clausi essent,
et erumpere, si non sine magno periculo, tamen sine certa pernicie possent. quod si illis ut decurrere ex Capitolio armatis in 9
hostem licuit, quo saepe modo obsessi in obsidentes eruperunt,
ita nobis aequo aut iniquo loco dimicandi tantummodo cum hoste copia esset, non mihi paterni animi indoles in consilio dando
deesset. equidem mortem pro patria praeclaram esse fateor, et 10
me vel devovere pro populo Romano legionibusque vel in medios
me inmittere hostes paratus sum: sed hic patriam video, hic 11
quidquid Romanarum legionum est; quae nisi pro se ipsis ad
mortem ruere volunt, quid habent, quod morte sua servent? te- 12
cta urbis, dicat aliquis, et moenia et eam turbam, a qua urbs in-
colitur. immo hercule produntur ea omnia deleto hoc exercitu,
non servantur. quis enim ea tuebitur? inbellis videlicet atque 13
inermis multitudo. tam hercule, quam a Gallorum impetu defen-
dit. an a Veis exercitum Camillumque ducem inplorabunt? hic 14

— *renuntiar.*, 7, 32, 1.

7—9. *hiscere*, 6, 16, 3. — *Lentulus* ist wol der 8, 22 erwähnte;
seine Nachkommen scheinen sich
nach dem hier berichteten Auftreten
des Lent. *Caudini* genannt zu haben, s. 26, 48; 27, 21; Fast. cons.
a. 517; 518; Fast. triumph. 518;
CIL. p. 14 f. — *unum* etc. ist 5, 48,
8 nicht erwähnt. — *illis* ist des
Nachdrucks wegen vorangestellt,
gehört aber nur zum ersten Gliede,
s. zu 31, 45, 13; 28, 37, 6: *fundis
ut nunc plurimum, ita tunc solo eo
telo utebantur*; 23, 7, 6: *ut rec.* etc.
u. a. — *armatis*, 3, 50, 6. — *animi
ind.*, der Keim, die Kraft einen Muth
zu zeigen wie mein Vater, vgl. c.

17, 10; 21, 4, 10.

10—16. *vel in m.*, im Kampfe,
als Zeichen der Tapferkeit, während die Devotion zugleich die religiöse Weihe andeutet, vgl. 8, 9;
10. — *me* ist nachdrücklich wiederholt, s. 2, 27, 2; 7, 39, 10. Perizonius verm. *et in med.*, und erklärt *vel devovere*: sogar u. s. w. —
quidquid etc. stimmt nicht zu anderen Stellen wie 3, 41, 10; 7, 25, 8,
wol aber zu der wahren Lage Roms
in der damaligen Zeit, vgl. c. 19, 2.
— *pro se i.*, um sich der Schmach
zu entziehen oder Ruhm zu erlangen,
aus Selbstsucht, nicht für das Vaterland, vgl. §15. — *tecta*, s. 5, 54,
2. — *a Veis*, weil zunächst von da

omnes spes opesque sunt, quas servando patriam servamus, de-
15 dendo ad necem patriam deserimus ac prodimus. at foeda atque
ignominiosa deditio est. sed ea caritas patriae est, ut tam igno-
16 minia eam quam morte nostra, si opus sit, servemus. subeatur
ergo ista, quantacumque est, indignitas, et pareatur necessitati,
quam ne dii quidem superant. ite, consules, redimite armis civitatem, quam auro maiores vestri redemerunt."

5   Consules profecti ad Pontium in conloquium, cum de foedere victor agitaret, negarunt iniussu populi foedus fieri posse,
2 nec sine fetialibus caerimoniaque alia sollemni. itaque non, ut
vulgo credunt Claudiusque etiam scribit, foedere pax Caudina, sed

Camillus mit dem Heere kam, s. 22,
3, 10; 5, 46, 10. — *spes op.*, s. c.
2, 15; 1, 58, 8. — *servemus*, erhalten müssen. — *foeda* in der Gegenwart, *ignominiosa* bei der Nach-
welt. — *ite* enthält nur die Aufforderung im Allgemeinen, wie *age,
agite*: geht nur; das asyndetisch als
Erklärung folg. *redimite* den bestimmten Befehl; in anderen Fällen
ist *ite* Andeutung der Eile, vgl. 10,
4, 10; 25, 38, 22: *ite curate*; vgl.
c. 24, 9. — *armis*, durch deren Auslieferung.

5. 1. *negarunt i. p.* etc., dieses
war allerdings nach der späteren
Praxis der Fall, s. Sall. I. 39; bis
jetzt haben der Senat oder Magistrate im Auftrag desselben die
Bündnisse geschlossen; später musste, wenn das Bündniss nicht sogleich
bindend sein sollte, hinzugefügt
werden: *ita id ratum fore, si pop.
Rom. censuisset*, s. 21, 19, 3; vgl.
30, 43, 3. — *fetial.*, es sind immer
mehrere zugleich thätig, s. Marq. 4,
390 f. — *caerim.*, auch deren genaue Vollziehung war nothwendig,
wenn das Bündniss gültig sein sollte, s. 1, 24. — *alia*, s. 4, 41, 8.

2. *ut vulgo* etc., dass dieses die
gewöhnliche Annahme nicht blos
des Claudius, s. c. 4, 1; 6, 42, 5,
war, zeigen die zu c. 1, 1 angeführten Stellen, s. auch die Periocha,
Val. Max. 6, 1, 9; de inven. 2, 30,
91: *in eo foedere, quod factum*

*est quondam cum Samnitibus, qui-
dam adolescens nobilis porcam sustinuit.* Das *foedus* war ein unter
religiöser Weihe, unter Schwüren
und Verwünschungen, die sich an
das Opfer knüpften, s. 1, 24 geschlossener Bund, die *sponsio* ist
ein der späteren civilrechtlichen
sponsio ähnlicher, mit den in dieser
gebräuchlichen Worten und Formeln
geschlossener Vertrag, in dem sich
die Parteien gegenseitig zusicher-
ten, dass das, worüber die sponsio
geschlossen wurde, geschehen solle,
s. Gaius III. § 94: *unde dicitur uno
casu hoc verbo* (dari spondes. spon-
deo) *peregrinum quoque obligari
posse, velut si imperator noster principem alicuius peregrini populi de
pace ita interroget: pacem futuram
spondes? vel ipse eodem modo inter-
rogetur.*, s. Rubino 1, 276 ff. Wenn
auch die sponsio, deren Anwendung
L. bei den Samniten voraussetzt,
vgl. c. 41, 20, ursprünglich eine sacrale Handlung war, und bei derselben ein Eid abgelegt wurde, s.
Paul. Diac. p. 59: *consponsor coniu-
rator*, Fest. p. 329: *spondere*, zu 7,
28, 4; Danz der sacrale Schutz S.
103 ff., so ist doch sehr zu bezweifeln, dass L. an eine solche *sponsio*,
und nicht vielmehr an die gedacht
habe, welche Gaius l. l. darstellt, s.
Mommsen Forschungen 1, 337.
Denn, wenn es c. 8, 14; 9, 3 heisst
religione exsolvi, so ist damit nur

per sponsionem facta est. quid enim aut sponsoribus in foedere 3
opus esset aut obsidibus, ubi precatione res transigitur, per
quem populum fiat, quo minus legibus dictis stetur, ut eum ita
Iuppiter feriat, quemadmodum a fetialibus porcus feriatur?
spoponderunt consules legati quaestores tribuni militum, nomi- 4
naque omnium, qui spoponderunt, extant, ubi, si ex foedere acta
res esset, praeterquam duorum fetialium non extarent; et propter 5
necessariam foederis dilationem obsides etiam sescenti equites

gemeint, dass im vorliegenden Falle
die sponsores nach dem Fetialrechte auszuliefern seien, s. c. 10,
9, während die *obligatio* des Volkes
nach c. 8, 6 zweifelhaft ist, nach c.
8, 4; 9, 4; 9; 16 gar nicht statt hat.
Hätte L. eine religiöse Verpflichtung bei der sponsio angenommen,
so hätte er nicht wie § 3 sprechen,
nicht Postumius wie c. 8, 4; 9, 4
reden und immer nur seine Verpflichtung gegen die Feinde erwähnen, die gegen die Götter verschwei-
gen lassen können; vielmehr sucht
er eben deshalb darzuthun, dass kein
foedus sondern eine *sponsio* geschlossen worden sei, weil, wenn
diese verworfen wurde, die Götter
nicht berührt, ein Eid nicht verletzt
wurde.

3. *quid en. a.* etc., nach den bereits § 1 angedeuteten werden noch
drei andere Gründe hinzugefügt.
Allein der erste *sponsoribus* etc. ist
zweifelhaft, da nach App. und Zon.
die Consuln und übrigen Anführer
nicht blos die *sponsio* eingegangen
sind, sondern wirklich geschworen
haben. — *opus est*, bedurfte es;
nicht, wie man es hat nehmen wollen: war nothwendig. — *aut obsid.*,
der zweite Grund; indess hat L.
selbst mehrmals angegeben, dass bei
einem Bündniss Geisseln für die
Ausführung desselben gestellt worden seien, s. 30, 37 u. 43; 34, 52,
9; vgl. 2, 13, 4. — *precatione*, die
Verwünschung dessen, der das
Bündniss verletzt, das Gebet, dass
die Götter ihn strafen mögen; es
ist eben das folg. gemeint: *per—fe-*

riat, also d i e precatio, nicht e i n e
prec., als ob gesagt werden solle,
dass bei der sponsio eine andere
precatio angewendet worden sei als
bei dem *foedus*; vielmehr wird
durch die Gegenüberstellung von
sponsoribus — precatione und die
Voranstellung von *spoponderunt* ein
solcher Nachdruck auf diese Begriffe
gelegt, als ob sponsio und precatio
einander entgegengesetzt werden
sollen, s. c. 9, 4. — *fiat, q. m.*, vgl.
zu 4, 31, 5: *nihil effecit, quominus*,
gewöhnlich sagt L.: *stat per aliquem
quo minus.* — *porcus*, 1, 24.

4—5. *spoponder.* etc., mit diesen
Worten geht L. auf die Erzählung
zurück, giebt aber zugleich §4 eine
weitere Ausführung des ersten, § 5
des zweiten der § 3 angegebenen
Gründe. — *nominaq.* etc., wo sich
diese fanden ist nicht bemerkt;
schwerlich aber in einem öffentlichen Documente, da der Vertrag
nicht genehmigt wurde. — *praeterq.
duor. fet.*, n. *nomina*, vgl. 4, 24, 4:
modus — iuris; L. hat übersehen,
dass er selbst erzählt, wie die Consuln gerade die Bündnisse beschwo-
ren, s. 2, 33, 4; 4, 7, 12 und ihre
Namen in den Urkunden sich fanden.
— *dilation.*, die Spondirenden hätten
sich verpflichtet zu bewirken, dass
ein foedus erst noch geschlossen
werden solle, s. c. 10, 9: *foedus
ictum iri*, dafür dass dieses geschehen solle, seien die Geisseln gestellt
worden, dagegen Zonar. l. l. *ἵνα δὲ
τὰ τῆς ὁμολογίας καὶ παρὰ τῆς γερουσίας βεβαιωθῶσι* hätte man die
Geisseln genommen. — *sescenti*, die

6 imperati, qui capite luerent, si pacto non staretur. tempus inde
   statutum tradendis obsidibus exercituque inermi mittendo. re-
   dintegravit luctum in castris consulum adventus, ut vix ab iis
   abstinerent manus, quorum temeritate in eum locum deducti es-
7 sent, quorum ignavia foedius inde, quam venissent, abituri: illis
   non ducem locorum, non exploratorem fuisse; beluarum modo
8 caecos in foveam lapsos. alii alios intueri, contemplari arma
   mox tradenda et inermes futuras dextras obnoxiaque corpora
   hosti; proponere sibimet ipsi ante oculos iugum hostile et ludibria victoris et vultus superbos et per armatos inermium iter,
9 inde foedi agminis miserabilem viam per sociorum urbes, reditum in patriam ad parentes, quo saepe ipsi maioresque eorum
10 triumphantes venissent: se solos sine vulnere, sine ferro, sine
   acie victos; sibi non stringere licuisse gladios, non manum cum
   hoste conferre; sibi nequiquam animos datos.
11   Haec frementibus hora fatalis ignominiae advenit, omnia
   tristiora experiundo factura, quam quae praeceperant animis.
12 iam primum cum singulis vestimentis inermes extra vallum
   exire iussi, et primi traditi obsides atque in custodiam abducti.
13 tum a consulibus abire lictores iussi paludamentaque detracta:
   tantam id inter ipsos, qui paulo ante eos execrantes dedendos
14 lacerandosque censuerant, miserationem fecit, ut suae quisque
   condicionis oblitus ab illa deformatione tantae maiestatis velut
6 ab nefando spectaculo averteret oculos. Primi consules prope
   seminudi sub iugum missi, tum ut quisque gradu proximus erat,

---

Ritter von zwei Legionen, vgl. Claudius bei Gell. 17, 2, 21: *cum tantus
arrabo penes Samnites populi R.
esset.* „*arrabonem*" *dixit sescentos
obsides, et id maluit quam pignus
dicere.* — *pacto,* c. 11, 9.

6—10. *exercitu,* 4, 12, 10: *usu*;
7, 2, 7: *versu.* — *mittendo* n. *sub iugum. abituri,* auch dazu gehört das
vorhergeh. *essent.* — *ducem loc.,*
der auf die Gefahren des Terrains
hätte aufmerksam machen können,
s. Caes. 6, 17, 1: *itinerum ducem.* —
tradenda=*quae tradenda essent,* 22,
59, 2. — *ad par.,* vgl. 2, 49, 7; 7,
6, 4; 22, 60, 13. — *eorum* vom
Standpunkte des Erzählenden, vgl.
1, 54, 5: *ei*; 8, 8, 18; 31, 34, 1; 32
34, 5; 42, 33, 3 u. a. — *sine vuln.,*

s. c. 4, 1. — *conferre,* 26, 48, 11.

11—13. *experiundo* dadurch dass
sie es erprobten, erduldeten, wie
ein abl. absol., s. 44, 41, 4; 8, 11,
1; ib. 36, 7; 7, 21, 2; vgl. die Schilderung bei Tac. H. 4, 62. — *quam
(ea erant), quae*; s. 32, 13, 7: *quam
quae*; 9, 1, 5. — *praecep.,* 7, 26, 8.
— *extra v.,* App.: παραλύσας τι
τοῦ τειχίσματος. — *paludamenta,*
Isidor. 19, 14: *paludamentum pal-
lium fuit imperatorium cocco, pur-
pura et auro distinctum,* s. jedoch
1, 26, 2.

6. 1—3. *prope sem.,* s. 24, 40,
13: *prope seminudus fugiens,* vgl.
c. 4, 3: *cum singulis vestimentis*;
Oros. l. l. *armis etiam vestimentis-
que nudatum, tantum singulis vilio-*

ita ignominiae obiectus, tum deinceps singulae legiones. cir- 2
cumstabant armati hostes exprobrantes eludentesque; gladii etiam
plerisque intentati, et vulnerati quidam necatique, si vultus eorum
indignitate rerum acrior victorem offendisset. ita traducti sub 3
iugum et, quod paene gravius erat, per hostium oculos cum e
saltu evasissent, etsi velut ab inferis extracti tum primum lucem
aspicere visi sunt, tamen ipsa lux ita deforme intuentibus agmen
omni morte tristior fuit. itaque cum ante noctem Capuam per- 4
venire possent, incerti de fide sociorum et quod pudor praepe-
diebat, circa viam haud procul Capua omnium egena corpora
humi prostraverunt. quod ubi est Capuam nuntiatum, evincit 5
miseratio iusta sociorum superbiam ingenitam Campanis. con- 6
festim insignia sua consulibus fasces lictores; arma equos, vestimenta commeatus militibus benigne mittunt, et venientibus Ca- 7
puam cunctus senatus populusque obviam egressus iustis omnibus hospitalibus privatisque et publicis fungitur officiis. neque 8
illis sociorum comitas vultusque benigni et adloquia non modo
sermonem elicere, sed ne ut oculos quidem attollerent aut con-
solantes amicos contra intuerentur efficere poterant: adeo super 9

---

ribus operimentis—concessis; in einer Hds. fehlt *prope* viell. nicht ohne Grund, da L. die Härte der Sie-
ger mehr zu steigern als zu schwächen sucht. — *ita ignom.* etc., der
Begriff *proximus* ist auch zum Hauptsatze zu ziehen. — *necatiq.*, 3, 55,
13. — *indignitate*, die unwürdige
Behandlung, 1, 34, 5. — *per*, s. 2,
38, 3. — *tum pr.*, jetzt erst, vgl.
44, 34, 6. — *visi s.*, s. 1, 31, 3; man
könnte *sibi visi s.* erwarten. — *ita
def.*, in solcher Weise, so sehr, wie
es jetzt sichtbar wurde.

4—7. *Capuam*, auf der c. 2 bezeichneten Strasse. — *incerti—quod*,
s. 7, 12, 11. — *de fide*, eine Andeutung der Gefahr, die in der Rom schwebte, wenn selbst an der Treue Capuas, das von den Samniten Alles
zu fürchten hatte, gezweifelt werden konnte, s. Nieb. R. G. 3, 254.
— *socior.*, 8, 14, 10; 23, 5, 4 u. a.
— *omnium eg.*, die jede Pflege und
Sorge entbehrten. Dagegen sagt Appian: καί τινα ὑποζύγια ἔδωκεν
(Πόντιος)αὐτοῖς ἐς τοὺς ἀρρωστοῦν-

τας, καὶ τροφήν, ἄρχι τῆς Ῥώμης
φέρεσθαι. — *superbiam*, 7, 31, 6.
— *confestim* etc., vgl. Dio l. 1. 15.
— *fasc. lict.* etc., zweigliedriges
Asyndeton: den Consuln ihre *insignia*, von denen nur die wichtigsten,
nicht das *paludamentum* u. a. genannt werden; *arma eq.*, als Soldaten; *vestim. com.*, allgemein mensch-
liche Bedürfnisse. — *benigne* reich-
lich. — *sen. pop.*, 8, 14, 10; 23, 2f.
u. a. — *iustis o. h.*, wie *iusta fu-
nebria; militaria*, c. 8, 7; 24, 48,
12 u. a. — *privatisq.—officiis* enthält einen steigernden Zusatz: alles
was (so eng, durch die civitas, verbundene) Privatleute und Staaten
einander zu leisten verpflichtet sind,
was mehr sein kann als die Pflich-
ten der Gastfreundschaft, s. 1, 45,
3; über *privatisque et*, 1, 43, 2, vgl.
§ 8.

8—12. *neque—non m.=tamen
non—modo non elicere.* — *amicos*,
die Manche unter den Campan.
hatten, s. 23, 4, 7. — *contra int.*,
1, 16, 6. — *super*, 2, 27, 10. —

maerorum pudor quidam fugere conloquia et coetus hominum
10 cogebat. postero die cum iuvenes nobiles, missi a Capua, ut pro-
11 ficiscentes ad finem Campanum prosequerentur, revertissent, vo-
catique in curiam percunctantibus maioribus natu multo sibi
maestiores et abiectioris animi visos referrent: adeo silens ac
12 prope mutum agmen incessisse; iacere indolem illam Romanam,
ablatosque cum armis animos, non reddere salutem, salutantibus
non dare responsum, non hiscere quemquam prae metu potuisse tamquam ferentibus adhuc cervicibus iugum, sub quod
13 emissi essent; habere Samnites victoriam non praeclaram solum
sed etiam perpetuam, cepisse enim eos non Romam, sicut ante
Gallos, sed, quod multo bellicosius fuerit, Romanam virtutem
7 ferociamque: — cum haec dicerentur audirenturque, et deplora-
tum paene Romanum nomen in consilio sociorum fidelium esset,
2 dicitur Ofillius Calavius Ovi filius, clarus genere factisque tum
3 etiam aetate verendus, longe aliter se habere rem dixisse: silentium illud obstinatum fixosque in terram oculos et surdas ad
omnia solacia aures et pudorem intuendae lucis ingentem molem
4 irarum ex alto animi cientis indicia esse. aut Romana se ignorare ingenia, aut silentium illud Samnitibus flebiles brevi clamo-

---

cum, der Nachsatz folgt c. 7, 1. — *ma-*
ior.nat., wie in Rom die seniores, consulares, ebenso vorher *iuvenes no-*
biles, wie in Rom die Ritter, s. 3,
61, 7; vgl. 8, 11, 16. — *maest.* etc.
als am Tage vorher. — *iacere,* es
liege darnieder, passt besser zu der
Situation als das hds. *tacere.* — *indo-*
lem, das Wesen, die angeborene
Kraft, § 13: *virtutem* etc., c. 7, 4:
ingenia. — *salutant.,* die Hss. haben *non salut. dare,* viell. ist ein
salutantibus entsprechendes Particip. (*interrogantibus?*) ausgefallen,
vgl. Tac. H. 4, 72: *neque solantibus*
hortantibusve responsa dabant. —
metu, Niedergeschlagenheit bei
dem Gedanken an die Gefahr, die
ihnen drohen könne. — *ferent. - cerv.,*
wie Sclaven die *furca,* s. 2, 36, 1;
es sind abl. abs., s. 1, 28, 10. —
sub q., 3, 28, 10; 10, 36, 14. — *belli-*
cos. müsste bedeuten: worin sich
kriegerische Tüchtigkeit gezeigt habe; doch wird das Wort sonst nicht

so gebraucht und ist wol verschrieben.

7. 1—5. *deplor. paene,* s. 31, 1,
5. — *consilio,* weil von dem Senate
die Rede ist, daher nicht *concilio.* —
Ofillius findet sich nur hier, *Cala-*
vius kommt als Zu-, *Ovius* als Vorname im Oskischen mehrfach vor.
— *ex alto* muss, wenn anders *animi*
richtig ist, zu *cientis* genommen, s.
zu 6, 23, 4, und tropisch verstanden
werden: aus der Tiefe der Seele,
was wol nur wegen der Nähe von
animi geschehen könnte, vgl. Seneca de ira 1, 19, 5: *non ex alto veni-*
re nequitiam, sed summo — *animo*
haerere; Ov. Am. 2, 4, 16: *ex alto*
dissimulare. Die Hdss. haben *ani-*
mo, wie Cic. Off. 1, 25, 88 *altitudo*
animi gleichstellt *intimis sensibus*
Attic. 4, 6, 3, vgl. Sall. I. 95; Verg.
Aen. 1, 26: *alta mente,* ib. 209: *alto*
corde; es müsste dann *cientis* wie
8, 30, 10, aber collectiv statt *cien-*
tium, genommen werden. — *aut* —

res gemitusque excitaturum, Caudinaeque pacis aliquanto Samni-
tibus quam Romanis tristiorem memoriam fore: quippe suos 5
quemque eorum animos habiturum, ubicumque congressuri sint;
saltus Caudinos non ubique Samnitibus fore.

Iam Romae etiam sua infamis clades erat. obsessos primum 6
audierunt; tristior deinde ignominiosae pacis magis quam peri-
culi nuntius fuit. ad famam obsidionis dilectus haberi coeptus 7
erat; dimissus deinde auxiliorum apparatus, postquam deditio-
nem tam foede factam acceperunt; extemploque sine ulla publica
auctoritate consensum in omnem formam luctus est: tabernae 8
circa forum clausae, iustitiumque in foro sua sponte coeptum
prius quam indictum; lati clavi, anuli aurei positi; paene maestior 9
exercitu ipso civitas esse, nec ducibus solum atque auctoribus
sponsoribusque pacis irasci, sed innoxios etiam milites odisse et
negare urbe tectisve accipiendos. quam concitationem animorum 10
fregit adventus exercitus etiam iratis miserabilis. non enim tam-
quam in patriam revertentes ex insperato incolumes, sed capto-
rum habitu vultuque ingressi sero in urbem ita se in suis quis- 11
que tectis abdiderunt, ut postero atque insequentibus diebus
nemo eorum forum aut publicum aspicere vellet. consules in 12
privato abditi nihil pro magistratu agere, nisi quod expressum
senatus consulto est, ut dictatorem dicerent comitiorum causa.

---

aut, praef. 11. — *Samnit.—tristior.*,
vgl. die gleiche Zusammenstellung
6, 10, 4; zu 22, 4, 6. — *quemque*,
die Einzelnen auf beiden Seiten, s.
6, 15, 3; 4, 43, 11; Römer würden
überall muthig sein, die Feigheit
der Samn. nicht überall durch cau-
dinische Pässe unterstützt werden,
vgl. 6, 7, 6; 22, 59, 19.

6—9. *sua*, weil bei *Romae* an
Romani gedacht wird, vgl. zu 8, 2,
10 — *magis* ist nicht mit *tristior*
zu verbinden, sondern soll, nur
schwächer, als es durch *non* — *sed*
geschähe, *ignominiosae pacis* und *periculi* entgegenstellen: trauriger
(als die erste) war die zweite Nachricht, die mehr (nicht sowol) — als
meldete, vgl. Cic. de n. d. 2, 13, 36.
ad fam., wie c. 22, 7; 27, 11 u. a.,
vgl. zu 1, 7, 7; 24, 48, 13. — *tabernae*, 3, 27, 2. — *iustitium*, 7, 28, 3.
— *lati cl.*, die Tunica mit breitem

Purpurstreifen, von den Senatoren,
Lange 2, 12; bei *anuli aurei* denkt
L. wohl an Senatoren und Ritter,
da diese später goldene Ringe wie
jene trugen, vgl. c. 46, 12; Becker
2, 1, 273. — *tectis*, 22, 52, 7: *tectis-
que — acceptos*, vgl. zu 26, 25, 12,
u. oft bei *accipere, excipere*.

10—12. *ex insperato*, 1, 25, 9.
— *in urbem*, die Soldaten werden
meist in der Stadt wohnhaft gedacht, genauer Appian: οἱ μὲν ἐς
τοὺς ἀγροὺς διέφευγον ὑπὸ αἱ-
δοῦς, οἳ δὲ νυκτὸς ἐς τὴν πόλιν
ἐσῄεσαν, ebenso Zonaras. — *tectis*
etc., vgl. Tac. H. 4, 72. — *privato*
wie *hostico*, 6, 31, 7. — *pro mag.*,
8, 36, 1. — *sen. consulto*, das unter
dem Vorsitz des Prätors gefasst
werden konnte; nach der hds. Lesart: *senatus consultum*, müssten
die Consuln selbst den Senat gehalten haben, was mit dem Vorhergeh.

13 Q. Fabium Ambustum dixerunt et P. Aelium Paetum magistrum
14 equitum; quibus vitio creatis suffecti M. Aemilius Papus dictator
L. Valerius Flaccus magister equitum. nec per eos comitia habita; et quia taedebat populum omnium magistratuum eius anni,
15 res ad interregnum rediit. interreges Q. Fabius Maximus M. Valerius Corvus. is consules creavit Q. Publilium Philonem et L.
Papirium Cursorem iterum haud dubio consensu civitatis, quod
nulli ea tempestate duces clariores essent.

8   Quo creati sunt die, eo — sic enim placuerat patribus —
magistratum inierunt, sollemnibusque senatus consultis perfectis
de pace Caudina rettulerunt; et Publilius, penes quem fasces
2 erant: „dic, Sp. Postumi," inquit. qui ubi surrexit, eodem illo
3 vultu, quo sub iugum missus erat: „haud sum ignarus" inquit,
„consules, ignominiae, non honoris causa me primum excitatum
iussumque dicere, non tamquam senatorem, sed tamquam reum
4 qua infelicis belli, qua ignominiosae pacis. ego tamen, quando
neque de noxa nostra neque de poena rettulistis, omissa defen-
sione, quae non difficillima esset apud haud ignaros fortunarum
humanarum necessitatiumque, sententiam de eo, de quo rettulistis, paucis peragam; quae sententia testis erit, mihine an legio-

nicht übereinstimmt: den Dictator
dagegen ernannte der Consul nicht
öffentlich, s. c. 38, 14.

13—15. *Fabius* könnte der 8, 29,
9 erwähnte, aber mit dem Zunamen
des Vaters bezeichnet, *Aemilius* der
CIL. p. 280, vgl. 564 *M. Aemilius
Q. f. L. n. Barbula dictator* genannte sein. — *vitio cr.*, 8, 23. —
nec, aber auch nicht. — *taedebat*,
vgl. 8, 17, 4. *populum*, die Bestimmung gieng vom Senate aus.
interr. n. *fuere. is*, erst der zweite
vollzieht die Wahl, s. 3, 8, 2; 8,
3, 5. — *Publilium*, 8, 22, er ist es
tertium; *Papirium* s. 8, 23; beide,
nach dem Gesetz 7, 42, vor der ge-
setzmässigen Zeit wieder gewählt;
Lange 2, 546. — *consensu civ.*, die
Wahl war einstimmig, 4, 51, 3.

8. 1—2. *sic en. pl.*, in ähnlichen
Fällen findet dieser Zusatz sich
nicht, der wol andeutet, dass die
Consuln ihr Amt früher als gewöhnlich antreten, s. Mommsen Chronol.

S. 101; Zonar.: τοὺς δ᾽ ὑπάτους
μὲν παραυτίκα ἔπαυσαν. — *sollem-
nib.*, s. 21, 63, 8. — *fasces*, 8, 12,
13. Dieser hatte den Vorsitz. —
pace, s. c. 1, 1. — *dic* etc., 1, 32, 12:
quid—*censes*, n. *de pace Caudina*,
vgl. 8, 20, 11; Becker 2, 2, 429. —
inquit, 1, 32, 6. — *surrexit*, die Senatoren hielten längere Vorträge
stehend, 27, 34, 7; Lange 2, 353.
— *eod. illo*, s. 2, 2, 10; ib. 36, 4.

3—4. *consules*, er redet diese an,
weil sich das sogleich Folgende auf
dieselben bezieht, vgl. c. 9, 10. —
non honoris, weil sonst nur die an-
gesehensten Männer zuerst aufgerufen werden, s. 5, 20, 4. — *non
tamq.* etc., s. Cic. Verr. 5, 31, 82:
*si non tamquam virum sed tam-
quam aemulum removisset.* — *noxa*.
8, 35, 5; 3, 42, 2, im Gegensatze
von *poena*: Widersetzlichkeit gegen
den Willen des Staates, die sie
in der Ueberschreitung ihrer Vollmacht an den Tag gelegt haben. —

nibus vestris pepercerim, cum me seu turpi seu necessaria sponsione obstrinxi; qua tamen, quando iniussu populi facta est, non 5
tenetur populus Romanus, nec quicquam ex ea praeterquam
corpora nostra debentur Samnitibus. dedamur per fetiales nudi 6
vinctique; exsolvamus religione populum, si qua obligavimus, ne
quid divini humanive obstet, quo minus iustum piumque de integro ineatur bellum. interea consules exercitum scribere armare 7
educere placet, nec prius ingredi hostium fines, quam omnia iusta
in deditionem nostram perfecta erunt. vos, dii inmortales, pre- 8
cor quaesoque, si vobis non fuit cordi Sp. Postumium T. Veturium consules cum Samnitibus prospere bellum gerere, at vos 9
satis habeatis vidisse nos sub iugum missos, vidisse sponsione
infami obligatos, videre nudos vinctosque hostibus deditos omnem
iram hostium nostris capitibus excipientes; novos consules le- 10
gionesque Romanas ita cum Samnite gerere bellum velitis, ut
omnia ante nos consules bella gesta sunt." quae ubi dixit, tanta 11
simul admiratio miseratioque viri incessit homines, ut modo vix

peragam, 3; 40, 5. — *me*, darauf
liegt der Nachdruck, denn Postumius
unterscheidet zwei Arten von Sponsionen: die eine, welche nur für die
Spondirenden persönlich, die andere,
welche auch für den Staat verbind-
lich ist, zur letzteren ist die Auto-
risation des Staates erforderlich,
daher *iniussu p. R.*, vgl. c. 10, 9;
11, 8.

   5—6. *tamen*, in Bezug auf das
Geständniss in *me — obstrinxi.* —
praeterquam c. n., weil nur sie für
das Versprochene zu haften verpflichtet sind. *debentur* hat sich an
das nächste Subject angeschlossen,
s. 10, 6, 5. — *dedamur*, dieses geschieht sonst, wenn ein *foedus* geschlossen ist, s. Periocha 56: *ad
exsolvendum Numantini foederis
religione populum Mancinus —
Numantinis deditus*, Cic. de or. 1.
40, 181; Off. 3, 30, 109, und auch
a. u. St. bezog sich wol die Verhandlung auf ein Bündniss, während
sie L. auf die Sponsion bezieht,
wodurch Manches unklar wird. —
exsolvamus r., 7, 3, 9. — *si qua
obl.*, eine religiöse Verpflichtung

entsprang nur durch ein *foedus.*
nicht aus einer *sponsio*, wie sie L,
denkt, daher ist dieselbe als zweifelhaft hingestellt, vgl. Dio 1.1.§18:
προσποιοῦμαι τὸ ἀδίκημα καὶ
ὁμολογῶ τὴν ἐπιορκίαν. — *divini
humanive* gehören chiastisch zu
iustum piumq., dieses, was mit dem
ius divinum, *iustum*, was mit dem
ius gentium in Beziehung steht.
Beides war in dem Fetialrechte enthalten, s. 1, 32, 6 ff; an dieses ist
auch bei *iusta* § 7 zu denken; anders c. 1, 10. — *in dedit.*, für dieselbe, was zur Ausführung derselben
nöthig ist.

   8—12. *si-at*, s. c. 1, 8; Tac. H.
4, 58: *si vobis (Iuppiter Quirine)
non fuit cordi me duce haec castra
incorrupta — servari, at certe* etc.
— *sponsione* etc., so könnte Liv.
Postumius sich nicht an die Götter
wenden und sprechen lassen, wenn
er geglaubt hätte, dass er beim Eingehen der sponsio sie als Rächer der
Verletzung derselben angerufen
hätte. — *videre* überhaupt, ohne
Andeutung der Zukunft. — *exci-
pient.*, 8, 10, 7. — *homines* von den

crederent illum eundem esse Sp. Postumium, qui auctor tam
12 foedae pacis fuisset, modo miserarentur, quod vir talis etiam
praecipuum apud hostes supplicium passurus esset ob iram di-
remptae pacis.

13   Cum omnes laudibus modo prosequentes virum in sententiam eius pedibus irent, temptata paulisper intercessio est ab L.
14 Livio et Q. Maelio tribunis plebis, qui neque exsolvi religione
populum aiebant deditione sua, nisi omnia Samnitibus, qualia
15 apud Caudium fuissent, restituerentur, neque se pro eo, quod
spondendo pacem servassent exercitum populi Romani, poenam
ullam meritos esse, neque ad extremum, cum sacrosancti essent,
9 dedi hostibus violarive posse. Tum Postumius „dedite interea,
[dedite]" inquit „profanos nos, quos salva religione potestis; dedetis deinde et istos sacrosanctos, cum primum magistratu ab-
2 ierint, sed, si me audiatis, priusquam dedantur, hic in comitio
virgis caesos, hanc iam ut intercalatae poenae usuram habeant.

Senatoren, s. 6, 15, 1; 27, 9, 14. —
etiam praec., statt Lob, sogar eine
besondere, nur ihn betreffende.
   13—15. *laud. modo*, mit nichts
weiter als, nur mit Lob u. s. w., s.
37, 54, 18; Dobree verm. *laud.
ultro*, Andere, dass *modo* aus der
vorherg. Zeile wiederholt sei. —
virum § 11; 2, 40, 9. — *in sentent.*, sie
stellen sich bei der discessio, s. 3,
41, 1, auf seine Seite. — *Livio*, bei
Cicero Off. 3, 30: *T. Numicius.* —
exsolvi rel., auch hier wird ein foedus vorausgesetzt. — *aiebant*, so
oft auch *dicere*, nicht *negare*, wenn
ein negativer Satz mit Nachdruck
vorangestellt ist; 27, 4, 5. — *nisi
om.*, diese rechtlich allein zu bil-
ligende Ansicht, s. c. 11, wird wenigstens zur Sprache gebracht. —
se — spondendo, da die Tribunen
die Stadt nicht verlassen dürfen,
so müssen sie entweder in einem
besonderen Auftrage im Lager gewesen sein. s. c. 36, 14; 29, 20, 4,
oder sie sind, als sie im Heere
dienten, bereits designirt gewesen,
oder nach ihrer Rückkehr gewählt
worden. Die Senatssitzung müsste
dann nach ihrem Amtsantritte den
10. Decbr. 433 statt gehabt haben,

der Vertrag im Sommer 433 geschlossen und die Consuln lange
vor der Zeit abgegangen sein, s. § 1;
c. 7, 14; vgl. 8, 20, 3; obgleich
nicht fest steht, dass der an d. a. St.
erwähnte Anfangstermin des Jahres
auch jetzt statt gehabt habe; aus
Cic. Off. l. l. *eodemque tempore Ti.
Numicius*, Q. *Maelius, qui tum tribuni pl. erant, quod eorum auctoritate pax erat facta, dediti sunt* wird
nicht klar, ob sie in ihrer Eigenschaft als Tribunen oder ehe sie es
wurden den Frieden zu schliessen
gerathen haben, vgl. Nieb. 3, 257 f.
— *pro eo*, 4, 56, 1. — *ad extr.* =
denique, 42, 23, 6, vgl. 1, 54, 2.
   9. 1 — 2. *dedite interea dedite*
haben einige Hss., andere *interea
dedite*, durch dieses würde der Gegensatz zwischen *dedite — dedetis*,
durch jenes der zwischen *profanos
— sacrosanctos* geschwächt. — *pro-
fan. n*, s. 5, 46, 3. — *intercal. poen.*
etc., damit sie so, dadurch (*hanc*)
bereits für die verschobene Strafe
Zinsen davontragen. Sonst kommt
intercalatus, vgl. 1, 19, 6, in dieser
Bedeutung nicht vor, und scheint
hier nur gebraucht, weil der Aufschub der Strafe in der Einschie-

nam quod deditione nostra negant exsolvi religione populum, id 3
istos magis, ne dedantur, quam quia ita se res habeat, dicere,
quis adeo iuris fetialium expers est, qui ignoret? neque ego in- 4
fitias eo, patres conscripti, tam sponsiones quam foedera sancta
esse apud eos homines, apud quos iuxta divinas religiones fides
humana colitur; sed iniussu populi nego quicquam sanciri posse,
quod populum teneat. an, si eadem superbia, qua sponsionem 5
istam expresserunt nobis Samnites, coegissent nos verba legitima
dedentium urbes nuncupare, deditum populum Romanum vos,
tribuni, diceretis, et hanc urbem templa delubra fines aquas Samnitium esse? omitto deditionem, quoniam de sponsione agitur; 6
quid tandem? si spopondissemus urbem hanc relicturum populum
Romanum? si incensurum? si magistratus, si senatum, si leges
non habiturum? si sub regibus futurum? di meliora, inquis.

---

bung des Tribunates zwischen
Schuld und Strafe seinen Grund
hat. — *usuram hab.* wird sonst von
den Gläubigern gesagt, welche die
Zurückzahlung des Capitals für Zinsen, die s i e erhalten, zu verschieben gestatten, hier wird ironisch
die Geisselung als Zins für den
Aufschub dargestellt.

3—4. Eine gültige Sponsion kann
nur im Auftrage des Volkes eingegangen werden. — *nam*, davor ist
etwa zu ergänzen: dieses könnt ihr
mit vollem Rechte thun, c. 3, 12;
vgl. 21, 19, 2. — *negant exs.* etc.,
die c. 8, 14 hinzugefügte Bedingung,
also die Hauptsache, wird übergangen, vgl. c. 11. — *quam q.*, 2, 1, 7.
— *iuris fet.*, dass in dem Fetialrechte, 1, 32, 5, die Auslieferung
der Sponsoren wie derer, die ein
foedus geschlossen hatten, s. c. 8,
6; Cic. Or. 1, 40, 181; Caec. 34,
angeordnet gewesen sei, wird sonst
nicht berichtet; auch entscheiden
in solchen Fällen nicht die Fetialen,
sondern der Senat. — *infit. eo* — *nego*,
s. 6, 40, 4. — *iuxta*, unmittelbar,
zunächst nach, vgl. 1, 21, 1. Im
Folg. scheint *divinas rel.* zunächst
auf *foedera*, 34, 31, 4, dagegen *fides
humana* auf *sponsiones* chiastisch
sich zu beziehen. Dass übrigens die

rechtmässig geschlossene sponsio als
Staatsvertrag an sich bindend war,
nicht erst der nachfolgende Friede,
geht theils aus c. 41, 20 hervor,
theils aus Cic. Balb. 12, 29: *ut
quaeque* (civitas) *nobiscum maxime societate, amicitia, s p o n s i o n e,
pactione, foedere coniuncta est*,
und L. selbst scheint durch *nego*
etc. anzudeuten, dass der Grundsatz, den er den Redner beweisen
lässt, ein neuer, erst seit dem vorliegenden Falle, s. c. 5, 1, zur Geltung gekommen sei, Lange 2, 48;
538; 541. — *sanciri*, wie vorher
sancta, unter die Bürgschaft der
Götter stellen, so dass der Ver-
letzende von ihnen Strafe zu fürchten hat (wie sie die *sanctio* in Gesetzen androht); dieses kann schon
durch den Handschlag, *per dextram*, geschehen, vgl. 1, 21, 4. —
quod pop. ten., was den Staat ver-
pflichte.

5—8. *nuncupare*, s. 8, 9, 8. —
fines aq., 1, 38, 2: *agros aquam
terminos*; auch die Dedition kann
nur im Auftrage des Volkes erfolgen, s. 7, 31, 2, wie nach § 4 die
sponsio. — *di meliora*, n. *dent*: ver-
hüte Gott, vgl. 6, 18, 9. — *atqui*,
wenn man das zugiebt, dann folgt,
dass auch über geringere Dinge eine

7 atqui non indignitas rerum sponsionis vinculum levat: si quid
est, in quo obligari populus possit, in omnia potest. et ne illud
quidem, quod quosdam forsitan moveat, refert, consul an dicta-
8 tor an praetor spoponderit. et hoc ipsi etiam Samnites iudica-
verunt, quibus non fuit satis consules spondere, sed legatos quae-
9 stores tribunos militum spondere coegerunt. nec a me nunc
quisquam quaesiverit, quid ita spoponderim, cum id nec consulis
ius esset, nec illis spondere pacem, quae mei non erat arbitrii,
10 nec pro vobis, qui nihil mandaveratis, possem. nihil ad Caudium,
patres conscripti, humanis consiliis gestum est: dii inmortales
11 et vestris et hostium imperatoribus mentem ademerunt. nec
nos in bello satis cavimus, et illi male partam victoriam male
perdiderunt, dum vix locis, quibus vicerant, credunt, dum quacumque condicione arma viris in arma natis auferre festinant.
12 an, si sana mens fuisset, difficile illis fuit, dum senes ab domo ad
consultandum accersunt, mittere Romam legatos ? cum senatu, cum
13 populo de pace ac foedere agere ? tridui iter expeditis erat; interea in
indutiis res fuisset, donec ab Roma legati aut victoriam illis certam

Sponsion nicht eingegangen werden
kann; denn weder der Gegenstand
der Sponsion noch die Person des
Spondirenden § 7, sondern nur der
Auftrag des Staates giebt ihr Gültigkeit, vgl. 6, 37, 2; Cic. Parad. 3,
1, 20. — *inquis*, 6, 40, 8. — *in quo*,
Cic. Caec. 3, 7: *si quis quod spo-
pondit, qua in re verbo se obligavit
uno* etc.: über den Wechsel der
Construct. in *quo* — *omnia* s. 5,
19, 2; zu 32, 21, 22. — *hoc*, dass
es auf die Person des Spondirenden
nicht ankomme, Jeder die Sponsion
vollziehen könne. — *iudicaver.*, 8,
19, 10.
    9—12. Die Sponsion ist ohne
Ueberlegung von beiden Seiten eingegangen worden, § 9—15. — *nec
quaes.*, 5, 53, 3: *nec mirati sitis*;
23, 3, 3; 7, 34, 5. — *quid ita* s. 6,
15, 11; zu 27, 34, 13. — *nec consulis — possem* zerlegt den Gedanken: da ich, ohne von euch beauftragt zu sein, für euch keinen
Vertrag eingehen durfte, durch denselben meine Vollmacht überschritt.
Doch ist *vobis* nicht genau, da nicht

der Senat die Vollmacht ertheilte,
sondern nach § 4 das Volk. Ueber
consulis s. 4, 55, 5. — *mentem ad.*,
s. 44, 6, 14. Anders Zonar. οἱ γοῦν
ἀπατήσαντες (Σαυνῖται) εἰ ἀντη-
πατήθησαν οὐκ ἂν δύναιντο δι-
καίως ἐγκαλεῖν τοῖς ἀνταπατί-
σασι. — *dum*, dadurch dass, s. 8,
40, 4. — *consultand.*, absolut, 24,
22, 10. — *difficile fuit*, 24, 5, 1.—
cum pop c. sen., weil beide besonders beschliessen. Zon. I. l. δ (Πο-
στούμιος) δὲ ἔφη μὴ δεῖν κυρω-
θῆναι τὰ ὑπ' αὐτῶν πεπραγμένα
παρὰ τῆς γερουσίας καὶ τοῦ δή-
μου; in der That war bis jetzt in
solchen Fällen nur mit dem Senate
verhandelt worden, § 4. — *pace a.
f.*, einen Frieden, der in Folge eines Bündnisses geschlossen, durch
dieses garantirt wäre. — *tridui i.*
44, 1, 4.
    13—15. *in indut. r. f.*, vgl. 7,
7, 2. — *victoriam*, ist nach § 11;
c. 12, 2 übertreibend. Ebenso wäre eine sponsio: *ea demum* etc.
nicht mehr nöthig gewesen nach
den Verhandlungen über das foedus

aut pacem adferrent. ea demum sponsio esset, quam populi iussu
spopondissemus. sed neque vos tulissetis, nec nos spopondisse- 14
mus, nec fas fuit alium rerum exitum esse, quam ut illi velut somnio
laetiore, quam quod mentes eorum capere possent, nequiquam
eluderentur, et nostrum exercitum eadem, quae inpedierat, fortuna 15
expediret, vanam victoriam vanior inritam faceret pax, sponsio interponeretur, quae neminem praeter sponsorem obligaret.
quid enim vobiscum, patres conscripti, quid cum populo Romano 16
actum est? quis vos appellare potest, quis se a vobis dicere deceptum? hostis an civis? hosti nihil spopondistis, civem neminem spondere pro vobis iussistis. nihil ergo vobis nec nobiscum 17
est, quibus nihil mandastis, nec cum Samnitibus, cum quibus
nihil egistis. Samnitibus sponsores nos sumus rei satis locuple- 18
tes in id, quod nostrum est, in id, quod praestare possumus, corpora nostra et animos: in haec saeviant, in haec ferrum, in haec
iras acuant. quod ad tribunos attinet, consulite, utrum praesens 19
deditio eorum fieri possit, an in diem differatur; nos interim, T.
Veturi vosque ceteri, vilia haec capita luendae sponsionis feramus,
et nostro supplicio liberemus Romana arma." Movit patres 10

mit dem Volke. — *nec nos sp.* ist
Folge von *nec vos tut.*, und diesem
logisch untergeordnet: eine nicht
bloss die Spondirenden, sondern das
Volk rechtlich bindende Sponsion
wäre nicht zu Stande gekommen;
es war also eine höhere Fügung
(*fas, fortuna*; das vorhergeh. *neq.
spopond.* entspricht dem *ius*), dass
nur eine Scheinsponsion geschlossen
wurde, vgl. zum Gedanken 21, 40,
11. — *nequiquam el.*, so getäuscht
worden, dass Alles, was sie gethan
haben, ohne Erfolg war, s. 5, 43, 1;
22, 43, 1; ib. 53, 4. — *inpedierat.*
— *exped.* 25, 11, 16. — *vanam —
van.*, 1, 7, 8. — *quae nem.* etc. ist
der wichtigste Gedanke, welcher
§ 16—19 weiter ausgeführt wird. —
16—19. *appellare*, euch mahnen
euere Pflicht zu erfüllen, Cic. Att. 1, 8
extr.—*civem n em.*, 6, 20, 4; 27, 50, 2.
—*Samnitib.* etc., den Samn. (von den
Göttern ist nicht die Rede; s. c.
5, 2) sind wir als sponsores zahl-
bare Schuldner, werden das leisten
was wir versprochen haben, *reus*

ist hier nach Festus p. 273: *reus
promittendo, qui suo nomine alteri
quid promisit, non qui pro altero
quid promisit.* — *locuples*, vergl.
Gaius Dig. L. 16, 234, 1: *locuples
est qui satis idonee habet pro magnitudine rei, quam petitor restituendam esse petit*; ib. XII, 1, 42: *reum locupletem offerre*, vgl. Tac.
Dial. c. 5. — *in id* etc. scheint von
dem im Vorhergeh. liegenden Begriffe der Vrepflichtung abzuhängen,
wie *fidem dare in aliquid*, 32, 24,
7; 33, 30, 10: wir haben uns nur
für uns mit unserer Person verbind-
lich gemacht, nicht für den Staat;
auch wurden in der sponsio nur die
Namen der Spondirenden genannt,
in dem foedus auch die dasselbe
schliessenden Völker, s. 1, 24, 7;
Andere dagegen verbinden *in id —
animos* mit *saeviant.* — *in diem*,
auf eine (bestimmte) Frist, § 1. —
differatur, zu verschieben sei. —
luendae sp., um sie aufzulösen, c.
45, 18. — *feramus*, (den Feinden)
darbringen, 10, 19, 8. — *liberemus*,

conscriptos cum causa tum auctor, nec ceteros solum, sed tribu-
2 nos etiam plebei, ut se in senatus dicerent fore potestate. magistratu inde se extemplo abdicaverunt, traditique fetialibus cum
ceteris Caudium ducendi. hoc senatus consulto facto lux quae-
3 dam adfulsisse civitati visa est. Postumius in ore erat, eum laudibus ad caelum ferebant, devotioni P. Decii consulis, aliis claris
4 facinoribus aequabant: emersisse civitatem ex obnoxia pace illius
consilio et opera; ipsum se cruciatibus et hostium irae offerre,
5 piaculaque pro populo Romano dare. arma cuncti spectant et
bellum: en umquam futurum, ut congredi armatis cum Samnite
liceat?
6   In civitate ira odioque ardente dilectus prope omnium vo-
luntariorum fuit. rescriptae ex eodem milite novae legiones, du-
7 ctusque ad Caudium exercitus. praegressi fetiales ubi ad portam
venere, vestem detrahi pacis sponsoribus iubent, manus post
tergum vinciri. cum apparitor verecundia maiestatis Postumi
8 laxe vinciret: „quin tu" inquit „adducis lorum, ut iusta fiat deditio!" tum ubi in coetum Samnitium et ad tribunal ventum
9 Pontii est, A. Cornelius Arvina fetialis ita verba fecit: „quandoque hisce homines iniussu populi Romani Quiritium foedus ictum

den Staat von der Verpflichtung
Frieden zu schliessen befreien, und
ihm das Recht die Waffen zu ergreifen geben.
  10. 1—5. *causa,* wahrscheinlich
bestimmten andere Gründe die Tribunen, da die angeführten ihre Ansicht nicht widerlegen konnten, s.
c. 9, 3. — *abdicav.,* um nicht als
sacrosancti verletzt zu werden. —
fetialibus, sie besorgen nur die
äusseren Formalitäten, s. c. 9, 3.
— *senatus cons.,* das Volk ist nach
L., s. c. 9, 12, bei der ganzen Sache
nicht betheiligt. — *devotioni,* s. 8,
18, 11. — *aliis,* 7, 6. — *obnoxia p.,*
6, 28, 7. — *pace,* den einzugehen
man sich verpflichtet gefühlt hätte,
wenn nicht *Postumius,* welcher der
Anschaulichkeit wegen in der ganzen Darstellung allein genannt ist,
s. 5, 47, 7, die Schuld auf sich genommen hätte. — *dare,* er wolle
u. s. w., s. 21, 34, 4, u. a. — *en un.,*
s. 4, 3, 10: formula est vehementer
optantium per interrogationem aut

etiam indignantium, Gronov. —
futur., vgl. 28, 44, 4: *fore.*
  6—9. *dilectus,* die Aushebung er-
gab, die Ausgehobenen waren lauter
Freiwillige, s. 3, 57, 9; 5, 16, 5. —
rescriptae, wieder gebildet durch die
Einzeichnung derselben Soldaten in
das Album der Legionen, 7, 41, 4;
25, 6, 12; das Wort scheint in dieser Bedeutung sonst sich nicht zu
finden. — *quin add.,* s. 8, 32, 6. —
iusta, c. 1, 10. — *coetum,* wie 8,
39, 10.: *concilium.* — *tribun.,* dieses
hat Pontius als *imperator,* s. c. 1,
2, wie in dem röm. Lager der Feldherr, s. 8, 32, 2; eben so werden
ihm *lictores* c. 11, 13 und *viatores*
10, 38, 7 beigelegt. — *fetial.,* der
pater patratus, s. die Stelle zu §
10: 1, 24, 3. — *quandoq.,* 8, 7, 15.
— *hisce,* die Form des nominat. plur.
mit *s* in der zweiten Declination,
findet sich nicht allein von pronomina sondern auch von Substantiven
u. Eigennamen bis in das 7. Jahrh.
auf Inschriften z. B.: *heisce* (=*hice*)

iri spoponderunt atque ob eam rem noxam nocuerunt, ob eam
rem, quo populus Romanus scelere inpio sit solutus, hosce homines vobis dedo.‟ haec dicenti fetiali Postumius genu femur 10
quanta maxime poterat vi perculit, et clara voce ait se Samnitem
civem esse, illum legatum fetialem a se contra ius gentium violatum: eo iustius bellum gesturos. Tum Pontius ,,nec ego istam 11
deditionem accipiam‟ inquit, ,,nec Samnites ratam habebunt.
quin tu, Spuri Postumi, si deos esse censes, aut omnia inrita 2
facis, aut pacto stas? Samniti populo omnes, quos in potestate
habuit, aut pro iis pax debetur. sed quid ego te appello, qui te 3
captum victori cum qua potes fide restituis? populum Romanum
appello, quem si sponsionis ad Furculas Caudinas factae paenitet, restituat legiones intra saltum, quo saeptae fuerunt. nemo 4
quemquam deceperit; omnia pro infecto sint; recipiant arma, quae
per pactionem tradiderunt; redeant in castra sua; quidquid pridie
habuerunt quam in conloquium est ventum, habeant: tum bellum

---

magisteis; *eisdem* st. *iidem*; *eis*;
publiceis; *ques* u. a., s. Corssen,
Aussprache, Vocalism. u. Betonung
der lat. Spr. 1, 752 (2. Ausg.). —
foedus etc., c. 5, 2; 5. — *noxam*
(c. 8, 4) *noc.*, s. 6, 42, 5; 1, 41, 3
u. a. — *ob eam r.,q.*, deswegen, damit = *ob id* (*eo*), *quo*. — *scelere
inp.*, wenn der Staat sie behielte
und ihr Versprechen nicht erfüllte,
würde er ihre Ruchlosigkeit theilen, vgl. 1, 14.

　10. *maxime*, s. c. 24, 9; 10, 40,
8; 21, 41, 4; sonst ist *quantus
maximus* gewöhnlicher, vgl. 7, 9, 8;
24, 35, 5. — *Samnitem*, dafür erklärt er sich in der Voraussetzung,
dass die Dedition angenommen wird,
Cic. Caec. 34, 98; *quid? quem pater
patratus dedidit — quo is iure amit-
tit civitatem? ut religione civitas
solvatur, civis Romanus deditur; qui
cum est acceptus, est eorum, quibus
est deditus*, wenigstens scheint Po-
stum. die angegebene Regel so zu
deuten, dass er durch die Auslieferung aufhöre Römer zu sein, und in
den Verband des Volkes trete, an
das er ausgeliefert werde, obgleich
eorum est nur bedeutet: er gehört

ihnen, ist in ihrer Gewalt; Nieb. 1,
494 erklärt *civem* daraus, dass
nach Vell. 1, 14 ein Theil der Samniter die civitas erhalten hatte. —
illum: jenen, einen Gesandten, der
Fetial sei, s. c. 11, 11; 1, 24, 4. —
contra i. g., 1, 14, 1. — *eo iustius*,
den nach der Auslieferung an sich
schon gerechten Krieg.

　11. 1—3. *Tum P.* etc., obgleich
L. die Schuld der Römer zu vermin-
dern sucht, lässt er doch ihre Treu-
losigkeit nicht ungerügt, und den
Redner das ausführen, was c. 8, 14
die Tribunen nur angedeutet haben.
— *Samnites*, das concilium derselben. — *cum qua*, c. 16, 3. — *pop.
R. a.*, c. 9, 16, nur das Volk hätte
die Auslieferung der Legionen anordnen können, nicht die abgetre-
tenen Consuln. — *saeptae f.*, s. 3,
26, 10.

　4—5. *nemo q. decep.*, s. 5, 44, 1;
nemo quemq. ist verallgemeinernd
st. *neuter alterum. deceperit* ist
wirkliches Perfect: soll betrogen
haben, 6, 14, 4; dagegen § 13: *moratus s. nemo*, wie c. 9, 9; 32, 21,
21; zum Gedanken: 21, 10, 6. —
pro inf., sei so gut als nicht ge-

5 et fortia consilia placeant, tum sponsio et pax repudietur. ea
fortuna, iis locis, quae ante pacis mentionem habuimus, gera-
mus bellum, nec populus Romanus consulum sponsionem nec
6 nos fidem populi Romani accusemus. numquamne causa defiet,
cur victi pacto non stetis? obsides Porsinae dedistis: furto eos
subduxistis; auro civitatem a Gallis redemistis: inter accipiendum
7 aurum caesi sunt; pacem nobiscum pepigistis, ut legiones vobis
captas restitueremus: eam pacem inritam facitis. et semper ali-
8 quam fraudi speciem iuris inponitis. non probat populus Romanus ignominiosa pace legiones servatas; pacem sibi habeat, legiones captas victori restituat: hoc fide, hoc foederibus, hoc fe-
9 tialibus caerimoniis dignum erat. ut quidem tu, quod petisti per
pactionem, habeas, tot cives incolumes, ego pacem, quam hos
tibi remittendo pactus sum, non habeam, hoc tu, A. Corneli, vos
10 vos, fetiales, iuris gentibus dicitis? ego vero istos, quos dedi si-
mulatis, nec accipio nec dedi arbitror, nec moror, quo minus in
civitatem obligatam sponsione commissa iratis omnibus diis,
11 quorum eluditur numen, redeant. gerite bellum, quando Sp. Postumius modo legatum fetialem genu perculit. ita dii credent
Samnitem civem Postumium, non civem Romanum esse, et a
Samnite legatum Romanum violatum: eo vobis iustum in nos fa-

schehen, gelte als etwas nicht Geschehenes, vgl. 7, 6, 8. — *fortia c.*,
Nägelsbach Stil. § 71, 1. — *ea f.*,
in der Lage, wo Einschluss, Mangel
u. s. w. auf der einen Seite war,
Sieg auf der anderen. — *quae* bezieht sich auf beide Nomina; eben
so *habuimus*, in etwas verschiedener Bedeutung. — *fidem*, die nicht
hält, was versprochen ist, s. Plaut.
Merc. 2, 3, 85: *tuam accusari fidem*,
vgl. Liv. 1, 9, 13.

    6—8. *defiet = deficiet*, vgl. 5,
50, 7: *confieret*. — *furto*, 2, 13. —
inter acc. a., 6, 11, 5. — *pepigistis*
n. *factum iri*, c. 10, 9. — *speciem i.*,
weil schon durch die Beachtung der
Formalitäten des Fetialrechtes ein
Krieg ein *iustum* wurde, s. c. 1, 10.
— *non servat.*, wie 8, 13, 15: *vultis*. — *pacem s. h.*, es mag ihn für
sich behalten, aber das für denselben Empfangene herausgeben, Cic.
Sull. 9, 26 u. a. — *foederibus* kann

nach L's. Ansicht, da es sich um
eine *sponsio* handelt, nur allgemein
genommen werden, entsprechend
pactio § 4 u. 9. Die pactio ist überhaupt ein gegenseitiges, auch ohne
Bestätigung des Staates gültiges
Uebereinkommen, ein beliebig aus-
gedrücktes Versprechen. — *dignum
e.*, das hätte geschehen sollen nach
u. s. w.

    9—10. *ut q.*, dass aber du. —
hos, die *cives*. — *hoc iuris*, s. 7, 26,
12, rhetorische Frage statt: *hoc
indignum est* etc. — *ego vero*, nein
ich nehme nicht an u. s. w., Nägelsbach § 197, 2. — *nec dedi*, ich halte
es nicht für eine Auslieferung, da
die Legionen zurückbehalten werden. — *sponsione com.*, die ange-
tretene, oder verwirkte Sponsion,
indem das von der Gegenpartei Ge-
leistete (die Herausgabe des Heeres)
angenommen, das, wozu man sich
dagegen verpflichtet hatte, nicht ge-

ctum esse bellum. haec ludibria religionum non pudere in lu- 12
cem proferre, et vix pueris dignas ambages senes ac consulares
fallendae fidei exquirere! i, lictor, deme vincla Romanis; moratus 13
sit nemo, quo minus, ubi visum fuerit, abeant." et illi quidem,
forsitan et publica, sua certe liberata fide ab Caudio in castra
Romana inviolati redierunt. Samnitibus pro superba pace infe- 12
stissimum cernentibus renatum bellum omnia, quae deinde evenerunt, non in animis solum sed prope in oculis esse, et sero ac 2
nequiquam laudare senis Pontii utraque consilia, inter quae se
media lapsos victoriae possessionem pace incerta mutasse, et beneficii et maleficii occasione amissa pugnaturos cum eis, quos
potuerint in perpetuum vel inimicos tollere vel amicos facere.
adeoque nullodum certamine inclinatis viribus post Caudinam 3
pacem animi mutaverant, ut clariorem inter Romanos deditio
Postumium quam Pontium incruenta victoria inter Samnites faceret, et geri posse bellum Romani pro victoria certa haberent, 4
Samnites simul rebellasse et vicisse crederent Romanum.

    Inter haec Satricani ad Samnites defecerunt, et Fregellae 5

leistet ist. — *ludibria*, passende
Bezeichnung des Verfahrens der
Römer. — *non pud.*, Ausruf des
Unwillens, Terent. Phorm. 5, 9, 53:
nil pudere; Ad. 4, 2, 23: *non pu-
duisse verberare senem*; Cic. Fin.
4, 27, 76: *hoc non videre*; Iustin.
14, 5, 7: *tantum eos degenerasse
u. a.*, vgl. L. 24, 26, 7. — *ambages*
gehört auch zu *fallendae fidei*, s. c,
9,19. — *et i. quid.*, 2, 2, 9. — *forsitan et*, Verg. G. 4, 118: *forsitan et
canerem*; nach dem Vorhergehend.
sollte man diese schwankende Erklärung nicht erwarten. — *liberata
f.*, die gleichsam gebundene, ver-
pfändete Treue gelöst, das gegebene Wort gehalten, vgl. 42, 13, 12.

    12. 1—4. *superbae*, vgl. c. 4,
3. — *evener.*, die hds. Lesart ist
venerunt, s. 24, 40, 15; 26, 40,
6, vgl. 10, 11, 1. — *in anim.* hat
sich an *in oculis* angeschlossen, wie
6, 28, 6: *in auribus*; 22, 12, 6, *in
animo esse* bedeutet sonst sich er-
innern od. beabsichtigen. *utraque*,
s. zu 27, 22, 2. — *media* ist hier auf
die zwei Gegenstände bezogen,

zwischen denen etwas vorgeht:
zwischen denen mitten durch u. s. w.,
wie 28, 8, 11: *inter medias—classes
Chalcidem pervenit*, 35, 11, 10, häufiger steht es als Attribut eines
Gegenstandes, in dessen Mitte eine
Handlung geschieht, s. 8, 24, 14;
7, 3, 2; 38, 41, 10: *per medios Thra-
ces*, weshalb auch a. u. St. *medio* od.
media lapsos via verm. wird, vgl.
c. 3, 11; zu 44, 8, 9. — *nullodum*,
3, 50, 16; 29, 11, 1. — *inclinatis*,
ehe noch das Gleichgewicht aufgehoben, ein Ausschlag hierhin oder
dorthin erfolgt war. — *mutaverant*,
intransitiv, 5, 19, 3 u. a. *clariorem
— Samnites*, streng durchgeführte
chiastische Wortstellung.

    12, 5.—**16.** Verlust von Sati-
cula und Fregellae, Kämpfe in Samnium, Eroberung von Luceria.

    5. *Satricani*, s. 16, 2. — *Fregel-
lae*, 8, 22; die Samniten hatten c. 4,
4 die Räumung der Stadt verlangt,
u. erobern sie jetzt, da die Römer, was
aus der Darstellung L's, der unmittelbar nach der Niederlage zwei
consularische Heere im Felde er-

colonia necopinato adventu Samnitium — fuisse et Satricanos
cum iis satis constat — nocte occupata est. timor inde mutuus
6 utrosque usque ad lucem quietos tenuit; lux pugnae initium fuit,
quam aliquamdiu aequam, et quia pro aris ac focis dimicabatur,
et quia ex tectis adiuvabat inbellis multitudo, tamen Fregellani
7 sustinuerunt. fraus deinde rem inclinavit, quod vocem audiri
praeconis passi sunt, incolumem abiturum, qui arma posuisset.
ea spes remisit a certamine animos, et passim arma iactari coepta.
8 pertinacior pars armata per aversam portam erupit, tutior-
que eis audacia fuit quam incautus ad credendum ceteris pavor,
quos circumdatos igni, nequiquam deos fidemque invocantes, Samnites concremaverunt.

9   Consules inter se partiti provincias, Papirius in Apuliam ad
Luceriam pergit, ubi equites Romani obsides ad Caudium dati
custodiebantur, Publilius in Samnio substitit adversus Caudinas
10 legiones. distendit ea res Samnitium animos, quod nec ad Luceriam ire, ne ab tergo instaret hostis, nec manere, ne Luceria in-
11 terim amitteretur, satis audebant. optimum visum est committere
rem fortunae et transigere cum Publilio certamen: itaque in aciem
13 copias educunt. Adversus quos Publilius consul cum dimicaturus
esset, prius adloquendos milites ratus contionem advocari iussit.
ceterum sicut ingenti alacritate ad praetorium concursum est, ita
prae clamore poscentium pugnam nulla adhortatio imperatoris

scheinen lässt, nicht hervorgeht, in
den Kämpfen bei Caudium so geschwächt sind, dass sie das Vor-
dringen der Samniten bis an die
pontinischen Sümpfe nicht hindern
können. — *ex tect.* vgl. 1, 15, 3.

6—8. *et quia*—*et quia* geben die
Gründe an, warum der Kampf, obgleich die Stadt bereits eingenommen, ein gleicher ist; schwerlich
ist daher, abgesehen v. d. Uebelklan-
ge, *quam aliquamdiu nequaquam aequam* zu lesen, um *tamen* zu erklären, welches zu *aequam*
nicht passt, und entweder verschrieben oder ungenau auf die schon erfolgte Einnahme der Stadt bezogen
ist. — *passi s.*, die Fregellaner, indem sie nicht hindern, dass es geschieht, und dadurch getäuscht werden. — *remisit* = *effecit, ut animos*

remitterent. — *incaut. ad cr.* = *per
pavorem incauti et ad credendum
proni.* — *quos*, die Stadt wird geschont, c. 28. — *fidemque*, die neben den *dei* auch als *numen* zu betrachten ist, s. 1, 21, 4.

9—11. *Apul.*, s. c. 13, 6; derselbe Kriegsplan wie 8, 37. — *Luceriam*, c. 2, 4, wahrscheinlich ist
es in Folge der caudinischen Niederlage gleichfalls zu den Samniten
übergegangen. — *obsides*, c. 5, 5;
sie sind ungeachtet der Treulosig-
keit der Römer nicht hingerichtet,
ein Zeichen des Edelmuthes der
Samniten, Nieb. R. G. 3, 258. —
Caudinas legion, die samn. Legionen, welche bei Caudium gekämpft
haben, vgl. 25, 6, 12. — *transig.*,
(schnell) fertig zu werden, Tac.
Agr. 34.

audita est: suus cuique animus memor ignominiae adhortator 2
aderat. vadunt igitur in proelium urgentes signiferos, et, ne mora
in concursu pilis emittendis stringendisque inde gladiis esset,
pila velut dato ad id signo abiciunt, strictisque gladiis cursu in
hostem feruntur. nihil illic imperatoriae artis ordinibus aut sub- 3
sidiis locandis fuit; omnia ira militaris prope vesano impetu egit.
itaque non fusi modo hostes sunt, sed ne castris quidem suis 4
fugam inpedire ausi Apuliam dissipati petiere; Luceriam tamen
coacto rursus in unum agmine est perventum. Romanos ira 5
eadem, quae per mediam aciem hostium tulerat, et in castra pertulit. ibi plus quam in acie sanguinis ac caedis factum, praedaeque pars maior ira corrupta.

Exercitus alter cum Papirio consule locis maritimis perve- 6
nerat Arpos per omnia pacata Samnitium magis iniuriis et odio
quam beneficio ullo populi Romani. nam Samnites, ea tempestate 7
in montibus vicatim habitantes, campestria et maritima loca, con-
tempto cultorum molliore atque, ut evenit fere, locis simili genere,

---

13. 2—5. *adhortator ad.*, stand
mahnend zur Seite, s. c. 27, 11; 1,
28, 1, vgl. 22, 5, 7. — *urgentes s.*,
3, 27, 7. Die *signa* werden im Co-
lonnenangriff vorangetragen, s. Marquardt 3, 2, 265. — *pila*, 7, 16, 5.
— *artis*, 8, 36, 4. — *ordinibus*, 8,
8, 4. — *vesano*, vgl. 7, 33, 17, dagegen 9, 23, 15: *vecordes*, s. 28, 22,
14; 7, 15, 3. — *inpedire*, sie be-
nutzten das Lager nicht um ihre
Flucht zu hemmen, wie 7, 24, 8;
doch ist der Ausdruck ungewöhnlich. — *Luceriam*, sie wären also,
wenn anders der Sieg historisch ist,
s. Ihne 1, 337, durch ganz Samnium
verfolgt worden, s. c. 2, 6. Der ganze Satz: *itaque — perventum* giebt
die Folgen der Schlacht auf der
Seite der Feinde an; § 5 das, was
unmittelbar nach derselben die Römer thaten; *castra* ist daher das § 4
erwähnte Lager, in dem die Besaz-
zung niedergemacht wird. — *sanguinis a. c.*, 2, 30, 15.

6—7. *cum P.*, 10, 25, 15 u. o.,
wir sagen umgekehrt: Papirius mit,

oder das H. unter u. s. w. — *locis
m.*, s. c. 2,*6. — *Arpos*, in der Mitte
von Apulien. — *omnia*, lauter friedlich gesinnte Gegenden; s. 21, 32,
9; 22, 39, 13. — *iniuriis*, Einfälle
und Raubzüge. — *benefic.*, vgl. 8,
37, 4. — *Samnites*, in den Gebirgen
erhielt sich der Charakter des Volkes, während die Bewohner der
Ebene in dem milderen Klima unter
der zurückgebliebenen Bevölkerung
und durch die griechischen Städte
in der Nähe bald verweichlichten
und hellenisirt wurden, und so ihren
Stammgenossen feindlich gegen-
übertraten, wie Capua, 7, 29, 4. Indess gehörten die Apuler, zum Theil
wenigstens, s. c. 15, 1, auch einem
anderen Volksstamme an, s. 8, 37;
Mommsen Unterital. Dial. S. 91;
97, der den Samniten gegenüber in
Rom seine Stütze hatte, s. 8, 25. —
vicatim, wie die Stammväter der
Samniten, 2, 62, 4; Appian Samn.
4; doch gilt dieses nur im Allgemeinen, da von L. selbst mehrfach
auch Städte erwähnt werden, s. 10,
17 u. a. — *genere*, s. 8, 24, 6. —

8 ipsi montani atque agrestes depopulabantur. quae regio si fida
Samnitibus fuisset, aut pervenire Arpos exercitus Romanus ne-
quisset, aut interiecta inter Romam et Arpos penuria rerum
9 omnium exclusos a commeatibus absumpsisset. tum quoque
profectos inde ad Luceriam, iuxta obsidentes obsessosque, inopia
vexavit. omnia ab Arpis Romanis suppeditabantur, ceterum adeo
exigue, ut militi occupato stationibus vigiliisque et opere eques
10 folliculis in castra ab Arpis frumentum veheret, interdum occursu
hostium cogeretur abiecto ex equo frumento pugnare. obsessis
prius, quam alter consul victore exercitu advenit, et commeatus
11 ex montibus Samnitium invecti erant et auxilia intromissa. artiora omnia adventus Publilii fecit, qui obsidione delegata in curam collegae vacuus per agros cuncta infesta commeatibus ho-
12 stium fecerat: itaque cum spes nulla esset diutius obsessos in-
opiam laturos, coacti Samnites, qui ad Luceriam castra habebant,
undique contractis viribus signa cum Papirio conferre.

ipsi mont. wiederholt des Gegensatzes wegen den schon in *in montibus hab.* liegenden Begriff, 7 , 18,
9. — *agrestes,* 1, 22, 3.

8. *quae regio,* die ganze Seeküste,
auch das Land der Frentaner, welche jetzt Rom befreundet sind, vgl.
c. 16, 1. L. denkt zwei Fälle, entweder hätten die Römer nicht durchziehen können, oder würden, wenn
sie den Durchzug erzwungen hätten,
von aller Zufuhr abgeschnitten worden sein. — *interiecta* n. *regio,* es
ist der Gegend beigelegt, was den
Einwohnern zukam, s. 8, 24, 10. —
inter Rom. et A., ausser der Küste,
§ 6, auch das Gebiet der Marser u.
Vestiner, welche aber Rom befreundet oder unterworfen sind, 8, 29. —
exclusos etc., Erklärung von *penuria.*

9—10. *tum quoque,* auch jetzt,
obgleich sie glücklich bis Arpi gekommen waren, und bei der geringen Entfernung von Arpi, war man
doch in Noth, vgl. 4, 30, 13; 21, 34,
8. — *obsident.* durch *omnia, obsessos* durch *artiora* erklärt. — *militi,*
den Fusssoldaten, 7, 37, 11. — *Arpis,* die Arpaner sind Feinde des

den Samniten befreundeten Luceria,
§ 7. — *ut—veher.,* es war so wenig,
dass es die Reiter in Säcken bringen konnten; sonst werden die Bedürfnisse auf Wagen oder Lastthie-
ren dem Heere zugeführt. — *interd.
— cogeret.* n. *eques ,* steigerndes
Asyndeton: und überdies bisweilen
u. s. w., so dass noch weniger in
das Lager kam; vgl. 7, 2, 9. — *occursu,* wie 5, 41, 5, viell. vor L.
nicht gebraucht. — *equo,* collectiv.
— *prius, quam — advenit,* bezeichnet nur die Zeit: vor der Ankunft;
nicht eine Beziehung der Ereignisse
auf einander, was *priusquam - - ad-
venisset* hiesse. — *vict. exerc.,* 8,
30, 4, doch ist die Verbindung an
u. St. freier. — *ex mont.,* denn Luceria liegt schon am Fusse der Gebirge.

11—12. *vacuus,* ohne Besorgniss
angegriffen zu werden, weil Papirius die Feinde eingeschlossen hielt,
s. 37, 25, 2: *si Rhodiis ea cura
dempta esset, vacuos eos tuta-maria
praestaturos,* 3, 40, 10; Tac.Agr. 37:
paucitatem—vacui spernebant ; Duker verm. *vagus.* — *qui ad L.* etc.,
das § 4 erwähnte Heer, da die Sam-

Per id tempus parantibus utrisque se ad proelium legati **14**
Tarentini interveniunt, denuntiantes Samnitibus Romanisque, ut
bellum omitterent: per utros stetisset, quo minus discederetur
ab armis, adversus eos se pro alteris pugnaturos. ea legatione **2**
Papirius audita perinde ac motus dictis eorum cum collega se
communicaturum respondit; accitoque eo, cum tempus omne
in apparatu pugnae consumpsisset, conlocutus de re haud dubia
signum pugnae proposuit. agentibus divina humanaque, quae **3**
adsolent, cum acie dimicandum est, consulibus Tarentini legati
occursare responsum expectantes; quibus Papirius ait: „auspicia **4**
secunda esse, Tarentini, pullarius nuntiat; litatum praeterea est
egregie; auctoribus diis, ut videtis, ad rem gerendam proficisci-
mur." signa inde ferri iussit et copias eduxit, vanissimam in- **5**
crepans gentem, quae, suarum inpotens rerum prae domesticis
seditionibus discordiisque, aliis modum pacis ac belli facere aequum censeret. Samnites ex parte altera cum omnem curam **6**
belli remisissent, quia aut pacem vere cupiebant, aut expediebat
simulare, ut Tarentinos sibi conciliarent, cum instructos repente
ad pugnam Romanos conspexissent, vociferari se in auctoritate **7**
Tarentinorum manere nec descendere in aciem nec extra vallum arma ferre; deceptos potius, quodcumque casus ferat, passu-

---

niten nach c. 12, 10 ein anderes
nicht haben. .

14. 1—2. *parantib. utr.* ist wol
als Dativ zu nehmen, s. 1, 48, 9: *ni
scelus—agitanti intervenisset*; 40,
9, 7; obgleich es auch abl. abs.
sein, *intervenire* absolut stehen
könnte, s. 24, 42, 3; 25, 34, 14. —
Tarentini, sie haben nach der Verbindung mit den Lucanern, 8, 27,
wenigstens offen nichts gegen die
Römer gethan, theils wegen der § 5
angedeuteten, theils wegen der Verhältnisse in Sicilien; Mommsen 1,
373; und erscheinen auch jetzt als
neutral. — *utros,* s. 8, 6, 10.—*perinde ac mot.=per. ac si motus esset,*
wie *perinde ac* auch bei dem Verb.
finit. ohne *si* steht, s. 2, 58, 1. —
pugnae—pugnae, 6, 3, 7. — *de re
h. d.,* der Gegenstand der Unterre-
dung, dass nämlich eine Schlacht
geliefert werden müsse, war ihnen
nicht zweifelhaft, sie waren davon

überzeugt, 21, 36, 4; 25, 19, 14.

3—5. *divina,* Opfer, Auspicien,
humana, Befehle, Anordnungen. —
adsol., 1, 28, 2. — *ait,* 1, 24, 4. —
pullarius, 8,30,2; *litatum,* die günstigen Zeichen aus den Eingeweiden
der Opferthiere,welche der haruspex
meldet, 8, 9, 1. — *vaniss.,* 8, 22, 8.
— *suarum inp. r.,* das sich selbst
nicht regieren könne; s. 8, 27, 2,
vgl. Nieb. R. G. 3, 182 ff.—*modum—
fac.,* das Mass bestimmen, beschränken, 21, 44, 5; 4, 24, 4; vgl. 44,
15, 5: *Rhodios—arbitria belli pacis-
que agere.*

6—12. *expedieb. sim.,* 25, 7, 12:
expediebat fallere. — *Tarentinos
s. c.,* sie wären jetzt die einzigen
Verbündeten der Samniten gewesen.
— *in auctor.* etc., s. 3, 21, 1. — *descendere—ferre,* wie oft die That
statt des Wollens, c. 10, 4; 4, 51,
6 u. a. — *deceptos,* in Bezug auf
§2: *perinde ac* etc. Vielleicht be-

8 ros, quam ut sprevisse pacis auctores Tarentinos videantur. accipere se omen consules aiunt, et eam precari mentem hostibus,
9 ut ne vallum quidem defendant. ipsi inter se partitis copiis suc-
cedunt hostium munimentis, et simul undique adorti, cum pars
fossas explerent, pars vellerent vallum atque in fossas proru-
erent, nec virtus modo insita sed ira etiam exulceratos ignominia
10 stimularet animos, castra invasere, et pro se quisque, non haec
furculas nec Caudium nec saltus invios esse, ubi errorem fraus
superbe vicisset, sed Romanam virtutem, quam nec vallum nec
11 fossae arcerent, memorantes, caedunt pariter resistentes fusosque, inermes atque armatos, servos liberos, puberes inpubes,
12 homines iumentaque; nec ullum superfuisset animal, ni consules
receptui signum dedissent avidosque caedis milites e castris ho-
13 stium imperio ac minis expulissent. itaque apud infensos ob in-
terpellatam dulcedinem irae confestim oratio habita est, ut doce-
14 retur miles, minime cuiquam militum consules odio in hostes
cessisse aut cessuros; quin duces sicut belli, ita insatiabilis supplicii futuros fuisse, ni respectus equitum sescentorum, qui Lu-
15 ceriae obsides tenerentur, praepedisset animos, ne desperata
venia hostes caecos in supplicia eorum ageret, perdere prius
16 quam perire optantes. laudare ea milites, laetarique obviam itum
irae suae esse, ac fateri omnia patienda potius, quam proderetur
salus tot principum Romanae iuventutis.

zieht sich auf diese Situation die
Notiz bei Gell. 1, 25, 6: *in primo
annalium Quadrigarii scriptum est,
C. Pontium Samnitem a dictatore
Romano sex horarum inducias po-
stulasse*, s. c. 15, 9. — *quam ut*, 4,
12, 11; dagegen § 16: *quam*, 2, 15,
2. — *accipere s. o.*, 5, 55, 2: sie fän-
den darin eine Andeutung, dass es
wirklich so kommen werde. — *precari m.*, s. Tac. H. 1, 84: *quas im-
precentur mentes*. — *partitis*, 5, 40,
8. — *succed.—munim.*, s. 23, 44, 4.
haec, 2, 38, 5. — *superbe*, c. 12, 1.
— *inermes—servos—inpubes h. i.*
ist wol nur lebhafte Schilderung, da
die Stadt nicht erobert wird; oder
auch das Lager war von Flüchtlin-
gen erfüllt, vgl. 26, 46, 10; über
die Gliederung der Rede und die
Mannichfaltigkeit der Verbindungen
s. Naegelsbach § 178, 1. — *animal,*

lebendes Wesen.
   14—15. *duces*, gehört in etwas
verschiedener Bedeutung zu *belli*,
21, 21, 1, und zu *supplicii*. — *insatiabilis*, an der man sich nicht sätti-
gen kann, die keinen Ueberdruss er-
regt, in activer Bedeutung, vgl. c.
26, 4: *exsecrabile*; Cic. N. D. 2, 39,
98; Hor. Od. 2, 14, 6: *illacrimabi-
lis*; Virg. Aen. 10, 481: *penetrabilis*
u. a. — *supplic.*, ungeachtet des
Blutbades § 11 hoffen sie, dass die
Geisseln geschont werden. — *perdere* n. die Ritter. — *quam per.*, s.
praef. 12. Eine andere Situation
wird vorausgesetzt Gell. 2, 19, 8:
*Quadrigarius —: id ubi rescierunt
propinqui obsidum, quos Pontio tra-
ditos supra demonstravimus, eorum
parentes cum propinquis capillo pas-
so in viam provolarunt.* — *princip.
R. i.*, 3, 61, 7.; 10, 28, 7; Lange 2,

Dimissa contione consilium habitum, omnibusne copiis Lu- **15**
ceriam premerent, an altero exercitu et duce Apuli circa, gens
dubiae ad id voluntatis, temptarentur. Publilius consul ad pera- **2**
grandam profectus Apuliam aliquot expeditione una populos aut
vi subegit aut condicionibus in societatem accepit. Papirio quo- **3**
que, qui obsessor Luceriae restiterat, brevi ad spem eventus respondit. nam insessis omnibus viis, per quas commeatus ex Samnio subvehebantur, fame domiti Samnites, qui Luceriae in praesidio erant, legatos misere ad consulem Romanum, ut receptis
equitibus, qui causa belli essent, absisteret obsidione. iis Papi- **4**
rius ita respondit: debuisse eos Pontium Herenni filium, quo
auctore Romanos sub iugum misissent, consulere, quid victis
patiendum censeret; ceterum quoniam ab hostibus in se aequa **5**
statui quam in se ipsi ferre maluerint, nuntiare Luceriam iussit,
arma sarcinas iumenta multitudinem omnem inbellem intra moenia relinquerent; militem se cum singulis vestimentis sub iugum **6**
missurum, ulciscentem inlatam, non novam inferentem ignominiam. nihil recusatum. septem milia militum sub iugum missa, **7**
praedaque ingens Luceriae capta receptis omnibus signis armisque, quae ad Caudium amissa erant, et, quod omnia superabat
gaudia, equitibus recuperatis, quos pignora pacis custodiendos
Luceriam Samnites dederant. haud ferme alia mutatione subita **8**

18; 20 fg.

15. 1—3. *altero* gehört auch zu
duce: vermittelst des zweiten Heeres, unter dem andern Anführer,
vgl. c. 13, 10. — *Apuli c.*, wie c.
13, 11. — *dubiae* etc. stimmt nicht
zu c. 13, 8; c. 2, 5; 8,25; 27, wenn
nicht auch die Orte um Luceria
mehr von Samniten als eigentlichen
Apulern bewohnt waren, s. Momms.
Dial. 96 f. — *ad id* von der Zeit, 3,
22, 8 u. a. — *condicion.*, 6, 42, 11.
— *populos*, Staaten, wie in Latium
u. a. — *ad spem ev.*, 28, 6, 8: *haud-
quam ad spem eventus respondit.* —
obsessor, weil er schon mit der Belagerung beschäftigt ist, die Aufgabe hat zu belagern, c. 13, 11; 1, 56,
8: *liberator*; Cic. Vatin. 3, 7: *vex-
ator* u. a. — *restiterat*, 24, 48, 5.
— *insessis* etc. ist schon c. 13, 11
erzählt. — *in praes.*, als Besatzung,
37, 13, 9; das Lager vor der Stadt

ist natürlich aufgehoben. — *causa
b.*, 1, 13, 3.

5—7. *in se i. ferre*, s. 10, 19, 8;
selbst gegen sich beantragen oder
bestimmen wollten. Die § 3 gestellte
Bedingung wird nicht anerkannt.
— *cum sing.*, 6, 3, 3. — *septem m.*
etc., diese werden freigelassen, was
an der Grösse des Sieges zweifeln
lässt. Nicht minder auffallend ist
es, dass die Geisseln, Fahnen u. s.
w. in das ausserhalb Samnium liegende, den Angriffen der Römer aus-
gesetzte Luceria sollen gebracht
worden sein. — *gaudia* wie 6 , 28,
7 *spes*; 3, 69, 2 *metus*, oft *odia*, *irae*
u. a. — *receptis* etc., 4, 10, 7; 21,
1, 5: *stipend. imposito.* — *pacis* n.
praestandae.

8—9. *alia* gehört zu *victoria.* —
mut. subita, wegen der schnellen
Veränderung, die durch denselben
eintrat, s. Nieb. R. G. 3, 262. —

rerum clarior victoria populi Romani est, si quidem etiam, quod
quibusdam in annalibus invenio, Pontius Herenni filius, Samnitium imperator, ut expiaret consulum ignominiam, sub iugum
9 cum ceteris est missus. ceterum id minus miror, obscurum esse
de hostium duce dedito missoque: id magis mirabile est, ambigi,
Luciusne Cornelius dictator cum L. Papirio Cursore magistro
10 equitum eas res ad Caudium atque inde Luceriam gesserit, ultor-
que unicus Romanae ignominiae haud sciam an iustissimo triumpho ad eam aetatem secundum Furium Camillum triumpha-
11 verit, an consulum Papiriique praecipuum id decus sit. sequitur
hunc errorem alius error, Cursorne Papirius proximis comitiis
cum Q. Aulio Cerretano iterum ob rem bene gestam Luceriae
continuato magistratu consul tertium creatus sit, an L. Papirius
Mugilanus, et in cognomine erratum sit.   •

16   Convenit iam inde per consules reliqua belli perfecta. Aulius cum Frentanis uno secundo proelio debellavit, urbemque

misso, c. 5, 6. — *id mag.*, das ist
mehr u. s. w., *id* gehört nicht zu
ambigi, wie vorher *id* von *miror*
abhängt. — *Cornelius*, wahrscheinlich der c. 4, 7; 8, 22, 6 genannte.
Auch die Consularfasten erwähnen
die Dictatur des Cornelius, doch ist
vor ihm C. Maenius, nach ihm T.
Manlius Dictator. Die Ungewissheit ist also hier nicht geringer als
8, 40. — *dictator*, in seiner Eigenschaft als Dictator. — *inde Lucer.*
ist noch von *ad* abhängig, vgl. 30,
24, 1; Tac. Ann. 2, 68.

    10—11. *haud sciam a.*, wie auch
bei Cicero bisweilen, s. Lael. 14,
51; Or. 1, 60, 255 u. a., um die Behauptung noch mehr als durch *haud
scio an* zu mildern. — *secundum
Fur. C.*, der 5, 49 erwähnte Triumph; das Unglück bei Caudium
wird so der Zerstörung der Stadt
durch die Gallier an die Seite gestellt, obgleich es nach der Darstellung L's selbst, s. c. 10, 6, als nicht
so bedeutend, mehr als eine Schmach
erscheint. — *error*, 1, 24, 1; das
folg. *erratum sit* in anderer Bedeutung. — *Cursorne* etc., in den Triumphalfasten, s. c. 16, 11, steht *Cursor cos. III*; in den capitolinischen ist

der Zuname ausgefallen; wahrscheinlich war in den letzteren und
darnach in manchen Annalen irrthümlich *Mugilanus III* geschrieben; L., der den Fehler erkennt,
denn er hat c. 7 das zweite, c. 28
das fünfte, wahrscheinlich c. 22 das
vierte Consulat des Papirius Cursor
erwähnt, ist ungewiss ob der Zuname oder die Zahl der Consulate (Mugilanus würde es erst zum zweiten-
male bekleiden, s. 8, 23, 17) nicht
richtig angegeben sei, s. Mommsen
Chron. S. 112; CIL p. 445; 483. —
Aulio, nach Diod. 18, 58 *Aelius*,
vgl. 8, 37, 1.

    16. Besiegung der Frentaner;
Eroberung von Saticula; Papirius
Cursor, Dio Cass. Frg. 36, 23 f.

    1. *convenit*, s. 6, 12, 6, im Ge-
gensatze zu c. 15, 9: *ambigi.—iam
inde*, nun weiter, vgl. 8, 16, 7. —
Frentan., das Volk im Gegensatze
zur Stadt: *urbem ipsam*, die nördlich von Apulien wohnende samni-
tische Nation, die aber c. 2, 6 u. 13,
6 als mit Rom befreundet gedacht
wird. Der Name der Stadt, wie 8,
15, 4 nicht genannt, war viell. *Fren-
trum*, s. Mommsen Unt. Dial. 309 f.
— *uno*, durch ein einziges, mehr

ipsam, quo se fusa contulerat acies, obsidibus imperatis in deditionem accepit. pari fortuna consul alter cum Satricanis, qui 2
cives Romani post Caudinam cladem ad Samnites defecerant
praesidiumque eorum in urbem acceperant, rem gessit. nam 3
cum ad moenia Satrici admotus esset exercitus, legatisque missis
ad pacem cum precibus petendam triste responsum ab consule
redditum esset, nisi praesidio Samnitium interfecto aut tradito
ne ad se remearent, plus ea voce quam armis inlatis terroris colonis iniectum. itaque subinde exsecuntur quaerendo a consule 4
legati, quonam se pacto paucos et infirmos crederet praesidio
tam valido et armato vim adlaturos. ab isdem consilium petere
iussi, quibus auctoribus praesidium in urbem accepissent, discedunt, aegreque impetrato, ut de ea re consuli senatum responsa- 5
que ad se referri sineret, ad suos redeunt. duae factiones sena- 6
tum distinebant, una, cuius principes erant defectionis a populo
Romano auctores, altera fidelium civium. certatum ab utrisque
tamen est, ut ad reconciliandam pacem consuli opera navaretur.
pars altera, cum praesidium Samnitium, quia nihil satis praepa- 7
rati erat ad obsidionem tolerandam, excessurum proxima nocte
esset, enuntiare consuli satis habuit, qua noctis hora quaque
porta et quam in viam egressurus hostis foret; altera, quibus 8
invitis descitum ad Samnites erat, eadem nocte portam etiam
consuli aperuerunt, armatosque clam [nocte] in urbem accepe-

bedurfte es nicht, s. 1, 51, 3.
    2—3. *Satrican.*, c. 12, 5. — *cives*,
wann in die Stadt, die 8, 1, 2, vgl.
7, 27 f., noch in der Macht der Volsker ist, wieder eine Colonie geführt
worden sei, s. 6, 16, 6; Mommsen
Gesch. des röm. Münzw. 313, hat
L. nicht bemerkt. Aus dem Folg.
geht hervor, dass sie der Uebermacht der bis an das Volskergebir-
ge vorgedrungenen Samniten nach-
gegeben hat. — *cum precib.*, unter
Bitten, s. c. 11, 3; gewöhnlicher ist
der blosse Ablat., s. 2, 2, 8; 1, 16,
3 u. a., vgl. 7, 35, 1: *cum silentio*
4, 9, 8 u. s. w.
    4—7. *subinde*, zu wiederholten
malen. — *exsec. quaer.*, c. 3, 11. —
paucos. L. denkt an die geringe
Zahl (300) der Colonisten. — *ab isdem*, s. c. 15, 4. Das Asyndeton hebt
den Gegensatz. — *impetr.*, s. 6, 25,

5: und nachdem sie u. s. w.; nach
einem neuen Versuche den Consul
zu erbitten, sonst würde es dem
Vorhergeh.: *discedunt* widersprechen. — *senatum*, s. 6, 21, 8. — *se*
n. Papirius. — *faction. s. dist.*, vgl.
5, 20, 4: *duae senatum distinebant
sententiae.* — *fidelium c.*, es wäre
sehr auffallend, wenn diese nicht
vorher wären vertrieben oder getödtet worden. — *tamen*, s. 8, 10, 3,
obgleich die eine Partei den Römern
feindlich war. — *praepar.*, wie *nihil mandati* 32, 37, 5, vgl. 7, 35, 8.
— *erat ad ob.*, da war, um u. s. w.;
die Besatzung war jetzt von Samnium abgeschnitten. — *enuntiare*,
weil es im Geheimen beschlossen
war. — *foret*, s. 6, 42, 12.
    8—9. *altera— aperuer.*, s. 23, 39,
8; 2, 14, 8; an u. St. tritt der Plural schon bei *quibus* ein. — *nocte*

9 runt. ita duplici proditione et praesidium Samnitium insessis
circa viam silvestribus locis necopinato oppressum est, et ab
urbe plena hostium clamor sublatus; momentoque unius horae
caesus Samnis, Satricanus captus, et omnia in potestate consulis
10 erant; qui quaestione habita, quorum opera defectio esset facta,
quos sontes conperit virgis caesos securi percussit, praesidioque
11 valido inposito arma Satricanis ademit. inde ad triumphum de-
cessisse Romam Papirium Cursorem scribunt, qui eo duce Luceriam receptam Samnitesque sub iugum missos auctores sunt.
12 et fuit vir haud dubie dignus omni bellica laude, non animi so-
13 lum vigore sed etiam corporis viribus excellens. praecipua pedum pernicitas inerat, quae cognomen etiam dedit, victoremque
cursu omnium aetatis suae fuisse ferunt, et seu virium vi seu

scheint aus der vorhergeh. Zeile
wiederholt. — *dupl. prod.*, der Consul hat die Mittheilungen beider
Parteien benutzt. — *hostium*, n. Romanorum. — *moment. u. h.*, s. 5, 7,
3. — *captus*, die Stadt wird als eine
eroberte betrachtet, da der Verrath
von Einzelnen ausgegangen, und
nichts für die Gesammtheit ausbe-
dungen war, s. 8, 25, 12; ib. 26, 6.
— *et*, die beiden vorhergeh. chiastisch geordneten Glieder gelten als
ein Ganzes.

10—11. *virgis c.*, als abtrünnige
Bürger, 8, 19, 13; 6, 10, 5. — *arma
ad.*, diese Strafe wird hier zum erstenmale, später oft erwähnt; s. 28,
34, 7; auch bei der *deditio* mussten
die Waffen ausgeliefert werden, s.
26, 14, 7 u. a. — *triumph.* s. c. 15,
10; nach den Triumphalfasten *L.
Papirius Sp. f. L. n. Cursor cos. III.
de Samnitibus an. CDXXXIV. X.
K. Septembr.*

12—15. *et fuit*, und in der That.
Die hier eingeschobene Charakteristik, s. Nieb. 3, 292, soll die c. 17
folg. Betrachtung vorbereiten. —
cognomen e. d., der Zuname wird
schon dem Grossvater des hier genannten beigelegt, s. 6, 11, 1, vgl.
9, 34, 20. Es ist entweder ein Irrthum L's, wie 4, 29, oder er will
sagen, dass Lucius diesen Namen

mit besonderem Rechte geführt
habe, worauf *victoremque* etc. hindeutet; vgl. 5, 31, 2; Marq. 5, 1,
123. Wie in *praecipua—inerat* der
Grund auch von *victoremq.* — *fuisse*
liegt, so scheint *et seu virium* —
multa mit *cibi–capaciss.* in Beziehung
zu stehen, und nach der Ansicht
des Annalisten, *ferunt*, nicht L's
selbst, den Grund davon zu enthalten. Doch ist *virium vi* weder
an sich passend ausgedrückt (anders
ist Cornel Thras. 1, 4: *vires vim-
que*) noch die Beziehung zum Folg.
deutlich, und wol verschrieben; indem durch die Wiederholung *vi* in
virium das von L. gebrauchte Wort
(man erwartet *virium cura*, *virium
augendarum causa*) verdrängt
wurde; weniger wahrscheinlich ist,
dass, nachdem bereits in *pedum—
pernicit.* der Grund auch von *vieto-
remq.* etc. bestimmt angegeben ist,
derselbe noch einmal als ungewiss
bezeichnet, und zu lesen sei *victoremq... ferunt seu crurum vi seu...
multa, cibi* etc. Die zweite von L.
erwähnte Eigenschaft: *cibi* etc. wird
von Zonaras gar nicht, von Dio Cass.
l. l. in anderer Beziehung berührt:
τὸ μὲν μὴ εἶναί με μεθυστικὸν παντί
που δῆλον, ... καὶ ὑπὸ τοῦ μὴ
δύνασθαι ῥᾳδίως ὕπνου λαχεῖν, τὸν
οἶνον κατακοιμήσαντά με παραλαμ-

exercitatione multa cibi vinique eundem capacissimum; nec cum 14
ullo asperiorem, quia ipse invicti ad laborem corporis esset, fuisse
militiam pediti pariter equitique; equites etiam aliquando ausos 15
ab eo petere, ut sibi pro re bene gesta laxaret aliquid laboris;
quibus ille: ,,ne nihil remissum dicatis, remitto" inquit, ,,ne uti- 16
que dorsum demulceatis, cum ex equis descendetis." et vis erat
in eo viro imperii ingens pariter in socios civesque. Praenesti- 17
nus praetor per timorem segnius ex subsidiis suos duxerat in
primam aciem; quem cum inambulans ante tabernaculum vocari
iussisset, lictorem expedire securem iussit. ad quam vocem ex- 18
animi stante Praenestino: agedum, lictor, excide radicem hanc"
inquit ,,incommodam ambulantibus," perfusumque ultimi supplicii metu multa dicta dimisit. haud dubie illa aetate, qua nulla 19
virtutum feracior fuit, nemo unus erat vir, quo magis innixa res
Romana staret. quin eum parem destinant animis magno Alexandro ducem, si arma Asia perdomita in Europam vertisset.

βάνω. — invicta ad, 7, 40, 2; 29, 1,
17; pertinaxad; 9, 12, 8 u. a.; ad,
in Beziehung auf, für, s. 6, 18, 4. —
etiam, bestätigend: so hätten auch
einmal u. s. w.

16—18. quibus ille—inquit, Rückkehr in die orat. recta wie 4, 28, 4,
vgl, 2, 2, 7; 38, 52, 6; über den
Dativ bei inquit 7, 34, 4; 24, 38,
1. — ne nihil etc., damit ihr nicht
— erlasse ich euch etwas, n. dass
u. s. w.; — ne utiq.: nicht in irgend
einer Beziehung, in keiner Weise,
keines Falles, vgl. c. 19, 15; 24,
28, 7: non utique. — dorsum wird
von dem Rücken der Thiere, von
dem der Menschen gewöhnlich nur
gesagt, wenn sie Lasten tragen, s.
Curt. 4, 10, 20 u. a.; daher ist an
u. St. wol der Rücken der Pferde
zu verstehen, den zu streicheln
ohnehin nicht geboten war. Praenest. pr., der oberste Magistrat in
Praeneste, der als solcher, s. 8, 11,
4, das Contingent seines Staates den
Römern zugeführt hat, und jetzt
dasselbe (etwa als praefectus cohor-
tis Praenestinae, s. 21, 48, 9; 25,
14, 4) commandirt, vgl. 23, 19, 17.

— ex subsid., aus der zweiten Linie. — exanimi st., s. 1, 21, 1. —
multa, entweder = nota, wie 24,
16, 13, oder zu erklären nach Di-
gest. XLIX, 16, 3, § 1: poenae militum huiusce modi sunt: castigatio,
pecuniaria multa, munerum indictio
etc., daher Polyb. 6, 37: κύριος
δ' ἐστὶ καὶ ζημιῶν ὁ χιλίαρχος καὶ
ἐνεχυριάζων etc., d. h. pignoris
capiendi, um die Mult, s. 4, 30, 3,
beizutreiben, Marquardt 3, 2, 436;
gewöhnlich wird der Sold nicht ausgezahlt, 40, 41; Front. Strat. 4, 1,
22 u. a.

19. feracior, Becker 2, 2, 5. —
nemo unus, kein Einzelner, wenn
auch viele Andere tüchtig waren,
bot eine solche Stütze wie Papirius,
s. 3, 12, 4. — innixa, 6, 1, 4. —
parem, 7, 33, 2. — destinant, vgl.
28, 38, 10, Schrifsteller zu L's Zeit,
welche der Behauptung der Griechen, c. 18, 6, gegen welche auch
die folgende Digression gerichtet
ist, widersprachen. — animis, nicht
in der Wirklichkeit. — si, für den
Fall.

17   Nihil minus quaesitum a principio huius operis videri potest,
quam ut plus iusto ab rerum ordine declinarem, varietatibusque
distinguendo opere et legentibus velut deverticula amoena et re-
2 quiem animo meo quaererem; tamen tanti regis ac ducis mentio,
quibus saepe tacitis cogitationibus volutavit animum, eas evocat
in medium, ut quaerere libeat, quinam eventus Romanis rebus,
3 si cum Alexandro foret bellatum, futurus fuerit. plurimum in
bello pollere videntur militum copia et virtus, ingenia imperatorum, fortuna, per omnia humana, maxime in res bellicas potens:
4 ea et singula intuenti et universa, sicut ab aliis regibus gentibus-
que, ita ab hoc quoque facile praestant invictum Romanum im-
5 perium. iam primum, ut ordiar ab ducibus conparandis, haud
equidem abnuo egregium ducem fuisse Alexandrum; sed clariorem tamen eum facit, quod unus fuit, quod adulescens in incre-

17—19. Vergleichung der röm.
Macht mit der macedonischen unter Alexander dem Grossen.

1—2. *a princip.*, gleich von Anfang an konnte ich (da dieses Werk
der an sich schon so reichen, s.
praef. 4, Geschichte des röm. Volkes gewidmet ist) nichts weniger
beabsichtigen. *principium* steht wie
praef. 13 *orsa* dem Fortgange entgegen. — *varietatibus* etc., durch
bunten, mannigfaltigen Stoff schmük-
kend; vgl. Tac. H. 2, 50: *fictis ob-
lectare legentium animos.* — *legentibus*, praef. 4. — *deverticula*, Epi-
soden. — *requiem*, Erholung. Die
Stellung der Worte chiastisch. —
quaererem nach *quaesitum; operis*
nach *opere*, s. 1, 53, 4. — *quibus
— eas*, Attraction und Umstellung,
1, 1, 3, st. *mentio tacitas cogitationes
evocat*, *quibus* etc., *mentio* ist die
so eben geschehene Erwähnung; dagegen kann zu *saepe volut.* nicht
mentio Subject sein, sondern der
Gedanke, die Erinnerung, aus der
die *mentio* hervorgegangen ist; zugleich wird durch *saepe* angedeutet,
dass der Gegenstand zu L's Zeit
mehrfach zur Sprache gekommen ist
und Erörterungen veranlasst hat, s.
c. 16, 19; 18, 6. Die ungewöhn-

liche Construction, denn sonst heisst
es: *rem animo* od. *in animo volutare*, s. 40, 13, 4; 42, 11, 5, vgl. 6,
28, 7, ist wol nach der Analogie von
*spe incitare, gloria incendere ali-
quem* u. a., s. 4, 6, 3; 8, 29, 3, zu
erklären: durch welche Gedanken
die Erinnerung im Stillen meinen
Geist bewegt, beschäftigt, zu welchen sie denselben vielfach veranlasst hat. Andere lesen *volutavi*,
wodurch aber die ungewöhnliche
Construction von *volutare* nicht entfernt wird.

3—4. *ingenia imp.*, s. Cic. de
imp. Pomp. 10, 28. — *fortuna*, vgl.
Caes. 6, 30, 2: *multum cum in omnibus rebus tum in re militari potest
fortuna.* — *per*, die Verbreitung
über, *in*, der Einfluss auf etwas,
vgl, 4, 56, 4. — *intuenti* — *praest.*,
wenn man — betrachtet, geben sie
die Gewähr, Ueberzeugung von der
Unüberwindlichkeit u. s. w., s. 10,
30, 4; 7, 10, 6.—*regibus g.*, von Königen beherrschte und freie Na-
tionen.

5—6. *iam pr.* 1. 1, 1. — *in in-
cremento*, „im Werden", vgl. 29,
26, 5. — *ut alios* etc. führt das Vorherg. in chiastischer Ordnung aus;
§ 6: *quod adulescens* etc.; §7: *quod*

mento rerum, nondum alteram fortunam expertus, decessit. ut 6
alios reges claros ducesque omittam, magna exempla casuum
humanorum, Cyrum, quem maxime Graeci laudibus celebrant,
quid nisi longa vita, sicut Magnum modo Pompeium, vertenti
praebuit fortunae? recenseam duces Romanos, nec omnes omnium 7
aetatium, sed ipsos eos, cum quibus consulibus aut dictatoribus
Alexandro fuit bellandum, M. Valerium Corvum, C. Marcium Ru- 8
tilum, C. Sulpicium, T. Manlium Torquatum, Q. Publilium Philonem, L. Papirium Cursorem, Q. Fabium Maximum, duos De-
cios, L. Volumnium, M'. Curium? deinceps ingentes secuntur 9
viri, si Punicum Romano praevertisset bellum seniorque in Italiam traiecisset. horum in quolibet cum indoles eadem, quae in 10
Alexandro, erat animi ingeniique, tum disciplina militaris, iam
inde ab initiis urbis tradita per manus in artis perpetuis praecep-
tis ordinatae modum venerat. ita reges gesserant bella, ita 11
deinde exactores regum Iunii Valeriique, ita deinceps Fabii Quinctii Cornelii, ita Furius Camillus, quem iuvenes ii, quibus cum

---

unus etc. — *alteram,* das andere,
entgegengesetzte, s. 5, 38, 5; 21, 9,
4: den Wechsel des Glücks. — *casuum,* s. c. 8, 4; 45, 41, 10; Curt.
5, 17, 5: *fortunae exempla.* — *Cyrum* bei Xenophon, s. Einl. 4. —
Magnum, s. 1, 46, 6; 30, 45. 6. —
modo, vor wenigstens 20 Jahren, 6,
40, 17. — *praebuit,* hat blossgestellt,
— *vertenti,* dem sich abwendenden.

7—9. *recenseam* etc., alle diese
Feldherrn würden jeder für sich
schon, s. § 10, Alexander nicht nach-
stehen. — *fuit b.* conditional. — *Sulpicium,* c. 24; der 7, 9 genannte
kann nicht wol gemeint sein. —
Volumnium, 42. *Curium,* Periocha
11, schon dieser wie der jüngere Decius würden Alexander nur haben
entgegentreten können, wenn er
ziemlich bejahrt den Krieg begonnen hätte; obgleich L. annimmt,
dass dieses erst bei der zweiten
Reihe, die § 9 parenthetisch nur im
Allgemeinen bezeichnet ist, geschehen sein würde. — *deinceps,* unmittelbar darnach, etwa Fabricius, Coruncanius u. a. — *si* etc., mit denen

er dann hätte kämpfen müssen, wenn
u. s. w. — *Punic. R.,* s. 8, 5, 3.
— *praevertisset,* s. 2, 24, 5: wenn
er eher mit Carthago als mit Rom
u. s. w. Ueber die Sache s. Justin.
21, 6; Curtius 4, 19, 18.

10—11. *horum* etc.: alle diese
wären Alex. gleich gewesen an
Geist, Kenntniss des Kriegswesens,
persönlicher Tapferkeit § 13 und
Kriegskunst § 15. — *indoles* etc.,
c. 4, 9; 21, 2, 4; 29, 31, 2: an pro-
ductiver Kraft des Geistes und That-
kraft. — *tum — venerat* ist selbstständig dargestellt, weil zugleich
bezeichnet werden soll, dass sie ein
gemeinsames Eigenthum aller gewesen sei, sonst würde man erwarten: *disciplina m., quae. — per m.,*
1, 3, 9. — *in artis* etc., die Kriegskunst auf immer beobachtete, von
Einem auf den Anderen übergegan-
gene Regeln gegründet, hatte sich
zu einem System entwickelt. — *ita,*
in dieser Weise, wie sie als bekannt
§ 10 bezeichnet ist. — *iuvenes,* wol
nicht alle, namentlich nicht Valerius
Corvus, die Decier, Curius. —

12 Alexandro dimicandum erat, senem viderant. militaria opera
   pugnando obeunti Alexandro — nam ea quoque haud minus
   clarum eum faciunt — cessisset videlicet in acie oblatus par
   Manlius Torquatus aut Valerius Corvus, insignes ante milites
13 quam duces, cessissent Decii, devotis corporibus in hostem ruentes, cessisset Papirius Cursor illo corporis robore, illo animi!
14 victus esset consiliis iuvenis unius, ne singulos nominem, senatus ille, quem qui ex regibus constare dixit unus veram speciem
15 Romani senatus cepit! id vero erat periculum, ne sollertius quam
   quilibet unus ex his, quos nominavi, castris locum caperet, commeatus expediret, ab insidiis praecaveret, tempus pugnae delige-
16 ret, aciem instrueret, subsidiis firmaret. non cum Dareo rem
   esse dixisset, quem mulierum ac spadonum agmen trahentem,
   inter purpuram atque aurum, oneratum fortunae apparatibus
   suae, praedam verius quam hostem, nihil aliud quam bene ausus
17 vana contemnere, incruentus devicit. longe alius Italiae quam
   Indiae, per quam temulento agmine comisabundus incessit, visus
   illi habitus esset, saltus Apuliae ac montes Lucanos cernenti et
   vestigia recentia domesticae cladis, ubi avunculus eius nuper, Epiri

---

dimicand. erat, wie § 7 fuit bell.
  12—15 m. opera, persönliche
Theilnahme am Kampfe, daher im
Folg. milites. — oblatus par, als
Gegner aufgestossen wäre, s. c. 16,
19. — ruentes = qui ruerent, die
doch u. s. w. — illo c., c. 16, 12. —
consiliis der persönlichen Tapferkeit gegenüber die Kriegspläne, die
später wenigstens oft im Senate
entworfen wurden. Dieses ist auch
wol der Grund, weshalb die Vergleichung der Feldherrntalente unterbrochen wird. Zu dem Satze ist
wieder videlicet zu denken. — unus,
bekanntlich Kineas, s. Plut. Pyrrh.
19. — speciem, Vorstellung, Idee.
— Romani sen. ist mit Nachdruck
wiederholt und Rom. vorangestellt.
— id vero etc., das aber erst. —
quilib. unus, vgl. c. 16, 19: jeder
beliebige wäre ihm gleich gewesen.
Zur Sache vgl. das Urtheil Hanni-
bals 35, 14, 8: Pyrrhum castra
metari primum docuisse; ad hoc neminem elegantius loca cepisse, prae-

sidia disposuisse. Die Gleichheit
der Endung in caperet, expediret
etc. ist wol beabsichtigt. In dem
Satze ist die höhere Kriegskunst,
verschieden von der disciplina mil.
§ 10, dargestellt.
  16—17. non, wahrlich nicht; das
Asyndeton hebt den Gegensatz. —
trahenten n. secum, die ungeordnete
Masse mit Mühe mit sich schlep-
pend. — inter p. a. a., umgeben von
Menschen in u. s. w. — verius, 1,
56, 9. — bene a., es bedurfte nur
des muthigen Entschlusses die Macht
als eine eitle zu verachten. — comi-
sab., Curt. 9, 42. — saltus Ap., es
wird vorausgesetzt, dass er von
Griechenland aus in Apulien gelan-
det sein würde. — vestigia, 8, 24.

18. Das Uebergewicht Alexanders wird zweifelhaft wegen seines
Uebermuthes und seiner Schwelgerei § 1—5; seine Grösse würde
die Römer nicht geblendet haben,
6—8.

rex Alexander, absumptus erat. Et loquimur de Alexandro non- **18**
dum merso secundis rebus, quarum nemo intolerantior fuit. qui **2**
si ex habitu novae fortunae novique, ut ita dicam, ingenii, quod
sibi victor induerat, spectetur, Dareo magis similis quam Alexan- **3**
dro in Italiam yenisset, et exercitum Macedoniae oblitum dege-
nerantemque iam in Persarum mores adduxisset. referre in tanto **4**
rege piget superbam mutationem vestis et desideratas humi ia-
centium adulationes, etiam victis Macedonibus graves, nedum victoribus, et foeda supplicia et inter vinum et epulas caedes amicorum et vanitatem ementiendae stirpis. quid? si vini amor in **5**
dies fieret acrior, quid? si trux ac praefervida ira — nec quicquam
dubium inter scriptores refero —, nullane haec damna impera-
toriis virtutibus ducimus? id vero periculum erat, quod levissi- **6**
mi ex Graecis, qui Parthorum quoque contra nomen Romanum

1—3. *et*, und zwar. —*merso*, 6,14,
7. — *habitu* von dem Gewande (*induerat*, s. 3, 33, 7, vgl. 6, 18, 14)
nicht allein auf *fortuna* sondern
auch auf den Geist übergetragen,
anders *habitus animorum* 32, 19,
6. — *si spectetur—venisset*, kurz
st.: *si spectetur, appareat eum venturum fuisse, si venisset*, s. 45, 37,
1. — *magis sim.*, in höherem Grade
ähnlich. — *Alexandro* st. *sibi*, um
den Gegensatz zu heben. — *degene-
rantem* etc., schon in der Ausartung
begriffen, welche es zu den per-
sischen Sitten führen musste; Tac.
Germ. 46: *in Sarmatarum habitum
foedantur*.

4—5. *desiderat. c. a.*, „die Forderung fussfälliger Huldigungen.“ —
adulationes, der eigentliche Ausdruck für die Ehrenbezeugung der
Orientalen, s. 30, 16, 4; Curt. 8, 17,
6: *more Persarum Macedonas vene-
rabundos ipsum salutare, proster-
nentes humi corpora* (προσκυνεῖν)
volebat. — *victis* = *si essent victi*,
5, 36, 10, 21, 43, 5: *praemia vobis
ea victoribus proponit*. — *supplicia*,
des Philotas, Curt. 6, 44, *amicorum*,
s. 31, 28, 5, des Klitus, Curt. 8, 5,
52. — *vanitat. em. st.*, Curt. 8, 17,
5: *Iovis filium non dici tantum se,
sed etiam credi volebat*. — *quid*, zur

Einführung eines wichtigeren Mo-
mentes. — *fieret*, geworden wäre,
vgl. dagegen Curt. 10, 18, 34: *ira-
cundiam et cupidinem vini sicut iu-
venta irritaverat, ita senectus miti-
gare potuisset*. — *nec quicq*, etc.,
während so Vieles über Alexander
gefabelt wurde. — *virtutibus*, s. c.
19, 7.

6—7. *id v.*, c. 17, 15. — *levissimi*
weil L. die Griechen überhaupt
nicht hoch stellt, s, 8, 22, 8; 31, 44,
3. Wahrscheinlich ist ein mit L.
gleichzeitiger griechischer Historiker gemeint, Timagenes, s. Senec.
Controv. X, 22: (Craton) *saepe solebat apud Caesarem cum Timagene
confligere, homine acidae linguae
et qui nimis liber erat*. — *ex capti-
vo cocus, ex coco* [*lecticarius ex*]
*lecticario usque in amicitiam Cae-
saris felix usque eo utramque fortunam contempsit, et in qua erat et
in qua fuerat, ut cum illi multis de
causis iratus Caesar interdixisset
domo, combureret historias rerum
ab illo gestarum*, vgl. Sen. de ira 3,
23; Quintil. 10, 1, 75. Dieser, ein
Feind des Augustus und der Römer
überhaupt, vgl. Sen. Ep. 14, 3 (91),
13: *Timagenes felicitati urbis ini-
micus aiebat Romae sibi incendia ob
hoc unum dolori esse, quod sciret*

gloriae favent, dictitare solent, ne maiestatem nominis Alexandri,
quem ne fama quidem illis notum arbitror fuisse, sustinere non
7 potuerit populus Romanus, et, adversus quem Athenis, in civitate
fracta Macedonum armis, cernente tum maxime prope fumantes
Thebarum ruinas, contionari libere ausi sint homines, id quod
ex monumentis orationum patet, adversus eum nemo ex tot pro-
ceribus Romanis vocem liberam missurus fuerit?

8   Quantalibet magnitudo hominis concipiatur animo; unius
tamen ea magnitudo hominis erit, collecta paulo plus decem an-
9 norum felicitate; quam qui eo extollunt, quod populus Romanus,
etsi nullo bello, multis tamen proeliis victus sit, Alexandro nullius
pugnae non secunda fortuna fuerit, non intelligunt se hominis
res gestas, et eius iuvenis, cum populi iam octingentesimum bel-

---

meliora resurrectura quam arsissent,
scheint als Augustus, bereits i. J.
724, s. Dio Cass. 51, 18, einen
Krieg gegen die Parther beabsich-
tigte, in Bezug auf die Niederlagen
des Crassus und Antonius, s. c. 19,
16, die röm. Macht als unzureichend
zu einem solchen Unternehmen ver-
höhnt, und dabei der Alexanders
weit nachgesetzt zu haben. Gegen
diese Geringschätzung und Verspot-
tung nimmt L. nicht ohne Bitterkeit,
s. c. 17, 12: *videlicet*; §15: *id vero*;
c. 18, 4; 6, und Ueberschätzung
derselben, s. Nieb. R. G. 3, 105, die
röm. Macht in Schutz, Einl. S. 10.
Die Episode scheint vor 731 a. u.
geschrieben, da in diesem Jahre nach
Dio Cass. 53, 33 die Parther Gesandte nach Rom schickten und die
Entscheidung ihrer Streitigkeiten
dem Senate antrugen, vgl. zu Hor.
Carm. 3, 5; 2, 13, 18 u. a. Denn
dieses würde L. seinem Gegner zu
erwiedern nicht unterlassen noch
weniger aber, wenn sie nach 734,
als schon die Gefangenen von den
Parthern herausgegeben waren, ver-
fasst wäre, s. Mon. Anc. V, 40; Hor.
Carm. 4, 5, 25; ib. 15, 7; Strabo 6,
4 p. 288; Cassiod. u. d. J. 726 und
734, dieses ruhmvolle Ereigniss
verschwiegen haben, und c. 19, 16
nur einen Krieg in Aussicht stellen.

— *favent* u. § 9 *extollunt* ist entweder communicative von Timagenes allein gesagt, oder auch auf
andere ihm gleichdenkende zu beziehen. — *nominis*, schon der
blosse Name, was durch den Relativsatz: *quem fuisse* und *adversum* etc. widerlegt wird. Ob L's
Ansicht: *arbitror* etc., richtig sei,
oder Rom an Alexander, s. Plin. 3,
5, 57, dieser an die Römer, s. Strabo
5, 5, p. 232, Gesandte geschickt
habe, ist zweifelhaft, s. Nieb. 1,
472; Momms. 1, 386 An. — *in civitate*, vgl. 1, 2, 3. — *contionari* etc.,
Demosthenes Lycurgus u. A.

8—19. Der dritte der c. 17, 3 erwähnten Vergleichungspunkte wird
hier eingeschoben: auch das Glück
hat beide Parteien begünstigt, aber
die Römer immer, das des Al. war
nur von kurzer Dauer §9—11; röm.
Feldherrn haben durch ihre Tüchtigkeit, vom Glück begünstigt, nicht
minder Grosses als Al. gethan.

8—9. *hominis*, des Mannes; dagegen § 9: eines einzelnen Menschen im Gegensatz zu dem Volke;
zu *unius hominis* vgl. Curt. 4, 54,
18: *Alexander—unum animal est.*
— *et eius iuv.* = *et hominis quidem,
qui iuvenis erat,* der noch dazu u. s.
w. — *octingent.*, da L. gegen
Schriftsteller seiner Zeit spricht,

lantis annum rebus conferre. miremur, si, cum ex hac parte sae- 10
cula plura numerentur quam ex illa anni, plus in tam longo spatio
quam in aetate tredecim annorum fortuna variaverit? quin tu 11
hominis cum homine et ducis cum duce fortunam cum fortuna
confers? quot Romanos duces nominem, quibus numquam ad- 12
versa fortuna pugnae fuit? paginas in annalibus fastisque magistratuum percurrere licet consulum dictatorumque, quorum nec
virtutis nec fortunae ullo die populum Romanum paenituit. et 13
quo sint mirabiliores quam Alexander aut quisquam rex, denos

so giebt er in runder Summe die
Zahl der Jahre bis zu dieser an, s.
praef. 4, Einleit. S. 3. Im Folg., c.
19, jedoch vergleicht er wahrscheinlich die Macht Roms wie sie zu
Alex. Zeit war mit der macedonischen, weil es auch von seinen
Gegnern geschehen war.

10. *miremur*, darf man sich wun-
dern. — *saecula pl.*, auch diese
Worte können sich nur auf die
Zeit L's, nicht auf die Alexanders
beziehen, *saecula* daher nur von
Menschenaltern zu 33 Jahren verstanden werden, s. 4, 32, 3; 7, 32,
8; Mommsen Chron. S. 183. Der
Nachdruck liegt also auf *plura*, und
der weniger genaue Ausdruck ist
gewählt um abzuwechseln und den
Gegensatz zu *anni* schärfer hervorzuheben, — *quin tu*, 8, 32, 6. —
hominis — fortunam sind nach der
in Vergleichungen gewöhnlichen
Brachyologie, s. c. 10, 3 gesagt; der
Zusatz *cum fortuna* wäre gegen den
sonstigen Gebrauch in dieser Form
des Ausdrucks, und wird deshalb
von Benedict u. A. für unächt gehalten; doch könnte auch in den
vorhergehenden Worten ein Fehler
liegen (es wird *homines c. homine,
duces* etc. verm.), oder L. selbst,
da der vollständige Ausdruck sein
würde: *hominis fortunam cum fortuna hominis* etc., s, 44, 1, 12, um
den wichtigsten Begriff der ganzen
Vergleichung hervortreten zu lassen, und aus dem mehr rhetorischen
Zwecke, eine dritte Antithese zu
gewinnen, *cum fortuna* hinzugefügt

haben, wie auch sonst bisweilen
die rhetorische Form mehr berücksichtigt wird als grammatische und
logische Genauigkeit, s. c. 24, 2;
8, 7, 18; 44, 31, 15: *vix gladiatorio
accepto, decem talentis a rege rex*;
22, 7, 5; Tac. H. 1, 6; Ann. 6, 7.

12—14. *nominem*, könnte ich od.
soll ich nennen. — *paginas* findet
sich auch sonst von den Seiten der
Magistratsverzeichnisse, vgl. Plin.
Paneg. 92, 2: *non alia nos pagina
quam te consulem accipiet*, Auson.
Paneg. 11: *pagina fastorum suorum*. — *annalibus*, die Chroniken.
— *fast·sque mag.*, nach Mommsen
Chronol. S. 208; das hds. *magistratuum fastisque* ist schwerlich
richtig, da *annales magistratuum*
(einen anderen Sinn hat *annales
pontificum*) unverständlich ist und
sonst wol nicht statt *libri magistratuum* 4, 20, 8; 39, 52, 4, vorkommt,
dagegen zu *fastis* eine Bestimmung
vermisst wird. — *consul. dictat.*
gehört nicht als Apposit. zu *magistratuum*, da es besondere *fasti
dictatorum* nicht gab, sondern zu
paginas: die für die einzelnen Consuln u. s. w. in den Magistratsver-
zeichnissen bestimmten Seiten, vgl.
Cic. Att. 4, 8 ᵇ, 2: *non minus longas iam in codicillorum fastis fu-
turorum consulum paginulas habent
quam factorum*; zur Sache s.
Schwegler 1, 18; Becker 1, 17. —
ullo d., auch nur an einem Tage.
stärker als *numquam* — *quo* Absicht statt Folge. — *quisq r.*, 8, 40,
5, da sich *quisquam* der Negation:

vicenosque dies quidam dictaturam, nemo plus quam annum con-
14 sulatum gessit; ab tribunis plebis dilectus inpediti sunt; post
tempus ad bella ierunt, ante tempus comitiorum causa revocati
15 sunt; in ipso conatu rerum circumegit se annus; collegae nunc
temeritas nunc pravitas inpedimento aut damno fuit; male gestis
rebus alterius successum est; tironem aut mala disciplina insti-
16 tutum exercitum acceperunt. at hercule reges non liberi solum
inpedimentis omnibus, sed domini rerum temporumque trahunt
17 consiliis cuncta, non secuntur. invictus ergo Alexander cum in-
victis ducibus bella gessisset, et eadem fortunae pignera in dis-
18 crimen detulisset; immo etiam eo plus periculi subisset, quod
Macedones unum Alexandrum habuissent, multis casibus non so-
19 lum obnoxium sed etiam offerentem se, Romani multi fuissent
Alexandro vel gloria vel rerum magnitudine pares, quorum suo
quisque fato sine publico discrimine viveret morereturque.

19　　　Restat, ut copiae copiis conparentur vel numero vel militum
2 genere vel multitudine auxiliorum. censebantur eius aetatis lu-
stris ducena quinquagena milia capitum. itaque in omni defectione sociorum Latini nominis urbano prope dilectu decem scri-
3 bebantur legiones; quaterni quinique exercitus saepe per eos
annos in Etruria, in Umbria Gallis hostibus adiunctis, in Samnio,

---

nicht irgend ein König, nähert. —
vicenosq. die Einen 10, die Anderen
20. — *nemo p. q. a.,* an die Proconsuln ist nicht gedacht. — *post. t.,*
nach der rechten, günstigen Zeit,
wie *in tempore,* und sogleich: *ante
tempus.* — *conatu,* s. 32, 28, 4:
gerade wenn sie ihre Unternehmungen begonnen hatten, im besten Zuge
waren, vgl. 24, 8, 8.

16—19. *domini*, Demosth. Olynth.
1, 4: τὸ γὰρ εἶναι πάντων ἐκεῖνον
ἕνα ὄντα κύριον καὶ ῥητῶν καὶ
ἀποῤῥήτων καὶ ἅμα στρατηγὸν
καὶ δεσπότην καὶ ταμίαν etc. Tac.
Ann. 2, 73: *solus arbiter rerum.* —
consiliis n. *suis. non secuntur* n.
aliorum consilia. — *pignera,* die
Unterpfänder, dass das Glück ihnen
günstig sein werde, waren bei beiden gleich. — *Romani,* während es
viele R. gegeben hätte, die u. s. w.
quo q. f., ihr Leben oder Tod (im
Kriege mit Alex.) würde nur sie

betroffen, auf den Staat keinen Einfluss géhabt haben. — *viveret m.,*
Potentialis der Vergangenheit: sie
wären der Art gewesen, dass sie
hätten — können.

19. 1—2. *copiae* etc., der erste
Vergleichungspunkt c. 17, 3. — *auxiliorum,* Hülfstruppen von fremden Völkern, wie später im röm.
Heere. — *censeb.,* L. scheint, wie
c. 17, 7 ; 18, 12 die fasti, so hier die
tabulae censoriae eingesehen zu
haben, obgleich er selbst seit 3, 24
die Zahl der Abgeschätzten nicht
angegeben hat, s. 4, 8 ; 22 ; 5, 31 ;
6, 27 ; 8, 17 ; 9, 29 ; 30. — *ducenaq.*
vgl. zu 7, 25, 8 ; 10, 47, 2 ; Periocha
11 ; 13 ; 14 ff; Lange 2, 62. — *omni
def.,* 1, 1, 4 : *ad maiora.* — *urbano,*
es soll wol das eigentlich römische
Gebiet, nicht das der Stadt allein gedacht werden, s. 7, 25, 8. — *decem,*
c. 4, 11.

in Lucanis gerebant bellum. Latium deinde omne cum Sabinis et 4
Volscis et Aequis et omni Campania et parte Umbriae Etruriaeque
et Picentibus et Marsis Paelignisque ac Vestinis atque Apulis adiuncta omni ora Graecorum inferi maris a Thuriis Neapolim et
Cumas et inde Antio atque Ostiis tenus [Samnites] aut socios
validos Romanis aut fractos bello invenisset hostes. ipse traie- 5
cisset mare cum veteranis Macedonibus, non plus triginta milibus
hominum, et quattuor milibus equitum, maxime Thessalorum:
hoc enim roboris erat. Persas, Indos aliasque si adiunxisset
gentes, inpedimentum maius quam auxilium traheret. adde, quod 6
Romanis ad manum domi supplementum esset, Alexandro, quod
postea Hannibali accidit, alieno in agro bellanti exercitus conse-
nuisset. arma clupeus sarisaeque illis; Romano scutum, maius 7
corpori tegumentum, et pilum, haud paulo quam hasta vehemen-

---

4. *Latium* etc., die Herniker, Sidiciner u. Aurunker sind übergangen, dagegen ist *a Thuriis* wol verdorben, da es an der Ostküste liegt,
und die Römer mit den griechischen
Städten an dieser kaum noch in Be-
rührung gekommen waren, während
sonst nur von Rom abhängige Bundesgenossen genannt werden; Gronov. vermuthet *a Bruttiis.* — *Neapol.*, ohne *ad* weil nur die Ausdehnung, nicht eine Bewegung angegeben wird. — *Samnites* ist nicht
richtig, denn die Samniten sind so
eben § 3: *in Samnio* als Feinde genannt, und man sieht keinen Grund,
warum mit ihnen gerade die Seestädte: *adiuncta ora* etc. in Verbindung gesetzt und so zwei Classen
von Staaten aufgestellt werden.
Hätte L. die Samniten erwähnen
wollen, so würden auch die übrigen
§ 3 genannten Völker nicht übergangen sein. Vielleicht hiess es:
tenus: — *hos omnis,* 1, 35, 6. —
Neapolim et C., sind als Seestädte
von Campanien wie in gleicher
Weise Antium u. Ostia von Latium
getrennt. — *Ostiis*, von *Ostia, orum*,
s. 22, 37, 1. — *aut socios* etc., sie
würden entweder die Römer im
Kampfe gegen Alex. unterstützt,
oder bereits geschwächt sie in ih-

ren Unternehmungen nicht haben
hindern, Alex. nicht unterstützen
können. Dass sich die übrigen Völker hätten an Alex. anschliessen
können, ist nicht beachtet.

5—6. *triginta m.* etc., s. Arrian.
Anab. 1, 11, vgl. Polyb. 12, 19. —
equitum, m. Thess. steht nicht *hominum*, vgl. jedoch 22, 52, 4; 21,
27, 1, sondern *veterani Macedones*
entgegen. — *hoc e. r. e.*, das ganze
Heer war grösser. Plut. Alex. 15.
— *Persas Ind.*, er hätte jedoch
auch Griechen, Afrer u. A. in Sold
nehmen können. — *traheret*, c. 17,
16; das Imperf.: er hätte mit sich
schleppen müssen, als dauernd neben
der anderen Handlung; doch steht
das Imperf. seltner so im Hauptsatze,
wenn im Nebensatze das Plusq. p.
sich findet, s. 33, 5, 2; vgl. c. 18, 19.
— *esset*, immer zur Hand gewesen
wäre, n. wenn sie derselben bedurft
hätten.

7—8. *clipeus*, 8, 8, 3. — *sarisaeque*, s. 37, 42, 4: *usus praelonga-
rum hastarum, sarisas Macedones
vocant*, nach Polyb. 18, 12 waren
sie 14 Ellen lang und wurden im
Kampfe so gefasst und vorgestreckt,
dass sie 10 Ellen, gegen 14 Fuss,
vor die Linie hervorragten. —
corpori, ohne Verbalbegriff, der

8 tius ictu missuque telum. statarius uterque miles, ordines servans;
   sed illa phalanx inmobilis et unius generis, Romana acies distinctior, ex pluribus partibus constans, facilis partienti, quacumque
9 opus esset, facilis iungenti. iam in opere quis par Romano miles, quis ad tolerandum laborem melior? uno proelio victus
   Alexander bello victus esset: Romanum, quem Caudium, quem
10 Cannae non fregerunt, quae fregisset acies? ne ille saepe, etiam
   si prima prospere evenissent, Persas et Indos et inbellem Asiam
11 quaesisset, et cum feminis sibi bellum fuisse dixisset, quod Epiri
   regem Alexandrum, mortifero vulnere ictum, dixisse ferunt, sortem bellorum in Asia gestorum ab hoc ipso iuvene cum sua con-
12 ferentem. equidem cum per annos quattuor et viginti primo Punico bello classibus certatum cum Poenis recordor, vix aetatem
13 Alexandri suffecturam fuisse reor ad unum bellum; et forsitan,
   cum et foederibus vetustis iuncta res Punica Romanae esset, et
   timor par adversus communem hostem duas potentissimas armis virisque urbis armaret, simul Punico Romanoque obrutus
14 bello esset. non quidem Alexandro duce nec integris Macedonum

durch *tegumentum* angedeutet ist,
s. c. 18, 5; c. 20, 5; 40, 3, 5; 7, 1,
6. — *ictu miss.*, da das *pilum*, welches der röm. Soldat in der Schlacht
führte, s. 2, 30, 12, vgl. zu 8, 8, 7,
als Wurfgeschoss, in der Regel
nicht, wie die *hasta*, zum Stosse,
gebraucht wird, s. 7, 23, 8; 10, 29,
6, so bedeutet *ictu* hier schwerlich:
beim Stossen, sondern: beim Treffen, und wird durch *missuque* näher
erklärt, so dass *ictu missuque* als
hendiadyoin einen Begriff, § 16, die
Wirkung des Wurfes, im Gegensatz
zu demStosse der Sarisse, bezeichnet
(nach Köchly). — *statarius* — *servans*, im Gegensatze gegen leichte
Truppen, § 16. — *illa*, d. h. illorum
Macedonum. — *inmobilis*, vgl. 33,
9; 44, 41 u. a. — *unius gen.*, sie
hatten alle gleiche Waffen und
Kampfart. — *distinctior*, durch das
Folg. erklärt, s. 8, 8. — *partienti*,
wenn man trennen und vereinigen
will, vgl. c. 17, 4; zu 10, 30, 4.

9—11. *iam*, ein anderer bedeutender Punkt: vollends, vgl. 29, 3,
14. — *uno pr.* etc.. ein neuer, un-
vermittelt hingestellter Gedanke:

die Möglichkeit des Unterliegens
war gegeben, wäre er in einem
Treffen u. s. w., während die Römer
bei ihrer Standhaftigkeit sich aufrecht erhalten hätten; aber selbst
wenn er anfangs glücklich gewesen
wäre, s. 8, 3, 6, würde er u. s. w. —
— *ne*, s. 5, 9, 5.— *quaesiss.*, würde
vermisst, sich umgesehen haben
nach. — *quod Ep.* etc., Gell. 17, 21,
33: *eum Molossum, cum in Italiam
transiret, dixisse accepimus, se quidem ad Romanos ire, quasi in an-
dronitin, Macedonem ad Persas,
quasi in gynaeconitin.*

12—14. *equidem*, in der That. —
foederibus, c. 43; 7, 27, 2. — *adversus* gehört zu *armaret.* Der Zusammenhang ist: wenn Alex. schon
der Ausdauer der Römer würde er-
legen sein, so wäre er noch weniger
den Römern und Puniern in Verbindung gewachsen gewesen; besonders da die Erfahrung der späteren Zeit gezeigt hat, dass die
Phalanx der röm. Kriegskunst nicht
widerstehen konnte. *non quid.*, s. 25
36, 2; *quidem* in einem unvoll-
ständigen Satze wie 29, 17, 13. —

rebus, sed experti tamen sunt Romani Macedonem hostem adversus Antiochum Philippum Persen, non modo cum clade ulla,
sed ne cum periculo quidem suo. absit invidia verbo, et civilia 15
bella sileant; numquam ab equite hoste, numquam a pedite,
numquam aperta acie, numquam aequis, utique numquam nostris
locis laborabimus; equitem sagittas saltus inpeditos avia com- 16
meatibus loca gravis armis miles timere potest: mille acies gra- 17
viores quam Macedonum atque Alexandri avertit avertetque, modo
sit perpetuus huius, qua vivimus, pacis amor et civilis cura concordiae.

M. Folius Flaccina inde et L. Plautius Venox consules facti. 20

adversus Ant., d. h. im Kriege gegen Ant. — non m. ulla, s. 4, 21, 6;
5, 38, 9 u. a.

15. absit invid. v., sowol diese
Worte: meine Aeusserung möge
nicht als Vermessenheit ausgelegt
werden, s. 36, 7, 7; 28, 39, 11;
vgl. 5, 21, 15; Curtius 10, 28, 6,
als sileant, §17 avertetque u. modo
sit zeigen, dass L. von der Zukunft
reden will. Deshalb ist auch wohl
statt des hds. laboravimus, welches
den allbekannten Niederlagen an
der Alia, bei Cannae u. a. § 9 widersprechen würde, laborabimus mit
Heerwagen zu lesen; es wird so zugleich die c. 18, 6 angedeutete Ansicht, dass die Römer den Parthern erliegen könnten, widerlegt,
wenn auch § 16 das Gefährliche
dieser Kampfart zugestanden wird.
— sileant sie mögen schweigen,
nicht störend eintreten. — ab eq.
hoste könnte von der Reiterei verstanden werden, wie sie gewöhnlich
in den Heeren ist, und wegen des
Gegensatzes § 16 vorangestellt
sein; doch ist vielleicht mit Heerwagen iusto zu lesen. Dobree
wollte numq. ab eq. . . . pedite;
Madvig numq. . . . hoste tilgen. —
aequis die beiden Theilen gleich
günstig, nostris die den Römern
günstig sind. — laborabim , werden
Noth leiden, bedrängt werden.

16—17. equitem sag., die beiden
Begriffe sind zwar getrennt, bezie-

hen sich aber auf die Reiterei der
Parther, vgl. Hor. Carm. 2, 13, 17:
miles sagittas et celerem fugam
Parthi (perhorrescit), ib. 1, 29, 4 u.
a. — timere pot.: kann wol Besorgniss erregen, aber doch den Muth
nicht brechen, den endlichen Sieg
nicht rauben. — saltus imp. steht
aperta acie, avia c. l. dagegen locis
nostris gegenüber. — mille ac.
etc., wenn auch der Kampf mit den
Parthern die Soldaten ängstlich
machen kann, so haben sie doch
u. s. w. — avertit, in Bezug auf § 14
u. 15; der Nachdruck liegt auf gra-
viores, im Gegensatze zu equitem sagittas, und auf avertetque: so wie er
geschlagen hat, wird er gewiss u.
s. w. Hiermit geht L. auf den Haupt-
gedanken c. 17, 2 zurück, während
zugleich die c. 18 6 angedeutete
Ansicht zurückgewiesen wird. —
huius, qua etc., 1, 19, 3. — civilis
gehört zu concordiae, auch pacis ist
mehr der innere Friede. Der Gedanke §15: sileant etc. wird mit
Nachdruck wiederholt. — Die Episode ist viell. hier eingeschoben,
weil L. den Tod Alexanders in das
Jahr setzte, in dem Papirius zum
drittenmale Consul war, s. Nieb.
R. G. 2, 638.

20. Waffenstillstand mit den
Samniten; steigendes Ansehn der
Römer in Apulien, Lucanien, Cam-
panien.

1—4. Folius, s. 4, 25, 2. —

2 eo anno ab frequentibus Samnitium populis de foedere renovando
legati cum senatum humi strati movissent, reiecti ad populum
3 haudquaquam tam efficaces habebant preces. itaque de foedere
negatum; indutiae biennii, cum per aliquot dies fatigassent sin-
4 gulos precibus, impetratae. et ex Apulia Teanenses Canusinique
populationibus fessi obsidibus L. Plautio consuli datis in deditionem venerunt.

5   Eodem anno primum praefecti Capuam creari coepti legibus
ab L. Furio praetore datis, cum utrumque ipsi pro remedio ae-
6 gris rebus discordia intestina petissent; et duae Romae additae

ab populis attribut. zu *legati*, einzelne
samn. Gemeinden trennen sich von
dem Bundesstaate, s. 10, 14, 9; 7,
31, 11. — *foedere* etc. 4, 30, 1.
— *humi str.*, c. 18, 4 ; s. 42, 23, 10.
— *reiecti*, 7, 20, 3; 8, 1, 8; der
Senat, der bisher die Bündnisse geschlossen hat, scheint nach dem Vor-
gange bei Caudium dieses nicht
mehr ohne Zustimmung des Volkes
zu wagen, Rubino 1, 288. — *habebant* etc., waren erfolglos, erreichten nicht ihren Zweck; c. 21, 4;
7, 39, 1. — *indutiae*, doch, oder
nur. Der Waffenstillstand, jetzt
vom Volke ertheilt, wahrscheinlich
indem es den Senat beauftragt,
wird sonst von dem Senate selbst
gewährt. *Teanenses*, Bewohner
von Teanum Apulum an der Grenze
der Frentaner; *Canusium*, am Au-
fidus. Beide Staaten haben also
bisher zur Gegenpartei der Römer
gehört, 8, 25; 37; jetzt werden sie
abhängige Bundesgenossen der Römer (*in dedit. vener.*, s. 8, 1, 10) in
Folge der c. 15; 16 erwähnten Feldzüge.

5. *praefecti C. c.*, nach der Analogie von *colonos Capuam scribere*,
indem in *praefectos creare* die Bestimmung zur Absendung noch Capua angedeutet ist. — *creari* scheint
zu bezeichnen, dass die Wahl (jährlich) durch das röm. Volk erfolgte,
coepti, dass die Einrichtung eine
bleibende gewesen sei. Doch ist es
ungewiss, ob schon damals das Volk

die Praefecten wählte, oder der
Prätor jährlich einen Praefecten
nach Capua schickte, s. zu 8, 19, 12;
CIL. 1, p. 47; Momms. 1, 426; Gesch.
d. r. Mzw. 336; 339. Da L. *Capuae* sagt, so kann er nicht an mehrere Praefecten, die in die campanischen Städte geschickt werden,
gedacht haben, sondern entweder
an mehrere, die jedesmal (auf Inschriften werden *IIII viri praefecti*
(*iure dicundo*) *Capuam* erwähnt,
CIL. 1 p. 186), oder an die einzelnen jährigen Praefecten, die nach
Capua giengen, welches übrigens
neben dem Präfecten seine Magistrate, s. 23, 5, 9; ib. 35, 13, behielt,
so wie natürlich auch die Einzel-
richter Campaner waren, s. 23, 4,
3, vgl. 26, 16, 10; s. Huschke die
Osk. Sprachdenkmäler 134; 136;
159; Lange 1, 650; Ihne 1, 345. —
legibus datis der technische Ausdruck für eine von Rom in der an
u. St. angegebenen Weise den Bundesgenossen oder Unterthanen ver-
liehenen Gesetzgebung, s. 3, 31,
8; 45, 32, 7; Periocha 100; Cic.
Verr. 2, 49, 121. Wahrscheinlich
wurden im vorliegenden Falle die
campan. Gesetze nach der Norm der
römischen revidirt und geändert. —
aegris r., vgl. 2, 3, 5; über den Dativ c. 19, 7; anders 3, 3, 5; es fanden, wie es scheint, in Capua Zerwürfnisse und Parteiungen statt, zu
deren Ausgleichung man sich nach
Rom gewendet hatte.

tribus, Ufentina ac Falerna. — Inclinatis semel in Apulia rebus 7
Teates quoque Apuli ad novos consules, C. Iunium Bubulcum
Q. Aemilium Barbulam, foedus petitum venerunt, pacis per
omnem Apuliam praestandae populo Romano auctores. id au- 8
dacter spondendo impetravere, ut foedus daretur, neque ut aequo tamen foedere, sed ut in dicione populi Romani essent.
Apulia perdomita — nam Forento quoque, valido oppido, Iunius 9
potitus erat — in Lucanos perrectum; inde repentino adventu
Aemilii consulis Nerulum vi captum. et postquam res Capuae 10
stabilitas Romana disciplina fama per socios vulgavit, Antiatibus

6. *Ufentina*, s. Fest. p. 194: *Ou-*
fentinae tribus initio causa fuit no-
men fluminis Oufens, *quod est in*
agro Privernate mare intra et Ta-
racinam, sie umfasste also besonders das Privernatische, 8, 21, wie
die Falerna das in Campanien eroberte Gebiet 8, 11. Es werden so
31 Tribus.

7—9. *Teates* etc., es ist wahrscheinlich dieselbe Stadt gemeint
wie § 4, L. nur durch den verschiedenen Namen in verschiedenen Annalen getäuscht worden. Die apuli-
sche Stadt wird auf Münzen oft *Te-*
ate=Teanum (nicht mit Teate im
Marrucinerlande und Teanum Sidicinum zu verwechseln) genannt, s.
Momms. Dial. 301; Münzw. 412.—
populo R. hängt von *praestandae* ab:
der dem röm. Volke gewährt, verschafft werden solle , vgl. 40, 34,
14, anders 7, 23, 4. — *spondendo*,
sie wollten dafür einstehen, an eine
förmliche *sponsio* ist nicht zu denken, c. 5, 2. — *id* was in *pacis praest.*
liegt. — *neque ut a. t.* fügt zu *ut*
foed. dar. eine Beschränkung hinzu,
s. Cic. Fin. 3, 6, 22 : *ut—nec tamen*
ut; de harusp. resp. 22: *ut—nec tamen*
ita ut, vgl. L. 35, 5, 9.— *in dicione*
ist, wie der Gegensatz *aequo foe-*
dere zeigt, nicht in strengem Sinne
zu nehmen, s. 8, 1, 10, sondern nur
ein weniger günstiges Bündniss wie
41, 6, 12; vgl. 32, 33, 8; Lange 2,
237; 542. — *Apul. perd.*, nach dem

Abfalle 8, 37 ; doch wäre Luceria,
wenn anders die Eroberung c. 15
wirklich erfolgt ist, bald wieder
abgefallen, s. c. 26. — *Forento* ist
wol eine andere Stadt als die c. 16
angedeutete, s. Diod. 19, 65. — *Lu-*
canos, s. 8, 27. — *inde*=*ex üs*. —
Nerulum, im südlichen Theile von
Lucanien.

10. *et* etc. geht auf § 5 zurück.
— *disciplina*, politische Einrichtungen. — *per socios*, da schon die socii röm. Gesetze begehrten, kann es
nicht auffallen, dass Antium eine
Stadt, in der eine röm. Colonie war,
sich in gleicher Absicht nach Rom
wendete; die Colonisten werden
dadurch nicht zu den socii gerechnet, s. 6, 3, 2 ; 4, 32, 12. Uebrigens
konnte *sine legibus certis, sine mag.*
wol nicht von der Colonie in Antium
gesagt werden, da diese als solche
röm. Recht haben musste; entweder
ist nur an die Schwierigkeit der
Handhabung der Rechtspflege bei der
Entfernung von Rom, dem Sitze des
Prätors, zu denken , oder zwischen
den Colonisten und den früheren
Bewohnern, s. 8, 14, 8, sind die
Verhältnisse nicht geordnet, die
Rechte streitig gewesen, wie später
in Pompeii, s. Cic. Sulla. 21, 60.
patroni, die vornehmen Römer,
welche von einzelnen Städten oder
von Ländern gewählt wurden um
von ihnen in vorkommenden Fällen
in Rom vertreten zu werden , Momm-

quoque, qui se sine legibus certis, sine magistratibus agere querebantur, dati ab senatu ad iura statuenda ipsius coloniae patroni: nec arma modo sed iura etiam Romana late pollebant.

21   C. Iunius Bubulcus et Q. Aemilius Barbula consules exitu
anni non consulibus ab se creatis, Sp. Nautio et M. Popilio, ce-
2 terum dictatori L. Aemilio legiones tradiderunt. is cum L. Fulvio magistro equitum Saticulam oppugnare adortus rebellandi
3 causam Samnitibus dedit. duplex inde terror inlatus Romanis:
hinc Samnis magno exercitu coacto ad eximendos obsidione socios haud procul castris Romanorum castra posuit; hinc Saticulani magno cum tumultu patefactis repente portis in stationes
4 hostium incurrerunt. inde pars utraque, spe alieni magis auxilii
quam viribus freta suis, iusto mox proelio inito Romanos urgent,
et quamquam anceps dimicatio erat, tamen utrimque tutam aciem
dictator habuit, quia et locum haud facilem ad circumveniendum
5 cepit et diversa statuit signa. infestior tamen in erumpentes incessit, nec magno certamine intra moenia conpulit, tum totam
6 aciem in Samnites obvertit. ibi plus certaminis fuit; victoria sicut sera, ita nec dubia nec varia fuit. fusi in castra Samnites
exstinctis nocte ignibus tacito agmine abeunt, et spe abiecta Saticulae tuendae Plisticam ipsi, socios Romanorum, ut parem dolorem hosti redderent, circumsidunt.

22   Anno circumacto bellum deinceps ab dictatore Q. Fabio
gestum est; consules novi, sicut superiores, Romae manserunt;

sen Forsch. 1, 353 u. 54. — *sine—
ager.*, sich verhielten, lebten, s. c.
22, 3; 25, 6; 45, 10; 10, 1, 4; zu
3, 15, 8. Es ist das erste Beispiel,
dass die Patrone einen solchen
Auftrag erhalten, s. Cic. Verr. 2, 2,
49, 122. — *nec* etc. fasst den Inhalt
des Capitels zusammen, s. 1, 21, 6.
    21—22. Kämpfe um Saticula
und Plistica. Diod. 19, 72.
    1—5. *Nautio* (*Rutilo*); *Popilio*
(*Laenati*). — *ceterum*, 28, 11, 7. —
Saticulam, 7, 32; der Krieg zieht
sich von Apulien nach Campanien.
— *rebell.*, den Krieg wieder zu beginnen. — *obsidione*, Cicero würde
de oder *ex* hinzugefügt haben. —
alieni—suis, durch Chiasmus sind
die Gegensätze gehoben. — *et* knüpft
das Nichterwartete an. — *anceps*
hier eigentlich: von zwei Seiten

drohend. — *diversa*, nach zwei verschiedenen Seiten gewendet. — *in
erump. incessit*, vgl. 4, 57, 10. —
intra, 3, 4, 8. — *varia*, nirgends
schwankend, 2, 6, 10 u. a. — *fuit
—fuit*, 3, 5, 14. — *Plistica* westlich
am Taburnus hat sich an die Römer
angeschlossen und eine römische
Besatzung. — *socios*, 28, 19, 2; 6,
30, 9.
    22. 1. *deinceps*, es war wieder
ein Dictator, wie c. 21; die Reihe
der Dictatoren wurde nicht unterbrochen. — *novi cons.*, die Namen
derselben *L. Papirius quartum Q.
Publilius quartum* sind wol von Ab-
schreibern übergangen worden, denn
Cassiodorus führt dieselben an, und
dass L. sie gekannt habe, zeigt c.
28, 2, wo Papirius *quintum* Consul
ist, vgl. c. 15, 11; Nieb. R. G. 3,

Fabius ad accipiendum ab Aemilio exercitum ad Saticulam cum
supplemento venit. neque enim Samnites ad Plisticam manse- 2
rant, sed, accitis ab domo novis militibus multitudine freti, castra
eodem, quo antea, loco posuerunt, lacessentesque proelio Romanos avertere ab obsidione conabantur. eo intentius dictator in 3
moenia hostium versus id bellum tantum ducere, quod urbem op-
pugnabat, securior ab Samnitibus agere, stationibus modo oppositis, ne qua in castra vis fieret. eo ferocius adequitare Samnites 4
vallo neque otium pati. et cum iam prope in portis castrorum
esset hostis, nihil consulto dictatore magister equitum Q. Aulius
Cerretanus magno tumultu cum omnibus turmis equitum evectus
summovit hostem. tum in minime pertinaci genere pugnae sic 5
fortuna exercuit opes, ut insignis utrimque clades et clara ipsorum ducum ederet funera. prior Samnitium imperator, aegre 6
patiens, quo tam ferociter adequitasset, inde se fundi fugarique,
orando hortandoque equites proelium iteravit; in quem insignem 7
inter suos cientem pugnam magister equitum Romanus infesta
cuspide ita permisit equum, ut uno ictu exanimem equo praecipitaret. nec, ut fit, ad ducis casum perculsa magis quam inritata
est multitudo: omnes, qui circa erant, in Aulium, temere invectum 8

267. Wahrscheinlich ist, wie Diodor l. l. erzählt, der Dictator erst
nach der Schlacht vor Saticula ernannt worden; Nieb. 1, 496.

2—3. *manserant*, in Bezug auf
das aoristische *posuerunt.* — *inten-*
tius—versus mit grösserer Aufmerksamkeit und Thätigkeit gerichtet.
— *id—ducere, quod*, nur das be-
trachtete er als , nur darin fand er
einen Krieg, dass u. s. w., s. 35, 14,
10 ; vgl. 34 , 2 , 3 ; doch haben die
Hdss. *tanti*, und statt *quod* verm.
Perizonius *quo.— securior ab Samn.*,
vgl. 24, 19, 4 : *securae res ab Han-*
nibale ; Cic. Fam. 10, 24 extr.: *se-*
curos vos ab hac parte reddemus ;
doch ist *securior* auch zu *agere* zu
nehmen: er verhielt , fühlte sich,
war sicherer, s. c. 43, 4: *suspensi*
alter de statu alterius — ageret; c.
20, 10 ; 29, 32, 2 : *incuriosius agere* ;
praef. 11. *vis f.*, 10, 43, 5.

4—5. *eo feroc.*, der gleiche An-

fang mit §3 ist so wenig gemieden,
als die Nennung von *hostis*, obgleich
Samnites vorhergeht. — *nihil*, verstärktes *non.* Zur Sache s. 8, 31, 1.
— *pati*, 21, 7, 8. — *minime p.*, wie
sonst Reitertreffen sind. — *fortuna*,
persönlich gedacht, wie 6 , 24 , 11:
eventus: es zeigte seine Macht, indem es bewirkte, dass von beiden
Seiten die Anführer auf merkwür-
dige, ausgezeichnete Weise fielen.

6—10. *orando etc.*, unter Bitten
dass sie, die Reiter, wieder angreifen möchten. Zu der folgend. Schilderung vgl. 2 , 19, 6 ; 7, 7, 7 ff. —
equo, gewöhnlicher wird eine Präpos. *a* , *de* , *ex* hinzugefügt. — *nec*
— *magis = sed — non magis*, nicht
mehr, weniger, nicht sowol, vgl. 45,
38, 4. — *ut fit* ohne Beziehung auf
die Negation , wie (während) es
sonst geschieht, dass — in Schrecken
gesetzt wird, ist hier, wie 5, 32, 7,
vorangestellt, vgl. 6 , 3, 5. — *ad*,
s. c. 7, 7. — *circa*, da, wo der An-

9 per hostium turmas, tela coniecerunt; fratri praecipuum decus
ulti Samnitium imperatoris *di* dederunt. is victorem detractum ex
equo magistrum equitum plenus maeroris atque irae trucidavit,
nec multum afuit, quin corpore etiam, quia inter hostilis cecide-
10 rat turmas, Samnites potirentur. sed extemplo ad pedes descensum ab Romanis est, coactique idem Samnites facere. et repentina acies circa corpora ducum pedestre proelium iniit, quo haud
dubie superat Romanus; recuperatumque Auli corpus mixta cum
11 dolore laetitia victores in castra referunt. Samnites duce amisso
et per equestre certamen temptatis viribus omissa Saticula, quam
nequiquam defendi rebantur, ad Plisticae obsidionem redeunt,
intraque paucos dies Saticula Romanus per deditionem, Plistica
per vim Samnis potitur.

23   Mutata inde belli sedis est; ad Soram ex Samnio Apuliaque
2 traductae legiones. Sora ad Samnites defecerat interfectis colonis
Romanorum. quo cum prior Romanus exercitus ad ulciscendam
civium necem recuperandamque coloniam magnis itineribus prae-
3 venisset, *et* sparsi per vias speculatores sequi legiones Samnitium
4 nec iam procul abesse alii super alios nuntiarent, obviam itum
hosti atque ad Lautulas ancipiti proelio dimicatum est. non
caedes, non fuga alterius partis, sed nox incertos, victi victores-

---

führer fiel, in der Nähe. — *ulti*, wie
sonst der infin. praeter. bei Aus-
drücken des Gefühls. — *imperatoris*
ist auch zu *frater* zu denken. — *di*
ist wahrscheinlich ausgefallen. —
ad pedes, s. 4, 40, 7. — *idem S. f.*,
dieses setzt ähnliche Bewaffnung
voraus, wie auch bei den Samniten
die Reiter zu den Reicheren gehören, s. § 5: *insignis—clades*. — *repentina ac.*, schnell gebildet, 4, 38.
— *quo—sup.*, 21, 29, 6. *duce—viribus* die Umstände zu *omissa Sat.*

23—24. Kämpfe um Sora. Diod.
19, 72 f.
1—2. *sedis*, s. 1, 59, 10: der
Kriegsschauplatz. — *ex Samn.*, es
ist Plistica, auch wol Saticula gemeint. — *Apuliaq.*, vgl. c. 20, 7;
26, 1; Nieb. 3, 267; Ihne 1, 344;
die Erzählung ist lückenhaft, und
sowol die Herbeiziehung der Truppen aus der Ferne als die Aeusse-

rung § 10 zeigt, dass die Lage der
Römer eine bedenkliche war. —
Soram, 7, 28; wann Sora (zur Befestigung des oberen Liristhales)
Colonie geworden sei, s. Vell. 1,
14, hat L. nicht angegeben, s. 10,
1; Mommsen Gesch. d. röm. Münzw.
314. — *interfectis*, was hier ausdrücklich bemerkt wird, ist gewiss
oft geschehen. — *prior—praev.*, 21,
20, 8.
3—5. *et* scheint hier ausgefallen,
anderer Art sind die Asyndeta c.
25, 5; 8, 10, 3 u. a. — *sparsi*, vgl.
6, 13, 4; 21, 56, 5 u. a. — *alii s. a.*,
s. 6, 10, 8, ist Apposition wie 1, 7,
5: *eximium q.* — *ad Lautul.*, s. 7,
39, 7, daher § 9: *locis angustis*.
Die Samniten sind also wieder in
das Land der Aurunker vorgedrungen, um die Römer von Campanien
abzuschneiden. — *alterius*, des einen
oder anderen; 1, 13, 3; 29, 23, 9;
anders c. 17, 5. — *victi v.*, 5, 28, 5.

ne essent, diremit. invenio apud quosdam adversam eam pugnam 5
Romanis fuisse, atque in ea cecidisse Q. Aulium magistrum equitum. suffectus in locum Auli C. Fabius magister equitum cum 6
exercitu novo ab Roma advenit, et per praemissos nuntios consulto dictatore, ubi subsisteret, quove tempore et qua ex parte
hostem adgrederetur, substitit occultus ad omnia satis exploratis
consiliis. dictator cum per aliquot dies post pugnam continuis- 7
set suos intra vallum obsessi magis quam obsidentis modo,
signum repente pugnae proposuit, et, efficacius ratus ad accen- 8
dendos virorum fortium animos, nullam alibi quam in semet
ipso cuiquam relictam spem, de magistro equitum novoque exercitu militem celavit et, tamquam nulla nisi in eruptione spes 9
esset: „locis" inquit „angustis, milites, deprehensi, nisi quam
victoria patefecerimus viam, nullam habemus. stativa nostra 10
munimento satis tuta sunt, sed inopia eadem infesta: nam et
circa omnia defecerunt, unde subvehi commeatus poterant, et, si
homines iuvare velint, iniqua loca sunt. itaque non frustrabor 11
ego vos castra hic relinquendo, in quae infecta victoria, sicut
pristino die, vos recipiatis. armis munimenta, non munimentis
arma tuta esse debent. castra habeant repetantque, quibus operae 12
est trahere bellum; nos omnium rerum respectum praeterquam
victoriae nobis abscidamus. ferte signa in hostem; ubi extra 13
vallum agmen excesserit, castra, quibus imperatum est, incendent.
damna vestra, milites, omnium circa qui defecerunt, populorum
praeda sarcientur." et oratione dictatoris, quae necessitatis ulti- 14

— *advers.* etc. so Diodor l. l. —
cecidisse, auch nach den FastiCapitol.
6—10. *suffectus* etc., eine solche
Nachwahl wird nur bei dieser Gelegenheit, auch in den Fasten, erwähnt, s. Becker 2, 2, 176. — *sub-
stit. occ.,* 22, 12, 7: *occultus subsi-
stebat.* — *exploratis omn.,* nachdem
er über Alles, was er für jeden Fall
zu thun hatte, unterrichtet war. —
obsident., als ob er noch vor Sora
stände. — *alibi* (=*in alia re*)—*quam,*
5, 52, 6; 10, 20, 16; 44, 10, 10;
Sall. I. 60: *neque alius in alio magis quam in se spem habere;* Verg.
Aen. 11, 309. — *de—celav.,* ebenso
Cic. Fam. 7, 20, 3 u. a. — *nullam
hab.,* die Römer wären also in den

Engpässen überrascht worden. —
eadem zugleich. — *omnia def.* geht,
wie § 13 zeigt, nicht auf das § 2
erwähnte, von Lautulae entfernte
Sora, sondern deutet einen Aufstand
der Ausoner, s. c. 25, 2, wol in Folge der Niederlage, § 5, an, und
scheint aus den diese meldenden Annalen entlehnt zu sein.

11—16. *pristino d.,* 4, 32, 10. —
operae e., 1, 24, 6. — *respectum—
absc.,* s. 4, 17, 5; 21, 44, 8: *illis —
timidis esse licet, qui respectum habent,* vgl. 2, 15, 7: *spe incisa;* 4, 10,
4: *abscisa—spe* u. a. — *ferte*=*in-
ferte,* s. 5, 45, 3 u. a. — *incendent,*
dem Folg. *sarcientur* entsprechend,
statt des hds. *incendant.* — *circa,*

mae index erat, milites accensi vadunt in hostem, et respectus
ipse ardentium castrorum, quamquam proximis tantum — ita
enim iusserat dictator — ignis est subditus, haud parvum fuit
15 inritamentum. itaque velut vaecordes inlati signa primo impetu
hostium turbant, et in tempore, postquam ardentia procul vidit
castra, magister equitum — id convenerat signum — hostium
terga invadit. ita circumventi Samnites, qua potest quisque, fu-
16 gam per diversa petunt; ingens multitudo in unum metu con-
17 globata ac semet ipsam turba inpediens in medio caesa. castra
hostium capta direptaque; quorum praeda onustum militem in
Romana castra dictator reducit, haudquaquam tam victoria laetum, quam quod praeter exiguam deformatam incendio partem
cetera contra spem salva invenit.

24   Ad Soram inde reditum; novique consules M. Poetelius C.
Sulpicius exercitum ab dictatore Fabio accipiunt magna parte
veterum militum dimissa novisque cohortibus in supplementum
2 adductis. ceterum cum propter difficilem urbis situm nec oppu-
gnandi satis certa ratio iniretur, et aut tempore longinqua aut
3 praeceps periculo victoria esset, Soranus transfuga clam ex oppido profectus, cum ad vigiles Romanos penetrasset, duci se extemplo ad consules iubet, deductusque traditurum urbem pro-
4 mittit. visus inde, cum, quonam modo id praestaturus esset, percunctantes doceret, haud vana adferre perpulit, prope adiuncta
moenibus Romana castra ut sex milia ab oppido removerentur:
5 fore, ut minus intentae in custodiam urbis diurnae stationes ac
nocturnae vigiliae essent. ipse insequenti nocte sub oppido sil-

---

1, 17, 4. — *index*, 7, 37, 3; 23, 46,
2: *per clamorem, favoris indicem.*
— *proximis*, dem vorderen, den
Ausgezogenen sichtbaren Theil des
Lagers. — *semet ips.*, 8, 25, 6. —
turba, 6, 8, 7.

24. 1—2. *Poetelius* (*Libo*); *Sulpicius*, 8, 37; 15. — *veterum*, die
schon oft gedient haben. — *cohortibus*, § 5; c. 27, 9; 3, 69, 8. — *difficilem* n. *adilu*, § 5; doch war die
Stadt auch durch Mauern befestigt,
s. Philol. 23, 571. Die Belagerungs-
kunst war damals noch wenig aus-
gebildet, s. 5, 5, 6; man musste die
festen Städte mit Sturm nehmen od.
aushungern; dieses ist durch *tempore long.*, jenes durch *praeceps per.*

bezeichnet. *periculo* ist zu *praeceps*,
überstürzt, übereilt, in ungewöhnlicher Kürze wol hinzugesetzt, um
den auch schon in *praeceps* liegenden Begriff der Gefahr, s. 4, 11, 2;
27, 27, 11, noch besonders hervorzuheben und zwei chiastisch entsprechende Glieder zu gewinnen =
quae cum periculo praecipitaretur
od. *si praecipitaretur, periculosa.*
4—8. *perpulit* absolut wie 1, 45,
2 oder *percunctantes* ist auch dazu
zu denken. — *ut* weit nachgestellt,
s. 25, 35, 9. — *fore* etc., nach *per-
pellere* und ähnlichen Worten fehlt
nicht selten das verbum *dicendi.* —
diurnae, sie können auch des Nachts
bleiben, 5, 44, 6; 10, 32, 7. — *vigiliae* „kleinere Posten." — *sub,*

vestribus locis cohortibus insidere iussis decem milites delectos
secum per ardua ac prope invia in arcem ducit, pluribus quam
pro numero virorum missilibus telis eo conlatis; ad hoc saxa 6
erant et temere iacentia, ut fit in aspretis, et de industria etiam,
quo locus tutior esset, ab oppidanis congesta. ubi cum consti- 7
tuisset Romanos semitamque angustum et arduam erectam ex
oppido in arcem ostendisset: „hoc quidem ascensu" inquit „vel
tres armati quamlibet multitudinem arcuerint; vos et decem nu- 8
mero et, quod plus est, Romani Romanorumque fortissimi viri
estis; et locus pro vobis et nox erit, quae omnia ex incerto maiora territis ostentat. ego iam terrore omnia inplebo; vos arcem
intenti tenete." decurrit inde, quanto maxime poterat cum tu- 9
multu: „ad arma" et: „pro vestram fidem, cives," clamitans „arx
ab hostibus capta est; defendite, ite." haec incidens principum 10
foribus, haec obviis, haec excurrentibus in publicum pavidis in-
crepat. acceptum ab uno pavorem plures per urbem ferunt. tre- 11
pidi magistratus missis ad arcem exploratoribus cum tela et armatos tenere arcem multiplicato numero audirent, avertunt animos a spe recuperandae arcis; fuga cuncta conplentur, portae- 12
que ab semisomnis ac maxima parte inermibus refringuntur,
quarum per unam praesidium Romanum clamore excitatum in-
rumpit et concursantes per vias pavidos caedit. iam Sora capta 13

---

unten an. — *per ardua* etc. DieBurg
lag wol auf einem Felsen, der nach
Aussen abgeschrofft war, wie das
Kapitol, 5, 47, und scheint in Folge
des Abzugs der Römer nicht besetzt
gewesen zu sein. Dadurch erhält
der Sclave Gelegenheit Waffen dahin zu bringen: *pluribus* etc. — *te-*
mere ist durch den Gegensatz klar.
— *semita*, s. 10,23,12, hier: schma-
ler Fusssteig, vgl. 3, 18. — *et de-*
cem—et nox, doppeltes *et—et*, Nägelsbach § 173, 4. — *pro vob.*, 28,
33, 9.

9—10. *maxime*, c. 10, 10. — *de-*
fendite, ite, vertheidigt, schnell,
nicht gezögert, hebt auch das zweite
Moment nachdrücklich hervor, während sonst *ire* vorangeht, s. c. 4, 16,
vgl. Sil. It. 16, 86: *rapite, ite*; Verg.
Aen. 3, 362: *fare age*; in jüngeren
Hdss. fehlt *ite*. — *incidens*, indem
er, um zuerst die Angesehenen zu

wecken, an die Thore rennt, klopft
u. s. w.; dann den ihm zufällig Be-
gegnenden, *obviis*, und den in Folge
seines Lärmens aus den Häusern
Stürzenden zuruft, dieses bedeutet
increpare in den beiden letzten Gliedern; im ersten: er ruft aus, 1, 26;
3. — *pavidis*, s. c. 16, 18; praef. 11;
5, 11, 14.

11—12. *acceptum*, 3, 3, 4. — *te-*
nere passt nicht genau zu *tela*, eher
esse, conspici. — *multipl. n.*, kurz:
quorum numerum nuntii multipli-
caverant. — *arcem—arcem—arcis*,
als 4, 61, 6 ff. — *maxima p.* hat sich
Apposition an *inerm.* angeschlossen,
s. c. 37, 9; 30, 8, 7; sonst steht
der Accusativ oder der Abl. allein
oder mit *ex*, vgl. 41, 6, 6: *invalido*
exercitu et magna parte pestilentia
absumpto; 24, 34, 14. — *praesid.*,
die Truppenabtheilung, § 5, vgl. 7,
34, 7; ib. 36, 4 u. a. — *concurs.*,

erat, cum consules prima luce advenere et, quos reliquos fortuna
14 ex nocturna caede ac fuga fecerat, in deditionem accipiunt. ex
his ducentos viginti quinque, qui omnium consensu destinaban-
tur et infandae colonorum caedis et defectionis auctores, vinctos
Romam deducunt; ceteram multitudinem incolumem praesidio
15 inposito Sorae relinquunt. omnes, qui Romam deducti erant,
virgis in foro caesi ac securi percussi summo gaudio plebis, cuius maxime intererat tutam ubique, quae passim in colonias mitteretur, multitudinem esse.

25　　　Consules ab Sora profecti in agros atque urbes Ausonum
2 bellum intulerunt. mota namque omnia adventu Samnitium,
cum apud Lautulas dimicatum est, fuerant, coniurationesque
circa Campaniam passim factae; nec Capua ipsa crimine caruit;
3 quin Romam quoque et ad principum quosdam inquirendo ventum est. ceterum Ausonum gens proditione urbium, sicut Sora,
4 in potestatem venit. Ausona et Menturnae et Vescia urbes erant,
ex quibus principes iuventutis duodecim numero in proditionem
5 urbium suarum coniurati ad consules veniunt; docent suos iam

---

5, 8, 8. *reliq.—fec.*, 7, 35, 8.

14—15. *destinant*, als solche bestimmt angegeben wurden, vgl. c.
16, 19. — *praes. inp.*, vorläufig, s.
10, 1. — *virgis* etc., s. c. 16, 10.—
plebis, dass bis jetzt eine Bürgercolonie in Sora gewesen sei, ist
daraus nicht zu schliessen, da Römer sich auch in latinische Colonieen
aufnehmen lassen konnten, wobei sie
natürlich das röm. Bürgerrecht aufgaben, s. 6, 21, 4; 9, 26, 3; 10,
6, 3. Uebrigens hat nach den Triumphalfasten C. Sulpicius über die
Samniten, über die Samniten u. So-
raner dagegen erst Valerius, s. c.
28, zwei Jahre später triumphirt.

25—27. Unterdrückung der Be-
wegungen in Ausonien, Campanien,
Apulien; Untersuchungen in Rom.
Diod. 19, 72; 76; Nieb. 269 ff.

1—2. *in agros* etc., die mehr locale Bezeichnung lag hier näher als
der Dativ, vgl. 3, 5, 7; 24, 16, 1;
Cic. Fam. 15, 2, 1: *bello in provinciam Syriam illato*; Sest. 27, 58 u.
a. — *Ausonum*, 8, 16. — *cum—est*,

7, 16, 2; die harte Zusammenstellung *est, fuer.*, s. c. 41, 3. — *mota*,
zum Abfall (von Rom), nachdem sie
empfunden haben, wie drückend das
Bündniss ist. — *adventu*, als die
Samniten nach dem Siege bei Lautulae, den L. hier und im Folg. gegen seine eigene Darstellung voraussetzt, c. 23, 5, in Ausonien und
Campanien eindrangen. — *coniurati*,
s. §4, Complotte, die Empörung gegen Rom bezweckten, welche nach
Diodor wirklich erfolgt ist.— *circa*,
hier und da in den Campanischen
Städten, die von Capua geschieden
werden, s. 8, 14, 11; 23, 17, 10.

3—6. *et*, und zwar. — *inquirendo*, im Laufe, in Folge der über
Capua eingeleiteten Untersuchung,
s. c. 26, 8: *interpretando*. — *Ausona*, nördlich von Menturnae, aber
schon früh verschwunden. *Menturnae*, 8, 10; 10, 21; *Vescia*, 8, 11.—
principes iuv., 2, 12, 15, die Aristokratie steht also auf der Seite der
Römer, die Volkspartei neigt zu den
Samniten. — *docent*, über das

pridem exoptantes Samnitium adventum, simul ad Lautulas pugnatum audierunt, pro victis Romanos habuisse, iuventute armis Samnitem iuvisse; fugatis inde Samnitibus incerta pace agere 6
nec claudentis portas Romanis, ne arcessant bellum, et obstinatos claudere, si exercitus admoveatur: in ea fluctuatione animorum opprimi incautos posse. his auctoribus mota propius ca- 7
stra, missique eodem tempore circa tria oppida milites, partim
armati, qui occulti propinqua moenibus insiderent loca, partim
togati tectis veste gladiis, qui sub lucem apertis portis urbes in-
grederentur. ab his simul custodes trucidari coepti, simul da- 8
tum signum armatis, ut ex insidiis concurrerent. ita portae occupatae, triaque oppida eadem hora eodemque consilio capta.
sed quia absentibus ducibus impetus est factus, nullus modus 9
caedibus fuit; deletaque Ausonum gens vix certo defectionis crimine, perinde ac si internecivo bello certasset.

Eodem anno prodito hostibus Romano praesidio Luceria **26**
Samnitium facta. nec diu proditoribus inpunita res fuit: haud 2
procul inde exercitus Romanus erat, cuius primo impetu urbs
sita in plano capitur. Lucerini ac Samnites ad internecionem
caesi, eoque ira processit, ut Romae quoque, cum de colonis 3
mittendis Luceriam consuleretur senatus, multi delendam urbem
censerent. praeter odium, quod exsecrabile in bis captos erat, 4
longinquitas quoque abhorrere a relegandis tam procul ab domo

Asyndeton s. 8, 10, 3. — *advent.*,
die Samniten scheinen nicht bis an
die einzelnen Städte gekommen zu
sein, sonst würde das Wort mit *adventu* § 2 nicht zusammen stimmen.
— *audierunt*, üb. den Indicat. s. zu
2, 58, 5; 37, 34, 6, vgl. c. 41, 16. —
iuventute a., bewaffnete Mannschaft;
es sind wol Freiwillige gemeint,
sonst wären sie bereits abgefallen
gewesen, s. 6, 6, 4. — *incerta p.*, in
einem durch *nec — et*, zwar nicht
— aber doch, erklärten Zustande,
der weder Krieg noch Frieden war,
vgl. 8, 13, 2 ff.; *agere* s. c. 20, 10.
— *claudere*, wie c. 32, 9; vgl. 6,
3, 9.

7—9. *apertis*, wenn geöffnet
wären. — *signum*, das verabredete,
c. 23, 15. — *absentibus duc.*, wel-

che in dem Lager geblieben waren.
— *vix c. d. e.* deutet die Missbilli-
gung L's an. Der ganze Vorgang
scheint von Persius in einem Drama
behandelt worden zu sein.

26. 1—4. *Luceria*, c. 15; c. 20,
8. — *haud pr.*, der Krieg ist also,
was nach c. 23, 1 nicht zu erwarten
war, auch in Apulien geführt worden, Diod. 19, 72. — *Samnites*, die
Besatzung von Luceria. — *bis c.*,
vgl. 40, 39, 8: *cum bis deditis.* —
exsecr. von Verwünschungen, Erbitterung, Hass, s. 31 ;17, 9; 9, 14, 14.
— *abhorr. cogebat*, zwang abzu-
stehen, aber als conatus zu nehmen.
— *relegand.*, wenn auch nicht in
dem 3, 10, 12 angegebenen Sinne,
doch mit dem Nebenbegriffe einer
weiten, nicht ehrenvollen Entfer-

5 civibus inter tam infestas gentes cogebat. vicit tamen sententia,
ut mitterentur coloni. duo milia et quingenti missi.

    Eodem anno, cum omnia infida Romanis essent, Capuae
6 quoque occultae principum coniurationes factae. de quibus cum
ad senatum relatum esset, haudquaquam neglecta res: quaestiones decretae, dictatoremque quaestionibus exercendis dici placuit.
7 C. Maenius dictus; is M. Folium magistrum equitum dixit. ingens erat magistratus eius terror. itaque sive timore seu conscien-
tiae vi Calavios Ovium Noviumque — ea capita coniurationis
fuerant —, priusquam nominarentur apud dictatorem, mors haud
8 dubie ab ipsis conscita iudicio subtraxit. deinde ut quaestioni
Campanae materia decessit, versa Romam interpretando res: non
nominatim, qui Capuae, sed in universum, qui usquam coissent

nung, 4, 58, 12. — *civibus,* s. c. 25,
15. — *duo m.* . es ist die dritte der
grossen latinischen Colonieen, 8, 16;
22, welche nach Auflösung des latin. Bundes angelegt sind; sie dienten als Festungen in dem eroberten
Lande — *Luceria,* s. 23, 33, 5, lag
im westlichen Apulien, nahe der
Grenze Samniums, vgl. Niebuhr 3,
261; 277. Diodor, der die Gründung
der Colonie ein Jahr früher setzt,
sagt von derselben 19, 72: διὰ
ταυτην τὴν πόλιν οὐ μόνον ἐν
τούτῳ τῷ πολέμῳ προετέρησαν,
ἀλλὰ καὶ κατὰ τοὺς μετὰ ταῦτα γε-
νομένους — διετέλεσαν ὁρμητηρίῳ
χρώμενοι κατὰ τῶν πλησίον ἐθνῶν;
Mommsen, Gesch. des röm. Münzw.
314. — *infest.,* c. 13; c. 23, 10.

    5 — 6. *Capuae,* etc. setzt das c.
25, 2 Angedeutete weiter auseinander. — *principum* die Aristokratie
mochte sich ungeachtet der Bevorzugung 8. 11, 16 durch die Eingriffe
der Römer, c. 20, 5 verletzt fühlen,
vgl. zu 23, 2, 2. — *senatum* etc.,
Capua wird nicht anders als andere
Bundesgenossen behandelt, s. 8, 14,
10; der röm. Senat als oberste
Administrationsbehörde für die
auswärtigen Verhältnisse greift
sogleich ein. — *quaestionibus,* 7,
39, 5.

    7. *Maenius,* ein Plebejer, s. 8,

13, ist nach den Fast. Capitol.
schon sechs Jahre vorher Dictator
gewesen, vgl. zu c. 15, 9; c. 34, 14,
und ist es in diesem Jahre *rei gerendae causa.* Das letzte meldet
auch Diod. 19, 76, nach dem der
Dictator vor das bereits abgefallene
Capua zieht, c. 27, 14; viell. war
er in der früheren Dictatur *quae-
stionum exerc. causa* ernannt, s.
CIL. p. 445, vgl. Zumpt Criminalr.
1, 2, 95. Die Ernennung eines
ausserordentlichen Magistrates zu
diesem Zwecke, vgl. 6, 11; 4, 14,
ist eine ungewöhnliche Massregel,
sonst werden die Consuln oder
Praetoren mit solchen Untersuchungen beauftragt, s. 10, 1, 3. —
Folium, s. c. 20, 1. — *terror,* vgl.
6, 16, 3; 2, 18, 8. — *timore*—*vi* sind
nicht sicher, da die Hdss. *timor*—
vis haben, was aber, da *mors* folgt,
nur künstlich erklärt werden könnte. — *Calav. Ov.,* s. c. 7, 2; *Novius*
findet sich auch auf Inschriften. —
mors, sie entziehen sich so der
Hinrichtung, c. 24, 15. Das Verhältniss Capuas zu Rom scheint
nicht geändert worden zu sein;
Nieb. 3, 271. — *nom.* = *nomina
deferrentur.*

    8 — 9. *interpretando,* 3, 36, 4.
— *coissent coni.,* „Rotten und Ver-
schwörungen." Die Deutung stützte

coniurassentve adversus rem publicam, quaeri senatum iussisse;
et coitiones honorum adipiscendorum causa factas adversus rem 9
publicam esse. latiorque et re et personis quaestio fieri, haud
abnuente dictatore sine fine ulla quaestionis suae ius esse. po- 10
stulabantur ergo nobiles homines, appellantibusque tribunos
nemo erat auxilio, quin nomina reciperentur. inde nobilitas, nec 11
ii modo, in quos crimen intendebatur, sed universi simul negare
nobilium id crimen esse, quibus si nulla obstetur fraude, pateat
via ad honorem, sed hominum novorum. ipsos adeo dictatorem 12
magistrumque equitum reos magis quam quaesitores idoneos
eius criminis esse, intellecturosque ita id esse, simul magistratu
abissent. tum enim vero Maenius, iam famae magis quam impe- 13
rii memor, progressus in contionem ita verba fecit: ,,et omnes 14
ante actae vitae vos conscios habeo, Quirites, et hic ipse honos

sich darauf, dass überhaupt geheime
Verbindungen, Complotte, *coitiones*,
verboten waren, 2, 32, 1, und unter
diesen Begriff auch die schon 7, 32,
12 erwähnten Verbindungen von
Candidaten gezogen werden konnten, Rein Röm. Criminalr. S. 707;
Lange 1, 518; 2, 66.— *senat. iussisse*,
der Senat hätte dann die Untersuchungen, obgleich sie auch gegen
röm. Bürger gerichtet sein konnten,
angeordnet, wie 8, 18, 6; ob dieses
ohne Beschluss der Tribus geschehen ist, oder L. diesen nur
nicht erwähnt hat, lässt sich nicht
erkennen, vgl. § 20; zu 4, 51, 2;
39, 14, 6; Lange 2, 383. *advers r.
p.*, staatsgefährlich. — *sine fine —
ius esse*, unumschränkte Vollmacht
in Rücksicht auf die Untersuchungen,
s. c. 33, 4; 4, 24, 7; ib. 54, 6;
30, 1, 10; über *ulla* 4, 2, 4.

10—12. *postulabantur*, hier: sie
wurden verklagt. — *appell. trib.*, s.
3, 56, 5; sie werden gegen den Dictator angerufen, weil er nach der
Ansicht der Angeklagten seine Vollmacht überschreitet, s. 7, 3, 9; ib.
21, 1; doch bleibt die Berufung nur
ein Versuch wie 8, 33, 8. — *quin*, weil
in *auxilio esse* der Begriff des Hin-
derns liegt, 5, 28, 1. — *nomina rec.*

ist in dem späteren Prozessverfah-
ren, als die quaestiones perpetuae
eingeführt waren, die Erklärung
des Prätors, dass die Anklage gegen Jemand angenommen, sein
Name in die Liste der *rei* eingetragen sei und a. u. St. wol anticipirt. — *crimen intend.*, die Klage
(angestrengt) erhoben wurde. —
crimen e., die Beschuldigung treffe.
Unter den *nobiles* denkt sich L., s.
§ 16, die Patricier. denen jedoch
der mag. equitum selbst angehört;
unter den *novi homines* Plebejer, s.
7, 1; 15, die, obgleich selbst nobiles, immer noch, wie auch die
Anklage des Publilius § 21 zeigt,
von den patricischen nobiles ange-
feindet werden. — *fraude*, s. 7, 15,
12. — *honorem*, collectiv. — *quaesitores*, die mit der Leitung einer
Criminalsache beauftragten Richter. — *ita* durch die Stellung gehoben, vgl. 43, 14, 4. — *magistr.
ab.*, so lange sie im Amte waren,
konnten sie nicht belangt werden.
Darnach ist *reos* zu erklären.

13—16. *enim vero*, 5, 25, 6. —
progr. i. c., er gieng von dem tribunal auf die rostra, wo er zu dem
versammelten Volke sprach, s. 8,
33, 9. — *omnes*, überhaupt Alle,

delatus ad me testis est innocentiae meae: neque enim, quod
saepe alias, quia ita tempora postulabant rei publicae, qui bello
clarissimus esset, sed qui maxime procul ab his coitionibus vitam egisset, dictator deligendus exercendis quaestionibus fuit.
15 sed quoniam quidam nobiles homines — qua de causa, vos exi-
stimare quam me pro magistratu quicquam inconpertum dicere
melius est — primum ipsas expugnare quaestiones omni ope
16 adnisi sunt, dein, postquam ad id parum potentes erant, ne causam dicerent, in praesidia adversariorum, appellationem et tribu-
17 nicium auxilium, patricii confugerunt, postremo repulsi inde —
adeo omnia tutiora, quam ut innocentiam suam purgarent, visa —
in nos inruerunt, et privatis dictatorem poscere reum verecundiae
18 non fuit: ut omnes dii hominesque sciant ab illis etiam quae non
possint temptari, ne rationem vitae reddant, me obviam ire cri-
19 mini et offerre me inimicis reum, dictatura me abdico. vos
quaeso, consules, si vobis datum ab senatu negotium fuerit, in
me primum et hunc M. Folium quaestiones exerceatis, ut appareat innocentia nostra nos, non maiestate honoris tutos a crimi-
20 nationibus istis esse." abdicat inde se dictatura et post eum
confestim Folius magisterio equitum; primique apud consules
— iis enim ab senatu mandata res est — rei facti adversus no-
21 bilium testimonia egregie absolvuntur.   Publilius etiam Philo

nicht blos die Angeredeten. — *quod
s. a. n. factum est.* — *his coit.*, solcher Art, § 9. — *pro mag.*, 6, 38,
9. — *primum — ad. s.*, dieses Moment ist § 10 nicht besonders hervorgehoben; dem dort Gesagten
entspricht vielmehr § 16, wie § 17
dem § 12. — *expugnare*, s. 6, 18,
2; derselbe Tropus ist in *praesidia*
festgehalten, vgl. *intra praesidia*
24, 48, 10. — *adnisi* mit dem inf. s.,
5, 29, 1; 10, 41, 7 u. a. — *adver-
sar.*, § 10. Die Tribunen waren jedoch schon lange nicht mehr allein
zum Schutze der Plebejer berufen,
s. 3, 56, 11 u. a.

17—18. *quam ut*, c. 14, 7. *privatis* etc., blosse Privatleute ver-
langten, dass der so viel höher
stehende Dictator in Anklagestand
versetzt werde, (*reum poscere*),
vgl. jedoch zu 8, 33, 9. — *dictator
r.*, nicht in seiner Eigenschaft als

Dictator, oder wegen etwas, was
er als Dictator gethan hat, sondern
wegen ungesetzlicher Bewerbung
in früherer Zeit, 6, 38, 9; Becker
2, 2, 173. — *verecund. f.*, 3, 62, 9.
— *ut omnes* beginnt den Nachsatz.
— *possint*, 4, 42. 7.

20—22. *post e.*, 4, 34, 5. — *consules* etc., wenn diese auch in Rom
waren, hätte der Krieg ruhen
müssen. — *ab senatu*, der Senat
allein, s. § 8, überträgt nach L. den
Consuln, ohne das Volk zu befragen,
die ausserordentliche Untersuchung,
in der sie ihr richterliches imperium
ausüben, — *rei f.*, die Ankläger
werden als privati gedacht, vor
dem Volke klagen sonst Magistrate
an. — *adversus*, entgegen, zum Trotz.
— *testim.*, dass Maenius durch coitiones Aemter erlangt habe. —
egregie abs., vgl. 34, 22, 4: sie
wurden von den Consuln, als quae-

multiplicatis summis honoribus post res tot domi belloque gestas, ceterum invisus nobilitati, causam dixit absolutusque est.
nec diutius, ut fit, quam dum recens erat, quaestio per clara no-   22
mina reorum viguit; inde labi coepit ad viliora capita, donec
coitionibus factionibusque, adversus quas conparata erat, oppressa est.

Earum fama rerum, magis tamen spes Campanae defectio-   27
nis, in quam coniuratum erat, Samnites in Apuliam versos rursus ad Caudium revocavit, ut inde ex propinquo, si qui motus   2
occasionem aperiret, Capuam Romanis eriperent. eo consules   3
cum valido exercitu venerunt. et primo circa saltus, cum utrimque ad hostem iniqua via esset, cunctati sunt; deinde Samnites   4
per aperta loca brevi circuitu in loca plana, Campanos campos,
agmen demittunt, ibique primum castra in conspectum hostibus
data, deinde levibus proeliis, equitum saepius quam peditum,   5
utrimque periculum factum; nec aut eventus eorum Romanum
aut morae, qua trahebant bellum, paenitebat. Samnitium contra   6
ducibus et carpi parvis cotidie damnis et senescere dilatione belli
vires suae videbantur. itaque in aciem procedunt equitibus in   7
cornua divisis, quibus praeceptum erat, intentiores ad respectum

---

sitores glänzend freigesprochen,
Rein Criminalrecht S. 727. — *Pu-
blil.*, c. 13. — *belloque*, 1, 34, 12. —
ceterum, abgesehen davon. — *invisus*, vgl. 8, 12; 15; 26; *nobilitas*
wie § 11. — *nomina*, in Bezug auf
nomen accipere, deferre, s. § 10.
— *labi = delabi*, s. 21, 46, 6; 22,
3, 11 u. a. *factionibus*, Complotte,
7, 32, 12.

27. Kämpfe mit den Samniten
in Campanien. Diod. 19, 76.

1—4. *Earum — rerum*, die Unruhen in Rom und den verbündeten
Staaten. — *in quam* n. *defectionem*.
— *coniuratum er.* n. *a Campanis*,
der Samnitischen Partei in Capua,
s. c. 25, 3; 26, 5; die Hoffnung auf
den durch diese Verschwörung bezweckten, eingeleiteten Abfall von
Rom zog die Samniten aus Apulien,
wo die Römer sich immer mehr
festsetzten, s. c. 26, 4, an die Grenze

von Campanien. — *si qui m.* etc.,
wenn in Folge der Verschwörung
eine Bewegung, ein Aufstand u. s. w.
— *occasion.*, 4, 31, 2. — *consules*,
c. 26, 20. — *circa* in der Nähe der
Pässe, c. 2. — *utrimq.*, von der
Seite der Römer nach den Feinden
und umgekehrt. — *cunctati s.*, beide
Parteien. — *aperta*, im Gegensatze
zu *saltus* u. *iniqua via*, ohne Hin-
derniss durch das Terrain u. a., und
ohne Gefahr, s. c. 28, 5; 2, 6; 33,
37, 2: *per aperta eoque tuta loca*;
plana, ohne Gebirge. s. 4, 37, 1. —
in conspect. d., wie in 27, 27, 11:
in praeceps dare, vgl. 3, 69, 9.

5—9. *equitum*, wegen der Ebene;
zur Sache vgl. 3, 61, 12. — *trahebant*, die Römer, *Romanum* ist collectiv zu nehmen. — *carpi*, 3, 5, 1.
— *praecep.* — *starent.*, s. zu 1, 51,
2. — *intent. ad resp.* mit grösserer Aufmerksamkeit, Spannung das

castrorum, ne qua eo vis fieret, quam ad proelium starent: aciem
8 pedite tutam fore. consulum Sulpicius in dextro, Poetelius in
laevo cornu consistunt. dextra pars, qua et Samnites raris ordinibus aut ad circumeundos hostes, aut ne ipsi circumirentur,
9 constiterant, latius patefacta stetit; sinistris, praeterquam quod
confertiores steterant, repentino consilio Poetelii consulis additae vires, qui subsidiarias cohortes, quae integrae ad longioris
pugnae casus reservabantur, in primam aciem extemplo emisit,
10 universisque hostem primo impetu viribus inpulit. commota
pedestri acie Samnitium eques in pugnam succedit. in hunc
transverso agmine inter duas acies se inferentem Romanus equi-
tatus concitat equos signaque et ordines peditum atque equitum
11 confundit, donec universam ab ea parte avertit aciem. in eo cornu
non Poetelius solus sed Sulpicius etiam hortator adfuerat, avectus ab suis nondum conserentibus manus ad clamorem a sini-
12 stra parte prius exortum. unde haud dubiam victoriam cernens
cum ad suum cornu tenderet cum mille ducentis viris, dissimilem
ibi fortunam invenit, Romanos loco pulsos, victorem hostem
13 signa in perculsos inferentem. ceterum omnia mutavit repente
consulis adventus: nam et conspectu ducis refectus militum est
animus, et maius quam pro numero auxilium advenerant fortes
viri, et partis alterius victoria audita, mox visa etiam, proelium

Lager im Auge behalten. *starent*
nur stehen, ohne am Kampfe Theil
zu nehmen. — *aciem,* der Kampf in
der eigentlichen Schlachtlinie. —
consulum, 22, 40, 6. — *Sulpic.*—
consistunt, 33, 39, 2: *legatorum P.*
Lentulus — L. Terentius — petie-
runt, 28, 10, 10. — *cornu,* der eine
der beiden Theile der Schlachtlinie;
§ 7 *cornua* die Flügel. — *sinistris*
d. h. *qui in sinistra parte constite-*
rant militibus oder *ordinibus,* worauf *confertiores* hinweiset. — *ste-*
terant, vgl. 7, 23, 7. — *subsid. coh.,*
die Triarier, welche wie *universisq.*
zeigt in Verbindung mit den Hastaten und Principes, also in einer
Phalanx, angreifen (*cohortes,* s. c.
24, 1; 8, 9, 12). Diese Art des An-
griffs war, wie 8, 8 u. 10 zeigt, ungewöhnlich, daher *repentino cons.*
     10—13. *commota,* ins Wanken
gebracht, die Folge des *inpelli,* vgl.

dagegen 7, 8, 3. — *transver. ag.,*
von den Flügeln (*cornua*) her zwischen die Kämpfenden, s. 1, 13, 1:
ex transverso impetu. — *signaq. e.*
o., die Fahnen (hier auch die vexilla
der equites, 4, 38, 3, umfassend),
die Manipel und Turmen unter den
Fahnen, vgl. 8, 39, 4. — *avertit,* s. c.
19, 17; bisweilen tritt noch *in fu-*
gam hinzu, s. 1, 37, 3; 22, 19, 11.
— *Sulpic.,* kommt zu Pferde (*avectus,*
vgl. c. 31, 10) seinem Flügel, viell.
mit der Reiterei der 4 Legionen,
mille ducentis, zu Hülfe. — *hor-*
tator adf., s. c. 13, 2; 21, 11, 7. —
ad clam. gehört zu *advectus,* nach
dem Kriegsgeschrei hin, doch deutet
ad zugleich an, dass dieses ihn dazu veranlasste, c. 7, 7; sonst würde
es heissen *ad sinistram partem,*
unde clamor etc.; *unde* zu *tenderet.*
— *quam pro,* erst seit L. gewöhnlich — *fortes v.,* vgl. 7, 8, 1.

restituit. tota deinde iam vincere acie Romanus, et omisso cer- 14
tamine caedi capique Samnites, nisi qui Maleventum, cui nunc
urbi Beneventum nomen est, perfugerunt. ad triginta milia
caesa aut capta Samnitium proditum memoriae est.

Consules egregia victoria parta protinus inde ad Bovianum 28
oppugnandum legiones ducunt; ibique hiberna egerunt, donec ab 2
novis consulibus, L. Papirio Cursore quintum C. Iunio Bubulco
iterum, nominatus dictator C. Poetelius cum M. Folio magistro
equitum exercitum accepit. is cum audisset arcem Fregellanam 3
ab Samnitibus captam, omisso Boviano ad Fregellas pergit. unde
nocturna Samnitium fuga sine certamine receptis Fregellis praesidioque valido inposito in Campaniam reditum maxime ad Nolam armis repetendam. eo se intra moenia sub adventum dicta- 4
toris et Samnitium omnis multitudo et Nolani agrestes contulerant. dictator urbis situ circumspecto, quo apertior aditus ad 5
moenia esset, omnia aedificia — et frequenter ibi habitabatur —
circumiecta muris incendit; nec ita multo post, sive a Poetelio
dictatore sive ab C. Iunio consule — nam utrumque traditur —

14. *caedi c.*, 7, 33, 15 ; 3, 55, 13 ;
caesa a. c. im Folg. hält beide Classen bestimmter auseinander. —
Maleventum, sie zogen sich wol auf
der Strasse, die aus Campanien dahin führt, zurück. Nach Diod. 19,
76 ist diese entscheidende Schlacht
unter dem Dictator Maenius, s. c.
26, 7, bei einer Stadt Cinna geliefert worden, und erst in Folge derselben hat Capua, das bereits abgefallen war, sich wieder an Rom angeschlossen.

28. Fortsetzung des Krieges in
Samnium; Gründung von Colonieen.
Diod. 19, 101.

1—3. *Consules,* der Triumph des
Sulpicius über die Samniten ist
übergangen. — *protinus* nach dem
abl. abs. wie *extemplo*, 10, 26, 5 ; 24,
6, 1 ; *simul.*, 1, 26, 3 ; Caes. B. G. 7,
88, 6 : *fit protinus hac re audita* —
fuga. — *protin. inde,* sogleich dann
weiter, s. c. 38, 7 ; doch könnte
inde auch locale Bedeutung haben,
s. 31, 38, 4 ; 44, 22, 16. — *Bovianum,* c. 31, 4. — *hiberna,* Diod. l. l. :

συνεχεῖς ἐγίνοντο — δυνάμεων
ἐν ὑπαίθρῳ στρατοπεδεῖαι. —
quintum, über das 4. Consulat vgl.
c. 22, 1. — *Iunio,* c. 20, vor der
gesetzlichen Zeit wieder gewählt.
— *nominatus* ist nur hier vom
Dictator statt *dictus* gebraucht,
sonst bisweilen von dem mag. equitum, 8, 33, 7 ; s. Becker 2, 2, 159.
— *Poetelius,* 8, 23. *Folius,* c. 26.
— *arcem Freg.* etc., die via Latina
wird so für die Römer wieder frei;
übrigens soll die Stadt bereits
8 Jahre vorher erobert worden
sein. Nach Diod. l. l. wären jetzt
mehr als 200 Fregellaner zu Rom
hingerichtet worden, vgl. c. 24, 15.
— *Nolam = Novla. novella, nova,*
n. *urbs,* eine wichtige, bisher mit
den Samniten verbündete Stadt, s.
8, 23, 1, die nach der Verdrängung
derselben aus Campanien sich an
Rom anschliessen muss. — *repetendam,* als ob sie schon einmal mit
Rom verbunden gewesen wäre.

4—6. *agrestes,* 1, 22, 3. Die
Samniten waren vielleicht eine Besatzung der Stadt. — *habitabatur,*

6 Nola est capta. qui captae decus Nolae ad consulem trahunt, adiciunt Atinam et Calatiam ab eodem captas, Poetelium autem pe-
7 stilentia orta clavi figendi causa dictatorem dictum. — Suessa
 et Pontia eodem anno coloniae deductae sunt. Suessa Auronco-
 rum fuerat; Volsci Pontias insulam sitam in conspectu litoris
8 sui incoluerant. et Interamnam Sucasinam ut deduceretur colonia, senati consultum factum est; sed triumviros creavere ac
 misere colonorum quattuor milia insequentes consules M. Valerius P. Decius.

29   Profligato fere Samnitium bello, priusquam ea cura dece-
2 deret patribus Romanis, Etrusci belli fama exorta est. nec erat

---

29, 26, 7; 2, 62, 4. — *trahunt*, 1,
7, 1. — *Atinam*, eine volkskische
Stadt, weit von Campanien entfernt,
ist von L. selbst oder von den Ab-
schreibern mit *Atella*, s. 7, 2; 10,
39, verwechselt. Für *Calatiam* , s.
c. 2, wird *Caiatiam* verm. — *clavi
fig.*, 7, 3; nach den Fast. Cap.: *rei
gerendae causa*, § 2; Mommsen
Chron. s. 176.

7. *Suessa* um die Strasse nach
Capua zu decken. — *fuerat*, vgl. 8,
22, 2. — *Pontia*, ebenso Diod. l. l.,
von Velleius 1, 14 übergangen, wird
gegründet um die Küsten und das
Meer zu sichern. Weniger genau
im Folgend. *Pontias insulam*, da
sonst die Inselgruppe vor dem sinus
Amyclanus, Pontia, Palmaria, Pan-
dataria *Pontiae* genannt wird. Die
Orte, in welche Colonieen geführt
werden, stehen gewöhnlich im Accusativ, weil es schon bestehende
Städte sind, s. 1, 11, 4; aber, weil
die Colonie eine neue Stadtgemeinde
bildet, auch im Nominativ, 39, 44,
10; ib. 55, 9; 40, 34, 2. Die beiden genannten wie die folgenden
sind lat. Colonien. *Saticula*, gleichfalls um dieselbe Zeit gegründet,
ist vielleicht nicht von L. selbst
übergangen; Nieb. 1, 499; Ihne 1,
348.

8. *Interamnam*, eine volkskische
Stadt zwischen dem Liris und Ca-
sinus. — *Sucasinam*, gewöhnlich
wird *ac Casinum* gelesen, allein

sowohl *deduceretur* als *quattuor*
(nicht *quaterna*) zeigt, dass L. nur
von einer Col. spricht, ferner wird
Casinum nicht als lat. Colonie erwähnt, s. 27, 9, und die Bürgercol.
lagen nicht im Binnenlande. Dagegen konnte zu *Interamna*, wegen
der gleichnamigen Stadt in Picenum,
ein Zusatz nöthig sein, wie Suessa
Aurunca, Teanum Sidicinum, entweder *Sucasinam*, s. Plin. 3, 5, 9,
64: *Interamnates Sucasini, qui et
Lirinates*, oder *Casinatem, Casinam*
(nach Th. Mommsen). — *senati*, wie
5, 51, 1.. — *triumviros cr.*, in Tributcomitien, s. 3, 1, 6. — *Valerius*,
Sohn des Val. Corvus.

29—30. Beginn des Krieges mit
den Etruskern; die Censur des
App. Claudius; Wahl von Kriegstribunen u. duumviri navales durch
das Volk; Auszug der Flötenbläser; Diod. 20, 36; Val. Max. 1,
1, 17.

1—2. *profligato*, fast zu Ende
gebracht, durch die Schlachten und
die Anlegung von Festungen. —
patribus, so steht der Dativ bei
decedere, 2, 31, 7; 23, 26, 8 u. a.,
wie bei *venire*, s. c. 33, 1. —
Etrusci b., sie haben lange nichts
gegen Rom unternommen, s. 7, 21;
ib. 22, 5; 38, 1, und treten jetzt,
durch die wachsende Macht der
Römer geschreckt, auf die Seite der
Samniten. — *nec cr.* etc., s. 5, 33;
indess war die Macht Etruriens

ea tempestate gens alia, cuius secundum Gallicos tumultus arma
terribiliora essent cum propinquitate agri tum multitudine hominum. itaque altero consule in Samnio reliquias belli persequenti 3
P. Decius, qui graviter aeger Romae restiterat, auctore senatu
dictatorem C. Iunium Bubulcum dixit. is, prout rei magnitudo 4
postulabat, omnes iuniores sacramento adigit, arma quaeque alia
res poscit summa industria parat; nec tantis apparatibus elatus
de inferendo bello agitat, quieturus haud dubie, nisi ultro arma
Etrusci inferrent. eadem in conparando cohibendoque bello con- 5
silia et apud Etruscos fuere: neutri finibus egressi.

Et censura clara eo anno App. Claudii et C. Plautii fuit, 6
memoriae tamen felicioris ad posteros nomen Appi, quod viam
munivit et aquam in urbem duxit, eaque unus perfecit, quia ob 7
infamem atque invidiosam senatus lectionem verecundia victus

durch die Gallier geschwächt. —
Gallicos tum., Gallos tumultibus Romanos exagitantes, vgl. c. 10, 3.

3—5. *persequenti*, 1, 54, 6. —
grav. aeg., 7, 5, 6. — *auct. sen.*,
nach einem Senatsbeschlusse. —
dictator. C. Iun. B. Die Stelle ist
wol nicht durch L's Schuld lückenhaft, da *Iunius* mag. equitum, dagegen *C. Sulpicius Longus* Dictator
war; vielleicht hatte L. geschrieben
*C. Sulp. Longum, qui C. Iunium
mag. eq. dixit. is* etc. *is* würde sich
wie c. 38, 15 auf den Dictator beziehen. — *omnes iun.*, vgl. c. 43, 4.
— *arma—p.*, vgl. 3, 15, 8; 26, 51,
8; 29, 22, 3 u.a.; damit sie sogleich
an die sich Rüstenden (gegen Be-
zahlung) abgegeben werden können.
— *quieturus*, 8, 17, 10. — *cohi-
bendo* noch nicht zum Ausbruche
kommen lassen, s. c. 32.

6. *App. Claud.*, er war zweimal
Aedil, aber noch nicht Consul oder
Prätor gewesen, als er Censor
wurde; über seine Pläne s. Nieb.
R. G. 3, 344; Mommsen Forsch. 1,
301, Lange 2, 71. — *viam m.*, s.
Diod. l. l.: τῆς ἀφ' ἑαυτοῦ κληθεί-
σης Ἀππίας ὁδοῦ τὸ πλεῖον μέρος
λίθοις στερεοῖς κατέστρωσεν (*munivit*) ἀπὸ Ῥώμης μέχρι Καπύης
etc. — *aquam*, Front. de aqu. duct.

5: *concipitur Appia* (aqua) *in agro
Lucullano, via Praenestina.* — *ductus eius habet longitudinem a capite usque ad Salinas, qui locus est
ad portam Trigeminam, passuum
XI. CXC; subterraneo rivo passuum
XI. CXXX; supra terram substru-
ctione et arcuato opere proxime
portam Capenam passuum LX.* Die
durch die pontinischen Sümpfe füh-
rende Strasse sicherte die Verbindung mit Campanien; Mommsen
1, 452; 459. Das ungesetzliche
Verfahren des Appius, s. Diod. l.
l.: πολλὰ τῶν δημοσίων χρημά-
των εἰς ταύτην τὴν κατασκευὴν
ἀνήλωσεν ἄνευ δόγματος τῆς συγκλήτου hat L. nicht berührt.

7. *invidiosam*, Erbitterung, Hass
gegen die Censoren erregend; 34,
7, 14; zur Sache c. 30, 1; 46, 10:
er schämte sich wegen der berüch-
tigten und gehässigen Wahl und
Zusammenstellung (Liste) der Senatoren, hatte aber nicht genug
Energie oder zu wenig Einfluss um
Appius entgegen zu treten, vgl.
Frontin. l. l.: *collegam habuit C.
Plautium, cui ob inquisitas eius
aquae venas Venocis cognomen datum est. sed quia is intra annum
et sex menses deceptus a collega*

8 collega magistratu se abdicaverat: Appius iam inde antiquitus in-
  sitam pertinaciam familiae gerendo solus censuram obtinuit.
9 eodem Appio auctore Potitii, gens, cuius ad aram maximam
  Herculis familiare sacerdotium fuerat, servos publicos ministerii
10 delegandi causa sollemnia eius sacri docuerant. traditur inde
  dictu mirabile et quod demovendis statu suo sacris religionem
  facere posset, cum duodecim familiae ea tempestate Potitiorum
  essent, puberes ad triginta, omnis intra annum cum stirpe ex-
11 stinctos; nec nomen tantum Potitiorum interisse, sed censorem

tamquam invidiam facturo, abdicavit se censura, nomen aquae ad
Appii tantum honorem pertinuit.
L. scheint anzunehmen, dass Plautius noch vor dem Ablaufe der 18
Monate zurückgetreten sei, sonst
würde er überhaupt das Motiv nicht
geltend machen, vgl. c. 33, 4; 34,
9; 15; 22. Da die wichtigere von
L. hier u. c. 33 übergangene Massregel des Appius, die erst c. 46, 10
erwähnt ist, die Veränderung im
Census, noch 450 a. u. besteht, so
müsste auch dieser Plautius seine
Zustimmung gegeben haben, während nicht feststeht, dass er deshalb noch im Amte gewesen sei,
als das Lustrum gehalten wurde,
Becker 2, 2, 244, vgl. Lange 1, 587.

8. *iam in. a.*, 22, 61, 1; 6, 40, 3:
iam inde ab initio. pertin. c. 34, 3 ff.;
Tac. A. 1, 4: *vetere atque insita
Claudiae familiae superbia*; Sueton.
Tib. 2, vgl. zu 2,61, 4. — *pertinaciam obtinuit*, hielt fest an u. s. w. ist
Gegensatz zu *verecundia*, vgl. Cic.
Lig. 5, 15: *lenitas, quam tu per te
obtines.* — *solus gerendo*, indem,
dadurch dass er allein, s. c. 34, 16;
die Construction wie 4, 11, 7; vgl.
39, 49, 3; 45, 35, 8. — *solus*, Liv.
nimmt an, dass App., weit entfernt
über die gesetzliche Zeit, 4, 24, im
Amte zu bleiben, es sogleich nach
dem Abgange seines Collegen hätte
niederlegen müssen, s. c. 34, 17.

9—11. *Potitii*, 1, 7; das Ge-
schlecht der Pinarier dauert fort. —
gens, c., s. 4, 46, 10. — *familiare*,

s. 1, 7, 14. — *serv. publ.*, die Tem-
pelsclaven, ἱερόδουλοι, denen jetzt
die Besorgung der heiligen Gebräuche bei Verträgen, Opfern übertragen wird, Marquardt 4, 75; 146.
— *soll.*, 1, 7, 10. — *dictu m.*, s. c.
41, 18. — *et quod* etc., 10, 23, 9.
— *posset*, L. ist nicht davon überzeugt (*traditur*). — *demovendis s. s. s.*
ist Dativ, da in *religionem facere*,
religiöse Bedenken erregen, der
Begriff liegt: geeignet abzuhalten,
vgl. 2, 5, 9: *arcendis sceleribus exemplum nobile*; 28, 12, 7: *exiguus
alendo exercitui* u. a. — *tempest.*,
1, 5, 2 — *puberes*, etc., nach Fest.
237: *quo facto Potitii, cum essent
ex familia numero duodecim, omnes
interierunt intra diem XXX* vermuthet Th. Mommsen a. u. St.: *cum
duodecim familiae* (genit. sing.) *ea
temp. Potitiorum essent puberes, a.
d.* (ante diem) *XXX.*, *omnes intra
an.* etc. Doch müsste der Fehler
sehr alt sein, da schon Val. Max. 1.
l. unseren Text gehabt zu haben
scheint: *omnes, qui erant numero
supra triginta, puberes intra annum
extincti sunt.* — *cum st.*, c. 34, 19;
vergl. Nieb. R. G. 1, 99. — *nomen*
= *gens*, wie es auch von Völkern
gebraucht wird, s. 2, 45, 16; 9, 34,
5; Val. l. l. *nomenque Potitium in
duodecim familias divisum* (cum
prole?) *interiit* etc. — *post. al.*, L.
lässt mit Recht einen weiten Spielraum, da Appius nach der Censur
noch Consul und Dictator war, 14
Jahre später 10, 16 ff. ein Heer

etiam Appium memori deum ira post aliquot annos luminibus
captum. Itaque consules, qui eum annum secuti sunt, C. Iunius 30
Bubulcus tertium et Q. Aemilius Barbula iterum, initio anni
questi apud populum deformatum ordinem prava lectione senatus, qua potiores aliquot lectis praeteriti essent, negaverunt 2
eam lectionem se, quae sine recti pravique discrimine ad gratiam
ac libidinem facta esset, observaturos, et senatum extemplo citaverunt eo ordine, qui ante censores App. Claudium et C. Plautium fuerat. et duo imperia eo anno dari coepta per populum, 3
utraque pertinentia ad rem militarem: unum, ut tribuni militum
seni deni in quattuor legiones a populo crearentur, quae antea

commandirte, vgl. Cic. Tusc. 5, 38.
— *memori*, von der Person übergetragen, 1, 28, 11; 7, 31, 8, um
zugleich zu bezeichnen, dass der
Zorn in der Erinnerung seinen
Grund hat. — *lumin. capt.*, L. hält
ihn für erblindet, wie Aurel. Vict.
34; in der Periocha XIII wird nur
von einer *valetudo oculorum* gesprochen, wieder anders Diod. l. l.
30. 1—2. *Itaque* geht auf c. 29,
7 zurück. *Iun.—Aemil.*, beide vor
der gesetzlichen Zeit wieder gewählt, s. c. 20; 28. — *apud. p.*, in
einer contio, vgl. Lange 2, 400; sie
umgehen den Senat, den sie nicht
anerkennen. Nach L. ist weder von
Appius, der noch im Amte ist, noch
von den ihm ergebenen Tribunen,
s. c. 34, 26. noch von dem Volke
etwas gegen das Verfahren der
Consuln geschehen; dagegen Diod.
l. l.: ὁ δὲ δῆμος τούτοις (den Consuln) μὲν ἀντιπράττων, τῷ δὲ
Ἀππίῳ συμφιλοτιμούμενος καὶ
τὴν τῶν συγγενῶν προαγωγὴν
βεβαιῶσαι βουλόμενος etc. — *lectione s.*, c. 29, 7; diese erscheint
hier zum ersten Male als Function
der Censoren, vgl. 4, 8, 2. — *potiores a. l.*, 1, 48, 2, vorzüglicher
als die welche in den Senat gewählt
waren. — *praet.* = non lecti, anders 27, 11, 12. — *sine—discr.* gegen die lex. Ovinia, s. zu c. 46, 10.
wo das die Nobilität schwer ver-
letzende Verfahren genauer ange-

geben ist, s. c. 33, 5. — *ad gratiam*
etc., nach Gunst und Willkür. Appius will sich eine Partei im Senate
und diesen von sich abhängig
machen, s. Nieb. R. G. 3, 345; Lange
2, 68. — *observaturos*, anerkennen;
sie cassiren (der einzige Fall dieser
Art) die ganze Liste, stellen aber
keine neue auf, Lange 1, 577. —
citaver., s. 29, 37, 1; sie lasen vor
dem Volke die Liste der Senatoren
vor, und schlossen die von Appius
Aufgenommenen aus.

3. *imperia*, Befehlshaberstellen,
da das *imperium* nicht auf die Kriegführung beschränkt ist, s. Becker
2, 2, 60; Lange 1, 500, so konnte
L. wol *ad rem militarem* ohne An-
stoss zu geben hinzusetzen. Die
duumviri, die wol auch die Flotte
commandirten, s. Periocha 12, konnten nicht ohne *imperium* sein, und
die *tribuni mil. legionibus quattuor
primis* werden wenigstens zu den
magistratus minores gerechnet, s.
CIL. I p. 58, VIII; XIII; XVI; XXII;
Cic. Legg. 3, 3, 6: *minores magistratus—militiae, quibus iussi sunt
imperanto, eorumque tribuni
sunto*, s. 7, 32, 16; 28, 27, 14; Lange 1, 645; 2, 73; 542; Madvig verm.
ministeria, s. zu 8, 40, 3. — *dari c.*
galt von den Kriegstribunen nur
theilweise, s. 7, 5, 9. — *seni d.*, die
Befehlshaber wählen also nur noch
acht Tribunen in die vier ersten
Legionen, s. 10, 18, 3, die für die

perquam paucis suffragio populi relictis locis dictatorum et consulum ferme fuerant beneficia; tulere eam rogationem tribuni
4 plebei L. Atilius C. Marcius; alterum, ut duumviros navales classis
ornandae reficiendaeque causa idem populus iuberet; lator huius
plebis sciti fuit M. Decius tribunus plebis.

5   Eiusdem anni rem dictu parvam praeterirem, ni ad religionem visa esset pertinere. tibicines, quia prohibiti a proximis
censoribus erant in aede Iovis vesci, quod traditum antiquitus
erat, aegre passi Tibur uno agmine abierunt, adeo ut nemo in
6 urbe esset, qui sacrificiis praecineret. eius rei religio tenuit senatum; legatosque Tibur miserunt, ut darent operam, ut ii ho-
7 mines Romanis restituerentur. Tiburtini benigne polliciti primum

übrigen Legionen besetzen sie allein.
— *beneficia*, Beförderungen, die von
der Gunst der Consuln abhiengen;
sonst von Ehrenstellen, die das Volk
verleiht; Sall. I. 31, 16; Cic. Verr.
5, 70, 180.

4. *duumv. nav.*, Aufseher über die
Flotte, Mommsen 1, 419; Marq. 3,
1, 21; 3, 2, 395. — *ornand.*, s. 26,
36, 4. Die Römer hatten zwar schon
vorher eine Flotte, wie die Verträge mit Carthago, die Gründung von
Ostia, die Anlegung der Colonieen
in Antium und Anxur, die Erwähnung der Trireme 5, 28, 2 zeigen;
aber sie hatten dieselbe einige Zeit
vernachlässigt, s. 7, 26, 13; jetzt
richten sie ihre Aufmerksamkeit
wieder mehr auf das Seewesen, wie
man aus der Gründung von Pontia
c. 28; Periocha 12, und aus einem
wahrscheinlich in diese Zeit fallen-
den Versuch derselben sich in Corsica festzusetzen, s. Theophrast.
περὶ φυτῶν ἱστορία 5, 8, auch dem
Vertrage mit Carthago c. 43, sieht.
— *popul.*, in Tributcomitien, Becker
2, 2, 368 f. Die Anträge der Volkstribunen sind seit langer Zeit die
ersten; der Senatsbeschluss über
die Wahl wird nicht erwähnt, s. 4,
49, 6.

5. *ad relig.*, s. Einl. S. 16. — *tibicines*, sie bildeten ein collegium
und hielten, wie u. St. zeigt, eng
zusammen um ihre Berechtigungen,

zu denen ein feierliches Festmahl
(*in aede Iovis vesci*, s. zu §10), CIL.
395: *feriae Iovi*; Preller Myth. 262;
Marq. 4, 152, gehörte, aufrecht zu
halten. — *srcrific. praec.*, vgl. §10:
sacris praecin.; obgleich bei allen
Opfern tibicines thätig waren, so
ist doch hier zunächst an die sacri-
ficia publica zu denken, so wie an
die tibicines publici, ohne welche
jene nicht vollzogen werden konnten; Preller 116; Marq. 4, 175; neben jenen gab es auch privati, zur
Sache s. Censorin. de d. n. 12: *nisi
grata esset inmortalibus deis* (mu-
sica), — *nec tibicen omnibus supplicationibus in sacris aedibus adhiberetur*; Cic. Leg. ag. 2, 34; Ov.
Fast. 6, 653: *cantabat fanis, cantabat tibia ludis* (s. 7, 2), *cantabat
maestis tibia funeribus.* — *proximis*, die c. 29 genannten, vgl. Ov. l.
l. 680; Aur. Vict. 34. .

6—9. *relig. ten.*, die religiösen
Bedenken darüber beschäftigten lange den Senat. — *ut—ut*, die Wiederholung von *ut* findet sich bei L.
mehrfach, s. 4, 59, 11; 21, 19, 6 u.
a., an a. St. fehlt es das eine Mal,
s. 3, 54, 1; 8, 23, 12 u.a.; verschieden sind die Fälle, wo das zweite
ut das erste nur aufnimmt, s. 8, 6,
14. — *restituer.*, die *tibicines* scheinen nicht römische Bürger gewesen
zu sein, s. 7, 2, 4. — *Tiburtini*, sonst

accitos eos in curiam hortati sunt, uti reverterentur Romam;
postquam perpelli nequibant, consilio haud abhorrente ab inge-
niis hominum eos adgrediuntur. die festo alii alios per speciem 8
celebrandarum cantu epularum [causa] invitant, et vino, cuius
avidum ferme genus est, oneratos sopiunt, atque ita in plaustra 9
somno vinctos coniciunt ac Romam deportant. nec prius sensere, quam plaustris in foro relictis plenos crapulae eos lux oppressit. tunc concursus populi factus, impetratoque, ut manerent, 10
datum, ut triduum quotannis ornati cum cantu atque hac, quae
nunc sollemnis est, licentia per urbem vagarentur, restitutumque
in aede vescendi ius iis, qui sacris praecinerent. haec inter duorum ingentium bellorum curam gerebantur.

Consules inter se provincias partiti; Iunio Samnites, Aemi- **31**
lio novum bellum Etruria sorte obvenit. in Samnio Cluviam, 2
praesidium Romanum, quia nequiverat vi capi, obsessum fame
in deditionem acceperant Samnites, verberibusque foedum in
modum laceratos occiderant deditos. huic infenso crudelitati 3
Iunius, nihil antiquius oppugnatione Cluviana ratus, quo die adgressus est moenia, vi cepit atque omnes puberes interfecit. inde 4
victor exercitus Bovianum ductus. caput hoc erat Pentrorum

Tiburtes, 7, 9, 1 u. a. — *curiam*, s.
8, 14, 9. — *nequibant*, 2, 25, 3. —
per speciem cel. etc. (*causa* fehlt in
einer Hds. und scheint Glossem zu
sein), Val. Max. 2, 5, 4: *interposita
festae epulationis simulatione.* —
genus, 8, 24, 6. — *vinctos*, 5, 44, 7.
10. *impetrat.*, 6, 25, 5. — *ut ma-
ner.*, die Flötenbläser haben also
auswandern, s. § 6: *restituerentur*,
nicht blos ihr Spiel einstellen wollen, Lange 2, 76. — *hac*, s. praef. 4.
— *licentia*, Censorin. 1. l.: *non tibi-
cinibus esset permissum aut ludos
publice facere ac vesci in Capitolio,
aut Quinquatribus minusculis* (so
wurde das Fest das sich an den erzählten Vorfall knüpfte genannt, s.
Marq. 4, 452) *id est idibus Iuniis
urbem vestitu quo vellent persona-
tis (personis tecto capite variaque
veste* Val. Max. 1. l.) *temulentisque
pervagari.* — *aede* n. *Iovis*, auf dem
Capitolium.
31. Fortsetzung des Krieges ge-

gen die Samniten, Zonar. 8, 1.
1—4. *novum bell.*, da provincia
Geschäftskreis ist, 3, 2, 2. Ueber
die Appos. *Etruria* s. c. 42, 4; 6, 6,
13: *nova haec cura, Latini.* — *partiti*, s. 3, 22, 3. — *Cluviam* (oder
Cluviae), eine Stadt der Caracener,
s. 7, 31, 11; Tac. H. 4, 5: *Helvidius
Priscus, regione Italiae Carecina e
municipio Cluviis*; liber colon. p.
260, 1; Mommsen Inscr. R. N. 5293;
die Eroberung der Stadt ist nicht
erwähnt. — *praesid.*, 3, 30, 2. —
verberib., wie die Römer c. 24, 15.
— *crudelit.*, 24, 12, 2.— *Bovianum*,
von *bov-is*, weil ein Stier die Aus-
wandernden geführt haben sollte.
Es gab zwei Städte dieses Namens,
die eine mehr nördlich, *Bovianum
vetus*, jetzt Pietrabbondante, wahrscheinlich im Gebiete der Caracener,
die andere südlich, das j. Bojano am
M. Mattese, Mommsen Unterital.
Dial. S. 171. L. meint a. u. St., wie
Pentrorum zeigt, wol das letztere,

Samnitium, longe ditissimum atque opulentissimum armis viris-
5 que. ibi, quia haud tantum irarum erat, spe praedae milites accensi oppido potiuntur. minus itaque saevitum in hostes est,
praedae plus paene quam ex omni Samnio umquam egestum,
6 benigneque omnis militi concessa. et postquam praepotentem
armis Romanum nec acies subsistere ullae nec castra nec urbes
poterant, omnium principum in Samnio eo curae sunt intentae,
ut insidiis quaereretur locus, si qua licentia populandi effusus
7 exercitus excipi ac circumveniri posset. transfugae agrestes et
captivi quidam, pars forte pars consilio oblati, congruentia ad
consulem adferentes, quae et vera erant, pecoris vim ingentem
in saltum avium conpulsam esse, perpulerunt, ut praedatum eo
8 expeditae ducerentur legiones. ibi ingens hostium exercitus itinera occultus insederat, et, postquam intrasse Romanos vidit
saltum, repente exortus cum clamore ac tumultu incautos inva-
9 dit. et primo nova res trepidationem fecit, dum arma capiunt,
sarcinas congerunt in medium; dein, postquam ut quisque liberaverat se onere aptaveratque armis, ad signa undique coibant,
et notis ordinibus in vetere disciplina militiae iam sine praecepto
10 ullius sua sponte struebatur acies, consul ad ancipitem maxime

obgleich die Nähe von Cluvia und
10, 12, 9 von Aufidena eher das
nördliche erwarten liesse.

5—7. *haud tant.* (n. *quantum
Cluviae*) findet sich nicht selten verbunden, s. 27, 48, 5; ebenso *haud
tam*, 2, 34, 12. — *omni* n. *reliquo*,
4, 51, 3. — *subsist.*, 1, 4, 9. — *princip.* wie 8, 39, 10, sie heissen 10,
38, 7 *nobiles*, ib. § 12 *primores.* —
licent. popul., 22, 3, 8. — *excip. a.
c.*, auffangen, erwischen, und von
allen Seiten einschliessen, bedrän-
gen, gewöhnlich durch List und aus
einem Hinterhalt. — *agrestes*, c.
28, 4. — *pars*—*oblati* gehört nur zu
captivi, da bei *transfugae* das Absichtliche sich von selbst versteht;
vgl. 5, 13, 12 ; *captivi*, wol Soldaten,
werden sie proleptisch nach dem
auf *oblati* folgenden Zustande genannt und bei *consilio obl.* ist an
eine List wie c. 2, 2 zu denken. In
einer Hds. wird *pars* nach *quidam*
viell. mit Recht weggelassen, s. 31,

37, 2. — *saltum av.*, nach Zon. 1. l.
εἰς τὰς ὕλας τὰς Ἀόρνους. — *expeditae*, hier, wie das Folg. zeigt,
nicht: ohne Gepäck, sondern nur
mit dem Nöthigsten versehen, s. 7,
37, 11, vgl. 10, 12, 7.

9. *se aptaverat ar.*, sich kampf-
fertig machen, *aptare*, kann wie *circumdare* den accus. und abl. oder
den dat. und accus. wie 44, 34, 8:
aptare corpŏri arma zu sich nehmen; 5, 49, 3 heisst es einfach: *arma aptare*, 22, 5, 3; zur Sache s.
Caes. B. G. 2, 21, 5 f. — *coibant*—
strueb., als sie noch damit beschäftigt waren; über *struere* s. 29, 2,
6 ; 1, 23, 6, vgl. 10, 29, 6; 8, 7, 22:
structo rogo. — *in vet. disc.* statt
eines Causalsatzes, 3, 8, 7. Viele
in dem röm. Heere hatten, da es das
15. Jahr des Krieges ist, gewiss
schon viele Feldzüge mitgemacht,
L. denkt sie sich als Veteranen, s.
27, 42, 3; Caes. l. l. 2, 20; zu *signa
ord.* c. 27, 10.

10—12. *ad anc. m. p.*, dahin, wo

pugnam advectus desilit ex equo, et Iovem Martemque atque
alios testatur deos se nullam suam gloriam inde sed praedam
militi quaerentem in eum locum devenisse, neque in se aliud 11
quam nimiam ditandi ex hoste militis curam reprehendi posse;
ab eo se dedecore nullam rem aliam quam virtutem militum
vindicaturam. coniterentur modo uno animo omnes invadere 12
hostem, victum acie, castris exutum, nudatum urbibus, ultimam
spem furto insidiarum temptantem et loco, non armis fretum.
sed quem esse iam virtuti Romanae inexpugnabilem locum? 13
Fregellana arx Soranaque et ubicumque iniquo successum erat
loco memorabantur. his accensus miles omnium inmemor diffi- 14
cultatium, vadit adversus inminentem hostium aciem. ibi paulum
laboris fuit, dum in adversum clivum erigitur agmen; ceterum 15
postquam prima signa planitiem summam ceperunt, sensitque
acies aequo se iam institisse loco, versus extemplo est terror in
insidiatores, easdemque latebras, quibus se paulo ante texerant,
palati atque inermes fuga repetebant. sed loca difficilia hosti 16
quaesita ipsos tum sua fraude inpediebant. itaque ergo perpau-
cis effugium patuit; caesa ad viginti milia hominum, victorque
Romanus ad oblatam ab hoste praedam pecorum discurrit.

Dum haec geruntur in Samnio, iam omnes Etruriae populi **32**
praeter Arretinos ad arma ierant, ab oppugnando Sutrio, quae

---

sie—war. — *que atque*, 5, 25, 2. —
alios, die Salus, c. 43, 25 u. a. —
ab eo ist aus *in eum loc. devenisse*,
welches die gefährliche Lage bezeichnet, und dem Zusammenhange
zu erklären. — *coniterent.* — *invadere*, s. Tac. Ann. 15, 51: *illigare
conisa est*, häufiger ist *adniti*, s. c.
26, 15, u. *niti* mit dem Infin. — *modo*, es bedürfe nur u. s. w. — *furto
ins.*, Hinterlist, die bestehe in, ausgeführt werden solle durch u. s. w.,
s. 21, 35, 10.

13—16. *Fregell. a*, c. 28. — *So-
rana*, c. 24. — *successum er.*, wo
man mit günstigem Erfolge an un-
günstigen Orten gegen die Feinde
angerückt war, wahrscheinlich ist
zugleich an den uneigentlichen Gebrauch von *succedit (rei)* zu denken,
s. 2, 45, 5: *nolle—successum—patribus*, der sonst gewöhnlich in der

activen Form statt hat. — *clivum*
etc., vgl. 2, 65, 5. — *ibi—dum* hier
(dabei s. 5, 7, 3) war (nur so lange)
einige — als. — *latebras* etc., vgl.
Gell. 17, 2, 3. — *hosti*, für die Römer, um sie zu fangen, ihnen zu
schaden.—*sua*, vgl. c. 7, 6.—*itaque
er.*, 1, 25, 2. Nach Zonar. haben im
Gegentheil die Römer eine grosse
Niederlage erlitten.

32—33, 2. Krieg gegen Etrurien.
1—4. *dum—ierant*, s. 3, 17, 12;
21, 29, 1; *ad a. ierant*, s. 21, 48, 3,
vgl. c. 31, 9. — *omnes E. p.*, ein
Bundeskrieg.—*Arretinos*, j. Arezzo.
Sie müssen sich bald den übrigen
angeschlossen haben, s. c. 37, 12:
pacem—induti as, während Caere
schwerlich am Kriege Theil nahm,
s. 7, 20, s. auch c. 41, 5. — *Sutrio*,

urbs socia Romanis velut claustra Etruriae erat, ingens orsi bel-
2 lum. eo alter consul Aemilius cum exercitu ad liberandos
obsidione socios venit. advenientibus Romanis Sutrini commea-
3 tus benigne in castra ante urbem posita advexere. Etrusci diem
primum consultando, maturarent traherentne bellum, traduxerunt.
postero die, ubi celeriora quam tutiora consilia magis placuere
ducibus, sole orto signum pugnae propositum est, armatique in
4 aciem procedunt. quod postquam consuli nuntiatum est, extemplo tesseram dari iubet, ut prandeat miles firmatisque cibo viri-
5 bus arma capiat. dicto paretur. consul ubi armatos paratosque
vidit, signa extra vallum proferri iussit et haud procul hoste instruxit aciem. aliquamdiu intenti utrimque steterunt expectantes,
6 ut ab adversariis clamor et pugna inciperet; et prius sol meridie
se inclinavit, quam telum hinc aut illinc emissum est. inde, ne
infecta re abiretur, clamor ab Etruscis oritur, concinuntque tubae
et signa inferuntur; nec segnius a Romanis pugna initur. con-
7 currunt infensis animis; numero hostis, virtute Romanus su-
8 perat. anceps proelium multos utrimque et fortissimum quemque
absumit, nec prius inclinata res est, quam secunda acies Romana
9 ad prima signa, integri fessis, successerunt. Etrusci, quia nullis
recentibus subsidiis fulta prima acies fuit, ante signa circaque
omnes ceciderunt. nullo umquam proelio fugae minus nec plus
caedis fuisset, ni obstinatos mori Tuscos nox texisset, ita ut vi-
10 ctores prius quam victi pugnandi finem facerent. post occasum

---

6, 3, 2. — *socia*, als latin. Colonie
gehörte sie zu den civitates foede-
ratae. — *claustra*, vgl. 6, 9, 4. —
cum exer., wol nur mit 2 Legionen,
nicht dem c. 29, 4 ausgehobenen. —
maturarent tr., statt *maturarentne
traherentne*, ist bei L. eben so häufig, als bei Cicero selten, s. 5, 28,
5; zu Cic. Fin. 4, 27, 76. — *tradux.*,
s. 24, 38, 2. — *celeriora — placuere*
ein missbilligendes Urtheil L's; *magis* gehört nicht zum Comparativ, s.
c. 7, 6; zur Sache vgl. 2, 51, 7. —
— *signum*, 6, 12, 7. — *tesseram*,
7, 35, 1.
  5—9. *exspectantes, ut*, so auch
26, 18, 5 n. a., dagegen 3, 11, 13;
10, 36, 2: *exspectantes dum*, vgl. 3,
37, 5. — *ab adv.—incip.*, wie c. 39,
2 u. a. — *ab—orit.*, 10, 3, 2. — *nu-*

mero, s. c. 29, 2. — *sec. acies*, die
principes, dann die triarii, 8, 8. —
prima s., die Fahnen der Manipel
der hastati, Bezeichnung des ersten
Treffens. — *successerunt* ist in verschiedener Bedeutung verschieden
construirt, s. 36, 24, 6; über *acies
success.* s. 2, 14, 8 : sie rückten zu
den Fahnen vor und traten—an die
Stelle. — *recentibus*, die als frische
Truppen hätten nachrücken können.
— *fulta*, 7, 12, 8. — *ante s. c.*, L.
denkt auch die Fahnen der Etrusker
hinter der ersten acies, 8, 9, 11; 4,
37, 11. — *circaque*, 5, 35, 4, bezeichnet die hinter den ersten Gliedern um die Fahnen stehenden. —
nullo u. p. etc., vgl. c. 39, 11. Diod.
20, 35; Nieb. 3, 325. — *Etrusci—
Tusci*, 1, 23, 8.

solis signum receptui datum est; nocte ab utroque in castra reditum. nec deinde quicquam eo anno rei memoria dignae apud 11
Sutrium gestum est, quia et ex hostium exercitu prima tota acies
deleta uno proelio fuerat subsidiariis modo relictis, vix quod
satis esset ad castrorum praesidium, et apud Romanos tantum 12
vulnerum fuit, ut plures post proelium saucii decesserint, quam
ceciderant in acie. Q. Fabius, insequentis anni consul, bellum ad **33**
Sutrium excepit, collega Fabio C. Marcius Rutilus datus est. ce- 2
terum et Fabius supplementum ab Roma adduxit, et novus exercitus domo accitus Etruscis venit.

　　Permulti anni iam erant, cum inter patricios magistratus 3
tribunosque nulla certamina fuerant, cum ex ea familia, cui ve-
lut fato lis cum tribunis ac plebe erat, certamen oritur. Ap.
Claudius censor circumactis decem et octo mensibus, quod 4
Aemilia lege finitum censurae spatium temporis erat, cum C.
Plautius collega eius magistratu se abdicasset, nulla vi conpelli, ut

10—11. *ab utroque* n. Romano et
Etrusco. — *quicq.* — *rei* — *dign.* s.
3, 1, 4; 44, 18, 4: *quid—rerum gestarum.* — *subsidiariis m. r.* scheint
die letzten Glieder der acies zu bezeichnen, weniger die Besatzung
des Lagers, da sie dazu erst verwendet werden sollen und kaum
ausreichen. Doch ist der Ausdruck
in Bezug auf § 9 : *nullis*—*fuit* ungenau. Die Triumphe der Consuln:
C. Iunius *an. CDXLII. Non. Sext.
de Samnitibus.* — Q. Aemilius *Id.
Sext. de Etrusceis* hat L. übergangen.

33. 1. *Fabius,* c. 22; 8, 38. —
Marcius, Sohn des 7, 38 und sonst
oft erwähnten. — *Etruscis,* für sie,
ihnen zugedacht, bestimmt; wie der
Dativ mit *venire* nicht selten verbunden wird, s. 1, 7, 1; 7, 29, 3;
24, 8, 15 u. a., vgl. c. 29, 1.

' **33,** 3—**34.** Ungesetzliche Ver-
längerung der Censur des Appius
Claudius. Diod. 20, 36.

3—4. *cum,* seit, Cic. Fam. 15, 14,
1 ; die letzten Streitigkeiten sind 8,
23 erwähnt, Lange 2, 48; 65 ; Sempronius jedoch vertritt die Inter-

essen der Patricier, s. § 5. — *patricios,* s. 4, 43, 10. — *tribunos,* auch
ohne den Zusatz von *plebis* oft Volkstribunen. — *circumact. d. e. o. m.,*
wenn Appius nicht erst in der zweiten Hälfte des Jahres 442, s. c. 29,
die Censur angetreten hat, so müssten die 18 Monate schon ein Jahr
vorher abgelaufen sein. Nach Diod.
20, 36 wird er erst unter dem Consulat des Q. Fabius u. C. Marcius
gewählt. Obgleich es hier *circumactis* heisst, so lässt L. doch c. 34,
15 ; 22; 24 den Redner so sprechen,
als ob die Verhandlung noch vor
oder erst bei dem Ablauf der 18
Monate statt gehabt hätte. — *finitum,* festgestellt, bestimmt, mit der
Andeutung der Beschränkung, s. c.
26, 9, daher § 5 *finiendae i.* die gesetzliche Zeit nicht überschreiten
lassen, vgl. 10, 13, 14; 21, 4, 6 u.
a. — *cum—abdic.,* entweder: nachdem, oder obgleich bereits früher,
s. c. 29, 7, sein College u. s. w. —
abdicass., nicht der Ablauf der gesetzlichen Zeit, sondern erst die
förmliche Niederlegung des Amtes
führte das Ende der Magistratur
herbei, s. c. 34, 26; Lange 1, 522.

5 abdicaret, potuit. P. Sempronius erat tribunus plebis, qui finiendae censurae intra legitimum tempus actionem susceperat, non
popularem magis quam iustam, nec in vulgus quam optimo cui-
6 que gratiorem. is cum identidem legem Aemiliam recitaret
auctoremque eius Mamercum Aemilium dictatorem laudibus ferret,
qui quinquennalem ante censuram et longinquitate potestatem
7 dominantem intra sex mensum et anni coegisset spatium: „dic
agedum" inquit, „Appi Claudi, „quidnam facturus fueris, si eo
tempore, quo C. Furius et M. Geganius censores fuerunt, censor
8 fuisses." negare Appius interrogationem tribuni magno opere
ad causam pertinere suam: nam et si tenuerit lex Aemilia eos
9 censores, quorum in magistratu lata esset, quia post illos censores creatos eam legem populus iussisset, quodque postremum
iussisset, id ius ratumque esset, non tamen aut se aut eorum
quemquam, qui post eam legem latam creati censores essent,
teneri ea lege potuisse.

5. *Sempr. erat,* s. 7, 26, 2. —
action., 2, 56, 4. — *intra* mit Ablauf,
so dass die Censur beschränkt wird
auf u. s. w., ebenso § 6. — *non popul. m. q. c.*: nicht sowol beim Volke beliebt und geeignet Volksgunst
zu gewinnen u. s. w., s. 39, 52, 7,
ähnlich das Folg. *nec — gratiorem*
nicht in höherem Grade der Menge
als den Vornehmen, diesen mehr als
jenen angenehm. L. giebt so selbst
zu, dass die *actio* des Sempron. von
denen der früheren Tribunen verschieden gewesen sei, 10, 37, 11, Appius vielmehr deren Rolle gespielt
habe, obgleich er diesen sonst als
Aristocraten schildert und so mehrere der Nobilität feindliche Massregeln desselben nicht berührt, s.
c. 29, 6; 30, 1, vgl. Diod. l. l.: τῷ
δήμῳ τὸ κεχαρισμένον ποιῶν οὐ-
δένα λόγον ποιεῖτο τῆς συγκλήτου
(Ἄππιος). — *optim. c.,* s. c. 46, 13.
6 — 9. *et long. p. d.,* s. 4, 24, 5;
über die freie Wortstellung 7, 10,
13; 9, 7, 3. — *mensum,* 3, 24, 4.
— *fact. f.,* 2, 33, 9. — *non magn.
op.,* nicht gerade sehr, 21, 33, 11;
6, 22, 7 u. a.; an u. St. spöttisch:
gar nicht. — *et si ten.,* das Aemili-

sche Gesetz habe nur die Censur
des Furius und Geganius beschränkt,
denn nur über sie habe das Volk
zweimal abgestimmt (der Nachdruck
liegt auf *post creatos*), und da habe
der letzte Beschluss *quod postremum
— esset,* 7, 17, 12, Geltung gehabt;
die folgenden Censoren wären wieder *optimo iure* nach c. 34, 11, also
auch auf 5 Jahre gewählt worden,
und hätten so lange im Amte bleiben können, weil ein sie beschrän-
kender Volksbeschluss nicht jedesmal wieder sei gefasst worden. Der
Trugschluss lag darin, dass Appius
die lex Aemilia, die sich auf die
Censur überhaupt bezog, und in
Rücksicht auf den Volksbeschluss,
durch den die Censur eingesetzt
war, das enthielt *quod postremum
populus iussisset,* nur für die Censur
des Furius und Geganius gelten lassen wollte, s. c. 34, 6. Ueber die
Dauer der Censur s. c. 34, 16; Bek-
ker 2, 2, 195. — *eam leg.* — *ea lege*
des Nachdrucks wegen. — *potuisse,*
sie hätten gar nicht — können; der
Natur der Sache nach.

34. Die Rede des Sempronius
ist keine förmliche Anklage vor dem

Haec sine ullius adsensu cavillante Appio „est" inquit, „Qui- **34**
rites, illius Appii progenies, qui decemvir in annum creatus altero anno se ipse creavit, tertio nec ab se nec ab ullo creatus
privatus fasces et imperium obtinuit, nec ante continuando ab- **2**
stitit magistratu, quam obruerent eum male parta, male gesta,
male retenta imperia. haec est eadem familia, Quirites, cuius vi **3**
atque iniuriis conpulsi extorres patria Sacrum montem cepistis;
haec, adversus quam tribunicium auxilium vobis conparastis;
haec, propter quam duo exercitus Aventinum insedistis; haec, **4**
quae fenebres leges, haec, quae agrarias semper inpugnavit.
haec conubia patrum et plebis interrupit; haec plebi ad curules **5**
magistratus iter obsaepsit. hoc est nomen multo quam Tarqui-
niorum infestius vestrae libertati. itane tandem, Appi Claudi? **6**
cum centesimus iam annus sit ab Mam. Aemilio dictatore, tot
censores fuerint, nobilissimi fortissimique viri, nemo eorum
duodecim tabulas legit? nemo id ius esse, quod postremo populus iussisset, sciit? immo vero omnes sciverunt, et ideo Aemiliae **7**
potius legi paruerunt quam illi antiquae, qua primum censores
creati erant, quia hanc postremam iusserat populus, et quia, ubi
duae contrariae leges sunt, semper antiquae obrogat nova. an **8**
hoc dicis, Appi, non teneri Aemilia lege populum? an populum

Volke, sondern eine contio, wie 8,
33 ff.

1—5. Charakteristik der Claudier. — *cavillante*, 3, 20, 4. — *est*:
wundert euch nicht, er ist ja; Andere lesen *en*. — *altero a.*, 3, 35. —
tertio, 3, 38. — *privatus*, s. 3, 39,
8. — *continuando abst.*, 29, 33, 8.
— *male parta*, weil er sich selbst
creirt hatte; *male g.*, die tyranni-
sche Herrschaft, die 3, 35 ff. geschildert ist; *male ret.*, ohne wieder gewählt zu sein, als Usurpator. —
Sacrum m., 2, 32. — *adversus q.*,
gegen die gerichtet, um die zu bekämpfen, vgl. c. 26, 20. — *duo exerc.*, Apposition zu *vos* in *insedistis*.
— *Aventinum*, 3, 50, 13; ib. 51,
10; 54, 8. — *fenebres* — *agrarias*,
s. 2, 30; 44; 61; 6, 40 ff. u. a. —
conubia, 4, 1, 1: die rechtmässige
Wechselheirath. — *iter obs.*, 4, 6,
7; 6, 40. — *nomen* wie c. 29, 11.

6—7. Die Ansicht des Appius

über die endgiltige Entscheidung
des Volkes widerspricht aller Autorität und dem seitherigen Verfahren. — *itane*, „also wirklich;" es
hat, wie aus deiner Behauptung ge-
folgert werden muss, keiner? u. s.
w., s, 44, 15, 6. — *centesimus*, die
lex Aemilia wurde 320 a. u. gegeben. — *tot cens.*, über das Asyndeton s. 8, 10, 3. — *sciverunt* neben
sciit, während L. die volle Form gewöhnlich für *sciscere*, die contra-
hirte für *scire* wählt, vgl. 2, 11, 6;
41, 22, 1 u. a. — *antiquae*, s. 4,
8, 5. — *contrariae* ist nicht zu
urgiren, da das zweite Gesetz nicht
das erste ganz (die Censur überhaupt), sondern nur einen Theil
desselben, die fünfjährige Dauer des
Amtes, aufhob, daher auch nicht
abrogat, sondern *obrogat*, s. c.
33, 8.

8—10. Die lex Aemilia ist für
das ganze Volk, also auch für Ap-

9 teneri, te unum exlegem esse? tenuit Aemilia lex violentos illos
censores C. Furium et M. Geganium, qui, quid iste magistratus
in re publica mali facere posset, indicarunt, cum ira finitae potestatis Mam. Aemilium, principem aetatis suae belli domique,
10 aerarium fecerunt; tenuit deinceps omnes censores intra centum
annorum spatium; tenet C. Plautium collegam tuum isdem au-
11 spiciis, eodem iure creatum. an hunc non, ut qui optimo iure
censor creatus esset, populus creavit? tu unus eximius es, in

pius und die Censoren überhaupt
bindend; eine einseitige Verpflichtung anzunehmen wäre eben so
verkehrt als das § 6 Gesagte; daher
an, eine argumentirende Frage:
denn du wirst doch nicht behaupten
u. s. w. — *an pop.* etc. = *an dicis
populum*: oder meinst du u. s. w.,
was nicht minder verkehrt wäre. —
non teneri, so dass das Volk auch
nach der lex Aemilia, und ohne
dieselbe wieder aufzuheben, Censoren auf 5 Jahre wählen könnte;
während es gerade in dem Wesen
der *lex* liegt, dass das Volk an sie
gebunden ist. — *te un. exl.* etc.,
die Magistrate, als ein Theil des
Volkes, sind ebenfalls an die leges
gebunden, wie dieses in dem vorliegenden Falle alle Censoren nach
der lex Aemilia factisch anerkannt
haben. — *finitae*, wie c. 33, 4. —
tenet, überhaupt, nicht gerade jetzt,
da er nach § 22, s. c. 29, 7, bereits
abgegangen ist. — *aerarium*, 4, 24.
— *isdem ausp.*, 7, 1, 1; *eodem iure*,
die gleiche potestas censoria.

11—15. Wenn die Ansicht des
Appius, dass die durch Volksbe-
schlüsse festgesetzte Beschränkung
der Magistrate nicht die Aemter
selbst betreffe, sondern nur für die
in der Zeit, in welcher ein das Amt
betreffendes Gesetz gegeben wird,
dasselbe gerade bekleidenden Personen gegeben werde, richtig wäre,
so könnte kein Magistrat ohne Gefahr für die Freiheit gewählt werden; auch steht die ganze Praxis
ihr entgegen. — *ut qui opt. iure*

war ein Theil der Formel in der
lex, nach der die Censoren gewählt
wurden. Sie hatte sich schon in der
lex curiata für die Könige gefunden,
s. § 12, und war in die Wahlformeln
der Magistrate und des rex sacrificulus übergegangen, s. Cic. leg.
ag. 2, 11, 29; Phil. 5, 16: *sit pro
praetore eo iure, quo qui optimo*.
Der Sinn der Worte war, dass auf
den neu gewählten Magistrat alle
Rechte, die bis dahin mit dem Amte
verbunden gewesen waren, ohne
Einschränkung übergehen sollten,
daher sagt Festus p. 198. *postquam
provocatio ab eo magistratu* (dem
Dictator) *ad populum data est, quae
ante non erat, desitum est adici „ut
optima lege sint" utpote inminuto
iure priorum magistratuum*. Appius
gründete also auf diese Formel, die
auch nach der lex Aemilia in der
Wahlformel beibehalten war, den
Anspruch, dass die Censoren noch
alle Rechte, die jemals die Censur
gehabt hätte, besässen, also auch
die fünfjährige Dauer des Amtes.
Der Redner widerlegt ihn, indem er
darauf hinweist, dass nur, wenn die
gesetzlichen Bestimmungen und die
herkömmliche Praxis neben der
Formel *ut qui optimo iure* beobachtet würden, ein rex sacrificulus, interrex, dictator ohne Gefahr für
den Staat gewählt werden können,
vgl. Lange 1, 487; 2, 75. — *eximius*, in seiner ursprünglichen Bedeutung: *exemptus*, s. Cic. Div. in
Caec. 16, 52. — *praecipuum ac s.*,
„dieses Privilegium."

quo hoc praecipuum ac singulare valeat? quem tu regem sacri- 12
ficiorum crees? amplexus regni nomen, ut qui optimo iure rex
Romae creatus sit, creatum se dicet. quem semestri dictatura,
quem interregno quinque dierum contentum fore putes? quem
clavi figendi aut ludorum causa dictatorem audacter crees? quam 13
isti stolidos ac socordes videri creditis eos, qui intra vicesimum
diem ingentibus rebus gestis dictatura se abdicaverunt, aut qui
vitio creati abierunt magistratu? quid ego antiqua repetam? nu- 14
per intra decem annos C. Maenius dictator, quia, cum quaestiones severius, quam quibusdam potentibus tutum erat, exerceret,
contagio eius, quod quaerebat ipse, criminis obiectata ab inimicis
est, ut privatus obviam iret crimini, dictatura se abdicavit. nolo 15
ego istam in te modestiam: ne degeneraveris a familia imperio-
sissima et superbissima; non die, non hora citius, quam necesse
est, magistratu abieris, modo ne excedas finitum tempus. satis 16
est aut diem aut mensem censurae adicere? triennium, inquit,
et sex menses ultra, quam licet Aemilia lege, censuram geram, et

---

12. *regem sacr.*, vgl. 2, 2, 1. —
quem — crees, wie könnte (dürfte)
man da — wählen? Der Redner
wirft sich selbst diese Frage auf,
daher der Conjunctiv; eine an Andere gerichtete, wie § 13: *creditis*,
würde den Indicativ fordern. —
amplexus r. n.: der als r e x sacri-
ficiorum gewählte könnte sich ja
dann an den Namen *rex* anklam-
mern und alle Rechte (*ut qui opt.*
iure) der früheren Könige in Anspruch nehmen. — *quem — putes*,
die beiden Beispiele sind nicht ganz
passend, da die Dauer der beiden
Aemter nie eine längere gewesen
war. — *quem clavi — crees?* er
würde, weil er eben Dictator ist,
darauf Anspruch machen, das volle
Recht der Dictatur zu haben, *rei*
gerendae causa ernannt zu sein,
und sich nicht auf seinen Auftrag,
beschränken wollen wie 7, 3; s. c.
26, 8; Lange 1, 469; 549. Es
scheint vorausgesetzt zu werden,
dass auch in der Wahlformel der
für bestimmte Geschäfte ernannten
Dictatoren der Zusatz: *ut qui opti-*
mo iure gestanden habe, s. § 11;

23, 23, 2; Becker 2, 2, 176. — *au-*
dacter, ohne Besorgniss, dass er
sein Amt missbrauchen werde.

13—14. *quam isti* etc., sie sind
Thoren gewesen, dass sie nicht ihr
Recht in seinem ganzen Umfange
geltend gemacht haben. — *intra*
vices., im Verlauf, noch vor Ablauf,
s. c. 29, 10; vgl. c. 33, 5. — *intra*
dec. a., L. scheint hier der Nachricht zu folgen, nach welcher Maenius fünf Jahre früher, als er selbst
angegeben hat, Dictator war, s. c.
26, 7. — *obiect.* n. *ei*.

15—16. Dass Appius die Censur
so lange a l l e i n führen will, ist gefährlich. — *modestiam* Mässigung.
— *ne degen.*, du sollst nicht als ent-
artet erscheinen, nicht nöthig haben
dich als einen Ausgearteten zu zeigen
8, 18, 3. — *non die — ne excedas*
f. t., s. 6, 41, 10; 35, 48, 9; die
Zeit seiner Censur ist also noch
nicht abgelaufen, s. § 22; c. 33, 4.
— *satis est*, genügt es etwa? —
nein vielmehr. — *triennium e. s. m.*,
L. setzt voraus, dass die Zeit von
einer Censur zur anderen fünf Jahre
gedauert habe, s. Mommsen Chro-

17 solus geram. hoc quidem iam regno simile est. an collegam
   subrogabis, quem ne in demortui quidem locum subrogari fas
18 est? paenitet enim, quod antiquissimum sollemne et solum ab
   ipso, cui fit, institutum deo, ab nobilissimis antistitibus eius sacri
19 ad servorum ministerium religiosus censor deduxisti, gens antiquior originibus urbis huius, hospitio deorum inmortalium sancta,
   propter te ac tuam censuram intra annum ab stirpe extincta est,
   nisi universam rem publicam eo nefario obstrinxeris, quod omi-
20 nari etiam reformidat animus. urbs eo lustro capta est, quo de-
   mortuo collega, C. Iulio censore, L. Papirius Cursor, ne abiret
21 magistratu, M. Cornelium Maluginensem collegam subrogavit. et
   quanto modestior illius cupiditas fuit quam tua, Appi? nec solus
   nec ultra finitum lege tempus L. Papirius censuram gessit; tamen
   neminem invenit, qui se postea auctorem sequeretur; omnes
   deinceps censores post mortem collegae se magistratu abdicarunt.
22 te nec quod dies exit censurae, nec quod collega magistratu
   abiit, nec lex nec pudor coercet: virtutem in superbia, in audacia,
23 in contemptu deorum hominumque ponis. ego te, Appi Claudi,
   pro istius magistratus maiestate ac verecundia, quem gessisti,

nologie S. 96; 163 f., Nipperdey die
leges annales d. roem. Republik S.
64 f. — *solus*, ein wichtiges Moment,
s. c. 29, 8, 5, 31, 7. — *regnum*, 3,
38, 1; 5, 2, 8.

17—22. Will Appius einen Collegen nachwählen lassen, so wird
er den Staat in grosses Verderben
stürzen, wie er schon den Untergang des Geschlechtes der Potitier
veranlasst hat. — *demort.*, s. 6, 27,
4. — *paenit. enim*: du willst noch
einen grösseren Frevel begehen,
denn es ist dir nicht genug u. s. w.
— *ab ip.*, *c. f.*, ist 1, 7, 11 nicht so
bestimmt ausgesprochen, Schwegler
1, 369. — *ab nob.* etc., c. 29, 9 ff.
— *religios.*, gewissenhaft; ironisch.
— *hosp.*, also nicht Evander, sondern die Potitier. — *deor.*, des Hercules. — *propter te*, 8, 33, 21. —
nisi, wenn du nicht auch, in Beziehung auf *paenitet.* — *eo nefar.*, einen
(solchen) Frevel u. s. w., nämlich
der ein Unglück, wie das § 20 bezeichnete, herbeiführen wird. *nefario* ist Substantiv geworden, s. 4,

13, 9. — *reformidat*, s. 7, 30, 23;
3, 61, 5, bezieht sich mehr auf das
dem *nefarium* folgende Unglück, als
auf dieses selbst. — *urbs* etc., nach-
drückliches Asyndeton. — *collega*
hält Madvig für unächt. — *ne abir.*
etc. geht auf § 17: *an* etc. zurück
und vollendet den Schluss. — *L.
Papirius* etc. genauer als 5, 31, 6.
— *post m. coll.*, vgl. 24, 43; Becker
2, 2, 192 f. — *te nec* etc. bildet den
Gegensatz zu § 21, und fasst alles
Gesagte zusammen. — *nec lex—coercet* wiederholen erklärend die beiden vorhergeh. Glieder, es ist doppeltes *nec—nec*, s. c. 24, 6. — *pudor*, in so fern er sich nicht scheut
seinem Collegen gegenüber etwas
ihn selbst Entehrendes zu thun; in
anderer Bedeutung 5, 46, 7. — Ueber
exit—abiit s. § 10; 15; c. 33, 4;
29, 6. — *virtutem* etc. fügen positiv
die Eigenschaften hinzu, aus denen
das beschriebene Verfahren hervorgeht.

23—26. *maiest. ac ver.*, die Censur galt als sanctissimus magistra-

non modo manu violatum, sed ne verbo quidem inclementiori a
me appellatum vellem; sed et haec, quae adhuc egi, pervicacia 24
tua et superbia coegit me loqui, et, nisi Aemiliae legi parueris,
in vincula duci iubebo, nec, cum ita conparatum a maioribus sit, 25
ut comitiis censoriis, nisi duo confecerint legitima suffragia, non
renuntiato altero comitia differantur, ego te, qui solus censor
creari non possis, solum censuram gerere [non] patiar." haec 26
taliaque cum dixisset, prendi censorem et in vincula duci iussit.
adprobantibus sex tribunis actionem collegae tres appellanti Appio auxilio fuerunt; summaque invidia omnium ordinum solus
censuram gessit.

Dum ea Romae geruntur, iam Sutrium ab Etruscis obside- **35**
batur, consulique Fabio imis montibus ducenti ad ferendam
opem sociis temptandasque munitiones, si qua posset, acies
hostium instructa occurrit; quorum ingentem multitudinem cum 2
ostenderet subiecta late planities, consul, ut loco paucitatem
suorum adiuvaret, flectit paululum in clivos agmen — aspreta
erant strata saxis —, inde signa in hostem obvertit. Etrusci 3
omnium praeterquam multitudinis suae, qua sola freti erant, inmemores proelium ineunt adeo raptim et avide, ut abiectis mis-

tus. — *gessisti*, in Bezug auf *exit*
§ 22: die du seither u. s. w. — *pa-*
ruer., *in vinc. d.*, wenn er die Amts-
befugnisse überschreitet, sonst sind
die Censoren in ihrer Verwaltung
unverantwortlich, s. 29, 37, 17;
Becker 2, 2, 197, daher ist *parueris*
auf den Moment zu beziehen, wo die
gesetzliche Zeit abgelaufen sein
wird. — *censoriis*, Centuriatcom.
confec. leg. suffr., die gesetzliche
Zahl von Centurienstimmen, die Majorität, erlangen, Lange 2, 427. —
non ren. etc., sie mussten zusammen renuntiirt werden, weil der
Fall hätte eintreten können, dass
die Wahl des zweiten nicht zu Stande kam, so dass der schon § 17 berührte Grundsatz verletzt worden
wäre, s. Lange 1, 573 f. — *non*
scheint aus dem Vorhergeh. wiederholt, die Negation liegt schon in
nec—patiar. — *prendi et i. v. d.*, s.
2, 56, 13; 3, 56, 4; Becker 2, 2, 284.

Ungeachtet der Drohung, und selbst
wenn sie ausgeführt worden wäre,
hätte Appius erst selbst sein Amt
niederlegen müssen, s. c. 33, 4; 2,
2, 10. — *appell.*, c. 26, 10. — *auxi-*
lio, 4, 48, 15; diese drei gehören
also zur Partei des Appius, c. 46;
Lange 2, 368. — *omnium ord.*, auch
die *humiles*, s. c. 46, 11; 33, 5 u.
zu c. 30, 1; Nieb. 1, 512.

35—37. Krieg in Etrurien, Diod.
20, 35; Frontin. Strat. 1, 2, 2.
1—4. *iam* etc. knüpft an c. 33,
1 an. — *Fabio*, nach Diod. liefern
beide Consuln diese Schlacht. —
ostender., 7, 12, 3. — *subiecta late*,
die unten (in Bezug auf *imis monti-*
bus) sich weit hinstreckende; *late*
ist unmittelbar mit *subiecta* verbunden, während man dabei einen Begriff wie *patente* erwartete.— *aspre-*
ta, c. 24, 6, vgl. 1, 4, 5. — *omnium*,
1, 53, 1. — *abiectis* etc., c. 13, 2.

silibus, quo celerius manus consererent, stringerent gladios va-
4 dentes in hostem: Romanus contra nunc tela nunc saxa, quibus
5 eos adfatim locus ipse armabat, ingerere. igitur scuta galeaeque
ictae cum etiam quos non vulneraverant turbarent, neque subire
erat facile ad propiorem pugnam, neque missilia habebant, qui-
6 bus eminus rem gererent; stantes et expositos ad ictus, cum
iam satis nihil tegeret, quosdam etiam pedem referentes, fluctu-
antemque et instabilem aciem redintegrato clamore strictis gla-
7 diis hastati et principes invadunt. eum impetum non tulerunt
Etrusci, versisque signis fuga effusa castra repetunt. sed equites Romani praevecti per obliqua campi cum se fugientibus ob-
8 tulissent, omisso ad castra itinere montes petunt; inde inermi
paene agmine ac vexato vulneribus in silvam Ciminiam penetratum. Romanus multis milibus Etruscorum caesis, duodequadra-
ginta signis militaribus captis, castris etiam hostium cum praeda
ingenti potitur. tum de persequendo hoste agitari coeptum.

— *quibus* natürlich nur auf *saxa*
zu beziehen.

5—6. *scuta—ictae*, der Umstand
dass u. s. w., s. 3, 50, 3; vgl. 7, 23,
8. — *vulneraverant*, dazu kann nicht
wol *scuta galeaeque* Subject sein,
sondern es ist *tela* oder *hostes* zu
denken, wie auch zu *turbarent, habebant, subire erat facile, stantes*
in den betreffenden Casus *Etrusci*
zu denken ist. — *neque—ad propior.
neque — eminus* entsprechen sich:
sie können weder aus der Nähe noch
aus der Ferne kämpfen, im zweiten
Gliede ist nur der Grund zum Hauptsatze gemacht statt: *neque eminus
rem gerere poterant, quod—non habebant.* — *stantes* fügt asyndetisch
an was bei *neque erat facile* eintreten musste; *expositos* steht in einiger Beziehung zu *neque — gererent,*
da sie selbst nicht kämpfen können,
sondern nur getroffen werden; im
Folg. geht *cum—tegeret* auf *scuta
—ictae* zurück und setzt dieses fort:
die Etrusker werden verwundet und
können ebensowenig weiter auf-
rücken, als aus der Ferne kämpfen;
sie machen (also) Halt, sind aber

den Würfen der Feinde ausgesetzt,
weichen zum Theil zurück, und
die so ins Schwanken gerathende
Schlachtreihe u. s. w. — *expos. ad,*
5, 54, 4. — *pedem ref.* soll nur das
Folg. vorbereiten, denn Einzelne
werden von den Römern nicht angegriffen: die bei dem Rückzug Einzelner ins Schwanken kommende
Schlachtlinie, vgl. 6, 13, 3; ib. 24,
10. Die Periode ist wenig abgerun-
det, da man *neque facile esset* etc.
erwartet und das Asyndeton, s. Naegelsbach § 200, 2, hier nicht ohne
Härte ist. Andere nehmen daher
eine Parenthese an *neque facile —
gererent,* die aber nach *stantes
et ex. a. c.* mehr an ihrer Stelle
wäre, oder setzen ein Punct nach
gererent.

7—8. *praevecti*, 1, 45, 6. — *obliqua c.,* s. c. 3, 1; 27, 18, 10: *tu-
muli obliqua;* das Feld, das sich,
wie es sich unten an den Höhen, von
denen die Etrusker fliehen, schräg
hin nach dem Lager zog, § 2, st.:
schräg durch das Feld. — *obtulissent
—petunt,* der Wechsel der Subjecte
ist zu beachten.

Silva erat Ciminia magis tum invia atque horrenda, quam **36**
nuper fuere Germanici saltus, nulli ad eam diem ne mercatorum
quidem adita. eam intrare haud fere quisquam praeter ducem
ipsum audebat; aliis omnibus cladis Caudinae nondum memoria
aboleverat. tum ex iis, qui aderant, consulis frater M. Fa- 2
bius — Caesonem alii, C. Claudium quidam matre eadem qua
consulem genitum tradunt — speculatum se iturum professus
brevique omnia certa adlaturum. Caere educatus apud hospites, 3
Etruscis inde litteris eruditus erat, linguamque Etruscam probe
noverat. habeo auctores vulgo tum Romanos pueros, sicut nunc
Graecis, ita Etruscis litteris erudiri solitos; sed propius est vero 4
praecipuum aliquid fuisse in eo, qui se tam audaci simulatione

36. 1. *Silva erat,* 7, 26, 1. —
Ciminia, das noch jetzt bewaldete
Gebirge von Viterbo, s. Dennis d.
Städte Etruriens, 1, 128 f., damals
noch die Grenze zwischen dem
freien und dem von Rom abhängigen
Etrurien. Was im Folg. *magis tum
— adita* gesagt wird, ist übertrie-
ben, da das nördliche und südliche
Etrurien lange mit einander verbunden gewesen waren; die Römer
schon einmal jenseits des Gebirges
Krieg geführt hatten, s. 6, 4, 8;
vgl. 7, 17; 19. Nur wenn sie damals auf einem anderen Wege dahin
gelangt waren, konnte Fabius, der
seine Gründe haben mochte gerade
diesen Pass zu wählen, als der erste
gelten, der denselben überschritt.
Germanici s., s. Einl. S. 9; Flor. 1,
12 (17), 3: *Ciminius saltus, — ante
invius plane quasi Caledonius vel
Hercynius* etc. — *nulli,* 8, 6, 4; 21,
34, 9. — *aliis,* 1, 1, 1. Der Dativ
wie bei *decedere,* s. c. 29, 1; *discedere,* Caes. B. G. 2, 7 u. a. —
— *aboleverat,* 8, 11, 1.

2. *tum* etc., nachdem anfangs der
Consul allein dafür gestimmt hatte.
— *aderant* n. *in consilio,* s. 26, 33,
7; od. es bedeutet nur so viel als 7,
39, 9: *ex praesentibus,* vgl. 8, 24,
12. — *M. Fabius* nennt ihn L., weil
er diesen Namen für den wahr-
scheinlicheren hält; andere Annalisten gaben nur den Vornamen an-

ders an: *Caeso Fabius,* s. Front l. l.,
manche hielten ihn für einen Stief-
bruder des Consuls von väterlicher
Seite, vgl. 7, 22, 3: *T. Quinctius
Pennus, quidam Caesonem, alii Gaium nomen Quinctio adiciunt.* An u.
St. ist die Lesart unsicher, Andere
lesen *aderant — consulis fratrem
M. Fabium* etc.; Andere *aderant,
consulis frater — eum Fabium Caesonem* etc., wie bei Frontin., obgleich sonst bei L. diese Stellung
des Vornamens beanstandet wird,
s. zu 1, 56, 11. — *alii—quidam,* s.
3, 37, 8, 37, 20, 5. --- *professus*
n. *est.*

3—4. *hospites,* s. 4, 13, 2. —
litteris, welche Wissenschaften gemeint seien, ist nicht zu bestimmen;
schwerlich aber die Haruspicin, vgl.
Cic. Legg. 2, 9, 21, Divin. 1, 41.
— *linguam,* diese war den Römern
fremd und unverständlich; s. 1, 27,
9; 10, 4, 9; Schwegler 1, 170;
267 ff., — *auctores,* viell. Cincius,
s. 7, 3, 7. — *vulgo tum* etc., nur
L. berichtet dieses; bei Cic. an den
a. St. ist von einem öffentlichen In-
stitute, hier von Privatverhältnissen
und der Erziehung, die Rede,
Mommsen 1, 229; Marq. 4, 363. —
praecip. al., eine besondere Veranlassung, nicht jene allgemeine Sitte,
habe bewirkt, dass Fabius zur Kenntniss der Etruskischen Sprache u. s.
w. gekommen sei, vgl. Dionys. 5, 28

hostibus inmiscuerit. servus ei dicitur comes unus fuisse, nutri-
5 tus una eoque haud ignarus linguae eiusdem; nec quicquam aliud
proficiscentes quam summatim regionis, quae intranda erat, na-
turam ac nomina principum in populis accepere, ne qua inter
6 conloquia insigni nota haesitantes deprendi possent. iere pasto-
rali habitu, agrestibus telis, falcibus gaesisque binis, armati. sed
neque commercium linguae nec vestis armorumve habitus sic
eos texit, quam quod abhorrebat ab fide quemquam externum
7 Ciminios saltus intraturum. usque ad Camertes Umbros pene-
trasse dicuntur. ibi, qui essent, fateri Romanum ausum, introdu-
ctumque in senatum consulis verbis egisse de societate amicitia-
8 que, atque inde comi hospitio acceptum nuntiare Romanis iussum,
commeatum exercitui dierum triginta praesto fore, si ea loca intrasset, iuventutemque Camertium Umbrorum in armis paratam
9 imperio futuram. haec cum relata consuli essent, inpedimentis
prima vigilia praemissis, legionibus post inpedimenta ire iussis
10 ipse substitit cum equitatu, et luce orta postero die obequitavit
stationibus hostium, quae extra saltum dispositae erant; et cum

---

5—6. *proficiscentes*, auf der Reise.
insigni nota gehört zu *deprendi*:
durch etwas Auffallendes, ein auffallendes Merkmal. wenn sie etwas
allgemein Bekanntes nicht wussten;
über die Wortstellung s. c. 33, 6;
10, 21, 9; doch sollte man eher,
eine Wendung wie *in re nota* erwarten. — *accepere*, sie vernahmen
nur, liessen sich nur sagen. — *falcibus*, Erklärung der *tela*; über
gaesa 8, 8, 5. — *commercium l.*, 1,
18, 3. — *sic — quam*, eine seltene
Verbindung, und hier wol angewendet, weil *ut quod* gemieden werden
sollte, s. Flor. 1, 34 (2, 18), 1:
*Numantia quantum — inferior, ita
— par*; Lucret. 4, 1143: *non ita
difficile est quam—exire*; Prop. 2, 5,
11: *non ita — variant, — quam facile — mutantur*.

7. *Camertes*, hier (vgl. 10, 25,
11) die Bewohner von *Camerinum*
in Umbrien an der Grenze von Picenum, s. Plin. 3, 14, 113; Polyb.
2, 19, welche nach 28, 45, 20 ein
aequum foedus mit Rom hatten, s,

Cic. Balb. 20, 46; Val. Max. 5, 2, 8.
Die Boten müssten also einen Theil
Etruriens und Umbriens durchwan-
dert haben um im Rücken der
Etrusker, vgl. c. 37, 1. Bundesgenossen zu gewinnen. Wegen der
grossen Entfernung von Camerinum
nehmen Andere an, es sei eine
sonst nicht bekannte Stadt westlich
von der Tiber gemeint, s. Nieb. R.
G. 3, 440; Pauly Real-Enc. 3, 385 f.
— *ausum* als ob *dicunt* vorausgienge.
— *in senat.* etc., es wird auch die
Kenntniss der von der etruskischen
verschiedenen, der lateinischen verwandten, umbrischen Sprache vorausgesetzt.

9—13. *relata* etc., es war darüber natürlich längere Zeit vergangen. — *inpedim.*, s. 28, 26, 11;
wenn das Gepäck so leicht über das
Gebirge und so bald, s. § 13, zurückkommen konnte, muss dieses
nicht so unwegsam gewesen sein,
als § 1 angegeben ist. — *stationib.*
etc., nach der grossen Niederlage
c. 35 sollte man ein so grosses Heer

satis diu tenuisset hostem, in castra sese recepit, portaque altera
egressus ante noctem agmen adsequitur. postero die luce prima 11
iuga Ciminii montis tenebat. inde contemplatus opulenta Etruriae arva milites emittit. ingenti iam abacta praeda tumultuariae 12
agrestium Etruscorum cohortes repente a principibus regionis
eius concitatae Romanis occurrunt adeo inconpositae, ut vindices praedarum prope ipsi praedae fuerint. caesis fugatisque iis, 13
late depopulato agro victor Romanus opulentusque rerum omnium
copia in castra rediit. eo forte quinque legati cum duobus tri- 14
bunis plebis venerant denuntiatum Fabio senatus verbis, ne saltum Ciminium transiret. laetati serius se, quam ut inpedire bellum possent, venisse, nuntii victoriae Romam revertuntur.

Hac expeditione consulis motum latius erat quam profliga- 37
tum bellum: vastationem namque sub Ciminii montis radicibus
iacens ora senserat, conciveratque indignatione non Etruriae
modo populos sed Umbriae finitima. itaque quantus non um- 2

---

vor Sutrium nicht mehr erwarten;
doch wird dieses noch c. 37 bela-
gert. — *altera*, vom Feinde abge-
wendet. — *iuga*, die Höhe von Viterbo, von welcher sich der Blick
in die reich bebaute Ebene nach
Volsinii und anderen Seiten hin
öffnete, s. Dennis a. a. O. — *tumult.
coh.*, schnell aufgeraffte Mann-
schaften. — *praedarum* wie 6, 15,
13; vgl. 10, 2, 8; 2, 64, 3 u. a. *opu-
lentusq.*, vgl. 22, 3, 3: *Etrusci campi — omnium copia rerum opulenti.*
caesis etc., nur dieses Treffen erwähnt Diod. l. l.: ἔλαθε τοὺς πολε-
μίους διὰ τῆς τῶν ὁμόρων χώρας
ἐμβαλὼν εἰς τὴν ἀνωτέρω Τυρρη-
νίαν, ἀπόρθητον γενομένην πολλῶν χρόνων, — καὶ τοὺς ἐπελθόν-
τας τῶν ἐγχωρίων νικήσας — περὶ
τὴν καλουμένην Περυσίαν δευτέρᾳ μάχῃ (s. c. 37, 11) τῶν Τυρ-
ρηνῶν κρατήσας, κατεπλήξατο τὸ
ἔθνος. — *depop.* wie 10, 39, 5
passiv.
14. *eo*, es ist das Lager bei Sutrium, wo c. 37 sich Fabius mit dem
Heere wieder befindet. Er scheint
seinen Plan dem Senate mitgetheilt,
dieser denselben verworfen, Fabius

ihn doch ausgeführt zu haben. Indess sollte man wegen *laetati serius*
etc. erwarten, dass die Gesandten
das Heer in Etrurien getroffen haben,
s. c. 37, 11, worauf auch das einen
neuen, grösseren Krieg bezeich-
nende *bellum* hindeutet. Nach L's
Darstellung hat Fabius eines blossen
Streifzugs wegen das Heer den § 1
angedeuteten Gefahren ausgesetzt,
— *trib. pl.*, s. c. 8, 15; sie werden
nur in ganz ausserordentlichen
Fällen vom Senate abgeschickt, um
vermöge ihrer sacrosancta potestas
die Feldherren, wenn sie sich dem
Senate widersetzen, zum Gehorsam
zu nöthigen, s. 29, 20; Becker 2, 2,
287.

37. 1—2 *profligatum*, c. 29, 1.
— *sub—rad.*, unten am Fusse. —
— *senserat*, c. 41, 8. ora, Land-
strich, an dessen Bewohner zu denken ist. — *indignatione*, 4, 6, 3. —
Umbr. finit., wie oft bei L., s. c. 35,
7; 27, 20, 5: *ultima Hispaniae*; 31,
1, 7; 33, 19, 1; 7, 29, 2 u. s. w. die
Mehrzahl der umbrischen Staaten
hat sich an die Etrusker angeschlossen. — *quantus* ohne *tantus*

quam antea exercitus ad Sutrium venit; neque e silvis tantummodo promota castra, sed etiam aviditate dimicandi quam pri-
3 mum in campos delata acies. deinde instructa primo suo stare
loco relicto hostibus ad instruendum contra spatio; dein, postquam detractare hostem sensere pugnam, ad vallum subeunt.
4 ubi postquam stationes quoque receptas intra munimenta sensere, clamor repente circa duces ortus, ut eo sibi e castris cibaria
eius die deferri iuberent: mansuros se sub armis et aut nocte
5 aut certe luce prima castra hostium invasuros. nihilo quietior
Romanus exercitus imperio ducis continetur. decima erat fere
diei hora, cum cibum capere consul milites iubet; praecipit, ut
in armis sint, quacumque diei noctisve hora signum dederit.
6 paucis milites adloquitur, Samnitium bella extollit, elevat Etruscos;
nec hostem hosti nec multitudinem multitudini conparandam ait;
esse praeterea telum aliud occultum; scituros in tempore; interea
7 taceri opus esse. his ambagibus prodi simulabat hostes, quo
animus militum multitudine territus restitueretur; et, quod sine
munimento considerant, veri similius erat, quod simulabatur. curati cibo corpora quieti dant, et quarta fere vigilia sine tumultu
8 excitati arma capiunt. dolabrae calonibus dividuntur ad vallum
proruendum fossasque inplendas. intra munimenta instruitur
9 acies, delectae cohortes ad portarum exitus conlocantur. dato
deinde signo paulo ante lucem, quod aestivis noctibus sopitae
maxime quietis tempus est, proruto vallo erupit acies, stratos
passim invadit hostes; alios inmobiles, alios semisomnos in cu-
bilibus suis, maximam partem ad arma trepidantes caedes op-
10 pressit; paucis armandi se datum spatium est; eos ipsos non

wie 21, 31, 2; 28, 42, 8; vgl. c. 39,
5. — e silv., es ist der M. Ciminius
c. 36, 1. Hier war nach c. 36, 11;
35, 8 das feindliche Lager gewesen.
— aviditate, c. 35, 3. — instruendo,
absolut, wie 10, 19, 15; 24, 48, 11;
28, 22, 13; vgl. 6, 35, 2: accingendum ohne se.

4—8. stationes etc., die Vor-
posten zurückgezogen. — die = diei, vgl. 5, 13, 5; 21, 47, 7: — mansuros, s. 3, 45, 7. — decima—hora,
um vier Uhr Nachmittags. — paucis, 24, 38, 9: pluribus. — ait, s. c.
8, 14. — telum, vgl. 3, 55, 3. — scituros, 2, 11, 6. — ambagib., 1, 56, 9.

— curati c., wie 34, 16, 5, sonst
mehr corpora curare, vgl. 3, 2, 10.
considerant n. hostes. Die Form
considi haben hier die besten Hdss.,
wie Tac. Ann. 1, 30 u. a. — quarta v.,
s. 7, 35, 11. — dolabr., „dolabra est
forma securis sed una et simplici
acie, parte altera in mucronem acu-
minata, ut illa ad caedendum, hac
ad deruendum uterentur", Lipsius.
— delectae coh., vgl. 4, 27, 10; vgl.
2, 47, 5.

9—10. sopitae, von den Menschen
auf den Zustand übergetragen. —
passim, um auf verschiedenen Punkten die rings um das Lager (passim

signum certum, non ducem sequentes fundit Romanus, fugatos-
que persequitur. ad castra, ad silvas diversi tendebant. silvae
tutius dedere refugium; nam castra in campis sita eodem die ca-
piuntur. aurum argentumque iussum referri ad consulem; cetera
praeda militis fuit. caesa aut capta eo die hostium milia ad sexa- 11
ginta. eam tam claram pugnam trans Ciminiam silvam ad Peru-
siam pugnatam quidam auctores sunt, metuque in magno civitatem fuisse, ne interclusus exercitus tam infesto saltu coortis
undique Tuscis Umbrisque opprimeretur. sed ubicumque pugna- 12
tum est, res Romana superior fuit. itaque a Perusia et Cortona
et Arretio, quae ferme capita Etruriae populorum ea tempestate
erant, legati pacem foedusque ab Romanis petentes indutias in
triginta annos impetraverunt.

   Dum haec in Etruria geruntur, consul alter C. Marcius Ru- 38
tilus Allifas de Samnitibus vi cepit. multa alia castella vicique
aut deleta hostiliter aut integra in potestatem venere. per idem 2
tempus et classis Romana a P. Cornelio, quem senatus maritimae

---

gehört zu *stratos*) lagernden Feinde
anzugreifen wird der Wall des
röm. Lagers geebnet und der Graben
gefüllt. — *aurum arg.*, wahrscheinlich Gold- und Silberschmuck, wie
er noch jetzt bei den Ausgrabungen
in Etrurien gefunden wird; obgleich
einzelne Staaten früh schon auch
Silber- und, wiewol seltener, Gold-
münzen prägten, s. Momms. Mzw.
S. 265 ff.; vgl. 10, 16, 6; ib. 37, 5.
11—12. *sexaginta*, also dreimal
so viel, als 2 röm. Legionen mit den
Bundesgenossen. — *pugnam* —
pugn., 6, 42, 5. — *ad Perus.*, so
erzählt auch Diod. l. l., s. c. 40, 18.
Bei L. erscheint die Schlacht nur
als eine Wiederholung der c. 35 geschilderten. — *ubicumq.*, s. 1, 3, 3 :
ob bei Perusia oder Sutrium. —
Perusia zwischen dem Trasimener-
see und der Tiber. — *metuq.* ist vorangestellt, wie vorher *milia*, vgl. c.
43, 15, zu 5, 29, 2; 26, 46, 2. —
Cortona nördlich von Perusia; *Arretio*, s. c. 32, 1. — *capita*, sie gehörten zu den bedeutendsten etruscischen Staaten, vgl. 10, 37, 4;
Schwegler 1, 273; durch die Be-

merkung soll wol angedeutet werden, dass auch das übrige Etrurien
den Widerstand aufgegeben habe;
wozu jedoch c. 39, 5ff. nicht stimmt;
vgl. Momms. G. d. r. Münzw. 223.
— *indutiae*, s. 1, 15, 5; 4, 30, 1;
vgl. c. 41, 7.
   38—42. Unternehmungen gegen die Samniten und ihre Bundesgenossen. Diod. 20, 35.
   1. *Allifas*, die Wiedereroberung
der Stadt durch die Samniten, s. 8,
25, 4, ist nicht erwähnt; später ist
Allifae Praefectur, s. 8, 19, 12.
— *vici* — *castella*, beide werden
mehrfach verbunden, s. 10, 12, 8;
31, 30, 6 u. a. — *deleta*, weil zunächst zu denken ist: die Castelle
mit den durch sie geschützten *vici*,
vgl. 8, 37, 6; 1, 32, 13 : *facio*.
Ueber die Grösse der *castella*
(viell. mit den *vici*, s. c. 13, 7) 10,
18, 8.
   2. *classis*, die erste Expedition
zur See, welche erwähnt wird, und
wol mit der c. 30, 4 getroffenen
Einrichtung in Verbindung steht.
Doch ist es auffallend, dass Cornelius vom Senate den wahrscheinlich

orae praefecerat, in Campaniam acta cum adpulsa Pompeios
esset, socii inde navales ad depopulandum agrum Nucerinum
profecti, proximis raptim vastatis, unde reditus tutus ad naves
esset, dulcedine, ut fit, praedae longius progressi excivere hostes.
3 palatis per agros nemo obvius fuit, cum occidione occidi possent;
redeuntes agmine incauto haud procul navibus adsecuti agrestes
exuerunt praeda, partem etiam occiderunt; quae superfuit caedi
trepida multitudo ad naves conpulsa est.

4   Profectio Q. Fabii trans Ciminiam silvam quantum Romae
terrorem fecerat, tam laetam famam in Samnium ad hostes tulerat, interclusum Romanum exercitum obsideri, cladisque ima-
5 ginem Furculas Caudinas memorabant: eadem temeritate avidam
ulteriorum semper gentem in saltus invios deductam, saeptam
6 non hostium magis armis quam locorum iniquitatibus esse. iam
gaudium invidia quadam miscebatur, quod belli Romani decus
7 ab Samnitibus fortuna ad Etruscos avertisset. itaque armis virisque ad opprimendum C. Marcium consulem concurrunt, protinus
inde Etruriam per Marsos ac Sabinos petituri, si Marcius dimi-
8 candi potestatem non faciat. obvius his consul fuit. dimicatum
proelio utrimque atroci atque incerto eventu est, et cum anceps

---

ausserordentlichen und über den
der duumviri navales hinausgehen-
den, die ganze Seeküste von Ostia
bis über Neapolis umfassenden Auftrag erhält, nicht vom Volke erwählt wird. — *Pompeios*, eine oskische Stadt am Sinus Cumanus, die
mit Rom verbündet scheint. Nicht
weit östlich davon liegt *Nuceria*
(*Nova-ceria*), s. c. 41, früher mit
Rom verbunden, dann zn den Samniten abgefallen, Diod. 19, 65. —
socii nav., Matrosen und Ruder-
knechte; Bundesgenossen, arme Bürger und Freigelassene, die auch als
Soldaten agiren können, s. 40, 18,
7; 21, 49, 7; Mommsen 1, 543,
inde = *ab ea urbe*, dagegen geht
unde auf *proximis*, die nächste Gegend um Nuceria. — *redeuntes* etc.
Anapher (*palatis — redeunt.*) und
Asyndeton vertreten die Bezeichnung des Gegensatzes — *quae superf.*, s. 8, 11, 5, und *trepida* hat
sich an *multitudo* angeschlossen, st.

qui superfuerant — trepide.

4—7. *tam laetam* nach *quantum*
st: *tanta laetitia profectionis fama
in Samnium adlata erat accepta*,
vgl. 7, 15, 10; 28, 1, 1; — *Caudin.*
s. c. 36, 1. — *eadem tem.* Erklärung von *cladis imaginem.* — *ulteriorum*, s. zu 1, 45, 1; wie § 2
proximis, räumlich zu fassen. *semper* gehört zu *ulterior.* Zum Gedanken vgl. 21, 44, 5 ff. — *virisque*, 8,
25, 3. — *gaudium ı. misc.*, s. zu 39,
21, 1, vgl. 10, 27, 2. — *protin. inde*,
c. 28, 1. — *per Mars.* etc., gewöhnlich nennt L. den Namen des Volkes
statt des Landes, durch welches die
Bewegung geht. Die Samniten scheinen sich mit den ihnen verwandten
Stämmen zwischen Samnium und
Etrurien verbunden zu haben; vgl.
zur Sache c. 41; 8, 6, 8.

8—9. *anceps*, beiderseitig, unbestimmt, wo der Verlust grösser gewesen war. Doch lässt das Folg.
eine Niederlage der Römer vermu-

caedes fuisset, adversae tamen rei fama in Romanos vertit ob
amissos quosdam equestris ordinis tribunosque militum atque
unum legatnm et, quod insigne maxime fuit, consulis ipsius
vulnus. ob haec etiam aucta fama, ut solet, ingens terror patres 9
invasit, dictatoremque dici placebat; nec, quin Cursor Papirius
diceretur, in quo tum summa rei bellicae ponebatur, dubium cuiquam erat. sed nec in Samnium nuntium perferri omnibus infe- 10
stis tuto posse, nec vivere Marcium consulem satis fidebant;
alter consul Fabius infestus privatim Papirio erat. quae ne ira 11
obstaret bono publico, legatos ex consularium numero mittendos
ad eum senatus censuit, qui sua quoque eum non publica solum 12
auctoritate moverent, ut memoriam simultatium patriae remitteret. profecti legati ad Fabium cum senatus consultum tradidis- 13
sent adiecissentque orationem convenientem mandatis, consul
demissis in terram oculis tacitus ab incertis, quidnam acturus
esset, legatis recessit; nocte deinde silentio, ut mos est, L. Papi- 14
rium dictatorem dixit. cui cum ob animum egregie victum legati
gratias agerent, obstinatum silentium obtinuit ac sine reponso
ac mentione facti sui legatos dimisit, ut appareret insignem dolorem ingenti conprimi animo. Papirius C. Iunium Bubulcum 15
magistrum equitum dixit; atque ei legem curiatam de imperio

---

then; die aber nicht in der Nähe von
Allifae, sondern weit in Samnium
(nach Diodor sind die Samniten in
lapygien beschäftigt) erlitten sein
könnte. — *adversae* etc., vgl. 21,
52, 11. — *equestris ord.*, wie 7,
8, 1 equites equo publico, der Name
anticipirt, s. 8, 7, 3; 10, 14, 11;
Marquardt, 3, 2, 290 f.; Lange 2,
21. — *aucta fama—placebat*, das
Imperf. um die Folge des in *invasit*
ausgesprochenen Factum zu bezeichnen. — *Cursor Pap.*, der Zuname wird gewöhnlich nur dann,
wenn der Vorname weggelassen ist,
jedoch mehr von Späteren, bisweilen dem nomen gentile vorangestellt, 4, 14, 6; 34, 5, 9. — *summa*
etc., vgl. c. 16, 19.

10—12. *omnib. i.*, das Heer ist
also von Rom abgeschnitten, wie
man es von dem des Fabius fürchtete, c. 37, 11; daher auch die Be-

Tit. Liv. III. 3. Aufl.

sorgniss in Rom und die Massregel
des Senates c. 36, 14, weil die Stadt
von beiden Seiten her hätte überfallen werden können. — *vivere*, am
Leben sei. — *infestus*, 8, 35, 7. —
quae nachdrücklich vorangestellt:
diese so bekannte Feindschaft, vgl.
Nieb. R. G. 3, 288; ebenso *suo
quoque*, s. 7, 40, 8; 5, 48, 7 u. a. —
remitteret: zum Opfer bringen
möchte, 8, 35, 1; 7, 11, 9; Tac.
Ann. 1, 10: *quamquam fas sit privata odia publicis utilitatibus remit-
tere.* Der Senat kann nicht mit
Sicherheit darauf rechnen, dass der
Consul seinem Beschlusse Folge
leisten werde, s. zu 7, 17, 6 f.; 8,
12, 13.

14—16. *silentio*, s. 8, 23. 15. —
silent. obtin., 1, 16, 2. — *ac — ac*,
5, 2, 4. — *mag. equit.*, er wird von
dem Dictator ernannt, ehe dieser
das imperium hat. — *ei*, dem Dicta-

ferenti triste omen diem diffidit, quod Faucia curia fuit principium, duabus insignis cladibus, captae urbis et Caudinae pacis,
16 quod utroque anno eiusdem curiae fuerat principium. Macer
Licinius tertia etiam clade, quae ad Cremeram accepta est, abo-
39 minandam eam curiam facit. Dictator postero die auspiciis repetitis pertulit legem; et profectus cum legionibus ad terrorem
traduci silvam Ciminiam exercitus nuper scriptis ad Longulam
2 pervenit, acceptisque a Marcio consule veteribus militibus in
aciem copias eduxit. nec hostes detractare visi pugnam. instructos deinde armatosque, cum ab neutris proelium inciperet, nox
3 oppressit. quieti aliquamdiu, nec suis diffidentes viribus nec
4 hostem spernentes, stativa in propinquo habuere. * * nam et
cum Umbrorum exercitu acie depugnatum est; fusi tamen magis

tor, s. c. 29, 3. — *ferenti*, der
Dictator brachte sehr bald nach seiner Ernennung, s. 4, 14, 1, die *lex
curiata de imperio*, durch welche
ihm als dem Inhaber der höchsten
militärischen und richterlichen Gewalt, das Volk sich zu Treue und
Gehorsam verpflichtete, s. 1, 19, 1,
in Vorschlag, vgl. Momms. Forsch.
1, 248; 270; Becker, 2, 1, 329 f.; 2,
3, 185 f. — *omen*, dieses war wichtiger als die vor der Abhaltung der
Comitien angestellten Auspicien. —
diffidit, ein auch in rechtlichen
Verhältnissen gebrauchter Ausdruck: hinausschieben, den Aufschub bewirken, ähnlich *dirimere,
proferre* u. a., s. 7, 17, 13; 3, 20, 6;
Gell. 14, 2, 11: *iussi diem diffindi
atque inde a subselliis pergo ire* etc.
— *princip.*, die Curien stimmten
gleichzeitig, aber durch das Loos
wurde entschieden, in welcher
Reihenfolge die Stimmen der einzelnen verkündigt werden sollten,
s. lex municipii Malacit. LVII; die,
deren Abstimmung zuerst bekannt
gemacht wurde, hiess *principium*. —
utroq. a., ist so zu verstehen, dass
in beiden Jahren in den Comitien,
in welchen vor den erwähnten Er-
eignissen die betreffenden Magistrate die *lex cur.* beantragten, die
Faucia zuerst gestimmt hatte, nicht

dass sie für das ganze Jahr das
principium gewesen sei. — *eiusdem
c.*, sonst heisst es immer *curia* oder
tribus est principium, doch konnte
L. wohl von diesem Sprachgebrauche abweichen, da in *principium*
die Berechtigung lag, dass diese Curie
zuerst stimmte und ihre Stimme zuerst bekannt gemacht wurde; vgl.
3, 51, 8: *comitiorum militarium
praerogativam.* — *Macer*, 4, 7, 12.
Cremeram, 2, 50.

39. 1—3. *auspic. rep.*, n. um
die Comitien wieder zu halten, s. 8,
30, 2, für welche dann eine andere
Curie das principium gewesen zu
sein scheint. — *legionibus*, ein Re-
serveheer, welches auf die c. 38,8
und 37, 11 erwähnte Nachricht hin
ausgehoben worden war. — *traducti s.*, s. 21, 23, 1: *Hiberum copias
traduxit.* — *Longulam* kann nicht
die 2, 39 erwähnte volskische Stadt
gewesen sein, sondern scheint in
Samnium gelegen zu haben. — *instr.
armatosq.*, s. 6, 24, 2 u. o., Curt. 3,
21, 22. — *in propinquo* (einander)
nahe.

4—6. *nam*, die Lücke vor *nam*
wird in einigen jüngeren Hdss. nicht
passend durch *interea res in Etruria gestae* ausgefüllt. — *Umbror.*,

quam caesi hostes, quia coeptam acriter non tolerarunt pugnam;
et ad Vadimonis lacum Etrusci lege sacrata coacto exercitu, cum 5
vir virum legisset, quantis numquam alias ante simul copiis
simul animis dimicarunt; tantoque irarum certamine gesta res 6
est, ut ab neutra parte emissa sint tela. gladiis pugna coepit,
et acerrime commissa ipso certamine, quod aliquamdiu anceps
fuit, accensa est, ut non cum Etruscis totiens victis, sed cum aliqua nova gente videretur dimicatio esse. nihil ab ulla parte mo- 7
vetur fugae; cadunt antesignani, et ne nudentur propugnatoribus
signa, fit ex secunda prima acies. ab ultimis deinde subsidiis 8
cietur miles; adeoque ad ultimum laboris ac periculi ventum est,
ut equites Romani omissis equis ad primos ordines peditum
per arma, per corpora evaserint. ea velut nova inter fessos exorta acies turbavit signa Etruscorum; secuta deinde impetum 9
eorum, utcumque adfecta erat, cetera multitudo tandem perrumpit ordines hostium. tunc vinci pertinacia coepta et averti mani- 10
puli quidam, et, ut semel dedere terga, etiam certiorem capessere
fugam. ille primum dies fortuna vetere abundantes Etruscorum 11
fregit opes. caesum in acie, quod roboris fuit; castra eodem impetu capta direptaque.

---

c. 37, 1; 11. — *ad Vadimon.* zwischen dem nordöstlichen Arme des
M. Ciminius und der Tiber. Dort
ist ein Engpass, geeignet einem
Feinde den Zugang zu dem nördlichen Etrurien streitig zu machen,
s. Dennis a. a. O. 115. — *lege sacr.*,
über die Sitte heilige, zum Kampfe
auf Leben und Tod (durch einen
Schwur, s. 10, 38; 22, 38, 4) sich
verpflichtende Schaaren zu bilden,
die sich bei italischen und anderen
Völkern, s. 21, 54, 3, findet, vgl. c.
40, 9; zu 4, 26, 3; Momms. Forsch.
1, 332. — *quantis n.*, s. c. 37, 2. —
emissa etc., c. 35, 3. — *irar. certamine*, Heftigkeit des Z.: *ipso cert.*, die
Hitze des Kampfes selbst. — *totiens
v.*, c. 32, 9.

7—9. *movetur*, wird angeregt,
bewirkt, s. 4, 21, 3. — *antesignani*,
die Hastaten der Römer, hinter denen die Fahnen stehen, s. c. 32, 9.
— *secunda*, die principes rücken an
die Stelle der hastati, 8, 8, 9, dann

die triarii (*ab ultim.* u. *ad ultimum
lab.*) an die der principes, ib. § 11,
dann erscheint wie 8, 10 eine vierte
acies, die erst die Entscheidung
giebt. Ueber den Ausdruck vgl. 1,
57, 9; 8, 38, 11. — *omissis eq.*, 7,
7, 8. — *primos ord.*, die jetzt dort
kämpfenden Triarier. — *per*, 1, 48,
7; 30, 34, 10. — *cetera mult.*, die
Fussgänger, die sich hinter den Reitern wieder geordnet haben, s.
30, 34.

10. *manipuli*, von den Römern
übergetragen. — *certiorem*, schon
entschiedener, nicht mehr zu bezweifeln. Zu *capessere* ist *coepere*
aus *coepta* zu entnehmen, 2, 1, 5.
Die Bedeutung und der Erfolg dieser Schlacht ist von L. wahrscheinlich auf die c. 37 geschilderte übergetragen; da ein Kampf, wie er hier
dargestellt wird, nachdem kurz vorher 60000 Mann gefallen sind, und
die drei mächtigsten Staaten, c. 37,
12, Waffenstillstand geschlossen

40   Pari subinde periculo gloriaeque eventu bellum in Samni-
       tibus erat, qui praeter ceteros belli apparatus, ut acies sua fulgeret
2 novis armorum insignibus, fecerunt. duo exercitus erant; scuta
   alterius auro, alterius argento caelaverunt; forma erat scuti:
   summum latius, qua pectus atque umeri teguntur, fastigio ae-
3 quali; ad imum cuneatior mobilitatis causa. spongia pectori tegumentum, et sinistrum crus ocrea tectum; galeae cristatae, quae
   speciem magnitudini corporum adderent. tunicae auratis militi-
4 bus versicolores, argentatis linteae candidae. his dextrum cornu
   datum; illi in sinistro consistunt. notus iam Romanis apparatus
   insignium armorum fuerat, doctique a ducibus erant horridum
   militem esse debere, non caelatum auro et argento, sed ferro et
5 animis fretum: quippe illa praedam verius quam arma esse, ni-
6 tentia ante rem, deformia inter sanguinem et vulnera; virtutem
   esse militis decus, et omnia illa victoriam sequi, et ditem hostem
7 quamvis pauperis victoris praemium esse. his Cursor vocibus

haben, für ein Land wie Etrurien
war, kaum denkbar ist. s. Nieb. 3,
332.

   40. 1—2. *subinde*, bald darauf.
gloriae kann hier nicht wie sonst
der Genitiv bei *eventus* das, was
den Erfolg hat, sondern nur eine
attributive Bestimmung zu *event.*
enthalten = ruhmvoll. — *praeter*, 3,
70, 15. — *arm. insignibus*, glänzende, geschmückte Waffen, 10, 38,
2: *opulentia insignium armorum.*
— *auro — arg. caelav.*, mit Gold
und Silber, die wie in Etrurien, c.
37, 10, so in Grossgriechenland
vielfach zum Schmuck gebraucht
wurden, auslegen, verzieren, die
Schilde selbst waren aus anderen
Stoffen, vgl. 1, 11, 7. — *ut—fecer.*,
vgl. 2, 1, 2; ib. 31, 10 u. a. Wahrscheinlich sind in der höchsten
Noth nach der lex sacrata, s. unten
§ 9: *sacratos*, c. 39, 5; 10, 38, die
nobiles aufgeboten und so glänzend
bewaffnet worden. — *forma er.*,
war folgende; zu *summum* u. *imum*
ist *scutum*, zu *cuneatior* wieder
forma zu denken. — *fastigio aeq.*,
ohne Einschnitt oder Vorsprung. —

cuneatior, etwas spitz zugehend,
während der römische unten und
oben gleich breit war.
   3—5. *spongia p. t.*, Bezeichnung
des Panzers, der nicht wie sonst aus
Linnen, Leder oder Schwämmen bestand, sondern aus Metall, und nur
ein schwammähnliches Ansehen hatte, s. Isid. 18, 13, 2: *squama est lo-
rica ex laminis ferreis aut aereis
concatenata*; Plin. 34, 7, 43: *fecit
Carvilius Iovem e — pectoralibus*
(Samnitium)—*pectori*, nicht statt des
Genitiv, sondern: für, zum Schutze,
c. 17, 7. — *ocreae*, 1, 43, 2, vgl.
Verg. Aen. 7, 690. — *speciem*, Tac.
Germ. 38: *in altitudinem quandam
et terrorem — compti.* — *versicolores*, von der schillernden, gewöhnlich violetten, Purpurfarbe,
Nieb. 3, 290. — *tinteae*, vgl. 22,
46, 6. — *notus—fuerat*, sie waren
schon früher damit bekannt geworden, in früheren Kämpfen oder
vor dem Beginne der Schlacht, das
letztere ist hier wahrscheinlicher,
da sich *doctique*: und so waren sie
u. s. w. anschliesst. — *horridum*,
2, 32, 8. — *praedam*, c. 17, 16;
Curt. 3, 25, 9.

instinctos milites in proelium ducit. dextro ipse cornu consistit,
sinistro praefecit magistrum equitum. simul est concursum, in-   8
gens fuit cum hoste certamen, non segnius inter dictatorem et
magistrum equitum, ab utra parte victoria inciperet. prior forte 9
Iunius commovit hostem, laevo dextrum cornu, sacratos more
Samnitium milites eoque candida veste et paribus candore armis
insignes. eos se Orco mactare Iunius dictitans, cum intulisset
signa, turbavit ordines et haud dubie inpulit aciem. quod ubi   10
sensit dictator: ,,ab laevone cornu victoria incipiet'' inquit, ,,et
dextrum cornu dictatoris acies alienam pugnam sequetur, non
partem maximam victoriae trahet?'' concitat milites; nec pedi-   11
tum virtuti equites aut legatorum studia ducibus cedunt. M. Va- 12
lerius a dextro, P. Decius ab laevo cornu, ambo consulares, ad
equites in cornibus positos evehuntur, adhortatique eos, ut partem secum capesserent decoris, in transversa latera hostium incurrunt. is novus additus terror cum ex parte utraque circum-   13
vasisset aciem, et ad terrorem hostium legiones Romanae redintegrato clamore intulissent gradum, tum fuga ab Samnitibus
coepta. iam strage hominum armorumque insignium campi re-   14
pleri. ac primo pavidos Samnites castra sua accepere, deinde
ne ea quidem retenta; captis direptisque ante noctem iniectus
ignis. dictator ex senatus consulto triumphavit, cuius triumpho 15
longe maximam speciem captiva arma praebuere. tantum magni-   16
ficentiae visum in iis, ut aurata scuta dominis argentariarum ad

7—14. *sinistro* ist Dativ, vgl.
29, 34, 1; der mag. equit. befehligt
diesesmal nicht die Reiterei, s. 8,
38, 16; 4, 27, 1. — *certamen* bei *cum
hoste*: Kampf; bei *inter dict.* etc.:
Wettkampf. — *Orco*, wie 8, 9, 8:
Telluri. — *inpulit* wiederholt *commovit*, c. 27, 10. — *trahet*, c. 19, 5;
6, 40, 18: *nisi partem petendo totum
traxeris*. — *legator.*, die sogleich
genannten, s. § 21, welche sich nach
L. ohne besonderen Auftrag, aber
wol von dem Dictator dazu bestimmt, an die Spitze der Reiterei
stellen. Die der Samniten ist wie 7,
37, 7 nicht erwähnt. — *ducibus*, s.
c. 18, 11: *hominis* etc., vgl. 6, 12,
11. — *in transv. lat.*, ein Flanken-
angriff. — *novus*, in Bezug auf § 9:

inpulit, und § 11: *concitat* etc. —
cx parte utr., wie § 12: *a dextro*
etc. — *ad terror.*, c. 27, 11. — *accepere*, s. 4, 31, 3: *castra — turbatos accepere.*

15—16. *ex sen. c.* wird gewöhnlich nicht erwähnt. — *triumph.*, nach
den Triumphalfasten *a. CDXLIV.
Idib. Oct.* — *captiva*, s. 1, 53, 3.
argentar. n. *tabernarum*, zu 1, 35, 9,
auf den beiden Längenseiten des
Forum, 27, 11, 16; Becker 1, 295 f.
Obgleich die Römer damals noch
keine Silbermünzen prägten, s. 4,
60, 6, so konnten doch schon
Wechsler in Rom sein und *argentarii* genannt werden, da aus Unteritalien und Etrurien gewiss viel

forum ornandam dividerentur. inde natum initium dicitur fori
17 ornandi ab aedilibus, cum tensae ducerentur. et Romani quidem
ad honorem deum insignibus armis hostium usi sunt; Campani
ab superbia et odio Samnitium gladiatores, quod spectaculum
inter epulas erat, eo ornatu armarunt Samnitiumque nomine
18 conpellarunt. — Eodem anno cum reliquiis Etruscorum ad Pe-
rusiam, quae et ipsa indutiarum fidem ruperat, Fabius consul
19 nec dubia nec difficili victoria dimicat. ipsum oppidum — nam
ad moenia victor accessit — cepisset, ni legati dedentes urbem
20 exissent. praesidio Perusiae inposito legationibus Etruriae amicitiam petentibus prae se Romam ad senatum missis consul prae-
stantiore etiam quam dictator victoria triumphans urbem est in-
21 vectus; quin etiam devictorum Samnitium decus magna ex parte
ad legatos, P. Decium et M. Valerium, est versum; quos populus
proximis comitiis ingenti consensu consulem alterum alterum
praetorem declaravit.

Silbergeld nach Rom kam, vgl. 7,
21, 5. — *ornand.* bei feierlichen
Gelegenheiten. — *nat. init.*, praef.
12. — *fori orn. ab aed.* gehört zusammen, das gerund. ist passiv, und
mit *a* verbunden, s. Cic. Fam. 3, 11,
3; Milon. 38, 104: *fortem a vobis
conservandum civem;* Attic. 6, 6,
4: *rem a nobis — non negligendam*
u. a., vgl. 6, 35, 7. Die Aedilen als
curatores ludorum sollemnium be-
sorgten die Ausschmückung des
Forum, Becker 2, 2, 324f. — *tensae,*
5, 41, 2; Fest. p. 364: — *tensa vehi-
culum, quo exuviae deorum ludicris
Circensibus in circum ad pulvinar
vehuntur.* Dass der Zug über das
Forum gieng sieht man aus dem
Vorhergeh., vgl. Preller S. 197.
  17. *ad hon.*, 2, 27, 6; 32, 38, 3:
ad pignus u. a. — *Campani,* die Erwähnung der Campaner deutet darauf hin, dass sie an der Schlacht
und der Beute Theil genommen haben, s. zu 10, 18, 3. Mit den ihnen zu-
gefallenen Rüstungen waffneten sie
Sclaven und nannten sie u. s. w.
Den Namen und die Rüstung behielt
diese Classe der Glad. auch in Rom.
— *ab superbia,* s. c. 6, 5. — *odio,*

vgl. 7, 29; 30. — *quod sp.*, s. 2, 20,
5, vgl. c. 29, 9: *gens, cuius.* — *inter
ep.*, in dem üppigen Capua, das auch
später „ein Hauptort für Gladiator-
schulen" war, s. Cic. Sest. 4, 9,
schon lange vorher, ehe dieses in
Rom Sitte wurde, Strabo 5, 4, p.
250; Sil. It. 11, 51; Friedländer,
Darstell. aus der Sittengesch. Roms
2, 186. — *conpell.*, Duker: conpel-
lare non raro contemptus, convicii
et reprehensionis significationem
habet, s. 34, 2, 8.

  18—21. *ad Perus.*, wahrscheinlich ist die nach c. 37, 11 in manchen Annalen erwähnte Schlacht
gemeint. — *et ipsa,* von der Stadt
statt von den Bewohnern gesagt, s.
c. 13, 8: welche ebenso (wie die
übrigen Etrusker) am Kampfe Theil
nahm, nachdem sie den Waffenstillstand gebrochen hatten. — *fid. r.*
wie 8, 37, 2. — *praesidio—missis,*
der eine abl. abs. dem anderen untergeordnet. — *triumph.*, pro cos. ann.
CDXLIV. Idib. Novembr. — quin et
ctc., der Triumph war nicht allein
noch (*etiam*) glänzender — sondern
man schrieb sogar.

Fabio ob egregie perdomitam Etruriam continuatur consu- 41
latus, Decio collega datur. Valerius praetor quartum creatus.
consules partiti provincias: Etruria Decio, Samnium Fabio eve- 2
nit. *is* profectus ad Nuceriam Alfaternam, tum pacem petentis, 3
quod uti ea, cum daretur, noluissent, aspernatus est; oppugnando
ad deditionem subegit. cum Samnitibus acie dimicatum; haud 4
magno certamine hostes victi; neque eius pugnae memoria tradita foret, ni Marsi eo primum proelio cum Romanis bellassent.
secuti Marsorum defectionem Paeligni eandem fortunam habuerunt.
Decio quoque, alteri consuli, secunda belli fortuna erat. Tarqui- 5
niensem metu subegerat frumentum exercitui praebere atque indutias in quadraginta annos petere. Vulsiniensium castella ali- 6
quot vi cepit; quaedam ex his diruit, ne receptaculo hostibus
essent; circumferendoque passim bello tantum terrorem sui fecit,
ut nomen omne Etruscum foedus ab consule peteret. ac de eo 7

41. 1. *continuatur* c., er wurde
also von dem Gesetze 7, 42, 2, vgl.
10, 13, 8, entbunden. *Decio*, c. 28.
Die Capitol. Fasten lassen zur Ausgleichung der Jahre, s. 8, 37, 1, die
Dictatur des Papir. zwischen den
beiden Consulaten des Fabius ein
ganzes Jahr dauern: *L. Papirius
Sp. f. L. n. Cursor II. dict. rei gerundae causa C. Iunius — Mag. eq.
Hoc anno dictator et mag. eq. sine
cos. fuerunt.* Da L., wie die Worte
im Texte zeigen, dieses Jahr nicht
zählt, so ist er von jetzt an um
zwei Jahre hinter denen der Fasten zurück, Fabius ist noch im
444, nicht 446 (zum drittenmale)
Consul. — *datur* ist vielleicht zugesetzt, weil die Wahl schon c. 40,
21 angedeutet ist. Madvig hält das
Wort für unächt.

2—4. *is* findet sich nur in späteren Hss., s. 10, 1, 9. — *Nuceriam*,
nachdem der Versuch zur See c. 38
misslungen ist. *Alfat.* von *Alb*
(*albus*) und dem Suffix *terna*, wie in
Ami-ternum u. a., Mommsen Dial.
247. — *daretur*, als vorher angeboten wurde, sie erhalten sollten,
s. 31, 19, 3; die Zusammenstellung

der Verba s. zu 33, 6, 5. — *opp. ad
dedit.*, nach derselben haben sie
wahrscheinlich eben solche Bedingungen erhalten, wie die übrigen
Campaner, s. c. 43, 24. — *Marsi,*
diese und die Paeligner, bis jetzt
Rom befreundet, daher *primum* und
defectionem, haben sich an ihre
Stammgenossen, s. 8, 6, 8, ib. 29, 4,
angeschlossen, s. c. 38, 7; 45, 18,
zugleich die ihnen benachbarten
Herniker und Aequer, so dass alle
Völker von Samnium bis nach Etrurien den Römern gegenüberstehen.
Nach Diod. 20, 44 hätten die Samniten die Marser bekriegt, die Römer diesen beigestanden. — *eand.
fort.* in Bezug auf *victi*, anders im
Folgend. *fortuna.*

5—7. *Tarquin.*, s. c. 29, 1. Sie
scheinen, da sie abgesondert von
den übrigen Etruskern, s. c. 37, 12,
einen Waffenstillstand schliessen,
den Krieg wie die Vulsinier erst
später begonnen zu haben. — *quadraginta*, wie 7, 22, 5. — *frument.*,
8, 2, 4. — *Vulsin.*, 5, 32. — *castella*,
in der Nähe der Stadt, Abecken
Mittelitalien u. s. w. S. 35. — *nom.*—

quidem nihil impetratum; indutiae annuae datae. stipendium
exercitu Romano ab hoste in eum annum pensum, et binae tunicae in militem exactae: ea merces indutiarum fuit.

8   Tranquillas res iam Etruscis turbavit repentina defectio
Umbrorum, gentis integrae a cladibus belli, nisi quod transitum
9 exercitus ager senserat. ii concitata omni iuventute sua et magna
parte Etruscorum ad rebellionem conpulsa tantum exercitum fecerant, ut relicto post se in Etruria Decio ad oppugnandam inde
Romam ituros, magnifice de se ac contemptim de Romanis lo-
10 quentes, iactarent. quod inceptum eorum ubi ad Decium consulem perlatum est, ad urbem ex Etruria magnis itineribus pergit
11 et in agro Pupiniensi ad famam intentus hostium consedit. nec
Romae spernebatur Umbrorum bellum, et ipsae minae metum
fecerant expertis Gallica clade, quam intutam urbem incolerent.
12 itaque legati ad Fabium consulem missi sunt, ut, si quid laxamenti
a bello Samnitium esset, in Umbriam propere exercitum duceret.
13 dicto paruit consul, magnisque itineribus ad Mevaniam, ubi tum
14 copiae Umbrorum erant, perrexit. repens adventus consulis,
quem procul Umbria in Samnio bello alio occupatum crediderant,
ita exterruit Umbros, ut alii recedendum ad urbes munitas, qui-
15 dam omittendum bellum censerent; plaga una — Materinam

---

pet., c. 40, 20. — *ac* — *quidem*,
s. 27, 18, 4; 32, 35, 3, wie sonst *et*
— *quidem. de eo* wie *mittere de*, 2,
18, 9; *concedere dc*, 6, 42, 11;
postulare, recusare, abnuere, 10, 10,
8, *de* u. a.: das Erbetene erlangen
in Betreff u. s. w. — *indutiae*, c. 37,
12. — *stipend.*, c. 43, 6. — *exercitu*,
c. 5, 6. — *binae*, 7, 37, 2.

8—9. *tranquill.* etc., den bereits
eingegangenen Waffenstillstand. —
Etruscis = *cum Et. iam essent*, vgl.
8, 13, 2. *Etrus.* gehört wol auch zu
turbavit. — *defectio*, bis jetzt sind
nur die Camertes mit Rom verbunden gewesen, c. 36, 7; 37, 1. —
Umbror., den sabinischen Völkern
stammverwandt. — *integrae a* wie
liber construirt, s. 45, 37, 8. — *nisi
q.*, 4, 12, 9. — *transit.*, dieses ist
vorher nicht erwähnt, Nieb. 1, 511.
— *senserat*, s. c. 37, 1. — *post se*,
sie umgehen Decius, wol durch Um-

brien, während er in Etrurien steht.
— *magnifice*, wie 7, 30, 6.

10—13. *Pupiniensi*, 26, 9, 12:
dextrorsus Gabios descendit: *inde
in Pupiniam exercitu demisso octo
milia passuum ab Roma posuit castra.* — *ad famam* ist mit dem re-
gierenden Particip verbunden und
so *hostium* von seinem Nomen getrennt, s. 8, 30, 10; 26, 39, 6
u. a., vgl. 6, 23, 4. — *quam int.* etc.,
indess war damals die Stadt nicht
vertheidigt, die Thore nach L. sogar offen, 5, 38, 10. — *Fabium*,
warum nicht Decius, ist nicht angegeben. — *laxamenti* etc., wenn er
einige Erleichterung habe, abkom-
men könne, s. 6, 31, 5; 2, 24, 5. —
Mevaniam, am Fl. Tinea, noch weit
von der römischen Grenze.

14—16. *crediderant*, 2, 18, 9.
plaga u., ein Canton, wie 31, 2, 6;
33, 37, 1 eine *tribus Sapinia* in Um-

ipsi appellant — non continuit modo ceteros in armis, sed confestim ad certamen egit. castra vallantem Fabium adorti sunt.
quos ubi effusos ruere in munimenta consul vidit, revocatos mi- 16
lites ab opere, prout loci natura tempusque patiebatur, ita instruxit; cohortatusque praedicatione vera qua in Tuscis, qua in Samnio partorum decorum exiguam appendicem Etrusci belli conficere iubet et vocis inpiae poenas expetere, qua se urbem Romanam oppugnaturos minati sunt. haec tanta sunt alacritate 17
militum audita, ut clamor sua sponte ortus loquentem interpella-
verit ducem. ante imperium, ante concentum tubarum ac cor-
nuum cursu effuso in hostem feruntur. non tamquam in viros 18
aut armatos incurrunt: mirabilia dictu! signa primo eripi coepta
signiferis, deinde ipsi signiferi trahi ad consulem, armatique milites ex acie in aciem transferri, et sicubi est certamen, scutis
magis quam gladiis geritur res; umbonibus incussaque ala ster-
nuntur hostes. plus capitur hominum quam caeditur, atque una 19
vox ponere arma iubentium per totam fertur aciem. itaque inter 20
ipsum certamen facta deditio est a primis auctoribus belli. postero insequentibusque diebus et ceteri Umbrorum populi de-
duntur; Ocriculani sponsione in amicitiam accepti.

brien erwähnt wird. An u. St.
müsste, wie *pagus* Caes. G. 1, 12,
plaga mit Rücksicht auf die Bewohner gesagt Sein, s. c. 37, 1: *ora*; 5,
34, 9; 10, 2, 7, während sonst das
Wort in seiner localen Bedeutung
mehr dichterisch ist und von den
Bewohnern nicht gebraucht wird. —
prout — ita, mehr bei Späteren gewöhnlich, auch L. fügt sonst *ita* nicht
hinzu. — *appendic.,* vgl. 30, 40, 3:
parva accessio; 31, 7, 9. — *vocis,
qua,* 24, 22, 9. — *minati s.* geht wieder in die Erzählung über, vgl. c.25,5.

17—18. *imperium* (zum Angriff),
nach dem sonst erst das Zeichen
mit den Blasinstrumenten gegeben
wird. — *concentum,* Veget. 2, 22:
quotiens pugnaturi (sunt milites) *et
tubicines et cornicines pariter
canunt.* — *mirabilia d.,* s. c. 29, 10;
7, 26, 5, im Plural in Beziehung auf
die folg. fabelhaften Erscheinungen;
ein Ausruf der Verwunderung; ähnlich *rem incredibilem* 4, 17, 4; die
Bezeichnung des Gegensatzes war

dabei nicht nöthig. — *ex acie,* aus
der der Umbrer in die römische. —
umbonib., vgl. Curt. 3, 25, 6: *vix
gladio futurum opus, totam aciem
—umbonibus posse propelli,* vgl. 34,
46, 10. — *ala,* vgl. *ax-illa.* — *ster-
nunt.,* wie oft = *prosternuntur.*

19—20. *iubentium,* n. *Umbrorum.*
— *deditio,* nach dieser mussten die
dediticii erwarten, welches Verhältniss die Römer ihnen anweisen
würden, 6, 3, 3; während dieses
durch die sponsio sogleich festgestellt zu sein scheint. Die sponsio,
s. c. 5, 2, wird hier als ein schon
an sich verpflichtender, nicht erst
ein foedus vorbereitender Vertrag
betrachtet, den der Consul wahrscheinlich im Auftrage des Senates
schloss, s. c. 9, 4, Mommsen Forsch.
1, 337. — *ceteri,* s. 1, 1, 1, die übrigen Umbrer im Gegensatze zu den
Ocriculanern im südlichen Theile
Umbriens an der Tiber. Die Etrusker § 9 werden nicht wieder erwähnt. — *Ocricul.,* s. 25, 14, 14.

42　　　Fabius, alienae sortis victor belli, in suam provinciam exer-
2　citum reduxit. itaque ei ob res tam feliciter gestas, sicut priore
anno populus continuaverat consulatum, ita senatus in insequentem annum, quo Ap. Claudius L. Volumnius consules fuerunt,
3　prorogavit maxime Appio adversante imperium. Appium censorem petisse consulatum, comitiaque eius ab L. Furio tribuno
plebis interpellata, donec se censura abdicarit, in quibusdam an-
4　nalibus invenio. creatus consul, cum collegae novum bellum,
Sallentini hostes decernerentur, Romae mansit, ut urbanis ar-
5　tibus opes augeret, quando belli decus penes alios esset. Volumnium provinciae haud paenituit: multa secunda proelia fecit,
aliquot urbes hostium vi cepit. praedae erat largitor, et benigni-
tatem per se gratam comitate adiuvabat; militemque his artibus
6　fecerat et periculi et laboris avidum. Q. Fabius pro consule ad
urbem Allifas cum Samnitium exercitu signis conlatis confligit.
minime ambigua res fuit: fusi hostes atque in castra conpulsi.
nec castra forent retenta, ni exiguum superfuisset diei; ante noctem tamen sunt circumsessa et nocte custodita, ne quis elabi
7　posset. postero die vixdum luce certa deditio fieri coepta, et
pacti, qui Samnitium forent ut cum singulis vestimentis emitte-
8　rentur: ii omnes sub iugum missi. sociis Samnitium nihil cautum; ad septem milia sub corona veniere. qui se civem Herni-

---

42. Krieg gegen die Sallentiner
und in Samnium. Diod. 20, 80.

2—4. *al. sortis*, die durch das
Loos einem Anderen zugefallene
provincia, Aufgabe. — *vict. belli*, 6,
4, 1. — *senatus*, wie oft, scheint
der Senat allein das imperium verlängert zu haben, s. 8, 23, 12; Becker
2, 2, 449. — *App. adv.*: der Senat
in Folge des c. 29; 33 und 46 Erwähnten auf Appius erzürnt, giebt
ihm keine Gelegenheit Kriegsruhm
zu erlangen, § 4. — *censor.*, noch
als Censor. Wenn Appius im Laufe
des Jahres 442 (nach L.'s Zählung
441), s. c. 29, 6; 33, 4, die Censur
angetreten hat, so geht ein lustrum
von 5 Jahren nach den Capitol. Fasten, welche ein Jahr einschieben,
s. c. 41, 1, erst in diesem Jahre
(447) zu Ende. — *interpell.*, durch
Intercession. — *abdicarit*, doch ha-

ben die Hss. *abdicavit*, s. 10, 26, 11.
— *annalib.*, 4, 7, 10. — *creat.*, wol
durch seine Partei, s. c. 46, 11. —
novum, c. 31, 1. — *Sallent.*, an der
Ostseite des Tarentinischen Meer-
busens, Feinde der mit den Römern
verbündeten Lucaner, vgl. 10, 2, 1;
Diodor 20, 104. — *urbanis art.*,
vgl. 10, 15, 12; ib. 22, 7. — *opes*,
c. 46, 11.

6—8. *Allifas*, s. c. 38. Was er
gegen die Sallentiner gethan habe
ist übergangen, vgl. Diod. 20, 80.
— *exiguum*, nur noch ein kleiner
Theil, 25, 40, 3: *quorum perexigua
pars comparet*, vgl. 3, 56, 4; 36
40, 5 u. a. — *pacti*, vor der Uebergabe hat dieses der römische Feldherr zugetanden, vgl. c. 41, 20; 7,
27, 8. — *singul.*, c. 15, 6. — *sub
iug.*, vgl. 10, 36, 19. — *nihil caut.*
kein Vorbehalt gemacht, s. 21, 18,

cum dixerat, seorsus in custodia habitus. eos omnes Fabius Ro- 9
mam ad senatum misit; et cum quesitum esset, dilectu an voluntarii pro Samnitibus adversus Romanos bellassent, per Latinos populos custodiendi dantur, iussique eam integram rem novi 10
consules P. Cornelius Arvina Q. Marcius Tremulus — hi enim
iam creati erant — ad senatum referre. id aegre passi Hernici; 11
concilium populorum omnium habentibus Anagninis in circo,
quem Maritimum vocant, praeter Aletrinatem Ferentinatemque
et Verulanum omnes Hernici nominis populo Romano bellum
indixerunt.

   In Samnio quoque, quia decesserat inde Fabius, novi motus **43**
exorti. Calatia et Sora praesidiaque, quae in his Romana erant,
expugnata, et in captivorum corpora militum foede saevitum.
itaque eo P. Cornelius cum exercitu missus; Marcio novi hostes 2
— iam enim Anagninis Hernicisque aliis bellum iussum erat —
decernuntur. primo ita omnia opportuna loca hostes inter con- 3

8, wahrscheinlich war ihnen nicht
gestattet worden sich unter Bedingungen, nach einem pactum zu ergeben, da die meisten Bundesgenossen der Römer gewesen waren, wie
die Sabeller, Aequer, Herniker; daher wird nach der Strenge des
Kriegsrechtes gegen sie verfahren.
   9 — 10. *ad senat.*, als Behörde
über die Bundesgenossen; dort findet auch die Untersuchung statt
(*quaesitum est*). — *dilectu* n. vom
Staate angeordnet, s. 6, 6, 4. —
per, in — herum.
   11. *id*, dieses ganze Verfahren.
— *Tremulus*, dieser Zuname kommt
nur bei diesem Manne vor. — *concilium*, wie bei den Latinern, Samniten
u. a. Die Herniker sind nicht mit
den Latinern abgefallen, sondern
seit 397 a. u., 7, 15, 9, mit den Römern verbündet gewesen, und der
Grund ihrer Trennung in dieser
Zeit ist nicht abzusehen. — *circo,
quem M. v.*, eine sonst nicht bekannte Localität, wie der circus
maximus in Rom, der Hain der Fe-
rentina, 1, 50, 1, Schwegler 2,
290, wo die Herniker ihre Landtage
halten. — *Aletr.* (*Aletrium*) *Fer.*,
s. 4, 51; *Verulan.* (*Verulae*), Momm-

sen G. d. r. Münzw. 334. Die Städte
liegen östlich von Anagnia, mehr
im Gebirge. Ausser den genannten
werden wenige Städte von einiger
Bedeutung erwähnt, doch scheinen
die Worte *omnes H. n.* eine grössere
Macht der Herniker anzuzeigen. —
omnes H. n., vgl. 2, 2, 11; 45, 43,
4; dass die Herniker Staaten bildeten, war nach *populorum omn.* wol
nicht nöthig zu wiederholen, doch
wird *om. H. n. populi Romano* od.
Romanis verm. — *nomin.*, s. 7, 7, 4.

   43 — 45. Neue Erhebung der
Samniten; Unterwerfung der Herniker und Aequer; Friede mit den
Samniten und Sabellern. Diod. 20,
80; 90; 101; Nieb. 3, 298f.; 305.
   1—2. *Calatia*, c. 28. *Sora*, c.
24. Die Samniten, von den neuen
Bundesgenossen unterstützt, s. c.
42, dringen wieder gegen Campanien und das Liristhal vor. — *Anagninis*, sie werden so den übrigen
Hernikern entgegengestellt, als ob
sie eine Hegemonie über dieselben
gehabt hätten. — *bellum i.*, den
vollständigen Ausdruck s. c. 45, 8:
*populus Rom. bellum fieri Aequis
iussit*, vgl. 21, 17, 4; allein nach

sulum castra interceperunt, ut pervadere expeditus nuntius non
4 posset, et per aliquot dies incerti rerum omnium suspensique de
statu alterius uterque consul ageret, Romamque is metus mana-
5 ret, adeo ut omnes iuniores sacramento adigerentur, atque ad
subita rerum duo iusti scriberentur exercitus. ceterum Hernicum bellum nequaquam pro praesenti terrore ac vetusta gentis
6 gloria fuit. nihil usquam dictu dignum ausi, trinis castris intra
paucos dies exuti, triginta dierum indutias, ita ut ad senatum
Romam legatos mitterent, pacti sunt semestri stipendio frumen-
7 toque et singulis in militem tunicis. ab senatu ad Marcium reiecti, cui senatus consulto permissum de Hernicis erat; isque eam
gentem in deditionem accepit. et in Samnio alter consul superior
8 viribus, locis inpeditior erat. omnia itinera obsaepserant hostes
saltusque pervios ceperant, ne qua subvehi commeatus possent;
neque eos, cum cotidie signa in aciem consul proferret, elicere
9 ad certamen poterat, satisque apparebat neque Samnitem certa-
10 men praesens nec Romanum dilationem belli laturum. adventus
Marci, qui Hernicis subactis maturavit collegae venire auxilio,
11 moram certaminis hosti exemit. nam ut qui ne alteri quidem

---

Auslassung des Infinitivs wird *iubere* = *decernere* und die Bethei-
ligten können im Dative stehen, 10,
12, 3; 42, 33, 4: *bellum senatus
Perseo iussisset*; häufiger ohne Dativ, s. 21, 17, 4; 32, 22, 12 u. a.

3—6. *interceperunt*, vgl. 25, 39,
2, Cornelius steht wahrscheinlich
als Nachfolger des Fabius in Samnium, und ist hier durch die Herniker abgeschnitten. — *incerti* ungewöhnlich neben *uterq. cons. ageret*,
vgl. 1, 41, 1; 16, 48, 5; 9, 21, 3. —
rer. omnium, 4, 57, 3 u. a. — *adeo* etc.,
ein Zeichen der Grösse der Gefahr,
häufiger werden gegen die Etrusker
und Gallier alle iuniores aufgeboten,
s. c. 29, 4; 7, 9, 6; 8, 20, 3 u. a. —
subita rer., 6, 32, 5; 25, 15, 20; 39,
54, 7. — *ceterum* etc., indess (waren diese Anstrengungen nicht nöthig), denn u. s. w. Die Schwäche
der Herniker kann nicht auffallen,
da die Anagniner fast allein stehen.
— *ita ut*, unter der Bedingung dass.

— *semestri stip.* nach Th. Mommsen, die Hdss. haben *bimestri*; vgl.
§ 21; 8, 2, 4; ib. 36, 11; Dion. 9,
59: ἀργύριον εἰς ὀψωνιασμὸν
ἐξαμήνου; Marq. 3, 2, 75. — Der
Ablat. giebt den Preis an, s. 10, 37,
5; 21, 61, 11 u. a.

7—9. *reiecti*, 5, 22, 1; der Senat,
ohne das Volk zu befragen, beauftragt den Consul, s. c. 5, 1, die deditio selbst zu vollziehen, wol ohne
Zuziehung von Fetialen, 7, 31; Lange
1, 402. — *de*, s. c. 41, 7. — *et*, in
gleicher Weise, bezieht sich nur
auf *superior*; im Folg. *locis inped.*
vertritt der Chiasmus die Bezeichnung des Gegensatzes, und um
Gleichheit des Ausdruckes zu gewinnen ist *erat* auch auf dieses
Glied bezogen, st.: *sed locis iupedi-
tioribus agebat (quam Marcius).* —
ne qua, ihr Plan den Consul auszu-
hungern scheitert an der schnellen
Unterwerfung der Herniker. — *la-
tur.*, 7, 4, 2.

11—14. *ut qui*, als solche die, da

exercitui se ad certamen credidissent pares, coniungi utique passi
duos consulares exercitus nihil crederent superesse spei, adve-
nientem inconposito agmine Marcium adgrediuntur. raptim con- 12
latae sarcinae in medium, et, prout tempus patiebatur, instructa
acies. clamor primum in stativa perlatus, dein conspectus procul
pulvis tumultum apud alterum consulem in castris fecit; isque 13
confestim arma capere iussis raptimque eductis in aciem militibus
transversam hostium aciem atque alio certamine occupatam invadit, clamitans summum flagitium fore, si alterum exercitum 14
utriusque victoriae conpotem sinerent fieri nec ad se sui belli
vindicarent decus. qua impetum dederat perrumpit, aciemque 15
per mediam in castra hostium tendit et vacua defensoribus capit
atque incendit. quae ubi flagrantia Marcianus miles conspexit et 16
hostes respexere, tum passim fuga coepta Samnitium fieri; sed
omnia obtinet caedes, nec in ullam partem tutum perfugium est.
iam triginta milibus hostium caesis signum receptui consules de- 17
derant, colligebantque in unum copias in vicem inter se gratantes, cum repente visae procul hostium novae cohortes, quae in
supplementum scriptae fuerant, integravere caedem. in quas nec 18
iussu consulum nec signo accepto victores vadunt, malo tirocinio
inbuendum Samnitem clamitantes. indulgent consules legionum 19
ardori, ut qui probe scirent novum militem hostium inter perculsos fuga veteranos ne temptando quidem satis certamini fore.

---

sie u. s. w. — *credidissent* — *cre-*
derent, s. praef. 7, sind asyndetisch
nebeneinandergestellt, s. 7, 2, 9;
coniungi utiq. ist stärker zu betonen. — *conlatae*, sie bilden ein
Quarré um dieselben. — *stativa* n.
Cornelii, was erst im zweiten Gliede
angedeutet ist, wo *in castris* den
Begriff von *stativa* wiederholt, weil
auch bemerkt werden sollte, was in
demselben geschah, während *in stat.*
nur die Richtung angiebt. — *trans-*
vers., c. 40, 12. Doch ist der Hergang nicht klar, da das Lager hinter
der Schlachtreihe der Samniten ist
(*respexere*), und das Durchbrechen
der Linien (§ 15: *aciem per mediam*)
den Feind mehr verwirren musste
als der Rückblick auf das Lager. —
sui, der ihnen angewiesene, vgl. c.
42, 1: *alienae sortis.* — *se sui* wie
c. 26, 19: *nostra nos* u. ä.

15—19. *qua*, vgl. 4, 39, 2. —
aciem p. mediam, vgl. c. 37, 11. —
colligebantque, sie waren schon
daran sich von verschiedenen Seiten zusammenzuziehen, nicht, wie
man erwarten sollte, die Feinde zu
verfolgen. — *gratantes*, 7, 13, 10.
— *in vicem*, abwechselnd, steigert
mit *inter se* verbunden den Ausdruck
für das reciproke Verhältniss: abwechselnd unter einander, und wird
dann für *inter se* selbst gebraucht,
s. Plin. 17, 24, 239, vgl. L. 8, 24,
7: *mutuo inter se.* — *in supplem.*
sc., s. Nieb. 3, 300. — *nec iussu c.*,
c. 41, 17. — *malo tir. inb.*, weil sie
eben ausgehoben sind: man müsse
sie schlimmes Lehrgeld zahlen lassen. — *inter — veteran.*, die also,
wie auch § 20: *veteres* zeigt, an dem
Kampfe wieder Theil nehmen. —

20 nec eos opinio fefellit: omnes Samnitium copiae, veteres novae-
    que, montes proximos fuga capiunt. eo et Romana erigitur acies,
    nec quicquam satis tuti loci victis est, et de iugis, quae ceperant,
21 funduntur; iamque una voce omnes pacem petebant. tum trium
    mensum frumento imperato et annuo stipendio ac singulis in
22 militem tunicis ad senatum pacis oratores missi. Cornelius in
    Samnio relictus; Marcius de Hernicis triumphans in urbem rediit,
    statuaque equestris in foro decreta est, quae ante templum Ca-
23 storis posita est. Hernicorum tribus populis, Aletrinati Verulano
    Ferentinati, quia maluerunt quam civitatem, suae leges redditae,
    conubiumque inter ipsos, quod aliquamdiu soli Hernicorum ha-
24 buerunt, permissum. Anagninis quique arma Romanis intulerant
    civitas sine suffragii latione data, concilia conubiaque adempta et
    magistratibus praeterquam sacrorum curatione interdictum. —
25 Eodem anno aedes Salutis a. C. Iunio Bubulco censore locata est,

quicq. *s. t. loci*, s. c. 32, 11; 37,
23, 11.
    21—22. *pacis or.*, s. Cic. Legg.
2, 9, 21: *foederum pacis belli —
oratores fetiales sunto*, s. 6, 1, 6.
— *triumph.*, nach den Fasten
*de Anagnineis Herniceisque ann.
CDXLVII prid. K. Quint.* — *statua*, s. 8, 13, 9; Plin. 34, 6, 23:
*ante aedem Castorum fuit Marci
Tremuli equestris togata (statua),
qui Samnites bis devicerat captaque
Anagnia populum stipendio liberaverat*; das Letzte würde nicht hinzugefügt sein, wenn nur ein zwei-
monatlicher Sold, § 6, von den Hernikern gegeben wäre. — *templum
C.*, 2, 20, 12.
    23. *maluer.*, das Object ist aus
dem Nebensatze: *suae leges* zu nehmen, s. 8, 17, 10. — *civitat.*, schon
der Gegensatz § 24 zeigt, dass das
volle Bürgerrecht gemeint ist, welches aus den 6, 26, 8 angegebenen
Gründen ausgeschlagen wird, vgl.
c. 45, 7; 23, 20, 2. — *leges redd.*,
nicht als ob sie ihnen genommen
gewesen wären, sondern: sie wurden ihnen nach den Verhandlungen
gelassen; die Selbständigkeit der
Staaten, wie sie früher war, anerkannt, s. c. 4, 4; 25, 23, 4; 29, 21,

7; 33, 34, 6; 37, 32, 14 u. a. *inter
ipsos*, die 3 Staaten unter sich, nicht
mit den übrigen, s. 8, 14, 10. Nach
dem Folg. wird es später auch anderen Staaten der H. gestattet.
    24. *civitas s. s.*, vgl. 8, 14, 9 und
die Stelle aus Festus ib. § 3; Lange
2, 545. — *conub.*, den populis inter
se, nicht civibus inter se, s. 8, 14,
10 ; die 3 erstgenannten Staaten behielten wol auch das Recht sich ge-
meinsam zu berathen und zu beschliessen. — *et magistr.* etc., die
Magistrate blieben dem Namen nach,
wie z. B. in Latium die Dictatoren,
hatten aber nur noch religiöse Ver-
richtungen (den gestraften Staaten
wird nach der deditio wenigstens
ihr Cultus gelassen, s. 7, 31, 4:
delubra, vgl. Mommsen 1, 346; Marq.
4, 41) zu besorgen. Dadurch wird
zugleich angezeigt, dass das Ge-
meindewesen aufgehoben, das frühere Recht der Stadt genommen und
das röm. eingeführt worden ist, welches von einem römischen Präfecten, s. die Stelle aus Fest. zu 8, 19,
12, gehandhabt wird.
    25—26. *eodem* etc. Einzelne No-
tizen aus den Annalisten, wie sie
oft, s, c. 44, 16, am Ende des Jahres nachgeholt werden. — *Salutis*,

quam consul bello Samnitium voverat. ab eodem collegaque eius
M. Valerio Maximo viae per agros publica inpensa factae. et 26
cum Carthaginiensibus eodem anno foedus tertio renovatum, legatisque eorum, qui ad id venerant, comiter munera missa.

Dictatorem idem annus habuit P. Cornelium Scipionem cum 44
magistro equitum P. Decio Mure. ab his, propter quae creati 2
erant, comitia consularia habita, quia neuter consulum potuerant
bello abesse. creati consules L. Postumius Ti. Minucius. hos 3
consules Piso Q. Fabio et P. Decio suggerit, biennio exempto,
quo Claudium Volumniumque et Cornelium cum Marcio consules
factos tradidimus. memoriane fugerit in annalibus digerendis, 4
an consulto binos consules, falsos ratus, transcenderit, incertum est.

Eodem anno in campum Stellatem agri Campani Samnitium 5
incursiones factae. itaque ambo consules in Samnium missi

c. 31, 10, der öffentlichen Wohl-
fahrt, die auch in Kriegsnoth angerufen wird, s. 10, 1; später mit der
Hygiea identificirt, 40, 37, 2; Preller 601. — *viae* etc., was Appius
im Grossen ausgeführt, thun seine
Nachfolger im Kleinen, vgl. 10, 47;
41, 27, 5. — *tertio,* damit übereinstimmend heisst es Periocha 13:
quarto; bis jetzt hat jedoch L. nur
einen Vertrag mit Carthago erwähnt, s. 7, 27; er hat also einen,
den ersten oder zweiten, s. zu 7,
38, 2, übergangen, oder er folgt
hier einem Annalisten, der vorher
zwei Verträge erwähnt hatte, während der 7, 27 benutzte nur einen
kannte. Ob die an u. St. von L. ein-
gesehene Quelle den von Polyb. 3,
22 als den ersten bezeichneten Vertrag gleichfalls als den ersten angeführt oder einen zweiten nach 406
geschlossenen erwähnt hatte, lässt
sich eben so wenig sicher erkennen,
als ob der dritte Vertrag bei L. der
zweite des Polybius oder bei diesem ein Vertrag nicht erwähnt sei;
doch würde der Artikel eines Ueber-
einkommens bei Servius Verg. Aen.
4, 628: *ut neque Romani ad litora
Carthaginiensium accederent, neque Carthaginienses ad litora Ro-*

manorum, — *Corsica esset media,*
s. c. 30, 4, den damaligen Verhältnissen der Römer sowol als
der Karthager, die eben mit Agatho-
cles Friede geschlossen hatten, entsprechen, s. zu 7, 27, 2; Nieb. R.
G. 3, 100; Mommsen, 1, 419; Broek-
ker Untersuchungen 123 ff. — *ob
id,* n. *foedus renovandum.*

44. 2—4. *Scipion.,* 8, 22; CIL. p.
13. — *neuter*, da Marcius bereits triumphirt hat, sollte man ihn in Rom
erwarten. *potuerant,* mit Rücksicht auf *consulum,* 5, 39, 4: *nemo
— crederent*; 24, 20, 14; Plaut.
Men. 5, 2, 35: *caveres, neuter ad me
iretis*; Amph. 5, 1, 19. — *bello ab.,*
s. 26, 41, 11. — *Piso,* 1, 55, 8. —
suggerit, 4, 20, 9 u. a. — *memoria*
scheint Abl., *fugio* wie *cedere,* 2,
33, 9; *exire,* 6, 37, 5, construirt zu
sein; doch findet sich sonst diese
Verbindung nicht, wahrscheinlich
ist etwas verdorben. — *consulto,* s.
Mommsen Chron. S. 124; Broecker
S. 128 f.

5—7. *Stellatem,* s. Diodor. 20,
90: Φαλεϱῖτιν, eine von röm.
Bürgern bewohnte Landschaft, s. c.
20, 6. — *agri C.,* 8, 11, 13: *qui populi
Campani fuerat*; zur Construct.

6 cum diversas regiones, Tifernum Postumius, Bovianum Minucius
7 petisset, Postumi prius ductu ad Tifernum pugnatum. alii haud
   dubie Samnites victos ac viginti milia hominum capta tradunt,
8 alii Marte aequo discessum, et Postumium, metum simulantem,
   nocturno itinere clam in montes copias abduxisse, hostes secutos
9 duo milia inde locis munitis et ipsos consedisse. consul ut stativa tuta copiosaque — et ita erant — petisse videretur, postquam et munimentis castra firmavit et omni apparatu rerum uti-
10 lium instruxit, relicto firmo praesidio de vigilia tertia, qua duci
   proxime potest, expeditas legiones ad collegam, et ipsum adversus
11 alios sedentem, ducit. ibi auctore Postumio Minucius cum hostibus signa confert, et cum anceps proelium in multum diei pro-
   cessisset, tum Postumius integris legionibus defessam iam aciem
12 hostium inproviso invadit. itaque cum lassitudo ac vulnera fugam quoque praepedissent, occidione occisi hostes, signa unum
13 et viginti capta atque inde ad castra Postumi perrectum. ibi duo
   victores exercitus perculsum iam fama hostem adorti fundunt
   fugantque; signa militaria sex et viginti capta et imperator Samnitium Statius Gellius multique alii mortales et castra utraque
14 capta. et Bovianum urbs postero die coepta oppugnari brevi
   capitur, magnaque gloria rerum gestarum consules triumpharunt.
15 Minucium consulem, cum vulnere gravi relatum in castra, mortuum
   quidam auctores sunt, et M. Fulvium in locum eius consulem
   suffectum, et ab eo, cum ad exercitum Minucii missus esset,
16 Bovianum captum. — Eo anno Sora Arpinum Cesennia recepta

s. 27, 30, 7: *Chalcidem Euboeae
u. a.* — *Tifernum,* zu unterscheiden von zwei gleichnamigen Städten
in Umbrien, scheint von Bovianum
östlich, am Fl. Tifernus gelegen zu
haben, wie *diversas reg.* andeutet;
so dass der eine Consul von Westen, der andere von Osten in Samnium eindringt; 10, 14 — *Bovianum,*
wegen der grösseren Nähe des ager
Stellatis und von Tifernum, welche
bei der List des Postumius § 10 ff.
vorausgesetzt wird, ist hier an das
südliche Bovianum zu denken, welches früher, s. c. 31, 4, entweder
nur geplündert, oder nach der Einnahme durch die Römer von den
Samniten wieder erobert worden ist.
9—15. *castra* nach *stativa* wie

c. 43, 12. — *de. vig't.,* 8, 23, 15,
— *qua* — *potest,* 1, 23, 5. — *et ips.*
— *sedentem,* auch er hatte einem
samnit. Heere gegenüber ein Stand-
lager. — *in mult. d.,* c. 39, 8: *ad
uttimum laboris* etc. — *Statius,*
Vorname; *Gellius,* Vor- und Zuname. — *capta* — *capta* — *capitur,*
c. 24, 11. — *triumpharunt,* die
Triumphalfasten melden diesen Triumph nicht, wol aber den des
Fulvius § 15: *de Samnitibus an.
CDXLIIX. III. Non. Oct.,* dessen
Nachwahl auch die Capitol. Fasten
erwähnen.

16. *Sora Arp. C.,* die Samniten
können ihre festen Plätze auf röm.
Gebiete nicht mehr behaupten. *Sora,* c. 43, 1; *Arpinum,* in der Nähe

ab Samnitibus, Herculis magnum simulacrum in Capitolio positum dedicatumque.

P. Sulpicio Saverrione P. Sempronio Sopho consulibus 45
Samnites, seû finem seu dilationem belli quaerentes, legatos de
pace Romam misere. quibus suppliciter agentibus responsum
est, nisi saepe bellum parantes pacem petissent Samnites, ora- 2
tione ultro citro habita de pace transigi potuisse: nunc, quando
verba vana ad id locorum fuerint, rebus standum esse. P. Sem- 3
pronium consulem cum exercitu brevi in Samnio fore; eum, ad
bellum pacemne inclinent animi, falli non posse; conperta omnia
senatui relaturum; decedentem ex Samnio consulem legati sequerentur. eo anno cum pacatum Samnium exercitus Romanus 4
benigne praebito commeatu peragrasset, foedus antiquum Samnitibus redditum.

Ad Aequos inde, veteres hostes, ceterum per multos annos 5
sub specie infidae pacis quietos, versa arma Romana, quod incolumi Hernico nomine missitaverant simul cum his Samniti auxilia, et post Hernicos subactos universa prope gens sine dissi- 6
mulatione consilii publici ad hostes desciverat; et postquam icto
Romae cum Samnitibus foedere fetiales venerant res repetitum,
temptationem aiebant esse, ut terrore incusso belli Romanos se 7

<hr/>

von Sora, gleichfalls am Liris; *Ce-*
sennia ist nicht weiter bekannt, bei
Diod. Σερεννία. — *recepta*, s. 23,
11, 7. — *Herculis*, die Veranlassung lag viell. in der c. 29 berichteten Verletzung des Gottes; sonst
werden dem Hercules von siegrei-
chen Feldherrn Bilder gewidmet, s.
zu 10, 46, 14; Preller Myth. 654.
f. — *magn. sim.*, ein colossales
Standbild. — *in Capit.*, Becker 1, 408.
45. 1—4. *Saverrio*, ein Zuname der Sulpicier, der sich nur noch
einmal findet. — *Sophus* ein griechischer Name, s. 10, 47, 3; Nieb.
R. G. 3, 366. — *suppliciter*, s. c.
20, 2. — *bellum, p.*, sie hätten nur
zum Schein Frieden gesucht, was
jedoch Liv. kaum einmal erwähnt
hat. — *ad id l.*, 22, 38, 12. — *pa-*
catum, die Samniten leisten keinen
Widerstand mehr; doch soll nach
den Triumphalfasten Sulpicius *de*
Samnitibus ann. CDXLIX. IIII. Kal.

Tit. Liv. III 3. Aufl.

Nov. triumphirt haben. — *foedus*
ant., s. 8, 2, 1; ebenso Diod. 20,
101: Ῥωμαῖοι καὶ Σαυνῖται —
πρὸς ἀλλήλους εἰρήνην συνέθεντο
πολεμήσαντες ἔτη εἴκοσι δύο καὶ
μῆνας ἕξ; nach L. nur 21 Jahre, s.
8, 25, 2. Die Friedensbedingungen,
welche sehr mild gewesen zu sein
scheinen, sind übergangen, vgl. 10,
16, 5; ib. 11, 12; Nieb. 3, 304.
    5—9. *sub specie*, s. 36, 7, 12; 44,
24, 4; Curt. 10, 21, 21: *sub tutelae*
specie, gewöhnlicher ist *specie* oder
per speciem; schon lange war ihr
Abfall erwartet worden, s. § 10;
jetzt erheben sie sich, nachdem die
Samniten bereits Frieden geschlossen haben. — *missitav.*, s. Sall. I.
38, 1; sonst ist das W. selten. —
tempt. — *ut*, die Römer versuchten,
ob sie bewirken, erreichen können,
dass u. s. w. Die Aequer fürchten,
dass sie genöthigt werden die civitas sine suffragio anzunehmen, *Ro-*

fieri paterentur, quod quanto opere optandum foret, Hernicos
docuisse, cum, quibus licuerit, suas leges Romanae civitati prae-
8 optaverint; quibus legendi, quid mallent, copia non fuerit, pro
poena necessariam civitatem fore. ob haec vulgo in conciliis
9 iactata populus Romanus bellum fieri Aequis iussit; consulesque
ambo ad novum profecti bellum quattuor milia a castris hostium
10 consederunt. Aequorum exercitus, ut qui suo nomine permultos
annos inbelles egissent, tumultuario similis, sine ducibus certis,
11 sine imperio, trepidare. alii exeundum in aciem, alii castra tuenda censent; movet plerosque vastatio futura agrorum ac dein-
12 ceps cum levibus praesidiis urbium relictarum excidia: itaque
postquam inter multas sententias una, quae omissa cura communium ad respectum suarum quemque rerum verteret, est audita,
13 ut prima vigilia diversi e castris ad deportanda omnia tuendasque
moenibus [in] urbes abirent, cuncti eam sententiam ingenti ad-

manos *fieri*, s. 8, 17, 12. — *quod* —
praeopt., auf die Verschiedenheit der
einzelnen Staaten der Herniker an-
gebotenen civitas von der, welche
die Anaginer anzunehmen gezwungen wurden, wird keine Rücksicht genommen. — *quibus leg.* — *fore*, es sind
die c. 43, 24 erwähnten Anaginer;
die Redenden setzen voraus, dass
dieselben, da das Verhältniss noch
neu ist, das Drückende ihrer Lage
erst noch empfinden werden; obgleich es ihnen wol schon vorher
längst bekannt gewesen war. —
leg. — *copia non f.*, sie haben also
gezwungen die *civitas sine suffragio*
angenommen. Auch Cic. Balb. 13,
31: *itaque et ex Latio multi — et ex
ceteris regionibus gentes universae
in civitatem sunt receptae, ut Sabinorum, Vulscorum, Hernicorum:
quibus ex civitatibus nec coacti essent civitate mutari, si qui noluissent, nec, si qui essent civitatem nostram beneficio p. R. consecuti, violatum foedus eorum videretur*, beschränkt die freie Wahl der civitas
auf die Staaten, die noch durch ein
foedus mit Rom verbunden waren,
nicht dieses, wie ein Theil der Herniker, und wol auch die Aequer,
gebrochen hatten. Uebrigens ist

poena sehr bezeichnend, um so mehr
da L. sonst die civitas gewöhnlich
als ein vortheilhaftes Verhältniss
betrachtet; über *legendi = eligendi*
s. c. 39, 5; 6, 40, 10 u. a. — *conciliis*,
die vorhergeh. Aeusserungen beziehen sich auf das ganze Volk,
und es werden dabei Versammlungen von Abgeordneten der einzelnen
Staaten vorausgesetzt, weshalb *consiliis*, weniger passend ist. — *pop.
R.*, Lange 2, 514.

10—15. *suo nom.*, die Aeq. haben
lange Zeit als selbstständiger Staat,
für sich, keinen Krieg geführt, s.
31, 28, 2, wenn auch Einzelne als
Freiwillige bei anderen Völkern
dienten, s. § 5: *infidae. — permult.
a.*, seit 366, s. 6, 4, 8. — *egissent*,
hingebracht, verlebt, s. 10, 1, 4. —
exeundum n. *e castris.* — *cum* —
relictar. über die Wortstellung s. 6,
23, 4. — *communium*, s. 3, 68, 3.—
verteret (nach Madvig *vertit*), *est*
statt des hds. *vertisset*, weil dieses
eine passende Erklärung nicht zu-
lässt und *est* nicht wohl vermisst
werden kann. — *ut prima* ist das,
was nach der einen Ansicht geschehen soll; der Nachsatz beginnt
mit *cuncti*. — *tuendasque* liesse sich,
wenn *in* nicht entfernt wird, nur

sensu accepere. palatis hostibus per agros prima luce Romani 14
signis prolatis in acie consistunt et, ubi nemo obvius ibat, pleno
gradu ad castra hostium tendunt. ceterum postquam ibi neque 15
stationes pro portis nec quemquam in vallo nec fremitum con-
suetum castrorum animadverterunt, insolito silentio moti metu
insidiarum subsistunt. transgressi deinde vallum cum deserta 16
omnia invenissent, pergunt hostem vestigiis sequi. sed vestigia
in omnes aeque ferentia partes, ut in dilapsis passim, primo errorem faciebant; post per exploratores conpertis hostium consiliis 17
ad singulas urbes circumferendo bello unum et triginta oppida
intra dies quinquaginta omnia oppugnando cep erunt, quorum
pleraque diruta atque incensa , nomenque Aequorum prope ad
internecionem deletum. de Aequis triumphatum; exemploque 18
eorum clades fuit, ut Marrucini Marsi Paeligni Frentrani mitterent Romam oratores pacis petendae amicitiaeque. his populis
foedus petentibus datum.

　　　Eodem anno Cn. Flavius Cn. filius scriba, patre libertino hu- 46

durch eine harte Brachyologie: *deportanda in urbes tuendasque urbes*
erklären; einfacher ist 1, 6, 1: *in
arcem praesidio obtinendam. — pleno gr.*, 4, 32, 10.

16—17. *vestigiis*, ohne *in*, als adverbielle Bestimmung, 6, 32, 10 u.
a., s. c. 46, 4. — *ferentia*, 1, 7, 6.—
post Adverb. wie 45, 13, 2, vgl. 8,
8, 13. — *diruta* etc., sie werden
als devicti behandelt, vgl. 4, 34, 3.
— *ad internec.*, wie c. 25; s. jedoch
10, 1, 8; ib. 9, 7 u. Diod, 20, 101;
ἀναγκάσας πᾶν τὸ ἔθνος (τῶν
Αἴκλων) ὑποτάσσεσθαι ῾Ρωμαίοις
ἐπανῆλθε (Σεμπρώνιος) καὶ θρίαμ-
βον κατήγαγεν ἐπαινούμενον.
18. *exemplo — f.*, es diente zur
Warnung, so dass. — *Marrucini*
etc., s, c. 41, 4. Richtiger wol sagt
Diod. 20, 101; ὁ δὲ δῆμος ὁ ῾Ρω-
μαίων πρός τε Μαρσους καὶ Πελι-
γνούς, ἔτι δὲ Μαρρουκίνους συμ-
μαχίαν ἐποιήσατο. Die Frentaner
stehen den Samniten näher, s. zu 7,
31, 11; Mommsen Unterit. Dial. 329;
309. — *orator.*, c. 43, 21. — *pacis
pet.*, genit. qualit. zu *oratores*, der
aber durch die Verbalform *petendae*

unterstützt den Zweck bezeichnet:
Sprecher für den zu erbittenden u.
s. w., s. 8, 6, 11; 9, 9, 19; Caes. B.
G. 4, 17, 10; Sall. H. 1, 51 (48) 3 ; 6.

46. Cn. Flavius, die Censur des
Q. Fabius u. P. Decius. Plin. 33, 1,
17; Cic. Att. 6, 1, 8; Gell. 7 (6)
9 u. a.

1. *Cn. fil.* Der Name steht nicht
sicher, da Flavius bei Anderen
Anni (oder *Anci*) *fil.* heisst, uud in
einer früheren Hds. des L. wahrscheinlich so undeutlich geschrieben
war, dass er in mehreren der vor-
handenen Hdss. ganz fehlt, in anderen dafür *signum*, nur in einigen
Cn. steht, Mommsen Forsch. 1, 98.
— *scriba*, er war früher Secretär
des App. Claudius, jetzt ist er scriba
aedilicius, eine Stellung, die nicht
für unehrenhaft galt, da die *scribae*
einen besonderen *ordo* bildeten, und
als Gehülfen der Magistrate mit diesen in vielfacher Beziehung standen,
vgl. 23, 19, 17 ; Plin. 26, 1, 3;
Becker 2, 2, 373. — *patre lib.*, wahrscheinlich hat L., wie Diod. 20, 36,
geglaubt, des Flavius Vater sei selbst

mili fortuna ortus, ceterum callidus vir et facundus, aedilis curu-
2 lis fuit. invenio in quibusdam annalibus, cum appareret aedilibus,
fierique se pro tribu aedilem videret neque accipi nomen, quia
scriptum faceret, tabulam posuisse et iurasse se scriptum non
3 facturum; quem aliquanto ante desisse scriptum facere arguit Macer Licinius tribunatu ante gesto triumviratibusque, nocturno al-
4 tero, altero coloniae deducendae. ceterum, id quod haud discre-

---

früher Sclav gewesen, s. dagegen
Suet. Claud. 24: *ignarus* (*Claudius*)
temporibus Appii et deinceps ali-
quamdiu libertinos dictos non ipsos,
qui manumitterentur, sed ingenuos
ex his procreatos; aber auch dass
ein s o l c h e r ein Staatsamt erhielt,
war etwas Unerhörtes, s. § 10; 6, 40,
6; Tac. Ann. 11, 24; Appian. B. C
1, 33; zuHorat. Sat. 1, 6,38,— *aedil.*
cur., die nach dem Folg. in Tributcomitien gewählt werden.

2. *quibusdam*, so schon Piso bei
Gellius l. l., vgl. c. 44, 3. — *ap-*
pareret, er war apparitor, s. 1, 8, 3;
unter den apparitores nahmen die
scribae die erste Stelle ein. — *pro*
tribu etc., die Tribus wurden wie
die Curien, c. 38, 15, gleichzeitig
(*uno vocatu*) von dem Vorsitzenden
zur Abstimmung berufen, und bega-
ben sich in ihre saepta, s. 10. 13,
11; die in diese Stimmverschläge
bestellten Stimmenzähler (*diribito-*
res) berichteten nach Vollendung
der Abstimmung dem Vorsitzenden
das Resultat derselben in der einzelnen Tribus, indem sie meldeten,
dass *pro tribu*, von der Tribus aus,
durch dieselbe, einer gewählt worden sei, d. h. die Mehrzahl der Stimmen erhalten habe, dann erst erfolgte die Verkündigung (*renunti-*
atio) durch den Magistrat, vgl. Gell.
l. l.: *eumque* (*Flavium*) *pro tribu*
aedilem curulem renuntiaverunt;
aedilis, qui comitia habebat, negat
accipere. Der Singular *tribu* scheint
gebraucht, weil die Abstimmung
jeder einzelnen oder zunächst die
der zuerst stimmenden Tribus (*prin-*

cipium) von dem diribitor besonders gemeldet wurde, vgl. Th.
Mommsen die Stadtrechte von Sal-
pensa u. Malaca S. 425 ff.; Lange
2, 420. — *accipi. n.*, der vorsitzende
Aedil, in dessen Gefolge Flavius als
scriba war, s. Cic. Cluent. 45, 126,
wolle die Stimmen für ihn nicht gelten lassen, s. 27, 6, 5; wie *rationem*
habere 7, 22, 8; 8, 15, 9; 10,
15, 11 vgl. 3, 64, 5. — *quia scr. fac.*,
Gell. *aedilis — negat accipere, ne-*
que sibi placere, qui scriptum face-
ret, eum aedilem fieri. — *tabulam,*
die Schreibtafel, das Schreibzeug.
— *scriptum* von *scriptus, us*, bei
Gell. *scriptu se abdicasse*: er lege
das Schreiber = Notariatamt nieder.

3—4. *arguit*, sucht zu beweisen,
dass Flavius, wenn er schon vorher
Tribun war, das mit diesem Amte
nicht verträgliche Schreibergeschäft
schon lange vorher hätte aufgeben
müssen. — *Mac. Lic.*, s. c. 38, 16. —
tribunatu, das Volkstribunat, und es
ist kaum zu glauben, dass Macer ein
anderes gemeint und etwa gesagt
habe, Flavius sei *tribunus aerarii*
gewesen. Nach § 10 theilt L. die
Ansicht Macers nicht; Plin. l. l.
lässt Flav. sogar das Tribunat und
die Aedilität zugleich bekleiden, s.
Lange 2, 39. — *nocturno*, das Amt
der *triumviri nocturni*, welche zu
den magistratus minores gehörend,
für die Sicherheit der Stadt während
der Nacht zu sorgen hatten, s. Becker
2, 2, 361 ff., Zumpt Criminalr. 1, 2,
122, und hier zum ersten Male erwähnt werden. — *discrep.*, 8, 40, 1.

pat, contumacia adversus contemnentes humilitatem suam nobiles
certavit; civile ius, repositum in penetralibus pontificum, evul- 5
gavit fastosque circa forum in albo proposuit, ut, quando lege
agi posset, sciretur; aedem Concordiae in area Vulcani summa 6
invidia nobilium dedicavit; coactusque consensu populi Cornelius
Barbatus pontifex maximus verba praeire, cum more maiorum
negaret nisi consulem aut imperatorem posse templum dedicare.

— *contumacia*: mit kühner Verachtung, indem er ihre vermeintlichen Vorrechte angriff, wie *precibus, silentio*, 7, 41, 3: *ioco* u. a. —
nobiles, nicht blos den Patriciern,
sondern auch den vornehmen Plebejern tritt er als Haupt der gemeinen Menge entgegen. Im Folg. werden die Mittel angegeben, deren er
sich bedient um den Einfluss der Nobilität zu schwächen.

5. *civile ius* etc., nicht das Recht
selbst machte er bekannt, denn dieses stand durch die zwölf Tafeln
und andere Gesetze so wie durch
das Herkommen fest, sondern er
verfasste eine Schrift, die erste der
Art, in welcher die Klagformeln, die
Worte und Handlungen zusammengestellt waren, in denen eine Sache vor
Gericht angebracht werden musste,
deren Kenntniss um so nothwendiger war, je leichter das geringste
Versehen den Verlust des Prozesses
zur Folge haben konnte. Es war
eine populäre Darstellung der *legis
actiones*, die von Flavius bekannt
gemacht, und nach ihm Ius Flavia-
num genannt wurde. — *repositum*
etc., wie früher über das Recht
selbst, s. 3, 31, 8, so hatte sich über
diese Formeln eine Tradition gebildet, welche zwar allen nobiles zugänglich war, besonders aber von
den Priestern, s. 6, 1, 10, da das
Privatrecht mit dem ius sacrum in
der engsten Verbindung gestanden
hatte, bewahrt wurde. — *evulgavit*,
nach Plin. l. l. auf Veranlassung des
App. Claudius, noch als scriba desselben, vgl. Cic. Or. 1, 41, 186: *expositis a. Cn. Flavio primum actio-*

nibus; Mommsen 1, 474; Rein Privatrecht S. 46. — *fastosq.*, den Calender, in welchem die Tage ver-
zeichnet waren, an denen gericht-
liche Verhandlungen vorgenommen
werden konnten, welche zu kennen
für Rechtsgeschäfte ebenso wichtig war, als die Kenntniss der Formeln, s. 1, 19, 7. — *in albo*, 1, 32,
2. Wahrscheinlich war jedoch der
Calender schon ein Theil der zwölf
Tafeln und mit diesen aufgestellt
gewesen, weshalb glaublicher ist,
dass Flavius denselben wie die For-
mulare in Schriften bekannt gemacht habe, s. Mommsen Chronol.
S. 31; 210. — *proposuit*, dieses hätte
er erst als Aedil thun, ein höherer
Magistrat die Tafel leicht wieder
entfernen können; Cic. Att. l. l.

6. *aedem C.*, vgl. 6, 42, 12; Plin.
l. l.: *Flavius vovit aedem Concordiae,
si populo conciliasset ordines*, s. § 14,
*et cum ad id pecunia publice non
decerneretur, ex multaticia feneratoribus condemnatis aediculam ae-
ream fecit — inciditque in tabella
aerea factam eam aedem CCIIII
annis post Capitolinam dedicatam;
ita CCCCXLVIIII a condita urbe
gestum est*, Mommsen Chronol. S.
198. — *area V.*, ein freier Platz
über dem Comitium, Becker 1, 287 f.
— *invidia* deutet auf die von Plin.
bezeichneten Verhältnisse. — *consensu*, 4, 51. 3; selbst der Ober-
priester muss sich dem Willen des
Volkes fügen. — *Cornelius* der c.
44, 1 genannte, s. CIL. p. 13. —
more maiorum gehört zu (*non*) *posse
dedicare*. — *consulem* etc., dass dieser Grundsatz nicht immer beob-

7 itaque ex auctoritate senatus latum ad populum est, ne quis templum aramve iniussu senatus aut tribunorum plebei partis maio-
8 ris dedicaret. haud memorabilem rem per se, nisi documentum
9 sit adversus superbiam nobilium plebeiae libertatis, referam. ad
collegam aegrum visendi causa Flavius cum venisset, consensuque nobilium adulescentium, qui ibi adsidebant, adsurrectum ei
non esset, curulem adferri sellam eo iussit ac sede honoris sui
10 anxios invidia inimicos spectavit. ceterum Flavium dixerat aedi-
em forensis factio, Ap. Claudii censura vires nacta, qui senatum

achtet worden ist, zeigt 2, 27, 6;
ib. 42, 5; 6, 5, 8; s. 23, 30, 13;
Marq. 2, 3, 176.

7. *latum — ne quis*, L. will wol
sagen, dass d a m a l s dieses die Einführung neuer Culte beschränkende
Gesetz, s. Marq. 4, 49; Lange 2, 541,
gegeben worden sei, und meint wahrscheinlich ein anderes als das von
Cic. de domo s. c. 49; 50; *lex
Papiria* (nach c. 49, 127: *legem
veterem tribuniciam*) *vetat aedes
iniussu plebis consecrari* etc. erwähnte. Zwar kann es in der Darstellung L's auffallen, dass das Volk
einen dem eben über Flavius ge-
fassten Beschluss zuwiderlaufenden
Antrag genehmigt; aber die Interessen der Plebs waren durch die
Theilnahme der Tribunen an den
Berathungen gewahrt. Ob das Gesetz von den Centurien oder den
Tribus genehmigt ist, geht aus L's
Worten nicht deutlich hervor. —
partis maioris, es soll, wenn ein
Beschluss der Art gefasst ward, der
grössere Theil der Gesammtzahl
der Senatoren oder Tribunen (von
diesen also wenigstens 6) in der
Sitzung anwesend sein, unter denen
dann wieder die Majorität entscheidet; *maior pars* ist die gewöhnliche
Bezeichnung der Majorität, s. 40,
29, 13; 22, 43, 8; 1, 32, 12 u. a.,
vgl. 26, 33, 14; die Construct. wie
9, 24, 13; zur Sache Lange 1, 596.

8—9. *per se* n. *quae per se non—
sit, nisi* etc.: welche an sich nicht
— doch sein dürfte. — *plebeiae*,

Plebs im späteren Sinne, da auch
unter der Nobilität viele Plebejer
waren, s. § 4. — *libertat.*, vgl. § 4:
contumacia; Cic. Tusc. 1, 29: *libera
contumacia*. — *collega*, s. Plin. l. l.:
*Q. Anicius Praenestinus, qui paucis
ante annis hostis fuisset. — adsideb.*
21, 53, 6. — *adsurrect.*, dieses ver-
langte die Sitte und die Ehrfurcht
vor dem Magistrate. Zum Ausdrucke
s. Cic. Inv. 1, 30, 48: *ut maioribus
natu adsurgatur. — sede h.*, auf
demselben, s. 1, 34, 8: *carpento se-
denti.* Genauer Piso: *sellam curulem — in limine posuit, ne quis illorum exire posset. — anxios*, 2, 7, 7.

10. *ceterum* etc. geht nach der
Unterbrechung auf § 1 zurück. —
forensis f., dann *turba forensis*;
humiles, humillimi, die Besitzlosen
(*opifices, sellularii, libertini*, s. 8,
20, 4; 10, 21, 4) welche bis jetzt von
den 5 Classen ausgeschlossen als
proletarii und capite censi der letzten Centurie, 1, 43, 8, angehört und
wahrscheinlich auch in den Tribus
keine Stelle gehabt hatten, da sie
wohl meist ohne Grundbesitz waren,
s. Mommsen 1, 310 f. Jetzt haben
sie durch Appius die Erlaubniss erhalten, sich in jede beliebige Tribus
aufnehmen za lassen: *per tribus —
divisis*; Diod. 20, 36: ἔδωκε τοῖς
πολίταις τὴν ἐξουσίαν ὅποι προαι-
ροῖντο τιμήσασθαι; also eine gänz-
liche Umgestaltung aller Tribus.
Dadurch konnten sie, da die Armen
schon damals nach Rom strömten,
und die Zahl der Freigelassenen

primus libertinorum filiis lectis inquinaverat et, posteaquam eam 11
lectionem nemo ratam habuit, nec in curia adeptus erat, quas petierat opes urbanas, humilibus per omnes tribus divisis forum
et campum corrupit. tantumque Flavii comitia indignitatis ha- 12
buerunt, ut plerique nobilium anulos aureos et phaleras depone-
rent. ex eo tempore in duas partes discessit civitas: aliud integer 13
populus, fautor et cultor bonorum, aliud forensis factio tenebat,

nicht gering war, das Uebergewicht
über die Grundbesitzer erlangen
(*vires nacta*), und also auch Wahlen
wie die des Flavius durchsetzen, s.
Marquardt 2, 3, 46, ff.; Lange 2,
69 ff. — *primus* etc., erst lange
nachher, zur Zeit der Bürgerkriege,
ist es wieder geschehen, s. Becker
2, 2, 391; Lange 1, 380; 512. —
libertin. ist wie § 1 zu nehmen, da
schon für den Ritterstand nach Plin.
33, 2, 32 als Regel galt, dass der
Aufzunehmende *ingenuus ipse, patre,
avo paterno* sein müsse. Doch hätte
sich Appius scheinbar, s. Puchta 1,
207, darauf, dass nach der lex Ovin.,
s. 4, 8, 2, *ex omni ordine* die Besten
gewählt werden sollten, die Ausschliessung der libertini durch kein
Gesetz bestimmt war, berufen
können.

11. *posteaq.*, 23, 29, 17. — *nemo
— hab.*, s. c. 30, 2. Nachdem es
Appius misslungen ist, den Senat
von sich abhängig zu machen, sucht
er sich auf die niederen Volksklas-
sen zu stützen, s. zu c. 33, 5, indem
er den bisher immer festgehaltenen
Grundsatz, dass das Stimmrecht von
dem Grundbesitze abhängig sein
müsse, wankend machte. Da die
humiles, die er dadurch zu gewinnen suchte, wol meist in der Stadt
wohnten, s. § 10, so konnte der Einfluss, den er durch dieselben gewann, auch *opes urbanae*, vgl. c.
42, 4, genannt und nach *in curia*
noch erwähnt werden; so dass es
nicht nothwendig scheint mit Gron.
urbanis hum. zu lesen. Es schwebte
L. der Gedanke vor: *opes urbanas,
quas in curia non adeptus erat, hu-*

*millimis per tribus divisis sibi com-
parare studuit* vgl. Diod. 1. 1. ὁρῶν
τεθησαυρισμένον κατ' αὐτοῦ παρὰ
τοῖς ἐπιφανεστάτοις τὸν φθόνον,
ἐξέκλινε τὸ προσκόπτειν τισὶ τῶν
ἄλλων πολιτῶν, ἀντίταγμα κατα-
σκευάζων τῇ τῶν εὐγενῶν ἀλλοτριό-
τητι τὴν παρὰ τῶν πολλῶν εὔνοιαν; Becker 2, 1, 194. — *forum* die
Tribut-, *campum* (*Martium*) die Centuriatcomitien, denn wer einmal in
eine Tribus eingeschrieben war,
erhielt seinem Vermögen entsprechend auch in den Centurien eine
Stimme, s. Marquardt 2, 3, 32; Ihne
1, 367.

12. *tantumque*, und so, da eine
solche Wahl und auf eine solche
Weise durchgesetzt war u. s. w. —
Flavii, in denen er war gewählt
worden. — *anulos a.*, die Senatoren,
s. c. 7, 9; *phaleras* die Ritter, s.
Plin. l. l. Die phalerae waren in
edlem Metalle gearbeitete Schild-
chen, mit denen das Riemenzeug der
Pferde geschmückt wurde, 22, 52,
5, dann auch, wie a. u. St., Verzie-
rungen, welche die Ritter als *dona
militaria* erhielten und an Riemen
befestigt über dem Panzer trugen.

13. *ex eo temp.* ist wohl nicht
allein auf die Zeit der Wahl des
Flavius zu beschränken, sondern
von der Zeit überhaupt zu verstehen,
in welcher seit Appius Censur die
factio forensis mächtig geworden
war, was sich am deutlichsten in
jener Wahl gezeigt hatte. Die Worte
bilden den Uebergang zum Folg. und
sind auf keinen Fall mit Nieb. 3
374 nach § 3 zu stellen. — *tenebat,*
hielt Anderes fest, verfolgte andere

14 donec Q. Fabius et P. Decius censores facti, et Fabius simul concordiae causa, simul ne humillimorum in manu comitia essent,
omnem forensem turbam excretam in quattuor tribus coniecit,
15 urbanasque eas appellavit. adeoque eam rem acceptam gratis
animis ferunt, ut Maximi cognomen, quod tot victoriis non pepererat, hac ordinum temperatione pareret. ab eodem institutum
dicitur, ut equites idibus Quinctilibus transveherentur.

Zwecke, viell. ist mit Anderen *ten-*
debat zu lesen. — *integer* — *honor.*,
der unverdorbene Theil des Volkes,
die Begüterten, Conservativen (*boni*
oft bei Cicero),die deshalb die Stütze
der Nobilität sind, während die
factio forensis auf die Seite der *po-*
pulares, wie Appius und Flavius,
steht, vgl. c. 33, 5: *optimo cuique*;
Tac. H. 1, 4: *pars populi integra* —
plebs sordida.

14. *Q. Fab. et P. Dec.*, wenn
beide schon im Jahre 450 (nach L.
448) Censoren waren, wie die Fasten angeben, die Censur des Appius aber erst 447 (nach L.) zu Ende
gieng, s. c. 42, 3, so kann das lustrum
der nach Appius gewählten Censoren, nach den Fasten *M. Valerius*
Maximus u. C. Iunius Bubulcus,
nur drei Jahre gedauert haben, eine
Unregelmässigkeit, die viell. dadurch veranlasst war, dass die Nobilität die Neuerungen des Appius
so bald als möglich beseitigen wollte, s. c. 34, 16; Mommsen Chron. 164.
facti, s. 10, 30, 4 u. a. — *concor-*
diae c., um die *humiles* nicht durch
die Zurückführung des früheren Zu-
standes zu erbittern und neue Zwie-
tracht im Staate herbeizuführen,
s. die Stelle aus Plin. § 6, schloss
er sie nicht von den Tribus aus,
sonderte sie aber von den Grund-
besitzern ab, und räumte ihnen vier
Tribus ein (ähnlich wie in den Centuriatcomitien die letzte Centurie),
während jene, in die übrigen, jetzt
27, später 31 Tribus aufgenommen,
immer die Majorität in den Tributcom. haben mussten: *ne* — *comitia*
essent, 1, 43, 10, vgl. Marquardt 2,

3, 47. — *urbanas e. a.*, vorher, als
die Bürger in allen Tribus gleich
gestellt gewesen waren, hatte ein
Unterschied zwischen diesen nicht
stattfinden können; jetzt, wo die
Nichtansässigen und wol die meisten
Freigelassenen, mochten sie in der
Stadt wohnen oder nicht (*excretam*),
in die städtischen Tribus aufgenommen werden, bekommen diese eine
andere Bedeutung für die politischen
Verhältnisse, und gelten als weniger ehrenvoll, ja verächtlich den
rusticae gegenüber. Diese Einrichtung (eben so wenig der blosse Name *tribus urbanae* als nach Niebuhr die Reform der Verfassung, 1,
43, 12) wird dem Fabius zugeschrieben; und dass sie eine neue war,
die 4 städtischen Tribus nicht schon
früher, wie Dionys. 4, 22 angiebt,
s. zu 45, 15. 2 ff.; Lange 1, 376;
2, 80 f.; Becker 2, 1, 96; 194, eine
ähnliche Bestimmung hatten, zeigt
die hohe Bedeutung, welche derselben beigelegt wird; die Zurückführung einer lange anerkannt gewe-
senen Einrichtung würde Fabius
auch von Seiten der Nobilität schwerlich den Namen *Maximus* verschafft
haben.

15. *temperatione*, 1, 21, 6. —
equites etc., sie zogen geschmückt
mit der trabea und ihren im Kriege
erworbenen Ehrenzeichen von dem
Tempel des Honos vor der *porta*
Capena über das Forum nach dem
Capitolium, CIL. 396; Becker 2, 1,
260 ff. — *transveh.*, daher *transvectio*
equitum, die von der *recognitio eq.*,
welche bei dem Census statt hatte,
zu unterscheiden ist.

TITI LIVI

AB URBE CONDITA

LIBER X.

L. Genucio Ser. Cornelio consulibus ab externis ferme bel- **1**
lis otium fuit. Soram atque Albam coloniae deductae. Albam in
Aequos sex milia colonorum scripta. Sora agri Volsci fuerat, sed **2**
possederant Samnites; eo quattuor milia hominum missa. eodem anno Arpinatibus Trebulanisque civitas data. Frusinates **3**
tertia parte agri damnati, quod Hernicos ab eis sollicitatos conpertum, capitaque coniurationis eius quaestione ab consulibus ex
senatus consulto habita virgis caesi ac securi percussi. tamen **4**
ne prorsus inbellem agerent annum, parva expeditio in Umbria
facta est, quod nuntiabatur ex spelunca quadam excursiones armatorum in agros fieri. in eam speluncam penetratum cum si- **5**

1—11. Die Zeit zwischen dem
zweiten und dritten Samnitenkriege.
1. Anlegung von Colonieen; Zug
nach Umbrien; gegen die Aequer.

1—2. *Genucio* (*Aventinense*), *Cornelio* (*Lentulo*). — *ferme*: so ziemlich, in Bezug auf § 4 mit *externis*
verbunden. — *Albam c. d.*, es ist
Alba am Fucinersee, Fucentia, einer der festesten Punkte Italiens
„der Schlüssel zum Marserlande,"
um diese und die Aequer niederzuhalten und die Samniten von Etrurien abzuschneiden. — *Sora*, wie
Alba eine latinische Colonie, wird,
nachdem es zweimal abgefallen, eine
Zeit lang im Besitze der Samniten
gewesen ist (*possederant*), oder eine
römische Besatzung gehabt hat, vgl.
9, 23, 2; ib. 24, 14; 43, 1; 44, 16,
jetzt von neuem gegründet um das
Liristhal zu decken, s. 7, 28. — *quatt.
m.*, s. 9, 28. — *Arpinatibus*, gleich-

falls im Volskerlande, 9, 44, 16. Sie
erhalten die *civitas sine suffragio*,
38, 36, 7, s. 8, 14, 10, ebenso die
Trebulaner; doch ist nicht zu entscheiden, ob die campanische Stadt
an der samnitischen Grenze, s. Nieb.
3, 314, oder eine der beiden sabinischen Trebula heissenden Städte
gemeint sei.

3—6. *Frusinate*s, die Bewohner
von Frusino, im Gebiet der Herniker; die Stadt wird eine praefectu-
ra, ebenso Arpinum, vgl. 9, 43, 24.
— *tertia*, 8, 1, 3, — *damnati*, wie *pecunia, capite damnari*, gewöhnlicher
ist *multare*, 8, 11, 13. — *Hernicos*,
die, welche sich vor Kurzem unterworfen haben, 9, 43. — *quaestione*
etc. 9, 26, 6.— *capita* — *percussi*, 8,
11, 13; 9, 24, 15. — *ager.* 9, 20, 10. —
in Umbria, nicht *in Umbriam*, weil
der Zug nicht gegen das Land, sondern gegen einen Punkt in demsel-

gnis est, et ex [eo] loco obscuro multa vulnera accepta, maximeque
lapidum ictu, donec altero specus eius ore — nam pervius erat
6 — invento utraeque fauces congestis lignis accensae. ita intus
fumo ac vapore ad duo milia armatorum, ruentia novissime in
ipsas flammas, dum evadere tendunt, absumpta.

7   M. Livio Dentre *M.* Aemilio consulibus redintegratum Aequi-
cum bellum. coloniam aegre patientes velut arcem suis finibus
inpositam summa vi expugnare adorti ab ipsis colonis pelluntur.
8 ceterum tantum Romae terrorem fecere, quia vix credibile erat
tam adfectis rebus solos per se Aequos ad bellum coortos, ut tu-
9 multus eius causa dictator diceretur C. Iunius Bubulcus. cum M.
Titinio magistro equitum profectus primo congressu Aequos subegit, ac die octavo triumphans in urbem cum redisset, aedem Salutis, quam consul voverat, censor locaverat, dictator dedicavit.

2   Eodem anno classis Graecorum Cleonymo duce Lacedaemonio
2 ad Italiae litora adpulsa Thurias urbem in Sallentinis cepit. adversus hunc hostem consul Aemilius missus proelio uno fugatum

ben gerichtet ist, da es den Römern
obliegt für die Sicherheit der Gegend zu sorgen, nachdem sich die
Bewohner derselben unterworfen,
s. 9, 41, 20, und selbst keine Waffen mehr haben. — *utraeq.*, 9, 12,
2. — *fauc.* — acc. eine freie Vertauschung der Subjecte st. *ligna in
faucibus*, vgl. 22, 17, 2; 8, 7, 18.
— *accensae*, n. *sunt*, 9, 46, 14.; vgl.
Tac. Ann. 14, 23. — *novissime*, zuletzt, bei Früheren: neulich.

7—9. *Aequic.* findet sich nur hier
u. 3, 4, 3. — *patientes* n. *Aequi.* —
arcem, Festung zur Aufrechterhal-
tung der römischen Herrschaft, § 1.
— *expugnare ado.*, gewöhnlicher ist
oppugnare adoriuntur. — *vix cre-
dib.*, besonders da sich L. 9, 45, 17 zu
stark ausgedrückt hat. — *per se*,
man vermuthet, dass die Samniten
oder Etrusker die Anstifter des Auf-
ruhrs sind. — *Iunius*, 9, 43. — *cum*
etc., da das Subject nicht zweifelhaft sein kann, so ist wol nicht
nöthig, *is*, was an anderen Stellen
viell. ausgefallen ist, s. 8, 3, 5; 9,
41, 3 u. a., vgl. 23, 23, 1, hier vor
cum zuzusetzen, vgl. 1, 23, 5; 8,

16, 13; 21, 52, 10; ib. 63, 2; 26,
40, 4 u. a. — *Salutis*, 9, 43, 25. Der
Tempel stand auf dem Quirinalis,
Becker 1, 578; vgl. Plin. 35, 7, 19:
cognomina ex ea (pictura) *Picto-
rum traxerunt Fabii — princeps-
que eius cognominis ipse aedem Salutis pinxit a. u. c. CCCCL, quae
pictura duravit ad nostram memoriam*; Val. Max. 8, 14, 6; vgl. Nieb.
1, 500; Mommsen 1, 482. — *de-
dicav.*, an den Nonen des August. CIL.
p. 398, s. 23, 30, 14; Marq. 4,
223 f.

2. Cleonymus überfällt Patavium. Diod. 20, 104; Nieb. 1, 513.

1—2. *Cleonymo*; er war der
Sohn des spartanischen Königs
Cleomenes II, und, wie Alexander
8, 24, von den Tarentinern gegen die
Römer und Lucaner zu Hülfe geru-
fen, hatte er während des Samniten-
krieges die letzteren genöthigt, sich
mit Tarent zu verbinden, dann sich
in Corcyra festgesetzt, von wo er jetzt
zum zweiten Male in Italien landet,
s. Manso Sparta 3, 1, 255; Philolog.
23, 76. — *Sallentinis*, früher, als

conpulit in naves. Thuriae redditae veteri cultori, Sallentinoque
agro pax parta. Iunium Bubulcum dictatorem missum in Sal- 3
lentinos in quibusdam annalibus invenio, et Cleonymum, priusquam confligendum esset cum Romanis, Italia excessisse. cir- 4
cumvectus inde Brundisii promunturium medioque sinu Hadria-
tico ventis latus, cum laeva inportuosa Italiae litora, dextra Illyrii
Liburnique et Histri, gentes ferae et magna ex parte latrociniis
maritimis infames, terrerent, penitus ad litora Venetorum pervenit. expositis paucis, qui loca explorarent, cum audisset tenue 5
praetentum litus esse, quod transgressis stagna ab tergo sint,
inrigua aestibus maritimis; agros haud procul proximos campe-
stres cerni, ulteriora colles videri * esse; ostium fluminis praealti, 6

Bundesgenossen der Tarentiner,
von den Römern bekriegt, s. 9, 42,
hatten sie nach Beendigung der Sam-
nitenkrieges wahrscheinlich, wie Tarent und die Lucaner, mit den Römern Frieden schliessen müssen, so
dass diese jetzt zum Schutze des
Landes erscheinen. In diesem lag
aber nicht *Thuriae*, sondern an der
Südostgrenze Lucaniens. L. hat daher entweder geirrt, vgl. Periocha
XI, oder eine andere Stadt (*Uria*
Plin. N. H. 3, 11, 100,'Υρίη Herodot
7, 170, od. *Rudiae*) genannt.
   3—5. *Italia*, dem eigentlichen,
zu dem früher das Gebiet der Veneter nicht gerechnet wurde. — *promunturium* von *prominere*, haben
die besten Hdss. fast immer. —
Histri nur durch den Timavus von
Venetia getrennt, 43, 1; südlich von
denselben an der Ostseite des adriat.
Meeres wohnen die *Illyrii*, zu denen
die *Liburni* gehören. — *penitus*, tief
hinein. — *tenue* etc., nur ein schma-
ler Uferstrich ziehe sich vor dem
Meere hin. — *quod* (n. *litus*) *transgressis*: wenn man über diesen u. s.
w., s. 1, 8, 5; 26, 24, 11: *ab Aeto-
lia incipienti*. — *ab tergo* kann nur
bedeuten: auf der Hinterseite des
Uferstriches, im Gegensatze zu der
dem Meere zugekehrten Seite desselben, von dem Standpunkte derer
aus, welche jetzt dem Cleonymus

auf der See Bericht erstatten. Indess lässt die Verbindung mit *transgressis*, da die, welche das Uferland
überschritten haben, die Lagunen
nicht hinter, sondern vor sich
haben mussten, einen Fehler vermuthen. Vielleicht hat L. geschrieben *ab terra*, von der Landseite her,
auf der Landseite treffe man wieder
auf Wasser, was man nicht erwarten
sollte, s. 28, 6, 11; Caes. B. C. 2, 1:
quarta (pars), *quae aditum habeat ab
terra*. — *stagna* — *inrigua*, die Lagunen, *aestuaria*, Tac. Agr. 20. —
aestibus, die Fluth, Ebbe und Fluth,
s. Strabo 5, 1, 5, p. 212: μόνα γὰρ
ταῦτα τὰ μέρη (an der Küste von
Venetien) σχεδόν τι τῆς καθ' ἡμᾶς
θαλάττης ὁμοιοπαθεῖ τῷ ὠκεανῷ
καὶ παραπλησίως ἐκείνῳ ποιεῖται
τάς τε ἀμπώτεις καὶ πλημμυρίδας,
ὑφ' ὧν τὸ πλέον τοῦ πεδίου λιμνοθα-
λάττης γίγνεται μεστόν. — *agros*
etc., nicht gar weit hinter den Lagunen könne man zunächst deutlich
flaches Land unterscheiden (*cerni*),
in weiterer Ferne schienen Hügel
zu sein (*videri*). Im Folg. vermisst
man eine *haud procul* und *ulteriora* entsprechende Bestimmung,
sei es, dass *haud procul* ursprünglich zwischen *videri* u. *esse* gestanden hat, oder, was wahrscheinlicher
ist, eine ähnliche Bestimmung durch
Wiederholung von *esse* ausgefallen

quo circumagi naves in stationem tutam vidisse — Meduacus amnis
7 erat —; eo invectam classem subire flumine adverso iussit. gra-
vissumas navium non pertulit alveus fluminis; in leviora navigia
transgressa multitudo armatorum ad frequentes agros, tribus
8 maritimis Patavinorum vicis colentibus eam oram, pervenit. ibi
egressi praesidio levi navibus relicto vicos expugnant, inflammant
tecta, hominum pecudumque praedas agunt et dulcedine prae-
9 dandi longius usque a navibus procedunt. haec ubi Patavium
sunt nuntiata — semper autem eos in armis accolae Galli habebant —, in duas partes iuventutem dividunt. altera in regionem,
qua effusa populatio nuntiabatur, altera, ne cui praedonum obvia
fieret, altero itinere ad stationem navium — milia autem quattuor-
10 decim ab oppido aberat — ducta. in naves parvas custodibus
interemptis impetus factus, territique nautae coguntur naves in
alteram ripam amnis traicere. et in terra prosperum aeque in
palatos praedatores proelium fuerat, refugientibusque ad statio-
11 nem Graecis Veneti obsistunt: ita in medio circumventi hostes
caesique; pars capti classem indicant regemque Cleonymum tria

ist. — *quo c. naves* = *eoque* od. *et
in id* etc.; daraus, dass sie die Schiffe
dorthin umbiegen sehen, schliessen
sie, dass der Fluss sehr tief sei, denn
dass sie sich getäuscht haben, zeigt
§ 7; 11, 12; dass die Schiffe, die sie
erblickten, grössere oder den Ein-
geborenen angehörige gewesen seien,
liegt eben so wenig in den Worten,
als in § 12, dass die Veneter keine
Seeschiffe gehabt haben. Madvig
verm.: *ab tergo sint — tutam possent, vidisse.— stationem*, der Hafen
der Veneter, s. Strabo 5, 1, 5, p.
213: ἔχει δὲ (Patavium) Θαλάττης
ἀνάπλουν ποταμῷ διὰ τῶν ἑλῶν
φερομένῳ σταδίων πεντήκοντα καὶ
διακοσίων ἐκ λιμένος μεγάλου· καλεῖται δ' ὁ λιμὴν Μεδόακος ὁμω-
νύμως τῷ ποταμῷ. — *Meduacus* n.
minor, s. Einl. S. 2. — *eo* etc., Nachsatz zu *cum audisset*.

7—9. *navium*, 42, 52, 11: *fero-
cissimas gentium*; 28, 39, 14. —
non pertulit, nicht weit, nur eine
Strecke in den Fluss hinein, § 11.
— *multitudo*, die grosse Menge, die
meisten. — *vicis*, es ist, wie § 12:
vico, an die Bewohner zu denken,

vgl. 9, 41, 15. — *colentibus* ist wol
wegen *frequentes* u. *homin. pecud.
praed.*: bebauen, obgleich es auch:
bewohnen bedeuten könnte, vgl.
31, 30, 9. — *eam oram*, diesen
Theil der Küste. — *longius usq.*,
immer weiter, 39, 31, 3: *usque
plures*, vgl. 9, 38, 5: *ulteriorum
semper.* — *habebant* = *cogebant
esse*, Sall. I. 79, 3: *quae res eos in-
bello habuit.* — *qua* n. *fieri.* — *altero*
= *alio quo*, s. 1, 17, 4; 26, 8, 2;
28, 20, 10 u. a.; doch wird *alio* od.
avio verm. — *stationem*, wol nicht
die § 6 bezeichnete, da nach Strabo
der Hafen über 30 milia entfernt
war, sondern der Platz, wo damals
die Schiffe standen.

10—12. *parvas*, da die Hdss.
parvis haben, ist vielleicht *paucis*
zu lesen, § 8. — *interemptis*, auf dem
Lande, oder es findet der 21, 1, 5
bezeichnete Gebrauch des part.
praet. statt. — *in terra*, auf dem
L., 22, 19, 7; 37, 29, 5, nicht: zu
L., *terra*, 21, 41, 4. u. a. — *aeque* ist
des Nachdrucks wegen nachgestellt.
— *Veneti*, die Pataver. — *capti*, 2,
14, 7. — *regem*, nicht eigentlich

milia abesse. inde captivis proximo vico in custodiam datis pars 12
fluviatiles naves, ad superanda vada stagnorum apte planis alveis
fabricatas, pars captiva navigia armatis conplent, profectique ad
classem immobiles naves et loca ignota plus quam hostem timentes circumvadunt, fugientesque in altum acrius quam repugnantes 13
usque ad ostium amnis persecuti captis quibusdam incensisque
navibus hostium, quas trepidatio in vada intulerat, victores revertuntur. Cleonymus vix quinta parte navium incolumi, nulla regione 14
maris Hadriatici prospere adita discessit. rostra navium spoliaque Laconum in aede Iunonis veteri fixa multi supersunt qui viderunt Patavii. monumentum navalis pugnae eo die, quo pugna- 15
tum est, quotannis sollemni certamine navium in flumine oppidi
medio exercetur.

　　　Eodem anno Romae cum Vestinis petentibus amicitiam 3
ictum est foedus. multiplex deinde exortus terror. Etruriam re- 2
bellare ab Arretinorum seditionibus motu orto nuntiabatur, ubi
Cilnium genus praepotens divitiarum invidia pelli armis coeptum;
simul Marsos agrum vi tueri, in quem colonia Carseoli deducta

---

zu nehmen: der königliche Prinz.
— *tria m.*, so weit nur hatten die
Kriegsschiffe kommen können. —
vico i. c. dat., s. 24, 45, 9. — *apte*—
fabr., 1, 10, 5. — *planis al.*, 21, 26,
9: flache Boote. — *captiva*, s. 1, 53,
3, dass sie genommen seien, ist nicht
bestimmt angegeben. — *ad cl.*, 1, 5,
7. — *timent.*, auf die Schiffe übergetragen, vgl. zu 27, 31, 3. — *acrius*,
wegen *repugn.* gebraucht.
　　14—15. *rostra*, s. 8, 14. — *fixa*,
7, 3, 5. — *viderunt*, es war also zu
L's Zeit nicht mehr vorhanden;
während das im Folg. erwähnte *mo-*
numentum, Andenken, Gedächtniss,
noch fortbestand. — *oppidi—med.*,
5, 54, 4; 28, 6, 2: *altera* (arx) *ur-*
bis media est. — *exercetur* hat sich
an *certamine* angeschlossen, während es zu *monumentum* weniger
passt.

　　3—5. Bündniss mit den Vesti-
nern; Carseoli wird Colonie; Kriege
mit den Marsern und Etruskern.
　　1—2. *Vestinis*, warum diese ab-

gesondert von den übrigen sabellischen Völkern, 9, 45, 18, Frieden
schliessen, wird nicht bemerkt, sie
werden abhängige Bundesgenossen,
stellen den Römern Truppen, s. 44,
40, 6: *Vestina cohors.* — *multiplex*,
von zwei Seiten. — *ab sed.—orto*
6, 11, 2; 24, 24, 5: *ab re — ortus.*
— *nuntiabatur*, 4, 53, 3. Der kurz
vorher gesuchte aber auch schon
gebrochene, 9, 41, 6, Waffenstillstand scheint später verlängert
worden zu sein. Die Arretiner haben
eine Waffenruhe auf 30 Jahre, 9,
37, 12. — *Cilnium* (*Cuelne* auf
Grabinschriften bei Siena und So-
vana genannt), aus dem Maecenas
stammte. Aehnliche Streitigkeiten
s. 4, 58, 2; der übergrosse Besitz
und die Vorrechte einzelner Geschlechter (*praepotens div. in*) erregte in Etrurien wie in Rom Empörungen. — *genus*, 2, 46, 4. —
Carseoli, westlich von Alba, und
aus denselben Gründen wie dieses,
s. c. 1, 1, an der später so genannten via Valeria angelegt, und von

3   erat, quattuor milibus hominum scriptis. itaque propter eos tu-
    multus dictus M. Valerius Maximus dictator magistrum equitum
4   sibi legit M. Aemilium Paulum. id magis credo, quam Q. Fabium
    ea aetate atque eis honoribus Valerio subiectum; ceterum ex
5   Maximi cognomine ortum errorem haud abnuerim. profectus
    dictator cum exercitu proelio uno Marsos fundit. conpulsis deinde
    in urbes munitas, Milioniam Plestinam Fresiliam, intra dies pau-
6   cos cepit, et parte agri multatis Marsis foedus restituit. tum in
    Etruscos versum bellum; et cum dictator auspiciorum repeten-
    dorum causa profectus Romam esset, magister equitum pabula-
    tum egressus ex insidiis circumvenitur, signisque aliquot amissis
7   foeda militum caede ac fuga in castra est conpulsus. qui terror
    non eo tantum a Fabio abhorret, quod, si qua alia arte cognomen
8   suum aequavit tum maxume bellicis laudibus, sed etiam quod
    memor Papirianae saevitiae numquam, ut dictatoris iniussu di-
    micaret, adduci potuisset.
4   Nuntiata ea clades Romam maiorem, quam res erat, terro-

---

den Marsern, vgl. c. 13, 1, wie Alba von den Aequern, s. c. 1, 7, angegriffen, s. 9, 45 extr.
    3—7. *Valerius M.*, nach den Fasti
Capitol. ist es *M. Valerius Corvus*
der an u. St. mit dem älteren Beinamen der Valerier *Maximus*, CIL.
p. 284, genannt wäre; obgleich zu
bezweifeln ist, dass L. ihn für diesen
gehalten habe, weil er sonst die Un-
terordnung des Fabius (*ea aetate*
etc.) unter den älteren Valerius
nicht als so auffallend betrachtet
haben würde. — *Aemil.*, einem der
Consuln des Jahres. — *magis cr.*,
ich will lieber glauben, s. 5, 46, 11.
— *ex Maximi*, L. scheint anzunehmen, dass der Zuname Maximus von
dem Dictator auf den mag. eq. übergetragen worden sei, vgl. 9, 15, 11;
CIL. 1, p. 566; und dieses den Irrthum veranlasst habe, während
nach den fasti Cap., s. c. 5, 13, sowol Fabius als Valerius Dictator
war. — *in urb. mun.*, wol nur feste
Punkte, vgl. Fest. p. 371: *vici appellari incipiunt ex agris, qui ibi
villas non habent, ut Marsi aut Pe-*

*ligni, sed ex vicis partim habent
rempublicam*, s. 9, 13, 7. — *Milionia*,
zwischen Carseoli und Alba, c. 34.
Plestina, an der Grenze von Picenum. *Fresilia*, sonst nicht bekannt.
— *parte agri*, s. 8, 1, 3. — *foedus*,
9, 45 extr. — *ausp. rep.*, 8, 30, 1.
— *terror—abhorret*, dass er sich so
habe schrecken lassen. — *aequavit*
seinem Beinamen entsprach, 30, 26,
8, vgl. 9, 46, 15. — *si qua—tum*,
ist, wenn in *tum*, welches Madvig
tilgt, kein Fehler liegt, wie sonst
si—tamen, *certe* gebraucht: wenn
auch durch andere vorzügliche Lei-
stungen — doch besonders, verschieden von dem gewöhnlichen Gebrauche von *si—tum*, wo *tum* auf
einen als Bedingung gesetzten Fall
zurückweist. — *potuiss.*, c. 14, 17;
27, 27, 5 u. a.

    4. 1—3. *quam r. e.*, der Schrecken
war grösser, als er der Bedeutung
der Sache nach hätte sein sollen,
c. 33, 8; 25, 30, 12 u. a. — *ut ex
d.*, entweder *ut fit exercitu deleto*
oder *velut si deletus esset ex.*, s. 6,

rem excivit. nam ut exercitu deleto, ita iustitium indictum, cu- 2
stodiae in portis, vigiliae vicatim exactae, arma tela in muros congesta. omnibus iunioribus sacramento adactis dictator ad exer- 3
citum missus omnia spe tranquilliora et conposita magistri equitum cura, castra in tutiorem locum redacta, cohortes, quae signa 4
amiserant, extra vallum sine tentoriis destitutas invenit, exercitum
avidum pugnae, quo maturius ignominia aboleretur. itaque con- 5
festim castra inde in agrum Russelanum promovit. eo et hostes 6
secuti, quamquam ex bene gesta re summam et in aperto certamine virium spem habebant, tamen insidiis quoque, quas feliciter
experti erant, hostem temptant. tecta semiruta vici per vastatio- 7
nem agrorum deusti haud procul castris Romanorum aberant.
ibi abditis armatis pecus in conspectu praesidii Romani, cui praeerat Cn. Fulvius legatus, propulsum. ad quam inlecebram cum 8
moveretur nemo ab Romana statione, pastorum unus progressus
sub ipsas munitiones inclamat alios, cunctanter ab ruinis vici pecus propellentes, quid cessarent, cum per media castra Romana
tuto agere possent. haec cum legato Caerites quidam interpre- 9
tarentur, et per omnes manipulos militum indignatio ingens esset,
nec tamen iniussu movere auderent, iubet peritos linguae adten-
dere animum, pastorum sermo agresti an urbano propior esset.
cum referrent sonum linguae et corporum habitum et nitorem 10
cultiora quam pastoralia esse: „ite igitur, dicite" inquit, „detegant
nequiquam conditas insidias: omnia scire Romanum, nec magis

30, 4; 30, 10, 10: *tamquam*
exituris contra Romanis. — *iusti-*
tium, 3, 3, 6. — *vicatim*, nach
Strassen, Quartieren, s. zu 5, 55, 4;
Fest. p. 371: *vici*; anders § 7. —
exactae, sonst heisst es *agere*, vgl. 5,
10, 4: *custodiam agerent.* — *arma*
tela 1, 43, 2; 36, 18, 1, asyndetisch als
ein Ganzes dargestellt. — *omnib.*
iun., s. 9, 43, 4.—*cohortes*, anticipirt,
genauer § 9 : *manipuli.—destitutas*,
zur Strafe, s. 7, 13, 3; 27, 13, 9:
quorum signa amissa fuerant, de-
strictis gladiis discinctos destituit.
— *sine tent.*, vgl. Polyb. 6, 38: ἔξω
κελεύει τοῦ χάρακος καὶ τῆς ἀσ-
φαλείας ποιεῖσθαι τὴν παρεμβο-
λήν; Marq. 3, 2, 315.

6—10. *Rusellanum*, in das west-

liche Etrurien; obgleich man eher
einen Zug gegen Arretium erwartet,
s. c. 5, 13. — *virium sp.*, 3, 11, 2:
sie trauten ihrer Kraft, hofften von
ihr den Sieg; schwerlich ist *virium*
mit *certamine* zu verbinden. — *per*
vast., 4, 12, 2. — *praesidii*, Vor-
posten, sogleich *stationes*, wie 7, 26,
7. — *pastor. unus*, 24, 28, 1. — *sub*,
bis unten an, dicht an. — *inclamat*,
laut anzurufen, vgl. 1, 25, 9. —
Caerites, die als socii im röm.
Heere dienen. — *interpret.*, s. 9, 36,
3; 1, 27, 9. — *movere*, s. 25, 9, 7 :
Hannibalem castris movisse; 38, 41,
2. — *nitorem*, nicht von der Sonne
gebräunt, vgl. 28, 35, 6: *nitidius.* —
ite etc., 9, 4, 16. — *nec mag.*, negativ, weil auch das zweite Glied :
quam etc. negativ ist.

11 iam dolo capi quam armis vinci posse." haec ubi audita sunt et
ad eos, qui consederant in insidiis, perlata, consurrectum repente
ex latebris est, et in patentem ad conspectum undique campum
12 prolata signa. visa legato maior acies, quam quae ab suo praesidio sustineri posset. itaque propere ad dictatorem auxilia acci-
5 tum mittit; interea ipse impetus hostium sustinet. Nuntio adlato
dictator signa ferri ac sequi iubet armatos, sed celeriora prope
2 omnia imperio erant; rapta extemplo signa armaque, et vix ab impetu et cursu tenebantur. cum ira ab accepta nuper clade stimulabat, tum concitatior accidens clamor ab increscente certamine.
3 urgent itaque alii alios hortanturque signiferos, ut ocius eant.
quo magis festinantes videt dictator, eo inpensius retentat agmen
4 ac sensim incedere iubet. Etrusci contra, principio exciti pugnae,
omnibus copiis aderant; et super alios alii nuntiant dictatori
omnes legiones Etruscorum capessisse pugnam, nec iam ab suis
resisti posse; et ipse cernit ex superiore loco, in quanto discri-
5 mine praesidium esset. ceterum satis fretus esse etiam nunc tolerando certamini legatum, nec se procul abesse periculi vindicem, quam maxime vult fatigari hostem, ut integris adoriatur vi-
6 ribus fessos. quamquam lente procedunt, iam tamen ad impetum
capiundum, equiti utique, modicum erat spatium. prima incede-
bant signa legionum, ne quid occultum aut repentinum hostis ti-
meret; sed reliquerat intervalla inter ordines peditum, qua satis

---

5. 1—5. *impetu e. c.*, Angriff,
den sie im Sturmschritt machen
wollen. — *tenebant.*, im Vorherg.
sind die Soldaten das logische Subject. — *ab accept.*, vgl. 2, 51, 6: *ex
hac clade atrox ira*; 25, 15, 5: *ira
in Romanos propter obsides inter-
fectos* u. a., gewöhnlich, vgl. 7, 10,
5, giebt L. den in einer Gemüths-
bewegung liegenden Beweggrund
nur durch *ab* an, wie *ab odio, a spe,
ab ira* u. a., hier zugleich den Ausgangspunkt des Zorns, s 4, 32, 10,
dem analog auch *ab increscente c.*
gesagt ist. — *concitat. ac.*, s. 9, 16,
18. Ueber *clamor* s. 4, 37, 9. — *urgent,* s. 9, 13, 2. — *omnibus cop.*,
8, 2, 5. — *super al. al.*, 6, 10, 8. —
satis gehört der Wortstellung nach
zu *fretus*, wie 23, 16, 11: *salis fidens*; 40, 31, 1: *satis tot dierum
quiete credidit spem factam*; 28, 35,

11: *satis sperare* u. a. — *nunc*, 3,
40, 10. — *tolerando c. e.*, 30, 6, 3:
quae restinguendo igni forent. Zu
nec—abesse ist ein entsprechender
Begriff: *videns, ratus* aus *fretus* zu
nehmen.

6. *quamquam*, in der ganzen
Schilderung herrscht das Asyndeton
vor. — *lente,* s. 38, 21, 3. — *signa
leg.*, L. scheint a. u. St. an die Adler
der Legionen in der späteren Zeit
gedacht zu haben, s. 26, 48, 12; 28,
14, 10; gewöhnlich meint er die
Fahnen der Manipel, s. c. 28, 11. —
ne quid etc. damit sie keine Kriegs-
list, sondern nur die gewöhnliche
Kampfart der Römer erwarteten. —
intervalla etc., nicht als ob sie sonst
zusammengedrängt gestanden hätten, s. 8, 8, sondern L. will wol
sagen, dass die *intervalla* durch alle
drei *acies* durchgiengen, nicht die

laxo spatio equi permitti possent. pariter sustulit clamorem
acies et emissus eques libero cursu in hostem invehitur incon-
positisque adversus equestrem procellam subitum pavorem offundit. itaque, ut prope serum auxilium iam paene circumventis, ita 8
universa requies data est. integri accepere pugnam, nec ea ipsa
longa aut anceps fuit. fusi hostes castra repetunt inferentibus- 9
que iam signa Romanis cedunt et in ultimam castrorum partem
conglobantur. haerent fugientes in angustiis portarum; pars ma- 10
gna aggerem vallumque conscendit, si aut ex superiore loco tueri
se aut superare aliqua et evadere posset. forte quodam loco male 11
densatus agger pondere superstantium in fossam procubuit; atque ea, cum deos pandere viam fugae conclamassent, plures inermes quam armati evadunt. hoc proelio fractae iterum Etrusco- 12
rum vires, et pacto annuo stipendio et duum mensum frumento
permissum ab dictatore, ut de pace legatos mitterent Romam.
pax negata, induciae biennii datae. dictator triumphans in ur- 13
bem rediit. — Habeo auctores sine ullo memorabili proelio pa-
catam ab dictatore Etruriam esse seditionibus tantum Arretinorum conpositis et Cilnio genere cum plebe in gratiam reducto.
consul ex dictatura factus M. Valerius. non petentem atque adeo 14
etiam absentem creatum tradidere quidam, et per interregem ea

principes die interv. zwischen den
hastati, die Triarier die der principes deckten, s. c. 27, 8; 41, 9;
30, 33, 3: *viae patentes inter ma-*
nipulos. — *qua,* 7, 33, 10. — *per-*
mitti, 3, 61, 9, im Folg. *procella.*

7—12. *pariter*—*et* gleichzeitig
geschah Beides, vgl. 6, 8, 2. — *emis-*
sus, von ihrem Posten hinter den
Legionen aus. — *incompos.,* bereits
im Kampfe mit den Fusssoldaten,
sind die Reihen nicht so geordnet,
wie es gegen einen Reiterangriff
nöthig ist. — *offundit* wird oft mit
dem Dativ verbunden, um die, gegen
welche die Thätigkeit gerichtet ist,
schärfer hervorzuheben, s. 22, 19,
6. — *auxilium,* ein passendes Prädicat ist aus *data* zu entnehmen. —
universa, vollständige, sie wurden
aus dem Kampfe entlassen; doch
ist der Gebrauch des Wortes ungewöhnlich, etwas verschieden 4, 27,

5: *universa victoria;* 7, 11, 1 u. a.,
daher wird *universis* od. *fortuna*
versa verm. — *inferent.* n. *in ca-*
stra. — *male,* 1, 25, 12. — *superst.,*
hier ohne Dativ, wie 44, 9, 8, vgl.
c. 28, 9; 7, 24, 5. — *aliqua,* 26, 27,
12. — *iterum* 9, 39, 11. — *mensum*
9, 33, 6; *frum.* ib. 43, 6; 21. —
indut., welche auf 2 Jahre verlängert werden, s. c. 3, 2. — *triumph.,*
nach d. Triumphalfast. *anno CDLII*
de Marseis et Etruceis Kal. Decbr.

13—14. *cum pl.,* die von den
Lucumonen unterdrückte, sonst
in Etrurien nicht *plebs* genannte
Classe, s. c. 3, 2, scheint dieselben
von der Regierung verdrängt, und
eine Volksherrschaft eingeführt zu
haben, welche jetzt beseitigt wird.
— *ex,* unmittelbar nach. — *M.*
Valer., nach den Consularfasten ist
es das fünfte Consulat desselben,
vgl. c. 9; 8, 16. — *per interr.,* s. 9,

comitia facta; id unum non ambigitur, consulatum cum Apuleio
Pansa gessisse.

6   M. Valerio et Q. Apuleio consulibus satis pacatae foris res
2 fuere: Etruscum adversa belli res et indutiae quietum tenebant;
Samnitem multorum annorum cladibus domitum hauddum foe-
3 deris novi paenitebat. Romae quoque plebem quietam et exone-
ratam deducta in colonias multitudo praestabat. tamen, ne undique tranquillae res essent, certamen iniectum inter primores
civitatis, patricios plebeiosque, ab tribunis plebis Q. et Cn. Ogul-
4 niis, qui undique criminandorum patrum apud plebem occasio-
nibus quaesitis, postquam alia frustra temptata erant, eam actionem susceperunt, qua non infimam plebem accenderent, sed ipsa
5 capita plebis, consulares triumphalesque plebeios, quorum honoribus nihil praeter sacerdotia, quae nondum promiscua erant,

7, 15. — *facta* selten statt des gewöhnlichen *habita*. — *non ambig.*,
ebenso die Consularfasten, doch
schieben diese zwischen die hier
und die c. 1, 7 genannten Consuln
das vierte Dictatorjahr ein: *Q. Fabius M. f. N. n. Maximus II. dict.
rei ger. c. M. Aimilius L. f. L. n.
Paullus mag. eq. Hoc anno dictator
et magister eq. sine cos. fuerunt,*
lassen aber dann abweichend von
L. c. 3 folgen *M. Valerius M. f. M.
n. Corvus II. dict. rei ger. c. P.
Sempronius Sophus — mag. eq*, s.
CIL. p. 433; 566. Da L. dieses Jahr
so wenig zählt als die übrigen, s.
8, 17, 4; ib. 37, 1; 9, 41, 1, so ist
er von jetzt an um drei Jahre hinter
denen der Fasten zurück, M. Valerius u. Q. Apuleius sind nach ihm
451 a. u., nach den Fasten 454 Consuln.

6—9. Das Ogulnische und Va-
lerische Gesetz.
2—3. *adversa b. r.*, wie 3, 9, 1:
secundae belli res; 4, 55, 5: *adversa
res civitatis. — hauddum*, c. 25, 10.
— *exonerat.*, von der durch die
grosse Menge bedingten Last befreit, vgl. 5, 34, 3; wie dieses ge-

schehen sei, erklärt das Folg., vgl.
24, 29, 1; Madvig verm. *quietam
exonerata in colonias. — deducta
i. c.* etc., s. c. 1; 3. L. denkt an
Bürgercolonieen der Zeit nach Gracchus, welche um die Bürger zu ver-
sorgen ausgeführt wurden, während
die jetzt gegründeten zur Befestigung der römisch. Herrschaft dienen, und coloniae latinae sind, in
welche jedoch auch Römer treten
konnten, s. 9, 24, 15; Marq. 3, 2,
323.
4—6. *patrum*, die Patricier. 6, 41
10. — *actionem*, 9, 33, 5. — *non
infim.*, nicht etwa u. s. w., vgl. 6,
13, 7; 21, 41, 16; es sind die *humiles* 9, 46, 11, denen an Stellen,
die sie doch nicht erlangten, wenig
liegen konnte, vgl. 9, 33, 5. *sacerdotia* umfasst auch das Augurat,
s. 1, 18, 6. — *deessent* hat sich
an das zunächst stehende Substantiv als das bedeutendere angeschlossen, s. 1, 1, 5; 28, 3, 12. —
placeretque ist so gesagt, als ob
schon ein Beschluss über die Ver-
mehrung gefasst sei, und die Ogul-
nier dieses benutzt haben um darauf
anzutragen, dass Plebejer gewählt
werden sollen, vgl. 4, 43, 4. —

deessent. rogationem ergo promulgarunt, ut, cum quattuor au- 6
gures, quattuor pontifices ea tempestate essent, placeretque au-
geri sacerdotum numerum, quattuor pontifices, quinque augures
de plebe omnes adlegerentur. quem ad modum ad quattuor au- 7
gurum numerum, nisi morte duorum, id redigi collegium potuerit, non invenio, cum inter augures constet inparem numerum
debere esse, ut tres antiquae tribus, Ramnes Titienses Luceres,
suum quaeque augurem habeant, aut, si pluribus sit opus, pari 8
inter se numero sacerdotes multiplicent, sicut multiplicati sunt,
cum ad quattuor quinque adiecti novem numerum, ut terni in
singulas essent, expleverunt. ceterum, quia de plebe adlegeban- 9
tur, iuxta eam rem aegre passi patres, quam cum consulatum
vulgari viderent. simulabant ad deos id magis quam ad se per- 10

rogat. e. promulg., Lange 2, 399 ;
554. — quattuor, c. 9, 2. — pontifices — augures, beide Collegien hatten bedeutenden Einfluss auf die
Staatsverwaltung, s. 8, 23. — ad-
leg., s. 4, 4, 7, von der Cooptation
gebraucht, denn der Sinn des Antrags ist, dass die Collegien der
Augurn und Pontifices gehalten
sein sollen Plebejer zu cooptiren,
s. Becker 2, 1, 153 ; Lange 2, 540.

7—8. morte duorum, L. nimmt an,
dass sechs Augurn gewesen wären,
und scheint auch in dieser Zahl den
sogleich erwähnten numerus impar
zu finden, so dass er, wenn er sich
nicht widersprechen soll, mit den
Worten cum — esse nicht sagen
kann, es müsse überhaupt immer
eine ungleiche Zahl (auch sonst ist
diese in den röm. Staats- und Cul-
tusverhältnissen selten, s. Momms.
Chron. S. 15), sondern nur, die ungleiche Zahl d r e i müsse immer der
Zahl der Augurn zu Grunde liegen,
die letztere immer durch d r e i theil-
bar sein, wenn sie vermehrt werde,
immer d r e i oder eine durch d r e i
multiplicirte Zahl (6, 9, 12 u. s. w.)
hinzugefügt werden, so dass jetzt
9 später, s. Periocha 89, durch
Sulla 15 Augurn werden. Den
Grund dieser Einrichtung findet L.,

wahrscheinlich nach der Lehre der
Augurn, in der Zahl der alten Tribus, die immer festgehalten werden
müsse. Wie L. berichtet Cicero de
rep. 2, 14 : idemque Pompilius —
ad pristinum numerum (nach c. 9
mit dem König 4) duo augures addidit et sacris e principum numero
pontifices quinque praefecit, vgl.
Marq. 4, 190 f. — antiq. tribus, im
Gegensatze zu den localen Tribus,
s. 1, 43, 13, die drei alten Stamm-
tribus, welche L. 1, 13, 8 nicht erwähnt hat. — sacerdotes, sind nur
die Augurn, s. § 6. — multiplicent
hängt von ut, nicht von cum ab,
inter se wird auf das Subject in
multipl., das der drei Tribus bezogen.
pari inter se, gleichmässig unter sich
vertheilt, so dass sie immer eine
gleiche Zahl erhalten, s. 2, 6, 3, die
d r e i also die Normalzahl bleibt. —
in sing., die gleiche Vertheilung auf
die Tribus, 2, 33, 11 : in capita. —
explever., 8, 11, 14 ; das Subject ist
allgemein : man.

9—11. adlegebantur, nach der
Rogation cooptirt werden sollten ;
vgl. 7, 17, 12 ; 34, 1, 7. — iuxta
— quam, eine seltene Verbindung
statt iuxta — ac, s. 22, 31, 3. —
vulgari, s. c. 23, 10 ; 4, 1, 3. — ad

tinere: ipsos visuros, ne sacra sua polluantur; id se optare tan-
11 tum, ne qua in rem publicam clades veniat. minus autem teten-
dere, adsueti iam tali genere certaminum vinci; et cernebant adversarios non, id quod olim vix speraverint, adfectantes magnos
honores, sed omnia iam, in quorum spem dubiam erat certatum,
adeptos, multiplices consulatus censurasque et triumphos.

7   Certatum tamen suadenda dissuadendaque lege inter Ap.
2 Claudium maxime ferunt et inter P. Decium Murem. qui cum
eadem ferme de iure patrum ac plebis, quae pro lege Licinia
quondam contraque eam dicta erant, cum plebeis consulatus ro-
3 gabatur, disseruissent, rettulisse dicitur Decius parentis sui speciem, qualem eum multi, qui in contione erant, viderant, incinctum Gabino cultu super telum stantem, quo se habitu pro po-
4 pulo ac legionibus Romanis devovisset: tum P. Decium consulem
purum piumque deis inmortalibus visum, aeque ac si T. Manlius
5 collega eius devoveretur; eundem P. Decium, qui sacra publica

---

deos etc., 6, 41, 4. — *ipsos*, sie
selbst ohne Zuthun der Menschen,
eos hinzuzusetzen war hier nicht
nöthig, s. 5, 43, 4. *polluant.*, 4, 1, 2.
— *tetend.*, 8, 15, 9. — *non — ad-
fect.* entspricht *iam adeptos*; eben so
muss *id — speraverint* dem folg. *in—
certatum* gegenüber stehen. Der
parenthetische Zusatz: *id—sperav.*
bezieht sich auf *adfectantes m. hon.*,
und *olim* deutet an, dass eine Zeit
gewesen sei, in der die Plebejer
nicht einmal die Hoffnung gehabt
haben, nach einem so hohen Ziele
(mit Erfolg) streben zu können,
24, 35, 6. In den vier sich ent-
sprechenden Gliedern werden also
vier Momente unterschieden: keine
Hoffnung, dann das Streben; unsichere Hoffnung, dann der Erfolg;
dieser Gedankengang würde ebenso
gestört wie das Gleichmass der
Glieder, wenn *id—speraver.* entfernt würde. *speraverint* könnte
nach *cernebant* ebenso folgen, wie
7, 4, 4: *dabat—dederit*; 45, 43, 8:
potuerit — apparebat, s. zu 39, 28, 6.
Tac. Ann. 1, 61, u. a., doch ist, da
certatum erat folgt, viell. mit späteren Hss. *speraverant* zu lesen. —

in—dub.—sp., auf die ungewisse
Hoffn. (auf Erfolg) hin, 6, 11, 5.

7. 1—3.*suad. dis.*,34,1,4: *ad sua-
dendum dissuadendumque multi nobiles prodibant*; Marquardt 2, 3, 113.
— *inter — inter*, vgl. Hor. Ep. 1,
2, 12: *lites inter Peliden et inter
Atriden* u. a. — *App. Claud.*, der
hier die Interessen der Patricier
vertritt, 6, 40; Drumann 2, 173,
vgl. zu 9, 29, 6; ib. 33, 5. — *con-
traq. eam*, 34, 8, 1; gewöhnlicher
ist die 9, 32, 9 bezeichnete Form.
— *plebeis* freier Dativ. — *rettulisse
= repraesentasse*, vgl. 37, 1, 9;
Tac. Germ. 20, während er die
Rede hielt. — *incinctum G. c.*, 8, 9,
9. — *Romanis* gehört auch zu *populo.*
4—5. Die Plebejer sind eben so
fromm wie die Patricier. *purum*,
s. 4, 1, 2; *pium*, subjectiv: Reli-
giosität. — *visum*, wie der Erfolg
gezeigt habe. — *ac* n. *Manlius
visus futurus esset, si*; *Manlius*, der
Patricier vom reinsten Blute. —
devoveretur, die Zeit ist durch *tum*
bestimmt. — *sacra p. R.*, 5, 52, 4.
— *legi* von den pontifices oder augures als pontifex oder augur. —

populi Romani faceret, legi rite non potuisse? id esse periculum,
ne suas preces minus audirent dii quam Appii Claudii? castius
eum sacra privata facere et religiosius deos colere quam se? quem 6
paenitere votorum, quae pro re publica nuncupaverint tot consules plebei, tot dictatores, aut ad exercitus euntes aut inter ipsa
bella? numerarentur duces eorum annorum, quibus plebeiorum 7
ductu et auspicio res geri coeptae sint; numerarentur triumphi:
iam ne nobilitatis quidem suae plebeios paenitere. pro certo 8
habere, si quod repens bellum oriatur, non plus spei fore senatui
populoque Romano in patriciis quam in plebeis ducibus. „quod 9
cum ita se habeat, cui deorum hominumve indignum videri potest" inquit, „eos viros, quos vos sellis curulibus, toga praetexta,
tunica palmata et toga picta et corona triumphali laureaque ho-

rite, in regelmässiger, 1, 8, 1, und
somit gottgefälliger Weise. — *preces*, das Zweite, was nächst den
Opfern von den Priestern verrichtet
wird; Beides nach der Behauptung
der Patricier. Uebrigens lag den
pontifices vorzüglich die Aufsicht
über den Cultus ob, s. 1, 20, 6;
Marq. 4, 197 ff. 218. — *suas*, ein
plötzlicher Uebergang des Redenden von seinem Vater auf sich, da
es *se*, nicht *eius* heisst: was von
seinem Vater gelte, gelte auch von
ihm und anderen Plebejern, die
Furcht der Patricier sei grundlos.
— *castius* — *religiosius* entspricht
purum piumque. — *sacra pr.* etc.
erklärt sich aus § 12: *ut quos privatim* etc. Der Plebs war bis jetzt
nur eine Privatverehrung der röm.
Götter, keine thätige Theilnahme
an der Staatsreligion (den *sacra
publica*) s. 4, 2, 6, mit der Ausnahme c. 8, 2, gestattet: da sie jene
mit ebenso grosser Reinheit und
Frömmigkeit als die Patricier ver-
richten, werden sie auch die öffentliche Verehrung in gleicher Weise
besorgen können.

6—8. Die Erfahrung hat gezeigt,
dass die Götter die Amtsthätigkeit
der Plebejer segnen. — *paenit.*, 6,
23, 9. — *pro re p.*, die Hauptsache,
entsprechend den *sacra publica.* —

nuncupaverint, s, 1 10, 7; 8, 9, 8.
— *auspicio*, darauf liegt der Nachdruck, denn in diesen haben die
Götter ihren Willen kund gegeben, s.
c. 8, 9. — *n. triumphi* enthält dem
Sinne nach den fehlenden Nachsatz:
sie würden viele Triumphe als Zeichen der göttlichen Unterstützung
finden. — *iam ne nobilitatis*, in.
Folge der Theilnahme an den curulischen Aemtern hätten die Plebejer
bereits die von den Patriciern so
hoch gestellte nobilitas, vgl. 6, 37,
11. — *ne* — *quidem*, so wenig als
der Consulate. — *pro certo* etc.:
ebenso werde es in Zukunft sein,
vgl. 6, 40, 17.

9—12. Die bereits erlangten
Würden machen die Plebejer auch
der Priesterämter würdig; § 9 u.
10 schliessen sich an *numerarentur* — *triumphi* an, § 11 an *nobilitatis.* Die oratio recta, s. 2, 2,
7, tritt ein, weil der Redner jetzt
auf den Gegenstand selbst und die
Forderung der Plebejer kommt. —
sellis c., t. p., die Insignien der curulischen Magistrate; *toga laureaque*,
die der Triumphatoren. — *tunica p.
e. t. p.*, 5, 41, 2. — *corona tr.*, Plin.
33, 1, 11: *cum corona ex auro
Etrusca sustineretur a tergo, anu-
lus tamen in digito ferreus erat
aeque triumphantis et servi fortasse*

noraritis, quorum domos spoliis hostium adfixis insignes inter
10 alias feceritis, pontificalia atque auguralia insignia adicere? qui
Iovis optimi maximi ornatu decoratus curru aurato per urbem
vectus in Capitolium ascenderit, is *non* conspicietur cum capide ac
lituo, capite velato victimam caedet auguriumve ex arce capiet?
11 cuius imaginis titulo consulatus censuraque et triumphus aequo
animo legetur, si auguratum aut pontificatum adieceritis, non su-
12 stinebunt legentium oculi? equidem — pace dixerim deum —
eos nos iam populi Romani beneficio esse spero, qui sacerdotiis

coronam sustinentis; Zonar. 7, 21:
οἰκέτης μέντοι δημόσιος ἐπ᾿ αὐτοῦ
παρωχεῖτο τοῦ ἅρματος τὸν στέ-
φανον τῶν λίθων τῶν χρουσοδέτων
ὑπεραινέχων αὐτοῦ etc. Den Lor-
beerkranz hatte der Triumphator
auf dem Haupte, Dion. 2, 34: δάφνη
κατεστεμμένος τὰς κόμας. — *spoliis*, diese wurden in dem Vesti-
bulum des triumphirenden Feldherrn
aufgehängt, s. 38, 43, 11; oder derer, welche der Feldherr wegen
ihrer Tapferkeit mit denselben be-
schenkt hatte, s. Tac. Ann. 12, 39;
L. 23, 23, 6; Marq. 5, 1, 228. —
feceritis, das Volk gestattete den
Triumph gewöhnlich nur in sofern,
als es für den Tag desselben das imperium ertheilte, s. 6, 42, 8; 4, 20,
1. — *adicere*, zu den eben erwähnten. Der Sinn ist: dass diese Männer
befähigt werden hinzuzufügen, durch
die Annahme der Rogation, s. § 11,
vgl. Tac. H. 1, 77. — *Iovis ornatu*
die toga picta und tunica palmata
wurde für den Triumph aus dem
Tempel des Iupiter genommen, der
Triumphator repräsentirt den Iupiter selbst, s. 5, 41, 2, vgl. Plin. 33, 7,
111: *Iovis ipsius simulacri faciem
diebus festis minio inlini solitam
triumphantiumque   corpora,*
Preller 184. — *per urbem*, vom
campus Martius durch den circus
Flaminius, die porta Carmentalis,
den circus maximus, über die via
sacra auf das Capitol, s. 34, 52, 9;
Becker 1, 145 ff., Preller 205. —.
non, welches nothwendig ist, da der

Zusammenhang eine Bejahung fordert, wie im Folg. *non sustineb.*,
scheint ausgefallen. — *conspicietur*,
weil *caedet* etc. folgt, doch haben
die Hss. *conspiciatur*, — *caedet* —
capiet, s. 21, 13, 5; 28, 33, 9; Tac.
Agr. 25: *cum —impellitur—ac saepe
— attollerent* u. a. — *capide*, Varro
L. L. 5, 121: *capis — a capiendo,
quod ansatae, ut prehendi possent
i. e. capi*; Paul. Diac. p. 48; Cic.
N. D. 3, 17, 43: *capeduncula.* — *lituo*, 1, 18, 7. — *capite vel.* ist der
Gleichheit der Glieder wegen zum
Folg. zu ziehen, was um so leichter
geschehen kann, als *capite vel.* nicht
allein Auspicien gehalten, s. 1, 18, 7,
sondern auch fast alle Opfer, s. zu 1,
7, 10, dargebracht wurden. — *vic-
tim. c.*, eine andere Bezeichnung
des Pontificates als *cum capide*;
ebenso entsprechen sich in Bezug
auf das Augurat *cum lituo* und *au-
gurumve* etc., *ve* wie § 9. — *ex arce*, auf dieser war das *augaraculum*
s. 1, 18, 6; Paul. Diac. p. 18: *augu-
raculum appellabant antiqui quod
nos arcem dicimus.* Cic. Off. 3,
16, 66 u. a. Ueber die Opfer der
pontifices § 5. — *adieceritis*, die
Möglichkeit dazu durch die Annahme der Rogation gegeben habt. —
imaginis t., s. zu 8, 40, 4; die plebejischen nobiles haben jetzt das
ius imaginum, s. Lange, 2, 4. —
legentium, praef. 5. — *pace* die
Götter mögen mir deshalb nicht
zürnen. — *beneficio*, durch die
Wahl zu den höchsten Ehrenstellen,

non minus reddamus dignatione nostra honoris, quam acceperimus, et deorum magis quam nostra causa expetamus, ut, quos
privatim colimus, publice colamus."

„Quid autem ego sic adhuc egi, tamquam integra sit causa 8
patriciorum de sacerdotiis, et non iam in possessione unius am-
plissimi simus sacerdotii? decemviros sacris faciundis, carminum 2
Sibyllae ac fatorum populi huius interpretes, antistites eosdem
Apollinaris sacri caerimoniarumque aliarum plebeios videmus.
nec aut tum patriciis ulla iniuria facta est, cum duoviris sacris 3
faciundis adiectus est propter plebeios numerus, et nunc tribunus,
vir fortis ac strenuus, quinque augurum loca, quattuor pontificum
adiecit, in quae plebei nominentur, non ut vos, Appi, vestro loco 4
pellant, sed ut adiuvent vos homines plebei divinis quoque rebus
procurandis, sicut in ceteris humanis pro parte virili adiuvant.
noli erubescere, Appi, collegam in sacerdotio habere, quem in 5
censura, quem in consulatu collegam habere potuisti, cuius tam

Lange 2, 397. — *dignatione*, 7, 25,
11; zum Gedanken vgl. 26, 12, 8.
deor mag., anders c. 6, 10; s. Marq.
4, 45. — *publice*, dass wir im Namen des Staates und für denselben
die Götter verehren dürfen, § 5.

8. 1—2. Die Sache sei eigentlich
schon entschieden. — *sic — tamq.*,
8, 33, 13. — *integra*, als ob noch
nichts in der Sache geschehen, noch
keine Entscheidung gegeben sei, s.
4, 7, 7; 9, 42, 10; specieller ausgedrückt durch *et non* etc. — *de sa-
cerdot*. gehört zu *causa patricior.*, s.
28, 35, 11. — *decemv. s. f.*, 3, 10, 7;
6, 42, 1. — *fatorum p.*, 5, 14, 4 —
interpretes, welche die sibyllischen
Sprüche (mit Hülfe griechischer
Dolmetscher) wahrscheinlich nach
gewissen Regeln, die als Geheim-
niss bewahrt wurden, deuteten, Nieb.
R. G. 1, 561. — *antistites*, die zweite
Function der decemviri, sie sind
Priester des Apollo, s. Preller S.
132. — *Apollinar. s.*, der Cultus
des Apollo in dem Tempel desselben,
s. 7, 20, 9. — *caerim. al.*, die Lec-
tisternien, Apollinarspiele in späterer Zeit, und andere nach den

sibyllin. Büchern eingeführte Culte
s. 25, 12; Marq. 4, 327 ff.

3—4. Den Patriciern geschieht
kein Unrecht. — *numerus*, eine bestimmte gleiche Zahl. — *et nunc*
ist nach *aut tum* als Anacoluth zu
betrachten, wie 2, 24, 5; vgl. 38
26, 7; Cic. Fin. 4, 28, 77: *aut con-
cedatur — et quasi intersit* u. a. —
adiecit, s. c. 6, 6; doch könnte *adiecit* auch als Praesens genommen
werden, vgl. c. 37, 14; 1, 41, 1.
Es wird hier nur *ein* Oguluier genannt, der eigentliche Antragsteller,
der andere war wol subscriptor. —
nominentur, das mit der eidlichen
Versicherung den Würdigsten vor-
zuschlagen verbundene Nennen eines Candidaten zum Augurat, und in
jener Zeit auch zum Pontificate, war
die erste Handlung bei der Cooptation, vgl. 26, 23, 8. — *vestro l. p.*,
dieses geschieht nicht in Rücksicht
auf das Pontificat, s. c. 6, 6, würde
aber in Bezug auf das Augurat eintreten, wenn die Voraussetzung L's:
c. 6, 7 richtig wäre, s. Marq. 4, 347.
— *ceteris* ist wie *alii* 4, 41, 8 gebraucht, s. 21, 54, 5. vgl. 7, 37, 6;
Tac. H. 4, 56. — *pro p.*, *vir.* 3, 71, 8.

dictatoris magister equitum quam magistri equitum dictator esse
6 potes. Sabinum advenam, principem nobilitati vestrae, seu
Attium Clausum seu App. Claudium mavultis, illi antiqui pa-
7 tricii in suum numerum acceperunt: ne fastidieris nos in sacerdotum numerum accipere. multa nobiscum decora adferimus,
8 immo omnia eadem, que vos superbos fecerunt: L. Sextius primus de plebe consul est factus, C. Licinius Stolo primus magister
equitum, C. Marcius Rutilus primus et dictator et censor, Q. Publi-
9 lius Philo primus praetor. semper ista audita sunt eadem, penes
vos auspicia esse, vos solos gentem habere, vos solos iustum im-
10 perium et auspicium domi militiaeque: aeque adhuc prosperum
plebeium et patricium fuit, porroque erit. en umquam fando
audistis, patricios primo esse factos non de caelo demissos,
sed qui patrem ciere possent, id est, nihil ultra quam ingenuos?

5—9. Ebensowenig ist es eine
Schande für die Patricier, wenn
Plebejer Priesterstellen erlangen.
nobilitati, s. 8, 4, 5; 9, 40, 3. — *seu
Att. Cl.* etc., 2, 16: mögt ihr ihn mit
seinem sabinischen oder röm. Namen lieber nennen, s. Schwegler 2,
57 f. — *patric.* — *accep.,* s. 4, 4, 7; ib.
3, 14. — *ne fastidier.,* s. 3, 2, 9, hier
um abzuwechseln, s. § 5: *noli.* —
primus fact., dieses wurde in den
Fasten bemerkt. *Sext.* 7, 1; *Licin.* 6,
39; *Marcius* 7, 17, 6 u. 22. 7; *Pu-
blil.,* 8, 15, 9. — *auspicia,* 6, 41, 5.
— *gentem,* die patricische, s. 4, 1,
2; ib. 4, 7, von der die plebejische,
6, 37, 11, immer noch verschieden
ist, Mommsen Forsch. 1, 72. — *imperium et ausp.,* ohne auspicium,
hier das Recht Auspicien anstellen
zu dürfen (*spectio*), giebt es kein imperium, s. Marq. 4, 348. Beides haben also bis jetzt die Plebejer wi-
derrechtlich (daher *iustum*) ausge-
übt, s. 4, 6, 1. — *domi mil.,* bezieht
sich auf Beides; doch ist zunächst
wol an das richterliche und militärische imperium zu denken.

10—12. *aeque* etc., vgl. *c.* 7, 7: die
Götter haben durch die That den
Plebejern gleiche Berechtigung zu
den Auspicien u. s. w. verliehen,
und die Behauptung, dass ihr allein

die *gens* habet, wird durch die Geschichte widerlegt. — *en umquam,*
4, 3, 10: alle Welt weiss ja, dass
nicht vom Himmel Gefallene an-
fänglich zu Patriciern gemacht worden sind, sondern diejenigen u. s.
w. *patricios* gehört zum Prädicate;
de caelo dem., sed (*eos*), *qui* enthalten die Subjecte. — *factos* ist mit
Nachdruck gebraucht: sie seien
dazu gemacht worden, nicht es ursprünglich gewesen. — *de cael. dem.,*
s. 4. 1, 2, als eine besondere Kaste,
wie in der That viele patricische
Geschlechter ihren Ursprung auf die
Götter zurückführten. — *qui patrem c. p.,* eine etymologische Erklärung von *patricius,* indem man
das Suffix *cius,* wiewol unrichtig,
von *ciere* ableitete. *pater,* ist nicht
in der 1, 8, 7 angegebenen Bedeutung, sondern einfach als Vater genommen: zu Patriciern hätten die
Könige diejenigen gemacht, welche
einen Vater hätten nennen, aufwei-
sen können, Freigeborene gewesen
seien; L. folgt wahrscheinlich hier,
wie 1, 8, 7, Cincius, s. 7, 3, 7, vgl.
Fest. p. 241: *patricios Cincius
ait — eos appellari solitos qui nunc
ingenui vocentur;* Dion. 2, 8: πα-
τρικίους κληθῆναί φασι ὅτι πατέ-
ρας εἶχον ἀποδεῖξαι μόνοι, ὡς

consulem iam patrem ciere possum, avumque iam poterit filius
meus. nihil est aliud in re, Quirites, nisi ut omnia negata adi- 11
piscamur; certamen tantum patricii petunt, nec curant, quem
eventum certaminum habeant. ego hanc legem, quod bonum, fau- 12
stum felixque sit vobis ac rei publicae, uti rogas, iubendam censeo.'' Vocare tribus extemplo populus iubebat, apparebatque 9
accipi legem; ille tamen dies intercessione est sublatus; postero
die, deterritis tribunis, ingenti consensu accepta est. pontifices 2
creantur suasor legis, P. Decius Mus, P. Sempronius Sophus C.
Marcius Rutilus M. Livius Denter, quinque augures item de plebe:
C. Genucius P. Aelius Paetus M. Minucius Faesus C. Marcius T.
Publilius. ita octo pontificum, novem augurum numerus factus.

τῶν γε ἄλλων δραπετῶν ὄντων
καὶ οὐκ ἐχόντων ὀνομάσαι πατέ-
ρας ἐλευθέρους etc.; zur Sache
s. 4, 1, 2. — *id est* etc., also seien
auch die Plebejer, welche *ingenui*,
s. 9, 46, 1; 6, 40, 6, wären, patricii.
— *consulem*, mit Nachdruck vorangestellt: nicht allein einen freien
Vater, sondern einen Consul als Vater; er habe also eine gens und so
zugleich die Nobilität, c. 7, 7. — *in
re*, 4, 4, 12: in Wahrheit verhält es
sich so u. s. w. Im Folg. liegt der
Nachdruck auf *negata*: die Patricier
geben nichts freiwillig, sondern immer erst nachdem u. s. w. — *ego*
steht nicht selten am Ende einer
Rede, wo mit Nachdruck der Hauptgedanke derselben ausgesprochen
und der Ansicht Anderer entgegengestellt wird. — *uti rogas*, 6, 38, 5;
Lange 2, 422. — *iubend.*, 9, 43, 2.

9. 1—2. *populus*, die in der
contio versammelte Volksmenge
fordert, dass sogleich die Comitien
berufen und abgestimmt werden
solle, s. 3, 71, 3, allein mehrere
Tribunen intercediren; wol im Interesse der Patricier, s. 9, 33, 5. —
vocare, n. die dazu Befugten, s. 3,
22, 6; 22, 51, 7; 25, 10, 6 u. a. —
accipi, die Stimmung des Volkes
liess es erwarten, vgl. 5, 20, 1. —
sublatus, die Intercession war nur

suspensiv, konnte bei Wiederholung
des Antrags unterbleiben. — *deterr.*,
die intercedirenden Tribunen, durch
die entschiedene Absicht des Volks,
6, 38, 3. — *creantur*, L. fasst
kurz den Erfolg des Gesetzes zusammen: die Rogation wird angenommen und in Folge davon werden
Plebejer ernannt; denn die Augurn
und Pontifices werden nicht, wie
später der pontifex max., vom Volke
gewählt, sondern von den Collegien
cooptirt, s. c. 6, 6: *adlegerentur*,
40, 42, 13; 45, 44, 3; vgl. 2, 2, 1:
regem sacrificulum creant. Wo genauer gesprochen wird, steht *creari*
dem *cooptari* entgegen, s. 39, 46, 1:
*pontifex maximus mortuus est: in
cuius locum M. Sempronius pontifex est cooptatus*; *pontifex maximus est creatus C. Servilius Geminus*. — *Genucius*, daher wol der
Beiname *Augurinus*, vgl. 2, 21, 1;
Mommsen Forsch. 1, 65; Gesch.
d. Münz. 550. — *octo — factus*, die
Zahl 8 u. 9 wurde so erreicht, s. c.
6, 6: *expleverunt*, oder bestimmt.
L. nimmt sowol hier als c. 8, 3 f.,
6, 6 an, dass früher regelmässig
vier, nach der Annahme des Gesetzes acht pontifices gewesen seien,
s. Marq. 4, 188 ff.; Preller Mythol.
109. Da Cicero in der zu c. 6, 7 angef. Stelle fünf pontifices vor der
lex Ogulnia angiebt, so nehmen An-

3   Eodem anno M. Valerius consul de provocatione legem tulit
diligentius sanctam. tertio ea tum post reges exactos lata est,
4 semper a familia eadem. causam renovandae saepius haud aliam
fuisse reor, quam quod plus paucorum opes quam libertas plebis
poterat. Porcia tamen lex sola pro tergo civium lata videtur,

dere an, L. habe entweder den pontifex maximus in der Zahl acht
nicht begriffen, oder nicht angegeben, dass gerade eine Stelle offen
gewesen sei, s. Lange 1, 269;
Schwegler 1, 542.

3. *de provoc.*, 1, 26, 6. — *dili-
gent. sanct.*, s. Cic. Verr. 3, 8, 20:
scripta lex ita diligenter est; das
Gesetz enthielt sorgfältigere Bestimmungen, grössere Garantieen dafür, dass es beobachtet würde, wahrscheinlich ist eine genauere *sanctio*
gemeint, vgl. Instit. II, 1, 10: *legum
eas partes, quibus poenas constitui-
mus adversus eos, qui contra leges
fecerint, sanctiones vocamus*; obgleich L. bei der ersten lex Valeria
2, 8, 2 eine *sanctio* nicht erwähnt,
die dem zweiten 3, 55, 4 beigege-
bene sich nicht auf den gegen das
Provocationsgesetz fehlenden, sondern den die Wahl leitenden Magistrat bezieht, so deutet doch der
Comparativ *diligentius* an, dass auch
den früheren legg. Valeriae die
sanctio nicht ganz gefehlt habe, s.
§ 5; Dion. 5, 70; schwerlich kann
in *sanctam* liegen, dass das dritte
Gesetz die Fälle genauer bestimmt
habe, in denen der Provocation nach-
gegeben werden solle, wenigstens
wird *sancire* sonst nicht so gebraucht, Zumpt Criminalr. 1, 1,
177; 1, 2, 42; 442.

4. *causam — poterat*, die Plebs
war den Misshandlungen und der
Ehre freier Bürger (*libertas*) unwür-
digen Strafen ausgesetzt, da sich,
wie früher die Patricier, s. 2, 27,
12; ib. 55, 5; 3, 58, 8, so jetzt die
Nobilität über das Gesetz, das keine
bestimmte Strafe drohte, hinweg-
setzte, besonders seit die Volks-

tribunen, die sich der Provociren-
den annehmen und ihre Sache an
das Volk bringen mussten, auf der
Seite der Nobilität standen, s. c. 37,
11; 9, 33, 5. — *Porcia*, L. erwähnt
wie Sall. Cat. 51, 22; Cic. Rab.
perd. 3, 8; 4, 12 f., Verr. 5, 63, 163
u. a. nur e i n e *lex Porcia*, dagegen
sagt Cicero de rep. 2, 31, 54: *neque
vero leges Porciae, quae t r e s sunt
trium Porciorum — quicquam
praeter sanctionem attulerunt novi.*
Die Urheber derselben (viell. Cato
Censorinus und einer der 32, 7; 8;
33 42; 34, 54 erwähnten Porcier, s.
Eisenlohr die Provocatio 18; Lange
2, 179, Zumpt a. a. O.) und das gegenseitige Verhältniss der Gesetze
ist nicht genau zu bestimmen; L.
fasst nur den Hauptinhalt der drei
leges, ohne auf die Verschiedenheit
der einzelnen zu achten, im Folg.
zusammen. — *tamen*, obgleich dreimal erneut und bestimmter garan-
tiert; so — doch u. s. w. — *videtur*,
es hat den Anschein, dass u. s. w.,
L. spricht damit seine Ansicht oder
die seines Gewährsmannes aus, nicht
eine irrthümliche Meinung Anderer
(des Publicums), was er wahrscheinlich irgendwie angedeutet haben
würde, während es in dem einfachen
videtur schwerlich liegt. — *pro
tergo*, sie schützte gegen die Prügel-
strafe, Cic. Rab. 4, 12: *Porcia lex
virgas ab omnium civium Romanorum corpore amovit*; dass dadurch
nur eine Seite des Gesetzes bezeichnet wird, zeigt das Folg., aber diese
gerade wird ebenso von Sall. l. l.,
Cic. Verr. 5, 62, 162; 163 hervorgehoben, weil das Gesetz das Stäupen überhaupt auch in Verbindung
mit der Hinrichtung für den röm.

quod gravi poena, si quis verberasset necassetve civem Romanum,
sanxit; Valeria lex cum eum, qui provocasset, virgis caedi securi- 5
que necari vetuisset, si quis adversus ea fecisset, nihil ultra quam
„inprobe factum“ adiecit. id, qui tum pudor hominum erat, 6

Bürger aufhob. — *quis* n. *magistra-*
tus, ebenso § 5, vgl. Cic. Sest. 61,
129; dagegen de rep. 2, 31. — *si* —
Roman., Cic. Rab. 3, 8: *de civibus*
contra legem Porciam verberatis
aut necatis, der Sinn ist wol: dass
überhaupt kein röm. Bürger sei es
zur Strafe oder Tödtung sei es vor
der Hinrichtung durch das Beil ge-
stäupt werden solle, nur diese früher gewöhnliche, den freien Bürger
entehrende Strafe und Todesstrafe,
nicht die Todesstrafe überhaupt, soll
abgeschafft werden; wahrscheinlich
verbot das Gesetz nicht allein das
Stäupen mit Ruthen, sondern hob
auch die *sanctio* anderer Gesetze,
welche dasselbe anordneten, s. 3,
55, 14, vgl. 8, 37, 11, auf, vgl. Fest.
p. 234 *pro scapulis*, Lange 2, 218;
479, vgl. Zumpt 2, 1, 61. Später
kommt das Stäupen nur in einzelnen besonderen Fällen vor, s. Periocha 55.

5. *Val. lex.* etc., wie vorher in
Porcia l., so fasst L. auch hier den
wesentlichen Inhalt der *leges Vale-*
riae zusammen ohne das Unterschei-
dende der einzelnen zu beachten,
deshalb kann, da die dritte *diligen-*
tius sancta genannt wird, schon in
der ersten das Uebertreten derselben als *improbe factum*, was aber
genau genommen keine *sanctio* ist,
bezeichnet gewesen sein. — *im-*
probe f. n. *fore, si quis fecisset*,
eine schlechte, schimpfliche That,
nur in moralischer Beziehung,
nicht als eine gesetzwidrige, mit
einer Strafe bedrohte, daher die
Uebertretungen § 4. — *cum* —
adiecit giebt die Verschiedenheit der
lex Valeria von der *lex Porc.* an,
dem *gravi poena* entspricht chiastisch *improbe fact.*, ferner war in

der l. Val. *cum provocasset* hinzugefügt, nicht in der *l. Porcia*; jene
galt also nur für den Provocireuden,
folglich vorzugsweise für die Bürger in Rom, wo mit Hülfe der Tribunen die Provocation geltend gemacht werden konnte, die *l. Porcia*
für alle Bürger, mochten sie in
Rom, oder in Italien, oder in den
Provinzen oder selbst in dem Heere
sein, vgl. Act. apostol. 16, 37; 22,
25; jene verbot nur zu stäupen und
hinzurichten, wenn provocirt worden war, das Volk konnte das Stäupen als Strafe verhängen, andere
Gesetze es anordnen, nur die Provocation sollte garantirt werden,
das Porcische Gesetz verbot das
Stäupen überhaupt auch bei der Hinrichtung. Obgleich nämlich L. *se-*
curique necari sagt, so hat er doch
schwerlich etwas Anderes andeuten
wollen, als was Cic. de rep. 2, 31:
ne quis magistratus civem Romanum
adversus provocationem necaret neve
verberaret als den Inhalt der *l. Vale-*
ria angiebt: wenn einer habe stäupen
und (wenn er habe) hinrichten lassen, nicht: wer provocirt habe, dürfe
nicht mit Ruthen gepeitscht und mit
dem Beile hingerichtet, selbst vom
Volke in diesem Falle die genannte
Strafe nicht verhängt werden, s.
Zumpt 2, 1, 44, da *quis* nicht wol
von dem Volke verstanden werden
kann; über *que* aber, wo man *ve* erwartet, s. 8, 13, 14; 9, 18, 19; zu
3, 55, 13; über den geringen Unterschied beider s. c. 7, 9 u. 10; zu 6, 14,
10; 38, 38, 2 u. 7, vgl. *neve* u. *neque*
38, 38, 5 ; 9; 8; zur Sache Dion. 2,
29 : οἳ (die Lictoren) τοὺς μὲν ἄξια
μαστίγων δεδρακότας ἔξαινον ἐν
ἀγορᾷ, τῶν δὲ τὰ μέγιστα ἠδικότων
τοὺς τραχήλους ἀπέκοπτον ἐν τῷ

visum, credo, vinculum satis validum legis; nunc vix servus ero
ita minetur quisquam.

7　　　Bellum ab eodem consule haudquaquam memorabile adversus rebellantes Aequos, cum praeter animos feroces nihil ex an-
8 tiqua fortuna haberent, gestum est. alter consul Apuleius in
Umbria Nequinum oppidum circumsedit. locus erat arduus atque
in parte una praeceps, ubi nunc Narnia sita est, nec vi nec mu-
9 nimento capi poterat. itaque eam infectam rem M. Fulvius Paetus
10 T. Manlius Torquatus novi consules acceperunt. in eum annum
cum Q. Fabium consulem non petentem omnes dicerent centuriae,
ipsum auctorem fuisse Macer Licinius ac Tubero tradunt diffe-
11 rendi sibi consulatus in bellicosiorem annum: eo anno maiori se
usui rei publicae fore urbano gesto magistratu. ita nec dissimulantem, quid mallet, nec petentem tamen aedilem curulem cum
12 L. Papirio Cursore factum. id ne pro certo ponerem, vetustior

φανερῷ. Da sowol L. als Cicero a.
a. O. die lex Porcia mit der Valeria
und der Provocation in Beziehung
setzen, so ist es wahrscheinlich,
dass die Provocat. auch Gegenstand
der lex. Porc. war, worauf auch
Münzen hindeuten, Mommsen Münz-
wes. 526, 552, obgleich sich nicht
mehr erkennen lässt, wie sie die
Provocat. berührte. Wenn aber Cicero de rep. 2, 31, s. zu § 4, sagt,
dass nur die *sanctio* das Neue in der
lex Porcia gewesen sei, so scheint
er nur die Beschränkung der Magistrate durch dieselbe, nicht den übrigen Inhalt der lex berücksichtigt zu
haben. — *pudor*, s. 5, 46, 7; dazu
passt wenig das soeben § 4: *quam
— poterat* Bemerkte. — *vinculum*,
eine Fessel, die von der Verletzung
des Gesetzes abhalten sollte, eine
Stütze desselben, s. c. 13, 14; 8, 28,
8. — *ero* (= *hero*): jetzt bedient
sich sogar der Sclave gegen seinen
Herrn, von dem er doch Alles dulden muss, stärkerer Ausdrücke, als
damals das mächtigste Volk gegen
seine Magistrate, s. Einleit. S. 14.

9. 7—11, 10. Krieg mit den Aequern und Umbrern; neue Tribus;
die Colonie Narnia; Etrurien.

7—10. *rebellantes*, wahrschein-

lich aus gleichem Grunde wie c. 1,
7; Nieb. 3, 313. — *feroces an.*,
in den früheren Kriegen mit den
Römern, vgl. 9, 45, 10; 17. — *Umbris*, s. c. 1, sie scheinen sich mit
den Aequern erhoben zu haben. —
Nequinum, auf einem hohen Felsen
am Flusse Nar. — *nec vi* etc., s. 9,
24, 2. — *in eum an.*, in welchem
die beiden Genannten Consuln waren. — *omnes centur.*, s. 4, 30, 15.
— *dicerent c.*, in den Centurien
stimmten die Einzelnen, s. c. 11, 4,
das Resultat der Abstimmung wurde
von den diribitores, vgl. 9, 46, 2,
dem praeco und durch diesen dem
Magistrate, der die Comitien hielt,
mit der Formel: *centuria dicit Gaium consulem*, c. 13,11, mitgetheilt;
anders *facere*, 3, 21, 8. Dass Fabius zum Consul ernannt worden
sei, berichteten mehrere, das Folgende: *ipsum* etc. nur die beiden
Genannten, s. 4, 23, 2. Fabius müsste
dann bei der Ankündigung des Re-
sultates der Wahl sich gegen dieselbe erklärt haben. — *bellicos.*, der
Gegensatz c. 1, 4: *imbellem annum*.

11—14. *gesto* = *si gessisset*, in
orat recta: *si gessero — erit.* —
nec — nec — tamen vgl. 21, 3, 3:
et — et tamen; *petentem* enthält zu-

annalium auctor Piso effecit, qui eo anno aediles curules fuisse
tradit C. Domitium Cn. f. Calvinum et Sp. Carvilium Q. f. Maximum. id credo cognomen errorem in aedilibus fecisse, secu- 13
tamque fabulam mixtam ex aediliciis et consularibus comitiis,
convenientem errori. et lustrum eo anno conditum a P. Sem- 14
pronio Sopho et P. Sulpicio Saverrione censoribus, tribusque
additae duae, Aniensis ac Teretina. haec Romae gesta.

Ceterum ad Nequinum oppidum cum segni obsidione tempus 10
tereretur, duo ex oppidanis, quorum erant aedificia iuncta muro,
specu facto ad stationes Romanas itinere occulto perveniunt;
inde ad consulem deducti praesidium armatum se intra moenia 2
et muros accepturos confirmant. nec aspernanda res visa neque 3
incaute credenda. cum altero eorum — nam alter obses reten-
tus — duo exploratores per cuniculum missi; per quos satis 4
conperta re trecenti armati transfuga duce in urbem ingressi
nocte portam, quae proxima erat, cepere. qua refracta consul
exercitusque Romanus sine certamine urbem invasere. ita Ne- 5
quinum in dicionem populi Romani venit. colonia eo adversus
Umbros missa a flumine Narnia appellata; exercitus cum magna
praeda Romam reductus.

Eodem anno ab Etruscis adversus indutias paratum bellum; 6

gleich die Einräumung zu *factum*,
vgl. 1, 24, 1. — *pro c. pon.*, s. 4, 23,
3. — *id* — *cognom.*, der Name *Maxi-*
mus habe veranlasst, dass Fabius für
den Aedil gehalten, s. c. 3, 4, und
die von Macer u. s. w. berichtete
Erzählung erdichtet worden sei. —
— *mixtam ex*, vgl. 27, 2, 11 ; ver-
kürzt st.: in welcher Angaben über
beide Comitien combinirt und dem
Irrthum angepasst waren. Uebrigens
war Fabius schon 423 a. u. Aedil,
s. 8, 18, 4. — *lustrum*, es ist, da
das Dictatorenjahr c. 5, 14 nicht
wirklich vorhanden war, erst das
vierte Jahr nach der Censur des Fabius 9,46; Mommsen Chron. S. 164.
— *Sempron.* etc. § 2; 9, 45. — *tri-*
bus, s. 8, 17; 9, 20; es werden so
33 Tribus. — *Teretina*, so findet
sich der Name auf Inschriften, vgl.
Cic. Planc. 8, 21; 16, 38; 22, 54;
Griechich *Τηρητίνα*, dagegen *Τερέν-*
τιος; doch haben die Hss. *Terentina*

(nach Th. Mommsen).

10. 1—7. *iuncta*, 5, 34, 7 : *iuncta*
coelo iuga, dagegen *coniuncta* 1, 44,
4. — *specu*, was § 3 *cuniculus* heisst.
— *moenia*, die Befestigungsmauern
der Stadt, *muros*, überhaupt Mauern,
vgl. c. 17, 7; Verg. Aen. 11, 506:
ad muros subsiste et moenia serva;
Plin. 29, 1, 9; Doederlein Syn. 5,
351; Madvig hält *et muros* für unächt. — *consulem*, c. 9, 9: *consules*
war nur Bezeichnung des Jahres. —
nec asp. etc., vgl. 21, 34, 4; 3, 16, 3»
— *in dic. venit*, 8, 20, 6. — *a flum.*
n. *Nare*, die Colonie, wie Ocriculum
an der Strasse, welche nachher die
via Flaminia geworden ist, gelegen,
diente zur Deckung der Tiberlinie
und zur Niederhaltung der Umbrer
(*advers. Umbr.*), Nieb. 3, 312. —
reductus, nach den Triumphalfasten
triumphirt Fulvius *a. DCLIV. de*
Samnitibus Nequinatibusque VII
K. Oct. — *indutias*, s. c. 5; das

sed eos alia molientis Gallorum ingens exercitus finis ingressus
7 paulisper a proposito avertit. pecunia deinde, qua multum poterant, freti socios ex hostibus facere Gallos conantur, ut eo ad-
8 iuncto exercitu cum Romanis bellarent. de societate haud ab-
nuunt barbari, de mercede agitur. qua pacta acceptaque cum
parata cetera ad bellum essent sequique Etruscus iuberet, infitias
9 eunt mercedem se belli Romanis inferendi pactos: quidquid acceperint, accepisse, ne agrum Etruscum vastarent armisque laces-
10 serent cultores; militaturos tamen se, si utique Etrusci velint,
sed nulla alia mercede, quam ut in partem agri accipiantur tan-
11 demque aliqua sede certa consistant. multa de eo concilia populorum Etruriae habita, nec perfici quicquam potuit, non tam quia
inminui agrum quam quia accolas sibi quisque adiungere tam
12 efferatae gentis homines horrebat. ita dimissi Galli pecuniam
ingentem sine labore ac periculo paratam rettulerunt. Romae
terrorem praebuit fama Gallici tumultus ad bellum Etruscum adiecti: eo minus cunctanter foedus ictum cum Picenti populo est.
11 T. Manlio consuli provincia Etruria sorte venit; qui vixdum ingressus hostium finis cum exerceretur inter equites, ab rapido
2 cursu circumagendo equo effusus extemplo prope expiravit. tertius ab eo casu dies finis vitae consuli fuit. quo velut omine

---

zweite Jahr war noch nicht abgelaufen, vgl. c. 6. — *alia m.*, etwas
ganz Anderes als einen Krieg gegen
die Gallier, s. 2, 3, 6; doch wird
talia verm. — *Gallorum*, nach Polybius 2, 19 neue über die Alpen ge-
kommene Schwärme, welche von
ihren Volksgenossen nach Süden gewiesen werden, daher §10: *tandemque* etc., vgl. 5, 36, 3. — *pecunia*,
s. c. 16, 6; 9, 37, 10. — *cum R. b.*,
nach Polyb. haben Gallier und
Etrusker das römische Gebiet ver-
wüstet.
     8—12. *de soc.* etc., s. 9, 41, 7;
6, 17, 8: *non negatum—de captivis.*
— *armisque* erweitert nur das Vorhergeh., daher nicht *neve.* — *acceperint, accepisse*, das Letztere ohne
eo oder *id circo*, die beiden gleichen
Begriffe im einräumenden und be-
schränkenden Satze rücken so un-

mittelbar an einander. — *paratam*,
5, 6, 1. — *Picenti* von *pic-us*, ein
sabellischer Volksstamm zwischen
den Sabinern, Umbrien und dem
adriatischen Meere, folgt erst jetzt
dem Beispiel der übrigen Sabeller.
s. c. 3; 9, 45, wahrscheinlich erhielten sie günstige Bedingungen
von den Römern, die so wie früher
in Apulien Bundesgenossen im
Rücken ihrer Feinde erhalten; Nieb.
3, 420; 313.

     11. 1—3. *sorte ven.*, 8, 1, 2. —
exerceretur, Uebungen anstellte. —
inter, unter, mit. — *ab rap, c.*, als
er unmittelbar vom Gallop weg, im
vollen Laufe, das Pferd wendete;
8, 7, 10: *circumactis equis*, 6, 24,
7. Ueber das Gerund. 4, 29, 3. —
effusus, s. 30, 12, 1: *equo graviter
icto effusus opprimitur.* — *quo*, in-

belli accepto deos pro se commisisse bellum memorantes Etrusci
sustulere animos. Romae cum desiderio viri tum incommoditate 3
temporis tristis nuntius fuit, ut patres ab iubendo dictatore consulis subrogandi comitia ex sententia principum habita deterru-
erint. M. Valerium consulem omnes sententiae centuriaeque 4
dixere, quem senatus dictatorem dici iussurus fuerat. tum extemplo in Etruriam ad legiones proficisci iussit. adventus eius 5
conpressit Etruscos adeo, ut nemo extra munimenta egredi auderet, timorque ipsorum obsidioni similis esset. neque illos no- 6
vus consul vastandis agris urendisque tectis, cum passim non
villae solum sed frequentes quoque vici incendiis fumarent, elicere ad certamen potuit.

  Cum hoc segnius bellum opinione esset, alterius belli, quod 7
multis in vicem cladibus haud inmerito terribile erat, fama Pi-
centium novorum sociorum indicio exorta est: Samnites arma
et rebellionem spectare, seque ab iis sollicitatos esse. Picentibus 8
gratiae actae et magna pars curae patribus ab Etruria in Samnites versa est. caritas etiam annonae sollicitam civitatem habuit, 9
ventumque ad inopiae ultimum foret, ut scripsere, quibus aedilem
fuisse eo anno Fabium Maximum placet, ni eius viri cura, qualis

---

dem man in diesem Ereigniss — fand,
s. 1, 23, 4. — *pro se*, 5, 17, 7, vgl.
21, 40, 11. — *commisso*, 8, 25, 5.
— *bellum* nach *belli* ist wol beabsichtigt. — *ut*, so dass u. s. w. Der
Senat hielt schon die Ernennung
eines Dictators für nöthig, und
wurde nur durch den Umstand, dass
in den Comitien eine der Ansicht,
dem Wunsche des Senates entsprechende (*ex sententia*) Wahl erfolgte, davon abgehalten; Gron.
verm. *fuit. patres — deterruerunt*, u.
man erwartet *tantum* bei *comitia*,
vgl. 22, 45, 4. — *iubendo*, c. 8, 11;
1, 22, 1, erklärt sich aus *dici iussu-*
rus erat u. *a consule*; es ist das die
Wahl des Dictators anordnende Senatsconsult.
  4—5. *Valerium*, s. Plin. 7, 48,
157: *M. Valerius Corvinus C. an-*
nos inplevit; cuius inter primum et
sextum consulatum XLVI anni
fuere, ebenso viele Consulate scheint
L. gezählt zu haben, s. 7, 26, vgl. c.

5, 14. — *omnes s.*, die einzelnen
Stimmen in den Centurien, *suffra-*
gia, auch *sententiae* genannt; Val.
Max. 9, 12, 7: *dum sententiae diri-*
berentur, vgl. 8, 37, 11; Lange 2,
455. — *dixere*, s. c. 9, 10. — *iussur.*
f., n. wenn die Wahl nicht so ausgefallen wäre. — *iussit*, s. zu 2,
63, 3; vgl. c. 16, 1; 32, 3; sonst ist
der Dictator ausser in Geldangele-
genheiten, s. 22, 23, 5, nicht von
dem Senate abhängig. — *obsid.* = timori qualis obsessorum esse solet,
s. 8, 18, 11.

  7—10. *in vicem*, attributiv. —
seque — sollicitatos, wahrscheinlich
stand dieses mit dem c. 10 erwähnten Bündniss in Beziehung, die Pi-
center haben die vortheilhaftere
Verbindung mit Rom gewählt. —
caritas a., ist lange nicht erwähnt,
wahrscheinlich sorgte Campanien
für hinreichende Vorräthe, s. 7, 31,
1. — *in. ultimum*, 28, 28, 8. —

in bellicis rebus multis tempestatibus fuerat, talis domi tum in
annonae dispensatione praeparando ac convehendo frumento
10 fuisset. eo anno — nec traditur causa — interregnum initum.
interreges fuere Ap. Claudius, dein P. Sulpicius. is comitia consularia habuit; creavit L. Cornelium Scipionem Cn. Fulvium
consules.

11   Principio huius anni oratores Lucanorum ad novos consules venerunt questum, quia conditionibus perlicere se nequiverint
ad societatem armorum, Samnites infesto exercitu ingressos fines
12 suos vastare belloque ad bellum cogere. Lucano populo satis
superque erratum quondam, nunc ita obstinatos animos esse,
ut omnia ferre ac pati tolerabilius ducant, quam ut umquam
13 postea nomen Romanum violent. orare patres, ut et Lucanos in
fidem accipiant et vim atque iniuriam ab se Samnitium arceant:
se, quamquam bello cum Samnitibus suscepto necessaria iam
facta adversus Romanos fides sit, tamen obsides dare paratos
12 esse. Brevis consultatio senatus fuit; ad unum omnes iungen-
dum foedus cum Lucanis resque repetendas ab Samnitibus cen-
2 sent. benigne responsum Lucanis ictumque foedus; fetiales

---

dispensatio = *cura annonae*, die
Verwaltung des Getraidewesens,
die Versorgung der Stadt mit Ge-
traide, welche, wie hier zuerst erwähnt wird, den Aedilen oblag, s.
4, 12, 10; 7, 21, 6; 27, 50, 10;
Becker 2, 2, 321. — *eo a.*, das, in
welchem Valerius Consul war, dagegen ist § 11 *huius anni* das der
eben gewählten Consuln. — *Ap.
Claudius*, da Appius die Wahl nicht
leitet, ist damals das nicht geschehen, was von Cic. Br. 14, 55
erzählt wird: *M. Curium* (possumus
suspicari disertum), *quod is tribunus pl. interrege Appio Caeco, —
comitia contra leges habente cum de
plebe consulem non accipiebat, patres ante auctores fieri coegerit*; das
Elogium des Appius CIL. p. 287 erwähnt drei interregna desselben.

11, 11—**12.** Beginn des dritten
samnitischen Krieges. Dion. 16,
11 ff.

11—13. *oratores*, 9, 45, 18. —

Lucanorum, s. zu c. 12, 1. — *condicionibus*, 6, 40, 7: durch günstige
Bedingungen. Die Samniten suchen
sich durch Bundesgenossen auf den
neuen wegen der Erweiterung und
Befestigung der röm. Macht noth-
wendigen Kampf vorzubereiten. —
fines s. gehört zu *ingressos* und zu
vastare. — *ad b. cog.*, 23, 1, 4. —
Lucano, 1, 23, 10. — *obstinatos* gewöhnlich im particip, vgl. jedoch 23,
29, 7, und mit einem Infinitiv, s. 7,
21, 1; 9, 32, 9 u. a., oder mit *ad*,
s. 6, 3, 9, steht hier absolut, indem
das Object in den Satz mit *ut* übergegangen ist. — *fidem*, 8, 1, 10; im
Folg. hat es eine andere Bedeutung.
Die Lucaner scheinen im Frieden
mit den Samniten 9, 45, 4, frei geblieben zu sein. — *Lucanos* st. *se*
um den Gegensatz gegen *Samnit.* zu
heben; zur Sache vgl. 25, 16, 12.

12. 1—6. *iungend. foed.*, der
Senat allein ertheilt das Bündniss;
das frühere, 8, 25 erwähnte, ist

missi, qui Samnitem decedere agro sociorum ac deducere exercitum finibus Lucanis iuberent. quibus obviam missi ab Samnitibus, qui denuntiarent, si quod adissent in Samnio concilium,
haud inviolatos abituros. haec postquam audita sunt Romae, 3
bellum Samnitibus et patres censuerunt et populus iussit. consules inter se provincias partiti sunt; Scipioni Etruria, Fulvio
Samnites obvenerunt, diversique ad suum quisque bellum proficiscuntur. Scipioni segne bellum et simile prioris anni militiae 4
expectanti hostes ad Volaterras instructo agmine occurrerunt.
pugnatum maiore parte diei magna utrimque caede; nox incertis, 5
qua data victoria esset, intervenit. lux insequens victorem victum-
que ostendit; nam Etrusci silentio noctis castra reliquerunt. Ro- 6
manus egressus in aciem ubi profectione hostium concessam
victoriam videt, progressus ad castra vacuis cum plurima praeda
— nam et stativa et trepide deserta fuerant — potitur. inde in 7
Faliscum agrum copiis reductis cum inpedimenta Faleriis cum
modico praesidio reliquisset, expedito agmine ad depopulandos
hostium fines incedit. omnia ferro ignique vastantur; praedae 8
undique actae. nec solum modo vastum hosti relictum, sed castellis etiam vicisque inlatus ignis; urbibus oppugnandis temperatum, in quas timor Etruscos conpulerat. — Cn. Fulvii consulis 9
clara pugna in Samnio ad Bovianum haudquaquam ambiguae

---

längst aufgelöst, s. 11, 11; 8, 27, 2.—
decedere, vgl. 7, 31, 9. — *concilium*,
s. c. 13, 3; 8, 39, 10. — *Samnitib.*
von *bellum censuerunt* und *bell.*
iussit abhängig, über die Construct.
bellum censere s. 31, 7, 14: *ite in*
suffragia, et quae patres censuere
iubete; Caes. B. G. 7, 77, 2; zu Tac.
Ann. 13, 8; über *iubere* 9, 43, 2.
— *quisque* 2, 7, 1. — *militiae*, Kriegführung. — *Volaterras*, tuskisch
Velathri, eine feste und mächtige
Stadt im westlichen Etrurien. —
instructo ag. „in formam proelii or-
dinato", Dr. — *qua*, 1, 27, 6, statt
des bestimmten *utra p.*, 7, 9, 7. —
egress. in ac., kurz, statt: ausgerückt
und in Schlachtordnung aufgestellt
— *profect.*, die besseren Hss.
haben *professione*, s. Tac. Ann. 2.
85. — *vacuis*, dazu ist wieder *castris*
zu denken.

7—9. *Falisc.* etc., die Falisker
sind jetzt noch mit den Römern verbunden, vgl c. 45. 6. — *solum*, Verwüstung des offenen Landes, vgl. c.
11, 6; 6, 31. 8. — *vastum*, 3, 52, 5.
castellis, wie bei Volsinii 9, 38, 1.
— *urbib. o. t.*, vgl. 6, 17, 8; 2, 16,
9. Ganz anders erscheint die Geschichte dieses Jahres nach den
fasti triumph., s. c. 13, 1 u. der Grab-
schrift des Scipio, CIL. p. 16:
Cornelius Lucius Scipio Barbatus —
Taurasia Cisauna Samnio cepit
Subigit omne L o u c a n a m opsides-
que abdoucit.
Taurasia und Cisauna sind Orte in
Samnium. Dass die Thaten Scipios
in eine spätere Zeit, s. c. 18; 25;
40 ff., gehören, ist nicht wahrscheinlich, s. Mommsen, 1, 458; 467. Ihne
1, 389. *Bovianum* ist wegen der
Nähe von Aufidena wahrscheinlich

victoriae fuit. Bovianum inde adgressus nec ita multo post Aufidenam vi cepit.

13   Eodem anno Carseolos colonia in agrum Aequiculorum de-
2 ducta. Fulvius consul de Samnitibus triumphavit. cum comitia
consularia instarent, fama exorta Etruscos Samnitesque ingentes
3 conscribere exercitus: palam omnibus conciliis vexari principes
Etruscorum, quod non Gallos quacumque condicione traxerint
ad bellum; increpari magistratus Samnitium, quod exercitum
adversus Lucanum hostem conparatum obiecerint Romanis;
4 itaque suis sociorumque viribus consurgere hostes ad bellum, et
5 haudquaquam pari defungendum esse certamine. hic terror, cum
inlustres viri consulatum peterent, omnes in Q. Fabium Maximum
primo non petentem, deinde, ut inclinata studia vidit, etiam re-
6 cusantem convertit: quid se iam senem ac perfunctum laboribus
laborumque praemiis sollicitarent? nec corporis nec animi vigorem remanere eundem, et fortunam ipsam vereri, ne cui deorum
nimia iam in se et constantior, quam velint humanae res, videa-
7 tur. et se gloriae seniorum subcrevisse, et ad suam gloriam con-

Bovian. vetus, s. 9, 31, 4, nicht das
9, 44, 6 erwähnte. — *Aufidena*, im
Gebiete der Caracener. — *cepit*
ist auch auf *Bovianum* zu beziehen,
wie *adgressus* auch auf *Aufidenam*,
die Begriffe sind auf die beiden
Objecte vertheilt. Die Römer erscheinen sogleich mitten in Samnium.

13. Wahl des Q. Fabius.
1. *Carseolos*, nach c. 3, 2 war
dieses schon geschehen. L. scheint
hier anderen Annalen zu folgen als
dort, die richtiger das Gebiet der
Aequiculer, s. 1, 32, 5, als das der
Marser nannten. — *triumphavit. a.
CDLV de Samnitibus Etrusceisque
Idib. Nov.*
2—6. *conscribere ex.* wird durch
das Folg. erklärt, die Erzählung,
durch *itaque — certamine* vorbereitet, beginnt mit *hic terror* wieder.
— *magistr.*, 7, 31, 11. — *adversus
Luc.*, s. c. 11, 11; 12, 2, nur gegen
die schwachen Lucaner sei es stark
genug gewesen. — *itaque* etc., die
auf jene Nachrichten gegründete

Ansicht der Römer. — *sociorumque*,
es sind besonders die Gallier gemeint. — *haudq. pari*, in dem beide
Theile nicht gleiche Stärke haben,
die Feinde ihnen, den Römern, überlegen sein würden, wie 7, 33, 5 :
pari spe—aequis viribus, vgl. Caes.
B. C. 1, 51, 5 : *pari certamine*; Andere erklären: non aeque leve atque
prius certamen, wie 3, 5, 13 ; Madv.
liest *h. impari def.— hic terror*, 1,
30, 4. Die folgende Erzählung erscheint als eine Wiederholung der
früheren c. 9, 10. — *inclinata*, dass
sie eine bestimmte Richtung nahmen, sich zuneigten. — *perfunctum*
ist in verschiedener Bedeutung zu
laboribus und zu *praemiis* zu nehmen; zum Gedanken vgl. 28, 40,
12. — *vigorem* etc., s. 5, 18, 4 ; 6,
22, 7; indess erscheint Fabius c.
27 ff. noch sehr rüstig. — *fortunam*,
s. 5, 21, 15; 45, 41, 6. — *ne* etc.
Epexegese zu *fortun.*, vgl. 8, 29, 3 ;
25, 26, 1. Andere nehmen *fortunam*
als Attraction, s. zu 2, 57, 3.

7—10. *se gloriae—aspicere*, vgl.

surgentes alios laetum aspicere; nec honores magnos fortissimis
viris Romae nec honoribus deesse fortes viros. acuebat hac mo- 8
deratione tam iusta studia; quae verecundia legum restinguenda
ratus (legem recitari iussit, qua intra decem annos eundem consulem refici non liceret. vix prae strepitu audita lex est, tribu- 9
nique plebis nihil id inpedimenti futurum aiebant: se ad populum laturos, uti legibus solveretur. et ille quidem in recusando 10
perstabat, quid ergo attineret leges ferri rogitans, quibus per
eosdem qui tulissent fraus fieret? iam regi leges) non regere. po- 11
pulus nihilo minus suffragia inibat, et, ut quaeque intro vocata
erat centuria, consulem haud dubie Fabium dicebat. tum demum 12
consensu civitatis victus: ,,dei adprobent" inquit, ,,quod agitis
acturique estis, Quirites. ceterum, quoniam in me, quod vos
vultis, facturi estis, in collega sit meae apud vos gratiae locus:
P. Decium, expertum mihi concordi collegio virum, dignum vobis, 13
dignum parente suo, quaeso mecum consulem faciatis." iusta
suffragatio visa. omnes, quae supererant, centuriae Q. Fabium

28, 43, 8. — *acuebat*, durch die Voranstellung des Wortes wird die
Bezeichnung des Gegensatzes un-
nöthig. — *legem*, s. 7, 42, 2; die
Dispensation von demselben müsste
schon mehrmals vorgekommen sein,
s. 9, 7, 15; 9, 28, 2; c. 11 wird
Valerius- unmittelbar nachdem er
Consul gewesen ist, wieder gewählt. Uebrigens ist nach den Consularfasten Fabius 11 Jahre vorher
Consul gewesen, nach L. 9, 33 erst
8 Jahre; Becker 2, 2, 30. — *ad pop.*,
9, 8, 14. — *ad pop.*, die Befreiung
vom Gesetz wurde in Tributcomitien
gewährt. — *attineret.*, eine an das
Volk gerichtete Frage, die dieses
sich beantworten soll, von *rogitans*
abhängig im Conjunctiv, der sonst
von L. gebrauchte Infinitiv, s. 6,
23, 7; 2, 41, 6; 45, 19, 12, würde
die Ansicht als schon gewiss und
anerkannt vorausetzen, vgl. 6, 36,
12. — *qui tul.*, die Tribunen, s. 3,
34, 5; 7, 42, 2. — *fraus f.*, absichtlich verletzt, Lange 2, 547.

11—13. *suffragia in.*, so oder
mit *in suffragium ire, suffragium
ferre* wird die Abstimmung des

Volkes bezeichnet, das *intro vocare*
oder *ad suffragium vocare*, c. 21,
13; 24, 18, geschieht durch den
Vorsitzenden. — *intro*, in die *saepta*,
dann in das *ovile*, s. 26, 22, 11, vgl.
9, 46, 2; 31, 7, 1; Marquardt 2, 3, 17;
100; Lange 2, 423. Man darf aus
den Worten nicht schliessen, dass
die Centurien einzeln zum Stimmen
berufen worden seien, 1, 43, 11;
Lange 1, 416 ff.; sondern es wird
nur angedeutet, dass das Ergebniss
der Abstimmung von einer nach der
anderen gemeldet wurde, s. c. 9, 10;
22, 1. — *consensu c.*, 4, 51, 3. —
inquit, solche Unterbrechungen der
Abstimmung werden mehrfach erwähnt, s. c. 9, 11; c. 15; 26, 22 u. a.,
Lange 2, 426. — *in me*, 3, 17, 8. —
facturi hier mit geringem Unterschied von dem vorhergeh. *acturi*:
was ihr betreiben (*acturi*), was ihr
ausführen, vollziehen wollt (*fact.*),
s. 27, 10, 2. *concordi*, s. 9, 44, vgl.
5, 18. — *parente*, 8, 9. — *suffragatio*, die Empfehlung eines Candidaten, gewöhnlich durch den vorsitzenden Magistrat, vgl. jedoch 5,
18, 5 a. E. *quae superer.*, es wird

14 P. Decium consules dixere. — Eo anno plerisque dies dicta ab
   aedilibus, quia plus quam quod lege finitum erat agri possiderent;
   nec quisquam ferme est purgatus, vinculumque ingens immodicae
   cupiditati iniectum est.

14   Consules novi, Q. Fabius Maximus quartum et P. Decius
   Mus tertium, cum inter se agitarent, uti alter Samnites hostes
 2 alter Etruscos deligeret, quantaeque in hanc aut in illam provinciam copiae satis, et uter ad utrum bellum dux idoneus magis
 3 esset, ab Sutrio et Nepete et Faleriis legati, auctores concilia
   Etruriae populorum de petenda pace haberi, totam belli molem
 4 in Samnium averterunt. profecti consules, quo expeditiores
   commeatus essent et incertior hostis, qua venturum bellum foret,
   Fabius per Soranum, Decius per Sidicinum agrum in Samnium
 5 legiones ducunt. ubi in hostium fines ventum est, uterque populabundus effuso agmine incedit. explorant tamen latius quam
 6 populantur: igitur non fefellere ad Tifernum hostes in occulta
   valle instructi, quam ingressos Romanos superiore ex loco ado-
 7 riri parabant. Fabius inpedimentis in locum tutum remotis

---

also keine neue Abstimmung vorgenommen. Wie viele Centurien bereits gestimmt haben, lässt sich
nicht erkennen, aber schwerlich die
Mehrzahl, weil sonst Decius die Majorität nicht hätte erlangen können,
vgl. c. 15, 7.

14. *plerisque,* sehr viele; wie
nicht selten schon bei Livius. —
dies d., 2, 35, 2; vor Tributcomitien. — *plus quam* etc., est ist das
Licinische Gesetz gemeint, s. 6, 35,
6; 7, 16, 9, über dessen Beobachtung, besonders in Betreff des *ager
publicus,* weshalb es auch *possiderent* heisst, s. 2, 41, 2, die Aedilen
zu wachen hatten, vgl. c. 23, 13. —
finit. 9, 33, 4, vgl. 3, 13, 8. — *vin-
cul.,* s, c. 41, 3; 8, 28, 8. — *cupi-
didati,* die Hss. haben *cupididatis,*
dann müsste jedoch *possessoribus* zu
niect. gedacht werden.

14—18. Krieg in Samnium.

1—2. *inter se ag.,* nach der Analogie von *inter se comparare* gesagt, sonst wird *agitare,* überlegen,
verhandeln, nicht leicht mit *inter
se* oder mit *uti* und dann einer in-

directen Frage (*quantaeque = agi-
tarentque, quantae* etc.) verbunden.
Uebrigens bestimmt der Senat die
Provinzen und die Truppen, nur das
letzte: *et uter* etc. ist Gegenstand
der comparatio. — *uter ad utr.,* zu
26, 13, 6. — *auctores,* 4, 13, 10: dadurch dass sie meldeten, die sichere
Nachricht brachten. — *de pet p.,*
die Etrusker sind eben so bald zum
Frieden geneigt, als im vorigen
Kriege.

4—6. *qua,* in welcher Richtung
zu erwarten war dass u. s. w. —
Soran., durch das Gebiet der Volsker
in das der Caracener; *Sidicinum,*
weiter südlich in das der Pentrer
oder Caudiner. Die Sidiciner sind
schon lange den Römern unterworfen, s. 8, 15 ff. — *fefellere,*
„blieben nicht verborgen", mit dem
part. praet., wie sonst mit dem
part. praes. verbunden, s. 23, 19,
11; 29, 35, 2: *ne falleret bis relala
eadem res* ; 42, 64, 3. — *Tifernum,*
9, 44, 6. — *quam ingr.* = *et si eam
ingressi forent.*

7—10. *remotis,* weil es auf dem

praesidioque modico inposito, praemonitis militibus adesse certamen, quadrato agmine ad praedictas hostium latebras succedit.
Samnites desperato inproviso tumultu, quando in apertum semel 8
discrimen evasura esset res, et ipsi acie iusta maluerunt concur-
rere. itaque in aequum descendunt ac fortunae se maiore animo
quam spe committunt. ceterum, sive quia ex omnium Samnitium 9
populis quodcumque roboris fuerat contraxerant, seu quia discrimen summae rerum augebat animos, aliquantum aperta quoque
pugna praebuerunt terroris. Fabius ubi nulla ex parte hostem 10
loco moveri vidit, Maximum filium et M. Valerium tribunos militum, cum quibus ad primam aciem procurrerat, ire ad equites
iubet et adhortari, ut, si quando umquam equestri ope adiutam 11
rem publicam meminerint, illo die adnitantur, ut ordinis eius
gloriam invictam praestent: peditum certamine inmobilem ho- 12
stem restare; omnem reliquam spem in impetu esse equitum.
et ipsos nominatim iuvenes, pari comitate utrumque, nunc laudibus nunc promissis onerat. ceterum, quando * ne ea quoque 13
temptata vis proficeret, consilio grassandum, si nihil vires iuva-

Marsche zwischen den Legionen
oder Manipeln gewesen ist. — *quadrato agm.*, wie 7, 29, 6. —
quando—semel, da doch einmal, vgl.
9, 20, 7; ib. 39, 10; 8, 38, 10; 3.
52, 9. — *sive—seu*, 9, 26, 7. —
omnium S. p., aus der Gesammtheit
der samnit. Völker; woran sich
abnehmen lässt, dass nicht immer
alle zusammen, s. 7, 31, den Krieg
geführt haben, vgl. c. 38, 3; 9, 20,
2; über *omnium* 1, 1, 4. *Samnitium*
ist mit Nachdruck gebraucht, obgleich auch in *contraxerant* die
Samniten Subject sind. — *discrimen s. r.*, ein Entscheidungskampf,
in dem die Existenz des Staates auf
dem Spiele stand, vgl. 29, 4, 3. —
quoque steht in den Hdss. vor *aperta*,
und die ungewöhnliche Stellung
dieser Conjunction findet sich auch
sonst bisweilen, s. 2, 22, 3; 23,
43, 4; 25, 16, 11; Tac. Ann. 13, 6.
— *Maximum fil.*, 10, 31, 9, ist eine
ungewöhnliche Bezeichnung; auch
Cic. Arch. 3, 6: *Metello illi Numi-
dico et eius Pio filio* ist verschieden:
gewöhnlicher wäre *Q. filium*, s. Cic.

Brut. 26, 98: *Ser. Galba, cuius Gaio
filio.* Deshalb billigt Nieb. 3, 428
die Lesart jüngerer Hdss. *Maximum
Fulvium*; aber nach § 12 : *pari comitate* muss Fabius zu dem Einen der
Genannten in engerer Beziehung
gestanden haben.

11—12. *quandoumq.*, 8,4,6. *ordin.*,
9, 38, 8. — *quando ne* etc. wäre
ganz ungewöhnlich, denn da der
Reiterangriff (*ea vis*) noch nicht erfolgt ist, so kann *quando* weder
causale noch temporale Bedeutung
haben, sondern müsste *si forte*
gleich gebraucht sein. Ueber *ne—
quoque* s. d. Stelle aus Gellius zu 9,
4, 1, an der es weiter heisst: *ne id
quoque* dixit pro 'ne id quidem' in-
frequens nunc in loquendo, sed in
libris veterum creberrimum. Indess
findet es sich nicht in der classischen Zeit, wie etwa *quoque—non*,
s. 1, 56, 8; zu Tac. Ann. 3, 54. Zwar
könnte L. die Ausdrucksweise aus
einer älteren Quelle beibehalten,
und das zum Theil tautologische
si — iuvarent, um den Gegensatz
zwischen *consilium* und *vires* zu

14 rent, ratus, Scipionem legatum hastatos primae legionis subtra-
here ex acie et ad montes proximos quam posset occultissime
circumducere iubet; inde ascensu abdito a conspectu erigere in
montes agmen, aversoque hosti ab tergo repente se ostendere.

15 equites ducibus tribunis haud multo plus hostibus quam suis ex

16 inproviso ante signa evecti praebuerunt tumultus. adversus in-
citatas turmas stetit inmota Samnitium acies, nec parte ulla pelli
aut perrumpi potuit; et postquam inritum inceptum erat, recepti

17 post signa proelio excesserunt. crevit ex eo hostium animus,
nec sustinere frons prima tam longum certamen increscentemque
fiducia sui vim potuisset, ni secunda acies iussu consulis in pri-

18 mum successisset. ibi integrae vires sistunt invehentem se iam
Samnitem; et in tempore visa ex montibus signa clamorque sub-

19 latus non vero tantum metu terruere Samnitium animos. nam et
Fabius Decium collegam adpropinquare exclamavit, et pro se
quisque miles adesse alterum consulem, adesse legiones gaudio

20 alacres fremunt; errorque utilis Romanis oblatus fugae formidi-

---

heben, hinzugefügt haben; allein das
Zusammentreffen der ungewöhn-
lichen Formen ist so auffallend, besonders da auch *si* nach *quando*
(anderer Art sind Tac. Ann. 4, 17:
si—et ubi; Val. Max. 3, 8, 6) sich
nicht leicht findet, dass man ein
Verderbniss der Stelle annehmen
muss, etwa den Ausfall eines Gedankens wie *quando timendum erat,
ne ea quoque* etc.

14—17. *Scipio,* wol der Consul
des vorigen Jahres, c. 11. — *hastatos,* es wird, wie es scheint, vorausgesetzt, dass sie nicht mehr im
ersten Treffen stehen, sondern sich
bereits hinter die principes zurückgezogen haben. — *abdito a,* wie
remotus, diversus a u. a. construirt.
— *ducib. trib.* wie 4, 19, 1. — *ex
improviso,* sie sind von beiden Seiten
kommend zu denken. — *recepti,* auf
die Einzelnen in den Turmen bezogen, geht, wie *excesser.,* auf das
Subject des vorhergeh. Satzes zurück; über das part. praet. 21, 1, 5.
— *frons pr.,* sonst die Hastaten,
vgl. 8, 8, 6; hier alle Truppen, die
zuerst im Gefechte gewesen sind,

s. § 14: *hastatos,* und *secunda acies,*
die Reserve, s. 4, 28, 2. — *potuisset.*
s. c. 3, 8. — *in prim.,* 2, 20, 10.

18—21. *ibi,* jetzt, oder: dadurch,
2, 35, 2. — *in tempore v.,* ist nicht
sicher. Andere lesen *tempore in-
provisa*; doch braucht L. sonst
nicht *tempore,* sondern *in tempore,*
und *sublatus* scheint ein entsprechendes Attribut zu fordern, *inpro-
visa* nicht passend mit *signa* verbunden zu werden; Madvig verm.
tempore ipso visa. — *non vero t.,* da
sed vano etiam wenig passend gewesen wäre, so ist in *nam et* etc.
sogleich das selbst angefügt, was
ohne Grund die Feinde schreckte,
s. 31, 40, 5, vgl. 1, 25, 12: *nec illud
proelium fuit* (sed caedes); 6, 8, 5:
nec vis tantum—sed quod etc. u. a.
metu durch Erregung von Furcht,
s. zu 23, 34, 7: *metu territis.* —
gaudio al., freudetrunken. — *Romanis* gehört zu *utilis. — fugae, f.,*
1, 28, 5; 29, 28, 6 und sonst oft
verbunden, 22, 59, 8; 25, 6, 13 u. a.;
der Genitiv wie 1, 46, 8; 3, 63, 10;
4, 41, 7 u. a,; an anderen Stellen
findet sich der Abl. 1, 25, 1; 3, 68,

nisque Samnites inplevit, maxime territos, ne ab altero exercitu
integro intactoque fessi opprimerentur. et quia passim in fugam 21
dissipati sunt, minor caedes quam pro tanta victoria fuit. tria
milia et cccc caesi, capti dccc ferme et xxx, signa militaria capta
tria et viginti.

　　　Samnitibus Apuli se ante proelium coniunxissent, ni P. De- 15
cius consul iis ad Maleventum castra obiecisset, extractos deinde
ad certamen fudisset. ibi quoque plus fugae fuit quam caedis: 2
duo milia Apulorum caesa; spretoque eo hoste Decius in Samnium legiones duxit. ibi duo consulares exercitus diversis vagati 3
partibus omnia spatio quinque mensum evastarunt. quadraginta 4
et quinque loca in Samnio fuere, in quibus Decii castra fuerunt,
alterius consulis sex et octoginta; nec valli tantum ac fossarum 5
vestigia relicta, sed multo illis insigniora monumenta vastitatis
circa regionumque depopulatarum. Fabius etiam urbem Cime- 6
tram cepit. ibi capta armatorum duo milia nongenti, caesi pugnantes ferme dccccxxx.

　　　Inde comitiorum causa Romam profectus maturavit eam rem 7
agere. cum primo vocatae Q. Fabium consulem dicerent omnes

---

1 u. a. — *maxime terr.*, da schon
§ 19 *metu terruere* und eben vorhergeht *formidinis inplevit*, in den
Hdss. überdies *maximeque* sich findet, so ist vielleicht *maximeque
terruit eos* zu lesen, vgl. 27, 42, 5.
— *passim*, nach allen Seiten, vgl.
28, 20, 8. — *capti DCCC* etc. über
die genaue Angabe der Zahlen s. 3,
5, 12. — *ferme* findet sich bisweilen
bei bestimmten Zahlangaben, s. c.
15, 6; zu 30, 10, 20 u. a.

15. 1—2. *Apuli*, schon früher
wenigstens zum Theil mit den Samniten verbunden, s. 8, 37, 5, vgl. 9,
13, 6, scheinen sie sich jetzt, durch
das römische Bündniss, s. 9, 15, 2;
ib. 20, 7 ff., und die Colonie in Luceria bedrückt, alle an dieselben
angeschlossen zu haben. — *Malev.*,
9, 27, 14. Wie die Apuler dahin
kommen, wenn sie sich mit den bei
Tifernum stehenden Samniten vereinigen wollen, ist ebenso wenig deutlich, als wie L. nachher sagen kann:

in Samnium l. d., da Maleventum in
Samnium liegt, und Decius in dieses
se on vorher, c. 14, 4, eingerückt
ist. — *extractos*, gegen ihren Willen. — *spreto*, die Macht der Apuler
war nicht bedeutend.

　　3—6. *diversis* etc., es wird ein
förmlicher Vernichtungskampf geführt, s. c. 12, 8. — *fuere* — *fuerunt* nur um abzuwechseln, c. 25, 5.
— *alterius c.* kurz st. *in quibus alterius consulis fuere, sex* etc. —
vastitatis, Epexegese: *illis insigniora monumenta* (s. c. 2, 15), *monumenta vastitatis*, s. 45, 33, 5; 2,
49, 5. — *circa*, in der ganzen Gegend um die Punkte, wo sie ihr
Lager gehabt hatten, s. 1, 17, 4,
wozu *reg. depopul.* erklärend hin-
zutritt. — *Cimetram* ist sonst nicht
bekannt.—*ibi*, wie § 2; 3, s. 9, 3, 6.

　　7—8. *primo voc.*, nicht zu verwechseln mit *iure vocatae*, s. 27, 6,
3, sind c. 22, 1 die Centurien der
ersten Classe, an u. St. umfassen
sie wol auch die *praerogativae*,

centuriae, Ap. Claudius, consularis candidatus, vir acer et ambi-
8 tiosus, non sui magis honoris causa, quam ut patricii recupera-
rent duo consularia loca, cum suis tum totius nobilitatis viribus
9 incubuit, *ut* se cum Q. Fabio consulem dicerent. Fabius primo de
se eadem fere quae priore anno dicendo abnuere. circumstare
sellam omnis nobilitas; orare, ut ex caeno plebeio consulatum
extraheret, maiestatemque pristinam cum honori tum patriciis
10 gentibus redderet. Fabius silentio facto media oratione studia
hominum sedavit: facturum enim se fuisse dixit, ut duorum patriciorum nomina reciperet, si alium quam se consulem fieri vi-
11 deret; nunc se suam rationem comitiis, cum contra leges futu-

welche an jener Stelle geschieden
sind, da sich nicht annehmen lässt,
dass die erste Classe anders gestimmt habe als die Ritter. In den
Hss. findet sich *vocatum* und es ist
viell. so, oder *vocatorum* zu schreiben, s. 1, 43, 11. — *dicerent*, c. 9,
10. Der Vorgang scheint folgender
gewesen zu sein. Die beiden Consuln werden in einer Wahlhand-
lung gewählt, s 24, 7, 12; vor derselben hat Fabius die Candidaten
genannt; allein die Ritter und die
erste Classe wählen von diesen nur
Ap. Claudius und als anderen Consul Fabius. Als diesem das Resultat der Wahlen in den Centurien
der Ritter und der 1. Classe durch
die Praeconen gemeldet wird, vgl.
c. 9, 10; 13, 11, weigert er sich,
sich selbst zu renuntiiren, s. § 11,
während Appius und die übrigen
Patricier ihn zu bewegen suchen
die Wahl anzunehmen. Wahrscheinlich hat er dann die Centurien,
welche bereits gestimmt haben, noch
einmal berufen. s. c. 22, 1, diese
haben, wie später die praerogativa
24, 8, 20, noch einmal über den
zweiten Consul gestimmt, vgl. 5,
18, 2, weil dieser, wenn die Ritter
und die 1. Classe Fabius gewählt
hatten, durch die Wahl der übrigen
Classen die Majorität nicht erhalten
haben würde; oder Volumnius hat
schon in der 1. Classe und den
praerogativae neben Fabius Stim-

men gehabt, und beim Weiter-
stimmen in der 2., 3. u. s. w. Classe
mit Appius die Majorität erlangt.
— *Appius*, s. c. 11, 10. — *nobilit.*
= *patriciorum*. — *ut* fehlt in den
meisten Hdss., vgl. 7, 25, 5; 8, 23,
12; 24, 15, 5; 6, 15, 10; konnte
aber hier leicht ausfallen.

9—12. *primo*, statt *deinde* folgt
§ 10 *silentio facto*. — *abnuere. cir-
cumst.*, Chiasmus u. Asyndeton.
caeno pl., obgleich schon viele
Plejeber der Nobilität angehören,
stehen sie doch tief unter den
Patriciern, die deshalb recht scharf
durch *patriciis gentibus* bezeichnet
werden, s. c. 8, 9; 2, 36, 2, vgl. 22,
34, 2, Lange 2, 429, Ihne 394. —
media, 3, 13, 6. — *stud. homin.*, der aufgeregten Patricier. —
factur. ut, 36, 29, 9, vgl. 6, 42, 13. —
nomina rec., s. 9, 46, 2; ebenso § 11:
rationem habere, 7, 22, 8. — *si
alium quam*, wie bei Negationen, s.
9, 9, 14 u. a. — *nunc*, s. 1, 28, 9. —
se ist zu betonen: er selbst für sich,
obgleich er die Wahl leite, s. 24, 9,
9. — *suam*, 4, 7, 9. — *contra leg.*,
ist, wenn L. nicht das c. 13, 8 erwähnte Gesetz meint, nicht genau,
da es wohl als gegen die Sitte ver-
stossend bezeichnet wird, sich selbst
zu creiren, s. 7, 25, 2; 27, 6, 4:
*neque magistratum continuari satis
civile esse — et multo foedioris exempli eum ipsum creari, qui comitia
habeat*, ein bestimmtes Gesetz aber

rum sit, pessimo exemplo non habiturum. ita L. Volumnius de 12
plebe cum Ap. Claudio consul est factus, priore item consulatu
inter se conparati. nobilitas obiectare Fabio fugisse eum Ap.
Claudium collegam, eloquentia civilibusque artibus haud dubie
praestantem.

Comitiis perfectis veteres consules iussi bellum in Samnio 16
gerere prorogato in sex menses imperio. itaque insequenti quo- 2
que anno, L. Volumnio Ap. Claudio consulibus, P. Decius, qui consul in Samnio relictus a collega fuerat, proconsul idem populari
non destitit agros, donec Samnitium exercitum nusquam se proelio committentem postremo expulit finibus. Etruriam pulsi pe- 3
tierunt et, quod legationibus nequiquam saepe temptaverant, id
se tanto agmine armatorum mixtis terrore precibus acturos efficacius rati, postulaverunt principum Etruriae concilium. quo 4
coacto, per quot annos pro libertate dimicent cum Romanis, ex-
ponunt: omnia expertos esse, si suismet ipsorum viribus tolerare
tantam molem belli possent; temptasse etiam haud magni mo- 5
menti finitimarum gentium auxilia. petisse pacem a populo Romano, cum bellum tolerare non possent; rebellasse, quod pax
servientibus gravior quam liberis bellum esset. unam sibi spem 6

dieses schwerlich untersagte. Auch
würde Fabius erklären, dass er sich
nicht scheue ein G e s e t z (das Licinische) zu übertreten, ein anderes
dagegen zu verletzten Bedenken
trage. — *pessimo exemplo*, so dass
er durch das, was er thäte, ein
schlechtes Beispiel gäbe, s. 25, 4, 7,
vgl. 3, 72, 2. — *priore cons.*, 9, 42,
2. — *conparati*, als ein Paar zusammengestellt, s. 40, 46, 4; *inter
se*, s. 8, 27, 6; ib. 25, 9, bezeichnet,
wie bei *componere, conferre inter
se*, das gegenseitige Verhältniss,
welches auch den Plural nothwendig
machte, während *factus est* sich nur
auf Volumnius beziehen konnte. —
eloq. civil. art., Rechtskenntniss, s.
9, 46, 5; 10, 22, 7, und Gewandtheit
in Staatsgeschäften; vgl. Cic. Sen.
6, 16.

16. 1—3. *in sex m.*, so selten,
gewöhnlich auf ein Jahr, s. c. 22;
Lange 1, 541. — *expul. fin.*, dass
diesem Zuge vielmehr der Plan zu

Grunde lag in Verbindung mit Etrurien den Krieg zu führen geht theils
daraus hervor, dass schon oft Gesandte dahin geschickt worden sind,
s. § 3, und die Samniten mit der
bestimmten Absicht kommen Etrurien zu unterstützen § 8, theils daraus, dass Decius, der im südlichen
Samnium gestanden hat, den Abzug,
wahrscheinlich durch das Gebiet
der Marser und Umbrer, s. c. 10;
13, nach 17, 1 erst durch Kund-
schafter erfährt, s. Nieb. 3, 431. —
mixtis t. p., vgl. 4, 25, 12. — *principum*, wie c. 13, 3.

4—5. *quo coacto*, L. denkt es
schnell zusammengerufen, wie 8, 27,
8. — *suismet ip.*, 7, 40, 9; s. zu 1,
28, 4 — *haud m. m.*, zu *auxilia* gehörig, deutet auf die Apuler c. 15;
früher die Lucaner c. 11; die sabellischen Völker, Aequer und Herniker im vorigen Kriege. — *servien-
tib.*, vgl. Dion. 16, 13: οἱ δὲ Σαυνῖται, τῶν πρέσβεων ἀκούσαντες,

reliquam in Etruscis restare; scire gentem Italiae opulentissimam
armis viris pecunia esse; habere accolas Gallos, inter ferrum et
arma natos, feroces cum suopte ingenio tum adversus Romanum
populum, quem captum a se auroque redemptum, haud vana ia-
7 ctantes, memorent. nihil abesse, si sit animus Etruscis, qui Por-
sinnae quondam maioribusque eorum fuerit, quin Romanos omni
agro cis Tiberim pulsos dimicare pro salute sua, non de intole-
8 rando Italiae regno cogant. Samnitem illis exercitum paratum,
instructum armis stipendio venisse; confestim secuturos, vel si
ad ipsam Romanam urbem oppugnandam ducant.

17   Haec eos in Etruria iactantes molientesque bellum domi Romanum urebat. nam P. Decius, ubi conperit per exploratores
2 profectum Samnitium exercitum, advocato consilio „quid per
agros“ inquit „vagamur vicatim circumferentes bellum? quin urbes et moenia adgredimur? nullus iam exercitus Samnio prae-
3 sidet; cessere finibus ac sibimet ipsi exilium conscivere.“ adprobantibus cunctis ad Murgantiam validam urbem oppugnandam
ducit; tantusque ardor militum fuit et caritate ducis et spe maioris quam ex agrestibus populationibus praedae, ut uno die vi

ἠγανάκτουν. — πρῶτον μὲν οὐκ
ἐπὶ τούτῳ πεποιῆσθαι λέγοντες
τὰς περὶ τῆς εἰρήνης ὁμολογίας,
ἐπὶ τῷ μηδένα μήτε φίλον ἴδιον
ἡγήσασθαι μήτ᾽ ἐχθρόν, ἐὰν μὴ
Ῥωμαῖοι κελεύωσιν. — ἀποκρι-
νομένων δὲ τῶν Ῥωμαίων, ὅτι
τοὺς ὑπηκόους ὁμολογήσαντες
ἔσεσθαι — ἅπαντα πείθεσθαι δεῖ
τοῖς παρειληφόσι τὴν ἀρχήν, s. zu
c. 11, 12; Nieb, 1, 506.

6—8. reliquam rest., ein nicht
seltener Pleonasmus. — scire, 1, 9,
4. — pecunia, s. c. 10, 7. Etrurien
war früher durch Handel und In-
dustrie, so wie durch seine Seeherr-
schaft reich geworden, s. Momms. 1,
323 f. — inter f. etc., vgl. 4, 15, 3:
natus in libero populo inter iura et
leges, um die Lage und dauernde Be-
schäftigung zu bezeichnen — Roman. pop., wie 8, 23, 6; doch hat die
älteste Hds. Romanos, populum, s. 9,
29, 9; Gron. verm. Romanos, quem
pop. — redemptum, 5, 49, 1. Die
Aufforderung die Gallier als Bundesgenossen herbeizuziehen ergiebt

sich aus dem Vorherg. von selbst.
— Porsin., 2, 9, 1. — cis Tiber.,
die alte Grenze 1, 3, 5 soll hergestellt, das südliche Etrurien wieder
erobert werden. — pro—de wie 21,
41, 14. — stipendio, die Samniten
wollen ihren Truppen selbst den
Sold, der wie in Rom vorausgesetzt
wird, auszahlen. — In der ganzen
Rede herrscht das Asyndeton.

17. 1—4. eos, als Vertreter der
Bewohner von Samnium statt: dum
haec iactant, patriam eorum—urebat. — domi, attributiv: quod domi
apud eos gerebatur. — urebat, be-
lästigte, mit persönlichem Objecte,
36, 23, 5: Aetolos—labore urente.
— vicatim, von Dorf zu Dorf; s. 9,
13, 7. — praesidet: zum Schutze da
sein, vgl. c. 30, 8; zu 23, 34, 12;
6, 16, 2. — adprob. c., alle welche
an dem Kriegsrathe Theil nahmen.
Murgantiam, eine Stadt der Pentrer an der Grenze von Apulien. —
agrestibus = agrorum, in Bezug
auf vicatim. — capti—capta, ob-

atque armis urbem caperent. ibi duo milia Samnitium et centum 4
pugnantes circumventi captique, et alia praeda ingens capta est.
quae ne inpedimentis gravibus agmen oneraret, convocari milites
Decius iubet. ,,hacine" inquit ,,victoria sola aut hac praeda con- 5
tenti estis futuri? vultis vos pro virtute spes gerere? omnes Samnitium urbes fortunaeque in urbibus relictae vestrae sunt,
quando legiones eorum tot proeliis fusas postremo finibus ex-
pulistis. vendite ista et inlicite lucro mercatorem, ut sequatur 6
agmen; ego subinde suggeram quae vendatis. ad Romuleam urbem hinc eamus, ubi vos labor haud maior, praeda maior manet."
divendita praeda ultro adhortantes imperatorem ad Romuleam 7
pergunt. ibi quoque sine opere, sine tormentis, simul admota
sunt signa, nulla vi deterriti a muris, qua cuique proximum fuit,
scalis raptim admotis in moenia evasere. captum oppidum ac 8
direptum est; ad duo milia et ccc occisi, et vi milia hominum
capta; et miles ingenti praeda potitus, quam vendere, sicut prio- 9
rem, coactus; Ferentinum inde, quamquam nihil quietis dabatur,
tamen summa alacritate ductus. ceterum ibi plus laboris ac pe- 10
riculi fuit: et defensa summa vi moenia sunt, et locus erat mu-

gleich die Wiederholung von Worten von L. nicht vermieden wird,
so ist doch wol hier eine Verschrei-
bung von *capta* st. *facta* anzunehmen. — *inpediment. grav.*, durch,
als schweres Gepäck.

5—6. *hacine* etc., das Asyndeton
ist nicht härter als viele andere,
s. 21, 46, 4; ib. 58, 5; 22, 3, 13. —
vultis vos, die Frage enthält zugleich
die Aufforderung: ihr solltet doch
u. s. w., s. zu Hor. Sat. 2, 6, 92;
anders 8, 13, 15; Hor. Ep. 1, 6, 29.
— *spes gerere*, s. c. 25, 4; vgl. zu
3, 62, 3. — *quando* etc. enthält mit
Nachdruck das schon in *pro virtute*
Angedeutete, und somit den Grund,
warum sie hoffen dürfen auch alle
übrigen Städte zu überwinden. —
p. ista, weil er die Soldaten anre-
det; durch werthlose Dinge wären
die Kaufleute nicht herbeigezogen
worden. — *haud maior*, *p.*, zwar
nicht grössere, aber u. s. w.; weil
auch Murgantia § 3 *valida urbs*
heisst.

7—9. *divendita*, 1, 53, 3. — *ultro*, statt sich ermahnen zu lassen,
fordern sie noch obendrein auf, s.
c. 19, 1. — *Romuleam*, in dem Gebiete der Hirpiner; über den Namen
s. Preller 696. — *opere*, collectiv,
gewöhnlicher *operibus*. — *tormentis*, Katapulten und Ballisten; doch
ist es zweifelhaft, ob die Römer
solche Geschütze schon damals gekannt und gebraucht haben, s. Marq.
3, 2, 463. — *moenia*, hier gleich-
bedeutend mit *muri*, s. c. 45, 12; 1,
7, 2, vgl. c. 10, 2; es wird so *in eos*
vermieden, s. § 10. *ad—trecenti*, 3,
15, 5. — *Ferentinum*, von unbestimmter Lage, nicht mit dem *lucus
Ferentinae* 1, 50 oder der Stadt der
Herniker 4, 51 zu verwechseln. —
coactus n. *est*, s. c. 30, 4; 9, 46, 14
u. a.; doch ist hier, da *potitus* vorausgeht und *ductus* (*est*) folgt, das
Fehlen von *est* nicht ohne Härte,
vgl. jedoch 2, 60, 2; 31, 21, 6; ib.
25, 4; auch könnte *coactus* als Particip. genommen werden, an das

nimento naturaque tutus; sed evicit omnia adsuetus praedae miles. ad III milia hostium circa muros caesa; praeda militis fuit.
11 huius oppugnatarum urbium decoris pars maior in quibusdam
annalibus ad Maximum trahitur: Murgantiam ab Decio, a Fabio
Ferentinum Romuleamque oppugnatas tradunt. sunt, qui novo-
12 rum consulum hanc gloriam faciant, quidam non amborum, sed
alterius, L. Volumnii: ei Samnium provinciam evenisse.

18   Dum ea in Samnio, cuiuscumque ductu auspicioque, gererentur, Romanis in Etruria interim bellum ingens multis ex gentibus concitur, cuius auctor Gellius Egnatius ex Samnitibus erat.
2 Tusci fere omnes consciverant bellum; traxerat contagio proximos Umbriae populos, et Gallica auxilia mercede sollicitabantur;
3 omnis ea multitudo ad castra Samnitium conveniebat. qui tumultus repens postquam est Romam perlatus, cum iam L. Volumnius
consul cum legione secunda ac tertia sociorumque milibus xv
profectus in Samnium esset, Ap. Claudium primo quoque tem-
4 pore in Etruriam ire placuit. duae Romanae legiones secutae,
prima et quarta, et sociorum XII milia; castra haud procul ab

sich *inde* anschlösse, wie c, 43, 7,
vgl. 2, 54, 7; 27, 42, 13; 37, 42, 13;
über die Häufung der Participia s.9,
38, 2; 4, 9, 8; 44, 10, 9; ib. 30, 10;
ib. 42, 4 u. a.

10—12. *naturaque*, die Städte
waren meist so befestigt. dass die
Berge, auf denen sie lagen, in Terrassen abgeschrofft und diese mit
Mauern bekleidet, gewöhnlich nur
die Thore mit freistehenden Mauern
versehen waren, s. c. 43, 6. —
huius etc., die Geschichte des ganzen Feldzuges ist also unsicher,
s. c. 18, 8; Nieb. 3, 430. — *Maxim.*,
s. 24, 12, 5. — *ambor.*, in Bezug
auf Appius bestätigt dieses das
Elogium, s. c. 11, 10.

18—19. Krieg gegen die verbündeten Samniten und Etrusker,
Dio Cass. frg. 36, 27; Ov. Fast. 6,
199 ff.

1—2. *dum—gererentur*, 1, 40 7.
— *interim*, auf *dum* zu beziehen,
ist wichtigeren Begriffen nachgestellt, s. 28, 30, 3; 5, 19, 4; 37, 11,
6 u. a. — *multis e. g.*, es sind die

vier nachher genannten. — *Gellius*
ist hier Vorname, s. 9, 44. Dass
derselbe an der Spitze des c. 16 erwähnten Unternehmens gestanden
habe, wird erst jetzt, und fast so
erwähnt, als ob es etwas Neues
wäre. — *ex Samnit.*, attributiv. —
contagio, 1, 15, 1. — *proximos*, an
Etrurien, da diese von den Römern
durch die Colonie Narnia und das
mit Rom verbündete Oriculum, 9,
41, 20, am meisten zu fürchten
hatten; Ihne 1, 392.

3—5. *legione sec. a. t.*, zum erstenmale werden hier die Legionen
nach Nummern angegeben, die vier
ersten Legionen, deren Tribunen
mehrere Vorrechte hatten, s. 9, 30,
3, vgl. 27, 36, 14; Polyb. 6, 19, erhielten je zwei regelmässig die
kriegführenden Consuln durch das
Loos, s. 22, 27, 10: 42, 32, 5; an
u. St. die 1. u. 4., die 2. u. 3., wie
22, 27, häufiger die 1 u. 3; 2. u. 4.,
s. 27, 2; ib. 41 f.; 40, 41; 42, 32
(unsicher sind die Angaben c. 27,
11 ; c. 43, 3); die übrigen wurden
unter die Proconsuln und Praetoren

hoste posita. ceterum magis eo profectum est, quod mature 5
ventum erat, ut quosdam spectantes iam arma Etruriae populos metus Romani nominis conprimeret, quam quod ductu consulis quicquam ibi satis scite aut fortunate gestum sit. multa 6
proelia locis et temporibus iniquis commissa, spesque in dies
graviorem hostem faciebat, et iam prope erat, ut nec duci milites
nec militibus dux satis fideret. litteras ad collegam accersendum 7
ex Samnio missas in trinis annalibus invenio: piget tamen id certum ponere, cum ea ipsa inter consules populi Romani, iam iterum
eodem honore fungentis, disceptatio fuerit, Appio abnuente missas,
Volumnio adfirmante Appi se litteris accitum. iam Volumnius 8
in Samnio tria castella ceperat, in quibus ad tria milia hostium
caesa erant, dimidium fere eius captum, et Lucanorum seditiones
a plebeis et egentibus ducibus ortas summa optumatium voluntate per Q. Fabium, pro consule missum eo cum vetere exercitu,
conpresserat. Decio populandos hostium agros relinquit, ipse 9
cum suis copiis in Etruriam ad collegam pergit. quem advenien-
tem laeti omnes accepere; Appium ex conscientia sua credo ani- 10

vertheilt. Ebenso werden die Bundesgenossen (Latiner, Campaner,
Aurunker, wol auch Aequer, Herniker u. a.) hier zum erstenmale bestimmt, vgl. c. 4, 9; 9, 40, 17, erwähnt, haben aber gewiss schon
lange an allen Kriegen der Römer
Theil nehmen müssen. — *quindec.
milib.*, also ein Drittel mehr als
2 Legionen, 8, 8, 14; Marq. 3, 2,
299, Lange 2, 110. — *profectum*,
gewonnen. — *consulis* — *scite*, der
nur in städtischen Verhältnissen
gewandt war, c. 15, 12.

6—7. *spesque*, die Hoffnung,
welche die Feinde durch die Unge-
schicklichkeit des röm. Anführers
gewannen u. s. w. — *ad collegam*,
die drei Annalisten berichten, dass
Appius selbst an Volumnius geschrieben habe, weil sonst nicht
passend *collegam* gesagt wäre, andere nur, dass dem Volumnius ein
Brief zugekommen sei, s. Nieb. R.
G. 3, 433. — *trinis*, s. 9, 43, 6; 25,
26, 2. — *iam iter.*, die deshalb besonders glaubwürdig sein und die
Angabe der Annalisten um so un-

sicherer machen müssen.

8—10. *tria castella*, vielleicht
sind es die schon c. 17 genannten,
s. c. 17, 12, vgl. 9, 38, 1. — *dimid.
ei.* „davon", 21, 59, 8 u. a. — *Lucan. sed.*, wahrscheinlich neigte sich
eine Partei wie 8, 27, 10 zu den
Samniten, die Optimaten (daher
optumatium vol.: mit Zustimmung
der Opt., 1, 41, 6) zu den Römern.
— *conpresserat*; auf der c. 12, 8 erwähnten Inschrift wird dieses Ver-
dienst dem Scipio beigelegt. Nach
dem was L. hier erzählt, muss Volumnius schon während der ersten
6 Monate seines Amtsjahres in Samnium gewesen sein, s. c. 17, 12. —
Appium etc.: aber (oder: nur) App.
empfieng ihn unfreundlich und hiess
ihn wieder weggehen, weil er entweder erzürnt oder undankbar war.
— *ex consc. s.*, seinem Bewusstsein
gemäss, je nachdem er ein gutes
oder böses Gewissen hatte. Das
erstere fand statt, wenn er den
Brief nicht geschrieben hatte, denn
dann hatte er gerechten Grund zu
zürnen; das zweite, wenn er Hülfe

mum habuisse, haud inmerito iratum, si nihil scripserat, inlibe-
11 rali et ingrato animo, si eguerat ope, dissimulantem. vix enim
salute mutua reddita cum obviam egressus esset, „satin salve"
inquit, „L. Volumni? ut sese in Samnio res habent? quae te
12 causa, ut provincia tua excederes induxit?" Volumnius in Samnio
res prosperas esse ait, litteris eius accitum venisse; quae si fal-
sae fuerint, nec usus sui sit in Etruria, extemplo conversis si-
13 gnis abiturum. „tu vero abeas" inquit, „neque te quisquam mo-
ratur: etenim minime consentaneum est, cum bello tuo forsitan
14 vix sufficias, huc te ad opem ferendam aliis gloriari venisse." bene
Hercules verteret, dicere Volumnius: malle frustra operam in-
sumptam, quam quicquam incidisse, cur non satis esset Etruriae
19 unus consularis exercitus. Digredientes iam consules legati tribunique ex Appiano exercitu circumsistunt: pars imperatorem
suum orare, ne collegae auxilium, quod acciendum ultro fuerit, sua

bedurft hatte, denn dann wies er
die freundlich dargebotene mit Un-
dank zurück. Um die Undankbar-
keit nicht auf gleiche Stufe mit der
Freude und dem Zorne zu stellen,
hat L. durch ein leichtes Anacoluth
illiberali — *dissimulantem* an *Appium* angeschlossen: während er —
— verhehlte, statt an *animum*; daher auch die Wiederholung *animo*.
— *si eguerat o.*, um abzuwechseln
und nicht *si scripserat* zu schreiben.
die Ursache statt der Folge; vollständig würde es heissen: *si eguerat
ope et id scripserat, tum autem dis-
simulabat.*
11—14. *vix en.* soll nicht den
letzten Gedanken begründen, sondern den in diesem nur angedeuteten Empfang des Volumnius. —
satin s., 1, 58, 7. — *provincia t.*, s.
c. 19, 8. — *si — extemplo*, eine seltene Verbindung des conditionalen
und temporalen Verhältnisses, wie
25, 11, 13, vgl. 39, 15, 8: *si—illico*,
6, 37, 10. *usus s.*, 1, 56, 3. — *bene
H. verter.*, wie oft *di bene vertant*,
c. 35, 14; 29, 22, 5; *di averrun-
cent* u. ä.; *Hercules* als *Custos, Salutaris*, ἀλεξίκακος, s. Preller 655,
konnte besonders angerufen werden:
das möge H. zum Guten wenden,

kein Unglück daraus entstehen lassen; weniger passend scheint: *bene,
Hercules, vert.*, die Versicherung in
dem Wunsche. — *incid.*, 1, 57, 6.

19. 1—2. *digredient.*, s. 8, 7, 11.
— *acciend. fuer.*, n. *si non oblatum
esset. ultro* von dem, was gegen
Erwarten über eine Grenze, Linie
hinausgeht, besonders von einem
activen Auftreten und Vorgehen, wo
man ein passives Verhalten erwartet
hatte, z. B. *ultro bellum inferre*, s.
21, 1, 3, *ultro lacessere, ultro offerre*, 1, 17, 8; 2, 13, 2 u. a., also: die
Hülfe hätte ohne das Anerbieten
(unthätig) abzuwarten, demselben
zuvorkommend (von Appius seiner-
seits es veranlassend) herbeigeholt
werden müssen; *sua sponte* dagegen
von dem, was ohne äussere Nöthi-
gung oder Veranlassung von Jemand
aus eigenem Antrieb, Neigung geschieht; s. 3, 4, 4; 10, 25, 12; 21,
19, 5 u. o.: die Hülfe sei (von Volumnius) aus eigener Neigung,
Ueberzeugung angeboten worden;
hier ist es die Ausschliessung fremder Einwirkung auf das Subject,
dort das Hinausgehen über ein blos
passives Verhalten, oder das unter
gegebenen Verhältnissen Gewöhn-

sponte oblatum sperneretur; plures abeunti Volumnio obsistere; 2
obtestari, ne pravo cum collega certamine rem publicam prodat : si
qua clades incidisset, desertori magis quam deserto noxiae fore;
eo rem adductam, ut omne rei bene aut secus gestae in Etruria 3
decus dedecusque ad L. Volumnium sit delegatum; neminem quae-
siturum, quae verba Appi, sed quae fortuna exercitus fuerit; di- 4
mitti ab Appio eum, sed a re publica et ab exercitu retineri; expe-
riretur modo voluntatem militum. haec monendo obtestandoque 5
prope restitantes consules in contionem pertraxerunt. ibi orationes longiores habitae in eandem ferme sententiam, in quam
inter paucos certatum verbis fuerat. et cum Volumnius, causa 6
superior, ne infacundus quidem adversus eximiam eloquentiam
collegae visus esset, cavillansque Appius sibi acceptum referre 7
diceret debere, quod ex muto atque elingui facundum etiam consulem haberent: priore consulatu, primis utique mensibus, hiscere
eum nequisse, nunc iam popularis orationes serere : „quam mal- 8
lem" inquit Volumnius, „tu a me strenue facere quam ego abs
te scite loqui didicissem." postremo condicionem ferre, quae de-
cretura sit, non orator — neque enim id desiderare rem publicam — sed imperator uter sit melior. Etruriam et Samnium 9
provincias esse; utram mallet eligeret: suo exercitu se vel in Etruria vel in Samnio rem gesturum. tum militum clamor ortus, ut 10
simul ambo bellum Etruscum susciperent. quo animadverso 11

---

liche was hervortritt. — *spernere-*
tur ohne Beziehung auf das Subject
soll wol *acciendum* ohne *ei* entsprechen; Andere ziehen *sperneret*
vor. — *obsist. obtestari* die Alliteration wie 6, 22, 7; ib. 38, 6: *inter-*
cessionem secessione, 9, 27, 4: *Cam-*
panos campos. — *prodat,* als *pro-*
ditor, der dem Staate schadet; *de-*
sertori, der feig der Gefahr zu entgehen sucht. — *noxiae,* 2, 54, 10;
9, 8, 4.

5—6. *restitantes,* s. 7, 39, 14,
nach den Komikern zuerst wieder
von L. gebraucht. — *in q.,* die
Präpos. ist wiederholt, weil der Relativsatz ein anderes Prädicat als der
Hauptsatz hat, anders c. 31, 13 wo
esse auch bei *in fortuna* zu denken
ist. — *inter p.,* die § 1 Genannten
— *verbis* bildet allein den Gegen-

satz zu *orationes long.,* wie sonst
dicta, kurze Sätze, und in der vor-
classischen Zeit auch *verbum* gebraucht wird; vgl. jedoch c. 24, 4 :
pauca verba. — *eloquent.,* c. 22, 7.

7—8. *referre* n. *milites* oder
überhaupt: man. — *muto atque el.,* s.
Tacit. Dial. 36 f. — *quam m.,* vgl. 22,
49, 4; Cic. Fin. 3, 3, 10. — *po-*
stremo, mit Uebergehung der weiteren Erklärungen, wie sonst *deni-*
que. — *condicionem* etc., ein Vorschlag, der die Hartnäckigkeit des
Appius, welcher das Interesse des
Staates seinem Egoismus opfern
wollte, zeigen musste. — *ferre* =
offerre, 1, 56, 10; 2, 13, 2; 9, 9, 19.
— Nach der ganzen Verhandlung,
wenn sie anders statt gefunden hat,
ist dem Volumnius ein Schreiben
zugekommen, nur war ungewiss von

consensu Volumnius: „quoniam in collegae voluntate interpre-
tanda" inquit „erravi, non committam, ut, quid vos velitis, obscurum sit: manere an abire me velitis, clamore significate."
12 tum vero tantus est clamor exortus, ut hostes e castris exciret.
armis arreptis in aciem descendunt. et Volumnius signa canere
13 ac vexilla efferri castris iussit; Appium addubitasse ferunt, cer-
nentem seu pugnante seu quieto se fore collegae victoriam; deinde
veritum, ne suae quoque legiones Volumnium sequerentur, et
14 ipsum flagitantibus suis signum dedisse. ab neutra parte satis
commode instructi fuerunt: nam et Samnitium dux Gellius
Egnatius pabulatum cum cohortibus paucis ierat, suoque impetu
magis milites quam cuiusquam ductu aut imperio pugnam ca-
15 pessebant, et Romani exercitus nec pariter ambo ducti, nec satis
temporis ad instruendum fuit. prius concurrit Volumnius, quam
16 Appius ad hostem perveniret: itaque fronte inaequali concursum
est; et, velut sorte quadam mutante adsuetos inter se hostes,
Etrusci Volumnio, Samnites, parumper cunctati, quia dux aberat,
17 Appio occurrere. dicitur Appius in medio pugnae discrimine, ita
ut inter prima signa manibus ad caelum sublatis conspiceretur,
ita precatus esse: „Bellona, si hodie nobis victoriam duis, ast

wem. Da der Consul nicht ohne
Genehmigung des Senates seine Provinzen verlassen durfte, s. c. 37, 7,
so liegt es am nächsten an ein Senatsconsult zu denken, dem sich
Appius nicht fügen wollte, s. Nieb.
a. a. O.
  12—16. *signa can. — iussit*, er
befahl, dass die Zeichen, Signale
ertönten, vgl. 24, 15, 1; 28, 27, 15
u. s. w., anders 2, 64, 10; das im-
personelle *canere* konnte mit *efferri*
verbunden werden. — *addubitasse*,
2, 4, 7, das Object: *num signum
draet* ist aus dem Zusammenhange
zu entnehmen. — *instr. fuer.*, waren (damals) aufgestellt, nicht: sind
(jetzt) aufgestellt gewesen. — *nam
et*, es werden drei Gründe der un-
passenden Aufstellung angegeben:
von Seiten der Feinde die Abwesenheit des Oberfeldherrn, nach
dessen Anordnung die Aufstellung
hätte erfolgen müssen; von Seiten
der Römer die Zögerung des Ap-

pius; für beide die Kürze der Zeit;
suoque bezieht sich also nicht auf *et*,
sondern der erste Gedanke *et — ierat*
ist der Wichtigkeit wegen als
Hauptsatz ausgedrückt, statt *nam
et apud Samnites cum dux ivisset,
et suo* etc. — *instruend.* absolut wie
9, 37, 3. — *fronte inaeq.*, weil Appius später ausgerückt war als
Volumn. stand sein Flügel weiter
zurück, dagegen 5, 38, 3: *recta.* —
vel. sorte, gleichsam eine Fügung
des Schicksals, s. 6, 21, 2; 26, 41,
9 u. a., die Hss. haben *v. forte*, vgl.
5, 13, 12; zur Sache 28, 14, 5.
  17—21. *Bellona* (Duellona), 8, 9,
6; Ov. l. l.; Becker 1, 606. — *duis
= des*, in dem die Conjunctivendung
is, wie in *velis, sis* an den neben *da
- re* und *do, do-num do-s*, vor-
auszusetzenden Stamm *du* tritt.
Wie an u. St. braucht L. noch 22,
10, 2 *duit* in einer Formel; Cicero
auch in Wünschen Deiot. 7, 21;
Att. 15, 4, 3; Cat. 1, 9, 22; häufiger

ego tibi templum voveo." haec precatus, velut instigante dea, et 18
ipse collegae et exercitus virtutem aequavit ducis. *et duces* impe-
ratoria opera exsecuntur, et milites, ne ab altera parte prius victoria
incipiat, adnituntur. ergo fundunt fugantque hostes, maiorem mo- 19
lem haud facile sustinentes, quam cum qua manus conserere adsueti fuerant. urgendo cedentes insequendoque effusos conpulere ad castra. ibi interventu Gellii cohortiumque Sabellarum 20
paulisper recruduit pugna. his quoque mox fusis iam a victoribus
castra oppugnabantur; et cum Volumnius ipse portae signa infer- 21
ret, Appius Bellonam victricem identidem celebrans accenderet
militum animos, per vallum, per fossas inruperunt. castra capta 22
direptaque; praeda ingens parta et militi concessa est. vīī. dcccc
hostium occisi, duo milia et centum viginti capti.

Dum ambo consules omnisque Romana vis in Etruscum 20
bellum magis inclinat, in Samnio novi exercitus exorti ad populandos imperii Romani fines per Vescinos in Campaniam Falernumque agrum transcendunt ingentesque praedas faciunt. Vo- 2

---

die Komiker; das Passiv *duitur*
Plin. H. N. 21, 2, 7; *addues*, s.
Paul. Diac. p. 27. Auch das folg.
ast ist alterthümlich st. *at*, doch s.
N. Jahrb. f. Philol. 79, 765; zur
Sache 7, 28, 4. — *instig*., 5, 21, 2.
— *haec* etc. wird als historisch gewiss nicht mehr von *dicitur* abhängig gemacht. — *et ipse—ducis*, entweder würde das zweite Glied der
Vergleichung unvollständig, oder
der folg. Satz ohne alle Beziehung
zum Vorhergeh. sein, wenn nicht der
Ausfall einiger Worte angenommen,
sondern entweder *aequavit. duces
imperat.*, oder *aequavit ducis. im-
peratoria* gelesen würde; vgl. c.
40, 3; 6, 12, 11; 39, 31, 8 u. a. —
molem s. 6, 19, 1. — *quam cum q.*,
sonst stand nur ein consularisches
Heer in Etrurien. — *Sabellar.*, 8, 1,
7; vielleicht war die Abwesenheit
derselben von den Römern nur benutzt worden. — *ipse*, der Gegensatz
ist *Bellonam vict.*, während Vol.
durch sein eigenes Beispiel, persönliche Tapferkeit, Appius nur durch
das Anrufen der Bellona die Kämpfenden anfeuerte. — *ipse—inferret*

ist wegen *signa* nicht eigentlich zu
nehmen, sondern: an der Spitze
seiner Legionen kämpfte, worin
schon liegt, dass er seine Soldaten
aufmunterte, während dieses bei Appius noch besonders zu bemerken
war. — *inruperunt*, Feldherrn u. Soldaten, vgl. 6, 24, 10; 10, 40, 3. —
Ueber die Zahlen s. c. 14 a. E.

20. Einfall der Samniten in Campanien.

1—3. *novi ex.*, wahrscheinlich.
hatten die Samniten gleich Anfangs
mehrere Heere ausgerüstet; ein
drittes hatte wohl Decius gegenüber
gestanden um ihn anderswo zu beschäftigen. — *Vescinos*, 8, 11, 5. —
Campaniam, L. scheint anzunehmen,
dass die Samiten bis in das damals
den Campanern gehörende Gebiet
gekommen seien, s. § 2 *socios*, obgleich sich nach § 5 zweifeln lässt,
dass sie den Volturnus überschritten haben. — *Falernumq.*, in diesen
mussten die Feinde eher kommen
als nach Campanien, es soll daher
wol den wichtigsten Theil speciell
hinzufügen; obgleich damals der

27

lumnium magnis itineribus in Samnium redeuntem — iam enim
Fabio Decioque prorogati imperii finis aderat — fama de Samnitium exercitu populationibusque Campani agri ad tuendos
3 socios convertit. ut in Calenum agrum venit, et ipse cernit recentia cladis vestigia, et Caleni narrant tantum iam praedae ho-
4 stis trahere, ut vix explicare agmen possint: itaque iam propalam duces loqui, extemplo eundum in Samnium esse, ut relicta
ibi praeda in expeditionem redeant, nec tam oneratum agmen
5 dimicationi committant. ea quamquam similia veris erant, cer-
tius tamen exploranda ratus dimittit equites, qui vagos praeda-
6 tores in agris palantes excipiant; ex quibus inquirendo cognoscit
ad Vulturnum flumen sedere hostem, inde tertia vigilia moturum;
7 iter in Samnium esse. his satis exploratis profectus tanto intervallo ab hostibus consedit, ut nec adventus suus propinquitate
nimia nosci posset, et egredientem e castris hostem opprimeret.
8 aliquanto ante lucem ad castra accessit gnarosque Oscae linguae
exploratum, quid agatur, mittit. intermixti hostibus, quod facile
erat in nocturna trepidatione, cognoscunt infrequentia armatis
signa egressa, praedam praedaeque custodes exire, inmobile agmen
et sua quemque molientem nullo inter alios consensu nec satis

ager Fal. den Römern gehörte, s. 8,
11, 13. — *finis ad.*, c. 16, 1. —
socios, L. denkt wol an die Campaner besonders, obgleich auch die
Vesciner und die Calener, diese als
latinische Colonie, socii sind. —
Calenum, 8, 16; die Colonie selbst
hat sich gehalten, aber die Verwüstung des Landes nicht hindern
können. — *trahere*, 9, 17, 16. —
loqui, sie äusserten, redeten davon,
dass u. s. w.

5—8. *simil. veris*, 29, 20, 1. —
vagos—pal., 2, 50, 6. — *ad Vult.*,
da der Consul nicht über den Vult.
geht, sondern bei Cales steht, ist
wol anzunehmen, dass die Samniten
nördlich am Flusse ihr Lager haben.
— *iter—esse*, ihr Marsch gehe nach
u. s. w. *opprimeret* der vorher durch
posset ausgedrückte Begriff liegt in
der Verbalform. — *suus* und, wie
die Stellung *ut nec adventus* zeigt,
auch *opprimeret* ist auf das Subject
des Hauptsatzes zu beziehen. —

Oscae, welche auch die Samniten
sprachen s. 7, 2, 12. Die oskische
Sprache war zwar der latein. nahe
verwandt, wurde aber, wie u. St.
zeigt, nicht von Allen verstanden.
— *infreq. ar. s.*, das eigentliche
Heer, das aber nur Wenige bei den
Fahnen zählt, weil die Meisten mit
dem Fortschaffen der Beute beschäftigt sind, vgl. Tac. H. 4, 35: *rarum
apud signa militem, arma in vehicu-
lis* etc. — *exire*, ziehe eben aus
dem Lager. Das Folg.: *inmob.* etc.
charakterisirt diesen zweiten Zug
näher, zuerst im Allgemeinen *inmob. ag.*, dann im Besonderen. *sua
quemq.* etc., vgl. 6, 3, 7, ist grammatisch frei angeknüpft, indem an
die Einzelnen in dem Zuge zu denken ist. — *nullo consensu s.* während unter den Uebrigen — nicht
stattfand; die *alii* könnten die bereits ausgerückten § 8: *signa
egressa* sein; doch erwartet man
eher *inter se* od. *inter armatos*.

certo imperio. tempus adgrediendi aptissimum visum est; et iam 9
lux adpetebat: itaque signa canere iussit agmenque hostium adgreditur. Samnites praeda inpêditi, infrequentes armati, pars ad- 10
dere gradum ac prae se agere praedam, pars stare incerti, utrum
progredi an regredi in castra tutius foret; inter cunctationem op-
primuntur; et Romani iam transcenderant vallum, caedesque ac
tumultus erat in castris. Samnitium agmen praeterquam hostili 11
tumultu captivorum etiam repentina defectione turbatum erat,
qui partim ipsi soluti vinctos solvebant, partim arma in sarcinis 12
deligata rapiebant tumultumque proelio ipso terribiliorem intermixti agmini praebebant. memorandum deinde edidere facinus; 13
nam Statium Minacium ducem adeuntem ordines hortantemque
invadunt; dissipatis inde equitibus, qui cum eo aderant, ipsum
circumsistunt, insidentemque equo captum ad consulem Romanum rapiunt. revocata eo tumultu prima signa Samnitium, 14
proeliumque iam profligatum integratum est, nec diutius sustineri potuit. caesa ad VI milia hominum, duo milia et quingenti 15
capti, in eis tribuni militum quattuor, signa militaria triginta, et,
quod laetissimum victoribus fuit, captivorum recepta VII milia
et CCCC, praeda ingens sociorum; accitique edicto domini ad res
suas noscendas recipiendasque. praestituta die quarum rerum 16

9—13. *tempus* ist zweimal zu
denken. — *Samn. opprim.* bezieht
sich nur auf den zw e i t e n Zug, § 8 :
praedam—exire, § 14, in dem durch
die partitive Appos. von *pars—pars*
zwei Theile unterschieden werden.
— *infrequentes ar.*, „nur wenige
Bewaffnete," die § 8 erwähnten
custodes, die aber ihre Waffen nicht
bei der Hand haben, § 12 : *arma in
s. d.* — *addere gr.*, 3, 27, 7. — *inter cunctat.*, 1, 27, 11. — *opprim.*
schliesst sich zwar zunächst an *pars
st. incerti* an, gehört aber als Prädicat zu *Samnites*, denn der ganze
Zug wird überrascht, und L. meldet
nicht, dass die Fortziehenden: *pars
addere gr.* etc., entkommen wären.
— *agmen*, der zweite Zug wie vorher ; *Samnitium* ist nur im Gegensatze zu *Romani* wiederholt. —
defectione ist freier davon gebraucht,

dass sich die Gefangenen in Freiheit
setzen. — *arma in s. d.*, weil sie
die Römer weit entfernt geglaubt
hatten. — *Statium*, s. 9, 44; 23, 1 ;
24, 19, der Name findet sich auch
auf Inschriften; die Hss. haben *staiam*
od. *staium*, s. Mommsen Unterital.
Dial. S. 296 ; Huschke osk. Sprachdenkmäler S. 413. — *Minacius* hier
Geschlechtsname, auf Inschriften
auch Vorname. — *ordines* nicht
verschieden von *custodes*.

14—16. *prima s.*, § 8 : *egressa*. —
proel. proflig., 9, 29, 1 : und so
wurde (zwar) erneut, konnte aber
nicht u. s. w.; *integrat.* wie 9, 43,
17; 6, 24, 4 u. a. *sustineri* wie c. 14,
17. — *trib. mil.*, nach röm. Bezeichnung. — *et CCCC. pr.*; man sollte
eher *CCCC et* oder auch vor *praeda*
noch *et* erwarten. — *socior.*, § 2. —
noscendas, 3, 10, 1. — *praestituta*,

non extitit dominus, militi concessae; coactique vendere praedam,
ne alibi quam in armis animum haberent.

21   Magnum ea populatio Campani agri tumultum Romae prae-
2 buerat; et per eos forte dies ex Etruria adlatum erat post deductum inde Volumnianum exercitum Etruriam concitam in arma
et Gellium Egnatium, Samnitium ducem, et Umbros ad defectio-
3 nem vocari, et Gallos pretio ingenti sollicitari. his nuntiis senatus conterritus iustitium indici, dilectum omnis generis hominum
4 haberi iussit. nec ingenui modo aut iuniores sacramento adacti,
sed seniorum etiam cohortes factae libertinique centuriati. et
defendendae urbis consilia agitabantur, summaeque rerum prae-
5 tor P. Sempronius praeerat. ceterum parte curae exonerarunt
senatum L. Volumnii consulis litterae, quibus caesos fusosque
6 populatores Campaniae cognitum est. itaque et supplicationes
ob rem bene gestam consulis nomine decernunt, et iustitium re-
7 mittitur, quod fuerat dies XVIII, supplicatioque perlaeta fuit. tum
de praesidio regionis depopulatae ab Samnitibus agitari coeptum:
itaque placuit, ut duae coloniae circa Vescinum et Falernum

6, 4, 5. — *coactiq.* wie c. 17, 9.
Ueber *que* s. 2, 39, 10. — *alibi,* 9,
23, 8; 30, 35. 11: *nec spem salutis
alibi quam in pace inpetranda esse.*
— *vendere* c. 17, 6.

21. 1—2. *ea pop.,* besonders
wol weil die Samniten Rom so nahe
gekommen, und Gefahren wie 9,
25 ff., und in Bezug auf die Nachrichten aus Etrurien wie 9, 38 (daher auch das *iustitium* § 3, s. 3, 3,
6) zu befürchten waren. — *et,* und
dazu, eine neue Gefahr. — *concitam,*
daraus ist ein entsprechendes Prädicat zu Gellius Eg. zu entnehmen
od. ein solches ausgefallen. L.
scheint die 4 Völker in 2 Classen zu
theilen, die an der Spitze stehenden
Samniten u. Etrusker, s. c. 18, 2;
andererseits die Umbrer u. Gallier,
die erst gewonnen werden müssen,
daher *vocari* u. *sollicitari,* und zwar
sind bei *pretio ing. sollic.,* wie c. 10,
7 und c. 16, 6 zeigt, so wie wegen
der Nachbarschaft der Gallier die
Etrusker als die Urheber der neuen
Bewegung zu denken; bei *Umbros*

etc. vielleicht mehr Egnatius; die
Stellung ist chiastisch; Gron. verm.
vocare—sallicitare, doch wäre dann
auch *pretio i. s.* auf Egnatius zu
beziehen. — *ducem,* wie c. 20, 13,
s. c. 19, 14. — *ad defect. v.,* weil
früher nur einige, s. c. 18, 2, am
Kriege Antheil genommen haben.

3—6. *omnis g.,* wie 8, 20, 4. —
iuniores, 1, 43, 2. — *seniorum,* seit
langer Zeit zum ersten male, s. 6,
6, 14. — *cohortes,* 6, 24, 2, hier um
abzuwechseln neben *centuriati.* — *libertini,* die Reichen unter denselben
waren wol nach der Veränderung 9,
46, 14 jetzt in den Classen und zum
Kriegsdienste berechtigt; über die
übrigen s. 8. 20, 4; Becker 2, 1,
197; 2, 3, 45 f., Lange 2, 70. —
Sempron., c. 9, 14. — *summae—
praeer.,* 3, 6, 9. — *porte c.,* des Ueber-
falls von Süden her. — *supplicationes*
wie c. 23, 1; 8, 33, 20; 35, 8, 9 u. a.—
nomine, zur Ehre, 3, 63, 5. — *fuer.
dies* etc., s. 3, 3, 8: *quod (iustitium)
quadriduum fuit;* 21, 61, 10 u. a.

7—8. *coloniae,* beide sind coloniae civium und maritimae wie An-

agrum deducerentur, una ad ostium Liris fluvii, quae Menturnae 8
appellata, altera in saltu Vescino, Falernum contingente agrum,
ubi Sinope dicitur Graeca urbs fuisse, Sinuessa deinde ab colonis Romanis appellata. tribunis plebis negotium datum est, ut 9
plebei scito iuberetur P. Sempronius praetor triumviros in ea
loca colonis deducendis creare. nec qui nomina darent facile in- 10
veniebantur, quia in stationem se prope perpetuam infestae regionis, non in agros mitti rebantur.

Avertit ab eis curis senatum Etruriae ingravescens bellum 11
et crebrae litterae Appii monentis, ne regionis eius motum ne-
glegerent: quattuor gentes conferre arma, Etruscos Samnites 12
Umbros Gallos; iam castra bifariam facta esse, quia unus locus
capere tantam multitudinem non possit. ob haec et — iam ad- 13
petebat tempus — comitiorum causa L. Volumnius consul Romam revocatus; qui priusquam ad suffragium centurias vocaret,
in contionem advocato populo multa de magnitudine belli Etrusci
disseruit: iam tum, cum ipse ibi cum collega rem pariter gesse- 14
rit, fuisse tantum bellum, ut nec duce uno nec exercitu geri potuerit; accessisse postea dici Umbros et ingentem exercitum Gallorum. adversus quattuor populos duces consules illo die deligi 15

tium, 8, 14, 8, zum Schutze des
Küstenlandes am Ausflusse des Liris.
— *Menturnae*, Plin. 3, 5, 59: *ultra
— est colonia Minturnae, Liri amne
divisa Glanica appellata, Sinuessa,
extremum in adiecto Latio, quam
quidam Sinopen dixere vocitatam.*
— *quae—appellata* lässt vermuthen,
dass auch Menturnae einen anderen
Namen hatte, vgl. 8, 15, 4; ib. 23, 6,
obgleich L. schon 8, 10; 9, 25 den
erst jetzt der Stadt gegebenen
braucht. — *saltu Vescino*, es scheinen die Höhen zu sein zwischen dem
mons Massicus und dem Meere,
rocca di Mondragone, Cicala. —
contingente, im Westen, s. 8, 11, 5;
13. — *Sinuessa* an der Küste, 9 Mi-
lien südlich von Menturnae, wo jetzt
Li Vagnoli oder Mondragone liegt.

9—15. *tribunis* etc., sie sollen
den Beschluss des Senates über die
Gründung der Colonieen den Tribus
vorlegen, s. 9, 28, 7; der Praetor,
wie sonst gewöhnlich, die Wahl der

ausserordentlichen Magistrate anordnen und vollziehen, s. Lange 2,
542. — *colonis = coloniis*; über die
Wortstellung s. 6, 23, 4. — *nec*,
aber nicht. *nom. dar.* u. *stationem*,
1, 56, 3; 3, 1, 6; 7. — *infestae*, Angriffen von der See, und, wie die
Erfahrung so eben gezeigt hatte,
auch vom Lande her ausgesetzt. —
non i. a., um versorgt zu werden,
s. zu c. 6, 3. — *gentes*, so wenig
als § 2 ist hier *denuo*, was man erwarten konnte, s. c. 18, hinzugefügt.
— *possit*, s. 6, 36, 12. — *iam* etc.
die Parenthese, wie oft, ohne *enim*.
Auch zu *tempus* ist *comitiorum* zu
denken. — *ad suffr. voc.*, c. 13, 11.
— *contionem*, dieses geschah gewöhnlich vor der Abstimmung, vgl. 31,
7; 39, 15, 1 u. a. — *cum—pariter*,
zusammen und zugleich mit. — *uno*,
gehört auch zu *exercitu*, c. 25, 13.
— *adversus q. p.*, attributive Bestimmung zu *duces*: Consuln, die —
sein sollten, vgl. 24, 8, 2. Mit Recht

meminissent. se, nisi confideret eum consensu populi Romani
consulem declaratum iri, qui haud dubie tum primus omniumi
22 ductor habeatur, dictatorem fuisse extemplo dicturum. Nemin
dubium erat, quin Q. Fabius [quintum] omnium consensu destinaretur; eumque et praerogativae et primo vocatae omnes centuriae
2 consulem cum L. Volumnio dicebant. Fabii oratio fuit, qualis
biennio ante; deinde, ut vincebatur consensu, versa postremo ad
3 collegam P. Decium poscendum: id senectuti suae adminiculum
fore. censura duobusque consulatibus simul gestis expertum se
nihil concordi collegio firmius ad rem publicam tuendam esse.
novo imperii socio vix iam adsuescere senilem animum posse;
4 cum moribus notis facilius se communicaturum consilia. sub-
scripsit orationi eius consul cum meritis P. Decii laudibus, tum,
quae ex concordia consulum bona, quaeque ex discordia mala in
5 administratione rerum militarium evenirent, memorando, quam
prope ultimum discrimen suis et collegae certaminibus nuper
6 ventum foret, admonendo; Decium Fabiumque, ut uno animo una

wird die Wahl als eine sehr wichtige bezeichnet, da ein Entscheidungskampf um den Besitz Italiens
zu erwarten war. — *consensu*, 4,
51, 3. — *dictatorem*, vgl. c. 11, 3.
22. 1. *quintum*, obgleich das 5.
Consulat des Fabius folgt, so ist
doch dessen Erwähnung an dieser
Stelle unpassend. — *destinaretur*,
s. 9, 16, 19: dass Alle entschlossen
waren ihn zu wählen. — *praerogativae*, diese Stelle, die einzige, wo
die *praerog at iv ae*, vgl. 5, 18, 1:
praerogativa, erwähnt werden,
zeigt, dass die Reform der Verfassung damals noch nicht erfolgt war,
weil es nach dieser nur e i n e durch
das Loos gewählte praerogativa gab.
Die *praerogativae* sind die Ritter-
centurien, s. 1, 43, 11; die *primo
vocatae* die erste Classe, vgl. c. 15,
7; Marquardt 2, 3, 3 f.; 34; Lange
2, 430; 434; 457. — *dicebant*, c. 9,
10. Die einzelnen Centurien haben
schon gestimmt; während das Resultat der Abstimmung bekannt gemacht wird oder nachher thut Fabius Einspruch, indem er nach dem
Gesetz 7, 42, 2, die Wahl ablehnt.
Da er hierauf einen anderen Colle-

gen als Volumnius wünscht, so wird,
obgleich sich die Majorität durch die
Ritter und die erste Classe schon
für diesen entschieden hat, eine neue
Wahl nöthig, § 9, vgl. c. 15, 8.
2—6. *qualis b.*, c. 15 u. 13. —
vincebatur etc., dass er sich bereit
erklärte das Consulat anzunehmen.
— *id* n. an Decius, wenn er gewählt
würde, s. 2, 10, 2. — *adminic.*, 6,
1, 4. — *censura*, 9, 46. — *consulat.*
c. 13, 13. — *morib. not.*, die Eigenschaft statt der Person: *cum viro
notis moribus*; indess passt das § 3
Erwähnte wenig zu dem folgenden
Streite. — *subscrips.*, sonst die Unterstützung der Anklage, 33, 47, 4,
hier die der Empfehlung (*suffragatio*
c. 13, 13). — *consul*, der so indirect
die Wahl ablehnt. — *laudibus*, vermittelst derselben, dadurch dass er
sie geltend machte. — *admonendo*,
da nach den Aeusserungen des Fabius § 2 f., nicht eine Aufforderung
zur Eintracht, sondern ein neuer
Grund für die Wahl der beiden Genannten erwartet, und *quam—foret*
nicht passend auf *memorando* bezogen wird, so kann die gewöhnliche Lesart: *foret, admonendo D.*

mente viverent,* ; esse praeterea viros natos militiae, factis magnos
ad verborum linguaeque certamina rudes : ea ingenia consularia
esse ; callidos sollertesque, iuris atque eloquentiae consultos, qua- 7
lis Ap. Claudius esset, urbi ac foro praesides habendos praeto-
resque ad reddenda iura creandos esse. his agendis dies est 8
consumptus. postridie ad praescriptum consulis et consularia et
praetoria comitia habita. consules creati Q. Fabius et P. Decius, 9
Ap. Claudius praetor, omnes absentes. et L. Volumnio ex senatus consulto et scito plebis prorogatum in annum imperium est.

Eo anno prodigia multa fuerunt, quorum averruncando- 23
rum causa supplicationes in biduum senatus decrevit ; publice 2
vinum ac tus praebitum ; supplicatum iere frequentes viri femi-
naeque. insignem supplicationem fecit certamen in sacello Pudi- 3

Fabiumque, ut nicht richtig sein,
wahrscheinlich ist der *ut* etc. entsprechende Satz mit *ita,* etwa *ita
uno animo (consilio) rem gesturos* ausgefallen ; Andere verm. *foret, atque
monendo Decius Fabiusque* oder :
*foret admonendo : D. Fabiumque uno
—vivere. — milit.,* 24, 42, 6 : *gens
nata instaurandis — bellis,* vgl. 5,
37, 8 ; 9, 9, 11. — *ad—rudes,* 21,
25, 6 ; 24, 48 5 u. a.

7. *callid. sol.* wie *consultos* substantivisch : Männer dagegen von
grosser Umsicht und praktischem
Talente u. s. w. *consultos* gewöhnlich nur vom Rechte gebraucht, ist
hier auch auf *eloquentia* bezogen.
— *iuris,* die Rechtskenntniss des
Appius wird auch sonst erwähnt, s.
9, 46, 5 ; Dig. I, 2, 36 : *hunc* (Appium)
*etiam actiones scripsisse traditum
est, primum de usurpationibus, qui
liber non exstat* ; s. Nieb. 3, 436 ;
ebenso seine Beredtsamkeit, c. 15,
12 ; 19, 7. Warum gerade Volumnius den Appius empfiehlt, ist nicht
wol abzusehen. — *foro* bezeichnet
die Iurisdiction, denn das Tribunal des *praetor* stand auf dem
comitium, das zum forum im weiteren Sinne gehörte, vgl. 6, 6, 15.

8—9. *consumptus,* die Verhandlungen dauerten bis gegen Abend,
so dass die Abstimmung nicht mehr

erfolgen konnte, vgl. 38, 51, 4 : *orationibus in noctem perductis prodicta dies est* ; Marquardt 2, 3, 113 ;
Lange 1, 419. — *postridie,* es wird
vorausgesetzt, dass dieser ein Co-
mitialtag war. — *ad praesc. c.,* ist
nicht deutlich ; entweder : nach der
Anordnung, Vorschrift des Consuls
wurden sogleich am folg. Tage beide
Comitien gehalten, oder : nach seinem Vorschlage in Rücksicht auf
die zu Wählenden, Becker 2, 2, 182.
— *praetor,* nach dem Elogium war
er zweimal Prätor. — *absentes* kann
in Beziehung auf Fabius und Decius
nur bedeuten, dass sic nicht auf dem
Forum erschienen waren, 4, 42, 1 ;
während Appius von der Stadt entfernt war. — *scito pl.,* s. 8, 23, 12 ;
9, 42, 2.

23. Religiöse Verhältnisse ;
Strafen.

1—3. *prodigia,* s. Zonar. 8, 1.
— *averrunc.,* 8, 6, 11. — *supplicat.,*
hier ein Bettag wie 4, 21, 5, s.
7, 28, 8 ; anders c. 21, 6. — *senatus,*
wol nach einem Beschluss der pontifices. — *publice* auf Kosten des
Staates. — *vinum a. t.,* um an den
pulvinaria der Götter zu libiren
und zu opfern ; nur hier scheint
jene Gabe des Staates erwähnt zu
werden. — *insignem,* vorangestellt

citiae patriciae, quae in foro bovario est ad aedem rotundam
4 Herculis, inter matronas ortum. Verginiam Auli filiam, patriciam
plebeio nuptam, L. Volumnio consuli, matronae, quod e patribus
enupsisset, sacris arcuerant. brevis altercatio inde ex iracundia
5 muliebri in contentionem animorum exarsit, cum se Verginia et
patriciam et pudicam in patriciae Pudicitiae templum ingressam
et uni nuptam, ad quem virgo deducta sit, nec se viri honorumve
eius ac rerum gestarum paenitere, vero gloriaretur. facto deinde
6 egregio magnifica verba adauxit: in vico Longo, ubi habitabat,
ex parte aedium quod satis esset loci modico sacello exclusit
aramque ibi posuit, et convocatis plebeis matronis conquesta
7 iniuriam patriciarum: „hanc ego aram" inquit „Pudicitiae plebeiae

wie 7, 26, 3. — *patriciae*, der Zuname ist entweder erst jetzt entstanden, oder die Ursache des folg.
Vorfalls gewesen. *quae*, auf die
Göttin bezogen statt auf das *sacellum*, vgl. Cic. Verr. 2, 4, 33, 72:
Dianae simulacrum, dann *digna.* —
f. *bovario* (gewöhnlich *boario*),
zwischen der Tiber und dem circus
maximus, Becker 1, 473. Diese
Worte und der Zusatz *rotunda* zu
aed. zeigen, dass der Tempel des
Herc. verschieden war von einem
anderen ad portam trigeminam,
Becker 1, 478; Preller Myth. 650;
so wie von dem 1, 7, 10 angedeuteten *fanum* desselben.

4—5. *quod e. p. en.*, da dieses
schon oft geschehen war, s. 6, 34, so
muss das Folg. eine besondere Veranlassung gehabt haben. — *enubere*,
s. 4, 4, 7; das Wort findet sich nur
bei L. — *arcuerant* n. als eine Un-
reine, *impia*, die an den sacra, die
sie verlassen hat, keinen Theil nehmen darf, 4, 1, 2. — *inde*, in Folge
der Ausschliessung. — *iracundia*,
Reizbarkeit, Heftigkeit, vgl. 6, 34,
7. — *in content.*, leidenschaftliche
Aufregung, Tac. H. 1, 64: *iurgia
rimum mox rixa — prope in proelium exarsere. — et pat. et pud.* —
et uni n., diese drei Anforderungen
wurden von den Patricierinnen, s.
§ 9, an die gemacht, welche an dem

Cultus Theil nehmen wollten; die
Worte gehören zu dem Präd. *ingressam. patriciam*, Verg. behauptet
durch die Verheirathung mit einem
Plebejer habe sie ihr Recht als Pa-
tricierin nicht verloren. *pudicam*,
3, 45, 6. — *uni n.*, s. Paul. Diac.
243: *Pudicitiae signum Romae co-
lebatur, quod nefas erat attingi,
nisi ab ea, quae semel nupsisset*; auch
sonst wird die zweite Heirath der
Frau gemissbilligt, s. Val. Max. 2,
1, 3; auf Inschriften werden mehrfach *univirae* erwähnt; Preller
Myth. 627. — *honorumve*, vgl. c. 7,
9; *ac* bezeichnet Beides als gleichgestellt und zusammengehörig, s. 7,
34, 13. — *vero*, mit vollem Rechte,
s. Sall. H. 4, 11 (63): Curt. 5, 7, 4;
Gell. 7, 8, 5; Plaut. Trin. 1, 2, 173
u. a., gewöhnlicher ist *vere*, s. 37,
58, 8; vgl, 2, 59, 9: *haud falso*.

6—8. *magnif.*, 7, 32, 11. — *ex
parte*, nur einen Flügel des Hauses,
wie auch das *sacellum* § 3 od.
templum § 5, vgl. § 7 *ara*, der Pudicitia patricia von geringem Umfange gewesen zu sein scheint,
Becker 1, 480. — *quod loci = tantum loci, quod*, s. 1, 12, 1 — *Pudicit.
pl.*, der Vorfall zeigt, dass Privatleute, und jetzt selbst Plebejer, besondere Culte einrichten dürfen,
aber wol nur mit Erlaubniss und
unter der Aufsicht der pontifices, s.

dedico; vosque hortor, ut, quod certamen virtutis viros in hac
civitate tenet, hoc pudicitiae inter matronas sit, detisque operam, 8
ut haec ara quam illa, si quid potest, sanctius et a castioribus
coli dicatur." eodem ferme ritu et haec ara quo illa antiquior 9
culta est, ut nulla nisi spectatae pudicitiae matrona et quae uni
viro nupta fuisset ius sacrificandi haberet. vulgata dein religio 10
a pollutis, nec matronis solum sed omnis ordinis feminis, postremo in oblivionem venit. — Eodem anno Cn. et Q. Ogulnii 11
aediles curules aliquot feneratoribus diem dixerunt; quorum bo- 12
nis multatis, ex eo, quod in publicum redactum est, aenea in Capitolio limina et trium mensarum argentea vasa in cella Iovis
Iovemque in culmine cum quadrigis et ad ficum Ruminalem si-
mulacra infantium conditorum urbis sub uberibus lupae posuerunt,

9, 46, 7. — *quid*, in irgend einer
Beziehung, adverbial, s. 3, 21, 3; 36,
9, 2 u. a. — *quam illa—sanct.*, s. 8
25, 12. — *sanctius*, s. 38, 24, 11.
— *eodem — et — quo*, s. 6, 19, 4, vgl.
Cic. Fam. 13, 23, 2: *eodem loco—
quo et*; Or. 1, 50, 217; L. 7, 5, 9.
— *et — fuisset*, gewöhnlich steht in
einem Relativsatze, der an ein Ad-
jectivum geknüpft wird, der Conjunctiv, s. 9, 29, 10; 5, 33, 3: *prae-
potente iuvene et a quo — nequirent*;
6, 34, 11: *strenuo adulescente et
cuius spei nihil — deesset*; 1, 34, 7:
cupido et cui — esset; praef. 11: *nec
ditior fuit, nec in quam—immigra-
verint*; 3, 27, 1: *patriciae gentis,
sed qui — fecisset*; 2, 56, 3: *parva
res — sed quae—auferret* u. a. —
vulg. — relig. bedeutet viell.: von
Allen ohne Unterschied (*promiscue*)
verrichtet; da sonst *vulgare sacra,
secreta* in dem Sinne von *enuntiare
sacra* etc. gebraucht wird, so tilgt
Duker *a* und hält *pollutis* für den
Dativ, wie Cic. de har. rsp. 27, 59,
während L. mit *vulgare* die Praeposs.
cum, in, per, verbindet; über *vulgare*
s. 1, 10, 7; 2, 29, 7; 4, 2 6 u. a.,
über das Fehlen der Praepos. vor
der Apposit. 6, 38, 3. — *pollutis* ist
wie § 6 u. 4 *patricia* substantivisch,
s. 1, 26, 4. — *matronis*, anständige,
verheirathete Frauen, meist mit sitt-
licher Nebenbedeutung, c. 31, 9, da-

her als Gegensatz: *concubina*, hier:
omnis ordinis: auch aus niederem
Stande. — *in obl. v.*, nur den Dienst
der plebejischen Pudicitia, nicht der
der patricischen.

11—12. *Ogulnii.* c. 6, zwei Plebejer sind curul. Aedilen, s. 7, 1.
— *feneratoribus*, 7, 28, 9; das 7, 42,
1 erwähnte Gesetz, wenn es anders
in Kraft gewesen ist, war also aufgehoben; die Aedilen werden nach
früheren Gesetzen Multen gegen die
Wucherer, s. § 13: *item multaticia
p.*, beantragt haben, s. 7, 16, 1. —
bonis m., ein ungewöhnlicher Ausdruck, da es sonst heisst *bonis aliquem multare*; allein *bonis publica-
tis* scheint nicht gesagt zu sein, weil
nach dem Folg. nur ein Theil der
Strafsumme dem Staate zufiel. Ueber
diesen konnten die Aedilen frei verfügen, und verwendeten denselben
besonders auf Bauten (nacher *semita*,
Lange 1, 628 f.) und für religiöse
Zwecke; s. c. 31; 47; 27, 6 u. a. —
— *aenea*, vorher waren sie wol von
Holz gewesen. — *cella*, 6, 4, 3. —
Iovemq., s. 33, 25, 3, wahrscheinlich
auf dem nördlichen Giebel, auf dem
südlichen stand das sogleich bei der
Erbauung aufgestellte Viergespann
aus Thon, s. Preller S. 197. — *ad
fic. R.*, es ist der Baum am Lupercal
gemeint, s. 1, 4, 5; Plin. 15, 18, 77.
— *simul inf.*, eines der ältesten

semitamque saxo quadrato a Capena porta ad Martis straverunt.
13 et ab aedilibus plebeis L. Aelio Paeto et C. Fulvio Curvo ex multaticia item pecunia, quam exegerunt pecuariis damnatis, ludi
facti pateraeque aureae ad Cereris positae.

24 Q. inde Fabius quintum et P. Decius quartum consulatum
2 ineunt, tribus consulatibus censuraque collegae nec gloria magis
rerum, quae ingens erat, quam concordia inter se clari. quae ne
perpetua esset, ordinum magis quam ipsorum inter se certamen
3 intervenisse reor, patriciis tendentibus, ut Fabius Etruriam
extra ordinem provinciam haberet, plebeis auctoribus Decio, ut
4 ad sortem revocaret. fuit certe contentio in senatu; et postquam

Denkmäler der röm. Kunst, wahrscheinlich noch jetzt erhalten, und
in dem Capitolin. Museum aufbe-
wahrt, vgl. Mommsen 1, 482, Preller
Mythol. S. 696. — *conditorum*, also
wurde, wenn sich L. genau ausdrückt, auch Remus dafür gehalten.
Uebrigens ist das Bild ein Zeugniss
dafür, dass schon in jener Zeit die
Sage von Romulus u. Remus geglaubt
wurde, wie c. 27, 9. — *semitam*,
einen Fussweg, Trottoir, welcher
sich neben der via Appia, die gleichfalls bei der porta Capena begann
und derselben Richtung folgte, hin-
zog; Nieb. 3, 357. — *saxo q.*, 1, 26,
14. — *ad Mart.*, 7, 23, 3. Der Tempel lag etwa 1000 Schritte von der
porta Capena entfernt, Preller die
Regionen der Stadt Rom 116 f.;
Becker, 1, 512.

13. *multaticia*, das Wort findet
sich nur bei L.; bei ihm aber nicht
selten. — *pecuariis* etc., Viehhalter,
welche mehr Vieh als (nach den
Bestimmungen der lex Licinia 6,
35, 5) erlaubt war, oder als sie angegeben hatten, auf die zum Staatslande gehörenden Weiden (*pascua*)
gehen liessen, c. 47, 4. — *damnatis*,
die Aedilen haben auf eine Mult ge-
klagt und das Volk in Tributcomitien
hat den Antrag genehmigt. Die Stelle
zeigt, wie nahe sich der Geschäftskreis der curul. und plebej. Aedilen
berührte, s. Becker 2, 2, 320 ff., dass
sie aber dennoch getrennte Cassen

hatten. — *ludi*, wahrscheinlich die
Ceriales am 12. April, s. 30, 39, 8;
CIL. p. 391; Preller Myth. 434;
nicht die *ludi plebeii*, s. 23, 30, 17.
— *aureae* wie § 12 *argentea*; die
edlen Metalle wurden eher zum
Schmucke als zu Geld verwendet.
Cereris als besonders von der Plebs
verehrte Göttin, s. 3, 55, 7; 27, 6,
19; ib. 36, 9; 33, 25, 3.

24. Streit der Consuln über die
Provinzen.

1—3. *quintum*, c. 14. — *tribus*,
erst das jetzige war das dritte gemeinschaftliche Consulat, s. 9, 28;
41; 10, 14. — *concordia* etc. bildet
den Uebergang zum Folgenden. —
ordinum, der beiden nachher genannten Stände. — *reor*, nur sub-
jective Ansicht L's, der nicht |ver-
schweigt, dass diese Verhandlung
nicht ganz beglaubigt gewesen sei,
s. c. 26, 5; Nieb. 3, 439. — *patriciis*,
nach § 4: *in senatu* u. § 8 die patricischen Senatoren 6, 42, 10, *plebeis*,
die plebejischen. — *extra ord.*, s. 3,
2, 2, da dieses nicht selten geschehen
ist, s. 6, 30; 7, 23; 8, 16, 5; Becker
2, 2, 118, so müsste jetzt eine besondere Veranlassung zum Wider-
spruche vorgelegen haben. — *ad
sort*, das gewöhnliche Verfahren. —
revocaret n. *rem*; anders ist im
Folg. *revocata* gebraucht: zur Entscheidung vorlegen, vgl. 7, 20, 3:
reiecti.

4. *in senatu*, bisher hat der Senat

ibi Fabius plus poterat, revocata res ad populum est. in contione,
ut inter militares viros et factis potius quam dictis fretos, pauca
verba habita. Fabius, quam arborem consevisset, sub ea legere   5
alium fructum indignum esse dicere; se aperuisse Ciminiam silvam viamque per devios saltus Romano bello fecisse. quid se id   6
aetatis sollicitassent, si alio duce gesturi bellum essent? nimirum
adversarium se, non socium imperi legisse sensim exprobrat, et
invidisse Decium concordibus collegiis tribus. postremo se ten-   7
dere nihil ultra quam ut, si dignum provincia ducerent, in eam
mitterent: in senatus arbitrio se fuisse et in potestate populi futurum. P. Decius senatus iniuriam querebatur: quoad potuerint   8
patres adnisos, ne plebi aditus ad magnos honores esset; post-   9
quam ipsa virtus pervicerit, ne in ullo genere hominum inhono-
rata esset, quaeri, quem ad modum inrita sint non suffragia modo
populi sed arbitria etiam fortunae, et in paucorum potestatem
vertantur. omnis ante se consules sortitos provincias esse; nunc   10
extra sortem Fabio senatum provinciam dare. si honoris eius   11

über die Provinzen und deren Vertheilung entschieden, jetzt wird zum
ersten Male ein Volsbeschluss veranlasst, s. zu 28, 40, 4; Marquardt,
2, 3, 168. — *poterat*, s. 2, 25, 3:
sein Einfluss grösser war. — *in
contione*, vor der Abstimmung, c. 21,
13, in der beide ihre Ansprüche geltend machen. — *viri m.*, Männer die
sich vorzugsweise mit dem Kriege
beschäftigt haben, vgl. c. 22, 6; 2,
56, 8 u. a. — *verba h.*, s. 42, 61, 3:
quae (verba) *ad contionem vocato exercitu habuit*; 24, 18, 4; u. a.

    5—7. *Ciminiam* 9, 36 f. — *viam
fec.*, die Hindernisse beseitigt,
welche einem Kriege entgegenge-
standen hätten. — *Romano b.*, statt:
Romanis ad bellum; *Rom.* ist mit
Nachdruck vorangestellt, weil die
röm. Kriege bis dahin fast nur auf
das südliche Etrurien beschränkt
gewesen waren. — *quid* etc., der
zweite Grund. — *id aet.*, der ad-
verbiale Accus. vertritt das Attribut,
cum id aetatis (ea aetate) *esset*, s.
Tac. Ann. 5, 9; 13, 16; vgl. L. 1, 8,
3; 8, 8, 8. — *sollicitass.*, c. 13, 6.

— *nimirum* etc., da habe er freilich.
— *legisse* n. *sibi*, durch seine Empfehlung, c. 22, 2. — *sensim*, er geht
allmälig zu Vorwürfen über. — *invidisse*: Decius habe zu seinem
feindlichen Auftreten keinen anderen
Grund, als dass er unzufrieden sei
über ihre Eintracht (dieses ist der
Hauptbegriff) als Collegen in 3 Staatsämtern (s. c. 22, 3); nur um Streit
zu haben sei er so aufgetreten, aus
Ueberdruss an der Eintracht. — *in
arbitrio* wie sonst *in auctoritate*,
vgl. 3, 21. 1.

    8—13. *patres*, s. § 3. *patriciis.*
Decius fasst den Streit als Partei-
sache, Fabius als persönliche auf. —
plebi, 7, 32, 14. — *genere*, 8, 24, 6.
— *ipsa*, durch eigene Kraft. —
suffrag. pop., indem die durch die
Wahl übertragenen Rechte und Geschäfte entzogen würden. — *arbitria*,
die Entscheidung durch das Loos, 8,
16, 5, vgl. 44, 15, 5. — *paucorum*,
die Senatoren überhaupt, oder die
einflussreichsten unter denselben. —
omnis, rhetorische Steigerung, s.
§ 3. — *honoris e. c.*, vgl. 8, 14, 10:

causa, ita eum de se deque re publica meritum esse, ut faveat
12 Q. Fabi gloriae, quae modo non sua contumelia splendeat; cui
autem dubium esse, ubi unum bellum sit asperum ac difficile,
cum id alteri extra sortem mandetur, quin alter consul pro su-
13 pervacaneo atque inutili habeatur? gloriari Fabium rebus in Etruria gestis ; velle et P. Decium gloriari, et forsitan, quem ille obrutum ignem reliquerit, ita ut totiens novum ex inproviso incendium
14 daret, eum se extincturum. postremo se collegae honores prae-
miaque concessurum verecundia aetatis eius maiestatisque; cum
periculum, cum dimicatio proposita sit, neque cedere sua sponte
15 neque cessurum; et si nihil aliud ex eo certamine tulerit, illud
certe laturum, ut, quod populi sit, populus iubeat potius, quam
16 patres gratificentur. Iovem optimum maximum deosque inmortales se precari, ut ita sortem aequam sibi cum collega dent, si
eandem virtutem felicitatemque in bello administrando daturi
17 sint. certe id et natura aequum et exemplo utile esse et ad famam populi Romani pertinere, eos consules esse, quorum utro-
18 libet duce bellum Etruscum geri recte possit. Fabius nihil aliud
pecatus populum Romanum quam ut, priusquam intro voca-

<hr>

um Fab. zu ehren (n. *daretur* oder
fieret, s. 9, 26, 14), wenn nicht eine
Zurücksetzung für ihn damit verbunden sei, vgl. 28, 44, 17; *modo*
beschränkend wie oft bei dem Relativ., s. 6, 40, 6: *qui modo*; 22, 2,
5 u. a. — *extra s.*, während das
Loos gleiche Befähigung voraus-
setze: wenn zwei wichtige, gefahr-
volle Geschäftskreise da wären,
würde er dem Fabius gern den Vor-
rang lassen, unter den jetzigen Verhältnissen aber werde er für un-
tüchtig und überflüssig erklärt (*contumelia*). — *velle — glor.*, er wolle
Gelegenheit haben sich rühmen zu
können, dadurch dass er u. s. w.,
vgl. 28, 43, 4. — *incend. daret*, ver-
anlasse, s. Ov. Trist. 1, 8, 4: *unda
dabit flammas*; vgl. 4, 28, 1, 37, 41,
2: *nebula — calliginem dedit*.

14—17. *se collegae — concess.*,
eine andere Wendung des §11 ausgesprochenen Gedankens. — *concessurum*, einem zu Liebe, zu Gunsten etwas aufgeben. — *et si nihil*

etc. enthält die Erklärung, dass er
sich dem Ausspruche des Volkes
unterwerfen werde, wie § 7: *in
potestate futurum*, und den Gegensatz zu § 9 : *in paucorum p. v.*, vgl.
28,44, 18. — *tuler.=retulerit*, eben
so *laturum*, vgl. 2, 50, 2 u. a. —
quod p. s., zu bestimmen, welche
Geschäfte den Consuln übertragen
werden sollen, s. jedoch § 3 : *in
senatu*; u. § 7; Lange 2, 546. —
deosque: und überhaupt; so wird
bisweilen das Allgemeine mit dem
Einzelnen, Bedeutenderen ohne den
Zusatz von *ceteri* verbunden, 35,
34, 1: *Quinctius legatique*; 22, 14,
10: *Hannibali ac Poenis*; Plaut.
Capt. 4, 2, 88 : *Iuppiter te dique per-
dant.* — *administ.*, die ganze Leitung und Führung des Kr., 42, 18,
2. — *aequam=cum*, 2, 20, 11; 21,
3, 6: *aequo iure cum ceteris.* — *famam = gloriam*, vgl. 5, 6, 6 ;° 45,
10, 5. — *recte*, „ohne Gefahr", s.
9, 34, 12: *audacter*.

18. *intro voc.*, c. 13, 11, nach der

rentur ad suffragium tribus, Ap. Claudii praetoris adlatas ex Etruria litteras audirent, comitio abiit: nec minore populi consensu
quam senatus provincia Etruria extra sortem Fabio decreta est.

　　Concursus inde ad consulem factus omnium ferme iunio- 25
rum, et pro se quisque nomina dabant: tanta cupido erat sub
eo duce stipendia faciendi. qua circumfusus turba: ,,quattuor 2
milia'' inquit ,,peditum et sescentos equites dumtaxat scribere in
animo est; hodierno et crastino die qui nomina dederitis mecum
ducam. maiori mihi curae est, ut omnes locupletes reducam, 3
quam ut multis rem geram militibus.'' profectus apto exercitu 4
et eo plus fiduciae ac spei gerente, quod non desiderata multitudo
erat, ad oppidum Aharnam, unde haud procul hostes erant, ad
castra Appii praetoris pergit. paucis citra milibus lignatores ei 5
cum praesidio occurrunt; qui ut lictores praegredi viderunt, Fabiumque esse consulem accepere, laeti atque alacres diis populoque Romano grates agunt, quod eum sibi imperatorem misissent.

---

contio, Marq. 2, 3, 92. — *comitio
abiit,* obgleich *abire* mit einem blossen localen Abl. (häufig ist *abire
magistratu, honore* u. ä.) sich sel-
tenfindet, s. zu Tac. Ann. 2, 69,
so ist doch die Lesart der Hdss. *comitia habuit* schwerlich richtig,
denn wenn es schon überhaupt selten ist, dass die Consuln Tributcom. halten, 7, 16, 7, so wäre es in
dem vorliegenden Falle noch un-
passender, wenn Fabius bei der
Entscheidung über seine eigene Angelegenheit den Vorsitz geführt
hätte; L. scheint vielmehr zu berichten, dass Decius von dem Senatsbeschlusse an das Volk provocirt, die Tribunen die Sache aufgenommen, und einer derselben die
Comitien gehalten habe, Lange 1,
530; das c. 25, 1 Erzählte geschehen sei, nachdem Fabius, als der
Beschluss bereits gefasst ist, sich
wieder auf dem Forum eingefunden
hat, vgl. 26, 31, 11.
　25—26. Vorbereitungen zum
Kampfe mit den vereinigten Völkern.
　1—2. *concursus—fact.,* s. 22, 7,
6. — *inde,* überhaupt: nach der

Entscheidung; es braucht nicht unmittelbar darnach geschehen zu sein.
omn. f., ziemlich, eben alle. — *pro
s. q.* etc., jeder für sich, aus eigenem Antriebe, es sind Freiwillige,
wie 3, 57, 9. — *quatt. m.* etc., kaum
eine Legion und Reiter für zwei
Legionen; dass später das Heer verstärkt worden sei, wird § 16 u. c.
26, 5; 14 angedeutet. — *qui — dederitis* n. *eos—ducam,* s. 23, 13, 3.
— *locuplet.* etc., es scheinen besonders Aermere vorausgesetzt zu werden, s. c. 21, 4.
　4—7. *desid. m. e.,* weil ein so
erfahrener Feldherr mit so wenigen
zufrieden war, nicht eine (grosse)
Zahl, § 3: *quam multis*, begehrt
hatte. — *Aharnam*, jenseits der
Tiber, in Umbrien, Perusia gegenüber. Sonst heisst die Stadt *Arna*
wie *Ala* neben *Ahala* u. ä. Appins
ist also nach dem Siege c. 19 in
Umbrien eingerückt. — *citra*, ehe
er an das L., als das Ziel des Mar-
sches, kam. — *lignator.*, um Brennholz zu holen. — *praegredi*, 24, 44,
10. — *viderunt—accepere,* s. c. 15, 4;
4, 59, 9; 23, 29, 14. — *diis*, welche
das Volk dazu veranlasst haben. —

6 circumfusi deinde cum consulem salutarent, quaerit Fabius, quo
   pergerent, respondentibusque lignatum se ire: „ain tandem?"
7 inquit, „num castra vallata non habetis?" ad hoc cum subclama-
   tum esset, duplici quidem vallo et fossa, et tamen in ingenti metu
   esse: „habetis igitur" inquit „adfatim lignorum; redite et vellite
8 vallum." redeunt in castra, terroremque ibi vellentes vallum et
   iis, qui in castris remanserant, militibus et ipsi Appio fecerunt;
9 tum pro se quisque alii aliis dicere consulis se Q. Fabii facere
   iussu. postero inde die castra mota, et Appius praetor Romam
10 dimissus. inde nusquam stativa Romanis fuere. negabat utile
   esse uno loco sedere exercitum; itineribus ac mutatione locorum
   mobiliorem ac salubriorem esse. fiebant autem itinera, quanta
11 fieri sinebat hiemps hauddum exacta. vere inde primo relicta
   secunda legione ad Clusium, quod Camars olim appellabant, prae-
   positoque castris L. Scipione pro praetore Romam ipse ad con-
12 sultandum de bello rediit, sive ipse sponte sua, quia bellum ei
   maius in conspectu erat, quam quantum esse famae crediderat,
   sive senatus consulto accitus: nam in utrumque auctores sunt.
13 ab Ap. Claudio praetore retractum quidam videri volunt, cum in

---

— *circumfusi,* hier reflexiv, 27, 19,
3; anders § 2. — *ain:* was sagst
du, ist hier an Mehrere gerichtet.
— *num non—habetis,* ein verstärktes *num—caretis:* es fehlt euch doch
nicht etwa an u. s. w.? es ist doch
wol zu erwarten, dass ihr habt;
Plaut. Most. 1, 4, 23: *num non vis me
— ire.* — *adfatim lig.,* dann, sagt
er spottend, könnt ihr die Schanz-
pfähle als Brennholz brauchen. —
vellite wie 9, 14, 9 u. a.

9—10. *stativa,* wie unter Appius.
negab. n. Fabius. — *salubriorem,*
1, 31, 5. — *hiemps,* das Consular-
jahr scheint also damals im Winter,
oder wenigstens im Spätherbste begonnen zu haben, während es noch
425 a. u., s. 8, 20, 3, am 1. Juli anfieng. — *hauddum:* noch gar nicht,
ist wie *nullusdum,* s. 3, 50, 15, Liv.
eigenthümlich, s. 2, 52, 4; 10, 6, 2
u. s. w., nur Sil. It. 2, 332 braucht
es noch in Verbindung mit *tantum.*

11. *secunda l.,* die vier consula-
rischen Legionen, s. c. 18, 3, scheinen jährlich ihre Nummern erhalten

zu haben; es konnte also jetzt dieselbe Legion wie c. 18, nur anders
bezeichnet, in Etrurien stehen, vgl.
jedoch c. 27, 11. — *Camars,* Polyb.
2, 19: *ἐν τῇ Καμερτίων χώρᾳ,*
woraus wol nicht mit Nieb. 3, 441
zu entnehmen ist, dass L. geirrt
und Camars mit Camerinum, s. 9,
36, verwechselt habe, Dennis a. a.
O. 579; Mommsen Gesch. d. röm.
Münzw. 220. Uebrigens sieht man
nicht, wo das übrige Heer des Fabius geblieben sei, denn *castris* ist
nach c. 26, 7f; 12 das Lager der
Legion, nicht des übrigen Heeres,
s. Pauly R. E. 3, 386; 395f. —
Scip., wie c. 14, 14. — *pro praet.*
=*legatus pro praetore,* 29, 6, 9, er
wird als Stellvertreter von dem
Consul mit dem Oberbefehl zurückgelassen; Sall. I. 36.

12—18. *ipse s. s.,* 27, 11, 3, vgl.
c. 19, 1; 2, 47, 5. — *in utr.,* für
Beides, Tac. Ann. 12, 69: *nullo in
diversum auctore.* — *retractum,*
gegen seinen Willen, da Appius von
ihm beleidigt, § 6, und auch sonst

senatu et apud populum, id quod per litteras adsidue fecerat,
terrorem belli Etrusci augeret: non suffecturum ducem unum
nec exercitum unum adversus quattuor populos; periculum esse, 14
sive iuncti unum premant, sive diversi gerant bellum, ne ad omnia
simul obire unus non possit. duas se ibi legiones Romanas re- 15
liquisse, et minus quinque milia peditum equitumque cum Fabio
venisse. sibi placere P. Decium consulem primo quoque tempore
in Etruriam ad collegam proficisci, L. Volumnio Samnium provinciam dari; si consul malit in suam provinciam ire, Volumnium 16
in Etruriam ad consulem cum exercitu iusto consulari proficisci.
cum magnam partem moveret oratio praetoris, P. Decium cen- 17
suisse ferunt, ut omnia integra ac libera Q. Fabio servarentur,
donec vel ipse, si per commodum rei publicae posset, Romam
venisset, vel aliquem ex legatis misisset, a quo disceret senatus, 18
quantum in Etruria belli esset, quantisque administrandum copiis
et quot per duces esset. Fabius ut Romam rediit, et in senatu 26
et productus ad populum mediam orationem habuit, ut nec augere nec minuere videretur belli famam, magisque in altero ad-
sumendo duce aliorum indulgere timori quam suo aut rei publicae periculo consulere. ceterum si sibi adiutorem belli sociumque 2
imperii darent, quonam modo se oblivisci P. Decii consulis per
tot collegia experti posse? neminem omnium secum coniungi 3
malle; et copiarum satis sibi cum P. Decio, et numquam nimium

---

sein Gegner ist, c. 26, 6; 9, 46, 14.
Diese dritte, unsichere Nachricht
wird ausführlich berichtet.—*sufect.*
—*adv.*, häufiger findet sich das etwas
verschiedene *sufficere ad*, s. 3, 5,
1, vgl. 21, 8, 4.— *unum pr.* u. *ducem
et exercitum.* — *ad omnia* — *obire*:
nach allen Seiten thätig sein; s. 31,
21, 9: *obire ad omnes* — *conatus*,
sonst ist der intransitive Gebrauch
mehr Dichtern und Spätern eigen.
— *cum Fab.*, 9, 13, 6; vgl. § 16
Volumnium — *cum exercitu.* — *suam prov.*, nach Samnium, an die
Stelle des Volumnius, Lange 2, 546.
Decius ist also noch in Rom, vielleicht weil gleich anfangs bestimmt
war, dass er die Rüstungen betreiben, dann erst dem Fabius folgen
sollte. — *exerc. iusto*, wie es sein
soll, vollständig in Rücksicht auf
Truppenzahl und Ausrüstung, je

zwei Legionen und die wenigstens
gleiche Zahl *socii* nebst der Reiterei, s. 9, 43, 5 u. o. — *integra*, c.
8, 1. — *si per* etc., vgl. 23, 24, 1.
— '*a quo disc.* etc., wahrscheinlich
hatte der Senat den Kriegsplan genehmigt, s. 9, 36, 14; zu 22, 41, 2 u.
a., Lange 2, 375, und kannte bereits
die Sache, so dass eine der anderen
Erzählungen c. 26, 5 vorzuziehen
gewesen wäre. — *quot per*, vgl.
praef. s. *tot per annos* u. a.

26. 1—4. *product.*, 3, 64, 7. —
rei publ. per., st. *rei publicae in periculo* — *adiutor. b.*, s. 6, 22, 6, gemildert durch *socium imperii*, was
nur von dem Kriege in Etrurien zu
verstehen ist, an sich war es Decius
schon als Consul. — *quonam* etc.,
vgl. Hom. Il. 10, 242: εἰ μὲν δὴ
ἕταρόν γε κελεύετέ μ᾽ αὐτὸν ἑλέσθαι,

hostium fore; sin collega quid aliud mallet, at sibi L. Volumnium
4 darent adiutorem. omnium rerum arbitrium et a populo et a
senatu et ab ipso collega Fabio permissum est; et cum P. Decius
se in Samnium vel in Etruriam proficisci paratum esse ostendisset,
tanta laetitia ac gratulatio fuit, ut praeciperetur victoria animis,
triumphusque, non bellum decretum consulibus videretur.

5   Invenio apud quosdam extemplo consulatu inito profectos
in Etruriam Fabium Deciumque sine ulla mentione sortis provin-
6 ciarum certaminumque inter collegas, quae exposui. sunt, quibus
ne haec quidem certamina exponere satis fuerit, adiecerint et
Appii criminationes de Fabio absente ad populum et pertinaciam
adversus praesentem consulem praetoris contentionemque aliam
inter collegas, tendente Decio, ut suae quisque provinciae sortem
7 tueretur. constare res incipit ex eo tempore, quo profecti ambo
consules ad bellum sunt.

          Ceterum antequam consules in Etruriam pervenirent, Seno-
nes Galli multitudine ingenti ad Clusium venerunt, legionem Ro-
8 manam castraque oppugnaturi. Scipio, qui castris praeerat, loco
adiuvandam paucitatem suorum militum ratus, in collem, qui
9 inter urbem et castra erat, aciem erexit. sed, ut in re subita, parum explorato itinere ad iugum perrexit, quod hostes ceperant

---

Πῶς ἂν ἔπειτ᾽ Ὀδυσῆος ἐγὼ θεί-
οιο λαθοίμην.—quonam etc. stimmt
wenig zu c. 24, s. § 5. — at, c. 19,
17. — a pop. setzt ähnliche Verhandlungen voraus , wie c. 24, 4,
und ist vor a senatu gestellt, weil
so eben vor dem Volke in einer
contio gesprochen worden ist. —
vel in Etr., oder vielmehr nach Etr.,
so dass es sich geneigt zeigt auf
den Wunsch des Fab. einzugehen,
was bei tanta etc. vorausgesetzt
wird; so braucht das einfache vel
schon Cic. Fam. 4, 13, 7: melius vel
optime, Fin. 5, 20, 55: clariora vel
plane perspicua; ib. 4, 5, 13 u. a.,
anders c. 19, 9; Madvig hält in
Samn. vel für unächt. — praecip. 7,
26, 8.

5—6. apud q. etc., die ganze
vorhergeh. Erzählung ist also unsicher. — extemplo inito, 36, 2, 6;
28, 7, 9; vgl. 7, 39, 15; 9, 28, 1.
— sortis pr. c., der Begriff: Streit

über die Verloosung der Provinzen,
ist in seine Bestandtheile zerlegt,
vgl. 9, 18, 11. Im Folg. ist sortem
prov.: die durch das Loos jedem zugefallene Provinz, die er behaupten
soll (tueretur). — adiecerint wie 9,
1, 9 zu erklären, vgl. über das Asyndeton 36, 7, 4; 45, 36, 1; 40, 9, 7.
— Appii — praetoris Chiasmus. —
quisque, c. 12, 3. — constare etc.,
Gewissheit tritt erst ein über das,
was nach der Abreise der Consuln
geschehen ist, so dass § 8 ff. noch
Ungewisses folgen kann, s. 9, 16, 1.

7—8. Senones, 5, 35, 3. — in
collem — erexit, beim Anzug der
Feinde stellt er die ganze Schlachtlinie oder die hintern Glieder an
dem Hügel auf, vgl. 9, 35, 2: flectit
paululum in clivos agmen; anders
steht erigere c. 14, 14 u. a. — perrexit, dass es vor dem bereits vollendeten erigere geschehen sei, ist
nicht angedeutet, das zu erwartende

parte alia adgressi. ita caesa ab tergo legio atque in medio, cum
hostis undique urgeret,circumventa. deletam quoque ibi legionem, 10
ita ut nuntius non superesset, quidam auctores sunt, nec ante ad 11
consules, qui iam haud procul a Clusio aberant, famam eius cladis perlatam, quam in conspectu fuere Gallorum equites, pectoribus equorum supensa gestantes capita et lanceis infixa ovantesque moris sui carmine. sunt, qui Umbros fuisse non Gallos 12
tradant, nec tantum cladis acceptum, et circumventis pabulato-
ribus cum L. Manlio Torquato legato Scipionem propraetorem
subsidium e castris tulisse, victoresque Umbros redintegrato
proelio victos esse, captivosque eis ac praedam ademptam. si- 13
milius vero est a Gallo hoste quam Umbro eam cladem acceptam,
quod cum saepe alias tum eo anno Gallici tumultus praecipuus
terror civitatem tenuit. itaque praeterquam quod ambo consules 14
profecti ad bellum erant cum quattuor legionibus et magno equitatu Romano Campanisque mille equitibus delectis, ad id bellum
missis, et sociorum nominisque Latini maiore exercitu quam
Romano, alii duo exercitus haud procul urbe Etruriae oppo- 15

Plusqprf. viell. wegen *ceperant* gemieden. — *parte al.*, 4. 28, 2. —
adgressi hat hier seine ursprüngliche Bedeutung: herangekommen.
— *ab tergo* etc., die Legion an dem
Hügel gegen die von der Ebene her
kommenden Feinde aufgestellt, wird
von den auf dem Gipfel des Hügels
stehenden Feinden im Rücken, von
den übrigen (*multitudine ingenti*)
von den übrigen Seiten eingeschlossen und überwältigt; s. § 12; 21, 34,
1; ib. 50, 5.
   10—12. *quoque* dazu, sogar, während, *a tergo caesa* — *circumventa*
keine so grosse Niederlage andeutet. — *nunt. non*, nachdrücklich: nicht einmal. — *qui* etc. nach
dem Folg. mit einem grossen Heere.
— *ante—quam—fuere*, der Indicat.
wie 9, 25, 5; ib. 42, 3, vgl. zu 37,
34, 6. — *gestantes*, mittelbar, indem sie aufgehängt waren, vgl. Diod.
5, 29: τῶν δὲ πεσόντων πολεμίων
τὰς κεφαλὰς ἀφαιροῦντες περιά-
πτουσι τοῖς αὐχέσι τῶν ἵππων —
ἐπιπαιανίζοντες καὶ ᾄδοντες ὕμνον
ἐπινίκιον, vgl. L. 42, 60, 2. — *mo-*

ris, s. 21, 28, 1: *Galli obcursant
cum cantu moris sui*, 38, 17, 4. —
et erklärend: es sei nämlich (nicht
die ganze) Legion, sondern nur eine
Abtheilung überfallen worden.
   13—15. *a Gallo*, nach Polyb. 2,
19 waren es Samniten und Gallier,
s. c. 27, 3. — *quam U.*, 3, 19, 4. —
quattuor l., vielleicht mit den Legionen des Volumnius, c. 30, 6;
denn da Fabius vorher schon 2 Legionen gehabt und verstärkt hat,
erwartet man nur die beiden Legionen des Decius. Auch von den übrigen Rüstungen hat L., nur mit dem
Streite der Consuln beschäftigt,
nichts berichtet, s. c. 25, 1. — *Camp.
m. eq.*, s. 8, 11, die campanische
Aristokratie unterstützt die Römer
nachdrücklich in der grossen Gefahr, vgl. c. 29, 12; 9, 40, 17;
Mommsen G. d. r. Münzw. 339. —
soc. n. L., die Latiner und die übrigen Bundesgenossen,eine Benennung,
die hier zum ersten Male in eigent-
lichem Sinne, s. 2, 41, 6; 8, 3, 8, sich
findet. Sie haben also über 20,000
Mann gestellt, vgl. c. 18, 3. — *alii*

siti, unus in Falisco, alter in Vaticano agro. Cn. Fulvius et L.
Postumius Megellus propraetores ambo stativa in eis locis habere iussi.

27　　　　Consules ad hostes transgressos Apenninum in agrum Sen-
tinatem pervenerunt. ibi quattuor milium ferme intervallo castra
2 posita. inter hostes deinde consultationes habitae, atque ita convenit, ne unis castris miscerentur omnes, neve in aciem descen-
3 derent simul; Samnitibus Galli, Etruscis Umbri adiecti. dies indicta pugnae; Samniti Gallisque delegata pugna; inter ipsum cer-
4 tamen Etrusci Umbrique iussi castra Romana oppugnare. haec
consilia turbarunt transfugae Clusini tres, clam nocte ad Fabium
consulem transgressi, qui editis hostium consiliis dimissi cum
donis, ut subinde, ut quaeque res nova decreta esset, exploratam
5 perferrent. consules Fulvio, ut ex Falisco, Postumio, ut ex Vaticano exercitum ad Clusium admoveant summaque vi fines ho-
6 stium depopulentur, scribunt. huius populationis fama Etruscos
ex agro Sentinate ad suos fines tuendos movit. instare inde consules, ut absentibus his pugnaretur. per biduum lacessiere proelio

d. ex., zwei Reserveheere.— Falisco,
s. 1, 11, 4; um die Etrusker zu beschäftigen. — Vaticano, in der Nähe
der Stadt. Fulvius, c. 11 ; Postumius,
9, 44 ; beide Consularen.—propraet.,
mit dem imperium bekleidete Privatleute, s. 26, 18, 4, die zwar, wie c.
27, 5 zeigt, in Verbindung mit den
Consuln stehen, aber ein selbständiges Commando haben.

27 — 31, 9. Die Schlacht bei
Sentinum. Polyb. 2, 19; Zon. 8, 1;
Diod. 21, 13; Frontin. Strat. 1, 8,
3; Oros. 3, 21.

1—4. transgressos nach Gron.,
da L. sonst immer so schreibt, statt
des hds. transgresso, welches nicht
weiter passiv gebraucht wird. —
agr. Sent., Sentinum lag in Umbri-
en, in der Nähe des Aesis, bis zu
dem nach 5, 35, 3 die Sennonen
wohnten, in der Nähe Etruriens,
also ein passender Sammelplatz für
die Truppen, die sich dem bereits
vereinigten Heere anschliessen wollten. Dieses ist von Aharna viell. an
dem Clanis hin durch den nach dem
Aesis führenden Apenninenpass in

die Nähe von Sentinum gelangt. Ob
ihm die Römer, die jetzt zum ersten
male über den Apennin gehen, auf
demselben Wege gefolgt sind, ist
nicht zu erkennen. — consult., die
Feinde haben, wie es scheint, nicht
erwartet, dass die Römer einen so
kühnen Zug unternehmen würden.
—miscer., 9, 38, 6.— Samnit. Galli,
s. c. 26, 13. — indicta, den Heeren
der 4 Völker, 1, 50, 1, vgl. 6, 22,
8; da es gewöhnlich diem dicere od.
edicere heisst, s. c. 33, 9, so verm.
Madvig dies inde dicta.—editis, s. 25,
9, 4. — consiliis der Schlachtplan.
5—8. Fulvio — movit, vgl. c. 30,
1 ; doch ist es kaum zu glauben, dass
die Heere sich so lange einander gegenüber gestanden haben, bis alles
dieses geschehen ist; sondern das
Nachrücken der Prätoren war wol
schon vorher beschlossen, oder nach
dem Verluste bei Camars angeordnet. — Clusium, nach Frontin nach
Assisium in der Nähe von Aharna.
— movit, bewirkte, dass sich in Bewegung setzten. — instare, darauf
dringen, wol im Kriegsrathe. —
proelio, durch den Kampf, der be-

hostem; biduo nihil dignum dictu actum: pauci utrimque ceci- 7
dere, magisque inritati sunt ad iustum certamen animi quam ad
discrimen summa rerum adducta. tertio die descensum in campum omnibus copiis est. cum instructae acies starent, cerva fu- 8
giens lupum e montibus exacta per campos inter duas acies decurrit; inde diversae ferae, cerva ad Gallos, lupus ad Romanos
cursum deflexit. lupo data inter ordines via; cervam Galli con-
fixere. tum ex antesignanis Romanus miles: „illac fuga" inquit 9
„et caedes vertit, ubi sacram Dianae feram iacentem videtis; hinc
victor Martius lupus, integer et intactus, gentis nos Martiae et
conditoris nostri admonuit." dextro cornu Galli, sinistro Samni- 10
tes constiterunt. adversus Samnites Q. Fabius primam ac tertiam
legionem pro dextro cornu, adversus Gallos pro sinistro Decius
quintam et sextam instruxit; secunda et quarta cum L. Volumnio 11
proconsule in Samnio gerebat bellum. primo concursu adeo aequis viribus gesta res est, ut, si adfuissent Etrusci et Umbri, aut
in acie aut in castris, quocumque se inclinassent, accipienda

gonnen oder gesucht wird, reizen;
wir: zum Kampfe anreizen, s. 4, 6,
3. Polyb. setzt die Schlacht in nähere Beziehung zu der Niederlage
bei Camars: ἐν ᾧ καιρῷ προσφι-
λονεικήσαντες πρὸς τὸ γεγονὸς ἐλάτ-
τωμα αὐτοῖς Ῥωμαῖοι μετ᾽ ὀλίγας
ἡμέρας ἐξῆλθον etc. — dign. d., ist
bei L. nicht selten, s. 4, 30, 4; 9,
43, 6 u. a. — ad disc. s. rerum, zu
einem Entscheidungskampf, daher
omnib. cop. — fugiens—exacta, 2,
12, 8. — inter ordines, s. c. 5, 6.—
ferae, cerva—deflexit, s. 25, 19, 6;
26, 33, 8; 29, 3, 14 u. a.; anders c.
44, 9.

9. ex antes., 8, 8, 7. — illac wie
qua, c. 14, 4; 28, 1: dorthin wendet
sich die Flucht; dort tritt sie ein,
Ov. Metam. 8, 186: ibimus illac. —
vertit, wie oft bei L., reflexiv, s. 7,
38, 6; 2, 27, 9 u. a. — iacentem,
ein Omen der Niederlage. — hinc,
zur Abwechselung st. hac. — integer et int., c. 14, 20. — gentis n.
M., an das von M. abstammende Ge-
schlecht, n. Romulus, vgl. zu c. 23,
12: conditorum; Schwegler 1, 416,

Preller 297, daher folgt erklärend:
et conditoris; doch ist auch an das
röm. Volk zu denken, s. 1, 23, 1:
ab Albanorum stirpe regum oriundi
Romani essent; 38, 17, 18.

10—11. Galli — Samnites, auch
Polyb. erwähnt nur diese beiden
Völker; warum die Umbrer am
Kampfe nicht Theil nehmen geht aus
L's Darstellung nicht hervor. —
secunda et q. stimmt nicht zu c. 25,
11 und der c. 26 erwähnten Vernichtung der 2. Legion und ist wol
einer anderen Quelle als jene Nachricht entnommen. — pro a. c., so
dass sie bildeten, 23,29,4: in cornibus dextro Poenos locat, laevo
Afros — equitum Numidas Poenorum peditibus, ceteros Afris pro
cornibus adponit, vgl. 28, 14, 4;
eine media acies war nicht gebildet;
wie und wo die zahlreichen Bundesgenossen aufgestellt waren, ist nicht
erwähnt. — gerebat hat sich an das
bei secunda und quarta zu denkende legio angeschlossen, da beide
Legionen ein Heer bilden. — accip.
fuerit, s. zu 21, 34, 7.

28 clades fuerit. Ceterum quamquam communis adhuc Mars belli
   erat, necdum discrimen fortuna fecerat, qua datura vires esset,
 2 haudquaquam similis pugna in dextro laevoque cornu erat. Romani apud Fabium arcebant magis quam inferebant pugnam, ex-
 3 trahebaturque in quam maxime serum diei certamen, quia ita
   persuasum erat duci, et Samnites et Gallos primo impetu feroces
   esse, quos sustineri satis sit; longiore certamine sensim residere
 4 Samnitium animos, Gallorum quidem etiam corpora intoleran-
   tissima laboris atque aestus fluere, primaque proelia plus quam
 5 virorum, postrema minus quam feminarum esse. in id tempus
   igitur, quo vinci solebat hostis, quam integerrumas vires militi
 6 servabat. ferocior Decius et aetate et vigore animi quantumcum-
   que virium habuit certamine primo effudit. et quia lentior vide-
 7 batur pedestris pugna, equitatum in pugnam concitat, et ipse fortissimae iuvenum turmae inmixtus orat proceres iuventutis, in
   hostem ut secum impetum faciant: duplicem illorum gloriam
 8 fore, si ab laevo cornu et ab equite victoria incipiat. bis avertere
   Gallicum equitatum; iterum longius evectos, et iam inter media
   equitum agmina proelium cientes novum pugnae conterruit genus:
 9 essedis carrisque superstans armatus hostis ingenti sonitu equo-

---

28. 1—5. *communis M.*, 5, 12,
1. — *adhuc—erat*, 6, 33, 2. — *qua*,
1, 27, 6. — *vires* n. entscheidende,
siegreiche. — *quam max.*, weil *se-*
rum noch Adjectiv ist, c. 32, 6; 7,
8, 5; 27, 2, 9: *in multum diei ste-*
ere. — *Gallorum q.*, die Gallier aber
erst, gar u. s. w. — *etiam*
corp., nicht allein der Muth, wie bei
den Samniten, sondern auch die Körperkraft. Wahrscheinlich war es
bereits hoher Sommer und nach Polyb. viele Schaaren erst aus dem
kälteren, transalpinischen Gallien
gekommen, s. 5, 48, 2; 34, 47, 5;
Caes. B. G. 3, 19, 6. — *fluere*, 7,
33, 14. — *prima* — *postrema*, Anfangs — am Ende. — *plus quam*, die
attributive Bestimmung,über welche
die bei *plus* u. *minus* zu denkende
hinausgeht, s. 2, 58, 5, liegt in dem
Genitiv *virorum* u. *feminarum*, wozu *proelia* zu wiederholen ist. —
quo—solebat, eine Bemerkung L's.

6—10. *effudit*, er verbrauchte,
verwendete sogleich bei dem ersten

Angriffe, 30, 32, 3: *supremo auxilio*
effuso. — *fortissimae* hätte auch auf
iuvenum bezogen werden können, 1,
1, 4. — *proc. iuv.*, die Ritter sind
meist iuniores, Patricier oder vor-
nehme Plebejer, s. 9, 14, 16; 7, 10,
1; 3, 61, 7, vgl. jedoch 29, 37, 8;
wahrscheinlich ist auch an die treff-
liche campanische Reiterei zu denken, die nach c. 29, 12 zur Hälfte
auf diesem Flügel stand. — *iterum*
nach *bis*: noch einmal, von Neuem,
s. 21, 18, 14; Terent. Ad. 4, 1, 9:
reverti — *iterum*; ib. 1, 1, 46. —
equitum, Madvig verm. *peditum*. —
novum, es wäre auffallend, wenn die
Römer in so vielen Kämpfen mit den
Galliern nicht schon vorher die
Streitwagen kennen gelernt hätten.
— *essedis*, Caes. B. G. 4, 33. — *car-*
risque, s. Caes. B. G. 1, 26, ist entweder Erklärung von *essedis* (doch
sollte man dann wegen c. 30, 5 mit
Duker *carpentisque* erwarten), oder
Zusatz, indem die Gallier auch ihre
Transportwagen, was *carri* sonst

rum rotarumque advenit et insolitos eius tumultus Romanorum
conterruit equos. ita victorem equitatum velut lymphaticus pa-　10
vor dissipat; sternit inde ruentes equos virosque inprovida fuga.
turbata hinc etiam signa legionum, multique impetu equorum ac　11
vehiculorum raptorum per agmen obtriti antesignani; et insecuta,
simul territos hostes vidit, Gallica acies nullum spatium respi-
randi recipiendique se dedit. vociferari Decius, quo fugerent,　12
quamve in fuga spem haberent; obsistere cedentibus ac revocare
fusos; deinde, ut nulla vi perculsos sustinere poterat, patrem P.
Decium nomine conpellans: „quid ultra moror‟ inquit „familiare　13
fatum? datum hoc nostro generi est, ut luendis periculis publicis
piacula simus; iam ego mecum hostium legiones mactandas Telluri ac diis Manibus dabo.‟ haec locutus M. Livium pontificem,　14
quem descendens in aciem digredi vetuerat ab se, praeire iussit
verba, quibus se legionesque hostium pro exercitu populi Romani
Quiritium devoveret. devotus inde eadem precatione eodemque　15
habitu, qua pater P. Decius ad Veserim bello Latino se iusserat
devoveri, cum secundum solemnes precationes adiecisset, prae　16
se agere sese formidinem ac fugam caedemque ac cruorem, cae-

---

bedeutet, zum Kampfe eingerichtet
haben.—insolit., Sall. H. 2, 79 (81):
serviti insolitum, vgl. 6, 34, 6: moris—insueta. — lymphaticus, 7, 17,
3; Varro L. L. 7, 87: in Graecia
commota mente quos nympholem-
ptos appellant, ab eo lymphatos dixerunt nostri; Sen. Ep. 2, 1, 9:
nulli tam perniciosi quam lympha-
tici metus sunt; ceteri enim sine ratione, hi sine mente sunt; daher velut; Curt. 6, 6, 16: discurrunt lym-
phatis similes; vgl. Preller Mythol.
P. 507. — virosque, sammt den Reitern, die, ohne Besinnung, die Pferde
nicht zurückhalten können.

11—13. signa leg. sind auch hier
wol die Fahnen der antesignani, die
sogleich erwähnt werden, s. 8, 34,
10; vgl. 10, 5, 6. — recip. se, sich
zu sammeln, zur Besinnung zu kommen, 2, 50, 10. — vociferari hier
wegen c. 29, 4; vgl. c. 35, 13; obgleich die Hss. vociferare haben,
was L. auch gebraucht zu haben
scheint, s. 7, 12, 14. — fusos, in
aufgelösten Gliedern fliehend; auf

diese und cedentes bezieht sich perculsos. — familiare, 9, 29, 8; ib.
33, 3. — luendis—piacula, bestimmt
zu Sühnopfern, um den Zorn der
Götter, der sich in den von ihnen
über den Staat verhängten Gefahren
ausspricht, abzuwenden, s. 8, 10, 7.
— mactandas etc., 4, 19, 3. — Telluri, 8, 6, 10; Manibus, 3, 19, 1.

14—17. Livium etc., wie 8, 9, 4,
nur ist im vorliegenden Falle kein
Grund angegeben, warum Decius
den Priester in seiner Nähe gehabt
habe. — precatione wie nachher:
solemnes precationes, die feierliche
Devotionsformel, welche neben der
Bitte, dass die Götter das röm. Heer
erhalten, das feindliche vernichten
möchten, s. Macrob. 3, 9, 10, zugleich den Fluch (execratio) enthielt,
der über das letztere ausgesprochen
wurde, s. 9, 5, 3, vgl. 2, 8, 7; Cic.
N. D. 2, 3, 10: verba certa. — prae
se ag.: er erfülle vor sich her Alles
mit u. s. w. Im Folg. wie c. 29, 4
ist die Alliteration zu beachten, s.
1, 12, 5; Macrob. l. l.: fuga formi-

17 lestium inferorum iras; contacturum funebribus diris signa tela
    arma hostium, locumque eundem suae pestis ac Gallorum ac
18 Samnitium fore, — haec execratus in se hostesque, qua confer-
    tissimam cernebat Gallorum aciem, concitat equum, inferensque
29 se ipse infestis telis est interfectus. Vix humanae inde opis vi-
    deri pugna potuit. Romani duce amisso, quae res terrori alias
    esse solet, sistere fugam ac novam de integro velle instaurare
 2 pugnam; Galli, et maxime globus circumstans consulis corpus,
    velut alienata mente vana incassum iactare tela; torpere quidam
 3 et nec pugnae meminisse nec fugae. at ex parte altera pontifex
    Livius, cui lictores Decius tradiderat iusseratque pro praetore
 4 esse, vociferari, vicisse Romanos, defunctos consulis fato; Gallos
    Samnitesque Telluris matris ac deorum Manium esse, rapere ad
    se ac vocare Decium devotam secum aciem, furiarumque ac for-
 5 midinis plena omnia ad hostes esse. superveniunt deinde his
    restituentibus pugnam L. Cornelius Scipio et C. Marcius cum
    subsidiis ex novissima acie iussu Q. Fabi consulis ad praesidium
    collegae missi. ibi auditur P. Decii eventus, ingens hortamen ad
 6 omnia pro re publica audenda. itaque cum Galli structis ante se

dine terrore conpleatis. — inferor.,
s. 1, 32, 10, die Manen, Tellus u. s.
w., welchen allein nach Macrob. die
Feinde geweiht werden, ziehen das
ihnen Verfallene an sich; während
die Himmlischen dem röm. Volke
Sieg verleihen, s. 8, 9, 7. — contact. f. d., wie eine Pest werde er
den Todesfluch über sie verbreiten.
— eundem—ac zu verbinden. Ueber
ac—ac § 17; 9, 38, 14. — haec, 1, 35, 6.
— in se, 30, 20, 7.
    29. 1—2. hum. op., 2, 20, 12,
sie schien nicht mehr in menschli-
cher Macht zu stehen; vgl. zur Construction 21, 41, 12. In Folge der
Devotion, der auch hier magische
Kraft zugeschrieben wird, s. 8, 9,
11, wirken die Götter selbst ein,
daher alienata mente; torpere etc.
— quae res etc. 9, 22, 7. — novam d.
int., 5, 5, 6. — Gall.—fugae ist nur
Ausmalung von vix—potuit, da nach
§ 6 die Gallier noch Widerstand
leisten. — globus, die dichtgedrängte
Masse, 4, 29, 1. — alienata m., abstract zu nehmen, vgl. 3, 48, 1. —
incassum, in das Leere hin, ohne

Erfolg, 2, 49, 8, verstärkt den Begriff von vana.
    3—5. et nec—nec, 29, 24, 10. —
pontifex vorangestellt um dieses in
Bezug auf pro praetore zu heben. —
iusserat n. eum, Uebergang aus der
relativen in die demonstrative Construct., s. 1, 31, 3; 7, 12, 11: eadem;
23, 8, 3. — pro praet., wie c. 25,
11; anders c. 26, 15. — defunctos,
sie hätten durch den Tod des Consuls Alles überstanden, nichts mehr
zu fürchten von den Göttern, die
durch den Consul gesühnt wären, s.
c. 28, 13; 4, 52, 4. — rapere, Wiederholung von c. 28, 17. — devot.
sec., die er mit sich zugleich den
unterirdischen Göttern geweiht habe, c. 28, 14, so dass sie diesen angehörten (Telluris esse). — furia-
rum, wie § 2: alienata mente. —
ad hostes, c. 35, 4; 7, 7, 4. — Scipio, c. 25, 11; Marcius, wol der c.
9 genannte. — hortamen, Apposition
zu dem vorhergehenden Satze, s. 4,
17, 4.
    6—7. structis a. se s., nachdem
sie ihre den ganzen Leib decken-

scutis conferti starent, nec facilis pede conlato videretur pugna,
iussu legatorum conlecta humi pila, quae strata inter duas acies
iacebant, atque in testudinem hostium coniecta. quibus plerisque 7
in scuta, raris in corpora ipsa fixis sternitur cuneus, ita ut magna
pars integris corporibus attoniti conciderent. haec in sinistro
cornu Romanorum fortuna variaverat. Fabius in dextro primo, 8
ut ante dictum est, cunctando extraxerat diem; dein, postquam
nec clamor hostium nec impetus nec tela missa eandem vim habere visa, praefectis equitum iussis ad latus Samnitium circum- 9
ducere alas, ut signo dato in transversos quanto maximo possent
impetu incurrerent, sensim suos signa inferre iussit et commo-
vere hostem. postquam non resisti vidit et haud dubiam lassi- 10
tudinem esse, tum conlectis omnibus subsidiis, quae ad id tempus
reservaverat, et legiones concitavit et signum ad invadendos hostes equitibus dedit. nec sustinuerunt Samnites impetum, prae- 11
terque aciem ipsam Gallorum relictis in dimicatione sociis ad
castra effuso cursu ferebantur: Galli testudine facta conferti sta- 12

---

den, jedoch schmalen Schilde vor
sich aufgerichtet und eng verbunden
hatten, was nachher und § 12 *testu-*
do heisst, die indess sonst etwas
verschieden ist, vgl. c. 41, 14; 5,
43, 2; vgl. Caes. B. G. 1, 24: *pha-*
lange facta. — nec fac., man konnte
wegen der langen Lanzen mit dem
kurzen Schwerte die Feinde nicht
erreichen. — *humi* sollte man eher
im folg. Satze od. nicht erwarten, 22,
48, 4: *quae inter acervos caesorum*
corporum strata erant; allein es
kann aufgefasst werden: am Boden,
wozu *quae—iacebant* die nähere Erklärung giebt. — *legatorum*, wahrscheinlich die Legaten in dem Heere
des Decius, da die unter Scipio und
Marcius angekommenen Truppen
ihre Waffen noch hatten. — *pila*,
die also noch zu brauchen waren;
später war das 3 Fuss über den
Schaft hervorragende Eisen so an
diesem befestigt, s. Plut. Marius
25, oder so dünn, s. Caes. B. G.
1, 25, dass es sich, wenn der
Wurf getroffen hatte, umbog, u. das
Geschoss unbrauchbar wurde. —
quibus pler., wir: von denen u. s. w.
— *in scuta*, vgl. 38, 22, 9: *iis (pilis)*

non vulnerabantur, sed transverbe-
ratis scutis plerique inter se conserti
haerebant. — *raris*, obgleich die
meisten — nur wenige, s. 34, 39,
4; vgl. 7, 23, 9. — *cuneus*, hier: die
in enggeschlossenen Gliedern stehende Phalanx, vgl. 7, 24, 7. — *va-*
riaver., wechselnde Erfolge gegeben
hatte, s. 2, 57, 2, vgl. 9, 18, 10.

8—10. *extraxerat*, 4, 43, 8. —
praef. equ., es sind die Anführer
der Reitereicontingente der Bundesgenossen, vgl. c. 34, 7; 8, 7, 1. —
ad latus—circumd., da sie den Feinden in die Flanke fallen sollen, können die Worte nicht bedeuten: an
der Seite der Feinde herum, sondern: auf einem Umwege so führen
dass sie an die Seite der Feinde zu
stehen kommen, 39,31,6: *cum equi-*
tibus—paululum circumvectus in cu-
neum hostium — ab latere incurrit.
— *signa inf.*, bis jetzt haben sie
sich defensiv verhalten. — *conlectis*
o. s., alle nicht in der ersten acies
stehenden Truppen, vgl. 9, 27, 9.
Von den Bundesgenossen ist auch
hier nicht die Rede. — *signum ad*,
s. 9, 4, 1.

12—14. *conferti stab.* ist nach

bant. tum Fabius, audita morte collegae Campanorum alam,
quingentos fere equites, excedere acie iubet et circumvectos ab
13 tergo Gallicam invadere aciem; tertiae deinde legionis subsequi
principes, et, qua turbatum agmen hostium viderent impetu equi-
14 tum, instare ac territos caedere. ipse aedem Iovi Victori spoliaque hostium cum vovisset, ad castra Samnitium perrexit, quo
15 multitudo omnis consternata agebatur. sub ipso vallo, quia tantam multitudinem portae non recepere, temptata ab exclusis turba
16 suorum pugna est; ibi Gellius Egnatius, imperator Samnitium,
cecidit. conpulsi deinde intra vallum Samnites, parvoque certa-
17 mine capta castra, et Galli ab tergo circumventi. caesa eo die
18 hostium xxv milia, octo capta; nec incruenta victoria fuit: nam
ex P. Decii exercitu caesa vii milia, ex Fabi mille dcc. Fabius
dimissis ad quaerendum collegae corpus spolia hostium coniecta
19 in acervum Iovi Victori cremavit. consulis corpus eo die, quia
obrutum superstratis Gallorum cumulis erat, inveniri non potuit;
postero die inventum relatumque est cum multis militum lacru-
20 mis. intermissa inde omnium aliarum rerum cura Fabius colle-
30 gae funus omni honore laudibusque meritis celebrat. Et in Etruria per eosdem dies ab Cn. Fulvio propraetore res ex sententia
gesta, et praeter ingentem inlatam populationibus agrorum hosti
2 cladem pugnatum etiam egregie est, Perusinorumque et Clusi-
norum caesa amplius milia tria et signa militaria ad viginti capta.
3 Samnitium agmen cum per Paelignum agrum fugeret, circum-
ventum a Paelignis est; ex milibus quinque ad mille caesi, —

---

§ 7: *sternitur* unerwartet; der ganze
Gedanke: *Galli — stab.* soll nur den
Uebergang zum Folg. vermitteln:
die G. aber, oder die G. nämlich
standen immer noch u. s. w. — *quin-
gent. f. eq.*, die zahlreiche camp. Reiterei, c. 26, 14, ist in zwei alae getheilt, s. § 8. — *Victori*, s. c. 42, 7,
dem Sieg verleihenden, wie Fere-
trius, Ov. Fast. 4, 621: *occupat
Aprilis idus cognomine Victor Iuppiter*, Marq. 4, 449.

15—19. *sub ipso*, dicht unter,
oder: noch unter. — *exclusis*, durch
turbā s. gestützt, ist substantivisch.
— *octo*, 21,59,1. — *dimissis*, Leute
oder die nöthigen Leute u. s. w., s.
2, 34, 3: *dimissis—ad coemendum*;
35, 13, 1; ebenso mit *ut* 29, 37, 5;
vgl. *mittere* zu 39, 35, 4; 44, 23, 4.

— *ad quaerend.* etc., auch hier wiederholt sich das 8, 10, 10 Erzählte.
— *coniecta* etc., 8, 30, 8. — *Iovi*, vgl.
8, 1, 6. — *cumulis* „Leichenhügeln‴
vgl. Tac. H. 3, 19: *cumulos super
et recentia caedis vestigia.*

30. 1—3. *Fulvio*, da allein Fulvius erwähnt wird, so ist anzunehmen, dass nur dieser nach Clusium,
Postumius wol nach Falerii gezogen
sei, c. 27, 5, um die röm. Grenze zu
decken. — *ex sent.*, c. 11, 3. — *inlatam* freier vorangestellt, um alle
zu *cladem* gehörige Momente zusammen zu fassen. Der Satz wird
durch *et* als Erklärung an den vorhergeh. geknüpft. — *Perusin.* etc.,
die Stadt ist nach 9, 40, 18 mit den
übrigen von Rom abgefallen, s. c.
10, 6 ff. — *ad vig.* c. 17, 8. — *Paelig.*,

Magna eius diei, quo in Sentinati agro bellatum, fama est etiam 4
vero stanti; sed superiecere quidam augendo fidem, qui in hostium 5
exercitu peditum deciens centena milia, equitum sex et quadraginta milia, mille carpentorum scripsere fuisse, scilicet cum Umbris Tuscisque, quos et ipsos pugnae adfuisse; et ut Romano- 6
rum quoque augerent copias, L. Volumnium pro consule ducem
consulibus exercitumque eius legionibus consulum adiciunt. in 7
pluribus annalibus duorum ea consulum propria victoria est,
Volumnius in Samnio interim res gerit, Samnitiumque exercitum
in Tifernum montem conpulsum, non deterritus iniquitate loci,
fundit fugatque. — Q. Fabius Deciano exercitu relicto in Etru- 8
riae praesidio, suis legionibus deductis ad urbem de Gallis Etru-
scisque ac Samnitibus triumphavit. milites triumphantem secuti
sunt. celebrata inconditis *carminibus* militaribus non magis vi- 9
ctoria Q. Fabii quam mors praeclara P. Decii est, excitataque
memoria parentis, aequata eventu publico privatoque fili laudibus,

die sabellischen Völker sind Rom
treu geblieben, aber nur die Päligner, 9, 45, 18, treten so feindlich
gegen ihre Stammgenossen auf.
   4—6. *dici*, statt dessen, was an
demselben geschehen ist, wie oft. —
bellat., s. c. 33, 6; 17, 9; 8, 15, 4. —
stanti, wenn man stehen bleibt, 7,
10, 6; 37, 58, 8: *vere aestimanti
Aetolicum magis bellum fuit*; Tac.
H. 4, 17: *vere reputantibus*, s. 1, 8,
5. — *sed* etc., so holt L. oft abwei-
chende Erzählungen nach, s. 26,
49 u. a. — *superiec.* — *fid.* ist zu
verbinden; sie haben die Grenzen
der Glaubwürdigkeit überschritten,
38, 58, 7: *superiecisse laudes*; 33,
10, 8; 26, 49, 3: *adeo nullus men-
tiendi modus est.* — *decies* etc., die
Hdss. haben zum Theil XICCCXXX,
zum Theil X.CCCXXX, was wahrscheinlich verschrieben ist statt
XCCCIↃↃↃ, und eine Million bezeichnen soll. Die in den Hss. sich
findenden Zahlen scheint schon
Orosius gelesen zu haben, s. 3, 21:
*fuisse autem absque Etruscis et
Umbris—Gallorum et Samnitium
CXL millia trecenta triginta, equitum vero XLVII millia Livius
refert* etc., vgl. Paul. Diac. Chron.
ad an. CDL. Dass die angegebene

Zahl sehr gross gewesen sei, geht
aus dem Vorhergeh. und schon aus
dem Berichte des L. hervor, nach
dem, obgleich nur Samniten und
Gallier gekämpft haben, doch 25000
Feinde gefallen sein sollen, s. Nieb.
3, 451; vgl. die Zahl einer anderen
Schaar Gallier Dion. 7, 3. — *carpentorum*, hier nur: zweirädrige
Wagen, s. 5, 25, 9. — *cum U. T.*,
so dass diese hinzugerechnet werden. — *quos* etc. = *nam et eos* etc.
— *Volumnium* etc., dieses hält
Nieb. 3, 443 für wahrscheinlicher,
s. c. 26, 14; Pauly 3, 397.
   7—10. *pluribus ann.*, vgl. 4, 7, 10;
gewöhnlicher sagt L.: *in annalibus
invenio* u. ä. — *Samnit. exerc.*, ein
zweites Heer, wie c. 20, 1. — *Tifernum*, von gleichem Namen mit
der Stadt und dem Flusse, 9, 44, 6.
— *in Etr. pr.*, zum Schutze Etr.,
wie c. 17, 2 *praesidere*, vgl. 1, 38,
1; 40, 27, 7: *triarii — in praesidio
castrorum manere iussi*; 8, 23, 6.
— *de Gall.* etc,, ebenso die Triumphalfasten an. *CDLIIX de Sanni-
tibus et Etrusceis Galleis prid. Non.
Sept.*, nach L. hat Fabius die Etrusker erst später besiegt. — *carmin.*
od. ein ähnliches Wort ist ausgefallen, 5, 49, 7. — *aequata — laud.*,

10 data ex praeda militibus aeris octogeni bini sagaque et tunicae,
praemia illa tempestate militiae haudquaquam spernenda.

31   His ita rebus gestis nec in Samnitibus adhuc nec in Etruria
pax erat: nam et Perusinis auctoribus post deductum ab consule
2 exercitum rebellatum fuerat, et Samnites praedatum in agrum
Vescinum Formianumque et parte alia in Aeserninum quaeque
3 Vulturno adiacent flumini descendere. adversus eos Ap. Claudius
praetor cum exercitu Deciano missus. Fabius in Etruria rebellante denuo quattuor milia et quingentos Perusinorum occidit,
4 cepit ad mille septingentos quadraginta, qui redempti singuli
5 aeris trecentis decem, praeda alia omnis militibus concessa. Samnitium legiones, cum partem Ap. Claudius praetor, partem L.
Volumnius pro consule sequeretur, in agrum Stellatem convenerunt. ibi et Samnitium omnes considunt, et Appius Volumnius-
que castra coniungunt. pugnatum infestissimis animis, hinc ira
stimulante adversus rebellantes totiens, illinc ab ultima iam dimi-
7 cantibus spe. caesa ergo Samnitium sedecim milia trecenti, cap-

---

als erreicht, ausgeglichen in Rücksicht auf den Erfolg für — durch
den Ruhm (die ruhmvolle That) des
Sohnes: *aequata = quae aequata
esset*, vgl. 9, 10, 3: *eum — devotioni P. Decii — aequabant*: 33, 23,
8; 35, 30, 12: *aequantibus eum
gloria — imperatori Romano; 6, 20,
8*; doch ist, da das Lob des Sohnes
zunächst gefeiert werden soll, vgl.
c. 46, 4; 30, 26, 8, *laudibus* a. u.
St. wol besser als Ablat. zu nehmen.
Der Ausdruck ist durch die vielen
Ablative etwas hart, und dunkel, da
laudibus auch Dativ sein könnte, s.
33, 21, 3 u. a. — *aer.*, Pfundasse, s.
4, 41, 10; Mommsen Münzwesen S.
260 ff.; Hultsch 192: das erste Beispiel einer solchen Schenkung bei
dem Triumphe. — *militiae*, gehört
zu *praemia*; *illa temp.* sollte hervorgehoben werden. — *haudq. spern.*,
litotes, 30,45,5: *Polybius haudquaquam spernendus auctor*; 1, 35, 5
u. a.

31. 1—6. *ita* vorangestellt wie
7, 38, 2, vgl. 31, 21, 3. — *nec—adhuc, non adhuc = nondum.* — *Perusinis*, die Niederlage c. 30 war
also nicht bedeutend gewesen. —

Vescinum, vgi. c. 20 f.; *Formian.*,
8, 14, 10. — *parte al.* — *adi.*, c. 26,
9, ist unsicher, und *Aeserninum*, da
Aesernia in Samnium liegt, nicht
richtig oder ein Irrthum. Doch sieht
man, dass ein Heer in das Vultur-
nus- das andere in das Liristhal
zieht. — *praetor*, s. 7, 25, 12. —
Fabius, er hätte also sein Heer nach
dem Triumphe nicht entlassen, wie
c. 46, 9; das des Decius müsste
schon vor dem Aufstande nach
Samnium geschickt worden sein, s.
c. 30, 8. — *rebellante* ist nach *rebellatum* der Deutlichkeit wegen
wiederholt. — *aeris trec.*, wie c.
30, 10, nach römischem Gelde, obgleich auch in Etrurien damals Ku-
pfer gemünzt wurde, s. Mommsen
d. Münzw. 256; 266; 284. — *Stellatem*, 9, 44, 5; Volumnius scheint
umgangen zu sein. — *Samnit. omnes*,
alle von den Samniten, die hier in Be-
tracht kommen, die unter den Waffen
sind, vgl. 2, 2, 11; Plin. N. H. 3, 1,
7: *cunctas provinciarum*; zu Tac.
Ann. 14, 60; Reisig Vorles. S. 643;
gewöhnlich wird *S. legiones omnes*
gelesen, Madvig verm. *S. omnes
copiae.* — *ab ull.* — *spe*, der Kampf

ta duo milia septingenti; ex Romano exercitu cecidere duo milia septingenti. — Felix annus bellicis rebus, pestilentia gravis 8
prodigiisque sollicitus: nam et terram multifariam pluvisse, et in
exercitu Ap. Claudii plerosque fulminibus ictos nuntiatum est, li-
brique ob haec aditi. — Eo anno Q. Fabius Gurges, consulis 9
filius, aliquot matronas ad populum stupri damnatas pecunia multavit, ex quo multaticio aere Veneris aedem, quae prope circum
est, faciendam curavit.

　　Supersunt etiam nunc Samnitium bella, quae continua per 10
quartum iam volumen annumque sextum et quadragensimum a
M. Valerio A. Cornelio consulibus, qui primi Samnio arma intu-

gieng aus von u. s. w., vgl. 30, 6, 1:
ab eodem errore—credere; 32, 14, 8:
ab eodem consilio—accepti; vgl. c.
42, 7; 5, 2; wir sagen in, mit
u. s. w.

8—9. *felix* etc., nachträgliche
Notizen, s. 7, 15, 11. — *pestilentia,*
ungeachtet derselben sind so grosse
Anstrengungen gemacht worden. —
gravis, 3, 6, 2. — *prodigiis,* L. giebt
dieselben schon hier, wie sonst bisweilen in der ersten Decade, s. 3,
5; 10; 29; 7, 28; 8, 6; 10, 23 nach
den Annalisten, an, da sie erst etwa
nach 460 a. u., s. Mommsen 1,466,
durch die Priester genauer aufge-
zeichnet zu sein scheinen, s. T. Livi ab
ur. c. periochae ed. Jahn p. XX. —*terram pl.,* s. 40, 19, 2: zu 28, 27, 16; doch
ist *terra pluit* das Gewöhnliche und
viell. auch hier zu schreiben. —
plerosq., c. 13, 14, — *libri* etc.,
3, 10, 7. — *matronas,* c. 23, 10;
nicht pellices oder meretrices, mit
denen ein stuprum nicht begangen
wird, Rein Criminalrecht S. 859 f.
— *multavit,* er veranlasste die Be-
strafung, indem er als Aedil (vgl. 8,
22, 3; 7, 16, 9, wo auch *aedilis*
fehlt) in comitis tribut. auf eine
Mult antrug, Lange 2, 501. — *multaticio,* c. 23, 13. — *Veneris,* vgl. 1,
33, 5: *ad Murciae,* der erste Tempel
der Venus, deren Cultus wol in jener
Zeit mit der Aeneassage nach Rom
gekommen war, s. 22, 9, 9; 10, 23,
12; Mommsen, 1, 441; Becker 1,
472.

31, 10—**36.** Fortsetzung des
Krieges in Samnium; Zonar. 8, 1.

10—15. bilden den Uebergang
zu der Darstellung der folgenden
Kämpfe. Der Zusammenhang ist:
immer noch sind Kriege mit den
Samniten zu erzählen, da selbst die
grossen Niederlagen in den letzten
Jahren den Muth derselben nicht
haben beugen können. Allein statt
einfach diesen Grund anzugeben,
nimmt L. zugleich auf die Ausdauer
der kämpfenden Völker in den früheren Jahren Rücksicht in dem
Satze *ne — vinci,* in welchem *tot
— actos* zu *tamen — vinci* in con-
cessivem Verhältnisse steht, wie im
folg. *proximo—poterant* zu *tamen
—abstinebant:* wenn auch die früheren Kämpfe die Samniten nicht, wie
man hätte denken können, ermüdet
hatten, so hätte man erwarten sollen,
dass es in dem letzten Jahre geschehen sein würde: aber ungeachtet der schweren Niederlagen setzten
sie doch den Krieg fort. — *volum.,*
Einl. S. 8. — *an. num s. e. q.,* der
Krieg hat unter den genannten Consuln 411 a. u. begonnen; bis zum
Consulate des Fabius u. Decius hat
L. nur 45 Consulnpaare; allein er
betrachtet hier, wie *proximo anno*
§ 12 zeigt, das Jahr dieser Consuln
als schon vollendet und rechnet von
dem Beginn des Consulatjahres des
L. Postumius u. M. Atilius zurück
46 Jahre. Diese Zahl lässt nicht
zweifeln, dass er die Dictatorenjahre,

11 lerunt, agimus. et ne tot annorum clades utriusque gentis labo-
    resque actos nunc referam, quibus nequiverint tamen dura illa
12 pectora vinci, proximo anno Samnites in Sentinati agro Paelignis,
    ad Tifernum, Stellatibus campis, suis ipsi legionibus, mixti alienis,
    ab quattuor exercitibus, quattuor ducibus Romanis caesi fuerant;
13 imperatorem clarissimum gentis suae amiserant; socios belli,
    Etruscos Umbros Gallos, in eadem fortuna videbant, qua ipsi
14 erant; nec suis nec externis viribus iam stare poterant; tamen
    bello non abstinebant: adeo ne infeliciter quidem defensae liber-
    tatis taedebat, et vinci quam non temptare victoriam malebant.
15 quinam sit ille, quem pigeat longinquitatis bellorum scribendo le-
    gendoque, quae gerentes non fatigaverunt?

32   Q. Fabium P. Decium L. Postumius Megellus et M. Atilius
    Regulus consules secuti sunt. Samnium ambobus decreta pro-
 2 vincia est, quia tres scriptos hostium exercitus, uno Etruriam, al-
    tero populationes Campaniae repeti, tertium tuendis parari fini-
 3 bus fama erat. Postumium valetudo adversa Romae tenuit; Ati-
    lius extemplo profectus, ut in Samnio hostes — ita enim placuerat
 4 patribus — nondum regressos opprimeret. velut ex conposito
    ibi obvium habuere hostem, ubi et vastare ipsi Samnitium

s. c. 5, 14, nicht in Rechnung bringt,
sonst würde ihm das Jahr des
Fabius und Decius das 49. nach 411
sein, wie in den Fasten. — *agimus*,
beschäftigen uns mit u. s. w. — *proximo a.*, davor ist zu denken: so will
ich nur sagen, s. 21, 10, 11, zu *Paelignis* aber *in* zu wiederholen. —
ad Tif., c. 30, 7: am Tif., nicht wie
sonst: bei Tif. — *Statell. c.*, gewöhnlicher im Singular, s. c. 31, 5,
zu 8, 11, 12. — *ipsi* sie für sich. —
quatt. exerc., eigentlich nur drei, da
Appius das des Decius anführte. —
imperat. cl., s. c. 29, 16. — *nec —
poterant* enthält logisch die Folge
aus den drei letzten Sätzen, und ist
in dieser Beziehung keinem derselben
coordinirt, allein rhetorisch entsprechen die beiden Sätze mit dem
Plusquamp. denen mit dem Imperf.:
videbant — poterant. — stare, fest-
stehen, sich behaupten. — *quinam*,
was müsste der für ein Mensch sein.
— *scrib. leg.* fast gleich *scribentem*
etc., 2, 32, 4; daher auch *gerentes*
entsprechend, 31, 43, 7. — *fatiga-*

verunt, weil *bella* nicht solche,
sondern die Kriege bedeutet. Zu
dem Gedanken vgl. 6, 12, 2.

32. 1—3. *Postumius*, s. 26, 15.
— *tres*, c. 31, 2; 20, 1; vgl. Nieb.
3, 454. — *repeti*, in verschiedenem
Sinne zu den beiden Objecten zu
nehmen: wieder nach Etrur., wieder auf Plünderung ausziehen. —
fama erat, wahrscheinlich wusste
man in Rom sehr wol, was die
Samniten thaten und wollten. — *regressos* in Bezug auf *repeti* u. c. 31,
2; in den Hss. ist darnach auch im
Folg. *regredi* geschrieben. — *placuerat*, 8, 15, 3.

4—6. *ibi—ubi*, an einem solchen
Orte, wo u. s. w., s. c. 33, 7. —
habuere ist wegen *vel ex conposito*:
wie nach Verabredung, von den
Römern und Samniten zu verstehen.
— *et—prohiberentur—prohiberent*,
Umschreibung des reciproken Verhältnisses, dass sie sich gegenseitig
hindern in ihr Land einzudringen;
zu *prohiberentur* ist *ab hostibus* zu

agrum prohiberentur, et egredi inde in pacata sociorumque populi Romani fines Samnitem prohiberent. cum castra castris 5
conlata essent, quod vix Romanus totiens victor auderet, ausi
Samnites sunt — tantum desperatio ultima temeritatis facit —
castra Romana oppugnare, et quamquam non venit ad finem tam
audax inceptum, tamen haud omnino vanum fuit. nebula erat ad 6
multum diei densa adeo, ut lucis usum eriperet, non prospectu
modo extra vallum adempto, sed propinquo etiam congredientium
inter se conspectu. hac velut latebra insidiarum freti Samnites 7
vixdum satis certa luce et eam ipsam premente caligine ad stationem Romanam in porta segniter agentem vigilias perveniunt.
inproviso oppressis nec animi satis ad resistendum nec virium 8
fuit. ab tergo castrorum decumana porta impetus factus; itaque 9
captum quaestorium, quaestorque ibi L. Opimius Pansa occisus.
conclamatum inde ad arma. Consul tumultu excitus cohortes duas **33**
sociorum, Lucanam Suessanamque, quae proximae forte erant,

---

denken. — *pacata*, s. § 2 f. — *castra
c.*, 4, 27, 5. — *quod* — *aud.* nachdrücklich v or *castra R. opp.* gestellte Bemerkung, vgl. 9, 41, 18:
mirabilia. — *haud omn.*, keineswegs
ganz. — *ad mult. d.*, c. 28, 2; 22,
45, 1. u. a. — *eriperet* n. *hominibus*
oder *iis*, s. Cic. N. D. 1, 3, 6. —
prospectu—*conspectu*, Chiasmus und
Annomination, vgl. 37, 41, 3 f. —
adempto, begleitender Umstand, s.
zu 21, 1, 5.
   7—9. *calig.*, wird nicht selten
von dichtem Nebel gebraucht. Dieser hindert jetzt das Tageslicht
hervorzubrechen, *premente*, s. 29,
27, 10. — *stationem*—*vigilias*, sonst
stehen die *stationes*, verschieden von
den *vigiliae*, vor dem Lager oder
der Stadt, 3, 5, 4; 8, 8, 1; 25, 38,
16: *non vigiliarum ordinem non statione* *iustas esse*, vgl. 9, 24, 5; a.
u. St. ist nach dem Folg. die Thor-
wache zu denken, 7, 12, 3. — *decumana*, 3, 5, 5; über den Abl. wie c.
33, 1: *principali via*; s. 2, 11, 5; 26,
10, 1 u. o. — *quaestor.*, das Zelt des
Quästors, s. 4, 43, 4; es stand in
dem kleinen Lager, in dem nur e in
consularisches Heer sich befand, wie

es L. hier voraussetzt, auf dem
freien Platze zwischen der *via
quintana* und der *porta decumana*,
die davon auch die *quaestoria* hiess,
s. 34, 47, 1, vgl. 41, 2, 11 ; Polyb.
6, 32 extr. In der folg. Schilderung
ist Einiges nicht klar.

   33. 1—2. *cohortes*, die Trup-
penabtheilungen welche von einzelnen Bundesstaaten gestellt wurden
und je ein Ganzes bildeten, c. 40,
8; im Gegensatze zu diesen wird
die röm. Legion damals noch in Manipel getheilt, wie aus u. St. deutlich hervorgeht, s. Marq. 3, 2, 303.
— *Lucan.*, auch die fernen Lucaner
müssen nach ihrem Bündniss, s. c.
12, Truppen stellen. — *Suessan.*,
Suessa als latin. Colonie ist ein
Bundesstaat. — *proxim.*, die *socii*
lagern sonst hinter den Legionen
in den letzten Zeltreihen, also weit
von dem *praetorium*, s. 7, 12, 14,
welches in dem einfachen Lager
zwischen der *via quintana* und *principalis* stand, durch das *forum* von
dem *quaestorium* getrennt; das ungewöhnliche Erscheinen der Cohorten in der Nähe desselben wird

tueri praetorium iubet; manipulos legionum principali via inducit.

2 vixdum satis aptatis armis in ordines eunt et clamore magis quam
oculis hostem noscunt, nec, quantus numerus sit, aestimari potest.

3 cedunt primo, incerti fortunae suae, et hostem introrsum in media castra accipiunt; inde, cum consul vociferaretur, expulsine

4 extra vallum castra deinde sua oppugnaturi essent, rogitans, clamore sublato conixi primo resistunt, deinde inferunt pedem ur-
gentque, et inpulsos semel terrore eodem agunt, quo coeperunt,

5 *et* expellunt extra portam vallumque. inde pergere ac persequi,
quia turbida lux metum circa insidiarum faciebat, non ausi, libe-
ratis castris contenti receperunt se intra vallum trecentis ferme

6 hostium occisis. Romanorum stationis primae vigilumque et
eorum, qui circa quaestorium oppressi, periere ad DCCXXX.

7   Animos inde Samnitibus non infelix audacia auxit, et non
modo proferre inde castra Romanum sed ne pabulari quidem per
agros suos patiebantur; retro in pacatum Soranum agrum pa-

8 bulatores ibant. quarum rerum fama, tumultuosior etiam quam

durch *forte* angedeutet. — *princip.
via*, der 100 F. breite Weg zwischen
der porta principalis dextra u. sinistra, s. 4, 19, 8; Polyb. 6, 31;
der Ausdruck findet sich ausser bei
Schriftstellern über das Kriegswesen nur bei L. — *inducit*, der Consul müsste beabsichtigt haben, die
Soldaten sich auf der via principalis ordnen zu lassen, um dann auf
der via praetoria nach dem quaestorium vorzurücken. Allein diese
war in dem kleinen Lager durch das
praetorium an jener Stelle eingenommen, und durch das Versam-
meln der Legionssoldaten auf der
via princip. wäre gerade der Theil
des Lagers entblösst worden, in den
die Feinde eingedrungen waren.
Deutlicher wäre dieser Theil der
Schilderung, wenn ein grosses Lager gedacht würde, in welchem das
quaestorium zwischen der via principalis und der porta praetoria
stand, und so durch die Aufstellung
auf der via princ. der Theil, wo die
Legionen und socii lagerten, gedeckt
worden wäre. — *clamore* nach dem
Geschrei; s. 22, 5, 4: *et erat in
tanta caligine maior usus aurium*

quam oculorum.
3—6. *incerti f. s.*, ungewiss
über ihre Lage. — *in med. c.*, die
Feinde müssten also neben dem
praetorium vorbei auf die principia
gekommen sein. — *deinde* n. *si re-
cessissent.* — *conixi*, s. 1, 33, 5. —
resistunt, 2, 65, 5. — *terrore*, tran-
sitiv: der Schrecken, den sie erregen. — *agunt*, von dem Fortdrängen
der Feinde, s. 7, 37, 14; 2, 37, 2 u.
a., Madvig will das Wort tilgen. —
quo coep., über das Perf., wo man
das Plusqperf. erwartet, s. 1, 1, 1;
32, 26, 2; man würde den Zusatz
nicht vermissen; *et* ist wol vor *ex*
ausgefallen. — *vigilumq.*, *que* erklärend nach c. 32, 7, s. 42, 66, 8;
ib. 43, 10, vgl. 3, 1, 3. — *circa
quaest.*, die dort in der Nähe lagerten, oder als Wache aufgestellt gewesen waren, als die Feinde erschienen, nicht im Kampfe, sondern
überrascht, *oppressi*, n. *sunt*, c. 30, 4.
7—9. *audacia*, Wagniss. —
proferre dient nach c. 32, 4 nur zur
Einleitung des Folgenden. — *Soranum*, in dessen Nähe also das
Lager war. — *pabulatores*, natürlich *Romani.* — *quar. r. f.*, c. 4, 1.

res erant, perlata Romam coegit L. Postumium consulem vixdum
validum proficisci ex urbe. prius tamen quam exiret, militibus 9
edicto Soram iussis convenire, ipse aedem Victoriae, quam aedilis curulis ex multaticia pecunia faciendam curaverat, dedicavit.
ita ad exercitum profectus ab Sora in Samnium ad castra collegae 10
perrexit. inde postquam Samnites diffisi duobus exercitibus resisti posse recesserunt, diversi consules ad vastandos agros urbesque oppugnandas discedunt. Postumius Milioniam oppugnare **34**
adortus vi primo atque impetu, dein, postquam ea parum proce-
debant, opere ac vineis demum iniunctis muro cepit. ibi capta 2
iam urbe ab hora quarta usque ad octavam fere horam omnibus
partibus urbis diu incerto eventu pugnatum est; postremo potitur oppido Romanus. Samnitium caesi tria milia ducenti, capti 3
quattuor milia septingenti praeter praedam aliam. inde Feritrum 4
ductae legiones, unde oppidani cum omnibus rebus suis, quae
ferri agique potuerunt, nocte per aversam portam silentio excesserunt. igitur, simul advenit consul, primo ita conpositus instru- 5
ctusque moenibus successit, tamquam idem, quod ad Milioniam
fuerat, certaminis foret; deinde, ut silentium vastum in urbe, nec 6
arma nec viros in turribus ac muris vidit, avidum invadendi de-

---

— *coegit.* etc., c. 32, 3. —*edicto* etc.,
s. zu 6, 22, 8 : *exercitu indicto*, gewöhnlicher ist *diem ad conveniendum
edicere* mit dem Namen des Ortes,
22, 11, 3 ; vgl. c. 38, 3 ; 27, 3. —
aed. Vict., viell. auf dem Capitolium, s. Preller Myth. S. 609, vgl.
Becker I, 252 f. — *aedil.* — *dedicavit* ist früher übergangen, Marq.
4, 223.

34. 1—3. *Milionia*, die Marser
müssten also abgefallen oder hier
eine andere Stadt als c. 3, 5 gemeint sein. — *vi atque imp.*, das
Specielle neben dem Allgemeinen,
ebenso schliesst sich *vineis* an *opere*, nur auf jenes bezieht sich *demum*; *iniunctis m.*, 4, 9, 14 ; 5, 7, 2.
—*hora—horam*, 8, 38, 10.—*capta*
heisst die Stadt schon nachdem die
Mauern erstiegen sind ; *potitur*,
nach den Kämpfen in den Strassen
(*omnib. partibus*). — *caesi—capti*,
sonst tritt diese constructio ad synesin gewöhnlich nur ein, wenn
sich das Prädicat unmittelbar an

die Hunderte anschliesst, oder wenigstens nicht vor *milia* steht, während in dem letzteren Falle fast immer das Neutrum gebraucht wird :
doch finden sich einzelne Abwei-
chungen, s. c. 46, 12 : *caesa—duo
milia quadringenti, minus duo milia
capti*; c. 36, 14 : *caesos rettulere ad
quattuor milia octingentos*; 27, 16,
7 ; 37, 40, 1 ; zu Tac. Ann. 14, 20.—
praedam al., zu der auch die Gefangenen gehören.

4—7. *Feritrum*, der Name und
die Lage der Stadt sind nicht sicher. — *conpositus in.*, dieses das
Speciellere : in geordnetem Zuge
und zwar in Schlachtordnung ; beides ist auf den Führer bezogen, 3,
27, 6. — *moenib. succ.*, 9, 14, 9. —
tamquam ohne *si*, s. 45, 23, 12. —
idem—certam., s. 7, 26, 12 ; Curt.
9, 7, 11 : *idem animi.*—*foret* in seiner ursprünglichen Bedeutung. —
nec vor *arma* knüpft zugleich an
das Vorhergeh. an. — *ac mur.*, s.
7, 34, 13 : *ac pigritia.* — *vidit*, wie

serta moenia militem detinet, ne quam occultam in fraudem in-
7 cautus rueret; duas turmas sociorum Latini nominis circumequi-
tare moenia atque explorare omnia iubet. equites portam unam
alteramque eadem regione in propinquo patentes conspiciunt
8 itineribusque his vestigia nocturnae hostium fugae. adequitant
deinde sensim portis urbemque ex tuto rectis itineribus perviam
conspiciunt, et consuli referunt excessum urbe; solitudine haud
dubia id perspicuum esse et recentibus vestigiis fugae ac strage
9 rerum in trepidatione nocturna relictarum passim. his auditis
consul ad eam partem urbis, quam adierant equites, circumducit
agmen. constitutis haud procul porta signis quinque equites iubet intrare urbem et modicum spatium progressos tris manere
10 eodem loco, si tuta videantur, duos explorata ad se referre. qui
ubi redierunt rettuleruntque eo se progressos, unde in omnes
partes circumspectus esset, longe lateque silentium ac solitudinem
11 vidisse, extemplo consul cohortes expeditas in urbem induxit, ce-
12 teros interim castra communire iussit. ingressi milites refractis
foribus paucos graves aetate aut invalidos inveniunt relictaque,
13 quae migratu difficilia essent. ea direpta; et cognitum ex captivis
est communi consilio aliquot circa urbes conscisse fugam; suos
prima vigilia profectos: credere eandem in aliis urbibus solitudi-
14 nem inventuros. dictis captivorum fides extitit, desertis oppidis
consul potitur.

35   Alteri consuli M. Atilio nequaquam tam facile bellum fuit.
cum ad Luceriam duceret legiones, quam oppugnari ab Samnitibus audierat, ad finem Lucerinum ei hostis obvius fuit. ibi ira

6, 25, 9. — *turmas soc.*, sie hatten
je 60 (die röm. 30) Mann, 5 bildeten eine ala, Marq. 3, 2, 305. —
circumequit., L. denkt die Stadt
wie Milionia in der Ebene liegend,
vgl. c. 43, 5. Die ausführliche
Schilderung der Besetzung und der
folg. Schlacht ist wie viele ähnliche
einer späteren Quelle entlehnt. —
unam alter., vgl. Sall. I. 60, 7: *unae
atque alterae*; Cic. Fam. 3, 9, 2:
unum alterumve diem. — *eadem
reg.*, 3, 66, 5; 25, 11, 7; ib. 25, 8:
portis regione platearum patentibus,
33, 17, 6 u. a.
    8—14. *rectis it. p.*, dass man bei
den geraden Strassen ungehindert
durchziehen könne. — *consuli ref.*,
gewöhnlich heisst es *referre ad ali-*

quem, wie § 9, doch s. Caes. B. G.
1, 37: *haec* — *Caesari mandata
referebantur.* — *strage*, 2, 59, 8;
35, 30, 5: *strage armorum saepta
via est.* — *constitutis*, in der Schilderung herrscht das Asyndeton vor.
— *progressos* = *si progressi essent* bezieht sich auf alle fünf Reiter, daher nicht *iis progressis.* —
cohortes, Abtheilungen, 3, 69, 8. —
tuta local, s. 21, 25, 8; 25, 30, 5.
migratu, für den Transport. — *inventuros* n. *Romanos* oder *eos.* —
fid. extit., die Aussagen bestätigten
sich, 1, 16, 5.
    35. 1—3. *Luceriam*, die Sam-
niten suchen die sie bedrohende Colonie, 9, 26, 4, zu entfernen. Wahrscheinlich hat das dritte der c. 32,

vires aequavit; proelium varium et anceps fuit, tristius tamen 2
eventu Romanis, et quia insueti erant vinci, et quia digredientes
magis quam in ipso certamine senserunt, quantum in sua parte
plus vulnerum ac caedis fuisset. itaque is terror in castris ortus, 3
qui si pugnantes cepisset, insignis accepta clades foret; tum quoque sollicita nox fuit iam invasurum castra Samnitem credenti-
bus aut prima luce cum victoribus conserendas manus. minus 4
cladis, ceterum non plus animorum ad hostes erat. ubi primum
inluxit, abire sine certamine cupiunt: sed via una et ea ipsa praeter hostes erat; qua ingressi praebuere speciem recta tendentium
ad castra oppugnanda. consul arma capere milites iubet et sequi 5
se extra vallum; legatis tribunis praefectis sociorum imperat, quod
apud quemque facto opus est. omnes adfirmant se quidem omnia 6
facturos, sed militum iacere animos; tota nocte inter vulnera et
gemitus morientium vigilatum esse; si ante lucem ad castra ven- 7
tum foret, tantum pavoris fuisse, ut relicturi signa fuerint; nunc
pudore a fuga contineri, alioqui pro victis esse. quae ubi consul 8
accepit, sibimet ipsi circumeundos adloquendosque milites ratus,
ut ad quosque venerat, cunctantes arma capere increpabat: quid 9
cessarent tergiversarenturque? hostem in castra venturum, nisi
illi extra castra exissent, et pro tentoriis suis pugnaturos, si pro
vallo nollent. armatis ac dimicantibus dubiam victoriam esse;
qui nudus atque inermis hostem maneat, ei aut mortem aut ser- 10

---

1 erwähnten Heere diese Expedition unternommen. — *ira v. a.*, die
Worte sind zweideutig, entweder:
der Zorn gab (beiden Theilen, da
erst der eine, dann der andere
siegte) gleiche Kraft; oder: die Erbitterung war eben so gross als die
Kraft. — *tristius ev.*, 9, 38, 8. —
caedis, 1, 59, 10. — *tum q.*, 9, 13,
9. — *quantum—plus*, s. 5, 21, 14;
3, 10, 2. — *sollicita*, 29, 23, 1. —
iam vgl. 5, 39, 6.

4—7. *ad h.*, c. 29, 4. — *qua*
scheint hier Pronomen zu sein, vgl.
de ordin. rep. 1, 5: *prava via ingressus*; sonst ist es Adverb., s. 4,
39, 2; 29, 2, 5 u. a.; Cic. Tusc. 5, 39,
115: *qua vellet ingredi posset*, vgl.
L. 8, 36, 9, gewöhnlicher ist der
Accusativ. — *praef. soc.*, s. zu 8,
36, 6. — *apud q.*, von ihm, in seinem
Kreise, vgl. 8, 8, 11: *apud principes.*

—*tantum—fuisse*, in orat. recta:
si venissent, tantum—fuit, ut, s. 3,
72, 7. — *pudore*, 27, 12, 15. — *alioqui*, sonst, im Uebrigen. — *pro v. 2*,
7, 3.

8—10. *circumeund.*, 8, 36, 6. —
illi, 3, 61, 14. — *extra c. ex.*, aus
dem Lager hinaus wie sich *extra*
auch bei Verben der Bewegung findet, vgl. 3, 4, 8 *intra.* — *pugnat.* u.
illos: sie wären in der Lage, dass
sie — würden, müssten. — *dubiam*,
wenn man kämpfe sei der Sieg wenigstens nur ungewiss; der communis Mars belli. — *atque iner.*
ist genauere Bestimmung von *nudus*, beide zusammen entsprechen
wie *armatis* dem ersten Befehl § 5:
arma capere; dagegen *dimicantibus* und *hostem maneat* dem zweiten *sequi se* etc. — *host. man.*, 2,
40, 9.

11 vitutem patiendam. haec iurganti increpantique respondebant,
confectos se pugna hesterna esse, nec virium quicquam nec sanguinis superesse; maiorem multitudinem hostium apparere, quam
12 pridie fuerit. inter haec adpropinquabat agmen; et, iam breviore
intervallo certiora intuentes, vallum secum portare Samnitem ad-
13 firmant, nec dubium esse, quin castra circumvallaturi sint. tunc
enimvero consul indignum facinus esse vociferari, tantam contu-
14 meliam ignominiamque ab ignavissimo accipi hoste: ,,etiamne
circumsedebimur'' inquit ,,in castris, ut fame potius per ignominiam quam ferro, si necesse est, per virtutem moriamur?'' dii
bene verterent; facerent[que], quod se dignum quisque duceret:
15 consulem M. Atilium vel solum, si nemo alius sequatur, iturum
adversus hostes casurumque inter signa Samnitium potius, quam
16 circumvallari castra Romana videat. dicta consulis legati tribunique et omnes turmae equitum et centuriones primorum ordinum
17 adprobavere. tum pudore victus miles segniter arma capit, segniter e castris egreditur; longo agmine nec continenti maesti ac
prope victi procedunt adversus hostem nec spe nec animo certio-
18 rem. itaque simul conspecta sunt Romana signa, extemplo a
primo Samnitium agmine ad novissimum fremitus perfertur,
19 exire, id quod timuerint, ad inpediendum iter Romanos; nullam
inde ne fugae quidem patere viam; illo loco aut cadendum esse
36 aut stratis hostibus per corpora eorum evadendum. In medium

13—15. *enimvero*: das sei doch
wahrlich u. s. w., steht auch mit *indignum* in Beziehung, 9, 26, 13; 25,
41, 1: *enimvero indignum ratus*;
34, 58, 4; 43, 1, 9: *enimvero senatus indignari*; anders 1, 51, 8. —
contumel., die herabwürdigende,
schmachvolle Behandlung von Seiten
der Gegner, *ignomin.* die Schande,
hier die schmähliche Niederlage, s.
34, 12, 3, welche die Römer erlei-
den werden. — *etiamne*: sollen wir
auch noch. Ueber den Wechsel der
Rede 1, 13, 3. — *si nec. e.*, wenn es
nicht anders sein kann, vgl. dagegen
9, 4, 10; 7, 35, 8.—*per virtut.*, der Unterschied des Abl. *fame, ferro* und
per tritt hier deutlich hervor. — *dii
b. v.*, c. 18, 14. — *facerent* n. die
Soldaten, deshalb ist *que* nicht passend.

16—19. *turmae eq.*, die Ritter
werden wegen ihres höheren Ran-

ges, s. c. 28, 7, bisweilen den Officieren der Legion an die Seite gestellt, 9, 38, 8; 21, 59, 9 u. a. —
primor. ord., die höchsten im Range,
die der Triarier, vgl. 8, 39, 4; 26,
5, 12 u. a.; später die der ersten
Cohorte in der Legion. — *segniter
a. c.* fehlt zwar in mehreren guten
Hdss., scheint aber theils der Sym-
metrie, theils des Gedankens wegen,
s. § 5: *arma capere*; § 9: *armatis
— inermes*, nöthig, vgl. 6, 7, 2: *segniter arma capta, cunctabundos-
que — egressos castris.* — *longo*,
nicht in regelmässiger Schlachtordnung, die Manipel in der gehörigen
Entfernung neben, sondern hinter
einander und in Zwischenräumen,
s. c. 36, 17; 3, 28, 2; 43, 10, 4;
Nieb. 3, 119. — *certiorem*, eben so
wenig Zuversicht hatte. — *per*, 9,
39, 8. — *eorum*, 1, 28, 10.

36. 1—3. *in medium*, was L.

sarcinas coniciunt; armati suis quisque ordinibus instruunt aciem.
iam exiguum inter duas acies erat spatium, et stabant expectan- 2
tes, dum ab hostibus prius impetus, prius clamor inciperet. neu- 3
tris animus est ad pugnandum, diversique integri atque intacti
abissent, ni cedenti instaturum alterum timuissent. sua sponte
inter invitos tergiversantisque segnis pugna clamore incerto atque
inpari coepit; nec vestigio quisquam movebatur. tum consul Ro- 4
manus, ut rem excitaret, equitum paucas turmas extra ordinem
inmisit; quorum cum plerique delapsi ex equis essent et alii turbati, et a Samnitium acie ad opprimendos eos, qui ceciderant, et
ad suos tuendos ab Romanis procursum est. inde paulum inri- 5
tata pugna est; sed aliquanto et inpigre magis et plures procur-
rerant Samnites, et turbatus eques sua ipse subsidia territis equis
proculcavit. hinc fuga coepta totam avertit aciem Romanam; iam- 6
que in terga fugientium Samnites pugnabant, cum consul equo
praevectus ad portam castrorum ac statione equitum ibi opposita
edictoque, ut, quicumque ad vallum tenderet, sive ille Romanus 7
sive Samnis esset, pro hoste haberent, haec ipse minitans obstitit
effuse tendentibus suis in castra. ,,quo pergis" inquit ,,miles? 8
et hic arma et viros invenies, nec vivo consule tuo nisi victor
castra intrabis: proinde elige, cum cive an hoste pugnare malis."
haec dicente consule equites infestis cuspidibus circumfunduntur 9
ac peditem in pugnam redire iubent. non virtus solum consulem
sed fors etiam adiuvit, quod non institerunt Samnites, spatium-

---

§ 13 u. sonst braucht, statt des hds.
in medio, s. 22, 2, 8. — *exiguum*,
nur noch u. s. w. — *dum*, 9, 32, 5.
clamor hysteron proteron statt: der
Angriff unter Geschrei. — *an. ad
pugn.* 9, 4, 1. — *integri a. i.*, c. 14,
20. — *instatur.*, 2, 7, 9; 7, 39, 4. —
sua sponte, bisweilen, und schon bei
Cicero, von Sachen gebraucht, s. 2,
23, 2; 9, 7, 8; ib. 41, 17: von selbst,
ohne Einwirkung der Menschen, vgl.
c. 19, 1, bedeutet hier neben *invitos*,
dass die Schlacht ohne bestimmtes
Commando beginnt, vgl. c. 19, 14. —
clamore inc. etc., 4, 37, 9. — *vestigio*, 21, 44, 6; dagegen 44, 26, 11:
*inde — vestigium moturos. — mo-
veb.*, reflexiv; im Gegensatz zu *pro-
currere* § 4.

4—7. *excitaret*, im Gegensatz zu
segnis p.: um mehr zu beleben, s. 7,
2, 6; nachher *inritata. — extra ord.*,

nicht in einem Angriff der gesamm-
ten Reiterei. — *plerique*, c. 13, 14.
— *et* vor *alii* (die übrigen) ist vielleicht durch das folg. *et* entstanden.
— *inpigre et pl .*, 2, 30, 11. — *subsidia*, die hinter ihnen stehenden
Fusstruppen. — *in terga p.*, Flor.
2, 23 (4, 12), 7: *terga hostium per-
cecidit*; vgl. 1, 14, 11. — *statione* eine Abtheilung als Posten. —
opposita, den Fliehenden 6, 23, 12;
ib. 24, 5. — *edictoq.*, s. 5, 19, 9:
edicto, ne. — haberent n. *eum*, was
hier, obgleich der Nominat. *quicumque* vorausgeht, fehlen konnte, weil
kein Nachdruck darauf liegt, s. 6, 4, 5 u.
a. — *effuse* statt des hds. *profuse*,
was sonst nicht so gebraucht wird
und viell. aus *pro hoste* entstanden
ist; Madvig verm. *prope fuse.*

8—12. *an hoste* ohne *cum*, s. 33,
36, 15. — *cuspid.*, 8, 7, 9. — *fors*,

que circumagendi signa vertendique aciem ab castris in hostem
10 fuit. tum alii alios hortari, ut repeterent pugnam; centuriones ab
signiferis rapta signa inferre et ostendere suis, paucos et ordini-
11 bus inconpositis effuse venire hostes. inter haec consul manus
ad caelum attollens voce clara, ita ut exaudiretur, templum Iovi
Statori vovet, si constitisset a fuga Romana acies redintegrato-
12 que proelio cecidisset vicissetque legiones Samnitium. omnes
undique adnisi ad restituendam pugnam, duces milites, peditum
equitumque vis. numen etiam deorum respexisse nomen Romanum visum: adeo facile inclinata res, repulsique a castris hostes,
mox etiam redacti ad eum locum, in quo commissa pugna erat.
13 ibi obiacente sarcinarum cumulo, quas coniecerant in medium,
haesere inpediti; deinde, ne diriperentur res, orbem armatorum
14 sarcinis circumdant. tum vero eos a fronte urgere pedites, ab
tergo circumvecti equites: ita in medio caesi captique. captivorum numerus fuit septem milium octingentorum, qui omnes nudi
sub iugum missi; caesos rettulere ad quattuor milia octingentos.
15 ne Romanis quidem laeta victoria fuit: recensente consule biduo
acceptam cladem amissorum militum numerus relatus septem
milium octingentorum.

16   Dum haec in Apulia gerebantur, altero exercitu Samnites
Interamnam, coloniam Romanam, quae via Latina est, occupare
17 conati urbem non tenuerunt; agros depopulati, cum praedam
aliam inde mixtam hominum atque pecudum colonosque captos
agerent, in victorem incidunt consulem ab Luceria redeuntem;
nec praedam solum amittunt, sed ipsi longo atque inpedito
18 agmine inconpositi caeduntur. consul Interamnam edicto dominis ad res suas noscendas recipiendasque revocatis et exercitu ibi

s. 6, 12, 11; ib. 30, 6. — *circumagendi*, 6, 24, 7. — *rapta*, 3, 70,
10 u. a. — *inconpos.*, in nicht recht
geordneten; *effuse*, in aufgelösten
Gliedern. — *Iovi St.*, daher *consti-
tissent*, vgl. 1, 12, 6; Schwegler 1,
484; Preller 176. — *numen*, die
wirksame Kraft der Götter, s. 7, 30,
20; 5, 51, 4. — *inclin. r.*, nahm die
Sache eine günstige Wendung. —
haesere, 8, 38, 14. — *orbem*, 4,
39, 4. — *caesi*, 9, 27, 14. - *numer. f.*,
ist auch zu *septem m. act.* zu denken, und der Genitiv davon abhängig: war die Zahl von u. s. w., bestand aus. — *nudi*, 3, 29, 1; 9, 42,
7. — *missi*, s. c. 33, 6. — *rettulere*,

die damit Beauftragten, oder: man.
16—19. *dum—ger.*, c. 40, 9; 35,
31, 1. — *Interamnam*, 9, 28, 8. —
via Lat., gewöhnlich auf, hier an
der lat. Strasse, vgl. 2, 11, 7; 22,
1, 12, von der Interamna, etwas südlich von Casinum, nicht weit entfernt war. Das c. 33, 10 erwähnte
Zurückgehen der Samniten war
also nicht von Bedeutung gewesen.
— *inde*, attributiv, 5, 39, 6: *omne
inde tempus*, s. 1, 39, 3. — *longo*, c.
35, 17. — *noscendas*, s. c. 20, 15;
gewöhnlich *cognoscere*, s. 4, 29, 4;
8, 39, 15 u. a.; vgl. c. 33, 2: *noscunt*;
22, 5, 3 u. a. — *revocatis*, es scheinen die Colonisten, so weit sie nicht

relicto comitiorum causa Romam est profectus. cui de triumpho 19
agenti negatus honos et ob amissa tot milia militum et quod captivos sine pactione sub iugum misisset.

Consul alter Postumius, quia in Samnitibus materia belli 37
deerat, *in* Etruriam transducto exercitu primum pervastaverat Vul-
siniensem agrum; dein cum egressis ad tuendos fines haud pro- 2
cul moenibus ipsorum depugnat; duo milia octingenti Etruscorum caesi; ceteros propinquitas urbis tutata est. in Rusellanum 3
agrum exercitus traductus; ibi non agri tantum vastati, sed oppidum etiam expugnatum; capta amplius duo milia hominum,
minus duo milia circa muros caesa. pax tamen clarior maiorque, 4
quam bellum in Etruria eo anno fuerat, parta est: tres validissi-
mae urbes, Etruriae capita, Vulsinii Perusia Arretium, pacem petiere; et vestimentis militum frumentoque pacti cum consule, ut 5
mitti Romam oratores liceret, indutias in quadraginta annos impetraverunt. multa praesens quingentum milium aeris in singulas civitates inposita.—Ob hasce res gestas consul cum trium- 6
phum ab senatu moris magis causa quam spe impetrandi petisset, videretque alios, quod tardius ab urbe exisset, alios, 7

gefangen waren, und andere Bewohner der Stadt und des Landes zu
sein, die sich geflüchtet hatten; Duker vermuthet *evocatis*.— *sine pact.*,
s. 9, 11, 9; 6, 3, 3; 10, die Feinde
müssen bei der deditio ausdrücklich
erklären dass sie diese Schmach über
sich wollen ergehen lassen, s. 9, 42,
7, wie die Römer 9, 4, 3, vgl. ib. c.
5, 4; 8.

1—3. *in Etruriam*, Küstenländer
stehen bisweilen ohne Präpos., s. 8,
24, 17; 27, 4, 6; 31, 43, 5: *Aegyp-
tum avexit*; 36, 42, 4 u. a.; aber
Etruria verbindet L. sonst mit *in*,
und der blosse Accus. könnte hier
leicht anders verstanden werden;
auch folgt § 2 *in Rusell.* etc.— *Vulsin.*, 9, 41, 6, auf einer Münze *Velsu*
genannt, Mommsen Münzwesen S.
268; Dennis S. 337. *egressis* n.
Vulsiniensibus. — *Rusellanum*, c. 4,
5; Dennis S. 528.

4—5. *pax* etc., die Erfolge des
Krieges waren grösser als dieser
selbst gewesen war, s. 1, 35, 7; weil
auch nicht überwundene Städte Frie-

den suchten. — *tamen*: obgleich
nach den Siegen des Consuls ein
Friede zu erwarten war, so war
doch dieser u. s. w. — *tres val.*, 9,
37, 12, nur ist dort statt *Vulsinii*
als dritte *Cortona* genannt. — *Arretium* hat ungeachtet der engen
Verbindung der Optimaten mit Rom,
c. 5, 13; 18, 5, sich den Feinden
desselben angeschlossen, vgl. 27, 21;
24. — *vestimentis* etc., 9, 43, 6. —
oratores, 6, 1, 6. — *indutias*, 9, 37,
12. — *multa*, Kriegscontribution.
— *quing. m. a.*, vgl. c. 31, 4. —
Dadurch werden die Samniten genöthigt, allein den Krieg fortzuführen.

6—8. *Ob hasce* etc., der Nachsatz
folgt § 8: *inquit*.—*moris* etc., mehr
weil es Sitte war, dass siegreiche
Feldherrn bei dem Senate um den
Triumph baten, als u. s. w., s. 3,
63, 7; 26, 21, 2; 28, 38, 4. — *tardius*, s. c. 32, 3. — *ab urb.*, c. 43,
13; 21, 13, 7: *ab Sagunto exire* u.
a., dieses wird sonst nicht als Grund
den Triumph zu verweigern berichtet,

quod iniussu senatus ex Samnio in Etruriam transisset, partim suos inimicos partim collegae amicos ad solacium ae-
8 quatae repulsae sibi quoque negare triumphum: „non ita"
inquit, „patres conscripti, vestrae maiestatis meminero, ut
me consulem esse obliviscar. eodem iure imperii, quo bella
gessi, bellis feliciter gestis, Samnio atque Etruria subactis,
9 victoria et pace parta triumphabo." ita senatum reliquit.
inde inter tribunos plebis contentio orta: pars intercessuros, ne
novo exemplo triumpharet, aiebat, pars auxilio se adversus colle-
10 gas triumphanti futuros. iactata res ad populum est, vocatusque
eo consul cum M. Horatium L. Valerium consules, Gaium Marcium Rutilum nuper, patrem eius, qui tunc censor esset, non ex
11 auctoritate senatus sed iussu populi triumphasse diceret, adicie-
bat se quoque laturum fuisse ad populum, ni sciret mancupia
nobilium tribunos plebis legem inpedituros; voluntatem sibi ac fa-
vorem consentientis populi pro omnibus iussis esse ac futura.
12 posteroque die auxilio tribunorum plebis trium adversus intercessionem septem tribunorum et consensum senatus celebrante

s. Becker 2, 2, 80 ff. — *iniussu sen.*,
der Senat macht schon jetzt den
Grundsatz geltend, dass der Magistrat die ihm einmal angewiesene
Provinz nicht ohne specielle Erlaubniss verlassen dürfe, s. c. 18,
11; 27,43,6; Becker 2, 2, 121; namentlich musste der, welcher tri-
umphiren wollte, in seiner Provinz,
s. 3, 2, 2, gesiegt haben, vgl. 28, 9,
10; 34, 10, 5. — *ad sol.*, um ihm in
der gleichen Zurückweisung (*ae-
quat. rep.* ist Genitiv) oder durch
dieselbe einen Trost zu gewähren,
vgl. 6, 30, 9; 5, 24, 5. — *maiestatis sen.* wird oft erwähnt, s. 2, 7, 7,
— *ut me cons.*, da sonst nach dem
Herkommen die Magistrate den Be-
schlüssen des Senates sich fügen,
und in den Kreisen, wo derselbe zu
bestimmen hat, ihm unterworfen
sind, nur die Beschlüsse zu veran-
lassen haben, s. 8, 20, 12; Becker
2, 2, 454. — *subactis*, in Bezug auf
Samnium übertreibend. — *ita*, und
damit.

10—12. *iactacta* etc., es sind keine Comitien wie 3, 63, 8, sondern,
wie § 11 zeigt, eine contio, in wel-

cher der Consul aufgefordert wird
eine Erklärung abzugeben (*vocatus*,
s. 3, 64, 7) und das Volk zu erkennen geben soll, ob es die Intercession der Tribunen unterstützen werde, s. 8, 33, 9. — *Horatium* etc., 3,
63; *Rutilium*, 7, 17. — *laturum f.*,
das Object giebt der Zusammenhang.
— *mancupia*, als Sclaven, ist als
das Wichtigste vorangestellt; vgl.
5, 11, 2; ib. 29, 6; 3, 65, 10; zur
Sache s. 9, 33, 5; ib. 34, 26. — *futura*,
5, 4, 4. — *iussis*, auch dazu gehört
populi, s. 5, 51, 1. — *auxilio* etc.,
die drei Tribunen haben dem Consul
ihr *auxilium* zugesagt für den Fall,
dass die intercedirenden ihn hindern
oder wegen der Verletzung der sacrosancta [potestas zur Strafe ziehen wollen, vgl. 4, 53, 7; 6, 38, 5
Postumius ist der erste, der ohne
Senats- und Volksbeschluss, s. 7,
17, triumphirt; später wurde der
Triumph, den der Senat versagte,
auf dem albanischen Berge gehalten.
Nach den fasti triumph. haben beide Consuln triumphirt, Postumius
*a. CDLIX de Samnitibus et Etru-
scis VI. K. Apr.*, Atilius *an. CDLIX*

populo diem triumphavit. — Et huius anni parum constans me- 13
moria est. Postumium auctor est Claudius, in Samnio captis aliquot urbibus, in Apulia fusum fugatumque, saucium ipsum cum
paucis Luceriam conpulsum; ab Atilio in Etruria res gestas, eumque triumphasse. Fabius ambo consules in Samnio et ad Luce- 14
riam res gessisse scribit, traductumque in Etruriam exercitum —
sed ab utro consule, non adiecit —, et ad Luceriam utrimque
multos occisos, inque ea pugna Iovis Statoris aedem votam, ut 15
Romulus ante voverat; sed fanum tantum, id est locus templo
effatus [sacratus], fuerat. ceterum hoc demum anno, ut aedem 16
etiam fieri senatus iuberet, bis eiusdem voti damnata re publica,
in religionem venit.

Sequitur hunc annum et consul insignis, L. Papirius Cursor, **38**
qua paterna gloria, qua sua, et bellum ingens victoriaque, quantam de Samnitibus nemo ad eam diem praeter L. Papirium patrem consulis pepererat. et forte eodem conatu apparatuque 2

---

de Volsonibus (Volsinier?) *et Sam-*
nitibus V. K. Apr., s. Nieb. 1, 456;
Mommsen Forsch. 1, 214; Lange 2,
540.

13—15. *et huius* etc., wie c. 26;
30. L. hat die Erzählung, welche am
meisten rhetorisch ausgeschmückt,
obgleich weniger verbürgt war, gewählt. — *constans*, übereinstimmend,
sicher. — *memoria*, Geschichte. —
Claudius, 6, 42, 5; c. 9, 5, 2,
vgl. zu 8, 19, 13. — *Fabius*, 1, 44.
— *adiecit*, s. c. 8, 3. — *ut Rom. a.*
vov., 1, 12; ein Zusatz L's um die
folgende, den 1, 44, 4; ib. 24, 6;
32, 6; 3, 28, 11 u. a. von Gegenständen, die zu seiner Zeit weniger
bekannt waren, gegebenen Erklärungen ähnliche Bemerkung: *sed*
fanum etc. anzuknüpfen, und anzudeuten, warum erst jetzt der schon
von Romulus gelobte Tempel geweiht
worden ist. *fanum* entsteht, wenn
der Augur dem decimanus und cardo
1, 18, 7 parallele Linien auf beiden
Seiten derselben zieht, und diesem
Raum entsprechend einen vierecki-
gen Platz auf der Erde bestimmt. —
effatus, wovon *sacratus* Glossem
ist: durch verba concepta bestimmt,
s. Marq. 2, 3, 75, giebt die etymolo-

gische Erklärung des Wortes. —
templo, zum Tempel in engeren
Sinne, auf der Erde, s. d. Stelle aus
Varro zu 1, 18, 10, vgl. Servius zu
Virg. Aen. 1, 466: *antiqui aedes sa-*
cras ita templa faciebant, ut prius
per augures locus liberaretur (1,
55, 2) *effareturque, tum demum a*
pontificibus consecrarentur; anders
Varro L. L. 6, 54: *hinc fana nomi-*
nata quod pontifices in sacrando
fati sint finem; dagegen § 53: *hinc*
effari templa dicuntur ab auguri-
bus; Marq. 4, 435.

16. *ceterum* bezieht sich auf die
eingeschobene Bemerkung. — *hoc*
dem. an. kann zu *fieri* und zu *in rel.*
venit gezogen werden. — *voti damn.*,
weil zweimal die Götter das gewährt hatten, wofür im Namen des
Staates, so dass diesem die Erfüllung oblag, das Gelübde gethan war. –
in relig. ven., man hielt sich durch die
Religion dazu für verpflichtet, machte sich ein Gewissen daraus die Erfüllung des Gelübdes länger zu verschieben.

38—46. L. Papirius Cursor u.
Sp. Carvilius in Samnium, Dio Cass.
frg. 36, 29; Zonar. 8, 1.

1—3. *patrem cons.*, 9, 39 f. — *et*

omni opulentia insignium armorum bellum adornaverant et
deorum etiam adhibuerant opes ritu quodam sacramenti vetusto
velut initiatis militibus. dilectu per omne Samnium habito nova
3 lege, ut, qui iuniorum non convenisset ad imperatorum edictum,
4 quique iniussu abisset, caput Iovi sacraretur, tum exercitus
omnis Aquiloniam est indictus. ad quadraginta milia militum,
5 quod roboris in Samnio erat, convenerunt. ibi mediis fere castris
locus est consaeptus cratibus pluteisque et linteis contectus,
6 patens ducentos maxime pedes in omnis pariter partis. ibi ex
libro vetere linteo lecto sacrificatum sacerdote Ovio Paccio quo-

forte entspricht *et deorum.* — *omni
opul.*, die *scuta auro, argento caelata*,
9, 40, 2 ; daher auch *insignia arma* :
mit Zierrathen versehene Waffen.
— *adhibuer.* steht chiastisch *ador-
nav.* gegenüber ; der religiöse Ritus,
deorum etiam etc., ist 9, 40 nicht
erwähnt ; über *et—etiam* s. 6, 12, 6.
— *opes*, 7, 28, 4. — *ritu—initiatis
mil.* stellt das *initiare* nicht als vollendet vor *adhibuerant* dar, sondern
dieses besteht in jenem, beides war
vor dem Beginn der Kämpfe vollendet, vgl. 21, 1, 5; *ritu* bezieht
sich auf § 6; das dort Erwähnte
wird durch *dilectu* etc. vorbereitet,
da das *sacramentum*, die feierliche
Weihe, c. 39, 17 eines Theiles, s. c.
41, 1 : *magnam partem* etc., ib. 10 :
iurati et iniurati, erst stattfand,
nachdem Alle zusammen berufen
waren. *velut* ist zugesetzt, weil *in-
tiare* gewöhnlich von Mysterien gebraucht wird, 39, 9, 4. — *omne
Samn.*, s. c. 14, 9 ; 8, 23, 6 ; 9, 31,
6. — *imperatorum* wie § 10, sonst
wird immer nur ein *imperator* erwähnt, s. § 7 ; 8, 39, 9. — *qui—
abisset*, wie bei dem Fahneneid der
Römer, s. 3, 20, 3, immer geschworen wurde, aber erst nach der Aushebung. Auch *iuniores* ist nach röm.
Weise gesagt. Die neue Bestimmung
(*nova lege*) lag wol in dem Zusatze
caput I. sacr.; vor *caput* fehlt *eius*,
c. 36, 7. — *Iovi* als dem höchsten
Gotte, s. 3, 55, 7, auch der Samniten, Huschke Osk Sprachd. S. 11 f.

— *sacraretur* statt des hds. *sacratum erat*, was nur beibehalten werden könnte, wenn *qua* statt *ut* gelesen würde, vgl. 2, 8, 2: *de sacrando cum bonis capite eius, qui* etc.
(wo *sacrando* wol nur bedeuten kann,
dass das *sacrare*, nicht dass das *sacrum esse* eintreten soll); der nicht
Erscheinende wurde also *sacer*;
die *lex* war eine *sacrata*, s. 9, 39,
5 ; 7, 41, 4 ; 4, 26, 3 ; Marq. 4, 228f;
Lange 1, 438. — *tum* weist einfach,
ohne besonderen Nachdruck auf *dilectu hab.* zurück, s. 3, 19, 1 ; anders ist 2, 29, 1 : *tum demum*, ib.
§ 3 : *tum vero*.
4—6. *Aquilon.*, im Lande der
Hirpiner, an der Grenze von Apulien, auf einer Münze heisst der Abl.
akunniad. — *indictus* wie 6, 22, 8,
vgl. c. 27, 3. — *Samn.* n. *omni. est
cons.* wurde von allen Seiten abge-
schlossen und oben mit Tüchern
verhängt. — *ducent. maxime*, wie
μάλιστα, sonst *admodum* : im Ganzen, ungefähr 200 F. ins Geviert,
7, 30, 1. — *ex* nach, gemäss. — *libro
linteo*, s. 4, 7, 12. bildet einen durch
vetere bestimmten Begriff. *lecto*, die
Formeln und Vorschriften für das
Opfer u. s. w. waren in dem Buche
enthalten und vorgelesen worden ;
Madvig verm. *tecto*. Es wird vorausgesetzt, dass die Samniten schon
lange mit der Schreibekunst bekannt
waren. — *sacerdote* etc., indem er
als Priester thätig war. — *Ovio*, 9,
7, 1. *Paccio* 27, 15, 3; auf Inschriften

dam, homine magno natu, qui se id sacrum petere adfirmabat
ex vetusta Samnitium religione, qua quondam usi maiores eorum
fuissent, cum adimendae Etruscis Capuae clandestinum cepissent
consilium. sacrificio perfecto per viatorem imperator acciri iu- 7
bebat nobilissimum quemque genere factisque. singuli introdu-
cebantur. erat cum alius apparatus sacri, qui perfundere religione 8
animum posset, tum in loco circa omni contecto arae in medio
victimaeque circa caesae et circumstantes centuriones strictis
gladiis. admovebatur altaribus magis ut victima quam ut sacri 9
particeps, adigebaturque iure iurando, quae visa auditaque in eo
loco essent, non enuntiaturum. dein iurare cogebant diro quodam 10
carmine, in execrationem capitis familiaeque et stirpis conposito,
nisi isset in proelium, quo imperatores duxissent, et si aut ipse ex
acie fugisset, aut, si quem fugientem vidisset, non extemplo occidisset. id primo quidam abnuentes iuraturos se obtruncati circa 11

Pâcius (pakis). — *petere ex vet.*, die
Weihung war also schon lange in
Vergessenheit gekommen, und wird
jetzt bei der grössten Anstrengung
des Volkes erst wieder angewendet,
vgl. Tac. H. 3, 51 : *haec—ex vetere
memoria petita* ; Madvig verm. *repetere*, s. 7, 3, 3. — *Etruscis*, 4, 37.
 7—8. *viator.*, 8, 18, 8. — *nobilissimum* in Rücksicht auf Abkunft sowol § 12 u. 13, als auf Kriegsruhm;
c. 41, 11; 46, 4; 9, 31, 6. — *circa
omni*; von allen Seiten in seinem
ganzen Umfange, 9, 23, 10 ; 22, 20,
5: *omnem agrum circa*; bald darauf ist *circa*: dabei herum. — *in
medio* attributiv, und nachträgliche
Bestimmung zu *in loco* etc. Da die
Einzelnen erst nachdem sie in den
verdeckten Raum § 5 geführt sind
die Anstalten (*apparatus*) sehen, so
scheint auch der *locus — contectus*
eine engere Umzäunung in jenem,
die erst nach dem Eintritte wahrgenommen wurde, gewesen zu sein,
und dem inneren Heiligthum der
Tempel entsprochen zu haben, s.
Huschke a. a. O. S. 19. — *centuriones*, c. 41, 3: *armati sacerdotes*;
dazu ist aus *religione perfudere* ein
entsprechendes Prädicat zu nehmen.
 9—13. *admovebatur*, jedesmal

der Einzelne, der eingelassen wurde, geht auf § 7 *nobilissimum quemq.*;
singuli zurück, während *erat—gladiis* als Parenthese zu betrachten
ist. — *altaribus*, da *altaria*, der Auf-
satz auf dem Altare, auf dem die
Opfer verbrannt wurden, Quintil.
Declam. 12: *quod aris altaria non
imposuimus*; Lucan. 3, 404, bei guten Schriftstellern sonst von einem
Altar gebraucht wird, hier aber
arae § 8, vgl. c. 41, 3, parallel steht,
so ist auch dieses von einem Altare
zu verstehen wie 45, 27, 9, vgl. 41,
20, 9; 21, 1, 4. — *ut vict.*, vgl.
39, 10, 7: *ut quisque introductus sit,
velut victimam tradi sacerdotibus.*
— *sacri p.*, wie sonst die zu einem
Opfer Zugezogenen bei denselben betheiligt sind. — *cogebant*, dabei § 6 u.
8 Genannten. — *carmine*, 3, 64, 9.
in execrat., der Schwörende erklärt
unter Anrufung der Götter als Zeugen, dass er, wenn er den Schwur
breche, mit seiner Familie und seinem Stamme von den *sacris* ausge-
stossen (*execratus*) d. h. aus der religiösen und somit auch der politischen, s. 1, 32, 7, Verbindung seines
Volkes ausgeschlossen sein wolle,
vgl. c. 39, 17; 41, 3: der *execratus*
ist verschieden von dem *sacer* § 3,

altaria sunt; iacentes deinde inter stragem victimarum documento
12 ceteris fuere, ne abnuerent. primoribus Samnitium ea detesta-
tione obstrictis decem nominati sunt ab imperatore; eis dictum,
ut vir virum legerent, donec sedecim milium numerum confecis-
sent. ea legio linteata ab integumento consaepti, quo sacrata
nobilitas erat, appellata est; his arma insignia data et cristatae
13 galeae, ut inter ceteros eminerent. paulo plus viginti milium
alius exercitus fuit, nec corporum specie nec gloria belli nec apparatu linteatae legioni dispar. hic hominum numerus [quod roboris erat] ad Aquiloniam consedit.

30　　　　　Consules profecti ab urbe, prior Sp. Carvilius, cui veteres
legiones, quas M. Atilius superioris anni consul in agro Interamnati reliquerat, decretae erant. cum eis in Samnium profectus,
2 dum hostes operati superstitionibus concilia secreta agunt, Ami-
3 ternum oppidum de Samnitibus vi cepit. caesa ibi milia hominum duo ferme atque octingenti, capta quattuor milia ducenti
4 septuaginta. Papirius novo exercitu — ita enim decretum erat
— scripto Duroniam urbem expugnavit. minus quam collega
cepit hominum, plus aliquanto occidit; praeda opulenta utrubi-
5 que est parta. inde pervagati Samnium consules, maxime depo-

---

der einem Gotte oder den Göttern
verfallen ist. — *stragem*, c. 34, 8.
— *detestat.*, die feierliche, unter
Anrufung der Götter gegebene Erklärung, dass er *execratus* sein
wolle, es ist die Form des Schwurs,
wie die *execratio* der Inhalt. — *nominati*, namentlich bezeichnet; äusserst
hart wäre das hds. *obstrictis* — *nominatis*, wenn L. auch sonst *is* nach
dem abl. abs. nicht selten braucht,
s. c. 35, 19; einfacher ist Caesar B.
C. 1, 36, 5. — *dictum*, 8, 34, 4. —
vir virum, etc., vgl. 9, 39, 5. —
confect., 29, 35, 10. — *ea* statt *ii*,
oder *legio* ist zweimal zu denken.
legio ist wie 1, 28, 2 Heer oder Hee-
restheil, dessen Abtheilungen c. 41,
10 *linteatae cohortes* heissen, Nieb.
2, 96. — *ab integumento*, eben so
Paul. Diac. p. 115: *legio Samnitium
linteata appellata est, quod Samnites
intrantes singuli ad aram velis linteis circumdatam non cessuros se
Romano militi iuraverant*; nach 9,
40, 3 könnte man den Namen von

der linnenen Bekleidung ableiten,
vgl. auch 4, 20, 7. — *insignia*, 9,
40, 2. — *paulo pl.*, nach § 4 sind es
24,000. — *apparatu*, glänzende
Rüstung. — *quod r. est* scheinen
aus § 4 hierher gekommen zu sein.

39. 1—3. *Interamnati*, c. 36. —
operati, 1, 31, 8. — *superst.*, aber-
gläubische Religionsgebräuche. —
conc. s. agunt, s. 45, 34, 9. — *Ami-
ternum* ist eine bekannte Stadt im
Sabinerlande, die zu den Samniten
abgefallen sein müsste, wie bald
darauf, s. Periocha 11, der sabini-
sche Krieg ausbricht. Indess passt
dazu in *Samnium prof.* nicht, entweder lag in Samnium eine gleich-
namige Stadt, oder der Name ist
verdorben.

4—7. *novo*, das des Postumius
war wol nach dem Triumphe entlassen worden. — *Duroniam*, von
unbestimmter Lage. — *expugnav.*,
wahrscheinlich waren ausser den c.
38, 4 erwähnten Truppen noch andere ausgehoben, und diese in den

pulato Atinate agro, Carvilius ad Cominium, Papirius ad Aquiloniam, ubi summa rei Samnitium erat, pervenit. ibi aliquamdiu 6
nec cessatum ab armis est, neque naviter pugnatum; lacessendo
quietos, resistentibus cedendo, comminandoque magis quam inferendo pugnam dies absumebatur. quod cum * inciperetur re-
mitteretur que, omnium rerum, etiam parvarum, eventus profere-
batur in dies. altera Romana castra, quae xx milium spatio aberant, 7
et absentis collegae consilia omnibus gerendis intererant rebus,
intentiorque*Carvilius, quo maiore discrimine res vertebatur, in
Aquiloniam quam ad Cominium, quod obsidebat, erat. L. Papi- 8
rius, iam per omnia ad dimicandum satis paratus, nuntium ad
collegam mittit sibi in animo esse postero die, si per auspicia liceret, confligere cum hoste; opus esse et illum, quanta maxuma 9
vi posset, Cominium oppugnare, ne quid laxamenti sit Samnitibus
ad subsidia Aquiloniam mittenda. diem ad proficiscendum nun- 10
tius habuit; nocte rediit, adprobare collegam consulta referens.

Städten zurückgelassen. — *Atinate*,
wenn die 9, 28, 6 erwähnte Stadt
im Volskerlande, die allerdings an
der Grenze von Samnium lag und
an dieses sich angeschlossen haben
könnte, gemeint ist, erscheint der
Ausdruck *pervagati Samnium* als
ungenau, s. c. 15, 1. — *Cominium*,
wahrscheinlich zwischen Bovianum
und Luceria. — *summa rei*, die
Hauptmacht. — *cessat. ab.*, s. 5, 42,
6; 34, 16, 3. — *dies abs.*, 2, 4, 3.
— *quod cum* könnte wie 6, 8, 2
quod ubi, quod si genommen werden, aber dann wäre *inciper. remitt.*
ohne Subject; ebenso wenig kann
quod Pronomen sein, weil es auf
lacessendo—infer. etc. bezogen werden müsste, was nicht möglich ist,
da im Vorhergeh. nur das Verfahren
an dem ersten Tage geschildert wird.
Wahrscheinlich hatte L. hinzugesetzt, dass dasselbe Verfahren längere Zeit beobachtet worden sei;
doch lässt sich nicht erkennen, wie
er dieses ausgedrückt habe; im Folg.:
altera R. castra etc. wird das § 8 Erwähnte vorbereitet. — *omnium —
eventus*, es wurde nichts unternommen, was einen Erfolg, Ausschlag
hätte herbeiführen können; statt auf
res konnte *proferre* auch wol auf

eventus rerum bezogen werden. —
in dies, von einem Tage zum andern,
Iustin. 2, 15, 6: *diem de die profe-
rendo.* Madvig verm. *quodcunque
inciperetur—perferebatur in dies in
altera* etc., doch wäre es dann auffallend, dass § 8, vgl. c. 40, 6, die
Sendung eines Boten als etwas Neues, vorher nicht Geschehenes erwähnt würde. — *castra — intererant,* Alle im Lager nahmen Theil,
richteten ihren Sinn darauf, wie c.
40, 3; der Feldherr natürlich allein
war auch bei den zu fassenden Plä-
nen thätig; über *castra* statt der
Soldaten s. 1, 60, 2; 6, 23, 8; 3, 43,
7. — *et absent.*, obgleich abwesend.
— *consilia,* „der Geist", Nägelsb.
§ 67, 2. — *omnibus,* 1, 45, 1. —
gerend. interer. 23, 9, 1. — *in Aq.,
ad Com.,* 4, 56, 4. — *intentior —
erat,* 7, 26, 3; 30, 26, 5. Ueber das
Fehlen von *eo,* 2, 19, 10.

8—14. *per omnia,* in allen Beziehungen, vgl. 9, 17, 3. — *laxamenti,* 9, 41, 12. — *diem,* Tag und
Nacht zusammen, c. 40, 1. — *pro-
ficiscend.*, zur Hin- und Rückreise,
so dass er etwa, s. § 7, acht deut-
sche Meilen zurückzulegen hat. —
nocte rcd. ist vorausgenommen, s.
c. 40, 2.—*consulta,* hier Beschlüsse,

11 Papirius nuntio misso extemplo contionem habuit; multa de universo genere belli, multa de praesenti hostium apparatu, vana
12 magis specie quam efficaci ad eventum, disseruit: non enim
   cristas vulnera facere, et per picta atque aurata scuta transire
   Romanum pilum, et candore tunicarum fulgentem aciem, ubi
13 res ferro geratur, cruentari. auream olim atque argenteam Samnitium aciem a parente suo occidione occisam, spoliaque ea
14 honestiora victori hosti quam ipsis arma fuisse. datum hoc forsan nomini familiaeque suae, ut adversus maximos conatus Samnitium opponerentur duces, spoliaque ea referrent, quae insi-
15 gnia publicis etiam locis decorandis essent. deos inmortales adesse propter totiens petita foedera, totiens rupta; tum, si qua
16 coniectura mentis divinae sit, nulli umquam exercitui fuisse infestiores, quam qui nefando sacro mixta hominum pecudumque
   caede respersus, ancipiti deum irae devotus, hinc foederum cum
17 Romanis ictorum testes deos, hinc iuris iurandi adversus foedera
   suscepti execrationes horrens, invitus iuraverit, oderit sacramentum, uno tempore deos cives hostes metuat.

40   Haec conperta perfugarum indiciis cum apud infensos iam
   sua sponte milites disseruisset, simul divinae humanaeque spei
   pleni clamore consentienti pugnam poscunt; paenitet in posterum

---

vgl. 25, 16, 4. — *multa* etc., vgl. 9,
40, 4: *doctique.* — *vana m. sp.*, Apposit. zu *apparatu*: qui magis vana
sp. esset etc. — *cristas* c. 38, 12;
die *picta a. aur. sc.* sind c. 38, 2;
12 nur angedeutet, bestimmter 9,
40, 2 erwähnt. — *spoliaque ea*, sie
als Beute — als Waffen. Zur Sache
vgl. 9, 40, 5. — *forsan*, 3, 47, 5. —
— *publicis—decorand.* ist Dativ, da
in *insignis* der Begriff: passend, liegt,
s. Quintil. 10, 1, 65: *insectandis vi-
tiis praecipua*; zur Sache s. 9, 40, 16.

15—17. *adesse*, durch *propter—
rupta* ist angedeutet, in welchem
Sinne dieses zu denken sei, die
Götter, als Zeugen der Bündnisse,
s. 1, 24, 8, können den Bruch derselben nur strafen, 2, 24, 2: *ultores
—adesse deos.* — *petita — rupta* n.
von den Samniten; so vom römisch.
Standpunkte aus, s. 8, 23. — *coniectura*, auch ohne besondere An-
zeichen des göttlichen Willens, vgl.
6, 12, 8: *si—vident.* — *tum*, jetzt

(der Zorn über den Bundesbruch
war schon früher da) seien sie wegen — auf das Heftigste erzürnt;
doch passt dazu der Ausdruck
nulli umquam nicht, ob durch L's,
s. 6. 26, 1, oder der Abschreiber
Schuld, lässt sich nicht sicher erkennen, Madvig vern. *iratos* statt
tum. sacramentum, der Soldateneid
speciell, die feierliche Weihe des
Heeres: *ius iurandum* hier allgemein, anders als 22, 38, 3. — *cives*,
in Bezug auf c. 38, 10: *si—occidisset*.
In der Periode findet erst Anapher:
respersus—devotus—horrens, dann
Chiasmus: *iuraverit, oderit*, und um
die drei bezeichneten Momente zusammen zu fassen Asyndeton: *uno
—deos c. h.* statt. *deos* ist wol absichtlich dreimal wiederholt.

40. 1—2. *haec*, was er über
die Zurüstung der Samniten, besonders über die religiöse Weihe
gesagt hat. — *pleni*, 1, 25, 1. —

diem dilatum certamen; moram diei noctisque oderunt. tertia 2
vigilia noctis, iam relatis litteris a collega, Papirius silentio surgit
et pullarium in auspicium mittit. nullum erat genus hominum 3
in castris intactum cupiditate pugnae, summi infimique aeque intenti erant; dux militum, miles ducis ardorem spectabat. is ar- 4
dor omnium etiam ad eos, qui auspicio intererant, pervenit: nam
cum pulli non pascerentur, pullarius auspicium mentiri ausus
tripudium solistimum consuli nuntiavit. consul laetus auspicium 5
egregium esse et deis auctoribus rem gesturos pronuntiat, signum-
que pugnae proponit. exeunti iam forte in aciem nuntiat per- 6
fuga viginti cohortes Samnitium — quadringenariae ferme erant
— Cominium profectas. quod ne ignoraret collega, extemplo
nuntium mittit; ipse signa ocius proferri iubet; subsidiaque suis
quaeque locis et praefectos subsidiis adtribuerat; dextro cornu 7
L. Volumnium, sinistro L. Scipionem, equitibus legatos alios,
C. Caedicium et T. Trebonium, praefecit; Sp. Nautium mulos 8
detractis clitellis cum III cohortibus alariis in tumulum conspe-

---

moram etc., s. 3, 2, 10: *longam*
noctem. — silentio, 8, 23, 15. —
pullar., 8, 30, 2, er hat die heiligen
Hühner aus dem Käfig zu lassen,
ihnen Futter vorzuwerfen und seine
Beobachtungen dem Magistrate, in
dessen Auftrage er dieses auspicium
anstellt, zu berichten, s. Cic. Div.
2, 34, 72.

3—7. *intenti,* das Object ergiebt
sich aus *pugnae. — intererant,* dabei thätig waren, sonst heisst es auch
esse alicui in auspicio od. *adhiberi*
in auspicium, wie von dem Augur.
— *pascerentur:* obgleich sie nicht
fressen wollten; was für ein böses
Zeichen galt, vgl. Cic. Div. 2, 34,
72: *cum pascuntur* (pulli, nach
§ 73: *fame enecti) necesse est aliquid*
ex ore cadere. — cum igitur offa
cecidit ex ore pulli, tum auspicanti
tripudium solistimum nuntiatur;
Marquardt 2, 3, 71; 79 f. — *men-*
tiri, vgl. 21, 63, 5. — *forte,* gerade
als er bereits ausrücken wollte, c.
19, 1: *digredientes. — viginti —*
profectas, wahrscheinlich der Grund,
warum jetzt die Schlacht geliefert
wird, c. 19, 14. — *quadringenariae,*

7, 7, 4; die v i e r war die ordnende
Zahl bei den Samniten, Nieb. 2, 96.
— *ferme,* wie c. 29, 12. — *proferri,*
s. 9, 43, 8; 22, 29, 2: *signa extra*
vallum proferte; anders 7, 23, 3. —
subsidiaque etc., *que* scheint eine
Erklärung zu *s. ocius* etc. einzuführen: und (er konnte dieses, denn)
er hatte bereits; Madvig entfernt
das Wort, und man würde es nicht
vermissen, aber vor *dextro* eine
Zeitbestimmung: *tum* od. *iam* erwarten. — *adtribuer.,* hatte zu-
gewiesen, der Ausdruck ist zunächst
durch *praefectos* veranlasst; die
praefecti sind hier die Befehlshaber
der einzelnen Abtheilungen der Reserve, nicht die *praefecti socium.* —
alios, also auch die Consulare Volumnius, c. 31, 5, und Scipio, c. 29,
5; 11, 10, sind Legaten. Der Vorname des *Trebonius* ist ausgefallen.

8—9. *clitellis,* 7, 14, 7. — *alariis,*
die Form *alarius* ist gewöhnlicher
als *alaris,* vgl. 7, 2, 4. — *cohortes,* die
Bundestruppen, s. c. 18, 3, welche
mit Ausnahme der Campaner, vgl.
8, 14, 10 a. E. und Periocha XII, 20,
Cohorten von je 420 M. unter einer

ctum propere circumducere iubet atque inde inter ipsam dimi-
9 cationem quanto maxime posset moto pulvere ostendere. dum
his intentus imperator erat, altercatio inter pullarios orta de auspicio eius diei exauditaque ab equitibus Romanis, qui rem haud
spernendam rati Sp. Papirio, fratris filio consulis, ambigi de au-
10 spicio renuntiaverunt. iuvenis ante doctrinam deos spernentem
natus rem inquisitam, ne quid inconpertum deferret, ad consu-
11 lem detulit. cui ille: „tu quidem macte virtute diligentiaque esto!
ceterum, qui auspicio adest, si quid falsi nuntiat, in semet ipsum
religionem recipit; mihi quidem tripudium nuntiatum, populo
12 Romano exercituique egregium auspicium, est.“ centurionibus
deinde imperavit, uti pullarios inter prima signa constituerent.
promovent et Samnites signa; insequitur acies ornata armataque,
13 ut hostibus quoque magnificum spectaculum esset. priusquam
clamor tolleretur concurrereturque, emisso temere pilo ictus pullarius ante signa cecidit. quod ubi consuli nuntiatum est: „dii
14 in proelio sunt“ inquit; „habet poenam noxium caput.“ ante
consulem haec dicentem corvus voce clara occinuit; quo laetus
augurio consul, adfirmans numquam humanis rebus magis praesentes interfuisse deos, signa canere et clamorem tolli iussit.

41   Proelium commissum atrox, ceterum longe disparibus animis: Romanos ira spes ardor certaminis avidos hostium sangui-

Fahne bildeten, s. c. 33, 1. Von
diesen waren je 10 zu einer *ala*
vereinigt, die einer Legion entsprach. Die Zahl der Cohorten ist
ausgefallen, da kaum zu glauben
ist, dass alle Bundestruppen zu dem
angegebenen Zwecke verwendet
worden seien. — *conspectum*, 2, 5,
5. — *maxime*, 9, 10, 10. — *ostendere* n. mulos; doch ist wol, da die
Hss. *pulveres* haben, mit Madvig
pulvere se zu lesen.

10—12. *ante doctr.* etc., 6, 41,
8; 3, 20, 5; Einleit. S. 16. — *inconpertum*, 9, 26, 15. — *si quid
falsi* etc., es galt nach diesen Worten als Grundsatz dass das, was dem
die Götter rechtmässig Befragenden
verkündigt wurde, als Wille derselben, in Erfüllung geht, nicht zunächst das, was der von dem Fra-
genden Beauftragte wahrgenommen
hat. Denn da die Götter mit dem
sie Befragenden gleichsam in einem

Vertragsverhältnisse stehen, wie
bei dem votum, s. 7, 28, 4, so müssen
sie das in Erfüllung gehen lassen,
was demselben, ohne dass sie es
gehindert haben, als ihr Wille bezeichnet worden ist, wenn dieser
auch eigentlich ein anderer war.
Nach anderen Stellen machen er-
logene Auspicien in gewissen Fällen
das Geschäft, wegen dessen sie gehalten sind, ungültig, Marq. 2, 3,
114. — *nuntiat*, dieses ist zunächst
die Sache des Augurs, hier des
pullarius, vgl. 22, 42, 8. — *religion.*,
der Fluch s. 7, 3, 9. — *inter pr. s.*,
9, 32, 8. — *ornata arm.*, in glänzender Rüstung, anders 9, 30, 4;
7, 10, 5. — *hostibus*, für die Römer,
c. 39, 13.

13—14. *emisso tem.*, so dass
darin ein Gottesgericht erkannt
werden konnte. — *corvus — oc.*,
7, 26, 3; 6, 41, 8. — *praesentes*,
c. 39, 15; 7, 26, 8.

nis in proelium rapit; Samnitium magnam partem necessitas ac
religio invitos magis resistere quam inferre pugnam cogit. nec 2
sustinuissent primum clamorem atque impetum Romanorum,
per aliquot iam annos vinci adsueti, ni potentior alius metus insidens pectoribus a fuga retineret. quippe in oculis erat omnis 3
ille occulti paratus sacri et armati sacerdotes et promisca hominum pecudumque strages et respersae fando nefandoque sanguine arae et dira execratio ac furiale carmen detestandae familiae stirpique conpositum: iis vinculis fugae obstricti stabant,
civem magis quam hostem timentes. instare Romanus a cornu 4
utroque, a media acie, et caedere deorum hominumque attonitos
metu; repugnatur segniter, ut ab iis, quos timor moraretur a
fuga. iam prope ad signa caedes pervenerat, cum ex transverso 5
pulvis velut ingentis agminis incessu motus apparuit: Sp. Nau-
tius — Octavium Maecium quidam eum tradunt —, dux alaribus
cohortibus, erat; pulverem maiorem quam pro numero excita- 6
bant; insidentes mulis calones frondosos ramos per terram trahebant. arma signaque per turbidam lucem in primo appare-
bant; post altior densiorque pulvis equitum speciem cogentium
agmen dabat; fefellitque non Samnites modo sed etiam Roma- 7
nos, et consul adfirmavit errorem clamitans inter prima signa,
ita ut vox etiam ad hostis accideret, captum Cominium, victorem
collegam adesse; adniterentur vincere, priusquam gloria alterius

41. 1—3. *magnam p.*, s. c. 38,
10. *retineret*, um das Andauernde
zu bezeichnen: *vix sustinuerunt,
sed retinebat*, vgl. 9, 19, 5. — *omnis
occulti* entsprechen der Stellung
nach den folg. Substantiven. — *paratus*, s. Cic. Fin. 5, 19, 53, sonst
findet sich das Wort erst bei Späteren, besonders Tacitus, L. sagt
dafür *adparatus*. Die Wortstellung
wie 9, 28, 6; 7, 39, 12, s. 44, 28, 15.
— *armati sac.*, vgl. c. 38, 8; wahrscheinlich sind niedere Priester zu
denken, welche die Strafe sogleich
vollziehen. — *nefando*, der gemor-
deten Menschen. — *arae*, vgl. c. 38,
8. — *ac fur. c.*, die grauenerregende
Formel, vgl. 31, 17, 9; 7, 17, 3, gehört als Erweiterung zu *execratio*,
ist nicht fünftes Glied nach *et—et*.
— *detestand.* — *conpos.*: gebildet
zu dem Zwecke unter Anrufung der
Götter (*diis testibus*) die *execratio*

über — auszusprechen, sie zu ver-
wünschen. — *vinculis fug.*, welche
die Flucht hindern sollen, c. 13, 14.

4—7. *media ac.*, diese ist § 11
u. c. 40, 7 nicht erwähnt, und existirte wol nicht. — *civem*, c. 38,
10. — *ut ab h.*, wie es von diesen
gerade zu erwarten war, wie § 9
u. o. — *timor — a fuga*, nur Furcht,
nicht der Muth, oxymoron. — *prope
ad s.*, die Fahnen hinter dem ersten
Gliede, s. 8, 11, 7; 9, 32, 8. — *dux
al. c.*, 7, 1, 6: *consulibus*; 10, 8, 6,
vgl. zu 39, 14, 10: *adiutores trium-
viris.* — *alaribus*, c. 40, 8. — *in
primo*, 2, 40, 3, hier: im Vortrabe;
post, gleichfalls local: weiter hin-
ten, s. 8, 8, 13. — *speciem — dab.*
bewirkte, dass sie so erschienen, s.
c. 24, 13. — *fefellitq.*, es, die Erscheinung, 31, 33. 8. — *adniter.*, 9.
26, 15.

8 exercitus fieret. haec insidens equo; inde tribunis centurionibus-
   que imperat, ut viam equitibus patefaciant; ipse Trebonio Cae-
   dicioque praedixerat, ut, ubi se cuspidem erectam quatientem
   vidissent, quanta maxima vi possent, concitarent equites in ho-
9 stem. ad nutum omnia, ut ex ante praeparato, fiunt; panduntur
   inter ordines viae, provolat eques atque infestis cuspidibus in
   medium agmen hostium ruit, perrumpitque ordines, quacumque
   impetum dedit. instant Volumnius et Scipio, et perculsos ster-
10 nunt. tum iam deorum hominumque victa vis; funduntur linteatae cohortes; pariter iurati iniuratique fugiunt, nec quemquam
11 praeter hostes metuunt. peditum agmen, quod superfuit pugnae,
   in castra aut Aquiloniam conpulsum est; nobilitas equitesque
   Bovianum perfugerunt. equites eques sequitur, peditem pedes;
   diversa cornua dextrum ad castra Samnitium, laevum ad urbem
12 tendit. prior aliquanto Volumnius castra cepit; ad urbem Scipioni maiore resistitur vi, non quia plus animi victis est, sed
   melius muri quam vallum armatos arcent: inde lapidibus pro-
13 pulsant hostem. Scipio, nisi in primo pavore, priusquam colli-
   gerentur animi, transacta res esset, lentiorem fore munitae urbis oppugnationem ratus, interrogat milites, satin aequo animo
   paterentur ab altero cornu castra capta esse, se victores pelli a
14 portis urbis. reclamantibus universis primus ipse scuto super

---

8—11. *inde* giebt nur die Zeitfolge an, nicht, dass er das Folg.
zu Fusse angeordnet habe, wie 7,
33, 9. — *viam* ist abstract zu nehmen, gewöhnlicher ist *viae*, die
Zwischenräume zwischen den Manipeln, § 9; c. 27, 8. — *ipse*, da
Papirius so eben einen Befehl ertheilt hat, könnte der Gegensatz
nur etwa sein: so wie er so eben
den Tribunen einen Befehl gegeben
hatte, der die Reiter betraf, so hatte
er selbst schon vorher den Reiter-
anführern unmittelbar vorgeschrie-
ben, was sie thun, wenn sie den
Angriff beginnen sollten; doch ist
vielleicht *ipsi* zu lesen. — *praedixerat,* vgl. 2, 10, 4. — *ex a. praep.* 4,
22, 3; 33, 28, 4. — *quacumq. dedit,*
das Perfect, weil dieses in jedem einzelnen Falle vor dem *perrumpere*
vollendet sein muss. Ueber *dedit,* 4,
28, 1. — *iniurati,* den feierlichen
Eid haben sie nicht geleistet, aber

wol den gewöhnlichen Soldateneid,
c. 38, 2. — *praeter h.*, nicht mehr
die Götter und ihre Mitbürger.

11—14. *quod superf.*, so viel
von demselben übrig war, 5, 40, 3;
9, 38, 3: *quae superfuit caedi —
multitudo*; 8, 11, 5. — *nobilitas
equitesq.* werden nach röm. Auffas-
sung als zwei geschiedene Stände
betrachtet und dem *agmen peditum*
entgegengestellt. — *Bovianum* wol
das südliche, welches wieder von
den Samniten erobert sein müsste,
s. 9, 44, 14, und ziemlich weit von
Aquilonia entfernt war. — *non q.
est,* der Conjunctiv konnte hier
nicht eintreten, s. 8, 19, 3; 7, 30,
13; 33, 27, 6: *non quia satis dignos
credebat*; 39, 41, 2; 40, 33, 2. —
in prim. p., 3, 8, 7. — *colliger. an.*,
ehe man sich sammeln, zur Besinnung kommen könne, 3, 60, 11. —
satin, c. 18, 11. — *a portis,* 6, 16,
2: *a delubris. — scuto* etc., c. 43,

caput elato pergit ad portam; secuti alii testudine facta in urbem
perrumpunt, deturbatisque Samnitibus quae circa portam erant
muri occupavere; penetrare in interiora urbis, quia pauci admodum erant, non audent. Haec primo ignorare consul et intentus **42**
recipiendo exercitui esse: iam enim praeceps in occasum sol
erat, et adpetens nox periculosa et suspecta omnia etiam victoribus faciebat. progressus longius ab dextra capta castra videt, ab 2
laeva clamorem in urbe mixtum pugnantium ac paventium fre-
mitu esse; et tum forte certamen ad portam erat. advectus 3
deinde equo propius, ut suos in muris videt nec iam integri quicquam esse, quoniam temeritate paucorum magnae rei parta occasio esset, acciri quas receperat copias signaque in urbem in-
ferri iussit. ingressi proxima, ea parte, quia nox adpropinquabat, 4
quievere. nocte oppidum ab hostibus desertum est. caesa illo 5
die ad Aquiloniam Samnitium milia xx cccxl, capta iii dccc et
lxx, signa militaria xcvii. ceterum illud memoriae traditur, non 6
ferme alium ducem laetiorem in acie visum seu suopte ingenio
seu fiducia bene gerundae rei. ab eodem robore animi neque 7
controverso auspicio revocari a proelio potuit, et in ipso discrimine, quo templa deis inmortalibus voveri mos erat, voverat Iovi
Victori, si legiones hostium fudisset, pocillum mulsi, priusquam
temetum biberet, sese facturum. id votum dis cordi fuit, et auspicia in bonum verterunt.

---

5. — *quae* — *muri,* die Mauer auf beiden Seiten des Thores, wie im Folg.
interiora u., c. 43, 6; 5, 29, 4 u. ä.
42. 1—4. *ignorare,* er hätte
dann überhaupt nicht gewusst, was
geschah, s. c. 41, 11. — *praeceps,* 4,
9, 13. — *videt* gehört in der Bedeutung wahrnehmen auch zu *ab
laeva—esse,* 6, 25, 9. — *pugnant.
ac. p.,* Kampf- und Angstgeschrei, s.
6, 4, 5. — *integri,* er könne nicht
mehr frei verfügen, s. 30, 12, 20;
9, 16, 4. — *ingressi,* ohne Kampf,
c. 41, 14. — *ea parte,* statt des
hds. *ex p.,* weil man eine Andeutung
erwartet, dass dieser Theil bereits
von den Römern besetzt gewesen sei.
5—7. *capta III* n. *milia,* s. c. 29,
17: *octo,* eben so c. 43, 8: *ad IIII,* vgl.
Nieb. 3, 462; Ihne 1, 400. — *ceterum* etc., vgl. 7, 33, 1. — *suopte ing.,*
1, 18, 4, die bleibende, alle einzelnen Eigenschaften umfassende

Geistesanlage; *fiducia,* das Selbst-
vertrauen und die Sicherheit in dem
einzelnen Falle, vgl. 9, 16, 12 f. —
ab eod. r. a., es gieng von derselben
Energie aus, die sich in seiner
Freudigkeit aussprach, c. 31, 6; 3,
15, 7. — *neque* — *et* entsprechen
sich. — *revocari* etc., der c. 40, 11
ausgesprochene Grundsatz hätte
also nicht so fest gestanden. —
Victori, c. 29. — *pocillum m.,* ,,ein
Gläschen versüssten Weines,''
Plin. 14, 13, 91; Nieb. 3, 459; *temetum,* starker, ungemischter Wein.
Das Ganze ist wenigstens ein mit
dem Gotte getriebener Scherz,
wenn auch nicht Spott, s. c. 40, 10;
Momms. 1, 176 f.. Lange 2, 86. —
facturum, mit dem Dativ der Gottheit und dem Opfer im Accus. (oder
Abl.) oder einem von beiden verbunden ist *facere* = opfern. —
cordi, 6, 9, 3.

43　　Eadem fortuna ab altero consule ad Cominium gesta res.
prima luce ad moenia omnibus copiis admotis corona cinxit urbem subsidiaque firma, ne qua eruptio fieret, portis opposuit.
2 iam signum dantem eum nuntius a collega trepidus de viginti
cohortium adventu et ab impetu moratus est et partem copiarum revocare instructam intentamque ad oppugnandum coegit.
3 D. Brutum Scaevam legatum cum legione prima et decem cohortibus alariis equitatuque ire adversus subsidium hostium iussit:
4 quocumque in loco fuisset obvius, obsisteret ac moraretur, ma-
numque, si forte ita res posceret, conferret, modo ne ad Comi-
5 nium eae copiae admoveri possent. ipse scalas ferri ad muros
ab omni parte urbis iussit ac testudine ad portas successit; simul et refringebantur portae et vis undique in muros fiebat.
Samnites sicut, antequam in muris viderent armatos, satis animi
6 habuerunt ad prohibendos urbis aditu hostes, ita, postquam iam
non ex intervallo nec missilibus sed comminus gerebatur res, et,
qui aegre successerant ex plano in muros, loco, quem magis ti-
muerant, victo facile in hostem inparem ex aequo pugnabant,
7 relictis turribus murisque in forum omnes conpulsi, paulisper
8 inde temptaverunt extremam pugnae fortunam; deinde abiectis
armis ad xı milia hominum et cccc in fidem consulis venerunt;
caesa ad ıııı ᴅᴄᴄᴄʟxxx. — Sic ad Cominium, sic ad Aquiloniam
9 gesta res; inde medio inter duas urbes spatio, ubi tertia expe-

---

43. 1—4. *corona c.*, 4, 19, 8.
— *a coll.* etc., 9, 20, 2; über die
doppelte Präp. s. c. 26, 6; 2, 52, 7.
— *oppugnand.*, absolut. — *legion.*
p. e. d. c., mit der Hälfte des Heeres.
— *alariis*, c. 40, 8. — *equitatuque*,
mit der zu diesen Truppentheilen
gehörenden Reiterei, Marq. 3, 2,
305. — *subsid.*, die zum Entsatz
der Stadt kommenden Feinde. —
fuisset st. des fut. exact. — *obsi-*
steret nach *ire*, s. 3, 27, 4. — *man.*
conferret findet sich, wenn auch
seltener, neben *manum conserere.*
　5—6. *testudine* vgl. c. 41, 14;
34, 39, 6; 44, 9, 9, anders c. 29, 12.
—*simut et*—*et*,5,26,10. *vis fiebat*,3,
5, 5; 37, 11, 10. — *comminus* etc.,
nach der Darstellung L's hätten die
Römer die Mauer erstiegen, auf dieser in der Nähe und *ex aequo* ge-

kämpft und dann erst die Samniten
sich zurückgezogen. Da ein solcher
Kampf auf der Mauer schwerlich
statt finden konnte, so ist vielleicht
anzunehmen, dass die Stadt durch
terrassenförmige Abschroffung des
Berges, s. c. 17, 10; 41, 14, nur um
die Thore mit Mauern befestigt war,
so dass auf den einzelnen Terrassen
und auf der Höhe selbst in der Nähe
gekämpft werden konnte, s. Nieb. 3,
462; Abecken S. 149. — *et qui* u.
et (*postquam Romani*) *qui* — *suc-*
cess. — *in m.*, aufgerückt waren.
— *victo*, 2, 65, 5: *exsuperant.* —
conpulsi—*inde*, s. c. 17, 8.
　9—11. *inde*, die Beziehung der
Partikel ist unklar, da sie weder
local noch temporal passend genommen werden kann, man erwartet
vielmehr *interim* od. nur *in* wie *in*

ctata erat pugna, hostes non inventi. septem milia passum cum
abessent a Cominio, revocati ab suis neutri proelio occurrerunt.
primis ferme tenebris, cum in conspectu iam castra, iam Aqui- 10
loniam habuissent, clamor eos utrimque par accidens sustinuit;
deinde regione castrorum, quae incensa ab Romanis erant, flam- 11
ma late fusa certioris cladis indicio progredi longius prohibuit.
eo ipso loco temere sub armis strati passim inquietum omne 12
tempus noctis expectando timendoque lucem egere. prima luce
incerti, quam in partem intenderent iter, repente in fugam 13
consternantur conspecti ab equitibus, qui egressos nocte ab
oppido Samnites persecuti viderant multitudinem non vallo,
non stationibus firmatam. conspecta et ex muris Aquiloniae ea 14
multitudo erat, iamque etiam legionariae cohortes sequebantur.
ceterum nec pedes fugientes persequi potuit, et ab equite novis-
simi agminis ducenti ferme et octoginta interfecti; arma multa 15
pavidi ac signa militaria duodeviginti reliquere; alio agmine incolumi, ut ex tanta trepidatione, Bovianum perventum est.

Laetitiam utriusque exercitus Romani auxit et ab altera 44
parte feliciter gesta res. uterque ex alterius sententia consul captum oppidum diripiendum militi dedit, exhaustis deinde tectis
ignem iniecit; eodemque die Aquilonia et Cominium deflagravere, 2
et consules cum gratulatione mutua legionum suaque castra con-
iunxere. in conspectu duorum exercituum et Carvilius suos pro 3
cuiusque merito laudavit donavitque, et Papirius, apud quem
multiplex in acie, circa castra, circa urbem fuerat certamen, Sp.
Nautium, Sp. Papirium, fratris filium, et quattuor centuriones ma-

---

medio foro, *in media urbe* u. ä. —
passum, 4, 20, 8. — *occurr.,* kamen
— zu u. s. w., vgl. 31. 29, 1. —
habuissent; kurz st.: *eo venissent ut*
— *haberent*: bei dem Anbruche der
Dämmerung hielt sie das Geschrei,
dann, als die Nacht angebrochen
war, der Brand im Lager zurück.
sustinuit, 25, 36. 1: *nunc agendo
nunc sustinendo agmen.* — *regione*
c., c. 34, 7: in der Gegend, Richtung des Lagers. — *fusa=diffusa,*
vgl. 5, 54, 1. — *certioris* n. quam in
urbe. 1, 1, 4; 2, 51, 4: *proximam*;
es wird *certiori* verm.
12—15. *eo ipso,* wo si gerade
waren. — *temp.* — *egere,* s. c. 1, 4.
— *in fug.,* die Folge *des conster-*

nari, s. 7, 42, 3. — *conspecti ab eq.*
könnte bedeuten: entdeckt waren
sich entdeckt sahen, vgl. 22, 6, 10;
doch wäre dieses unklar ausgedrückt, und das folg. *iam etiam* etc.
zeigt, dass die Reiter sich schon
gegen sie gewendet haben; man erwartet daher *oppressi,* s. c. 32, 8,
oder wenigstens *conspectis equitibus,* Madvig entfernt *conspecti.* —
alio (das andere) *agm.* etc. als ob
pervenerunt folgte.

44. 1—5. *utriusque — ab altera*
p., Umschreibung des reciproken
Verhältnisses, vgl. nachher *mutua.*
— *ex sent.,* c. 30, 1. — *exhaustis,*
ausgeplündert. — *quatt. centur.,*
überhaupt 4 Centurionen, dass sie

4 nipulumque hastatorum armillis aureisque coronis donavit: Nautium propter expeditionem, qua magni agminis modo terruerat
hostes, iuvenem Papirium propter navatam cum equitatu et in
proelio operam et nocte, qua fugam infestam Samnitibus ab
5 Aquilonia clam egressis fecit, centuriones militesque, quia primi
portam murumque Aquiloniae ceperant, equites omnes ob insignem multis locis operam corniculis armillisque argenteis donat.
6 consilium inde habitum, cum iam tempus esset deducendi ab
7 Samnio exercitus aut utriusque aut certe alterius; optimum visum, quo magis fractae res Samnitium essent, eo pertinacius et
infestius agere cetera et persequi, ut perdomitum Samnium in-
8 sequentibus consulibus tradi posset: quando iam nullus esset
hostium exercitus, qui signis conlatis dimicaturus videretur,
unum superesse belli genus, urbium oppugnationes, quarum per
excidia militem locupletare praeda et hostem pro aris ac focis
9 dimicantem conficere possent. itaque litteris missis ad senatum
populumque Romanum de rebus ab se gestis diversi Papirius ad
Saepinum, Carvilius ad Veliam oppugnandam legiones ducunt.

45   Litterae consulum ingenti laetitia et in curia et in contione
auditae, et quadridui supplicatione publicum gaudium privatis

e i n e m Manipel angehört haben, ist
nicht gesagt, vgl. 8, 8, 4. — *armillis* 1, 11, 8; Paul. Diac. p. 25: *ar-
millas ex auro, quas viri militares
ab imperatoribus donati gerunt, di-
ctas esse existimant, quod antiqui
humeros cum brachiis armos dicebant.* — *coronis*, vgl. c. 46, 3; anderer Art sind die 7, 37 erwähnten.
— *fecit,* nicht *fecerat,* ist neben *terruerat* — *ceperant* gesagt, weil erst
jetzt diese That des Papirius berichtet wird, 9, 46, 11; 2, 1, 2:
regnarunt 23, 29, 16: *ea pugna* —
*adiunxit, Hasdrubalique—spem re-
liquerat.* — *fug. infestam,* c. 43, 13,
wie *agmen infestum,* 21, 33, 6 u. a.
— *centur. mil.,* nur die §3 genannten, aber die Ritter alle. — *corniculis,* kommt sonst als militärische
Auszeichnung bei den Römern nicht
vor; man hält es für eine Art Helm-
schmuck, vgl. Plin. 10, 43, 124.
6—9. *cum iam* etc., da sie jetzt
hätten abziehen können, wird ein
Kriegsrath gehalten darüber, ob dieses geschehen, oder der Krieg fort-

geführt werden solle. Will man
cum—alterius zum Folg. ziehen, so
muss *cum* concessiv genommen werden. — *ab Samnio,* ungewöhnlich
statt *ex S.* c. 37, 7; vgl. 45, 13, 9.
— *infestius* etc. und dann *excidia*
wie im Anfange des Krieges c. 14 f.
— *signis coll.,* aber in den Städten
und Castellen waren noch viele
Feinde, c. 39, 4. — *dimicat.,* in der
Verfassung, dass es — könne, vgl.
c. 45, 10; 12. — *aris ac f.,* 5, 30,
1. — *pop. Rom.,* obgleich die Berichte zunächst an die Magistrate
u. den Senat gerichtet waren, s. c.
45, 1; 22, 56 u. a. — *Saepinum,*
nicht weit östlich von Bovianum. —
Veliam, der Name ist nicht sicher;
das bekannte Velia an der West-
küste Lucaniens kann nicht gemeint
sein. — *ducunt,* c. 27, 8.
45. 1—3. *et in cont.,* s. 27, 50,
11: *in senatu primum deinde in
contione literae recitatae sunt*; 33,
24, 4. — *supplicatione,* c. 21, 6. —
privat. st., die eifrige Theilnahme
der Einzelnen in Bezug auf Opfer,

studiis celebratum est. nec populo Romano magna solum sed 2
peropportuna etiam ea victoria fuit, quia per idem forte tempus
rebellasse Etruscos adlatum est. subibat cogitatio animum, quo- 3
nam modo tolerabilis futura Etruria fuisset, si quid in Samnio
adversi evenisset, quae coniuratione Samnitium erecta, quoniam
ambo consules omnisque Romana vis aversa in Samnium esset,
occupationem populi Romani pro occasione rebellandi habuisset.
legationes sociorum, a M. Atilio praetore in senatum introductae, 4
querebantur uri ac vastari agros a finitimis Etruscis, quod desci-
scere a populo Romano nollent, obtestabanturque patres conscrip- 5
tos, ut se a vi atque iniuria communium hostium tutarentur.
responsum legatis curae senatui futurum, ne socios fidei suae
paeniteret; Etruscorum prope diem eandem fortunam quam Samnitium fore. segnius tamen, quod ad Etruriam adtinebat, acta 6
res esset, ni Faliscos quoque, qui per multos annos in amicitia
fuerant, adlatum foret arma Etruscis iunxisse. huius propinqui- 7
tas populi acuit curam patribus, ut fetiales mittendos ad res repetendas censerent. quibus non redditis ex auctoritate patrum
iussu populi bellum Faliscis indictum est, iussique consules sor- 8
tiri, uter ex Samnio in Etruriam cum exercitu transiret. iam Carvilius Veliam et Palumbinum et Herculaneum ex Samnitibus ceperat, Veliam intra paucos dies, Palumbinum eodem, quo ad mu- 9
ros accessit. ad Herculaneum etiam signis conlatis ancipiti proelio 10
et cum maiore sua quam hostium iactura dimicavit; castris deinde
positis moenibus hostem inclusit: oppugnatum oppidum cap-
tumque. in his tribus urbibus capta aut caesa ad x milia homi- 11

Gebete, Festmahle in den Privat-
wohnungen, s. 5, 13; 27, 51, 9. —
nec — magna sind durch die Stellung gehoben. — rebellasse, um sich
wieder mit den Samniten zu vereinigen, worauf § 3: erecta hindeutet. Aus der Theilnahme der
Falisker § 6 kann man schliessen,
dass es nicht die nördlichen Staaten,
s. c. 37, 4, sondern die an der röm.
Grenze (nach Nieb. 3, 475 auch
Vulsinii, s. Periocha 11) gewesen
seien. — quonam modo etc., übertreibend, s. c. 21; 9, 19, 3. — futura
fuisset, wegen des Präteritum subibat, sonst würde es futura fuerit
heissen, s. 28, 24, 2: adparuit,
quantam excitatura molem—fuisset,

s. c. 46, 6: potuisset; 36, 5, 6 u. a.
— coniurat., Verbindung zum
Kriege, 6, 2, 2 u. a.
4—11. sociorum, wahrscheinlich
wie 9, 32, 1. — praetore, als Stellvertreter der Consuln. — introductae, der regelmässige Ausdruck
für die Einführung fremder Gesandten in den Senat. — tutar.,
weil sie, Rom unterworfen, selbst
die Waffen nicht führen dürfen. —
Faliscos, diese haben bis jetzt, s. c.
12; 7, 22, 5, an den Bewegungen in
Etrurien keinen Antheil genommen;
Nieb. 3, 323. — Palumbin. ist so
unbekannt als Velia und Herculaneum. Der Muth der Samniten ist
nach dem Folg. noch keineswegs

num, ita ut parvo admodum plures caperentur. sortientibus provincias consulibus Etruria Carvilio evenit secundum vota militum,
12 qui vim frigoris iam in Samnio non patiebantur. Papirio ad Saepinum maior vis hostium restitit. saepe in acie, saepe in agmine,
saepe circa ipsam urbem adversus eruptiones hostium pugnatum. nec obsidio sed bellum ex aequo erat: non enim muris ma-
13 gis se Samnites quam armis ac viris moenia tutabantur. tandem
pugnando in obsidionem iustam coegit hostes, obsidendoque vi
14 atque operibus urbem expugnavit. itaque ab ira plus caedis editum capta urbe: vii milia cccc caesi, capta minus iii milia hominum. praeda, quae plurima fuit congestis Samnitium rebus in
46 urbes paucas, militi concessa est. Nives iam omnia oppleverant,
nec durari extra tecta poterat: itaque consul exercitum de Samnio
2 deduxit. venienti Romam triumphus omnium consensu est delatus. triumphavit in magistratu insigni, ut illorum temporum ha-
3 bitus erat, triumpho. pedites equitesque insignes donis transiere
ac transvecti sunt; multae civicae coronae vallaresque ac murales

gebrochen. — *parva adm.*, gar wenig mehr; sonst kommt *parvo* in diesem Sinne bei früheren Schriftstellern nicht vor, Plin. H. N. 2, 67,
168: *parvo brevius.* — *plures* n. als
getödtet waren. — *vim fr.*, in den
rauhen Gebirgen, namentlich auf dem
M. Matese, tritt der Winter früher
ein. — *patiebant.*, konnten ertragen;
indess bleibt das Heer des Papirius
noch länger in Samnium, c. 46, 1.

12—14. *ad Saep.* knüpft an c.
44, 9 an. — *maior vis*, doch wird
nicht wie von Carvilius *ancipiti
proelio* gekämpft. — *in acie*, in
Schlachtordnung gestellt, 5, 41, 4.
— *in agmine*, auf dem Marsche,
ehe sie vor die Stadt kommen, 23,
27, 2; 40, 39, 7, vgl. 29, 36, 4: *in
ipso itinere — conflixit.* — *bellum
e. a.*, ein eigentlicher Krieg, wo
beide Theile gleiche Vortheile und
Nachtheile haben, weil die Mauern
den Feinden nicht wie gewöhnlich
Schutz gewährten, sondern von ihnen geschützt wurden, vgl. im Folg.
iusta. — *ex aequo*, attributiv, s. 27,
2, 3: *luctu — ex praeterito*, 23, 7,
10 u. a., vgl. 7, 30, 2. — *muris —
moen.*, c. 17, 7; 22, 60, 23, chia-

stisch, das Vorhergeh.: *saepe* etc.
anaphorisch. — *obsid. vi* etc., durch
regelmässige Belagerung, dann durch
Sturm, der durch Belagerungswerke
vorbereitet und unterstützt wird.
— *paucas*, weil die Samniten *vicatim* wohnten, s. c. 17, 2.

46. 1—3. *consensu*, s. 8, 13, 9.
— *triumph.* — *delatus*, die Andeutung, dass Papir. ohne darum nach-
zusuchen den Triumph erhalten
habe, s. 3, 29, 4; 2, 47, 10, liegt
nicht nothwendig in dem Worte. —
triumphav. — *triumpho*, 2, 58, 5;
25, 18, 15: *donis donatus* u. a.
Nach den Triumphalfasten *an. CDLX.
de Samnitibus Id. Febr.* — *in magist.*, ist, obgleich damals das Gewöhnliche, s. Momms. Chronol. 84,
von L. nur selten bemerkt, s. 8, 26,
7. — *donis*, c. 44, 3 ; sie werden zum
Theil im Folg. erwähnt. — *transvecti*, die Ritter, 9, 46, 15. — *civicae*, 6, 20, 7. — *vallares*, sonst
castrenses, s. Gell. 5, 6, 17: *castrensis est corona, qua donat imperator eum, qui primus hostium
castra introivit; ea corona insigne
valli habet.*

conspectae; inspectata spolia Samnitium, et decore ac pulchritu- 4
dine paternis spoliis, quae nota frequenti publicorum ornatu locorum erant, conparabantur; nobiles aliquot captivi clari suis pa-
trumque factis ducti; aeris gravis travecta viciens centum milia 5
et ᴅxxxɪɪɪ milia — id aes redactum ex captivis dicebatur —, argenti, quod captum ex urbibus erat, pondo ᴍᴅᴄᴄᴄxxx. omne aes
argentumque in aerarium conditum, militibus nihil datum ex 6
praeda est. auctaque ea invidia est ad plebem, quod tributum
etiam in stipendium militum conlatum est, cum, si spreta gloria
fuisset captivae pecuniae in aerarium inlatae, et militi munus dari
ex praeda et stipendium militare praestari potuisset. aedem Qui- 7
rini dedicavit; quam in ipsa dimicatione votam apud neminem ve-

4—5. *inspect.* n. *sunt,* absichtlich
neben *conspectae* gestellt: genau
betrachtet. — *frequenti—locorum,*
die gleichartigen Redetheile sind,
wie oft, zusammengestellt. — *et —
compar.,* und wurden dann u. s. w.,
s. c. 30, 9: *aequata.* 3, 28,
10. — *aeris gr.,* 4, 41, 10; Kupfer-
geld war in einem Theile von
Samnium gebräuchlich, doch ist es
hier von denen gegeben, welche die
Gefangenen gekauft haben. Das
Silber kann Silbergeschirr oder
Silbergeld, welches aus den griechischen Städten, aus Lucanien und
Campanien nach Samnium kam, gewesen sein, Mommsen Gesch. d. r.
Münzw. 119. — *centum,* sonst auch
centena. Die Wiederholung von
milia ist regelmässig, nicht aber die
Verbindung *et quingenta* st. *viciens
quinquiens c. m.,* wahrscheinlich
war ursprünglich nur [XXV]
XXXIII geschrieben, s. Marquardt
3, 2, 32, woraus bei der Auflösung
in den Hdss. *vic. cent. mil. et
DXXXIII* entstanden ist. — *condit.,*
verborgen, vergraben. — *ex urbibus,* nach c. 44, 8; 45, 14 wäre die
Beute den Soldaten überlassen worden, vgl. jedoch 9, 37, 10.

6. *aucta,* weil sich der Unwille
darüber (*ea*), dass die Soldaten von
der reichen Beute nichts erhielten,
voraussetzen liess; Lange 2, 93. —
tributum etc., eine aus Ruhmsucht
(*gloria* etc.) hervorgegangene Ver-

letzung der Einrichtung, nach welcher die Staatscasse den Sold zu
tragen hatte, 4, 58f., also zunächst
die Beute dazu hätte verwendet
werden sollen. — *inlatae,* gebracht
zu haben. — *captivae,* 1, 53, 3; 21,
33, 11. — *munus,* s. § 15, od. *donum, donativum* scheint in dem
hds. *tum,* welches ohne Beziehung
sein würde, verdorben. — *stipendium*; aus den erbeuteten Summen
würde sich nach Mommsen die
Tribus 43, vgl. Gesch. d. Münzw.
292, ergeben, dass damals der Sold
etwa 240 Libralas betrug, Marq. 3,
2, 75. — *praestari = praeberi,* 2,
18, 11; 5, 32, 5, gewöhnlich von
der Staatscasse gebraucht, nicht =
dari, weshalb, obgleich sonst die
Feldherrn den Sold nach geendig-
tem Feldzuge auszahlen, die hdschr.
Lesart *praestare* nicht statt haben
kann. — *cum—potuisset,* wie 4, 58,
3: *ut, cum—sucurri, si maturatum
esset, potuisset,* — *venerit*; 31, 42,
7, da von *posse* die entsprechende
Form der conjugat. periphr. nicht
gebildet werden kann, während
sonst das plusquamperf. in dem bedingten Satze selten ist, s. 2, 33, 9;
Cic. Sest. 29, 63; *potuerit,* s. zu
31, 38, 5, scheint nicht gewählt,
weil ein Urtheil aus der Vergangenheit vorausgesetzt wird: *indigna-
bantur, quod collatum esset, cum,* vgl.
zu c. 45, 3.

7—9. *Quirini,* auf dem Quirinalis

terem auctorem invenio, neque hercule tam exiguo tempore perfi-
cere potuisset: ab dictatore patre votam filius consul dedicavit exor-
8 navitque hostium spoliis; quorum tanta multitudo fuit, ut non
templum tantum forumque iis ornaretur, sed sociis etiam colo-
nisque finitumis ad templorum locorumque publicorum ornatum
9 dividerentur. ab triumpho exercitum in agrum Vescinum, quia
regio ea infesta ab Samnitibus erat, hibernatum duxit.
10   Inter haec Carvilius consul in Etruria Troilum primum oppugnare adortus cccclxx ditissimos, pecunia grandi pactos, ut
11 abire inde liceret, dimisit, ceteram multitudinem oppidumque
ipsum vi cepit. inde quinque castella locis sita munitis expugna-
12 vit. caesa ibi hostium ii milia cccc, minus ii milia capti. et Faliscis pacem petentibus annuas indutias dedit, pactus c milia gra-
13 vis aeris et stipendium eius anni militibus. his rebus actis ad
triumphum decessit, ut minus clarum de Samnitibus quam col-
14 legae triumphus fuerat, ita cumulo Etrusci belli aequatum. aeris
gravis tulit in aerarium cccclxxx milia; reliquo aere aedem Fortis
Fortunae de manubiis faciendam locavit prope aedem eius deae

wo nach 4,21 schon ein Tempel des
Quirinus stand, der jetzt vielleicht
wieder hergestellt worden ist, vgl.
Plin. 7, 60, 213: *princeps Romanis
solarium horologium statuisse ante
XI annos quam cum Pyrro bellatum est ad aedem Quirini L. Papirius,
Cursor, cum eam dedicaret a patre suo votam, — proditur,* vgl.
Becker 1, 570; der Tag der Dedication war der 29. Iun. CIL. 395.—
tam exig., während des Feldzuges.
— *dedicavit* scheint wiederholt,
weil L. der Gedanke vorschwebte:
vielmehr hat er ihn geweiht, da u.
s. w.; zur Sache s. 29, 11, 13;
Marq. 4, 224.— *forumq.* etc., 9, 40,
16.— *sociis e.* etc., was hier bei-
läufig erwähnt wird, war wahrscheinlich wenigstens in Bezug auf
die Campaner gewöhnlich, 9, 40, 17,
Lange 2, 110; 79. — *colonis* wie c.
21, 9. — *ab tr.*, sogleich nach, s.
c. 31, 3. — *Vescinum,* wie c. 20;
31. — *infesta ab,* 6, 5, 3; vgl. 7,
25, 4: *mare infestum classibus —
— erat.* — *hibernat.,* 7, 38, 4.
    10—14. *Troilum,* es ist zwei-
felhaft, ob es die sonst Trossulum

genannte Stadt gewesen sei, Dennis S. 347. — *caesq — capti,* c. 45,
14. — *centum m.,* also mehr als die
reichen Städte, c. 37, 5. — *indutias,*
s. 9, 5, 1.— *triumphum,an. CDLX.
de Samnitibus Idib. Ian.,* also vor
dem § 2 erwähnten. — *reliquo ae.,*
ist im Allgemeinen das Geld, wo-
mit die beiden folg. Ausgaben be-
stritten werden *de manubii* und *ex;
praeda* sind, wenn auch grammatisch nicht genau, zur näheren Bestimmung, woher des Einzelne genommen worden sei, hinzugefügt. —
Fortis Fort., Donat. *Fortuna dicta
est incerta res, Fors Fortuna eventus fortunae bonus.* Der Tempel
stand trans Tiberim; den des Servius hat L. nicht erwähnt, 1, 42, 3;
Becker 1, 479; CIL. 395. Wie
wenig es L. um Vollständigkeit zu
thun war, zeigt Plin. 34, 7, 43: *fecit et Sp. Carvilius Iovem, qui est
in Capitolio, victis Samnitibus sacrata lege pugnantibus, e pectoralibus* (s. 9, 40, 3) *eorum ocreisque et
galeis; amplitudo tanta est, ut conspiciatur a Latiari Iove.* — *manubiis,* 1, 55, 7, das aus dem Ver-

ab rege Servio Tullio dedicatam; et militibus ex praeda centenos 15
binos asses et alterum tantum centurionibus atque equitibus, ma-
lignitate collegae gratius accipientibus munus, divisit. favor con- 16
sulis tutatus ad populum est L. Postumium legatum eius, qui
dicta die a M. Scantio tribuno plebis fugerat in legatione, ut fama
ferebat, populi iudicium; iactarique magis quam peragi accusatio
eius poterat.

Exacto iam anno novi tribuni plebis magistratum inierant, 47
hisque ipsis, quia vitio creati erant, quinque post dies alii suffecti. — Lustrum conditum eo anno est a P. Cornelio Arvina C. 2
Marcio Rutilo censoribus; censa capitum milia CCLXII. CCCXXI.
censores vicesimi sexti a primis censoribus, lustrum unde vicesi-

kauf der Beute gelöste Geld, von
dem die Feldherrn einen Theil be-
kamen, s. 23, 11, 3, welchen sie bisweilen auf Erbauung von Tempeln,
die Verschönerung der Stadt u. s. w.
verwendeten, s. Cic. leg. agr. 2, 23;
*si est aequum praedam ac manubias
suas imperatores non in monumenta
deorum immortalium neque in urbis
ornamenta conferre*; L. 33, 27, 4. :

15—16. *alterum tant.*, 1, 36, 7. —
centur. a. eq., ebenso bekommen die
beiden genannten Classen gleichen
Antheil, 33, 23, 7: *duplex*; ib. 37,
12: *triplex*, vgl. 4, 34, 4; in der
Rogel erhält der Centurio das Doppelte, der Ritter das Dreifache des
gemeinen Soldaten, in demselben
Verhältnisse wie den Sold; vgl. 34,
52, 11; 37, 59, 6 u. a. — *maligni-
tate*, 5, 22, 1. — *dicta d.*, c. 13, 14,
wegen des ungesetzlichen Verfahrens während seiner Amtsführung,
c. 37; Rein Criminalr. 601. — *in
legat.*, indem er in der Stelle als
Legat, die er sich vom Senate wol
mit Zustimmung des Volumnius
übertragen liess, s. 37, 1, 9; Cic.
De imp. Pomp. 19, 57, bis an das
Ende des Feldzuges blieb; viell. ist
in zu tilgen: durch die Uebernahme
der Stelle als Legat. — *iactari*.
1, 50, 2. — *peragi — pot.*, nach
c. 47, 1 scheint Scantius zur Zeit
des Triumphes, den Iden des Ian.,
nicht mehr im Amte gewesen zu

sein; die Klage müsste also vor
dem 10. Dcbr. des vorherg. Jahres
von ihm erhoben, von einem seiner
Nachfolger wieder aufgenommen,
aber in Folge der Verwendung des
Volumnius aufgegeben worden sein.

47. Verschiedene Nachrichten.

1. *iam* scheint sich auf die eben-
berührte Anklage des Postumius zu
beziehen: des Jahr (es ist wol das
Amtsjahr der Volkstribunen) war
damals bereits abgelaufen. — *hisq,
ipsis*, gerade die, welche so eben das
Amt angetreten hatten, im Gegensatze zu *alii*. — *vitio creat.*, ob die
plebejischen Magistrate, wenn auch
nicht von Anfang an, unter ähnlichen Auspicien wie die übrigen gewählt worden sind, und von welcher
Zeit an dieses geschehen sei, lässt
sich nicht bestimmen, Mommsen
Forsch. 1, 198; Lange 2, 411, vgl.
L. 40, 42, 10. — *quinque p. d.*, der
Antrittstermin der Tribunen ist
durch diese Unregelmässigkeit nicht
wie der anderer Magistrate verän-
dert worden, sondern immer der
10. December geblieben.

2. *milia* etc., vgl. 7, 25, 8; 9, 19,
2. — *inde vices.*: von da (den ersten
Censoren) an; so ist wahrscheinlich
nach jüngeren Hdss. statt *undevi-
cesimum* zu lesen, s. Huschke Serv.
Tull. 461; Hermes 1, 129; die Capitol. Fasten geben, von dem ersten
lustrum an gerechnet, im J. 461 das

3 mum fuit. — Eodem anno coronati primum ob res bello bene
gestas ludos Romanos spectarunt, palmaeque tum primum trans-
4 lato e Graecia more victoribus datae. — Eodem anno ab aedilibus curulibus, qui eos ludos fecerunt, damnatis aliquot pecuariis
5 via a Martis silice ad Bovillas perstrata est. — Comitia consularia L. Papirius habuit; creavit consules Q. Fabium Maximi f. Gur-
gitem et D. Iunium Brutum Scaevam; ipse Papirius praetor fa-
6 ctus. — Multis rebus laetus annus vix ad solacium unius mali,
pestilentiae urentis simul urbem atque agros, suffecit; portento-
que iam similis clades erat, et libri aditi, quinam finis aut quod
7 remedium eius mali ab diis daretur. inventum in libris Aescula-
pium ab Epidauro Romam arcessendum. neque eo anno, quia

dreissigste lustrum an; L. hat bis
zur ersten Censur 10 lustra, s. 3,
24, 10, und wird also in Uebereín-
stimmung mit den Fasten jetzt das
20. gezählt und durch *inde* wie 3,
24 den Ausgangspunkt der Rechnung
angegeben haben. Wahrscheinlich
hatten die Annalisten, denen erfolgt,
je das zehnte lustrum angemerkt.

3. *ob res b.* etc., gehört zu *coronati*, s. Polyb. 6, 39: οἱ τυχόντες
τῶν τοιούτων (Kronen u. a.) δωρε-
ῶν — τάς τε πομπὰς ἐπισήμως
πομπεύουσι διὰ τὸ μόνοις ἐξεῖ-
ναι περιτίθεσθαι κόσμον τοῖς ὑπὸ
τῶν στρατηγῶν ἐπ᾽ ἀνδραγαθίᾳ τε-
τιμημένοις, s. c. 46, 3; vgl. jedoch
25, 12, 15; Gell. 6 (7), 4, 5; Mommsen 1, 794. — *palmae*, Palmzweige
als Siegespreise; es ist wol an die
Kämpfer in den circens. Spielen zu
denken. Wie dieses, so ist auch wol
die Bekränzung durch griechischen
Einfluss herbeigeführt worden, der
sich jetzt schon in mehrfachen Verhältnissen geltend macht, s. 9, 45,
1; Plin. 34, 6, 26; Nieb. 3, 363.

4. *ludos*, s. 6, 42, 12; 8, 40, 2;
vgl. 10, 23, 13. — *pecuariis*, c. 23,
13, vgl. Nitzsch die Gracchen S. 16.
— *a Martis*, s. c. 23, 12; 6, 5, 8. —
ad Bovillas, ist eine Fortsetzung des
c. 23 erwähnten Weges, aber keine

semita, sondern ein gepflasterter
(*silice*) Fahrweg. Da die Appische
Strasse ebenfalls nach Bovillae
führte, so ist wol anzunehmen, dass
diese anfangs nicht vollständig ge-
pflastert gewesen sei, s. Becker 1,
512, weniger wahrscheinlich, dass
ein zweiter Weg neben derselben
sei angelegt worden, Becker, Gallus 1, 71, vgl. Philolog. XVII, 730.
Eine neue Herstellung des Weges
wird 38, 28, 3 erwähnt.

5. *creavit*, 1, 32, 1. — *Fabium*,
c. 31; *Maximi f.*, s. 4, 16, 7 : *Cincinnati*. — *Brutum*, c. 43. — *ipse*,
er hat sich also selbst renuntiirt, s.
c. 15, 10.

6 — 7. *pestilentiae*, sie dauert schon
das dritte Jahr, c. 31, 8; Nieb. 3,
477. — *urentis*, tropisch wie c. 17,
1; 36, 23, 5: *labore urente*. — *por-
tento sim.*, 8, 18, 11. — *Aesculap.*, die
sibyll. Bücher ordnen wie in anderen Fällen, 5, 13, 6, die Verehrung
eines griechischen Gottes, und zwar,
da Apollo schon aufgenommen ist,
die eines anderen Heilgottes an,
Preller S. 134; Schwegler 1, 803.
— *ab Epidaur.*, ob der Name der
Stadt, an der Küste von Argolis, in
den sibyll. Büchern stand, oder als
der Ort, wo Aesculap besonders
verehrt wurde, 45, 28, 3, von den

bello occupati consules erant, quicquam de ea re actum, praeterquam quod unum diem Aesculapio supplicatio habita est.

Decemvirn hinzugefügt ist, lässt sich
nicht entscheiden. — *bello occ.*, die
gewöhnliche Construct. bei L., der
selten, wie Cicero, *in* hinzufügt, 34,
6, 15: *in luxuria—occupatae erant*;
41, 3, 7 : *in praeda occupati.* Der

Krieg erscheint wichtiger als Pest
und Götterspruch, vgl. Periocha XI.
—*unum d.*, nur einen Tag, 28, 11, 5:
supplicationem unum diem habere,
c. 21, 6; anders 39, 22, 4. — *supplicatio*, wie c. 23, 1.

TITI LIVI
AB URBE CONDITA LIBRORUM PERIOCHAE.

EX LIB. VI.

Res adversus Vulscos et Aequos et Praenestinos prospere gestas continet. quattuor tribus adiectae: Stellatina Tromentina Sabatina Arniensis.
M. Manlius, qui Capitolium a Gallis defenderat, cum obstrictos aere alieno
liberaret, nexos exsolveret, crimine adfectati regni damnatus de saxo
deiectus est; in cuius notam senatus consultum factum est, ne cui de Man-
lia gente Marco nomen esset. C. Licinius et L. Sextius tribuni plebis legem promulgaverunt, ut consules ex plebe fierent, qui ex patribus creabantur; eamque cum magna contentione repugnantibus patribus, cum idem tribuni plebis per quinquennium soli magistratus fuissent, pertulerunt; et primus
ex plebe consul L. Sextius creatus est. lata est et altera lex, ne cui plus quingentis iugeribus agri liceret possidere.

EX LIB. VII.

Duo novi magistratus adiecti sunt, praetura et curulis aedilitas. pestilentia civitas laboravit, eamque insignem fecit mors Furi Camilli. cuius
remedium et finis cum per novas religiones quaereretur, ludi scaenici tunc
primum facti sunt. cum dies L. Manlio dicta esset a M. Pomponio tribuno
plebis propter dilectum acerbe actum et T. Manlium filium rus relegatum
sine ullo crimine, adulescens ipse, cuius relegatio patri obiciebatur, venit
in cubiculum tribuni strictoque gladio coegit eum in verba sua iurare se non
perseveraturum in accusatione. tunc omnia pretiosa missa sunt in praealtam
voraginem urbis Romanae; in eam Curtius armatus sedens equo praecipi-
tavit, et expleta est. T. Manlius adulescens, qui patrem a tribunicia vexatione vindicaverat, contra Gallum provocantem aliquem ex militibus Romanis in singulare certamen *descendit*, eique occiso torquem aureum detraxit,

quem ipse postea tulit, et ex eo Torquatus est nuncupatus. duae tribus additae, Pomptina et Publilia. Licinius Stolo lege *ab ipso* lata damnatus est,
quod plus quingentis iugeribus agri possideret. M. Valerius tribunus militum Gallum, a quo provocatus erat, insidente galeae corvo et unguibus rostro-
que hostem infestante occidit et ex eo Corvini nomen accepit, consulque
proximo anno, cum annos XXIII haberet, ob virtutem creatus est. amicitia cum Carthaginiensibus iuncta est. Campani cum a Samnitibus bello
urgerentur, auxilio adversus eos a senatu petito, cum id non inpetrarent,
urbem et agros populo Romano dediderunt. ob quam causam ea, quae populi Romani facta essent, defendi bello adversus Samnites placuit. cum
ab A. Cornelio consule exercitus in locum inicum deductus in magno discrimine esset, P. Deci Muris tribuni militum opera servatus est, qui occupato colle super id iugum, in quo Samnites consederant, occasionem consuli in aequiorem locum evadendi dedit; ipse ab hostibus circumsessus
erupit. cum milites Romani, qui Capuae in praesidio relicti erant, de oc-
cupanda urbe conspirassent, et detecto consilio metu supplici a populo Romano defecissent, per M. Valerium Corvum dictatorem, qui consilio suo
eos a furore revocaverat, patriae restituti sunt. res praeterea contra Hernicos et Gallos et Tiburtes et Privernates et Tarquinienses et Samnites et
Vulscos prospere gestas continet.

EX LIB. VIII.

Latini cum Campanis defecere, et missis legatis ad senatum condicionem tulerunt, ut, si pacem habere vellent, alterum ex Latinis consulem facerent; qua legatione perlata praetor eorum Annius de Capitolio ita pro-
lapsus est, ut exanimaretur. T. Manlius consul filium, quod contra edictum
eius adversus Latinos pugnaverat, quamvis prospere pugnasset, securi percussit. laborantibus in acie Romanis P. Decius, tunc consul cum Manlio,
devovit se pro exercitu et, concitato equo cum in medios hostes se intulisset, interfectus morte sua Romanis victoriam restituit. Latini in deditionem venerunt. T. Manlio in urbem reverso nemo ex iuventute obviam
processit. Minucia virgo Vestalis incesti damnata est. Ausonibus victis
in oppidum ex eis captum Cales colonia deducta est; item Fregellae colonia deducta est. veneficium conplurium matronarum deprehensum est, ex
quibus plurimae statim epotis medicaminibus perierunt. lex de veneficio
tunc primum constituta est. Privernatibus, cum rebellassent, victis civitas data est. Neapolitani bello et obsidione victi in deditionem venerunt.
Q. Publilio, qui eos obsederat, primo et imperium prolatum est et pro consule triumphus decretus. plebs nexu liberata est propter L. Papiri credi-
toris libidinem, qui C. Publilio debitori suo stuprum inferre voluerat. cum
L. Papirius Cursor dictator reversus in urbem ab exercitu esset propter
auspicia repetenda, Q. Fabius magister equitum, occasione bene gerendae
rei invitatus, contra edictum eius prospere adversus Samnites pugnavit.
ob eam causam cum dictator de magistro equitum supplicium sumpturus
videretur, Fabius Romam profugit et, cum parum causa proficeret, populi precibus donatus est. res praeterea contra Samnites prospere gestas
continet.

EX LIB. IX.

T. Veturius Sp. Postumius consules apud Furcas Caudinas deducto in locum artum exercitu, cum spes nulla esset evadendi, foedere cum Samnitibus facto et sescentis equitibus Romanis obsidibus datis ita exercitum abduxerunt, ut omnes sub iugum mitterentur: idemque auctore Sp. Postumio consule, qui in senatu suaserat, ut eorum deditione, quorum culpa tam deforme foedus ictum erat, publica fides liberaretur, cum duobus tribunis plebis et omnibus, qui foedus spoponderant, dediti Samnitibus non sunt recepti. nec multo post fusis a Papirio Cursore Samnitibus et sub iugum missis receptisque sescentis equitibus Romanis, qui obsides dati erant, pudor flagitii prioris abolitus est. tribus duae adiectae sunt, Oufentina et Falerna. Suessam et Pontias coloniae deductae sunt. Appius Claudius censor aquam Claudiam perduxit; viam stravit, quae Appia vocata est; libertinorum filios in senatum legit; ideoque, quoniam is ordo indignis inquinatus videbatur, sequentis anni consules in senatu observaverunt, quemadmodum ante proximos censores fuerat. res praeterea contra Apulos *et* Etruscos et Umbros et Marsos et Paelignos et Aequos et Samnites, quibus foedus restitutum est, prospere gestas continet. Cn. Flavius scriba, libertino patre natus, aedilis curulis fuit, per forensem factionem creatus, quae cum comitia et campum turbaret et in his propter nimias vires dominaretur, a Q. Fabio censore in quattuor tribus redacta est, quas urbanas appellavit; eaque res Fabio Maximo nomen dedit. in hoc libro mentionem habet Alexandri, qui temporibus his fuit, et aestimatis populi Romani viribus, quae tunc erant, colligit, si Alexander in Italiam traiecisset, non tam facilem ei victoriam de populo Romano fore, quam de his gentibus, quas ad orientem imperio suo subiecerat.

EX LIB. X.

Coloniae deductae sunt Sora et Alba et Carseoli. Marsi in deditionem accepti sunt. collegium augurum ampliatum est, ut essent novem, cum antea quaterni fuissent. lex de provocatione ad populum a Murena consule tertio tunc lata est. duae tribus adiectae sunt, Aniensis es Teretina. Samnitibus bellum indictum est et adversos eos saepe prospere pugnatum est. cum adversus Etruscos Umbros Samnites Gallos P. Decio et Q. Fabio ducibus pugnaretur et Romanus exercitus in maximo discrimine esset, P. Decius, secutus exemplum patris, devovit se pro exercitu, et morte sua victoriam eius pugnae populo Romano dedit. Papirius Cursor Samnitium exercitum, qui iure iurando obstrictus, quo maiore contantia virtutis pugnaret, in aciem descenderat, fudit. census actus est, lustrum conditum: censa sunt civium capita CCLXXII et CCCXX.

EX LIB. XI.

Cum Fabius Gurges consul male adversus Samnites pugnasset et senatus de removendo eo ab exercitu ageret, Fabius Maximus pater depre-
catus hanc fili ignominiam eo maxime senatum movit, quod iturum se filio
legatum pollicitus est, idque praestitit. eius consiliis et opera filius consul adiutus caesis Samnitibus triumphavit; C. Pontium imperatorem Samnitium ductum in triumpho securi percussit. cum pestilentia civitas labora-
ret, missi legati, ut Aesculapi signum Romam ab Epidauro transferrent,
anguem, qui se in navem eorum contulerat, in quo ipsum numen esse constabat, deportaverunt; eoque in insulam Tiberis egresso eodem loco aedes
Aesculapio constituta est. L. Postumius consularis, quoniam, cum exercitui praeesset, opera militum in agro suo usus erat, damnatus est. pacem
petentibus *Samnitibus* foedus quarto renovatum est. Curius Dentatus consul Samnitibus caesis et Sabinis, qui rebellaverant, victis et in deditionem
acceptis bis in eodem magistratu triumphavit. coloniae deductae sunt Ca-
strum Sena Hadria. triumviri capitales tunc primum creati sunt. censu
acto lustrum conditum est: censa sunt civium capita CCLXXII. plebs
propter aes alienum post graves et longas seditiones ad ultimum secessit in
Ianiculum, unde a Q. Hortensio dictatore deducta est; isque in ipso magistratu decessit. res praeterea contra Vulsinienses gestas continet, item adversus Lucanos, contra quos auxilium Thurinis ferre placuerat.

EX LIB. XII.

Cum legati Romanorum a Gallis Senonibus interfecti essent, bello ob
id Gallis indicto L. Caecilius praetor ab eis cum legionibus caesus est.
cum a Tarentinis classis Romana direpta esset, duumviro, qui praeerat
classi, occiso, legati ad eos a senatu, ut de his iniuriis quererentur, missi
pulsati sunt. ob id bellum eis indictum est. Samnites defecerunt. adversus eos et Lucanos et Brittios et Etruscos aliquot proeliis a conpluribus
ducibus bene pugnatum est. Pyrrhus, Epirotarum rex, ut auxilium Tarentinis ferret, in Italiam venit. cum in praesidium Reginorum legio Campana
cum praefecto Decio Vibellio missa esset, occisis Reginis Regium oc-
cupavit.

EX LIB. XIII.

Valerius Laevinus consul parum prospere adversus Pyrrhum pugnavit,
elephantorum maxime inusitata facie territis militibus. post id proelium
cum corpora Romanorum, qui in acie ceciderant, Pyrrhus inspiceret, omnia
versa in hostem invenit. populabundus usque ad urbem Romanam processit. C. Fabricius missus ad eum a senatu, ut de redimendis captivis ageret, frustra, ut patriam desereret, a rege temptatus est. captivi sine pretio

remissi sunt. Cineas legatus a Pyrrho ad senatum missus petiit, ut conpo-
nendae pacis causa rex in urbem reciperetur. de qua re cum ad frequentiorem senatum referri placuisset, Appius Claudius, qui propter valetudinem oculorum iam diu consiliis publicis se abstinuerat, venit in curiam et
sententia sua tenuit, ut id Pyrrho negaretur. Cn. Domitius censor primus ex plebe lustrum condidit: censa sunt civium capita CCLXXXVII
CCXXII. iterum adversus Pyrrhum dubio eventu pugnatum est. cum Carthaginiensibus quarto foedus renovatum est. cum C. Fabricio consuli is,
qui ad eum a Pyrrho transfugerat, polliceretur venenum se regi daturum,
cum indicio ad regem remissus est. res praeterea contra Lucanos et Bruttios, Samnites et Etruscos prospere gestas continet.

EX LIB. XIV.

Pyrrhus in Siciliam traiecit. cum inter alia prodigia fulmine deiectum
esset in Capitolio Iovis signum, caput eius per haruspices inventum est.
Curius Dentatus cum dilectum haberet, eius, qui citatus non responderat,
bona primus vendidit; item Pyrrhum ex Sicilia in Italiam reversum vicit
et Italia expulit. Fabricius censor P. Cornelium Rufinum consularem senatu movit, quod is X argenti pondo facti haberet. lustro a censoribus con-
dito censa sunt capita civium CCLXXI CCXXXIIII. cum Ptolemaeo Aegypti rege societas iuncta est. Sextilia virgo Vestalis damnata incesti viva
defossa est. coloniae deductae sunt Posidonia et Cosa. Carthaginiensium
classis auxilio Tarentinis venit, quo facto ab his foedus violatum est. res
praeterea contra Lucanos et Bruttios et Samnites feliciter gestas et Pyrrhi
regis mortem continet.

EX LIB. XV.

Victis Tarentinis pax et libertas data est. legio Campana, quae Regium
occupaverat, obsessa deditione facta securi percussa est. cum legatos Apol-
loniatium ad senatum missos quidam iuvenes pulsassent, dediti sunt Apollo-
niatibus. Picentibus victis pax data est. coloniae deductae Ariminum in
Piceno, Beneventum in Samnio. tunc primum populus Romanus argento uti
coepit, Umbri et Sallentini victi in deditionem accepti sunt. quaestorum
numerus ampliatus est, ut essent *octo*.

EX LIB. XVI.

Origo Carthaginiensium et primordia urbis eorum referuntur. contra
quos et Hieronem regem Syracusanorum auxilium Mamertinis ferendum senatus censuit, cum de ea re inter suadentes, ut id fieret, dissuadentesque
contentio fuisset; transgressisque tunc primum mare exercitibus Romanis
adversus Hieronem saepius bene pugnatum. petenti pax data est. lustrum
a censoribus conditum: censa sunt civium capita CCCLXXXII CCXXXIIII.
Decimus Iunius Brutus munus gladiatorium in honorem defuncti patris primus edidit. colonia Aesernia deducta est. res praeterea contra Poenos et
Vulsinios prospere gestas continet.

EX LIB. XVII.

Cn. Cornelius consul a classe Punica circumventus et per fraudem, velut in conloquium evocatus, captus est. C. Duillius consul adversus classem Poenorum prospere pugnavit, primusque omnium Romanorum ducum
navalis victoriae duxit triumphum, ob quam causam ei perpetuus quoque
honos habitus est, ut revertenti a cena tibicine canente funale praeferretur.
L. Cornelius consul in Sardinia et Corsica contra Sardos et Corsos et Han-
nonem Poenorum ducem feliciter pugnavit. Atilius Calatinus consul cum
in locum a Poenis circumsessum temere exercitum duxisset, M. Calpurni
tribuni militum virtute et opera evasit, qui cum CCC militibus eruptione
facta hostes in se converterat. Hannibal dux Poenorum victa classe, cui
praefuerat, a militibus suis in crucem sublatus est. Atilius Regulus consul victis navali proelio Poenis in Africam traiecit.

EX LIB. XVIII.

Atilius Regulus in Africa serpentem portentosae magnitudinis cum
magna clade militum occidit, et cum aliquot proeliis bene adversus Carthaginienses pugnasset, successorque ei a senatu prospere bellum gerenti non
mitteretur, id ipsum per litteras ad senatum missas questus est, in quibus
inter causas petendi successoris *erat*, quod agellus eius a mercennariis de-
sertus esset. quaerente deinde fortuna, ut magnum utriusque casus exemplum in Regulo proderetur, arcessito a Carthaginiensibus Xanthippo,
Lacedaemoniorum duce, victus proelio et captus est. res deinde a ducibus
Romanis omnibus terra marique prospere gestas deformaverunt naufragia
classium. Tib. Coruncanius primus ex plebe pontifex maximus creatus est.
M. Sempronius Sophus *M'*. Valerius Maximus censores cum senatum legerent, XVI senatu moverunt; lustrum condiderunt, quo censa sunt civium
capita CCXCVII DCCXCVII. Regulus missus a Carthaginiensibus ad
senatum, ut de pace et, si eam non posset impetrare, de commutandis
captivis ageret, sed iure iurando adstrictus rediturum se Carthaginem, si
commutari captivos non placuisset, utrumque negandi auctor senatui fuit
et, cum fide custodita reversus esset, supplicio a Carthaginiensibus de eo
sumpto perit.

EX LIB. XVIIII.

Caecilius Metellus rebus adversus Poenos prospere gestis speciosum
egit triumphum XIII ducibus hostium et CXX elephantis in eo ductis. Claudius Pulcher consul, contra auspicia profectus, iussit mergi pullos, qui ci-
bari nolebant. infeliciter adversus Carthaginienses classe pugnavit, et revocatus a senatu iussusque dictatorem dicere Claudium Gliciam dixit, sortis
ultimae hominem; qui coactus abdicare se magistratu postea ludos prae-
textatus ¦spectavit. A. Atilius Calatinus primus dictator extra Italiam
exercitum duxit. commutatio captivorum cum Poenis facta est. coloniae

deductae sunt Fregenae *et* in agro Sallentino Brundisium. lustrum a censoribus conditum est: censa sunt civium capita CCXLI CCXII. Claudia, soror P. Claudi, qui contemptis auspiciis male pugnaverat, a ludis revertens
cum turba premeretur, dixit ,,utinam frater meus viveret iterum*que*
classem duceret.'' ob eam causam multa ei dicta est. duo praetores tunc
primum creati sunt. Caecilius Metellus pontifex maximus A. Postumium
consulem, quoniam idem et flamen Martialis erat, cum is ad bellum geren-
dum proficisci vellet, in urbe tenuit nec passus est a sacris recedere. rebus
adversus Poenos a pluribus ducibus prospere gestis summam victoriae C.
Lutatius consul victa ad Aegates insulas classe Poenorum imposuit.
petentibus Carthaginiensibus pax data est. cum templum Vestae arderet,
Caecilius Metellus pontifex maximus ex incendio sacra rapuit. duae tribus
adiectae sunt, Velina et Quirina.

EX LIB. XX.

Falisci cum rebellassent, sexto die perdomiti in deditionem venerunt.
Spoletium colonia deducta est. adversus Ligures tunc primum exercitus
promotus est. Sardi et Corsi cum rebellassent, subacti sunt. Tuccia virgo
Vestalis incesti damnata est. bellum Illyriis propter unum ex legatis, qui
ad eos missi erant, occisum indictum est, subactique in deditionem venerunt. praetorum numerus ampliatus est, ut essent IIII. Galli Transalpini,
qui in Italiam inruperant, caesi sunt. eo bello populum Romanum sui
Latinique nominis CCC armatorum habuisse dicit. exercitibus Romanis
tunc primum trans Padum ductis Galli Insubres aliquot proeliis fusi
in deditionem venerunt. M. Claudius Marcellus consul occiso Gallorum
Insubrium duce Virdomaro opima spolia retulit. Histri subacti sunt. item
Illyrii, cum rebellassent, domiti in deditionem venerunt. lustrum a censoribus *bis* conditum est: primo lustro censa sunt civium capita CCLXX
CCXIII** libertini in quattuor tribus redacti sunt, cum antea dispersi per
omnes fuissent, Esquilinam Palatinam Suburanam Collinam. *C. Flaminius
censor viam Flaminiam* muniit et circum Flaminium exstruxit. coloniae
deductae sunt in agro *a* Gallis capto Placentia et Cremona.

VERZEICHNISS DER STELLEN,

AN DENEN CONJECTUREN AUFGENOMMEN SIND.

VI. 1, 6. [*legatus*] Cobet; legatus. 1, 8. [*iterum*] *is* Baumgarten-Crusius; iterum is. 4, 7. *Ser. Sulpicius* Mog.; servilius sulpicius. 5, 5. *moverunt* Madvig; moveunt. 5, 7. *C. Cornelium, C. Sergium* Sig.; cn. sergium. ib. *L. Menenium* Sig.; licinium menenium. 6, 8. *honoratorum* A.; honoratum. 8, 7. *fugam impediebat* edd. vv.; fuga impediebatur. 9, 9. *non tam a* Heerwagen; montana oder: non tanta.10, 1. [*in*] *eo* Gr.; in eo. 11, 1. *Cursore iterum C. Sergio iterum* Glar.; cursore II. 11, 8. *fidem moliri* Sig.; idem moliri. 13, 4. *instare* Fr. 1.; stare. 14, 2. *intuenti* Gr.; intuenda. 18, 1. *Servius Cornelius* Sig.; sergius cornelius. 18, 12. [*et*] *iam* Gr.; etiam. 19, 5. *Q. Publilius* Sig.; q. publius. 20, 8. [*produxit.*] Rhen.: produxit. *nominatim.* Madvig; nominatum. 21, 8. *in senatu* Fr. 1.; in senatum. 22, 1. *Papirii* Fr. 1.; papirius. 23, 6. *instruendis* Gr.; instruentem. 24, 7. [*quod*] *tot* Duker; quod tot. 25, 7 *itineri* ed. Mediol. 1505; itineris. 27, 2. *Lucio Menenio* Sig.; licinio menenio. 27, 7. *fine* Ald.; finem. 27, 10. *in praesens* Stroth; praesens. ib. *Gabino* IGr.; sabino. 30, 8. *a Volscis fuit* Fr. 2.; a uulscis fuisset. 30, 9. *Setiam* Sig.; etiam. 31, 4. *debellatum* W.; bellatum. 33, 11. *excipit* W.; Madvig; excipitur. 36, 12. *plebem, potius quam sorte* Gr.; plebem, ni potius quam sortem. 37, 3 *suam ipsa* edd. vv.; suam ipsam. 37, 6. *quid crederent* Douiatius; qui crederent. 37, 8 *post* Ascens.; potest post. 40, 11. *Sextium illum* W.; sextilium od. sextium. 40, 14 *spectabitis* Asc.; exspectabitis. 41, 4. *at enim* Madvig; etenim. 42, 8. *fuga* Gr., fugace od. fugase. 42, 11. *tandem* APeriz.; tamen. 42, 12. [*causa libenter facturos*] *fore* Madvig; causa libenter facturos fore. 42, 13 facturos Rost.; acturos.

VII. 1, 8. *quamvis—tamen* W.; Madvig; quamvi—tam. 3, 8. *ea lege* Gr.; ex lege. 6, 4. *ad deos* edd. vv.; deos. 6, 9. *praecipitaret, et* Duker; praecipitaret. ib. *intercepissent* Madvig; interfecissent. 8, 6. *ab Signinis* Crevier u. Reiz; ab signis. 9, 7. *eum rumpentibus* Fr. 1.; erumpentibus. 12, 5. *anno* T. Faber; bello. 13, 8. *si sicut* Madvig, W.; sicut. 16, 1. *scivit.* [*accepit*] W.; scivit accepit. 17, 6. *Rutilus* edd. vv.; utilius od. rutilius. 18, 1. *post undecimum* Glar.; post novum (novium). 18, 2. *Empulum* Fr. 2.; eaepulum. 21, 5. *una animos* Jenicke; unanimos. 22, 3. *Gaium nomen* Sig.; gaium cognomen od. nur cognomen. 22, 9. *recipera-turi* W.; reciperantur. 22, 10. *Manlio Gnaeo* Sig.; Manlio nevio. 23, 6. demitti Sig.; dimitti 24, 6. *expectare* Fr. 1.; spectare. 25, 2. *mercedem* [*consulatum*] Doering; mercedem consulatum. 25, 4. *decertarint* Vascosan.; decertarent. 27, 3. *Torquato* Sig.; torquato II. 29, 1. *temporum* [*spatio*] Gr.; temporum spatio. 30, 11. *fidem* W.; eam. ib. *ante omnes* Büttner, W.; omnes. 30, 18. *quidquid* [*id*] edd. vv.; quidquid id. 30, 22. *iubetis* Madvig; iubeatis. 32, 12. [*modo*] *nec* Glar.; modo nec. 34, 13. *diduci* W.; educi. 35, 6. *ipse* Fr. 1.; ipsi. 37, 2. [*singulis*] *bubus* W.; singulis bubus. 37, 6. *et castrorum* W.; castrorum. 39, 6. *exsectos* Cl. Puteanus;

eiectos. 40, 1. *est et* Duker; est, 40, 3. *is ad* Madvig, W.; 40, 4 ib. *minore*
IPerizon.; minor. 40, 9. *ero* Madvig; ergo. 41, 3. *Petelino* Fr. 1.; Pete-
lini. 41, 6. *esset* [*qui*] Gr.; esset qui. ib. *fugisset* Gr.; fugissent.

VIII. 2, 10. *suam* W.; quam. ib. *eripuisse*, Duker; eripuissent. 4, 3.
si aequatio W.; aequatio. 5, 8. *ipse atque* Alschefski; atque ipse. 7, 19.
ne te quidem Gr., nec te quidem. 7, 21. *tam libero* Crev.; tum libero. 8,
4. [*ordo—habebat*] *prima* W.; ordo—habebat prima. 8, 7. *primam quam-*
que Gr.; unam quamque. ib. [*primum*] *pilum* Göttling; primum pilum. 8,
8. [*vexillum*] *centum* Lipsius; vexillum centum. 9, 8. *re publica P. R.* Gr.;
re publica. 9, 10. *humano habitu* Freudenberg, humano. 11, 3. *Lanuvio*
AWZumpt; Lavinio. 12, 13. *cuius tum* edd. vv.; tum cuius. 13, 5. *ad*
Asturae Sabellicus; ad saturae. 15, 2. *a T.* edd. vv.; t. 15, 9. *Publilius*
Glar.; publius, ebenso c. 16, 12; 17, 11 u. a. 21, 6. *mitior* Duker; melior.
22, 2. *Sidicinorum* Sig.; s . . . norum od. segninorum. 23, 1. *miserat* *
Romae W.; miserat Romae. 23, 10. *respondissent* * *iam* Madvig, W; re-
spondissent iam. 23, 15. *oriens* ARubenius; oriente. 24, 4. *ceterum ut.*
edd. vv.; ut ceterum. ib. *Potentiam ex* W.; ex od. consentiam ex. ib. *Si-*
pontumque Apulorum et Consentiam W.; sipontumque. ib. *ac Terinam*
Sig.; acrentinam. 24, 7. *inundatis* Madvig; inundates. 24, 13. *quos ubi*
Ascens.; quod ubi. 25, 5 [*patiebantur*] *et* Gr.; patiebantur et. 25, 6. *ipsi*
Gr.; ipsis. ib. *iam in libris* Gr., Mg.; iam libris. 28, 3 [*ut*] *florem* W.; Madvig;
ut florem. 29, 3. *non nova* Duker; nova 32, 8. *responde, at* Alschefski;
respondeas. 32, 9. *quae singula* edd. vv.; singula quae. 32, 11. *iam* [*in*
contionem] Scheibe; iam in contionem. 33, 3. *contentione* edd. vv.; con-
ventione. 33, 9. *cum escendisset* Fr. 1.; escendisset. 33, 13. *interesse*
Gr.; interesset. 33, 17. *nullo ad eam* edd. vv.; nullam (nullum) ad eam.
35, 8. *degressum* Gr.; digressum. 36, 4. *ita loco* Madvig; loco 36, 5.
comitate Gr.; comitati. 37, 3. *Aulium* Gelenius; aulum.

IX. 2, 4. *iam is* [*et*] W.; iam is et od. iam et is. 2, 9. *demisso* Fr. 2.;
dimisso. 3, 1. [*alius*] *per* Muret; alius per. 3, 10. *res esset* Ald.; res. 4, 6.
oppetendam edd. vv.; oppetendum. 4, 7. *qui* [*tum*] Drak.; qui tum. 5, 9.
ad parentes Gr.; ac parentes. 5, 13. *id inter* Drak.; inter. 6, 12. *iacere*
Gruter; tacere. ib. *salutantibus non* W.; non salutantibus. 7, 3. *animi*
edd. vv., Gr.; animo. 7, 13. *Aelium* Glar.; aemilium. 7, 15; 8, 1.
Publilium; Publilius Glar.; publium; publius. 10, 7. *adducis* Fr. 1.;
adduces. 11, 5. *tum sponsio* Alschefski; tunc sponsio. 11, 9. *hos tibi* Gr.;
hosti tibi. 11, 10. *obligatam* edd. vv.; oblactam. 16, 3: *Satrici* Fr. 2; sa-
tricae. 16, 8. *clam* [*nocte*] W.; clam nocte. 18, 12. *annalibus fastisque*
magistratuum Th. Mommsen; annalibus magistratuum fastisque. 19, 4.
[*Samnites*] *aut* Dobree; Samnites aut. 19, 15. *laborabimus* Heerwagen;
laboravimus. 20, 9. *Forento* Gr.; florento od. torento. 21, 3. *Saticulani* Sig.;
satriculani ebenso § 6. *Saticulae* st. satriculae. 21, 6. *Plisticam* Alschefski; plistiam. 22, 3. *tantum* Gr.; tanti. 22, 9. *di dederunt* Walch;
dederunt. 23, 3. *et sparsi* Fr. 2; sparsi. 23, 10. *homines* Fr. 1.; omnes.
23, 13. *incendent* Becker; incendant. 24, 10. *incidens* Fr. 2.; incedens.
27, 4. *demittunt* Fr. 2.; dimittunt. ib. *conspectum* Gr.; conspectu. 27, 7.
pedite Gr.; pediti. 28, 8. *Succasinam* Th. Mommsen; casinam od. casinum. 30, 8. *epularum* [*causa*] Sig.; epularum causa. 31, 6. *populandi*
Crev; populando. 33, 3. *cui velut fato lis* CEPutsche, Seyffert, Wölfflin;
quae velut fatalis (fatales). 34, 9. *mali* IGr.; male od. mala. 34, 14.
quod quaerebat edd. vv.; quo quaerebat. 34, 25. [*non*] *patiar* Ald.; non
patiar. 36, 2. *frater M. Fabius.* — *Caesonem* W.; fratrem m̄. fabium cae-

sonem (frater m. fabius caesonus). 37, 12. *Cortona* Mog.; crotone. 38,
15. *C. Iunium* Fr. 1.; iunium od. diunium. 39, 4. *habuere * nam* Scheibe;
Hertz; habuere nam. 39, 11. *eodem* Doering; eo. 40, 16. *argentariarum*
Muret.; argentariorum. 41, 3. *is profectus* Sig.; profectus. 42, 3. *abdicarit* Ruperti; abdicavit. 43, 5. *vetusta gentis gloria* Gr.; vetustate gentis
gloria (glorie). 43, 6. *semestri* Th. Mommsen; bimestri. 44, 2. *Ti. Minucius* Sig.; t. minucius. 44, 14. *Bovianum urbs* Crev.; bovianum ubi.
45, 1. *Saverrione* Sig.; averrione. 45, 12. *verteret, est* W.; vertisset.
45, 18. *Frentani* Sig.; feretani.

    X. 1, 5. *ex* [*eo*] Madvig; ex eo. 1, 7. *M. Aemilio* Sig.; aemilio. 2,
5. *esse ostium* W.; esse ostium. 5, 13. *Cilnio* Gruter; licinio. 5, 14. *tradidere* Duker; credidere. 7, 7. *sint* Duker; sunt * 7, 10. *is non* W.; Madvig; is. ib. *conspicietur* Madvig; conspiciatur. 9, 2. *Rutilus* Sig.; rutilius.
ib. *Publilius* Glar.; publius. 9, 12. *Cn. Domitium* Pigh.; cl. domitium.
9, 14. *Teretina* Th. Mommsen; Terentina. 14, 9. *aperta quoque* Fr. 2.;
quoque aperta. 14, 13. *quando * ne* W.; Madvig; quando ne. 14, 18. *in
tempore visa* W.; tempore in se visa od. tempore improvisa. 14, 20. *maxime* Fr. 1.; maximeque. 14, 21. *DCCC* Drk. acccc. 15, 6. *ferme DCCCC*
Alsch.; ferme acccc. 15, 8. *incubuit ut* edd. vv.; incubuit. 18, 7. *id certum ponere* Büttner; incertum ponere. ib. *disceptatio* edd. vv.; disce-
patio. 19, 16. *sorte* Duker; forte. 19, 18. *ducis. et duces* W.; ducis. 19,
22. *DCCCC* Alsch.; acccc. 20, 1. *Vescinos* u. 21, 7 u. 8 *Vescinum, Vescino* Sig.; vestinos etc. 22, 1. *Q. Fabius* edd. vv.; Fabius quintū (quintus).
22, 6. *viverent * esse* W.; viverent esse. 24, 5. *consevisset* Glar.; conse-
ruisset. 24, 14. *cum dimicatio* edd. vv.; tum dimicatio od. dimicatio. 24,
17. *certe id et* Fr. 1.; certe et id. 24, 18. *comitio abiit* edd. vv.; comitia
habuit. 25, 10. *mobiliorem* Klock; nobiliorem. 26, 3. *mallet* W.; mallit.
26, 14. *Romano* Duker; romani. 26, 15. *Megellus* Sig.; megillus. 27, 1.
transgressos Gr.; transgresso. 29, 7. *raris* W. (*rarisque* Hertz); veraris-
q. rutis od. verrutis. 29, 18. *DCC* Drk.; acc. 30, 5. *deciens centena milia* (XCCCIↃↃↃ) Niebuhr; XICCCXXX od. X. CCCXXX. 31, 2. *Vescinum* Sig.; vestinum. ib. *Aeserninum* Gr.; aeserniū od. aeseruniū. ib. *adiacent* Gr.; adiacet. 32, 4. *egredi* Fr. 1.; regredi. 33, 5. *et expellunt* W.;
expellunt. 33, 6. *DCC* Drk.; acc.; ebenso 36, 14 u. 15.; c. 43, 8 *DCCC.*
35, 14. *facerent* [*que*] Duker; facerentque. 36, 1. *medium* IGr.; medio. 36, 7.
effuse W.; profuse. 37, 1. *in Etruriam* edd. vv.; etruriam. 37, 16. *re
publica* Gr.; res publica. 38, 3. *sacraretur; tum* W.; sacratum erat tum.
38, 12. *nominati sunt* Alschefski; nominatis. 38, 13. [*quod roboris erat*]
ad W.; quod rob. erat ad. 39, 6. *quod cum * inciperetur* W.; Madvig; quod
cum inciperetur. 40, 7. *T. Trebonium* W.; trebonium. 40, 8. *III cohortibus* Hertz; cohortibus. 40, 12. *hostibus* Glar.; hostium. 42, 4. *proxima,
ea* IGr.; proxima ex. 43, 11. *flamma late fusa* edd. vv.; flamme late fusae.
46, 5. *et DXXXIII* Alsch.; et AXXXIII. 46, 6. *militi munus* W.; militi
tum. 46, 9. *Vescinum* Sig.; vestinum. 46, 16. *in legatione* APerizo-
nius; in legationem.

Verlag der Weidmannschen Buchhandlung (J. Reimer) in Berlin.

Druck von W. Pormetter in Berlin, Neue Grünstrasse 30.